中国石油天然气集团有限公司
CHINA NATIONAL PETROLEUM CORPORATION
年　鉴
YEARBOOK

2021

中国石油天然气集团有限公司 编

石油工業出版社

图书在版编目（CIP）数据

中国石油天然气集团有限公司年鉴 . 2021 / 中国石油天然气集团有限公司编 . —北京：石油工业出版社，2021.10

ISBN 978-7-5183-4815-2

Ⅰ . ①中… Ⅱ . ①中… Ⅲ . ①中国石油天然气集团公司 -2021- 年鉴 Ⅳ . ① F426.22-54

中国版本图书馆 CIP 数据核字（2021）第 158455 号

中国石油天然气集团有限公司年鉴 2021
ZHONGGUO SHIYOU TIANRANQI JITUAN YOUXIAN GONGSI NIANJIAN 2021

出版发行：石油工业出版社
（北京安定门外安华里 2 区 1 号 100011）
网　　址：www.petropub.com
图书营销中心：(010) 64523731
编 辑 部：(010) 64523591　64523586
电子邮箱：nianjian@cnpc.com.cn
经　　销：全国新华书店
印　　刷：北京中石油彩色印刷有限责任公司

2021 年 10 月第 1 版　2021 年 10 月第 1 次印刷
787 × 1092 毫米　开本：1/16　印张：49.25　插页：43
字数：1800 千字

定价：258.00 元
（如出现印装质量问题，请与图书营销中心联系）

《中国石油天然气集团有限公司年鉴》编辑部

主　　　任：张　镇

副　主　任：马　纪　吴保国

责 任 编 辑：杨天龙　付　红　白炳炳
邵冰华　朱世元

执 行 编 辑：吴保国　杨天龙

特 邀 审 稿：王守亚

封 面 设 计：施　云

责 任 校 对：罗彩霞

责 任 制 作：张红军　张　聪

设 计 排 版：北京中石油彩色印刷有限责任公司

编 辑 说 明

一、《中国石油天然气集团有限公司年鉴》（以下简称《年鉴》）是中国石油天然气集团有限公司组织编纂的权威性、资料性工具书。《年鉴》编纂工作始终坚持以马克思列宁主义、毛泽东思想、邓小平理论、“三个代表”重要思想、科学发展观和习近平新时代中国特色社会主义思想为指导，遵循实事求是的原则，力求全面、系统、客观地记述中国石油天然气集团有限公司的发展和成就，并力求做到思想性、资料性、准确性和科学性的统一。

二、本卷《年鉴》记述中国石油天然气集团有限公司2020年生产经营、企业管理及改革创新等方面的基本情况和重要事项，向广大读者展示集团公司为建设世界一流综合性国际能源公司所做出的努力和取得的成就。

三、《年鉴》采用分类编纂，点面结合，综合记述与条目记述相结合方式，力求全面反映所记事项。全书分为类目、分目、条目三个层次，以文字叙述为主，辅以图表。本卷共设16个类目：总述，油气勘探开发生产，炼油与化工，销售，天然气销售，工程技术与工程建设，国际业务，科技与信息，安全环保与质量节能，企业管理与监督，党建、思想政治工作与企业文化建设，机构与人物，企事业单位概览，大事记，统计数据，附录。为便于读者查阅和检索，文前附英文目录，文后附索引。

四、由于中国石油天然气集团有限公司业务调整，本卷《年鉴》类目“天然气与管道”调整为“天然气销售”。

五、本卷《年鉴》所引用的各种数据和资料截至2020年底，个别内容略有延伸。除注明外，一般指中国石油天然气集团有限公司统计数据。

六、本卷《年鉴》稿件、资料主要由中国石油天然气集团有限公司和中国石油天然气股份有限公司总部各部门、纪检监察组、各专业公司以及各单位提供。

七、为行文简洁，《年鉴》中机构名称一般在首次出现时用全称，随后出现时用简称。“中国石油天然气集团有限公司”简称“集团公司”，“中国石油天然气股份有限公司”简称“股份公司”，两者统称“中国石油”。

八、遵照年鉴编纂规范要求，《年鉴》编辑部对各供稿单位提供的稿件进行必要的编辑加工。主要是依据编写大纲与撰稿要求，统一全书体例，规范专业名词术语，删除明显重复，补充部分资料，修改语言文字，力求做到资料翔实、叙述简洁、数据准确。

序

2020年，中国石油坚持以习近平新时代中国特色社会主义思想为指导，深入学习贯彻习近平总书记关于统筹推进新冠肺炎疫情防控和经济社会发展等一系列重要讲话精神，坚决贯彻党中央、国务院关于做好“六稳”工作、落实“六保”任务等决策部署，坚持稳中求进、危中求机，统筹做好新冠肺炎疫情防控、复工复产、生产经营、改革发展各项工作，市场供应有效保障，产业链供应链平稳运行，在逆境中取得好于预期的经营业绩，排名位于世界500强第4位、世界50家大石油公司第3位，实现“十三五”圆满收官。国内油气勘探开发取得重要成果，发现和落实9个亿吨级和9个千亿立方米级规模储量区，国内油气产量当量再创新高，天然气产量占比首次突破50%；海外油气权益产量继续保持1亿吨以上；炼油化工结构调整成效明显，炼化一体化等重点工程有序推进；油气市场营销工作全面加强，支持业务服务保障能力和竞争能力逆势提升；党的建设不断加强，深入开展“战严冬、转观念、勇担当、上台阶”主题教育，扎实推进基层党的建设，做优“互联网+党建”特色品牌，在中央企业党建工作责任制考核中位居前列。

2021年是中国共产党成立100周年，也是“十四五”开局之年，我国正式迈入全面建设社会主义现代化国家、向第二个百年目标奋进的新征程。中国石油坚持以习近平新时代中国特色社会主义思想为指导，深入贯彻党的十九大和十九届二中、三中、四中、五中全会精神，全面贯彻新发展理念和构建新发展格局要求，坚持稳中求进工作总基调，以高质量发展为主题，遵循“坚持高质量发展、坚持深化改革开放、坚持依法合规治企、坚持全面从严治党”的兴企方略和“专业化发展、市场化运作、精益化管理、一体化统筹”的治企准则，大力实施“创新、资源、市场、国际化、绿色低碳”五大战略，着力发展主营业务，突出结构调整、改革创新、提质增效、依法治企，夯实安全环保稳定基础，提升党建工作质量，确保“十四五”良好开局，为保障国家能源安全和促进国民经济稳增长作出新贡献。

戴厚良

2021 年 7 月

2020 年 1 月 14 日，中国石油天然气集团有限公司 2020 年工作会议在河北廊坊召开（常正乐 摄）

2020 年 7 月 28 日，中国石油天然气集团有限公司 2020 年领导干部会议以视频形式召开，主会场设在北京（常正乐 摄）

2020 年 1 月 13 日，中国石油天然气集团有限公司“不忘初心、牢记使命”主题教育总结大会在北京召开

（常正乐 摄）

2020 年 3 月 31 日，中国石油天然气集团有限公司 2020 年党风廉政建设和反腐败工作会议在北京召开

（常正乐 摄）

2020 年 2 月 2 日，国务院国资委党委书记、主任郝鹏到中国石油调研，通过视频连线了解驻湖北省石油企业新冠肺炎疫情防疫工作开展情况，慰问坚守奋战在抗击疫情阻击战一线的石油员工（常正乐 摄）

2020 年 7 月 8 日，国务院国资委副主任、党委委员袁野到中国石油调研，了解生产运行及提质增效等情况（常正乐 摄）

2020 年 5 月 20 日，中国石油天然气集团有限公司与中国安能建设集团有限公司签署战略合作框架协议

（常正乐 摄）

2020 年 5 月 26 日，中国石油天然气集团有限公司与中国海洋石油集团有限公司签署全面深化战略合作框架协议（常正乐 摄）

2020 年 11 月 9 日，中国石油天然气集团有限公司董事长戴厚良以视频方式出席中东（阿布扎比）国际石油博览会（ADIPEC）开幕式并在战略会议上发言（常正乐 摄）

2020 年 11 月 23 日，中国石油天然气集团有限公司党组书记、董事长戴厚良在北京会见招商局集团有限公司党委书记、董事长缪建民，双方围绕进一步深化合作交换意见（常正乐 摄）

2020 年 2 月 19 日，中国石油天然气集团有限公司党组书记、董事长戴厚良到储气库公司看望慰问一线干部员工，叮嘱大家要一手抓好生产运行，一手抓好新冠肺炎疫情防控，加强自身防护，为疫情防控多做贡献

（常正乐 摄）

2020 年 5 月 6 日，中国石油天然气集团有限公司党组书记、董事长戴厚良到东方地球物理勘探有限责任公司调研，看望慰问干部员工，深入了解企业生产经营情况（东方地球物理勘探有限责任公司 提供）

2020 年 8 月 12 日，中国石油天然气集团有限公司党组副书记、总经理李凡荣到云南石化公司调研，深入了解企业生产经营、改革发展、新冠肺炎疫情防控等工作情况，看望慰问一线干部员工（云南石化公司 提供）

2020 年 8 月 28 日，中国石油天然气集团有限公司党组副书记、总经理李凡荣到大港油田公司调研，深入考察生产作业现场，详细了解企业常态化新冠肺炎疫情防控和生产经营等情况（董居会 摄）

2020年，大庆油田有限责任公司油气产量当量4303万吨，产销量“十连增”。图为大庆油田推进环境治理民生工程，改善油田矿区环境采油现场（赵永安 摄）

2020年3月22日，中国石油辽河油田公司开发建设50周年。50年来，生产原油4.8亿吨、天然气880亿立方米，上缴利税费近3000亿元，建成我国最大的稠油高凝油生产基地。图为辽河油田滩海油井采油现场

（黄振华 摄）

截至 2020 年 12 月 27 日 10 时，中国石油长庆油田公司年产油气当量突破 6000 万吨，达到 6000.08 万吨

（金华 摄）

2020 年，中国石油塔里木油田公司生产石油液体 602.01 万吨、天然气 311.03 亿立方米，油气产量当量 3080 万吨，高质量建成 3000 万吨大油气田（塔里木油田公司 提供）

2020 年，中国石油新疆油田公司生产原油 1320 万吨、生产天然气 30 亿立方米。图为新疆油田风城油田作业区重 1 井区 SAGD 生产现场（高俊 摄）

2020 年 12 月 14 日 8 时，中国石油西南油气田公司年产天然气突破 300 亿立方米，标志着西南地区首个年产 300 亿立方米大气区正式建成（敬宇翔 摄）

2020 年 10 月 24 日，中国石油大庆石化公司炼油结构调整转型升级项目建成投产，原油加工能力达到 1000 万吨（王凯 摄）

2020 年 6 月 29 日，中国石油兰州石化公司长汀催化剂项目建成投产，设计年产催化裂化催化剂 5 万吨。该项目是中国石油贯彻中央领导重要批示精神、落实国务院有关决定而建设的重要扶贫项目，对于支持福建老区经济发展具有重要意义（周启慧 摄）

2020 年 11 月，中国石油大庆炼化公司增产石蜡项目建成投产，进一步增强石蜡产品在国内以及国际市场竞争力（大庆炼化公司 提供）

截至 2020 年 12 月 3 日，中石油云南石化有限公司 1300 万吨 / 年常减压装置稳定运行超过 8000 小时

（中石油云南石化有限公司 提供）

2020 年 11 月 5 日，第三届中国石油国际合作论坛暨签约仪式在上海举行，中国石油天然气集团有限公司董事长戴厚良出席论坛并做题为《共克时艰，共谋发展，共同构建新型能源合作伙伴关系》主旨演讲（金添 摄）

2020 年 2 月 18 日，中国石油集团东方地球物理勘探有限责任公司东方勘探二号船队承担的文莱壳牌大型 OBN 项目完工，首次大规模使用 OBX750E 型节点（东方地球物理勘探有限责任公司 提供）

2020 年 5 月 12 日，中国石油国际事业有限公司成立合资公司，投资建造中国石油首批自有 LNG 船队

（国际事业有限公司 提供）

2020 年 9 月 18 日，5 万余吨欧 V 标准汽油通过 CORDULA JACOB 油轮运往巴基斯坦卡拉奇港，这是中国石油首次向巴基斯坦供应欧 V 标准汽油（孙浩 摄）

2020 年 1 月 19 日，中国石油重点风险探井轮探 1 井获重大发现，经酸化压裂测试，折日产油 133.46 立方米、天然气 4.87 万立方米。这标志着塔里木盆地寒武系盐下超深层勘探取得重大成果，发现一个新层系——寒武系吾松格尔组，证实 8000 米以深可发育原生油藏和优质储盖组合，开辟了一个重要接替层系和崭新的勘探领域

（塔里木油田公司 提供）

2020 年 3 月 4 日，陇东国家级页岩油示范区百万吨产能建设启动，中国石油长庆油田公司庆城 10 亿吨级大油田进入规模开发阶段（尹洁 摄）

2020 年 4 月 8 日，中国石油塔里木油田公司满深 1 井用 10 毫米油嘴测试求产，日产原油 624 立方米、天然气 37.1 万立方米，标志着塔里木盆地腹部超深层油气勘探获重大突破（塔里木油田公司 提供）

2020 年 10 月 20 日，中国石油风险探井临华 1X 井试油获自喷日产超 300 立方米高产油流，中国石油华北油田公司在河套盆地获重要突破（顾柯楠 摄）

2020年10月23日，中国石油辽河油田公司曙一区超稠油杜229块扩大部署试验方案，将原有20个蒸汽驱井组扩大至128个进行工业化生产，为国内首次对超稠油油藏大规模实施蒸汽驱开发（倪有权 摄）

截至2020年11月20日，中国石油川南页岩气当年生产100.29亿立方米，建成国内最大页岩气田

（颜铭 摄）

2020年，中国石油集团长城钻探工程有限公司利用物联网技术，实现生产计量自动化、仪器仪表数字化、监控管理信息化，使采油站成为无人值守的“智能化小站”。图为利用物联网技术的欢喜岭采油厂抽油机生产现场（陈申 摄）

2020年3月25日，中国石油集团川庆钻探工程有限公司川庆80002队承钻的一类风险探井双探6井钻达8200米井深完钻，创造中国石油在川渝地区大斜度井完钻井深最深、固井套管最长、水泥浆窗口密度最窄等多项提速新纪录（陈帅飞 摄）

2020年9月25日，中国石油集团测井有限公司测井装备自动化加工生产线正式投产（测井公司 提供）

2020年4月19日，中国石油集团海洋工程有限公司完成我国海域天然气水合物第二轮试采施工，实现从“探索性试采”向“实验性试采”的重大跨越，标志着中国石油完全具备深水钻探总承包能力，增强了我国深海探测和开发能力（王鄂川 摄）

截至 2020 年 3 月 9 日，中国石油建成熔喷无纺布生产线 4 条、口罩生产线 12 条，打通口罩制造全产业链，助力国家新冠肺炎疫情防控与复工复产。图为中国石油兰州石化公司熔喷无纺布生产线（刘延治 摄）

2020 年 5 月，中国华油集团有限公司被 2022 年北京冬奥组委授标为北京 2022 年冬奥会和冬残奥会北京冬奥村、冬残奥村餐饮服务商和住宿运行服务商（中国华油集团有限公司 提供）

2020 年 6 月 23 日，“中国石油开放日”启动仪式以视频连线的方式在北京和西安举行，标志着 2020 年中国石油开放日活动正式开启（长庆油田公司 提供）

2020 年 9 月 8 日，全国抗击新冠肺炎疫情表彰大会在北京人民大会堂隆重举行，中国石油湖北销售公司宏图大道加油站成为全国唯一被评为“全国抗击新冠肺炎疫情先进集体”的加油站（湖北销售公司 提供）

中国石油天然气集团有限公司
油气田、炼化、销售企业分布示意图

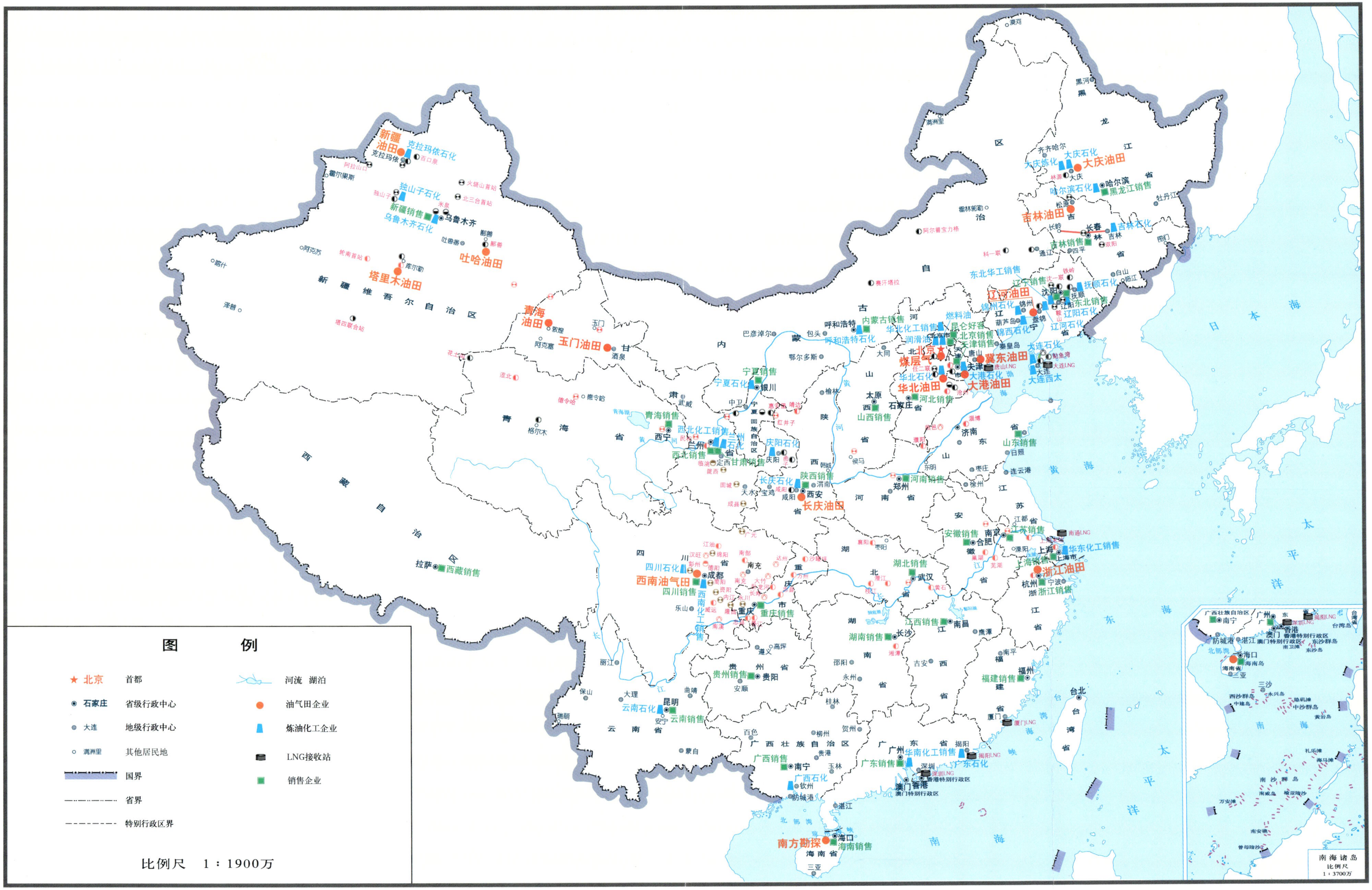

GS（2021）5761号

中国石油天然气集团有限公司海外业务分布示意图

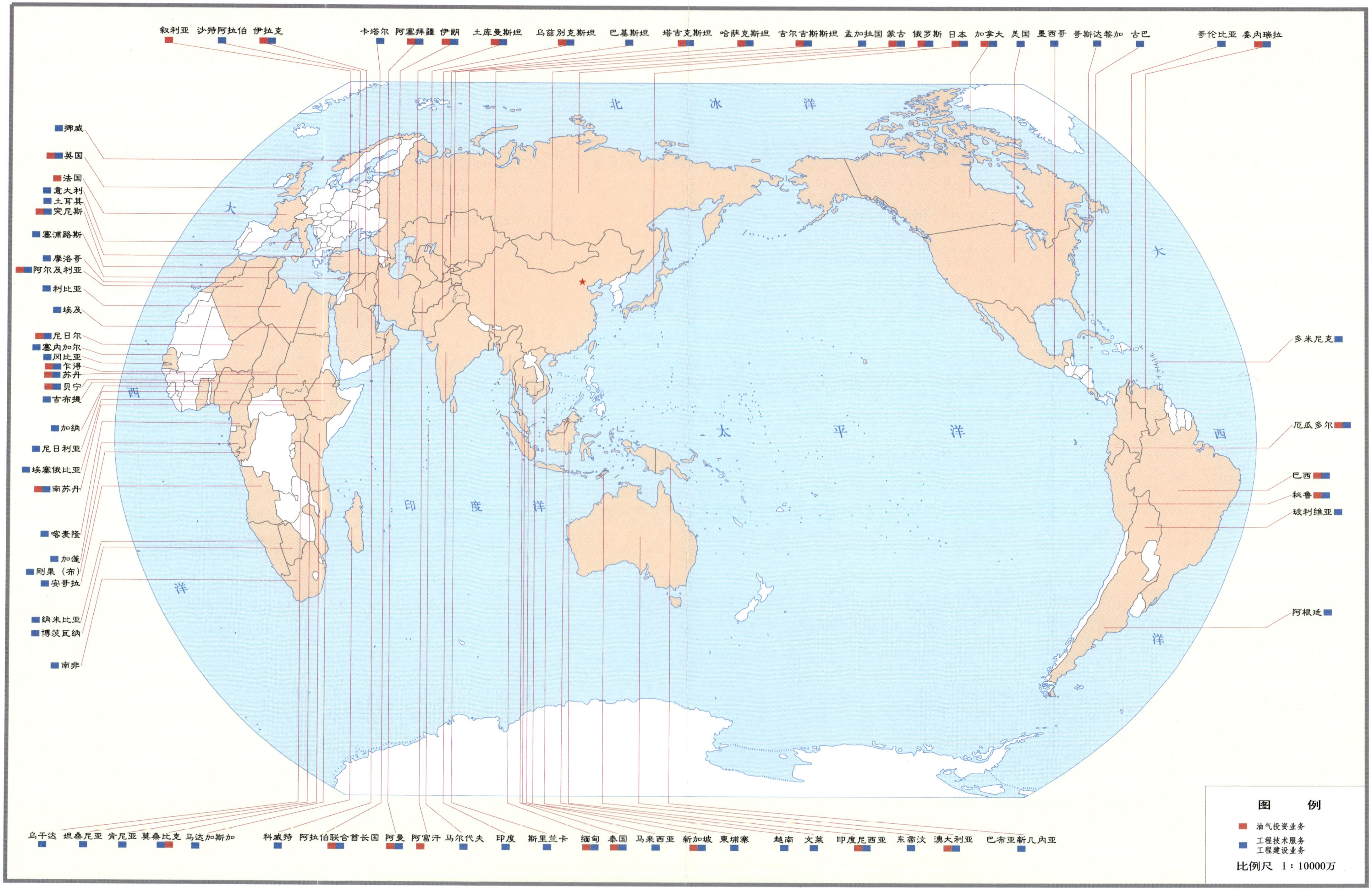

GS（2021）5761号

要　　目

MAIN CONTENTS

目　　录

总　　述

综　述

特　载

专　文

油气勘探开发生产

综　述

油气勘探

勘探工程技术

油田开发

天然气开发

矿权管理

储量管理

油藏评价

采油工程

地面工程

海洋工程

新能源

储气库

油气勘探开发科技信息

炼油与化工

综　述

炼化装置及产品

化工产品及炼油小产品销售

炼化工程建设

专业管理

商储油业务

销　　售

综　述

成品油业务

增值业务

天然气销售专业管理

工程技术与工程建设

工程技术

工程建设

国际业务

海外油气业务

国内油气勘探开发国际合作

国际贸易

国际合作与外事工作

科技与信息

科技发展

标准化工作

信息化工作

安全环保与质量节能

新冠肺炎疫情防控

安全生产

环境保护

低碳管理

HSE体系管理

节能节水

应急管理

职业健康

质量管理与监督

计量工作

企业管理与监督

集团公司法人治理

股份公司法人治理

品牌与社会责任

规划计划

党风廉政建设和反腐败工作

内部审计

改革与企业管理

矿区服务

维稳信访与综治保卫

离退休人员管理

保密管理

档案管理

党建、思想政治工作与企业文化建设

党建工作

思想政治工作

企业文化建设

基层建设

群团工作

光荣榜

机构与人物

中国石油天然气集团有限公司

中国石油天然气股份有限公司

专家队伍

企事业单位概览

油气田企业

炼化企业

销售企业

天然气销售企业

海外企业

工程技术服务企业

工程建设企业

装备制造企业

金融企业

科研及其他单位

大事记

中国石油天然气集团有限公司大事记

统计数据

附　录

附表

附图

CONTENTS

Overview

Oil and Gas Exploration, Development and Production

Oil Refining and Chemicals

Marketing

Natural Gas Marking

Engineering Technology and Engineering Construction

International Business

Technology and Information

Safety, Environmental Protection, Quality and Energy Saving

Corporate Management and Supervision

Development of the Communist Party, Political Work and Corporate Culture

Organizations and People

Overview of Enterprises and Institutions

Main Events

Statistical Data

Appendixes

总　述

综　述

中国石油天然气集团有限公司基本情况

中国石油天然气集团有限公司是国有重要骨干企业和中国主要的油气生产商和供应商之一，是集油气勘探开发、炼油化工、销售贸易、工程技术、工程建设、装备制造、金融服务于一体的综合性国际能源公司，在国内油气勘探开发中居主导地位，在全球35个国家和地区开展油气业务。2020年，公司在世界50家大石油公司综合排名中位居第三，在《财富》杂志全球500家大公司排名中位居第四。

截至2020年12月31日，集团公司总部设部门22个：办公室（党组办公室、董事会办公室、总裁办公室）、政策研究室、规划计划部、财务部、资金部、人事部（党组组织部）、生产经营管理部、资本运营部、法律事务部、质量安全环保部、科技管理部、信息管理部、工程和物装管理部、国际部（外事部）、党组巡视办公室、审计部，改革与企业管理部，党群工作部（直属党委）、党组宣传部（企业文化部、新闻办公室），维稳信访工作办公室（综合治理办公室、保卫部），董事会秘书局（监事办公室）、纪检监察组。直属机构1个：离退休职工管理中心（老干部局）。

专业公司9个：勘探与生产分公司、炼油与化工分公司、销售分公司、天然气销售分公司（天然气与管道分公司）、中油国际勘探开发有限公司（海外勘探开发分公司）、中国石油集团油田技术服务有限公司（工程技术分公司）、中国石油集团工程股份有限公司（工程建设分公司）、中国石油国际事业有限公司（国际贸易分公司）、中国石油集团资本股份有限公司。

集团公司、股份公司所属单位151个：油气田企业18个（含附属单位1个）；炼油与化工企业33个；成品油销售企业34个；天然气销售公司及其派出机构5个；管道企业1个；中油国际及其地区公司8个；中油技服及其成员企业8个；中油工程及其成员企业6个；中油资本及其管理的金融企业8个；装备制造企业5个；科研及其他单位25个。

截至2020年底，集团公司在全球35个国家和地区开展油气业务，建成中亚—俄罗斯、中东、非洲、美洲、亚太五大油气合作区，亚洲、欧洲、美洲三大油气运营中心，以及我国东北、西北、西南和东部海上四大油气通道。

一、历史沿革

燃料工业部（1949年10月—1955年7月）

1949年10月1日，中央人民政府第一次会议决定成立中央人民政府燃料工业部，专管全国煤炭、石油和电力工业的恢复及建设工作。10月19日，中央人民政府任命陈郁为燃料工业部部长；11月，中共中央批准燃料工业部成立党组，陈郁任书记。1949年底，全国石油职工人数1.1万人（不包括台湾省）。

1950年4月13日，燃料工业部决定，成立石油管理总局，使石油工业由分散管理逐步过渡到部、总局、厂矿三级管理，形成集中统一管理的体制格局。5月31日，任命徐今强为代理局长。到1954年12月，燃料工业部所属企事业单位32个，职工人数6.6万人，为中华人民共和国成立初期的6倍；工业总产值3.17亿元，原油生产能力102万吨，原油加工能力175万吨。

石油工业部（1955年7月—1970年6月）

1955年7月30日，第一届全国人大二次会议决定，以燃料工业部所属石油管理总局为基础，成立石油工业部，统揽全国石油企业和石油生产建设工作，并任命李聚奎为部长，经中共中央批准，兼任党组书记。1967年6月，根据中央决定，中国人民解放军对石油工业部实行军事管制。

到1969年底，石油工业部职工人数40.3万人。

石油工业部加强西部勘探开发，建成玉门、新疆、青海、四川4个油气生产基地。1958年，勘探战略东移，用3年多时间探明年产600万吨原油生产能力的大庆油田，做到石油基本自给。1961—1970年，组织华北、四川、江汉、辽河、吉林等石油会战。到1969年底，原油生产能力达到2410万吨，石油工业成为国民经济的重要支柱。

1966—1970年，石油工业部上缴财政181.2亿元，占国家财政收入的7.2%。1970年，总产值106亿元，占全国工业总产值的4.4%。

燃料化学工业部（1970年6月—1975年1月）

1970年6月，中共中央将石油工业部、煤炭工业部、化学工业部合并，组建燃料化学工业部，并成立燃料化学工业部党的核心小组和革命委员会。主要负责包括煤炭、石油在内的燃料和化学工业的发展建设，业务上归口国家计划委员会管理。中共中央任命伊文为燃料化学工业部党的核心小组组长、革委会主任。1971年9月伊文调出，由康世恩代理燃料化学工业部党的核心小组组长和革委会主任职务。

燃料化学工业部成立后，石油工业管理部门高速度高效率组织江汉、辽河、陕甘宁、吉林石油会战，加强对大庆、胜利等油田的开发调整。到1975年，有大庆、胜利、大港、辽河、扶余、克拉玛依、江汉、长庆、川中、玉门、冷湖、延长12个油田。同时，原油加工能力大幅提升，管道建设和石油机械制造业快速发展，石油化工工业迅猛崛起，石油工业成为当时发展最快的行业。中华人民共和国成立以来，累计向国家上缴580亿元，石油产品换汇在全国出口总收入中的比重，也由“三五”时期的0.6%增加到7.1%。

到1975年1月，职工总数81.4万人。

石油化学工业部（1975年1月—1978年3月）

1975年1月17日，第四届全国人大一次会议决定，撤销燃料化学工业部，分别成立煤炭工业部和石油化学工业部，并任命康世恩为石油化学工业部部长、党的核心小组组长。

1978年底，全国累计探明石油地质储量68.13亿吨、天然气地质储量1578.13亿立方米，原油产量年均递增18.6%，原油产量上1亿吨台阶，成为世界第八产油大国。

到1978年3月，由石油化学工业部直属管理或以石油化学工业部为主双重管理的企事业单位达到28个，以地方为主双重管理或地方管理的企事业单位有57个，职工总数95.8万人。

石油工业部（1978年3月—1988年9月）

1978年3月5日，第五届全国人大一次会议决定，撤销石油化学工业部，分别成立石油工业部和化学工业部。宋振明任石油工业部部长、党组书记。1978年3月，石油工业部企事业单位有93个，职工总数120万人。

1982年1月30日，石油工业部决定成立中国石油海洋石油总公司，2月15日挂牌。

1978—1988年，10年间全国探明石油地质储量相当于过去30年的总和，1985年我国成为世界第六产油大国。

到1985年底，全国在21个省（自治区、直辖市）发现油田253个、气田78个，建成陆上油气生产勘探开发基地17个、海上油气生产基地4个。大庆油田第一个连续10年稳产5000万吨，胜利油田年产原油超过3000万吨，辽河油田建成我国第三个年产原油1000万吨的油气区，华北油田连续10年稳产1000万吨以上，东部地区成为中国的主要产油区。

中国石油天然气总公司（1988年9月—1998年7月）

1988年3月，国家决定设立能源部，将石油工业部的政府职能移交能源部，隶属石油工业部的中国海洋石油总公司分立，以石油工业部为基础组建中国石油天然气总公司。4月9日，第七届全国人大一次会议决定撤销石油工业部，组建中国石油天然气总公司。9月17日，召开中国石油天然气总公司成立大会。王涛任中国石油天然气总公司总经理、党组书记。

中国石油天然气总公司成立初期职工总数135.8万人，1997年底，职工总数149.6万人。

中国石油天然气总公司是具有法人资格的正部级全民所有制国家公司，负责规划、组织、管理和经营陆上石油天然气资源勘探、开发、生产建设以及与油气共生或钻遇的其他矿藏的开采利用工作。

1988—1998年，中国石油天然气总公司组织实施“稳定东部、发展西部”战略方针，1997年1月提出“稳定东部、发展西部、油气并举、立足国内、开拓国际”发展方针。

10年间，西部开发了塔里木油田和吐哈油田；东部大庆油田连续10年保持原油稳产5500万吨以上；陕京一线建成投产。1997年，中国石油天然气总公司新增探明石油地质储量7.3亿吨、天然气地质储量1170亿立方米。生产原油1.43亿吨、天然气171.7亿立方米，在国外获份额油97万吨。

中国石油天然气集团公司（1998年7月—2017年12月）

1998年3月10日，第九届全国人大一次会议审议通过《国务院机构改革方案》，决定将中国石油天

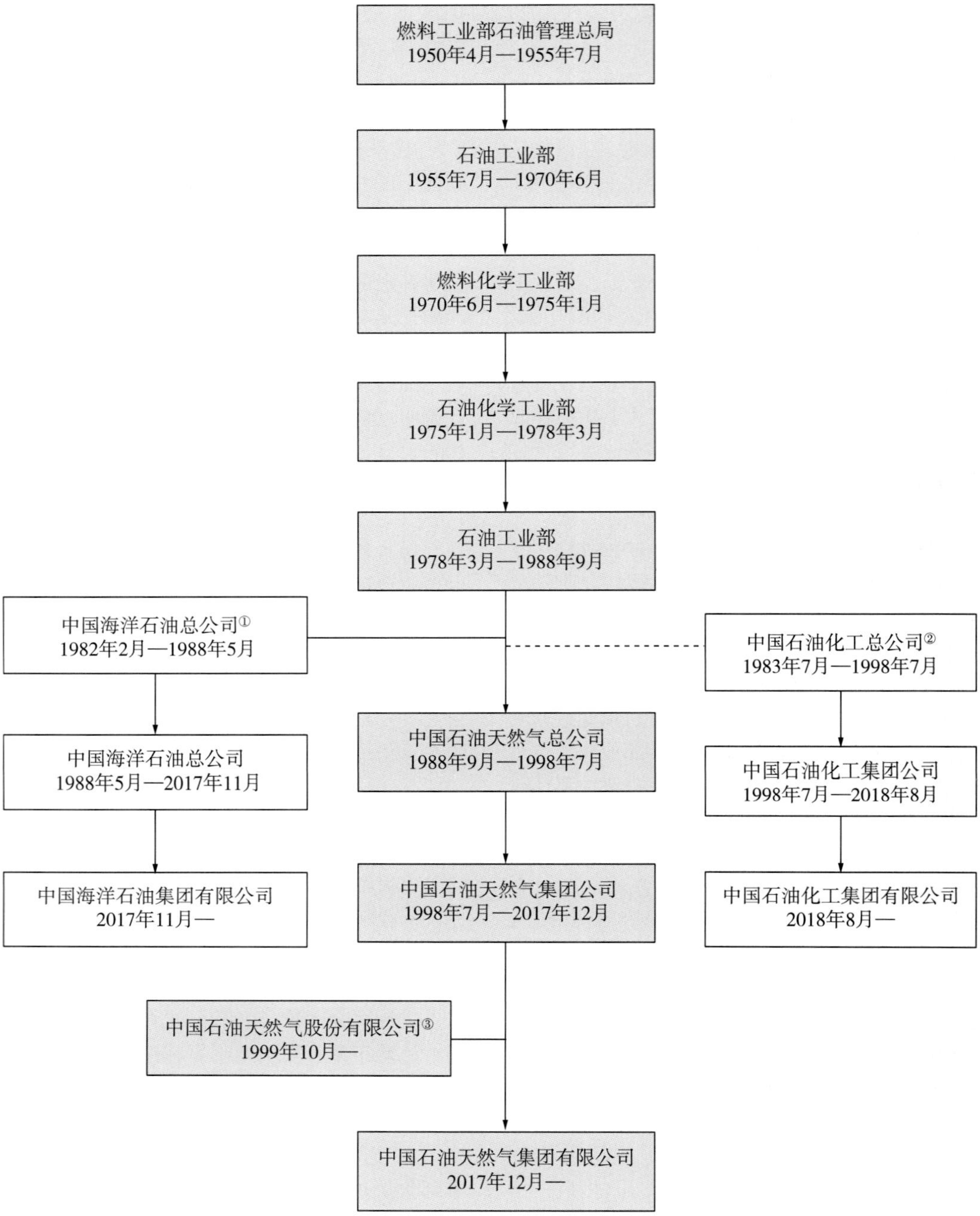

中国石油天然气集团有限公司历史沿革

注：① 1982 年 2 月，中国海洋石油总公司成立，归口石油工业部管理。1988 年 5 月，原隶属石油工业部的中国海洋石油总公司正式分立。

② 1983 年 2 月，中共中央、国务院发出通知，决定组建中国石油化工总公司，对分属石油工业部等部门和地方管理的炼油化工等企业组成一个行业性总公司；7 月，中国石油化工总公司正式成立。

③ 1999 年 10 月，中国石油天然气集团公司独家发起创立中国石油天然气股份有限公司；11 月，中国石油天然气股份有限公司完成工商注册登记。

然气总公司和中国石油化工总公司组建为两个特大型石油石化企业集团公司。

7月27日，两大集团公司召开成立大会；7月28日，两大集团公司正式挂牌。马富才任总经理、党组书记。集团公司职工总数158.2万人。主营业务从主要从事油气勘探开发扩展到上下游、内外贸、产运销一体化经营。

1999年2月，按照国务院领导指示，中国石油天然气集团公司成立筹备组，启动重组与上市工作。重组直接涉及53个企事业单位、5000多亿元资产、154万名职工。1999年10月28日，中国石油天然气集团公司召开大会独家发起创立中国石油天然气股份有限公司（英文缩写PetroChina）。11月5日，股份公司完成工商注册登记。股份公司是中国石油天然气集团公司最大的控股子公司，主要经营石油天然气勘探开发、炼油化工、油气管道运输、油气产品和化工产品销售等业务。

到2017年12月，集团公司在中国境内有大庆油田等17家油气田企业，大庆石化等31家炼化企业，分布于各省（自治区、直辖市）的37家成品油销售企业、6家天然气销售企业，7家管道储运企业，以及一批工程技术、金融等服务企业和科技研发等单位40余家。在海外有一批从事油气田勘探开发、管道运输和国际贸易企业，基本形成中亚—俄罗斯、中东、非洲、美洲、亚太五大油气合作区和亚洲、欧洲、美洲三大国际油气运营中心。在“一带一路”沿线19个国家运作着49个油气合作项目。职工总数135.5万人。

中国石油天然气集团有限公司（2017年12月—）

2017年11月，国务院国资委同意中国石油天然气集团公司由全民所有制企业改制为国有独资公司，更名为中国石油天然气集团有限公司。

12月15日，取得改制后营业执照。王宜林任党组书记、董事长。

二、发展现状

中国石油天然气集团有限公司是国内主要的油气生产商和供应商之一。油气勘探开发业务居国内主导地位，拥有大庆、长庆、新疆、辽河、塔里木、四川等多个大型油气生产区，2020年国内原油产量10225万吨，天然气产量1306亿立方米；炼油与化工业务在国内拥有7个大型炼化一体化企业，6个千万吨级燃料型炼厂，2020年原油加工量1.60亿吨；成品油销售业务形成覆盖全国的营销网络，运营加油站2.26万座，2020年成品油销量1.06亿吨；天然气业务建成长庆、塔里木、四川、青海四大气区，基本建成中亚、中哈、中俄、中缅等跨国油气管道，2020年国内销售天然气1847亿立方米。

集团公司致力于综合一体化的业务发展定位。油服业务有物探、钻井、测井、井下作业等门类齐全的油气田工程技术服务队伍，所属东方地球物理公司（BGP）、长城钻探公司（GWDC）等企业是全球重要的石油工程技术服务商，不仅有力支撑保障集团公司油气业务的发展，还服务于全球70多个国家和地区油气市场；工程建设业务有油气田地面工程、管道、炼化等建设队伍，所属管道局工程公司（CPP）、工程建设公司（CPECC）、寰球工程公司（HQCEC）等企业在全球范围内为用户提供专业高效的工程建设服务；装备制造企业生产的勘探、钻采、炼化、动力等设备及石油专用管，出口到80多个国家和地区。

集团公司海外油气业务优质高效发展。坚持互利互惠、合作共赢的理念，加快“走出去”步伐，从1993年获秘鲁北部塔拉拉油田七区作业权开始，开启国际化运营的新阶段。这些年来海外业务迅速成长，特别是近年来借力国家“一带一路”倡议，国际油气合作向更大范围、更深层次、更广领域拓展。2020年在全球35个国家和地区开展油气投资业务，海外油气权益产量当量实现1亿吨规模稳产，并保持较强的盈利能力。同时，在油气投资业务的带动下，实现海外工程技术服务、工程建设、装备出口、油气贸易、炼化销售、管道储运等业务一体化发展，集团公司国际化经营能力和水平持续提升。

今后一个时期，集团公司将以习近平新时代中国特色社会主义思想为指导，深入贯彻落实党的十九大精神和新发展理念，锚定建设世界一流综合性国际能源公司目标不动摇，遵循“坚持高质量发展、坚持深化改革开放、坚持依法合规治企、坚持全面从严治党”的兴企方略和“专业化发展、市场化运作、精益化管理、一体化统筹”的治企准则，大力实施“创新、资源、市场、国际化、绿色低碳”五大战略，以推动高质量发展为主题，以深化供给侧结构性改革为主线，以改革创新为根本动力，以“绿色发展、奉献能源，为客户成长增动力、为人民幸福赋新能”为价值追求，统筹推进“发展、调整、改革、管理、创新、党建”总体工作布局，努力实现更高质量、更有效率、更加公平、更可持续、更为安全的发展，为保障国家能源安全、推动构建新发展格局、夺取全面建设社会主义现代化国家新胜利贡献石油力量。

（张安新　烨）

中国石油天然气集团有限公司 2020 年工作情况

2020 年，面对全球新冠肺炎疫情暴发、国际油价大幅震荡、国内成品油市场急剧萎缩等多重叠加的严重冲击和挑战，集团公司上下坚决贯彻党中央、国务院决策部署，统筹推进新冠肺炎疫情防控、复工复产、生产经营和改革创新各项工作，大力实施提质增效专项行动，全力打好新冠肺炎疫情防控阻击战和效益保卫战，保持油气产业链总体平稳运行，经营业绩好于预期，实现“十三五”圆满收官。稳油增气取得阶段性重要进展，全年国内外生产油气当量 30641 万吨、同比增长 1.9%，加工原油 19183 万吨，国内销售成品油 10651 万吨、天然气 1847 亿立方米；营业收入 2.09 万亿元、税费 3158 亿元、利润总额 875 亿元、净利润 503 亿元。

新冠肺炎疫情防控取得重大战略成果，安全环保形势稳定向好。坚决贯彻中央新冠肺炎疫情防控部署要求，把员工生命安全和身心健康放在第一位，第一时间启动一级响应，构筑起上下贯通、高效协同、整体联动、快速反应的联防联控工作机制，科学精准有序推进新冠肺炎疫情防控和复工复产，确保员工及家属、承包商和服务商、石油社区居民的生命健康安全。充分发挥产业和资源优势，倾力支持全国新冠肺炎疫情防控大局，在抗疫行动中发挥重要作用。坚持“以人为本、质量至上、安全第一、环保优先”的理念，深化 QHSE 一体化审核，推进实施安全生产专项整治三年行动计划，加强重点领域的监管，着力排查整改风险隐患，全年没有发生较大及以上安全生产事故。注重节能降耗，全年节能 79 万吨标准煤、节水 1033 万立方米。

国内资源勘探成果丰硕，油气生产迈上新台阶。认真贯彻落实习近平总书记关于大力提升勘探开发力度等重要指示批示精神，推进实施“七年行动计划”，集中力量打好勘探开发进攻战，油气生产形势积极主动。在四川、鄂尔多斯、准噶尔、塔里木等地区取得多项战略突破和重要勘探成果，发现和落实 9 个亿吨级和 9 个千亿立方米级规模储量区，全年国内新增探明石油地质储量 87253 万吨，新增探明天然气地质储量 6483 亿立方米。油气开发领域突出新区效益建产，有效控制老油气田递减率、提高采收率，全年国内油气产量当量首次迈上 2 亿吨新台阶，达到 2.06 亿吨。其中：原油产量 10225 万吨、保持稳中有增；天然气产量 1306 亿立方米，首次突破 1 亿吨油当量并超过原油；油气结构进一步优化，向绿色低碳转型取得重要进展。

炼化结构调整扎实推进，减油增化取得新成效。坚持市场导向和效益原则，科学安排炼化生产和化工产品销售，通过资源优化和结构调整提升效益。大力减油增化，合理调整生产柴汽比，增产高效高附加值产品，国内加工原油 16002 万吨，生产成品油 10723 万吨，成品油收率比计划压降 3.5 个百分点。保持高效化工装置高负荷运行，国内生产乙烯 635 万吨、增长 8.2%，开发生产 87 个牌号的化工新产品，PX、合成树脂和合成橡胶产量增长明显，国内化工产品销售 3666 万吨。广东石化炼化一体化项目、长庆和塔里木乙烷制乙烯等重点工程有序推进。

成品油销售保后路稳销量，有力保障产业链平稳运行。积极应对市场萎缩的严峻挑战，密切产销衔接，保障炼厂生产后路畅通和集团公司整体效益最大化。根据市场变化及时调整营销策略，分区域、分品种、分产品、分时段、分客户类型实施差异化、精准化营销，试点推进“阿米巴”经营模式，突出纯枪销量，着力提升销售质量，国内销售成品油 10651 万吨。深化油品与非油业务一体化发展，加快线上线下协调营销与跨界融合，国内非油业务收入同比增长 7%。

天然气销售扩销增效，调峰保供能力稳步提升。面对市场需求增速放缓、竞争日趋激烈的市场形势，不断优化资源组合和流向，加大高效高端市场开发力度，多措并举开发用户。协调重点地区、大型用户增加用气，加快自有终端、直供新客户投产，开展油气田周边销售试点，有效扭转上半年销量下滑趋势，国内销售天然气 1847 亿立方米。有序推进京唐、江苏 LNG 接收站等重点储运设施建设，加快呼图壁等储气库扩容工程建设，新增储气能力 18 亿米^3/年。加强需求侧管理，超前制定冬季保供应急方案，保障重点地区、重点用户的安全平稳供应。

海外油气合作稳中有进，国际贸易作用有效发挥。在全球新冠肺炎疫情持续蔓延、地缘政治风险明显加大的严峻形势下，集团公司海外项目顶住压力、克服困难，实现工作场所“零疫情、零感染”、复工复产和员工动迁平稳有序，取得良好的生产经营业绩。巴西布兹奥斯项目新增探明石油地质储量超过5亿吨，乍得、尼日尔、哈萨克斯坦等多个项目获重要勘探发现。油气生产总体平稳运行，权益产量当量保持稳产在1亿吨以上。新项目开发与合资合作取得新进展，部分区块开发延期协议签署，业务布局和资产结构持续优化。国际贸易加大海外份额油销售力度，有序控制进口气节奏，灵活调整成品油出口计划，大力开拓海外化工产品市场，综合运用套期保值手段对冲价格风险，服务、营销和交易能力稳步提升，全年完成贸易量4.9亿吨。

支持业务服务保障有力，市场开拓逆势增长。油田技术服务业务加大新技术研发和推广应用，持续推进“提质、提速、提产、提效”工程，保障油气增储上产；大力开拓市场，中标多个重要服务项目。工程建设业务加强项目全过程管理，有序推进重点项目建设，中俄东线天然气管道中段等一批互联互通工程投产。金融服务业务深入推进产融结合、融融协同，加大风险管控力度，有效服务油气主业和产业链客户。装备制造业务强化精益管理，大力发展“制造 + 服务”“产品 + 服务”新模式新业态，生产效率、产品质量不断提升，业务结构、经营效益持续改善。

改革创新扎实推进，提质增效成效明显。坚决贯彻中央关于国企改革和油气体制改革的重点部署，完成股份公司油气管道的重组和移交。结合集团公司推进治理体系和治理能力现代化的部署安排，制定实施改革三年行动方案，退休人员社会化管理、“三供一业”分离移交、厂办大集体改革全面完成既定的年度目标任务。高度重视科技创新，部署实施一批重大科技项目和关键核心技术攻关，陆相页岩油、百万吨级乙烷制乙烯等技术研发取得积极进展。组建昆仑数智科技公司，完成工业互联网平台等一批信息化项目建设，ERP、数据仓库等信息系统应用不断深化，数字化转型、智能化发展步伐加快。大力实施提质增效专项行动，经营上精打细算、生产上精耕细作、管理上精雕细刻、技术上精益求精，主要成本指标实现硬下降，全年增效320亿元。全面落实党的十九届五中全会精神，统筹谋划编制集团公司“十四五”发展规划。

党的建设不断加强，从严管党治党迈上新台阶。注重党的建设和生产经营深度融合，扎实推进基层党的建设。贯彻新时代党的组织路线，大力加强优秀年轻党员的培养选拔和任用，推进党员队伍能力建设和结构优化。坚定不移推进党风廉政建设和反腐败工作，企业政治生态持续向好。集团公司在中央企业党建工作责任制考核中保持A级。

（张 安 靳 烨）

特 载

聚焦高质量 决胜“十三五”
推进世界一流综合性国际能源公司建设迈上新台阶

——王宜林在集团公司2020年工作会议上的主题报告（摘要）

（2020年1月14日）

这次会议的主要任务是，以习近平新时代中国特色社会主义思想为指导，深入学习贯彻党的十九大和十九届二中、三中、四中全会精神，认真落实中央经济工作会议及中央企业负责人会议精神，总结2019年工作成果，分析面临的形势，部署2020年重点工作，动员全体干部员工，坚持稳健发展方针，聚焦高质量，决胜“十三五”，推进世界一流综合性国际能源公司建设迈上新台阶，为坚决夺取全面建成小康社会伟大胜利作出新贡献。

一、2019 年主要工作成果

过去的一年，面对各类风险挑战明显增多的复杂局面，集团公司上下坚持以习近平新时代中国特色社会主义思想为指导，坚决贯彻党中央、国务院决策部署，认真落实集团公司党组及董事会各项安排，坚持稳健发展方针，着力加强党的建设，着力提升发展质量效益，着力防范化解重大风险，公司经营业绩好于预期，高质量发展成效明显，做“两个维护”石油铁军的行动更加自觉。

（一）一年来党组重点抓的大事要事。一是深入学习贯彻习近平总书记贺信等重要指示批示和讲话精神，二是扎实组织开展“不忘初心、牢记使命”主题教育，三是积极支持配合中央第二巡视组开展巡视，四是持续完善推动公司高质量发展重点部署，五是精心筹备和组织开展系列重大活动，六是积极应对中美经贸摩擦冲击，七是抓好中俄东线天然气管道建设投产工作。

（二）2019 年重点工作及成效。集团公司营业收入 2.77 万亿元、国内上缴税费 3494.5 亿元；利润总额 1230.6 亿元、净利润 595.1 亿元，各项工作都取得新进展新成效。

一是党的建设不断加强。以开展“不忘初心、牢记使命”主题教育和整改中央巡视反馈问题为契机，坚持和深化全面从严治党，压紧压实管党治党主体责任，从严从实推进党的政治建设，强化习近平新时代中国特色社会主义思想和党的十九届四中全会精神系统学习，广大党员干部“四个意识”进一步增强、“四个自信”更加坚定、“两个维护”更加坚决。深化基层党建工作，完成首轮党委书记抓基层党建述职评议三年全覆盖，首次全方位考核党委抓基层党建工作责任制落实情况，扎实推进党支部达标晋级，集团公司党建工作得到中组部、国务院国资委党委的高度评价，在 2018 年度中央企业党建工作责任制考评中获 A 级。着力加强干部和人才队伍建设，健全完善选人用人制度体系，加大优秀年轻干部培养选拔力度，推动实施差异化精准化干部考核测评，扎实推进重点人才工程，干部队伍素质和能力稳步提升。务实推进纪检监察体制改革，精准运用“四种形态”，严肃查处违反政治纪律政治规矩问题，专项整治“四风”问题和领导人员及其亲属违规经商办企业问题，完成国内勘探开发、海外油气投资、金融三大业务领域新一轮巡视全覆盖，全面推进企事业单位巡察工作，加大腐败案件审查调查力度，有效削减腐败存量、遏制腐败增量。落实意识形态工作责任制，严格舆论阵地管理，加强宣传和思想政治工作，推进企业形象建设常态化长效化，持续开展大庆精神铁人精神再学习再教育，组织石油精神论坛和英模人物先进事迹巡回报告会，在《求是》杂志发表集团公司党组署名文章，在中央电视台《对话》栏目全面介绍加快勘探开发成果，中国石油稳居世界 500 强第 4 名、全球 50 家大石油公司第 3 名，在“全球品牌价值 500 强”中居油气公司第 2 名，被联合国全球契约中国网络授予“实现可持续发展目标企业最佳实践奖”，王启民同志被中央授予“人民楷模”国家荣誉称号，陈建军同志被国务院国资委党委追授“央企楷模”。

二是主营业务发展质量稳步提升。国内勘探与生产形势喜人，全年新增探明石油、天然气地质储量创重组改制以来新高，部署的一批风险探井取得重要突破；原油产量扭转连续四年下滑趋势、实现止跌回升，天然气产量创五年来最高增幅。炼油化工减油增化成效初显，柴汽比持续下降，高标号汽油、航空煤油产量实现两位数快速增长，乙烯产量和化工产品产销量稳定增长；重大项目建设有序推进。成品油销售克服低价地炼资源严重冲击，实施差异化区域营销策略，努力保后路、拓市场、降库存，为原油业务链平稳顺畅运行和整体效益最大化作出积极贡献。天然气销售持续优化资源组合、市场布局和销售结构，销售量稳定增长，终端销量快速提升；油气管网安全平稳运行，21 项互联互通工程顺利投产。中油国际海外油气权益产量当量提前突破 1 亿吨，油气勘探在乍得有望整体发现两个亿吨级规模储量区，新项目开发取得新的重要成果。中油油服提质提速提产提效创造一批工程新纪录，有力保障油气增储上产。中油工程“五化”建设全面推广，营业收入实现三连增。中油资本产融结合、融融协同持续深化，风险管控卓有成效，服务主业发展能力不断提升。国际贸易销售份额油、出口成品油实现两位数增长，贸易量和利润稳定增长。装备制造企业服务型制造和精益生产全面推进。

三是科技创新成果丰硕。加快推进承担的国家油气重大专项项目实施，在重大理论认识、关键核心技术、装备自主研发等方面取得新的重要进展。推进长庆油田、新疆油田、西南油气田上产及大炼油、大乙烯等集团公司重大专项攻关，抓好重大工程技术现场试验，加强重大技术集成推广与应用，注重成果培育，形成27项重要标志性成果，集团公司获中国专利金奖、银奖各1项，主导制修订国际标准7项。围绕激发创新活力，持续加大科技投入，构建完善科技条件平台，创新攻关组织管理模式，完善科学技术奖励制度，推进落实科技型企业分红激励实施办法，开展项目收益分红试点，有效调动各级科研机构和广大科技人员的积极性创造性。大力推进数字化、可视化、自动化、智能化发展，推进国产ERP、认知计算平台试点等项目实施，各业务领域信息系统应用逐步深入，信息化支撑作用日益凸显。

四是改革管理取得显著成效。聚焦关键领域和难点问题，推动相关改革走深走实，57项年度改革任务全部按计划完成。完善公司治理，落实差异化管控要求，进一步扩大专业公司授权事项，基本构建符合业务特点的分级授权管理体系。共享服务中心建设高效推进。不断深化市场化机制改革，全面启动第二批矿权内部流转，建立并不断完善集团公司内部油气产品价格市场化形成机制。收入分配进一步向艰苦地区、基层一线、关键岗位、紧缺急需人才倾斜。“油公司”模式改革深入推进，促进业务布局优化和组织结构调整。“双百企业”综合改革进展顺利。配合做好国家管网集团组建工作。深入推进企业瘦身健体，超额完成国务院国资委下达的三年法人压减目标任务，“三供一业”移交等剥离企业办社会职能基本完成，厂办大集体改革加快推进，基本完成驻京办清理工作，实现在京宾馆酒店集中统一管理。

持续推进开源节流降本增效工程，制定实施净利润提升、“两金”压降等“四个三年行动计划”，取得明显成效。突出预算引领，严控非主业投资和低效无效支出，严格资金紧平衡管理，集团公司财务状况保持稳健。强化计划“一本账”管理，出台实施集团公司油气生产经营管理办法，促进计划刚性执行和产业链顺畅运行。持续加强基础管理，深化对标管理，健全完善管理创新体系，制度化、标准化、流程化、信息化的企业管理体系建设稳步推进。加强物资集中采购和集中共享服务，有效节约采购资金，降低物资库存。把防范化解重大风险作为政治责任，开展“三重一大”决策和运行实时在线监管，持续加强依法合规管理，强化内控风险管理，狠抓金融业务风险防范，发挥审计监督作用，全年没有发生重大风险事件。

五是安全环保稳定形势持续向好。落实“五个不放松”要求，全面推行安全生产责任清单，首次将质量与HSE管理体系审核同步实施，严格事故问责，工业生产亡人事故起数、死亡人数大幅下降，全年未发生较大及以上安全生产事故和生态环境事件，实现“四个杜绝”目标，安全环保业绩指标创历史最好水平。助力国家打赢污染防治攻坚战，天然气资源优先向“2+26”城市、汾渭平原等重点地区倾斜，彻底整改新一轮中央环保督察及污染防治攻坚战督察发现问题，加快炼化挥发性有机物治理和加油站防渗改造，主要污染物减排超额完成年度控制指标，获国务院国资委央企第五任期节能减排突出贡献奖。坚持发展成果共建共享，员工收入稳步提升。依法做好维稳信访和重点地区安保防恐工作，没有发生涉油气暴恐事件和大规模进京群体访，矿区和员工队伍保持和谐稳定。切实履行社会责任，助力国家脱贫攻坚，对口扶贫县大部分实现提前“脱贫摘帽”。

（三）近年来工作的几点重要认识。五年来，集团公司党组在党中央、国务院的坚强领导下，以坚定的政治信念和强烈的责任担当，团结带领全体干部员工，顶住了压力，经受住了低油价的考验、企业遭遇严重政治雾霾的考验、集团公司形象受损和队伍士气不振的考验、激烈市场竞争的考验、内外部风险加大的考验。集团公司发展战略方向更加清晰，油气两条业务链价值进一步提升，改革开放和创新驱动效应更加凸显，发展基础更加稳固，企业形象根本改观，队伍风貌焕然一新，综合实力和国际竞争力明显增强，开创新时代稳健发展的新局面，展示出向高质量发展加快迈进的新态势，形成五点重要认识：一是习近平新时代中国特色社会主义思想是一切工作的根本遵循，二是坚持党的领导、加强党的建设是事业发展的根本保证，三是坚持稳健发展方针、推动高质量发展是发展必须牢牢把握的根本要求，四是改革开放创新是驱动企业发展的根本动力，五是铁人式员工队伍是推动企业全面进步的根本力量。

二、面临的复杂形势和艰巨任务

2020年是全面建成小康社会和“十三五”规划收官之年，国家要实现第一个百年奋斗目标，集团公司建设世界一流综合性国际能源公司要迈上新台阶，创建世界一流示范企业进入关键一年，这既是决胜期，也是攻坚期。党中央、国务院寄予厚望，集团公司使命光荣责任重大。宏观环境具有不少积极因素，但风险挑战不断加大；油气行业发展空间广阔，市场竞争日趋白热化；集团公司发展基础坚实，但制约高质量发展的矛盾问题仍比较突出。

面对复杂严峻形势，既要保持战略定力，充分看到有利条件和新的发展机遇，乘势而上、顺势而为，更要牢固树立底线思维，沉着应对各类风险挑战，未雨绸缪、趋利避害，切实增强预见性，牢牢把握工作主动权。

2020年工作总的要求是，以习近平新时代中国特色社会主义思想为指导，全面贯彻党的十九大、十九届二中、三中、四中全会和中央经济工作会议精神，深入落实总书记重要指示批示和讲话精神，紧扣世界一流综合性国际能源公司建设迈上新台阶的目标任务，坚持党的全面领导、加强党的建设，坚持稳中求进工作总基调、落实新发展理念，坚持稳健发展方针、推动高质量发展，突出保持主营业务稳定增长，突出推进改革开放创新重点突破，突出夯实安全环保稳定基础，切实增强企业的竞争力、创新力、控制力、影响力和抗风险能力，全面完成“十三五”规划目标，为全面建成小康社会作出新贡献。

三、2020年重点工作部署

集团公司上下要深入贯彻党中央、国务院决策部署，进一步提高政治站位、保持战略定力，坚持问题导向、目标导向、结果导向，着力抓重点、补短板、强弱项，努力在六个方面“迈上新台阶”。

（一）全面加强党的领导党的建设，推动从严管党治党迈上新台阶。贯彻新时代党的建设总要求，落实“中央企业党建巩固深化年”专项行动部署，压紧压实管党治党主体责任，充分发挥党组织把方向、管大局、保落实的领导作用，提升党的建设质量和科学化水平，确保集团公司始终沿着正确方向前进。

充分发挥政治建设举旗定向作用。强化思想理论武装，落实《2019—2023年全国党员教育培训工作规划》，推进习近平新时代中国特色社会主义思想大学习大普及大落实，跟进学习总书记最新重要指示批示和讲话精神，组织党的十九届四中全会精神集中轮训，深入开展爱国主义教育和忠诚教育，引导广大党员干部自觉对标对表、及时校准偏差，切实增强“四个意识”、坚定“四个自信”、做到“两个维护”，确保总书记重要指示批示精神和党中央重大决策部署在中国石油坚决落实到位。实施企业家队伍政治能力提升计划，切实提高领导班子和领导干部把握方向、把握大势、把握全局的能力和辨别政治是非、保持政治定力、驾驭政治局面、防范政治风险的能力。

扎实推进基层党建“三基建设”。贯彻落实《中国共产党国有企业基层组织工作条例（试行）》，持续优化组织设置，严密组织体系，强化基层党组织书记、党务干部、党员“三支队伍”建设，持续健全完善党建工作制度机制，找准基层党组织服务生产经营、凝聚职工群众、参与基层治理的着力点，更加注重党建工作与生产经营深度融合，增强基层党组织政治功能、提升组织力。加强“智慧党建”项目建设。

建设高素质专业化干部队伍。以《2019—2023年全国党政领导班子建设规划纲要》为指导，努力锻造忠实践行习近平新时代中国特色社会主义思想的坚强领导集体。坚持“好干部”标准规范选人用人，坚持事业为上、以事择人，大力发现和选拔敢于担当、善于作为、实绩突出、清正廉洁的干部，有计划推进机关与企业、企业与企业之间的干部交流，全面提高干部队伍领导水平和专业素养。做好优秀年轻干部的战略储备和系统规划，加强跟踪培养和动态管理，建立数量充足、质量优良的优秀年轻干部队伍。健全完善干部考核评价机制，构建分类考核、多维评价、高效综合的考核工作制度体系。加强干部监督和日常管理，推进实施党组关于激励干部担当作为的若干措施。

加强党风廉政建设和反腐败工作。聚焦“两个维护”，突出抓好政治监督，切实加强对中央大政方针、总书记重要指示批示精神以及集团公司党组决策部署贯彻落实等情况的监督检查，确保政令畅通、令行禁止。构建一体推进“不敢腐、不能腐、不想腐”体制机制，精准有效运用“四种形态”，健全完善权力运行的制约监督制度体系，保持惩治腐败高压态势，持续净化政治生态，进一步巩固发展反腐败斗争压倒性胜利。推进新一轮内部巡视高质量全覆盖，加强对中央巡视反馈问题、内部巡视巡察发现问题、主题教育检视问题整改落实情况的监督，促进巡视监督与组织人事、审计等其他监督贯通融合，构建巡视巡察上下联动监督网，完善大监督工作格局。持之以恒贯彻中央八项规定精神，认真落实党组关于为基层减负“十三条措施”，深化集中整治形式主义、官僚主义，大力整治享乐主义和奢靡之风，紧盯“四风”隐形变异新动向，建立健全纠治“四风”长效机制。

（二）突出发展主营业务，推动高质量发展迈上新台阶。坚持“优先、有效、加快、协调”的主营业务发展定位，坚持市场导向和效益原则，强化产炼销协同、油气与服务业业务协同、国内外业务协同，优化资源配置、产品结构和生产运行，提升油气两条业务链价值创造能力和市场竞争力。

全力推动国内油气产量当量迈上2亿吨历史新水平。大力提升勘探开发力度，推进实施加快发展规划方案，集中力量打好勘探开发进攻战。加快炼化业务转型升级步伐，推进落实高质量发展规划，抓好减油增化、结构调整、科技创新三大工程，努力增收增效。突出抓好成品油销售业务扭亏增盈，推进市场化改革、差异化营销、精细化管理，着力改善销售结构，降低成本费用，深挖非油、燃料油、润滑油业务潜力，千方百计拓市场、提纯枪、增效益。加大天然气终端开发和销售力度，要主动适应“管网分离”“俄气东进”的市场新格局，有效发挥资金、资源、人才和管理优势，创新商务模式，全力推进与地方政府及各类市场主体的合资合作，快速提升终端规模。加强需求侧管理，严格执行购销合同，保障重点地区重点时段市场供应。着力提升国际化经营水平和全球资源配置能力，坚决贯彻落实中央关于推动更高水平对外开放的部署要求，深化油气全产业链全方位开放合作，积极参与全球能源治理，推动“一带一路”油气合作走深走实，打造更加紧密的油气合作利益共同体和作用更加突出的战略支点。依靠市场机制和科技创新推动服务业务能力提升。

（三）健全完善中国特色现代国有企业制度，推动公司治理体系和管控能力迈上新台阶。坚持问题导向、稳准原则、业务主体、统筹督导，推进落实国有企业改革三年行动方案和集团公司“1+N”改革框架方案，瞄准公司治理体系和管控能力现代化国际化的目标，持续优化体制机制，着力构建系统完备、科学规范、运行有效的制度体系，推动管理架构更加清晰高效、管理层级更加扁平精简、管理流程更加科学顺畅、治理体系更加规范完善。

推动重要领域和关键环节改革取得决定性成果。持续优化完善公司治理结构，强力推进三项制度改革，深化市场化机制改革，持续深化混合所有制改革，大力推进瘦身健体。大力提升企业经营管理水平。继续推进开源节流降本增效工程，有效开展“四个三年行动计划”，突出抓好亏损企业治理、降杠杆减负债等专项工作，持续降低成本费用，推进生产经营量的合理增长和质的稳步提升，加强基础管理，持续优化流程和落实岗位责任制，深化对标管理，推进管理体系融合，逐步构建具有中国石油特色和国际先进水平的管理制度、流程和标准。推进依法治企、合规管理再深入，强化制度宣贯培训和执行监督，努力建设法治企业。

（四）以攻克“卡脖子”技术为突破口，推动自主创新能力迈上新台阶。贯彻中央关于科技创新特别是能源技术革命的决策部署，坚持业务主导、自主创新、强化激励、开放共享，健全创新体系，强化集中攻关，大力推动数字化转型，向建设国际知名创新型企业全面迈进。

加快突破关键核心技术。尽快攻克一批关键核心技术，研制一批重大战略性产品，支撑引领主营业务高质量发展。特别是要瞄准油气领域重大技术装备和大型软件、人工智能融合应用等重大颠覆性技术，配套专项资金，集中优势力量，加大攻关力度，务求取得突破性进展。加快数字化转型步伐。深化人工智能、大数据、物联网等新一代信息技术在油气全产业链的应用，推进生产运行等信息系统和认知计算平台建设，初步建成统一的财务、人力资源共享服务平台，开展工业互联网平台示范应用，扩展云计算资源池规模，增强网络安全和基础设施保障能力，努力提高油气及服务业务的数字化、可视化、自动化、智能化水平，促进组织架构变革、商业模式创新、流程优化和降本增效。加快构建良好创新环境。健全完善科技创新体系，有效发挥科技专家委员会的技术把关和决策支撑作用，建立三级科技投入预算制度，鼓励企事业单位加大研发投入。抓好国家及集团公司关于赋予科研机构和人员更大自主权、科研人员激励等政策措施落地实施。加强知识产权保护与运营，开展多层次国际技术交流合作，积极参与国际能源行业标准制修订，加快优势技术产品走出去步伐，抓好勘探开发国际科技合作示范基地建设与管理。

（五）强化风险防控，推动重大风险防范能力迈上新台阶。坚持底线思维，增强内控的针对性有效性，强化风险隐患排查化解、预警预报和应急应对，提高风险防控能力，确保生产经营平稳可控，安全环保业绩优良，企业大局和谐稳定。

全面防范化解运营风险。坚决贯彻中央“六稳”工作要求和相关部署，深入推进“三重一大”决策体系建设，加强战略与政策研究，有效控制国际化经营风险。坚持党管保密、依法治密，严防各类失泄密事件。坚决防控质量安全环保重大风险。坚持强基础、严监管、零容忍，精准施策、标本兼治，努力实现零事故、零污染、零伤害。持续推进 QHSE 体系审核，强化对重点领域、重大项目、事故单位、敏感时段质量安全环保风险管控情况的审核，完善问题整改闭环销项机制，深化审核成果运用，持续提高体系运行质量。加强双重预防机制建设，抓好承包商安全监管，严把物资及产品采购质量关，狠抓环保督察问题整改，助力国家打赢污染防治攻坚战和蓝天、碧水、净土保卫战。加强质量监督和管控，确保产品、工程和服务质量持续提升。精准防范安保防恐稳定风险。做好重点时期、敏感时段安保防恐工作，加强企地联合、警企联动，严防暴力恐怖事件。加强对高风险国家和地区的社会安全风险评估，完善应急预案，提高应急处置能力，确保海外员工生命安全。推动矿区服务模式转型，持续改善生产生活条件，加大困难员工帮扶力度，努力构建和谐美丽矿区。继续巩固深化扶贫成果，做好定向扶贫、产业扶贫和消费扶贫，助力国家打赢脱贫攻坚战。

（六）弘扬大庆精神铁人精神，推动企业形象建设迈上新台阶。深入学习贯彻习近平总书记关于石油精神的重要批示和庆祝大庆油田发现60周年贺信重要指示精神，准确理解把握大庆精神铁人精神核心要义和新的时代内涵，加强大庆奋斗史、石油工业史学习教育，丰富发展企业文化，凝聚百万石油员工“我为祖国献石油”的宏大力量。推进企业形象建设常态化长效化，创新重塑形象活动周系列载体，提升“中国石油开放日”活动效果，做好品牌战略规划、品牌形象传播、社会履责实践等工作，进一步展示忠诚担当、风清气正、守法合规、稳健和谐的公司形象。深入开展“四个诠释”岗位实践活动，把弘扬大庆精神铁人精神与弘扬科学家精神、工匠精神、劳模精神有机结合，努力打造铁人式干部员工队伍。

坚持稳健发展方针　着力提升质量效益
为全面完成“十三五”生产经营目标而奋斗

——集团公司2020年工作会议上的生产经营书面报告（摘要）

（2020年1月14日）

一、2019年生产经营主要成果

2019年，面对国际油价震荡频繁、国内油气市场竞争加剧、风险挑战明显上升的复杂严峻形势，集团公司上下认真贯彻落实党中央、国务院决策部署，按照集团公司党组和董事会确定的生产经营思路目标，坚持稳健发展方针和高质量发展要求，积极创建世界一流示范企业，突出“四个强化”，优化生产组织和结构调整，深化改革创新，加强风险防控，大力实施开源节流降本增效工程，主要生产指标稳定增长，经营业绩好于预期。全年国内外生产油气当量30079.2万吨，加工原油20789.3万吨，销售成品油21790.7万吨、天然气1893亿立方米；全年营业收入2.77万亿元、国内上缴税费3494.5亿元；利润总额1230.6亿元、净利润595.1亿元，超额完成国务院国资委下达的年度业绩考核指标。

（一）加大国内勘探开发力度，增储上产成效明显。风险勘探取得3项战略突破、4项重要发现，重点地区集中勘探和东部地区精细勘探形成一批整装规模储量区，国内新增探明油气地质储量均创重组改制以来新高。全力推进老油气田稳产，加快重点地区上产，国内生产原油10177万吨、生产天然气1188亿立方米、创五年来最高增幅。

（二）积极实施减油增化，炼化转型升级扎实推进。制定实施炼化业务高质量发展规划，强化装置安稳长满优运行，优化资源配置，科学安排加工负荷，全年国内加工原油16844万吨。减油增化成效初显，产品结构持续优化，高附加值产品产量明显增加，生产成品油11913.3万吨、汽油柴油收率比计划降低1.3个百分点，航空煤油和高标号汽油产量实现两位数增长，乙烯产量增长5.3%。

（三）全力保后路拓市场，油品销售量继续增长。积极应对资源过剩和竞争加剧的严峻挑战，牢固树立大局意识责任意识，加强产销衔接，加大精细营销和战略营销，创新实施分区域、分产品、分业务环节的差异化营销策略，精准组织实施市场行动，全年国内销售成品油11961万吨。加强销售网络建设，积极抢占高效市场和战略区域优质站点，打造一批3.0示范站。加强“油卡非润”一体化营销，非油业务持续强化商品集采、自有商品开发、供应链优化等工作，实现店销收入同比大幅增长。

（四）坚持拓终端提效益，天然气与管道业务顺畅运行。天然气销售坚持以市场为导向，统筹国内外资源，优化资源组合、市场布局和销售结构，完善差异化营销策略，强化“标签化”销售，推进销售合同签订全覆盖，落实国家价格政策努力推价提效，全年国内销售天然气1812亿立方米。落实产供储销体系建设要求，多措并举保障供暖季用气需求，确保市场稳定供应。优化管网运营，实施油气管道安全升级管理，在削减存量风险隐患方面取得重要阶段性成效。有序推进重点工程建设，中俄天然气东线北段建成投运，21项互联互通工程建成投产。

（五）深化国际油气合作，海外业务实现量效齐增。借力国家能源外交，充分利用重要国际交流活动，新项目开发取得一批重要成果。国际贸易积极发挥调节供需和协同创效作用，优化原油和天然气进口，强化份额油气销售，扩大成品油出口和高端市场拓展，加强终端网络布局和跨区跨市运作，提升交易能力，有效规避经营风险。

（六）持续提升保障能力和竞争能力，服务业务经营状况不断改善。中油油服以开展“服务保障年”活动为主线，精准打出“四提”组合拳，内部市场占有率提高3个百分点，积极开拓国际市场。中油工程以“五化”建设为抓手，加强项目全过程管控，着力提升工程建设质量，有力保障集团公司一批重大项目顺利实施，市场开拓取得新成果，新签合同额、营业收入持续增长，利润总额超额完成考核指标。中油资本聚焦服务油气主业，强化市场开拓，注重风险管控，收入和利润实现较快增长。装备制造企业深入推进精益管理和服务型制造，努力提供高质量高水平产品和服务。新产业新业态培育取得新进展。

（七）大力推进改革创新，发展动力进一步增强。优化管控模式，扩大对“五个中油”的人事、财务、采购等方面授权。加快业务布局和组织结构调整，完善差异化工资总额决定机制和企业内部分配机制，“油公司”模式和三项制度改革加快推进。健全炼销一体化考核和内部产品服务市场化价格形成机制，加大增储超产、顾大局保整体、生产经营优化等激励力度，有效激发各层面积极性。落实加快推进科技创新驱动公司高质量发展的指导意见，出台激发科研机构和科研人才动力活力“26条措施”以及科技型企业分红激励实施办法等制度，国家油气重大专项和集团公司重大科技项目攻关取得一批重要标志性成果。深化巩固处僵治困等专项工作成果，“三供一业”移交等剥离企业办社会职能基本完成。

（八）强化“五个不放松”，安全环保形势持续向好。狠抓安全生产过程管控，以责任清单、约谈述职、管理问责等方式持续夯实安全生产责任，首次将质量与HSE管理体系审核同步实施，加强承包商等重点领域管理，启动新一轮隐患治理，严肃考核问责，全年未发生较大及以上安全生产事故。狠抓污染防治，国内外项目污染源普查实现全覆盖，全年未发生较大及以上生态环境事件。

二、2020年生产经营重点工作安排

2020年，集团公司生产经营面临的各类困难和风险可能更大。一是世界经济增长持续放缓，全球动荡源和风险点显著增多，有的资源国政局动荡、政策更趋苛刻、恐怖活动频繁，国际化经营风险上升。二是世界石油供需继续呈宽松状态，受全球经济、地缘政治、贸易保护等因素影响，国际油价存在很大震荡下行的可能性。三是我国经济下行压力加大，油气消费需求增速放缓，外资、民营、地方等各类资本加大力度进入油气产业链各环节，炼能和成品油供应过剩扩大，市场主体更加多元，竞争更加激烈。四是国家将全面放开油气勘查开采市场，环保政策趋严，对做好相关工作提出更高要求。

2020年生产经营工作要重点抓好“八个着力”。

（一）着力加强风险管控，确保安全环保形势持续稳定。突出做好“五深化、五强化”，坚持强基础、严监管、零容忍，精准施策、标本兼治，努力实现零事故、零污染、零伤害。坚持一体化、精准化、差异化原则，进一步完善QHSE体系审核标准，严格执行考核问责机制和问题整改闭环销项机制，持续提高体系运行质量和管理水平。进一步提高应急能力，加强承包商安全监管和事故管理，加大过程考核和责任追究力度，从源头上化解重大安全风险。强化挥发性有机物污染防治，开展高风险企业诊断评估，形成环境风险全面排查管控的长效机制。加强能源管控，分解落实节能节水指标，对能耗高、指标落后的企业实施分级分类管理，不断提升节能增效水平。加强全流程质量监督管理，确保产品质量、工程质量和服务质量持续提升。

（二）着力加快勘探开发，保持国内油气产量持续增长。要按照加快发展规划方案的部署，优先配置资源和要素，坚决打好打赢勘探开发进攻战，确保全面完成增储上产任务目标。进一步深化矿权内部流转，加大矿权保护力度。加强老油气田有效稳产，抓好油田精细注水、气田整体治水和长停井专项治理，加大油气重大开发试验力度，精准实施油气藏分类管理和分级治理，控制递减率、提高采收率；着力推进新区规模集中效益建产，抓好重点气田产能建设，确保国内油气产量当量突破2亿吨。

（三）着力调整优化结构，提升炼化业务盈利能力。推进落实炼化业务高质量发展规划，深入实施减油增化、结构调整和科技创新三大工程，加快转型升级步伐。以市场需求为导向，将资源向效益好的企业倾斜和最佳加工路线配置，优化炼油产品结构，提高化工装置负荷，优化原料内部互供，开发增产高附加值产品。化工销售要深化品牌工程、效益工程，大力加强营销能力建设。狠抓对标管理，强化成本管控，持续改善技术经济指标。

（四）着力提升营销水平，改善成品油销售经营业绩。进一步增强大局意识，刚性执行交货计划，有效保障直炼资源调出，合理安排外采资源，确保上游生产后路畅通。科学组织精益营销，创新营销手段和经营策略，推进线上线下多业态融合，完善考核激励政策，努力增销增效。加大优质、战略区域营销网络开发力度，稳步探索油气电氢综合补给站的建设运营。非油业务要强化便利店营销，探索创新商业模式和经营机制。燃料油要积极开拓资源渠道。润滑油要推进基础油来源多元化，打造新的效益增长点。

（五）着力拓展终端市场，实现天然气资源价值。统筹国内外资源，加强需求侧管理，提高互联互通项目、LNG 接收站和储气库运营效率，全力保障市场稳定供应和业务链顺畅运行。积极转变营销方式，推进天然气价格市场化，增加交易中心线上交易量，拓展增值服务，努力增销增效。

（六）着力推进国际合作，扩大海外业务产量和效益贡献。落实优质高效发展规划部署，坚持以效益为中心，优化海外资产结构和区域布局，加强与国际油公司战略合作，抓住共建“一带一路”等机遇加大新项目开发力度，建立资产有进有出的良性循环机制，推动国际合作向更宽领域、更深层次、更高水平发展。强化陆上风险勘探、实施高效滚动勘探、推进深水勘探，增加经济可采储量，保持油气权益产量当量持续增长。密切关注高风险国家形势变化，确保海外员工生命安全和项目平稳运营。国际贸易要统筹优化进出口和转口贸易，保持收入和效益稳定增长。

（七）着力发挥整体优势，增强服务业务竞争力和创效能力。中油油服要进一步加强与油气田企业紧密配合，打造一批新利器，创出一批新纪录，助力取得一批新发现、打出一批高产井，全力保障油气增储上产，要大力开拓市场，强化精益管理，降低成本费用，提高经营效益。中油工程要坚持精细卓越理念，进一步提高价值创造和市值管理水平，持续优化全球市场布局，加强项目全生命周期管理，全力保障重点工程进度和质量。中油资本要持续强化产融结合、融融协同，不断拓展业务领域和服务渠道，创新发展模式，有效防控风险，提高优质高效服务能力和盈利能力。装备制造企业要深化精益管理，按需开展“制造 + 服务”，全力拓展内外部市场，巩固扩大本质性扭亏成果。

（八）着力深化改革创新，提高运营质量和效率效益。落实国企改革三年行动方案，推动集团公司各项改革措施靠实落地，助力创建世界一流示范企业取得实质性突破。以构建“油公司”管理体制机制为目标，推动生产组织模式创新。围绕调动两个积极性，落实差异化管控要求，优化分级授权管理体系；深化三项制度改革，增强考核激励约束的精准度；稳步推进“双百行动”、扩大经营自主权试点等企业综合改革。健全内部市场化运营机制，优化完善油气产品和服务内部价格机制以及产业链上下游、甲乙方联动考核机制。坚持创新驱动，以国家油气专项和集团公司重大科技专项为龙头，瞄准八大重点领域，着力攻克一批关键核心技术、装备与软件，加强国产 ERP 等信息系统建设与集成应用，加快共享服务体系建设，基本建成国际知名创新型企业和“共享中国石油”。进一步优化投资结构，深化资金管理，大幅压减“两金”，突出“两利三率”调整完善考核指标体系，加强股权和市值管理，抓好集团化采购、集约化招标和精细化装备管理，坚持节俭办企业，大力降本降费，持续提升生产经营效率效益。坚持依法治企、合规经营，强化内控与风险管理，推进审计全覆盖，有效防范化解生产经营风险。加快建设集团公司生产运行指挥中心，完善运行协调机制，提升油气业务链顺畅运行能力。按照分工安排和进度节点，加强统筹组织，明确战略目标和重大举措，高水平编制好“十四五”发展规划。

2020 年生产经营任务艰巨繁重。集团公司上下要认真贯彻落实集团公司党组和董事会的决策部署，大力弘扬大庆精神铁人精神，主动担当作为、苦干实干，确保实现集团公司“十三五”规划圆满收官，推进世界一流综合性国际能源公司建设迈上新台阶。

深入学习贯彻党的十九届四中全会精神 推进公司治理体系和治理能力现代化

——戴厚良在集团公司2020年领导干部会议上的讲话（摘要）

（2020年7月28日）

党的十九届四中全会是在“两个一百年”奋斗目标历史交汇点上，召开的一次具有开创性、里程碑意义的重要会议。四中全会全面回答了我国国家制度和国家治理应该“坚持和巩固什么，完善和发展什么”这个重大政治问题，为坚持和完善中国特色社会主义制度、推进国家治理体系和治理能力现代化描绘了路线图、制定了时间表、发出了动员令。学习贯彻四中全会精神是当前和今后一个时期的重大政治任务。特别是面对新冠肺炎疫情和低油价冲击带来的前所未有的严峻挑战，全面落实四中全会部署要求，推进公司治理体系和治理能力现代化，以制度优势应对风险挑战，把制度优势转化为治理效能，显得尤为重要和紧迫。

这次会议的主要任务是，以习近平新时代中国特色社会主义思想为指导，深入学习贯彻党的十九届四中全会精神，落实党中央、国务院关于全面深化国有企业改革的决策部署，总结回顾集团公司成立以来治理体系和治理能力建设的探索实践，研究部署推进公司治理体系和治理能力现代化的思路目标和重点任务，动员集团公司上下进一步解放思想、改革创新，坚持和完善中国特色现代企业制度，优化完善治理体系，提升治理能力和水平，为建设世界一流综合性国际能源公司提供有力保证。

一、关于集团公司成立以来治理体系和治理能力建设的探索实践

公司治理是现代企业的一项根本性制度安排，其核心要义在于通过一整套制度和机制设计，确保企业决策科学、制衡有效、运作规范、监督有力，维护集团公司各相关方权益。公司治理体系和治理能力是现代企业制度及其执行能力的集中体现。我国国有企业推进治理体系和治理能力现代化，就是在党的领导下，遵循国际准则和规范，运用现代经营管理理论、方法和手段，建立完善中国特色现代企业制度、提升治理效能的过程。

中国石油的发展史，是一部气势恢宏的艰苦创业史，也是一部持续深化改革、建立健全中国特色现代企业制度的探索史。党的十八大以来，集团公司以习近平新时代中国特色社会主义思想为指导，确立健全完善现代企业制度、推进公司治理体系和治理能力现代化的改革总目标，搭建“1+N”全面深化改革基础框架，推进党的领导融入公司治理，集团公司全面完成公司制改制，建立董事会，实施“五个中油”和部分业务重组，以公司章程为统领的制度体系不断健全，以“三级管理”为主的体制架构逐步形成，中国特色现代企业制度逐步建立。一是将党的领导融入公司治理体系，二是丰富完善公司战略体系，三是调整优化管理体制和管控模式，四是建立健全内部经营机制，五是健全完善制度体系，六是持续强化科技和管理创新。

集团公司成立以来治理体系和治理能力建设的探索实践，为中国石油各项事业的发展进步提供了有力保障。2020年以来，面对新冠肺炎疫情和超低油价带来的前所未有的挑战冲击，集团公司坚决贯彻党中央关于新冠肺炎疫情防控、做好“六稳”工作、落实“六保”任务等部署要求，落实集团公司年初工作会议关于“六个迈上新台阶”的安排，以战时状态统筹做好疫情防控、复工复产和生产经营改革发展工作，组织开展“战严冬、转观念、勇担当、上台阶”主题教育，发动全员提质增效，倾力支持全国疫情防控大局和经济社会发展。进一步加强党的领导党的建设，建立学习贯彻习近平总书记重要指示批示精神落实机制，组织开展贯彻落实情况“回头看”，严肃查处形式主义、官僚主义等问题。生产经营逐步恢复正常，油气产业链供应链总体平稳运行，在特殊困难时期有效发挥集团公司制度优势和治理效能。

集团公司成立以来治理体系和治理能力建设的

探索实践，充分展现中国特色现代企业制度的强大生命力和重要优势，也为新时代集团公司推进治理体系和治理能力现代化提供重要经验。主要是：坚持党对国有企业的全面领导，加强党的创新理论武装，提高政治站位、站稳政治立场，确保集团公司始终沿着正确方向前进的重要优势；坚持以保障国家能源安全为己任，强化战略引领，主动融入国家重大战略和经济社会发展全局，全面履行经济责任、政治责任、社会责任的重要优势；坚持集团公司"一盘棋"，强化上下游协调、甲乙方协作、国内外协同，综合一体化整体发展的重要优势；坚持深化改革、创新驱动，与时俱进优化完善体制机制，有效激发动力活力的重要优势；坚持扩大开放合作，参与全球能源治理，打造能源合作利益共同体，实现互利共赢、共同发展的重要优势；坚持依法合规治企，强化规范运作，防范化解重大风险，建设法治企业的重要优势；坚持德才兼备、选贤任能，实施人才强企，培养造就大批优秀人才的重要优势；坚持紧紧依靠职工群众办企业，维护员工合法权益，保持企业和队伍大局稳定的重要优势；坚持共同理想信念和价值追求，弘扬石油精神和大庆精神铁人精神，以先进文化铸魂育人的重要优势。

二、关于推进公司治理体系和治理能力现代化的重要性紧迫性

当今世界正经历百年未有之大变局，我国全面建成小康社会和脱贫攻坚进入决战决胜时刻，集团公司正处在建设世界一流综合性国际能源公司的关键时期。为切实履行国有重要骨干企业的重大责任，有效应对新冠肺炎疫情和低油价带来的巨大冲击和深远影响，战胜前进道路上的各类风险挑战，推进集团公司转型发展、高质量发展，必须在健全完善中国特色现代企业制度、推进公司治理体系和治理能力现代化上下更大功夫。

（一）这是贯彻落实总书记重要指示精神和党中央决策部署、彰显国企责任担当的实际行动。推进国家治理体系和治理能力现代化，是以习近平同志为核心的党中央作出的重大战略部署。党的十九届四中全会《中共中央关于坚持和完善中国特色社会主义制度 推进国家治理体系和治理能力现代化若干重大问题的决定》提出，坚持和完善社会主义基本经济制度，深化国有企业改革，完善中国特色现代企业制度，增强国有经济竞争力、创新力、控制力、影响力、抗风险能力。2020 年以来，党中央明确提出要扎实做好"六稳"工作、落实"六保"任务，逐步形成以国内大循环为主体、国内国际双循环相互促进的新发展格局，陆续出台《关于新时代加快完善社会主义市场经济体制的意见》《国企改革三年行动方案（2020—2022 年）》等重要文件，都对国有企业完善公司治理、提升治理能力提出明确要求。国有企业是贯彻和实践党的基本理论、基本路线、基本方略的重要阵地，国有企业治理是国家治理的重要内容、是党治国理政的重要组成部分。必须进一步强化政治担当，充分认识中国石油在完善我国基本经济制度、形成新发展格局、推动经济高质量发展、保障国家能源安全中的重大责任，努力在完善中国特色现代企业制度、推进公司治理体系和治理能力现代化方面走在中央企业前列。

（二）这是顺应国内外宏观大势、有效应对风险挑战的迫切需要。当前，集团公司仍处于发展的重要战略机遇期，但机遇期的内涵和条件已经发生深刻变化，叠加新冠肺炎疫情和低油价的冲击影响，面临的风险挑战前所未有，必须高度警惕和关注。一是世界格局深刻变化带来的风险挑战。全球经济复苏之路遭遇重大挫折，国际贸易和投资大幅萎缩，世界油气市场较长时间内仍将处于供应宽松格局，国际油价反弹回升存在很大的不确定性。一些国家保护主义和单边主义盛行，地缘政治矛盾和冲突不断演化升级，实施国际化经营、开展国际交流合作、推动技术进步面临更加复杂的局面。二是全球能源产业变革加速演变带来的风险挑战。全球能源产业正面临着全方位、颠覆性的深刻变革，主要能源企业正在加速组织结构和治理体系变革促进转型发展，这其中的机遇和挑战，需要高度关注和准确把握。三是国内油气市场竞争日趋白热化带来的风险挑战。我国油气体制改革加快推进，各类资本加速布局油气全产业链，国内油气及产品市场正在由"蓝海"全面进入"红海"，竞争将更加激烈。

（三）这是解决公司突出矛盾、实现战略目标的内在要求。集团公司正在创建的世界一流示范企业、所打造的世界一流综合性国际能源公司，绝不只是个别业务、个别板块的世界一流，而是要追求每个业务、每个板块全面达到世界一流，努力成为行业的标杆旗帜。需要进一步深化内部改革，完善体制机制，健全管理制度，以更好的治理效能助推集团公司战略目标的实现。

总的来看，推进公司治理体系和治理能力现代化，既是党中央的明确要求、更是集团公司发展的内在需要，既是形势所迫、更是大势所趋，是集团公司责任之所在、命运之所系。要提高站位，切实增强推进公司治理体系和治理能力现代化的责任感紧迫感，以高度的思想自觉引领行动自觉。

三、关于推进公司治理体系和治理能力现代化的总体要求

推进公司治理体系和治理能力现代化的总体思路是，以习近平新时代中国特色社会主义思想为指引，深入贯彻党的十九届四中全会精神，贯彻落实新发展理念，按照“坚持高质量发展、坚持深化改革开放、坚持依法合规治企、坚持全面从严治党”的兴企方略，紧紧围绕完善中国特色现代企业制度，遵循“专业化发展、市场化运作、精益化管理、一体化统筹”治企准则，突出问题导向、目标导向、结果导向，构建与现代化经济体系相适应、具有中国石油特点的体制机制和制度体系，不断增强企业竞争力、创新力、控制力、影响力、抗风险能力，把制度优势更好地转化为治理效能，为建设世界一流综合性国际能源公司提供有力保证。

总体目标：到 2025 年，集团公司党的领导与公司治理有机统一，管理体制顺畅高效，市场化经营机制建立健全，制度体系基本成熟定型，公司治理体系和治理能力现代化取得显著成效。到 2035 年，各方面制度更加健全完善，体制机制更加科学高效，基本实现公司治理体系和治理能力现代化。到 21 世纪中叶，全面实现公司治理体系和治理能力现代化，充分彰显中国特色现代企业制度优越性。

推进公司治理体系和治理能力现代化，是集团公司全面深化改革总目标的重要内容，也是一项重大战略任务。实现这一目标、完成这项任务，必须遵循“专业化发展、市场化运作、精益化管理、一体化统筹”治企准则。

四、关于优化完善公司治理体系的重点任务

公司治理体系的优化完善是一项复杂的系统工程。要紧紧围绕“发展、改革、调整、管理、创新、党建”总体工作布局，坚持问题导向，找准治理短板，全力推进各项重点任务落实，加快形成更加成熟、更加定型的体制机制和制度体系，构建与世界一流综合性国际能源公司相适应的治理体系。

（一）优化完善党的领导与公司治理有机统一的体制机制。党的领导是推动集团公司治理体系和治理能力现代化的根本保证。要认真贯彻中央企业党委（党组）落实党的领导融入公司治理的制度性意见，细化党委（党组）在决策、执行、监督各环节的权责和工作方式，使党组织在公司治理结构中的法定地位制度化、规范化、程序化。

健全完善党的领导体制和法人治理结构。落实国务院国资委关于中央企业董事会建设的新要求，进一步规范完善公司章程、董事会工作规则及相关制度机制，充分发挥董事会治理效能。建立党的领导与公司治理有机统一的机制。建立党组织把关定向与董事会依法决策有机统一的决策机制，建立党组织保落实与经理层行使经营管理权有机统一的执行机制，建立党组织融入公司治理发挥作用的评价机制。健全完善党的建设制度体系。贯彻新时代党的建设总要求，完善全面从严治党制度，建立完善以党的政治建设为统领、全面推进党的各方面建设的体制机制。健全完善监督体系。发挥党内监督主导作用，健全完善党组（党委）统一领导、全面覆盖、权威高效的监督体系。

（二）优化完善公司战略体系。要站在“两个大局”的高度，深入贯彻国家能源安全新战略，准确把握能源转型大趋势，借鉴国际大公司有益经验，坚持“不立不破、先立后破”，持续完善公司战略体系，强化战略全过程管理，更好发挥战略对公司治理体系建设的引领作用。

丰富拓展公司发展战略。更加突出创新驱动，更加突出资源的低成本、多元化、可持续，更加突出市场导向，更加突出提升国际化经营能力，更加突出绿色低碳。持续强化战略管理。优化整合总部战略管理职能，完善管理工具和方法，加快形成战略研究和制定、实施和监督、评价和优化的高效闭环管理。

（三）优化完善管理体制和组织体系。管理体制和组织体系是公司治理体系的核心内容。要坚持价值引领、效益导向，加强统筹规划、稳妥实施，简政放权、瘦身健体，构建完善定位明确、界面清晰、责权统一、协调运转的高效能管理体制和组织体系。

优化完善公司管理体制。完善体制架构，进一步明晰各层级职能定位，实行统一的战略、人力资源、财务、监督等管理体系。加快建设价值型总部。突出总部战略引领、资本运营、人才强企、核心资源配置、重大风险防控等职能定位，厘清权责边界，统筹优化总部机构设置，精干人员配置。健全完善授权管理体系。采取差异化授权方式，在投资、决策、资产经营、考评激励等方面进行相应授权，做到权力与功能定位相适应、责权利相匹配。加快建设全球共享服务体系。总结共享运营公司建设运作的经验，进一步加强共享服务的顶层设计，在推进财务和人力资源共享服务全覆盖的基础上，逐步扩大共享的内容和范围。健全完善风险防控体系。完善集团公司层面风险防控领导机制和工作机制，构建风险分级分类管控机制，完善风险防控制度体系，加强内控体系和合规管理体系建设。

（四）优化完善市场化机制。市场化是深化改革的方向，市场化机制是公司治理体系高效运行的关键所在。要深化市场化机制改革，完善统一开放、竞争有序的市场体系，构建更加科学合理的内部价格形成和传导机制，推进内部考核与运行机制的市场化，使市场在资源配置中真正发挥决定性作用。

坚持市场化方向完善内部经营机制。健全以市场为导向、效益为中心的生产经营运行机制，以销定产、以产定供、以产促销，逐步形成上游及上道工序支持下游、下道工序参与市场竞争、开放有序、运行顺畅的格局。坚持市场化方向深化三项制度改革。正确处理国家、企业、员工的利益关系，坚持劳动生产率提升与员工收入增长相一致，坚持员工收入与当地劳动力市场价位相匹配，建立健全“三能”机制。坚持市场化方向推进混合所有制改革。推进全产业链各业务领域扩大开放，加大合资合作力度，坚持国有资产不流失的原则，发展混合所有制经济。

（五）优化完善科技创新体制机制。科技创新要立足于支撑集团公司主营业务的当前发展、引领集团公司未来事业的发展需要，提升科技创新能力和效率。要牢牢把握新一轮技术革命和产业革命机遇，强化科技创新治理体系建设，加快数字化转型步伐，提升集团公司科技实力和智能化水平，更好地发挥科技在推进公司治理体系和治理能力现代化中的支撑作用。

健全有利于激发科技创新活力的体制机制。完善更加突出业务主导的科技管理体制，建立健全科技研发工作与生产经营更加紧密结合的机制，建立对科研院所费用分担的激励约束机制。大力推进数字化转型。强化顶层设计，加强信息技术与业务深度融合，实施数字化转型专项行动，提升公司治理的精准性、协同性和有效性。

（六）优化完善制度体系。制度具有根本性、全局性、稳定性、长期性，是公司治理的根本依据。要不断改进制度内容体系，完善制度管理体系，逐步推动各方面制度更加成熟定型，构建系统完备、科学规范、运行有效的公司制度体系。

要着力推进各层级制度建设，明晰各层级制度制定权限与责任，实现制度上下贯通。着力推进各领域制度建设，实现制度衔接呼应。健全制度形成机制，提高制度质量。要以制度建设为根本抓手，将依法合规治企作为推进公司治理体系和治理能力现代化的重要内容，深化全面合规管理，持续推进科学立规、严格依规、全员合规、严惩违规，努力建设法治企业。

五、关于提升公司治理能力和水平

公司治理能力主要体现为运用制度管理运营公司的能力。提升治理能力和水平，根本在于加强党的领导，关键是要建设一支适应新时代要求，懂治理、会治理、善治理的高素质专业化干部队伍，核心在于强化制度执行，把制度优势转化为治理效能。

（一）加强党对治理体系和治理能力建设的领导。完善治理体系、提升治理能力，是集团公司的一项重大战略任务和重大现实课题，必须在集团公司党组的统一领导下进行，科学谋划、精心组织，远近结合、整体推进，确保各项目标任务全面落实到位。一要统一意志和行动。坚持党性原则，站在集团公司改革发展全局的高度，深刻认识推进公司治理现代化的重要性、紧迫性，自觉把思想和行动统一到党中央决策部署及党组安排要求上来。二要加强顶层设计。集团公司层面，加快完成公司治理体系和治理能力现代化的总体设计，并抓好组织实施。各企事业单位要配合做好专项方案实施相关工作，同时对本单位制度体系完善、治理体系建设进行整体谋划，形成切实可行的方案和行动计划。三要落实责任。切实扛起政治责任，加强领导和统筹协调，确保治理体系建设的正确方向，确保各项工作有序衔接、稳准推进。四要注重发挥基层积极性。要充分发挥基层党组织在基层治理中的领导作用，鼓励基层大胆创新、大胆探索，及时对基层创造的行之有效的治理理念、治理方式、治理手段进行总结和提炼，不断推动各方面制度完善和发展。

（二）解放思想、更新治理理念。要学习领会现代治理理念，结合正在开展的“战严冬、转观念、勇担当、上台阶”主题教育，解放思想，对照中央要求和现代化目标，查找治理理念、治理方式和治理体系中的问题，持续改进提升，为治理体系建设注入强大思想动力。要牢固树立价值创造理念，以市场为导向、以效益为中心组织生产经营，加强协同协作，从“生产供应型”向“价值创造型”转变，不断提升发展质量和效益；牢固树立守正创新理念，要把握好变与不变、立与破的关系，既要固根基、扬优势，又要激活创业创新基因、激发负熵因子，打造开放包容、充满活力的体系；牢固树立依法合规理念，运用法治思维和法治方式深化改革、推动发展、维护稳定、化解矛盾；牢固树立共治共享理念，强化人人有责、人人尽责、人人享有的共同治理意识，全心全意依靠职工群众办企业，注重把发展创新成果惠及干部员工，与利益相关者互利共赢、共同发展。

（三）提高领导干部治理能力。领导干部素质能力的强弱，很大程度上决定着公司治理效能的高低。要把提高治理能力作为新时代干部队伍建设的重大任务，对照总书记强调的领导干部要增强“八种本领”要求和国有企业领导人员“20字”标准，结合公司治理实际，重点提升五个方面的能力。一是政治领导能力。就是旗帜鲜明讲政治，牢固树立“四个意识”、坚定“四个自信”、做到“两个维护”，引导员工参与企业治理，不折不扣贯彻落实党中央要求以及集团公司党组的决策部署，把好企业改革发展的正确方向。二是战略决策能力。就是注重战略思维、辩证思维和全球视野，善于观大势、谋全局，胸怀“两个大局”，谋划发展思路、制定战略规划，运用科学方法、按照程序对重大问题果断决策。三是改革创新能力。就是弘扬企业家精神，发挥专业优势，敢为人先，善于用创新的思路、改革的方法破解难题，开创新局面，实现新发展。四是风险防控能力。就是强化忧患意识和底线思维，时刻保持如履薄冰的谨慎、见叶知秋的敏锐，高度警惕和防范重大风险，做好预案和对策准备，积极应对、果断处置、化危为机。五是依法治企能力。就是遵纪守法，善于运用法治思维和制度谋事干事，依法合规诚信经营，守住底线、不越红线、不触碰高压线。

（四）提高全员制度意识和制度执行力。要深化对党的十九届四中全会精神的宣传贯彻，引导全体干部员工充分认识中国特色社会主义制度、中国特色现代企业制度的本质特征和优越性，充分认识集团公司治理体系和治理能力建设取得的显著成效和重要优势，进一步坚定制度自信。教育引导干部员工充分认识推进公司治理体系和治理能力现代化的总体要求和目标任务，坚持从国情企情出发，从战略发展需要和工作实际出发，吸收和借鉴先进经验，巩固发展自身制度优势，扬长避短、持续改进。

征程万里风正劲、重任千钧再登攀。要更加紧密团结在以习近平同志为核心的党中央周围，以习近平新时代中国特色社会主义思想为指引，开拓创新、砥砺奋进，不断取得治理新成效，推动世界一流综合性国际能源公司建设，为保障国家能源安全，为决胜全面建成小康社会、实现中华民族伟大复兴的中国梦作出新的更大贡献。

集团公司生产经营和提质增效情况通报

——李凡荣在集团公司2020年领导干部会议上的生产经营工作报告（摘要）

（2020年7月28日）

一、上半年生产经营和提质增效情况

2020年以来，国内油气需求受新冠肺炎疫情影响严重萎缩，国际油价出现历史罕见的大幅下跌，集团公司生产经营遭遇前所未有的冲击和挑战。面对复杂严峻形势，集团公司上下按照党组和董事会的工作部署，统筹推进疫情防控、复工复产、生产经营和改革发展各项工作，大力实施提质增效专项行动，保持油气产业链总体平稳运行，经营状况二季度以来逐月向好。

（一）新冠肺炎疫情防控取得重大战略成果。认真落实以习近平同志为核心的党中央决策部署，牢固树立“宁可十防九空、不能失防万一”的理念，把员工生命安全和身心健康放在第一位，第一时间启动一级响应，先后召开12次党组会和100次新冠肺炎疫情防控工作领导小组会，按战时状态构筑起“上下贯通、高效协同、整体联动、快速反应”的联防联控工作机制，全力打好新冠肺炎疫情防控阻击战。国内新冠肺炎疫情防控取得决定性成果，国际业务新冠肺炎疫情防控取得重要阶段性成效。发挥产业优势和资源优势，全天候、全品种、全方位精准供应油气，提前实施淡季气价，实质性帮助企业用户降低生产成本，紧急布局投产多条口罩和熔喷布生产线，积极协调相

关医疗力量投入抗疫工作，累计捐赠实物及现金共计1.24 亿元，为全国新冠肺炎疫情防控大局贡献石油力量。

（二）提质增效成效逐步显现。落实国务院国资委部署要求，全面启动实施提质增效专项行动，坚持在经营上精打细算、生产上精耕细作、管理上精雕细刻、技术上精益求精，推进效益提升、亏损治理、“两金”压降、法人压减、运营创效五个行动计划，组织开展“战严冬、转观念、勇担当、上台阶”主题教育活动，全力打好效益实现保卫战，努力降低疫情和低油价冲击造成的损失。

（三）主营业务平稳受控运行。国内勘探生产保持主动，炼化结构调整稳步推进，成品油销售逐步向好，天然气终端销量大幅提升，海外油气合作稳中有进。

（四）安全环保形势总体稳定。坚持强基础、严监管、零容忍，着力整治风险隐患，对重点领域和企业实行升级管理，组织实施安全生产专项整治三年行动计划和“安全考评年”活动，上半年未发生较大及以上安全环保事故事件。

二、下半年重点工作部署

下半年集团公司生产经营面临的宏观环境具备不少有利条件和积极因素，我国经济稳中向好、长期向好的基本面没有改变，国家实施扩大内需战略、推进更高水平对外开放、构建新发展格局，出台减税降费、释放流动性、优化营商环境等政策措施，有利于集团公司进一步优化布局、拓展市场、降本增效。但切不可盲目乐观，对生产经营形势的严峻性和完成全年目标任务的艰巨性，必须始终保持清醒认识。一是新冠肺炎疫情在全球加速蔓延，世界经济严重衰退，产业链供应链循环受阻，国际油气市场供过于求的态势更加突出，国际油价反弹回升面临很大不确定性。二是大变局下全球动荡源和风险点显著增多，美国对我国全面遏制打压日益升级，一些资源国政局动荡、经济低迷，开展国际化经营和扩大国际交流合作面临诸多风险。三是我国面临着在疫情防控常态化条件下推动经济社会发展的艰巨任务，投资和出口受外部环境影响较大，国内油气全产业链市场主体更加多元、竞争更加激烈。

面对复杂严峻形势，要保持战略定力、强化底线思维，坚决落实党中央“六稳”“六保”任务，认真贯彻党组决策部署，按照“四个坚持”兴企方略，遵循专业化发展、市场化运作、精益化管理、一体化统筹的治企准则，着力加强党的全面领导，着力推进油气产供储销体系建设，着力深化改革创新，着力稳经营、强管理、防风险、保安全，全面完成各项任务目标，努力保障国家能源安全，实现“十三五”圆满收官。

（一）坚持严防不怠，切实抓好新冠肺炎疫情防控和安全环保工作。把员工生命安全和身心健康放在第一位，完善常态化防控机制，严格落实办公场所、生产现场、施工一线的防控措施，织密织牢防控网。坚持预防预备和应急处突相结合，深入开展安全生产三年专项整治，严格落实责任，强化追责问责，努力提升本质安全水平。密切关注极端气候变化，做好防洪防汛、防地质灾害等工作，加强应急管理，确保生产建设和员工生命安全。做好节能节水工作，确保完成年度目标。加强质量管理，持续提升产品、工程和服务质量。

（二）坚持“四精”要求，深入推进提质增效专项行动。把提质增效作为当前最紧迫的任务和推动高质量发展的长期之策，牢固树立精益理念，打好打赢效益实现保卫战。一是实施优化增效。优化调整投资结构，坚持审慎原则和效益标准，有所为有所不为。优化生产经营组织，综合平衡供产销储贸各环节，以销定产、以产定供、以产促销，强化上下游、国内外一体协同，确保整体效益最大化。二是实施降本增效。牢固树立过紧日子思想和“一切成本皆可降”的理念，持续加大成本费用管控力度。三是实施经营增效。深化财务预算和生产经营计划衔接，全面开展资产分类管理，提升资产质量和创效能力。四是实施创新增效。加大油气增储上产、炼化转型升级、工程技术和装备、节能减排等关键核心技术攻关力度，大力强化“三基”工作，加强精细化管理和精益管理，高度重视价值管理，持续提升管理效能。

（三）坚持稳油增气，大力推动国内勘探开发效益发展。加大油气勘探特别是风险勘探力度，深化重点盆地、重点领域地质综合研究和地震准备，加快已部署风险探井组织实施，努力实现战略性发现和突破。坚持效益开发，深化精细注水，加强长停井治理和低产井提效，抓好重点项目规模有效集中建产，确保全年原油产量稳中有升，天然气产量较快增长。

（四）坚持结构调整，持续深化炼化业务转型升级。强化生产受控管理，抓好装置非计划停工及异常波动管理，确保安稳长满优运行，努力增收增效。树立分子炼油理念，选择最合适的工艺路线，实现资源高效利用。坚定减油增化方向，增产高效和特色产品。推动与化工产品销售体系的融合协同发展，一体应对市场竞争。

（五）坚持量效兼顾，着力改善成品油营销质量。积极应对市场变化和油价波动，加强区域协同、油非互促、精细营销，突出保后路、拓市场、提纯枪、增效益，确保销量、份额与效益相统一。充分发挥集团公司整体优势，大力推进优质网络开发，拓展终端市场，提升纯枪销量。优化调整营销策略，推进差异化、精准化营销，提高单站创效能力和服务客户水平。深入挖掘非油业务潜力，巩固多元创效格局。

（六）坚持统筹优化，全力加大天然气扩销提效力度。优化资源配置，统筹好自产和进口、长贸和现货等资源，保持产进销平衡，确保产业链安全运行。全面提升市场营销能力，坚持市场导向、客户至上，统筹批发和零售，全力以赴开拓市场，实现量效齐增。优化销售结构，推动多元化终端市场开发。抓好重点工程建设，确保按期投产。加强与国家管网公司协调，确保生产平稳、销售顺畅、安全受控。

（七）坚持优质高效，努力提高国际化经营能力和水平。海外勘探开发要坚持效益勘探，扎实做好储量评估，夯实资源基础；加强新项目开发，努力寻找优质资源。加强风险管控，妥善解决政策性风险。国际贸易要认真做好保供、降本、增效工作，顾大局保整体，在海外份额油气销售、降低资源采购成本、优化出口等方面加大力度，全面提升服务水平；创新贸易手段，严控交易风险，努力提升议价能力和跨市交易水平。

（八）坚持服务主业，大力提升支持业务服务保障和竞争能力。中油油服要坚持技术立企，产研结合加快核心技术和关键装备攻关，加强新技术新工艺新工法推广应用，着力提升施工作业质量和效率。中油工程要优化重点项目建设方案，打造“五化”建设样板工程；加强市场开拓和布局优化，突出高端市场、规模市场和重点客户，努力增收增效。中油资本要以产业金融平台建设为突破口，打造产融结合升级版，排查化解金融风险，提升服务主业能力和创效水平。装备制造企业要深化“五自”改革，全力开拓市场，推进“制造＋服务”，增强自我发展、可持续发展能力。

完成全年生产经营和提质增效目标、实现“十三五”规划圆满收官，任务艰巨而繁重。要认真贯彻落实集团公司党组和董事会的决策部署，团结拼搏、迎难而上，坚决打赢新冠肺炎疫情防控阻击战和效益实现保卫战，推进公司治理体系和治理能力现代化，为保障国家能源安全、促进国民经济持续健康发展作出新贡献。

（张　安　靳　烨）

专　文

中国石油风险勘探获重大发现

2020年1月19日，中国石油重点风险探井轮探1井获重大发现，经酸压测试，折日产油133.46立方米、天然气4.87万立方米。这标志着塔里木盆地寒武系盐下超深层勘探取得重大成果，发现一个新层系——寒武系吾松格尔组，证实8000米以深依然可发育原生油藏和优质储盖组合，开辟了一个重要接替层系和崭新的勘探领域。

近年来，中国石油深入贯彻落实习近平总书记关于提升国内油气勘探开发力度、努力保障国家能源安全的重要批示指示精神，持续加大风险勘探力度，加快寻找战略性大发现。轮探1井的重大发现，是塔里木油田在一年多的时间内获得的第三个重大发现。

轮探1井位于新疆库车市，完钻井深8882米，是亚洲陆上第一深井。面对储层超深、超高压、高温等极限难题，塔里木油田同西部钻探等单位，在井深结构设计优化、钻井提速、完井提产等方面开展联合技术攻关，形成超8000米深层复杂钻完井配套技术，创造了取心深度、射孔井深和机械分层改造技术等7

项亚洲陆上最深工程纪录。这也标志着我国超深层测、钻完井等技术整体达到世界领先水平。

轮探1井在8000米以深超深层获工业油气流，揭开了一个占盆地面积60%的巨厚盐盖层和台盆区寒武系盐下万亿立方米大油气区的面纱，首次确认了海相碳酸盐岩油气的“母源”，改写了液态石油赋存深度极限理论，将塔里木盆地油气“死亡线”延深至8000米以深，使寒武系盐下从探索研究对象转变为勘探部署目标，开辟了塔里木盆地超深层油气勘探新领域。这对强化塔里木盆地超深层构造解析、储层发育机制、生气潜力与资源评价、成藏富集规律及有利区带目标优选等具有重要的勘探里程碑意义。

塔里木盆地超深层油气勘探获重大突破

2020年4月8日，塔里木油田满深1井用10毫米油嘴测试求产，日产原油624立方米，日产天然气37.1万立方米，标志着盆地腹部超深层油气勘探获重大突破，证实了塔北—塔中整体连片含油，新增有利勘探面积3520平方千米，开辟出一个新的油气战略接替区。这是中国石油在克服疫情影响，复工复产后在塔里木盆地油气勘探取得的重大突破。

塔里木盆地碳酸盐岩油气藏储量丰富，约占盆地油气资源总量的38%，是塔里木油田原油增储上产的重要战略接替领域。目前已开发哈拉哈塘、轮古、塔中I号等7个碳酸盐岩高效区块，2019年油气产量375万吨，占塔北—塔中地区油气产量的50%，为塔里木油田加快塔北—塔中千万吨级大油气区建设奠定坚实的基础。

满深1井位于新疆沙雅县境内，是塔里木油田部署在塔河南岸勘探新区的一口重点探井，地处塔北、塔中两大古隆起之间的鞍部，目的层为距今4.4亿年的古老海相碳酸盐岩地层，埋深接近8000米储集体，以裂缝和洞穴为主，勘探开发面临一系列世界级难题。塔里木油田持续深化碳酸盐岩勘探开发科研攻关，创新地质理论认识，攻克了超深、断控、缝洞型碳酸盐岩储层预测方法的技术瓶颈，构建了系统完备的超深层碳酸盐岩钻完井技术序列，为该井成功钻遇良好油气层提供重要理论和技术支撑。

中国石油市场营销工作会议在北京召开

2020年11月17日，中国石油天然气集团有限公司市场营销工作会议在北京召开。会议的主要任务是，以习近平新时代中国特色社会主义思想为指导，深入贯彻落实党的十九大和十九届二中、三中、四中、五中全会精神，总结成绩、交流经验、分析形势、部署工作，动员全体干部员工解放思想、转变观念，进一步明方向、增意识、转方式、强能力，全力加强集团公司市场营销工作。

集团公司董事长、党组书记戴厚良作《解放思想，转变观念，全力加强市场营销工作》的主题讲话。集团公司总经理、党组副书记李凡荣主持会议。集团公司领导段良伟、刘跃珍、吕波、焦方正、徐吉明、黄永章出席会议。

会议指出，企业是市场的主体，市场是企业生存发展的根基。市场营销是保障企业运营顺畅、实现产品增值、提升企业价值的关键环节，是事关企业高质量发展的战略性、全局性工作。“十三五”以来，集团公司不断深化市场规律的认识，更加注重发挥市场在资源配置中的决定性作用，坚定实施和完善市场战略，深入推进市场化改革，全力提升市场应对能力和创效水平，市场营销的规模持续增长、网络持续拓展、改革创新持续深化、队伍建设持续加强，为保障公司产业链平稳顺畅运行和整体价值实现发挥了重要作用。

会议强调，加强市场营销工作，要遵循市场经济发展规律和油气行业的运营规律，坚持“市场导向、客户至上，以销定产、以产促销，一体协同、竞合共赢”的营销工作方针，完整准确把握坚持把市场战略作为行动引领、坚持把改革开放作为关键一招、坚持把党的领导作为根本保证等“六个坚持”的基本遵循。到“十四五”末，集团公司全面完成由“生产型”向“经营型”转变，市场营销业务基本实现高质量发展；到2035年，基本达到世界一流水平。

要坚持问题导向、目标导向，抓住关键、稳准发力，在转观念、建体系、强改革、抓转型等方面下大力气，以重点突出带动整体推进，打牢高质量发展根基。突出转变观念，增强全员市场意识，勇于自我变革，紧紧围绕使市场在资源配置中起决定性作用，进一步解放和发展生产力，进一步解放和增强企业活力。突出现代市场营销体系建设，坚持以市场为导向、坚持客户至上，加强对市场营销的统筹谋划和顶层设计，优化市场布局，健全市场营销网络，完善客户服务标准化体系，着力增强市场引领、市场营销、产品销售和价值创造“四种能力”。突出深化改革强化管理，理顺市场营销管理体制，健全考核激励约束政策，完善重大风险防控体系，激发动力活力。突出数字化平台建设，加快构建电商平台，建设顺畅的物流平台，加强信息化基础建设，推进市场营销数字化转型。突出市场开放，加快形成开放共享、竞争有序的市场体系。

加强市场营销工作，要以坚强有力的党的领导作为根本保证，要以高素质专业化的干部队伍和骨干营销人才队伍作为组织保障，充分调动一切积极因素，形成推动高质量发展的强大合力。要把握正确的政治方向、改革发展方向，立足于确保油气产业链供应链稳定运行、确保集团公司和客户价值最大化的工作大局，压实工作责任，充分发挥党组织把方向、管大局、促落实的领导作用。要贯彻新时代党的组织路线，树立鲜明用人导向，加大优秀年轻干部培养选拔力度，坚持“干”字当头、“实”字托底、事不避难、力戒浮华，着力建设政治强、懂营销、能打仗、打胜仗的干部队伍。要建立高质量高层次市场营销培训体系，加大一线骨干营销人才培养力度，强化服务意识、成本意识，加快培养懂生产、会服务的市场营销人才队伍。要坚持“一盘棋”思想协同攻坚，产业链高效配合，形成产销协同、快速反应的联动机制。

中国石油建成首个年产百亿立方米页岩气田

2020年11月20日，中国石油川南页岩气年产量100.29亿立方米，建成国内最大页岩气田，日产量连续3年实现千万立方米级增长。

中国石油在川南页岩气创新决策管理体制，制定20余项适用于川南地区的技术标准模板，建成标准化、数字化、自动化的页岩气示范基地，形成具有“川南特色”且可复制推广的组织管理模式。创新合作共享模式，探索“单井投资与EUR增量挂钩”“钻井日费制”“多支队伍同台竞技”等方式，实现高效勘探与低成本开发，产量与EUR不断攀升。创新技术攻关体系，实施地质工程一体化，形成“三控”高产理论和“四好”提效措施，持续完善六项主体技术，开展“多簇射孔＋暂堵转向＋高密度加砂”第二代压裂工艺200余井次，井均测试日产量达25万立方米，单井EUR1.3亿立方米，较建产初期提升120%，涌现出国内首个“400万立方米”平台及一批EUR超2亿立方米的标杆井。

西南地区建成首个年产超三百亿立方米大气区

2020年12月14日8时，中国石油西南油气田年产气突破300亿立方米，标志着西南地区首个年300亿立方米大气区正式建成。

四川盆地天然气资源量位居全国第一，但地质条件复杂，探明率不到10%，勘探潜力巨大。2020年年初以来，面对疫情与低油价，西南油气田克服重重困难，在川中古隆起北斜坡取得重大勘探新突破；天然气日产量突破1亿立方米，62年累计产气量超5000亿立方米。

西南油气田已在四川盆地开发气田114个、生产井2300余口，建成3个年100亿立方米区块。其中，安岳气区年产能超150亿立方米，成为四川盆地最大的常规气区；页岩气产量年底将突破100亿立方米，成为我国最大的页岩气产区；老气田和川东北高含硫、川西深层、盆地致密气、火山岩等新领域，保持了每年稳产100亿立方米的能力。西南油气田天然气惠及1000余家大中型工业用户、2500多万户居民、1万余家公用事业用户。四川和重庆成为我国气化率最高、用气范围最广的地区，川渝地区天然气在一次能源消费中的占比为16.4%，远高于8.3%的全国平均水平，形成了“覆盖川渝、联通全国、内外互通、战略储备”的产运储销格局，助力区域经济发展和全国冬季保供。

准噶尔盆地天然气勘探获重大突破

2020年12月16日，中国石油新疆油田在准噶尔盆地南缘中段、呼图壁县境内的风险探井呼探1井获重大突破，在7367—7382米井段试获高产工业油气流，日产天然气61万立方米，日产原油106.3立方米。

呼探1井的突破，是继盆地南缘西段高探1井获得千吨高产历史性突破后，在南缘中段首次获天然气勘探重大发现，展现了准噶尔盆地南缘中段天然气勘探的巨大潜力和盆地规模增储“油气并进”的新格局，对提升天然气保供能力、助力新疆社会稳定和经济发展具有重大意义。

塔里木高质量建成3000万吨大油气田

2020年12月21日零时，中国石油塔里木油田当年油气产量当量3003.12万吨，全面建成3000万吨大油气田和300亿立方米大气区。当年油气产量当量3080万吨，成为继长庆、大庆之后的我国第三大油气田。

塔里木盆地是我国陆上油气增储上产潜力最大的盆地之一，井深超过6000米的超深油气资源占我国陆上超深层油气资源总量的60%以上，勘探开发潜力巨大。塔里木油田坚持“两新两高”方针，征战“死亡之海”，挑战生命禁区，形成富有塔里木特色、具有世界先进水平的勘探开发技术系列，走出一条稀井高产、少人高效的科学发展之路，油气当量在2005年突破1000万吨、2008年跨越2000万吨，一举跨入大油气田行列。截至2020年底，累计发现和探明32个大中型油气田，探明油气储量当量27.7亿吨，生产油气超4亿吨，向西气东输管道供气超2700亿立方米，向南疆供气超400亿立方米，上缴税费超1610亿元，为保障国家能源安全和带动地方经济社会发展作出重要贡献。

长庆油田年产油气当量突破6000万吨

2020年12月27日10时，中国石油长庆油田当年产油气当量突破6000万吨，达到6000.08万吨，其中原油产量2451.8万吨，天然气产量445.31亿立方米。这标志着长庆油田已建成我国首个年产6000万吨级别的特大型油气田，从而开创了中国石油工业发展史上的新纪元。

20世纪70年代，以庆1井发现为标志，陕甘宁石油大会战拉开序幕。经过几代石油人的攻坚啃硬、拼搏进取，长庆油气当量跃上1000万吨用了33年时间，跃上2000万吨用了4年时间，而跨越3000万吨和4000万吨分别只用了2年时间。继2013年年产油气当量跨上5000万吨，2020年油气生产当量跨上

6000万吨新高点，成为祖国西部竖起的能源新坐标。

鄂尔多斯盆地70%以上的储层属于世界级低渗透油气藏。长庆油田解放思想，开拓创新，从低渗透、特低渗透到超低渗透，从页岩油、致密气到页岩气，依靠自主创新打破国外技术垄断，持续探索“三低”油气藏经济有效开发新模式，已形成特低渗透、超低渗透油田3大系列12项开发主体技术和关键核心技术，攻克了致密气、页岩油规模有效开发世界难题。

长庆油田已开发35个油田、13个气田，累计生产油气当量超过7亿吨，其中向全国40多个大中城市累计供应天然气4200亿立方米，对改善我国能源消费结构、打赢蓝天保卫战和污染防治攻坚战发挥了不可替代的作用。

武汉宏图大道加油站为疫情防控作出重要贡献

2020年9月8日，在全国抗击新冠肺炎疫情表彰大会上，中国石油武汉宏图大道加油站被评为“全国抗击新冠肺炎疫情先进集体”，是全国唯一获此殊荣的加油站。

宏图大道加油站与武汉市金银潭医院、客厅方舱医院比邻，特殊的地理位置使之成为新冠肺炎疫情风险最高的加油站。疫情时期，站内全员坚守岗位，24小时营业，为附近医院的救护车及疫情防控指挥部等单位提供油品保障；为周边居民提供送货上门服务，将疫情期间极度紧缺的蔬菜等生活必需品送到小区的隔离点。在67天坚守期内，加油站累计为金银潭医院及方舱医院服务334车次，送油36趟，加注油品93.9吨，为疫情防控作出重要贡献。

为疫情防控贡献石油力量

2020年初，新冠肺炎疫情暴发后，中国石油第一时间成立疫情防控领导小组，传达学习中央精神，部署新冠肺炎疫情防控工作。全年共召开143次疫情防控工作领导小组会议，成立各级疫情防控工作领导小组4800多个，构筑起“上下贯通、高效协同、整体联动、快速反应”的联防联控工作机制。

中国石油集团党组坚决把央企政治责任、社会责任扛在肩上，最大限度保障油气和防疫物资生产供应。全年实现工作场所“零疫情”“零感染”，有效保障了员工生命安全和身心健康。向国内外捐助抗疫资金和物资折价共计10453万元，生产各类防疫物资驰援全国，转产扩产医用原料65.7万吨、生产熔喷料1259吨，生产熔喷布800多吨，调动一切可调动的资源，迅速建成22条口罩、7条熔喷布生产线，累计生产口罩1.46亿余只。加强疫情重点地区投资合作和就业机会倾斜，为高校毕业生、农民工等提供就业岗位，全年招聘人数比2019年增加3000人。积极协调相关医疗力量投入抗疫，63名医疗队员支援湖北，中国石油以实际行动展示了“顶梁柱”的形象，在关键时刻真正做到了“顶得住”。

石油干部员工以工装为甲，逆行而上，在本职岗位上接受各种考验，为全国疫情防控和经济社会发展贡献了石油力量，石油人的抗疫事迹得到党和人民“点赞”。宏图大道加油站成为全国唯一获评“全国抗击新冠肺炎疫情先进集体”的加油站，5人获评“中央企业抗击新冠肺炎疫情先进个人”，天然气销售湖北分公司获评“中央企业抗击新冠肺炎疫情先进集体”，天然气销售湖北分公司党委获评“中央企业先进基层党组织”称号。

助力全面打赢脱贫攻坚战

2020年，中国石油积极响应联合国《2030年可持续发展议程》目标倡议，以及中国政府关于扶贫减贫的政策方针，聚焦民生、产业、智力、医疗四大领域，结合公司业务和受援地资源、市场优势，开展精准扶贫，提升当地自我发展能力。努力探索中国石油扶贫解决方案，贡献中国石油脱贫攻坚力量。在中国新疆、西藏、青海、重庆、河南、江西、贵州7个省（市、自治区）13个县（区）投入1.72亿元开展基础设施改造、教育培训、健康医疗和产业合作等精准扶贫项目84个；启动“百城万站·扶贫助农”百日攻坚等活动，助力消费扶贫；所属72个企业在全国226个县、326个村，投入约1.74亿元，援建551个项目，派出1504名扶贫工作人员到脱贫攻坚一线开展工作。

1988年以来，中国石油累计投入帮扶资金近70亿元，涉及全国28个省（市、自治区）476个县（市），派出扶贫干部超过10000人次，受益人口近千万。截至2020年底，中国石油开展了2800多个扶贫项目，所有定点扶贫县已全部实现脱贫摘帽。

（中国石油档案馆）

油气勘探开发生产

综　述

【概述】 中国石油国内油气勘探与生产业务、新能源业务、储气库业务及国内勘探开发合资合作业务由中国石油天然气股份有限公司勘探与生产分公司（简称勘探与生产分公司，也称勘探与生产板块，1999 年 12 月组建成立）统筹负责。截至 2020 年底，勘探与生产分公司归口管理大庆油田有限责任公司、辽河油田分公司、长庆油田分公司、塔里木油田分公司、新疆油田分公司、西南油气田分公司、吉林油田分公司、大港油田分公司、青海油田分公司、华北油田分公司、吐哈油田分公司、冀东油田分公司、玉门油田分公司、浙江油田分公司、中石油煤层气有限责任公司、南方石油勘探开发有限责任公司、对外合作经理部、储气库分公司等 18 个单位。

2020 年，国内油气勘探取得 41 项主要成果。新增石油探明地质储量 8.60 亿吨，连续 15 年超过 6 亿吨；新增天然气地质储量 6483 亿立方米（含煤层气 673 亿立方米），连续 14 年超过 4000 亿立方米；新增油气探明地质储量当量连续 14 年超过 10 亿吨。控制石油、天然气地质储量分别完成 7.80 亿吨、6061 亿立方米，预测石油、天然气地质储量分别完成 11.35 亿吨、9307 亿立方米。

全年生产原油 10225.33 万吨（包含液化气产量 109.56 万吨），生产天然气 1306.02 亿立方米。油气当量产量 20632 万吨，同比增加 989 万吨，历史上首次突破 2 亿吨大关。

（张　磊）

2020 年，销售收入 3708 亿元，税前利润 −86 亿元，净现金流 19 亿元。安全环保形势总体稳定，减排“四项指标”同比下降；节能节水均完成计划指标。2020 年减员 3.38 万人，超额完成年度员工总量 53.44 万人的控制目标。

【生产经营业绩】

1. 勘探开发工作量

2020 年，油气勘探二维地震 7431 千米、三维地震 15815 平方千米，钻井 1658 口，进尺 509.4 万米；原油开发钻井 8779 口，进尺 1507.1 万米；天然气开发二维地震 221 千米、三维地震 3605 平方千米，钻井 2193 口，进尺 689.7 米；完钻水平井 2503 口（以上数据均不含对外合作）（见表 1）。

表 1　2020 年勘探开发工作量

项　目			2020 年	2019 年	同比增减
勘探	二维地震（千米）		7652	11489	−3837
	三维地震（平方千米）		19420	17635	1785
	钻井（口）		1658	1405	253
	进尺（万米）		509.4	447.8	61.6
开发	原油	钻井（口）	8779	12790	−4011
		进尺（万米）	1507.1	2350.0	−842.9
	天然气	钻井（口）	2193	3543	−1350
		进尺（万米）	689.7	1110.0	−420.3
	完钻水平井（口）		2503	2415	88

注：（1）表中均为自营区数据；（2）勘探地震中含天然气前期评价工作量。

2. 油气储量

2020 年，新增探明石油地质储量 8.60 亿吨、天然气地质储量 6483 亿立方米，SEC 口径油气储量当量接替率 0.66（70 美元 / 桶）。

3. 油气产量

2020 年，生产原油 10225.33 万吨，同比增加 48.42 万吨，增长 0.48%。其中，自营区产油 9500.62 万吨，合作区产油 724.71 万吨。生产天然气 1306.02 亿立方米，同比增加 118.05 亿立方米，增长 9.94%，再创历史新高。

【勘探开发成果】

1. 油气勘探取得 4 项重大战略突破

2020 年，持续强化风险勘探，突出海相碳酸盐岩、深层超深层、陆相页岩油、前陆、火山岩、新区等领域和方向，推进风险勘探领域区带目标准备和现场管理，取得四川盆地川中古隆起北斜坡震旦系—寒武系、塔里木盆地塔北超深层寒武系—奥陶系、准噶尔盆地阜康凹陷斜坡区岩性油藏和松辽盆地北部古龙页岩油等 4 项重大战略突破。

推进集中勘探，突出“五油三气”六大盆地，强化重点地区、重点领域、富油气凹陷（区带）甩开预探、集中勘探、精细勘探与高效评价，取得11项重要发现，发现或落实9个亿吨级、9个千亿立方米规模储量区。

页岩气在川南地区泸州、长宁、威远、昭通等地区初步落实10万亿立方米增储区，具备加快发展的资源条件；页岩油在鄂尔多斯、松辽、准噶尔、渤海湾等盆地展现巨大勘探前景，非常规油气地质理论和勘探技术取得长足进步。

2. 油气产量当量迈上2亿吨新台阶

2020年，油气产量当量20632万吨，历史上首次突破2亿吨。大庆油田生产原油3001万吨，连续第6年3000万吨稳产；长庆油田油气产量当量6041万吨，接近股份公司总产量的三分之一，迈上新高峰，建成中国首个6000万吨级特大型油气田；塔里木油田高质量建成3000万吨大油气田，西南油气田建成300亿立方米战略大气区和国内首个百亿立方米页岩气田，新疆油田生产原油1320万吨。

3. 油气当量产能新建3700万吨

2020年，紧紧抓住“技术进步提单产、管理创新提效率”两条主线，进一步强化“源头控制、技术进步、模式优选、示范引领、效率提升”，推进“三个一批”，全年新建油气当量产能3700万吨。推广大井丛平台式集约化建产模式，部署实施1592个丛式井平台，完钻新井7481口（其中6口井以上中大型平台井数占比44%），节约土地2.7万亩（1亩≈666.6平方米），节省征地、道路等工程投资7.2亿元。持续扩大水平井应用规模，页岩油气全部采用水平井开发，全年完钻水平井2422口，投产1795口，新建产能1912万吨油当量，占油气总产能的50.5%，同比提高10.4个百分点。全面推进地面建设标准化设计与施工，全年完成2.36万口井、1126座站场、3.11万千米管道标准化建设，规模应用一体化集成装置1536套，替代中小型站场1000座，设计工期和建设工期分别缩短30%和20%。狠抓油气田数字化转型智能化发展，全年建成数字化井2.78万口、站场2704座，井、站数字化覆盖率分别为61%和72%。持续推进储气库建设，10座在役库开展扩容达产工程，12座新建储气库中2座投产运行、6座加紧建设、4座开展先导试验；截至2020年底，形成调峰能力124亿立方米，高峰采气能力1.33亿米^3/日。

4. 老油气田稳产基础持续夯实

2020年，深入贯彻集团公司油气田提高采收率工作推进会议精神，紧紧抓住“控制递减率”和“提高采收率”两条主线，持续夯实油气田稳产基础。持续深化精细油藏描述，完成开发单元111个，覆盖地质储量15亿吨，增加可采储量3187万吨，提高采收率2.1个百分点；精细气藏描述新增动用地质储量665亿立方米。强化精细注水专项治理，主干工作量完成2.64万井次，注水井分注率、分注合格率和水质合格率分别为63.5%、80.5%和91.5%。持续加大长停井治理恢复力度，治理油井4374口、水井918口，年增油81万吨、恢复注水715万立方米，油井、水井开井率同比分别提高0.8个百分点和0.2个百分点。加强油藏分类管理和分级治理，治理“三双”区块348个，覆盖地质储量149亿吨，“双高”区块减少2个，自然递减率、综合递减率和含水上升速度同比分别下降1.6个百分点、0.4个百分点和0.1个百分点；“双低”区块同比减少11个，采油速度提高0.02个百分点，平均单井日产量提高0.1吨。开展气井生产大调查，组织专项动态分析，制定合理技术政策，改善气田开发效果。持续推进稠油热采、化学驱油、气驱油、特低渗透/超低渗透油藏提高采收率重大开发试验，启动天然气重力混相驱油与战略储气库协同试验，2020年试验项目年产油170.4万吨，平均单井日产油2.1吨，工业化推广项目产油1752.8万吨，为稠油、化学驱油两个千万吨稳产和股份公司原油产量1亿吨以上稳中有升作出重要贡献。

2020年，原油自然递减率9.5%、综合递减率4.3%，同比分别下降0.53个百分点和0.04个百分点；天然气自然递减率19.0%、综合递减率12.9%，得到较好控制。

5. 提质增效专项行动取得阶段成果

持续推进高效勘探、高效评价，2020年探井成功率同比提高5个百分点，勘探费用同比减少18亿元、下降9.1%；加强效益评价和排队优选，优化方案节约投资345.2亿元，其中优化部署、控制深井、复杂井减少226亿元，优化地面建设工程量和设计减少29.1亿元，优化钻井试油设计、优化生产组织减少25.5亿元；降低建设成本节约投资76.9亿元，其中工程服务价格减少57.3亿元（其中长庆油田25.6亿元）、材料价格减少15.6亿元、缩短钻完井周期减少费用2.2亿元、甲方服务费减少1.3亿元；严格落实规模效益建产，实施工程总承包、扩大市场化规模和范围等措施，节约投资40.9亿元；突出精益管理，在油气产量当量增加5628万桶（1桶=158.98升）、开井数增加1.2万口情况下，全年运行成本总额同口径同比减少28亿元、下降近5%，单位运行成本降低

0.65 美元 / 桶、下降 9%；强化 SEC 储量中期评估，深挖评估潜力，增加 PD 储量石油 1565 万吨、天然气 1078 亿立方米，避免下半年折耗增加 96 亿元；拓展地热等新能源业务，2020 年底，地热供暖面积 705 万平方米，节约标准煤 16.4 万吨；推广国产软件，完成 GeoEast 软件推广应用“177”目标，节约软件引进投资 3 亿元。推进亏损企业治理，2020 年全级次子企业 32 户亏损、亏损面 18%，同比亏损户数减少 19 户、亏损面下降 11 个百分点；纳入集团公司开源节流降本增效工程三年减亏目标的 65 户企业，3 户完成出清注销，本年 39 户扭亏为盈、扭亏率 65%、盈利 22.96 亿元。

6. 技术保障能力不断提高

2020 年，地震勘探强化双复杂区构造成像、复杂岩性精细描述、非常规储层“甜点”预测的技术攻关，成像和储层预测精度明显提高，玛湖地区储层钻遇率从 53.3% 提升到 100%。钻井强化深层复杂油气藏和低渗透—特低渗透砂岩油气藏超深井、水平井钻井技术攻关，库车山前带钻井周期从平均钻井 387 天下降至 300 天左右，高石梯—磨西地区震旦系水平井钻井周期由 301 天缩短至 175 天（水平段长由 331 米增至 1610 米），长庆华 H60 实现 5.5 亩小井场实施 22 口水平井的重大突破。测井强化复杂、低饱和度油气藏测井评价技术，解释符合率大幅提高，库车深层裂缝性砂岩解释符合率由“十二五”末的 84% 提高至 93%。压裂强化深层、致密油气和页岩油气压裂攻关，工艺技术由 1.0 向 2.0 升级迈进，实施效果明显，川中沙溪庙组水平井压裂后测试产量由平均 5 万米 ^{3}/ 日提高到 42 万米 ^{3}/ 日，鄂尔多斯神木地区应用直井桥塞分层体积压裂工艺单井日产量提高 3—4 倍。第四代分层注水技术基本成熟，应用规模不断扩大，全年应用井数超过 1300 口，分注合格率保持在 90% 以上，实现分注井自动测调、智能分注及地质工程一体化远程控制，提高精细分注效果。

7. 深化改革取得阶段进展

2020 年，坚持“业务主导、企业主体”原则，以“油公司”模式改革为牵引，持续深化改革。优化调整业务结构，围绕集团公司“兴企方略”和“治企准则”，组织批复 15 家油气田企业归核化发展方案和实施路线图；创新优化生产组织模式，培育油气作业区管理的“小岗村”，组织制定《新型采油气管理区作业区建设管理大纲》，推进新型油气田管理区和作业区建设；优化盘活人力资源，组织制定《推进油气田企业用工方式转型指导意见》，在油气田企业中全面推行主营业务领域“管理 + 技术 + 核心技能岗位”直接用工；持续精简组织机构，严格控制用工总量，2020 年减员 3.38 万人，超额完成年度员工总量 53.44 万人的控制目标，16 家油气田企业压减二三级机构 1839 个，压减比例 11.78%（远超全年压减 5% 以上的工作目标）；“三供一业”分离移交、“僵尸企业”处置、特困企业治理、未上市托管业务扭亏解困、退休人员社会化管理和厂办大集体等专项改革工作协同推进。矿权储量内部流转改革加快推进，编制完成《中国石油天然气股份有限公司未开发储量效益动用指导意见（试行稿）》和《未开发储量效益动用专项行动方案》。对标管理建立 4 类 10 项指标体系，明确方法流程，定期发布对标结果。

8. 安全环保形势持续稳定

2020 年，全面贯彻习近平总书记关于安全发展重要批示和生态文明思想，认真落实“四全”和“三个管住”的工作要求，推动上游业务绿色安全发展。全员责任意识进一步增强，安全环保基础进一步巩固，重点领域风险总体受控。QHSE 体系建设更加完善。全要素量化审核、专项审核和指导审核相结合，累计发现问题近 3 万个，对审核发现的问题进行挂牌督办、限期整改，对其中 230 个严重问题进行问责，问责率 100%，QHSE 制度标准体系日臻完善；领导干部 QHSE 履职能力评估率 92%、基层 QHSE 标准化建设达标率 98.5%；隐患排查与治理实现常态化，全年投入隐患治理资金 23.2 亿元，未发生较大以上安全生产责任事故；严守井控安全红线，认真吸取博孜 3-1X 井井喷教训，下发《关于修订完善高风险地区钻井井控细则的通知》。绿色矿山建设见到成效。74 个采矿权通过所在省 2020 年度绿色矿山遴选（其中 28 家生产单位 53 个采矿权进入国家遴选名单），全面完成前两轮中央环保督察发现问题整改，推广应用钻井液不落地及资源化利用技术 1.2 万余井次，减少占地 1.5 万余亩、减少钻井废弃物 720 余万吨，应用清洁作业 12 万余井次，少产生含油污泥 24 万吨、节省沾油塑料布 5.5 万吨、节约废弃物处置费用 6.7 亿元，全年回收利用伴生气 15 亿立方米；COD、氨氮、二氧化硫、氮氧化物四项污染物排放总量同比下降 2%，节能 37 万吨标准煤、节水 440 万立方米，全面完成集团公司下达的污染减排和节能指标任务。新冠肺炎疫情防控实现零疫情。各油气田企业严格落实集团公司部署安排，快速响应、闻令而动，统筹推进新冠肺炎疫情防控、复工复产和生产经营，打破常规，强化口罩等应急物资保障，大庆油田 2 个月建成5条口罩自动生产线，形成日产30万只能力，全年生产口罩3680万只。通过严格落实各项防控措施，全年实现零疫情。

9.“十四五”发展规划编制初步完成

按照国务院国资委、集团公司“十四五”规划编制总体要求和工作安排，2019年6月启动国内勘探与生产业务“十四五”发展规划编制工作，认真贯彻落实新发展理念、形成新发展格局、推动高质量发展要求，准确研判把握发展大势，开展多项勘探开发业务战略性关键问题研究，组织各油田全面分析2000—2019年油气勘探开发业务投资效益，系统总结“十三五”规划执行情况，专题开展2017—2019年钻井工程成本分析，量化评估加快发展“七年行动方案”两年实施效果及低油价下投资优化调整相关问题分析，开展多轮次调研、论证与对接，结合集团公司党组最新要求，统筹保障国家能源安全和高质量发展，在上下结合和广泛征求意见基础上，初步完成国内勘探与生产业务1个专业规划、17个专题规划、16个企业规划的编制工作，组织会议开展专家咨询论证，并向集团公司党组汇报勘探与生产业务“十四五”规划方案。

（范文科　向书政）

油气勘探

【概述】 2020年，股份公司分层次设置油气预探项目（石油预探项目29个、天然气勘探项目17个、内部流转勘探项目7个、综合勘探项目2个）和风险勘探项目，其中重点勘探项目17个。油气勘探系统认真贯彻落实集团公司党组总体部署和要求，积极应对新冠肺炎疫情暴发和国际油价断崖式暴跌的严峻挑战，一手抓新冠肺炎疫情防控、一手抓复工复产，勘探工作迎难而上，勘探成果逆势而发，取得41项主要成果。

油气勘探立足“五油三气”大盆地，坚持“深化东部、加大中西部、油气并举、常非并重”的战略布局，优化投资结构，突出高效勘探与提质增效，突出重大领域集中勘探，加大风险勘探与甩开预探力度，加大天然气勘探力度，推进页岩油勘探，推进矿权流转区勘探，强化综合地质研究和工程技术攻关，强化勘探管理，努力寻找油气新发现新突破，落实可升级可动用规模储量。突出重点区带和重点预探项目，石油预探突出鄂尔多斯盆地长7页岩油、镇北、环江、姬塬、合水，准噶尔盆地环玛湖、准南缘、车排子凸起、北环带二叠系、吉木萨尔页岩油，塔里木塔盆地北—塔中，松辽盆地以及渤海湾盆地精细勘探、页岩油勘探等五大盆地13个重点区带；天然气勘探突出四川盆地川西火山岩、震旦系—下古生界、三叠系—侏罗系致密气、栖霞组—茅口组，鄂尔多斯盆地古隆起东侧下古生界、天环、神木、陇东地区上古生界致密气，塔里木盆地博孜—大北、秋里塔格构造带等三大盆地10大重点区带。

【勘探任务完成情况】 2020年，二维地震7659千米，三维地震13410平方千米，探井840口、进尺288.66万米，试油交井659口，新获工业油气流井402口，综合探井成功率48%。新增探明石油地质储量87252.96万吨（含凝析油1216.56万吨）、技术可采储量13090.05万吨（含凝析油421.42万吨），新增探明天然气地质储量（含煤层气）6483.40亿立方米、技术可采储量3312.69亿立方米。

【渤海湾盆地主要勘探成果】 辽河坳陷东部凹陷驾探1井取得新发现。东部凹陷南部深层火山岩体勘探认识程度低、勘探潜力大。在优选桃园—大平房深层火山岩体基础上，部署实施风险探井驾探1井，该井压裂测试在沙河街组三段获日产气32.5万立方米，初步展示千亿立方米天然气藏勘探前景，开辟东部凹陷深层火山岩勘探新领域。

辽河西部大民屯凹陷沙四段页岩油勘探取得新发现。大民屯凹陷沙四期发育一套碳酸盐岩和油页岩沉积体。近年来，通过强化页岩油地质“甜点”评价和工程“甜点”预测技术攻关以及水平井提产探索，部署实施的风险探井沈页1井对水平段3290—5065米进行细分切割体积压裂改造，4毫米油嘴获日产油12吨、气1178立方米，实现大民屯凹陷页岩油勘探的突破，开辟新的勘探领域，初步落实有利面积220平方千米，初步估算资源量2.36亿吨。

大港歧口凹陷沙三段页岩油勘探获重要发现。通过整体、系统开展歧口凹陷页岩油基础地质研究，在沙三上段精确识别6个“甜点”段，优选歧北斜坡为勘探突破区，老井试油与新井钻探相结合，5口井获工业油流（2口老井），其中歧页10-1-1井在沙三段测试5毫米油嘴获日产油115.2立方米，初步落实储量规模4205万吨，开辟大港探区继沧东凹陷后又一新的页岩油勘探新领域。歧口凹陷歧北沙三段页岩油富集区面积220平方千米，估算资源量4.1亿吨。

华北饶阳凹陷蠡县斜坡区精细勘探取得重要成果。以寻找优质高效可动用储量为目标，加强蠡县斜坡中南部斜坡区岩性油气藏精细研究，整体部署、集中预探，宁92X井等13口井均获工业油流，其中宁521X井在沙一下段获日产油85.51立方米，新增预测石油地质储量5344万吨，实现富油洼槽周缘低勘探程度区勘探新突破，该区通过勘探评价建产有序衔接，实现资源快速转化，蠡县斜坡外带新钻探井累计产油10万吨，是规模效益增储的现实区带，对老区新带勘探具有重要的带动作用。

冀东南堡凹陷和辽中凹陷油气勘探取得新成果。加强南堡凹陷东营组三段—沙三段火山岩类勘探目标整体评价和精细刻画，部署的南堡2-27井在东三段获日产油27.17立方米、气2.6万立方米，南堡凹陷深层火山岩新领域有望形成千万吨级规模增储区。加强辽中凹陷走滑断裂研究及成藏模式研究，部署东升402井在东营组钻遇油层68.6米，对东三段试油，获日产油208.8立方米、气10114立方米，展现秦皇岛探区洼槽区构造岩性油气藏的勘探潜力。

【松辽盆地主要勘探成果】 松辽盆地北部古龙页岩油勘探取得重大突破。近年来持续深化青山口组一段页岩油“甜点”评价优选，针对纯页岩型和夹层型两种类型页岩油，加大风险勘探和甩开勘探力度，探索页岩油规模压裂提产工艺，部署实施的古页油平1井压裂测试，7毫米油嘴获日产油38.1立方米、气13165立方米。英页1H井压裂测试，5毫米油嘴获日产油36.1立方米、气4416立方米。这两口井转采并保持日产油18立方米以上稳产，实现松辽盆地陆相页岩油重大突破，展现巨大的勘探潜力，有望成为大庆百年油田建设重要战略资源。

松辽盆地南部长岭断陷致密气勘探取得重要发现。长岭断陷是松辽盆地最大的断陷湖盆，面积1.3万平方千米，估算资源量1万亿立方米。2020年，突出长岭富油气凹陷，加强洼槽烃源岩研究、有利相带预测与油气富集模式构建，加快天然气源内勘探节奏，部署上钻的重点预探井长深40井在沙二段测试，6毫米油嘴获日产气11.3万立方米，实现长深气田后松南深层天然气勘探又一战略突破，开辟松辽盆地深层天然气勘探新领域。

松辽盆地北部中浅层精细勘探取得重要成果。进一步深化地质认识和砂体精细刻画，强化中浅层常规油精细勘探，突出致密油勘探开发一体化，27口井获工业油气流。其中，升斜5805井、肇平23井在葡萄花、扶余油层分别获日产油54.0吨、50.06吨，在龙虎泡、齐家等地区新增探明石油地质储量5249万吨，徐家围子、敖包塔、永乐、卫星等地区落实储量规模6000万吨以上，为大庆油田老区稳产和效益建产奠定资源基础。

松辽盆地南部乾安地区致密油勘探取得新成果。2020年，按照整体部署、直井控面、水平井提产的思路，强化分层系“甜点”精细刻画和水平井体积压裂提产工艺攻关，在乾安地区乾206-3井区、让65井区部署实施直井44口、水平井17口，水平井平均单井获日产油9.0吨，新增探明石油地质储量3231万吨，2020年生产原油26.6万吨，新建产能44万吨。截至2020年底，该区累计探明石油地质储量11763万吨。

【鄂尔多斯盆地主要勘探成果】 华庆地区石油勘探取得重要成果。为落实整装储量规模，持续加大长6、长8油层勘探力度，不断扩大油藏面积，精细开展湖盆中部长6、长8油层沉积相带分析及高渗储层分布规律研究，探索压裂提产攻关试验，新获工业油流井14口，其中7口井日产油大于20吨，新增探明石油地质储量5646万吨，落实储量规模3亿吨以上，实现储量规模升级动用，为长庆油田持续稳产夯实资源基础。

陇东地区上古生界天然气勘探取得重要成果。加强三维地震技术应用，深化盆地南部上古生界沉积体系和砂体精细刻画以及成藏条件研究，强化致密砂岩气层识别评价和深层薄储层改造提产工艺攻关，新获工业气流井3口，在下石盒子组盒8段、山西组山1段发现多个有利含气砂带，新增含气面积4444.1平方千米，落实储量规模2500亿立方米以上，形成陇东地区“油气并重、同步发展”新格局，为打造陇东千万吨油气生产基地奠定资源基础。

陕北周家湾地区甩开预探石油勘探取得重要成果。甩开陕北石油预探，转变勘探方式，加强致密油藏规模有效动用攻关，对陕北长8油层开展直井+水平井提产工艺联合攻关，新获工业油流井19口，谷54井最高日产油22.7吨。部署4口水平井，丹79H1

井、丹 79H2 井、顺 165H2 井压裂测试分获日产油 56.1 吨、66.3 吨、22.4 吨。新增含油面积 1098.9 平方千米，落实储量规模 3 亿吨以上，为老区持续稳产夯实资源基础。

天环坳陷油气勘探取得重要成果。持续推进天环坳陷整体研究，加大西部探矿权区部署力度，深化天环坳陷烃源岩评价，强化盆地西缘断裂疏导体系与成藏主控因素研究，石油勘探按照“拓宽新区带，突破新领域”的思路，向北、向西甩开勘探，部署的郭 22 井、于 3 井等多口井在侏罗系及长 8、长 6 等油层获工业油流，新增探明石油地质储量 9339.65 万吨；天然气勘探按照“常非并举”的勘探思路，探索新区带新层系，在盒 8 段、山 1 段新增探明天然气地质储量 2252.7 亿立方米；李 56 井探索石炭系羊虎沟组源内致密气首获日产气 11.75 万立方米，该井是盆地西部羊虎沟组第一口突破井，预测有利勘探面积 7000 平方千米，进一步坚定天环坳陷新区勘探信心。

盆地长 3 油层和侏罗系浅层效益勘探取得重要进展。浅层油藏埋藏浅、物性好、产量高，但油藏规模小、隐蔽性强，发现难度大。2020 年，突出成藏富集区立体勘探，井震结合精细刻画前侏罗纪古地貌及构造圈闭，深化油藏主控因素研究，推进勘探开发一体化，快速实现增储上产，发现高效目标 138 个，获工业油流井 181 口，落实效益储量 1 亿吨以上，建产能 124 万吨。

苏里格地区天然气勘探取得重要进展。苏里格西部面积 8000 平方千米，已探明 2264 亿立方米、基本探明 5794 亿立方米，主要目的层为石盒子组盒 8 油层、山西组山 1 段，但该区埋深较大（3400—3800 米），气水关系相对复杂。2020 年以控水增气、提高单井产量为目标，坚持勘探开发一体化思路，提交探明储量，部署探井 2 口，新获工业气流井 1 口，累计获工业气流井 24 口，在苏 40 区块新增探明天然气地质储量 934 亿立方米。

大宁—吉县区块深层煤层气勘探取得重要成果。针对大宁—吉县区块埋深大于 2000 米的深部煤层，加强地质评价和工程试验及采气工艺攻关，优选 13 口井实施体积酸化压裂试验，均获工业气流。直井平均日产气超过 0.3 万立方米，水平井投产 3 个月平均日产气超过 1 万立方米，整体呈现“解吸压力高，上产速度快，生产潜力大”的特点，证实深层煤层气的工业开发价值，发现高品质的深层煤层气资源，新增探明煤层气地质储量 762 亿立方米，为国内首个埋藏超过 2000 米的煤层气探明储量区，标志着我国深层煤层气勘探取得重要突破。

玉门环庆区块石油勘探取得重要成果。深化侏罗系、三叠系成藏和富集规律研究，大力实施勘探开发一体化，新获工业油流井 16 口，其中环庆 32 井、环庆 16 井、环庆 656 井在延安组 10 段、富县组分别获日产油 50 吨、18 吨、35 吨，环庆区块在侏罗系、长 8 段新增探明石油地质储量 1304 万吨，落实规模储量及建产区块，对玉门油田原油稳产上产具有重要意义。

【四川盆地主要勘探成果】 川中古隆起北斜坡震旦系—寒武系天然气勘探取得重大突破。通过强化基础研究和深化地质认识，创新古隆起北斜坡岩性气藏成藏模式，部署钻探的风险探井蓬探 1 井在灯影组二段酸化压裂测试获日产气 122 万立方米，落实天然气储量规模 1000 亿立方米；角探 1 井在沧浪铺组射孔酸化测试，获日产气 51.6 万立方米以上，落实天然气储量规模 1400 亿立方米以上，角探 1 井是四川盆地沧浪铺组首口发现井并获高产气流，标志着又一新层系新领域取得战略突破，古隆起北斜坡有望形成新的万亿立方米优质规模储量区。

川西南栖霞组—茅口组天然气勘探取得重要发现。通过开展地震连片处理解释攻关，加强川西南栖霞组台缘带、茅口组岩溶储层精细刻画及成藏条件研究，甩开部署的预探井平探 1 井、云锦 2 井分别在栖霞组和茅口组获重要发现。平探 1 井在栖霞组测试获日产气 66.86 万立方米，是龙门山山前构造带南段栖霞组首口获高产气流井，初步估算有利相带面积 6800 平方千米；云锦 2 井在茅二段获日产气 58.8 万立方米，拓展茅口组向斜区勘探新领域。川西南栖霞组、茅口组有望成为下步规模增储接替新区带。

高石梯—磨溪地区震旦系台内礁滩体天然气勘探取得重要成果。通过持续加强台内相对薄储层精细刻画和水平井及大斜度井提产工艺技术攻关，高石 18 井区、龙女寺地区灯影组四段 5 口井均获高产气流，新增探明天然气地质储量 1115 亿立方米；高石 131X 井灯二段测试获日产气 70.96 万立方米，高石 1 井区、磨溪 8 井区灯二段新增探明天然气地质储量 902 亿立方米，为高石梯—磨溪地区台内斜坡区灯四段、灯二段规模储量落实、规模建产进一步夯实资源基础。

川中沙溪庙组、须家河组致密气勘探取得重要进展。盆地沙溪庙组、须家河组河道砂体广泛发育，川中—川西地区发育侏罗系、须家河组多套烃源岩，成藏条件优越。2020 年，针对金华—秋林地区沙溪庙组河道砂组，坚持勘探开发一体化部署，钻探实施探评井 23 口，12 口获工业气流。其中：金浅 5H 井、金浅 3 井分获日产气 66.7 万立方米、42.5 万立方米；开发评价井平均日产气 46.2 万立方米，较 2019 年提高 4.1 倍。秋林 16 井区新增探明天然气地质储量 76 亿立方米，金浅 2 井区落实储量规模 177 亿立方米，沙溪庙组 6 号、7 号、8 号砂体估算资源量 4000 亿立方米，是效益增储上产现实领域。风险探井三台 1 井在须三段测试获日产气 22.82 万立方米，估算资源量 150 亿立方米。

大庆合川—潼南区块天然气勘探取得重要成果。2020 年，以栖霞组—茅口组为重点，持续强化基础研究，坚持多层系立体勘探，部署钻探的重点预探井合深 4 井在栖霞组和茅口组分获日产气 45.6 万立方米和 113.4 万立方米，合深 2 井在栖霞组获日产气 51.63 万立方米，合深 3 井、合平 1 井等多井在多层系见良好显示，进一步坚定下二叠统多层系立体勘探的信心，为大庆油田川渝流转区块增储上产奠定资源基础。

【准噶尔盆地主要勘探成果】 准噶尔盆地阜康凹陷风险探井康探 1 井获重大突破。近年来加强盆地上二叠统整体研究，在沙湾、东道海子凹陷相继突破，通过进一步深化阜康凹陷东斜坡成藏认识，由围凹源边勘探转向下凹源内勘探，部署上钻的风险探井康探 1 井在芦草沟组、上乌尔禾组连获高产，二叠系上乌尔禾组二段压裂测试，6 毫米油嘴获日产油 133.4 立方米、气 6000 立方米；上乌尔禾组一段压裂测试，4 毫米油嘴获日产油 158 立方米、气 1.12 万立方米；芦草沟组压裂测试，6 毫米油嘴获日产油 24.1 立方米、气 1.44 万立方米。阜康凹陷斜坡区深层发现厚砂砾岩储层，创新低位扇成藏新模式，打开准东东环带油气勘探新局面，展现出巨大的勘探潜力。

准南缘中段下组合天然气勘探获重大突破。继准南缘西段的高探 1 井获突破后，按照“风险与预探相结合，探明西段，突破中段，加快东段”的思路，在南缘中段部署实施的风险探井呼探 1 井在白垩系清水河组试油，8 毫米油嘴获日产气 61.9 万立方米、油 106.32 立方米。该井是南缘下组合大构造首口天然气突破井，展现南缘东段天然气巨大勘探潜力，对加快推进南缘大型天然气勘探，实现新疆油田由“大油田”向“大油气田”转变，全面提升整体效益意义重大。

吉木萨尔凹陷页岩油勘探取得重要成果。2012 年以来，突破常规理念，开展页岩油基础研究及工程技术攻关，快速落实吉木萨尔 10 亿吨页岩油资源，累计获工业油流 36 井 52 层。2020 年，进一步深化“甜点”分类评价，按照国内首个页岩油储量计算行业标准，整装提交探明石油地质储量 1.28 亿吨，为国家陆相页岩油示范区建设奠定资源基础。

沙湾凹陷西斜坡二叠系油气勘探取得重要发现。持续开展地震资料处理解释攻关，进一步深化沙湾凹陷西斜坡二叠系成藏规律研究，部署上钻的沙探 2 井在风城组获日产气 2.04 万立方米，在上乌尔禾组获日产油 12.8 立方米、气 0.68 万立方米，该井是沙湾凹陷风城组首口天然气突破井，初步估算有利面积 2400 平方千米，对推动沙湾凹陷天然气新领域规模勘探具有重要意义。部署实施的车排 24 井在佳木禾组三段首获日产油 150.5 立方米、气 1.66 万立方米，落实储量规模 1.34 亿吨，发现佳三段高效勘探新层系，有效推动沙湾—玛湖中—下二叠统大型岩性地层油气藏整体勘探。

玛湖凹陷风城组页岩油勘探取得重要发现。近年来深化玛湖多层系整体研究，玛南风城组火山岩、砂砾岩相继突破，风城组展现较大的勘探潜力。为探索玛湖凹陷北斜坡风城组页岩油和常规高孔火山岩勘探领域勘探潜力，部署钻探的风险探井玛页 1 井在风一段火山岩 + 碎屑岩储层率先获日产 23.76 立方米工业油流，后针对风二段、风三段页岩油采用直井多段分层压裂，3 毫米油嘴日产油 50.6 立方米。该井的成功展示玛湖凹陷风城组页岩油巨大的勘探潜力，有望逐步成为继百口泉组、乌尔禾组后重要接替层系。

盆地腹部油气勘探取得重要成果。持续开展精细构造、沉积、储层、成藏等基础地质研究，进一步深化腹部成藏规律认识，部署上钻的前哨 4 井在侏罗系三工河组获日产油 76.3 立方米、气 30.3 万立方米，新增控制天然气地质储量 103 亿立方米，进一步证实腹部斜坡带规模岩性勘探潜力；部署上钻的石西 16 井在石炭系获日产油 73.6 立方米、气 10.27 万立方米，落实有利勘探面积 950 平方千米，发现腹部石炭系效益勘探新区带。

盆 1 井西凹陷东北斜坡二叠系获新发现。盆 1 井西凹陷东北斜坡与玛东斜坡区发育类似的油气成藏条件，为探索该区二叠系勘探潜力，2017 年部署的盆东 1 井 2020 年 4 月完井后，在下乌尔禾组压裂测试，8 毫米油嘴获日产油 12.12 立方米，初步落实扇三角洲前缘有利勘探面积 2200 平方千米。

盆地南缘博格达山前复杂构造带获新发现。南缘东段处于二叠系、侏罗系生烃中心，发育多套生储盖组合，成藏条件好，为探索该掩伏构造带勘探潜力，

2019年部署实施风险探井博达1井，2020年5月在二叠系上乌尔禾组压裂测试，5毫米油嘴获日产油11.7立方米，并且在三叠系多层系见到良好油气显示，展现出该区立体勘探潜力。

吐哈准东区块石钱滩凹陷石炭系砂砾岩油气藏勘探获重要发现。按照下洼勘探思路，深化构造演化、沉积储层及成藏认识，集中研究、快速部署实施石钱1井，在石炭系石钱滩组中途测试，6毫米油嘴获最高日产气7.2万立方米，发现斜坡近源高压岩性凝析油气藏，证实凹陷区近源型砂砾岩气藏成藏模式，实现准东石炭系碎屑岩天然气勘探的重要发现，有望成为吐哈油田增储创效的重要领域。

【塔里木盆地主要勘探成果】 台盆区寒武系盐下勘探取得重大突破。为探索塔里木盆地下寒武统丘滩体与中寒武统膏盐岩成藏组合勘探潜力，优选塔北隆起轮南西部有利区，针对早寒武世第一期台缘带沉积部署实施轮探1井，完钻井深8882米，在下寒武统吾松格尔组8203—8260米分层酸压，10毫米油嘴获日产油134立方米、气4.59万立方米，实现塔北寒武系盐下超深层首次重大突破，提升寒武系盐下的勘探信心。

塔北奥陶系深层勘探获重大突破。持续深化断溶体成藏认识，加大勘探力度，部署上钻的重点预探井满深1井在奥陶系7510—7666米酸化压裂测试，10毫米油嘴获日产油624吨、气37.13万立方米，满深1井的成功，实现奥陶系7600米超深层勘探的重大突破。甩开勘探的鹿场1井、哈得32井均获高产油气流，新发现一条资源量2.28亿吨的富油气大断裂。初步落实塔中—塔北古隆起间主干控藏断裂70条，估算资源量油20.6亿吨、气1.06万亿立方米，新增石油探明地质储量1646万吨。新建产能64.14万吨，塔北—塔中地区有望实现整体连片含油。

库车坳陷博孜—大北区块天然气勘探取得重要成果。通过持续开展成藏条件研究和地震资料圈闭落实及目标精细处理解释，在博孜地区新发现博孜13、博孜18、博孜15、博孜7等4个含气构造；评价博孜12、大北9、博孜3构造，新增探明天然气地质储量230亿立方米、凝析油346万吨，为博孜—大北地区形成新的万亿立方米大气区进一步奠定基础。

【柴达木盆地主要勘探成果】 干柴沟地区浅层勘探取得重要发现。突出浅层碎屑岩高效勘探，兼顾深层碳酸盐岩，在干柴沟地区部署钻探的柴9井在E_3^2油层试油获日产油121.12立方米、气5万立方米，随后钻探的评价井柴901井试油获日产油52.1吨、气1.2万立方米，发现新的高产、高丰度油气藏，实现英雄岭构造带规模发现阶段以来的第三次新突破。

风西—南翼山地区中浅层勘探取得重要成果。按照“预探控制规模、评价落实储量、开发效益建产”思路，优选南翼山、风西开展地质工程一体化攻关，风10井在E_3^2试油获日产16.1立方米工业油流，南翼山、大风山碳酸盐岩呈现油藏连片，新增探明石油地质储量1809万吨，展现N_2^2—E_3^2层系亿吨级规模勘探潜力。

【河套盆地主要勘探成果】 临河坳陷北部油气勘探取得重要发现。为拓展河套盆地勘探新领域，探索临河坳陷北部含油气性，通过不断深化地质认识，加强新采集三维地震资料目标精细处理解释，部署的临华1X井、兴华1井在古近系临河组相继获高产。临华1X井6毫米油嘴获日产油305.76立方米，兴华1井发现158.2米厚油层，4.8毫米油嘴放喷获日产油274.08立方米，打开河套盆地北部勘探新局面，初步估算临河坳陷中央断垒带兴华1、临华1两个断块石油地质储量6539万吨，有望成为河套盆地继吉兰泰油田后又一亿吨级规模高效储量区。

【吐哈盆地及三塘湖盆地主要勘探成果】 吐哈盆地胜北中侏罗统岩性油气藏精细勘探取得新成果。按下洼寻找大型岩性油气藏思路，勘探开发一体化，针对胜北中侏罗统致密气部署探井5口，开展水平井+体积压裂攻关，胜北502H井、胜北503H井、胜北505H井先后获工业油气流，初步落实有利面积193平方千米，估算资源量800亿立方米，胜北1、2号构造落实含气面积26.9平方千米，落实天然气储量规模136亿立方米，凝析油608万吨，具较大的勘探潜力。

【二连盆地主要勘探成果】 二连盆地东部洼槽区石油勘探获重要进展。近两年，坚持下洼勘探，创新构建多类型成藏模式。2020年，乌里雅斯太凹陷南洼槽以储量升级与甩开预探并重，部署实施6口探井，4口井获工业油流，1口井发现厚油层；吉尔嘎朗图凹陷甩开钻探林28井、林30X井获高产工业油流，落实储量规模1100万吨，发现新的有利区带，展现老区新带良好的勘探前景。

阿南洼槽区精细勘探取得新成果。以老井复查重新压裂提产提效为突破口，深化成藏认识，创新构建地层—岩性成藏模式，实施评价井11口，平均单井钻遇油层29米，落实预测石油地质储量5288万吨。其中，已落实探明石油地质储量1200万吨，建成产能8.8万吨，实现富油洼槽区增储上产，进一步证实在老区富油凹陷斜坡区和洼槽区地层岩性油藏勘探潜力。

【海拉尔盆地主要勘探成果】 海拉尔盆地赫尔洪德凹陷获新突破。为探索海拉尔盆地北部塔木兰沟组烃源岩发育情况及含油气性，优选赫尔洪德凹陷部署上钻赫1井。该井在塔木兰沟组揭示285米暗色泥岩，钻遇6.2米厚油层，压裂后获日产5.3吨工业油流，油质较轻，实现新凹陷、新层系双突破，初步落实有效烃源岩面积1450平方千米，估算资源量1.86亿吨，具较大的勘探潜力。

【风险勘探工作及成果】 面对新形势、新要求，进一步解放思想、坚定信心，立足战略性、全局性、前瞻性重大领域和目标，大胆构思、精细论证，宏观引导、细节把控，加快目标落实和实施推进，2020年部署风险探井35口，完钻34口，完试28口，14口井获工业油气流，取得6项战略突破和6项重要发现。其中：川中古隆起北斜坡灯二段台缘带蓬探1井、川中古隆起北斜坡震旦系—寒武系角探1井、阜康凹陷斜坡带康探1井、玛湖凹陷风城组页岩油玛页1井、塔北震旦系—寒武系轮探1井、河套临河坳陷兴隆构造带临华1X井获战略突破；沙湾凹陷斜坡带沙探2井、盆1井，西凹陷斜坡带盆东1井，准南博格达山前博达1井，辽河东部凹陷沙三火山岩驾探1井，辽河大民屯沙四段页岩油沈页1H井，松北古龙凹陷青山口组页岩油英页1H井获重要发现。超额完成年度目标，为2021年油气勘探部署奠定坚实的基础。

【中国石油2020年度油气勘探年会】 2020年12月8—9日，中国石油天然气集团有限公司2020年度油气勘探年会在北京召开。此次会议是在党的十九届五中全会胜利召开之后、“十三五”收官与“十四五”开局、实现两个百年奋斗目标重要交汇期召开的一次重要会议，是持续深入贯彻习近平总书记和党中央大力提升勘探开发力度等一系列重要指示批示精神，扎实抓好“十四五”发展规划的动员会和部署会议。会议系统总结“十三五”油气勘探工作，广泛交流2020年油气勘探成果及提质增效主要做法和勘探管理经验，按照中央的决策部署以及集团公司党组对油气勘探的总体要求，以“十四五”规划为指导，部署安排近期油气勘探重点工作。集团公司董事长戴厚良、副总经理焦方正，股份公司副总裁李鹭光及来自集团公司和股份公司总部有关部门、勘探与生产分公司、工程技术分公司、16家油气田公司、中国石油勘探开发研究院、东方地球物理有限责任公司及其他工程技术服务企业等单位勘探系统的200多名代表参加会议。

（孙瑞娜　范土芝）

勘探工程技术

【概述】 2020年，按照集团公司“战严冬、转观念、勇担当、上台阶”总体要求，物探业务扎实推进提质增效专项行动，加强物探生产组织管理，强化技术攻关和创新，加大精细目标处理与解释，深化油气藏地球物理技术应用，持续加强规范化管理，支撑高效勘探和低成本开发，为国内上游业务高质量可持续发展提供技术保障。钻井和测井工程面对“低深难”的勘探形势和“两高一低”的开发现状，突出创新驱动和精益管理，不断提升钻井和测井业务在油气勘探发现、原油产量稳定和天然气业务快速发展中的支撑和保障作用。全年钻井16804口、进尺3986.5万米，完成水平井2503口，创历史新高；探井测井1312井次、开发井测井10305井次、生产井测井45374井次，解释符合率探井83.3%、开发井93.2%，整体保持较高水平。

【地震资料采集】 2020年，二维地震计划采集8332千米，实际部署8078千米，完成8045千米，部署完成率99.59%，计划完成率96.56%；三维地震计划采集18997平方千米，实际部署19424平方千米，完成19374平方千米，部署完成率99.74%，计划完成率101.98%（工作量按年度投资计划项目统计）。二维地震、三维地震采集计划完成率均创五年新高。

通过强化设计、优选技术，实现地震采集提质增效。（1）优化技术方案，针对复杂构造目标，强化高密度、宽方位技术应用，满足高精度成像需求；针对复杂岩性目标，强化宽频、宽方位技术应用，提高储层识别精度。柴达木盆地咸东三维地震采用小道距高密度（炮道密度150万道/千米²以上）技术，地震资料品质大幅度提升，构造形态、断层展布清楚，断点位置清晰，实现“从无到有”的重大突破，为落实有利钻探目标奠定基础；鄂尔多斯盆地城探3井区三维地震针对致密油气立体勘探目标，强化单点激发接收和高密度、宽方位观测技术，与以往二维地震资料相比资料品质实现质的飞跃，地震剖面信噪比高，波组特征清楚，层间内幕丰富，深层反射清晰，频带提高20赫兹，提高“甜点”预测精度。（2）全面推广宽频可控震源激发、高灵敏度单点检波器接收等先进技术，提高施工效率和资料品质，控制采集成本。2020年，“两宽一高”地震采集设计应用率100%，可控震源项目利用率50%以上，效率提高30%以上；高灵敏度单点检波器利用率三维地震75%，接收环节提升效率1倍以上，提高频宽10赫兹以上。（3）强化表层调查，开展近地表速度、岩性、吸收衰减调查，夯实复杂构造准确成像基础。准噶尔盆地南缘四棵树凹陷利用超深微测井开展精细近地表调查，实现“双复杂”区复杂构造准确成像，地震资料品质大幅度提升。（4）强化过程监督，全面推广采集质控软件，强化量化质控和效果评价，提高质控的科学性和准确性。通过地震采集质控软件应用，采集质控效率提高8倍，全面实现无纸化绿色质控。（5）推广绿色安全生产，大力推广高清航拍、节点检波器、可控震源等先进环保设备，降低劳动强度，提高施工质量和效率，有效控制成本。鄂尔多斯盆地李庄子三维地震应用节点仪器，突破哈巴湖保护区施工壁垒，获153平方千米环保区资料，为该区油气勘探打下坚实资料基础。

【地震目标精细处理解释】 2020年，全面推广“双复杂”“双高”处理解释技术应用，处理二维地震67863千米、三维地震83058平方千米；解释二维地震362112千米、三维地震280235平方千米，发现落实圈闭11460个、面积85729平方千米，提交井位4460口、采纳2489口，支撑部署风险井位35口，油气重大突破与发现参与率100%，获得一批重要地质新认识，为油气高效勘探和低成本开发提供有力支撑。

塔里木油田通过精细处理、连片解释，准确刻画塔北—塔中断裂体系，厘定主干断裂70条，总长度3306千米，重新认识断裂控藏规律，部署满深1井日产油175吨、气7.2万立方米，证实塔北—塔中整体连片含油，展现10亿吨大场面；运用叠前深度偏移处理准确落实超深层构造，部署轮探1井测试日产油133立方米、气4.87万立方米，证实8000米以深可发育原生油藏和储盖组合；开展克拉苏构造带博孜—大北区块精细三维地震连片处理、解释，发现和落实圈闭17个，总面积495平方千米，新增探明天然气230亿立方米、油346万吨，控制+预测天然气2193亿立方米、油2275万吨，支撑博孜—大北大气田规模上产。新疆油田在准噶尔盆地部署格架二维地震，通过精细处理解释准确刻画二叠系构造格局，新增预测储量1.3亿吨，展现准噶尔盆地上乌尔禾组整体连片大面积成藏态势；基于高分辨地震资料在阜康凹陷落实圈闭733.6平方千米，建议3口风险井位，其中康探1井三层合计日产油315立方米、气3.16万立方米，打开盆地东部规模勘探新领域。华北油田基于三维地震资料重新落实河套盆地兴隆构造，调整风险井临华1X井部署，在临河组获日产305立方米高产油流，开辟河套盆地规模增储新战场。西南油气田基于“双高”资料在四川盆地发现灯影组丘滩体8660平方千米、沧浪铺组岩性圈闭2300平方千米、栖霞组有利面积9100平方千米，支撑高石梯—磨溪北斜坡蓬探1井、角探1井突破。

【物探技术攻关】 2020年，针对前陆冲断带高陡构造、碳酸盐岩、火山岩、页岩油和老区精细勘探等五大领域，设立14个物探技术攻关项目。其中：前陆冲断带高陡构造领域重点攻关塔西南、准南缘、鄂尔多斯西缘、柴北缘、川西北等“双复杂”探区地震成像技术，落实勘探目标；碳酸盐岩领域重点攻关塔里木柯坪断隆、鄂尔多斯古隆起周缘盐下和川中、塔北孔隙型、缝洞型储层描述技术，落实钻探圈闭；火山岩领域重点攻关川西火山岩有利储层叠前预测技术，拓展勘探战场；页岩油领域重点攻关探索长庆庆城长7油层、玛湖风城组页岩油“甜点”预测技术，推动规模建产；老区精细勘探聚焦渤海湾盆地多层系潜山、深层和吐哈盆地侏罗系等构造—岩性目标精细成像刻画，落实钻探目标。

针对不同领域地质难点和技术需求，制定相应技术思路，取得良好技术进展和应用成效。高陡构造领域开展多信息约束浅表层速度精细建模，为“双复杂”区构造准确落实夯实基础，塔西南山前带浅层构造实现资料“从无到有”质的飞跃；碳酸盐岩领域攻关近地表Q补偿及Q偏移技术，资料信噪比显著提升，鄂尔多斯奥陶系盐下地层内部层序可识别程度提高，底界不整合反射更清晰；火山岩领域强化低频保真处理、精细速度建模技术攻关，成像精度显著提高，磨溪北斜坡火山岩成像断点干脆，深层火山通道刻画更清晰；页岩油领域开展“双高”处理解释技术攻关，提高资料分辨率，颠覆庆城北传统长 3—长 7 分层的地质认识，支撑庆城油田 3.58 亿吨探明储量提交。

【物探科研与应用】 2020 年，聚焦生产急需核心技术，突出科技创新性和成果有形化，按照基础研发、瓶颈攻关、前沿探索三个层次设立 9 个物探科研项目。持续抓好地震储层预测质控软件系统集成研发，聚焦双复杂目标采集及成像处理、裂缝—孔隙型储层渗透性预测、页岩油叠前地震波形反演“甜点”预测、地震面波特征估算近地表速度和 Q 值等关键技术研究，深化探索智能化物探技术，取得重要进展。研发双复杂探区近地表建模技术，支撑川西北山前带风险井速度模型优化调整。完成国内外首套地震储层预测质控软件系统集成和测试，开展 2 个实际工区试应用，指导储层预测质量控制。形成互相关相移面波频散成像新方法，开发面波频散成像及曲线交互拾取软件模块，实现基于聚类分析算法的面波频散曲线自动拾取技术，将单人 40 小时拾取工作量缩短至 340 秒完成，为利用地震面波特征估算近地表速度和 Q 值奠定基础。地震智能化层序地层与沉积相解释技术取得新进展，形成智能地震层序地层解释软件并递交软件著作权，率先获得智能地震解释技术国家发明专利。智能断层识别准确率 93% 以上，智能化层序地层解释效率较常规提高 9 倍以上。开展智能化地震波初至拾取和自动速度分析方法研究，初步实现智能化初至拾取和高信噪比数据叠加速度自动解释。与人工拾取相比，智能初至拾取效率提高 50 倍以上，智能速度拾取效率提高 720 倍。

【GeoEast 国产地震处理解释软件推广】 “十三五”期间，通过组织用户会和工作会，强力推动 GeoEast 处理解释软件等国产软件应用。根据前期推广效果和油气勘探生产实际需求，明确 2019—2021 年度深化软件推广任务，制定“188”目标，即 GeoEast 应用人员熟练掌握率 100%，处理解释平均应用率分别达到 80%，国内勘探重大发现参与率超过 80%。2020 年，GeoEast 熟练掌握率 100%，处理三维地震 62293 平方千米（应用率 75%），解释三维地震 215781 平方千米（应用率 77%），发现落实圈闭 8824 个，完成年度“177”推广应用阶段目标。

（易维启　刘依谍）

【水平井钻井】 2020 年，完成水平井 2503 口，占钻井总井数的 20.5%，创历史新高。水平井主要应用在致密油气、页岩气、碳酸盐岩、煤层气等常规油气藏，非常规油气藏水平井比例逐年增加。通过强化油气藏精细刻画、强力推进先进适用工程技术应用，尽管油气藏资源品位下降，但水平井总体开发效果依然十分突出。长庆油田通过水平井的规模应用推广，实现低品位资源的有效动用，超低渗透Ⅲ类和页岩油水平井 / 大斜度井建产比例由 10.3% 增至 63%，较直井增产 3—12 倍，遏制多井低产趋势；气田开发上全年完成水平井 422 口，占新建产能的 52.7%，在苏东南区高效建成 30 亿立方米致密气水平井示范区，完试 132 口井，48 口无阻流量超百万立方米，五年来减少直井建井数 5260 口，实现气田高质量发展。新疆玛湖全面推进水平井 + 体积压裂整体开发，成为油田上产的助力区块，玛湖完成水平井 279 口，新建产能 222 万吨、年产油 201.4 万吨，同比分别增加 62 万吨、70.7 万吨；吉木萨尔页岩油持续完善储层“甜点”分类评价、水平井轨迹跟踪调控等技术，新投井平均日产油 24.6 吨（同比增长 30% 以上）。川渝页岩气继续通过强化水平井整体开发、平台化部署工厂化作业、推进长水平段及深层抗高温等提质提效技术应用，全年完钻水平井 327 口，平均水平段长 1660 米（首次完成 2 口段长 3000 米以上水平井），钻获 25 口 EUR 大于 1.5 亿立方米的高产井和 4 个测试日产 300 万立方米以上的高产平台，年产气 116.1 亿立方米，创历史新高。塔河南岸通过持续规模应用水平井，2020 年产油 154 万吨，净增 54 万吨，当年完成水平井 30 口，试油定产 28 口，成功率 86%，其中百吨井 16 口。

水平井钻井技术日趋成熟，保障能力进一步提升。2020 年，水平井平均水平段长 980 米，为体积改造和提高水平井应用效果奠定基础。完成段长 2000 米以上水平井 119 口，其中长庆靖 50-2H1、桃 2-33-8H2 致密气水平井水平段长度分别为 4188 米、4466 米，创中国石油水平段长度新纪录；宁 209H71-3 井井深 4850 米，水平段长 3100 米，创 2020 年页岩气最长纪录；完成国内陆上最大水平井平台华 H60（22 口），平均水平段长 1507 米，平均钻井周期 18.5 天；完成中国石油斜深最深水平井——双鱼 001-X3 井（完钻井深 8600 米，水平段长 892 米）；实施 7 口山前大斜度井，其中大北 1401 井井斜 89 度，造斜率 14 度 /30 米；长庆气田 $5^1/_2$ 英寸（1 英寸 =2.54 厘米）套管老井侧钻水平井实施 37 口，钻井周期由 60 天缩短为 27.84 天，平均水平段长 705.74 米。华北吉华 1 区块完成 13 口浅垂深水平井，其中吉华 1 平 11 井创油田最高水垂比纪录（水垂比 2.5），吉华 1 平 7 井创油田最浅造斜井深纪录（58 米）。自主研发的旋转导向工具在宁 209H23 平台等 14 口井中开展应用，性能参数全面达到设计要求。

【欠平衡钻井】 2020 年，实施欠平衡、气体钻井、精细控压钻井 179 井次，在裂缝性储层储层保护、研磨性地层的钻井提速、窄密度窗口的防漏治漏和固井等方面取得显著成效。（1）推广应用精细控压钻井技术保障复杂地层的安全钻井。西南油气田在高石梯—磨溪完成 35 井次精细控压钻完井应用，平均钻井液漏失量 187 立方米，平均复杂处理时间 59 小时，较常规井分别下降 75%、82%；喷、漏复杂储层实现“钻、测、完”一体化精细控压钻完井作业，100% 钻达地质目标，成为灯影组开发的必备技术。新疆油田针对南缘等窄窗口地层应用精细控压钻井技术 6 口井，降低溢漏同层段钻井安全井控风险，顺利钻达目的井深，已成为该区标配技术，其中呼探 1 井五开 7209—7601 米实施精细控压钻井，井底 ECD 控制在 2.14 克 / 厘米 ^{3} 左右，顺利钻至目标井深，创北疆钻井最深纪录。青海油田在狮 301 等 7 口井应用精细控压技术，通过优化密度合理控制井底压力，与常规钻井相比平均单井漏失量下降 50%，复杂时间下降 86%，提速效果显著，特别是狮 301 井四开采用精细控压技术，安全钻至 5610 米，节约周期 50.83 天，并减少一层备用套管。（2）精细控压压力平衡固井提升超深井固井质量成效显著。西南油气田推广以环空动态当量密度精确控制与最优顶替效率为核心的精细控压压力平衡法固井技术，有效提高复杂超深井窄安全密度窗口地层固井质量。在双鱼石、高石梯—磨溪等重点区块应用 23 井次，尾管固井质量合格率 72.68%、优质率 35.3%。塔里木油田克深 13 区块高压盐水层、薄弱层段采用常规固井发生严重井漏，固井质量差，在克深 8-13 井四开成功实施精细控压钻井和固井试验，钻穿高压盐水层（压力系数 2.52）和盐下易漏泥岩地层，完成尾管控压固井技术，固井合格率 98.4%。克深 13-3 井实现密度窗口 0.03 克 / 厘米 ^{3} 条件下的固井一次上返，减少钻井液漏失约 200 立方米。（3）气体钻井大幅度提高研磨性难钻地层钻井速度。在双鱼石、剑阁等区块应用气体钻井 7 口井，应用井同比节约钻井周期 20—30 天，其中双鱼石区块直径 444.5 毫米井眼推广应用 4 井次，平均单井进尺 2166.75 米，平均机械钻速 9.38 米 / 时，提效显著。针对页岩气表层漏失严重等难题，应用井平均钻井周期缩短至 3—5 天，单井用水量同比节约 70%（4000 立方米）以上，降低井漏复杂、节省拉水费用。塔里木油田在博孜 2、博孜 10、博孜 24 等井应用气体钻井，进尺分别为 2180 米、760 米、1237 米，与邻井博孜 7 井同层段采用涡轮 + 孕镶、非平面齿 PDC 钻头相比，机械钻速提高 3—4 倍，总计缩短钻井周期 137 天，节约孕镶 PDC 钻头 17 只，平均单井节约综合成本近 900 万元，提速降本效果显著，特别是博孜 2 井刷新国内 311.2 毫米井眼气体钻井施工井深最深纪录（5015 米）。

【垂直钻井】 2020 年，在塔里木、新疆、青海、四川等油气田应用垂直钻井 143 井次，其中塔里木油田应用 121 井次，进尺 18.4 万米，斯伦贝谢 Power-V 工具实施 93 井次，进尺 13.8 万米，占其总工作量的 75%。为进一步提升提速效果，推广 Power-V+ 附加动力组合，在博孜—大北砾石含量低或不含砾地层应用 Power-V+ 大扭矩螺杆工具提速，与单独使用 Power-V 相比单趟进尺提高 31%，钻速提高 37%；持续提升工具及电子元件抗高温高压性能，满足山前超高温超高压条件下防斜打快需求，研发 Power-V HP 垂钻工具（耐温 175℃、耐压 207 兆帕），并在库车山前博孜 902 井成功应用，最高工作温度 151℃、最高工作压力 186 兆帕，$6^5/_8$ 英寸井眼钻达 7641 米，创国内应用井深最深纪录。青海油田在英中和九龙山地区大井眼均使用垂钻系统实现防斜打快，应用 12 井次，相比螺杆钻具 444.5 毫米井眼提速 119%，311.2 毫米井眼提速 42%。其中，龙 9 井上盘 E_3^1—E_{1+2} 地层倾角 70—80 度，应用垂直钻井系统进尺 1604 米，井斜控制在 1.5 度以内。西南油气田在双探 108 井、107 井 241.3 毫米井眼雷口坡组—嘉陵江组开展“PDC+Power-V+ 大功率螺杆”提速试验，其中双探 107 井一趟钻穿雷口坡组—嘉陵江组，井斜角控制在 0.5 度内，进尺 1480 米，机械钻速 9.9 米 / 时，分别同比邻井提高 26.28%、28.47%，创该区块机械钻速最高纪录。新疆油田在天湾 1 井、高泉 6 井等 6 口井使用垂直钻井系统，较好地解决防斜打快难题，提高深井井眼质量，其中天安 1 井二开—四开（235—5650 米）井段使用垂直钻井系统，钻压最高 250 千牛顿，井斜角控制在 2 度以内，平均机速 3.02 米 / 时，较邻井安 6 井平均机械钻速提高 1.29 倍。

国产大尺寸垂直钻井技术持续完善。2020 年，渤海钻探研制的 VDT 工具应用 26 井次，进尺 4.29 万米，其中在塔里木油田完钻 23 井次，进尺 39446 米，同比进尺增加 12400 米，提高 45%，工具平均入井工作时间与国外工具相比逐年缩小。西部钻探与航天十八所共同研制垂钻工具也取得显著进步，井斜控制能力和降斜能力较好。

【大井丛工厂化钻井】 2020年，中国石油完成3口井以上平台数1591个、钻井井数7045口，占总井数的57.8%，其中10口井以上大平台77个、共825口井。依托大井丛部署，开展平台井设计优化、整体组织实施、标准化技术规范、共享物资和人力资源等，大幅度提高建井效率，减少资源消耗，实现精益化管理，全年减少临时征地42350亩、永久征地7735亩，节省重晶石68934吨，缩短钻井周期14584天。

长庆油田以实现“平台井数最大化，控制储量最大化，缝控储量最大化”为目标，通过开展技术创新，不断完善大平台开发技术，实现1000米以上偏移距钻井的突破（庆H2-1井偏移距1011米，庆H2-3井偏移距1030米），平台井数由6口增加至22口（最大能力32口）；形成双平台长制度，持续升级工厂化作业模式，累计节约5.8亿元，钻井周期累计节约9182天。2020年完成的华H60平台，三层立体动用，完钻22口水平井，平台控制储量720万吨。新疆油田在产能建设中依托工厂化批量钻井，推行大小钻机组合，固化人员和设备，实现平台整体提速，整体节约费用1亿元以上，其中玛湖1示范区三开井段钻井工期由首轮井的51.1天缩短至24.3天；风南4井区水平井钻井工期由2019年的77天缩短至54.4天，平均钻井成本由1958万元降至1750万元。川南页岩气采用6—8口大井丛部署，采用工厂化作业模式，实施批量化钻井，311.2毫米及以上井眼、215.9毫米井眼分别实施批量化钻井，建立学习曲线；实现共享设备及钻具、钻井液重复利用等，平台井建井周期同比缩短35%左右。华北油田通过技术试验攻关，大井丛工厂化作业从无到有，实现常规油气、煤层气、储气库业务全覆盖。针对吉兰泰油田地处戈壁沙漠、环境敏感、钻前费用高问题，在吉华2区块全部采取大井丛平台建设，采用双排布井、双钻机钻井，钻井、建井周期分别缩短40.1%、48.8%，建产效率提升40%；煤层气产能建设中通过大井丛工厂化作业，地面投资下降20%，占地面积下降58%，建设周期缩短56%，运行能耗下降26%。大平台工厂化作业在各油气田公司全面推广，成为油气田公司效益建产、实现降本增效的重要举措之一，也为中国石油实现清洁生产、高质量发展发挥重要作用。

（叶新群）

【高精度成像测井和扫描测井的技术应用成效】 2020年，中国石油503口探井进行成像测井（不含阵列感应和阵列侧向），探井覆盖率38.8%。其中，电成像、阵列声波、核磁共振、MDT、元素俘获/岩性扫描和旋转式井壁取心的作业井次分别为398井次、524井次、321井次、37井次、127井次和138井次，分别占探井总数的30.3%、39.9%、24.5%、2.8%、9.7%和10.5%。

成像测井主要应用于：（1）推进电成像测井裂缝评价和MDT流体快速识别，塔里木盆地库车深层裂缝性砂岩解释符合率86.3%，有效支撑博孜18、博孜7和博孜15等区块的勘探发现，保障库车地区2233亿立方米三级储量的上交；（2）通过准噶尔盆地南缘的高101、高102和高泉5等井油基电成像测井评价，掌握高泉构造清水河组的岩性与微相变化特征以及有利储层发育特点；（3）基于柴达木盆地湖相碳酸盐岩的岩性扫描测井流体识别和电成像测井缝洞发育特征，解释符合率提高10个百分点以上，准确识别出柴9井的试油获日产百吨以上油气层；（4）四川盆地川西火山岩的核磁共振、电成像和岩性扫描测井的孔隙结构、岩性岩相和流体识别，储层识别符合率85%以上，流体性质识别符合率83%，为试气层段优选和试气方案设计提供重要支持。

【风险探井测井采集与解释评价】 2020年，完成康探1、呼探1、角探1、蓬探1、阳探1等33口风险探井测井精细解释，优选出试油层段，有力支持风险勘探发现。准噶尔盆地康探1井乌尔禾组一段在岩屑和壁心均无显示且基本无气测情况下，测井解释油层14米并坚持试油，获日产油115.51立方米的高产，开辟阜康凹陷新的勘探领域。四川盆地角探1井在沧浪铺组准确解释出气层14.5米，测试获日产气51.62万立方米的高产，为盆地内沧浪铺组首次获勘探突破。

【MDT技术的提质增效作用】 2020年，MDT测井应用79井次，降本增效作用明显，支撑油气田低成本开发。大庆油田应用67口井，其中探井应用13井次，解释符合率100%，采用MDT结论直接减少试油层66个，单层可节省40万—50万元、10天试油作业时间；塔里木油田在克深25井等重点井中应用7井次，相比于常规试油，其作业时间为1/20，费用为1/10；西南油气田在长宁页岩气水平井应用XPT测压7井次，准确确定出储层孔隙压力，为“甜点”区优选提供关键参数。

【二维核磁共振测井的页岩油气“甜点”评价】 2020年，二维核磁共振测井（CMR-NG）应用16井次，在页岩油气评价中成效显著。CMR-NG 精细评价可动油、束缚油、可动水和束缚水等流体性质，提高页岩油“甜点”评价的准确性，在玛页 1 井、龙安 1 井等页岩油风险探井“甜点”评价中见到良好效果；CMR-NG 在长宁西区低阻页岩气评价中，明确低阻成因是高成熟度导致的石墨化骨架导电，不含可动水，储层物性较好，具有良好的勘探潜力，拓展低阻页岩气勘探领域。

【三分量感应测井的电各向异性评价】 2020 年，中油测井自主研发的三分量感应测井在松辽盆地古龙凹陷、三肇凹陷、双城凹陷及四川盆地川西火山岩中应用 39 井次，其中在页岩油储层中应用 14 井次。确定古龙页岩油储层的电各向异性特征，清楚地识别出页岩纹层和页理发育程度的宏观结构，为页岩油“甜点”段提供重要参数。

（刘国强）

油田开发

【概述】 截至 2020 年底，股份公司累计动用地质储量 207.78 亿吨，可采储量 60.96 亿吨，标定采收率 29.34%，累计产油 47.34 亿吨；地质储量采出程度 22.74%，可采储量采出程度 77.53%，地质储量采油速度 0.49%，剩余可采储量采油速度 6.89%，储采比 14.52；老井自然递减率 9.53%，综合递减率 4.87%。2020 年，年末日产油水平 26.54 万吨，年产油 10225 万吨，日产液 252.49 万吨，年产液量 9.29 亿吨，油田综合含水 89.69%；日注水 314.1 万立方米，年注水 11.33 亿立方米，月注采比 1.06，累计注采比 1.03；采油井总井数 255495 口，开井 188010 口，平均单井日产油 1.41 吨；注水井总井数 99852 口，开井 75162 口，平均单井日注水 41.79 立方米（表 2）。

表 2　2020 年采油、注水情况

项　目	2020 年	2019 年	同比增减
采油井总井数（口）	255495	255575	−80
采油井开井数（口）	188010	186807	1203
平均单井日产量（吨）	1.41	1.44	−0.03
注水井总井数（口）	99852	99711	141
注水井开井数（口）	75162	74341	821
平均单井日注水（立方米）	41.79	42.92	−1.13

【原油生产】 2020 年，生产原油 10225.33 万吨（包含液化气 110 万吨），其中自营区产油 9500.62 万吨、合作区产油 724.71 万吨（表 3）。

表 3　2020 年原油产量、商品量

项　目	2020 年	2019 年	同比增减
原油产量（万吨）	10225.33	10176.90	48.43
自营区（含风险作业）原油产量（万吨）	9500.62	9447.8	52.82
合作区原油产量（万吨）	724.71	729.2	−4.49
原油商品量（万吨）	10118	10077	41

大庆油田在蒙古国油田限运停产，影响产量 30 万吨的形势下，及时组织复产复工，统筹组织生产运行，大力开展抢产夺油，生产原油 3001 万吨，保持 3000 万吨稳产，继续发挥原油“压舱石”作用；长庆油田创新建立“大井丛、工厂化”高效建产模式，实现致密油和页岩油规模效益开发，生产原油 2467 万吨，继续保持产量增长；新疆油田持续优化产量构成，加大玛湖砾岩油藏效益建产规模，生产原油 1320 万吨，实现产量快速增长；辽河油田推进 SAGD、火驱、二元驱等重大开发方式转变，努力保持千万吨稳产，生产原油 1004 万吨；塔里木油田加快塔北碳酸盐岩富满区块原油上产，生产原油 602 万吨，产量不断攀升；华北、吉林、青海、玉门等油田老区通过强化精细地质研究，夯实稳产基础工作，开发形势逐年好转，新区不断创新攻关，呈现较好发展态势（表 4）。

表 4　2020 年各油气田原油产量

万吨

油　区	2020 年	2019 年	同比增减	油　区	2020 年	2019 年	同比增减
股份公司总计	10225.33	10101.74	123.59	吉林油田	400.00	393.72	6.28
大庆油田	3001.03	3204.43	–203.4	青海油田	228.50	223.30	5.2
长庆油田	2467.20	2377.02	90.18	吐哈油田	157.01	185.00	–27.99
新疆油田	1320.02	1147.01	173.01	冀东油田	127.50	130.00	–2.5
辽河油田	1004.26	995.11	9.15	玉门油田	49.02	41.00	8.02
塔里木油田	602.01	551.53	50.48	南方公司	30.58	30.46	0.12
华北油田	416.00	407.20	8.8	西南油气田	5.16	5.95	–0.79
大港油田	415.02	407.02	8	浙江油田	2.00	3.01	–1.01

【原油产能建设】 2020 年，原油产能建设严格执行立项程序和投资计划，突出达标管理；严格开发指标与效益指标论证，坚持向目标优选要效益、向方案优化要效益、向技术进步要效益、向精细管理要效益。（1）强化源头质量效益控制。加强产能建设前期工作，全方位优选建产区块，一体化研究优化地质与工程、地下与地面、储量与产能、产能与投资、开发方案与工程设计，达不到效益标准的产能项目，采取效益倒逼机制，必须降投资和运行成本。（2）充分发挥技术创新驱动作用。大力推广“大井丛、多层位、多井型、平台式、工厂化”建产新模式，大力推广水平井 + 体积压裂新技术，扩大地面一体化集成装置应用规模。科学部署大平台丛式井方案，节省征地，减少人员设置，降低建设投资和管理成本。

2020 年，自营区计划钻井 8963 口，进尺 1813.2 万米，建产能 1543.3 万吨；实际钻井 8194 口，进尺 1672.2 万米，建成产能 1204.4 万吨。产能贡献率 38.4%，为五年来最高。其中，新区产能占比 62.9%，近两年连续超过 60%。投产油井 7802 口，平均单井日产量 3.1 吨，同比提高 11%。新疆玛湖、塔里木哈拉哈塘等 6 个股份公司重点项目，新钻井 791 口，进尺 294 万米，建产能 356 万吨。老区产能完成率 86%，同比提高 2.8%，新疆、长庆、吐哈、塔里木、吉林、华北等油田完成率较高。

【精细油藏描述】 2020 年，完成精细油藏描述区块 93 个，覆盖地质储量 16.54 亿吨。三维地质建模覆盖地质储量 15.29 亿吨，数值模拟历史拟合 17959 口井，预计采取相应的配套调整挖潜措施后可增加可采储量 4106.91 万吨，提高采收率 2.37 个百分点。精细油藏描述成果有效指导油田开发调整，在老区加密调整、滚动扩边、注采系统调整和老油田综合治理等方面发挥重要作用。支撑编制产建方案 164 个，提供井位 5700 余口。

精细油藏描述技术取得部分创新成果：井震协同构造建模与微构造描述技术，拓宽老油田井位部署空间，实现由“躲断层”向“靠断层”转变。多元信息融合，精准刻画含油小微地质体，实现薄储层精准预测。探索形成基于常规测井曲线的低渗透储层裂缝描述技术，提高剩余油分布预测的准确性。砾岩油藏微观孔喉识别及动用界限表征技术为开发方式转换和剩余油挖潜提供依据。建立基于监测资料及数值模拟的无效循环识别方法。

【精细注水工程】 精确把握油藏地质情况，精准实施分类治理，巩固和发挥注水开发的主导地位，持续推进精细注水工作常态化，油田稳产基础得到进一步加强。2020 年，以精细注采调控为核心，突出含水控降和低效无效注水治理，重点实施注水井更新 454 口、新增分注井 3044 口、注水井大修 1941 口、新投注水井 2889 口、油井转注井 1111 口、检管重配井 1.38 万口以及水质提升等设备设施改造。专项治理效果持续巩固，注水井分注率 63.5%、分注合格率 80.5%、井口水质合格率 91.5%。继续扩大第四代智能分注试验区规模，在大庆、长庆、吉林和华北等油田典型油藏建立 10 个示范区，累计应用 1244 口井，示范区均实现数据管理网络化，分注合格率从一个测试周期的 41.5%—67.3% 上升到长期保持 90% 以上。

【二次开发工程】 2015 年以来，潜力评价不断更新升级，评价范围由中高渗透油藏拓展到稠油油藏，

2020 年拓展到低渗透油藏，覆盖储量由 80 亿吨拓展到 170 亿吨。评价结果表明，“二三结合”潜力评价涵盖中高渗透、低渗透、稠油三大领域，可实施储量 106.4 亿吨，预计采收率提高 17.4 个百分点，增加可采储量 18.5 亿吨，是股份公司剩余可采储量（13.6 亿吨）的 1.4 倍。至此，历经 5 年攻关，揭示不同类型油藏“二三结合”提高采收率的技术方向和蕴藏的巨大潜力，指明老油田大幅增加可采储量的目标和方向。

以多油层“二三结合”层系井网立体重构、“密井网”精细注采调控、二元驱为核心的配套技术趋于成熟。新疆、大港、辽河、青海等油田 7 个重点项目利用“二三结合”立体层系井网精细水驱实现产量翻番，2020 年产量突破 100 万吨，达到 135.2 万吨，创历史新高。新疆克拉玛依油田七中区克拉玛依组、八区 530 八道湾组、百 21 井区百口泉组、七区八道湾组，大港港西，辽河欢喜岭锦 16 等“二三结合”可整体提高采收率 20 个百分点，固定油价 45 美元 / 桶内部收益率 12% 以上，较单独三次采油提高采收率 4—5 个百分点，内部收益率提高 2%—3%。百口泉老区典型方案以“二三结合”构建“二三结合”井网，产量由 2016 年 31.7 万吨升至 48.8 万吨，完全成本由 58.5 美元 / 桶降至 40.8 美元 / 桶，具备 100 万吨上产并持续稳产的条件。

【重大开发试验】 重大开发试验突出“创新、资源、绿色、低碳”，以“提高单井产量、提高采收率、降低开发成本”为主题，按照“成熟技术推广一批、接替技术试验一批、储备技术攻关一批”的工作思路，针对大庆、长庆、新疆、塔里木等重点油田，瞄准关键技术，精心现场组织、现场实施，突破油田开发中迫切需要解决的瓶颈技术，加快试验成果的工业化推广进程。

2020 年，重点开展十项重点试验：大庆、新疆、辽河、大港、长庆等油田化学驱大幅度提高采收率先导试验，新疆玛湖油田提高动用程度转变开发方式重大开发试验，长庆鄂尔多斯长 3–7 中低成熟页岩油原位转化先导试验，塔里木东河 1/ 塔中 402、吐哈葡北、辽河兴古潜山重力（混相）驱工业化试验，新疆红浅 1、辽河杜 66、华北蒙古林、辽河锦 91/ 庙 5 火驱工业化试验和先导试验，青海尕斯 / 昆北、长庆安塞、华北任 9 潜山油藏减氧空气驱工业化试验，长庆元 284 超低渗透油藏转变注水开发方式工业化试验，大庆、吉林、长庆、新疆等油田二氧化碳驱工业化试验，大港官 109–1、长庆华 201 侏罗系中低渗透油藏化学驱试验。试验区覆盖地质储量 27144 万吨，预计提高采收率 16.9 个百分点，增加可采储量 4587 万吨。试验区年产油 170.4 万吨，平均单井日产油 2.1 吨，试验区和工业化推广区块年产油 1923.2 万吨，试验成果对股份公司增储上产的推动作用进一步显现。

重大开发试验不断创新油田开发战略性技术，推动开发方式转变，取得重要成果和进展包括：（1）超低渗透油藏转变注水开发方式试验取得重要进展，为该类油藏有效开发探索方向。长庆元 284 超低渗透油藏通过液体改性（常规压裂液向驱油型压裂液转变）、压前补能、规模改造、渗吸置换、压后蓄能等工作，水平井单井 EUR 从 8000 吨提升到转方式后的 2.4 万吨，提高 3 倍以上，实现超低渗透 / 致密油从有效开发到高效开发的重大提升。元 284 超低渗透油藏试验前开发完全成本 78 美元 / 吨，先导试验降低到 41 美元 / 吨，工业化试验又进一步降低到 32 美元 / 吨，对股份公司类似油藏的高效开发具有重要指导意义。（2）塔里木东河塘天然气驱试验混相及重力驱替特征明显，塔里木东河塘 + 塔中 4、吐哈葡北、辽河兴古潜山天然气驱 + 战略储气库协同开发全面启动，建成后累计库容量 165.8 亿立方米，工作气量 71.1 亿立方米，调峰能力 6860 万米 ^{3}/ 日。（3）减氧空气驱在低渗透、高温、高盐等油藏规模应用效果良好，形成标准化、系列化减氧空气一体化装置，降低注气成本，长庆、吐哈等油田开展的减氧空气驱试验预计提高采收率 15 个百分点以上。（4）火驱技术已成熟配套并进入工业化推广，实现注蒸汽后开发稠油油藏转变开发方式的战略接替，2020 年火驱实施的项目有新疆红浅、华北蒙古林、辽河杜 66/ 锦 91/ 庙 5，年产量 38 万吨，在世界火驱技术应用领域占据重要地位。国内开展的火驱试验完全依靠自主创新，初步形成一套适用于地下、符合油田生产实际的技术配套体系，探索出一条经济有效开发之路，形成一支优秀的技术管理团队，实现地质与工程、生产与科研的有效结合。（5）SAGD 开发试验成效显著，实现辽河油田 / 新疆油田超稠油开发方式的重大转变，新疆油田、辽河油田 SAGD 年产量 200 万吨以上。直平组合和双水平井组合两种 SAGD 开发方式，实现 7000 万吨难采储量的有效动用，形成完善的油藏工程、钻采工程和地面工程等配套工艺，在辽河曙 1 区、新疆风重 010+ 九区等区块新增动用储量 1.5 亿吨，建产 258 万吨。（6）长庆正 75 长 3–7 中低成熟页岩油原位转化试验完成钻井取心和模拟实验工作，国内首次模拟干酪根生成油气全过程。（7）辽河锦16、新疆七中区和大港港西三区中高渗透油藏二元驱试验目标完成，提高采收率分别为21个百分点、20个百分点和16.5个百分点，已全面启动工业化推广；中低渗透油藏化学驱技术组织攻关，长庆油田生化水工业化试验取得重要进展，有望形成三次采油新的产量增长点。

【油藏分类治理】 面对油田开发处于高含水、低采油速度、多井低产、低油价、生产系统庞大的局面，针对开发中的突出矛盾，结合油藏的实际状况，采取针对性措施，协同施策，实现已开发油田精益生产。2020年，治理“三双”区块348个，覆盖地质储量113亿吨，通过治理，区块开发形势得到改善。

“双高”油藏指综合含水不小于80%和可采储量采出程度不小于60%的高含水、高采出程度老油藏。140个开发单元动用地质储量88.8亿吨，年产量4389万吨，分别占股份公司的44.1%和43.1%。治理对策是立足精细水驱挖潜和层系井网优化，持续深挖水驱潜力；以“二三结合”为指导，将水驱与三次采油的层系井网统筹考虑，适时转入三次采油，大幅提高采收率。治理目标是实现控水稳油，挖掘剩余潜力。通过治理，“双高”区块同比减少2个，综合递减率、自然递减率和含水上升速度同比分别下降0.4、1.6和0.1个百分点。

“双低”油藏指采油速度不大于0.5%和地质储量采出程度不大于10%的难采、低速开采的油藏。主要是低渗透油藏，开发单元102个，动用地质储量24.9亿吨，年产量522万吨，分别占股份公司的12.3%、5.1%。治理对策是改善储量动用程度，提高单井产量，大力发展水平井体积压裂和多轮次重复压裂技术。治理目标是实现提速增产，改善开发效果。通过治理，“双低”油藏单元数同比减少11个，地质储量采油速度提高0.02个百分点，平均单井日产量提高0.1吨。

“双负”油藏指年度生产经营活动中利润与现金流均为负值的开发单元。治理对策是通过推进精细管理、方式转换、技术升级和生产优化，综合采取组合式、进攻性的措施。治理目标是降低完全成本，控制运行成本，最大程度控亏减亏。通过“双负”区块治理，在油价下降32.5%的情况下，负效产量仅同比增加4个百分点，有效扼制利润率及现金流指标大幅下滑。

【长停井治理】 长停井治理始终坚持与精细注水、与开发方式转变、与工程技术进步紧密结合，突出油藏整体治理，突出效益观念，不断提高治理效果。2020年，股份公司治理恢复长停油水井5026口，其中采油井4122口、注水井904口，年累计增油80万吨，恢复年注水798万立方米，油井、水井开井率同比分别提高0.8个百分点和0.2个百分点，油水井利用率进一步提升。大庆油田加大长关、低产井治理力度，结合成因分析，优化治理措施，优先治理产量高、投入少、效益好的井。治理长关井1215口，其中油井647口，当年产油12.9万吨，全油田水驱长关井总数已连续4年下降。治理低产井982口，当年增油19.4万吨。长庆油田持续开展万口油井评价挖潜工程，在综合复查、油藏研究、技术试验的基础上，实现长停井规模复查复产，三年来累计复产2379口井，日产油水平1600吨，累计增油突破100万吨。2020年复产长停井520口，年增油8万吨。长停井治理已经成为常态化、基础性的工作，为盘活闲置资产、挖掘老区潜力作出贡献。

【原油开发对标】 按照原油低成本开发和高质量加快发展根本要求，必须立足于长期低油价，持续开展开源节流降本增效，对标一流找差距促提升。2019年以来，油田开发系统开展对标工作，建立和完善宏观对标6个方面16项指标、油藏对标5个方面15项指标，初步形成油田开发对标指标体系。2020年，在宏观对标常态化开展的同时，继续推动对标管理向油田内部纵深发展。提高标杆值，充分暴露区块间的差距和问题，突出标杆的引领示范作用；持续推进油藏对标与开发水平分级相结合，细化开发单元，重新优化指标值细化对标单元，充分展示差异，突出治理方向，通过对标分析，对54个开发水平降级的油藏单元制定治理措施；定期发布对标结果，依托大数据分析平台，将油田生产中产量、开井率、递减率、含水率四项指标分别赋予不同的权重和分值，利用综合指数法，量化反映对标主体的综合情况，每月对股份公司358个油田开展综合评定，展示排名靠前和排名最后的单元，并督促油田比照标杆，分析对比差异原因，制定改进措施。

【油藏动态监测】 2020年，完成各类动态监测工作量81016井（组）次，同比减少5325井（组）次，在受低油价影响股份公司大幅控投降本的情况下，完成年度计划。各分项完成情况如下：地层压力33906井次，其中采油井25159井次、注入井8747井次；油气水界面监测152井次；生产测井46171井次，其中产出剖面4837井次、注入剖面28162井次、工程测井12372井次、饱和度测井完成800井次；井间监测787个井组，其中干扰试井34个井组、井间示踪

618个井组。

技术水平方面，全面推广应用多臂+电磁探伤井筒完整性组合测试技术取得突出进展；通过“最优”监测技术选取，在不增加作业环节和最短占井周期的前提下，形成基于主产井温异常的快速测试识别技术；形成新的PNN饱和度解释新方法。提出“机器学习理论”挖掘套后饱和度测井数据的新思路，实现自主全过程应用研究等。

技术创新方面，创新形成多域渗流地球物理试井技术，研究形成多尺度时间域分析技术、试井资料类边界理念及解释方法、多井约束数值试井技术；创新形成多项监测技术协同融合的优势渗流通道测试分析技术，试井识别优势渗流通道存在，注入剖面判断具体层段，干扰试井研判渗流方向、定量评价物性参数；构建低渗透砂岩油藏压裂评价监测技术体系，初步形成低渗透油藏压裂井试井解释方法，为压裂改造效果评价增添新手段；页岩油试井测试取得阶段性进展，建立连续油管、电缆和钢丝等多手段测压工艺系列，并建立页岩油焖井过程认识手段。

【中国石油2020年度油气田开发年会】 2020年12月25—27日，中国石油2020年度油气田开发年会在廊坊召开，全面总结“十三五”以来油气开发工作，交流经验做法，部署下一步工作。集团公司总经理、党组副书记李凡荣出席会议并强调，要进一步贯彻落实习近平总书记重要讲话和指示批示精神，认清形势、提高站位，统一思想、坚定信心，在新的发展阶段接续奋斗，主动担当作为，不断提升保障国家能源安全的能力，努力在推动集团公司高质量发展中当好主力军、作出新贡献。会上，集团公司副总经理焦方正对下步油气开发工作提出要求。股份公司副总裁李鹭光主持会议。集团公司总部各部门、纪检监察组、相关专业公司、各油气田企业、工程技术服务企业和科研机构等45家单位280人参会。

【油气田提高采收率工程推进会】 2020年10月26—27日，集团公司召开油气田提高采收率工程推进会，系统梳理提高采收率所做的工作和取得的成果，深入分析油气田提高采收率面临的挑战与潜力，对提高采收率“十四五”和2035年远景目标作出规划部署。集团公司党组成员、副总经理焦方正出席会议并讲话。

（曹　晨）

天然气开发

【概述】 2020年，天然气开发突出生产管理、产能建设和气藏评价三大关键环节，立足长庆、西南和塔里木三大气区，加强勘探开发一体化、地质工程一体化，完成各项工作任务。截至2020年底，有气田总数200个，已开发气田187个；气井总数36413口，2020年12月开井28856口，平均单井日产气1.36万立方米。

【天然气生产】 2020年，生产天然气1306.0亿立方米，同比增加118.0亿立方米，增长9.9%。其中，气层气产量1243.1亿立方米，溶解气产量62.9亿立方米。天然气商品量1181.4亿立方米，同比增加107.8亿立方米（表5）。

表5　2020年天然气产量及商品量

油气区	天然气工业产量（亿立方米）			天然气商品量（亿立方米）		
	2020年	2019年	同比增减	2020年	2019年	同比增减
总　计	1306.0	1188.0	118.0	1181.4	1073.6	107.8
长庆气区	448.5	412.5	36.0	415.1	381.8	33.3
塔里木气区	311.0	285.5	25.5	293.2	269.2	24.0
西南气区	318.2	268.6	49.6	303.2	258.6	44.6

续表

油气区	天然气工业产量（亿立方米）			天然气商品量（亿立方米）		
	2020 年	2019 年	同比增减	2020 年	2019 年	同比增减
青海气区	64.0	64.0	0	57.4	57.4	0
大庆气区	46.6	45.5	1.1	30.9	30.1	0.8
新疆气区	30.0	29.3	0.7	7.3	5.4	1.9
煤层气公司	24.6	23.6	1.0	24.4	23.1	1.3
华北气区	15.8	14.6	1.2	15.1	13.9	1.2
浙江气区	16.1	14.4	1.7	15.6	13.9	1.7
吉林气区	10.8	10.5	0.3	8.0	7.6	0.4
其他气区	20.4	19.3	1.1	11.1	12.6	-1.5

致密气。2020 年产量 359.8 亿立方米，同比增加 29.5 亿立方米、增长 8.9%。长庆气区致密气有生产井 18324 口，开井 16713 口，年产量 332.1 亿立方米。西南气区致密气有生产井 665 口，开井 334 口，年产量 7.0 亿立方米。煤层气公司致密气有生产井 492 口，开井 462 口，年产量 16.6 亿立方米。大庆气区致密气有生产井 239 口，开井 167 口，年产量 2.7 亿立方米。吉林气区致密气有生产井 59 口，开井 54 口，年产量 1.4 亿立方米。

页岩气。2020 年产量 116.2 亿立方米，同比增加 35.9 亿立方米、增长 44.7%。西南气区页岩气有生产井 774 口，开井 762 口，年产量 101.3 亿立方米。浙江气区页岩气有生产井 184 口，开井 181 口，年产量 14.9 亿立方米。

煤层气。2020 年产量 21.8 亿立方米，同比增加 1.1 亿立方米、增长 5.3%。华北气区有排采井 4009 口，产气井 3329 口，年产量 12.6 亿立方米。煤层气公司有排采井 1825 口，产气井 1797 口，年产量 8.0 亿立方米。浙江气区有排采井 449 口，产气井 430 口，年产量 1.2 亿立方米。

【天然气产能建设】 2020 年，钻井 3163 口，新建产能 301.9 亿立方米（表 6）。其中：苏里格气田钻井 1271 口，新建产能 70.7 亿立方米；长宁页岩气田投产 158 口井，新建产能 56.8 亿立方米；威远页岩气田投产 82 口井，新建产能 27.8 亿立方米；神木气田钻井 217 口，新建产能 10.9 亿立方米；磨溪区块高石梯震旦系气藏钻井 11 口，新建产能 20.9 亿立方米；靖边气田钻井 114 口，新建产能 8.9 亿立方米；克深气田钻井 25 口，新建产能 17 亿立方米；涩北气田钻井 170 口，新建产能 5.1 亿立方米。

表 6　2020 年天然气产能建设

油气区	钻井（口）			进尺（万米）			新建产能（亿立方米）		
	2020 年	2019 年	同比增减	2020 年	2019 年	同比增减	2020 年	2019 年	同比增减
总　计	3163	3402	-239	1043.4	1030.2	13.2	301.9	289.0	12.9
长庆气区	2077	2119	-42	748.9	780.6	-31.7	116.2	117.4	-1.2
塔里木气区	74	61	13	10.3	31.9	-21.6	41.3	39.7	1.6
西南气区	370	416	-46	152.3	86.7	67.6	112.6	98.2	14.4
青海气区	190	155	35	20.5	20.5	0	6.5	6.5	0
大庆油区	11	8	3	4.4	3.5	0.9	2.8	5.2	-2.4

续表

油气区	钻井（口）			进尺（万米）			新建产能（亿立方米）		
	2020 年	2019 年	同比增减	2020 年	2019 年	同比增减	2020 年	2019 年	同比增减
新疆油区	6	4	2	2.6	1.8	0.8	1.1	1.0	0.1
煤层气公司	208	221	−13	59.3	34.0	25.3	8.1	3.1	5.0
华北油区	151	271	−120	26.2	32.8	−6.6	3.4	4.0	−0.6
浙江油区	27	64	−37	8.0	20.6	−12.6	7.4	8.9	−1.5
吉林油区	15	18	−3	5.8	6.3	−0.5	1.3	1.7	−0.4
其他油气区	34	65	−31	5.3	11.4	−6.1	1.3	3.2	−1.9

注：川南页岩气数据基于 2020 年第 12 期月报，2020 年钻井 327 口，进尺 148.6 万米。

致密气。2020 年钻井 2032 口，新建产能 130.9 亿立方米。长庆气区致密气钻井 1925 口，建成产能 110.8 亿立方米。西南气区致密气钻井 11 口，建成产能 4.5 亿立方米。煤层气公司致密气钻井 79 口，建成产能 14.2 亿立方米。吉林气区致密气钻井 12 口，建成产能 1.0 亿立方米。

页岩气。2020 年投产 340 口井，新建产能 95.3 亿立方米。长宁区块新投产 158 口井，建成产能 56.8 亿立方米；威远区块新投产 82 口井，建成产能 27.8 亿立方米；昭通区块新投产 61 口井，建成产能 7.3 亿立方米。截至 2020 年底，累计投产井 962 口，日均产气规模 3186 万立方米，折合年产能 105 亿立方米。

煤层气。2020 年钻井 443 口，新建产能 4.5 亿立方米。沁水煤层气田的樊庄郑庄区块进行稳产综合调整钻井 74 口，成庄和马必两个合作区块产能建设钻井 63 口，建成井口产能 1.0 亿立方米。鄂东保德煤层气区块钻完 87 口，建成井口产能 0.8 亿立方米。

【气藏评价】 常规气及致密气。完成三维地震采集处理解释 2528 平方千米；二维地震老资料处理解释 3500 千米、三维地震老资料处理解释 2900 平方千米；完钻评价井 42 口，大港莲花气田 1 口评价井因地质认识发生重大变化，未钻。以深化气藏地质认识、优选产能建设区块、落实开发可动用储量和主体开发技术为重点，部署 26 个开发评价项目，涉及探明储量 5475 亿立方米，控制储量 785 亿立方米，预测储量 3998 亿立方米。通过评价，优选产能建设区块 23 块，落实可动用储量 2809 亿立方米，预计可建产能 97.8 亿立方米。其中：长庆陇东庆探 1 区块优选有利区，预计新建产能 2 亿立方米；西南秋林地区建立沙溪庙组 8 号砂组“强亮点 + 低泊松比 + 垂直最大主应力 + 饱和加砂”地质工程一体化的高产井模式，三轮攻关水平井无阻流量从 7.7 万米³/ 日提高到高 214.1 万米³/ 日，开发井有效率 100%。塔里木克深、博孜—大北及周缘多措并举，加强资料录取分析和现场先导试验，完成博孜—大北地区 100 亿立方米开发规划方案编制，配合勘探提交探明凝析气地质储量 783.24 亿立方米，控制凝析气地质储量 610.22 亿立方米，支撑博孜 3、博孜 12、大北 9、大北 12 等区块试采方案编制。

页岩气。整体评价与重点评价相结合，严把地质工程方案设计，2020 年实施二维地震 200 千米、三维地震 2566 平方千米。其中，2019 年跨入项目 3 个，实施三维地震 850 平方千米，2020 年新部署项目 5 个，完成 200 千米二维地震和 1216 平方千米三维地震采集。以拓展评价、建产区评价、超深层、探明储量 4 个方面为目标，实施评价井 79 口（2019 年跨入 40 口井、2020 年新部署 39 口井）。落实泸州泸 203- 阳 101- 黄 202 井区深层万亿立方米储量目标区，锁定川南深层万亿立方米大气区；明确太阳南—海坝北千亿立方米储量申报区。深层拓展评价取得多点突破，宜 203 井测试获气 36 万米³/ 日，渝西足 203H1 平台 3 口井井均测试产量 22 万米³/ 日。超浅层 YQ10 井、YQ11 井、YS159 井钻遇良好页岩气显示，拓展页岩气评价领域。

【长庆气区天然气生产】 2020 年，长庆气区天然气工业产气量 448.5 亿立方米（其中气层气 446.6 亿立方米、溶解气 1.9 亿立方米），同比增加 36.0 亿立方米；天然气商品量 415.1 亿立方米，同比增加 33.3 亿立方米。钻井 2077 口，进尺 748.9 万米，新建产能

116.2 亿立方米。

气层气井口年产量 450.3 亿立方米、累计产量 4684.1 亿立方米，已开发气层气剩余可采储量采气速度 3.8%、储采比 26.3。

【塔里木气区天然气生产】 2020 年，塔里木气区天然气工业产量 311.0 亿立方米（其中气层气 305.7 亿立方米、溶解气 5.3 亿立方米），同比增加 25.5 亿立方米；天然气商品量 293.2 亿立方米，同比增加 24.0 亿立方米。钻井 74 口，进尺 10.3 万米，新建产能 41.3 亿立方米。

气层气井口年产量 315.4 亿立方米、累计产量 3494.3 亿立方米，已开发气层气剩余可采储量采气速度 7.0%、储采比 14.3。

【西南气区天然气生产】 2020 年，西南气区天然气工业产量 318.2 亿立方米（其中气层气 318.0 亿立方米、溶解气 0.2 亿立方米），同比增加 49.6 亿立方米；天然气商品量 303.2 亿立方米，同比增加 44.6 亿立方米。钻井 370 口，进尺 152.3 万米，新建产能 112.6 亿立方米。

气层气井口年产量 325.0 亿立方米、累计产量 5090.5 亿立方米，已开发气层气剩余可采储量采气速度 4.4%、储采比 22.7。

【气田开发大调查】 2020 年 4—5 月，为落实 2019 年老气田稳产工作研讨会和油气开发年会要求，组织各油田公司开展气田开发大调查工作。气田开发大调查的主要任务是为掌握气田开发现状与开发趋势，靠实资源基础、生产能力基础，科学制定气田开发技术政策、控制递减、提高气田最终采收率，全面提升气田开发管理水平，推动天然气业务加快发展高质量发展。以动态监测资料为基础，深化对气藏储层地质特征的认识，升级气藏地质模型。调查气田储量整体动用状况和分层系动用情况，评价气田动态储量和可采储量，开展未动用储量分类评价和可动用性分析，落实剩余经济可采储量。调查气井生产状况和气井生产特征，标定气田井口生产能力和配套生产能力。对照气田开发（调整）方案，对比分析开发方案设计各项开发指标与气田实际开发指标，查找产生差距的原因。调查已开发气田剩余气分布规律、气田内部可能存在的新含气层系以及气田周边滚动扩边的资源潜力，总体评价气田开发潜力。在地下大调查基础上，科学制定气田开发技术政策，编制重点气田的稳产方案或开发调整方案，并明确气田下年度产能建设实施方案，测算下年度气田产量安排和开发指标。

【天然气开发基础年活动】 2020 年，完善管理基础，建章立制，启动“一纲六规”的修订工作，基本完成《天然气开发管理纲要》的修订。强化方案管理，强化方案的系统性、科学性、技术性和经济性，进一步规范方案审批管理要求和管理程序；从源头把控，审查优化井数 169 口，优化投资 361.8 亿元。夯实技术基础，系统梳理天然气开发九大类技术，找准技术瓶颈，组织开展提高采收率重大开发试验。强化天然气开发数据基础管理，系统梳理天然气开发数据报表，建立 5 大类 36 张表格体系，完善 A2 系统天然气开发基础数据，强化数据资料的共建共享。

（俞霁晨）

矿权管理

【概述】 2020 年，面对国家开放油气勘查开采市场、全面推进矿业权竞争出让和探矿权到期延续核减证载面积 25% 等严峻形势，集团公司党组提出实施“矿权保护工程”战略部署，并明确矿权是集团公司可持续发展的核心基础。通过认真研判政策形势，以新思路、新举措、新目标为引领，紧扣创新管理、提质增效、服务现场、夯实基础等重点工作主动作为、迎难而上，按照“合理维护稳基础，内部流转提活力，依法合规护形象，竞争新区拓空间”的工作思路，完成全年矿权工作。

【矿权登记】 2020 年，中国石油探矿权数量 292 个、面积 95.8 万平方千米，同比减少 22 个、8.15 万平方千米；采矿权数量 475 个、13.19 万平方千米，同比增加 24 个、0.58 万平方千米。2020 年全国石油天然气（含煤层气）矿业权统计见表 7。

表 7　2020 年全国石油天然气（含煤层气）矿业权统计

矿权人	探矿权		采矿权		合 计	
	数量（个）	面积（平方千米）	数量（个）	面积（平方千米）	数量（个）	面积（平方千米）
中国石油	292	958169.84	475	131874.62	767	1090044.47
中国石化	186	414689.14	236	33676.11	422	448365.25
中海石油	242	1352444.81	99	7943.35	341	1360388.16
中联公司	24	13915.72	4	322.82	28	14238.53
延长石油	37	47200.16	8	848.56	45	48048.72
其 他	100	23247.74	12	725.35	112	23973.10
总 计	881	2809667.42	834	175390.81	1715	2985058.23

注：数据来自原自然资源部矿业权管理司，统计截止日期 2020 年 12 月 31 日。

【矿权年检缴费】 加强年检管理，诚信公示探矿权、采矿权年度勘查开采信息。依照自然资源部开展矿业权勘查开采信息公示工作的有关规定，统筹考虑集团公司矿权管理形势及需求，2020 年度矿权年检工作以“突出诚信自律，客观合理规范填报勘查开采信息，维护公司矿权权益”为目标，通过精心组织，克服新冠肺炎疫情影响，用时三个多月，完成 268 个探矿权、481 个采矿权区块的勘查开采信息填报与公示。2020 年度参检探矿权 268 个、面积 78.89 万平方千米中，统计用于矿权区块勘探投入的资金 410 亿元；完成法定勘查投入面积 56.58 万平方千米，未完成法定勘查投入面积 22.31 万平方千米。

加强缴费管理，履行矿业权人应尽的法定义务。按照自然资源部矿权登记要求，2020 年度探矿权、采矿权使用费按照年度分批（年度矿权发生变化领取许可证前缴纳）和集中（年度矿权无变化）两种缴纳方式，缴纳 6.89 亿元，其中分批缴纳 3.99 亿元、集中缴纳 2.9 亿元。

【矿权改革】 认真研判新政要义，超前组织制定矿权保护措施。自 2019 年 12 月 31 日自然资源部发布《关于推进矿产资源管理改革若干事项的意见（试行）》后，结合集团公司矿权登记状况和勘探生产实际，及时组织相关部门和人员解读新政要义、研判新政要点、精准查找问题、明确应对挑战、制定应对措施，在此基础上提出“打赢矿权保卫战，力保优质探矿权不丢；加快探转采，实现采矿权面积倍增”的总体工作目标。

顺应国家油气矿权改革，创新管理推进落实“矿权保护工程”。自 2020 年 5 月 1 日自然资源部开始实施《关于推进矿产资源管理改革若干事项的意见（试行）》以来，为应对现有探矿权到期延续核减证载面积的 25%、油气探矿权内发现可供开采的油气资源 5 年内完成探转采等重大挑战，集团公司党组适时提出“矿权保护工程”战略部署。

做好国家油气矿权改革新政的宣贯培训。克服新冠肺炎疫情影响，采取线上线下并行方式，举办矿权管理高级班 1 期，实现统一思想认识、明确工作方向、提升业务能力的工作目标。

做好矿权管理和技术支持架构的建设。勘探院组建矿权与储量研究中心，实行勘探院主管领导全面负责、首席专家具体实施的一体化组织管理；各地区公司由总经理或主管副总经理担任矿权领导小组组长或矿权管理委员会主任，集团公司上下在重视程度、管理提升、评价组织等方面持续加强。

建立矿权、储量与勘探部署的联动机制。顺应国家矿业改革发展，结合集团公司实际及时推行“摊大饼、烙新饼、做甜饼”的勘探生产经营理念，最大限度加快资源探明、加快探转采，快速实现扩展采矿权面积、保护优质矿权的总体工作目标。

健全矿权内部动态配置机制。考虑地区公司实现扭亏解困和长远发展双重因素，研究建立矿权内部配置项目池制度，加大矿权内部流转力度，最大限度发挥集团公司人才、技术和队伍整体优势。

创新建立严密的探矿权核减面积管理流程。矿权作为集团公司可持续发展的核心基础，按照新政策、新要求，优化核减方案、确保优质矿权不丢成为新时期一项重要的常态化工作。为此，针对探矿权核减工作，地区公司通过勘探动态跟踪和区块滚动评价科学编制核减预案，勘探院发挥统筹谋划和综合评估技术优势汇总论证核减预案，勘探与生产分公司立足沟通协调和决策引领职责认真审查核减预案并呈报集团公司管理层审批，确保科学合理、依据充分，不留遗憾。

矿权内部流转区块持续取得勘探进展，采取区块优化配置举措进一步盘活矿权资源。集团公司2017年、2018年连续实施两批矿权内部流转以来，打破矿权“画地为牢”固有格局，激发流转区块勘探活力，2020年油气勘探持续取得新进展。其中，华北油田公司河套盆地勘探尤为显著，盆地北部临华1井、兴华1井再获高产油气流，呈现“满盆含油”的大好格局；大庆油田公司在四川盆地川渝地区下二叠统勘探获重大发现；吐哈油田公司在准噶尔盆地准东石钱滩凹陷石炭系常规油气藏勘探取得重要进展；玉门油田公司在环庆流转区侏罗系取得新发现，新增探明石油地质储量1304万吨。

为落实集团公司领导现场调研指示精神，支持困难企业可持续发展，2020年将长庆油田位于黄河以东的6个区块、面积195平方千米划转给煤层气公司，李庄子—火山子区块、面积1600平方千米配置给玉门油田公司，进一步推动集团公司矿权、资源、技术、人才共享。为实现流转区块高效勘探和低成本开发提供制度保障，建立流转区块季报与考核评价机制，制定差异化考核指标，推进流转区块管理上水平、经营见实效。

【合规管理】 强化开采管理，按期完成探矿权内已开采资源开采报告工作。按照自然资源部《关于推进矿产资源管理改革若干事项的意见（试行）》文件精神和自然资源部要求，深入理解“探采合一”政策，配合自然资源部组织研讨设计发现可供开采油气资源开采报告简表，并全面组织摸排开采报告区块情况，按期完成2020年5月1日前472个已开采区块的申报工作，确保探矿权内油气资源依法合规开采。在此基础上，根据勘探生产实际又陆续申报36个开采报告区块，均已取得开采报告回执。

强化诚信管理，跟踪督办限期整改的104个探矿权已探明储量转采工作。2019年10月经自然资源部确认，104个探矿权内有油气探明储量，总面积41.82万平方千米，要求必须在2年内对已探明储量完成采矿权登记。其中，前期已申报但审批搁置（过期）79个、面积28.12万平方千米；2020年到期17个、2021年及以后到期14个，合计31个、面积13.72万平方千米。除陕北2个区块因特殊情况暂时搁置之外，其余102个探矿权已正常办理延续登记。按照自然资源部限期2年内完成整改要求，建立104个探矿权转采进展月报跟踪落实制，加快探转采进程。截至2020年底，已申报87个采矿权区块，其中15个获批复。

强化核减管理，实现有效保护优质矿权资源的工作目标。按照自然资源部《关于推进矿产资源管理改革若干事项的意见（试行）》文件精神和自然资源部要求，2020年到期延续探矿权应核减面积4.2万平方千米。为最大限度保护优质矿权，根据2020年到期延续探矿权登记状况和核减工作实际，通过合理使用已退减保护地抵扣政策，经与自然资源部沟通核算可少核减探矿权面积1.1万平方千米（占2020年应核减探矿权面积的26%），即2020年实际核减探矿权面积3.1万平方千米，有效减轻年度核减探矿权面积压力。在此基础上，针对2020年度3.1万平方千米实际核减探矿权面积，依托地质评价兼顾同盆地注销置换核减面积等有利政策，按照地区公司编制核减预案、勘探院汇总论证核减预案、勘探与生产分公司组织审查核减预案并呈报集团公司核减方案获得审批实施的管理流程，主要核减地面施工难度大、地下勘探潜力有限等区域，探矿权质量得以进一步优化。2020年到期延续探矿权核减面积预案编制实施，既为集团公司上游业务实现高质量发展保护优质矿权资源，也为后续科学有效开展年度矿权核减工作积累经验。

强化移出管理，实现异常名录区块及时“清零”的工作目标。2019年自然资源部将集团公司呼伦湖、珲春、满东、满加尔、英吉苏北、英吉苏西、英吉苏东、朝阳川、延吉东和赫尔洪德等10个探矿权区块列入勘查开采信息公示异常名录。按照工作要求，组织地区公司强化维护企业良好形象，加大移出异常名录整改工作的协调督办力度。其中，朝阳川、延吉东和赫尔洪德区块在对接自然资源部2020年现场督察中，充分利用2019年度满足法定勘查投入实际情况，加强现场督察沟通协调，取得拟移出异常名录的督察结论，为移出工作提供保障。呼伦湖、珲春、满东、满加尔、英吉苏北、英吉苏西和英吉苏东区块因地质条件差、勘探潜力有限等进行注销矿权并获批复，具备移出条件。为此，2020年11月15日经向自然资源部递交移出异常名录申请函，得到全部移出异常名录的批复，实现异常名录区块“清零”的工作目标。

（王玉山　曾少华）

储量管理

【概述】 2020年，储量管理按照集团公司总体工作部署要求，围绕提质增效专项工作方案，落实储量管理理念转变，加快完善以经济可采储量为核心的储量管理和技术评价体系，严把新增储量入口关，推动精细化储量管理，加强SEC储量评估，提升储量资产价值创造能力，在满足国家和资本市场储量管理要求的同时，全面完成集团公司2020年度储量工作目标和业绩指标。集团公司储量管理主要包括新增三级储量、探明储量复（核）算，已开发可采储量标定，储量分类评价和SEC证实储量以及储量数据信息管理，标准体系制定。

【新增探明储量及特点】 2020年，新增探明石油地质储量86036.40万吨、技术可采储量12668.63万吨，其中已开发地质储量23230.77万吨、未开发地储量62805.63万吨；新增溶解气地质储量560.84亿立方米，技术可采储量81.73亿立方米。新增探明地质储量大于1亿吨的油田2个，为鄂尔多斯盆地的庆城油田和准噶尔盆地的昌吉油田。截至2020年底，累计探明石油地质储量2578299.20万吨，技术可采储量16269.25万吨，剩余技术可采储量224026.83万吨，其中已开发地质储量1990028.37万吨、未开发地质储量588270.83万吨。

新增探明气层气地质储量5810.27亿立方米，技术可采储量2976.11亿立方米，凝析油地质储量1216.56万吨，技术可采储量421.42万吨。新增探明地质储量规模为大型的气田有4个，为塔里木盆地的克拉苏和中秋气田、鄂尔多斯盆地的苏里格气田、四川盆地的安岳气田。截至2020年底，累计探明气层气地质储量104429.97亿立方米，技术可采储量59126.75亿立方米，剩余技术可采储量43984.87亿立方米，其中已开发地质储量71618.48亿立方米、未开发地质储量32811.49亿立方米。

2020年度无新增页岩气探明储量。截至2020年底，累计探明页岩气地质储量10610.46亿立方米，技术可采储量2560.54亿立方米，剩余技术可采储量2247.94亿立方米，其中已开发地质储量2784.33亿立方米、未开发地质储量7826.13亿立方米。

新增探明煤层气地质储量673.13亿立方米，技术可采储量336.58亿立方米。截至2020年底，累计探明煤层气地质储量4683.79亿立方米，技术可采储量2295.40亿立方米，剩余技术可采储量2144.69亿立方米，其中已开发地质储量844.12亿立方米、未开发地质储量3839.67亿立方米。

新增探明石油地质储量连续十五年超过6亿吨，创股份公司上市以来新高；新增探明天然气地质储量连续十四年超过4000亿立方米，仍持续高位增长。相关油气田企业在流转矿权内积极作为，矿权流转效果全面显现。华北、辽河、玉门等油田在流转矿权内新增探明石油地质储量3280万吨。储量管理与矿权管理密切结合，优先在探矿区内提交探明储量得到体现，在探矿权内提交石油、天然气探明储量地质储量分别为46910万吨和6873亿立方米，占新增油气探明储量的45%和98%。非常规页岩油、致密油储量有规模潜力，是今后增储上产的重要领域。新增探明页岩油地质储量27111万吨，新增探明致密油地质储量3554万吨，页岩油、致密油探明储量占新增储量的36.1%。中西部油区新增油气储量占绝对主体，是集团公司未来增储上产的主力战场。中西部的鄂尔多斯盆地、塔里木盆地、准噶尔盆地和四川盆地新增探明石油天然气储量分别占比77%和99%。东部老区松辽探区和渤海湾探区几家石油公司完成新增储量计划指标的难度很大，新增储量品质较差，新增储量分布零散、计算单元多、储量规模小、产能较低。地区间储量增长不平衡，中西部是增储主战场，石油占总新增探明储量的79.2%，天然气占总新增探明储量的98.2%，东部地区新增储量规模小，后备资源相对不足。原油探明储量整体储层物性差、特低渗透及低渗透储量（小于10毫达西）占比79%，采收率持续下降，平均采收率14.7%；天然气探明储量中渗透率小于10毫达西储量占100%。

【可采储量标定结果】 2020年，新区动用石油地质储量61893.26万吨，技术可采储量10153.63万吨；

老区增加技术可采储量 1385.25 万吨。

截至 2020 年底，已开发油田 320 个，比 2019 年增加新投入开发油田 8 个，实际标定原油已开发地质储量 2058760.07 万吨，技术可采储量 603577.62 万吨，平均采收率 29.3%，剩余技术可采储量 136714.89 万吨。

新区动用气层气地质储量 6569.59 亿立方米，技术可采储量 3446.63 亿立方米；老区减少技术可采储量 160.81 亿立方米。

已开发气田 187 个，比 2019 年增加新投入开发气田 3 个，实际标定气层气已开发地质储量 74976.22 亿立方米，技术可采储量 43545.26 亿立方米，平均采收率 58.1%，剩余技术可采储量 28519.23 亿立方米。

新区动用页岩气地质储量 110.74 亿立方米，技术可采储量 27.68 亿立方米。

已开发页岩气田 2 个，实际标定页岩气已开发地质储量 2784.33 亿立方米，技术可采储量 671.99 亿立方米，平均采收率 24.1%，剩余技术可采储量 510.25 亿立方米。

新区动用煤层气地质储量 144.96 亿立方米，技术可采储量 72.30 亿立方米。

已开发煤层气田 4 个，实际标定煤层气已开发地质储量 844.12 亿立方米，技术可采储量 385.58 亿立方米，平均采收率 45.7%，剩余技术可采储量 271.08 亿立方米。

【SEC 证实储量】 2020 年，国内上游业务总证实石油储量 58823 万吨，其中证实已开发储量 53599 万吨、证实未开发储量 5224 万吨。SEC 证实石油储量变化因素：受新增储量品位变差、油价下降等影响修正核减证实储量 24335 万吨；扩边与新发现新增证实储量 3878 万吨，老区提高采收率新增证实储量 1470 万吨。国内上游业务石油储量接替率 -1.88，储采比 5.82。

2020 年，国内上游业务总证实天然气储量 21180 亿立方米，其中证实已开发储量 11535 亿立方米、证实未开发储量 9645 亿立方米。SEC 证实天然气储量变化因素：受天然气价格、成本等影响修正核减证实储量 183 亿立方米；扩边与新发现新增证实储量 1388 亿立方米。国内上游业务天然气储量接替率 1.07，储采比 17.73。

【储量管理改革】 2020 年，全面落实储量管理理念转变，突出效益增储，树立储量是油气业务可持续发展的基础和公司核心资产的理念。新增探明储量以经济可采储量为核心，以地质和技术可采储量为基础，提高储量可动用性，优先在探矿权内提交探明储量；突出依法合规管理，对事实已开发的储量要求全部申报新增探明储量；无近 3 年开发动用计划的储量原则不申报探明储量；新增探明储量评价要充分结合开发建产需求，开展单井经济性评价。

形成矿权储量联动机制，每月召开一次碰头会，结合特殊项目清单开展全面排查，形成到期预警制度。严把新增储量入口关，突出储量审查与矿权维护的紧密结合；执行页岩油、页岩气储量独立审查制度。

2020 年，SEC 储量评估克服油价暴跌和新冠肺炎疫情影响，按照“合规增储”及“应评尽评、应增尽增、应转尽转、应保尽保”的工作思路，细化增储方案、全面动员宣贯、加强过程支持、落实两级审查，压实层级责任，精心安排组织，专业间深度融合，降本增效成果显著。

【储量管理体系】 2020 年，不断推动储量管理理念转变，继续完善储量管理和技术评价体系建设，编写完成《中石油特色储量管理与评价体系建设报告》，组织修订《勘探与生产分公司储量管理委员会章程》。

为适应储量内控管理要求，强化和指导半年及年度 SEC 储量独立自评估工作，开展 Q/SY 01182—2020《SEC 准则油气证实储量自评估指南》企业标准修订。

为进一步规范石油天然气经济可采储量评价工作，借鉴国际先进储量评价理念和经验，发布 Q/SY 01180—2020《石油天然气经济可采储量评价规范》企业标准。

参与勘探开发梦想云平台建设，促进 SEC 储量管理系统云化运行，重点建设“未动用储量分类评价工作室”，实现分类评价结果汇总和油价等敏感性分析；全面应用“SEC 储量经济评价工作室”，实现半年、年度资料及数据平台管理。

为提高储量研究水平和报告编写质量，2020 年 12 月 22 日，下发《石油天然气探明储量复算报告编写要求》。

【新增探明石油地质储量大于 1 亿吨的油田】 2020 年，新增石油探明地质储量 62 个油田，其中新命名的油田 3 个（合道、正宁和莲花），新增探明石油地质储量大于 1 亿吨的油田 2 个（庆城、昌吉）。

庆城油田。2020 年 12 月 12—13 日，自然资源部油气储量评审办公室评审通过庆城油田宁平 1 区块三叠系延长组长 7 油藏新增含油面积 278.52 平方千米，原油探明地质储量 14320.99 万吨，技术可采储量 1498.13 万吨。

该油藏构造上处于鄂尔多斯盆地伊陕斜坡西南部，为一西倾的平缓单斜。长 7–1、长 7–2 油层主要为半深湖—深湖重力流沉积；储层岩性为细粒岩屑长石砂岩和长石岩屑砂岩，储集空间类型以长石溶孔为主；有效储层孔隙度中值 8.1%，渗透率中值 0.06 毫达西，属于特低孔隙度、致密储层。油藏埋深 1309—1882 米，为弹性溶解气驱的岩性油藏。

昌吉油田。2020 年 11 月 21—22 日，自然资源部油气储量评审办公室评审通过昌吉油田吉 305 区块二叠系芦草沟组新增含油面积 111.53 平方千米，原油探明地质储量 12756.25 万吨，技术可采储量 1339.41 万吨。

吉 305 区块构造上处于准噶尔盆地吉木萨尔凹陷，区域构成为东高西低、东陡西缓的单斜。二叠系芦草沟组二段和一段，主要发育咸化湖泊背景下的滨浅湖滩坝沉积；储层岩性主要为粉细砂岩、云质粉砂岩、砂屑云岩、泥晶云岩和含黄铁矿粉砂岩，储集空间类型为剩余粒间孔、粒间溶孔和粒内溶孔，并发育少量裂缝；有效储层孔隙度中值 9.47%，渗透率中值 0.03 毫达西，属于特低孔隙度、致密储层。油藏埋深 2250—4295 米，为弹性驱动和溶解气驱的岩性油藏。

【新增探明天然气地质储量规模为大型的气田】 2020 年，新增探明天然气（含煤层气）地质储量 12 个气田，其中新命名的气田 2 个（中秋、金秋），新增探明天然气地质储量规模为大型的气田有 6 个（克拉苏、安岳、苏里格、中秋气田、沁水和鄂东煤层气田）。

克拉苏气田。2020 年 10 月 20—21 日和 12 月 15—16 日，自然资源部油气储量评审办公室评审通过克拉苏气田克深 13 井区、克深 14 井区、克深 11 井区、大北 11 井区、大北 12 井区、博孜 3 井区气藏白垩系巴什基奇克组—巴西改组及克深 10 白垩系巴什基奇克组气藏新增叠合含气面积 175.41 平方千米，天然气探明地质储量 2095.92 亿立方米，技术可采储量 1064.80 亿立方米。

该气藏构造处于塔里木盆地库车坳陷克拉苏构造带克深断裂构造带克深段及大北段。白垩系巴什基奇克组和巴西改组，主要发育辫状河（扇）三角洲前缘沉积；巴什基奇克组储层岩性主要为细粒、中粒岩屑长石砂岩，储集空间类型以粒间孔为主，有效储层孔隙度中值 5.6%，渗透率中值 0.158 毫达西，属于特低孔隙度、特低渗透储层；巴西改组储层岩性主要为细粒岩屑砂岩，储集空间类型以粒间孔为主，有效储层孔隙度中值 5.3%，渗透率中值 0.205 毫达西，属于特低孔隙度、特低渗透储层。气藏埋深 5323—7665 米，为边底水构造气藏。

安岳气田。2020 年 12 月 28—29 日，自然资源部油气储量评审办公室评审通过安岳气田高石 18 井区震旦系灯影组四段新增含气面积 329.77 平方千米，天然气探明地质储量 917.37 亿立方米，技术可采储量 580.69 亿立方米。

高石 18 井区位于高石梯构造东斜坡。震旦系灯影组四段为碳酸盐岩台地沉积，储层主要发育于藻丘与颗粒滩亚相；储层岩性以藻凝块云岩、藻叠层云岩、藻纹层云岩、砂屑云岩为主，储集空间类型以粒间溶孔、晶间孔、粒内溶孔为主，溶洞发育，局部发育微裂缝；有效储层孔隙度中值 3.25%，渗透率中值 0.306 毫达西，属于低孔隙度、特低渗透储层。气藏埋深 5099—5564 米，为弹性气驱的构造—地层气藏。

苏里格气田。2020 年 12 月 22—23 日，自然资源部油气储量评审办公室评审通过苏里格气田西一区苏 40 区块二叠系下石盒子组盒 8 气藏新增含气面积 1122.10 平方千米，天然气探明地质储量 838.27 亿立方米，技术可采储量 419.14 亿立方米。

该气藏构造上处于鄂尔多斯盆地天环坳陷和伊陕斜坡两个构造单元过渡带，其中东部宽缓，西部较陡。盒 8 气藏北部为三角洲平原相，向南相变为三角洲前缘相；储层岩性主要为中—粗粒、粗粒石英砂岩、岩屑石英砂岩、岩屑砂岩，储集空间类型以粒间孔为主；有效储层孔隙度中值 8.5%，渗透率中值 0.307 毫达西，属于特低孔隙度、特低渗透储层。气藏埋深 3601—3891 米，为弹性驱动的岩性气藏。

中秋气田。2020 年 10 月 20—21 日，自然资源部油气储量评审办公室评审通过中秋气田中秋 1 井区白垩系巴什基奇克组新增含气面积 27.86 平方千米，天然气探明地质储量 593.68 亿立方米，技术可采储量 296.84 亿立方米。

中秋 1 井区构造上处于塔里木盆地库车坳陷秋里塔格构造带中秋—东秋段，为一受南北两侧逆冲断裂夹持的背斜构造。白垩系巴什基奇克组，主要为辫状河三角洲前缘沉积；储层岩性主要为细—中粒褐色岩屑长石砂岩，储集空间类型以原生粒间孔为主；有效储层孔隙度中值 12.3%，渗透率中值 1.590 毫达西，属于低孔隙度、低渗透储层。气藏埋深 6000—6300 米，为构造性气藏。

沁水煤层气田。2020 年 9 月 27—28 日，自然资源部油气储量评审办公室评审通过沁水煤层气田马必东区块马 58 井区、沁南东区块沁 18-29 井区、古 4-1x 井区二叠系山西组（P_1s）3 号煤层，安泽区块安 13 井区二叠系山西组（P_1s）3 号煤层、石炭系太原组（C_3t）15 号煤层新增煤层气含气面积 205.0 平方千米，煤层气探明地质储量 357.91 亿立方米，技术可采储量 178.96 亿立方米。

马必东、安泽区块处于沁水盆地南端西斜坡，沁南东区块处于沁水盆地南端东斜坡，构造形态为单斜。地层平缓，倾角 3—5 度，断层稀少，构造复杂程度属于简单型。山西组 3 号煤层厚度 5.25—7.1 米，平均厚度 6.0 米；太原组 15 号煤层厚度 3.8—5.55 米，平均厚度 5.5 米。3 号煤层煤心孔隙度中值 4.77%，15 号煤层煤心孔隙度中值 5.59%。3 号煤层渗透率中值 0.05 毫达西，15 号煤层渗透率中值 0.013 毫达西，均属于低渗透煤层。马必东区块 3 号煤层埋深 1050—1400 米；安泽区块 3 号煤层埋深 600—1500 米，15 号煤层埋深 700—1300 米，总体变化趋势是由西向东埋深加大。沁南东区块 3 号煤层埋深 600—900 米，总体变化趋势是由东向西埋深加大。

鄂东煤层气田。2020 年 9 月 27—28 日，自然资源部油气储量评审办公室评审通过鄂东煤层气田石楼北区块中 1—中 2 井区二叠系下统山西组 3+4+5 号煤层和太原组 8+9 号煤层煤层气新增探明含气面积 171.91 平方千米，煤层气探明地质储量 315.22 亿立方米，技术可采储量 157.61 亿立方米。

石楼北区块处于鄂尔多斯盆地东缘晋西挠褶带中段与伊陕斜坡东南缘，申报区构造形态为一平缓的单斜。区内主力煤层总体呈南西倾的单斜，地层平缓，地层倾角 1—5 度，断层不发育，申报区构造属简单类。山西组 3+4+5 号煤层、太原组 8+9 号煤层分布稳定，连续性好，3+4+5 号煤层净厚度 2.18—6.63 米，平均厚度 3.66 米；8+9 号煤层净厚度 3.80—8.80 米，平均厚度 6.72 米。储层孔隙度中值 3.17%，渗透率中值 0.97 毫达西，属于低孔隙度、低渗透储层。煤层气藏埋深 400—1100 米。

（张亚庆）

油藏评价

【概述】 2020 年，油藏评价和新区原油产能建设落实提质增效专项行动方案，油藏评价按照“三坚持、五突出”原则，推进规模储量集中评价和中浅层效益储量评价，实现新增探明储量规模与效益双提升；新区原油产能建设强化方案优化、技术攻关、模式创新和示范引领，推广大井丛、工厂化建产模式，拓展水平井规模应用，推进效益建产示范工程，努力实现达标建产和效益建产。

【新增探明储量】 2020 年，新增探明石油地质储量 86036 万吨，可采储量 12669 万吨，其中已开发储量 23231 万吨，占年度新增探明石油地质储量的 27%。新增探明储量中渗透率小于 1 毫达西的低—特低渗透储量 41626 万吨，占新增探明储量的 48%，较 2019 年降低 24 个百分点。

【油藏评价主要成果】 2020 年，长庆持续深化侏罗系油藏成藏理论研究，强化三维地震部署及应用，井震结合开展古地貌及低幅构造精细刻画，新获工业油流井 114 口，老井复查试油获工业油流井 27 口，长 3 油层以上及侏罗系中浅层探明地质储量 10371 万吨，建产能 124 万吨。长庆陇东地区长 8 油层立足宏观沉积体系研究和微观孔喉定量评价，开展储量升级评价，获工业油流井 37 口，其中日产 20 吨以上井 14 口，长 8-1 油层探明地质储量 7707 万吨，其中华庆地区探明储量 5646 万吨、彭阳地区探明储量 2061 万吨。庆城页岩油持续开展先导开发试验，明确页岩油水平井长水平段 + 体积压裂开发主体技术。继 2019 年探明储量 3.58 亿吨后，在合水南探明储量 1.43 亿吨，累计探明储量 5.01 亿吨，2020 年原油产量 95.6 万吨，建成百万吨页岩油开发示范区。

塔里木明确哈拉哈塘地区碳酸盐岩断控岩溶区深大断裂沟通油源、垂向运聚、大面积成藏的控藏模式，形成“定区、定段、定井、定型”井位部署技术和方法。跃满西区块投产井 14 口，平均单井日产油 128 吨，探明储量 1645 万吨。齐古 1- 哈 15-13 井区累计完钻井 25 口，试采井 18 口，探明储量 1016 万吨。

新疆吉木萨尔芦草沟组页岩油精细“甜点”识别与分类评价，评价产能一体化，实施直井 + 导眼井 37 口，水平井 51 口，单井日产油 14.7—52.2 吨。探明地质储量 1.28 亿吨，累计探明地质储量 1.53 亿吨。新疆玛湖地区玛湖 1 井区突出百口泉组规模储量集中评价，累计完钻评价井 25 口，试油均获工业油流，水平井开发试验取得初步成效，探明地质储量 3881 万吨。玛南斜坡区强化三叠系克拉玛依组、白碱滩组及侏罗系三工河组中浅层效益储量评价，通过老井复查复试、新井钻探评价，探明地质储量 1619 万吨，已建成产能 26 万吨。

华北束鹿凹陷西斜坡深化新近—古近系地层超覆油藏评价，累计完钻评价井 10 口，平均单井钻遇油层 50.2 米，完钻开发井 24 口，平均单井钻遇油层 66.2 米，东营组、沙一上段探明地质储量 1342 万吨。冀东高尚堡持续开展低渗透—特低渗透油藏压裂提产攻关试验，高 124×3 井压裂加砂 146 立方米，总液量 3403 立方米，初期日产油 11.89 吨、日产气 1221 立方米；先导开发试验水平井高 32- 平 2 井投产初期平均日产油 14.8 吨，自喷 90 天，累计产油 2576 吨，探明地质储量 1229 万吨。

吉林集中评价乾安地区扶余油层致密油，外扩区提产试验获突破，乾 246 平 1-22 井压裂后自喷生产 189 天，平均日产油 9.17 吨，累计产油 1734 吨，让字井区块致密油探明地质储量 3231 万吨。致密油累计探明地质储量 1.18 亿吨。

大庆龙虎泡地区开展多层系立体评价，扶余油层 20 口井压裂后试油，均获工业油流，探明地质储量 2395 万吨。萨尔图、葡萄花油层试油 14 口，老井复查试油井 16 口，获工业油井 20 口，探明地质储量 572 万吨。

【油藏评价管理】 坚持效益增储，严格审查评价部署方案。2020 年，以函审方式审查 14 家油田公司年度油藏评价项目部署方案，落实提质增效专项行动方案，按照“三个坚持、五个突出”部署思路，减投资不减或少减工作量，持续优化部署。突出中浅层效益储量评价和规模储量集中评价；推动开发前期评价，加大水平井部署力度；加强老井复查，以试代钻，降低评价投资；加强探矿权内探明储量评价，最大限度保护矿权。突出四个评价，超额完成探明储量任务。规模储量集中评价探明储量 4.74 亿吨；中浅层效益评价探明储量 2.1 亿吨；非常规资源进攻性评价，探明页岩油储量 2.7 亿吨；矿权流转区块评价探明储量 3280 万吨。

总结交流成果，组织三维地震成效分析会。2020 年 7 月 27—28 日组织专题会议，对长庆、新疆、塔里木、青海等油田油藏评价三维地震成效进行总结分析，并对 2021 年三维地震部署进行初步论证。推动三维地震部署和应用，提升三维地震在井位部署、储量提交、产能建设中的作用。

【新区原油产能建设】 2020 年，动用石油地质储量 44243 万吨，可采储量 7219 万吨，完钻开发井 4404 口，投产油井 3754 口，投转注水井 1128 口，平均单井日产油 6.1 吨，建成产能 758.5 万吨。完钻水平井 1320 口，平均水平段 807 米，投产油井 834 口，平均单井日产油 10.2 吨。

【新区原油产能建设管理】 细化专项行动方案，落实提质增效具体措施。（1）按照效益优先原则，调整优化新区产能建设结构。大幅减少非常规、低渗透、深层等投资高、效益差项目，增加中浅层高效产建项目。2020 年调减开发井 4862 口，调减产能 576 万吨。（2）全过程全要素控投降本。通过高效率现场组织，钻井提速、压裂提效，实施工程总承包、扩大市场化等多项措施，节约投资 40.9 亿元。（3）全面推广大井丛布井。实施丛式井 5481 口，节约土地 1.38 万亩，节约征借地、道路等工程投资约 6.4 亿元。（4）扩大水平井应用规模，力争少井高产。完钻水平井 1320 口，平均单井日产量 10.2 吨，同比提高 15%。体积压裂水平井应用从非常规拓展到超低渗透，占全部水平井的 43%。

强化源头控制，组织审查庆城长 7 页岩油 300 万吨整体开发方案、玛湖地区 500 万吨原油开发方案、富满油田跃满区块奥陶系油藏开发方案等 3 个重点项目开发方案和富满油田奥陶系碳酸盐岩油藏开发规划方案。编制 2020—2025 年效益建产专项行动方案。以油价 45 美元 / 桶评价，新建产能项目整体有效益为目标，重点强化五个方面工作：（1）强化源头控制，持续优化方案指标、确保效益。（2）强化技术进步，着力推进三维地震、水平井、体积压裂、提高采收率技术的创新升级，提高单产。（3）强化模式优选，大力推广大井丛、工厂化集约建产模式，带动油田开发方式、方案设计思路、建设组织模式、生产管理方式的变革。（4）强化示范引领，总结推广效益建产示范工程的经验成果，持续推进技术进步和管理创新。（5）强化效率提升，优化组织，缩短建设周期，降低建设成本。制定大井丛建产工作方案，以大井丛建产创新实践，引领效益建产新理念，推动技术和管理创新。立足长庆长 7 页岩油、华庆低渗透，新疆玛湖地区、吉木萨尔页岩油，东部老区，松辽致密油6个重点地区，加强大井丛部署论证和整体优化，推广平台化全生命周期管理，优化大井丛平台工程方案设计，提高大中型大井丛平台比例，推动平台精细化施工管理，推行大井丛平台地面标准化建设，制定大井丛建设技术标准及规范，推动工程技术服务市场化。落实加快发展方案，组织编制非常规专题规划。“十三五”以来，页岩油、致密油等非常规资源逐渐成为新增探明储量和原油产能建设的主体，立足现有资源禀赋，在系统分析页岩油和致密油开发形势、资源基础、发展潜力和面临挑战的基础上，充分论证产能、产量和效益指标，编制页岩油和致密油“十四五”发展规划。加强示范引领，推广效益建产示范区经验。2018年设立大庆塔21-4区块致密油等4个效益建产示范区，突出效益导向，以产量、投资、成本三个效益主控因素作为集中攻关方向和施力点，如期实现低油价下达标建产。推广效益建产示范区的成功经验，尤其是大井丛、多层系、多井型、立体式、工厂化效益建产模式，大庆塔21-4致密油效益开发“龙西模式”；长庆页岩油平台化生产组织、工厂化施工作业、全生命周期项目管理的开发管理模式。依靠理念变革、技术进步、管理创新，超低渗透和非常规“不可动”资源能够经济动用。

【重点项目实施效果】 塔里木富满油田坚持“正地貌+主干断裂+长串珠”高效井部署原则，实现快速高效建产。完钻井37口，试油百吨井占比65%，投产高效井比例72%，年产油154万吨。其中，富源210断裂带完试9口井，试油平均单井日产油149吨，建成产能16万吨。

长庆庆城油田长7页岩油开发示范区完钻水平井98口，平均水平段1679米，投产34口井，5口井投产满三个月，初期单井日产油15.2吨。示范区累计完钻水平井360口，已建产能184万吨，2020年原油产量96.4万吨。

新疆玛湖地区推广水平井体积压裂开发方式，动用地质储量5128万吨，完钻井282口，其中水平井250口，投产油井258口，平均单井日产油23.8吨，建产能201万吨。新疆吉木萨尔持续完善储层“甜点”分类评价、水平井轨迹跟踪调控、段内多簇压裂开发技术，完钻水平井10口，投产水平井35口，平均日产油24.6吨。累计投产油井88口，建成产能81万吨，2020年产油30.5万吨。

吐哈三塘湖盆地页岩油储量攻关试验，马1块芦草沟组页岩油马L1-3H试验区完钻水平井7口，投产6口井，初期平均日产油9.5吨，有效提高三塘湖建产效果。

华北吉兰泰增储建产快速推进，完钻开发井76口，累计探明地质储量3630万吨，完钻开发井126口，投产油井66口，平均单井日产油11.2吨，建产能34.9万吨。

大庆塔21-4区块开展效益建产试验，配套完善致密油缝网压裂开发技术，探索效益建产新机制。完钻井198口，完成212口井压裂，初期单井日产油3.6吨，建成产能20.4万吨。

辽河双229区块扩展评价东营组与沙二段，评价与建产同步实施，探明地质储量753万吨，完钻新井28口，平均单井日产油24吨，新建产能22.3万吨。其中，沙二段实施评价井、开发井16口，获日产百吨井4口，日产30吨以上井10口，探明地质储量567万吨。吉林乾安致密油完钻水平井43口，平均水平段1260米，投产38口井，平均单井日产油9.8吨，新建产能11.7万吨。

（邢厚松）

采油工程

【概述】 2020年，采油采气工程系统认真贯彻集团公司“有质量、有效益、可持续发展”的整体要求，推进采油采气技术进步，促进管理创新，抓好安全作业和清洁生产，为油气勘探发现、原油产量稳定和天然气业务快速发展提供有力的保障和支撑。

【井下作业】 2020，年井下作业总工作量204016井次，其中维护作业127464井次、增产增注措施60531井次、大修3571口井、其他12450井次（表8）。

表 8　2020 年井下作业主要指标

年　度	总工作量（井次）	单井年作业次数（井次 / 口）	维护工作量（井次）	年维护次数（井次 / 口）	油水井措施（井次）	大修（口）	其他（井次）
2020 年	204016	0.606	127464	0.379	60531	3571	12450
2019 年	225343	0.672	139238	0.415	68852	3995	13258
同比增减	−21327	−0.066	−11774	−0.036	−8321	−424	−808

先进成熟技术规模推广应用。持续推进带压作业规模应用，2020 年实施带压作业 6310 口井，减少注入水排放 424.9 万立方米，提前恢复注水 554.1 万立方米，增产原油 23.8 万吨，增产天然气 26.4 万立方米，创效 6.2 亿元。推进连续油管作业，2020 年实施连续油管作业 4110 井次，增油 5.74 万吨，增气 138 万立方米，增注 12 万立方米，节约成本 4775 万元。推进井下作业视频监控平台建设，在大庆、长庆、冀东三家油田开展试点，建立 3 个井下作业视频监控平台，开发相应的作业监督和承包商管理系统软件 2 套，建设井下作业示范队 19 支，对提升井下作业管理、减少监督用工、提高监督效能、保障安全生产发挥良好作用。

【机械采油】 推动大平台高效无杆举升技术应用，促进效益建产。2020 年，在产建大平台井推进新型无杆举升技术 194 口井，在用井数 776 口井。其中，在大港油田港西一号、二号井丛场应用电动潜油螺杆泵 60 口井，平均泵效 68.2%，系统效率 42.8%，与常规抽油机举升工艺相比，提高系统效率 10.62 个百分点，延长检泵周期 100 天。

推进老井机械采油系统改造提效，实现提质增效。建立老油田机械采油提效示范区 25 个，实施措施改造 10879 口井，井筒综合治理 6011 口井，提高系统效率 1.56 个百分点，延长检泵周期 110 天。规模实施低产液井间抽 49632 口井，同比增加 14641 口，其中推广智能间抽 1 万口井以上，系统效率平均提高 2.6 个百分点，年节电 2.6 亿千瓦时。在大庆油田建立超长冲程抽油机应用示范区，应用 93 口井，与常规抽油机相比，泵效由 21.9% 提高至 64.9%，系统效率由 12.8% 提高到 22.6%，节电率 55.4%。

【分层注水】 应用先进分注技术，不断提高水驱油田分注水平。持续推动桥式偏心分注、桥式同心分注、多级细分注水和电动测调等先进成熟分注技术的应用，满足水驱油田加密测调、精细分注和大斜度井分注的需求，分注率稳步提升，2020 年分注率 63.5%，同比提高 1.26 个百分点。

攻关完善第四代分层注水技术，深化现场应用。有缆传输分注和无缆波码传输分注技术进一步完善，井下仪器和工具可靠性不断提高，使用寿命不断延长，地面远程控制系统全面应用。2020 年，在大庆、长庆、吉林、华北、大港和新疆等油田试验和应用井数超过 400 口井，累计应用超过 1300 口井，全周期分注合格率保持在 90% 以上，年节省分注井测试调配费用 6000 万元以上。

【储层改造】

1. 推动压裂工艺 2.0 提升，为提质增效进一步创造条件

建立体积改造 2.0 优化设计及施工技术，工艺参数得到提升。形成“多簇射孔 + 缩小簇间距 + 提高加砂强度 + 经济适用支撑剂”优化设计方法，建立“大排量、连续加砂、暂堵转向”为核心的施工技术。对比 1.0，改造段长由 61 米增至 71 米、单段簇数由 3 簇增到 5.9 簇、簇间距由 16.9 米缩短到 14 米，加砂强度由 2.5 吨 / 米提高到 3.3 吨 / 米。

超低浓度变黏滑溜水攻关成功，技术创新进一步降本。研制超分子自组装新型聚合物滑溜水，降阻剂使用比例 0.01%—0.1%，黏度 1.8—31.5 毫帕 · 秒，降阻率 70%—77%，在昭通页岩气试验成功，成本费用只有常规滑溜水的 1/3—1/2。

桥射联作技术攻关取得新进展，施工效率、机械化水平大幅提升。模块化射孔枪、快接井口攻关成功，大幅降低桥射联作现场施工的操作强度、施工复杂，提高作业时效。现场应用 2000 余段次，作业时效提高 11.8%，施工复杂率降低 31.3%。

裂缝监测技术迈向定量化和精准化。应用爬行器拖动井下检波器进入水平井段检测，提高微地震监测水平段定位精度和效率。套管外永置式光纤定位及避射技术可实现压裂实时监测及生产动态评价等功能，为评估和完善非常规压裂工艺 2.0 奠定基础。

在川南页岩气推广压裂工艺 2.0，射孔簇数由 3 簇增加到 6—11 簇，簇间距由 20—30 米减少至 10 米，加砂强度由 2019 年 1.90 吨 / 米提升至 2.59 吨 / 米，

测试产量整体提升 9.54%。

长宁公司完成 128 口井，平均测试日产量由 2019 年 22.09 万立方米提高到 25.21 万立方米，提升 14%，创造 400.22 万立方米平台。

川庆威远完成 42 口井，平均测试日产量由 2019 年 24.23 万立方米提高到 31.95 万立方米，提升 32%。

压裂工艺 2.0 在新疆吉木萨尔页岩油完成 34 口井，90 天平均产量由 19.1 吨提高到 24.9 吨，提升 30%。

2. 推进石英砂替代陶粒，降低成本

推动石英砂替代陶粒见到显著成效，2020 年中国石油石英砂用量 421 万吨，同比增加 147 万吨，相比全部使用陶粒节约成本 15 亿元以上。浙江页岩气、长庆致密油、新疆吉木萨尔、吐哈、大庆、吉林实现 100% 替代。

【试油】 2020 年，围绕塔里木、四川、准噶尔、鄂尔多斯盆地等重点探区，开展“三高”、超深、复杂岩性等试油技术攻关，完成试油 1342 口井 /2363 层，获工业油气流井 896 口 /1262 层，试油一次成功率 97.9%，有力支撑三级储量任务完成。

强化试油管理，推进试油提质增效。通过开展重点地区试油周期和试油成本对标分析，挖掘试油增效潜力，采取强化排液求产周期管理、升级风险探井试油方案等措施，分油田制定试油提质增效运行方案，2020 年试油周期同比下降 12.4%、单层试油成本下降 14.4%，实现试油周期、成本的硬下降。

【采油工程管理工作】 2020 年，启动采油工程管理规定、采气工程管理规定修订，完成初稿及征求意见。组织制修订采油采气行业标准 10 项、企业标准 8 项。

加强井筒工程质量管理。修订页岩气钻井压裂防套变指导意见，加强方案优化和现场施工管理，2020 年压裂套变及丢段率显著降低；严格工程报废井管理，对油田上报工程报废井进行审查；组织编制套损套变井三年集中整治实施方案，制定工作目标、技术路线及保证措施。

开展安全事故事件案例分析。召开采油注水作业事故事件分析视频会，大庆、冀东、大港等 8 家单位对近 5 年来发生的事故事件进行剖析，会后下发“关于加强采油注水井下作业安全生产工作的通知”，对今后工作从提高安全生产意识、加强风险识别、强化方案设计、加强承包商管理等提出明确要求。

组织技术培训与技能竞赛。组织井下作业中级监督、试油中级监督、试油新技术培训班；参加组织完成全国采气工技能竞赛工作。

（王延峰）

地 面 工 程

【概述】 2020 年，油气田地面建设完成原油产能地面建设 1270 万吨，天然气产能地面建设 315.5 亿立方米，地面建设投资 312 亿元。截至 2020 年底，集团公司油气田累计建成各类站场、管线等数量见表 9。

表 9 集团公司油气田累计建成采油井、计量站等数量

时 间	油 田				
	计量站（座）	转油站（座）	注水站（座）	采出水处理（站）	集中处理站（原油联合站）（座）
2020 年	8774	1913	1206	513	240
2019 年	8693	1901	1244	478	239
同比增减	81	12	–38	35	1

续表

时间	油田	气田			
	各类管线（千米）	集（输）气站（座）	清管站（座）	增压站（座）	污水处理站（座）
2020 年	490315.36	746	87	26	23
2019 年	468386.95	733	87	22	29
同比增减	21928.41	13	0	4	–6

时间	气田	
	天然气净化厂（处理厂）（座）	各类管线（千米）
2020 年	83	187241.98
2019 年	81	174676.37
同比增减	2	12565.61

2020 年，实施项目 3485 项，正点开工项目 3302 项，正点开工率 94.75%，建成管道 41716 千米，各类站场 554 座。建成投产 23 项地面建设重点工程（表 10），重点工程建成投产为实现油气产量目标、天然气冬季保供和提质增效打下坚实基础。

表 10　2020 年建成投产的地面建设重点工程

项目分类	项目名称
油田产能建设重点项目（4 项）	长庆姬塬油田产能建设工程、新疆吉木萨尔产能建设工程、塔里木哈拉哈塘油田塔北碳酸盐岩产能建设工程（2020）、青海尕斯库勒 E_1^3 减氧空气重力驱开发试验地面工程
天然气产能建设项目（4 项）	长庆苏里格气田产能建设工程、塔里木克拉苏气田克深 5 区块开发地面工程、塔里木阿克莫木气田产能建设工程、西南高石梯—磨溪产能建设工程（二期）
油气管道工程（3 项）	西南江纳线增输工程、南疆利民管网天然气增压工程、浙江云南威信县页岩气集输管道工程
提质增效、气质升级改造工程（4 项）	长庆上古天然气处理总厂工程、新疆玛河增压及深冷提效工程（一期）、新疆采油二厂 81 号天然气处理站深冷提效工程、大庆萨南深冷装置调整改造工程
储气库工程（3 项）	辽河雷 61 储气库工程、新疆呼图壁储气库调整工程（一期）、西南相国寺储气库扩容达产工程
页岩气 / 煤层气项目（3 项）	西南长宁页岩气田 50 亿立方米产能建设工程、西南威远页岩气田 50 亿立方米产能建设工程、浙江昭通国家级页岩气示范区太阳—大寨区块龙马溪组 8 亿米^3/ 年浅层页岩气地面建设工程
老油气田调整改造（2 项）	新疆陆梁和石西原油密闭处理与稳定改造工程、吉林新木采油厂前 60 站冷输改造工程

【地面建设管理】 2020 年，油气田地面建设工程质量稳步提高，建设投资得到有效控制，基础工作进一步加强。组织召开“油气田地面工程建设与标准化设计工作推进视频会”，总结交流 2019 年工作，安排部署 2020 年重点工作。组织编制并发布《油气田地面建设标准化承包商 HSE 检查技术手册》。对 16 家油气田地面工程建设前期、基建管理、标准化设计及工程实体质量进行年度检查，查出各类问题 667 个（实体问题 238 个、资料问题 367 个、管理问题 62 个），并按期整改。组织“油气田地面工艺技术与标准化设计、智能化建设高级培训班”和“油气田地面建设与管理高级培训班”2 期培训。编制发布《中国石油天然气股份有限公司推进油气田企业用工方式转型指导意见（试行）》。

【地面建设重点工程】 2020 年，确立油气产能、储气库、油气管道、提质增效、老油气田改造等 7 大类 58 项重点工程，投资 312 亿元。重点地面项目有序推进，确保按期投产。

油田产能建设重点项目12项：长庆姬塬油田产能建设工程、新疆吉木萨尔产能建设工程、塔里木哈拉哈塘油田塔北碳酸盐岩产能建设工程（2020）、华北吉兰泰产能地面建设及配套工程、青海尕斯库勒E_3^1减氧空气重力驱开发试验地面工程等。

天然气产能建设项目7项：长庆苏里格气田产能建设工程、塔里木克拉苏气田克深5区块开发地面工程、塔里木阿克莫木气田产能建设工程、西南高石梯—磨溪产能建设工程（二期）等。

油气管道工程8项：西南江纳线增输工程、南疆利民管网天然气增压工程、浙江云南威信县页岩气集输管道工程等。

提质增效、气质升级改造工程10项：长庆上古天然气处理总厂工程、塔里木油田天然气乙烷回收工程、新疆玛河增压及深冷提效工程（一期）、新疆采油二厂81号天然气处理站深冷提效工程、大庆萨南深冷装置调整改造工程等。

储气库工程12项：辽河双台子储气库工程、辽河雷61储气库工程、新疆呼图壁储气库工程（达容达产）、西南相国寺储气库扩容达产工程、华北文23储气库工程等。

页岩气/煤层气项目5项：西南长宁页岩气田50亿立方米产能建设工程、西南威远页岩气田50亿立方米产能建设工程、浙江昭通国家级页岩气示范区太阳—大寨区块龙马溪组8亿米³/年浅层页岩气地面建设工程等。

老油气田调整改造4项：新疆陆梁和石西原油密闭处理与稳定改造工程、吉林新木采油厂前60站冷输改造工程等。

【项目前期管理】 2020年，以“项目全生命周期效益最大化”为目标，强化地上地下协同优化，地面总体布局、工艺流程、配套系统、设备选择优化，开展技术创新，推广设备材料国产化。全年审批地面工程项目1545项（其中可行性研究908项、初步设计637项）、审查率100%，报审投资616.43亿元、审减83.89亿元，审减比例13.59%。其中：审批一二三类工程项目116项，报审投资231.71亿元、审减53.97亿元、审减比例23.25%；审批四类工程项目1429项，报审投资384.72亿元、审减29.92亿元、审减比例7.77%。

2020年，按照突出整体协调、创新引领、以人为本、绿色安全、数字化转型、精益化生产的原则，组织编制油气田产能建设“十四五”规划，内容包括油气产能建设、老油气田改造和提质增效、重大开发试验、储运与配套、新能源及提氦、完整性管理、数智化建设、安全环保节能节水、科技创新、管理创新十方面内容，形成总报告17册，分报告84册。

组织编制新疆玛湖油田500万吨开发地面规划、吉木萨尔页岩油200万吨开发地面规划、西南页岩气地面总体规划和塔里木库车山前300亿立方米地面专项规划等上产重点油气田产能建设地面总体规划，指导骨架工程先行。

【标准化设计】 2020年，标准化设计工作继续向更深层次、更高水平发展，基础工作进一步完善，模块化建设取得新突破。

2020年，油气田大、中、小型站场标准化设计覆盖率分别为70%、95%、98%；推广一体化集成装置1536套，替代中小型站场1000座；预制化率80%，模块化率气田100%、油田60%，平均缩短建设工期38%，节约投资17亿元，节省用地4600亩，减少用工5700人。

推行标准化设计12年来，累计节约投资146亿元，减少新增生产定员72943人，多生产原油536.9万吨、天然气127.7亿立方米。2020年，新增页岩气和稠油SAGD两类油气田标准化设计定型图，增加到17类、1686个。页岩气田地面建设全部采用标准化设计，实现“三个不等”（钻机不等井场、压裂不等供水、投产不等地面），所有站场当年设计、当年投产，建设工期缩短59%，节省投资16%，节约土地55%，全年节省投资2.5亿元。新研发一体化集成装置3类13种，累计30类151种。常规气、页岩气、煤层气基本实现一体化集成装置全覆盖，天然气处理厂模块化建设覆盖率100%，油田联合站覆盖率60%。

【数字化建设】 2020年，开展低成本物联网产品研发和技术优选，修订企业标准，并升级为行业标准。

2020年完成27582口井、2704座站场数字化建设并上线运行，减少用工4020人，累计建成各类井17.3万口、站场1.89万座，井、站场数字化覆盖率61%和72%，实现长庆、西南、塔里木、吉林、青海、大港、吐哈、冀东、玉门、煤层气、浙江、南方等12家油气田数字化全覆盖。《油气生产物联网系统技术规范》升级为行业标准（SY/T 7468—2020）。

完成集团公司试点项目——长宁页岩气50亿米³/年产能建设数字化交付及归档项目建设上线验收，发布《油气田地面建设数字化交付技术规定》《油气田地面建设数字化交付系统建设指导意见》，搭建数字化交付系统。

【企业标准与规定制定并发布】 2020年，发布油气田地面标准、规定12项，包括《中国石油页岩气田地面建设标准化设计技术规定》《中国石油页岩气田地面建设第二批标准化设计名录》《中国石油稠油SAGD开发地面建设标准化设计技术规定》《中国石油致密油页岩油田地面建设标准化设计技术规定（试行）》《油气藏型地下储气库地面工程标准化技术规定》《油气田地面建设项目标准化承包商HSE检查技术手册》《油田原油汽车密闭装卸操作规程（试行）》《油田原油汽车密闭装卸技术规定（试行）》《油气田地面建设与生产对标管理规定（试行）》《油气田地面建设引进设备导则》《油气田地面工程数字化交付技术规定　第1部分　总则（试行）》《油气田地面工程数字化交付技术规定　第3部分　数据采集（试行）》《油气田地面工程数字化交付及数据资产管理平台部署方案》。

【地面建设科技研发】 2020年，针对制约油气田地面高质量发展的重大问题，组织研发天然气乙烷高效回收工艺技术、高含有机硫天然气达标处理技术、低成本提氦技术、含汞天然气高效脱汞技术等，形成具有自主知识产权的天然气乙烷高效回收工艺包，并应用于长庆、塔里木乙烷回收工程，减少工艺包引进费5320万元。研发COS水解催化剂、有机硫全脱型脱硫剂与工艺包，应用于龙王庙净化厂、万州净化厂天然气气质升级及尾气排放达标改造工程，减少工艺包及脱硫剂引进费3500万元，占工程总投资20%。研发低成本膜法提浓＋深冷提氦工艺技术，指导阿克气田、上古天然气提氦工程方案编制，满足国家战略需要。成功研制并推广国产脱汞剂，价格由进口的25万元／吨降低到12万元／吨，年节省投资6000万元。

【地面建设竣工验收管理】 按照集团公司按期完成建设项目竣工验收的工作要求，2020年勘探与生产分公司按计划全面完成345个项目竣工验收，其中一类项目2个、二类项目4个、三类项目44个、四类项目295个，完成率112%。期间，大力消除不合规事项，完成976个环保、安全、水土保持、土地利用、消防等专项验收，消除违规、违法事项，大大减少企业外部纠纷和干扰，使企业轻装上阵转入正常生产经营，也维护中国石油的社会声誉。竣工验收的2个一类项目是长庆采油二厂2017年69万吨产能建设地面工程和长庆采油三厂2018年51万吨产能建设地面工程。

（班兴安　苗新康）

海洋工程

【概述】 2020年，辽河、大港、冀东三个海上油田生产原油203.9万吨、天然气4.6597亿立方米。海上自营油田生产原油116.36万吨、天然气4.6013亿立方米（表11）。海上对外合作区块油田生产油87.499万吨、天然气584万立方米（表12）。

表11　2020年海上自营油田原油、天然气产量

时　间	辽河海上		大港海上		冀东海上		合　计	
	原油（万吨）	天然气（亿立方米）	原油（万吨）	天然气（亿立方米）	原油（万吨）	天然气（亿立方米）	原油（万吨）	天然气（亿立方米）
2020年	9.6	0.2213	28.46	2.62	78.3	1.76	116.36	4.6013
2019年	9.2	0.1516	25.3	1.9	83.8	1.96	118.3	4.012
同比增减	0.4	0.0697	3.16	0.72	–5.5	–0.2	–1.94	0.5893

表 12　2020 年海上对外合作区块油田原油、天然气产量

时　间	月东区块	赵东区块		合　计	
	原油（万吨）	原油（万吨）	天然气（万立方米）	原油（万吨）	天然气（万立方米）
2020 年	43.02	44.479	584	87.499	584
2019 年	40.4	41	420	81.4	420
同比增减	2.62	3.479	164	6.099	164

截至 2020 年底，中国石油环渤海滩浅海矿区内建人工岛（井场）22 座、固定钢平台 11 座、海底管道 92.1 千米、海底电（光）缆 120.06 千米。

【海上油气上产】 2020 年，按照国家大力提升油气勘探开发力度的要求，中国石油加大海上油田勘探开发的工作量。

1. 大港海上埕海新区Ⅰ期项目稳步推进

埕海 1-1 平台项目总体进度完成 27.20%。平台详细设计完成 71.70%，下部结构详细设计通过 CCS 审查，上部组块详细设计完成三层甲板预制所需的结构图等文件。加工设计总体完成 26.82%，物资采购总体完成 37.81%。设备已完成定商 38 类，定审资料 20 类；未完成定商设备包括冷放空橇、人工岛中控与火气系统、导航系统。完成上部组块钢板采购 354 吨，海管采购完成定商工作。陆地预制建造完成 22.76%，海上安装完成 11.44%。2020 年 3 月 2 日平台结构开始预制，9 月完成平台下部结构预制，9 月 17 日开始下部结构海上安装施工。

2. 冀东南堡 NP1-3 区块 Nm-Ed_1 滚动开发项目

油藏埋深 1700—2850 米，动用地质储量 505.66 万吨，可采储量 74.29 万吨，一套层系开发。部署总井数 15 口，新建产能 9.15 万吨。新建 1 座 4 腿固定平台，1.8 千米长的 6 英寸海底管道和 10.5 千伏海底电缆各 1 条。

2020 年 3 月底通过初步设计审查。安全预评价、通航安全评估、桌面路由选择和海管路由勘探、环评、海域使用申请、不动产登记等合规性手续已完成。2020 年 11 月 28 日完钻 14 口。截至 12 月底，NP1-3 区累计产油 1.86 万吨。

3. 辽河葵东 1 号构造油气开发调整项目

辽河葵东 1 号构造油气开发调整项目 2 口新井投产。葵东 1 井区油藏埋深 1300—1800 米，动用石油地质储量 128.2 万吨，可采储量 15.4 万吨，一套层系开发，已建 1 口井，部署新井 2 口。完成海域使用申请和不动产证手续办理。葵东 1 块新井平台海工建设完成。完成钻井作业，中油海 33 作业。

2020 年 4 月 17 日投产。葵东 1-8-18 日产液 19 吨、油 18.6 吨；葵东 1-12-18 日产液 10 吨、油 9.8 吨。

4. 北部湾盆地 23/29 合作区

南方勘探与中海油北部湾 23/29 和 24/11 合作区块位于琼州海峡，总面积 1444 平方千米。2019 年 4 月中国石油、中国海油双方签订合作合同。经综合评价认为 24/11 区块不具备在海域进行有经济价值的油气勘探条件，2020 年 4 月 1 日双方总部同意终止 24/11 区块合作合同。

【人工岛分级管理】 2020 年，海上油气生产设施（人工岛、钢平台、海管、海缆）总体运行在役状态安全、稳定、可控。按照 Q/SY 18003—2017《滩海人工岛构筑物管理规范》，对人工岛和进海路分级管理，路岛设施基本为一、二级状态。

路岛安全监测。组织油田对路岛在位稳定状态进行监测。沉降位移变形监测方面，整体趋于稳定，局部存在沉降位移，总体可控，需持续监测；海床地形形貌检测方面，总体完整，部分潜堤结构不完整，登陆点和平台桩基周围冲刷严重；组织进行护面块体无人机监测试验，利用无人机机载激光雷达获取护面块体的高密度三维点云数据，利用航空投影测量技术获取护面块体的高清晰度正射影像图。同时开展数据采集试验和数据后处理研究。

【海底管道完整性管理】 2020 年，组织冀东油田、大港油田对海底管道进行外检测，包括水下探摸和路由、埋深及防腐层检测等内容，检测发现管道在位状态良好。基于内、外检测报告，组织对海底管道在役状态开展评估，对于发现有较重缺陷管道处，组织开挖验证。

【海洋工程标准体系建设】 2020 年，完善海洋工程标准体系，《滩海油气田工程建设项目初步设计编制规范》《渤海湾滩海区域平台与井场设计勘查技术规范》和《海底管道水平定向钻登陆设计规范》3项集团公司企业标准制修订。

【滩海人工岛构筑物在役状态评估关键技术专题研究】 依靠科技引领和保障，提高海上设施本质安全管理水平。针对中国石油滩海油田实际生产中出现的技术难题和安全隐患，以为生产服务、安全环保为目标，2020年组织开展滩海人工岛构筑物在役状态评估关键技术专题技术研究，对保障设施安全平稳运行具有指导保障作用。

【冬季冰情预报和监测】 做好冬季冰情预报和监测工作。动态掌握冰情信息，从国家海洋预报中心动态发布，实时通过传真、邮件和短信等方式获取渤海湾冰情信息，指导冬季油田海上安全生产。2019—2020年冬季渤海冰情为常年偏轻（2.0级），海上油气生产运行正常。

（苏春梅　沙　秋）

新 能 源

【概述】 2020年，大力推进新能源项目建设工作。2020年底新能源项目在运52个，其中地热供暖项目25个，2020年新增地热供暖面积184万平方米，建成总供暖面积704万平方米；余热利用清洁能源替代项目27个，年替代量折合标准煤5.84万吨。

【“十四五”新能源规划编制】 2020年，组织编制《新能源“十四五”发展规划》《地热业务“十四五”专项子规划》《油气田生产用能清洁替代“十四五”规划》《中国石油深水油气业务“十四五”发展规划》等。

【地热供暖】 深入了解各油田地热开发利用现状，油田地热管理体制机制、运营模式以及各地方相关政策，推动集团公司地热业务发展。组织开展城镇及靠近城镇5千米以内地下地热资源经济有效的开发利用。

2020年新增地热供暖面积184.6万平方米。截至2020年底，在运地热供暖项目25个，建成供暖面积704.6万平方米。

重点项目进展顺利。华北油田石油新城地热供暖项目已正常供暖，华北油田华隆矿区地热供暖项目、冀东油田曹妃甸新城地热供暖二期项目积极推进。2020年10月22日，高热8-11井交井投产，采水汇入主管网，曹妃甸新城地热供暖项目二期工程年度新增供暖面积56万平方米，曹妃甸新城地热供暖项目总供暖面积286万平方米。2018年3月8日，华北油田和蠡县签署地热资源综合开发利用框架协议，项目采用合作运营模式，由华油河北新能源有限公司和蠡县德旺国有资产投资有限公司共同出资3000万元。2020年11月1日，蠡县供暖项目建成正式投入运行，2020—2021年采暖季实际供暖面积50万平方米。

【清洁替代】 生产用能清洁替代主要是地热、余热、太阳能、风能、生物质能、压差能等替代油气生产中原油、原煤和天然气的消耗。2020年6月，勘探与生产分公司下发《关于开展油气田生产用能清洁能源替代工作的通知》，同时组织召开油气田清洁能源利用技术交流会暨启动会，制定油气生产清洁能源替代五年行动方案。开展矿权区范围内清洁能源资源的评价工作，全面启动清洁能源替代先导示范项目的前期论证工作。2020年开展的重点相关工作有油气生产用能调查，建立清洁能源替代项目池，组织编制“十四五”清洁能源利用规划。

【可再生能源制氢】 2020年9月23日，勘探与生产分公司组织专家组审查《玉门油田可再生能源制氢示范项目预可行性研究报告》。

（苏春梅　罗光文）

储气库

【概述】 2020年，储气库业务继续深入贯彻落实国家关于加快天然气产供储销体系建设的一系列工作要求，按照集团公司储气库“达容一批、新建一批、评价一批”总体规划部署思路，重点围绕储气库生产与运行、建设与评价、业务发展规划编制、技术攻关及标准体系建设等五方面工作，实现储气库整体工作气量124亿立方米目标，同比新增工作气量18亿立方米，增长19%，高月高日储气储最大采气量13383万立方米，同比新增采气量2508万立方米。

【储气库建设】 2020年，实施储气库建设项目26个，其中在役库（扩容及续建）项目10个、新建库项目6个、先导试验库项目10个。计划钻井103口，实际完钻70口，正钻井9口，投产16口。其中：在役新疆呼图壁储气库调整工程（一期）11口注采井全部建成投运；新建辽河雷61、吉林双坨子（一期）等2座储气库建成并投产试运行；西南铜锣峡、西南黄草峡、吐哈丘东、大庆四站、长庆榆37等5座储气库完成先导试验工程建设并实施注采气试验。

【储气库生产运行】 截至2020年底，10座储气库（群）累计注气755亿立方米，采气559亿立方米，达容率98.8%，达产率65.6%。2020年，10座储气库（群）注气84.45亿立方米（表13）、采气85.87亿立方米（表14）。

表13　2020年中国石油储气库注气量

亿立方米

时　间	大港大张坨	华北京58	华北金坛	华北刘庄	新疆呼图壁	西南相国寺	辽河双6	华北苏桥	大港板南	长庆陕224	合　计
2020年	14.69	3.05	6.28	0.76	18.36	13.66	10.76	10.64	3.49	2.76	84.45
2019年	15.49	3.52	6.19	0.42	13.78	14.28	14.87	9.05	3.25	3.01	83.86
同比增减	−0.8	−0.47	0.09	0.34	4.58	−0.62	−4.11	1.59	0.24	−0.25	0.59

表14　2020年（自然年）中国石油储气库采气量

亿立方米

时　间（自然年）	大港大张坨	华北京58	华北金坛	华北刘庄	新疆呼图壁	西南相国寺	辽河双6	华北苏桥	大港板南	长庆陕224	合　计
2020年	14.25	3.14	6.93	0.68	21.78	15.54	9.69	8.24	3.04	2.58	85.87
2019年	16.62	3.82	8.46	0.87	15.71	16.58	11	7.13	2.97	2.72	85.88
同比增减	−2.37	−0.68	−1.53	−0.19	6.07	−1.04	−1.31	1.11	0.07	−0.14	−0.01

（何　刚）

油气勘探开发科技信息

【概述】 2020年，进一步突出业务主导，坚持需求导向和问题导向，突出创新和技术立企，把发展的基点牢固建立在依靠科技创新和技术进步上，推进成果转化，助力提质增效。

贯彻党和国家关于加快推动国有企业数字化转型等指示精神和工作要求，落实集团公司数字化转型智能化发展战略部署，围绕上游业务发展和改革创新需求，坚持“问题导向、目标导向、结果导向”的工作原则，持续优化落地上游信息化顶层设计，科学编制信息化“十四五”规划，以“强基础、补短板、促转型、保安全”为指导，重点开展数据资产化、治理信息孤岛、推进云平台建设、夯实数字化转型基础等工作，为上游业务提质增效、转型升级和高质量发展提供新动能。

【科技管理】 科学谋划，编制“十四五”科技规划。（1）坚持业务主导，加强顶层设计。按照集团公司三级科技规划管理的原则和勘探与生产分公司统一部署，组织各油气田企业编制“十四五”科技规划。结合勘探与生产分公司业务规划编制“十四五”科技规划。坚持生产导向、问题导向、效益导向，瞄准“十四五”勘探开发业务高质量发展目标和七年行动计划目标，聚焦主营业务核心需求，围绕业务链部署创新链，按照“快速突破”和“久久为功”两个层面，研发突破、完善配套、推广应用三个层次部署科技创新工作，充分发挥科技支撑当前、引领未来的作用。（2）广泛征求意见，不断修改完善。结合业务发展目标，深入分析面临的技术挑战和技术需求。通过“两上两下”与集团公司总体科技规划、各企业科技规划进行纵向对接，与工程技术分公司、勘探开发研究院、工程技术研究院的科技规划进行横向对接。发放调查问卷，广泛征求各专业专家的意见。按照勘探、原油开发、天然气开发及相关的工程技术分别召开8次专家研讨会，业务分管领导、专业处室、油气田企业、咨询中心、研究院所百名以上专家参加研讨。在充分采纳专家意见的基础上形成规划建议稿。

加强顶层设计，编制年度计划，增强过程管理。（1）构建科技—试验—应用的“大科技”格局。坚持业务主导，以科技项目为纽带，以重大开发试验为抓手，以水平井体积改造专项为桥梁，统筹推进生产应用技术研究，集成推广重大技术应用，助力上游业务高质量发展。（2）聚焦业务需求编制2020年科技计划。按照“突出创新、瞄准三新，业务主导、突出重点，明确定位、避免重复，加强非常规”的原则进行编制，安排25个项目，158个课题，投资预算24740万元。结合生产急需，调整部分课题，围绕中秋1井、永探1井、高探1井等3个战略发现和四川盆地震旦系—寒武系重大接替领域新增课题开展研究，由点到面，加快形成规模增储区；设立水平井修复与井筒再造技术研究及现场试验课题，减少套损，提质增效。（3）加强合规管理。加强科技经费的动态管理，通过视频、现场会议等形式，集中组织所有新开课题的论证、在研课题中期检查和结题课题的成果验收。开题论证同步进行“三新”项目专家认定，“三新”项目占比超过97%。首次实现重大开发试验专题研究课题上线科技管理平台管理，完成90份计划任务书在线审核、签订，中期检查和成果验收的有关资料上传平台，实现成果共享。

推进成果转化和规模应用，编制新技术推广目录。为了鼓励油气田企业用好用足集团公司科技成果转化创效奖励政策，加大新技术推广力度，推进规模应用，助力提质增效。广泛征集各油气田企业和勘探开发研究院、油服企业和工程技术研究院研发的已得到验证的新技术，并按照“聚焦主营业务需求，自主创新及知识产权可控，推广应用有效益”的原则严格筛选，剔除没有形成知识产权、现场应用规模小、经济效益差的技术，形成新技术目录（征求意见稿）。征求各路业务意见，形成新技术目录（正式稿）下发，搭建供需桥梁。

落实政策，推进加计扣除工作。组织“油气勘探开发业务科研支出加计扣除有关政策研究”，调研16家油气田企业、储气库分公司和勘探开发研究院（含分院），掌握勘探与生产业务研发费用加计扣除政策落实现状，分析各油气田企业研发支出加计扣除存在的6方面问题。勘探开发业务科研支出中可加计扣除额占比低；集团公司加计扣除相关的管理制度有待完善；研发活动界定不清晰；科研项目未全部进行“三新”认定；各油气田企业和科研单位对加计扣除政策不够熟悉；加计扣除工作操作不当存在税务稽查风险。为了用好用足国家政策，梳理并规范了工作流程，制定工作指南，从源头上界定研发项目，归口规范管理；完善研发投入计划和预算管理；加强各部门协同，推进加计扣除。从而指导油气田企业开展加计扣除工作，提高加计扣除比例。

【信息化管理】 2020年，持续优化顶层设计，科学谋划“十四五”，增强可操作性。按照集团公司进一步完善上游信息化顶层设计的工作要求，贯彻专项整治信息化“孤岛”、让数据资产化等指示精神，围绕集团公司勘探与生产数字化转型智能化发展目标，坚持“十三五”末基本建成数字油气田、“十四五”末初步建成智能油气田、“十六五”末全面建成智能油气田的总体目标，持续优化完善上游信息化顶层设计，科学编制上游“十四五”信息化规划，确保上游信息化工作行有方向、抓有重点、干有目标。针对油气开发领域信息化应用“缺、重、孤”突出问题，以《油气田开发纲要》为基础，按照实际业务流程和需求，围绕开发业务管理和油气藏协同研究两条主线，对油气开发全业务领域进行业务梳理，编制油气开发领域实施方案。

推进油气生产物联网建设，提高数字化率，转变生产方式，同步优化劳动组织架构和生产管理方式，提升管理水平，提高油气田开发水平和综合效益，达到提质增效的目的，促进“油公司”模式改革。2020年建成420座无人值守站场，年底长庆、西南、塔里木、吉林、青海、大港、吐哈、冀东、玉门、煤层气、浙江、南方等12家油气田数字化全覆盖。探索平台化、大数据、移动应用、人工智能等信息化先进技术在上游物联网领域的应用，促进生产自动化、管理协同化、研究智能化。

夯实制度基础、数据基础、平台基础。推进上游信息化建设科学、规范开展，从管理和技术两个层面，持续夯实制度基础。编制并印发《梦想云应用运行管理规定》《梦想云平台技术标准》《新型采油气管理区作业区建设管理大纲》等标准规定。开展夯实数据基础工作，推进数据湖实施和源头数据统一采集，推进连环湖架构落地，初步编制完成数据湖建设实施方案，部署塔里木等6家油田区域湖建设，以此夯实数据基础，提升数据质量。

补足短板，加强业务应用建设。加快油气勘探领域已有系统升级和新应用的研发，实现多项业务的在线优化和管理，集成上云12家油田23个自建勘探生产管理系统，实时掌握探井生产动态；实现16家油气田的矿权申报、矿权年检工作的线上流程化管理，支撑2020年度中国石油油气储量年审，促进质量效率的提升。加强油气开发领域按照业务流程和规则开展应用建设并促进深化应用，支撑油气开发生产业务提质增效。以信息化手段支撑业务人员对长停井进行多因素、可视化对比分析、优化生产，2020年治理长停井2806口，开井率同比提高1.1个百分点，恢复产油量35万吨；支持潜力井筛查和井下作业方案技术经济在线优化、执行情况实时跟踪、措施前后对比分析，以信息流促进业务管理精细化，实现机械采油井潜力分析、实施、评价全过程闭环管理，增效2000万元。响应勘探与生产分公司新增原油销售业务的急迫需求，将A3系统临时改建为原油运销系统，满足关键时间节点、核心业务与国家管网交接的需要，支撑原油销售业务改革，促进原油销售业务交接、统一管理和规范高效运行，提升整体盈利能力、降低运营成本。

促进数字化转型、智能化发展。按照集团公司数字化转型智能化发展总体工作部署，推荐大庆、长庆、新疆、塔里木、西南、大港6家油气田公司为示范建设单位，科学编制上游总体数字化转型智能化发展建设方案及6家示范油气田建设方案，最终确定塔里木油田为集团公司数字化转型智能化发展试点建设单位，西南油气田、大港油田为勘探与生产分公司数字化转型智能化发展试点建设单位。完成5个智能应用场景研发，在大庆油田、长庆油田、新疆油田、大港油田、勘探开发研究院测试应用，工作效率大幅提升。

战疫情、保安全、强培训、稳运行。面对突如其来的新冠肺炎疫情，快速搭建环境、提供工具、支持服务，提供移动应用、网络会议等信息化快捷手段，应对新冠肺炎疫情给生产、研究等业务带来的不便和影响，以信息化手段支撑业务高效率、低成本运行。完成A1、A2、A5、A6、A8、D2、A11等7个信息系统运维工作，在持续强化信息安全、确保平稳、高效运行的同时，持续提高已建信息化系统的功能及性能，促进业务人员应用。

（方 辉 丁建宇）

炼油与化工

综 述

【概述】 中国石油是国内第二大成品油生产商和石油化工产品供应商。炼油与化工业务是中国石油产业链承上启下、增值创效的重要环节，为上游生产后路畅通和下游产品市场供给提供保障，是提高中国石油竞争力的重要领域。中国石油天然气股份有限公司炼油与化工分公司（简称炼油与化工分公司或炼化板块）主要负责中国石油的炼油、化工生产和化工产品销售业务的管理。2020 年 6 月，为优化生产经营管理，适应炼化业务转型升级，促进炼油小产品和润滑油产销业务高质量发展，股份公司决定将中石油燃料油有限责任公司（简称燃料油公司）和润滑油公司业务归口管理由销售板块调整到炼化板块，塔里木石化和独山子石化业务重组，炼化板块归口管理单位由 31 家变为 33 家，包括 27 家炼化企业、6 家化工销售公司，业务指导 4 家油田炼化企业。

2007 年以前，炼油与化工业务分立运行，其间，完成兰州、大庆地区炼油业务的整合，庆阳石化、宁夏石化划归中国石油；2007 年，炼化和销售业务重组整合，形成炼化一体化发展格局；2008 年，10 家炼化上市企业、未上市企业重组整合，上市和未上市业务实现统一管理；2009 年，收购未上市炼化企业与主业关联度高的资产，突出主营业务，减少重复建设，降低管理成本。同年，大庆油田化工有限公司等油田所属炼化业务纳入炼化板块业务管理，炼化业务实现在同一管理模式下的集中发展和专业化管理。

2007 年后，统筹国内外两种资源，建立与国内资源和四大战略通道相匹配的炼油化工体系，北方重点是调整结构、优化升级、消除隐患，南方是加快布局、规模发展，相继关停 9 座小炼油厂，关停炼油能力 1105 万吨 / 年，建成大连石化、云南石化、抚顺石化、兰州石化、独山子石化、四川石化、广西石化、大连西太平洋石化、华北石化、吉林石化、辽阳石化、大庆石化 12 家千万吨级炼油基地，独山子石化、大庆石化、抚顺石化、吉林石化、四川石化、兰州石化和辽阳石化 7 家乙烯生产基地，乌鲁木齐石化、辽阳石化、四川石化 3 家芳烃生产基地等一批特色炼化企业。

“十三五”期间，按照集团公司《落实油气体制改革意见开展相关专题研究工作方案》部署，研究形成《中国石油炼化业务转型升级规划》；适应新时代中国经济发展由高速增长阶段转向高质量发展阶段要求，落实习近平总书记在辽阳石化视察时的重要指示精神，研究形成《中国石油炼化业务高质量发展规划》；准确把握新发展阶段、新发展理念、新发展格局要求，编制《炼化业务“十四五”发展规划》《炼化板块市场营销工作指导意见》《落实集团公司营销工作会议精神三年行动实施方案》，确定建成国际知名国内一流化工产品和有机材料贸易商的战略目标。

2020 年底，炼化板块资产总额 4131 元，同比增长 15.7%。用工总量 18.1 万人，减少 1.4 万人。

2020 年，中国石油国内炼油能力 2.04 亿吨 / 年，占国内总能力的 23%，位居国内第二、世界第三；乙烯产能 606 万吨 / 年，占国内总产能 18%，位居国内第二、世界第九。

【经营业绩】 2020 年，面对新冠肺炎疫情突然暴发、国际油价断崖式下跌、需求滑入谷底等严重冲击，炼化板块坚持市场导向和效益原则，统筹推进新冠肺炎疫情防控、复工复产、生产经营等各项工作，科学安排炼化生产和化工产品销售，持续优化生产布局和产品结构，合理调整柴汽比，大力减油增化，根据市场需求保持化工装置高负荷运行，增产高附加值产品。全年国内加工原油 16002 万吨，生产成品油 10723 万吨。保持高效化工装置高负荷运行，生产乙烯 635 万吨、同比增长 8.2%，开发生产 87 个牌号的化工新产品，PX、合成树脂和合成橡胶产量增长明显，全年国内化工产品销售 3666 万吨。

受炼油业务毛利空间收窄影响，2020 年经营亏损 18.34 亿元，其中炼油业务经营亏损 128 亿元，化工业务经营利润 109.7 亿元，同比增长 220.0%。克服原油加工量同比下降影响，成本继续硬下降。炼油完全加工费下降 4.3 元 / 吨，化工完全加工费下降 177 元 / 吨，销售管理费用下降 18.8 亿元。炼化 16 项指标好于 2019 年，能耗物耗有较大进步。其中，炼油综合能耗同比下降 0.8 千克标准油 / 吨，乙烯燃动能耗同比下降 8.9 千克标准油 / 吨。

大庆石化炼油结构调整升级改造、兰州石化乙烯产能恢复项目以及一批增产航空煤油、低硫船用燃料油项目建成投产，广东石化炼化一体化项目、塔里木和长庆乙烷制乙烯等重点工程有序推进。

【“十三五”业绩回顾】 “十三五”期间，转型升级步伐加快，云南石化1300万吨/年炼油工程、辽阳石化俄罗斯原油加工改造工程，华北石化千万吨炼油升级改造项目及大庆炼油结构调整等4个重点工程投产，原油加工能力2.03亿吨/年，千万吨级炼厂增加到12家。独山子石化乙烯优化改造投产、兰州石化24万吨/年乙烯产能恢复，乙烯生产能力606万吨/年。四川石化70万吨/年航空煤油加氢等14个增产航空煤油项目投产或中交，航空煤油总产能2095万吨/年。克拉玛依石化、辽河石化2项润滑油基础油加氢项目建成投产，年产量近100万吨。抚顺石化、大庆炼化2项增产石蜡项目建成投产，总产能161万吨/年，抚顺石化成为世界最大石蜡生产基地。锦州石化15万吨/年针状焦+7万吨/年煅烧装置建成投产，煅烧针状焦总产能11万吨/年。

生产运行精细化管理水平提升。对非计划停工进行分类分级管理，针对生产应急处置、操作变动、隐患监控及处理等，强化一体化管控，做到统一指挥、各专业协调配合，发现问题协同解决。推行“大检修全生命周期管理”考核，装置有效运行时间进一步提高。“十三五”期间，11家企业实现四年一修，其中独山子石化和四川石化按照五年一修目标运行。深化全面对标，技术经济指标有效改善。2020年与2015年相比，炼油综合能耗下降3.24千克标准油/吨，乙烯燃动能耗下降19.04千克标准油/吨，炼油完全加工费下降28.3元/吨，化工完全加工费下降541元/吨。独山子石化、吉林石化、云南石化、四川石化、宁夏石化被评为“能效领跑者”。

安全环保管理水平不断提高。持续开展QHSE专业量化审核和问题整改，集中开展电气仪表等安全隐患治理、“三老两高”专项治理工作，炼化企业亡人事故起数及死亡人数大幅下降。“三同时”合规管理成效显著，完成四川石化、辽阳石化和呼和浩特石化环保验收，历史遗留问题销项；按期取得排污许可证，所有企业均实现持证排污；完成水体环境风险评估和中央环保督察问题整改，超额完成集团公司“十三五”主要污染物削减目标。与2015年相比，2020年炼化业务COD、氨氮、二氧化硫、氮氧化物分别削减11.4%、17.1%、24.1%、33.1%。

优化产品结构适应市场需求。按照国家要求，加快推进成品油质量升级，5年时间实现车用汽油、柴油从国Ⅳ、国Ⅴ到国Ⅵ阶段质量升级。持续优化产品结构，与2015年相比，2020年航空煤油产量增长25%，95号及以上高标号汽油增长52.4%，占汽油比例23.2%，石蜡产量增长29.2%；化工轻油产量增长61%，收率增加4.2个百分点；汽油、柴油收率降低2.8个百分点。生产柴汽比降低0.5个单位。聚烯烃专用料比例提升13.2个百分点，培育JHMGC100S、PA14D、0215H等25个名牌产品，累计开发新产品161个，产量445万吨，40个高端专用料实现工业生产。

化工营销能力显著增强。与2015年相比，2020年化工商品产量增长26.3%，化工产品销量增长57%；与103家重点下游行业龙头客户建立战略合作关系，销量占比36.1%；持续优化客户结构，开发大型直供用户，直销率稳步提升。建立对标管理机制，形成“1+4”综合对标体系；在5个中心城市成立技术服务站，为85家大客户提供技术服务；与中铁、中远海等开展战略合作，开通铁路成组直达列车5列、海运32条航线、公路承运商136家。完成橡塑产品77条包装线重包膜改造。利用第三方电商平台开展线上销售223万吨、竞价45万吨。

炼化技术取得新进步。国Ⅴ标准催化汽油加氢成套技术在17套装置、PHF国Ⅴ标准柴油加氢精制催化剂在15套装置推广应用。催化轻汽油醚化LNE技术在11套装置应用，为国Ⅴ、国Ⅵ标准汽油质量升级提供低成本技术支持。高液收延迟焦化新技术在10套延迟焦化装置上实现应用，装置液收提高1—3个百分点。环保型超重力液化气深度脱硫（LDS）技术在锦州石化、辽阳石化等8家炼厂应用，实现产品低硫化和减渣近零排放。高档润滑油基础油、超高分子量聚乙烯、聚甲基丙烯酸甲酯、共聚酯（PETG）等技术实现工业化试验。9类聚烯烃催化剂在5家炼化企业工业应用。高汽油收率低碳排放催化裂化催化剂获国家科学技术进步奖二等奖。

【防疫物资保供】 2020年，炼化板块发挥产业和资源优势，支持全国抗击新冠肺炎疫情工作，保障防疫物资供应。组织独山子石化、大连石化等7家企业调增生产计划、提前排产、升级管控，生产医用料65.7万吨；6家化工销售企业紧密协作，主动与经销商和下游医卫制品终端客户对接原料需求信息，精准掌握客户对原料的指标要求，抢装快运医卫原料，销售64万吨。紧急组织大庆石化、兰州石化、抚顺石化、辽阳石化以及石化院、化工销售等单位快速行动，攻坚克难，建成投产17条口罩线，实现产能N95口罩15万只/日，一次性医用口罩85万只/日。成立熔喷料熔喷布协调小组，研发生产熔喷料，石化院建设2条熔喷料生产线，辽阳石化建设5条熔喷料生产线，7条熔喷料生产线合计产能42吨/日。2020年，生产熔喷料1259吨、熔喷布800余吨、口罩1.46亿只。

【大庆石化炼油结构调整转型升级项目投产】 2020年10月，大庆石化炼油结构调整转型升级项目全面建成投产。项目于2018年7月正式启动，以炼厂原有设施和技术装备为基础，通过升级配套一、二次加工装置，提高炼油产品产量和质量，改善产品结构，推动石油精深加工转型。随着该项目的投产，大庆石化原油年加工能力从650万吨升级到1000万吨，跻身千万吨炼厂行列。汽油质量可达到国Ⅵ标准B阶段质量标准，柴汽比降低至0.74，每年可增产120万吨基础化工原料。

（汪晓东）

炼化装置及产品

【概述】 2020年，中国石油26家国内炼厂合计原油加工量16001.6万吨（表1）。千万吨级以上炼厂12家，大连石化加工能力超过2000万吨/年。加工原油类别主要是大庆原油、长庆原油、新疆原油、俄罗斯原油、哈萨克斯坦原油和海上进口原油等。炼油生产装置主要包括常减压蒸馏、催化裂化、加氢裂化、延迟焦化、催化重整、芳烃分离、加氢精制等。常减压装置41套，总加工量15689万吨；催化裂化装置39套，总加工量5770万吨；加氢裂化装置17套，总加工量2138万吨；延迟焦化装置16套，总加工量1494万吨；连续重整装置26套，总加工量（重整进料）2125万吨。

炼油产品主要包括汽油、柴油、煤油、润滑油、石蜡、沥青、石油焦等。2020年，加强产销联动，紧盯国内成品油消费变化趋势，把握阶段性市场机会，优化调整生产柴汽比，深入开展减油增化工作，汽油、柴油产量9700万吨，同比减少812万吨。生产航空煤油1023.4万吨，航空煤油国内市场份额25.5%，同比提高5.5个百分点；增产化工轻油，保障化工原料需求，化工轻油产量2020万吨，同比增长5.6%。增产低硫船用燃料油、石蜡、沥青、润滑油等市场需求产品，生产低硫船用燃料油245万吨，润滑油基础油169.3万吨；石蜡115.3万吨，沥青361万吨，石油焦336.6万吨。加快低硫船用燃料油布局调整，辽河石化、大港石化等10家企业通过技术改造能够生产符合要求的低硫船用燃料油，辽河石化依托辽河低硫稠油资源，产能100万吨/年，为国内最大的低硫船用燃料油生产基地。

化工产品主要包括有机原料、合成树脂、合纤原料及聚合物、合成纤维、合成橡胶和化肥等。2020年，7家乙烯企业共有13套乙烯裂解装置，其中百万吨级企业有大庆石化、吉林石化、抚顺石化、独山子石化、四川石化等5家。乙烯装置负荷97.3%，生产乙烯634.5万吨，同比增长8.2%。生产合成树脂1028.7万吨、增长7.4%，合成橡胶100.1万吨、增加9.9%，合成纤维2.5万吨、下降31.4%。

表1 2020年国内原油加工量、产品产量

万吨

项　目	2020年	2019年	同比增减
原油加工	16001.6	16844.0	−842.4
汽油、煤油、柴油	10723.4	11913.3	−1189.9
其中，汽油	4628	5044.0	−416
煤油	1023.4	1401.6	−378.2
柴油	5071.9	5467.8	−395.9
润滑油	169.3	136.5	32.8
石蜡	115.3	114	1.3
沥青	361	376	−15
石油焦	336.6	372	−35.4
低硫船用燃料油	245	11.4	233.6
乙烯	634.5	586.3	48.2

续表

项　目	2020 年	2019 年	同比增减
合成树脂	1028.7	957.7	71.0
合成橡胶	100.1	91.0	9.1
合成纤维	2.5	3.7	-1.2
尿素	216.3	120.8	95.6
合成氨	185.7	132.1	53.6

【有机原料】 2020 年，股份公司有 13 套乙烯裂解装置、5 套甲醇生产装置、3 套丁醇 / 辛醇生产装置、1 套采用异丙苯法生产苯酚 / 丙酮装置、9 套苯乙烯生产装置。主要有机原料产量 1937 万吨（表 2）。

表 2　主要有机原料产量

万吨

产　品	2020 年	2019 年	同比增减
乙烯	634.5	586.3	48.2
丙烯	580.2	557.2	23.0
苯	248.2	240.1	8.1
对二甲苯	209.6	173.2	36.4
甲醇	12.3	11.3	1.0
丁醇	32.4	36.3	-3.9
辛醇	21.4	21.5	-0.1
环氧乙烷	68.0	61.5	6.5
苯酚	8.6	9.0	-0.4
丙酮	5.4	5.6	-0.2
苯乙烯	116.4	104.5	11.9

【合成树脂】 2020 年，股份公司合成树脂产量 1028.7 万吨。涉及聚乙烯（PE）、聚丙烯（PP）、ABS 树脂、聚苯乙烯（PS）、SAN 树脂五大类。有聚乙烯装置 22 套，聚乙烯（PE）产量 533.25 万吨；HP-LDPE 装置 3 套，产量 50.6 万吨；LP-HDPE 装置 9 套，产量 249.5 万吨；LLDPE 装置 6 套，产量 233.0 万吨。聚丙烯装置 29 套，产量 392.5 万吨。ABS 树脂装置 5 套，产量 73.1 万吨。聚苯乙烯装置 1 套，产量 12.7 万吨。SAN 树脂装置 5 套，产量 14.7 万吨（表 3）。

表 3　合成树脂主要品种产量

万吨

产　品	2020 年	2019 年	同比增减
合成树脂	1028.7	957.7	71.0
低密度聚乙烯	50.6	45.5	5.1
高密度聚乙烯	249.5	232.5	17.0
线性聚乙烯	233.0	212.4	20.6
聚丙烯	392.5	369.9	22.6
ABS 树脂	73.1	72.0	1.1
SAN 树脂	14.7	13.9	0.8
聚苯乙烯	12.7	9.0	3.7

【合成橡胶】 股份公司可生产顺丁橡胶、丁苯橡胶、丁腈橡胶、乙丙橡胶和氯磺化聚乙烯五大类橡胶产品。2020 年总产量 100.11 万吨（表 4）。

表 4　合成橡胶主要品种产量

万吨

产　品	2020 年	2019 年	同比增减
顺丁橡胶	34.4	32.1	2.3
丁苯橡胶	52.5	46.6	5.9
丁腈橡胶	7.4	6.5	0.9
乙丙橡胶	5.5	5.5	0
氯磺化聚乙烯	0.1	0.1	0

【合成纤维、化肥、精细化工品】 股份公司合成纤维业务包括合成纤维单体、合成纤维聚合物和合成纤维。2020 年，合成纤维单体精对苯二甲酸（PTA）产量 9.4 万吨、丙烯腈（AN）产量 69.5 万吨、乙二醇（EG）产量 26.6 万吨。1 套合成纤维聚合物产品聚对苯二甲酸乙二酯（PET）生产装置，产量 6.8 万吨。合成纤维产量 2.5 万吨，其中腈纶纤维 2.5 万吨。

化肥生产包括合成氨、尿素、复合肥及丙烯腈装置副产的硫铵。2020 年合成氨装置 8 套，生产合成氨 185.7 万吨，同比增加 53.6 万吨。尿素装置 7 套，生产 216.3 万吨，同比增加 95.6 万吨。

精细化工品主要是催化剂和表面活性剂。兰州石化催化剂厂是国内主要的炼油催化剂生产基地。2020 年，兰州石化催化剂厂生产催化裂化催化剂 5.56 万吨，同比增加 0.26 万吨。烷基苯是洗涤剂和农药乳化剂的重要中间体，重烷基苯还是重要的油田助剂。2020 年生产烷基苯 24.04 万吨，重烷基苯 0.34 万吨。

（焦丽菲）

化工产品及炼油小产品销售

【概述】 2020 年，炼化板块落实集团公司市场营销工作会议精神，成立专项行动领导小组和 9 个实施小组，坚持“基础 + 高端”的发展思路，做好产品营销工作。强化产销研用一体化，加大科技创新和进口替代，大力研发推广新产品新材料，推动基础化学品和大宗通用商品品牌化，打造高端化特色优势产品；坚持市场化运作，加强营销能力建设，深入市场研究，强化产销衔接，协同优化排产，线下线上结合，扩销推价，努力实现效益最大化；坚持客户至上，建立分级分类服务体系，强化技术服务和渠道管理，为客户提供增值服务；坚持改革创新，完善体制机制，激发内生动力活力。

2020 年，销售化工产品 3666 万吨，同比增加 415 万吨；直销率同比提高 1.3 个百分点；高效产品销量 298.5 万吨，同比增长 20.7%；扩销量同比增长 98.2%，电商平台销量增长 123%；化工专用料比例同比提高 3.6 个百分点。统销化工产品 2327.8 万吨，同比增加 277.3 万吨，增长 13.5%。其中：合成树脂 1007 万吨，首次突破千万吨大关，增长 70.6 万吨；合成橡胶 94.5 万吨，增长 7.8 万吨；有机液体 903.8 万吨，增长 91.1 万吨。购销率 100%，实现全产全销。扩销化工产品 295 万吨，同比增加 135 万吨，增长 85%。直销率 66.8%，同比提升 1.3 个百分点；专用料比例 53.7%，同比提升 3.5 个百分点，高效产品销量 298.5 万吨，同比增销 51.1 万吨，增幅 20%（表 5）。

做好润滑油、石蜡、沥青、石油焦等炼油小产品销售工作。2020 年，燃料油总销量 4599 万吨，销售沥青 1092 万吨，保持国内市场份额第一，船用燃料油 147.1 万吨，互供石脑油 60.3 万吨（表 6）。销售润滑油及相关产品 165.1 万吨，其中车用油 21.2 万吨、工业油 29.2 万吨、特种油 52.6 万吨（表 7）。销量石蜡 85.1 万吨、石油焦 320 万吨。

表 5　化工产品统销量

万吨

项　目	2020 年	2019 年	同比增减
总销量	2327.8	2050.5	277.3
合成树脂	1007	936.4	70.6
合成橡胶	94.5	86.7	7.8
合纤及聚合物	9.4	10.1	–0.7
化肥	237.9	130.2	107.7
有机原料	903.8	812.7	91.1
无机产品及其他	75.3	74.6	0.7

（范学民）

表 6　燃料油销量

万吨

项　目	2020 年	2019 年	同比增减
销量	4599	3542	1057
其中，沥青	1092	1106	–14.0
船用燃料油	147.1	15.4	131.7
石脑油	60.3	47.1	13.2

表 7　润滑油及相关产品销量

万吨

项　目	2020 年	2019 年	同比增减
销量	165.1	160.8	4.3
其中，车用油	21.2	22.7	–1.5
工业油	29.2	30.3	–1.1
特种油	52.6	56.1	–3.5

（焦丽菲）

【统销管理】 2020 年，炼化板块以打造效益工程、品牌工程为目标，以“产品—客户—市场”为主线，以深化对标为抓手，引导生产、销售共同向市场发力，化工营销能力持续增长。

加大市场研究力度，发挥好市场导向作用。每周编制《化工市场研报》，加强市场研究和预判，掌握市场信息，探索市场的规律性和预测方法，提高市场分析和预判准确性，制定有针对性的营销策略，提高整体工作水平。开发区内市场，实现区内增销增效。东北化工销售、西北化工销售和西南化工销售3家区内化工销售公司加强区内市场新客户开发与客户渠道优化，2020年区内增销有机液体产品105万吨，增效3.9亿元。

拓展终端网络，提高营销渠道质量。大力开发下游行业生产型龙头客户，在调研17个用途领域前10名客户基础上，下达83家龙头客户的分区域开发计划，提高终端销售能力。开展对客户利润贡献率评价方法的调研，研究制定动态跟踪和评价客户的工作方案。全方位拓展营销渠道，实施网格化市场开发，努力开拓客户，增加销量。2020年新开发客户400余家，直销率68%，同比提升2.5个百分点。

打造品牌工程，提升产品竞争力。从生产计划、产品质量、产品销售、客户服务和包装运输五个方面开展工作，明确量化指标考核，指定产品经理、客户经理和过程经理，压实各环节负责人责任，满足客户需要，提升客户体验，标准化推进品牌工程建设。大力开发高端领域客户，实施“一企一策”，开展为客户订制服务，及时反馈客户的使用意见，不断改进产品质量，增强产品的针对性和客户依赖性。与生产和研究单位共同组成推广小组，全力做好应用试验和客户服务，实现增销增效。在2019年对7个品牌合成树脂牌号试点基础上，2020年将品牌产品数量扩充到8家企业22个合成树脂牌号，销售217万吨，产品质量过程能力指数（Cpk）考核达标有8个牌号（1.67及以上），达到1.33以上有17个，实现客户零投诉。

改进化工销售KPI考核，推进产销协同量效齐增。在充分调研、征求意见、专业论证的基础上，修改完善化工销售KPI指标考核体系，建立市场价格传导机制，突出效益、销量、比价缩差、直销率等经营指标考核，引导产销协同发力，实现效益最大化。

持续改进产品包装。完成大庆石化6条、独山子石化5条、四川石化3条共计14条包装线改造，产品形象得到提升，基本实现重膜包装，具备“托盘+冷套膜”和吨袋包装的能力。通过CRM客户投诉模块管理品牌建设产品批次理货、强化批次标识和清单管理；持续推广吉林石化产品下线码放标准化、车体防护标准化、产品装车码放等全过程标准作业规范；专项治理包装破损率反弹，2020年破损率0.09‰，同比下降25%。

（范学民）

【化工物流】 2020年，化工营销系统发运统调产品872.6万吨，同比增加24万吨，调运计划完成率100%，刚性确保生产企业后路畅通。落实提质增效专项行动，5月启动全面梳理化工产品运费工作，摸清干线运杂费、仓储、短倒、入库、出库、配送费、客户承担等费用底数，确定降费目标，降费2.68亿元。6家化工销售公司制定降低运费标准、优化运输结构、强化仓储管理、加强自备车管理、争取铁路运费优惠政策等53条措施，通过日跟进、周讲评、月调度跟进和督办，降费1.13亿元，超额完成2963万元。

搭建大数据平台，加强大数据分析和结果应用，实现产品跟踪、资源配置优化、产销衔接优化、物流仓储优化、客户渠道分析、营销运作预警等信息化，超前研判市场和销售，预警物流过程控制，预测效益，自助（主）查询结果和展示，促进精准营销、价格到位、提高效率和费用降低。集成ERP、CRM、APS、MES和上海信息平台等系统中的生产计划、配置计划、调运计划、产品库存、价格数据、客户信息等业务数据，与在建的电子销售系统和物流管理系统的现货交易、竞价销售、运输、仓储、配送等数据，形成化工销售业务数据平台。完成系统建设需求确认及详细设计方案、系统开发环境、测试环境部署和技术路线确认、云平台软件、运输管控软件等6个标包采购谈判与合同拟定。电子销售、物流项目原型界面纳入生产经营信息化综合工作平台。

（王　梅）

【原油市场分析】 2020年，国际油价整体呈“Y”形走势，上半年触及近十年低点，下半年整体稳中回升。根据原油价格走势来看，以4月中旬国际油价触及近十年低点为分水岭，可以划分成两个相反的阶段性走势。年初至4月中旬，因新冠肺炎疫情导致石油需求骤降的同时，沙特与俄罗斯为争夺市场份额反而增产，两个叠加因素令本已供应过剩的市场面雪上加霜。国际基准油价震荡中下跌，布伦特油价累计跌幅超过70%。为缓解全球石油市场供应过剩，石油输出国组织（OPEC）及其盟友组成的OPEC+联盟及二十国集团（G20）于4月12日达成联合减产协议，但减产协议5月开始实施，且减产规模不够大，油价维持低位运行。在此背景下，WTI原油叠加储油空间不足影响因素，在4月中旬合约换月前的最后一个交易日大举抛售，导致其价格有史以来首次跌至负值区域。

4 月中旬至 6 月底国际油价逐步反弹，在 40 美元 / 桶上方企稳。4 月中旬以后，随着全球各国陆续解除抗击新冠肺炎疫情封锁措施，燃料需求逐渐回升，同时 OPEC+ 联盟从 5 月起开始实施创纪录的减产，在 6 月初决定将此减产协议期限延长至 7 月底，加快全球石油市场实现再平衡，进而驱动国际油价在二季度反弹逾 80%。

下半年，国际油价波动在 40—45 美元 / 桶的窄区间内。一方面，在 OPEC+ 联盟继续实施减产措施的背景下，为应对新冠肺炎疫情给经济及能源市场带来的不利影响，欧美推出经济刺激措施以及有关新冠肺炎疫苗研究取得进展的利好消息，给油价带来提振作用。另一方面，中美关系恶化，围绕全球新冠肺炎疫情卷土重来及其对燃料需求的负面影响，利比亚石油产量的迅速回升以及美国总统大选期间的不确定性等因素抑制油价反弹。2020 年，布伦特原油期货均价 43.21 美元 / 桶，较 2019 年下跌 32.7%；WTI 原油期货均价 39.35 美元 / 桶，较 2019 年下跌 31.0%（表 8、图 1）。

表 8　2020 年基准油种价格变化

美元 / 桶

基准油种	年平均价格	最高价格	最低价格	价格变化
WTI	39.35	63.27	−37.63	−17.72
布伦特	43.21	68.91	19.33	−20.97
阿曼	43.02	69.17	18.64	−20.99

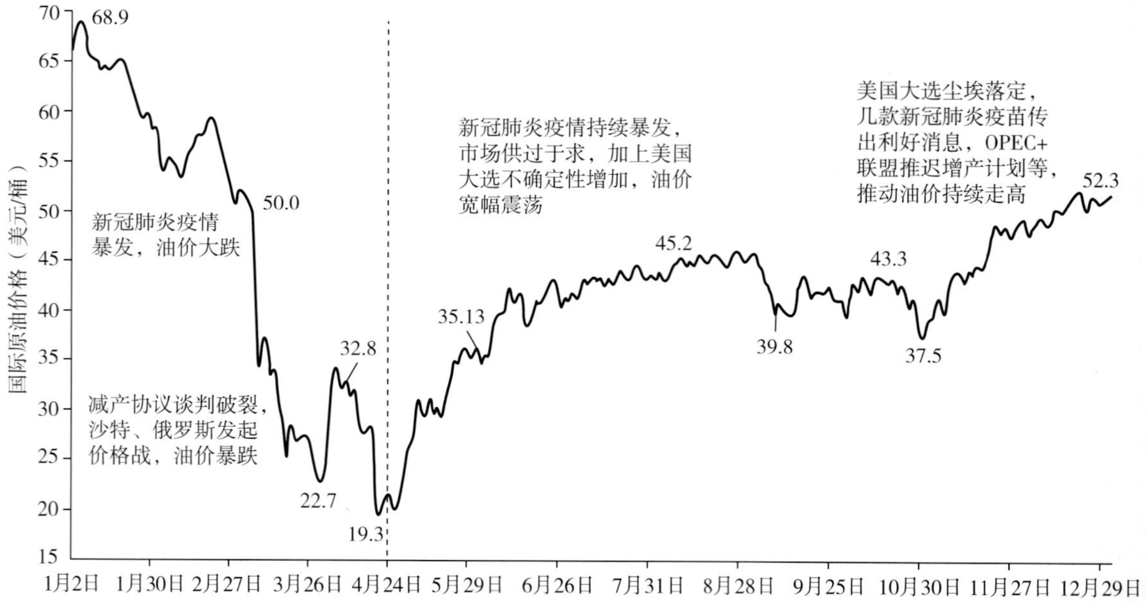

图 1　2020 年国际原油价格走势

（李　伟）

【化工市场分析】 2020 年一季度新冠肺炎疫情暴发，各国陆续进入“停摆”状态，原油需求大幅下降，国内化工市场在上游成本塌陷及下游需求大幅萎缩的双重打压下，价格暴跌，多数品种价格跌至近 20 年的低位，而纯苯价格创历史新低。5 月后，欧美国家开始采取措施刺激经济复苏，市场需求逐步恢复，原油价格开始大幅反弹，国内化工产品价格 V 形反转，尤其四季度欧美新冠肺炎疫情再度扩散，国外订单大量转移中国，国内商品出口环比、同比大幅增长，带动国内化工市场全面升温，个别资源紧张的品种价格涨至历史高位，多数品种的价格也已经涨至近 2 年的高位（表 9）。

表 9　2020 年主要化工产品价格变化

元 / 吨（含税）

产　品	平均价格	最高价格	最低价格	价格变化
LDPE	8846	12161	6797	5364
HDPE（拉丝）	7826	8747	6655	2092
HDPE（注塑）	7169	7835	6169	1666
LLDPE	7130	8271	5872	2399
PP（拉丝）	7761	9349	6256	3093
ABS	12620	18475	9067	9408
腈纶短纤	12188	14825	10425	4400
顺丁橡胶	8918	11525	7050	4475
丁苯橡胶	9222	12150	7446	4704
精己二酸	6853	8150	5642	2508
甲苯	3435	5544	2998	2546
溶剂级二甲苯	3592	5645	3104	2541
PX	4399	6900	3820	3080
丙烯腈	8853	12638	6525	6113
醋酸	2707	4906	2046	2860
苯酚	6331	7888	4850	3038
乙二醇	3868	5458	3156	2302
辛醇	7299	11840	5063	6777
丁醇	6249	9953	4318	5635
苯	3498	5881	2378	3503
苯乙烯	6001	10055	4341	5714
环氧乙烷	7197	7775	5813	1962
尿素	1708	1833	1622	211

合成树脂。2020 年，国内塑料市场各品种价格均呈现阶梯式走高，ABS 及高压品种价格达到近几年来最高点。一季度上旬受新冠肺炎疫情影响，下游企业延期开工，市场需求极低，同时生产企业库存以及港口库存都出现大面积积压，加上运输尚未恢复，库存数量快速增长，导致市场价格出现明显下跌。2 月中旬后随着新冠肺炎疫情的逐步可控，部分下游企业开始陆续复工，市场价格逐步回升。3 月中下旬，受原油价格暴跌及新冠肺炎疫情蔓延影响，金融市场动荡，期货连续深跌，市场价格再度大幅下行。二季度因全球新冠肺炎疫情的发酵，使得“口罩”“防护服”等炒作氛围浓厚，纤维料市场价格迅速上涨并传导至拉丝、薄壁注塑领域，国内下游相关行业订单稳定且部分开工良好，市场价格再度回暖。进入三季度，国内各项宏观经济数据表现良好，下游需求旺盛，同时适逢国内石化装置检修季，市场出现一波期货、现货价格共振上涨的局面。但伴随着价格涨至高位，下游接盘出现高价抵触情绪，价格小幅回落。四季度陆续传出新冠肺炎疫苗等重大利好消息，市场情绪明显转好，下游企业订单充足且开工积极性高，ABS 通用料和高压聚乙烯薄膜料价格创近年来新高。至年底受北方环保监察以及南方限电的影响，下游开工出现下滑现象，对原料的采购能力有限，市场价格下行（图 2）。

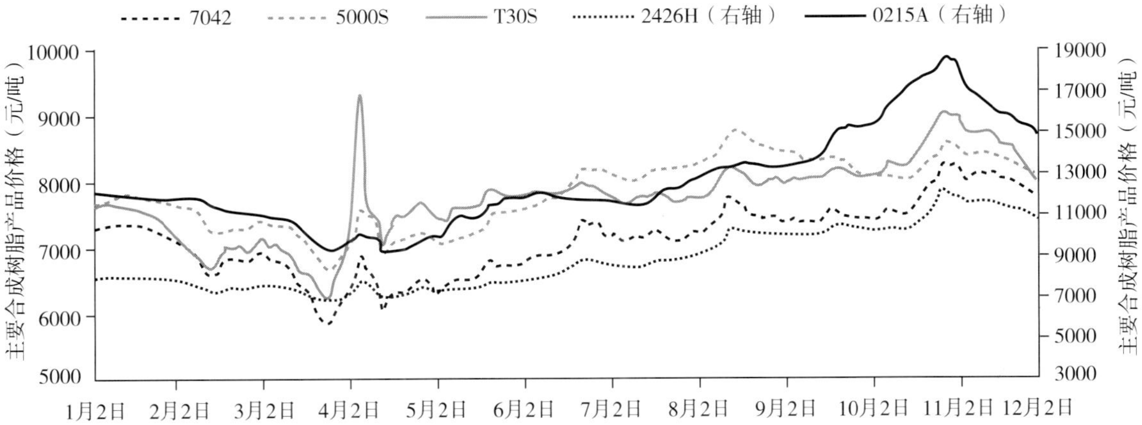

图 2　2020 年主要合成树脂产品价格走势

牌号说明：7042（线性聚乙烯薄膜料）、5000S（低压聚乙烯拉丝料）、T30S（聚丙烯拉丝料）、2426H（高压聚乙烯薄膜料）、0215A（ABS 通用料）

合成橡胶。2020年，国内合成橡胶市场价格重心运行同比走低，高低端价格同比较大幅度下滑。一季度橡胶市场价格大幅下滑，春节后新冠肺炎疫情影响多地下游工厂复工时间推迟，同时运输受限导致橡胶生产企业库存提升明显且消耗缓慢，原料丁二烯价格宽幅下跌，需求延后的不确定以及成本面的拖累对橡胶价格形成一定冲击；二季度橡胶市场价格跌至低位后筑底震荡，在新冠肺炎疫情影响下，整个二季度轮胎、制鞋等企业出口订单下滑明显，需求不足抑制橡胶行情的反弹空间；三季度橡胶市场价格底部夯实，整体重心抬升，但抬升高度有限，原料丁二烯价格持续抬升，成本面对顺丁橡胶价格底部的支撑偏强，天然胶方面整体偏强震荡，下游轮胎工厂出口订单陆续恢复向好，给予橡胶市场支撑，但由于橡胶供应量充裕、进口货源增量明显、叠加上半年积累库存，市场社会库存高企，供大于求的基本面格局使得行情反弹高度受到压制；四季度橡胶市场价格持续上涨后高位回调，原料丁二烯价10—11月上涨，12月回调，成本面对顺丁胶的支撑作用呈现先强后弱，天然胶也强势拉涨后回调，基本面来看，下游轮胎工厂10—11月在出口订单向好带动下开工率较高，但进入12月在大气污染治理管控影响下出现减停产现象，年底在丁二烯、天然胶需求均趋弱情况下拖累市场不断回调（图3）。

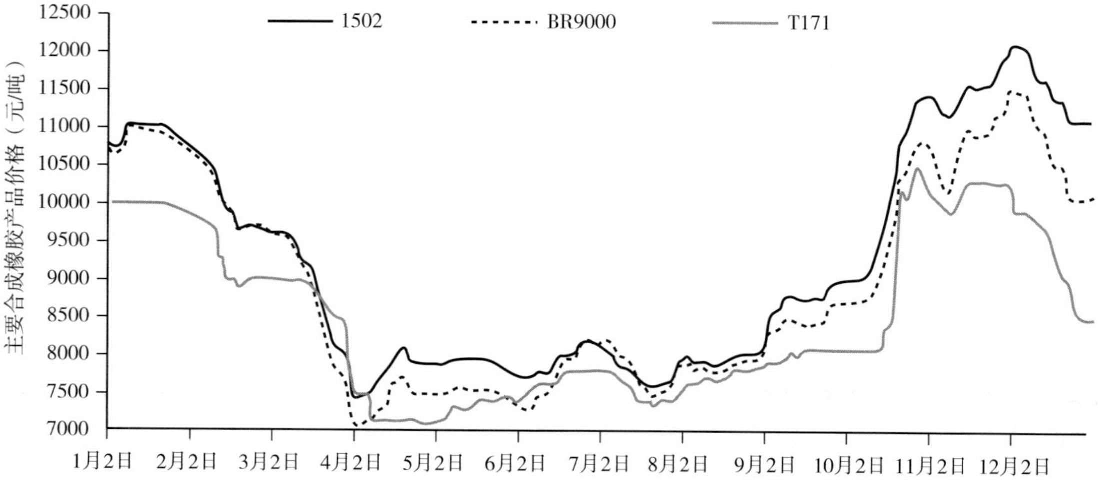

图3　2020年主要合成橡胶产品价格走势

牌号说明：1502（丁苯橡胶）、BR9000（顺丁橡胶）、T171（热塑性弹性体）

有机化工。2020年初，受新冠肺炎疫情和国际原油价格大跌影响，液体产品价格大幅跳水。二、三季度，低价原料提振国内炼厂生产积极性，部分生产企业开工率冲至历年高位并全年维持。随着下游需求回暖，新增装置陆续入场，下游产品纷纷复苏好转，四季度价格上涨。2020年，纯苯供应持续高位，导致全年去库存难度大，行业开工率在短暂下跌后迅速反弹，全年产量1260万吨，同比增长15.81%。PX终端消费下降显著，成本端塌陷，部分时间PX和石脑油价差跌破130美元/吨，企业亏损严重，纷纷降负荷，个别工厂停机，但市场供需过剩问题仍难以缓解。近年来国内炼化一体化的节奏仍然延续，浙江石化投产使得国内的PX自给率提升，2020年国内PX总产能增加到2603万吨/年，产量增长35%，下游产能的投放节奏远不及PX新增的产能，PX总体处于供大于求的局面。乙二醇市场供应端受国内外装置集中投产的影响，全年产能1568.1万吨，同比增长45.12%，供需格局面临较大的压力，而且在全球货源集中冲击中国市场的影响下，码头库存一直处于高位。随着国内经济的恢复及市场整体供需端的好转，乙二醇市场价格逐渐进入稳步回升反弹走势（图4）。

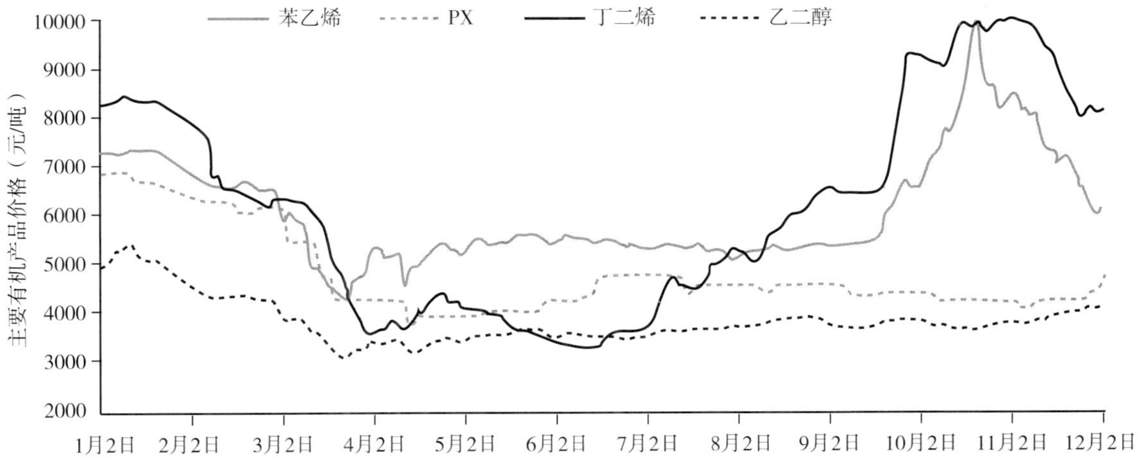

图4　2020年主要有机产品价格走势

（王　梅）

炼化工程建设

【概述】 2020年，完成集团公司投资压减任务。在削减投资、资金紧张的情况下，积极协调，克服困难，从年度、批次投资安排上确保广东石化、长庆和塔里木乙烷制乙烯等重大工程项目资金需求。抓好《炼化业务高质量发展规划》实施，已批复和上报可行性研究的项目占规划投资总额54%，广西、吉林等乙烯项目均编制完成预可行性研究报告。加快高质量发展产品结构调整项目实施，实施一批"减油"项目，减少汽油、柴油产量，大庆石化"油头化尾"转型升级、大庆炼化增产石蜡、大连石化烷基化等项目建成投产；实施辽河石化等13项增产低硫船用燃料油项目，低硫船用燃料油总产能400万吨/年；发展化工优势特色产品，一批化工结构调整项目取得进展，兰州石化24万吨/年乙烯产能恢复、独山子石化9万吨/年聚苯乙烯等项目建成投产；加强项目投资优化，加大前期审查力度，降低投资31%。

总结"十三五"规划执行情况和实施效果，对2000—2019年炼化业务投资情况进行总结，分析影响经济效益和投资效果的内部因素和外部因素，做好战略实施效果的监督评估，为高质量完成炼化业务"十四五"规划编制提供研究支撑。完成2019年投产项目效益分析、2020年投资优化调整方案阶段性总结、年度计划内5个后评价项目评价，对巡视、审计、后评价中发现的投资管理方面问题进行汇总分析。加强后评价成果应用，借鉴大庆炼化后评价报告的总结经验，对庆阳石化、吉林石化、呼和浩特石化、广西石化等企业催化装置烟气脱硫脱硝项目存在问题进行整改。

做好中央巡视供给侧结构改革问题专项整改，每季度总结报告，巩固整改成果。按照集团公司提质增效专项行动部署，有序推进规划计划提质增效工作方案，逐家对接，落实规划计划提质增效方案，18项规划计划提质增效措施全部落实。56项生产优化提质增效项目落实42项，其余11项处于编制可行性研究报告阶段，3项处于开展方案论证阶段。支持营销物流建设，实现华北石化聚丙烯散装出厂运输和销售。

（杨　波）

【炼化工程建设项目】 炼化工程建设项目管理以推进广东炼化一体化、塔里木和长庆乙烷制乙烯三大项目为重点，以投资控制、设计审批、质量安全管理为抓手，克服新冠肺炎疫情影响，坚持提质增效，三大项目完成基础设计审批，全面进入施工阶段。2020 年 1 亿元以上建设项目 44 项，其中建成投产 8 项、在建 36 项。

建成投产项目：大庆石化炼油结构调整转型升级项目、大庆炼化结构调整增产石蜡项目、兰州石化 24 万吨 / 年乙烯产能恢复项目、兰州石化福建长汀催化剂项目、兰州石化 90 万吨 / 年催化柴油加氢改质项目、独山子石化聚苯乙烯 GPPS 单元扩能改造项目、锦州石化和辽河石化增产船用燃料油改造项目等。

重点工程进展：(1) 广东炼化一体化项目 204 个主项，完成基础设计审批 203 个；开工建设 153 项，主体装置和关键路径主项全部开工建设，项目总体进度 23.6%，其中详细设计进度 57.2%、设备采购进度 35.7%、现场施工进度 8.3%。(2) 塔里木乙烷制乙烯项目 38 个主项，基础设计全部完成批复，批复投资 80.42 亿元；开工 36 个主项，项目总体进度 60%，其中混凝土施工进度 86%、钢结构安装进度 85%、工艺管道安装进度 40%。(3) 长庆乙烷制乙烯项目 43 个主项，基础设计全部完成批复，批复投资 92.88 亿元；全部主项开工建设，其中提前投用部分、总变电所已中交。项目总体进度 60%，其中混凝土施工进度 72%、钢结构安装进度 71%、工艺管道安装进度 46%。(4) 吉林石化（揭阳）60 万吨 / 年 ABS 项目详细设计总体进度 74%；设备总计 2424 台，完成 57.8%；10 月 18 日现场开工建设。

【炼化工程项目管理】 建设示范性工程。推进塔里木和长庆乙烷制乙烯项目完善建设国家示范工程实施方案，在设计水平、技术水平、工程管理、智能工厂、技经指标、清洁生产、组织机构、管理制度、考核机制、基础管理等方面突出示范效果，将项目建设成为技术领先、环境友好、智能化的国家高质量发展示范项目。

推进“五化”工作。2020 年，深入推进工厂化预制、装置模块化设计和施工等“五化”工作，减少现场高空、交叉作业，提高施工工效，确保工程质量安全。塔里木和长庆两个乙烷制乙烯完成“五化”工作成果总结，形成 80 万吨 / 年乙烷制乙烯系列设计、气体炉规模系列（20 万吨 / 年）标准化设计，初步形成乙烯装置核心设备裂解气、乙烯、丙烯压缩机成套机组的标准化布置方案。广东炼化一体化项目竣工资料全数字化移交及在线归档通过阶段性成果评审。以“过程采集、实时确认、逐日归档、统一组卷”为整体思路，系统确定内置施工工序流程及关系，实现竣工资料与施工过程同步生成，保证竣工资料及时、准确、真实和可追溯。

组织基础设计审查。2020 年，组织基础设计审查 20 批次，审查概算投资 524 亿元，完成基础设计批复 18 批次，批复概算投资 445 亿元。其中，塔里木和长庆乙烷制乙烯项目基础设计批复全部完成，广东炼化一体化项目审批基本完成，办理总投资批复。为实现三大项目投资有效控制，采取按可行性研究投资分解、与基础设计概算逐项对比、与同类装置对标等措施，限额控制。塔里木和长庆乙烷制乙烯项目批复投资均控制在可行性研究以内。

完成建设项目 QHSE 体系审核。2020 年上半年针对 29 家炼化企业工程质量专业审核情况和报告，从专业组设置、审核方案、审核范围、问题整改及措施等方面进行综合评比并通报评比结果。下半年重点对广东炼化一体化、塔里木和长庆乙烷制乙烯三大重点项目组织工程质量专业审核，对其他在建项目实施全要素审核，发现问题 1204 项，通报严重问题 22 项。

开展承包商评价和准入工作。组织开展 2019 年度工程承包商评价工作，评价 229 家，其中优秀 121 家、合格 69 家、观察使用 1 家、评价年度无业绩 37 家、取消不合格资质 1 家。组织开展 2020 年工程承包商准入工作，严格评选后推荐拟准入承包商 15 家，二类升一类承包商 4 家，推荐扩大使用范围承包商 2 家。

【炼化工程竣工验收】 2020 年，计划完成竣工验收项目 286 项，其中一类项目 2 项、二类项目 13 项、三类项目 46 项、四类项目 225 项。截至 2020 年底，完成竣工验收 249 项（二类项目 11 项、三类项目 31 项、四类项目 207 项），完成率 87%。其中：辽阳石化俄罗斯原油加工优化增效改造项目完成消防、环保、安全、职业病防护设施验收及竣工决算审计，准备档案验收；华北石化炼油质量升级与安全环保改造工程，因生产负荷不满足验收要求，项目竣工验收推迟。

（罗汉华）

专业管理

【炼化业务“十四五”发展规划编制】 2020年，炼化板块组织34家炼化企业编制企业“十四五”发展规划，开展化工营销能力建设、化工优势特色产品攻关方案等11个专题研究工作；编制完成《炼化业务“十四五”发展规划（讨论稿）》，12月7日向集团公司党组汇报，根据会议意见补充完善相关内容，年底编制上报《炼化业务“十四五”发展规划（上报稿）》。启动发展高端聚碳酸酯、特种聚合物合作业务，确定氢能、生物化工、新材料业务发展思路。项目建设方面，大庆石化炼油结构调整转型升级项目、大庆炼化增产石蜡项目、兰州石化24万吨/年乙烯产能恢复、独山子石化9万吨/年聚苯乙烯项目、福建长汀催化剂项目以及一批增产航空煤油、低硫船用燃料油项目建成投产。广东炼化一体化、长庆和塔里木乙烷制乙烯3个转型升级重点工程全面进入施工阶段。

【生产运行管理】 强化一体化管控，提高装置长周期运行水平。加强每日生产早会信息沟通，针对生产应急处置、操作变动、隐患监控及处理等统一指挥、各专业协调配合，协同解决问题。加强生产变动管理，强化低负荷运行监控。一季度，针对新冠肺炎疫情带来的市场需求下滑、库存上涨等严峻形势，三次下发生产调整计划，组织各炼化企业最大限度压减加工量、调整产品结构、优化存储空间，实现炼化装置快速压减20%负荷生产、43套装置安全有序退守，确保集团公司原油产业链运行顺畅与炼化企业装置不停产。引导企业做好预知停工检修，每周利用MES系统汇总生成隐患信息表，编制完成46期“炼化企业隐患监护运行装置情况专报”，要求企业完善监护运行措施、制定生产应急预案、落实隐患处理计划，持续做好隐患整改跟踪。加强乙烯、化工装置运行管控，从乙烯原料、装置运行、工艺、机电仪设备、催化剂等方面梳理存在问题、检修及转产安排，汇总编制《乙烯及下游装置运行情况跟踪表》，督促企业制定监控与解决措施，落实责任人、责任部门，协调解决问题，保证乙烯装置满负荷运行。组织下发炼化企业2020年非计划停工案例汇编，警示各企业加强非计划停工管控，举一反三制定相关措施。2020年发生非计划停工41次，同比减少19次，下降31.7%，损工时数下降53.7%。

科学统筹生产计划安排。以保障集团公司产业链平稳顺畅运行为前提，以效益为中心，多方面沟通协调，提升资源与市场需求数据的准确度，为生产计划编制打好基础。充分挖掘APS总部模型优化测算功能，按照“两上两下”工作流程，对月度计划多方案比选，确保“事前算赢”。对计划周期内各炼化企业整体加工边际贡献情况、单油种加工边际贡献情况对比排名，把“加工负荷向效益好的企业倾斜”的原则落实到生产计划安排中。

做好冬季炼化天然气用量平衡。根据集团公司天然气产销情况，主动研判、提前作为，要求炼化企业做好燃料用液化气气化器检查工作，强化日常维护管理，确保完好备用；针对冬季集团公司天然气保供形势，每日逐家督办企业调整燃料结构，大幅压减自用气，安排塔里木化肥、宁夏三化肥停工过冬，其他企业最大可能压减天然气用量，助力集团公司保供民生天然气资源稳定供应。

优化海上进口原油采购。完善企业“原油篮子”，为原油优选降本提供支持。6月，海上进口原油采购工作按照新业务流程开展优化协同采购。为扩大企业原油比选范围，形成涵盖8个重点油源区域、141种原油品种，包含原油组成分类、日产量、基本性质、现货批次、计价基准及预估价、分油种到港运费等20多类信息的“原油篮子”。每月两次将市场信息反馈给地区公司作为采购依据，指导企业优化原油采购。通过APS项目组进行原油优选排序，为企业原油优选提供参考。

强化信息化应用，提升生产运行管控水平。推进生产经营信息化综合工作平台建设，5月初在生产早会上应用，集成原油加工、成品油产量、化工产品产量、库存跟踪、交货情况等多个功能模块。优化MES预警监控规则，在原装置停工预警监控的基础上，监控关键装置负荷变化趋势，判断装置运行工况，提高装置监控的及时性、准确性。推进可视化调度平台建设，完善生产应急体系。7月底完成可视化指挥调度平台建设项目，24家地区公司的视频监控集成、各企业生产调度中心调度一体机的部署调试及可视化调度定制化功能的开发，实现视频监控、可视化调度、GIS地图综合展示等功能。

【工艺技术管理】 2020年，不断推进核心装置长周期运行攻关，9类主要装置排查瓶颈问题518项，消除368项，整改率71%。形成乙烯装置裂解气压缩机段间换热器、稀释蒸汽发生器等专项长周期运行导则。受新冠肺炎疫情影响，各炼化企业原油加工装置持续低负荷运行，炼化板块组织流程模拟项目组测算26家企业的常减压装置最低生产负荷，及时下发工艺技术管理工作联系单，要求各企业从工艺变更管理、工艺防腐监控、过程质量控制、生产受控管理、生产操作管理、停工装置状态确认、新冠肺炎疫情防控等七个方面加强炼化装置低负荷运行期间的工艺管理，编制下发常减压、加氢、焦化、硫磺、制氢等5类装置低负荷工艺调整提示卡39项。

组织上、下半年两次QHSE体系审核中工艺和质量专业审核，排查工艺技术管理、工艺防腐、化验分析等方面问题7900余项，继续开展物料互窜、能量隔离、石脑油罐区氮封、加热炉点火等专项排查。对所有审核问题进行分类研究，针对其中的重点、共性问题下达整改要求，向排名靠后的企业提出专业整改意见，督促落实。

加强工艺报警管理和HAZOP分析。梳理重点监控的重大危险源工艺类报警点4500余个，整定无效和不合理报警点2000余个，督导企业进行报警原因分析，报警量大幅下降。每月统计分析各企业HAZOP分析进展情况，加强工作督导，建立HAZOP分析报告共享平台，2020年完成装置HAZOP分析近500项，分析节点4600余个，图纸8800余张，提出建议措施近3000项。

加强工艺防腐和装置开停工管理。针对常减压装置常压塔顶、催化裂化装置分馏塔顶及顶循系统、连续重整装置脱戊烷塔顶等结盐腐蚀问题，督促企业利用大检修机会增上在线除盐、空冷/水冷隔离手阀等措施。2020年，5家大检修企业均完成上述工艺防腐技改。加强大检修过程工艺技术管控，下发《2020年大检修开停工生产受控管理的几点意见》《关于加强大检修开工工艺管理的通知》等指导意见，对大检修开停工生产受控管理提出要求。到各大检修企业进行工艺方案、资料准备检查，协调近60名专家到检修企业进行停工界面交接检查、开工前条件确认，指导部分重点装置开工。

组织重点装置关键工艺技术攻关，保证装置长周期、满负荷生产。逐家企业研究乙烯装置满负荷优化方案，加强长周期运行管理，召开乙烯装置优化视频研讨会8次，乙烯装置负荷率同比提高1个百分点。

（王　兵）

【产品结构优化】 以市场为导向，以效益为核心，大力推动减油增化，2020年成品油生产量比预算减少558万吨。炼油高效产品产量持续增加，95号及以上高标号汽油产量1076万吨，占比23.2%；炼油丙烯、炼油芳烃、润滑油基础油、石蜡和船用燃料油高效产品同比增长39.5%。在原油加工量同比减少842万吨的情况下，通过统筹自产、互供、外采等多渠道保原料，多专业一体化管控狠抓化工装置运行，保持化工装置总体高负荷稳定运行，全年乙烯产量635万吨，增长8.2%；PX产量210万吨，增长21%；化工商品量3080万吨，增长9.1%。聚烯烃专用料比例提升13.4%，化工品品牌化产品比例上升到59.7%。

适应市场变化，优化炼油产品结构。针对国内成品油消费总量整体减少，上半年汽弱柴强、航空煤油需求大幅减少，下半年国内柴油资源严重过剩，加工方案灵活调整，2020年生产柴汽比在0.94—1.33之间大幅变动。缓解成品油产销矛盾，关注炼油小产品市场需求，引导生产企业增产市场需求产品，2020年生产润滑油基础油169万吨、石蜡115万吨、沥青361万吨、生产低硫船用燃料油245万吨，为各炼厂保持负荷、稳定运行奠定基础。

组织生产、销售、科研单位共同攻关，加快化工产品提档升级，2020年开发生产87个牌号82万吨化工新产品，首次试产牌号38个，其中无规共聚软纤维专用料RP300R、高压耐油胶管专用丁腈橡胶NBR3304G、高密度聚乙烯高流动注塑专用树脂HPE60、高流动高透明聚丙烯树脂RPE40I、低熔高抗冲共聚料EP100K、流延聚乙烯专用料FF433C、丙丁共聚热灌装专用料PB13HF等7个牌号填补国内空白。首次明确合成树脂高端化产品牌号目录，涉及6家化工生产企业32个牌号。具体为：独山子石化14个牌号、兰州石化9个牌号、大庆石化6个牌号、辽阳石化2个牌号、抚顺石化1个牌号、大庆炼化1个牌号。2020年销售37.3万吨，增量12.32万吨，增长50.1%。PE、PP专用料占比分别为47.8%、61.9%，同比分别增长 2.3 个百分点、4.9 个百分点。

具有较好市场潜力的牌号有 15 个，分别是：大庆石化极低密度聚乙烯热收缩薄膜树脂 DQVL0810、旋转成型聚乙烯专用树脂 MEPR3405，抚顺石化承压瓶盖料 FHP5060，独山子石化茂金属聚丙烯 mPP35S、己烯 -1 共聚聚乙烯 LL6209AA，大庆炼化无规共聚软纤维专用料 RP300R、高模量聚丙烯缠绕管专用料 H2483、CPP 流延膜专用料 HA510M，兰州石化微晶电子保护膜聚乙烯专用料 2420H、无规共聚聚丙烯医用吹塑专用树脂 RPE02M、高流动高透明聚丙烯树脂 RPE60I、高刚性高流动低气味车用聚丙烯专用料 EP100N、高压耐油胶管专用丁腈橡胶 NBR3304G，辽阳石化超高分子量聚乙烯 PZUH2600、PZUH3500。

开展新产品增效评选奖励工作，收到地区公司申报化工新产品奖 48 项，其中申报优质稳定奖 31 项、创新奖 17 项。评选出石油化工研究院开发熔喷布专用料特别奖 1 项，“大庆石化氯化聚乙烯基础树脂 QL505P”等优质稳定二等奖 7 项，“吉林石化高流动 ABS 树脂 HF-681”等创新奖 4 项。

（王　兵　朱光宇）

【装置达标】 以长周期优化运行为目标，突出核心装置关键指标，优化调整产品结构，炼化装置运行效率和效益显著提高。2020 年，炼化专业达标参评炼化企业 26 家，10 家企业达标。133 套炼油装置中 86 套达标，达标率 65%，其中常减压 23 套、催化裂化 26 套、加氢裂化 10 套、连续重整 18 套、延迟焦化 9 套。59 套化工装置中 39 套达标，达标率 66%，其中乙烯 6 套、聚乙烯 14 套、聚丙烯 11 套、合成橡胶 8 套。

（王君达）

【质量与标准】 2020 年，完成 25 家航空煤油生产企业的适航审定工作，所有企业均获技术标准规定项目批准书（CTSOA）。完成四川石化、广西石化、大庆炼化和大港石化等 4 家企业的国产航空（舰艇）油料鉴定委员会航空煤油认证。

推进化工产品质量提升攻关活动，2020 年主要化工产品客户投诉次数和产品数量同比分别下降 90% 和 89%。加强化工品牌建设，完成 15 家生产企业 235 个牌号 910 项次第三方认证，为客户提供质量保证。

开展标准实施监督抽查工作，对照 GB 6537—2018《3 号喷气燃料》、GB/T 1845.2—2006《塑料　聚乙烯（PE）模塑和挤出材料　第 2 部分：试样制备和性能测定》和 Q/SY 03003—2019《无纺布用聚丙烯树脂》等 3 项重点标准，对独山子石化、大连石化、宁夏石化、四川石化、玉门炼油厂和格尔木炼油厂等 6 家企业的实施情况现场综合检查。

主导制修订国家、行业和团体标准 50 余项，制修订国际标准（ISO）12 项，其中 5 项修订 ISO 标准获得发布（ISO 19064—2：2020、ISO 19066—2：2020、ISO 2453：2020、ISO 22768：2020、ISO 1409：2020）。持续跟踪 ASTM D02/D16/D20/D32 等 4 个分技术委员会，参与网上标准投票 200 余项。组织炼化企业参加橡胶（ISO/TC45）、塑料（ISO/TC61）、石油产品（ISO/TC28）、塑料管材（ISO/TC138）、ASTM 等国际会议（网络会议），了解相关技术委员会和工作组标准制修订情况。完成《渣油四组分测定 中压液相色谱法》等 4 项集团公司企业标准制修订，《石油化工产品包装规范 第 1 部分：固体产品》等 6 项标准的复审。

（姜　凯）

【节能节水】 2020 年，节能量 39.5 万吨标准煤，节水量 552 万立方米（表 10）。

表 10　集团公司炼化企业节能节水情况

指　标	2020 年	2019 年	同比增减
节能总量（万吨标准煤）	39.5	38	1.5
节水总量（万立方米）	552	582	−30

克服低负荷影响，能源消耗水平基本持平。炼油综合能耗 60.6 千克标准油 / 吨，同比下降 0.8 个单位；单因耗能 7.60 千克标准油 /（吨 · 因数），下降 0.08 个单位；新鲜水单耗 0.52 吨 / 吨，同比持平。乙烯燃动能耗 571 千克标准油 / 吨，同比下降 9 个单位（表 11）。

表 11　集团公司炼化企业能耗情况

项　目	2020 年	2019 年	同比增减
炼油单因耗能 [千克标准油 /（吨 · 因数）]	7.60	7.68	−0.08
炼油综合能耗（千克标准油 / 吨）	60.6	61.4	−0.8
炼油新水单耗（吨 / 吨）	0.52	0.52	0
乙烯燃动能耗（千克标准油 / 吨）	571	580	−9

组织完成国务院国资委、中国石油和化学工业联合会2020年度能效对标及领跑者评选的数据上报与核实。在石化行业能效领跑者标杆企业中，云南石化、独山子石化、四川石化分别获炼油、乙烯和对二甲苯"行业能效领跑者"称号。

建立健全节能工作长效考核激励机制。开展全厂炼油能耗实物量消耗对标分析工作，加强日常能源消耗指标技术分析，查找用能薄弱环节，切实降低燃动成本；充分利用MES系统实现重点耗能设备和重要参数在线监测，推进能源管控系统建设工作。开展能量平衡测试，提高主要炼化企业用能水平，实现当年节能节水目标，明确降低工艺总用能的主要目标。落实主要生产装置能耗目标，推进流程模拟技术在节能过程中的应用。通过开展能源结构调整、专项节能科技攻关、实施节能专项投资项目、加强对标和生产精细化管理等工作，能效水平持续提高。

开发和推广能源节约、替代和循环利用技术，加快企业节能降耗技术改造，组织对先进适用、成熟可靠的节能节水技术进行推广应用。优化能源结构，加大火炬气回收。通过烟气余热深度回收利用、采用空气预热器、炉管强化传热等措施提高加热炉、裂解炉热效率。通过换热网络优化，提高原料的换热终温，降低加热炉热负荷，降低燃动成本。优化氢气平衡，减少富氢气体向燃料气系统排放，利用膜回收、PSA等技术做好富氢气体的提纯和回收利用，降低用氢成本；加强高温管线保温，实施蒸汽系统平衡优化和有功减压，优化蒸汽管网运行。建立和完善全厂或区域低温热回收系统，实现热水伴热与维温，削减罐区蒸汽维温；推进装置热进料，实现上下游装置热联合，实施水系统集成优化，降低新水消耗。

（杨　珏）

【科技管理】 2020年，落实炼化业务"减油增化、结构调整、科技创新"重点任务，坚持技术引领，以高端特色优势产品为突破口，以"卡脖子"技术攻关为重点，加强新技术应用，推进新业务布局，为炼化业务高质量发展提供有效科技支撑。

炼化技术创新取得新成果。"环保型热收缩膜专用树脂生产关键技术突破及工业应用"等33项技术获省部级奖励。其中，"2万吨/年己烯-1成套技术开发及工业应用"获集团公司科学技术进步奖特等奖，"碳二前脱丙烷前加氢催化剂PEC-21的开发及应用"获集团公司技术发明奖一等奖，"固定床渣油加氢催化剂（PHR系列）研制开发与工业应用""催化精馏催化轻汽油醚化（LNE-3）技术工业应用"获集团公司科学技术进步奖一等奖。累计申报炼化技术专利225项，其中申报发明专利191项、实用新型专利34项，发明专利申请占比84.9%；累计授权专利152项，其中发明专利授权111项、实用新型专利授权41项，发明专利授权占比84.9%。

抓好"四新"技术推广应用。完成46项"四新"技术推广应用实施，其中新产品16项，增效4623万元；新技术15项，创效20051万元。大力推广已有自主成熟技术，包括轻汽油醚化技术、高液收延迟焦化技术、裂解汽油前脱苯乙烯，以及FCC催化剂、加氢裂化催化剂、全白土催化剂和碳二、碳三、碳四以及裂解汽油加氢系列催化剂。

布局新能源新材料。氢能研发方向确定"中国石油氢气高效制取储运及利用技术路线研究"，电解制得的无碳绿氢既可用于交通领域，又可用于生产合成氨、合成甲醇，可大幅降低集团公司二氧化碳排放总量。生物化工研发方向确定"生物基化学品产品方案与技术工艺探索研究"，开展布局绿色能源、生物化工等领域的核心技术开发。新材料研发方向确定"石油基生物降解材料、PBS制备及应用技术开发"。PBS具有良好的热性能、机械加工性能，易被自然界的多种微生物或动植物体内的酶分解、代谢，是可完全生物降解材料，用于可降解包装（食品袋、瓶子、餐盒餐具）、农业领域（农用薄膜、化肥缓释材料）等。

（王桂轮）

【信息化管理】 2020年，编制炼化信息化顶层设计和炼化数字化转型总体方案，推进炼化数字化转型及信息系统深化应用工作。

数字化转型。开展炼化企业数字化智能化现状调研，组织信息技术专家和业务专家讨论分析；在炼化板块与地区公司建设两级炼化生产经营信息化综合工作平台，促进生产经营分析、生产技术分析和化工销售共享应用的实现；完成独山子石化、广西石化、四川石化、云南石化、长庆石化和兰州石化6家企业数字化转型试点技术方案编制。数字化转型包括计划调度、生产监控、工艺优化分析、用能优化、设备管控、安全管控、化工销售、生产经营等8个专业的一体化协同，实现全局性优化。

信息系统应用。新建化工品电子销售和化工品物流管理2个系统，12月底完成数据准备与用户培训工作，具备上线运行条件。提升生产经营信息化工作平台功能，2020年集成2650个数据项，实现重大危险源监控、财务费用跟踪、设备状态监控、腐蚀监控、生产经营周会会商等功能，提高专业管控水平和生产经营决策分析能力。广东石化炼化一体化、塔里木和长庆乙烷制乙烯三个新建项目按照数字化转型要求完善信息化方案。9月16日，广东石化智能工厂建设全面启动，按照“三同时”原则，智能工厂各系统与工程项目同步建成，提前投用。12月9日，召开炼化数字化转型方案研讨视频会，研讨交流数字化转型工作思路，总结长庆石化国家试点智能工厂项目的阶段性成果，完善炼化数字化转型智能化发展的专业技术方案，推进炼化业务数字化转型智能化发展试点项目高质量完成。

（李志良）

【设备管理】 2020年，炼化板块推进机泵及大机组风险管控，开展大机组、腐蚀防护、电气、仪表专项攻关，组织装置低负荷下设备问题排查治理，开展化工装置满负荷运行设备问题排查治理和“设备制度落实主题月活动”，加强事故事件分析和专项排查，深化长周期运行瓶颈问题梳理，确保装置安全稳定运行，因机电仪原因引发的二级非计划停车同比减少7次，三级非计划停车同比减少9次。

持续推进机泵及大机组风险管控。深化机泵“两治理一监控”，包括制定制度，加快形成机泵全覆盖监控格局，机泵在线监测比例由年初的3.7%上升至5.8%（4477台）；C区运行机泵由538台降至142台，D区运行机泵由28台降至1台；治理流量偏离机泵227台；A、B区占比99.76%；机泵MTBR稳步提升，高危泵MTBR由年初的59.78个月上升至71.17个月，所有泵MTBR由年初的75.67个月上升至92.19个月；充分发挥制度规范和典型示范引领作用，推行机泵标准化、精细化检修；推广机泵房治理典型做法。加强大机组的管控，通过分享经验教训、开展主题月专项活动、复核工作落实情况等确保大机组管控有效。加强动设备状态监测分析和统建，推进集团公司工业互联网平台建设项目；依托炼化设备中心，加强动设备状态监测管理；依托兰州烟机中心，加强烟气轮机管控。

开展防腐蚀防泄漏工作。修订《易泄漏法兰管控指导意见》《静密封安装管理指导意见》《炼化装置小接管管理导则》，深化易泄漏法兰和小接管管控。依托兰州防腐中心开展腐蚀专项检查，推广“无泄漏装置”创建工作经验，加强腐蚀在线监测系统建设，开展腐蚀管理工作考评。

深化电气专业管理。针对事故事件及时组织电气专业排查，排查出类似问题142项，并组织整改。推进继电保护和反事故措施制度制定，下发《炼化板块继电保护整定原则》和《炼化企业电气反事故（技术）措施》两项制度。开展电气专家诊断和专业帮扶，完成云南石化、塔里木石化、抚顺石化、辽化石化、锦西石化、宁夏石化、格尔木炼油厂、四川石化8家企业的诊断和帮扶。

深化仪表专业管理，完成全仪表的SIL评估工作，提升仪表主动维护及联锁、自控和报警管理水平。工控网络安全水平得到充分验证，完成由公安部组织进行的模拟网络攻击活动，在集团公司内排名第一。

深化大检修全生命周期管理和大检修统筹管理，加强大检修现场检查，2020年组织7次检修现场检查，对锦西石化加氢裂化设备检修等情况进行检查确认。广西石化、大连石化、宁夏石化、锦西石化和云南石化等5家企业克服新冠肺炎疫情影响造成施工队伍、设备材料到货受阻停滞等严重困难，全面落实大检修全生命周期管理工作措施，按期完成年度大检修。加强修理费使用管控，各类项目在大检修前明确工作量和资金额，杜绝检修后修理费大幅超支的问题；借助修理费信息化系统开展对标分析，对修理费明显过高的装置和企业深入分析原因、制定整改措施；严格控制用修理费实施技改项目，杜绝低效无效支出，提高修理费使用效率，2020年修理费控制在预算指标内。

（高志杰）

【安全环保】 2020年，牢固树立安全发展、绿色发展理念，弘扬“生命至上、安全第一、环保优先、以人为本”的思想，以生产受控为核心，以新冠肺炎疫情防控和风险防控为主线，强化红线意识、底线思维，强化安全生产责任制落实，强化工艺过程安全管理，强化重大环境风险防控，强化问题导向、短板治理，严格监管，严肃问责，做到工作有计划、行动有方案、步步有确认、事后有总结，生产安全平稳受控。全面完成主要污染物排放总量控制目标，COD排放总量20265吨，同比减排784吨；氨氮排放总量4926.3吨，同比减排319吨；二氧化硫排放总量71331.9吨，同比减排2034.1吨；氮氧化物排放总量60854.9吨，同比减排5230.4吨（表12）。

表 12 炼化企业主要污染物减排情况

吨

项 目	2020 年	2019 年	同比增减
COD	20265	21049	−784
氨氮	4926.3	5245.3	−319
二氧化硫	71331.9	73366	−2034.1
氮氧化物	60854.9	66085.3	−5230.4

加强风险研判防控和隐患排查治理工作。针对先达农业科学有限公司“2·11”爆炸事故、印度苯乙烯储罐泄漏事故以及系统内辽河石化“2·14”焦化装置热油泵房着火事故、大港石化“3·24”锅炉闪燃事故、抚顺石化“5·16”污水缓冲池雷击着火事故、吉林石化“7·22”机械伤害事故，分别下发通报，及时提示企业吸取事故教训，对上述事故暴露的问题专项排查，督办企业闭环整改。截至 2020 年底，专项排查出问题 2787 项，整改完成 2307 项。要求炼化企业重点落实四项工作：立即开展全员安全能力大检查及岗位风险大排查；加强高温、雷雨等极端天气的防范与应急处置；加强节假日期间的生产操作管理和作业管控；进一步加强周末、节假日及特殊敏感时段值班值守，坚决遏制上半年炼化企业事故事件频发的严峻形势。针对雷雨季节等极端天气，组织对大连石化、大连西太平洋石油、抚顺石化、锦西石化、锦州石化、广西石化、四川石化、云南石化、大庆石化、大庆炼化、哈尔滨石化、吉林石化 12 家企业进行防雷防静电专项检查，查出 133 项问题。

持续提高 QHSE 量化审核有效性和针对性。2020 年上半年审核以企业内审为主，总部指导为辅，组织企业开展内审工作。炼化板块召开两次安委会和全炼化系统安全生产暨 QHSE 内审推进视频会议研究部署审核工作，成立 12 个内审咨询指导组，在企业内审期间提供 275 次技术咨询、召开 8 次专题视频会议、下发 3 个总结模板。36 家炼化企业内审发现严重问题 789 项。下半年审核由炼化板块领导和专业处长带队，270 名专业技术骨干和审核专家组成 9 个审核组，历时两个月，审核发现严重问题 136 项。下发 2 期审核通报，对 10 家企业 11 项严重问题严肃通报和警示，企业对通报的问题进行考核问责，合计 2317 人次。

强化危险作业预约管理。成立风险日报工作小组，每天编制日报，对炼化板块重点关注的新增特殊动火、首次进罐等作业，逐项与属地负责人联系核实，进行安全风险提示。2020 年炼化企业上报炼化板块的作业 4760 项，完成 260 余次危险作业统计分析和风险研判，形成炼化企业危险作业分析日报 260 余份，及时叫停 4 次高危作业。针对周末、节假日及敏感时段作业，完成 25 个周末、节假日 60 余次的作业统计和风险研判，组织专家对抚顺石化、锦州石化、宁夏石化等 10 家企业开展 5 次作业预约专项“四不两直”督查，检查问题 71 项。经过持续管控督导，节假日作业预约量由原来的 900 项 / 日削减到 140 项 / 日。对 2020 年大检修企业加强安全现场监督，确保检修过程安全受控。

开展安全生产专项整顿和专业帮扶。对宁夏石化、华北石化、抚顺石化、辽河石化、大港石化、吉林石化、燃料油公司 7 家发生事故企业，组织开展三个月安全生产专项治理整顿工作。整顿期间，从板块和企业两个层面，实施安全理念强化、制度流程梳理、专业短板治理、重点企业帮扶、专项督办检查、严肃考核追责等 78 项管理措施，现场检查 31 次，查出问题 3000 余项。上半年在新冠肺炎疫情仍然较为严重时期，对 12 家企业开展三轮“四不两直”督导检查，下发 2 期现场督导检查情况通报，通报 11 个典型问题。对抚顺石化、宁夏石化开展安全生产专项督导。

推进环保达标和 VOCs 管控问题综合治理。定期督办中央环保督察问题整改。第一轮中央环保督察及回头看、第二轮中央环保督察查出问题 91 项，整改完成 89 项。组织 30 家炼化企业全面深入梳理环保问题，梳理出主要环保问题 954 个，每周督办整改进展，截至 2020 年底，整改完成 242 个，整改率 25%。

（绪 军）

【专业技术培训】 落实新冠肺炎疫情常态化防控期间培训工作要求，结合炼化业务中心工作、队伍现状和发展需要，有针对性开展炼化专业技术培训。2020 年，计划举办培训班 21 期、培训人数 1430 人，受新冠肺炎疫情影响，实际举办培训班 12 期、培训人数 708 人。

持续与中国石化合作开展联合培养项目，为炼化企业培养核心装置及全流程领军型技术人才。2020 年，举办加氢装置专家培训班和总流程专家培训班，炼化企业 17 名技术骨干人员参加培训。

组织炼化专业职业技能竞赛，以赛促学、以赛促训，提升一线员工职业素养、专业知识和技术能力水平。2020 年，组织各类职业技能竞赛 4 项，其中国家级 2 项、行业级 1 项、集团公司级 1 项，中国石油 9 名选手获金牌、16 名选手获银牌、17 名选手获铜牌，抚顺石化张秀强获“全国技术能手”称号。

组织首届一线生产创新大赛炼化专业比赛，5 个项目获一等奖、7 个项目获二等奖、11 个项目获三等奖，在集团公司总决赛中，克拉玛依石化“催化剂输送项目”、吉林石化“分析效率项目”分获总决赛一等奖和三等奖。组织参加集团公司首届培训项目设计大赛，炼化企业 5 个项目获奖，其中兰州石化“东风 5 型机车司机技能素质提升培训项目”、抚顺石化“匠心传承——机泵维修钳工骨干培训项目”分获二等奖和三等奖。

组织地区公司、培训机构和专业处室开展“三库一编写”工作，为各级人员日常培训、岗位练兵、上岗考试等提供资源支持。专家库包括 10 个专业 112 名专家，结合 HAZOP 分析工作，建立 HAZOP 分析专家库 30 大类 634 人，师资库包括 8 个专业 110 名行业专家、知名学者和教授，流程模拟和仿真培训系统（B7）平台有 530982 道试题和 2216 个课件。辽阳石化、抚顺石化、锦西石化主编的 5 本培训教材获评“中国石油百优培训教材”，炼化板块被集团公司评为“中国石油百优培训教材开发优秀组织奖”。

（何重阳）

商储油业务

【概述】 商储油储存、购销、借还和商储设施租赁，以及国家商业储备任务由中国石油天然气集团有限公司商业储备油分公司（简称商储油分公司）承担。商储油分公司是经国务院批准、财政部以资本金注入的方式建立的原油商业储备公司。2007 年，商储油分公司在北京市西城区注册成立，先后挂靠集团公司财务资产部、财税价格部及大港石化公司全面管理、依托大港石化公司业务相对独立运作。2018 年，集团公司对商储油分公司管理体制进行调整：炼油与化工分公司作为商储油业务的运行管理责任主体，承担全部经营责任和所属地区公司安全环保综合监管责任，在炼油与化工分公司商储油业务生产经营计划和考核指标单列。商储油分公司作为独立运行单位，挂靠炼油与化工分公司。商储油分公司作为生产经营主体，相对独立运作，独立核算、单独考核，重点强化商储油的商务运营职能；运行协调、资源配置等职能纳入炼油与化工分公司一体化管理，党建、人事、行政等综合职能依托炼油与化工分公司。商储库基地日常管理和安全按照属地管理的原则，由相关企业负责。商储油分公司设综合管理处和安全环保处，人员编制 10 人。2019 年，商储油分公司完成营业执照、危险化学品经营许可证、银行账号、财务账户、销售证书、仓储证书、印章等变更工作，完善组织机构，规范业务流程，商储油经营运作步入规范化轨道。

2020 年，按照“安全环保、规范运作、保障服务、适度经营”的工作原则，扩大经营业务，与炼厂紧密合作，有效履行原油储备功能、生产运行应急保障功能和经营创效职责。

【经营业绩】 2020 年，购销原油量 585 万吨，比 2019 年增加 313 万吨。其中：购入 374 万吨，同比增加 236 万吨；销售 211 万吨，同比增加 77 万吨。结合大连西太平洋石化存储俄罗斯原油、锦西石化检修及独山子石化原油需求，协调借出储罐和原油，发挥服务功能。抓住低油价时机，购入原油 145 万吨，当年销售 96 万吨，销售毛利 4.5 亿元。争取低息贷款，财务费用降低 6210 万元。

【安全环保及风险防控】 2020 年，按照炼化板块统一部署，上半年以“受托地区公司内审为主、专家指导为辅”，发现问题 361 项，整改率 98%。下半年开展 QHSE 专项审核，发现问题 808 项，其中严重问题 9 项，全部完成整改。加强储备库风险管理，督促危险化学品经营许可取证和排污许可取证办理，全部办理完成排污许可证。应对国家管网重组体制机制变化，签订安全协议，制定针对性风险防控措施；针对储罐雷击风险防范，完成5家商储库RBI检测和完整性评价、13家商储库HAZOP分析、SIL定级及验证。完成冀东库、大连库、广西库Bowie分析、动设备RCM分析及13个关键岗位流程梳理，为各库储罐首轮检修计划制定提供科学依据。全面启动创建绿色库区工作，推进锦州商储库燃煤锅炉达标治理和陕西库锅炉“油改气”项目，实现环保达标。

（刘如杰）

销　　售

综 述

【概述】 中国石油成品油、天然气、非油品、车用润滑油及其他炼油小产品的销售业务，加油（气）站、光伏电站、加氢站、充换电站、油气氢电非综合服务站等的建设与运维由中国石油天然气股份有限公司销售分公司（简称销售分公司，也称销售板块）负责组织管理。销售分公司是中国石油专业分公司之一，归口管理31家省级销售企业，东北销售、西北销售两家资源配置型大区公司和昆仑好客1家专业公司。

2020年是成品油销售业务发展极具挑战的一年，面对新冠肺炎疫情和油价暴跌"两只黑天鹅"带来的冲击挑战，中国石油销售系统坚持新冠肺炎疫情防控和生产经营统筹兼顾，强化责任担当，新冠肺炎疫情防控取得阶段胜利；密切产销协同，产业链平稳顺畅运行；精细营销组织，油非互动协同发展；狠抓降本控费，经营效益好于预期；狠抓网络提升，发展根基持续巩固；锐意改革创新，运营效率大幅提升；突出事前防范，运营风险整体受控；深化党的建设，动力活力不断激发，整体运行平稳有序。

【经营业绩】 2020年，销售分公司销售成品油10499万吨，其中自营纯枪量6464万吨，非油业务店销收入221.4亿元、毛利38.8亿元，加油卡售卡总量18768万张，沉淀资金348.9亿元，费用总额484.9亿元，税前利润-130亿元，净利润-142亿元，较好完成集团公司党组下达的提质增效目标任务（表1）。

表1 2020年销售分公司主要经营业绩

指　标	2020年	2019年	同比增减
国内成品油销量（万吨）	10499	11834	−1335
其中，纯枪	6464	7375	−911
批发	4035	4459	−424
税前利润（亿元）	−120	−100	−20
净利润（亿元）	−142	−115	−27
营业收入（亿元）	6156	7935	−1779
其中，非油品收入	245	229	16
资产总额（亿元）	2892	2930	−38

注：燃料油、润滑油两家专业公司2020年划转至炼油与化工分公司，相关指标已剔除。

成品油业务

【概述】 2020年，面对油价暴跌、新冠肺炎疫情对销售业务带来的双重挤压，销售企业认真贯彻落实集团公司以市场为导向、效益为目标，以销定产、以产促销、以产定供产业链一体化发展要求，在集团公司及相关部门的统一指挥下，炼销协同，应对市场变化，突出抓好批发、直销终端客户开发，推进零售业务提质创效，在极端严峻复杂的情况下，较好遏制住成品油销售大幅下滑的局面。

【市场特点】 2020年，国内成品油价格累计调整25次（8涨5跌12搁浅），其中汽油累计下调1295元/吨（2019年下调485元/吨）、柴油下调1250元/吨（2019年下调460元/吨）。全年油价波动幅度大，3月国内油价跌穿地板价，11–12月4连涨，汽油累计调涨645元/吨、柴油累计调涨620元/吨（图1）。

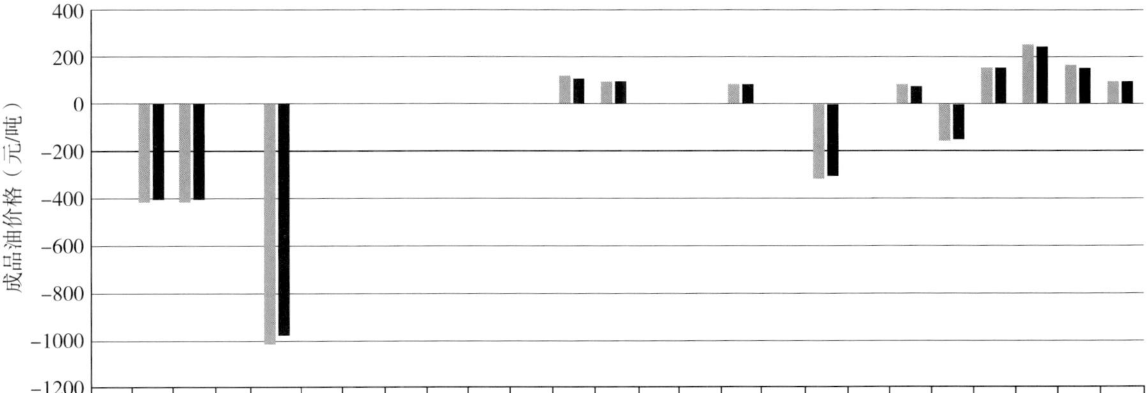

	1月14日	2月4日	2月18日	3月3日	3月17日	3月31日	4月15日	4月28日	5月14日	5月28日	6月11日	6月28日	7月10日	7月24日	8月7日	8月21日	9月4日	9月18日	10月9日	10月22日	11月5日	11月19日	12月3日	12月17日	12月31日
汽油	0	-420	-415	0	-1015	0	0	0	0	0	0	120	100	0	0	85	0	-315	0	80	-160	150	250	155	90
柴油	0	-405	-400	0	-975	0	0	0	0	0	0	110	100	0	0	80	0	-300	0	70	-150	145	240	150	85

图 1　2020 年国内成品油调价情况

中国能源消费增速放缓，加快向绿色低碳转型。2020 年，随着新冠肺炎疫情在中国得到迅速有效控制，中国经济呈现“V”形反转与回稳复苏走势，全年经济增速 2.3%，是世界上唯一正增长的主要经济体。能源消费比上年略有增长，全年能源消费总量 49.8 亿吨标准煤，增速 2.2%。其中，煤炭消费量 40.3 亿吨，增长 0.6%，煤炭消费占比继续下降至 56.8%；石油表观消费 7.02 亿吨，增长 6.6%，增速较 2019 年有所提升；天然气消费 3262 亿立方米，增长 7.1%，增速较 2019 年有所放缓。能源结构清洁化持续推进，清洁能源（天然气与非化石能源）消费占比 24.3%，同比增加 0.9 个百分点。全国用电量 7.5 万亿千瓦时，同比增长 3.1%，增速有所放缓；第一产业、第二产业和第三产业用电量增速分别为 10.2%、2.5% 和 1.9%，其中第三产业受新冠肺炎疫情影响较大，增速下降明显。

2020 年，中国石油市场遭受到 1998 年亚洲金融危机以来最大冲击，全年国内原油量 6.74 亿吨，同比增长 3.4%，增速降低 4.6 个百分点；成品油实际消费量 3.8 亿吨，同比下降 0.8%。其中，煤油实际消费量出现 21 世纪以来首次负增长；汽油、柴油实际消费量同比分别小幅增长 0.1% 和 1.1%。成品油净出口量回落至 4200 万吨以下，为 4152 万吨，同比下降 174%；石油表观消费量 7.02 亿吨，增速 6.6%，主要因低油价下国内加大进口，储备增加。因国内需求疲软、产量增长、出口不畅、原油库存增加，国内市场竞争加剧，全年汽油、柴油批发价格到位率整体下行。

油气体制改革深入推进，“双碳”目标坚定能源加速转型，2020 年，我国坚定不移地推进油气全产业链开放，能源法制建设稳步推进。时隔 14 年，国家能源局再次发布《中华人民共和国能源法（征求意见稿）》，《中华人民共和国资源税法》9 月 1 日正式施行。根据自然资源部发布的文件，5 月 1 日我国油气勘查开采市场正式启动全面对内外资开放。自然资源部开启第四轮页岩气矿权竞争性出让，延长勘探周期、划小出让面积、降低出让价款，逐渐探索出适合多种所有制进入上游领域的有效模式。油气全产业链向民企开放的承诺付诸实施，赋予浙江石化成品油非国营贸易出口资格。深化天然气价格市场化改革，明确具备竞争条件省份的天然气门站价格由市场形成。9 月 30 日，三大石油公司完成管网资产移交，次日国家管网公司正式并网运行。

2020 年，习近平主席在第 75 届联合国大会发言中承诺，中国“二氧化碳排放力争于 2030 年前达到峰值，努力争取 2060 年前实现碳中和”，对能源转型提出更加迫切的要求。国务院发布《新时代的中国能源发展》白皮书，坚定不移地推进能源高质量发展，增强能源安全保障能力，实现开放条件下的能源安全，提高非化石能源占比，发展智慧能源系统，推进油气市场化、法制化制度建设，为未来中国能源发展指明方向。生态环境部出台《碳排放权交易管理办法（试行）》，标志着全国碳排放权交易体系正式投入运行。

【市场营销】 2020年，建立跨部门一体化营销策略决策体系和日信息监测机制，批发直销销量4035万吨，恢复至同期的91%，批发直销价格到位率高出对标企业1.7个百分点；加大航空煤油销售，国内销量833万吨（含大连西太平洋石化），对中国航油国内供应份额同比提高5.5个百分点；优化外采组织，实物外采461万吨（其中乙醇110万吨），与直炼资源单位成本差同比扩大114元；强化库存管理，严格客存控制，销售企业成品油库存932万吨，较年初减少42万吨；做大串换规模，资源串换总量987万吨，同比增加141万吨，节约运费10亿元。

坚守份额红线，努力拓展市场规模。以营销及竞合策略整体谋划为牵引，进一步发挥营销领导小组和区域协调小组的作用，推动灵活管用的营销策略落地。结合资源流向效益，实施稳量提价、稳价提量、提量增效、增量稳效等区域营销策略，东北、西北地区份额不降，西南地区持续打造量效增长极，华北地区继续发挥好市场化改革探路者作用，华东华南最大限度做大增量、稳定效益，华中地区实现量效平衡、争取发展主动。

推进直销和批发业务高质量发展。深化直批APP推广及应用，充分听取地区公司使用过程中的需求，不断丰富和完善系统功能，做到客户会用、爱用，方便客户购油，增强用户服务，增加客户黏性。依托直批APP，针对小微客户和终端客户，通过大数据分析和客户画像，使用营销活动配置模块，开展限时抢购、秒杀等灵活多样的营销活动，统筹油非互动、积分功能等使用，不断更新迭代，支撑对客户的差异化精准营销和精细服务，提升销售质量。开展直批APP使用培训和经验交流，提升各地区使用水平，提高应用能力。建立直批业务销售量价预警平台，每日跟踪各地区公司销售订单情况，强化过程管控，促进销售质量提升。

强化市场研判，抓好外采资源运作。优化计划管理机制，授权销售企业自主外采，实行多销多采政策。加强市场研判与加强区域策略，优先与浙江石化等沿海地炼企业进行资源合作，形成稳定的战略合作伙伴，提升在沿海区域的资源竞争力。深化与延长油矿合作，稳定战略合作伙伴关系，通过深度融合，支持陕西及周边省区提升价格到位率，维护西部市场价格到位水平。深化东北地炼的合作，提高在东北市场的控制力。通过信息化平台加强内部管控，深化与外采单位沟通交流，实现对采购价格及采购时机的全流程监控与指导。

【零售运营】 2020年，开展跨区域协同营销，解决全国市场整体协同、区域市场差异化营销，高速公路、交界市场的策略协同等问题。持续打造“10惠”促销品牌，线上线下互动，虚实结合，兼顾短期爆发效果和长尾效果，吸引第三方资源参与，共同惠及客户，吸引并增加顾客黏性。应用电子券，把线下“10惠”转换为线上电子券营销，提高品牌影响力。根据不同的季节特点做到“月月有主题，周周有活动”。用好、用活电子券营销工具，提高现代营销工具的管理和应用水平。强化“油卡非润”一体化营销，整体梳理“油卡非润”业务促销形式，明确油非、非油、非润、油润，以及与卡业务的促销边界及共赢需求，推进业务良性互动。推动昆仑好客公司开展全系统洗车服务实质性落地，助力油品业务更好应对竞争。运营站数22612座，其中自营站21035座，全年自营纯枪量6464万吨，恢复至2019年的88%。

强化加油站服务管理。开展对95504客户中心投诉较多站点的联动巡查与神秘顾客访问，暗访结果分析与客户投诉分类合并，开展与竞争对手服务质量对标，针对同一商圈、同一条线路、软硬件条件接近的加油站开展对标分析，开展客户满意度调查，分析客户关注点，查不足、找差距、促提升。提升视频巡站接通率，与项目组对接，解决接通率低下问题，适度扩大总部巡查范围。重点监督重复发生问题的整改，在视频巡站、神秘顾客访问、95504客服反馈问题基础上，重点督导所发现重复发生问题的整改，专人紧盯每一个单位、每一个问题的整改，定期总结经验，进行培训，强化服务标准执行，提升服务质量。

强化运行管理。加强停开业管理，严格在协同系统中实现停开业线上审批，每月通报加油站停开业线上审批和备案模块使用情况，有效控制加油站营业天数，提高现场设备完好率，监督防渗改造工期控制，确保加油站的运营天数。持续推进“双低”站治理，坚持“双低”站基础评价标准和市场评价标准，持续推进“3+1”模式，对长期停业站，深入开展“再梳理、再投运”工作，有序推进资产处置等措施，推进“双低”站治理工作。深化全流程诊断应用，对新建站开展桌面模拟诊断优化，对运行站开展现场诊断优化，对改造站开展改造前现场诊断优化、形成改造方案后开展桌面模拟诊断优化，改进工作方式，优化工作流程，用系统和表单提高工作服务效率。抓好优化交接班工作法的培训、推广和实施工作，员工现场服务质量、服务态度、服务效率持续提高。

持续推进线上及跨界合作业务。以“油卡非润气”主营业务为核心，融合交通、电信、金融、保险和公共服务的产业，打造“人·车·生活生态圈”。推广移动支付，提升客户体验，为线上平台聚拢客户，加快会员体系建设，加强与平台商户的合作，加大平台的营销力度，形成“油卡非润”产业联动、线上线下互动。拓展昆仑 ETC 卡应用，汽油以省内小客车为主，联合跨界促销，共享客户；柴油以跨省客货运车辆为主，做大跨省客货运用油。

【资源调运】 坚持做好产销对接。2020 年，发挥贴近市场优势，主动化解阶段性、区域性、结构性产销矛盾，直炼国内交货计划兑现率 100%。巩固完善定制化生产，引导炼厂灵活适应市场，促进产销匹配，重点根据出口计划和船期，平衡好内外贸船舶作业，合理调整炼化企业的调出节奏；关注广西、云南、大连、锦西、宁夏等 5 家炼厂的检修和开工情况，提前做好资源调出和周边地区的保供安排；全力抓好全国“两会”、春耕、三夏、暑运等特殊时期，新冠肺炎疫情等重大公共事件，洪涝台风等灾害应对资源保障工作，展现销售企业的担当精神。

持续推进物流优化。深入应用 DPO 模型，提高直炼资源供给、省区需求预测的准确性和集采资源的及时性、稳定性，减少资源、需求变化对优化效果的衰减，释放优化潜力，并从到站计划提报准确率、资源流向兑现率及运费分析等多维度做好分析评价，促进优化方案落实；统筹考虑多种资源、多种渠道，优化调整直炼生产和出口布局，加大外采及串换资源向运输末端市场倾斜；借鉴云南销售经验，在具备条件的地区开展区域物流优化工作；进一步优化运输结构，合理增加一次直达进站，提高管道输量，持续提升运输工具运行效率。

深化专项管理提升。深入抓好远程地罐交接，制定完善交接流程、标准和实施方案；持续打造“智慧物流”，完善物流信息系统中需求预测、流向效益、流向优化等模块应用，推进系统建设与应用，提高物流工作的效益与效率；深入研究大区公司补货制工作，完成辽宁销售、黑龙江销售的系统集成，按照“科学规范、高效实用”的原则，有针对性地改进、完善和提高；加大与科研机构合作，增强优化创新、创效能力，密切关注行业发展动态，及时跟进物联网、区块链、5G 等新技术的应用研究，进一步提升物流运行效率。

【管网划转】 2020 年，参与各层面内部讨论 10 余次、对接谈判近 30 次，修改完善成品油管输服务合同 50 余版，通过工作的开展，有效解决多个长期困扰销售企业的难题，并取得一系列重要突破和成果，明确销售企业对管道库线内油品的实物盘点权，强调国家管网集团的混油处理责任，下调管输定额损耗率，规范结算规则，细化规范财务流程，明晰双方权利和义务等。通过谈判，为大区公司铺底油出让争取有利合理的销售价格，确保集团公司利益，并促使国家管网集团在规定时间内完成销售货款的全额支付。

非油业务

【概述】 2020 年，面对新冠肺炎疫情突如其来、国际油价断崖式下跌、洪涝灾害历史罕见、进店顾客量明显减少等不利因素，销售分公司非油业务工作统筹推进新冠肺炎疫情防控、生产经营改革发展和党建等各项工作，大力实施提质增效专项行动，夺取新冠肺炎疫情防控阻击战和效益实现保卫战的主动权，非油收入 244.9 亿元、毛利 38.8 亿元（表 2）。

表 2　2020 年非油业务主要经营指标

项　目	2020 年	2019 年	同比增减
非油收入（亿元）	244.9	229.1	15.8
其中，店销收入	221.4	207	14.4
毛利（亿元）	38.8	37.2	1.6
毛利率	15.8%	16.2%	−0.4 个百分点
非油利润（亿元）	18	20.6	−2.6

【便利店运营】 2020年，落实“四精”要求，加快布局加油站便利店业务，昆仑好客便利店数量突破2万座，指导省区销售公司升级店面优化，一站一策抓提升，年收入50万元以上店12299座，同比增长24%，其中年收入200万元以上店2132座，同比增加45座。

【自有商品开发】 2020年，结合各地区资源优势，落实自有商品中短期发展规划，深化与合作伙伴建立制售同盟，持续开发“昆仑好客优选+”系列全国性自有商品，指导省区公司按规范流程开发地方特色商品，品类覆盖包装饮料、家庭食品、奶类等大类，平均毛利高出其他同类商品10个百分点以上。

【运营管理提升】 2020年，坚持“一切成本皆可降”的理念，从非油业务和销售分公司两个层面制定实施25项重点措施，费用总额较控制目标降低2267万元。提升风险防范能力，常态化开展质量安全隐患排查治理，加大生态环保管理力度，建立事前法律论证机制，完善采购及招标流程，加强内控测试及成果运用，有效规避重大风险。加快推进信息化建设，基本完成HOS系统集采模块升级，在直营店试点运行专业信息系统，有效提升店面管理水平。全力做好资金保障，在集团公司严控资金流的情况下重要业务所需资金及时到位，昆仑好客公司年末自由现金流超考核目标2.3亿元。加强合同管理，全年无实际事后合同发生，供应商合同履约兑现率超过99%。加强专业管理，业务督导、市场研究以及供应商、科技、品牌、投资等管理进一步增强。

【业务拓展】 2020年，协同“油卡非润”一体化营销，深度参与全国“消费促进月”活动，带动店销收入增加5亿元。化肥农资业务实施“销售+服务”新模式，年收入突破25亿元、毛利超过1亿元。分品类推动非油库存管控，加强进、销、存联动管理，周转周期缩短20多天、总量较控制目标多降2.8亿元。强化大客户营销，销售收入3188万元、同比翻一番多。开展财税政策筹划，节税近500万元，减免保险费用210余万元。

坚持市场导向强化集采和自有商品开发运营。有序扩大集采规模，完善新品引入流程，探索集采家电以及季节性、节日性产品，全国性合作品牌拓展到130余家、SKU增加至2000余个、完成集采收入19.5亿元，同比分别增长44%、25%和14%，向省区销售公司返利1000万元。结合后疫情时代消费特点，突出绿色健康和民生类自有商品开发，强化商品全生命周期管理，推出5个系列50余款新品，紧贴52周顾客行事历，策划开展系列主题营销活动，全年销售自有商品7.5亿元、同比增长50%。

适应客户需求开拓线上业务。在天猫平台开设昆仑好客旗舰店，组织各省区销售公司和润滑油公司全面上线，在售商品超过1000个，促销16次，粉丝超过19万，销售非油商品2963万元，带动油卡充值530多万元。推动自建线上渠道建设，开展好客e站商城试运行和即时通内购商城测试。创新营销模式，与中央电视台“云游中国”“人人都爱中国造”等栏目合作，发挥明星带货效应；组织各省区销售公司举办直播带货大赛，并通过微信、抖音等平台开展线上营销，全年非油系统线上销售收入超过1.4亿元。

全力做好抗疫保供。新冠肺炎疫情暴发后迅速组织非油专业线和战略供应商建立“联防联保”机制，各地便利店开展不下车、送上门、进社区、“油卖菜”等服务，基本做到不断供、不涨价、不打烊，并帮助100余家企业和农户销售上百吨滞销果蔬生鲜，在国家品牌网等媒体发起的“全球抗疫·品牌力量”经典案例网络投票活动中排名第一。

加油卡业务

【概述】 坚持数字化转型方向，结合客户全生命周期建设路径，推进会员体系建设，推广加油卡移动支付应用，实施互联网业务专业化运营，截至2020年底，累计发卡18768万张，记名活跃卡2630万张；2020年记名卡比例91.7%，同比提高0.8个百分点；沉淀资金348.9亿元，同比提高1.2%；卡销比47.1%，同比降低 0.6 个百分点。

【加油卡发行管理】 加大记名卡发行力度。昆仑 ETC 卡、昆仑加油信用卡、民生加油信用卡、中油龙卡等客户资料翔实、信息准确的记名卡，借助合作方渠道发卡、审核客户资料、承担卡片成本，有效提高客户活跃度。控制不记名卡发行，以充值卡替代不记名卡，节约制卡成本。加强客户消费行为分析和客户运营，依托线上线下两个平台实现对客户的精准触达和分层服务，有效提升客户黏性。

推进昆仑 ETC 联名卡发行。在昆仑 ETC 卡全面推广发行基础上，扩大昆仑 ETC 卡合作发行范围和售后服务能力；抓住交通运输部公布货车 ETC 卡发行方案的契机，争夺货车 ETC 发行黄金时期，加大力度促进昆仑 ETC 卡向货车 3—6 类车型发行；推进 ETC 智慧加油，支持全部 ETC 客户、加油卡 / 银联卡支付的 ETC 客户实现智慧加油，与中油好客 e 站 APP 移动支付相结合，打造客户不下车加油，提高客户体验；不断深化创新合作模式，通过建立以昆仑 ETC 卡为主体、ETC 智慧加油为补充的全口径车主服务模式，形成车主高速公路出行、加油优惠的创新型生态合作模式，实现客户共享、优惠共担、营销精细的合作新生态。

加强异常卡核查监管，强化加油卡套现套积分微腐败治理。建立月度营销视频会议通报机制，开展全国性核查工作，严肃整改核查过程中发现的套现套积分问题。定期开展员工廉洁从业教育，让员工充分认识到套利套现行为属于违法违纪行为，从思想深处认识到问题的严重性。安排地区公司定期开展加油卡售卡网点专项检查，加大加油卡异常卡监控力度，定期开展现场核查，防范风险于未然。

【互联网业务】 2020 年，开展互联网业务整体规划设计，明确划分运维权限与职责，编制互联网运营管理规范，推广应用加油卡移动支付，结合昆仑 ETC 卡全国推广发行契机，将昆仑 ETC 卡和加油卡移动支付结合，实现不下车加油；增强车队卡移动端查询、充值、资金分配功能，开通昆仑 ETC 卡、昆仑加油信用卡、民生加油信用卡线上办卡业务；统筹系统接口开发、权限开放，提升移动 APP、微信公众号平台、生活号小程序的营销、客户分析能力，支撑地区公司特色营销。

推进电商上线，支撑线上线下一体化营销。以会员为纽带、支付为工具、营销为目标、数据为支撑，打通“油卡非润气”线上线下业务，构建中国石油特色品质商城，实现内部一体化协同发展、外部异业合作。兼顾统销与区域运作，发挥地区公司积极性，明确划分运维权限与职责，支持公共商品、特色商品电子销售上线投用；完善好客商城平台功能，提升客户体验，实现商城数据实时分析、优化商品上架操作、建立健全促销体系；依托统一会员、统一支付体系，打通油卡支付功能，结合中油好客 e 站 APP 移动支付，打造线上线下、油非协同销售场景，全方位满足客户购物需求；开展电商运营资质注册工作，保障电商业务规范运营。

【营销传播】 2020 年，充分利用规模效应、品牌优势，细分市场、精准定位，有效推进营销策略组合。深化联名卡行业合作，深化昆仑银行、民生银行、建设银行金融联合卡产品运营，加强行业联合、赋能提升卡产品价值；加强与微信、支付宝、京东等互联网平台的线上联合营销，深化产品卡的线上发售和营销运营，推进与银联、工行、建行等金融行业的促销联动，拓展线上线下的资源合作；打造支付即会员理念，依托会员体系建设，坚持以数据体系和用户生态建设为基础，探索与汽车服务行业、出行行业、交通行业的生态联合。

【会员体系建设】 2020 年，整合线下与线上、油与非油、卡支付与第三方支付等多维度客户，建立零售客户、直销与批发客户全口径和“油卡非润气”全产品的全域会员洞察及维系体系；推进数字化会员管理，统一入口，统一后台管理数据库，完善会员等级评定，动态维护会员级别，完善和优化会员积分规则，深度分析会员消费行为，最大化延长会员生命周期，提高客户复购频次；研究会员权益设计方案，提高客户积分价值感知，控制基础积分回馈率，扩展积分营销功能，拓展、升级会员权益，构建会员服务新生态，满足全渠道客户群体需求；制定线上线下全渠道的会员服务标准，提升客户忠诚度。

气、电、氢业务

【概述】 在2020年11月召开的集团公司市场营销工作会议上，集团公司党组提出，成品油销售要着力打造“国际知名、国内一流油气氢电非综合服务商”。围绕这一目标定位，销售分公司研究和谋划未来新能源业务，结合存量资产网络，推进气电氢业务。

【天然气业务】 深入研究加油加气站发展。2020年，进一步发挥油气一体优势，推进销售分公司与天然气销售分公司（昆仑能源）加油加气站站点整合，扩大中国石油品牌整体影响力，拟定昆仑能源加油加气站合作方案，提出针对昆仑能源“分类实施、归口管理、销量并表、合规操作”的合作思路。在探讨整体资产划转可能性的基础上，研究资产租赁经营、托管式品牌输出两种方式的可能性；进一步完善加气站，特别是油气混建站运行管理监控办法，组建加气站运行管理群，定期通报加气站数量和运行情况。向天然气销售分公司输出加油站管理标准和制度规范，提出建议，保证中国石油加油加气站的标准一致、管理统一。研究制定天然气站、油气合建站管理规范和运行管理制度，实现加气业务的规范管理和运行管控。

【充换电及加氢业务】 2020年，主要开展前期研究探索，与广汽、长安等电动汽车生产企业开展充换电技术交流和业务合作，同时多种模式探索光伏利用，开展光伏利用加油站、油气氢电及光伏利用一体化综合能源服务站前期研究。

投资管理与网络建设

【概述】 贯彻落实集团公司高质量发展方针和建设世界一流综合性国际能源公司的战略目标，进一步优化投资结构和网络开发政策，坚持存量、增量并重，突出重点方向、重点地区、重点线路、重点站点，提升投资网络支撑保障能力，通过强化激励和考核促进各地区销售企业保持自营零售网络的开发规模，2020年新开发加油（气）站300座，投运300座。

【发展规划】 2020年，全面启动“十四五”发展规划研编工作，以规划研究统领各项工作，深入分析行业发展形势，研究未来转型发展思路，确定中长期发展目标，修改完善《销售业务“十四五”发展规划思路与框架》，组织地区公司开展各自“十四五”规划草案的编制，编制完成《销售业务“十四五”发展规划（草案）》，按要求报集团公司规划编制领导小组办公室，根据集团公司整体规划纲要草案编制进度，加强对接协调，不断改进完善。在做好销售板块整体“十四五”发展规划的同时，按照科技管理部进度要求，组织第二轮对接，完成《销售分公司“十四五”科技发展规划（送审稿）》。

【投资管理】 坚持效益标准，持续优化投资结构。2020年，围绕拓市场、提纯枪总体目标，按照效益优选项目，资源配置和投资优先向效益好、现金流贡献大的项目倾斜；保持加油站的投资力度不减，新站开发与存量挖潜并重；合理控制技术改造及其他投入，严控非生产性投入。持续加强投资总量控制，技术改造、非安装设备购置投入继续与自营纯枪销量挂钩基础上，进一步研究其他投资总量控制目标，引导企业由争投资向挣投资转变。落实投资增销增效考核，强化投资回报要求，牢固树立今天的投资就是明天的成本理念，发挥绩效考核和专项奖励的正向激励作用，坚持成果导向，进一步优化指标权重。

【网络开发】 2020年，理性对待当前发展与长远风险防控的关系，继续坚持自主开发为主导，灵活开展合资合作，严格控制租赁站比例，提高年销3000吨级以上的站点比例。争取省会（直辖市）市区、地级市市区等高效站点和以点控面、以点打面的战略站点，算整体账、长远账。严格控制租赁项目，防止高位“接盘”风险和未来市场下行风险，重点控制长期一次性支付租金项目。鼓励合资合作，防范和分散市场风险，适度放宽股权项目收益率控制。进一步研究调整投资权限和项目评价参数，基于市场形势和政策环境的变化，调整部分类型项目的权限和评价参数，进一步引导地区销售企业优化网络开发结构和提升项目质量。分地区差异化开发策略，东北、西北地区在有效控制成本的基础上，加密网络布局，保持网络和市场控制力；西南地区市场需求相对仍有较快增长，以提升直炼资源后路畅通能力为核心，进一步加强新增网点的抢夺力度，增加网络投入；华南、华东等经济活跃、市场容量大的区外市场鼓励采取合资合作、品牌输出、受托经营等方式加强开发力度，提升直炼资源后路疏导能力。研究探索轻资产网络开发模式并加快试点推进，组织力量专项研究在我国营商环境、市场环境下，轻资产网络开发的可行性、模式、方案和管理体系。

【库站工程建设】 2020年，组织加油站埋地储罐防渗改造施工收尾工作，完成加油站埋地储罐防渗改造任务，累计投入资金260亿元，完成改造20436座，除规划拆迁、计划退租等因素暂缓改造站点外，运营站点全覆盖。持续盯住重点项目施工组织，推动燃料油公司青岛董家口油库、江西宜春油库、重庆正阳油库、四川吊黄楼油库四个重点项目和东西北公司停业改造油库按计划建成投运。持续完善库站建设管理制度与技术标准，修订《销售管理手册——工程建设分册》。理顺体制机制，规范设备管理，建立销售板块、地区公司、地市公司、库站四级管理体制，实行统一归口，分级分类负责的管理机制，优先完善双层油罐和双层管线泄漏检测报警，油库油气回收、加油站油气回收三类设备的管理。推动“物资采购2.0系统”和“投资项目管理系统”上线应用，在新建加油站试点“三维设计、数字化交付”，取得较好效果。

专业管理

【HSE建设与管理】 2020年，健全HSE责任体系，完善HSE工作机制，建立过程考核机制。

修订《委员会、专业分委会HSE议事决策机制》和《销售公司机关HSE职责规定》，落实“强化安全生产职责，落实一岗双责”要求。坚持分委会重大事项对接机制、月度视频会议工作机制、风险预警机制；研究新形势下销售企业安全环保监管新方式。运用考核管理新机制，针对风险管控实际，编制《销售公司2020年度安全生产和环境保护指标过程考核细则》。建设审核员队伍，实施分类分级分专业审核，通过审核质量带动体系运行绩效。建立销售企业HSE体系管理工作站，分析历次审核问题；建立“五关联三分开”制度；建立销售分公司、企业审核员队伍。

以风险管理为核心，通过建立重大风险源监管机制，加大重大隐患治理力度，不断提高设施设备本质安全性。设计油库安全预警数据模块，推进企业危险化学品危险源监控平台建设。优化隐患资金使用要求，基本实现“五个100%”（即一、二级重大危险源实现高低液位连锁100%，危险源数据外接率100%，油库应急池贯标改造完成率100%，加油站防渗改造完成率100%，加油站油气回收设施运行率100%）。组织地区公司编制职业健康体检计划，覆盖所有岗前、岗中、离岗的接害岗位人员。研究提出“杜绝项”管理要求，解决“杜而不绝”问题。

加强重点项目安全环保监管。以防渗改造现场管理为重点，持续抓好施工、检维修（承包商）管理短板不放松。修订《销售企业作业许可管理规定》，突出作业现场管理，加强审核检查，严格落实承包商队伍和人员“黑名单”制度。以环保隐患专项治理为切入点，强化环保队伍建设，应对不断发现的新问题。全面落实“气十条”“水十条”“土十条”要求，落实长三角、京津冀周边、汾渭平原VOCs（挥发性有机物）秋冬大气污染综合治理专项方案，未发生新的环保问题。将应急纳入常态化管理，提高应对能力。编制销售板块机关应急响应流程，固化制度，发挥重大节日、关键节点的风险分析和提前预警作用。发布集团公司《销售业务突出事件预案》，编制《销售公司机关突发事件应急响应流程》。针对减员实际情况，研究提出油库消防自动化系统技改方案。依托 HSE 信息系统，统筹、规范库站厂应急资源。建设完成集团公司级应急物资储备库。

【计量管理】 2020 年，严格加油机计量准确性管理，按时检定，保证加油机检定合格并在有效期内。定期开展加油机计量准确性核查，处理好核查与油气回收密闭运行的关系。梳理加油机计量作弊主要方式，研究出台预防和检查措施。加强装、运、卸三个环节的管理，装车（船）环节通过“流量计系数、装车定额损耗、空气浮力”三项修正，做到足量发油。运输过程严格监控，卸车（船）环节提高计量准确度、卸净油品。利用信息系统，实现损耗数据自动采集，消除人为因素。推广诚信计量体系建设，减少管理成本，提高运行效率。参与成品油管输损耗国家标准或行业标准的制定，最大限度降低管输损耗标准。开展静态自动计量技术研究，实现油罐自动计量，取代人工取样和计量，提高效率。2020 年铁路、水运、公路、管输损耗率分别降至 0.1‰、0.8‰、0.12‰、0.49‰。

【质量与标准化管理】 2020 年，持续提高质量管理体系运行质量，进一步明确销售企业质量体系审核重点，优化审核检查表，充分发挥地区公司质量体系内部审核作用，及时发现体系运行中存在的问题。贯彻“诚信经营、精益求精”质量方针，提高质量计量管理人员的业务能力。强化成品油质量管理，加强采购、运输、储存、销售全过程质量管控，根据质量指标确定重点生产企业，外采油品坚持集中采购、关口前移。通过 GPS、视频监控、电子铅封等手段，全程监控公路运输，保证运输过程质量安全。将租赁油库，特别是部分租赁（租罐容）、我方不参与管理的油库，以及特许站、委托管理站、参控股站以及边远站、低销站，作为质量监控重点，加大监管力度，加密抽样化验。加强质量监督检查，落实国家市场监管总局发布的《产品质量监督抽查管理暂行办法》，依法维护企业合法权益。认真对待政府抽检，实行销号管理，建立台账，同时取样化验，专人负责，跟踪到底。组织开展移动化验室（检测车）现场化验研究，完善数据库。提前部署，做好春节、全国“两会”、“3·15”等敏感时期、重点地区的质量计量管理，开展专项检查，保证质量合格，计量准确。2020 年国家成品油质量抽检合格率保持 100%。将非油商品纳入质量管理范畴，建立健全质量管理制度、明确质量责任、强化监督抽查，加强成品油质量管理体系和非油质量管理体系的融合。

协调集团公司企业标准立项，高质量完成 2020 年标准制修订工作。开展尿素水溶液、成品油计量等重点标准宣贯。加强国家标准化工作力度，推动《发动机润滑油的摩擦性能及失效温度的测试方法》在 ASTM 立项并开展实验。

【油库管理】 2020 年，加强油库规范管控，从细节入手，狠抓油库安全环保、运行保障、运行效率、成本费用、经营管理等工作，重点抓好新建或停业检修油库投用工作。加强油库专业化管理，确保油库健康安全环保受控，实现“零事故、零污染、零伤害”目标。持续深化油库全流程诊断与优化，围绕收发油作业时间比、油库周转使用效率、吨油仓储成本、设备完好率、计质量纠纷发生率、综合损耗率等开展对标分析和流程诊断，指导地区公司提高地付一卡通自助付油效率、推动大罐自动计量应用和多罐收油作业流程管控等，减少公路地付等候时间和压车压船问题。

【财务管理】 2020 年，强化预算导向引领，调整预算管理机制，持续优化完善预算管理机制，按照“透明、传导、穿透”的原则，建立统一的价格传导穿透机制，强化直炼和外采资源价格透明运作，优化资源配置流向，强化效益导向。加强预算过程管控，加大业财融合力度，坚持事前算盈，月初业务、财务一起算账，既算总账，又算细账；加强预算运行分析，督促欠进度单位追赶年度目标；坚持效益导向，强化流向效益测算，确保资源流向有效益的市场。发挥预算激励导向作用，引导地区公司贴近市场开展销售。成立以销售分公司总经理为组长的调拨价机制研究小组，按照重大事项集中决策，日常运行分工负责的原则，通过内部调拨价政策充分调动省市公司扩销直炼资源的积极性。完善预算及考评机制，建立预算考核管理与薪酬总额计划、领导班子考核和效益年薪紧密挂钩机制，激发内生活力动力，严格考核硬兑现。

深入开展经营运行分析，从毛利、费用、利润角度，围绕成品油、非油等业务，突出资源、产品、流向效益，为经营决策提供依据。开展全方位、多层次分析，强化对标分析，查找资源结构、销售能力、价格水平等方面的差距，提出改善优化方案；按月分析通报销售企业提质增效指标完成情况，对比主要指标与提质增效目标进度差距，督促推动销售企业做好提质增效工作。着眼难点、热点问题，开展专题分析，充分发挥决策支持作用，对 2019 年盈利前五名及亏损前五名的省市公司进行分析并形成专题报告，选取关键指标，通过多维度比较，提炼出共性亮点并挖掘出典型问题；完成销售企业 2019 年度佣金及手续费专题报告，分析报告第三方支付佣金比率、合作银行的手续费情况；专题分析2019年销售板块与中油碧辟的纯枪费用，分费用明细项目对标销售板块与中油碧辟的纯枪费用情况；按月进行资源流向效益分析，及时调整营销策略，找准盈利重点，及时堵住“出血点”。

持续抓好降本控费，制定八大成本费用压降计划，围绕人工、物流、折旧等主要费用项目，制定实施人工成本瘦身计划、资产质量提升计划、物流优化降费计划等八大成本压降计划，并按照专业线分解落实任务目标，推进全面落地实施。2020年主要费用同比下降，其中人工费231.6亿元，下降16.2亿元，运费43.5亿元，下降9.5亿元，维修费8.4亿元，下降3.8亿元，“五项”费用3.4亿元，下降2.1亿元。加大与顺丰沟通合作力度，依托顺丰开展加油站上门收款业务，2020年银行上门收款服务费2.6亿元，同比减少0.5亿元，下降17%。与微信、支付宝、银联等第三方支付平台开展多回合商务谈判，将第三方支付平台佣金费率由0.2%降至0.1%，为销售企业年节约财务费用支出1.5亿元。

加强对标管理工作，修订完善并下发销售板块对标管理办法，统一对标口径，落细对标维度，靠实对标结果，突出数据采集的客观性、准确性、及时性及有效性，创新对标方式方法，配套对标管理机制，提升对标管理水平。构建“销售板块”“省市公司”“地市公司”及“库站”（加油站及油库）等四层纵向对标体系，将对标项目分为规模、效益、成本费用及效率等四大类指标，其中确定销售板块对标指标190项、地区公司指标136项、地市公司指标106项、油库指标15项、加油站指标36项。推进对标信息化平台建设，基于集团公司财务共享建设成果，强化大数据应用，2020年联合成都共享中心搭建对标信息系统，销售板块层面以与中国石化对标为主，省市公司层面以内部对标为主，地市公司以及加油站和油库层面打破区域限制，开展全系统对标。

开展资金专项检查，将地区公司自查和销售板块抽查相结合，坚持全覆盖、重遏制、零容忍，保持资金监管高压态势，2020年升级为财务基础工作检查，除例行资金检查外，新增加地区公司提质增效方案措施落实情况、非油业务会计规范核算等检查内容开展财务基础工作检查，检查范围覆盖销售业务全环节、资金管理全流程，通过强化检查工作，有效推动地区公司健全资金管理体制机制、完善制度流程、提升风险防控工作质量。推进资金监控方式信息化，结合近几年来的新形势、新环境、新业务，创新监管手段，提高资金监控效率。推进自动对账平台开发应用，对账结果更清晰，到账监控更高效，有效解决互联网支付方式越来越多、金额越来越大带来的对账难题。推进支票充值到进账平台开发应用，确保支票先到账后充值，有效解决加油卡支票充值环节的资金确认难题。

【信息化管理】 2020年，认真贯彻集团公司“共享中国石油”战略部署及“一个整体，两个层次”的总体要求，以建设世界一流示范销售企业及加油站3.0为目标，助力销售分公司业务创新与数字化转型，紧密围绕支持销售业务高质量发展，持续推进信息系统标准化应用和深化应用。坚持信息化建设顶层设计，完善销售“5+1”信息系统架构和功能，打造面向用户的数字化销售业务运营与综合管理平台，形成统一的一体化业务协同与管控体系；建设面向客户的智能化营销与客户服务平台，为客户提供极致体验。

打造面向用户的数字化销售业务运营与综合管理平台和面向客户的智能化营销与客户服务平台；推进数据治理、数据应用和数据资产管理；初步形成零售、直批销售、供应链、产融结合、异业合作五大生态的“人·车·生活”生态圈；形成支持业务管理创新的技术支撑体系和新技术创新应用的体制机制。销售业务综合管理平台上线运行，直批APP加快普及应用，金融服务业务试点取得新进展。推广加油卡移动支付，上线银联二维码支付、翼支付，微信、支付宝等线上支付占比24.5%，同比提高6.2个百分点。

【股权管理】 优化工作流程，按照既定计划全部完成直管股权企业年度“三会”组织工作。2020年，在股份公司股权管理办法大框架下，制定销售板块的股权管理细则。重点是细化对董事监事的行权流程，更好地协助董事监事履行职责。配套管理细则，制定《股权企业行权管理手册》，对股东会、董事会、监事会议案、开会程序、会议记录、决议等，从形式到内容进行规范，提升股权管理标准化水平。

【培训管理】 2020年，组织好“高级地市公司经理”和“百名优师”重点培训项目，举办两期地市公司经理培训班、一期加油站经理培训师和一期直销客户经理培训师（百名优师）培训班，完成140名“百名优师”的培养计划。持续做好到中油碧辟对口培训、地区公司之间挂职交流、内地与西藏干部双向交流组织工作。加快推进移动培训平台建设工作，整合优秀师资和课程资源，建立覆盖库站的线上课程体系，推广手机微课堂，降低培训成本、提高培训频次和培训效率。搭建“昆仑学院”网上培训平台，累计培训学员

4 万人次。建立完善课件开发市场化机制，鼓励地区公司各级业务骨干和内训师主动开发课件，建立良性机制。参与组织集团公司一线创新大赛，激发一线创新热情。

【技能鉴定及劳动竞赛】 2020 年，适应地方对鉴定工作实施备案监管的新要求，调整优化鉴定中心的管理职能，抓住制度、流程、资源等鉴定质量管控的关键环节，加强督导，做好全年鉴定工作。首次开展四个主要工种高级技师鉴定，完成 4 个工种 800 人技师和高级技师鉴定工作，编制销售企业技能专家工作室建设方案，为高技能人才发挥作用搭建平台、创造条件。

研究制定《2020 年劳动竞赛方案》，结合业务运行实际对竞赛频次、竞赛指标和竞赛分组进行优化调整，促进劳动竞赛质量提升，发挥导向作用。

（李　军）

天然气销售

综 述

【概述】 在股份公司授权范围内，中国石油的油气调运、天然气销售、项目建设、资产完整性管理四大核心业务及其他相关业务由中国石油天然气股份有限公司天然气与管道分公司（简称天然气与管道分公司）负责管理。

2018 年 10 月，股份公司印发《关于进一步调整优化天然气销售管理体制的通知》，对天然气销售分公司和昆仑能源有限公司实施管理整合，合并管理机构和人员，组建专业化天然气销售公司，构建天然气销售业务一体化运营管理平台和投融资平台。整合后的天然气销售公司，内部称谓为天然气销售分公司（昆仑能源有限公司），按直属企业管理，作为天然气销售业务的管理主体和经营主体，是天然气销售业务的利润中心、经营管理中心和资本运营中心。批发分销业务由天然气销售分公司管理运营，终端零售业务在昆仑能源有限公司管理运营，批发分销和终端零售业务实行“分别经营、分账核算”。总部设在北京市，设有天然气销售北方、东部、西部、南方 4 个区域派出机构，下设黑龙江、吉林、辽宁等 29 家天然气省公司，东北、华北等 5 家液化石油气公司，大连、江苏等 LNG 接收站以及燃气技术研究院等共计 42 家企业。同时，对天然气销售川渝分公司、天然气销售福建分公司实施业务管理。

昆仑能源有限公司由中国石油控股，境外注册，在香港联合交易所主板上市，2020 年获“能源行业最受尊崇企业第一名”、“十三五”中国企业文化建设优秀单位、第四届“金港股”之“最佳基建及公共事业股公司”奖、“第六届最佳投资者关系公司（大市值公司）”奖、“能源行业最佳投资者关系团队第一名”、“能源行业最佳 ESG 第一名”。继续名列 MSCI（明晟）中国公用事业板块前十大成分股。被国务院国有企业改革领导小组评估为 A 级“双百企业”。

（赵 艺 李 钊 张芙菱 赵峻藤）

【经营业绩】 2020 年，股份公司天然气销售 1846.6 亿立方米，同比增长 1.9%；终端销量 455.9 亿立方米（含管输），同比增长 32.4%，自有终端销量在股份公司总销量中占比 24.7%。

（赵 艺）

【油气体制改革】 随着石油天然气管网运营机制改革的深入推进，2020 年 9 月 30 日，国家管网集团举行油气管网资产交割暨运营交接签字仪式。9 月 30 日 24 时，国家管网集团全面接管原分属于三大石油公司的相关油气管道基础设施资产（业务）及人员，正式并网运营。

天然气销售分公司认真贯彻落实国务院国资委和集团公司“双百行动”“国企改革三年行动”等改革工作部署，对照国企改革“1+N”政策要求，聚焦“五突破、一加强”，在推进市场化激励约束机制、市场化经营机制两大改革重点工作中，革故鼎新、守正创新，积极适应天然气销售体制调整后的新形势、新任务，稳步推进各项改革工作。通过全面优化法人治理架构，规范决策运行体系，运行效率取得新突破；通过推行岗位管理、全员绩效考核以及三级管理架构优化整合等一系列三项制度改革举措，激活企业内生动力；通过全面强化党的领导，党的建设得到有效加强。

（刘璘璘 黄献智）

天然气批发销售业务

【概述】 2020 年，随着国内天然气市场化改革加速，国家管网集团正式运行，基础设施第三方开放程度显著提升，运营主体日益多元化，市场竞争激烈。随着新冠肺炎疫情得到有效控制，宏观经济快速复苏、双循环战略、减税降费、环保政策等因素推动天然气消费总体超预期增长。天然气销售分公司以天然气销售业务高质量发展为引领，开展国内外资源采购与批发端市场营销，坚持产业链协同优化运行，利用需求增长契机，稳固与提升市场份额，推动天然气销售量效齐升。

2020年，股份公司天然气销售1846.6亿立方米，同比增长1.9%。

（赵鹏程　侯超波）

【资源池结构及优化】 2020年，天然气销售分公司同勘探与生产分公司、中油国际管道公司、国际事业公司协同合作，将国产与进口、长贸、现货资源相结合，突出优先保障国内自产气全产全销，进口气不触发照付不议，适度考虑国内外采资源，以合理价格买断外部煤制气、煤层气、页岩气资源，持续优化资源池结构，有效保障市场稳定供应和产业链顺畅运行。

（李　然）

【天然气批发销售流向及结构】 2020年，天然气销售分公司天然气销至全国32个省（自治区、直辖市）及香港特别行政区，覆盖中国七成以上地级市主城区，保持较高市场份额。天然气销售结构中，城市燃气占比69.5%，发电占比8.1%，工业燃料占比4.5%，化肥占比3.9%，化工占比2.9%，LNG工厂占比3.5%，LNG装车占比2.7%，其他占比4.8%。

（周　澜）

【天然气批发市场开发】 2020年，为应对后管网时代叠加供需失衡的矛盾，天然气销售分公司加大批发业务市场开发工作力度，坚持批零一体化协同发展，巩固客户关系，开拓新的市场区域，发掘潜在需求，储备意向客户，满足未来发展需要，确保稳定和提升中国石油天然气市场份额，确保集团公司产业链后路畅通、刚性资源全部消纳。

（赵鹏程）

【天然气保供】 2020—2021年冬季，受经济指标冲刺、“十四五”开局等因素影响，各行业积极复工复产，工业用气需求维持高位，叠加多年不遇强降温寒潮天气导致市场需求激增，整体用气需求大幅增加。加之高峰月中亚资源频发异常，国家管网集团独立运行后中国石油平衡调节空间收窄，冬季保供难度巨大。面对严峻形势，天然气销售分公司12月19日启动天然气供应Ⅱ级突发事件预案，合理控制需求侧。在上中下游各方共同努力下，供应气量978.09亿立方米，同比增加91.92亿立方米，增长10.3%，守住产业链安全运行和民生保供底线。

（侯超波　李　博　王　威）

天然气终端销售业务

【概述】 2020年，天然气销售分公司贯彻落实集团公司市场营销工作会议部署要求，准确把握加强市场营销工作的思路目标和重点任务，制定全员营销行动方案，努力扩销增量，强化市场开发，推进项目加快落地，各项指标均实现预期目标。

【天然气终端销售量】 2020年，天然气终端业务销售总量（含管输）455.9亿立方米，同比增长32.4%。其中，天然气销售量407.1亿立方米，管输量48.8亿立方米。

【天然气终端销售流向及结构】 2020年，天然气销售分公司天然气销至全国32个省（自治区、直辖市）及香港特别行政区。天然气销售结构中，管道气占比62%，CNG占比5%，LNG占比22%，管输气占比11%。

【天然气终端销售策略】 2020年，天然气销售分公司积极应对新冠肺炎疫情侵袭和市场供需矛盾，强化市场竞争能力，持续优化销售和资源结构，夯实营销业务基础，各项指标持续向好。紧密跟踪市场形势变化，充分发挥量价调节作用，采取积极营销策略，甄选具备增量空间的非居民客户实施扩销增量，扩大销售规模，疏通资源后路。抓住常态化疫情防控形势下销售复苏的有利时机，推动终端用户复工复产，及时跟踪掌握客户复产计划，做好复产供气准备，全力保障资源供应，合理搭配营销策略，尽早恢复复产用户用气量水平，实现终端销售量快速复苏。抢抓高速公路货运车辆通行费免除政策支持及交通物流恢复的有利时机，推动加气业务上量。

【天然气终端市场开发】 2020年，天然气销售分公司签订合作框架协议项目248个，取得可行性研究批复项目89个，完成公司注册（变更）项目51个，销量并表项目54个。已运行项目和新项目新增天然气销售能力107.2亿米^3/年。截至2020年底，终端销售能力418.7亿米^3/年。

（庄益顺）

液化石油气销售业务

【概述】 2020年，液化石油气业务继续拓展资源渠道，加快销售渠道和网络建设，持续提高安全管理能力和营销水平，不断优化资源和客户结构，终端零售比例和创效能力稳步提升。开发工业直供客户，全面开展民用终端直营配送，开发客户41万户，进入多个省会城市液化石油气市场。优化资源配置，提高自有铁路车辆、库站运行效率，物流运营成本进一步降低。

2020年，销售液化石油气521万吨。

（张尔嘉）

【液化石油气销售流向及结构】 2020年，天然气销售分公司液化石油气销售量在东北区域占36.3%、华北区域占19.7%、西北区域占20.6%、西南区域占15.6%、其他区域占7.8%。液化石油气批发销售占64.3%，终端销售占35.7%，终端销售同比提高4.7%。

（毛小军）

【液化石油气销售策略】 2020年，天然气销售分公司完善液化石油气全产业链布局，加快码头储气库建设进度，持续拓展资源渠道，加大外采力度，全力保障资源供应。参与政府主导的市场整合行动，推进LPG终端网络建设，提高终端市场占有率。顺应“燃气下乡”政策导向，加快储气罐站和微管网供气业务规划编制和试点建设，探索培育新发展业态。提升信息化水平，优化物流配送，为液化石油气业务稳健发展提供保障。

（张尔嘉）

【液化石油气资源拓展及市场开发】 2020年，液化石油气业务不断优化资源结构，落实新增资源统销，提高系统内资源购销量；强化资源协调，扩大系统外资源采购范围；拓展进口资源渠道，提升进口业务质量。聚焦终端开发，开发18个项目，新增终端销售能力12万吨。

（毛小军）

LNG接收站业务

【概述】 2020年，天然气销售分公司运行江苏、唐山、大连3座LNG接收站，LNG接收能力1900万吨/年。截至2020年底，唐山LNG接收站应急调峰保障工程完成99%，江苏LNG接收站扩建（三期）工程完成88%，深圳LNG应急调峰站项目于10月1日移交国家管网集团。

【接卸气化量】 2020年，天然气销售分公司接收进口LNG 1252.5万吨，同比下降6.6%，总外输量177.6亿立方米。其中，气化外输量139.8亿立方米，液态槽批量37.8亿立方米（同比增长56.8%）。

【新建LNG接收站布局及项目前期工作】 2020年，天然气销售分公司在福建福州、广东揭阳、广东茂名、山东等地规划布局LNG接收站项目，推进项目前期工作。福建LNG项目完成可行性研究工作；茂名 LNG 项目取得可行性研究批复，组织项目代码申请落地、核准附件变更等工作；揭阳 LNG 项目可行性研究报告完成集团公司审查，项目码头纳入国家 LNG 码头规划事宜取得进展；山东 LNG 项目就日照、威海、烟台三处拟选站址深入开展比选工作。

（刘筠竹）

新能源业务

【概述】 2020 年，为扩大天然气销售业务发展空间、保障产业接替，天然气销售分公司积极探寻天然气在能源革命中的作用和定位，成立新能源发展部，负责组织新能源项目开发工作。

【新能源业务发展方向】 2020 年，以“利用资源优势、发挥平台作用、实现多能融合、促进主营业务”为工作思路，以扩大天然气业务发展空间、保障产业接替为出发点，利用天然气产业链优势，加快发展供应侧气电与新能源融合、常规风电光伏、终端侧综合能源服务三大重点业务。密切关注生物质、储能领域，构建“多能融合”和“新能源”两大业务链价值链，打造气、电、热能综合能源销售网络，推动企业绿色低碳转型。加强天然气与新能源融合发展趋势研究。

【新能源试点项目前期工作】 气电融合项目方面，2020 年启动青海省天然气与新能源融合项目研究工作，启动青海 200 万千瓦气电与新能源项目可行性研究工作。加氢站建设方面，选择具备潜力的 20 余处站址进行加氢站建设方案研究，启动上海莘庄等 6 座加氢站的前期工作。科研方面，开展气电与新能源融合、氢能、地热、生物质等领域的 8 项专题研究。

（王德波　黄晓光）

增值业务

【概述】 昆仑能源控股有限公司是天然气销售分公司非气业务的市场开发经营主体和业务发展投资平台，主要负责非气业务市场开发、对外投资合作、项目建设、商品采购、营销管理、非气运销网络建设以及项下项目公司的管理等工作。非气业务项目部是非气业务的牵头组织、管理考核、统筹协调机构，与昆仑能源控股有限公司实行“一个机构，两块牌子”。

【销售业绩】 2020 年，经营收入完成提质增效目标的 114%，增长 30%。毛利润完成提质增效指标的 122%，增长 61%。

【非气业务发展方向】 2020 年，以“依托两气资源、促进两气发展，打造天然气产业链未来增长极，实现整体价值最大化”为主旨，以市场为导向，以客户为中心，充分发挥经营和投资平台作用，运用新技术、新模式、新业态，高效推进燃气延伸、客户增值、电子商务、保险金融、技术服务、资源利用六大业务，搭建线上线下服务体系，深入挖掘客户延伸价值，打造“互联网 + 能源 + 生活”多业态生活圈，为天然气产业链价值发展提供新动能。

（杨懿迪）

天然气销售专业管理

【概述】 2020年，面对新冠肺炎疫情流行、国际油价大幅下挫、经济下行压力加大、天然气供需格局深刻变化、各类风险挑战明显增多的严峻形势，聚焦天然气销售业务高质量发展，坚持一体化协同，深化改革创新，生产经营取得良好业绩，未发生一般A级及以上生产安全亡人事故、火灾爆炸事故、环保事件，未发生一般及以上质量事故。

（赵　艺）

【规划管理】 2020年，深入研究"双碳"目标下气电、城市燃气、新能源等行业发展趋势和空间，分析研判未来5—10年天然气发展重要战略机遇期，以"打造天然气高质量发展生态系统、打造天然气与新能源互促发展路线"为发展方向，明确"创新、市场、低成本、资本、绿色"五大发展战略及天然气销售分公司各项业务发展定位、目标和部署，完成天然气销售分公司总部、二级单位85项规划，为集团公司绿色低碳转型提供决策支持。

（赵　俊）

【投资管理】 2020年，坚持规划引领，科学研判投资价值及风险，进一步细化投资方向。明确投资重点，在总体布局和终端市场开发、新能源项目开发等方面齐头并进，稳步实施全年投资计划。持续开展开源节流、提质增效工作，投资安排突出量效兼顾，投资控制突出有保有压，投资监管突出全过程闭环。

（隋海波）

【预算管理】 2020年，以市场为导向、以效益为中心，坚守"国产气全产全销、进口气不触发照付不议、管网安全平稳运行"三条工作底线，有效确保集团公司天然气产业链安全平稳运行。推行资源"标签化"管理，促进各类资源价格市场化。坚持事前算赢，精准开展效益动态预测，提出经营决策建议，确保年度业绩目标完成。牢固树立以价值创造为核心的预算管理理念，强化预算执行过程控制，建立月度分析及对标管理长效机制，优化考核机制，充分发挥价值引领和导向作用。

（孙　鲲）

【财务管理】 2020年，开展提质增效及亏损治理等专项行动，实现"批发业务减亏增效、终端业务做大做强"的既定目标。提质增效方面，成立提质增效工作领导小组，制定专项行动方案及配套考核激励细则，加大督查督导力度，做好"压亏损、压成本、压'两金'、压低效无效资产"四个全面压减工作，实现财务运营压减增效。亏损治理方面，将国务院国资委及集团公司重点关注的天然气销售分公司12家亏损子企业减亏指标细化分解至27家省公司及2家托管单位；梳理天然气销售分公司末级次亏损单位221家并全部纳入2020年治亏范围，摸清亏损企业实际情况，"一企一策"加强治理。

（邱子睿）

【资产管理】 2020年，配合做好国家管网集团资产重组，完成西气东输和西部管道资产移交工作和北京管道公司、大连液化天然气公司股权转让评估备案工作，确保评估结果经得起资本市场检验。梳理评估备案相关环节、关键点，完成75个资产评估项目备案。开展低效无效及闲置资产清理，将资产结构的优化调整与创效紧密结合，提高资产管理创效能力。

（刘　妍）

【资本运营】 2020年，开展股权投资，集中力量推进天然气销售分公司及省公司层面重点项目，稳步推进省公司一般项目。全年取得股权可行性研究批复项目71个；完成公司注册（变更）项目72个，2019年落地本年并表项目9个。根据上市规则，充分考虑资本市场反应及股东诉求，与国家管网集团沟通谈判，平稳有序控制交易节奏。推进法人压减，分解任务指标，纳入省区公司业绩考核，建立进度跟踪机制，强化计划执行力度，完成法人压减33家。

（李　喆　孙憬明）

【股权管理】 2020年，开展预决算工作，落实股利分配政策，超额完成集团公司下达的股权投资收益及股利分配考核指标。坚持依法合规，加强法人治理规范运作，建立专职董监事工作机制。开展参股经营投资自查整改工作，推动参股企业规范管理。推动控股企业合作股东担任法定代表人的章程修订，完成8家公司法定代表人的调整。

（王佳怡　周雯雯）

【生产运行】 2020年，天然气销售分公司在役城镇燃气管网总里程7.93万千米，在役支线管道3497千米，各类场站1578座，接收站总体接卸负荷率30%、气化外输负荷率30%、液态装车负荷率70%，LNG工厂整体负荷率63%，生产设备14万余台，设备完好率保持99%以上。生产管理系统在湖北分公司、江苏分公司、京唐LNG试点现场上线试运行。开展管道巡护、内外检测、全面检验、水工保护、泄漏检测、腐蚀防护、抢修维修等完整性管理。编制“十四五”维抢修体系建设规划，围绕体制机制突破创新与可持续发展的要求，深入推动二级维抢修队内部企业化运作。

（王　凡）

【工程管理】 2020年，建成支线、城市燃气、加气站等建设项目73个。其中，武邑—景县天然气管道工程、枣庄市台儿庄天然气综合利用等39个项目建成投产，湖南岳阳—临湘等34个项目建成待投产，全年建设管道里程119千米。城市中压管道完成1992.3千米，居民用户安装完成77.2万户，商服用户完成1900户，工业用户完成341户。批复济宁支线、黄冈LNG储气设施等7个项目初步设计，完成23个项目竣工验收任务。

（张效铭）

【物资管理】 2020年，完成18类大宗常用物资的定商定价集中采购招标工作、10类专项物资集中采购招标工作。推进电子招标信息系统推广应用及配套系统建设，重点组织协调重大工程项目招标报审及实施过程监督，规范招标项目日常管理。坚持利旧原则，加强物资需求计划管理和物资出入库管理，加大监督考核力度，形成遏制库存增加的长效机制。多方位加强供应商管理，对供应商进行现场考察及年度考核。加强电子采购2.0系统推广应用，强化非生产性物资电商采购管理。

（殷　睿）

【安全环保】 2020年，不断完善QHSE管理体系，健全风险分级管控与隐患排查治理双重预防机制，推进安全生产专项整治三年行动计划，开展公司级QHSE体系审核和专项检查20余次，产品质量检测和职业健康体检计划执行率100%，新增HSE标准化达标站90座、优秀站116座；推进生产管理系统建设和试点应用，提升现场安全风险管控能力，本质安全水平显著提升。夯实生态环境保护管理基础，全面开展生态环境风险排查和治理，组织排查出生态环境隐患73项并全部完成整改。落实“四早”措施，差异化、动态化、网格化、精准化开展常态化新冠肺炎疫情防控，统筹防疫物资调配，通过视频、网络和现场检查方式，对生产办公场所、工程项目现场等重点领域开展“四不两直”督查3700余次，保证疫情防控工作落实落细落到位。

（张　伟）

【计量调运】 终端计量方面，严把计量红线，坚守诚信计量，未发生重特大计量事故，未出现严重影响生产运行、交接结算的计量争议和纠纷事件。2020年各类强检计量设备送检率100%。批发计量方面，适应油气体制改革和国家管网集团成立新形势，完成《天然气贸易计量交接模式课题研究》，预编制完成“十四五”计量发展规划。成立总调度部，负责批发计量和终端计量的统一管理，湖北、湖南、山东、江苏等单位成立计量技术中心，强化批发和终端计量的技术管理力度。制修订天然气销售分公司批发和终端计量管理办法，组织指导省公司开展交接计量模式调整工作，逐步开展用户在线计量交接建设，推动贸易计量交接电子化。

（赵晨阳）

【科技管理】 2020年，启动集团公司“低碳排放天然气化学链重整制氢技术和氢能综合利用研究”课题立项实施。完成“终端场站标准成本定额研究”等10项科技课题验收，研究成果为天然气资源优化配置、天然气精准营销以及工程项目建设质量控制等工作提供技术支撑。加强技术总结提炼和知识产权保护，取得“一种天然气液化用混合制冷装置”等国家知识产权17项。组织“LNG低温泵轴校正技术”“再冷凝器比率自动控制”“LNG接收站开架式气化器（ORV）冬季运行最大操作能力优化”三项新技术新产品推广应用，安全效益、经济效益显著。

（冯立德）

【信息管理】 天然气零售系统（A10）一期项目于2020年8月完成上线验收，在27家省公司所属294家单位应用，管理客户608万户。NB-IoT物联网燃气表应用快速推进，制卡中心完成加密芯片灌装140万张，各单位挂表120万块，对2671个小区进行5G信号覆盖测试。天然气销售运行管理系统（A13）和电子销售系统（C2）第一批功能于2020年11月上线，在冬季保供工作中得到有效应用。生产管理系统正式生产环境在昌平数据中心搭建完成，应急、管道、设备、生产动态等各功能模块在试点单位应用测试。

（江　鹰）

【标准管理】 2020 年，编制实施《液化天然气（LNG）工厂生产运行管理规范》（Q/SY 05785—2020）等集团公司企业标准 3 项、《基层站队 HSE 标准化建设文件编制规范　第 1 部分：总则》（Q/SY KLNY 0050.1—2020）等天然气销售分公司企业标准 31 项，为提升天然气销售分公司标准管理水平与核心竞争力提供有力支撑。参与编制实施《液化天然气的一般特性》（GB/T 19204—2020）等国家标准 5 项、《用在线气相色谱法测定天然气中硫化合物含量》（SY/T 7483—2020）行业标准 1 项、《电子温压修正膜式燃气表》（T/CGAS 011—2020）团体标准 1 项，扩大集团公司在燃气行业的话语权和影响力。

（曾鸣哲）

【专业技术培训】 2020 年，加快建设昆仑能源网络培训学院，搭建全新在线培训系统，推动单一集中面授向线上线下融合培训转变。着眼新冠肺炎疫情安全管控需要，举办 4 期公司级安全专题培训，指导各单位结合实际开展多样化实操培训。优先将市场营销、资本运营、法律、财务等部分 C 类培训项目转到线上，最大限度确保业务发展和队伍素质提升需求。充分依托集团公司远程培训系统，组织全员参与专题学习，增强培训效果。

（李　钊）

【资本市场管理】 2020 年，面对复杂严峻的新冠肺炎疫情防控形势以及管道资产剥离等因素，持续提升公司透明度和治理水平。12 月 23 日召开昆仑能源有限公司董事会，并完成对外公告，向资本市场传递积极信号，提振昆仑能源有限公司市值表现。ESG 评级初步满足机构投资者内部达标审核要求。加强投资者关系管理，首次从天然气零售量增长、新开发客户、LNG 接收站负荷率、管输量增长、派息率五个方面，向市场发布年度运营目标指引，增加投资者对昆仑能源有限公司未来发展的信心。制定《昆仑能源有限公司投资者关系工作管理办法》，推进投资者关系管理规范化、标准化。健全完善生产信息月度沟通机制，有效传递昆仑能源有限公司运营信息。建立业绩运营和财务指标披露体系，高质量业绩信息披露受到资本市场肯定。

（田　超）

工程技术与工程建设

工程技术

【概述】 集团公司2017年12月组建成立中国石油集团油田技术服务有限公司（简称中油技服），管理中国石油集团西部钻探工程有限公司、中国石油集团长城钻探工程有限公司、中国石油集团渤海钻探工程有限公司、中国石油集团川庆钻探工程有限公司、中国石油集团东方地球物理勘探有限责任公司、中国石油集团测井有限公司、中国石油集团海洋工程有限公司7家子公司，同时负责集团公司所属其他工程技术服务企业以及科研机构的业务管理、指导与协调。中油技服作为重组后的油田技术服务业务管理主体，主要承担决策、协调、监督、党建和服务五类职能，是利润中心和经营管理中心，对7家成员企业以“战略管控+部分运营管控”模式进行分级授权管理。

截至2020年底，主要专业施工队伍6847支。按专业分：物探队196支，钻井队1191支，测井队828支，录井队1583支，井下作业队1896支，固井、定向井、钻井液等技术服务队伍1153支。按市场分：国内5685支，国外1162支。用工总量15.9万人，其中合同化11.6万人、市场化3.6万人、劳务工0.7万人。

2020年，三维地震采集8.5万平方千米、钻井进尺2103万米、测井8.5万井次、录井10011口、井下作业8.06万井次，分别同比下降17%、23%、20%、24%和8%；天然气作业产量105.6亿立方米，同比增长9%。收入同比减少11%，净利润创中油技服成立以来最好水平，完成集团公司下达的各项考核指标。

（吴际达）

【深化改革】 持续加强管理体系和管理能力建设，提升管理水平。2020年，加强总包外包专业化管理、重大装备租赁招标管理、区域资源协同共享等工作，研究出台《中国石油天然气集团有限公司内部钻机管理规定》《中油技服油气风险作业服务业务管理暂行办法》《中油技服管理创新成果奖评选办法（暂行）》等近20余项制度或管理办法。组织编制并印发《钻井科技示范工程实施指导意见》，进一步推进钻井科研与生产、技术与现场施工深度融合，促进钻井提速提效。印发《中国石油天然气集团有限公司石油工程技术服务企业及队伍资质申办工作规程》，进一步规范工程技术企业和施工作业队伍资质申办工作，提高工作效率和管理水平。

持续优化业务结构，提升价值创造力。2020年，加深对“新基建”、能源转型、数字化转型等研究，修改完善中油技服发展战略，并结合中油技服对标工作和“十四五”规划，加强战略管理和战略执行力研究。组织系统梳理中油技服压裂业务，依托钻探企业现有平台和力量，结合成员企业研发优势、技术特色和地域特点，遵循“各有所长、各具特色、扶优扶强、特色突出”原则，推进建立中油技服压裂技术中心，强化压裂基础理论、工艺工具、液体体系等研发应用，重点突破压裂业务发展中的“卡脖子”技术。依托西部钻探、渤海钻探、川庆钻探分别设立西部井控应急中心、东部井控应急中心和西南井控应急中心，统筹加强井控应急抢险技术和装备研究攻关。成立中油技服工程作业智能支持中心、川渝页岩气远程技术支持中心，推进建立工程技术应用数据库，实现物探、钻井、录井、测井等各专业数据共享互通。组织各企业开展业务梳理，进一步推进钻机拆搬安、设备检维修等业务外包，突出富余人员向高端高效业务转岗分流，促进自有员工托管对外分流，进一步明确与主营业务关联程度小、创效能力差、社会化程度高的业务，督导各企业确定低端业务退出计划。

持续推进生产组织模式创新，实现“四提”新成效。2020年，推进建立区域联合项目管理机制，在集团公司重点上产区域，中油技服或属地钻探企业牵头成立项目管理机构，对参与单位实施统一管理。优化工厂化钻井、压裂生产组织模式，组织规范工厂化钻井压裂井场布置、设备安装、施工作业等标准，推广工厂化钻井平台“一队双机”；在丛式井推广连续油管通洗井一体化作业等模式。建立专业化服务队伍，在有条件的区域组建设备拆搬安、维保修、压裂备压等专业化队伍；建立不同井段专打队伍，推广浅井钻机配合打深井模式。推进区域资源共享机制，组织钻探企业统筹协调区域内队伍人员、后勤保障、设备维修、物资供应等各类资源，实现区域资源集约共享。

（余本善）

【市场开发】 国内市场开发。2020年，面对新冠肺炎疫情和低油价双重冲击，始终秉承“成就甲方才能成就自己”的理念，强化与勘探与生产分公司、油气田企业和中国海油、中国石化的沟通协调，加大市场开发力度，持续巩固关联交易市场，拓展非关联交易市场，开发集团公司外部市场。继续落实市场开发激励政策，东方物探等6家技服企业被评为市场开发先进单位，大庆油田等10家油气田企业被评为一体化协作先进单位，提高企业市场开发和一体化协作的积极性。通过上下共同努力，市场工作成效显著，集团公司内部市场占有率同比提高1个百分点，大庆、辽河、大港等6家油气田市场占有率保持100%，新疆、塔里木、长庆、华北、冀东、浙江等油气田内部市场占有率同比提升；在中国海油等集团公司外部市场完成钻井进尺115万米，同比增长68%。

国际市场开发。2020年，国际业务深入开展“四创新两共享”活动（创新海外业务合作方式、创新海外业务服务模式、创新海外业务服务范围、创新海外业务发展模式，共享中东区域协调管理、共享海外信息和经验），市场开发业绩好于预期，海外新签合同额同比增长9.4%。其中，外部市场新签合同额占64.1%。获一批大额合同，签订伊拉克9区钻井总包和米桑修井增产总包、厄瓜多尔T油田钻井一体化、沙特阿美陆上物探采集、阿联酋OBN采集等多个超亿美元项目。传统规模市场进一步稳固，伊拉克、沙特、阿联酋等10个国家新签合同额均超1亿美元。在油价低迷严峻形势下，经过多年培育起来的传统规模市场对中油技服国际业务发挥“压舱石”作用。定向井、水平井、老井挖潜增效等技术服务业务新签合同占比21.9%，同比增长9.7%。市场开发模式不断创新，各企业探索“服务+金融”模式，与中信保等保险和金融机构开展合作。渤海钻探与伊拉克国家钻井公司合作，发挥各自优势投标钻井总包项目，收到良好成效。长城钻探和西部钻探在阿联酋市场合作，保持钻井项目平稳运行。西部钻探和渤海钻探开启在俄罗斯和伊拉克市场合作。

（杨培福　崔　涛）

【经营管控】 2020年，围绕“三个强化、三个坚持”（强化绩效引领、强化价值创造、强化决策支持；坚持创新发展、坚持精益管理、坚持合规运营）工作方针，着力完善预算、资金、税务、资本运营、财务分析、内控管理全方位经营管控体系。深入推进全面预算管理，持续开展月度盈利预测、滚动预算、季度预算，定期组织生产经营分析会，通报预算完成进度，发挥预算引领作用。以资金安全平稳、高效运行为目标，推动“两金”压降，2020年底外部应收账款余额比年初硬下降57亿元，库存物资持续保持低位。采取以收定支倒逼机制，加大票据开具力度，强化自由现金流管控。加强财税政策研究，在增值税留抵退税、科研费用加计扣除、疫情降费政策落地等方面引导企业应享尽享政策红利，综合所得税率降至23%。提升经营决策支持能力，历时8个月建成中油技服一体化会计核算平台，实现各层级单位、不同市场、不同专业损益和往来等信息实时调阅，财务管理手段实现质的突破，组织企业挖掘数据价值，深化财务分析，持续推进精益管理。

坚持以中油技服“11649”发展战略为引领，以“创新提升年”活动为抓手，出台中油技服2020年“17532”提质增效实施意见，提出1项总体要求、7个方面工作目标、5个专项行动和32条具体措施，持续深入开展提质增效工程。落实亏损企业治理三年行动计划和集团公司亏损治理视频会议精神，下发《中油技服亏损企业治理实施意见》，亏损企业亏损额和亏损面同比分别下降56%和4%。推进法人压减，压减法人7户，清理参股股权3户，超额完成集团公司下达的任务目标，完成数量为历年最多。推进单井创效工程，以川渝地区为试点开展以“3+1”（即单井标准数据体系、单井预算管理体系、单井综合评价体系3个体系和1个单井创效信息系统）为核心内容的工程体系建设，为扩大试点范围并全面铺开奠定基础。

（接桂馨）

【生产组织运行】 全面推进复工复产。2020年初第一时间建立复工复产日报、专题会和周例会制度，一手抓新冠肺炎疫情防控、一手抓复工复产。筹备召开上游业务复工复产视频会，与勘探与生产板块共同推动复工复产。组织召开长庆、塔里木、川渝页岩气等重点地区复工协调会，帮助企业加快复工复产。2020年2月底所有队伍全部复工，3月初全面达产，成为集团公司最快达产的板块之一。

推进两级协调机制建立。下发《关于建立集团公司勘探开发与工程技术对接协调机制的通知》，建立勘探生产与工程技术两个板块、油气田企业与技服企业两级对接协调机制。召开四次勘探开发与工程技术月度协调会并印发纪要，对会上安排的相关事项进行任务分解，明确责任领导和责任部门，抓好推进落实。

强化重点地区服务保障。先后10余次到川渝、长庆、新疆、塔里木等重点地区组织召开生产保障座谈会，协调生产保障相关事宜。向西南、塔里木、新疆等地区调配ZJ70及以上深井钻机35部。协调落实17部新钻机上钻到位，保障新疆、西南、塔里木等深层钻探需求。成立中油技服长庆地区勘探开发生产保障协调组，建立例会和报表制度，进一步靠前组织协调。组织开展冬季钻井施工，为完成重点项目产建任务争取了主动。

协调钻机等停问题。向集团公司党组呈报关于解决钻机等停问题的报告，根据领导批示协调后续工作量事宜。针对全年剩余工作量和钻机等停情况，制定钻机调配计划和运行方案，到长庆、大港、川渝钻机等停较多区域进行对接协调，推动等停钻机二次复产。通过努力，有66部等停钻机复产，带动钻机动用率提高8个百分点。

优化生产组织模式。开展生产组织模式创新和专业化建设，推广工厂化作业，91支钻井队施工58个工厂化钻井平台，41支压裂队施工92个工厂化压裂平台，生产时效同比提高1个百分点。组建钻机拆搬安专业化服务队伍23支、压裂备压专业化服务队伍49支，钻机搬迁和压裂转场效率分别提升14%、8%。

（杨培福）

【资质与井控管理】 资质管理。2020年，落实资质申办工作规程，严格资质审查审批，审核企业624家、队伍6205支，资质批复率分别为69%和87%。召开资质管理委员会会议，下发会议纪要，并到重点地区宣贯会议精神，推进落实各项工作。组织开展资质大检查，现场随机检查施工队伍87支，查改不合格项118项。举办第三期资质管理培训班，培训80多人次。结合井控安全新要求，修订并下发钻井、压裂企业和队伍资质审核标准。继续用好资质管理评先选优机制，评选年度资质管理先进单位6家和先进个人57名，激励资质管理人员工作积极性。

井控管理。召开四次集团公司井控管理领导小组工作会议，发布集团公司《重点地区井控管理规定》，升级高风险井装备配套标准，制定井控隐患停工整改判定标准。组织“12·23”井控安全警示日活动，贯彻落实“四查”要求，全面排查并停用剪切全封一体化闸板628套，组织以井控设计、外部队伍、天然气井、海上作业为主的专项大检查，开展高风险地区隐患排查回头看，组织页岩气井控督查和专题研讨，开展冬季期间井控专项督查，查改问题1408项。举办6期分级定点培训班和2期井喷压井应急救援培训班，轮训局处两级干部453名。建立317人的企业局处两级井控专家队伍，同比增加15人。处置溢流险情175井次，单井平均溢流处置时间32.5小时，溢流次数、处置时间同比下降16.3%和2.1%。开展井控工作先进单位和个人评选，4家钻探企业、4家油气田企业和2家海外企业获集团公司“井控工作先进企业”称号，168人获集团公司“井控工作先进个人”称号。

（彭　利）

【“四化”建设】 推进重大装备标准化，提高技术性能。2020年，聚焦精益管理，统筹推进重大装备配套规范制定和实施，实现重大关键装备标准化配套，提升作业效能。推广中油技服一代自动化钻机，提升钻探企业服务油田勘探开发能力，受到油公司普遍欢迎；配套标准化2500型压裂机组及“九改进九提升”提速提效装备，压裂作业效率效益不断提升；组织编制并发布国内一代自动化钻机、成套电动压裂装备、气井带压作业机、顶驱冲管装置等配套规范，满足高效、安全、环保生产作业需要，为进一步开展标准化采购及专业化维保修等工作奠定基础。

推广专业化服务，发挥共享优势。在集中作业区域推广钻机、压裂、旋转导向等装备专业维保修服务，在有条件的集中作业区域建设物资共享中心，实现内部资源集约共享，外部资源充分利用。西部钻探与60余家制造服务商签订钻井设备、动力设备、顶驱等专业维保协议，2020年在新疆玛湖、吉木萨尔、塔里木、青海等区域实施164支钻井队，有效缓解人员紧缺压力，降低成本，实现玛湖区域钻机机修时率0.4%以下，作业效率提升20%以上；川庆钻探利用自有修理厂在威远、长宁、高石梯—磨西等集中作业区域开展设备分区集中修理；新疆玛湖物资共享中心高效保障区域内施工各类生产队伍物资需求，川渝威远区块依托西南油气田物资公司自贡库开展区域集中储备和物资实物共享，建立区域和人员共享“2小时共享圈”。

提升关键装备自动化水平，改善一线环境。2020年，围绕“五省”（省人、省心、省力、省时、省钱）目标，持续推广自动化装备，大力提升钻机、压裂车组等重点关键装备自动化水平，降低一线劳动强度，改善一线作业环境，提升作业安全性。按照自动化钻机配套规范，2020年新出厂24部自动化钻机，累计更新70部自动化钻机；改造43部自动化钻机，累计改造90部自动化钻机。160部自动化钻机投入现场应用，二层台实现无人操作，钻台面和井场80%以上重体力劳动被机械替代，安全风险大幅降低，每队减少用工6—9人。按照2500型压裂机组配置规范，2020年新出厂50台2500型压裂车，全面配套不锈钢泵阀箱、单通道压裂井口管汇、免破袋连续输砂装置等“九改进九提升”提速提效装备，现场管线布局下降50%以上，管汇连接点下降80%，辅助生产时间下降50%，供水供砂效率提升1倍以上，性能稳定、作业高效，为提升压裂效率效益起到重要保障作用。物探自动化装备不断发展，高精度可控震源、eSeis智能节点仪器加大推广，物探无人机、自动化山地钻机、外骨骼穿戴设备加快研制，作业效率和自动化水平不断提升。

加强信息技术融合，革新装备管理模式。提升装备数字化、智能化水平，逐步实现装备运行过程实时监控、数据远程传输、专家诊断等功能。推进钻机信息采集与远程监控，2020年出厂的24部更新自动化钻机全面配置远程监控与技术服务系统，基本满足相关运行、维护保养参数在线监测、故障报警、远传等要求，监测各类参数300余项，为钻机健康高效运行提供决策参考。持续提升压裂信息化远程监控水平，2020年以来研制并应用低压区远程集中控制装置，实现柔性罐和储液罐智能化集中控制，并应用无人机巡航监测，实现高压区无人值守、远程监控。

（赵　琳）

【地球物理勘探】 人员、队伍状况。2020年，物探专业合同化及市场化用工2.99万人。物探队伍196支，其中地震作业队164支、非地震作业队22支、VSP队10支（表1）。

表1　2020年集团公司物探队伍及动用情况

项　目	2020年	2019年	同比增减
在册队伍（支）	196	198	−2
其中，地震作业队	164	164	0
非地震作业队	22	23	−1
VSP队	10	11	−1
动用各类作业队伍（队次）	233	387	−154
国内，地震队	114	160	−46
非地震队	23	35	−12
VSP队	17	85	−68
国外，地震队	56	90	−34
非地震队	9	15	−6
VSP队	2	2	0

装备状况。2020年，有地震遥测仪器178台套，主机控制单元178个，总道数1712894道。其中，国内在用地震遥测仪器99台套，总道数771933道；国外在用地震遥测仪器79台，总道数940961道；重力仪12台，磁力仪4台，电法仪566台；资料处理计算机1.54万个CPU（13.82万核），资料解释计算机2044个CPU（17560核）；磁带机124台；绘图仪64台；可控震源有7种型号727台；车装钻机有37种型号1019台，人抬钻机有18种型号1506台，推土机有12种型号221台；各类物探测量仪器3049台套，其中卫星定位仪2500台、卫星导航仪196台、全站仪353台；深海地震勘探船6艘（表2）。

地震采集工程。2020年，二维地震采集1.8万千米，三维地震采集8.54万平方千米（表3、表4）。

表2　2020年集团公司地球物理勘探装备情况

项　目	2020年	2019年	同比增减
地震仪器（台套）	178	178	0
主机控制单元（个）	178	178	0
总道数（万道）	171.3	160.7	10.6
平均每台仪器（道）	9623	9028	595
采集站（万个）	108	91.07	16.93

续表

项　目	2020 年	2019 年	同比增减
非地震仪器（台）	584	696	−112
其中，重力仪	12	51	−39
磁力仪	4	77	−73
电法仪	566	566	0
磁化率仪	2	2	0
资料处理计算机	1.54 万个 CPU（13.82 万核）	1.77 万个 CPU（14.36 万核）	减少 0.23 万个 CPU（减少 5430 核）
资料解释计算机	2044 个 CPU（17560 核）	1939 个 CPU（15353 核）	增加 105 个（增加 2207 核）
可控震源（台）	727 台（7 种型号）	652（7 种型号）	增加 75 台
车装钻机（台）	1019（37 种型号）	1011（38 种型号）	增加 8 台（型号减少 1 种）
人抬钻机（台）	1506（18 种型号）	1544（19 种型号）	减少 38 台（型号减少 1 种）
推土机（台）	221（12 种型号）	228（12 种型号）	减少 7 台
物探测量仪器（台）	3049	3052	−3
其中，卫星定位仪	2500	2496	4
卫星导航仪	196	198	−2
全站仪	353	358	−5

表 3　2020 年集团公司二维地震、三维地震采集情况

项　目	2020 年	2019 年	同比增减
二维地震采集（万千米）	1.80	5.66	−3.86
其中，国内	0.84	1.63	−0.79
三维地震采集（万平方千米）	8.54	10.30	−1.76
其中，国内	2.24	2.04	0.2

表 4　2020 年集团公司国内外物探野外采集工作量

项　目		2020 年	2019 年	同比增减
国内勘探	二维地震施工（队次）	42	58	−16
	生产记录（万张）	43.29	96.49	−53.20
	地震剖面（万千米）	0.84	1.63	−0.79
	三维地震施工（队次）	72	102	−30
	生产记录（万张）	427.27	441.06	−13.79
	采集工作量（万平方千米）	2.24	2.04	0.20
	VSP 工作（队）	7	9	−2
	VSP 测井（口）	122	1777	−1655
国外勘探	二维地震施工（队次）	13	25	−12
	生产记录（万张）	38.53	165.15	−126.62
	地震剖面（万千米）	0.96	4.03	−3.07
	三维地震施工（队次）	55	74	−19
	生产记录（万张）	5210.23	4403.11	807.12
	采集工作量（万平方千米）	6.30	8.26	−1.96
	VSP 工作（队）	2	2	0
	VSP 测井（口）	5	8	−3

地震资料处理。2020 年，处理二维剖面 10.23 万千米，同比减少 9.71 万千米，下降 48.7%；处理三维资料 11.82 万平方千米，同比减少 1.32 万平方千米，下降 10%。

资料解释及综合研究。2020 年，完成二维地震解释剖面 16264 条，长度 74.38 万千米；完成三维解释区块 13674 个，面积 38.51 万平方千米，下降 6.3%，发现圈闭 8862 个，面积 8.03 万平方千米；复查圈闭 10684 个，面积 7.56 万平方千米。

核心软件。（1）GeoEast 软件在 OBN 数据处理、中东地区高端处理、“AI+ 物探”处理解释、横波源等前沿技术研发等方面取得重要进展，为中东等高端市场开拓和软件深化推广应用奠定基础。新一代开放式软件平台具备软件模块规模化移植和新功能开发的全面支撑能力，完成 418 个处理解释功能模块开发，组织 GeoEast V4.0 试生产测试；云计算管理系统在塔里木油田、大庆油田、新疆油田等单位开展示范应用，有效提高生产效率，降低运营成本。股份公司 GeoEast 推广应用工程加快推进，勘探领域处理解释项目平均应用率 75%，开发领域累计完成 62 个采油（气）厂推广，GeoEast 集团公司主流物探软件地位得到进一步巩固。（2）KLSeis Ⅱ V4.0 软件系统新增地震采集作业方案模拟、近地表 Q 建模等 7 个特色应用软件。高精度静校正和表层建模方法持续完善。其中：模型约束层析反演的速度模型和整体应用效果达到商业化软件水平；初至波自动拾取方法通过多方位空间内插、改进的聚类算法、多角度全方位质量评价等技术优化改进，拾取效果获得极大改善。海量地震数据转储与质控软件实现每日 30 万亿字节（TB）转储能力并在生产中进行试验；节点质控软件通过优化算法和改进并行方式，平均提速 8 倍左右，解决海量地震数据相关计算效率慢的问题；地震采集实时监控软件通过室内海量数据测试，具备 10 秒完成 50 万超大道数有线地震数据实时监控能力。（3）水平井钻井导向软件进一步完善，形成水平井地层归位校正技术，对水平井轨迹优化设计具有重要意义，在大庆葡 48 滚动跟踪预测项目中应用，砂岩钻遇率超过 80%。

装备研发。（1）eSeis 节点投入规模化应用，在西安建成全球最大道数自动化总装生产线，完成 14.2 万道制造并投入国内 16 个项目应用，“四提”成效显著，被评为集团公司 2020 年十大工程技术利器、集团公司 2020 年十大科技进展。（2）3.5 万磅级大吨位宽频横波震源研制成功，激发频宽 3—120 赫兹，实现 SH-X 和 SH-Y 两个方向横波在同一震源上分时激发，在柴达木盆地完成先导性生产试验，展现巨大应用前景。（3）G3i 仪器成功解决高大山体、峡谷对震源信号遮挡的技术难题，双主机隔山独立同步采集数据合成和双北斗指挥机主从统一调制技术在四川和山西项目应用，平均日效分别为 1095 炮和 1478 炮，为项目提速、提效作出贡献。（4）Dolphin 导航系统完全取代国际同类产品，在阿联酋 ADNOC 项目累计完成超过 3600 万炮导航任务。（5）uDAS 水平井套管外光纤布设工艺取得突破，在浙江油田实现国内首次水平井光纤布设，套管内磁吸附耦合技术逐步成熟，完成多口井施工，信噪比明显提升，为下一步 uDAS 水平井应用打下坚实基础。

物探技术集成配套。（1）“两宽一高”地震勘探技术在国内外规模化推广应用成效显著。复杂地表区地震采集实施模拟技术先后在华北、新疆、塔里木 8 个三维项目全面推广应用，高难山地点位设计符合率由 25% 提高到 71% 以上，大型城区点位符合率由 83% 提升到 92%，提高作业效率，降低作业成本。国内以“可控震源动态扫描技术 + 等效观测方案优化”为核心的复杂区可控震源高效采集配套技术不断完善，应用持续取得显著成效，新疆吉木萨尔联合采集项目平均日效 8023 炮，再创国内可控震源高效采集平均日效新高；华北探区巴彦河套盆地磴口构造带三维采集项目效率再上新台阶，可控震源平均日效超 4000 炮。国外阿曼、科威特、沙特、阿联酋等中东市场项目持续高效运作，可控震源超高效混叠采集技术在阿曼 OXY 项目再创新高，平均日效 37390 炮，最高日效 54947 炮；科威特西 23 万道全球第一超大道数采集项目最高日效 4375 炮，平均日效 3468 炮，获得甲方认可与好评。（2）深海 OBN 配套技术和装备不断完善。集装箱式自动收放系统实现各种主流节点全面兼容，后甲板自动化水平和收放效率进一步提升；国内 OBN 技术再获突破，自主技术和装备应用率 100%；海洋多震源高效混采技术在 ADNOC 项目持续突破，最高日效 58000 炮。（3）全球首个井中电性源发射、四分量电磁接收的井间电磁现场试验取得进展。数据处理获得井间电阻率、极化率和含油饱和度变化信息，为老油区提高采收率提供新的地球物理手段。

技术标准。制定《陆上纵波地震勘探资料处理技术规程》《海底节点地震资料采集技术规程》2 项石油物探行业推荐标准，修订《地震资料构造解释技术规程》《海洋可控源电磁法勘探技术规程》《陆上多波多分量地震资料采集技术规程》3 项石油行业推荐标准。

（刘应忠）

【钻井】 人员、队伍状况。2020 年，钻井专业用工总量 7.80 万人。钻井队伍 1191 支，其中陆上钻井队 1178 支、海洋钻井平台 13 座。

主要技术服务装备和井控装备。有各类水泥车 680 台，旋转防喷器 / 旋转控制头 116 台，制氮装备 15 套，压缩机 96 套；各类防喷器 5439 台，其中，单闸板防喷器 1479 台、双闸板防喷器 2190 台、环形防喷器 1718 台、其他防喷器 52 台。控制系统 2097 套，节流压井管汇 2748 套。

工作量完成情况。2020 年，集团公司钻井队伍在国内外市场开钻 9127 口，完井 9350 口，钻井进尺 2103 万米。其中：在集团公司内部市场开钻 8306 口，完井 8500 口，钻井进尺 1901.06 万米；在国内集团公司外部市场开钻 185 口，完井 186 口，钻井进尺 54.59 万米；在国外市场开钻 636 口，完井 664 口，钻井进尺 147.33 万米（表 5）。

表 5　2020 年集团公司钻井工作量

项　目	2020 年	2019 年	同比增减
开钻总井数（口）	9127	11698	−2571
完钻总井数（口）	9350	11571	−2221
其中，国内	8686	10493	−1807
国外	664	1078	−414
钻井进尺（万米）	2103	2745	−642
其中，国内	1956	2498	−542
国外	147	247	−100

工厂化钻井技术。2020 年，五家钻探企业通过在川渝页岩气、新疆玛湖、长庆陇东和大港页岩油等集团公司重点勘探开发区域开展工厂化竞赛，30 支钻井队实现“年 5 开 5 完”，队伍整体提速效果显著。西部钻探在玛湖开展工厂化钻井竞赛，3 支队伍实现“年 7 开 7 完”，4 支队伍实现“年 6 开 6 完”。渤海钻探在大港油田港西二号井丛场施工 56 口井，累计进尺 80377 米。在大港页岩油以地质工程一体化、技术经济一体化为引领，集成应用“丛式井场设计 + 批钻 + 轨迹防碰 + 钻井液二次利用 + 无钻机固井 + 电代油 + 工厂化试油工艺”等配套技术，实施工厂化钻完井，开钻 14 口，完井 18 口，进尺 7.21 万米。官页 2−3−2H 井完钻井深 5538 米，钻井周期 37.42 天，钻完井周期 49.75 天，建井周期 59.63 天，创区域 5500 米以深水平井多项指标。川庆钻探在陇东页岩油推广“大井丛、多井型、多层系、工厂化”开发模式，形成 3 种大井丛布井模式，实现单层到 3 层立体式开发，1 支队伍实现“年 10 开 10 完”，华 H60 平台完成水平井 22 口，刷新国内陆上水平井平台纪录。

控压钻井技术。西部钻探在新疆南缘、青海英中等重点深探井、复杂井区域实现钻井全过程井下压力平稳控制，有效解决窄密度窗口地层常规钻井涌、漏等复杂问题，为提速增效、降复杂保安全起到关键作用。长城钻探在驾 101 井利用控压钻井设备保持井底压力恒定，保证井口安全，实现安全快速钻井，并实现控压起下钻，利用欠平衡钻井技术，四开全井段实现低密度钻进，发现 5 个显示较好层位，实现对油气层及时发现和保护。渤海钻探在滨 56−1H 井应用自主研发的精细控压钻井系统，完成控压接立柱 31 次、起下钻 4 次，实现边控压、边钻进，至完井累计点火 23 次，发现油气层 88 段，油气钻遇率 100%，成功解决窄密度窗口难题，助力油气储层发现和保护。在宁 231、宁 221 等井取心过程中通过密闭承压系统进行循环，实现井控安全。川庆钻探在川渝地区高石梯—磨溪区块完成 35 井次精细控压钻完井应用，平均钻井液漏失量比常规钻井下降 75.13%，平均复杂处理时间比常规钻井下降 82%，100% 钻达地质目标，形成高石梯—磨溪高压高产储层精细控压钻井作业指南，使震旦系超深水平井得以实现，促成高石梯—磨溪地区 110 亿立方米产能快速建成；在川西北地区应用 10 井次，在川渝地区火山岩应用 15 井次，助推中江 2 井提前 31 天完成火山岩储层钻探目标，实现加深井段高低压同层安全高效钻进，在中江区块首次实现灯二段勘探目标。

气体钻井技术。川庆钻探在川渝地区长宁—昭通、剑阁、双鱼石、相国寺，长庆及新疆等区块开展气体钻井 33 井次，累计进尺 21671.16 米。宁 209H33−4 井创下昭通页岩气直径 444.5 毫米井眼平均机械钻速最高 24.59 米 / 时、气体钻井最快 1.22 天两项纪录；博孜 2 井刷新国内直径 311.2 毫米井眼气体钻井施工井深最深 5015 米、气体钻井单井进尺最长 2180 米、博孜区块气体钻井单趟进尺最长 901 米等纪录；首次在宁 216H14−5 井充氮气钻井条件下使用 EMWD 随钻测量工艺。

固井技术。西部钻探承钻的呼探 1 井现场采用精细控压固井工艺，优选高抗侵三凝双密度防窜水泥浆体系，结合钻井精细控压，利用多种固井软件模拟，优化施工参数，准确计算并绘制固井作业及候凝期间压力控制曲线，应用精细控压固井技术实现全过程精准控制井下 ECD，创下新疆油田套管下入最深 7600.5 米、尾管固井水泥封固段最长 4070 米、尾管固井套管重叠段最长 2170 米三项纪录。超高温、高密度井注灰塞工艺技术在青海油田碱探 1 井深井水泥塞固井施工首例成功，为柴达木盆地高温、超高温固井施工提供有力技术支撑和安全保障。渤海钻探承钻的安探

1-1X 井，177.8 毫米套管一次封固长度 5069 米，刷新华北油田 177.8 毫米套管封固段最长纪录。天湾 1 井 473.1 毫米套管下深至 2799.3 米，采用内插法固井，创新疆油田同尺寸套管内插法固井最深纪录。临华 1X 井井深 5915 米，井底静止温度 141℃，139.7 毫米尾管下深 5779.75 米，尾管封固段长 2258.75 米，创华北油田巴彦河套区块固井施工井温最高、尾管下深最深以及尾管封固段最长三项纪录。川庆钻探持续完善以压力平衡为基础的精细控压固井技术，细化施工作业压力设计与现场校核，制定精细控压固井技术作业标准，现场开展 23 次施工作业并取得成功。大庆钻探针对调开井钻井标准放宽、地层压力升高、层间压差大、高压高渗层矛盾突出、一次性全井封固等难点，通过多级划眼、屏蔽暂堵、机械封隔、双凝压稳等技术措施，调开井固井优质率 76.29%，同比提高 3.54 个百分点，开发井优质率 88.83%，创历史最好水平。

施工纪录指标。MaHW6222 井完钻井深 7010 米，水平段长 2696 米，刷新玛 18 井区水平段最长、玛湖区块水平井最深纪录；宁 209H71-3 井完钻井深 4850 米，水平段长 3100 米，创页岩气井水平段最长纪录；JHW05811 井创页岩油区块水平井日进尺最高 402 米、趟钻进尺最高 1864 米、斜井段平均钻速最高 15.22 米 / 时等多项纪录；威 202H34-3 井完钻井深 5590 米，水平段长 2500 米，水平位移 3013 米，创区块完钻井深、水平段长、水平位移纪录；YS137H1-1 井完钻井深 2650 米，位移 1652.38 米，水平段长 1140 米，钻井周期 21.88 天，机械钻速 10.39 米 / 时，打破浙江油田叙永区块钻井周期最短纪录；胜 601- 沙 H107 井完钻井深 4318 米，水平段长 1125.48 米，钻井周期 71.63 天，建井周期 93.17 天，创辽河油田胜 601 区块沙四段水平井钻井周期、建井周期、水平段长、油层钻遇率百分之百等多项区块纪录。吉华 1 平 11 井完钻井深 1922 米，最大井斜 85.82 度，水平位移 1589.81 米，钻进太古界地层片麻岩段 1270 米，创国内水平井钻进片麻岩段最长纪录；泸 203H1-4 井完钻井深 6265 米，垂深 3788.23 米，水平位移 2851.78 米，水平段长 2550 米，刷新国内深层页岩气水平段最长纪录；黄 203 井完钻井深 6180 米，水平段长 2210 米，钻井周期 206.63 天，创区块最短钻井周期指标；双鱼 001-X3 井完钻井深 8600 米，创国内陆上水平井井深最深纪录；桃 2-33-8H2 井完钻井深 8088 米，水平段长 4466 米，创国内陆上水平井最长水平段纪录；华 H60 平台完成 22 口水平井，平均井深 3646 米，创国内陆上最大水平井平台纪录；靖 72-70H2 井完钻井深 4670 米，钻井周期 24.5 天，创长庆致密气水平井最短钻井周期纪录；华 H44-3 井完钻井深 3650 米，钻井周期 8.5 天，创长庆页岩油水平井最短钻井周期纪录；呼探 1 井完钻井深 7601 米，创新疆油田准噶尔盆地最深井纪录；玛 18 井区 MaHW6222 井，完钻井深 7010 米，创玛湖区块最深水平井纪录；黄 202H2-2 井完钻井深 6540 米，垂深 4268 米，水平段长 2080 米，刷新国内最深页岩气井纪录；宁 209H71-3 井完钻井深 4850 米，水平段长 3100 米，是国内首口页岩气超长水平井，创国内页岩气井水平段最长纪录；跃满 20-6X 井垂深 7620 米，创集团公司斜井垂深最深纪录；官页 7-3-5H 井完钻井深 4502 米，钻井周期 19.9 天，刷新大港页岩油最快钻井周期纪录；磨溪 009-H10 井嘉陵江—茅口组实施 40 兆帕极限提速钻井试验，完钻周期 99.71 天（6020 米），创磨溪区块龙王庙最快完钻周期纪录；泸 203H2-2 井完钻井深 5740 米，创深层页岩气区块完钻周期 64.93 天最短纪录；自 201H3-3 井钻井周期 78.99 天，刷新自 201 井区完钻周期最短纪录；月海 1 井完钻井深 5302 米，平均机械钻速 8.4 米 / 时，钻完井周期 132.52 天，取心进尺 28.94 米，取心收获率 93.95%，成功实施高温、高压、小间隙、长裸眼尾管固井作业，创辽河油田海上最深井纪录。

（杨建永）

【测井】 人员、队伍状况。2020 年，测井专业用工总量 12431 人，同比减少 441 人。测井专业队伍总量 828 支，同比增加 3 支。其中：国内市场 715 支，增加 4 支；国外 113 支，减少 1 支，分布在 18 个国家。

专业装备。主要专业设备 1066 套，同比增加 126 套。其中：裸眼井测井设备 687 套，增加 91 套；生产测井设备 133 套，增加 3 套；射孔取心设备 205 套，增加 32 套；LWD 设备 41 套，增加 2 套。

工作量。2020 年完成工作量 84721 井次，同比下降 19.88%。其中：裸眼测井 20064 井次，下降 28.2%；生产测井 13925 井次，下降 13.13%；工程测井 22733 井次，下降 21.67%；射孔 27999 井次，下降 14.51%。国内工作量 81692 井次，同比下降 18.96%，国外工作量 3029 井次，同比下降 38.76%。因井况、路况测井未成功 6736 井次，占总工作量的 7.37%，同比增长 0.75%。测井解释探井 16 万层，开发井 57 万层，解释成果油层 6.9 万层、气层 1.3 万层。老井复查 15479 井次，发现油气 5853 层。探井解释符合率 87.72%，开发井解释符合率 96.76%。测井曲线合格率 100%，测井曲线优质率 99.09%，射孔一次成功率 99.97%，钻进式井壁取心收获率 88.45%，仪器一次下井成功率 98.7%（表 6）。

表 6　2020 年集团公司测井工作量

井次

项　目	2020 年	2019 年	同比增减
工作总量	84721	105746	-21025
其中，裸眼测井	20064	27944	-7880
生产测井	13925	16030	-2105
工程测井	22733	29021	-6288
射孔	27999	32751	-4752
国内工作量	81692	100800	-19108
国外工作量	3029	4946	-1917
因故测井未成功	6736	7504	-768

获奖情况。测井公司“三维感应成像测井仪研发成功实现各向异性储层评价突破”获 2020 年度中国石油十大科技进展；“EILog 快速与成像测井系统研制及工业化应用”获 2020 年度中国石油和化学工业联合会科学技术进步奖一等奖；“新型高速遥传过钻杆测井装备研发及规模应用”和“高原咸化湖盆混积岩油气藏测井评价关键技术及应用”获 2019—2020 年度中国石油和化工自动化行业科学技术进步奖二等奖；“水平井智能泵送软件开发及工业化应用”获 2020 年度中国石油天然气集团公司科学技术进步奖三等奖；“微电阻率成像测井技术与装备研究应用”“深井高温伽马一体化探测器研制与应用”获 2020 年度陕西省科学技术进步奖三等奖。

测井业务纪录。在西南油气田 SHY001-X3 井，完钻井深 8600 米，井斜 89 度，测量井段 7623—8600 米，一趟完成自然伽马能谱、补偿中子、岩性密度、井径、井斜方位、交叉偶极声波、阵列感应测井，创国内陆上最深水平井钻具传输测井纪录。在华北油田 J93-65X 井，大斜度传输取心 108 颗，创国内陆上单井取心颗数最多纪录。

射孔业务纪录。在长庆油田 G7-17B 井，采用“桥射大队联作”拉链作业方式，24 小时内完成桥射联作施工 23 段，创国内陆上同一平台单日段数最多纪录。在长庆油田 J50-26H1 井，完钻井深 7388 米，水平段 4118 米、桥塞坐封最深 7190 米，创国内陆上桥射联作最长水平段纪录。在西南油气田 MX009-H10 井，完钻井深 6220 米（垂深 4575.04 米），最大井斜 90.47 度，使用四川石油射孔器材有限公司生产的 DP35HNS25-4XF 型先锋射孔弹，射厚 705 米，传输射孔跨度 1348 米，使用射孔弹数 10580 发，创国内陆上单井使用射孔弹最多纪录。在中国海油南海西部油田 WZH11-1N-A6S1 井，多级增压射孔总跨度 732.1 米，使用 13 级增压起爆工艺，最大单段夹层跨度 733 米，创国内海上增压起爆射孔技术级数最多、单段夹层跨度最大纪录。

测井技术。（1）裸眼测井。测井公司自主研制 FITS 过钻具存储式测井仪器，实现小规模制造和应用，累计完成仪器制造 8 串，投产应用 6 串，完成测井 61 井次，作业一次成功率 100%，测井资料优质率 95.25%。175℃ /140 兆帕 @20 小时成像测井装备在吉林 G11-7 井首次实现常规 + 阵列感应组合作业，完成作业 6 口井，具备规模推广条件。三维感应电阻率成像测井仪在大庆、西南、长庆等油气田实现规模应用 50 余井次，测井资料合格率 100%。iMRT 偏心核磁完成样机研制，测井试验 10 口井，解决高矿化度钻井液、大尺寸井眼以及大斜度井等复杂井眼环境测井难题，增强流体和非常规油气储层微小孔隙识别能力。MPAL-F 远探测阵列声波仪器现场应用 12 井次，实现对井周 80 米范围内裂缝、缝洞、储层边界、断层等地质构造的探测和量化评价。全域成像测井系列完成可控源地层元素与孔隙度、感应成像、电场成像、全景式声波 4 套样机研制并在标准井完成性能验证。可控源地层元素与孔隙度、全景式声波完成 3 口生产井试验，感应成像、电场成像完成 2 口生产井试验。长城钻探 LEAP 测井系统升级及关键技术研究项目结题，进入现场应用阶段。完成伊拉克 DMS 陀螺仪升级，升级后的仪器性能达到国际先进水平，固态传感器实现全角度连续测量，满足甲方对陀螺作业的高标准要求。（2）随钻测井。测井公司随钻多极子声波成像测井仪、近钻头伽马电阻率成像测井仪、随钻远探边和前探测电阻率成像测井仪完成样机试制，随钻深探测电磁波电阻率成像测井仪完成样机装配及联调测试，随钻核磁共振测井完成关键技术研究和测试，方位密度与可控中子源综合成像测井仪完成模拟源标准井试验，随钻高分辨率伽马与侧向扫描综合成像测井仪完成 2 口井现场试验，随钻侧向电阻率 RIT

进入现场实验。旋转导向互联互通完成钻井液涡轮发电机改进升级，完成两套产品制造，10井次试验应用；完成DownLink解码软件改进及测试，在水基钻井液条件下完成基本功能验证，在浅层页岩气完成部分改进功能验证。（3）生产测井及测试。测井公司CPLog阵列电磁波/电容持水率测井仪及阵列温差流量测井仪研制成功，配套完成解释成像软件开发，在长庆油田进行10井次现场下井试验，形成水平井流动成像系列测井仪系列，为油田低液量水平井准确测试提供新技术手段。CDFT套管井地层测试器在大庆油田及海拉尔区块共生产推广10口井，测压取样35个层位，光学流体识别精度96%，测压成功率100%，取样成功率95%以上。高精度生产井含水率测量装置形成原理样机，完成10井次现场试验，井口液量计量装置形成原理样机并完成5井次现场试验，能够实时监测井口采出液含水率和液量变化趋势。注采同测在华北油田CH29井组完成两口井6个层位4类24组同步实时测量和控制，实现分层数据实时显示与控制，达到“远程、实时、同步、决策”四个关键设计目标。渤海钻探小直径氧活化测井技术在华北油田二连和冀中地区应用效果良好。储气库光纤监测技术对储气库井全井筒进行分布式温度及多点压力高精度、永久监测，满足甲方对于储气库监测需要，在江苏金坛储气库应用效果良好。环空测压技术在巴彦淖尔吉兰泰油田应用效果良好。长城钻探脉冲中子全谱饱和度测井作业在南苏丹全面开展，2020年作业30井次，得到当地油公司高度认可。

射孔技术。（1）桥射联作技术。全面形成桥射联作技术2.0，实现软件、工具、装备、工艺全方位升级，逐步在川渝、新疆玛湖、长庆、大港页岩油气等区块推广。自主研发的泵送程序、管串通过能力分析及智能泵送系统全面推广，实现从施工设计到现场作业全过程控制。模块化分簇射孔器在川渝、新疆、大港等区块推广应用34口井/214段/1229簇，完全实现射孔器材无导线化连接和模块化组装，单组射孔枪串（7簇/0.8米）平均装配时间由原来的120分钟缩短为35分钟，时效提高70.8%；一次性桥塞坐封工具在31口井应用255套，装配长度缩短64.7%，重量减轻70%，现场装配效率由原来的2人30分钟提升至1人10分钟；插拔式井口快速连接装置在57口井应用743段次，实现远程操作，确保井口人员安全，井口拆装耗时由原来的5—10分钟缩短为2—5分钟，提速50%；不倒防喷管快速换装管串工艺推广应用162口井/2212段次，平均换装时效18—20分钟，提速50%；井下张力计、射孔可释放短节、震击解卡器等辅助工具配套完善，复杂井施工及事故快速处置能力提升显著。推广工厂化作业模式，优化施工工序，作业时效大幅提升，川渝页岩气区块桥射联作单段时效由2019年的2.97时/段提速至2.69时/段，最多单日施工6段；新疆玛湖页岩油区块桥射联作单段时效由2019年的2.85时/段提速至2.66时/段，最多单日施工13段；长庆致密油气区块桥射联作单段时效由2019年的3.04时/段提速至2.58时/段，最多单日施工23段。（2）智能射孔地质工程一体化技术。依托分段、分簇、射孔参数、射孔管柱、施工工艺五个方面的优化算法及规则，通过对油气井射孔主控因素研究，搭建油气井射孔模型，形成以地质需求为目标、录井测井资料为参照、工程优化为约束的射孔优化设计与作业监测1.0版。完成136井次现场试验，其中开发井常规射孔优化模块现场试验20井次，体积压裂井射孔优化设计模块现场试验43井次，体积压裂井整体模块已完成现场试验20井次，破裂压力平均降低6.3%。（3）射孔技术实验室。建设高温高压射孔试验区、射孔弹爆炸冲击试验区、岩心制作与分析实验区，建成国内领先的模拟储层环境（耐温200℃、三向应力加载200兆帕）射孔性能试验、射孔弹爆炸冲击过程成像试验平台。可开展模拟地层环境条件下射孔弹穿孔性能测试、射孔弹与地层适应性评价、射孔工具极限耐压能力（350兆帕）测试、射孔弹爆炸及射流形态变化分析、金属射流侵彻靶板过程研究等试验，突破射孔性能测试评价等关键技术难题。（4）射孔器材制造技术。采用药型罩不烧结技术生产“先锋”超深穿透射孔弹20余万发；推广Cu/Pb复合粉末技术生产射孔弹71万余发；研制射孔弹传爆孔封片自动粘贴和射孔枪密封面及螺纹车削、射孔枪盲孔钻铣、射孔枪定位键槽等自动化上下料装置。

解释评价技术。（1）“一量四谱”成像综合评价技术，助力勘探新发现。2020年跟踪集团公司重点探井165口，长庆油田B55井运用成藏模式+Soe法等侏罗系低阻低对比度油层判识技术，试油日产油56.3吨；Yu3井形成“测井+”综合应用技术，在地层长81段射孔求初产获日产油24.23吨，在断裂发育区取得新突破；新疆油田阜康凹陷KT1井，利用二维核磁共振技术，准确评价储层品质和定量判别流体性质，上乌尔禾组日产油132吨、气1.1万立方米，实现准噶尔盆地东部油气勘探由源边凸起带向源内凹陷区战略转移；新疆油田红车断裂带CHP24井，通过电成像技术，结合核磁共振评价，对储层物性及液性进行准确判断，获日产150.5吨高产工业油流，助力沙湾凹陷佳木河组砂砾岩储层首次突破；大港油田板102X1井，应用侧向与阵列感应技术，测试获日产油78吨、气8.6万立方米，实现板桥斜坡圈闭有效增储；大庆油田GYYP1井，应用页岩油储集性、含油性、可动性、可压性“四性”测井评价方法，水平段在青山口组压裂后放喷获日产油30.4吨、气1.07万立方米，为大庆油田古龙页岩勘探开发打开新局面；辽河油田驾探1井，应用常规及成像裂缝评价技术，试油日产气32.5万立方米，刷新辽河油田40年来天然气勘探单井日产纪录，展现辽河油田火山岩天然气巨大勘探潜力；华北油田LH1X井，在录井气测异常低的情况下，应用双侧向—阵列感应联合分析及邻层电阻率对比，识别低阻油层，试油日产油305.76吨；兴华1井，利用核磁技术刻画孔隙结构，明确“物性控制含油性”，解释油层117.8米，试油日产油274.08吨，揭示兴隆构造带巨大勘探开发潜力；青海油田CH9井，应用成像测井精细解释、测录一体化综合评价储层，日产油119.5吨、气4.824万立方米，扩展英雄岭构造带勘探范围；塔里木油田MSH1井，利用多学科综合评价和双侧向裂缝定量计算技术，发挥测录钻一体化解释优势进行综合评价，获日产油499.2吨、气37万立方米，标志着盆地腹部深层油气获重大突破，开辟新的油气战略接替区；吐哈油田SHQ1井，应用测井资料综合评价，初试折算日产气9.6万立方米，证实吐哈油田准东矿权流转区块石钱滩组发育斜坡背景上的近源凝析油气藏；玉门油田HQ652井，利用阵列感应径向侵入法和区域油水层识别图版判别流体性质，获日产油12.8吨，为环庆区块效益建产奠定新的资源基础；吉林油田CHY8井，采用页岩油“三品质”评价方法，提出基于压裂沟通远端裂缝提高产能的方法，试油日产油7.02吨，是CPLog系统推广在吉林油田第一口井，特别是FEM地层元素首次成功应用，打破国外元素测井在吉林油田的垄断地位，具有里程碑式意义。（2）大井丛测井油藏评价新技术特色鲜明。长庆油田华H60、华H40页岩油平台井开展“小井场、大井丛”测井油藏描述攻关，形成小层精细划分、三品质评价、三维油藏“甜点”体描述、平台井压裂模拟、射孔与压裂方案设计等关键技术，一举承揽华H100、华H60两个平台井地质工程一体化测井综合评价与压裂优化项目。（3）非常规岩石物理实验与应用能力得到加强。形成基于不同尺度、不同分辨率数据构建多尺度数字岩心的方法和构建数字井筒的技术；提出页岩线切割+高压吞吐洗油洗盐工艺，优化页岩储层孔隙度实验流程，形成基于配套实验的页岩油孔隙结构、含油性及可动性评价技术，支持海坝浅层页岩气储层及玛湖风城组、松南青一段等页岩油储层定量解释与“甜点”评价。（4）数据库建设与应用。完成岩石物理数据入库28580个，地层水数据入库34831个，科研生产中查询应用2300次；优化数据库功能模块，实现风险探井邻区钻井、录井、测井、地质及实验等数据关联查询；定制数据库快传通道，建立风险探井重点井大数据快速传输通道，确保风险探井成像原始数据及处理成果高效入库。（5）依托远程支持系统开展地质导向。2020年为旋转导向井提供远程技术支持128井次，同比增长36.2%；保障作业进尺14.4万米，同比增长20%；优质储层平均钻遇率97.1%，同比增长2.1个百分点。（6）持续推广LEAD测井综合应用平台。LEAD4.0软件全覆盖应用，部署1053套，投产应用5276井次，提高时效35%以上。新增地层元素、地层测试及电成像等高端处理模块，形成完整成像资料处理体系。建立新疆协同化处理解释工作流程，实现数据接收、格式转换、处理解释、审核、出图、归档等全部处理环节数据自动流转，显著提高工作时效。与A6梦想云平台集成，实现冀东油田单井处理与协同研究一体化应用。

（邹　辉）

【录井】 人员、队伍状况。2020年，录井专业在册员工总数为7637人，同比减少200人，下降2.6%。录井队伍总计1583支，其中综合录井队1517支，气测录井队66支。主要录井技术装备4226台，同比增加474台，增长12.6%。技术装备新度系数0.29。综合录井仪1185台，新度系数0.27，其中，国产综合录井仪1134台，新度系数0.25；进口综合录井仪51台，新度系数0.10。

市场分布。录井市场国内主要分布在16个油气区，国外分布于亚太、中亚、非洲、中东、美洲等地区的18个国家。服务于国内的综合录井仪1048台。其中，在集团公司内1041台，在集团公司外7台。

服务于国内的综合录井仪主要分布在长庆油田、西南油气田、新疆油田、塔里木油田、大庆油田、辽河油田、大港油田、吉林油田、青海油田、冀东油田、吐哈油田等。服务于国外的综合录井仪主要分布在中东、美洲和非洲地区。

工作量。全年完成录井10011口，同比下降24%。其中，国内录井9699口，下降23.1%，国外录井312口，下降45.1%；综合录井5914口，下降13.6%，气测录井1657口，下降38.6%，地质录井2440口，下降32.8%。录井22546井次，同比下降15.4%。录井仪器（综合录井和气测录井）施工总天数322185天，同比下降29.8%（表7）。

表7　2020年集团公司录井工作量

项　目	2020年	2019年	同比增减
录井总井数（口）	10011	13175	–3164
其中，国内录井	9699	12608	–2909
国外录井	312	567	–255
综合录井	5914	6847	–933
气测录井	1657	2698	–1041
地质录井	2440	3630	–1190
录井工作量（井次）	22546	26640	–4094
录井仪器施工总天数（天）	322185	459297	–137112

技术指标。2020年，在825口探井上发现并评价油气显示135566米/20500层，在4378口开发井上发现并评价油气层872725米/123571层，为保障集团公司油气田开发作出应有贡献。通过特色录井技术如三维定量荧光、元素录井、地化录井、地质导向和综合录井集成应用，油气显示发现率100%，探井剖面符合率85.3%，开发井剖面符合率93%，工程异常预报准确率和及时率100%，水平井优质储层钻遇率95.5%。

技术与应用。（1）综合录井技术。2020年，综合录井技术应用5914口，占总工作量的59.1%。在总工作量同比下降24%的情况下，综合录井工作量下降13.6%，综合录井技术成为集团公司油气勘探开发中的常规录井技术，广泛应用于国内外录井市场。（2）特色录井技术。录井特色技术在油气勘探开发中持续广泛推广应用，发挥重要作用。地化录井、元素录井、录井综合地质导向工作量逆势增长，分别完成3062口、850口和1548口，分别同比增长6.0%、5.5%和18.2%。（3）工程录井技术。录井企业充分发挥综合录井仪的工程录井作用，在实时监测钻井参数、及时报告工程异常基础上，不断强化钻井溢流漏失早期快速监测系统和岩屑返出在线监测与评价系统的应用，提高钻井过程中对井筒参数的采集和分析能力，降低钻井作业成本和风险，确保钻井施工安全提速。2020年监测工程异常28311次，其中钻具刺173次、泵刺173次、钻具断81次、井漏2609次、溢流148次、硫化氢异常59次，异常预报符合率99.99%，实现早发现、早报告、早处理的目的，提高工程时效和钻井速度。

录井技术标准。制定《油基钻井液录井技术规范》，复审Q/SY 1861—2016《岩样成像录井技术规范》、Q/SY 1555—2017《井场录井资料远程传输技术规范》、Q/SY 1862—2016《元素录井技术规范》、Q/SY 02002—2016《远程录井技术规范》。

技术创新成果。科技实力和创新能力大幅提升，以科技创新引领录井行业全面发展。2020年，开展各级科技项目242项，其中国家级项目2项、集团公司级项目23项、局级项目95项、处级项目122项。获奖成果120项，获专利55项，发表论文108篇。GW-OLS连续轻烃检测与评价系统通过集团公司科技成果鉴定，整体达到国际先进水平，色谱快速检测技术达到国际领先水平。“低渗砾岩录井多参数解释方法”获国家发明专利、“潜山卡识评判录井技术”获2020年度中国石油和化工自动化行业科学技术进步奖二等奖（省部级），“低渗砾岩储层录井精细解释评价技术”被评为2020年集团公司科学技术进步奖三等奖，《录井核磁共振技术在实际应用中的问题与探讨》在2020年度录井技术交流大会上获优秀论文一等奖。

（刘应忠）

【井下作业】 人员、队伍状况。2020年，井下作业用工总量5.8万人。井下作业队伍1896支，其中大修队234支、侧钻队65支、试油队216支、小修队808支、测试队237支、压裂酸化队171支、带压作业队165支。

装备状况。2020年，井下作业系统有修（通、钻）井机2366台，其中车载修井机1646台，占总量的69.6%。1000型以上压裂泵车1044台，共计227.3万水马力，2000型及以上压裂泵车915台。连续油管车124台，制氮车43台，液氮泵车58台，带压作业设备159套。

2020年，井下作业工作量80533井次，试油9998层。其中：国内井下作业工作量78920井次，试油6513层；国外井下作业工作量1633井次，试油3485层（表8）。

表8　2020年集团公司井下作业工作量

项　目	2020年	2019年	同比增减
井下作业工作量（井次）	80533	87566	−7013
其中，国内井下作业	78920	84875	−5955
国外井下作业	1633	2691	−1058
压裂	14082	14978	−896
酸化	1022	1761	−739
小修	60774	65873	−5099
大修	4479	4724	−245
侧钻	196	227	−31
试油（层）	9998	11166	−1168
其中，国内	6513	6746	−233
国外	3485	4420	−935

试油测试技术。川庆钻探继续推广应用通井＋刮管、试油＋完井、试油＋封闭3个一体化以及射孔—酸化—测试、酸化—测试、水平井裸眼分段完井等“三高”井试油工艺技术，降低井控安全风险，降低钻井液、水泥浆对储层的伤害，2020年在高石梯—磨溪、双鱼石地区应用50余井次，6口井获百万立方米以上产气量。渤海钻探持续优化“连续油管＋修井机”试油工艺技术，优化井丛场现场布局，形成井丛厂快速试油技术，进一步缩短搬安周期，最大可能减少连续油管及修井机交叉作业带来的不便及风险。西部钻探为攻克超高温高压、小井眼测试及完井等“卡脖子”技术工具，全面改进升级“多阀一封”测试工具，优化管柱组合与配置，完成西部地区160余口井测试作业，替液效率、耐温耐压密封性和防卡能力显著提高，多次打破集团公司和区域作业纪录。长城钻探针对海外高温高压高含硫井测试需求，集成射孔—测试—酸化—排液—计量联作技术、硫化氢井测试安全防护技术，配套70兆帕、105兆帕、140兆帕系列井下工具和地面测试设备，形成高温高压井、高浓度硫化氢井综合测试技术，在土库曼斯坦、乌兹别克斯坦等国家和地区成功应用130井次，测试最高地层压力140兆帕，最高地层温度206℃，最高硫化氢浓度440000毫克/升。

压裂酸化技术。川庆钻探在威远页岩气开展“大段多簇＋暂堵转向＋控液多砂”为核心的压裂工艺2.0技术试验28口井，单井测试产量和预计最终采收率（EUR）分别提升64.8%和33%，石英砂占比由2019的35%提升至60.8%，该技术在威204H34平台应用取得巨大成功，最高单段加砂强度4.38吨/米，最高单井加砂强度3.5吨/米，最高单段射孔13簇，平台8口井测试日产气474.97万立方米，成为国内首个测试日产气超400万立方米的平台；持续开展二氧化碳压裂技术攻关，完成长庆陇东地区首口页岩油水平井华H32-1井前置二氧化碳增能+DMS可溶球座细分切割体积压裂施工，增注液态二氧化碳220立方米。长城钻探研发第三代球座式可溶桥塞，依靠可溶性膨胀环和可溶胶皮实现密封承压，桥塞长度、重量优化至273毫米、5.74千克，较常规可溶桥塞下降40%，整体溶解速率提升33%，同时采用桥塞预置球方式显著提高作业效率，形成适用于$3^1/_2$—$5^1/_2$英寸套管的13种尺寸4种温度系列的全可溶桥塞/可溶球座，2020年推广应用1360只。渤海钻探自主研发稳油控水压裂液体系，可适应井温30—180℃，具有携砂性能好、地层伤害小、抗盐抗温能力强、可用污水配液等优点，应用12井次，岩心伤害率小于10%，比普通压裂液储层保护率提高20%，起到稳油控水作用，填补国内外该领域研究技术空白；在长庆油田鄂103井应用“前置二氧化碳＋脉冲式加砂”混合压裂技术，排量8—10米^3/分，泵入前置二氧化碳300立方米、压裂液1155立方米、陶粒50.3立方米。西部钻探试验推广水平井“暂堵转向＋注水蓄能重复压裂和缝内平面＋段内剖面复合暂堵”压裂技术，在三塘湖等区域实施50余井次，压裂后单井日均增油9.8吨、累计增油998.2吨，首轮重复压裂产量可达新投产量65%—75%，压裂费用仅为新投压裂20%—30%；全面推广直混免配变黏滑溜水体系，解决返排液回收再利用问题，2020年单井滑溜水比例100%，最高加砂浓度340千克/米^3，砂液比提高24%以上。

修井技术。大庆油田组合应用强制扶正磨铣、逆向锻铣、液压大角度磨铣和纵向锉磨铣等新老技术，推行连续油管控压、常规管柱泄压等冲砂模式，创新研发立体式铅模、菠萝齿胀刀、“找、磨”一体式笔尖引领套铣筒等3类5种特殊工具，制定模板式快速治理方案，南一套损区治理成功率较初期提高14.8个百分点，吐砂井治理成功率提高到82.4%，疑难工序一次成功率提高至85%以上。大庆钻探攻关超短半径水平井侧钻井技术，应用MWD随钻监测、双弯导向螺杆、无磁钛合金钻杆等配套工具及工艺，现场试验5口井，实现最长水平段156米、最短钻进周期6天、一趟钻完成造斜段施工3项新突破，为油田挖潜剩余油提供新的技术手段，助力大庆油田老区实现稳产目标。

连续油管作业技术。川庆钻探完善页岩气井连续油管通刮洗工艺技术，在足203H1-3井刷新川渝地区水平井连续油管最大下深6295米纪录；完成页岩油水平井华H40-18井连续油管填砂分段压裂改造试验，创造一次填砂封堵12段、30米极小段间距有效封堵等多项纪录。西部钻探形成连续油管超长水平段桥塞钻磨技术，在新疆、川渝页岩气等区域应用705井次，降低成本30%以上；建立“三高井”连续油管高压清壁技术，在高探1井实施4次作业，创国内连续油管清管壁作业最高施工泵压（78兆帕）、最高井口流动温度（94℃）、最大日产量（油1020立方米、气33万立方米）及最长连续油管带压作业时间（12小时）等4项施工纪录。长城钻探创新研制可变径磨鞋工具，该磨鞋钻磨时为82毫米，上提过程中如果遇卡可伸缩为73毫米，遇卡之后可通过变径解卡，在威远地区应用13口井，减少遇卡频次73%。大庆油田规模推广连续油管小修作业技术，在注入井解堵除垢、无杆泵井油管内清蜡解堵、采出井油管外蜡内清等小修业务上实现不动管柱、密闭带压、环保作业、快速投产，建立快速小修示范区，2020年施工653口井，单队最高施工效率1.5口井/日，最短施工4小时，施工成功率92.1%；采用连续油管实施直井精控压裂技术，单井最多细分30段，单日最多施工15段，单趟管柱最多压裂13段，较常规作业单井施工周期缩短50%，增油效果为同区块3.1倍。

施工纪录。川庆钻探在陇东页岩油华H40平台双机组23小时48分钟完成压裂18段，泵注液量27788.1立方米，累计泵注砂量2950.4立方米，创该区域平台井单日压裂段数、泵注液量、泵注砂量最高纪录。川庆钻探在长庆油田G08-12平台创造单机组单日压裂16段和平台日均压裂8.2段的区域纪录。川庆钻探在靖边气田G7-17B井组双机组2.7天压裂50层段，日均压裂18.5层段，最高单日压裂25层段，刷新长庆区域平台日均压裂、单日压裂施工段数最高纪录。西部钻探在吉木萨尔页岩油区块吉2807H/吉2807-1H平台，147小时完成40段压裂，日均压裂6.5层段，再次刷新吉木萨尔地区压裂施工日压裂效率纪录。西部钻探在吉木萨尔页岩油区块JHW00422井，连续油管下入水平段长3500米，创造国内连续油管最长水平段施工纪录。西部钻探在川渝页岩气宁209H71-3井实施连续油管钻塞作业，钻磨50个桥塞，刷新国内页岩气井单井钻磨桥塞数量最多纪录。渤海钻探在大港页岩油1号南井场4口井单套机组日均压裂5.21段，单日最高压裂11段，创渤海湾地区平台日均和单日最高压裂纪录。长城钻探在浙江油田YS112H12-5井创造单段加砂强度4.23吨/米的单段最高加砂强度指标。

（柳　明）

【风险作业】 2020年，西部钻探、长城钻探、渤海钻探、川庆钻探等四家企业分别在苏里格致密气区、威远页岩气气区开展风险开发作业服务业务。两大气区共有21个风险作业区块，工区面积合计16906平方千米，探明天然气地质储量17783.3亿立方米。其中，苏里格致密气16个风险作业区，面积15545平方千米，探明天然气地质储量13710亿立方米；威远页岩气5个风险作业区，面积1361平方千米，探明天然气地质储量4073.3亿立方米。四家企业下设6个风险作业服务项目部，建成49座集气站，投产各类气井5205口，累计生产天然气962亿立方米。东方物探在柴达木盆地台南、涩北、哑叭尔地区3个区块开展风险勘探作业，区块面积1.41万平方千米，下设2个项目部。截至2020年底，中油技服风险作业服务业务在职人员1313人。

2020年，完钻气井493口，进尺178.6万米，压裂482口、投产500口。其中，威远页岩气完钻71口、压裂79口、投产82口；苏里格完钻422口、压裂403口、投产418口。全年生产天然气105.61亿立方米、商品量99.27亿立方米，同比增长9.08%，创历年产量新高，苏里格生产凝析油6.41万吨。其中，威远页岩气区生产天然气38.91亿立方米、商品量37.37亿立方米，同比增长30.58%；苏里格致密气区生产天然气66.7亿立方米，商品量61.91亿立方米，同比持平（表9）。

表 9　2020 年风险作业产量完成情况

气区	单位	投产			产量				
		井数（口）	进度（%）	同比增长（%）	井口产量（亿立方米）	进度（%）	同比增长（%）	商品量（亿立方米）	凝析油（吨）
苏里格	西部钻探	79	161.22	–18.56	8.54	110.86	2.73	7.93	16705
	长城钻探	137	88.39	24.55	25.05	95.98	–3.94	23.25	20622
	渤海钻探	120	105.26	3.45	14.54	106.11	0.95	13.49	15756
	川庆钻探	82	91.11	–31.67	18.57	107.97	1.89	17.24	10972
	小　计	418	102.45	–5.64	66.70	103.08	–0.48	61.91	64055
威远	长城钻探	38	100.00	15.15	14.76	98.40	53.90	14.17	0
	川庆钻探	44	97.78	–21.43	24.15	104.99	19.51	23.19	0
	小　计	82	98.80	–7.87	38.91	102.39	30.58	37.37	0
合　计		500	101.83	–6.02	105.61	102.83	9.08	99.27	64055

主要指标。2020 年，苏里格致密气区完钻井以直井为主，占比 89.53 %，平均井深 3552.88 米，平均有效储层厚度 16.12 米，同比提升 0.8%；静态Ⅰ＋Ⅱ类井比例 89.61%，同比提升 1 个百分点；首年平均单井日产气 1.2 万立方米，高于 2019 年的 1.17 万立方米。完钻水平井 40 口，平均井深 4522.1 米，平均水平段长度 1035.4 米，与 2019 年相当；平均砂体、有效储层钻遇率同比分别提升 0.7 个百分点、10.4 个百分点。威远页岩气区平均井深 4950 米，水平段长度 1674.5 米，事故复杂和套变均显著降低；完成测试 90 口井，平均单井测试产量 25.64 万米^3/日，同比持平。新建产能 29.66 亿立方米，产能贡献率 63.02%。风险作业区综合递减率 25%，同比下降 4 个百分点。

（叶成林）

工程建设

【概述】 2020 年，中国石油集团工程股份有限公司（简称中油工程）深入学习贯彻习近平总书记关于统筹新冠肺炎疫情防控和经济社会发展等一系列重要讲话和指示批示精神，认真落实集团公司党组各项决策部署，以越是艰险越向前的坚毅勇气和舍我其谁的“战时状态”，逆行作战、鼎力攻坚，统筹推进新冠肺炎疫情防控和复工复产，全力提质增效迎战市场严冬，深化改革治理增强发展活力，重点任务完成好于预期，新冠肺炎疫情防控与生产经营实现双战双赢，提质增效成果跑赢大势。营业收入 789.7 亿元、同比增长 7.1%，账面净利润 9.2 亿元（表 10）。

表 10　2020 年中油工程主要经营指标

指　标	2020 年	2019 年	同比增减
签订合同额（亿元）	1058	1041	17
收入（亿元）	789.7	737.6	52.1
利润（亿元）	9.2	11.2	–2.0
税费（亿元）	12.55	14.19	–1.64

中油工程有中国石油管道局工程有限公司、中国石油工程建设有限公司、中国寰球工程有限公司、中国昆仑工程有限公司、中油工程项目管理分公司5家所属企业，主要面向国内外石油化工工程市场提供全产业链的“一站式”综合服务，业务范围覆盖油气田地面工程、炼油化工工程、油气储运工程、LNG工程、非常规油气地面工程、煤化工工程、海洋石油工程等上中下游工程全产业链；服务能力涵盖项目咨询、FEED、项目管理、设计、采购、施工、开车、试运、生产服务、培训及保运、投融资服务等全价值链。中国石油集团工程服务有限公司（简称工程服务有限公司）由参与重组改制上市企业的辅业剥离组建而成，有管道局、斯派克商务服务中心、寰球和创、中纺院、西南工程建设分公司等5家所属企业。

【新冠肺炎疫情防控】 2020年，承担深入践行生命至上理念，认真落实中油工程党委主体责任，第一时间成立新冠肺炎疫情防控工作领导小组，迅速建立上下一体、内外联动的新冠肺炎疫情防控工作体系，构建形成纵向覆盖三级企业，横向连通海外国家、当地政府和项目部的联防联控工作机制，精心营造一线员工安心生产和后方家属放心生活的人本文化氛围，召开领导小组会议16次、领导小组办公室会议120余次。海外克服“疫情+安保”的双重压力，55个国家218个分支机构3万人员队伍整体稳定，未发生中方员工感染事件；国内实现“双零”目标。积极助力社会各界抗疫攻坚，组织医护人员驰援武汉、石家庄，全力保障雷神山医院供气系统平稳运行，积极援建洛阳版“小汤山”医院，大战大考中彰显央企责任担当，抗疫防控中展示石油精神力量。

【重点工程建设】 中俄东线中段、闽粤支干线、深圳LNG外输管道、新疆煤制气外输管道、西气东输二线韶关连通等一批油气基础设施投产，上古天然气处理厂、广西石化大检修、印度聚丙烯、阿尔及尔炼厂改建等项目开车投运，沙特哈拉德天然气管道全线贯通，广东石化、塔里木和长庆乙烷制乙烯、巴布油田升级改造、阿穆尔天然气处理厂、长宁页岩气产能建设、唐山/江苏/深圳LNG接收站等项目有序推进，中俄东线南段、天津南港LNG、涿州—永清天然气管道工程、巴格德雷B区东部气田地面工程二期、天利高新20万吨/年EVA装置等项目开工。强化分包管理，从严考核评价，取消106家分包商准入资格。

【市场开发】 2020年，签约项目6816个、合同额1058.1亿元，其中国际市场占比23.5%、外部市场占比42.5%。商业模式与业务领域不断拓展，管道局揭阳天然气管道“投建营一体化”项目落地实施，一批国家级战略项目以“代建代管”模式相继启动；寰球公司顺应炼化转型和新能源发展要求，为12家企业制定“一厂一策”炼化转型方案，中标金山氢能产业基础设施可行性研究项目，探索生物质能源市场；项目管理公司中标国家管网集团第一个设计监理和盾构施工监理项目，品牌实力得到彰显。合作共赢不断深化，中油工程与陕建控股签署战略合作协议，工程建设公司与塞班公司联合投标阿布扎比海奥哈沙气田项目，管道局与工程建设公司合作中标孟加拉国那提斯压气站项目、签署鲁迈拉电站运维项目，寰球公司与中工国际合作签约乌兹别克斯坦PVC二期项目。项目管理公司、西南分公司与内部单位密切合作，突破资源瓶颈，降低市场开发成本。

【科技创新】 2020年，超稠油密闭集输、一体化天然气单井集气站、D273小口径三轴漏磁腐蚀检测器、丙烯腈反应器等实现工业应用，推广应用新产品新技术15项，超额完成集团公司下达指标。将大炼油及大乙烯二期、大芳烃、800万吨超大型LNG等列入重点攻关项目。获省部级以上科技奖项43个，“400万吨/年煤间接液化成套技术”获国家科学技术进步奖一等奖，“1422毫米X80管线钢管应用技术研究”获集团公司科学技术进步奖特等奖。信息化水平持续提升。各层级、全业务系统建设不断推进，材料编码管理、设计云和人力资源交流管理平台正式启用，《工程设计材料分类与编码规范》列入集团公司企业标准。“五化”应用取得实效，形成60万吨/年、80万吨/年乙烷制乙烯系列产品线和气体裂解炉标准化设计，塔里木和长庆乙烷制乙烯项目气体裂解炉对流段钢结构减少300吨；锦西石化北蒸馏装置改造项目开展深度模块化施工，创造69天从拆装到安装的新纪录；广东石化项目优化标准化设计成果，节约成本23.5亿元；裂解汽油加氢装置推行整体模块建设，占地面积减少40%。

【质量安全环保】 完善监督体系，健全各层级监督机构，优化监督资源配置，形成多级联动的监督体系，QHSE监督检查更加高效。2020年，对84个机关部门、79个二级单位、378个基层单位开展QHSE审核，查改问题5405项，逐级追溯管理缺陷，倒逼问题整改。加大对分包商的监督检查和问责力度，清退承包商68家、警告31家。工程质量持续提升，2020年获国家级优秀工程奖2项、省部级142项，土库曼斯坦萨曼杰佩气田增压工程、广西永盛石油化工有限公司石化仓储项目获国家优质工程奖。

（郝海波）

国际业务

海外油气业务

【概况】 1993年，中国石油天然气总公司执行中共中央、国务院“利用两种资源、两个市场”战略方针，坚持走出国门实施国际化经营，成立中国石油国际勘探开发有限公司（简称中油国际公司），中油国际公司是授权负责海外油气投资与经营作业的专业子公司。截至2020年底，中油国际公司在全球33个国家运营管理90个项目，建成中亚—俄罗斯、中东、非洲、美洲和亚太五个海外油气合作区，形成以油气勘探开发为核心，集管道运营、炼油化工、油品销售于一体的完整油气产业链。设机关部门21个，海外地区公司7个，海外项目公司9个，国内单位8个。中方员工3983人，资源国雇员和国际雇员65886人。

2020年，海外油气业务在油价同比下降37.5%、限产和制裁等因素影响权益产量478万吨情况下，完成油气权益产量当量10009.26万吨。海外亿吨权益产量规模持续巩固、经营效益保持集团公司前列地位。

中油国际公司新一届党委坚持以人为本，科学构建新冠肺炎疫情防控体系，坚决打赢海外疫情防控阻击战，实现“三零”目标，彰显央企的责任担当，得到多个驻在国使馆、国家有关部委、资源国政府的肯定和表扬；深入推进提质增效专项行动，坚决打赢低油价下效益实现保卫战，全面完成业绩考核目标，充分展示海外油气业务发展的韧性和抵御低油价风险的能力；坚定必胜信心，多措并举，统筹协调，全力组织海外油气生产，重重困难下奋力守住1亿吨权益产量大关，被评选为2020年中国石油十大新闻之一；坚持系统思维，科学研判形势，谋划研究一批事关海外油气业务长远发展的重大发展战略和经营策略问题，高质量编制“十四五”发展规划；坚持底线思维，着力防范化解重大风险，多项重大法律纠纷和美欧制裁应对取得显著成效，展现出破困局的能力；坚持全面加强党的领导和党风廉政建设，中油国际公司党建在央企的前列地位得到持续巩固，获得中组部、中宣部、国务院国资委等国家部委充分认可和高度评价。

【海外油气勘探】 2020年，海外油气勘探坚持规模效益勘探，优化方案部署，高效组织实施，获数个亿吨级油气发现。自主风险勘探获规模突破，乍得Bongor盆地东南部勘探取得新发现，Moul-Pavetta构造带亿吨级储量规模得到进一步落实，Doseo盆地接连发现高产厚油层，亿吨级储量接替区进一步明确，尼日尔Bilma区块Trakes斜坡带展现5千万吨级含油构造带，滨里海中区块构造—岩性油气藏勘探发现5千万吨级储量。滚动勘探发现一批优质储量区，乍得Bongor盆地东北部低位潜山复合体勘探再获新发现，尼日尔Agadem区块滚动评价发现迄今最厚的油层，PK、阿曼5区和安第斯17区等项目取得多点新发现。深水勘探成果显著，巴西布兹奥斯项目甩开钻探整体新增探明石油地质储量超过5亿吨，巴西里贝拉项目西北区主断裂东侧新增探明石油地质储量近亿吨。

【海外油气开发生产】 2020年，海外油气开发生产受全球新冠疫情等不利因素影响，中油国际公司第二季度、第三季度油气生产水平曾一度在亿吨水平线下运行。中油国际公司成立“保亿吨”工作组，坚持以效益为导向，统筹协调、齐抓共管，守住亿吨产量大关。哈法亚、乍得、南苏丹3/7区、艾哈代布、PK、阿曼、南苏丹1/2/4区、安第斯、尼日尔、亚马尔等23个项目超额完成年初下达指标，鲁迈拉、西古、北阿等项目与政府谈判获取政府补偿，阿姆河、MPE3等项目主动作为，千方百计增产上产。中东公司稳步优化注水工程和钻完井工作部署，做好限产补偿谈判，全年完成原油权益产量5174万吨；中亚公司不断加强新井和措施方案论证，阿姆河项目开展“大干30天，决胜亿吨产量保卫战”行动，利用冬季保供机会全力增加天然气产量，全年完成油气权益产量当量2494万吨；尼罗河公司持续推进南苏丹1/2/4区项目复产和南苏丹3/7区、苏丹6区项目稳产，全年完成原油权益产量486万吨；拉美公司克服MPE3项目被制裁和安第斯项目输油管线断裂影响，全力推动复工复产，全年完成油气权益产量当量414万吨；西非公司多轮次优化调整开发策略，优先实施高效措施工作量，增产上产，全年完成原油权益产量551万吨；俄罗斯公司全力协调做好疫情形势下LNG生产运行，全年完成天然气权益产量59亿立方米，LNG3766万吨；国际管道公司以中亚四国多方协调机制为抓手，围绕冬季保供任务，协调国家管网集团和下游单位及时调整方案，为上游项目增产上产提供外输保障；印度尼西亚、加拿大、澳大利亚等项目克服新冠肺炎疫情和低油价影响，全力组织油气生产，全年完成油气权益产量当量401万吨。

【海外重点工程建设】 2020年，海外的重点工程建设克服新冠肺炎疫情对人员及物资设备动迁的影响，平稳有序推进上游重点产能、LNG项目和管道工程建设。阿联酋陆海项目一期工程2020年1月实现首油；伊拉克哈法亚项目150兆瓦三期电站工程4月并网发电；乍得PSA产能建设、土库曼斯坦阿姆河B区东部气田、尼日尔二期工程、巴西里贝拉Mero 1单元等项目前期及施工建设有序推动。西北管道反输改造二期工程机械完工，中哈原油管道肯库线计量站改造工程顺利投产并通过哈萨克斯坦验收；中亚天然气管道D线塔吉克斯坦1号隧道1月贯通；尼贝管道及哈南线扩容工程招投标及EPC合同签署等工作平稳推进。此外，俄罗斯亚马尔第4条生产线、北极2、莫桑比克4区科洛尔、加拿大等LNG项目根据新冠肺炎疫情形势适度控制投资节奏，整体工程建设受控运行。

【海外管道运营及炼油化工】 2020年，海外管道运营及炼化项目生产稳步推进。长输管道完成保供和输送任务，持续开展油气管道隐患排查治理，完成中缅、中亚管道地质灾害防治工作，有效应对苏丹6区管道凝堵、厄瓜多尔OCP管道断裂、中亚气限流等突发事件，实现长输管道安全高效运行，全年输送原油2688万吨、天然气607亿立方米。炼化项目生产运行安全稳定，奇姆肯特炼厂优化产品结构，优先接收中方份额油，提升中方整体效益，乍得炼厂抓住市场机遇，向中非、喀麦隆出口成品油，实现“产销两旺”，尼日尔炼厂优化生产操作，开拓布基纳法索、马里等外销市场，提升上下游一体化效益。海外炼厂全年加工原油637万吨。

【海外项目开发及转让】 2020年，海外项目开发突出战略导向，抓住低油价有利机遇，聚焦工作重点，取得积极进展。巴西阿拉姆勘探项目签约交割，布兹奥斯项目签署PSC合同，西古尔纳1扩股项目提交约束性报价，乍得B/C项目提交非约束性报价。阿曼5区、阿克纠宾968号勘探合同、PK项目1057号勘探合同和38号开发合同签署延期协议。稳妥推动哈萨克A区块、莫桑比克M区块等勘探项目商务谈判，跟踪中东1号、复兴二期等重点项目。

海外资产转让及优化，强化顶层设计，加大现有项目合资合作与低效无效资产处置退出工作力度。阿布扎比海上项目转股完成交割，印度尼西亚南加碧区块、Island区块、尼日尔T区块完成退出及资产移交，突尼斯项目资产转让协议签署，与BP签署成立鲁迈拉项目合资公司框架协议，K&K、ADM等项目资产处置工作有序推进。

【海外经营管理】 2020年，海外油气业务全面完成提质增效目标，实现利润和现金流双正。坚持效益优先，大幅控减投资规模。严格把控规模大、周期长、风险高项目投资强度，策略性延缓部分项目工程进度。优化低关联度钻井与地面工程投资，大幅削减非生产性支出。莫桑比克、俄罗斯、巴西等项目以股东行权为抓手，推动作业者完成中方压缩投资、控减费用目标。全年投资控减幅度超过40%；加大开源举措，增收力度不断增强。PK、乍得炼厂等项目持续推进扩销推价与市场渠道优化，逐步增加销售收入。中亚天然气管道、中哈原油管道、阿克纠宾等项目向资源国争取优惠政策，实现税费减免。伊拉克、乍得、安第斯等项目多渠道推动提油回收；分类治理亏损，扭亏减亏工作成效显著。按照“一企一策”原则从源头整治，分期分批采取到期退出、提前退出或出售、合资合作，优化贷款、优化开发方案等措施减亏扭亏。截至2020年底，全级次子企业减亏92亿元，整体完成国务院国资委亏损治理考核任务；深度挖潜，成本费用显著降低。通过“变模式、降价格、扩招标”等方式，与承包商、服务商、供应商开展合同复议。持续优化用工规模与结构，控制人工成本。加强非生产性费用管控，大幅压降“两级”机关管理费用支出。全年单位完全成本下降32.1%、单位操作费下降9.9%；多策并用，降减清欠工作成效明显。加大盘存量、降负债、抓清欠、促分红等工作力度。苏丹、南苏丹、尼日尔、乍得等项目清理欠款工作持续推进，应收账款净额较年初下降7.98%。统筹利用境内外有效税库，重构荷兰平台贷款业务，完成中缅管道项目间接持股；坚持底线思维，着力防范化解重大风险。全力应对重大、突发法律事件和法律纠纷。艾哈代布项目重建费争议获得彻底解决。阿姆河项目应对土库曼斯坦政府部门联合大检查，哥斯达黎加炼厂国际仲裁胜诉，加拿大都沃内项目资产分割仲裁获得全胜。委内瑞拉、伊朗等项目应对美国制裁影响，有效防范被制裁的颠覆性风险。

【改革与创新】 2020 年，海外油气业务深化改革、推动创新，持续释放管理效率效能，海外发展动力活力得到增强。持续推进海外油气业务深化改革，积极贯彻集团公司改革三年行动方案，细化分解落实举措。开展公司治理体系改革方案和提升治理能力现代化、国际化举措的前期研究和顶层设计，明确思路目标和重点任务；持续加强科技创新和新技术推广，组织海外重点勘探开发与工程技术集成配套，加快勘探开发核心技术攻关，高效促进科技成果转化应用，在乍得、尼日尔、艾哈代布等项目推广 12 项次。“巴西里贝拉盐下湖盆碳酸盐岩储层分布规律、成藏模式及重大发现”等 4 项成果获集团公司科学技术进步奖二等奖。推进海外数字化转型发展，编制完成乍得、阿姆河、尼日尔、尼贝管道等项目数字化转型、智能化发展试点方案；持续加强法治建设与合规管理。坚持推进依法治企，加强对重大决策和重要文件的合法合规审查，把重大涉法事项法律论证作为决策前置流程。公司法治建设与合规管理工作获“第三届‘一带一路’十佳法务团队”称号；持续加大海外技术支持体系建设。加强统筹协调，不断推动“1+14+N”技术支持体系的整合完善，放大技术特色，形成支持合力。海外研究中心机构和队伍建设、技术商务一体化、国际化特色示范区运行等方面取得新进展，海外技术支持体系核心作用不断巩固；持续优化共享服务体系建设。专家中心有效发挥参谋和智库作用，加强战略研究，“专家建言”成为各方认可的品牌，股东行权、技术商务咨询工作持续做好，综合商务支持作用不断增强。后勤保障中心做好国内办公场所和员工家庭新冠肺炎疫情防控工作，退休人员社会化管理移交工作获集团公司表彰，境外所有地区公司和项目公司中方档案管理全覆盖，协助员工和家属就医 279 例。财务共享、人力资源共享和 HSSE 技术支持中心充分发挥数据中心和业务支持作用，共享服务水平不断提高。

【海外新冠肺炎疫情防控】 2020 年，海外油气业务坚持以人为本，把员工生命安全与身心健康放在第一位，取得海外新冠肺炎疫情防控遭遇战和阻击战的阶段性胜利，防疫工作整体平稳受控，实现“三零”目标。系统构建境内外新冠肺炎疫情防控指挥机制，1 月 26 日，紧急启动中油国际公司公共卫生突发事件应急响应，迅速成立新冠肺炎疫情防控应急领导小组，在境外项目（地区）公司设立 56 个快速反应的网状新冠肺炎疫情防控组织；科学做好境内外防疫资源调度使用。充分发挥中油国际公司本部优势与中国经验，利用中外新冠肺炎疫情传播时间差，在全球范围科学组织防疫物资采购与调配；尽全力关爱员工。将海外员工生命和健康放在第一位，组织海外重病员工紧急跨国转运回国治疗 3 次、远程诊断 237 人次、员工包机和商业航班动复员 2154 人次。及时出台新冠肺炎疫情期间工作机制、薪酬待遇、休假资源管理等相关政策，确保稳住人心，稳在当地。两头并重，全力组织海外员工实现倒休。坚决打好境内外新冠肺炎疫情防控阻击战，全面落实国内隔离人员动态管理、办公楼消杀、体温监测、核酸筛查等防疫措施。坚持“一国一策”，将集团公司防疫措施落实到联合公司，持续做好风险排查和隐患整改工作；落实海外员工外派前疫苗接种工作。全年完成海外主体员工疫苗接种 1360 人，海外轮换返岗员工接种率 100%；探索总结海外特色新冠肺炎疫情防控体系、方法和制度。因地制宜，立足当地疫情防控实际情况，探索出“安全岛”“人员网格化管理”等 12 条成功经验和做法，形成先进适用的新冠肺炎疫情防范措施，为集团公司打好海外业务新冠肺炎疫情防控持久战提供宝贵经验。

【海外 QHSE 管理】 2020 年，海外油气业务狠抓 QHSE 管理，海外质量健康安全环保工作持续保持良好业绩，海外 QHSE 实现“六个杜绝”，总可记录事件率等业绩指标优于年度考核目标和国际油公司平均水平。QHSE 体系建设有序推进，印发《HSSE 法律法规及其他要求管理程序》等 39 项 QHSE 管理体系程序文件，高质量完成 QHSE 一体化审核和井控安全审核，制定《质量管理规定》等 6 项质量管理制度，建立健全中油国际公司质量管理体系并通过 ISO9001 国际资质认证。生产和社会安全管理不断加强，推进 HSSE 风险分级防控，扎实开展安全生产专项整治三年行动，狠抓承包商和事故事件管理，确保钻井井控等生产作业安全平稳运行，及时研判伊拉克、南苏丹、委内瑞拉等高风险国家社会安全形势，抓好预警预控和“四防”措施落实，完善应急预案，加强演练与培训，提升应急处置能力。员工健康和环境管理扎实有效，克服新冠肺炎疫情影响，全力推进员工体检、评估和健康改善，组织远程会诊和就诊绿色通道，员工健康风险总体可控。实行项目全生命周期环境管理，完成8个项目环保合规性评价，曼格什套等项目环保治理超额完成年度任务。

【企业文化建设】 2020年，海外油气业务大力弘扬石油精神，企业文化建设走在中央企业前列。深入学习领会党的十九届四中、五中全会精神和习近平总书记重要指示批示精神，线上线下相结合，采取专题研讨、集中宣讲、视频会议、专家讲座等多种形式，开展各级党组织学习研讨900余场，全员大讨论242场，1.2万余人次参加。深入开展“战严冬、转观念、勇担当、上台阶”主题教育活动，与提质增效专项行动紧密结合，重点围绕“高站位组织部署、高要求抓实学习研讨、高质量推进层层宣讲、高标准调查研究、高水平全员讨论、高实效岗位实践、高起点监督指导”等八个方面完成主题教育活动规定动作，为海外夺取新冠肺炎疫情防控和生产经营双胜利提供坚实保障。着力推动中油国际公司以共建海外研究中心为核心、15个专业技术支持中心为支撑、多家油气田单位对口支持海外项目的“1+15+N”的海外特色技术创新与支持体系创新落地。夯实全面从严治党主体责任，实现中油国际公司党建体系“从无到有”的重大突破。高质量召开中油国际公司党建工作会议，国务院国资委等给予中油国际公司党建工作“走在中央企业前列”的高度评价，主题党课获集团公司优秀党课一等奖、二等奖。持续推进人才强企战略举措落地，精细化配置管理，盘活内部，疏通外部，高质量完成员工调配，强化对重点项目、建设期项目及进入非作业者项目联合公司岗位人员的政策倾斜，完善综合考评和绩效考核体系，强化考核结果分布和结果应用，优化干部管理动议流程，加强公司层面对干部的统筹调配，着力加强干部梯队建设，建立优秀年轻干部人才库，出台实施一系列优化干部队伍年龄结构措施。大力开展新冠肺炎疫情防控、复工复产和提质增效监督，精准运用“四种形态”，严肃监督执纪，创新采用“巡审联动”方式，对两个国内单位开展巡察，组织线上和现场审计20项，贯彻落实“马上就办、担当尽责”，进一步加强和改进机关工作作风，为海外油气业务高质量发展提供坚强的纪律保障。注重实效抓好宣传思想文化工作，围绕科学抗疫和生产经营的做法与成果，有针对性加大宣传，新闻通稿《疫情期间中国石油海外油气生产平稳运行》被译成10种文字向全球推送，浏览总量超过1.6亿次，以国务院国资委部署的“云开放”活动和“满天星”计划为切入点，哈萨克斯坦和缅甸跨文化传播工作按时完成8项考核指标，获国务院国资委与中宣部肯定，继承和发扬海外创业精神，选树集团公司特等劳模、劳模60人、先进集体62个。扎实细致做好关爱员工工作，疫情期间，中油国际公司党委、工会高度重视海外员工关心关爱工作，第一时间发现和解决海外员工困难诉求198项，电话慰问海外员工家属1195人，与海外员工900余人深入交流，将海外员工和家属关心关爱切实落到实处。

【重点项目运行】

1. 中油国际（加拿大）公司

2020年，中油国际（加拿大）公司无损工伤害2137天、无可记录伤害1208天，杜绝可报告环境事件和质量事故，保持工作场所零新冠肺炎疫情、中方员工零感染新冠肺炎病毒。MRCP采油厂2百万工时无可记录伤害事件，被中油国际公司推荐为2020年度集团公司先进HSSE标准化站队。

麦凯河油砂项目持续大力推进项目科学调控优化上产工作，全年生产原油63.24万吨。麦凯河油砂产量超过1.4万桶，创历史新高。项目从年初的1.05万桶/日上升到年底1.40万桶/日，年度产量增长33%以上。天然气产量22亿立方米，其中权益产量4.38亿立方米。凝析油+天然气液产量4.1万吨，其中权益产量0.82万吨。都沃内页岩气项目油（凝析油）产量26.8万吨，天然气产量6.6亿立方米，井口作业油气产量当量73.4万吨。

LNG项目一期液化厂EPC合同进度35.6%，CGL管道一期工程进度45%。合理利用法律手段维护公司的利益，赢得都沃内项目资产分家仲裁，优先挑选B区块资产，完成资产分割交割，实现页岩气资产的保值增值，都沃内项目现金流为正。进一步推进白桦地项目商务谈判，取得一系列阶段成果。激流管道项目继续降低36英寸管线建设风险，保持现金流和利润“双正”。有序推进LNG项目，一期工厂建设完成投资、进度与项目总体投资预算和工程进度计划安排基本一致，优化二期建设关键节点。征集合理化建议141条，进一步精简人员、机构，员工整体降薪。开展合同复议，增收节支，提质增效，全年节约投资或节省费用1.50亿加元。

2. 中油国际（澳大利亚）公司

2020年，中油国际（澳大利亚）公司完成年度各项目标任务，生产煤层气15.1亿立方米，完全成本同比下降20%。在股东贷款到期前完成中方本票注资，改善箭牌项目财务状况和持续经营基础，规避重大税务风险。4月，箭牌项目苏拉特一期开发最终投资决策正式获批，开发工作全面启动。全年未发生重大HSSE事故。实施"一人一策""一家一策"常态化监测和管控，全体员工及家属新冠肺炎病毒"零感染"。

编制完成《苏拉特区块整体开发策略》和《博文区块整体评价初步策略》，明确苏拉特区块整体开发范围、技术商务路线和关键决策点以及博文区块经营策略和近期重点生产经营工作。组织编制《高根北合作区块一期开发可行性研究报告》，确定"降低地质风险，边评价、边开发"的开发策略。优化布劳斯项目基础方案，完成基础设计研究工作，波塞冬项目首次获得为期五年的租区证，股东一致同意近期仅完成最小义务工作量，等待开发时机。苏拉特斜井控砂技术初见成效，修井周期延长到近3年。更新苏拉特地质模型，为一期售气通知、二期试采方案及二期开发方案提供重要支持。优化博文区块经济井型，在根部交叉双分支井/三分支井基础上试验去直井的"Standalone"井型，完钻3口井，钻井成本下降45%。开展布劳斯项目分布式井下声波数据采集系统应用研究及碳捕捉储存早期可行性研究等工作。"苏拉特区块低煤阶煤层气开发技术政策优化与技术商务一体化应用""苏拉特易出砂多煤层合采开发关键技术研发及应用"分获中油国际科学技术进步奖二等奖、三等奖。

3. 中油国际（印度尼西亚）公司

2020年，中油国际（印度尼西亚）公司取得"油气产量逆势增加，经营效益远超预期"的良好业绩，油气作业当量产量339.2万吨，权益当量产量123.5万吨，同比基本保持稳定。完成净利润净现金流任务，分别完成提质增效目标的5倍和10倍以上，在中油国际公司位居前列。

中油国际（印度尼西亚）公司以效益开发为主线，优化油田开发策略，计划实施措施井作业22口，根据实施效果预测分析，完成18口井，其中17口井成功，措施有效率94.4%。投产14口井，初期日产油1398桶、天然气34.9万立方米。研究Gemah油田新发现原油潜力（Gemah-51、Gemah-62），为开发稳产提供基础支持。完成4个区块的退出审计工作，完成Madura、WJ II、Tuban、SP、SJB、Basin和Island等区块历史资料的收集上报。完成Island及Basin等五个区块退出报告的编制上报。SJB、Island及Basin等区块配合作业者完成政府层面退出工作，并合理处置遗留问题。推进十项举措常态化开展，有效控制各类成本和非生产性费用支出。全年销售收入较预算增长8%，联合公司人工成本同比下降30%以上、管理费用下降50%以上，经营类净现金流增加2027万美元，营业成本减少3452万美元。

2020年，中油国际（印度尼西亚）公司新冠肺炎疫情防控工作创造印度尼西亚多项"第一"，中方员工及家属未发生新型冠状病毒感染病例和疑似病例。佳步区块获印度尼西亚国家警察安全维护局颁发的国家重要资产安全管理体系金奖，成为首家获该殊荣的油气公司。HSE管理体系从ISO 14001:2015升级到ISO 45001:2018。全年未发生一般及以上事故事件。

4. 中油国际（哈萨克斯坦）阿克纠宾公司

2020年，中油国际（哈萨克斯坦）阿克纠宾公司统筹做好新冠肺炎疫情防控和生产经营重点工作，取得好于预期的成效。原油商品量402万吨，天然气产量57.5亿立方米。无B级及以上安全环保事故和聚集性新冠肺炎疫情。

中油国际（哈萨克斯坦）阿克纠宾公司优化调整注采结构，让纳若尔油田含水上升率控制在2.2%，同比下降1.7%，北特鲁瓦油田注水井分注率53.6%，地层压力稳中有升。巴列姆组油藏产能建设和Ⅲ区精细水驱扩大试验增产效果显著，盐上油田原油产量同比增长11%。强化措施优选，深入研究油井生产规律，一井一策制定有效增产措施方案，措施有效率90%，合计增油18.9万吨。多口井试油获高产油气流，其中阿克诺尔构造AK-Ⅴ井KT-Ⅱ层3006—3035米井段自喷日产油94立方米，展示东部成藏带良好的勘探潜力，塔克尔构造部署的T-H101井P1s1层2170—3344米井段酸化压裂后自喷日产油184.9立方米、日产气1.38万立方米，为塔克尔构造后期油气开发动用提供新的思路和技术手段。优化让纳若尔A南气顶采气井工作制度，减缓地层压力下降和凝析油含量损失，改善气顶开发效果。分阶段完成油气处理厂检修，提前15天抢修更换完三厂Ⅲ期冷箱，争取到油气生产主动，为实现保亿吨海外权益产量目标作出贡献。

12月31日，举行“云开放”活动。活动以“石油之城，未来之城”为主题，多角度、立体化呈现阿克纠宾这座欧亚十字路口上石油之城的大美风光，深入油田现场，走进市民家中、艺术中心，讲述中国石油融入当地、发展当地的感人故事。

5. 中油国际（土库曼斯坦）阿姆河天然气公司

2020年，中油国际（土库曼斯坦）阿姆河天然气公司天然气作业产量128.24亿立方米，商品气量119.28亿立方米，生产凝析油23.50万吨，实现“零伤害、零事故、零污染、零损失”的HSE四零工作目标，完成中油国际公司下达的各项生产经营指标，工作取得新的进展和成效。

深入开展“全体总动员、力保供气4100万立方米、助力海外油气1亿吨”主题活动，西召气田提前30天建成投产，日增产天然气315万立方米，B区东部西召拉麦尔根气田的第一口开发井WJor-101D井完成测试，Wjor-22开井生产，日产天然气15万立方米，至此西召拉麦尔根气田3口单井全部投产。酸化措施日增产天然气114万立方米，通过老井复产、科学排产、强化检维修、提高商品率，日增产天然气300万立方米。B区东部气田二期工程达什拉巴特集气站、Drt-21井、Drt-101 D井投产，日新增产能100万立方米。冬季保供期间，日供气量从3500万立方米提升到4100万立方米。科技驱动继续保持良好开发形势，以边底水治理技术为突破口、以动态分析为着力点，一井一策、动态调整、多部门联动，做到异常井、新投产井、动态监测井、措施增产井“四个必须分析”，地质、开发、钻修井、工程、生产、安全“六个必须到位”，稳住老井产量，增加措施产量，提高新井产量。适时增加B区产量、降低A区产量，创效965万美元。工作计划预算完成度99.02%，全面完成考核指标。完成酸化、钻修井“3+1”和东部二期等重大招标，全年签订145项合同。实施首批包机倒班，解决签证问题，完成物资捐赠任务。

6. 中油国际（伊拉克）哈法亚公司

2020年，中油国际（伊拉克）哈法亚公司原油作业产量2068.8万吨（含限产补偿），权益产量931.0万吨，完成中方权益投资占年度调整计划的96.3%。新冠肺炎疫情防控实现“零感染”目标。

中油国际（伊拉克）哈法亚公司优化经营策略研究，落实保底方案。5月开始有序暂停钻修井作业和地面工程施工，权益投资压减61.0%。挑战开发瓶颈问题，根据弱油气显示，设计MA1层开采评价井M026D1，计量显示日产油975桶，开展基尔库克水层区域地质评价研究及地下水资源调查，明确注水水源。优化油藏管理，推进规模注水，主力油藏注采比增至1.5—2.0，月递减率降至1.5%。低渗透Sadi油藏水平井压裂先导试验2口井，高峰产量稳产阶段开发由“上产”转向“稳产”，推进开发调整方案（FDPR2）编制。开展GPP项目多维度经济效益对比，提出LPG、C3/C4气化方案，与伙伴及政府达成共识，突破产品外输制约瓶颈。加强协作“多提油”，全年提油收款13船、1271万桶。调整采办计划，合同价格复议18个延期合同，年度采购和合同授标163个，其中中国石油单位中标占总授标额的50.43%。

由于安保形势恶化，中油国际（伊拉克）哈法亚公司全年发生可记录安保事件81起，其中枪击事件8起。按照国际标准搭建HSSE管理制度，年度百万工时损工伤害率0.10，总可记录事件率0.31，均优于国际油气生产商（IOGP）0.25和0.94的标准。

7. 中油国际（伊拉克）艾哈代步公司

2020年，中油国际（伊拉克）艾哈代布公司扎实推进提质增效各项举措，提升经营创效能力和效益保障能力，完成全年各项生产经营任务。原油产量314.7万吨，对应权益产量118万吨，妥善应对新冠肺炎疫情防控和社会安全形势，保持良好的HSSE绩效。

面对严峻的限产形势，中油国际（伊拉克）艾哈代步公司按照“危中求机”的思路，化被动为主动，抓好限产下的各项工作，勘探开发方面全年完成修井81井次。持续推进复杂碳酸盐岩油藏水平井非均匀布酸酸化技术，加大二次酸化推广实施。实时优化调整注采参数，累计关停及开井五百余次，调整油井工作制度千余次，及时调整相应的注水量，确保油藏注采的相对均衡。利用限产窗口期，推进AD1区和AD2区的不稳定交替注采试验，改善开发效果。通过多种措施的实施，油田稳油控水初见成效。全面提升发现隐患的预警能力和发现后的处置能力，精细化GPS管理工作，全力保障设备运转时率和安全运行，采油厂2020年各项生产运行指标符合预期，实现原油、天然气产量目标和“零伤亡、零污染”HSE目标。地面工程稳步推进防腐蚀工作，注水能力由最初的18万桶/日提高至28万桶/日，完成CPF内7.4

千米的玻璃钢管线的更换和安装，有力缓解水区管线腐蚀压力。完成产出水脱酸工程 FEED 设计工作，8 月底 2 号备品备件库建成移交，MdOC 营地建设于 9 月底完工，10 月底 WS1 水处理设备大修项目启动，12 月初 WS1 取水口改造工程完工投产。

8. 中油国际（乍得）上游项目公司

2020 年，中油国际（乍得）上游项目公司超额完成各项生产经营目标，原油作业产量 545 万吨，进一步夯实高质量发展基础。制定“四防”安保措施，各类社会安全风险得到有效管控，取得新冠肺炎疫情防控的阶段性胜利。

中油国际（乍得）上游项目公司加大两个亿吨级规模区带评价力度，持续开展 Bongor 盆地北部富油气区带构造—岩性油藏滚动评价、南部陡坡带甩开勘探等新区新领域探索，进一步夯实优质储量基础。坚决贯彻落实中油国际公司“保亿吨权益产量目标”工作部署，全年原油产量突破 545 万吨，管道运行安全平稳高效。推动 PSA 项目六小油田建设，加快推进 Baobab FPF 水处理设施项目、Ronier 机场跑道扩建项目和 Ronier 电站扩建等项目实施，奠定稳产上产基础。开展多轮降本增效工作，调减投资较年初下降 59%，控减费用较年初下降 15.7%。应对 2015—2016 年度综合税务审计，配合中油国际公司应对 Carlton 争议解决，完成 2019 年企业所得税汇算清缴及 2020 年所得税预缴，有效应对 22 起法律纠纷，维护公司权益。

中油国际（乍得）上游项目公司作为乍得最大石油生产商，贡献乍得国家 2020 年预算收入 60% 以上，并积极捐赠呼吸机、口罩等抗击新冠肺炎疫情医疗物资，为乍得克服新冠肺炎疫情与经济衰退作出重大贡献，树立“中石油良好公民形象”，受到乍得第一夫人高度赞扬。

9. 中油国际（尼日尔）公司

2020 年，中油国际（尼日尔）公司全面完成各项生产经营任务。一期生产平稳有序，超额完成原油生产任务。二期开发稳步推进，滚动评价和新井投产效果显著，Agadem 区块实现增储建产双丰收。二期工程控制有度，投资总量由满足自身发展需要转变为服从总部整体统筹调配要求，以低油价下合同复议为重点，加大招标和谈判力度，大力控减二期工程建设合同价格。Bilma 区块滚动勘探取得重大突破，南部形成第二个规模储量区，北部获重要发现，有望形成第三个规模储量区；深入开展“提质增效”活动，各项统计成本同比大幅下降。

2020 年，中油国际（尼日尔）公司生产原油 88.3 万吨，尼日尔一期管道输送原油 85.45 万吨，首次实现全年常温输送方式运行。Bilma 区块重点勘探区带落实 Trakes 斜坡南 5000 万吨规模优质储量，规模增储取得实质性进展。从细节入手，狠抓基础管理，不断优化生产方案，优化装置运行操作，挖潜增效，完成炼厂主要经济技术指标。加工原油 85.3 万吨，生产汽油 25.6 万吨、柴油 45.2 万吨、LPG 4.3 万吨。主要经济技术指标轻收（汽油收率 + 柴油收率）82.88%，液收（轻收 + 液化气收率）87.57%，综合商品收率 93.51%，炼油综合能耗 94.83 千克标准油 / 吨。完成新冠肺炎防疫工作目标，进行驻地和油田现场“网格化”封闭管理，打造防疫“安全岛”，保障全体员工的生命健康，实现“零感染、零疑似”。

10. 中油国际（秘鲁）公司

2020 年，中油国际（秘鲁）公司紧抓“油气上产稳产”核心任务，原油产量继续保持向上势头，完成年度各项计划指标。日均产量保持 3700 桶水平，全年生产原油 18.2 万吨，超过年初计划指标 1.4 万吨。生产天然气 4386 万立方米，同比增加 45 万立方米，销售天然气 3616 万立方米，同比增加 62 万立方米，生产和销售天然气都保持稳定。项目 QHSE 管理实现无人身伤亡、无安全生产事故、无环境污染事故的“三零”目标。

3 月 15 日，秘鲁宣布全国进入紧急状态，全民居家隔离，全面关闭海陆空河客运边境，秘鲁新冠肺炎疫情失控的事态不断升级。中油国际（秘鲁）公司 20 口井钻井义务工作量推后至 2021 年。先后有 7 台作业机为项目提供作业服务，全年共计作业 195 井次，同比减少 146 井次。8 区项目年初被迫停产。4 月下旬 10 区开始暂停钻井与压裂措施工作量，维持正常水平 40% 的作业能力。9 月中下旬，中油国际（秘鲁）公司一面加强安全岛建设及网格化管理，一面恢复压裂增产措施及捞油与作业维护工作量，新冠肺炎疫情防控战与生存保卫战都取得显著效果，全面完成生产经营任务。全年生产原油 / 液态烃 111.10 万吨，生产天然气 21.2 亿立方米，超额完成产量奋斗目标。

11. 中油国际（巴西）公司

2020 年，中油国际（巴西）公司稳步推进各项生产经营工作，保持良好的发展效能和动力。里贝拉西北区断层上盘勘探评价获发现，布兹奥斯项目甩开评价取得成功，里贝拉先锋号累计完成权益产量13.226万吨；全年完钻4口开发井，在钻井2口，完井7口，FPSO重点工程建设稳步推进，完成3船份额油提卸油销售，长期提卸油销售取得新进展，中国石油首艘DPST在舟山开建，完成布兹奥斯项目和阿拉姆项目产品分成合同签署并开展过渡期谈判。中油国际（巴西）公司完成各项生产经营任务。

勘探工作取得重要进展，里贝拉项目新钻Hanging wall评价井（MRO-9）获油层厚度远超预期的重大发现。布兹奥斯项目Franco SE井评价井预测单元地质储量将大幅度增加。持续加大钻井力度，为Mero1开发单元2021年投产做准备。截至2020年底，Mero1开发单元FPSO总体建造进度92.03%，Mero2开发单元FPSO总体建造进度55.65%。Mero3单元8月14日由巴西国油代表联合体与MISC公司正式签署FPSO租赁意向书，完成授标，启动建造。10月13日，作业者组织召开FPSO建造预开工启动通报。Mero4单元FPSO 3月20日启动市场招标。3月30日，巴西布兹奥斯油田和阿拉姆勘探区块产品分成合同签署之后，两大项目正式纳入中国石油海外业务版图。全年与项目运作有关的11份表决书签署，首口探井的钻前准备工作基本就绪。中油国际（巴西）公司成立布兹奥斯项目前方工作组，开展技术和商务谈判，推进开发计划编制，重点参与新钻评价井、FPSO招标及海洋工程建设，为2021年上半年项目交割做准备。

12. 中油国际（南苏丹）3/7区项目公司

2020年，中油国际（南苏丹）3/7区项目公司在新井工作量大幅压缩情况下产量612万吨，完成保亿吨奋斗目标。延续高危形势下HSSE“三零”业绩，无疑似或确诊新冠肺炎病例。

2020年，中油国际（南苏丹）3/7区项目公司第一批井同比提前1个月开钻，平均钻井周期同比减少2天。全年投产新井21口，平均单井初产油348桶/日，贡献产量21.5万吨。加强技术经济优选，措施效果显著，全年完成进攻性措施76井次，措施有效率88%，累计增油27.7万吨。滚动扩边和深层兼探取得突破性进展，Paloch油田Fal-3断块北部再部署一口扩边井FM-17，获532桶/日的高产，打开滚动扩边的新局面。坚持勘探开发一体化，开发井Abyat S-3井加深钻探深层白垩系目标，钻遇油层98.33米/27层，自喷试采平均日产油242桶，进一步落实该地区白垩系的勘探潜力。加大污水回注力度，缓解产出水处理压力，油田综合含水率由年初80.7%上升至81.2%，上升0.5个百分点，含水上升速度得到有效控制。注水和污水回注能力增加到44.1万桶/日，排入蒸发池的产水量大幅度减少，为后续稳产拓宽提液空间。南苏丹3/7区项目达尔油年均升水1.23美元/桶，同比提升2.66美元/桶，创历史最好水平。

13. 中油国际（南苏丹）1/2/4区项目公司

2020年，面对南苏丹、苏丹洪涝灾害和年初苏丹国家管道公司PETCO管线凝管等诸多严峻困难和挑战，南苏丹1/2/4区项目在联合公司大幅消减预算42%的情况下，生产原油247万吨，实现净利润和净现金流双正的目标，超额完成年度生产经营业绩指标。严格落实各项新冠肺炎疫情防控措施，实现中方员工零感染目标。

2020年1月下旬，苏丹PETCO管道凝管外输全面停止，直接影响原油产量15万吨。项目通过各项措施加大生产力度，至5月末赶上产量进度计划。9月起完成油井修复投运12口、恢复产能4783桶/日，扶躺井14口、恢复产能8483桶/日。截至2020年底，生产井数110口，实现油田产能5万桶/日的硬稳产，全年原油产量247万吨，超出年度计划产量12万吨。推进剩余油井和设施修复进程，确保占总产量65%的Toma South和Unity两大主力油田生产运行平稳，为完成产量目标提供坚实保障。启动Unity油田二期和Toma south油田三期修复工程，完成Unity电站10台发电机组的大修任务以及清理工程尾项总共253项任务，推动El Nar、El Toor、Munga油田修复工作稳步进行。加快Lalooba到北部油田高架输电线路的修建工程，2020年底前完成约70%的工作量，完成Wizeen营地二期扩建工作，改善现场员工居住条件，准备原油外输管线智能球通球检测、Unity营地修复等工程。开展提质增效工作，保生产、保生存，加强生产成本全过程控制，全年支出比预算减少1.5亿美元，下降42%。开展原油推价工作，全年平均贴水0.68美元/桶，多个月份原油销售实现升水。

14. 中油国际（俄罗斯）亚马尔公司

2020年，中油国际（俄罗斯）亚马尔公司稳步提升生产经营质量，严格控减投资公司管理费用，用实际行动推动中俄油气合作高质量发展。生产天然气293.37亿立方米、LNG1884万吨、凝析油104.6万吨。通过国际融资机构 HSSE 审核，在新冠肺炎疫情背景下全年未发生重大伤亡事故，总可记录事故率（TRIR）比上年同期下降 50%，HSE 业绩达到历史最好水平。

2020 年，中油国际（俄罗斯）亚马尔公司销售 178 船长贸 LNG1245 万吨，77 船现货 LNG542 万吨，23 船凝析油 91.1 万吨，共有 47 船 LNG 运抵中国。重点完成第四条 LNG 生产线相关配套工程施工建设，总体进度完成 93.7%，其中，集气管网进度完成 100%，液化单元进度完成 97.54%，气体处理单元进度完成 95.8%。12 月 29 日，第四条 LNG 生产线产出第一滴 LNG。完成陆上 500 平方千米三维地震采集和侏罗系 175 口评价井钻探工作。动用钻机 4 部，开发井开钻 18 口、完钻 16 口、完井 16 口，进尺 61215 米，投产新井 15 口。

9 月 24 日，亚马尔 LNG 项目国际融资银团确认项目三条 LNG 生产线通过联合完工测试，正式获国际融资银团出具的完工证书，标志着亚马尔 LNG 项目建设全面完工、190 亿美元融资的股东完工担保释放、亚马尔 LNG 项目国际化商业运营正式全面启动。

15. 中油国际中缅油气管道公司

2020 年，中油国际中缅油气管道公司聚焦“安全生产、疫情防控、提质增效”重点难点，统筹推进各项工作，奋力夺取新冠肺炎疫情防控和生产经营“双胜利”，完成全年任务目标。马德岛港全年进港 38 船油轮，原油管道向云南石化输送原油 1030.83 万吨，天然气管道上游接气 57.43 亿立方米，缅甸下载天然气 12.23 亿立方米，是缅甸下载天然气最多的一年，向国内输气 44.86 亿立方米。

中油国际中缅油气管道公司抢抓缅甸“封国”前的窗口期，率先逆行返岗赴缅，统筹协调靠前指挥形成合力，通过特殊通道入缅 16 批次 463 人次返岗，成为集团公司新冠肺炎疫情防控情况下第一个实现全员动迁轮岗的海外项目。把牢安全生产核心价值，严格落实安全环保责任制，HSSE 管理水平稳步提升。推进浮船坞入籍、拖轮坞修、新增拖轮等项目实施，实现缅甸历史上首个工业级浮船坞投入使用。创新开展管道巡护管理，引入卫星地灾监测等新技术加强管道管理。G132、G114 大型滑坡风险治理项目有序推进，伊江穿越段管道风险全面受控。落实集团公司提质增效专项行动部署，发挥项目优势，引领提质增效工作有效融入日常管理提升，超额完成年初降本增效目标任务。在项目生产经营例会上增设“提质增效与精细管理”案例分享 16 次，促进全员理念转变和工作落地。项目立项“三问必要性”、项目实施“三问方案优化”，确保项目决策和实施更加科学有效；强化工程造价审核，完成 45 个项目的费用审核，审减率 18.6%。

16. 中油国际中乌天然气管道公司

2020 年，中油国际中乌天然气管道公司输气 325.4 亿立方米，继续保持稳定的安全生产态势，投资管理、人员控制、安全环保、合规经营等指标严格受控。

中油国际中乌天然气管道公司着力优化运行管理体系建设，“5+5”运行信息化系统建设及应用全面铺开，EAM 系统全面上线，PIS 系统逐步推广，工艺仿真系统、CBM 系统、压缩机远程终端及报警服务器系统协同推进，共同打造信息化生态链。数字化体系建设以实现“逻辑控制、远程操作”为目标，优化实施标准和调控文件，实现 C 线站场“站控转中控”，管道系统综合调控水平及优化能力持续提升。不断加强自主运维水平，从技能、设备、储备、标准及演练五个维度加强维抢修体系建设。发挥区域协调优势，建立“管理处驻地临时调控中心 + 管理处调控中心 +WKC1 首站站控室”的三地互备联动机制，完成 2020—2021 年度冬季保供任务。科技创新促进项目高质量发展，严格保障创新投入比例，“五新五小”成果斐然，6 项成果获中油国际公司级别奖，其中一等奖 2 项、二等奖 2 项、三等奖 2 项，并获优秀集体奖。重点项目按计划有序推进，投资完成率 98% 以上。推进标准化建设，引领工程管理向规范化发展，完成技术文件 10 项、采办文件 2 项、施工文件 2 项。针对乌兹别克斯坦税务委员会否认“土气管输服务收入增值税适用零税率”正当性这一重大涉税风险事件，项目妥善应对，解决土库曼斯坦天然气增值税适用零税率问题。

（魏　巍）

国内油气勘探开发国际合作

【概述】 2020年，国内油气勘探开发国际合作全面贯彻落实集团公司党组决策部署和勘探与生产分公司工作安排，在各油气田公司大力支持下，面对新冠肺炎疫情、低油价和历史遗留问题三重叠加挑战，把提质增效作为最重要的工作抓手，战严冬、转观念、勇担当、上台阶，扎实推进各项工作，全面完成年度各项生产经营任务。

2020年，国内油气勘探开发国际合作生产原油294.96万吨，天然气产量110.25亿立方米，油气当量1173万吨。中方账销售收入100.11亿元人民币，税前利润45.29亿元人民币。完钻勘探（评价）井、开发井314口，钻井进尺88.90万米。截至2020年底，有对外合作项目31个（不包括2020年签署产品分成合同终止协议的1个项目和伦敦国际仲裁案件仲裁庭做出最终裁决的1个项目），全部是产品分成合同。

【原油项目运作】 截至2020年底，原油项目15个，其中赵东、孔南、冷家堡、海南—月东、州13（1–2）、州13（3–6）、肇413、大安、莫里青、庙3、民114和两井等12个项目处于生产期，九$_1$—九$_5$、扶余1号项目处于开发期，高升项目处于产品分成合同终止谈判状态。

1. 大港赵东项目

2020年，赵东项目生产原油44.11万吨、天然气437万立方米。赵东项目整体步入高含水开发阶段，通过开展综合治理以确保油田产量相对稳定。

2020年，赵东项目完成自2018年延长生产期以来的24口合作井中剩余的9口井，并按赵东项目第八次修改协议约定在合作区内完成自营钻井作业2口，总进尺1.704万米。实际投产新井12口（11口油井、1口水井），包括2019年跨年合作井1口（C27–46井）。新井累计产油8.36万吨（其中跨年井0.7万吨），完成4口井修井作业。海洋工程建设方面，完成生活污水系统改造、赵东油田资产完整性管理系统更新、新井井口管线连接（已完成9口新井合作井及2口自营井井口管线连接工作）和弃置方案等相关工作。

2020年1月16日，中国石油和洛克石油（渤海）公司签订《中华人民共和国渤海湾浅海地区赵东区块石油勘探、开发和生产合同第八次修改和补充协议》。

2. 大港孔南项目

2020年，孔南项目生产原油6.63万吨。实施油井压裂措施5口，柔性侧钻1口，截至2020年底措施井日增油11.7吨，累计增油3459吨。

加强监管力度，在合同者未钻新井情况下，强化精细油藏管理，重点加强老井措施实施、工作参数优化等工作，延缓老井递减。

3. 辽河冷家堡项目

2020年，冷家堡项目生产原油51.8万吨，商品量49.5万吨。稠油注汽量202万立方米，其中吞吐注汽332井次，吞吐汽量122.7万吨，平均周期11.7轮，年油汽比0.29，累计油汽比保持在0.46。

充分发挥科学技术在评价增储、油田开发、老油田提高采收率等方面的驱动作用，助推油田开发水平持续提高，通过完善高效措施奖励机制，助推股份公司科技创新，2020年获辽河油田公司科学技术进步奖3项，申报专利3件。

4. 辽河海南—月东项目

面对2020年新井井数多、平台空间狭小、交叉作业密集的情况，海南—月东项目产能建设组织上按照“超前谋划、超前准备、超前实施”原则，科学制定批钻批投计划，优化钻机运行及投产方式、投产顺序，确保产能建设工作快速推进。

2020年，生产原油43.0万吨，销售原油41.8万吨。完钻新井32口，投产28口，平均单井初期日产油15.1吨，达到单井设计产能指标，新井核实年产油5.1万吨。全年实际完成各类措施92井次，有效率95.4%，年注汽13.99万吨，核实年增油6.61万吨，同比措施有效率提高6.4个百分点，措施年增油1.4万吨。

5. 大庆州十三项目［包括州13（1–2）区块、州13（3–6）区块和肇413区块］

2020年，州十三项目受新冠肺炎疫情和油价暴跌影响，暂缓钻井及上产措施，加大稳油控水实施力度，下半年随着油价逐步回升，抢抓上产措施，全年生产原油 16 万吨，新钻井 8 口，新井投产 6 口，转注井 18 口，老井压裂 20 口。

6. 吉林大安项目

2020 年，大安项目生产原油 51.25 万吨，新钻井 29 口，新井投产 18 口，油水井措施 128 口，转注 26 口，混转分 7 口，油藏监测工作量完成 47 口。

2020 年，18 口投产新井中包括遗留井投产 3 口，新钻井投产 15 口，平均单井钻遇有效厚度 15.01 米。除年末投产的 5 口井外，其余 10 口井初期平均单井日产液 17.1 吨，平均单井日产油 2.8 吨，12 月平均单井日产油 3.3 吨，核实年产油 3872 吨。

大安项目主要通过强化注水，加强以补孔黑帝庙层为主的老井挖潜工作，加强生产管理，扩大间抽井实施规模，优化间抽制度等增产措施，夯实油田稳产基础。全年实施补孔、压裂措施 46 口，当年累计增产 3581 吨，平均单井增油 78 吨。实施井筒挖潜 176 井次，有效 167 井次，累计增油 7154 吨。

2020 年 6 月 4 日，中国石油和戈壁能源公司、MIE 国际资源公司签订了《中华人民共和国吉林省大安油田开发和生产石油合同修改和补充协议》。

7. 吉林莫里青项目

2020 年，莫里青项目生产原油 10.7 万吨，完成 3 口老井措施工作量，包含 1 口井的重复压裂，并在 Y44 区块进行氮气驱蓄能试验。实施精细化注水，全年注水调整 27 井次，补充地层能量上调水量 44 立方米，进行两次全面注水方案复查工作，依据井组动态反应进行调整，主力区块主要以上调注水量为主。

8. 吉林庙 3 项目

2020 年，庙 3 项目生产原油 2.37 万吨，完成老井压裂 1 口、油转注井 1 口。继续开展“缝内转向压裂”技术应用，尤其在老井（庙 3 实验区 1 口井）“缝内转向压裂”实验取得很好的成绩，全年累计增油 471 吨，为下步实验区开发提供依据。

9. 吉林民 114 项目

2020 年，民 114 项目生产原油 2.48 万吨。因汛期洪水影响停产 70 天，影响产量 6860 吨。同时，合同者因资金紧张，产能建设和措施增油暂未安排。

10. 吉林两井项目

2020 年，两井项目用有限资金力保油田安全生产，各项生产经营活动正常开展。9 月因受台风及洪涝灾害影响，项目全面停产，全年原油生产计划调整为 3386 吨，实际完成 3504 吨。

11. 吉林扶余 1 号项目

2020 年，扶余 1 号项目开展 JF2291 井、JF219-4-2 井两口井的低温热力采油试验和 JF206-43-30 井稀油常规开采试验工作。进入第 4 季度后主要进行生产准备工作，为下一年恢复生产做好保障。

12. 辽河高升项目

2020 年，中国石油与香港联合石油有限公司就高升项目石油合同终止事宜，主要针对终止协议文本的修改完善继续商议和函件沟通，并对其中难点问题探讨和交流可行的解决方案。

13. 新疆九$_1$—九$_5$项目

2020 年，面对新疆地区两轮新冠肺炎疫情和低油价严峻形势，全面推进低成本战略和精细化管理，在无新产能建设和进攻性增产措施情况下，生产原油 59.2 万吨，原油商品量 59.2 万吨；通过深入实施提质增效四大类十八项措施，节约费用 1 亿元；吨油生产费用控减 219 元 / 吨，下降 13.3%，实现原油产量和提质增效“双超越”。2020 年 9 月 11 日，中国石油与智慧石油投资有限公司、富城能源（香港）投资有限公司签订《中华人民共和国准噶尔盆地九$_1$—九$_5$区块开发和生产石油合同补充及修改协议》。

【天然气项目运作】 截至 2020 年底，有 7 个天然气项目均处于生产期。西南西昌项目 2020 年签署产品分成合同终止协议。

1. 长庆长北项目

2020 年，面对新冠肺炎疫情影响和低油价冲击，长北作业分公司紧紧围绕长庆油田二次加快发展蓝图，按照气田开发“551”工程要求，统筹做好新冠肺炎疫情防控、复工复产和生产经营工作，为长庆油田跨越 6000 万吨作出长北贡献。长北项目生产天然气 33.42 亿立方米，天然气商品量 31.79 亿立方米，连续 13 年天然气年产量超 30 亿立方米，有效发挥长庆油田冬季保供主力应急气源作用。积极沟通，精细管理挖潜增效，全年措施增产天然气 14340 万立方米。

2. 长庆苏里格南项目

2020 年，苏里格南作业分公司认真贯彻落实长庆油田各项决策部署，生产天然气 30.95 亿立方米、凝析油 3.11 万吨。项目总体开发方案（ODP 调整方案主体内容）修订完成，天然气生产任务超额完成、技术创新成果显著、安全环保平稳受控、管控能力持续提升、党群工作凝心聚力、和谐发展势态良好，各路工作成效显著。

3. 西南川东北项目

2020年，川东北项目天然气产量再创历史新高，生产净化气23.04亿立方米，交付商品气22.58亿立方米。

高效完成天然气净化厂大修及技术改造、产品气质量升级及尾气治理改造双达标工程、新建35吨锅炉及动态监测工程，生产设施运行的稳定性和可靠性进一步增强，发展势头向好。经营管理首次实现扭亏为盈，全年中方账利润为正，自由现金流为正。

4. 西南川中项目

2020年，川中项目生产天然气3.77亿立方米、凝析油0.67万吨，完成年度计划目标3.5亿立方米的107.6%，全年无安全事故。

5. 塔里木迪那1项目

2020年，迪那1项目生产运行平稳，生产天然气5.24亿立方米、凝析油2.07万吨。克服新冠肺炎疫情影响，迪那1项目集气站改扩建顺利完成。为编制开发调整方案，2020年10月23日开钻迪那1–4井，设计井深5782米。

6. 塔里木吐孜项目

2020年，吐孜项目生产运行平稳，生产天然气5.77亿立方米、凝析油0.19万吨。继续协调下游处理厂降压运行，生产井19口全部开井，平均日产气200万立方米。克服新冠肺炎疫情影响，吐孜增压站施工建设顺利完成，具备投产条件，为项目长期稳产奠定基础。

7. 塔里木喀什北项目

2020年，喀什北项目生产天然气4.38亿立方米，钻井2口投产3口。合作双方携手努力，克服冬季寒冷、夏季多雨和新冠肺炎疫情影响等各项困难，2020年7月1日阿克天然气处理厂一次投产成功，为项目增产稳产打好基础。

西南西昌项目。2020年4月7日，中国石油与盛业能源集团（控股）有限公司签署《中华人民共和国西昌盆地昭觉区块石油勘探、开发和生产合同终止协议》。协议自签署之日起生效。协议规定2020年4月7日为西昌盆地昭觉区块合同终止日。

【煤层气项目运作】 截至2020年底，有煤层气项目9个，其中4个处于勘探期、4个处于生产期。煤层气硫磺沟项目伦敦国际仲裁案件仲裁庭做出最终裁决。

1. 华北马必项目

2020年，马必项目完成煤层气商品量0.60亿立方米，完钻新井63口，单分支水平井平均单井完井周期14天，同比缩短6天。近两年由于工程技术进步和对地质情况进一步认识，对总体开发方案的钻井、压裂、排采工艺技术进行优化，确定以水平井为主、直井为辅的开发方式。采用“分段变速降压，控压阶梯放气”排采控制方法，单井产量逐步上升，排采结果表明，单支水平井可稳产8000米^3/日以上，高于预期产量约20%，丛式井可稳产2300米^3/日以上，且产量到达高点后可以持续稳产，达到总体开发方案（ODP）设计的单井经济可采目标要求。同时，与自营区块全面对标，降低建设投资，较原总体开发方案投资降低约20%。通过提高单井产量降投资，推动马必区块南区效益开发。

2. 华北成庄项目

2020年，成庄项目完成东区2019年钻的32口井投产工作，煤层气商品量0.56亿立方米，优化负压抽排设备，老井递减得到有效遏制，老井总递减率6.97%，安全平稳生产。

3. 煤层气公司三交项目

2020年，三交项目启动30口水平井的产建工作，完钻18口，新建产能0.65亿立方米，大幅增加产建工作量，加快产建步伐。煤层气商品量0.96亿立方米，区块日产气31万立方米。

4. 煤层气公司韩城项目

2020年，韩城项目延期协议处于谈判状态。

5. 煤层气公司三交北项目

2020年，三交北项目生产天然气1.31亿立方米，商品量1.31亿立方米。完钻新井38口，其中开发井34口（含3口水平井）、探井4口，新建产能1.05亿立方米；完成压裂69口井，其中开发井58口、探井11口；累计投产65口井，完成48万米^3/日规模的秦家山集气站建设，建设各类管道30千米。2020年12月18日，中国石油与中国石油化工股份有限公司、中澳煤层气能源有限公司签订《中华人民共和国山西省三交北地区煤层气及天然气资源开采产品分成合同第十二次修改协议》。

6. 煤层气公司保田青山项目

2020年，保田青山项目开展产品分成合同修改协议谈判。

7. 煤层气公司石楼南项目

2020年，石楼南项目产品分成合同修改协议达成共识，待签署。

8. 煤层气公司紫金山项目

2020年，紫金山项目重新进行紫金山地震地质综合解释，建立紫金山测井解释标准，重新解释和评价16口老井的测井资料，优选出尚未试气的气层、差气层91.6米/23层，为系统试采和开发做准备。基于上述研究成果，对区块中部ZJS15井的山西组山1段和盒4段进行压裂试气。

华北沁南项目无对外合作实物工作量。

煤层气公司硫磺沟项目。2020年5月30日，煤层气公司硫磺沟项目伦敦国际仲裁案件仲裁庭就中国石油与加拿大特拉维斯特能源公司之间关于项目执行的有关争议做出最终裁决，驳回合同者的绝大部分赔偿诉求。

【新项目开发】

1. 产品分成合同新项目开发业务

2019年10月，勘探与生产分公司批复对四川盆地深层页岩气项目继续保持对外合作后，对外合作经理部先后向埃克森美孚、壳牌等13家国际石油公司进行项目推介，同时组织、指导西南油气田公司准备深层页岩气项目情况介绍资料、资料室与现场考察路线，并在2020年安排MI能源、贝肯能源、百勤和焦恩能源公司阅读资料及现场考察。

2. 联合研究新项目开发业务

2019年8月，勘探与生产分公司批复开展大庆页岩油联合研究后，对外合作经理部先后向埃克森美孚、壳牌等11家国际石油公司进行项目推介，同时组织、指导大庆油田公司准备页岩油项目情况介绍资料、资料室与现场考察路线，并在2020年安排壳牌、碧辟和哈斯基公司到大庆油田公司阅读资料及现场考察，截至2020年底，康菲和爱思开公司受新冠肺炎疫情影响未能进行现场考察。

2020年无在执行的联合研究协议。

【人员培训】 2020年，因受新冠肺炎疫情影响未组织国外培训，利用对外合作项目提供的培训费和培训资源，组织国内培训264批，参加人数2894人次。

【获奖成果】 2020年12月，"中石油—BP页岩气对外合作项目管理创新实践"和"致密气高效开发的对外合作管理创新实践"分别获2020年度集团公司管理创新成果奖一等奖和二等奖。

（朱玉新）

国际贸易

【概述】 中国石油油气国际贸易业务及贸易运作平台的投资建设和经营管理以及境内外期货业务由中国石油国际事业有限公司/中国联合石油有限责任公司（简称国际事业公司）归口管理。2016年12月，集团公司明确赋予国际事业公司国际贸易专业分公司职能，加挂国际贸易分公司牌子，负责统筹优化海外权益油销售、油气资源进口、国内油气供需平衡，内部仍按实体运作。截至2020年底，国际事业公司在全球31个国家和地区建立贸易营销网络并设立61家分支机构，业务遍及80多个国家和地区，交易油气上百种。基本建成集"贸易、加工、仓储、运输"四位一体的亚洲、欧洲、美洲三大油气运营中心，资源优化配置能力逐步增强，从油气贸易的参与者成长为位居行业前列的重要力量。

2020年，面对新冠肺炎疫情席卷全球、油价"断崖式"下跌、中美关系降至冰点等严峻考验，国际事业公司坚守国际贸易主阵地顽强拼搏，有效履行"保供、降本、增效"三大职责，持续提升"服务、营销、交易"三种能力，全年贸易量4.94亿吨，税前利润再创历史新高，取得新冠肺炎疫情防控阻击战和提质增效攻坚战双胜利和"十三五"圆满收官。

【原油进口及国际贸易业务】 2020年，原油业务靠前服务海外上游，海外份额油销售2351万吨，运作规模再上新高。与中油国际公司签署中东地区份额油5年期销售协议，拓展全面战略合作广度和深度。与炼化板块建立"捆绑式"合作模式，通过申报长约增量、抓住机会油种和物流优化等措施，发挥套期保值专业专长，协同创效再创佳绩。抢抓机遇，精准研判油价走势，开展跨区跨市贸易，基准油运作能力显著提升。深度参与境内期货交易，配合上海期货交易所扩大交割库容。

【成品油出口及国际贸易业务】 2020年，成品油业务克服市场剧烈变化，充分发挥调节阀作用，增强成品油出口弹性，灵活调整出口计划，出口成品油1752.4万吨，出口至高端高效市场占比37%，有效缓解集团公司库存高企压力。持续巩固区内传统市场，开发区外潜力市场。与上海期货交易所创新低硫燃料油期货“境内交割＋境外提货”模式，成为中国期货交割首次“走出去”唯一合作伙伴。

【化工品进出口及国际贸易业务】 2020年，化工品业务持续拓宽集团公司系统内石化产品销路，提升在美国石蜡销量，直销欧洲终端用户。期现货运作量利齐增，摘得大连商品交易所LPG期货上市首单交易。

【天然气进口及国际贸易业务】 2020年，天然气业务优化进口结构和节奏，凸显商务协调功能，冬季保供期间每日保持与各气源方紧密沟通，以短供罚款、以冬定夏等为促谈条件，弘扬契约精神，要求各供气方严格遵守国际惯例和合同规定提升气量，保中亚天然气、增俄罗斯天然气、稳缅甸天然气。依托LNG全球一体化运作体系，落实运力保障，优化船期，抢抓低价现货资源，合力实现优质保供。充分发挥集团公司整体优势，采用“集中火力，重点突破”策略，取得LNG长约价格复议历史性突破。创新贸易手段、革新物流方式，完成首单美国LNG现货资源FOB跨市运作至远东市场，首次通过“泊位对泊位”过驳从欧洲装运亚马尔现货资源跨市销售至中国市场。

【海运业务】 2020年，海运业务持续强化运力保障功能，有序开展多条航线远期运费合约业务，优化把握入市租船交易时间，有效抵御运费波动风险，千方百计为集团公司炼化企业降低运输成本。

【全球油气运营中心建设】 2020年，亚洲、欧洲、美洲三大油气运营中心和中亚、中东核心贸易区不断增强资源优化和市场开拓能力，合力拓展全球贸易版图。亚洲运营中心重点发挥资源调节保供功能，提升交易能力，新加坡普氏窗口原油、成品油、燃料油交易量及LNG现货交易量位居前三，规模效益行业领先。首次将航空煤油直销文莱，首次供应柴油到柬埔寨和日本。调整业务结构发力货运航空，巩固香港机场43%市场份额的最大航空煤油供应商地位，并成为台湾地区最大的船加油供应商。首次与韩国浦项签署3年期LNG供货协议，首次将大连石化高熔点石蜡销售到日本精蜡泰国工厂。欧洲运营中心进一步优化资产运行，参与布伦特基准油运作，稳定位居市场前三，欧洲TTF和NBP基准气运作持续加强，成为市场主流贸易商。开拓生物柴油业务，跃居欧洲地区第一大贸易商。美洲运营中心参与WTI基准油和HH基准气运作，开拓南美新兴市场，成为美洲地区活跃的油气贸易商。为航空煤油客户提供回购、延期交货、更换品种等一站式解决方案，构建良好的客户生态。中亚贸易区重点落实资源，保障中哈管道原油资源和中亚进口管道天然气资源稳定供应，开拓中亚地区终端市场，成为区域有较强竞争力的能源贸易商。中东贸易区服务集团公司“做大中东”战略，利用参股的阿布扎比原油期货交易所等平台，优化中东资源的全球化配置，拓展份额油销售渠道，服务国内原油供应。首次将汽油出口至巴基斯坦，首次实现LNG直供巴基斯坦和科威特。

【经营管理】 2020年，国际事业公司组织开展提质增效专项行动，持续优化全球布局，完善治理体系，全面提升治理能力，为高质量发展赋予新的动能。

狠抓亏损治理，全力提质增效。重点关注海外炼厂扭亏增效，按照“一企一策”原则制定具体措施和目标，严格实施精细化管理，全力降低运营成本。充分发挥贸易业务的压舱石作用，通过多种方式严格压紧压实“两金”压控责任，切实加强现金流管控，确保年末指标达到集团公司要求。

优化完善组织体系，放眼全球谋篇布局。设立泛美公司获集团公司快速批复，筹备工作有序推进；申请设立菲律宾办事处，做强属地营销；精简组织，强化协同，对非常设机构进行调整清理；进一步明确境内分支机构定位，坚决落实“五个不做”。

坚持股权价值管理，落实项目投资回报。加大低效无效股权项目清理力度，完成山东中石油储运有限公司51%股权处置工作，实现良好投资收益；落实股份公司加大分配比例要求，股权价值有效体现。

顺应数据化智能化趋势，大力实施信息升级工程。先锋系统优化和财务系统升级子项目陆续收尾，业务运作和财务结算效率稳步提升；大数据平台正式上线，提供新型管理工具和全面及时的辅助决策信息；区块链合资项目稳步推进。

厚植人才强企优势，永葆活力之源。不断加强人才选拔和复合型、年轻化骨干培养，全面落地实施全球统一的岗位职级体系、差异化的薪酬福利体系与全面的业绩考核体系，激发广大干部员工干事创业热情，为国际事业公司发展提供坚强保障。

【HSE 管理与风险防控】 2020 年，国际事业公司坚持稳中求进的总基调，坚守底线思维，筑牢风险防线，市场、信用、操作、法律、合规、资金、HSE 等风险均得到有效控制。

全面抓好新冠肺炎疫情防控工作。始终坚持“把人民群众生命安全和身体健康放在第一位”的指导思想，建立总部、大区、基层单位三级联防联控机制，执行“三个并重”和“四早”防控策略，迎难而上，稳扎稳打，实现“中方员工及家属零感染、办公及生产场所零疫情”的目标。境内外相互支援，保障防疫物资供应及时、储备充足。稳步推进复工复产，确保业务运作有序开展。

全面提升突发事件应对能力。在中美经贸摩擦升级的形势下，制定重点工作和应急处理预案。特别是新加坡公司遭遇资金收付受阻事件，美元账户被迫关闭 12 天，国际事业公司第一时间成立跨部门、跨区域工作小组，冷静分析，沉着应对，24 小时不间断跟踪协调，两周内稳妥平息紧急事态。

全面启动世界一流风控体系建设。经过充分调研论证，确立 8 个建设目标、8 项重点领域、70 余项重点提升内容。

全面落实安全环保责任。制定《安全生产专项整治三年行动计划实施方案》，深入开展“7·16”事故十周年再反思、再认识警示教育活动，安全管理体系建设稳步推进。

（彭川涵）

国际合作与外事工作

【概述】 2020 年，面对新冠肺炎疫情全球爆发、国际油价大幅震荡、地缘政治风险明显加大，以及全球油气需求大幅缩减、资源国限产、境外项目和人员动迁困难等多重叠加的严峻冲击和挑战，集团公司坚持稳健发展方针，深入开展提质增效专项行动，统筹推进新冠肺炎疫情防控和生产经营各项工作，境外新冠肺炎疫情整体受控、产能建设平稳推进、经营效益好于预期，应对超低油价冲击能力和抗风险能力进一步增强。

截至 2020 年底，集团公司油气投资业务在全球 35 个国家管理运作着 94 个油气合作项目，构建起涵盖中亚—俄罗斯、中东、非洲、美洲和亚太五大油气合作区的投资与生产网络，在权益投资大幅控减的情况下，油气权益产量当量保持 1 亿吨以上总体稳定。保障横跨中国西北、东北、西南和东部海上四大油气战略通道的能源供应安全，中亚、中缅、中哈等长输油气管道项目安全平稳运营，2020 年输送原油 2688 万吨、天然气 448 亿立方米。国际贸易业务持续提升全球资源市场配置能力，建设全球油气贸易网络体系，贸易范围遍及 80 多个国家和地区，亚洲、欧洲、美洲三大国际油气运营中心运营管理进一步完善，跨区域跨市场运作交易能力不断增强，2020 年贸易量 4.9 亿吨，贸易额 1535 亿美元。工程技术、建设和装备出口业务培育稳定高效的规模市场，大力开拓新市场新业务，促进全产业链协同发展和全价值链协同创效，2020 年新签合同额逾 80 亿美元，累计完成合同额 75 亿美元。

截至 2020 年底，集团公司境外员工 12 万人，其中当地和国际化雇员 10.5 万人，平均本土化率 88%，投资业务本土化率 95%。

【“一带一路”油气合作】 2020 年，集团公司全面贯彻中央关于推动共建“一带一路”向高质量发展转变的指示精神，深入推进“一带一路”重大合作项目的落地和建设运营，不断优化区域布局，同时完成“十四五”“一带一路”油气合作专项规划。在新冠肺炎疫情叠加油价震荡的情况下，持续提升创效能力，保持在“一带一路”建设中的先行者、主力军地位。

依托油气合作，政策沟通取得系列成果。以油气合作为载体，以高端合作机制为平台，推动实现与俄罗斯、阿联酋、伊拉克、哈萨克斯坦、缅甸等 10 多个节点国家合作伙伴一批重要协议、重点项目和重大标志性工程的签署、获取和投运，以及与沿线重点资源国油气技术、标准和规范的兼容、互认和对接。集团公司在“一带一路”沿线 20 个国家参与运作管理着 52 个油气合作项目，海外 9 个千万吨级产能的大型油气项目中 7 个位于“一带一路”地区，全年油气权益产量当量同比基本持平。

依托通道建设，设施联通持续稳步推进。跟踪国内油气市场需求变化，深入协调沟通合作方，优化完善油气保供方案，推动开展中俄蒙、中俄西线、远东线等供气项目研究，持续完善多元化的跨国协同保供机制。依托覆盖“一带一路”核心区域的中亚天然气管道、中哈原油管道、中俄油气管道、中缅油气管道和东部海上通道等跨国运输管网，累计进口原油和天然气量分别占同期集团公司油气进口总量的70%和85%以上。

依托全球运营网络，贸易畅通成效突出。深耕“一带一路”市场，围绕战略通道资源保障开展贸易合作，建成亚洲运营中心和欧洲油气运营中心，与沿线50多个国家开展油气贸易合作，区内贸易量占集团公司国际贸易量的55%，资源配置能力、油气市场话语权和影响力显著提升。

依托能源和金融一体化，资金融通体系不断完善。与亚洲基础设施投资银行、丝路基金等境内外金融机构建立紧密合作关系，先后为境外17个国家29个产能合作项目提供超过400多亿美元的低成本、低风险的投融资支持。

依托文化融合与责任履行，民心相通树立良好形象。将集团公司发展融入当地社会，通过负责任的运营为当地有效创造就业、依法透明纳税，满足当地能源供给，促进当地社会发展和经济繁荣；履行企业社会责任，参与当地赈灾救灾和慈善捐助，帮助发展教育、文化、医疗等公益事业，树立良好的品牌形象。

集团公司充分发挥油气产业链上下游一体化优势，面对艰难的国际市场营商环境，工程服务和装备出口业务创新商务合作模式，不断拓展国际市场空间，在沿线30多个国家累计新签和完成合同额占海外工程服务和装备出口服务合同总额超过70%。

截至2020年底，集团公司在“一带一路”地区中外方员工10万人，其中当地和国际化雇员9万人，平均本土化率接近90%，其中投资业务本土化率超过95%。

【配合国家能源外交活动】 2020年，集团公司认真贯彻落实习近平总书记关于中国国际进口博览会（进博会）“越办越好”的重要指示，将其视为构建以国内大循环为主体，国内国际双循环相互促进的新发展格局的重要窗口，高度重视、超前谋划、精心组织参会及相关配套活动。

进博会期间，集团公司以“风雨同舟、共谋发展、共创未来”为主题举办第三届中国石油国际合作论坛暨签约仪式，与来自战略合作伙伴和供应商的160余位代表就行业未来发展深入研讨交流，与30余家境外供应商签署30余份采购合同，是进博会期间唯一一场能源行业盛会，得到业内外高度关注，充分展示集团公司世界一流的国际交流合作水平，体现特殊时期央企的责任担当，以及持续扩大对外开放、深化国际合作的坚定决心。

【外事外联与对外合作交流】 2020年，集团公司坚定不移推进开放合作，始终秉承“共商、共建、共享”的国际合作理念，与合作伙伴开展线上线下多种形式的交流与合作，就新冠肺炎疫情背景下的油气合作新机遇和新举措交换意见，在国际能源新秩序、新格局的构建中贡献中国石油智慧。

集团公司适应“云外事”新常态，发布《线上外事活动实施细则》，规范线上外事活动。分别与埃克森美孚公司（Exxon Mobil）、英国石油公司（BP）、荷兰皇家壳牌石油公司（Shell）、俄罗斯石油公司（Rosneft Oil）、俄罗斯天然气公司（Gazprom）等合作伙伴，以及哈萨克斯坦、乌兹别克斯坦等资源国政府进行线上视频会议，深化对新冠肺炎疫情防控、低油价挑战、能源转型等相关问题的沟通和交流，解决共同面临的问题挑战。2020年举行集团公司领导外事活动52场，其中线上活动32场、线下活动20场，包括出席国家领导人外事活动1场；进博会期间举办中国石油国际合作论坛，吸引来自10多个国家、数十家全球知名跨国公司和行业顶尖企业的代表参会。

以线上线下相结合的方式，参与世界石油理事会（WPC）、国际天然气联盟（IGU）、金砖国家工商理事会（BBC）、石油和天然气气候倡议组织（OGCI）等国际组织的相关活动，参加阿联酋阿布扎比首席执行官圆桌会议暨国际石油展览暨会议（ADIPEC）、国际石油技术大会（ITPC）、亚洲海洋技术大会（OTC）等国际能源组织与行业学会框架下的对话与交流，借助国际高端平台加强双多边对话，在国际能源新秩序、新格局的构建中主动发声，增进理解互信。

持续深化与道达尔集团（Total）、挪威艾奎诺公司（Equinor）、英国石油公司（BP）的战略合作伙伴关系，召开战略合作指导委员会定期会议，稳步推进务实合作。发布《境外战略合作伙伴关系管理细则》，细化战略合作伙伴关系的全过程闭环管理。

【国际业务管理】 2020年，集团公司强化责任担当，认真贯彻落实中央文件规定，按照总部规划、业务板块管理、驻外机构统筹协调的原则，抓好境外市场协调与合规管理，实现境外新冠肺炎疫情防控和生产经营“两不误”。

聚焦高质量，以新发展理念为引领，科学谋划集团公司“一带一路”“十四五”发展蓝图，持续提升集团公司国际化水平。研究完善海外工程服务市场协调管理有关机制，加大中亚、中东、美洲等地区工程服务项目协调力度，在市场大幅萎缩的情况下，推动甲乙方业务协同增效，保持良好市场秩序，实现国际业务整体价值和效能最大化。优化提高境外项目备案工作时效，备案周期同比缩短10%。围绕“提升国际化经营能力，推动‘一带一路’高质量发展”，连续第五年举办“一带一路”培训班。

持续推进国际化经营战略和热点问题跟踪研究，着力提升政策建议水平。紧跟加速演变的国际地缘政治经济形势，以及新冠肺炎疫情衍生风险，重点开展中东合作区综合一体化比较优势发展战略、重点国家投资环境分析和国际业务发展战略、境外业务本地化以及国际化经营能力评价体系研究。

【境外社会安全管理】 2020年，集团公司牢固树立“员工生命安全高于一切”的理念，全力做好新冠肺炎疫情防控工作，实现境外新冠肺炎疫情防控“零”亡人；持续推进社会安全管理体系运行，杜绝境外社会安全亡人事件。

构筑境外新冠肺炎疫情防控坚固防线。纵向建立运行高效的四级联防联控机制，横向形成覆盖全球的7个区域技术支持组，形成以13项管理规章制度为主体的具有中国石油特色的新冠肺炎疫情防控管理体系。按照“一国一策”“一地一策”“一项目一策”原则，推行网格化和封闭管理，开展多轮次、拉网式监督巡检，严格落实“安全岛”“风险分级防控”“压减交叉作业”等行之有效的防控措施。在中央企业中率先组织为员工接种新冠病毒灭活疫苗，为境外员工的身心健康和项目安全平稳运行提供保障。截至2020年底，集团公司境外中方员工“零确诊”，包机转运“零输入”。

持续开展社会安全管理绩效考核。按照《国际业务社会安全管理五维绩效考核暂行办法》，26家涉外单位和19个海外项目参加考核，147个社会安全管理体系和突发事件应急预案通过备案审查，进一步夯实高风险国家市场分级准入的管理基础，涉外单位社会安全管理水平得到有效提升。

强化社会安全风险评估。持续跟踪重点国家和项目的安全形势，动态调整15个国家（地区）的国别风险等级，有效管控境外项目运营风险。针对新冠肺炎疫情衍生的政局变动和社会安全风险，与国际安保专家进行2场视频交流，推动安保资源共享，提高风险应对能力。

妥善应对突发事件。针对多起车辆遇袭事件，要求各有关单位严格合同管理、严格承包商管理、严肃出行管理、排查防弹车质量。针对部分国家武装冲突、政局变动等突发情况，与国内外专家和相关单位研讨形势，指导境外项目升级驻地安保，细化完善应急预案，加强形势应对，确保人员和设施安全。

严格开展防恐安全培训。适应新冠肺炎疫情新形势，用线上培训模式替代线下集中培训。2020年组织防恐安全培训班120期，培训9301人次，其中管理班30期1643人、操作班90期7698人。线上模式降低培训费用标准，直接节省培训费用超过1000万元。

深化出国人员健康体检评估。修订发布《集团公司出国人员健康体检及评估管理规定》，完善出国健康体检项目和评估标准。针对新冠肺炎感染高危人群特点，将肺部疾病等高危疾病补充到评估标准中，强化出国人员的健康基础，降低新冠肺炎感染风险。2020年完成1.85万人次的健康体检评估，发现健康高风险人员1328人，其中568人通过采取健康促进措施，调整生活方式和医疗干预，改善身体健康状况，达到出国健康要求。

深入实施员工帮助计划（EAP）。成立心理咨询专家团队，持续推进海外员工心理健康服务热线使用，2020年热线服务逾2017小时。组织31场在线心理培训和讲座，惠及海外65个国家的7251名管理者、员工和家属。改版员工幸福平台，更新100多篇心理学、心理健康等方面的专业文章，发布10门心理学视频课程，平台月均点击量超过1.3万次。EAP咨询服务成为大多数海外员工和家属接受并信赖、寻求心理帮助的有效手段，确保海外员工的心理健康。

【出国（境）管理与服务】 2020年，集团公司应对新冠肺炎疫情新常态，优化调整因公出国（境）审批流程，严控非必要、非紧急团组派出。全年受理因公出国（境）项目申请4066个，办理证照2935本，签证1821个，出境证明5660份。审核取消无实质性任务出访团组149个，对160个团组的在外时间、派出人数进行压缩调整。发布更新出国（境）动态信息246期，有序开展国际机票采购、退票工作，为境外项目员工有序轮换提供支持服务。全年出国（境）费用支出同比下降 70% 以上。

【外事队伍建设】 2020 年，集团公司推进翻译人员职业发展晋级体系建设，优化翻译能力素质胜任模型，确立各素质项各档级对应的评价标准和晋级条件，制定具体实施方案，上线翻译人员评估认证平台，开展试点工作。推进国际业务和外事管理人员晋级体系课题研究，为畅通国际业务管理人员职业发展通道奠定管理基础。

【国际业务新冠肺炎疫情防控工作】 2020 年，面对突如其来的新冠肺炎疫情，集团公司强化责任担当，构建具有自身特色、较为完备的传染性疾病疫情防控管理体系，为境外新冠肺炎疫情防控提供有力保障。截至 2020 年底，集团公司境外项目未发生聚集性新冠肺炎疫情，境外中方员工无确诊病例，实现疫情防控“零”亡人。

疫情暴发后，集团公司第一时间启动应急响应，纵向上建立协调有力的“总部—专业公司—涉外企业—海外项目”四级境外联防联控机制，横向上成立覆盖全球 78 个国家（地区）的 7 个区域协调组，构建管理和技术支持保障体系，逐步形成以 13 项管理规章制度为主体的新冠肺炎疫情防控规章制度体系。搭建运行高效的应急工作机制，坚持日报告、零报告；按照“一国一策”“一地一策”“一项目一策”的总体原则，推行网格化和封闭管理，严格落实“安全岛”“风险分级防控”“压减交叉作业”等行之有效的防控措施，开展多轮次、拉网式监督检查，提升员工新冠肺炎疫情风险意识和防控能力，牢牢守住“零死亡、零输出、零回流”的底线，实现境外新冠肺炎疫情整体受控。

落实中央“外防输入、内防反弹”决策部署，千方百计做好境外“双稳”工作。境外中方员工无确诊病例，实现“零输出、零感染”；外方员工确诊 37 例，治愈 37 例，新冠肺炎疫情防控“零”亡人。推动人员倒班轮换，建立严密组织流程，强化远端控制，实现闭环管理；通过企业自主包机、搭乘使馆和联合其他企业组织的包机 40 余架次，累计 2200 人出国、3100 人回国，实现“零输入、零输出”。向伊拉克、哈萨克斯坦、乌兹别克斯坦、乍得、尼日尔派出 5 支医疗队，提升现场新冠肺炎疫情防控能力，稳定员工队伍。

组织海外员工新冠肺炎疫情防控培训，加强与国家部委的交流合作。建立培训资源库，收集整理 12 个语种培训材料 85 份，为各涉外单位开展培训和员工自学提供支持。组织开展各类培训 11 期，9000 多人次参加；涉外单位累计培训 5.2 万场次，172 万人次参加。与海关总署签署《境外卫生检疫合作备忘录》，加强双方在信息交流共享、口岸传染病监测管理、传染病防控宣传教育、联防联控等方面的合作。建成海外新冠肺炎疫情防控知识站小程序，得到国务院国资委、商务部认可，并推广到全体境外中资企业，展示集团公司国际业务新冠肺炎疫情防控的先进管理水平。

参与全球抗疫，全面履行社会责任，树立良好形象。在境外新冠肺炎疫情防控方面与资源国同舟共济、携手并肩，以中国石油名义向 20 多个国家捐赠口罩、呼吸机、医疗器材等抗疫物资超过 7500 万元；为当地员工及家属、合作伙伴、周边社区等开展防疫宣传培训，分发防疫物资，提供居民转运临时隔离场所等支持服务，有力支援当地新冠肺炎疫情防控，受到各国政府高度赞扬，赢得当地居民高度赞许。与英国石油公司（BP）、荷兰皇家壳牌石油公司（Shell）、道达尔集团（Total）、俄罗斯天然气公司（Gazprom）、挪威艾奎诺公司（Equinor）等战略合作伙伴开展经验交流，分享新冠肺炎疫情防控措施和救治经验，贡献中国石油智慧。发扬中资企业之间守望相助、携手抗疫精神，包机运送其他企业人员 1200 余人，提供必要的防疫物资，派遣防疫专家和医疗队 3 批次。

【第三届中国石油国际合作论坛暨签约仪式】 2020 年 11 月 5 日下午，第三届中国石油国际合作论坛暨签约仪式在上海第三届中国国际进口博览会期间举行。

本届论坛由集团公司主办，集团公司董事长戴厚良出席论坛并做题为《共克时艰，共谋发展，共同构建新型能源合作伙伴关系》的主旨演讲。来自国务院国资委、国际咨询机构以及业务领域主要合作伙伴与供应商的相关负责人出席论坛，集团公司副总经理吕波主持。

戴厚良在主旨演讲中指出，当前全球能源产业正面临着全方位的深刻变革，能源转型是大势所趋，唯有转变思维、主动求变，才能在全球能源转型中抓住机遇；唯有扩大合作、顺势而为，才能保存实力，创造价值。中国石油将继续秉承“开放、包容、合作、共赢”理念，与各国合作伙伴、各界朋友一起，拓宽国际油气合作领域，搭建更高层次的合作平台，共同打造能源合作利益共同体。同时，就共同营造开放包容的合作环境，共同激活创新引领的合作动能，共同开创互利共赢的合作局面提出倡议。

本届论坛以“风雨同舟、共谋发展、共创未来”为主题，主旨演讲结束后，举办“国际油气企业高层对话”和签约仪式。“国际油气企业高层对话”由国际能源论坛前秘书长孙贤胜主持，与会代表围绕后疫情时代维护油气产业链供应链稳定发展等议题展开深入研讨与交流。签约仪式由集团公司总经理助理李越强主持，集团公司分别与沙特阿拉伯石油公司、斯伦贝谢、西门子、贝克休斯、卡特彼勒、霍尼韦尔等30余家境外供应商签署30多份采购合同。

（蒙　萌）

科技与信息

科技发展

【概述】 2020年，集团公司科技工作贯彻落实国家创新驱动发展战略和集团公司创新战略，坚持“支撑当前、引领未来”，聚焦提质增效，全力推进关键核心技术攻关、激发创新活力，取得系列创新成果，自主创新能力持续增强，科技创新治理能力持续提升。集团公司有84家科研院所、55个重点实验室和试验基地、21家国家级研发平台。所属两级科研机构科技人员30083人，其中两院院士23名。

【国家级科技项目】 2020年，集团公司牵头承担“大型油气田及煤层气开发”国家科技重大专项，以工作路线图为抓手，强化过程管控和成果督导，各项工作实现“挂图推进”。11月，科学技术部对专项进展进行综合评价，认为专项科技攻关目标和预期标志性成果可全面完成。聘请第三方机构开展经费审计和政策宣贯，规避资金使用风险，提高资金使用效率。按照自评价和综合绩效评价两个阶段，完成2019年结题课题验收工作，为2021年“十三五”项目全面验收奠定基础。接续专项框架方案编制有序推进，工作进展和阶段成果受到科学技术部高度评价。

【集团公司重大科技项目】 2020年，集团公司部署实施50个重大科技项目，支撑主业发展。聚焦重点盆地增储上产、炼化转型升级、工程技术装备自主、安全绿色生产等现实生产需求，按照重大专项、现场试验、新技术推广、基础超前共性等科技项目组织攻关研究，一批成果相继涌现。

勘探开发领域，创新形成页岩油成藏理论，助力大盆地勘探开发取得重大突破。创新深层海相碳酸盐岩高—过成熟天然气成藏与勘探评价技术，指导川中古隆起北斜坡震旦系—下古生界多层系勘探获重大突破。掌握丛式水平井大平台开发核心技术，支撑长庆油田建成首个国家级百万吨页岩油开发示范区。创新深层裂缝性低孔砂岩气藏渗流理论和开发核心技术，支撑克拉苏气田规模上产。

炼油化工领域，开发应用控油增化、降低柴油产率、增产航空煤油等技术，以及润滑油、石蜡、沥青等特色炼油新产品，为炼化业务转型升级提供有效技术支撑。开发应用百万吨级乙烷制乙烯成套技术、乙烯装置优化运行技术，支撑集团公司乙烯装置提高经济效益和竞争力。建成1万吨/年低黏度PAO工业示范装置并一次开车成功，国内首次工业应用。研发自主聚丙烯熔喷专用料PPM-151，打通中国石油口罩制造全产业链。

工程技术领域，研发形成新一代软件平台GeoEast-iEco，为未来建设中国物探软件生态提供平台支撑。造斜率8度/30米旋转地质导向钻井系统取得重大突破，具备替代进口能力。自主研制的全球单机功率最大的7000型电驱压裂橇在现场应用，单位注入量的能耗成本下降20%以上。

【科技成果推广转化】 2020年，集团公司持续推进连续管作业、自主知识产权软件等5个重大推广专项实施，实现规模推广和规模效益。其中，推广连续管作业机17台套，完成3700余井次作业。完成侧钻井513口，同比新钻井节约投资4亿元以上。推广完成气井带压作业机出厂交付，13套完成工作量983井次。完成地震成像系统安装230许可、储层定量预测系统安装141套，覆盖14家单位。推进炼油系列催化剂、大型乙烯等炼化自主技术推广与应用，组织实施医用聚烯烃、溶聚丁苯橡胶等新技术、新产品，销售收入27亿元。

【科技改革】 2020年，集团公司加强科技创新系统谋划，形成2021—2035年集团公司科技发展战略研究报告，研究编制“十四五”集团公司科技发展规划。推进集团公司科技奖励制度改革，与国家科技奖励评审制度全面接轨，明确不合格清单，建立推荐单位、专家信用管理机制，杰出成就奖更加向科研一线人员倾斜，评审过程全程监督。与西南石油大学建立创新联合体，重点开展深层页岩气等战略接替领域重大科学问题和核心技术原创性研发。

【基础条件平台】 2020年，集团公司推进国家平台建设，完成国家能源长输管道技术装备研发（试验）

中心、液化天然气技术研发中心建设任务，获国家发改委批准建设"大数据协同安全技术国家工程实验室石油石化大数据安全研究中心"。不断完善集团公司重点实验室和试验基地，新建、完善油气业务链优化、砾岩油气藏勘探开发、非常规油气重点实验室等13个平台，提升科技平台创新能力。推进资源共享，发布集团公司《大型科研仪器设备及实验数据共享指导意见》，明确科技资源共享总体目标和重点措施。

【科技交流与合作】 2020年，集团公司持续深化与国外公司战略合作伙伴关系建设，以科技合作工作组为抓手，推进低排放、抗铁污染特色催化剂、分子炼油与智能炼厂、己烯-1等技术交流合作，推动煤层气开采、聚合物驱提高石油采收率、智能分注等优势技术走入海外市场。提升国家级油气勘探开发示范型国际科技合作基地管理，支撑中东及中北非地区业务。深化与国内机构、院校的科技交流合作，与中航科工合作研发尖端工具产品，依托国家CCUS联盟推进与能源央企间合作，推动与中国科学院新的战略合作协议签署。

【知识产权管理】 2020年，集团公司完成知识产权管理信息系统功能升级换代，实行专利分类管理，推进专利代理机构选用、管理模式改革，组织开展有效专利维持放弃评估、中国石油对外技术许可清单技术申报和编制工作。加强专利申请质量管控，发明专利申请占比同比提高14%。2020年获授权专利5290件，其中发明专利1577件、国外专利60件。

【科技奖励】 2020年，集团公司评出杰出成就奖1人（表1），基础研究奖一等奖1项、二等奖2项、三等奖3项（表2），科学技术进步奖特等奖3项、一等奖11项、二等奖35项、三等奖40项（表3），技术发明奖一等奖2项、二等奖3项、三等奖6项（表4）。发布中国石油2019年度十大科技进展（表5）。

表1　2020年度中国石油天然气集团有限公司杰出成就奖

姓　名	工作单位
伏喜胜	中国石油天然气股份有限公司润滑油分公司

表2　2020年度中国石油天然气集团有限公司基础研究奖

序号	项目名称	主要完成单位	主要完成人员	奖励等级
1	储层油/水/岩相互作用机制及注水离子匹配提高采收率机理研究	中国石油天然气股份有限公司勘探开发研究院	伍家忠　刘庆杰　陈兴隆　王敬瑶　姬泽敏　高　建　周朝辉　钱禹辰　韩海水　陈　序	一等
2	高性能膨胀管膨胀机理分析与应用基础研究	中国石油集团工程技术研究院有限公司	徐丙贵　郭慧娟　尹洪伟　吕明杰　张燕萍　胡志坚　贾　涛　王建利	二等
3	高含硫气田元素硫腐蚀机理及控制方法	中国石油天然气股份有限公司西南油气田分公司	闫　静　刘志德　蔡绍中　莫　林　袁　曦　唐永帆　吴　华　顾锡奎	二等
4	基于多参数动态模拟的连续管装备实验方法与理论研究	中国石油集团工程技术研究院有限公司	贺会群　杨　高　熊　革　宋治国　吴大飞　袁文才	三等
5	瓜尔胶压裂液临界交联行为的微观机理研究	中国石油集团长城钻探工程有限公司、中国石油天然气股份有限公司勘探开发研究院	彭树华　邓明宇　管保山　陈卫平　朱明山　孙雪莲	三等
6	油气管道智能检测器测试标定系统及方法研究	中国石油管道局工程有限公司	杨金生　邱长春　陈崇祺　傅丹蓉　邸强华　李彦春	三等

表 3　2020 年度中国石油天然气集团有限公司科学技术进步奖

序号	项目名称	主要完成单位	主要完成人员	奖励等级
1	鄂尔多斯盆地源内非常规庆城大油田勘探突破与规模开发	中国石油天然气股份有限公司长庆油田分公司、低渗透油气田勘探开发国家工程实验室、中国石油天然气股份有限公司勘探开发研究院、中国石油集团川庆钻探工程有限公司、中国石油集团东方地球物理勘探有限责任公司、中国石油集团测井有限公司	付锁堂　吴志宇　牛小兵　李松泉　席胜利　胡素云　赵继勇　喻　建　吕　强　屈雪峰　张矿生　徐黎明　赵振峰　李晓明　刘显阳　王大兴　姚泾利　何永宏　梁晓伟　周　虎　惠　潇　周树勋　姚宗惠　侯雨庭　李　亮　李永平　高占武　张志国　马立军　朱广社　韩永林　孙　虎　冯胜斌　李士祥　邓秀芹　杨兆林　杨永发　辛红刚　石玉江　罗安湘　尤　源　雷启鸿　白　斌　王秀娟　唐梅荣　李小军　段骁宸　邵东波　时建超	特等
2	川南 3500 米以浅页岩气规模有效开发理论、技术及应用	中国石油天然气股份有限公司西南油气田分公司、中国石油集团川庆钻探工程有限公司、勘探开发研究院、中国石油天然气股份有限公司浙江油田分公司、中国石油集团长城钻探工程有限公司、中国石油集团西部钻探工程有限公司、中国石油集团渤海钻探工程有限公司	马新华　陈更生　伍贤柱　梁　兴　吴建发　佘朝毅　刘旭礼　范　宇　李熙喆　郑有成　李润川　马洪钟　雍　锐　胡金燕　熊　颖　刘　勇　阳　星　李　海　陈京元　刘文平　刘旭宁　张　庆　舒红林　易发新　王红岩　张洞君　陈　凤　朱　进　李仁科　郑　健　宋　毅　罗　迪　陶诗平　雷治安　高贵冬　王永辉　曾　波　宋　权　姜维寨　戴　勇　焦亚军　熊正禄　张晓伟　石学文　李德旗　邓　乐　王　南　黄天俊　常　程	特等
3	OD1422mmX80 管线钢管研制及应用技术	中国石油天然气股份有限公司西部管道分公司、中国石油管道局工程有限公司、中国石油集团石油管工程技术研究院、规划总院、宝鸡石油钢管有限责任公司、中国石油集团渤海石油装备制造有限公司	闵希华　张　锋　赵新伟　韩景宽　毕宗岳　刘　涛　许春江　张伟卫　齐丽华　刘文乐　张振永　杨忠文　陈小伟　刘　剑　林小飞　刘金生　胡美娟　陈　涛　隋永莉　封　辉　孙骥姝　毛浓召　孙志刚　谢　萍　杨　洲　李中祥　李为卫　李建一　宫少涛　张小强　晏利君　高永刚　刘耀民　张志明　杨　放　张宝林　樊继欣　王长江　梁根选　张金利　王　磊　王新升　王付京　闫　臣　张国权　焦如义　周　伦　马志锋　范玉然　靳海成	特等
4	深层高过成熟油气富集规律、关键技术创新与应用	中国石油天然气股份有限公司勘探开发研究院、中国石油天然气股份有限公司西南油气田分公司、中国石油集团东方地球物理勘探有限责任公司、中国石油集团测井有限公司、中国石油集团工程技术研究院有限公司	姚根顺　杨跃明　SUN ZANDONG　沈安江　李保柱　王铜山　姜黎明　葛云华　曹光强　倪　超　文　龙　罗　冰　何　坤　张建勇　付小东　冯庆付　田兴旺　姜　华	一等
5	库车山前带超深超压气田群的高效开发与理论技术创新	中国石油天然气股份有限公司塔里木油田分公司、中国石油天然气股份有限公司勘探开发研究院、中国石油集团东方地球物理勘探有限责任公司	江同文　张承泽　孙雄伟　汪如军　肖香姣　张　辉　孙贺东　温铁民　李　青　陈　东　王洪峰　潘昭才　孟祥娟　赵力彬　唐永亮　刘明球　张建业　杨学君	一等

续表

序号	项目名称	主要完成单位	主要完成人员	奖励等级
6	中深层稠油大幅度提高采收率关键技术与工业化推广应用	中国石油天然气股份有限公司辽河油田分公司	张方礼　户昶昊　周大胜　马宏斌　李　爽　刘奇鹿　杨立龙　尚　策　刘　影　张新培　王卫东　韩　冰　潘　庆　高忠敏　杨新标　李军辉　李　巍　闫红星	一等
7	新型高效无杆举升及配套技术	中国石油天然气股份有限公司勘探开发研究院、大庆油田有限责任公司、中国石油天然气股份有限公司新疆油田分公司、中国石油天然气股份有限公司大港油田分公司、中国石油天然气股份有限公司吉林油田分公司	李益良　沈宝明　谢建勇　雷　群　郝忠献　周建文　杜伟山　朱世佳　师国臣　张立新　刘殿峰　韩岐清　石　彦　王国庆　王全宾　单红宇　李　辉　魏纪德	一等
8	东部老油区高效勘探地震精细评价技术及应用	中国石油集团东方地球物理勘探有限责任公司	曹来圣　李明杰　胡少华　张万福　王小善　周　赏　刘剑伦　邹　振　陈志刚　喻　林　李玉海　唐建超　于志龙　张宏伟　李冰玲　覃素华　徐颖新　柯　钦	一等
9	川渝页岩气钻完井关键技术与工业化应用	中国石油集团川庆钻探工程有限公司、中国石油天然气股份有限公司西南油气田分公司、中国石油天然气股份有限公司浙江油田分公司	韩烈祥　钱　斌　李　维　张德军　冉启华　张永强　吴春林　谭　宾　李跃纲　谢　意　连太炜　曾小军　周长虹　欧阳伟　李洪兴　李玉飞　万　伟　吴　朗	一等
10	西部油气田集输管线内腐蚀控制技术及工程应用	中国石油集团石油管工程技术研究院、中国石油天然气股份有限公司塔里木油田分公司、中国石油天然气股份有限公司长庆油田分公司	张娟涛　李循迹　付安庆　胡建国　范　磊　杨春林　尹成先　谢　璇　王福善　张志浩　宋文文　杨化龙　孙芳萍　常泽亮　李先明　王　远　王彦斌　薛　洁	一等
11	医用药包材聚烯烃树脂技术开发与应用	中国石油天然气股份有限公司兰州石化分公司、中国石油天然气股份有限公司石油化工研究院、中国石油天然气股份有限公司西南化工销售分公司	王福善　杨世元　王俊琪　侯景涛　赵东波　吴　建　于国滨　杜　疆　王卓妮　徐元德　张红星　杨令衡　魏　钦　许永莉　熊华伟　赵廷哲　李广全　王凤江	一等
12	催化裂化烟气SCR脱硝催化剂及配套技术开发与应用	中国石油天然气股份有限公司石油化工研究院、中国石油天然气股份有限公司庆阳石化分公司、中国石油天然气股份有限公司独山子石化分公司、中国石油天然气股份有限公司乌鲁木齐石化分公司、中国石油天然气股份有限公司华北石化分公司、中国石油天然气股份有限公司呼和浩特石化分公司、中国石油天然气股份有限公司辽阳石化分公司	刘光利　巫树锋　贾媛媛　何盛宝　聂普选　唐中华　吴　涛　张　鹏　李　鹏　黄秉刚　贾　斌　禄军让　武利春　孙继达　齐宏伟　刘　彬　陈　晗　张宝权	一等

续表

序号	项目名称	主要完成单位	主要完成人员	奖励等级
13	大庆油田智慧指挥系统研究与应用	大庆油田有限责任公司	张万里 胡 威 李佳明 田雪松 张云辉 艾云超 魏朝坤 杨庆明 许 震 刘 峰 冯 喆 穆殿宝 祝 峰 刘宗祥 王 涛 伊立群 王 巍 杨洪雨	一等
14	炼油与化工 ERP 应用集成系统	中国石油天然气股份有限公司大庆石化分公司	宗义山 张 昆 张弘旻 赵全庆 姜书君 李宜辉 张韧坚 宗喜军 单长香 于国峰 王 琪 范 宝 李洪宇 张玉梅 黄金晖 徐云阶 赵 勇 叶大洋	一等
15	巴西里贝拉盐下湖盆碳酸盐岩储层分布规律、成藏模式及重大发现	中国石油国际勘探开发有限公司、中国石油天然气股份有限公司勘探开发研究院	万广峰 张志伟 范国章 赵俊峰 王红平 刘亚明 袁玉金 王童奎 王朝锋 张勇刚 周玉冰 杨 柳	二等
16	歧口凹陷斜坡带构造岩性油气藏勘探理论技术创新与效益增储建产	中国石油天然气股份有限公司大港油田分公司、中国石油集团东方地球物理勘探有限责任公司	金凤鸣 韩国猛 马建英 董晓伟 王建柱 饶 敏 宋舜尧 周连敏 卢刚臣 周育文 李振永 刘天鹤	二等
17	辽河西部凹陷砾岩体油藏理论技术创新及亿吨级规模增储	中国石油天然气股份有限公司辽河油田分公司	陈 昌 高荣锦 郭军敏 刘兴周 李洪楠 杨景勇 韩 锋 陈 英 张蕴典 王宇斯 郭 峰 张子璟	二等
18	玉门油田重上百万吨勘探开发关键技术研究	中国石油天然气股份有限公司玉门油田分公司、中国石油天然气股份有限公司勘探开发研究院、中国石油集团工程技术研究院有限公司、中国石油集团东方地球物理勘探有限责任公司、中国石油集团测井有限公司	唐海忠 孙梦慈 沈全意 胡灵芝 彭 翔 魏 军 王崇孝 杜文博 郑联勇 肖毓祥 张宝权 张富成	二等
19	特高含水老油田储层精准表征及在剩余油挖潜中的规模应用	大庆油田有限责任公司	杨会东 徐立恒 李 操 宋宝权 姜 岩 蔡东梅 刘朋坤 杨春生 付宪弟 王高文 赵云飞 宋增强	二等
20	致密油藏压裂增能高效改造关键技术研究与应用	中国石油天然气股份有限公司勘探开发研究院、中国石油天然气股份有限公司新疆油田分公司	王 欣 李佳琦 何春明 才 博 邱晓慧 马俊修 李 帅 段贵府 陈 昂 修乃岭 许 可 南荣丽	二等
21	长庆气田稳产及提高采收率技术研究	中国石油天然气股份有限公司长庆油田分公司、低渗透油气田勘探开发国家工程实验室	刘鹏程 杨 辉 杨 勇 余浩杰 徐 文 冯强汉 张建国 郭自新 刘莉莉 张春雨 张海波 李 鹏	二等
22	伊朗北阿扎德甘油田400万吨建产稳产技术研究与应用	中国石油天然气股份有限公司勘探开发研究院、中国石油国际勘探开发有限公司	董俊昌 徐忠军 郭 睿 冯佩真 杨 双 李洪君 刘玉梅 王伟俊 杜政学 林腾飞 王 鼐 揭君晓	二等
23	强非均质性砾岩油藏聚合物驱工业化应用关键技术研究	中国石油天然气股份有限公司新疆油田分公司、中国石油天然气股份有限公司勘探开发研究院	王晓光 张 菁 罗 强 刘卫东 李红伟 程宏杰 娄清香 袁述武 刘文涛 楼仁贵 关 丹 张朝良	二等

续表

序号	项目名称	主要完成单位	主要完成人员	奖励等级
24	厄瓜多尔雨林地区安第斯“双高”油田开发关键技术与应用	中国石油国际勘探开发有限公司、中国石油天然气股份有限公司勘探开发研究院	万学鹏 张克鑫 张海宽 胡 泉 陈和平 刘 剑 林金逞 齐 梅 张超前 刘 志 马中振 张 亮	二等
25	特低—超低渗透油藏水驱稳产关键技术研究及应用	中国石油天然气股份有限公司长庆油田分公司、低渗透油气田勘探开发国家工程实验室	张皎生 安小平 李 超 朱圣举 陈 亮 曹 军 杨 昀 林艳波 张翠萍 王海红 张 钊 宋方新	二等
26	低品位复杂类型油藏效益建产关键技术攻关与应用	中国石油天然气股份有限公司华北油田分公司	黄 杰 李 昆 郭志强 吕传炳 郭发军 杨小陈 韩军铮 王红梅 余东合 周明顺 修书志 王朝辉	二等
27	水平井电缆牵引器技术研究与应用	中国石油天然气股份有限公司辽河油田分公司、清华大学	孙守国 张洪君 李洪军 杨东超 张 赫 李树全 张福兴 孙振宇 李 彪 杨显志 李伟瑞 靳海龙	二等
28	二氧化碳压裂关键设备与技术研究	中国石油天然气股份有限公司吉林油田分公司	李边生 段永伟 陈 实 赵晨旭 刘光玉 王翠翠 韩永恒 李树良 朱兆鹏 宣高亮 于雪盟 任 硕	二等
29	脉冲中子地层元素全谱测井技术	大庆油田有限责任公司	郑 华 孙 亮 董建华 梁庆宝 沈付建 邓茜珊 吕俊涛 万 舒 喻益明 刘开天 杨建峰 韩东庆	二等
30	碳酸盐岩多波保真处理解释新技术研发及工业化应用	中国石油天然气股份有限公司勘探开发研究院	王小卫 董世泰 潘建国 边冬辉 李劲松 苏 勤 高建虎 王洪求 胡自多 杨 哲 徐光成 袁 焕	二等
31	海量地震数据高效处理技术与应用	中国石油集团东方地球物理勘探有限责任公司	尚民强 李 虹 杨志昱 赖能和 罗 刚 曾庆芹 熊定钰 龚 莉 易 彤 黄丽娟 张超阳 邹启伟	二等
32	抗高温、抗盐水泥浆固井技术研究与应用	中国石油集团渤海钻探工程有限公司、中国石油天然气股份有限公司大港油田分公司、中国石油天然气股份有限公司塔里木油田分公司、中国石油天然气股份有限公司华北油田分公司	刘文明 齐 奔 高 飞 付家文 张庆昌 党冬红 唐世忠 邓 强 田小川 赵殊勋 王 浪 王翔宇	二等
33	页岩气专用连续管作业装备研制及应用	中国石油集团工程技术研究院有限公司	刘寿军 谭多鸿 张富强 杨志敏 马 青 刘 菲 刘平国 胡志强 颜家福 郝 军 张士彬 段文益	二等
34	特殊性能钻采设备和管材应用及评价关键技术	中国石油集团石油管工程技术研究院	刘 强 徐秀清 李德君 白 强 李发根 汪蓬勃 田 峰 宋生印 吕 能 贾君君 龙 岩 张 翔	二等
35	非常规油气钻井用抗高温长寿命螺杆钻具	中国石油集团工程技术研究院有限公司、中国石油天然气股份有限公司吉林油田分公司、中国石油集团西部钻探工程有限公司、中国石油集团川庆钻探工程有限公司、中国石油集团长城钻探工程有限公司	罗西超 郭添鸣 何 军 李显义 屈 刚 王洪涛 晏 凌 钟 伟 张昕冉 郭 晨 周家齐 刘 凤	二等

续表

序号	项目名称	主要完成单位	主要完成人员	奖励等级
36	伊拉克哈法亚油田井筒安全构建钻井工程关键技术	中国石油国际勘探开发有限公司、中国石油天然气股份有限公司勘探开发研究院、中国石油集团海洋工程有限公司	聂　臻　罗慧洪　邹　科　蔚宝华　任智基　唐鋆磊　齐文旭　梁奇敏　张维滨　黄雪琴　王士平　张振友	二等
37	在役油气管道改造与维抢修技术装备开发与应用	中国石油管道局工程有限公司	夏国发　姜修才　王媛媛　陶伟莉　赵东辉　王建伟　陈社鹏　赵　明　袁会赞	二等
38	油气田绿色矿山建设安全环保关键技术	中国石油天然气股份有限公司西南油气田分公司	焦艳军　李烨楠　古　冉　黄玲玲　李冀川　唐春凌　霍小鹏　罗小兰　林科君　刘爱红　徐　璇　李　斌	二等
39	丁苯、丁腈和顺丁橡胶新产品应用技术开发及产品推广	中国石油天然气股份有限公司石油化工研究院、中国石油天然气股份有限公司兰州石化分公司、中国石油天然气股份有限公司华北化工销售分公司	胡海华　李　波　吴　宇　张守汉　张　宇　张华强　何连成　李　晶　赵洪国　陈东平　崔永班　周　雷	二等
40	满足 OEM 排放法规要求的系列内燃机油关键技术开发与应用	中国石油天然气股份有限公司润滑油分公司	汪利平　焦军平　金理力　金　鹏　赵正华　吕会英　汤仲平　安庆元　樊玉明　徐进宝　张　勤　郭　鹏	二等
41	PE-RT 管材专用料开发	中国石油天然气股份有限公司独山子石化分公司、中国石油天然气股份有限公司华北化工销售分公司、中国石油天然气股份有限公司西北化工销售分公司	张永海　马小伟　吴利平　张鹏宇　王晋军　席　军　乔亮杰　刘功旺　苏　锋　杨永生　莫明·克尤木　闫维鹏	二等
42	聚乙烯装置排放尾气回收应用研究	中国石油天然气股份有限公司独山子石化分公司	樊国锋　冷　忠　刘继新　解利军　秦　军　陈志伟　蔡志勇　韩　霜　张治军　张云龙　王自顺　廖　君	二等
43	油气勘探开发共享研究环境的创建与应用成效	中国石油天然气股份有限公司新疆油田分公司	雷德文　王白羽　娄　兵　牛志杰　黄华晔　段　非　石　峰　于会松　秦志军　游　伟　孙　兵　滕良娟	二等
44	成品油销售大数据关键技术研发与应用	中国石油天然气股份有限公司规划总院	刘　速　和冬梅　赵　龙　王　贺　张艳芳　钱志军　张振华　周文胜　张靖远　庄雪涛　方　伟　胡朝晖	二等
45	国际原油价格与国内成品油需求预测关键技术与应用	中国石油天然气股份有限公司规划总院、北京化工大学	仇　玄　丁少恒　邢治河　余乐安　汤湘华　罗艳托　孔劲媛　万军豪　张　蕾　齐　超　王　昭　王梦茜	二等
46	中国石油科技创新能力建设模式及配套体制机制改革设计	中国石油集团经济技术研究院	吕建中　杨　虹　孙乃达　司云波　郭晓霞　刘　嘉　毕研涛　邱茂鑫　鄢爱民　袁　磊　李晓光　侯　亮	二等
47	石油开采业危险废物靶向豁免与污染防控管理支持及应用	中国石油集团安全环保技术研究院有限公司、南方石油勘探开发有限责任公司、中国石油天然气股份有限公司吉林油田分公司	王占生　云　箭　李英涛　杨忠平　陈　曦　丁海玲　李　颖　谢水祥　任　雯　张博研　吕明军　李春晓	二等

续表

序号	项目名称	主要完成单位	主要完成人员	奖励等级
48	油气田公司员工激励约束机制的创新与实践	中国石油天然气股份有限公司西南油气田分公司	刘用成 吴 芒 张 明 杨 刚 李红亮 孙开俊 曹 忠 李天祥 杨鹏程 钟 琳 黄长略 陈 芳	二等
49	科研院所科技人员薪酬激励模式改革研究	中国石油集团石油管工程技术研究院	张广利 严长亮 卢攀辉 翟云萱 陈娟利 佘伟军 艾志刚 沈 沉 苗 健 谢文江 崔 巍 付 彧	二等
50	东部凹陷深层天然气勘探关键技术与勘探实践	中国石油天然气股份有限公司辽河油田分公司	郭 强 胡振华 高富成 张 斌 庚 琪 尹宜鹏 王建飞 尚 灿	三等
51	台北凹陷富油气区带高效增储建产一体化技术研究与应用	中国石油天然气股份有限公司吐哈油田分公司	张 华 肖冬生 贾雪丽 彭亚中 李宏伟 周亚东 王兴刚 田 琳	三等
52	富油凹陷地层岩性油气藏分布规律与规模目标研究	中国石油天然气股份有限公司华北油田分公司	杨德相 郑荣华 赵伟森 曹兰柱 师玉雷 李晓燕 鱼占文 王孟华	三等
53	滇黔川探区非常规天然气综合勘探开发及应用	中国石油天然气股份有限公司浙江油田分公司	张介辉 王维旭 饶大骞 叶 熙 李兆丰 王高成 刘 臣 张 磊	三等
54	低渗砾岩储层录井精细解释评价技术	中国石油集团西部钻探工程有限公司、中国石油天然气股份有限公司新疆油田分公司	隋泽栋 薛晓军 李 晨 黄卫东 陈向辉 黄国荣 赵彦清 马玉明	三等
55	南苏丹 3/7 区油气成藏规律新认识与勘探突破	中国石油天然气股份有限公司勘探开发研究院、中国石油国际勘探开发有限公司	卫平生 赵艳军 石兰亭 佟鑫森 史忠生 庞文珠 朱广耀 陈彬滔	三等
56	水平井套内多级滑套分段压裂工艺技术研究	大庆油田有限责任公司	周婷婷 兰乘宇 刘 岩 刘 鹏 李莹莹 尹从萍 刘跃宝 张嘉恩	三等
57	复杂断块油藏多元深部调驱关键技术研究与应用	中国石油天然气股份有限公司华北油田分公司	孟庆春 王 莉 梁官忠 杜玉洪 顾玉洁 代 薇 王宏涛 张 宏	三等
58	塔木察格油田地质特征及有效开发技术研究	大庆油田有限责任公司	沙宗伦 贾红兵 李新峰 毛 伟 陈国飞 孔凡忠 霍立锋 刘剑营	三等
59	稠油水平井堵水关键技术研究与应用	中国石油天然气股份有限公司辽河油田分公司	郎宝山 刘江玲 沈文敏 刘 恒 黄 腾 李作齐 杨 洋 郭洪军	三等
60	开发中后期油田上产关键技术攻关及应用	中国石油天然气股份有限公司新疆油田分公司、中国石油天然气股份有限公司勘探开发研究院	刘文锋 尚建林 王 勇 邹存友 赵旭斌 汤传意 辛骅志 赵 亮	三等
61	自降解储层改造核心处理剂研制	中国石油集团渤海钻探工程有限公司、中国石油天然气股份有限公司大港油田分公司	邹 鹏 张曙光 孙海林 胡永雄 刘 松 何 晓 王晓磊 何新伟	三等
62	超稠油生产“三废”治理技术研究与应用	中国石油天然气股份有限公司辽河油田分公司	韩树柏 王建波 闫 军 孟 强 张洪驰 吕 亭 郭 洋 周 庭	三等
63	井下作业油泥减控技术研究与应用	中国石油天然气股份有限公司辽河油田分公司	林 军 景宝国 孙立超 王德伟 单井华 庞全书 权崇国 杨义涛	三等

续表

序号	项目名称	主要完成单位	主要完成人员	奖励等级
64	水平井智能泵送软件开发及工业化应用	中国石油集团测井有限公司	赵昕迪 杨登波 张清彬 唐 凯 陈建波 李奔驰 郭廷亮 聂靖雯	三等
65	复杂区地震仪器高效作业技术及应用	中国石油集团东方地球物理勘探有限责任公司	黄 磊 夏 颖 甘志强 刘晓明 胡 峥 朴金山 刘卫平 王 艳	三等
66	BH-VDT 系列垂直钻井系统研究	中国石油集团渤海钻探工程有限公司	汝大军 黄 峰 马 哲 魏庆振 杨 春 刘郅轩 檀大冰 郑智冬	三等
67	非常规井身结构固井工具及配套工艺研究	中国石油集团渤海钻探工程有限公司	刘新哲 张京华 宋剑鸣 苟旭东 秦国宏 王志刚 蒋本强 蒋世伟	三等
68	GX/S 型直线 / 平动椭圆双轨迹振动筛	宝鸡石油机械有限责任公司、西南石油大学	吴先进 贺殷凯 李华川 蒋 锐 席建秋 侯勇俊 刘有平 张杰成	三等
69	大庆油田富含伊利石—蒙脱石超强亲水性地层水基钻井液技术	大庆油田有限责任公司	张 洋 刘永贵 张洪大 耿晓光 宋 涛 孙露露 王中义 孙 敏	三等
70	西气东输管网安全运行保障及节能关键技术研究应用	中国石油天然气股份有限公司西气东输管道分公司	李 江 常大伟 彭忍社 邱 惠 吴昌汉 孙宝龙 史 爽 杨鲁明	三等
71	页岩气开发地面工程成套技术	中国石油工程建设有限公司	余 洋 肖 芳 杨晓秋 昝林峰 郭艳林 杨 静 谈文虎 陈国平	三等
72	辽河油田高含水期地面集输系统节能关键技术研究与应用	中国石油天然气股份有限公司辽河油田分公司	李 刚 张 洋 胡 静 郭 爽 梁 钊 李云翱 周丽洋 林 琳	三等
73	输气管道无溶剂减阻防腐涂料技术研究与应用	中国石油集团海洋工程有限公司	崔灿灿 韩忠智 刘本华 郭晓军 段绍明 石家烽 康绍炜 那骥宇	三等
74	南堡油田海底管道综合检测及防护修复关键技术研究与应用	中国石油天然气股份有限公司冀东油田分公司	刘仕鳌 李凯双 周东月 李顺利 张书红 代兆立 颜芳蕤 张传隆	三等
75	管线钢宽板拉伸试验测试方法及环焊接头评估技术研究	中国石油管道局工程有限公司	白世武 姚登樽 苏 鑫 刘 宇 杨 叠 李政龙 姚学全 周亚薇	三等
76	油田集输系统防腐防垢关键技术的研究与应用	中国石油天然气股份有限公司冀东油田分公司	陈 勇 乔孟占 李佳慧 马 英 聂 坤 赵英杰 杨晓拂 罗佳洁	三等
77	复杂海况大径厚比海底管道设计安装关键技术及应用	中国石油集团海洋工程有限公司	胡知辉 唐 彪 郭学龙 蓝 天 谭壮壮 曲文星 纪海燕 付春丽	三等
78	委内瑞拉 MPE3 项目 16.5 万桶每天扩建工程建设策略研究及实施成效	中国石油国际勘探开发有限公司	赵雄飞 郑 新 胡小兵 李春阳 张春青 逯 卫 靳文龙 王雪松	三等
79	聚苯乙烯 GPPS 线导光板材专用料开发及质量改进	中国石油天然气股份有限公司独山子石化分公司、中国石油天然气股份有限公司华南化工销售分公司	杨昌辉 张 冰 付 懿 乔海雁 冉崇文 邱 波 金方友 杜振义	三等

续表

序号	项目名称	主要完成单位	主要完成人员	奖励等级
80	薄壁注塑聚丙烯产品优化及扩量技术攻关	中国石油天然气股份有限公司兰州石化分公司、中国石油天然气股份有限公司石油化工研究院、中国石油天然气股份有限公司华南化工销售分公司	高玉林 剡 军 王 雄 闫功臣 吕新良 曹振祥 张亮亮 李 丽	三等
81	管材专用树脂 L7100M 的开发与生产	中国石油天然气股份有限公司兰州石化分公司、中国石油天然气股份有限公司石油化工研究院、中国石油天然气股份有限公司西北化工销售分公司	王 喆 侯昊飞 李朋朋 赵 平 刘 涛 张建纲 张高杰 李艳芹	三等
82	润滑油基础油超深度芳烃饱和催化剂 PHF-301 的开发及工业应用	中国石油天然气股份有限公司石油化工研究院、中国石油天然气股份有限公司大庆炼化分公司	刘彦峰 隋晓东 高善彬 李 训 陆雪峰 张纯庆 孟祥彬 靳丽丽	三等
83	100 万吨 / 年乙烯装置节能减排技术研究与应用	中国石油天然气股份有限公司独山子石化分公司	蒋鹏飞 花建忠 邱皖龙 张 乐 王 强 宋长轩 李怀强 刘泽涵	三等
84	Unipol 工艺聚丙烯热氧稳定体系优化技术	中国石油天然气股份有限公司石油化工研究院、中国石油天然气股份有限公司广西石化分公司、中国石油天然气股份有限公司华南化工销售分公司	陈商涛 张凤波 陈兴锋 周福斌 石行波 黄 强 陈 龙 张巍松	三等
85	井筒工程全周期信息平台开发与应用	中国石油集团西部钻探工程有限公司、中国石油天然气股份有限公司吐哈油田分公司	姚志刚 张以军 吴文明 岳思录 罗劝生 杜 晓 陈 冲 段 斌	三等
86	辽河油田海量地震数据处理平台构建与应用	中国石油天然气股份有限公司辽河油田分公司	郭 平 孙晶波 卢明德 张 高 蒋治刚 孙美玲 刘增艳 陈宇龙	三等
87	华北石化信息系统集成平台	中国石油天然气股份有限公司华北石化分公司	史双全 徐 涛 刘 博 刘 雷 张健周 申艳东 王忠诚 李 平	三等
88	基于复杂区块储一产定量预测的规划优化及全生命周期价值评估体系	中国石油天然气股份有限公司西南油气田分公司	李海涛 谢正龙 陈艳茹 易海永 余 果 方一竹 杨济源 雷 蕾	三等
89	企业业绩评价与管理会计应用指引制定	中国石油集团经济技术研究院	陈嘉茹 夏初阳 谢 薇 陈建荣 熊 靓 江 河 燕 菲 康 煜	三等

表 4　2020 年度中国石油天然气集团有限公司技术发明奖

序号	项目名称	推荐单位	主要完成人员	奖励等级
1	智能化分层注水技术及工业应用	中国石油天然气股份有限公司勘探开发研究院	刘 合 王凤山 慕立俊 叶勤友 贾德利 徐德奎 孙 伟 于九政 郑立臣 张吉群	一等
2	钻井协同减振与破岩智能优化系统	中国石油集团工程技术研究院有限公司	崔 猛 汪海阁 纪国栋 崔龙连 卓鲁斌 赵 飞 郭卫红 崔 柳 王灵碧 刘 力	一等

续表

序号	项目名称	推荐单位	主要完成人员	奖励等级
3	双水平井 SAGD 微压裂启动关键技术及应用	中国石油天然气股份有限公司新疆油田分公司	陈　森　游红娟　张胜飞　潘竟军　黄　勇　蒲丽萍　李秀峦　桑林翔	二等
4	基于活性位可接近性强化技术提高原位晶化型 FCC 催化剂性能	中国石油天然气股份有限公司石油化工研究院	张　莉　胡清勋　刘超伟　刘宏海　王宝杰　王久江　曹庚振　赵晓争	二等
5	适合高温高矿化度油藏的复合体系配方研制	大庆油田有限责任公司	伍晓林　侯兆伟　陈　劼　赵　新　王海峰　杨　勇　李建路　窦绪谋	二等
6	耐高温调堵剂及稠油油藏堵水关键技术	中国石油天然气股份有限公司辽河油田分公司	张　俊　张　群　李　瑞　王　尧　冷　冰　马昌明	三等
7	深斜井多级多段分注关键技术创新及规模应用	中国石油天然气股份有限公司华北油田分公司	王建宁　韩新德　罗洪林　雷　创　张　朔　江明超	三等
8	老井井筒膨胀管修复再利用技术配套	中国石油天然气股份有限公司大港油田分公司	赵　涛　齐月魁　秦飞翔　黄满良　刘言理　时耀亭	三等
9	油井杆管偏磨控制理论及关键技术	中国石油天然气股份有限公司华北油田分公司	付亚荣　付丽霞　李小永　姜一超　姚庆童　李　云	三等
10	致密砂岩储层水力压裂设计关键参数计算及优化方法	中国石油天然气股份有限公司西南油气田分公司	曾　冀　桑　宇　周长林　杨　建　彭　欢　李金穗	三等
11	天然气微量关键物质测试方法	中国石油天然气股份有限公司西南油气田分公司	涂振权　汪玉洁　罗　勤　周　理　何　斌　王伟杰	三等

表 5　2019 年度中国石油十大科技进展

序号	项目名称	简　介
1	油气成因识别与储层表征创新技术助推深层勘探重大进展	研发高成熟油气来源精准确定与油气相态快速判识技术、复杂碳酸盐岩储层表征与预测技术，解决制约深层油气分布预测与勘探的技术瓶颈，推动深层成为近期勘探突破与规模增储的重点
2	柴达木咸化湖盆油气勘探理论技术创新获柴西探区重大突破	立足柴达木盆地古近系，持续深化理论创新和技术攻关，建立高原咸化湖盆油气地质理论和“双复杂”地震勘探配套技术，在以往认识的不利区获勘探重大突破
3	减氧空气驱提高采收率技术取得重大突破	减氧空气驱技术是富有创造性的提高采收率新技术。长庆油田五里湾一区、吐哈油田鲁克沁三叠系油藏减氧空气驱工业试验效果显著，预计比水驱提高采收率 10 个百分点以上
4	准噶尔盆地非常规油藏长水平井小井距开发取得重大进展	针对准噶尔盆地玛湖砾岩致密油藏岩性复杂、含油饱和度低、天然裂缝不发育和吉木萨尔陆相页岩油甜点分散、非均质性强、油层动用率低等特点，聚焦提高储量动用率和提高单井最终累计产量，创新形成小井距长水平段立体开发技术
5	uDAS 井中地球物理光纤采集系统研发成功	井中光纤分布式声波传感（uDAS）系统利用光纤本身作为传感器采集地震数据，突破常规检波器观测井段受限的瓶颈，能够大幅提高目标地层的分辨能力。经过多年攻关，成功研发 uDAS 井中光纤采集系统，填补国内空白，增强国际市场竞争力

续表

序号	项目名称	简　介
6	陆相页岩油测井评价关键技术获得重大突破	以准噶尔盆地吉木萨尔凹陷芦草沟组页岩油为主要研究目标，以配套的岩石地化、物性、含油性为基础，在页岩油润湿性、赋存状态等关键地质参数测井表征方法研究方面取得重要突破
7	一体化精细控压钻完井技术助力复杂地层安全优质钻完井	针对钻完井作业过程中窄安全密度窗口引起的井控风险大、难以钻达设计地质目标等世界性难题，在精细控压钻井的基础上通过持续攻关，形成有自主知识产权的钻—测—固—完一体化精细控压技术与装备，成为复杂深井钻完井的必备技术，并实现规模应用
8	复杂地质条件气藏型储气库关键技术及产业化获重大突破	创建复杂地质条件气藏型储气库建库关键技术和标准体系，指导中国石油快速建成22座储气库、110亿米^3/年供气能力，高峰日采气量超1亿立方米，在冬季调峰保供中发挥不可替代的作用
9	柴油加氢精制—裂化组合催化剂成功实现工业应用	自主研发的柴油加氢精制—裂化组合催化剂（PHD-112/PHU-211）具有原料适用性广、脱氮活性高、芳烃择向转化选择性高、重石脑油和液体收率高等特点，不仅可最大量生产重石脑油，还能兼产柴油作乙烯裂解原料
10	茂金属聚丙烯催化剂及高端聚丙烯产品开发成功	开展茂金属催化剂负载化核心技术和聚合工艺技术攻关，开发茂金属聚丙烯高端产品，实现茂金属聚丙烯自主技术零的突破

（张程光）

标准化工作

【概述】 2020年，集团公司完善企业标准化组织管理体系，夯实地区公司企业标准化基础，加快推进标准国际化工作，巩固油气行业上游领域标准化管理机构的主导地位，进一步提升在全球油气行业的标准化话语权和影响力。全年主导制定国际标准1项，修订国际标准6项；制修订国家标准、行业标准63项；获国家标准创新贡献奖项目奖4项，并首次获组织奖，为建设世界一流综合性国际能源公司提供有力支撑。

【标准制修订】 2020年，集团公司牵头完成制修订国家标准、行业标准63项，新承担制修订国家标准、行业标准115项；下达集团公司企业标准制修订计划142项。2020年发布企业标准145项，公布企业标准复审结论178项，现行有效的集团公司企业标准1694项。加快新兴业务领域标准化布局，完成能源行业页岩油标准化技术委员会的组建工作；适应国家深化标准化工作改革要求，牵头组建中国石油学会标准化工作委员会，搭建石油行业团体标准工作平台。参加2020年中国标准创新贡献奖评选，4项标准获国家标准项目奖，1项获优秀组织奖（全国仅4家），标准创新能力和行业影响力进一步凸显。

【标准实施监督】 2020年，制定发布《中国石油天然气集团有限公司标准实施监督检查管理办法》《中国石油天然气集团有限公司专业标准化技术委员会考核办法（试行）》，促进相关工作的制度化、规范化。确定勘探与生产、炼油与化工等9个专业、32项重点标准实施工作，确保标准规定的技术和管理要求有效落地。石油标准查询APP正式验收投用，实现相关国家、行业、企业标准的手机在线查阅，提高标准化工作质量和效率。持续推进集团公司标准化信息平台建设，优化系统底层平台设计，建设国际标准化管理、标准信息交流与服务等模块。

【标准化研究工作】 2020年，围绕集团公司"十四五"规划编制的总体部署，开展《集团公司"十四五"标准化规划研究与编制》，厘清集团公司标准化工作现状，查找制约发展的根本问题和矛盾，确定标准化发展目标和实施路径。聚焦集团公司生产经营管理重点领域，开展"井控装备关键指标与标准研究""天然气能量计量标准体系研究""新形势下采用国外标准政策研究"等课题的研究工作，进一步发挥标准的引领和支撑作用。组织对"滩海石油安全标准体系研究"等6个项目进行验收评估。"集团公司标准化成熟度管理模型研究"获2020年度集团公司软科学研究优秀课题；"油气管道合资企业标准化合作对策研究"获2020年集团公司软科学研究优秀成果奖二等奖。

【国际标准化工作】 2020年，集团公司牵头制定并发布ISO 23978:2020《天然气上游领域用激光拉曼光谱法测定组成含量》国际标准1项、修订并发布国际标准6项。按照"发布一批、制定一批、培育一批"思路，加强国际标准制修订培育计划项目管理，26个项目纳入国际标准培育计划。推进与俄罗斯天然气工业股份公司的标准与合格评定结果互认工作，签订年度工作计划，将《煤层气田开发技术方案要求》作为双方第三批互认的标准。克服新冠肺炎疫情影响，组织专家线上参加IOGP（国际油气生产商协会）、ISO/TC67（石油石化设备材料与海上结构）、ISO/TC45（橡胶）、ISO/TC61（塑料）、ISO/TC193（天然气）等国际标准化技术组织年会，及时掌握相关业务在国际上的最新动态，并提交新工作项目提案。

（汪　威）

信息化工作

【概述】 2020年，集团公司信息化工作持续坚持"统一规划、统一标准、统一设计、统一投资、统一建设、统一管理"原则，严格按照"一个整体、两个层次"工作要求，克服新冠肺炎疫情影响，推进数字化、网络化、智能化发展，取得一系列重要成果。国家重点信息化项目按计划实施，党建信息化平台2.0等信息系统建成应用，物联网系统进一步扩展实施，云技术平台持续完善，各业务领域信息系统应用不断深化，信息化对集团公司新冠肺炎疫情防控和提质增效发挥重要支撑作用。

【信息系统建设】 2020年，党建信息化平台2.0全面上线应用，实现党、工、团组织和人员全覆盖，构建网上"大党建"新格局，开启"智慧党建"新模式，提升集团公司党建科学化水平。财务共享实现在国内138家企业上线应用和海外35个项目的试点实施，人力资源共享首批业务覆盖102家企业，共享服务的集约效应和规模效益逐步显现。合同管理系统2.0在总部、专业公司和130家单位上线应用，实现申报、审查、签订、履行、归档全生命周期数字化管理，进一步节约合同管理成本，降低企业经营法律风险。管理创新信息系统上线应用，形成集团公司统一的管理创新流程，有效提升管理创新能力和管理水平。企业年金管理信息系统实现员工委托、企业委托、运营监督、风控平台等业务统一管理，打造涵盖企业多层次养老保障服务的信息化支撑平台。数据治理平台上线运行，实现对数据资源目录、架构、标准、质量等资源的统一管理，推动数据充分共享和智能应用。数据仓库系统实现39个统建信息系统相关数据入仓，数据共享应用成效明显。工业互联网平台（设备运行实施监控管理系统）上线试运行，保障企业生产平稳运行。

【信息系统应用】 2020年，集团公司总部各部门、各专业公司、各地区公司推进信息系统深化应用，信息化在提高企业管理水平和效率效益等方面取得新成效。

国有资产监督管理运行系统持续深化应用，编制印发《集团公司"三重一大"决策制度建设和监管系统运行工作手册》，制定《"三重一大"决策和运行监管系统规范》企业标准，为各企业完善决策制度体系和规范数据上传提供参考。ERP系统不断提升跨专业、跨业务集成功能，财务月结效率提高一倍。客户关系管理系统覆盖炼油与化工、销售、天然气、工程技术、工程建设、装备制造6个业务领域，建立统一的客户管理信息平台。车辆管理系统扩展主动安全和道路环境风险预警功能。

勘探与生产领域，“勘探开发梦想云”迭代升级，形成连环湖数据生态等示范工程，促进管理模式和生产组织方式变革。认知计算平台建成应用，为油气勘探开发提供数据处理、机器学习、推理应用等智能化分析手段，支撑油气勘探开发增储上产、降本增效。油气生产物联网等信息系统有效支持油藏描述、开发方案等协同研究，为推进油气田企业增产降耗、提质增效提供支撑。

炼油与化工领域，物流管理系统（化工品销售）上线应用，加强销售、仓储、运输等环节的有效衔接，实现物流各环节间信息快速共享，为客户提供优质便捷的服务。不断完善信息系统功能，支持炼化企业安全稳定生产、长周期运行、生产计划优化和现场管控，在节能增效、降低生产事故和设备故障等方面成效显著。

成品油销售领域，持续开展加油站管理等信息系统深化应用，优化业务流程，强化内部管控，全面实施加油卡移动支付，支持尿素加注业务，完善系统集成，优化客户评级算法，打通线上渠道，开展数据应用，提高客户服务质量，提升从加油站到总部各层级业务管理和资金管控能力，支持油库高效运行和加油站精准配送，全面支撑销售业务日常运营，推进销售精细化管理、精准营销、降本增效。

天然气销售领域，天然气零售系统集成530种型号燃气表，拓展银行代收、微信、支付宝、网上营业厅等线上缴费渠道，支持昆仑能源统一标准物联网燃气表大规模应用，实现“互联网+燃气服务”新模式，有效支持天然气批发、天然气终端和非气业务创新发展。新冠肺炎疫情期间紧急为武汉实施安装燃气自助服务终端，实现7万IC卡用户自助充值。

海外勘探开发领域，推进海外勘探开发信息系统深化应用，整合海外勘探、开发、生产、地面、管道和炼油化工等业务内容和业务流程，实现海外勘探开发生产数据集中管理和业务一体化运行管理，提升海外信息化管理水平，推进海外数字油田建设和海外企业生产管理数字化转型。

工程技术领域，围绕工程作业智能支持中心建设及应用需求，统一配备井场一体化数据采集器，规范现场数据采集，解决作业现场数据重复采集问题。推进工程技术生产运行管理等信息系统深化应用，提升数据质量，搭建统一的工程技术数据采集平台、应用平台和远程作业支持体系。

工程建设领域，依托集团公司数据中心，搭建工程设计云，实现多款设计软件云应用，为二维、三维工程设计提供重要支撑。统筹推进信息标准应用，正式发布材料编码标准，材料编码管理平台、三维设计软件上线试运行。

贸易领域，通过信息系统功能模块升级，实现财务凭证自动生成、自动结转成本、线上合同会签、交易数据自动管理等功能，优化全业务流程，完善资源配置，降低运行成本，赋能风险管控和业务升级。

金融领域，首次编制中油资本信息化发展规划，注重拓展互联网应用和产融结合应用，提升客户服务能力。

装备制造企业，通过信息系统的功能升级和深化应用，提升企业精益化管理水平和智能制造能力，促进企业由加工组装为主向“制造+服务”转型。

办公管理方面，综合办公管理平台项目上线试运行，办公专网持续完善，电子公文、信息门户、视频会议、电子邮件和即时通信等信息系统成为广大员工日常办公的主要工具，在新冠肺炎疫情防控中有力支持集团公司工作部署、指挥调度和应急处置。

【信息系统维护】 2020年，不断提升信息系统运行维护能力，持续健全应急管理机制，定期组织信息系统应急演练，保障信息系统的平稳运行和业务连续性。

【信息技术基础设施建设】 2020年，集团公司总业务传输带宽35.7万兆，10座卫星主站、884座卫星小站运行稳定，形成有线无线相结合、多种接入方式互补的立体网络系统。北京昌平、勘探院、吉林、克拉玛依等4个集团公司级数据中心部署机柜5421个，信息技术设备1.8万台套。建成拥有24万核计算（6万标准虚拟机）和40拍字节（PB）存储能力的云计算资源池，实现85个集团公司统建信息系统云化迁移。

【信息安全建设】 2020年，完成国家重大网络安全任务和全年重大活动网络安全保障。举办集团公司网络安全宣传周活动，网站累计访问量15万多次。开展关键信息基础设施网络安全实战检查，完成网络安全检查平台建设，持续推进网络安全域、工业控制系统安全体系、云安全防护等项目实施，补齐网络安全短板，坚决筑牢网络安全防线。

【信息标准化建设及信息化管理】 2020 年，制定“十四五”信息技术标准体系，完成制（修）订行业标准 2 项、企业标准 9 项。持续完善制度体系，编制集团公司“十四五”信息化建设总体规划和数字化转型智能化发展试点方案。

（张云辉）

安全环保
与质量节能

新冠肺炎疫情防控

【概述】 2020年，面对突发的新冠肺炎疫情，集团公司党组坚决贯彻习近平总书记重要指示批示精神，坚决落实党中央、国务院决策部署，始终坚持把员工生命安全和身体健康放在第一位，始终坚持“国内和国际业务并重、中方员工和外籍雇员并重、员工和家属并重”，带领百万石油人，外防输入、内防反弹，采取切实有效措施，保持工作场所、在京单位员工及家属、海外项目中方员工3个“零疫情、零感染”，保证员工健康安全和生产经营平稳有序。

【组织保障】 2020年1月26日，集团公司成立以戴厚良董事长为组长的疫情防控工作领导小组。全年累计组织召开专题党组会13次、疫情防控工作领导小组例会143次，统一指挥、统一部署、统一协调疫情防控工作。集团公司总部有关部门、专业公司和所属企业快速响应党组要求，聚焦员工生命安全和身体健康、生产经营和油气保供，严格落实新冠肺炎疫情防控工作部署。各单位主要领导坚守岗位，关口前移，靠前指挥，充分展现石油人守土有责、守土担责、守土尽责的精神品格。

【运行保障】 2020年，集团公司结合重点地区新冠肺炎疫情防控形势变化，先后成立驻鄂企业疫情防控工作领导小组、疫情防控应急物资保障专项工作组、驻大庆地区企业疫情防控工作协调督导组和国际业务疫情防控专项工作组等多个工作专班，协调督导驻重点地区企业落实落细落地疫情防控措施。开发上线“疫情防控数据管理系统”，提高各类信息报送的及时性、准确性，增强信息共享，强化数据应用，减轻基层负担，为推进常态化新冠肺炎疫情防控创造有利条件。

【制度保障】 2020年，集团公司结合国内疫情防控形势变化，先后6次调整完善中国石油《新冠肺炎疫情防控工作指导手册》，编制印发《新冠肺炎疫情防控常态化工作方案》，指导各单位做好新冠肺炎疫情常态化防控工作。把握境外疫情发展趋势，建立四级联防联控机制，及时制定出台两版《中国石油国际业务新冠肺炎疫情常态化防控工作指导意见》。连续印发25期《企业疫情防控工作动态》，共享防控经验。

【资源保障】 2020年，集团公司坚决落实国务院国资委要求，把防疫物资生产保障作为政治任务，调整优化产品结构，快速打通口罩生产全产业链，建成7条熔喷布生产线和22条口罩生产线，满负荷生产聚丙烯医用料、消毒剂原料等市场紧缺产品。全年生产聚丙烯医用料65万吨、熔喷布763吨、口罩1.46亿只。积极履行央企社会责任，全年向国内外捐赠口罩128万只、资金9262万元，党员捐款7386万元，为打赢新冠肺炎疫情防控阻击战贡献石油力量。

（黄力维）

安全生产

【概述】 2020年，集团公司认真贯彻落实习近平总书记安全生产重要论述，落实党中央国务院关于安全生产工作部署，深化HSE体系建设，狠抓安全生产责任落实，在全系统推进安全生产专项整治三年行动计划实施，将防范化解重大风险贯彻于生产经营全过程，全年未发生较大及以上工业生产安全事故事件，安全生产控制指标取得历史最好成绩。

【安全生产责任制】 2020年，集团公司严格落实全员、全过程、全天候、全方位的“四全”原则，进一步压实企业各级干部员工安全生产责任。突出强化企业领导干部安全生产责任落实，首次开展新任职企业主要负责人安全述职工作，压实安全生产第一责任。对连续发生事故的企业领导班子进行安全生产约谈，对新任职的专业公司主要负责人发出安全风险提示函。修订实施《安全生产承包点管理办法》，明确企业各级领导干部按照风险等级承包关键生产场所或重点单位，压实各层级安全生产督导检查责任。制定印发《企业全员安全生产记分管理办法》，从领导、管理和作业等层面对各级人员安全生产责任不落实、履职不力、"三违"等进行安全记分，实现风险预判和问责关口前移，促进安全生产全员履职尽责。

【安全监管】 2020 年，集团公司制定印发《安全生产专项整治三年行动计划实施方案》，突出油气勘探开发、危险化学品、消防安全、道路交通安全专项整治，推进企业安全风险隐患排查治理，建立问题隐患和制度措施"两个清单"，切实强化整治效果。强化重点领域风险隐患集中治理，开展含硫天然气开发、储气库、压裂施工、井控、城镇燃气等重点领域集中整治，制定 4 个重点领域关键环节 31 条安全生产禁令。对川渝高含硫气田开发出台系统化风险防控方案，开展 2 次专项督查，确保重大风险源头受控。开展 3 次井控专项督查，整改问题隐患 2.58 万余项。依托运输公司设立车辆动态监控中心，实现运输车辆集中统一动态监管，交通运输事故发生率下降 40% 以上。加强重点隐患集中整治，组织治理 212 具二次密封油气浓度超标外浮顶储罐隐患，集中治理 5900 余处油气管道安全隐患。突出抓好在京单位消防安全监管，结合重点时段开展 4 次专项检查，跟踪整改消防隐患 529 处。强化承包商安全监管，严格落实不合格承包商队伍强制淘汰机制，2020 年清退不合格承包商（含队伍）2000 余家。

【事故管理】 2020 年，集团公司发生一般 A 级工业生产安全亡人事故 7 起，死亡 8 人，比上年事故起数和亡人数同比分别下降 30% 和 33.3%，首次实现工业生产安全亡人事故起数和亡人数均降到个位数。年度亿工时事故死亡率 0.18，同比下降 25%。严格落实查思想、查管理、查技术、查纪律的事故"四查"要求，对发生亡人事故和升级管理事故的企业开展三个月安全专项整顿，坚持事故企业负责人检查、事故分析会、安全约谈等制度，强化事故教训汲取，召开 9 次生产安全事故分析会，开展季度事故案例教育和警示活动。严格实施事故单位主要负责人"先免后查"制度，责令"先免后查"企业二级单位负责人 12 人，责令对与事故相关的 91 名责任人严肃追责。

【道路交通安全】 2020 年，集团公司成立"中国石油车辆动态监控中心"，作为道路交通安全监控管理、监督指导和技术支持专业机构。加强技术资源应用，12.3 万台车辆全部安装车载终端并接入集团公司车辆管理系统，其中 2.5 万台危险化学品车辆加装具有智能视频监控报警技术的监控终端，动态风险预警功能得到有效发挥。在集团公司安全生产专项整治三年行动计划中专门设置《道路交通安全专项整治实施方案》，开展道路交通安全风险隐患排查整治，狠抓运输从业人员安全能力提升，组织开展危险化学品装卸运输和停车场、待进场装卸车辆专项检查，提升道路交通本质安全水平。

【海洋安全监管】 2020 年，集团公司强化海洋石油勘探开发安全风险管控，开展季节性专项检查和海上油气井全覆盖自检自查，全年完成 17 家涉海石油企业海洋石油安全生产许可证换证，组织月东油田 B 岛新增井、C 岛改扩建项目试生产备案审查。组织涉海单位积极参与国家标准研讨编制工作，组织 223 人参加海洋石油企业主要负责人、安全管理人员安全生产能力考核培训取证，组织出海作业人员参加海上安全救生培训取证 685 人次。组织修订集团公司《海洋石油勘探开发突发事件专项应急预案》。

【2020 年度集团公司质量安全环保节能先进企业】 2020 年度集团公司质量安全环保节能先进企业名单见表 1。

表 1　2020 年度集团公司质量安全环保节能先进企业名单

企业类别	企业名称
油气田企业（9 家）	新疆油田分公司、西南油气田分公司、吉林油田分公司、青海油田分公司、吐哈油田分公司、玉门油田分公司、浙江油田分公司、中石油煤层气有限责任公司、南方石油勘探开发有限责任公司
炼化企业（15 家）	辽阳石化分公司、乌鲁木齐石化分公司、大连石化分公司、大连西太平洋石油化工有限公司、锦州石化分公司、锦西石化分公司、大庆炼化分公司、哈尔滨石化分公司、广西石化分公司、中石油云南石化有限公司、呼和浩特石化分公司、长庆石化分公司、中石油克拉玛依石化有限责任公司、庆阳石化分公司、华东化工销售分公司

续表

企业类别	企业名称
成品油销售企业（16 家）	东北销售分公司、北京销售分公司、上海销售分公司、湖北销售分公司、吉林销售分公司、内蒙古销售分公司、甘肃销售分公司、中石油新疆销售有限公司、重庆销售分公司、四川销售分公司、贵州销售分公司、江苏销售分公司、浙江销售分公司、江西销售分公司、山东销售分公司、广西销售分公司
天然气销售企业（1 家）	昆仑能源有限公司
海外企业（6 家）	中国石油国际勘探开发有限公司、中国石油国际勘探开发有限公司中东公司、中国石油国际勘探开发有限公司中亚公司、中国石油国际勘探开发有限公司尼罗河公司、中国石油国际勘探开发有限公司拉美公司、中国石油国际勘探开发有限公司西非公司
国际贸易企业（1 家）	中国石油国际事业有限公司
油田服务企业（5 家）	中国石油集团长城钻探工程有限公司、中国石油集团渤海钻探工程有限公司、中国石油集团川庆钻探工程有限公司、中国石油集团测井有限公司、中国石油集团海洋工程有限公司
工程建设企业（2 家）	中国昆仑工程有限公司、中国石油集团工程有限公司北京项目管理分公司
其他企业（6 家）	中石油北京天然气管道有限公司、宝鸡石油钢管有限责任公司、中国石油集团济柴动力有限公司、中国石油集团安全环保技术研究院有限公司、中国石油集团石油管工程技术研究院、中国华油集团有限公司

注：资料来源于集团公司文件。

（靳　鹏）

环境保护

【概述】 2020 年，集团公司深入贯彻落实习近平生态文明思想，把生态环境保护工作摆在更加突出的位置，坚定不移践行“绿水青山就是金山银山”的理念，把“绿色低碳”纳入集团公司五大发展战略，进一步强化绿色引领。聚焦污染防治攻坚战收官，深化部署、加大落实力度。环境治理成效显著，化学需氧量、氨氮、二氧化硫、氮氧化物分别削减 17.5%、28.9%、31.9%、35.5%，全面完成“十三五”环保规划设定的污染排放总量控制要求。杜绝较大以上环境事件，集团公司环境保护形势持续稳定向好，为“十四五”开局奠定良好基础。

【生态环境保护强化措施】 2020 年，集团公司印发《关于进一步强化集团公司生态环境保护工作措施的通知》，出台《加强生态环境风险管控工作方案》《加强生态环境保护监督工作方案》《环境事件升级调查处理规定》和《生态环境保护禁令》，全面强化生态环境保护监管。修订《环境事件管理办法》，将中央环境保护督察和国家专项检查通报问题、行政处罚、环境公益诉讼等情形作为环境违法违规事件，从严管理。

【各级党组织生态环境保护重大事项议事规则】 2020 年，集团公司党组印发《各级党组织生态环境保护重大事项议事规则》，将生态环境保护工作列入各级党组织“三重一大”研究讨论范围，进一步发挥党对生态环境保护工作的领导作用。82 家单位召开各级党组织环保议事会议 1099 次，其中地区公司党委议事会议 114 次，推动解决一批重大环保遗留问题。

【污染防控】 2020 年，集团公司组织制定《2020 年污染防治项目清单》《2020 年挥发性有机物治理攻坚实施方案》，建立攻坚项目周调度、月通报、季分析的督办机制，推动各项任务加快完成；突出抓好加油站防渗改造，每月对各企业加油站防渗改造情况进行跟踪调度，向生态环境部按月上报整改进展；开展集团公司土壤和地下水污染调查工作，完成油气田、炼油与化工、成品油销售地块的环境基础信息、地块风险筛查和地块采样调查。2020 年，污染防治攻坚项目全部收官。2.03 万座在运加油站双层罐改造任务全部完成，集团公司土壤和地下水污染状况基本摸清。

落实习近平总书记在黄河流域生态保护和高质量发展座谈会上讲话精神，制定集团公司《强化黄河流域生态环境保护工作方案》，部署黄河流域生态环保三年行动计划，加大强化措施的督办力度，治理项目有效推进，2020 年黄河流域生态环保限期治理任务全面完成。实施《重点区域打赢蓝天保卫战实施方案（2018—2020 年）》，京津冀、汾渭平原、长三角重点区域强化措施得到落实。

【环境风险控制】 2020 年，集团公司制定《生态环境隐患排查实施规范（试行）》，全面开展生态环境风险隐患排查治理工作。97 家企业开展环境风险隐患排查，上报重大环境隐患，全部纳入 HSE 信息系统实行跟踪督办，成为推动环保治理上台阶的重要抓手。

【环境保护宣传与培训】 2020 年，集团公司克服新冠肺炎疫情影响，在“6 · 5”世界环境日线上发布《2019 年度环境保护公报》。公报从聚焦生态环境保护、推动绿色低碳转型、积极参与生态文明建设等方面展示中国石油的社会责任担当。举办环境管理培训班，培训勘探、炼化、销售、工程技术、工程建设、装备制造等企业环境管理人员 200 余人，进一步提升专业人员的素质和能力。

（李煜婷）

低碳管理

【概述】 2020 年，集团公司加强碳排放管理。推动产业结构优化调整与落后产能淘汰，实施节能减排，能源结构优化调整，发展清洁能源。加强甲烷回收利用；开展温室气体排放监测、报告与核查（MRV）；集团公司纳入碳排放权交易试点市场的企业全部履约。

【应对气候变化】 2020 年 11 月 11 日，集团公司第一个碳中和林——大庆油田马鞍山碳中和林揭牌，标志中国石油坚决贯彻落实习近平总书记提出的“2060 年前实现碳中和”目标，推动集团公司绿色转型发展，全面加强森林碳汇业务迈出重要的一步。建设马鞍山碳中和林是大庆油田响应集团公司号召，推进企业绿色低碳发展的重要举措。

【二氧化碳捕集利用封存】 2020 年，集团公司持续推进二氧化碳驱油工程技术创新，形成二氧化碳驱连续油管笼统注气技术、二氧化碳驱高效携气举升工艺、二氧化碳驱地面工艺优化简化技术，提质增效明显。吉林油田二氧化碳驱油示范工程稳定运行 12 年，累计封存二氧化碳 190 万吨。

【甲烷管控】 2020 年，集团公司印发《甲烷排放管控行动方案》，方案预计在 2019 年甲烷排放强度比 2017 年下降 12.3% 的基础上，2025 年甲烷排放强度再降低 50%，力争达到世界一流甲烷排放管控水平。

（陈昌照）

HSE 体系管理

【概述】 2020 年，集团公司继续坚持以 HSE 体系建设为主线，认真做好 HSE 管理体系审核工作，持续推进 HSE 管理体系建设，规范 HSE 管理体系有效运行。

【HSE 制度标准】 2020 年，集团公司持续强化 HSE 制度标准基础建设，印发新版《HSE 管理体系管理手册》，完成 21 项 HSE 企业标准、13 项 HSE 制度的制修订工作，固本强基迈上新台阶。

【HSE 宣传培训】 2020 年，集团公司组织开展处级干部、审核员、安全监管人员、应急消费等各类培训近 20 期，培训学员 1800 余名。根据国家和集团公司新冠肺炎疫情防控工作要求，组织开展线上培训，并通过在线监控、当堂测试等多种形式，确保线上培训质量。继续开展对外工程技术服务队伍及工程建设一类、二类承包商关键岗位人员 HSE 培训。首次举办企业安全总监培训班，从国家政策、法规以及集团公司 HSE 管理等方面，分上下游业务对 79 名企业安全总监进行培训。

【HSE 体系审核】 2020 年，集团公司立足严格监管现状实际，坚持“三不审核”原则，落实“一体化、差异化、精准化”要求，对 110 余家生产经营企业实施 2 次全覆盖的 QHSE 审核。发现问题 15.5 万项，其中严重问题 1967 项，督办企业认真分析原因，举一反三，同时对因履职不到位而导致严重问题的有关人员实施考核问责。

【HSE 标准化建设与员工履职能力评估】 2020 年，集团公司坚持把基层 HSE 标准化建设和员工安全环保履职能力评估作为夯实基层基础工作的有效途径，各企业对 10126 名新任职科级处级干部、35042 万名新上岗、调岗员工开展安全环保履职能力评估，推动关键岗位人员能岗匹配、主动履职。通过多年推动，各企业持续提高认识，完善标准，健全机制，加大投入，集团公司主体基层站队 HSE 标准化建设达标率 100%。

【HSE 信息管理】 2020 年，集团公司加强 HSE 信息系统深化应用。完成危险化学品油气泄漏监测预警系统主体建设，实现所有一二级重大危险源实时在线监控，危险化学品安全监管的信息化、网络化、智能化水平进一步提升。完善 HSE 体系审核督办、固体废物管控等 8 项 HSE 信息系统模块，为实时掌握 10 万余项问题整改进展和摸清危险废物底数提供技术支持。建成“员工健康帮助”小程序和“疫情防控数据管理系统”，为新冠肺炎疫情防控工作的决策部署提供全面保障。

（黄力维）

节能节水

【概述】 2020 年，集团公司树立节约优先的理念和节能就是增产、节约就是增效的观念，加强能源管控，推进系统优化，深入挖掘节能潜力，持续提升能效水平。全年实现节能量 79 万吨标准煤、节水量 1033 万立方米。2016—2020 年，累计实现节能量 430 万吨标准煤、节水量 5910 万立方米。

【能源管控】 2020 年，油气田和炼化企业按照《能源管控　第 2 部分：评估指南》（Q/SY 09004.2—2019）开展自我评价，推进能源管控试点单元建设。集团公司总部组织对油气田和炼化企业 200 多人进行能源管控系列标准（第 1 部分至第 6 部分）培训。

【节能节水重点工程】 2020 年，集团公司安排 6.6 亿元节能专项资金，实施长庆油田注水泵带载启动稳压注水装置改造，新疆油田腹部油区油气集输系统节能技术改造工程、锦西石化全厂低温热利用工程、广西石化加热炉节能改造项目等 27 项节能节水技术改造项目。

【节能节水型企业建设】 2020 年，集团公司制定实施节能降耗增效工作方案，推进节水节电、节能降耗，推动高质量发展。8 月 18 日，中国石油和化学工业联合会发布 2019 年度能效“领跑者”标杆企业名单和指标，中石油云南石化有限公司、中国石油独山子石化公司、中国石油四川石化有限责任公司分别获原油加工、乙烯生产、对二甲苯生产能效“领跑者”标杆企业称号。中国石油独山子石化公司获国家工信部等四部委授予的“2020 年重点用水企业乙烯行业水效领跑者”称号。

【节能节水统计监测】 2020 年，集团公司修订完善《节能节水统计管理细则》《节能节水监测管理细则》。实施节能节水定期统计制度，对能源利用状况和节能节水情况逐月统计分析，对节能节水统计报表和统计信息系统进行完善。对油气田、炼油化工、工程技术等企业的12498台（套）抽油机、加热炉、柴油机和柴油发电机组、钻井泵等重点用能设备进行节能监测，对其能源利用状况定量分析，监督评价其用能情况。

【节能节水标准化建设】 2020年，集团公司发布《能源管控　第6部分：炼油化工能效对标指南》（Q/SY 09004.6—2020）、《催化裂化再生烟气能量回收机组节能监测方法》（Q/SY 09007—2020）、《石油化工工艺压缩机组节能监测方法》（Q/SY 09347—2020）、《节能节水统计指标及计算方法》（Q/SY 09061—2020）、《炼油化工水系统优化技术导则》（Q/SY 09820—2020）、《炼油固定资产投资项目能量平衡方法》（Q/SY 09823—2020）6项节能节水标准。编制完成《油田生产过程能量系统优化实施指南》《油田固定资产投资项目节能报告编写规范》《油气田用往复式天然气压缩机组节能监测方法》《石油化工工艺加热炉节能监测方法》《能源管控　第7部分：钻井作业技术规范》5项集团公司节能节水标准和石油天然气行业标准《油气田生产系统经济运行规范　天然气处理系统》。

（李武斌）

应急管理

【概述】 2020年，集团公司应急管理工作紧紧围绕“防大险、救大灾”目标，以妥善处置突发事件为根本，以健全完善应急制度标准为指引，狠抓国家应急救援基地建设，狠抓企业应急能力评估，狠抓消防设施安全监督检查，推动整体应急救援能力进一步提升。

【基础管理】 2020年，集团公司制修订《安全生产应急管理办法》《安全生产应急预案管理办法》《消防安全管理办法》等多项规章制度，进一步完善应急管理制度标准体系，确保有章可循、规范管理。编制发布《消防安全专项整治三年行动实施方案》，进一步明确“系统提升消防安全保障能力”的工作目标和主要任务，制订保障措施，推进集团公司应急救援能力持续增强。

【应急预案】 2020年，集团公司系统总结事故应急处置和突发事件应急演练经验，全面修订集团公司总部层面应急预案，增加勘探、炼化等8个板块专项预案，建成覆盖自然灾害、事故灾难、公共卫生事件和社会安全事件4大类“1+22”集团公司应急预案体系，报应急管理部和国务院国资委备案。修订后的应急预案责任分工明确、响应程序规范、可操作性强，对有效处置重大、特大突发事件和指导企业完善应急预案体系具有重大意义。持续推进基层“一案一卡”，强化基层和现场应急预案演练，有效提升第一时间应急处置效率。

【应急培训演练】 2020年，集团公司开展重点领域应急能力评估，选择哈尔滨石化、抚顺石化和华北石化等3家企业作为试点，组织开展炼化企业应急能力评估，发现企业领导层危机应对能力不足、重大风险辨识与综合应急能力不强、消防设施维护保养不到位等突出问题，并提出对应措施，推动企业提升应急管理能力。坚持实战定位，注重情景多样，主动战场前移，做到“一切面向实战、一切为了实战”，区分油田、炼化、管道等上下游不同生产类型，分类开展应急演练，持续提升演练质量。“安全生产月”期间，集团公司专职消防队组织开展各类演练616场次，出动车辆、舟船1983台（艘）次，参演人员9443人次，有效锤炼专职消防队伍的实战技能。

【应急保障能力建设】 2020年，集团公司科学规划应急物资布点，完成“7+2”溢油应急物资储备库布点建设，实现三级溢油应急处置能力全覆盖。推进专业应急基地建设，截至2020年底，国家投资10.79亿元建设的12个国家级应急救援基地有11个建成验收。持续更新升级应急物资装备，建成消防、井控、管道、海上等4大类36支专业应急救援队伍，其中国家级队伍15支，跨境应急救援队伍2支，整体救援保障能力不断增强。

【监督检查】 2020年，集团公司紧盯重点区域，关注敏感时段，组织开展3次消防安全专项检查，实现在京单位消防监督检查全覆盖，跟踪整改消防隐患516项。狠抓重点领域，瞄准要害部位，组织开展消防给水系统专项检查，重点检查稳高压消防给水系统，重点督办抚顺石化、华油集团六铺炕办公区、北京石油管理干部学院等隐患突出单位，协调解决突出问题，确保风险受控。

（王　驰）

职业健康

【概述】 2020年，集团公司坚持把员工健康放在优先发展的战略地位，坚持预防为主、防治结合，以职业健康为基础，实现员工职业健康和身心健康相互促进、同步提高，员工健康管理迈出重要步伐。

【职业健康管理】 2020年，集团公司以“职业健康保护·我行动”为主题开展《职业病防治法》宣传周活动，宣传受教人数59万余人。开展高原施工项目员工健康体检和风险评估，严把高原作业健康准入关。开展职业健康信息普查，规范开展年度职业病危害因素检测和职业健康体检工作，接害员工职业健康体检率和工作场所职业病危害因素检测率均达99%以上。发布集团公司《贯彻落实〈“健康中国2030”规划纲要〉实施方案》，对员工心理健康、饮食健康、传染病防控等提出明确要求。

（黄力维）

质量管理与监督

【概述】 2020年，集团公司坚持“诚实守信，精益求精”的质量方针，追求“零事故、零缺陷，国内领先、国际一流”的质量目标，按照经营上精打细算、生产上精耕细作、管理上精雕细刻、技术上精益求精的“四精”要求，加强质量体系建设，严格过程质量管控，狠抓供给质量提升，实施提质增效专项行动，为推动集团公司建设世界一流综合性国际能源公司、提升“中国石油”品牌价值做出应有贡献。

【质量管理体系建设】 2020年，集团公司按照问题导向、目标导向、结果导向的原则，组织实施QHSE体系一体化量化审核，质量体系审核全覆盖，发现问题超过一万项；依据审核结果，深层次分析发现的问题，找出管理原因并组织系统整改，梳理完善管理文件，修订各项管理制度，推进管理体系有效运行。

【油品质量控制】 2020年，集团公司牵头制定严于国家标准的成品油内控质量标准，在生产环节严格执行。严把3个重要关口，即出厂前100%检测、进入中转油库前100%检测、配送至加油站100%检测，确保油品质量全面受控。2020年各级政府有关部门组织对集团公司所属加油站抽查21687批次，检验全部合格，树立了“中国石油”良好品牌形象。

【品牌培育】 2020年，集团公司坚持把高质量作为品牌的基石和灵魂，树立质量就是品牌的核心意识，加大对品牌的宣传和保护力度，加强“昆仑”品牌和“中国石油装备”背书品牌的评审，培育一批具有高质量、高效益和高市场占有率的品牌产品。油品销售系统深入推进开口营销、微笑服务、亲情服务体系，顾客满意度综合测评得分持续增长，中国品牌力指数（C-BPI）连续4年位居榜首。

【产品质量认可】 2020年，集团公司受理317家油化剂企业4029项产品质量认可申报。创新开展标准盲审、交叉审核、背对背审核，明确提出5项不通过原则，提高认可工作公正性。经过标准审查、现场视频连线核实、集中会审、异议复核、领导审批等程序，297 家企业的 2092 项产品通过认可，产品淘汰率 48.08%，为历年来最高，严把油化剂产品质量准入关口。

【产品驻厂监造】 2020 年，集团公司修订《产品驻厂监造管理办法》，加强驻厂监造资质审核，完善审核工作流程，明确人员能力、资质、业绩等具体要求，对 17 家驻厂监造单位、1121 名监造人员资质进行全面评审，建立集团公司驻厂监造资质企业和人员数据库，提高集团公司产品驻厂监造工作质量。

【产品质量监督抽查】 2020 年，集团公司围绕井筒质量提升三年行动计划，结合套损套变等井筒质量突出问题，开展重点区域入井材料专项抽查，抽取钻采设备及配件、油田化学剂、防腐材料等重点物资 498 批次；围绕安全生产专项整治三年行动计划，把握炼油厂检维修时间节点，开展检维修物资和炼化三剂产品质量专项抽查，抽取相关产品 272 批次；围绕油品质量升级，开展炼化和销售企业油品质量专项抽查，抽取汽油柴油 133 批次；2020 年发现不合格产品 48 批次，发布采购物资质量监督抽查通报 2 期，物资采购部门根据通报要求对相应供应商采取退换货、停止采购、暂停交易权限等措施。

【航空和舰艇油料生产管理】 2020 年，集团公司提升航空煤油、3 号喷气燃料、军用柴油等高附加值产品产量，加强与中国民用航空局沟通联络，组织 25 家航空煤油生产企业通过中国民用航空局组织的适航审定；组织协调 13 家炼化企业 15 套航空煤油生产装置获国产航空（舰艇）油料鉴定委员会的航空煤油认证；新增航空煤油产能 690 万吨 / 年，有效缓解国内汽油、柴油供应过剩的局面，优化炼油产品结构，提升炼化企业质量效益。

【井筒工程质量管理】 2020 年印发《关于加强集团公司总部工程管理职能和理顺装备制造企业管理有关问题的通知》，将物资装备部更名为工程和物装管理部，将质量安全环保部的工程质量监督职责、机构、人员划入。明确持续推进“大质量”管理体系构建，质量安全环保部负责产品、工程、物资、服务质量的综合管理。在一体化质量管理体系框架内，工程和物装管理部负责地面工程项目建设质量监督管理工作，质量安全环保部继续负责井筒相关工程质量监督工作。在中国石油集团安全环保技术研究院有限公司设立中国石油天然气集团有限公司油井工程质量监督总站，由质量安全环保部归口管理。石油天然气工程质量监督总站由工程和物装管理部归口管理。

2020 年 8 月，集团公司印发《油气水井质量三年集中整治行动方案》，计划通过三年集中整治，控增量、减存量，大幅降低油气水井套损套变比例，有效减少页岩油气井压裂套损套变及丢段比例，全面提高井筒和入井材料及流体质量，大幅减少新井报废和空井数量。对井筒质量问题实行零容忍，三年集中整治行动完成情况纳入企业主要领导业绩考核。重点开展好套损套变井集中整治、页岩油气井集中整治、井筒质量集中整治、入井材料和流体质量集中整治 4 个专项行动。开展实施 20 项重点工作，成立油气水井质量三年集中整治行动领导小组。2020 年 9 月，集团公司发布井身质量和固井质量不合格判定 7 条红线，作为统计和考核油气田企业井身质量、固井质量的统一标准。

【质量管理培训】 2020 年，集团公司举办质量管理处级干部培训班，培训内容主要包括质量管理体系、质量奖与卓越绩效模式、质量管理工具与方法、质量管理小组活动准则等。来自油气田、炼化、销售、天然气与管道、工程技术服务、工程建设、装备制造和科研等 65 家单位的质量管理部门领导及业务骨干 78 人参加培训，取得良好效果。

【群众性质量活动】 2020 年，集团公司登记注册质量控制小组（QC 小组）10843 个，坚持活动的小组 9564 个，占比 88.2%，参与 QC 小组活动约 11.6 万人，取得 QC 成果 8333 项，QC 小组成果率 75.5%，创造直接经济效益 18.87 亿元；参与质量信得过班组活动员工约 7.1 万人，开展质量信得过班组数 3626 个，使广大基层员工成为质量改进的主导力量。28 个班组获全国质量信得过班组，12 项 QC 活动成果获国优 QC 小组称号，集团公司获第三届中央企业 QC 小组成果发表赛一等奖和三等奖各 1 个。在集团公司主页“质量月”专栏中线上发布获集团公司 QC 小组活动一等奖的 38 项成果以及申报全国质量信得过班组的 8 项建设经验成果，扩大成果的宣传效果和推广应用范围。组织 148 家企业开展全面质量管理知识竞赛答题活动，超过 55 万名员工参与竞赛活动，提高干部员工的质量意识。

（祁国栋）

计量工作

【概述】 2020年，集团公司强化计量基础管理，加强计量重点标准制定和实施，油气交接计量管理进一步规范，油气计量检定能力持续提升。

【计量基础管理】 2020年，集团公司修订《石油专用计量器具目录》，编制《石油专用计量器具量值溯源指南》，进一步明确各类石油专用计量器具溯源路径。采取线上集中培训的方式，对110名计量管理人员进行业务培训。

【交接计量管理】 2020年，集团公司修订管输损耗控制指标，原油、成品油和天然气管输损耗控制指标分别由0.1%、0.8%和0.15%调整到0.06%、0.6%和0.1%。开展天然气能量计量实施应对策略研究和天然气能量计量试点，为集团公司实施天然气能量计量奠定坚实基础。

【油气计量检定能力建设】 2020年，集团公司所属的国家石油天然气大流量计量站塔里木分站、榆林分站获国家计量主管部门授权，正式开展天然气流量计检定工作，集团公司油气计量检定能力持续提升。截至2020年底，集团公司有4个计量技术机构获国家计量主管部门授权。制定《国家石油天然气大流量计量站管理办法》，进一步明确总站与分站的关系，规定总站和分站的责任和义务。

【计量技术交流】 2020年，集团公司50篇论文在中国油气计量论坛上获奖，其中一等奖2篇、二等奖4篇、三等奖7篇。组织参加中俄总理定期会晤委员会经贸合作分委会标准计量认证和检验监管常设工作组能源计量分组第九次会议，代表中方做《智能检定在天然气计量检定机构的工业化应用》等3个技术报告。

【油气计量标准制修订】 2020年，集团公司发布《石油天然气计量检定站检查规范》（Q/SY 14012—2020）、《石油天然气计量检定数据格式规范》（Q/SY 14013—2020）、《原油动态计量过程控制方法》（Q/SY 14014—2020）、《城镇燃气交接计量管理规范》（Q/SY 14263—2020）4项计量标准，编制完成《双级同步螺纹量规检测规程》《石油专用计量器具量值溯源指南》2项集团公司企业标准和《组分分析式天然气热值测量仪校准方法》《石油和液体石油产品、自动计量系统技术要求》2项石油天然气行业标准。

（焦学锋）

企业管理与监督

集团公司法人治理

【概述】 集团公司由国家单独出资，不设股东会。国务院国资委依照《中华人民共和国公司法》《中华人民共和国企业国有资产法》《企业国有资产监督管理条例》等法律和行政法规，以及国务院国资委有关规范性文件规定，代表国务院履行出资人职责。董事会是集团公司经营决策机构，对国务院国资委负责，下设战略发展委员会、提名委员会、薪酬与考核委员会、审计与风险管理委员会等4个专门委员会。

2020年，集团公司董事会以习近平新时代中国特色社会主义思想为指导，深入贯彻党的十九大和十九届二中、三中、四中、五中全会以及中央经济工作会议精神，全面落实党中央、国务院重大决策部署和国务院国资委工作要求，严格按照集团公司章程规范有效运作，面对国际国内形势的深刻复杂变化，特别是百年不遇的新冠肺炎疫情和历史罕见的油价暴跌，统筹推进生产经营、改革发展、风险防控各项工作。集团公司实现了“两个力争”目标，完成稳增长任务，董事会建设取得新进展，有效发挥了定战略、作决策、防风险功能。

【集团公司董事会运作】 董事会建设情况。2020年，集团公司坚持把党组研究作为审议重大决策事项的前置程序，加强党的全面领导，保障董事会依照章程行使经营决策职权。完善总经理向董事会报告生产经营工作、经理层成员向董事会汇报议题等工作机制，董事会、党组、经理层权责边界清晰、沟通顺畅，协调运行机制更加完善。根据中央决定，2020年1月戴厚良任集团公司董事长，王宜林不再任集团公司董事长；2月李凡荣任集团公司董事，9月段良伟任集团公司董事，12月职工代表会议选举杨华为职工董事；9月董事会聘任徐新福为董事会秘书。董事会由7人组成：董事长戴厚良，董事李凡荣、段良伟，外部董事王久玲、刘国胜、王用生，职工董事杨华。依据集团公司章程，董事会变更为第三届，根据董事变动情况调整各专门委员会组成，为董事会有效运作奠定基础。

董事会和专门委员会会议情况。2020年召开董事会会议11次，审议通过议案24项。全年召开董事会专门委员会会议5次，其中战略发展委员会会议1次、提名委员会会议1次、薪酬与考核委员会会议1次、审计与风险管理委员会会议2次，就各专门委员会职责范围内事项进行了审议，向董事会提出意见建议。

董事履职尽责情况。2020年，董事会全体成员根据集团公司章程、董事会及各专门委员会工作规则，充分发挥参与决策和咨询指导作用，共同促进董事会功能的有效发挥，忠实维护国家利益、出资人和企业的合法权益。

董事会与经理层之间、董事之间沟通情况。2020年，董事会听取经理层所作集团公司生产经营报告、董事会授权行权结果报告、董事会决策重大投资项目执行情况报告等专题报告。经理层相关成员列席各次董事会和专门委员会会议，在会议期间与经理层成员沟通交流，为经理层提供指导和咨询。

【集团公司董事会会议】 集团公司第二届董事会第三十七次会议（书面方式）于2020年1月16—20日召开，审议通过关于赞助“相约北京”系列赛事推进冬奥营销传播工作的议案。

集团公司第二届董事会第三十八次会议（书面方式）于2020年1月28—29日召开，审议通过关于向湖北省政府捐款5000万元支持抗击新冠肺炎疫情的议案。

集团公司第二届董事会第三十九次会议（书面方式）于2020年3月23—27日召开，审议通过以下3项议案：

（1）关于聘任李凡荣为集团公司总经理的议案；

（2）关于调整集团公司董事会专门委员会组成的议案；

（3）关于境内项目可行性研究报告的议案。

集团公司第三届董事会第一次会议于2020年4月28日召开，审议通过以下4项议案：

（1）集团公司2019年度财务报告；

（2）集团公司2019年度审计工作报告；

（3）集团公司2019年度内控体系工作报告；

（4）集团公司董事会2019年度工作报告。

集团公司第三届董事会第二次会议（书面方式）于 2020 年 6 月 10—15 日召开，审议通过关于聘任黄永章为集团公司副总经理的议案。

集团公司第三届董事会第三次会议（书面方式）于 2020 年 7 月 5—9 日召开，审议通过关于无偿划转集团公司部分管道资产的议案。

集团公司第三届董事会第四次会议于 2020 年 7 月 21 日召开，审议通过相关会议议案。

集团公司第三届董事会第五次会议（书面方式）于 2020 年 9 月 3—7 日召开，审议通过关于推荐徐新福为集团公司董事会秘书人选的议案。

集团公司第三届董事会第六次会议（书面方式）于 2020 年 9 月 17—21 日召开，审议通过关于聘任徐新福为集团公司董事会秘书的议案。

集团公司第三届董事会第七次会议于 2020 年 10 月 30 日召开，审议通过以下 3 项议案：

（1）关于支付项目预付款的议案；

（2）关于解聘徐文荣、段良伟集团公司副总经理职务的议案；

（3）关于增补集团公司董事会战略发展委员会委员的议案。

集团公司第三届董事会第八次会议于 2020 年 12 月 21 日召开，审议通过以下 6 项议案：

（1）2021 年业务发展与投资计划；

（2）2021 年生产经营计划；

（3）2021 年度预算报告；

（4）关于资产交易的议案；

（5）关于获取境外项目的议案；

（6）关于 2021 年度债务融资工具一般性授权的议案。

（王　郗）

股份公司法人治理

【概述】 2020 年，股份公司遵守境内外监管规定，规范运作。依据《中国石油天然气股份有限公司章程》（以下简称《公司章程》）及相关法律、法规及各上市地证券监管规则并结合股份公司实际情况，制定、完善和有效执行各项工作制度和相关工作流程。

2020 年，股份公司治理的实际情况符合各上市地监管机构及证券交易所发布的有关上市公司治理的规范性文件要求。股份公司通过股东大会、董事会及相应的专门委员会、监事会以及总裁负责的管理层协调运转，有效制衡，实施有效的内部控制管理体系，内部管理进一步规范，管理水平不断提升。

按照《公司章程》相关规定，2020 年股份公司完成董事、监事、董事长、副董事长和监事会主席选举，调整董事会专门委员会成员，聘任总裁和董事会秘书。根据股份公司经营范围调整的需要，修订《公司章程》。审议批准财务报告、分红预案、投资计划和财务预算报告；按照市场化、商业化原则，审议批准股份公司管道资产重组交易、昆仑能源股权交易以及与中国石油天然气集团有限公司 2021—2023 年度持续性关联交易上限更新等事关股份公司改革发展的重大事项。

股份公司一贯重视信息披露工作，严格遵守各上市地证券监管规定，建立信息披露管理制度，及时合规披露信息，明确内幕消息披露工作的负责部门，禁止员工利用内幕消息进行交易或建议他人交易。2020 年，股份公司及时、真实、准确、完整地进行各项信息披露，确保所有股东享有平等的机会获取股份公司相关信息，持续提升股份公司治理透明度。

【股东大会运作】

1. 股份公司股东大会职责

股东大会是股份公司最高权力机构，行使下列职权：

（1）决定公司的经营方针和投资计划；

（2）选举和更换董事，决定有关董事的报酬事项；

（3）选举和更换由股东代表出任的监事，决定有关监事的报酬事项；

（4）审议批准董事会的报告；

（5）审议批准监事会的报告；

（6）审议批准股份公司的年度财务预算方案、决算方案；

（7）审议批准股份公司的年度利润分配方案和弥补亏损方案；

（8）对股份公司增加或者减少注册资本做出决议；

（9）对股份公司合并、分立、解散、清算或者变更股份公司形式等事项做出决议；

（10）对股份公司发行债券做出决议；

（11）对股份公司聘用、解聘或者不再续聘会计师事务所做出决议；

（12）修改公司章程；

（13）审议代表股份公司有表决权的股份百分之三以上（含百分之三）的股东的提案；

（14）审议批准法律、法规和本章程规定需要股东大会审批的担保事项；

（15）审议股份公司在一年内购买、出售重大资产超过股份公司最近一期经审计总资产 30% 的事项；

（16）审议批准变更募集资金用途事项；

（17）审议股权激励计划；

（18）法律、行政法规及股份公司章程规定应当由股东大会作出决议的其他事项。

股东大会可以授权或委托董事会办理其授权或委托办理的事项。股东大会对董事会的授权，如所授权的事项属于普通决议事项，应由出席股东大会的股东（包括股东授权代理人）所持表决权的二分之一以上通过；如属于特别决议事项，应由出席股东大会的股东（包括股东授权代理人）所持表决权的三分之二以上通过。

2. 股份公司股东大会召开情况

2020 年，股份公司召开 1 次年度股东大会，3 次临时股东大会，共形成 18 项决议。

2020 年 3 月 25 日，股份公司 2020 年第一次临时股东大会在北京塔里木石油酒店召开。股东以投票方式表决，以同意票数超过二分之一通过并批准《关于选举公司董事的议案》。

2020 年 6 月 11 日，股份公司 2019 年度股东大会在北京北辰五洲皇冠国际酒店召开。董事长戴厚良主持会议。股东以投票方式表决，以同意票数超过二分之一通过并批准股份公司《2019 年度董事会报告》《2019 年度监事会报告》《2019 年度财务报告》《 2019 年度利润分配方案》《关于授权董事会决定公司 2020 年中期利润分配方案的议案》《关于聘用公司 2020 年度境内外会计师事务所并授权董事会决定其酬金的议案》《关于公司 2020 年度相关担保事项的议案》《关于选举董事的议案》《关于选举公司独立董事的议案》《关于选举公司监事的议案》等 10 项普通决议议案，以同意票数超过三分之二通过并批准《关于提请股东大会给予董事会发行债务融资工具一般性授权事宜的议案》《关于提请股东大会给予董事会股票发行一般性授权事宜的议案》《关于调整经营范围暨修改〈公司章程〉的议案》等 3 项特别决议议案。

2020 年 9 月 28 日，股份公司 2020 年第二次临时股东大会在北京塔里木石油酒店召开。董事长戴厚良主持会议。股东以投票方式表决，以同意票数超过二分之一通过并批准《关于公司管道重组交易的议案》《关于选举公司董事的议案》等 2 项普通决议议案。

2020 年 11 月 5 日，股份公司 2020 年第三次临时股东大会在北京塔里木石油酒店召开。副董事长李凡荣主持会议。股东以投票方式表决，以同意票数超过二分之一通过并批准《关于续签股份公司与中国石油天然气集团有限公司及共同持股公司持续性关联交易协议及申请更新 2021—2023 年度持续性关联交易上限的议案》《关于选举吕波为公司监事的议案》等 2 项普通决议议案。

（梅　媛　廖小绚）

【董事会运作】

1. 股份公司董事会职责

根据《公司章程》，股份公司设董事会，董事会由 11 至 15 名董事组成，设董事长 1 人，副董事长 1 至 2 人，独立（非执行）董事至少占三分之一。董事由股东大会选举产生，任期 3 年。董事任职期满，可以连选连任，但独立董事连任时间不得超过 6 年。董事任期自股东大会决议通过之日起计算。董事长、副董事长由全体董事会成员的过半数选举和罢免。

根据《公司章程》或股东大会授权，股份公司董事会行使下列职权：

（1）负责召集股东大会，并向股东大会报告工作；

（2）执行股东大会的决议；

（3）决定股份公司经营计划和投资方案；

（4）制订股份公司的年度财务预算方案、决算方案；

（5）制订股份公司的利润分配方案和弥补亏损方案；

（6）制订股份公司增加或者减少注册资本的方案以及发行股份公司债券或其他证券及上市的方案；

（7）拟订股份公司收购本公司股票或者合并、分立、解散及变更公司形式的方案；

（8）决定股份公司内部管理机构的设置；

（9）聘任或者解聘股份公司总裁，根据总裁的提名，聘任或者解聘股份公司高级副总裁、副总裁、财务总监及其他高级管理人员，决定其报酬事项；

（10）制定股份公司的基本管理制度；

（11）制订股份公司章程修改方案；

（12）管理股份公司信息披露事项；

（13）股东大会授予的其他职权。

2. 股份公司董事会组成情况

根据《香港联交所上市规则》对董事会构成的相关规定，股份公司董事会中至少三分之一董事会成员为独立非执行董事，其中至少一名独立非执行董事必须具备适当的专业资格，或具备适当的会计或财务管理专长。2020年底，股份公司董事会由11名成员组成（表1）。

表1　2020年底股份公司董事会成员

姓　名	性　别	年　龄	职　位
戴厚良	男	57	董事长
李凡荣	男	57	副董事长，非执行董事
段良伟	男	53	执行董事，总裁
刘跃珍	男	59	非执行董事
焦方正	男	58	非执行董事
黄永章	男	54	非执行董事
梁爱诗	女	81	独立非执行董事
德地立人	男	68	独立非执行董事
西蒙·亨利	男	59	独立非执行董事
蔡金勇	男	61	独立非执行董事
蒋小明	男	67	独立非执行董事

注：（1）2020年1月19日，王宜林辞去股份公司董事长、董事职务。

（2）2020年3月9日，段良伟被聘任为股份公司总裁，担任执行董事。

（3）2020年3月25日，戴厚良、李凡荣和吕波获委任担任股份公司董事；戴厚良获委任担任董事长、李凡荣获委任担任副董事长。

（4）2020年6月11日，段良伟、刘跃珍、梁爱诗、德地立人及西蒙·亨利获委任继续担任股份公司董事，蔡金勇、蒋小明获委任担任股份公司董事，林伯强、张必贻不再担任股份公司董事。

（5）2020年9月28日，黄永章获委任担任股份公司董事。

（6）2020年10月20日，吕波辞去股份公司董事职务。

3. 股份公司董事会专门委员会

股份公司董事会下设5个专门委员会：提名委员会，审计委员会，投资与发展委员会，考核与薪酬委员会和健康、安全与环保委员会。专门委员会的主要职责是为董事会进行决策提供支持。参加专门委员会的董事按分工侧重研究某一方面的问题，为股份公司管理水平的提升提出建议。

2020年底，股份公司董事会各专门委员会成员见表2。

表2　2020年底股份公司董事会专门委员会成员

董事会专门委员会	主任委员	委　员
提名委员会	戴厚良	蔡金勇、蒋小明
审计委员会	蔡金勇	刘跃珍、蒋小明
考核与薪酬委员会	梁爱诗	刘跃珍、德地立人
投资与发展委员会	李凡荣	段良伟、西蒙·亨利
健康、安全与环保委员会	段良伟	焦方正、黄永章

4. 股份公司独立董事履职情况

2020年，股份公司独立董事严格按照境内外有关法律、法规及《公司章程》规定，认真、勤勉地履行职责，审阅公司提交的各项议案及相关文件，积极参加股东大会、董事会会议及专业委员会会议，独立及客观地发表意见，维护全体股东，特别是广大中小股东的合法权益。独立董事能够认真审阅股份公司定期报告，在年度审计师进场审计前后、董事会召开前与审计师进行沟通，督促股份公司按照相关法律、法规和股份公司信息披露管理制度的有关规定进行信息披露，保证股份公司信息披露的真实、准确、完整。2020年，独立董事未对股份公司董事会议案及其他事项提出异议。独立董事学习相关法律法规和各项监管规定，通过参阅股份公司编发的专题《情况报告》了解股份公司重大项目进展情况。

股份公司独立董事来自中国香港特别行政区、日本和英国，2020年受新冠肺炎疫情管控影响，无法开展实地调研，但都克服新冠肺炎疫情、时差等各种困难，通过视频会议、高层交流、信函往来，了解股份公司经营现状、财务表现和重大项目情况，为股份公司董事会运作和业务发展出谋划策，切实践行勤勉义务。就股份公司董事会运作、业务发展、经营现状、财务表现以及重大项目情况，股份公司独立董事先后出具4份意见报告，提出相关问题、意见和建议。董事长戴厚良高度重视，要求相关业务部门书面回复，独立董事的关切得到满意答复。股份公司安排独立董事与副董事长李凡荣和计划、财务等综合部门就股份公司管道资产交易、昆仑能源资产交易、申请更新三年关联交易上限、2021年投资计划和“十四五”规划等事项召开专项交流会议 6 次，通过深入探讨交流，达成了理解和共识。

5. 股份公司董事会会议及形成的决议

按照《公司章程》及《董事会议事规则》的规定，股份公司 2020 年召开 9 次董事会会议，其中 5 次为董事会现场及视频会议、4 次为以书面传签方式召开的临时董事会会议，共形成 39 项董事会决议。

2020 年 2 月 5 日，股份公司董事会 2020 年第一次会议以书面传签方式召开，审议通过《关于选举公司董事的议案》《关于召开 2020 年第一次临时股东大会的议案》等 2 项议案并形成决议。

2020 年 3 月 9 日，股份公司董事会 2020 年第二次会议以书面传签方式召开，审议通过《关于选举公司董事的议案》《关于聘任公司总裁的议案》等 2 项议案并形成决议。

2020 年 3 月 25—26 日，股份公司董事会 2020 年第三次会议在北京中国石油大厦 23 层昆仑厅召开。董事长戴厚良主持会议。会议审议通过《关于选举公司董事长、副董事长的议案》《关于公司董事会专门委员会组成人员调整的议案》《公司 2019 年度总裁工作报告》《公司 2019 年度财务报告》《公司 2019 年度利润分配预案》《公司 2019 年度报告及业绩公告》《关于公司总裁 2019 年度经营业绩考核及 2020 年度业绩合同制订情况的议案》《公司 2019 年度内部控制工作报告》《2019 年度公司环境、社会和治理报告》《关于选举公司董事的议案》《关于提请股东大会授权董事会决定公司 2020 年度中期利润分配方案的议案》《关于提请股东大会给予董事会发行股票一般性授权事宜的议案》《关于提请股东大会给予董事会发行债务融资工具一般性授权事宜的议案》《关于公司 2020 年度相关担保事项的议案》和《关于召开 2019 年年度股东大会的议案》等 15 项议案并形成决议。

2020 年 4 月 29 日，股份公司董事会 2020 年第四次会议以书面传签方式召开，会议审议通过《公司 2020 年第一季度报告》《公司 2019 年度 20–F 年报》《关于调整经营范围暨修改公司章程的议案》等 3 项议案并形成决议。

2020 年 6 月 11 日，股份公司董事会 2020 年第五次会议在北京中国石油大厦 21 层第二会议室召开。董事长戴厚良主持会议。会议审议通过《关于选举公司董事的议案》《关于董事会专门委员会组成人员调整的议案》《关于为续签持续性关联交易协议并更新上限成立独立董事委员会和聘用独立财务顾问的议案》等 3 项议案并形成决议。

2020 年 7 月 23 日，股份公司董事会 2020 年第六次会议在北京中国石油大厦 21 层第二会议室召开。副董事长李凡荣主持会议。会议审议通过《关于公司管道重组交易的议案》《关于召开公司 2020 年第二次临时股东大会的议案》等 2 项议案并形成决议。

2020 年 8 月 26—27 日，股份公司董事会 2020 年第七次会议在北京中国石油大厦 21 层第二会议室召开。董事长戴厚良主持会议。会议审议通过《关于公司 2020 年中期财务报告的议案》《关于公司 2020 年中期利润分配方案的议案》《关于公司 2020 年半年度报告及中期业绩公告的议案》《关于续签公司与中国石油集团及共同持股公司持续性关联交易协议及申请更新 2021—2023 年度持续性关联交易上限的议案》《关于续签公司与北京市燃气集团有限责任公司持续性关联交易协议及申请更新 2021—2023 年度持续性关联交易上限的议案》《关于召开 2020 年第三次临时股东大会的议案》等 6 项议案并形成决议。

2020 年 10 月 29 日，股份公司董事会 2020 年第八次会议以书面传签方式召开。会议审议通过《关于公司 2020 年第三季度报告的议案》《关于公司董事会专门委员会组成人员调整的议案》《关于聘任公司董事会秘书的议案》等 3 项议案并形成决议。

2020 年 12 月 22 日，股份公司董事会 2020 年第九次会议在北京中国石油大厦 21 层第二会议室召开。董事长戴厚良主持会议。会议审议通过《关于公司 2021 年度业务发展与投资计划的议案》《关于公司 2021 年度预算报告的议案》《关于昆仑能源管道资产交易的议案》等 3 项议案并形成决议。

（梅　媛　廖小绚）

【监事会运作】

1. 股份公司监事会职责

根据《公司章程》，股份公司设监事会，监事会由 9 人组成，其中 1 人出任监事会主席。监事会由股东推荐的代表和股份公司职工代表组成，其中职工代表担任的监事不少于三分之一。股东推荐的代表由股东大会选举和罢免，职工代表由股份公司职工民主选举和罢免。监事任期 3 年，可以连选连任，监事任期自就任之日起计算。监事会主席的任免，应当经三分之二以上监事会成员表决通过。监事会主席任期 3 年，可连选连任。

根据《监事会组织和议事规则》，股份公司监事会向股东大会负责，并依法行使下列职权：

（1）对董事会编制的股份公司定期报告进行审核并提出书面审核意见；

（2）检查股份公司的财务；

（3）对股份公司董事、总裁、高级副总裁、副总裁、财务总监及其他高级管理人员执行股份公司职务的行为进行监督，对违反法律、行政法规、《公司章程》或者股东大会决议的前述人员提出罢免的建议；

（4）当股份公司董事、总裁、高级副总裁、副总裁、财务总监及其他高级管理人员的行为损害股份公司的利益时，要求前述人员予以纠正；

（5）核对董事会拟提交股东大会的财务报告、营业报告和利润分配方案等财务资料，发现疑问的，可以股份公司名义委托注册会计师、执业审计师帮助复审；

（6）提议召开临时股东大会，在董事会不履行《中华人民共和国公司法》规定的召集和主持股东大会职责时召集和主持股东大会；

（7）向股东大会提出提案；

（8）代表股份公司与董事交涉或者依照《中华人民共和国公司法》第一百五十二条的规定，对董事、总裁、高级副总裁、副总裁、财务总监及其他高级管理人员提起诉讼；

（9）发现股份公司经营情况异常，可以进行调查；

（10）会同董事会审计委员会对外部审计师执业表现进行年度审核，向股东大会提出聘用、续聘、解聘外部审计师及其审计服务费用的建议；

（11）对关联交易的合规性进行监督；

（12）《公司章程》规定的其他职权。

2. 股份公司监事会组成情况

根据《公司章程》，监事会由股东推荐的代表和股份公司职工代表组成，其中职工代表担任的监事不少于三分之一。2020 年底，股份公司监事会由 9 名成员组成（表 3）。

表 3　2020 年底股份公司监事会成员

姓　名	性　别	年　龄	职　位
吕　波	男	58	监事会主席
张凤山	男	59	监事
姜力孚	男	57	监事
卢耀忠	男	55	监事
王　亮	男	58	监事
付锁堂	男	58	职工代表监事
李家民	男	57	职工代表监事
刘宪华	男	57	职工代表监事
李文东	男	56	职工代表监事

注：（1）2020 年 6 月 11 日，徐文荣、张凤山、姜力孚、卢耀忠、王亮继续当选为股份公司监事，付锁堂、李家民、刘宪华、李文东继续当选为股份公司职工代表监事。

（2）2020 年 10 月 20 日，徐文荣辞去股份公司监事会主席、监事职务。

（3）2020 年 11 月 5 日，吕波当选为股份公司监事并担任监事会主席。

3. 股份公司监事会会议召开情况

2020 年，股份公司召开 7 次监事会会议，其中现场会议 4 次、以书面传签方式召开 3 次，共形成 17 项决议。

2020 年 3 月 24 日，股份公司监事会 2020 年第一次会议在北京石油大厦 23 层昆仑厅召开。监事会主席徐文荣主持会议。会议审议通过《关于公司监事选举的议案》《监事会关于公司 2019 年度财务报告审查意见书》《监事会关于公司 2019 年度利润分配预案审查意见书》《监事会关于公司总裁 2019 年度经营业绩考核意见书》《监事会关于聘用公司 2020 年度境内外会计师事务所的议案》《2019 年度监事会报告》《监事会 2019 年度工作总结和 2020 年工作计划》《2019 年度环境、社会和治理报告》《2019 年度报告及业绩公告》等 9 个议案并形成决议。

2020 年 4 月 29 日，股份公司监事会 2020 年第二次会议以书面传签方式召开，审议通过股份公司《2020 年第一季度报告》并形成决议。

2020 年 6 月 11 日，股份公司监事会 2020 年第三次会议在北京北辰五洲皇冠国际酒店召开。监事会主席徐文荣主持会议。会议审议通过《关于选举公司监事会主席的议案》并形成决议，徐文荣当选监事会主席。

2020 年 7 月 23 日，股份公司监事会 2020 年第四次会议在北京石油大厦 C406 会议室召开。监事会主席徐文荣主持会议。会议审议通过《关于公司管道重组交易的议案》并形成决议。

2020 年 8 月 25 日，股份公司监事会 2020 年第五次会议在北京石油大厦 23 层昆仑厅召开。监事会主席徐文荣主持会议。会议审议通过《监事会关于公司 2020 年中期财务报告审查意见书》《监事会关于公司 2020 年中期利润分配方案审查意见书》《2020 年半年度报告及中期业绩公告》等 3 项议案并形成决议。

2020 年 10 月 29 日，股份公司监事会 2020 年第六次会议以书面传签方式召开，审议通过股份公司《2020 年第三季度报告》并形成决议。

2020 年 11 月 5 日，股份公司监事会 2020 年第七次会议以书面传签方式召开，审议通过《关于选举公司监事会主席的议案》并形成决议。

4. 股份公司监事会参加其他会议及其他工作开展情况

2020 年，股份公司监事会参加股份公司股东大会 4 次。其中，6 月 11 日参加股份公司 2019 年度股东大会，向大会提交《公司 2019 年度监事会报告》《关于聘用公司 2020 年度境内外会计师事务所并授权董事会决定其酬金的议案》和《关于选举公司监事的议案》，获审议通过；11 月 5 日参加股份公司 2020 年第 3 次临时股东大会，向大会提交《关于选举公司监事的议案》，获审议通过。

列席股份公司董事会会议 5 次。听取董事会审议股份公司 2019 年度和 2020 年中期财务报告及摘要、利润分配，股份公司管道重组交易、关联交易，以及 2021 年度预算、投资计划等有关议案。监事会在会上发表关于审查股份公司财务报告、利润分配方案（预案）、总裁经营业绩考核等意见书 5 份，提出积极应对低油价风险、大力推进能源多元化格局、不断提升股份公司国际竞争力、完善股份公司法人治理结构、优化股份公司制度体系、提升股份公司治理能力和关注管道资产重组后股份公司平稳运营问题等建议。

召开听证会 2 次。听取股份公司财务总监、财务部、改革与企业管理部、审计部、纪检监察组、人事部、毕马威会计师事务所等有关报告 16 个，对股份公司财务、利润分配、关联交易、总裁经营业绩考核等情况进行了审查，并发表相关意见。

2020 年，股份公司监事会按时完成监事尽职调查工作，完成上市公司协会相关工作。

（佟魁杰　徐　楠）

【管理层运作】 2020 年，股份公司管理层在总裁的领导下，负责执行董事会做出的各项决议，组织股份公司的日常经营管理。总裁的主要职责是：

（1）主持股份公司的生产经营管理工作，组织实施董事会决议；

（2）组织实施股份公司年度经营计划和投资方案；

（3）拟订股份公司内部管理机构设置方案；

（4）拟订股份公司的基本管理制度；

（5）制定股份公司的具体规章；

（6）提请董事会聘任或者解聘股份公司高级副总裁、副总裁、财务总监及其他高级管理人员；

（7）聘任或者解聘除应由董事会聘任或者解聘以外的管理人员；

（8）《公司章程》和董事会授予的其他职权。

【信息披露】 股份公司一贯重视信息披露工作，严格遵守上市地各项证券监管规定，建立信息披露管理制度，及时合规披露信息，明确内幕消息披露工作的负责部门，禁止利用内幕消息进行交易或建议他人交易。报告期内，股份公司及时、真实、准确、完整地进行各项信息披露，确保所有股东享有平等的机会获取股份公司相关信息，持续提升股份公司治理的透明度。

2020 年，股份公司信息披露工作按照境内外监管规定，严格落实《中国石油天然气股份有限公司信息披露管理规定》等制度，未发现内幕信息知情人违规买卖股份公司股票情况。编制发布股份公司年度报告、20–F 报告、环境社会和治理报告、一季度报告、中期报告、三季度报告；根据上市地监管规定和股份公司业务情况，在境内外披露临时报告 201 份。

（辛　达　周云鹏）

【业绩路演】

1. 股份公司 2019 年度业绩发布及路演

2020 年 3 月 25 日，股份公司在北京中国石油大厦以电话会议形式召开 2019 年度业绩发布会，3 月 26 日在北京中国石油大厦以电话会议形式进行业绩路演。股份公司董事长戴厚良、执行董事兼总裁段良伟、董事会秘书吴恩来、财务总监柴守平、副总裁李鹭光、田景惠、杨继钢以及相关部门负责人参加业绩发布会，相关领导出席路演活动。

2. 股份公司 2020 年一季度业绩发布及路演

2020 年 4 月 29 日，股份公司在北京中国石油大厦以电话会议形式召开 2020 年一季度业绩发布会，4 月 30 日在北京中国石油大厦以电话会议形式进行业绩路演。相关部门人员出席业绩发布会和路演活动。

3. 管道重组交易分析师电话会议

2020 年 7 月 24 日，股份公司在北京中国石油大厦以电话会议形式召开管道重组交易分析师电话会议。股份公司副董事长李凡荣、执行董事兼总裁段良伟、董事会秘书吴恩来、财务总监柴守平以及相关部门负责人出席会议。

4. 股份公司 2020 年度中期业绩发布及路演

2020 年 8 月 27 日，股份公司在北京中国石油大厦以电话会议形式召开 2020 年中期业绩发布会，28 日在北京中国石油大厦以电话会议形式进行了业绩路演。股份公司执行董事兼总裁段良伟、董事会秘书吴恩来、财务总监柴守平以及相关部门人员参加业绩发布会，相关领导出席路演活动。

5. 股份公司2020年三季度业绩发布及路演

2020年9月29日，股份公司在北京中国石油大厦以电话会议形式召开2020年三季度业绩发布会，30日在北京中国石油大厦以电话会议形式进行业绩路演。相关部门人员出席业绩发布会和路演活动。

6. 反向路演工作

由于新冠肺炎疫情原因，本年度未安排反向路演相关工作。

（朱彤楠　张骅毅）

【中国石油A股股价月度表现】 2020年1月，中国石油A股股价呈先扬后抑趋势。上旬，2019年12月制造业PMI好于预期，中国人民银行下调金融机构存款准备金率释放流动性，央企2020年重组整合三路并进，北上资金连续流入，两融余额攀升等政策面与资金面向好，提振市场走强；中旬，中美签署第一阶段经贸协议、经济数据向好、中国人民银行加大资金投放力度稳定流动性等利好频现，但新股发行加速叠加假期效应对股指形成压力，A股冲高回落；春节假期前最后几个交易日，新冠肺炎疫情严峻，市场担忧情绪不断升级，A股大幅下跌。中国石油A股收于5.64元，月跌幅为3.26%。全月最高为1月8日的6.30元，最低为1月23日的5.62元，相差0.68元。本月日均股价为5.93元，平均日成交量为10236万股（图1）。

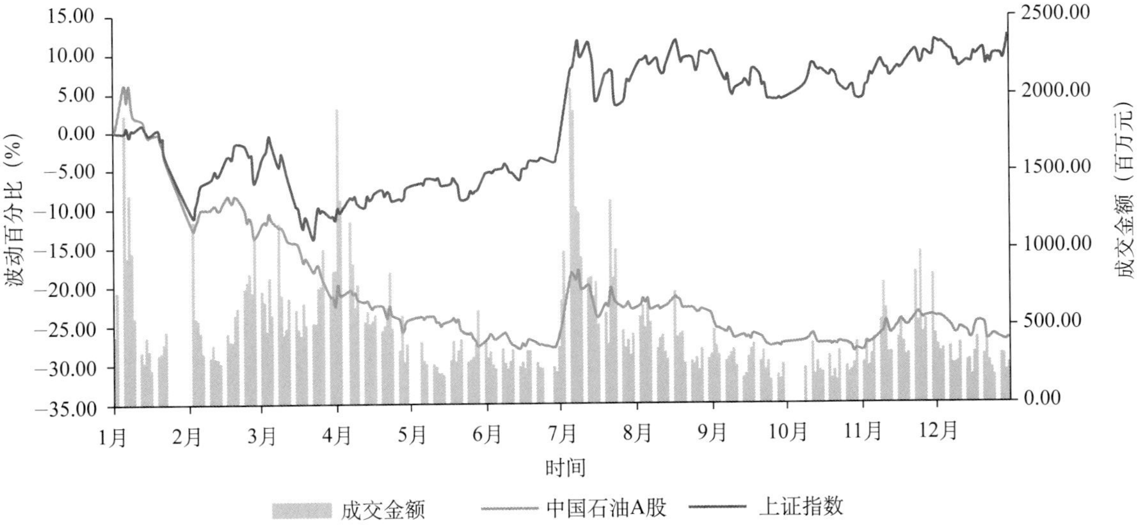

图1　2020年中国石油A股与上证指数走势图

2月，中国石油A股股价大幅低开后上半月反弹上行，下半月震荡回落。受新冠肺炎疫情、春节期间外围市场下跌等影响，月初A股开市暴跌；其后由于国家加大宏观调控、出台各项货币和财政政策以应对新冠肺炎疫情冲击，释放流动性缓和市场情绪，A股市场在深跌后震荡反弹。新冠肺炎疫情暴发引发市场对全球经济和油气需求的担忧，国际油价月底震荡回落，国内提前实施天然气淡季价格政策，使股份公司A股股价承压。中国石油A股收于5.07元，月跌幅为10.11%。全月最高为2月17日的5.38元，最低为2月4日的5.06元，相差0.32元。本月日均股价5.26元，平均日成交量10567万股。

3月，中国石油A股股价月初高开高走，而后震荡回落。受到新证券法正式生效，中央政治局会议表示要加快5G网络、数据中心等新型基础设施建设影响，月初A股开市大涨。随后，OPEC与俄罗斯展开石油价格战，加之全球新冠肺炎疫情升级，市场恐慌情绪加剧，A股市场震荡下行。月末，在美联储开启无限量化宽松模式、国内逆周期调控政策有望推进等影响下，境内市场跌幅收窄。中国石油A股收于4.62元，月跌幅为8.88%。全月最高为3月5日的5.25元，最低为3月31日的4.60元，相差0.65元。本月日均股价4.98元，平均日成交量13121万股。

4月，中国石油A股股价震荡下行。月初国务院常务会议确定增加中小银行再贷款再贴现额度1万亿元，加大对外贸的支持力度，加之中国人民银行降准等政策释放积极信号，A股迎来较强反弹。月中，外围市场走势反复，北向资金有所流出，对市场构成制约，A 股小幅震荡走弱。随后，海外市场走势趋稳，国内政策面偏积极，1 年期、5 年期以上 LPR 双降、发改委明确“新基建”范围等，A 股震荡回调。月末，国际油价与中行原油宝事件对市场造成一定冲击，中国石油 A 股股价受到一定影响。中国石油 A 股收于 4.44 元，月跌幅为 3.90%。全月最高为 4 月 2 日的 4.74 元，最低为 4 月 28 日的 4.33 元，相差 0.41 元。本月日均股价 4.57 元，平均日成交量 15270 万股。

5 月，中国石油 A 股股价持续震荡下行。月初外围市场出现较大波动，国务院常务会议继续加大逆周期调控力度，中国人民银行和外汇管理局联合发文取消境外机构投资者额度限制，A 股震荡上行。月中，国务院陆续发布推进西部大开发形成新格局的指导意见、完善社会主义市场经济体制的意见，但受外围市场连续下跌影响，A 股呈窄幅震荡走势。月末，全国“两会”政府工作报告未设定经济增长目标、逆周期调节政策未超出市场预期、华为遭美国全面封杀等因素使市场观望情绪升温，但美股连续上涨带动 A 股月末小幅反弹。中国石油 A 股收于 4.25 元，月跌幅为 4.28%。全月最高为 5 月 19 日的 4.51 元，最低为 5 月 29 日的 4.22 元，相差 0.29 元。本月日均股价 4.39 元，平均日成交量 6933.81 万股。

6 月，中国石油 A 股股价整体横盘震荡。月初受上交所有关 T+0 讨论等消息提振，沪指一举突破 2900 点，但各板块上涨持续性较弱，A 股冲高后窄幅震荡。月中，欧美市场全线回落，中国人民银行续作 MLF 但利率未见下调，A 股震荡下跌，随后国务院常务会议明确加大财政资金支持，统计局发布 5 月经济数据相对平稳，陆家嘴论坛一行“两会”持续释放金融改革开放红利，证监会发布创业板改革并试点注册制，富时罗素扩容等利好消息刺激市场走强，A 股出现反弹。月末，节前市场弱势震荡，结构分化，随后外围市场出现一定幅度调整，A 股小幅震荡。中国石油 A 股收于 4.19 元，月跌幅为 1.41%。全月最高为 6 月 3 日的 4.37 元，最低为 6 月 30 日的 4.18 元，相差 0.19 元。本月日均股价 4.28 元，平均日成交量 6398.05 万股。

7 月，中国石油 A 股股价呈震荡上涨趋势。上旬，受 6 月 PMI 数据回升、中国人民银行下调再贷款再贴现利率、海南离岛旅客免税购物政策、中信证券中信建投合并传闻等利好，以及场外资金大规模入场建仓影响，A 股市场交易极度活跃、股指大幅上涨。在连续上涨之后，中下旬监管层严查场外配资、加速社保资金和国家大基金减持为股市降温，另外英国政府禁用华为 5G 设备、中美互相关闭领事馆、科创板解禁首周后集体减持等事件对市场形成压制，不过公募基金发行和融资买入、北上资金流入依旧相对活跃，中下旬 A 股呈震荡回调走势。中国石油 A 股收于 4.45 元，月涨幅为 6.21%。全月最高为 7 月 7 日的 4.88 元，最低为 7 月 1 日的 4.18 元，相差 0.70 元。本月日均股价 4.52 元，平均日成交量 18099.91 万股。

8 月，中国石油 A 股股价呈倒 V 字形震荡走势。月初，中国人民银行宣布资产管理新规过渡期延长至 2021 年底、集成电路和软件产业发展政策出台、7 月 CPI 及 PPI 等宏观经济数据稳步回升等利好消息频现，但受美国打压中国高科技企业、货币及财政政策执行情况报告引发市场对货币政策收紧的担忧等因素影响，A 股市场呈现震荡走势。中下旬，中国人民银行开展 7000 亿元中期借贷便利操作，并向公开市场净投放 1100 亿元，持续释放流动性提振市场信心，但因中美贸易谈判再添变数，A 股市场先升后跌，带动中国石油 A 股连续回落。月末中国石油 A 股发布中期业绩，中国石油 A 股二季度业绩改善加上股份公司中期派息 160 亿元高于市场预期等利好消息提振投资者信心，市场给予正向解读，A 股小幅反弹。中国石油 A 股收于 4.43 元，月跌幅为 0.45%。全月最高为 8 月 19 日的 4.56 元，最低为 8 月 28 日的 4.40 元，相差 0.16 元。本月日均股价 4.48 元，平均日成交量 9120.38 万股。

9 月，中国石油 A 股股价震荡下跌。月初，中印边境摩擦升级、中国人民银行回笼资金以及北上资金连续净流出、美股连续出现大跌、特朗普政府考虑将中芯国际列入“贸易黑名单”、深交所同时对三只创业板股票进行停牌核查等消息使得 A 股承压，令市场观望情绪升温，成交量萎缩，市场震荡回落，波动加剧。中旬，A 股在科创板 ETF 基金即将发行、宏观经济数据向好、近期人民币兑美元汇率快速升值等利好的提振下震荡上行。月末，港股下挫、新冠肺炎疫情在欧洲二次爆发引发欧美市场大幅下跌和证监会、上交所、中证协三部门齐发声整治近期市场乱象令 A 股承压连续下跌，叠加美联储担忧美国经济衰退的言论引发隔夜美股全线大跌，拖累亚太市场普遍走低，A 股市场连续回调。中国石油 A 股收于 4.11 元，月跌幅为 7.22%。全月最高为 9 月 1 日的 4.34 元，最低为 9 月 24 的 4.07 元，相差 0.27 元。本月日均股价 4.18 元，平均日成交量 6568.66 万股。

10 月，中国石油 A 股股价呈横盘震荡走势。受双节假期国内消费大大激活，节后多家公司三季度业绩预告大幅增长，北上资金重回 A 股等利好因素影响，推动股指节后强势冲高；随后，欧美新冠肺炎疫情再度严峻，外围股指由升转跌，对 A 股造成一定压力。与此同时，蚂蚁集团、中金公司等 A 股首发上市临近令资金面承压，白马股的频频闪崩带动成长板块下挫，短期均给市场蒙上阴影，股指接连震荡下行。中国石油 A 股收于 4.07 元，月跌幅为 0.97%。全月最高为 10 月 12 日的 4.19 元，最低为 10 月 29 的 4.04 元，相差 0.15 元。本月日均股价 4.11 元，平均日成交量 5945.94 万股。

11 月，中国石油 A 股股价震荡上扬。月初，外围美股走强、美国大选结果这一重大不确定性靴子落地、国内“十四五”规划和 2035 年远景目标发布等利好提振市场连续震荡上行；月中，中国人民银行公布数据显示社融低于预期、信用债连环爆雷、前期热点板块回调等，令市场承压回落；随后，区域全面经济伙伴关系协定（RCEP）正式签署、10 月经济数据向好、金融委定调研究规范债市发展、中国人民银行投放流动性减缓资金面压力等提振市场走强，低估值顺周期板块表现活跃，市场风格发生切换。月末，新冠肺炎疫苗研发持续取得进展，市场对经济复苏的预期持续升温，带动国际原油价格回升，多重利好消息带动 A 股市场上涨。中国石油 A 股收于 4.31 元，月涨幅为 5.90%。全月最高为 11 月 25 日的 4.44 元，最低为 11 月 2 日的 4.04 元，相差 0.40 元。本月日均股价 4.25 元，平均日成交量 11555.92 万股。

12 月，中国石油 A 股股价呈先扬后抑趋势，表现略弱于大市，但强于同业公司。月初，市场热点频繁切换，恒指下挫、美股回落先后对市场形成短暂冲击，CPI 同比转负也一度引发市场担忧，令股指进一步承压；月中，中央政治局会议定调 2021 年经济工作明确后续政策方向、宏观经济数据整体向好、中国人民银行投放流动性缓解市场资金压力等推动市场震荡回升；月末，海外新冠肺炎疫情加重对市场造成较大压力，但随着国务院常务会议定调继续扶持中小企业、证监会提出促进居民储蓄向投资转化、中国人民银行表示要保持货币政策连续性、稳定性、可持续性、中欧投资协定谈判完成、国内新冠疫苗上市与全民免费接种等一系列利好消息传来，市场接连上行，表现强势。中国石油 A 股收于 4.15 元，月跌幅为 3.71%。全月最高为 12 月 2 日及 3 日的 4.33 元，最低为 12 月 29 日的 4.10 元，相差 0.23 元。本月日均股价 4.21 元，平均日成交量 7207.48 万股。

【中国石油 H 股股价月度表现】 2020 年 1 月，中国石油 H 股股价呈先升后震荡下跌的趋势。月初，中美落实月中签署首阶段贸易协议刺激港股和美股止跌回升，但紧接着美国在伊拉克发动空袭行动造成一名伊朗高级将领死亡，市场忧虑中东紧张局势升温，港股由升转跌。中旬，中美两国签署首阶段贸易协议，持续近两年的中美贸易战暂时停火，带来资本市场复苏，港股重上 29000 点。下旬，中国人民银行未如市场预期下调利率，加上市场忧虑武汉新冠肺炎疫情，资本市场结束升势转而下跌，拖累 H 股股价。中国石油 H 股股价开盘 3.86 港元，报收于 3.42 港元，月跌幅为 11.40%。全月最高为 1 月 8 日的 4.19 港元，最低为 1 月 31 日的 3.42 港元（图 2）。

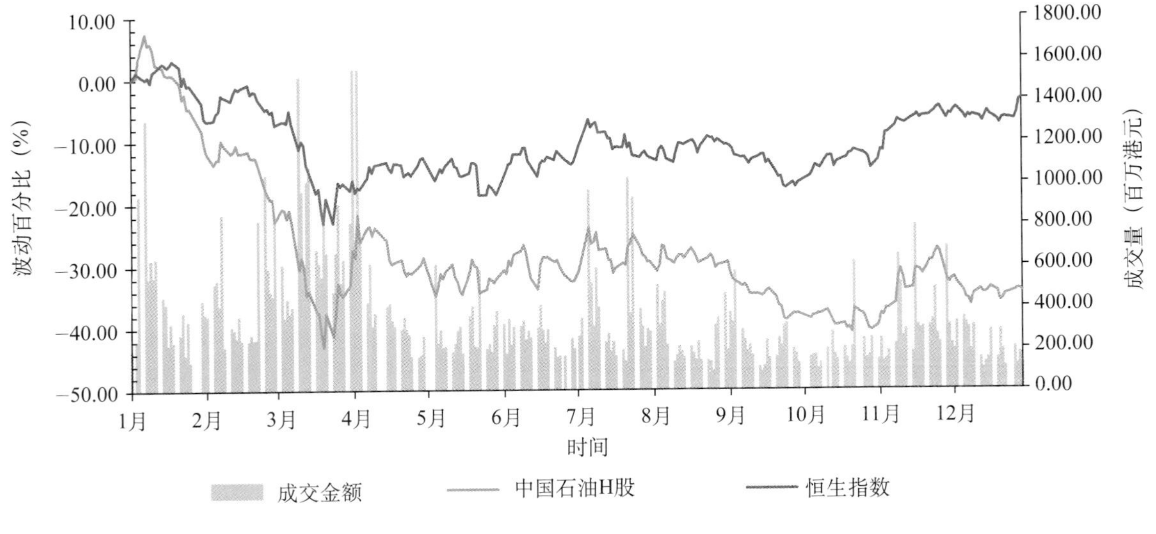

图 2　2020 年中国石油 H 股与恒生指数走势图

2月，中国石油H股股价呈现震荡下跌的趋势。月初，中国政府采取多项救市措施，包括使用内险资金入市；同时新冠病毒药品研究现新突破，以及中国对美进口商品削减关税等消息缓解市场对于新冠肺炎疫情担忧，刺激港股止跌回升。中旬，国家推动复工复产、中国人民银行进行MLF操作并下调利率等利好推动港股续升。下旬，新冠肺炎疫情并未如市场预期大幅逆转，并出现全球蔓延趋势，全球避险情绪重升，港股升幅缩窄，月末小幅收跌H股股价随之收跌。中国石油H股股价开盘3.39港元，报收于2.99港元，月跌幅为11.80%。全月最高为2月6日的3.56港元，最低为2月28日的2.99港元。

3月，中国石油H股股价先跌后反弹。月初，新冠肺炎疫情在欧美持续扩散、全球供需同步下降，各国出台救市措施未能提振市场；俄罗斯及沙特展开油价大战，引爆市场恐慌情绪，美股两次熔断，港股跟随外围急跌步入熊市。中旬，环球股市进入技术性熊市后持续波动，美联储月内再度紧急减息，将利率降至接近零水平，反而加剧市场恐慌，拖累港股继续探底下跌。下旬，新冠肺炎疫情仍在全球范围蔓延，欧美欲出台大规模刺激计划以提振经济，市场情绪亦随之波动，港股走势依旧紧随外围情绪，整体向上发展，带动H股股价随之回升。中国石油H股股价开盘3.05港元，报收于2.81港元，月跌幅为7.87%。全月最高为3月2日的3.12港元，最低为3月19日的2.18港元。

4月，中国石油H股股价呈现波动下行的趋势。上旬，全球新冠肺炎疫情感染人数突破100万人，疫情未见受控，加上英格兰银行突然要求英资银行取消派息，以及美国上周新申领失业救济金人数升至664.8万人，加剧市场对全球经济的忧虑，令港股在一度突破24000点后回跌；而后受惠中国人民银行定向降准，同时欧美新冠肺炎疫情增速开始减慢，加上市场憧憬欧佩克短期与俄罗斯落实减产协议，刺激港股重返24000点并持续向上。4月下旬，复活节过后欧美新冠肺炎疫情渐渐缓和，但纽约5月期油遭抛售，历史性暴跌至负数，以及有报道指朝鲜领袖金正恩病危，市场担忧北亚局势等因素，拖累市场气氛，港股收跌，H股股价随大市波动走低。中国石油H股股价开盘2.73港元，报收于2.76港元，月涨幅为1.10%。全月最高为4月2日的3.05港元，最低为4月22日的2.59港元。

5月，中国石油H股股价震荡下跌。上旬，由于香港特别行政区新冠肺炎疫情得到缓和，政府放松多项防疫措施，加上市场憧憬多家在美上市的中国概念股回港二次上市，以及市场不时传出新冠病毒疫苗研发有进展的消息，刺激香港股市至5月中旬一度上涨。下旬，全国人大决议推行港区国安法，美国随后宣布将对香港进行制裁并打算取消给予香港的特殊待遇，市场对香港未来前景的忧虑进一步加深，严重影响投资情绪，致使港股收跌，拖累H股股价下跌。中国石油H股股价开盘2.66港元，报收于2.64港元，月跌幅为0.75%。全月最高为5月19日的2.82港元，最低为5月4日的2.49港元。

6月，中国石油H股股价延续跌势。上旬，由于香港特别行政区新冠肺炎疫情得到缓和，政府持续放松各项防疫措施，加上有两只大型中国概念股月内成功回港二次上市，提振市场气氛。下旬，北京新冠肺炎疫情再度紧张，增加市场对重启经济的疑虑，使港股一度下跌。全国人大就港区国安法立法，美国随后宣布各项制裁措施，市场忧虑中美角力升级对世界经济造成的负面影响扩大，打击投资情绪。不过其后政府宣布跨境理财通的措施，令市场憧憬未来有更多资金流入香港资本市场。中国石油H股股价开盘2.68港元，报收于2.57港元，月跌幅为4.10%。全月最高为6月9日的2.87港元，最低为6月29日的2.55港元。

7月，中国石油H股股价呈现波动趋势。上旬，中国经济数据表现胜于市场预期，投资者憧憬经济复苏步伐稳健，带动中港股市造好。中旬，香港暴发第三波新冠肺炎疫情，加上美国持续打击中国科技企业，使中美关系愈加紧张，令市场再度忧虑经济发展前景，使港股反复调整。下旬，美联储承诺维持低利率及使用所有工具支持经济，让投资气氛稍为改善，7月港股录得轻微升幅，令H股股价缩窄月度跌幅。中国石油H股股价开盘2.56港元，报收于2.69港元，月涨幅为5.08%。全月最高为7月24日的2.94港元，最低为7月2日的2.56港元。

8月，中国石油H股股价小幅回升。月初，市场憧憬中美双方评估首阶段贸易协议的执行情况，有望缓和两国关系，带动中港股市小幅走高。随后，由于美国持续打击中国科技企业，市场忧虑两国“科技战”加剧，不利经济复苏，港股呈现波动调整走势。中旬，随着俄罗斯新冠病毒疫苗问世，投资气氛大幅改善，带动港股波动回升。下旬，重磅股业绩利好、“科技战”忧虑消退等因素叠加，推动港股稳步上扬，8月恒生指数小幅收高，带动H股股价止跌小幅回升。中国石油H股股价开盘2.66港元，报收于2.68

港元，月涨幅为 0.75%。全月最高为 8 月 6 日的 2.86 港元，最低为 8 月 19 日的 2.55 港元。

9 月，中国石油 H 股股价震荡下跌。上旬，美国科技股从高位回落，加上投资者担心欧美国家进一步限制中国科技企业发展，打击市场信心，令港股走低。中旬，国内经济数据胜于市场预期，令市场对经济复苏感到乐观，使港股一度反弹。下旬，市场持续关注美国大选辩论，加上国庆长假临近，交投变弱，投资者态度审慎，9 月港股及 H 股股价收跌。中国石油 H 股股价开盘 2.68 港元，报收于 2.27 港元，月跌幅为 15.30%。全月最高为 9 月 1 日的 2.71 港元，最低为 9 月 24 日和 25 日的 2.32 港元。

10 月，中国石油 H 股股价继续探底，月末跌幅缩窄。上旬，香港特别行政区新一波新冠肺炎疫情暴发令港股走势反复。月中，市场憧憬深圳特区成立 40 周年的一系列政策利好有望进一步支持大湾区发展，港股走势向好，但市场传言蚂蚁集团被列入美国贸易黑名单，触发投资者避险情绪再度升温，拖累港股下跌。月末，蚂蚁集团上市带动资金博弈氛围浓厚，刺激港股上升，加上中国石油三季度业绩符合 / 超出预期，提振 H 股股价。中国石油 H 股股价开盘 2.27 港元，报收于 2.17 港元，月跌幅为 4.41%。全月最高为 10 月 23 日的 2.32 港元，最低为 10 月 30 日的 2.16 港元。

11 月，中国石油 H 股股价震荡上行。上旬，新冠病毒疫苗研发取得积极进展以及美国大选尘埃落定等正面消息带动，港股表现有明显改善。中下旬，香港特别行政区新冠肺炎疫情反复及美国新增制裁名单等因素影响，市场情绪转趋审慎，令大市升幅收窄。11 月 H 股股价表现不及同业，但胜于大市。中国石油 H 股股价开盘 2.19 港元，报收于 2.47 港元，月涨幅为 12.79%。全月最高为 11 月 25 日的 2.72 港元，最低为 11 月 2 日的 2.17 港元。

12 月，中国石油 H 股股价震荡下行。12 月，由于美国政府发布制裁新名单、美股指数剔除部分中资企业、欧洲疫情形势严峻、市场持续关注 OPEC+2021 年石油产量政策以及延长减产决定等因素的影响，港股表现反复。随后由于世界多国开始接种新冠病毒疫苗，市场憧憬经济复苏，支持港股向好。本月 H 股股价优于中海油，但不及中石化 H 股和大市。中国石油 H 股股价开盘 2.47 港元，报收于 2.40 港元，月跌幅为 2.83%。全月最高为 12 月 3 日的 2.52 港元，最低为 12 月 9 日的 2.32 港元。

（张骅毅）

【“公司日”活动】 由于新冠肺炎疫情，2020 年未举办“公司日”活动。

（张　磊）

【中国石油在资本市场获奖情况】 2020 年，中国石油在资本市场获奖情况见表 4。

表 4　2020 年中国石油在资本市场获奖情况

奖　项	评选机构	评选结果
2020 实现可持续发展目标企业最佳实践（消除贫困和促进繁荣）	联合国全球契约中国网络	
上市公司信息披露工作评价结果（2019—2020）	上海证券交易所	A
2020 福布斯全球企业 2000 强	福布斯	第 32 名
2020 年《财富》世界 500 强	《财富》	第 4 名
2020 年《财富》中国 500 强		第 2 名
第十届“亚洲卓越成就奖”最佳投资者关系企业	《亚洲企业管治》	
第十届“亚洲卓越成就奖”亚洲最佳 CFO		柴守平
2020 亚洲油气行业最受尊敬公司	《机构投资者》	第 1 名
2020 亚洲油气行业最佳 CFO		第 1 名（柴守平）
2020 亚洲油气行业最佳投资者关系团队		第 1 名
2020 亚洲油气行业最佳投资者关系活动		第 2 名
2020 亚洲油气行业最佳 ESG		第 2 名

续表

奖　项	评选机构	评选结果
第八届“综合实力 100 强”	港股 100 强研究中心主办，财华社、西泽投资管理公司协办	第 5 名
第八届“市值 10 强”		第 10 名
第八届“营业额 10 强”		第 2 名
第十届中国证券金紫荆奖资本市场三十周年杰出上市公司	香港大公文汇传媒集团	
第十届中国证券金紫荆奖最佳上市公司 CEO		段良伟
第十届中国证券金紫荆奖最佳上市公司 CFO		柴守平
第五届“金港股”最佳能源与资源公司	智通财经、同花顺财经	
2020 年中国 SM（C-BPI）品牌排名批发零售业加油站品类	Chnbrand	第 1 名

（辛　达　周云鹏　冯妮娜）

品牌与社会责任

【概述】 集团公司品牌建设工作在集团公司党组、品牌管理委员会领导下，以建设“诚信、创新、安全、卓越”的国际知名品牌为目标，对内建立各部门齐抓共管的工作格局、协同联动的长效机制、逐步完善的制度体系，对外加强与国家部委、社会团体、研究机构等相关方沟通协作，建立良好关系。“十三五”期间，着重加强统筹指导，通过编制实施《集团公司加强品牌建设工作指导意见》等系列举措，将品牌建设融入生产经营管理和企业形象传播各环节，多项工作走在中央企业前列，品牌影响力和品牌价值稳步提升。集团公司多次在国务院国资委中央企业品牌建设工作会议、培训和外部专业论坛上作经验交流；2016 年获评国务院国资委“中央企业十大品牌建设优秀企业”；2019 年在人民日报社发布的“中国品牌发展（企业）指数 100 榜单”中排名第 6、上榜的能源企业中排名第 1。2020 年，在国际权威评估机构“Brand Finance”全球品牌价值 500 强中排名第 33 位，位居行业第 3，品牌价值 380 亿美元，比“十三五”初期增长 87%，“十三五”期间年均增长 17%。

【品牌建设】 2020 年，集团公司加强统筹协调。组织召开集团公司品牌管理委员会工作会议，编制下发工作要点，将全年 27 项重点任务分解到责任部门，融入研发、生产、销售、服务各环节，逐项推进落实。加强顶层设计方面，对照创建世界一流示范企业目标，组织开展集团公司“十四五”品牌建设专项规划编制工作。按照“整体规划、内外兼修、业务导向、价值引领”建设原则，聚焦品牌建设和管理重点领域，配套部署 18 项任务工作，分阶段研究提出品牌发展目标和建设路径。深化管理研究方面，组织开展集团公司“一带一路”品牌形象传播研究，获评“2020 年度集团公司软科学研究优秀课题”。在经济技术研究院成立集团公司品牌建设研究中心，为品牌建设规划编制、企业声誉监测与分析、品牌实践案例梳理等工作提供专业支持。重点工作开展方面，加强品牌声誉风险管理，研究编制《关于加强对外商业合作中品牌声誉风险管理工作的通知》，推动建立完善风险监测、评估和管控机制，共同维护集团公司品牌声誉和价值。规范品牌标识应用和授权管理，编制下发《成品油销售企业加油（气）站商标使用管理细则》，重点对合资合作及特许经营站点使用中国石油品牌标识事项加强规范管理；持续推进国内加气服务终端视觉形象优化和规范工作。组织推进集团公司口罩品牌营销工作，发挥上下游产业链整合优势和市场指挥棒作用，打造“昆仑卫士”口罩品牌，助力负责任良好品牌形象建设。做好品牌形象传播，充分利用“两会”“中国品牌日”“黄金周”等传播热点，借力内外主流媒体，策划编发《“宝石花”的足迹》等系列话题文章，全面展示中国石油抗击疫情、品质服务、履责担当良好品牌形象，2020年阅读量超百万。

【“冬奥”管理】 2020年，集团公司着力加强冬奥会工作统筹管理。组织召开冬奥会工作领导小组第三次会议，梳理北京冬奥会筹备情况和集团公司相关工作进展，细化形成“冬奥油气保障、接待服务筹备”等16项重点工作，与成员单位各司其职、协同推进，努力用足用好冬奥会官方合作伙伴权益，支持北京冬奥会筹办工作，促进油气业务发展和品牌形象提升。股份公司赞助成为“相约北京”系列赛事活动钻石合作伙伴，获取广告权益用于产品服务推广。加强冬奥权益管理方面，相关部门单位提前做好冬奥赛场建设油、气、氢能源保供准备，完成延庆、张家口赛区加油橇装保供站建设和供油任务，实现冬奥会场馆建设首桶油料供应。推进销售分公司、昆仑好客公司完成与冬奥组委《特许零售协议》签署工作，完成16省145家冬奥会特许经营便利店选址选商选品。组织完成《中国石油加油站涉奥元素应用方案》编制工作，对站内冬奥会主题形象、广告宣传系统、奥运会特许经营专柜专区等进行专业设计。严格冬奥会标识应用管理程序，企业提报申请全部通过北京冬奥会组委审批。加强冬奥会营销传播，组织开展集团公司冬奥会品牌营销传播方案策划。在北京举行集团公司首座冬奥会主题形象站暨特许商品零售店启动仪式，统筹同步推进相关企业冬奥营销推广活动，进一步提升品牌市场活跃度，确保冬奥权益及时充分利用。

（张　超）

【社会责任】 2020年，集团公司坚持将企业发展与业务所在地可持续发展结合起来，关注民生和社会进步，与当地分享发展机遇和资源价值，积极参与社会公益，促进经济和社会和谐发展，做优秀企业公民。2020年，中国石油在全球公益总投入7.2亿元，惠及数万人。

带动地方发展。在持续为国家经济发展提供稳定能源供应的同时，坚持开放合作、互利共赢，在上中下游领域，全面扩大与当地资本的合资合作，在建设运营中培养本地供应商和承包商，创造就业岗位，带动关联产业发展，回馈当地民众。积极稳妥推进全产业链合资合作，重点完善炼化、销售及天然气管道等合资合作平台，全方位、多层次、多方式推进与民营资本、金融资本、社会资本和国际大公司务实合作，发挥资本聚集和放大效应。2020年，集团公司新设11家混合所有制企业，境外累计实现税费384.3亿元。

资助贫困学生。继续推进支持传统的教育项目，改善贫困地区教学条件，支持科技文化教育及相关赛事活动等。2020年，中国石油奖学金表彰优秀学生635人，发放奖学金399万元。自主公益品牌项目“旭航”助学资助规模由4省10县扩大为8省20县，实施5年来累计资助贫困高中生11400人，2020年3000人受益。8月和9月组织9省地区公司相继开展“一升油、一生情”加油配捐、高考服务、奖学金发放等主题活动，吸引带动超过百万公众和消费者参与公益。

倡导文明风尚。弘扬和倡导志愿精神，鼓励和支持员工积极参与服务社区和服务社会的志愿者活动。2020年，集团公司有3590支青年志愿服务队，11.7万余名青年志愿者参与志愿服务活动。

海外社区建设。尊重业务所在地的文化习俗，致力于与东道国建立长期稳定的合作关系，成为当地社区的优秀企业公民，将公司发展融入当地经济社会发展中，通过资助教育、医疗等公益事业，创造社会经济价值，共同促进当地繁荣发展。通过捐赠防疫物资，提供疫情防控服务，与当地民众分享防疫经验等力所能及的工作方式，助力资源国抗击疫情。2020年初，针对非洲部分国家蝗虫灾害严重、灭蝗药品和物资极为短缺的情况，向南苏丹捐资并捐赠灭蝗物资，助力当地应对虫灾。伊拉克哈法亚项目利用“社区贡献基金”，实施有社会影响力、并直接给当地社区居民带来利益的公益项目，2020年为哈法亚的穆埃尔村修建5千米沥青路，解决当地1500多名村民出行难的问题。在哈萨克斯坦开展油气合作20多年来，中国石油在哈萨克斯坦石油天然气开发方面累计投资301亿美元，贡献税收超过480亿美元，提供社会公益赞助4亿美元。

社会责任报告发布。2020年，连续第14年发布集团公司社会责任报告，从可持续的能源供应、负责任的生产运营、重人本的员工发展、促民生的社会贡献4个方面，系统介绍中国石油2019年履行经济、环境、社会责任的年度进展情况（表5）。

表 5　2016—2020 年集团公司社会公益投入

万元

业绩指标	2020 年	2019 年	2018 年	2017 年	2016 年
主要公益总投入	71795	85432	72092.6	108572	62140.6
扶贫帮困	23224	24388	23291	21817	19767.4
赈灾捐赠	1271	4421	1154	7975	191.9
支持教育	10544	8269	4937	10091.9	8955.9
公益捐赠	30264	43933	37806.6	46611.8	23984.5
环保公益	6492	4421	4904	22076.3	9240.9

（原　野）

【获奖情况】 2020 年，集团公司获中国新闻社、中国新闻周刊颁发的"2020 年度责任企业"奖，获中国企业管理研究会"可持续竞争力典范企业"奖，被联合国全球契约组织授予"2020 实现可持续发展目标企业最佳实践（消除贫困和促进繁荣）"荣誉。集团公司 2019 年度社会责任报告获《可持续发展导刊》"金蜜蜂 2020 优秀企业社会责任报告 · 长青奖"。集团公司品牌保护创新实践入选国务院国资委 2019 年度中央企业品牌建设典型案例。集团公司伊拉克项目、抗击疫情案例入选国务院国资委、中国社会科学院发布的《中央企业社会责任蓝皮书 2020》。"旭航"助学公益项目入选中国企业管理研究会"2020 企业可持续影响力品牌十大案例"。

（原　野　张　超）

2020 年 10 月 17 日，全国脱贫攻坚总结表彰大会暨先进事迹报告会在北京举行，集团公司定点扶贫与对口支援工作领导小组办公室获 2020 年全国脱贫攻坚奖"组织创新奖"。

（王　子）

【定点扶贫与对口支援】 2020 年，集团公司认真贯彻落实习近平总书记关于脱贫攻坚重要讲话和指示批示精神，多次召开会议进行再动员、再部署，集团公司党组领导带头深入定点扶贫县调研督战。全年帮扶资金 1.72 亿元，实施帮扶项目 84 个，培训基层干部、技术人员 6.06 万人，消费扶贫（购买、帮助销售）总额 5.95 亿元，全面超额完成《中央单位定点扶贫工作责任书（2020 年度）》任务指标，定点扶贫与对口支援的 13 个县（市、区）全部实现脱贫摘帽；所属 72 家企业在全国 326 个村投入资金 1.74 亿元、援建项目 551 个，派出 1504 名扶贫工作人员到一线开展工作，助力打赢脱贫攻坚战。

（王　子）

规划计划

【概述】 2020 年，集团公司规划计划工作坚决贯彻落实中央决策部署和集团公司党组重要决议，谋划"十四五"及中长期高质量发展，着力控制投资规模、优化投资结构，推进重点项目前期工作，完成年度任务。

【规划管理】 2020 年，集团公司坚持以习近平新时代中国特色社会主义思想为指引，以党的十九届五中全会审议通过的"十四五"规划建议为统领，立足新发展阶段，把贯彻新发展理念、构建新发展格局、推动高质量发展贯穿始终，组织编制集团公司"十四五"发展规划。坚持开门编规划，开展问卷调查和建言献策活动，征集 15 个领域有效意见建议 1124 条。加强统筹协调，强化各部门、各专业衔接，安排 31 项战略课题和 44 项专业性课题研究任务，深度参与集团公司治理体系和治理能力现代化课题，明确集团公司总体发展思路和两阶段、各三步走的战略路径和新发展阶段五大发展战略，制定高质量发展指标体系。初步完成一批重要专项和区域规划编制工作。组织编制形成集团公司首个新能源新业务发展规划思路框架，提出中长期发展目标，明确“清洁替代、战略接替、绿色转型”三步走的总体路径。牵头开展数字化转型顶层设计，编制形成框架方案。组织编制京津冀、长江经济带、粤港澳、长三角、黄河流域、海南自贸港等6个区域规划和新疆维吾尔自治区、川渝等6个重点省（自治区、直辖市）规划，形成初步成果。

【投资管理】 2020年，集团公司坚持底线思维和效益标准，应对低油价冲击，采取“一停、二缓、三优化、四降本”的措施，保障核心业务保持稳定发展的良好态势和正常节奏，为“十三五”圆满收官做出贡献。加强超前研究，分类有序推进重点投资项目前期工作，科学严谨做好评估论证，着力提升项目质量和效益，从源头推动集团公司高质量发展。靠实边界条件、效益指标，保障新增投资对效益的正向贡献。立足低油价现状和预期，及时调整投资项目经济评价参数中的基准油价体系。严把成本关，加强投资审查，推进工程技术服务价格市场化，对标分析物探钻井成本，持续优化定额主要参数。完成石油建设安装工程预算定额修编，跟踪发布设备材料价格参考，定额、价格水平更加趋于市场实际。

【项目管理】 2020年，集团公司落实“事前算赢”要求，深化项目前期论证，开展70多个重点项目前期工作，30多个项目退回企业深化完善，35个通过审查批复。

国内勘探开发。全力落实大力提升国内油气勘探开发力度要求，积极应对低油价，突出高效勘探、效益开发，强化项目前期工作，开展压力测试、风险分析，谋划应对举措，批复泸州区块泸203井区页岩气一期开发方案、长宁和威远页岩气田稳产方案、塔里木凝析油储运系统完善工程、海南—月东对外合作开发调整方案等项目，加快推进16家油气田开发项目论证和上报备案，为项目建设创造条件。

炼化与销售。大庆石化结构调整转型升级项目建成投产，按计划推进广东石化炼化一体化、塔里木和长庆乙烷制乙烯等重大项目建设。论证批复兰州石化丁腈橡胶等4个项目，助力炼化业务提质增效；论证批复河北张家口、广东佛山加氢站项目，促进新能源新业务试点示范。

天然气与储运。加快推进天然气产供储销体系建设，论证批复双台子储气库群等7个项目可行性研究、揭阳LNG等4个项目预可行性研究；12座储气库、2个LNG接收站项目建设有序进行，储气能力稳步提升；配合完成管道资产划转，确保项目建设进度不受主体变更影响，为天然气保供创造条件。

海外油气。立足海外油气业务优质高效发展，积极跟踪境外项目前期工作进展，克服新冠肺炎疫情影响，提前介入重点项目前期评估论证，加强方案优化、投资控制和效益评价，组织开展10个境外油气项目审查报批工作，巴西布兹奥斯、阿克纠宾76号开发合同延期等重大项目获国家审核备案，保障项目按期签约、合规实施。

工程技术与装备。推动重点工程复工复产，协调解决存在问题，确保重大项目应开尽开、应复尽复。探索非安装设备投资项目压力测试方法，优化论证深井钻机、旋转导向、压裂车组等关键装备购置规模，有效规避低油价下投资风险。及时批复4000吨级履带吊以及国际物探采集设备购置，保障国内外重点项目顺利实施。支持关键核心技术科技攻关，协调解决深井钻机、旋转导向等关键利器研发资金短缺问题，确保完成科技攻关任务。加快推进电动压裂、气井带压作业等新型设备应用，助力油气低成本效益开发。

【业务管理】 2020年，集团公司在造价工作、后评价工作、统计工作等方面取得积极成效。

造价工作。科学控制工程建设项目投资，2020年审查和复核项目估算、概算46项。夯实基础工作，持续规范完善工程造价计价依据体系，印发新版建设项目概算编制方法，修编石油建设安装工程预算定额，做好设备材料价格预测分析和信息发布，共享信息资源，指导企业努力降低工程建设项目投资。增强服务意识，组织开展两个乙烷制乙烯项目概算执行情况实地调研，聚焦提质增效具体措施，指导相关企业提高造价管理工作水平。

后评价工作。在组织企业开展项目自评价全覆盖基础上，聚焦重点项目开展31个典型项目详细后评价，并按照“典型项目引领，专项研究提升”的工作思路，完成四川盆地天然气勘探业务、海外LNG业务、租赁加油站业务等9个专项后评价，针对各业务层面存在的问题，提出理顺体制机制、提升管理水平、落实降本增效、推进技术进步等后评价意见建议40余条。

统计工作。深入开展生产经营分析，抓住影响集团公司生产经营的关键问题和矛盾，提出科学合理可操作的措施建议。及时准确发布统计月报、年报、摘要等成果，完成各类调查报告、信息披露等近200份，有效发挥信息窗口作用。聚焦集团公司业务调整，完善统计报表制度65个。坚持提升信息化水平，统计系统2.0建设有序进行，启动勘探开发项目投资管理信息系统建设。编制集团公司领导与各省会见备参60余份，梳理与各省协调事项双向清单，为协调企地关系、助力企业发展提供支持。推动国家石油天然气开采行业统计"法产并重"改革，彻底解决长期困扰跨省区油气田企业生产经营发展难题。全面梳理管道业务情况，为资产移交贡献统计力量。

（刘成浩）

财务资产管理

【概述】 2020年，面对新冠肺炎疫情、油价暴跌和全球经济大衰退等严重冲击，集团公司以提质增效为抓手，强化决策支持、价值引领、财务运营创效和风险防范，各项重点工作有序推进，圆满完成疫情防控阻击战和效益实现保卫战、"两个力争"稳增长任务，实现"十三五"圆满收官。

（综合处）

【提质增效专项行动】 2020年，集团公司坚决落实国务院国资委工作部署，把提质增效作为事关集团公司生存发展的最紧迫任务和长期性战略举措，在连续6年持续深化开源节流降本增效工程基础上，采取超常规思维和革命性举措部署开展提质增效专项行动。集团公司董事长、党组书记戴厚良对提质增效工作高度重视，亲自谋划部署、推动落实。集团公司成立提质增效专项行动领导小组，集团公司总经理、党组副书记李凡荣担任组长，党组成员分工负责，集团公司总部和专业公司齐抓共管。集团公司党组审议印发《2020年提质增效专项行动方案》，以净利润和自由现金流"双正"为底线目标，实施效益提升、亏损治理、"两金"压降、法人压减、财务运营创效等5个专项行动，召开提质增效动员推进会、亏损治理工作推进会等部署重点工作任务。量化分解效益奋斗目标，10家专业公司和近200家单位逐级细化制定实施方案，将目标、任务、措施、责任分解到位。将精益化管理作为提质增效的关键，把"四精"理念贯彻落实到专项行动开展全过程，"战严冬、转观念、勇担当、上台阶"主题教育活动与提质增效专项行动有机融合、一体推进，凝聚干部员工提质增效力量。

提质增效专项行动成效显著，2020年累计增效320亿元，为完成全年生产经营目标任务做出突出贡献。（1）实现稳增长目标。在实现原油价格40.3美元/桶、同比下降33.8%的情况下，集团公司实现净利润502.6亿元，守住净利润和自由现金流"双正"底线，全面完成目标任务。（2）保证产业链供应链平稳运行。坚持以市场为导向、以效益为中心组织生产运营，建立统筹优化、一体协同的运行机制，推动财务预算与生产经营深度融合，实现油气产量当量、炼化高附加值产品产销量、天然气销售总量和终端销量等主要生产指标持续增长。（3）增强高质量发展内生动力。优化调整投资规模、投资节奏和资产结构，全力压降成本费用支出，主要成本费用指标同比实现硬下降，国内原油单位完全成本、油气单位完全成本、吨油完全加工费分别同比下降7%、9%和1.5%，销售及管理费用同比下降15.1%，两级机关管理费压降30%以上，"五项费用"压减42.3%，人工成本得到有效控制，物资集中采购价格下降10%。（4）促进思想观念和管理理念的转变。"四个坚持"兴企方略、"四化"治企准则、"24字"营销工作方针等理念逐步树立，"一切成本均可降""企业不消灭亏损、亏损终将消灭企业""养人不养亏损企业"等观念深入人心。（5）形成一批好经验好做法。各专业板块和各单位把提质增效放在重中之重的位置，多措并举，形成一批可复制推广的经验做法。

（战略财务处）

【预算管理】 2020年，集团公司预算管理工作聚焦效益稳增长，落实高质量发展要求，健全完善"事前算赢"预算管理体系，强化预算执行过程控制，持续深化开展提质增效，全面推进亏损企业治理，不断提升预算管理的目标引领和价值导向作用，助力集团公司在疫情和低油价叠加的不利情况下，完成2020年度效益稳增长目标，实现低油价下可持续发展。

组织低油价压力测试，持续深入开展提质增效。强化底线思维，应对新冠肺炎疫情和低油价冲击，组织低油价压力测试，建立预算目标弹性调整机制，引导集团公司生产经营适应外部经营形势变化，持续调整优化，努力对冲疫情损失，预算管理价值导向作用显著增强。

突出价值引领，完善预算考核政策。坚持问题导向、目标导向、结果导向，完善预算考核政策，精简预算调整事项清单，对净利润等指标考核，区别盈利和亏损、增盈和减盈、减亏和增亏等不同情况，细化制定考核分值差距明显的考核政策，取得良好的政策效果。

推动业财融合，强化预算过程控制。在新冠肺炎疫情和油价快速下行的不利经营环境下，建立“三个三”运行机制，建立财务业务的工作对接机制，加强预算与生产经营计划有效衔接，开展旬盈利预测，编制月度、季度滚动预算，夯实预算目标的业务基础，推动生产经营计划的调整优化。

落实高质量发展，全面推进亏损企业治理。牢固树立“企业不消灭亏损，亏损终将消灭企业”理念，制定下发《中国石油天然气集团有限公司亏损治理工作指导意见》。按照减亏、扭亏、合理回报的分阶段目标，组织编制集团公司“十四五”亏损治理专项规划。

编制上报2020年国务院国资委预算。按照国务院国资委中央企业预算管理工作的通知要求，根据集团公司董事会审议通过的2020年预算方案，组织完成全级次预算报表审核汇总，编写完成预算情况说明书、经济运行分析报告等，履行审批程序后上报国务院国资委2020年度预算，获国务院国资委完全同意的正式函复。

依法合规开展对外捐赠工作。新冠肺炎疫情暴发后，及时组织完成向湖北省慈善总会捐赠工作，彰显中国石油作为中央企业的责任与担当，依法合规组织协调所属企业疫情期间捐赠工作。严格组织集团公司日常对外捐赠管理，按时上报国务院国资委《捐赠支出季报表》，组织重大捐赠事项备案工作。

（预算处）

【会计报表及核算管理】 2020年，集团公司精细组织周密布置，圆满收官2020年度财务决算工作。全面梳理并修订完善170余张报表，统筹协调集团公司总部9个部门和专业公司报表审阅人员，做好权限分配；修订下发《2020年财务决算指导手册》，传达会计准则及财税政策变更，明确报表编制与审核要求；完成2020年度960户子企业全级次财务决算收审和69家二级子企业报表合并工作，集团公司及所有二级子企业均由会计师事务所出具标准无保留意见的审计报告；编制国有资本保值增值情况报告，按时上报国务院国资委、财政部全级次决算报表及附报文档，顺利通过国务院国资委、财政部财务决算现场审核。

2020年8月，集团公司2019年财务决算工作获财政部通报表扬。

配合毕马威审计师完成股份公司年度决算审计，股份公司连续21年获无保留意见的审计报告。组织完成管道业务重组审计和交割审计，全面厘清管道重组资产总额、净资产总额、净资产增值额、交割对价金额，为股份公司管道重组业务顺利实施奠定坚实基础。

坚持财务分析价值引领与问题导向。及时组织编报财务会计动态报告、生产运行及经济效益分析报告等材料，全面反映集团公司财务状况，科学评价经营成果，为优化生产经营、合理配置资源提供决策支持，推动集团公司高质量发展。

（财务分析处）

【会计准则体系建设】 2020年，集团公司认真贯彻执行《企业会计准则》。集团公司2020年起全面实施新收入准则，结合实际情况，针对涉及的重要会计政策变化、会计处理、科目设置、报表变化等事项形成实施方案，切实做好新旧准则的衔接工作。进一步推动完善新租赁准则、新金融工具准则和新收入准则在股份公司的执行与应用，完善弃置义务会计核算，完善长期资产减值管理办法，规范新设立的东部原油销售中心和西部原油销售中心会计核算，推动股份公司会计信息质量持续提升。参加财政部会计准则技术联络小组会议，对包括投资性房地产转换为存货的会计处理中如何认定重新开发、PPP项目中社会资本方的会计处理等近50项内容现场讨论并给予明确答复，维护集团公司在中国会计准则制定过程中的话语权。就国际准则《企业合并——披露、商誉与减值》征求意见稿给予明确答复，得到国际会计准则理事会认可，提升了集团公司在国际准则制定中的影响力。

为适应国内外会计准则和集团公司金融业务发展需要，进一步规范金融业务会计核算，根据财政部近年来新修订的企业会计准则等国家有关法律法规，结合金融行业特点修订下发《中国石油天然气集团有限公司会计手册——金融分册（2020）》。

（财务分析处）

【资本市场信息披露】 2020年，组织完成股份公司2020年度法定信息披露工作。按照三地上市监管要求，全面高效完成年度报告及业绩公告、美国版20-F年报、季度报告、半年度报告及业绩公告的编写及披露工作，并就2020年度报告和2020年半年度及季度报告填写上交所XBRL报送系统，此外还按照SEC要求就20-F中财务报告持续编报XBRL格式报告。根据股份公司年度和半年度业绩发布工作要求，积极跟进市场关注点，编写完成2020年度及中期路演数据本、业绩发布展示材料、路演相关问题及参考答案等路演资料，配合完成2020年度及半年度业绩发布及路演工作。根据集团公司派息政策，结合半年度及年度业绩情况及现金流状况，研究制定半年度及年度派息方案并顺利通过董事会、股东大会审议，完成2020年度股份公司派发中期和末期股息，切实维护广大股东的利益。开展国内外可比公司对标分析，及时收集整理可比公司公开发布的经营业绩、应对低油价措施、发展战略等关键信息，为决策提供参考。开展集团公司所属上市公司市值管理、美国《外国公司问责法》等资本市场监管政策变化应对预案、国内外上市公司定期报告和业绩公告披露等专题研究工作，及时提交专题研究报告，提出措施建议，防范资本市场监管风险，提升信息披露工作水平。

（财务报告处）

【资产管理】 2020年，集团公司稳妥推进管道业务重组，合理提升重组资产估值水平，协调解决西南管道有限公司划转基准日后分红问题，减少资金支出27亿元，组织部分支线管道和非管道资产剥离工作，切实维护集团公司利益。探索资产分类评价管理创效实施路径。根据历史财务数据，以价值管理为核心，对资产的有效性开展数据统计，从会计责任主体、业务类型与产业链等多个角度进行分析；与中国石化进行资产分类管理工作交流，了解和学习吸收其资产分类管理模式与实践经验；开展资产分类管理相关政策理论、管理体系建设研究，梳理资产分类管理工作思路，制定完善资产分类管理具体实施方案。组织实施资产结构优化调整。通过控制投资规模、处置低效无效资产、盘活运营土地资产、闲置资产调剂、企业办社会资产移交、优化物资采购管理等措施，2020年实现轻资产上千亿元。不断加大资产评估项目监管力度，充分发挥资产评估的价值门槛作用。2020年审核资产评估报告834份，完成资产评估备案项目593项，实现评估备案审核效益超过10亿元；完成管道业务重组、昆仑数智公司组建等重大资产评估项目备案工作。组织完成新版资产目录全面推广实施。积极响应国家政策，做好中小微企业及个体工商户租金减免工作。

（资产处）

【保险管理】 2020年，集团公司助力企业提质增效，综合研判疫情和低油价期间的企业风险变化，进行合理风险转移，进一步推动保费下调、优质险种回分和理赔案理赔工作，强化保险业务的费用支出和现金流管理，实现年度保费支出同比减少1亿元。完成所属42家企业46笔其他非统保险种和3个工程险项目审核批复工作，确保所属企业投保操作规范有序。对集团公司统管并统一支付保费的11个集团公司总部统保险种，纳入集团公司合同管理系统，引入法律事务部审核环节，确保程序合规。积极应对管网资产划转移交相关保险保费赔款权益落实，通过增设变更被保险主体、合理分摊保费和未决赔款，为集团公司和管网公司免去过渡期重复投保所需的管理和财务成本，实现保险管理的互利共赢。开展2021—2023年度财险公司和保险经纪公司准入工作，首次通过招标方式确定财险公司和经纪公司的准入名单。协助企业出具安责险保险证明171份，涉及27个省，同比增加2个省104份保险证明；对出具证明无效的浙江销售和西部管道，协助完成属地安全生产责任险出单工作，解决企业的属地投保需求；通过中国企业联合会议，解决安全生产责任保险投保的实际问题。

（资产处）

【关联交易管理】 2020年，股份公司有序组织完成2021—2023年度持续性关联交易上限申请工作。应对疫情和低油价下股价下行等不利影响，制定关联交易上限申请工作方案，组织测算提出申请上限方案，完成尽职调查，以及股份公司与集团公司关联交易总协议、股份公司与北京燃气关联交易协议的修订工作，相关议案于8月26日提交股份公司董事会审议通过，11月5日经股份公司2020年第三次临时股东大会审议通过，为股份公司未来3年生产经营的合规有序开展提供保障。

规范股份公司与国家管网集团间关联交易管理。根据上交所《上市规则》，经与上交所确认，国家管网集团总部及所属分公司与股份公司间经济往来构成关联交易，经认真测算并与国家管网集团沟通核对交易额度，股份公司与国家管网集团间2020年及2021—2023年关联交易属于豁免审批及披露范围，股份公司律师、审计师进行了审核确认。

持续性关联交易运行规范平稳，各项工作符合联交所和上交所《上市规则》要求。向毕马威会计师事务所提供股份公司与集团公司及其他关联人士2019年度及2020年中期的关联交易情况；对毕马威出具的2019年度审计报告以及致公司董事会的关联交易审计意见书进行确认；集团公司管理层向独立非执行董事、独立非执行董事向股东发出2019年度关联交易确认函；集团公司在2019年度报告及2020年中期报告中按规定内容披露关联交易信息。

（预算一处）

【审计监督检查】 2020年，集团公司配合审计署的审计工作。审计署派出审计组，自2020年9月起，对集团公司原董事长、党组书记王宜林开展经济责任审计，同时对集团公司2019年度和2020年1至8月的资产、负债、损益情况进行审计。组织协调提供审计资料330多批次，协调审计取证单回复与签认470余份，组织对260个审计发现问题进行回复，就油气资产减值、合并报表范围、土地闲置、重大科技专项资金结余等财务问题以及其他重大问题形成专题报告，为研究决策提供支撑。

完成集团公司及所属单位《企业年度工作报告》组织编报工作。按照审计署报送要求，协调落实编报范围，安排部署编报工作，优化创新工作方法，按时准确完成集团公司总部及所属二级单位和部分三级子企业164家单位年报报送，审计署指定报送的68家重点单位报告提前完成。通过年报编制，全面梳理总结企业生产经营、改革发展以及落实国家重大决策部署措施情况，为更好研判问题风险、提升管理水平提供了助力。

推进财务稽查工作。强化内部日常财务稽查工作，从财务分析入手开展月度线上稽查，辅以线下抽查核实，对发现问题仔细研究，认真落实整改，重点对违规发放津补贴等问题进行重点稽查。加强与纪检、审计等内部部门联系，定期从纪检监察组收集“小金库”等违反财经纪律问题，增强日常财务稽查工作的针对性和监督效果。对华油集团深圳酒店“小金库”问题等涉及违纪违法案件，及时移交集团公司纪检监察组。

创新监督手段，持续提升财会监督效率。不断优化财会监督理论及方式方法，推进大数据财会监督平台构建。充分利用FMIS、ERP等集团公司内外部数据信息，通过搭建自动化信息系统、云计算等现代信息技术手段，以及特定问题稽查模型（或算法），在总结归纳线下监督经验的基础上，创建并优化信息化监督模型，积极扩大数据收集范围，充实数据仓库，逐步实现财会监督的全覆盖、全天候、自动化。

优化财务中介机构管理模式。针对中介机构管理过程中存在的突出问题，充分结合业务需要，制定集团公司财务中介机构管理模式优化方案，通过完善中介机构出入库条件，加强中介机构日常执业规范管理，提高对中介机构考评实效性，建立涉税服务类中介库，有序更新中介机构备选库，严把临时入库关，在做到规范的同时，增强对业务单位选用支持，切实提高中介机构管理效率。

（稽查处）

【财政政策与管理】 2020年，集团公司落实国有资本经营预算政策，推动支持集团公司解决“三供一业”分离移交、“特困企业”治理人员安置等历史遗留问题。落实进口天然气增值税先征后返政策，弥补进口天然气业务亏损。落实油气田企业生产自用成品油消费税返还政策，降低企业税费负担。完善并落实非常规天然气奖补政策，可再生能源发展专项资金名称修改为清洁能源发展专项资金；补贴实施期限延后一年至2024年；按政策落实补贴政策，支持非常规天然气勘探开发。完成中央部门一般公共预算申报，积极协调大庆油田道路养护费事宜，继续落实补贴政策。规范申领财政资金。落实集团公司计算上缴国有资本收益时剔除俄罗斯原油预付款涉及优先股股息政策。延续进口天然气进口环节增值税返还政策取得重要进展，财政部协商发改委形成方案草案，主要内容包括：2014年底前签署的进口长贸气合约，直接按进口环节增值税70%的比例予以返还；其他协议延续现行政策，按倒挂比例返还增值税。

规范执行油气科技重大专项政策。取得科技重大专项资金支持，并围绕加强科研经费监督管理、提高资金使用效益开展年度收支审计和以前年度发现问题整改工作，确保专项资金使用的合规性和安全性。

（税收规划处）

【税收政策与管理】 2020年，集团公司落实石脑油免征消费税政策。向国家税务总局上报2020年度石脑油定点直供计划及调整计划，落实石脑油连续加工乙烯、芳烃免征消费税政策。2020年4月29日，财政部、税务总局和海关总署联合发布《关于调整享受税收优惠政策天然气进口项目和进口企业的通知》(财关税〔2020〕17号),从2019年12月2日起,新增中俄东线天然气管道项目享受进口天然气增值税返还优惠政策,在一定程度缓解进口天然气亏损。同时明确在享受政策的唐山液化天然气项目中,增加河北中石油国际事业有限公司为进口企业。争取落实低硫船用燃料油出口退税政策,2020年1月22日财政部、国家税务总局、海关总署发布《关于对国际航行船舶加注燃料油实行出口退税政策的公告》,明确对国际航行船舶在我国沿海港口加注的燃料油,实行出口退(免)税政策,增值税出口退税率13%。2020年4月23日,财政部、税务总局、国家发展改革委联合发布《关于延续西部大开发企业所得税政策的公告》,文件明确自2021年1月1日至2030年12月31日,对设在西部地区的鼓励类产业企业减按15%的税率征收企业所得税。本条所称鼓励类产业企业是指以《西部地区鼓励类产业目录》中规定的产业项目为主营业务,且其主营业务收入占企业收入总额60%以上的企业。

通过优惠政策利用、压减永久性差异和盈亏平衡管理等有效措施,实现2020年节税工作目标。完成2019年关联申报和国别报告的编制并上报有关分析报告。深入研究美国8月发布的BEAT税实施条例、OECD发布的数字经济税收政策。制定并下发《集团公司员工薪酬个人所得税筹划指导意见》《关于员工薪酬个人所得税管理相关问题的问答》,编制《企业境外所得税抵免手册》。梳理境外主要资源国抗击疫情政策并发各涉外单位。持续发力中俄协定谈判,成功将其再次纳入2020年11月中俄能源委员会议程。解决乌兹别克斯坦过境天然气管输费的增值税争议。

系统梳理集团公司总部各项费用支出,遵循《中华人民共和国税法》《中华人民共和国会计法》和集团公司《关联交易总协议》以及内部管理制度,本着"谁受益、谁承担"和依法合规原则,通过受益性分析,确定可分摊的集团公司总部费用,明确受益对象和分摊因子,制定费用分摊方案,将可分摊的信息系统运维费、科技项目经费、集团公司总部日常及专项经费等总部费用,依法合理分摊至受益企业。按照集团公司总部为企业提供支持服务并合理收费的商业模式,集团公司总部与企业签署《总部支持服务协议》,并向企业开票收款,实现集团公司总部费用合理分摊。集团公司总部费用分摊商务模式的建立,进一步规范集团公司总部成本列支,并降低税收风险和税收负担。

(财税管理处)

【价格政策与管理】 2020年,集团公司深入推进内部油气产品价格市场化改革,围绕战略引领和价值提升,坚持市场导向,完善内部油气价格市场化形成机制,理顺价格传导。4月底将炼厂出厂环节汽油、柴油及炼油小产品结算价格交由炼油与化工分公司和销售分公司双方协商确定,进一步提高内部价格管理灵活性和适应性,增强集团公司整体抗风险能力。研究储气库两部制定价机制,以辽河油田雷61储气库为试点,探索建立按容量费、使用费分别定价的储气库储转费两部制收费方式,适度降低储气库承受的外部市场波动风险,同时鼓励天然气销售企业提高储气库储转率,充分发挥储气库在天然气市场调峰以及市场化价格政策方面的功能和作用。

2020年2月22日,国家发改委印发《关于阶段性降低非居民用气成本支持企业复工复产的通知》,对非居民用气价格提前执行淡季价格政策、对化肥等受新冠肺炎疫情影响大的行业给予更大价格优惠,阶段性降低非居民用气成本,支持企业复产复工。

2020年3月3日,国家发改委办公厅下发《关于油气管网运营机制改革过渡期油气管网价格政策的函》,明确在油气管网运营机制改革过渡期,保持油气管网定价基本原则不变和价格水平总体稳定。

2020年9月22日,股份公司财务部印发《关于调整进口气代理费标准的通知》,将集团公司进口气代理费调整为固定代理费和可变代理费,缓解集团公司销售环节进口气的亏损压力。

(价格处)

【土地政策与管理】 2020年,集团公司继续开展政策研究与争取工作,参与自然资源部组织的矿业用地政策研究,争取突破长期制约油气用地手续办理的政策瓶颈。

做好用地指导工作。召开油气田企业节约集约用地工作视频会,组织企业交流学习先进经验,宣贯落实国家耕地保护政策。保障油气产能建设用地,协调解决大庆油田、长庆油田等用地组卷问题。与自然资源部沟通,妥善解决华北油田多年遗留用地报批问题,解决大庆油田、大港油田在第三次全国国土调查中的地类认定问题。取得中俄东线中段站场项目先行用地批复。

编制上报"十四五"期间油气用地规划。配合完成国家管网重组土地划转工作。严格履行土地复垦义务。多措并举,盘活处置土地,完成年度存量土地处置目标，为降本增效做出贡献。

（土地管理办公室）

【财务人才队伍建设】 2020年，集团公司贯彻聚焦价值管理与价值提升，着力推动财务队伍转型，努力打造与世界一流综合性国际能源公司相匹配的财务人才队伍，财务队伍建设水平持续提升。组织开展2019年度企事业单位总会计师述职评议，持续做好企事业单位总会计师和财务机构负责人管理。加强财务机构负责人双重管理，累计审核企事业单位财务机构负责人任职资格17人次；实施年度考核结果备案制，提升财务机构负责人素质和履职能力。坚持“精细、精心、精彩”的“三精”理念，深化线上线下财务培训，线下培训举办财务处级干部培训班和财务业务骨干管理及变革培训班，所属单位72名处级干部，179名业务骨干参加培训；线上培训举办财税管理业务培训班和3期企业生产经营管理者财务知识培训班，累计注册账号6000余个，课程完成率97%，测试通过率95%，取得较好效果，受到学员广泛认可。

（综合处）

资金管理

【概述】 2020年，集团公司资金管理工作面对新冠肺炎疫情和低油价双重影响，以保障生产经营、保持财务稳健、推动高质量发展为主线，实施资金紧平衡管控，着力强化现金流管理，深化司库体系建设，控制优化资金占用和债务结构，完善资金配置运营机制，防控风险，生产经营与新冠肺炎疫情防控两手抓两不误，圆满完成自由现金流、“两金”、资产负债率、有息负债等年度管控目标，实现集团公司资金安全平稳受控运行，财务状况总体保持稳健。推进提质增效专项行动，全年通过落实提质增效专项行动方案、优化资金运营，累计创效43.1亿元，超额完成资金创效20亿元的目标任务。

【资金计划管理】 2020年，集团公司加强资金计划管控，收入端着力加强计划准确性管理，支出端全面推行“待付池”周资金计划，并坚持从严从紧安排和控制资金支出，特别是对自由现金流为负且缺口较大、“两金”占用增幅较大的企业，坚决进行资金计划干预，在全力保障民营企业付款的基础上，全年累计压减延缓购买、投资等对外支出650亿元，充分传导压力，倒逼企业开源节流，降本控费，提高资金周转使用效率。加强头寸管理，提前筹划生产经营用款需求，努力做到动态平衡、精准匹配，股份公司日均资金备付量较2019年压减28.8%，在资金异常紧张的情况下，保障了生产经营平稳运行。深化自由现金流分析，将年度资金预算作为全年生产经营资金配置与控制的总盘子，按照企业、用途、时间3个维度精准施策、闭环管控；加强资金预算与投资计划、股权计划有效衔接，将所有股权支出纳入投资计划一本账管控，推动全方位、全过程、全要素管控投资项目支出。建立月、周、日对外结算收支监控模型，及时掌控现金流变化，按季对所属企业自由现金流完成情况进行通报，对自由现金流持续为负且金额较大的企业出具警示函和电话约谈，切实提升资金运行管控能力。2020年，集团公司实现自由现金流 -1081亿元，同比减少1887亿元，其中非金融实体企业103亿元，同比增加374亿元。股份公司实现自由现金流453亿元，同比增加125亿元，其中实体企业503亿元，同比增加494亿元。

【货币资金管理】 2020年初开始，集团公司面对资金异常紧张的局面，坚持眼睛向内，加大资金集中统筹和盘活力度，从内部挖潜，化小钱为大钱、变死钱为活钱，有效缓解流动性压力并增加资金运营效益。严格地区公司限额账户管理，严把资金出入口，加大对长期未使用账户和低频使用账户的清理力度，同时协调部分企业将沉淀在外部银行的闲置存款归集到集团公司总部，累计增加集团公司总部可动用资金规模16.3亿元。强化资金投入产出闭环管理，协调推动资本运营部制订下达控参股企业年度分红计划，并紧盯计划执行，确保分红资金及时进入集团公司资金池并处于可动用状态，全年收回分红资金248亿元。加大境内控股企业资金集中管理推进力度，全年累计199家控股单位纳入集团公司资金集中管理体系。推动昆仑能源资金集中管理，2020年新增纳入集中的资金规模57亿元。加强集团公司总部存量资金运作，充分利用收支时间差、金融同业存款短期利率变化等，积极调整优化集团公司总部存款结构，增加利息收入并节约税费，累计增效 2.05 亿元。应急迅速、保障快捷，快速办理集团公司捐赠湖北省新冠肺炎疫情防控专项资金 5000 万元，及时支持各地区公司捐赠、防疫等紧急用款资金支出合计 11.3 亿元，为集团公司打赢抗击新冠肺炎疫情贡献力量。

截至 2020 年底，集团公司货币资金余额 4154 亿元，比年初减少 381 亿元；股份公司货币资金余额 1549 亿元，比年初增加 442 亿元。

【内部结算管理】 2020 年，集团公司加强内部结算管理，从制度层面明确内部结算账期要求，推动理顺解决无计划、无合同等内部挂账争议问题的管理界面和机制，严肃内部结算纪律，加大对内部欠款问题的集中协调和点对点协调力度，累计帮助所属企业清理解决内部欠款 50.3 亿元。抓住油气管道剥离契机，提出“铺底油气资产出售及按照基准日评估价值和交割日的平均值进行交易”的建议，并取得国家发改委、国务院国资委认可；与国家管网公司就计价标准、标的范围、盘点方法、罐底沉积物、混油处理、相关税务问题等进行谈判，完成铺底油气盘库、确认、审计、开票、分管线签订分项协议，实现管道铺底油气资产顺利交割，一次性压降存货 180 亿元，实现收入 222.9 亿元，贡献现金流 246.3 亿元，贡献利润 37.9 亿元，每年节约财务费用约 8 亿元。

【“两金”压降】 2020 年，集团公司按照国务院国资委“两金”管控要求，研究制定集团公司“两金”压降三年工作方案，提出“两金”管控总目标和分年度目标，并上报国务院国资委。迅速应对国际油价形势变化，按照不同美元平均结算油价对“两金”管控指标反复进行压力测试，在与地区公司多次沟通对接的基础上，制定 35 美元 / 桶油价下的年度“两金”压降目标，并推动压降指标及考核政策落实落地。建立“两金”管控通报督导约谈机制，按季度分析通报地区公司应收账款完成情况，对应收账款的规模结构实行精细化管理，研究当年新增应收账款情况，分别对存量和增量欠款风险情况做出分析，实现存量和增量欠款的分级分类管控；特别是对“两金”占用规模较大的 24 家重点单位，坚持按月对接压降措施和工作进展，年底按日监控指标变化并实时督导压降工作。狠抓一年以上历史欠款和境外欠款清收清理，要求并组织企业对重大历史欠款进行专班清收，协调推动解决多个境内外重点难点历史欠款问题，增加集团公司当期利润 11 亿元。截至 2020 年底，集团公司“两金”余额 2892 亿元，比年初减少 848 亿元，下降 22.7%。其中：应收账款余额 1061 亿元，比年初减少 231 亿元，下降 17.9%；存货余额 1831 亿元，比年初减少 617 亿元，下降 25.2%。股份公司应收账款余额 550 亿元，比年初减少 116 亿元，下降 17.4%；存货余额 1273 亿元，比年初减少 561 亿元，下降 30.6%。

【境内融资管理】 2020 年，集团公司统筹安排、超前布局、准确研判，实现发债与到期债务时间的有效匹配，确保到期债券刚性兑付。全年境内发行债券 1620 亿元，借入进出口银行优惠利率贷款 334 亿元，与同期贷款市场报价利率下浮 10% 相比，年度内节约利息支出 17.28 亿元，存续期节约利息支出 57 亿元；其中超短期融资券 12 只，中期票据 7 只，发行利率均创造集团公司同期限债券历史新低，为集团公司储备了成本较低的中长期资金，同时在债券市场进一步确立了集团公司信用等级高、融资规模高、运行效率高的良好形象。协调争取进出口银行落实并签署集团公司 100 亿元、股份公司 400 亿元优惠利率贷款框架协议，通过低成本资金置换高息债务，集团公司年末存量有息负债加权平均成本较年初下降 0.45 个百分点，进一步优化债务结构。2020 年，集团公司发生财务费用 236 亿元，同比增加 133 亿元。其中，汇兑净损失 82 亿元、同比增加 112 亿元、利息支出 221 亿元、同比减少 16 亿元。股份公司发生财务费用 243 亿元，同比减少 36 亿元。

【境外资金管理】 2020 年，集团公司推进外汇资金集中管理，结合海外复杂情况深入研究不同国家、不同项目、不同商务模式下的业务实际，不断创新资金集中模式，在集团层面、企业层面、项目层面均有效开展资金集中管理，组织中油国际完成离岸虚拟资金池、中间层级公司名义资金池搭建，并实现部分项目资金归集；组织国际贸易完成中联油中银香港资金池和国际事业摩根大通资金池搭建，并实现与财务公司对接，两个资金池 1—12 月平均余额 10.62 亿美元，平均归集至中油财务公司 5.71 亿美元，实现利息收益 326 万美元。下发《关于进一步加强外汇账户管理的通知》，组织开展外汇账户自查，要求相关企业梳理外汇账户现状，严控外汇账户数量，及时清理冗余账户，监控外汇账户动态，不定期对所属企业外汇账户管理实施监督检查，加强对下属企业及项目的业务真实合规性审查监督，确保外汇账户管理体系安全、高效。落实国务院国资委管理要求，进一步加强金融衍生业务管理，组织所属企业进行金融衍生业务风险排查，确保金融衍生业务的开展与企业业务规模、风险承受能力、风险管控水平及执行力相匹配，不发生重大风险损失、不触及系统性风险的底线。按照“安全可靠、风险可控”原则，坚持“外松内紧、有备无患”策略，积极应对突发事件，制定短期应急预案，加强外汇资金风险防控，确保资金安全、结算路径畅通。

【境外融资管理】 2020年，集团公司结合海外项目进展情况，推进海外融资，安排海外融资39.5亿美元，推动北极LNG2、莫桑比克4区鲁伍马LNG等项目融资；协调处理苏丹贷款项目担保履约、乍得炼厂贷款按时还本付息、委内瑞拉MPE3项目贷款违约等融资相关事项，控制相关风险。按照最优方案运作P3预付款工作，通过合理利用汇率差和时间差，两笔预付款共实现汇兑收益折合人民币4.09亿元。

2020年6月16日，集团公司时隔6年再次成功发行20亿美元境外债券，其中：3年期6亿美元（T+90bp，利率1.129%），5年期9亿美元（T+103bp，利率1.374%），10年期5亿美元（T+133bp，利率2.080%）。集团公司自2019年筹备境外债券发行以来，面对新冠肺炎疫情、油价暴跌、美国股市历史性熔断等一系列前所未有的严峻形势，把握当前美元极低的基准收益率水平和高流动性的市场环境，精准把控国际资本市场动荡环境里的市场窗口，取得新冠肺炎疫情暴发以来亚洲油气企业相同期限最低息差，实现大幅度的负新发行溢价和历史新低的发行价格，重新定义集团公司的信用曲线。本次发行结果远好于市场预期，创包括集团公司在内的“三桶油”美元债发行历史上同期限最低 、亚洲石油公司历史同期限最低、全球所有更高级别国际石油公司2020年3月以来同期限最低以及中国企业发行人境外债券历史同期限最低等多项历史纪录，且低于中国主权财政部2019年11月相同期限的美元债券，为中资企业海外债券发行树立新的标杆。

加强评级合作和及时沟通，完成集团公司国际评级年审。2020年集团公司评级年审结果为：穆迪评级A1、展望稳定，标普评级A+、展望稳定，惠誉评级A+、展望稳定，均与中国主权评级保持一致，是境内企业最高评级。集团公司连续10年保持中国主权级评级和中国境内企业最高评级。

【汇率风险管理】 2020年，集团公司分析面临的汇率风险，剖析账面汇兑损益形成原因，重点关注交易性风险，及时发布汇率风险提示，提出应对汇率风险的有效措施，并对汇率风险较大的企业发出风险提示，督导其采取措施管控汇率风险。修订《集团公司汇率风险管理实施细则》，进一步细化集团公司相关部门、专业公司、所属企业管理职责，明确管理权限，强化监督与责任，更新货币类金融衍生业务机构名单，夯实制度基础。2020年汇兑净收益82.1亿元人民币。

【改革与创新】 2020年，票据及票据池管理运营获集团公司管理创新一等奖，中国石油外汇交易统一管理创新获集团公司管理创新二等奖，存货压控策略优化研究获中国石油软科学研究成果二等奖，汇率风险管理与财务业绩表现研究获中国石油软科学研究成果三等奖。

【票据管理】 2020年，集团公司制定下发财务票据管理办法，完善成品油串换业务“企票通”方案，启动10家销售企业互供串换业务率先试行电子银票结算；统筹规划电子银票、电子商票两个票据池建设，完善票据池入池、出池激励约束机制；对青海销售公司、山西销售公司、润滑油公司、燃料油公司等单位进行票据业务审计，对违规行为及时提示并下发警示函，切实加强票据风险防范。加大票据集中管理运营力度，利用集团公司、股份公司票据池盘活上下游票据资源，扩大票据结算规模，节约资金成本并增加金融企业票据运作收益，2020年创效19亿元。

【年金管理】 截至2020年底，中国石油企业年金净值1430亿元，比年初增加233亿元，增长19.5%。在全球新冠肺炎疫情肆虐和复杂多变的资本市场环境中，坚决贯彻“长期投资、价值投资、责任投资”的投资理念，不断提升企业年金管理水平，2020年投资收益创历史新高，达132亿元，投资收益率10.61%，创2008年企业年金计划运营以来的最高水平，为百万石油员工人均增加收益1万元，截至2020年底，企业年金计划累计实现投资收益502亿元，累计收益率104.29%。

【授信与担保】 2019年，针对集团融资以及国际结算出现的新需求，集团公司与平安银行签订《400亿元人民币综合授信协议》，与民生银行续签《300亿元人民币综合授信协议》，与昆仑银行续签《49亿元人民币综合授信协议》，与中国银行续签《600亿元人民币综合授信协议》，与农业银行综合授信协议延期并调增总授信额度至2000亿元人民币；股份公司与中国进出口银行签订《400亿元人民币综合授信协议》，与平安银行签订《300亿元人民币综合授信协议》。截至2020年底，集团公司获综合授信额度共计

24928 亿元，期末占用额度 1959 亿元；2020 年累计办理综合授信业务 9175 亿元，平均减少保证金占用 628 亿元，节约费用 26.35 亿元。

集团公司期末担保余额 10870 亿元，其中授信业务担保 482 亿元、履约担保 7835 亿元、融资担保 2553 亿元。

【产融结合】 2020 年，集团公司根据市场利率变化和管道业务重组资金到账情况，结合资金头寸需要，灵活增加中油财务公司定期存款，提高存款收益，节约整体税费。全年新增中油财务公司定期存款 410 亿元，年均增加收益约 7 亿元，可节约集团公司整体税费支出约 1.75 亿元。组织金融板块对 2021—2023 年关联交易存款进行测算，在保证股份公司关联交易整体额度获批的情况下，尽可能满足金融板块业务发展需要，其中关联交易存款限额 550 亿元。根据贷款市场报价利率形成机制，主动调整股份公司长期、短期负息资金贷款利率，将金融市场利率调整的红利惠及地区公司。研究推进将 16 家未上市及托管企业负息资金置换为中油财务公司贷款，既增加中油财务公司业务量，又规避税收风险。

【资金合规管理】 2020 年，优化完善资金管理制度，制定下发集团公司、股份公司人民币账户管理办法和股份公司财务公司电子银行承兑汇票管理办法等文件。落实资金安全检查长效机制，组织开展外汇资金专项检查，对制度建设、账户管理及计划管理等方面存在的薄弱环节提出整改措施，夯实资金管理基础工作。优化升级客户信用系统，以集团公司现有客户和供应商为基础，与财务管理信息系统交易数据同步，对接合同系统，完善客户信息，建立供应商家族树，构建对客户进行事前风险识别和防范、事中应收监控和应付控制、事后应收催收和联合清欠的一体化客户信用管理系统。

【降杠杆减负债】 2020 年，集团公司认真贯彻国务院国资委专项工作目标要求，加大降杠杆减负债部署力度，通过制定管理办法、建立考评指标体系、加强现场调研督导，进一步统一思想，层层分解落实指标责任，强化主体责任落实，有效建立全员全过程降杠杆减负债管控体系。提升资产负债率管控强度，实施分类管控，按企业性质设立企业警戒线、严管线；实施跟踪管控，建立资产负债率分析报告制度，围绕目标任务强化财务预算与投资计划的有效衔接；实施警示督导，建立资产负债率警示通报制度，定期发布降杠杆减负债专项工作风险预警函，对重点企业进行警示督导。统筹安排、超前布局、准确研判，实现发债与到期债务时间的有效匹配，通过低成本资金置换高息债务，既优化债务结构，又确保到期债券刚性兑付。截至 2020 年底，集团公司有息负债余额 6133 亿元，比年初减少 195 亿元；加权平均融资成本 2.9%，比年初下降 0.45 个百分点。股份公司有息负债余额 3757 亿元，比年初减少 910 亿元。集团公司资产负债率 43.4%，比年初下降 0.8 个百分点；资本负债率 20.9%，比年初下降 0.3 个百分点。股份公司资产负债率 45%，比年初下降 2.2 个百分点；资本负债率 21.6%，比年初下降 2.8 个百分点。

【清理拖欠民营企业账款专项工作】 2020 年，集团公司坚持把清欠工作作为重大政治任务来抓，全面巩固无分歧零拖欠成果，坚持无分歧逾期账款发现一笔清理一笔；加快有分歧逾期欠款清理，逐笔提出具体解决方案；推动清欠长效机制建设，从源头严格投资管理，加强合同管理，加强内审监督和考核，强化责任约束，保障执行到位。约谈漏报数据单位及欠款金额较大单位总会计师，逐家对接落实整改措施。2020 年在完成无分歧民营企业逾期账款零新增的基础上，清理民企有分歧逾期账款 11 亿元。根据国务院《保障中小企业款项支付条例》、根治欠薪专项行动方案，制定下发《保障中小企业款项支付条例》《保障农民工工资支付条例》实施方案，就规范付款期限、保证金收取、逾期付款责任、监督保障等方面制定措施。

（程小舟）

组织人事管理

【概述】 2020 年，集团公司组织人事工作紧紧围绕深化改革、提质增效和高质量发展要求，以政治建设为统领，在打造“三强”干部队伍、推进人才强企工程、深化“三项制度”改革上持续发力，机构数量、员工总量和人工成本持续下降，控员因素对劳动生产率贡献和人才创新创效活力有效提升，为实现集团公司改革发展目标做出积极贡献。

【领导班子建设】 2020年，集团公司聚焦能力提升和结构优化，持续加强领导班子和干部队伍建设。优化调整领导体制。把加强党的领导和完善公司治理统一起来，研究制定《完善分公司领导体制的意见》，稳步推行执行董事（董事长）、党委书记由1人担任，执行董事（董事长）、总经理分设，党员总经理担任副书记，调整完成19家所属分公司领导体制。着眼领导班子“一把手”和正职接替需要，举办第1期“领导本领提升培训班”，遴选56名有培养潜力的经营管理骨干，集中开展为期2个月的领导本领提升培训。

鲜明正确用人导向。紧密围绕集团公司改革发展需要选干部配班子，坚持德才兼备、以德为先、任人唯贤，大胆使用忠诚担当、真抓实干、善作善成的“三强”干部，2020年分5批次提拔领导人员164人，聚焦激发活力、提升素质、防范风险、优化结构，有序推进110名领导人员跨单位交流任职。

加大优秀年轻干部培养使用力度。开展年轻干部培养使用情况调研和盘点分析，制定领导班子接替计划，按照3个1/3的配备思路，2020年提拔“70后”干部72名，占新提拔干部的64.3%，其中“75后”干部24名，占新提拔干部的21.4%。举办第26期“中青年干部培训班”，选调57名“75后”和52名“80后”参训。

从严干部管理监督。加大考核结果应用力度，对考核排名降幅较大或连续排名靠后的领导人员进行提醒和诫勉，对连续多年考核结果较差的班子正副职予以免职、降职或劝退，对日常管理监督中发现存在问题的党组管理领导人员进行提醒或实施诫勉。聚焦中央巡视反馈选人用人10个方面问题，着力在解决上下温差、压力传导衰减上下功夫，选人用人专项整治任务基本完成。

积极推动干部制度改革。按照党中央、国务院关于深化国企改革的重大决策部署，研究制定《企业领导人员任期制管理暂行办法》，启动任期制试点改革，探索建立短期目标与长远发展有机统一的激励约束机制，推动实现干部能上能下、收入能增能减。组织开展“人力资源价值评价体系”课题研究，研究制定《人力资源价值评价办法》并着手试点运行，引导企业领导班子注重发挥人力资源在生产要素中的能动作用，激发人力资源创效活力，提升企业价值创造能力。

【人才队伍建设】 2020年，集团公司健全完善人才发展机制，扎实推动领军人才队伍建设。深化专业技术岗位序列改革。推动15家单位完成新一轮设岗选聘，配套关键核心技术攻关项目，设置16个集团公司高级技术专家岗位，促进人岗匹配。启动集团公司总部管理专家岗位设置工作，明确专家岗位体系、选聘条件和程序、薪酬和福利待遇、考核和退出机制，促进高素质专业化队伍建设。推进人才分级分类精准评价，畅通正高级职称绿色通道，探索副高级职称考评结合，试点中级职称“积分制”评价。常态化开展学术技术交流、咨询会诊活动，激励专家扎根一线创造价值，1人获第二届全国创新争先奖状，2人获评“百千万工程国家级人选”。

加大创新人才引进力度。开展需求分析，形成“一企一策”引进人才方案，实施户口、薪酬等倾斜支持，指导国家级创新平台建设，2020年引进科技创新人才20余名，新增创新人才培养示范基地、引才引智示范基地、博士后科研工作站各1个。组织秋季和春季两次高校毕业生公开招聘，公示录用6400余人，学历、专业、院校结构得到进一步优化。

开展技术技能人才“提质增效”专项行动。围绕一线生产经营难点和热点，组织技术技能人才开展攻关2900余项，产生直接经济效益30多亿元。举办集团公司首届一线生产创新大赛，通过“创新成果展示”“创新方法应用”“项目攻关模式”等环节，竞赛产生一等奖项目41个、二等奖项目57个、三等奖项目95个，并在第二届中国创新方法大赛总决赛中取得1个第三名和1个第四名。采用“在线大练兵+技能大讲堂+技能大比武”方式，开展各级职业技能竞赛50余场次，8人获全国技术能手、10人获行业技术能手，并在首届全国超一类技能大赛中摘得一枚奖牌。

创新和优化教育培训体系。应对新冠肺炎疫情冲击，着力打造培训管理和网络培训互联互通、易学易用的全新“中油e学”培训平台，大力推进线上培训、直播培训，实现特殊时期线上线下融合培训不停歇、全覆盖，2020年组织开展面授培训项目1.4万个、培训69.6万人，网络培训累计83万人。加强培训基础能力建设，组织开展集团公司首届培训项目设计大赛和“百优”培训教材评选，75家单位、370支队伍、2000余人参与，培训项目设计能力显著提升。

【组织机构管理】 2020年，集团公司推进总部机构职能优化，撤销调整矿区服务机构职能，加强工程管理和装备制造企业宏观管理职能，优化调整党群宣传职能配置和机构设置；落实专业化发展要求，调整燃料油公司和润滑油公司业务板块归属，推进工程建设业务和塔里木化工业务重组，整合优势信息化力量组建昆仑数智。多措并举持续精简优化组织机构，压减二级、三级机构2537个。协同专业公司组织油气田、炼化、工程技术、工程建设、装备制造等历史包袱重、业务结构性矛盾突出的企业，编制完成业务归核化发展方案和路线图并启动实施。组织研究制订新型采油气管理区作业区、成品油销售企业大部制改革等生产组织模式创新指导意见，加快推动炼化企业联合运行部改革和油田服务、工程建设等企业“专业化+项目制”等灵活组织模式，初步构建覆盖各业务领域、灵活适用的生产组织模式创新体系。

【劳动用工管理】 2020年，集团公司坚持效率效益导向的员工总量核定机制，将各单位措施减员率与人均劳动效率及盈亏情况挂钩，倒逼企业建立自我管控、自我约束的长效机制。结合“油公司”改革和业务结构调整，采取内部岗位调整、清理业务外包、开拓外部市场等举措，新增优化盘活劳动力资源3.5万人。2020年末员工总量113万人，剔除管道业务划转1.5万人，比上年净压减5.5万人，全员劳动生产率62.54万元/人。

【薪酬绩效管理】 2020年，集团公司应对低油价挑战，围绕质量效益、科技创新引领和服务国家战略，调整优化绩效考核指标，拓展完善一体化联动考核，促进集团公司业绩目标全面分解、经营压力有效传递。突出提质增效强化激励政策，加强人工成本月度分析和监控预警，实现人工成本刚性下降。建立工资与效益、劳动生产率挂钩联动机制，激励企业多创效益，拉开盈利与亏损及不同贡献企业间的收入差距。加大科技研发人员过程激励和成果奖励力度，稳步推进中长期激励政策落地，指导符合条件的工程技术研究院等4家单位开展分红激励。组织开展劳动力市场价位对标研究和薪酬水平分析，指导企业搞活内部分配，重点向关键岗位人员以及紧缺急需的高层次、高技术、高技能人才倾斜。

【人事基础管理】 2020年，集团公司组织编制“十四五”人力资源专项规划，围绕高质量发展和创建世界一流示范企业目标，坚持问题导向和系统思维，围绕干部、人才、机构、员工、分配和三项制度改革、人力资源价值提升等重点工作开展系统研究，明确“十四五”人力资源开发的总体思路、目标任务和重点举措。高质量完成“人力资源价值提升”“精准科学考核评价体系”“基于任职资格的组织人事干部培训体系构建”及中组部“国有企业领导人员培训体系”等课题研究任务，组织起草《领导班子和领导人员综合考核评价办法》等制度20余项，促进组织人事工作质量有效提升。

（于维海）

生产经营

【概述】 2020年，面对新冠肺炎疫情蔓延、全球经济大衰退、国际油价与国内成品油需求断崖式下跌、国内天然气需求增速放缓等前所未有的困难，集团公司党组深入学习贯彻习近平总书记关于统筹推进新冠肺炎疫情防控和经济社会发展等重要指示批示精神，直面困难挑战，保持战略定力，团结带领全体干部员工以“战时状态”统筹做好新冠肺炎疫情防控、复工复产和生产经营等工作，深入开展“战严冬、转观念、勇担当、上台阶”主题教育活动，紧紧围绕整体效益最大化目标，狠抓生产经营组织，全面落实提质增效各项措施，保持油气产业链总体平稳运行。

【市场营销】 2020年，集团公司坚持把市场战略作为行动引领，充分认识国内外市场环境的深刻变革，准确研判市场竞争新格局新特点和市场营销新趋势新要求，全力提升市场营销能力和创效水平。11月17日，集团公司召开重组以来的首次市场营销工作会议，深入分析面临的新形势、新任务、新要求，动员全体干部员工解放思想、转变观念，进一步明方向、增意识、转方式、强能力，推动集团公司由“生产型”向“经营型”转变和营销业务高质量发展。12月8日，编制印发《中共中国石油天然气集团有限公司党组关于全面加强市场营销工作的意见》，确立集团公司市场营销工作目标、主要任务和保障措施，明确“市场导向、客户至上，以销定产、以产促销，一体协同、竞合共赢”的营销工作方针和坚持把市场战略作为行动引领、坚持把市场占有作为关键指标、坚持把量效齐增作为根本目的、坚持把数字化平台作为重要支撑、坚持把改革开放作为关键一招、坚持把党的领导作为根本保证的基本遵循，为今后一个时期集团公司市场营销工作提供行动指南。2020年底，集团公司成立市场营销工作领导小组，统筹推进市场营销工作，协调解决市场营销工作的重点难点问题，全员、全产业链市场营销意识和竞争意识普遍增强。

【生产经营计划】 2020年，集团公司坚持整体效益最大化原则，充分发挥一体化优势，从产业链、价值链全系统优化生产经营计划，加快推进“生产型”向“经营型”转变，持续推进高质量发展。强化国内外形势研判，完善季度市场形势分析机制，跟踪国内外经济形势、油气市场和油价走势，生产经营的前瞻性和预见性持续增强。1月，启动滚动编制3个月、3个季度生产经营计划，充分利用油气价值链优化模型，强化年度、季度和月度计划优化测算和效益分析，建立天然气产进销储日指定计划，强化计划“一本账”管理和刚性执行，油气产业链总体平稳运行。2020年原油加工计划执行率、成品油生产计划执行率、成品油产调率、出口计划执行率分别为99.9%、100.2%、100%、100.7%。天然气合理优化进口气节奏，安排上、中、下游大型检维修同步实施，实现产进销各环节平稳运行。坚持效益原则，在超低油价时控减无边际效益产量，2020年原油生产计划较年初调减115万吨；低油价时大力增产天然气，实施以气补油，2020年天然气产量比年初计划增加46亿立方米，国内油气当量产量首次突破2亿吨，天然气产量首次超过原油，超额完成《2019—2025年国内勘探与生产加快发展规划》任务目标。

【资源优化配置】 2020年，集团公司坚持事前算赢，以市场为导向，以效益为中心，统筹原油加工和外销，开放式优化配置，直属炼厂配置按效益排序安排，优先向炼化一体化等高效炼厂倾斜。实施以销定产、以产定供、以产促销，优化调减炼化生产，2020年国内加工原油1.6亿吨、生产成品油1.07亿吨，同比分别下降5.0%和10.0%。按市场需求分时段、分区域动态调整生产柴汽比，二季度着力增产效益好的柴油，生产柴汽比1.28，随着下半年柴油销售形势趋弱，逐步调减生产柴汽比，四季度降至0.96。按效益原则推进减油增化，2020年成品油收率67.0%，较年计划低3.5个百分点；加大油田轻烃液化气供应直属炼厂，推动化工业务增产增效，2020年乙烯产量同比增长8.2%；积极增产沥青、低硫船燃、石蜡等炼油小产品，充分发挥小产品结构调整、提质增效的作用。积极应对市场竞争和新冠肺炎疫情影响，2020年成品油销量同比下降11.0%。发挥商储油调节保障作用，运作商储油数量创历史新高。优化成品油出口节奏与结构，2020年出口同比下降4.6%。积极做大低硫船燃出口业务，抢占未来保税船燃新兴市场。抓住国内航班恢复契机积极开拓市场，2020年国内供中航油市场份额同比提高5.5个百分点。

紧盯天然气市场形势变化，合理优化资源结构，坚守进口气照付不议底线，优化进口中亚气节奏，推进中俄东线天然气管道冬季增量，加快进口缅甸天然气照付不议补提，调整进口LNG船期，2020年进口天然气同比降低6.4%。多措并举、精准施策，积极协调下游用气企业复工复产，及时加大液态出货量，实施油气田周边销售试点，全力推进天然气增销扩量，2020年8月天然气销量增幅实现由负转正；采取紧急措施安排储气库实施注采转换，通过停采转注解决富余资源量1.15亿米^3/日以上，极大缓解新冠肺炎疫情防控最关键时期产销矛盾。

【生产运行协调】 2020年，集团公司坚持问题导向，多措并举化解生产运行重点难点问题。针对兰成线因汛情停输和新疆因新冠肺炎疫情反弹封闭运行的突发情况，及时调整原油资源流向，调减原油加工和成品油生产，有序安排涨库，有效保障西部原油产业链平稳受控运行。坚持统筹施策，确保江纳线上载中贵线第二通道顺利投产，按最大能力组织忠武线外输和中贵线上载等工作，保障西南油气田后路畅通。针对2020年8月底东部地区柴油库存高企、海上漂船近40万吨的严峻形势，坚持统筹施策、多措并举，积极调减炼厂负荷近10个百分点，大力降低生产柴汽比至1.0以内，统筹国内外、东西部柴油资源，加强海上运力组织，加大出口力度，增加东油西调，10月初实现柴油库存有序降低，海上漂船归零，原油产业链局部矛盾得以有效化解。周密组织炼厂检修，超前安排检修计划，优化错时错峰检修，顺利完成5家炼厂检修和复产，大庆石化扩能改造项目实现安全环保投产，上游生产后路得到有效保障。强化库存管理，“两金”压控（存货资金和应收账款资金压控）取得新进展，2020年原油、成品油库存较年初分别下降407万吨、41万吨。加快集团公司智能运营中心建设，实现已有24个信息化系统、四大类10个功能模块173项业务功能的集成整合，桌面版部分功能在年底实现上线试运行，助力油气产业链安全平稳受控运行。

【对外沟通协调】 2020年，集团公司生产经营工作对口国家发改委、工信部、自然资源部、交通运输部、商务部、国务院国资委、海关总署、国家能源局、国家粮储局、中国石油和化学工业联合会等部委（局、协会），利用参加季度、月度经营形势分析会等沟通平台，反映生产经营遇到的困难和问题，争取政策支持。积极向国家发改委、商务部争取成品油出口配额，2020年获批配额同比增长11.6%，为成品油产销平衡和产业链效益提升创造有利条件。积极协调国家铁路集团有限公司增加运力，特别是2—3月铁路外运长庆石油同比增长156.1%，在新冠肺炎疫情严重期间确保油田生产后路畅通。充分借助国家发改委、工业与信息化部月度生产经营会议的平台作用，及时汇报生产经营情况和存在的困难问题，在加大勘探开发、加强市场清理整顿、完善油气储备机制、完善进口气价格机制等方面争取政策支持。

【运行管理机制】 2020年，面对新冠肺炎疫情和低油价给生产经营带来的前所未有冲击，第一时间制定应急预案、挂图作战，生产经营系统从“综合”部门变成“综合+一线”部门，建立生产经营日碰头协调会机制，以“战时状态”积极应对新冠肺炎疫情严重影响，守住油田不关井、炼厂不关厂和进口气不触发照付不议的底线。在新冠肺炎疫情防控领导小组的统筹指挥下，2020年2月6日起召开105次生产经营日碰头协调会和51次生产经营周例会，准确研判油气产业链系统性运行风险，协调解决具体工作900余项。逐家油田摸清库存上限，制定炼厂应急关停预案，监控产炼运销储日数据，全力确保上游原油不关井。大幅压减海上进口原油，从源头减少成品油资源；2月、3月炼厂平均加工负荷较年计划低14.1个百分点，这是近十年来炼化企业减产力度最大的一次。从市场增加成品油出路，按最大能力组织出口，推动销售抓住复工复产、春耕有利时机积极扩销，3月下旬纯枪销量恢复到正常水平。明确东北、西北大区销售公司日交货底线，滚动制定10日调运计划，确保炼厂生产后路；2月、3月果断停止外采，同时积极利用国储库临时周转，超前谋划租用社会单位油库，确保油品接得下、存的住。及时安排储气库停采转注，并在二季度按最大能力注气，解决资源富余量；强化销售滚动预测和产进销储日平衡监测，在确保不触发照付不议的前提下，主动调减高成本的进口气资源，2020年压减进口管道气约70亿立方米，推迟25船长约贸易LNG卸船；优化国产气生产节奏，2—7月优化调整国产气9次12.5亿立方米，积极化解运行风险。完善成品油交货管理机制，细化落实从量从价管理，进一步规范、理顺炼销企业交货流程。出台冬季低凝点柴油按0号柴油结算的价格机制，2020年低凝点柴油销量占比提高0.4个百分点，实现低凝点柴油资源优势转化为市场竞争优势。结合天然气市场和产销新形势新变化，授权长庆油田、塔里木油田和西南油气田在新增资源和新开发用户方面签订销售合同，改善企地关系。印发《中国石油天然气集团有限公司天然气生产运营协调管理规定》，健全内部天然气生产运行管理界面、职责和分级预警机制，为天然气产业链安全平稳顺畅运行提供制度保障。2020年，集团公司与国家管网集团公司签订《生产运营协议》和5个专项服务合同，联合编制并共同下发《生产运行应急联合响应流程》，构建生产运营协调的长效合作机制。

【天然气产供储销体系建设】 2020年，集团公司认真贯彻落实党中央、国务院领导有关批示要求，持续推进天然气产供储销体系建设工作。大力推进天然气产供储销体系建设，多渠道保障国产天然气后路畅通，合理安排管道进口天然气资源，努力优化LNG窗口，全年天然气资源量同比增长1.5%。持续优化资源配置和销售结构，充分利用市场化手段提高产业链效益，积极转售富余资源，加大液态出货量，确保民生用气、合同用气、重点地区用气和自有终端用气供应稳定，2020年天然气销量同比增长1.9%。推进进口国别多元化、进口气源多样化，建立稳定多元的进口天然气供应格局，优化中亚天然气进口节奏，协调中俄东线天然气管道进口俄罗斯天然气增量，积极开展进口LNG长约价格复议，努力降低进口天然气成本。持续推进管网互联互通工程建设，稳步推进在役储气库扩容达产工程、新储气库建设与现场试验工作，入冬前储气库工作气量124亿立方米，创历史新高，为保障天然气产业链安全运行发挥重要调峰作用。统筹优化资源配置，多措并举开展冬季天然气供应保障工作。面对半个世纪以来罕见的极端低温寒潮天气，以及国内经济快速复苏和电力调峰失效的情况，及时追加18船现货LNG资源，开展国产天然气和储气库应急采气，冬季高峰月国产天然气实现两位数增长、储气库最大日采气量1.34亿立方米。强化需求侧管理，精准实施“压非保民”，在天然气保供严峻时刻全力支持南方地区电厂用气，助力电力保供，切实保障民生用气平稳供应。

（刘　晓　李石大　王庆生　乔　跃）

资本运营

【概述】 2020年，集团公司资本运营工作坚持战略型资本运营、价值型股权管理工作目标，牵头组织落实管道业务重组，持续推进法人压减，超额完成全年目标。不断优化股权结构，进一步完善股权全生命周期管理，规范专职董监事履职程序，高质量落实并完成提质增效目标，“十三五”规划完美收官，科学谋划“十四五”资本运营规划，为助力集团公司高质量发展做出重要贡献。

【管道业务重组】 2020年，按照国家油气体制改革精神集团公司完成股份公司管道资产交易方案制定和交易协议谈判、拟定、签署，以及交易方案实施等工作。

集团公司以依法合规为基本要求，深入研究、谋划好顶层设计，将信息披露要求、税收筹划方案与交易方案有机融合，确保交易方案可落地、可执行。坚守根本利益，突破常规做法，创造性提出现状交接原则，并坚持交易协议中明确我方股东权利、明确国家管网集团股权结构、所有出资同步到位等关键条款，破解了股权结构不确定、股东权利不明确、交割可能不同步、我方责任可能存在较大敞口等难题，规避了资本市场风险，最大限度维护了中国石油利益。做好管道业务重组后续工作，牵头对国家管网集团董事会相关配套制度提出修改意见20余项，意见采纳率超过80%，极大程度维护股东权益。

【提质增效】 2020年，集团公司综合研判国际油价波动，密切跟踪资本市场走势，积极应对美国制裁等不利因素影响，全程盯盘，把握时机，精心制定资本市场操作策略，超额完成提质增效目标。持续优化股份公司股权结构，完成中冶集团股份划转，集团公司持有股份公司股权比例比年初下降0.31个百分点。加强市值管理工作，将市值管理指标纳入管理层考核指标体系，组织上市公司学习国务院《关于进一步提高上市公司质量的意见》，贯彻落实文件精神，组织多家中介机构进行专题研究，对提高上市公司质量提出计划方案。

【法人压减】 2020年，集团公司克服疫情影响，清理摸排低效无效股权企业166家，层层压实责任。通过召开视频会和现场督导等多种方式，抓重点，重点抓，促落实，实施月计划、周督促，建立压减项目“1+3”动态调整机制。突出问题导向，主动破解企业难题，将法人压减和亏损企业治理、“处僵治困”和“两非”剥离工作有效衔接，形成合力。2020年累计压减法人115家，同时，处置完成5家参股企业股权，超额完成集团公司法人压减奋斗目标（110家）和国务院国资委下达的年度考核目标（50家），超进度完成法人压减三年行动计划85%。通过压减，当年累计回收现金4.1亿元，实现减亏0.83亿元，有效清理退出一批低效无效股权，解决大量历史遗留问题，降低经营风险，提升股权企业的管控效率和投资收益。

【股权全生命周期管理】 2020年，集团公司制定下发境外非股权类权益资产处置管理办法（试行），完善境外上游权益资产管理制度体系，为落实海外油气业务优质高效发展，推进海外资产结构优化奠定制度基础。进一步完善授权管理，2020年对7家专业公司和6家企业进行投资授权，加强授权执行情况分析。2020年办理产权登记210项，同比增加41家，2020年纳入考核范围的控参股公司有1302家。加强控参股公司股利分配，确保下限，能分尽分。完成股权管理信息系统升级，优化53个模块，减少16项业务流程，精简1/3的字段，完成2次应急演练，在15家企业开始试点工作。

【完善专职董监事制度体系】 2020年，集团公司与南开大学共同开展中国石油控参股公司治理评价及完善法人治理机制专项课题研究，旨在采取定性与定量相结合的方法，建立控参股公司治理评价系统和评价指数。举办董事监事人员履职在线培训班和高级董事监事现场培训班，精心设计培训课程，培训人员近

250人，集团公司总部、专业公司和所属企业32名领导参加，提升履职能力和水平，培训取得良好效果。专职董监事进一步发挥职业、专业、敬业的作用。优化股权信息系统董监事管理模块功能，规范字段填报要求，建立董监事人员库，并与人力资源管理系统对接，实现人力基本信息互通互联。开展多种形式调查工作，梳理专业公司及所属企业管理的控参股公司法人治理现状，初步建立董监事人员台账和“三会”信息数据库及监控机制。研究制定未来三年专职董监事管理目标。

（岳松伟）

石油金融

【概述】 2020年，中国石油集团资本股份有限公司（简称中油资本）开展提质增效工作，有效应对新冠肺炎疫情、国际业务萎缩、息差收窄等诸多不利因素，全年实现全口径收入（营业总收入+投资收益+公允价值变动）366.1亿元，净利润151.1亿元，位居集团公司各板块第一（不含已划转国家石油天然气管网集团有限公司的天然气管道业务），占集团公司净利润30%。资产规模稳步增长，年末资产总额9400.4亿元，所有者权益1621.2亿元；机构客户15.3万个，个人客户1158.3万个。严格落实低风险偏好要求，资产质量稳定向好。

【金融企业股权运营】 2020年，中油资本积极开展资本资金运作，基石投资“中国铁塔”圆满收官，投资国科瑞华基金、参与昆仑数智投资项目，投融联动成效显著。

【产融结合、融融协同】 2020年，中油资本进一步丰富产融对接平台内容，做实区域协调机制，与勘探与生产分公司、炼油与化工分公司、天然气销售分公司、中油油服、销售分公司、中油国际等专业公司深化合作，在加油站一体化建设、代发工资增值、矿区综合金融、供应链金融、海外项目保险、销售终端网络建设等领域提供优质服务，有力助推集团公司主业发展。精心开发设计面向国家石油天然气管网集团有限公司的专属金融服务方案，组织督导金融企业切实提升服务水平，牢牢守住战略客户市场。突出抓好产融协同考核试点，完成90个产融结合、融融协同案例的编写推广，在遵循市场化原则前提下，通过提高存款利率、下调贷款利率、减免手续费、为成员企业签发商业承兑汇票等方式，助力集团公司及成员企业提质增效，优化产业金融发展环境。

强化信息化建设顶层设计，科技赋能迈出实质性步伐。按照业务主导、突出重点、务实管用的思路，研究制定中油资本信息化顶层设计方案，推进供应链金融服务平台与财务分析系统建设，坚实支撑产融结合、融融协同平台。

【金融风险管控】 2020年，中油资本坚持以审计监督为抓手加强风险预警，加大重点风险防控，推进大风控、大监督治理体系建设，健全风险偏好体系，制定风险偏好陈述书，明确稳健偏谨慎低风险偏好，提出9类风险22个风险容忍度监测指标，细化金融企业执行和监测以及报告要求。金融企业严格落实风险治理主体责任，“两级管理、三道防线”的风险防控体系更为完善。2020年，各金融企业各项风险指标优于监管要求和行业均值，未发生重大案件和风险事件。

【金融业务市场化改革】 2020年，中油资本按照集团公司改革部署，结合金融业务监管要求，稳步推进金融业务改革重点工作，不断提升治理体系和治理能力现代化水平。持续完善“中油资本—金融企业”管控模式，加强授权管理，编制印发2020年度中油资本对金融企业授权管理的意见，兼顾风险管控和业务发展需要，落实分级授权管控要求，进一步厘清中油资本与金融企业管理界面。持续做好金融企业董监事委派工作。建立监事会联席会议工作机制，推进大监督平台搭建，共享信息，提高工作效率。加强对金融企业“三会”议案和重大事项审议管理，强化对成员单位管控，推进控参股企业公司治理水平有效提升。持续改善合资公司治理体系，开展合资公司治理模式专题研究，针对中意财产保险公司、中意人寿保险公司两家合资企业治理存在的问题，组织召开专题会议，加强双边高层沟通交流，多次与意大利忠利集团磋商章程修改事宜，双方已初步签署备忘录。

【金融企业对标】 中油财务有限责任公司：规模方面，资产规模稳居行业首位；盈利能力方面，营业收入与利润总额均居行业第一，净资产收益率（ROE）位于同规模公司中等水平；风险管理方面，资本充足率和流动性比率低于行业均值，在同规模公司中处于中等偏后水平，风险整体可控，可支持业务正常开展。伴随着国家石油天然气管网集团有限公司成立、国家推动金融企业让利实体经济、商业银行以“价格战”抢夺客户资源等诸多因素影响，中油财务有限责任公司稳规模、稳效益难度增大。

昆仑银行股份有限公司：规模方面，资产总额高于行业均值，在同规模公司中处于靠后位置；盈利能力方面，盈利质量整体较高，资产回报率（ROA）居行业第8位，ROE行业排名第30位；风险管理方面，不良贷款率行业排名第9位，核心资本充足率行业排名第10位，资本充足率、拨备覆盖率处于行业靠前水平。面对低利率环境长期存在、金融科技冲击持续加剧、国际业务受阻停滞的形势，昆仑银行股份有限公司面临严峻挑战。

昆仑信托有限责任公司：规模方面，注册资本行业第6位，资本实力较强，但信托资产规模低于行业和同规模均值，资本优势未能有效转化为业务规模；盈利能力方面，ROE居行业中间靠后位置，人均净利润行业中上；风险管理方面，在行业中排名靠前，资本充足性较强，具备充足的损失吸收能力。由于《关于规范金融机构资产管理业务的指导意见》等监管政策的施行，信托牌照优势逐步减弱，国内资产管理市场竞争更加激烈，昆仑信托有限责任公司市场开拓难度加大。

昆仑金融租赁有限责任公司：规模方面，总资产、净资产规模高于行业均值，在同规模公司中处于靠后位置；盈利能力方面，ROE高于行业均值和同规模均值，盈利质量处于行业上游水平；风险管理方面，不良资产率显著低于行业及同规模平均水平，资本充足率与监管底线之间仍有充足空间。我国经济增速放缓，固定资产投资进一步减速，市场利率持续下行，实体经济违约概率上升，金融租赁行业发展环境不容乐观，昆仑金融租赁有限责任公司资产规模增长压力加大。

中石油专属财产保险股份有限公司：规模方面，总资产及净资产规模体量较大，远高于对标公司，且保持一定增速；盈利能力方面，营业利润与净利润规模均高于对标公司，ROE虽有小幅上升但低于中铁自保公司；风险管理方面，综合偿付能力充足率远高于行业监管要求，风险防范能力维持在合理范围。受集团公司降本增效、国家石油天然气管网集团有限公司成立以及境内无可借鉴成熟经验等因素影响，中石油专属财产保险股份有限公司面临规模效益持续增长的挑战。

中意人寿保险有限公司：规模方面，净资产规模高于行业均值和同规模均值，处于行业中上游位置；盈利能力方面，ROE行业排名第13位，营业利润行业排名第16位，综合费用率进一步下降，成本控制能力增强；风险管理方面，综合偿付能力充足率处于行业中等靠后位置，离监管关注线有一定安全距离。中意人寿保险有限公司面临降低中短期存续期业务占比、不断丰富和更新产品种类、提供多元化产品服务的严峻挑战。

中意财产保险有限公司：规模方面，净资产规模行业排名第48位，在财险行业中处于中下游；盈利能力方面，结束多年亏损状态，ROE由负转正，排列行业第38位；风险管理方面，综合偿付能力充足率行业排名处于下游，需对风险情况保持持续关注。

昆仑保险经纪股份有限公司：规模方面，总资产、净资产规模远高于行业平均水平，低于同规模均值。盈利能力方面，ROE高于同规模均值和行业均值，排列行业第5位。人均净利润远高于同规模均值，在行业中位列上游。随着国内保险业开放程度持续深化，国际知名保险经纪企业、以互联网科技公司为代表的产业资本争相入局保险经纪行业，行业竞争更加激烈，昆仑保险经纪股份有限公司互联网业务仍处于起步探索阶段，以转型发展实现弯道超车的挑战和压力较大。

通过行业趋势及对标分析，中央企业背景的金融控股公司大多依托中央企业资本优势，以产业金融作为发展定位。在中央企业金融控股公司中，中油资本经营情况处于行业上游水平，利润贡献主要集中在中油财务有限责任公司和昆仑银行股份有限公司，管控模式仍需探索。各金融企业经营情况稳中向好，未来发展面临诸多挑战。中油资本发挥金融控股公司优势和股东资源优势，坚持走专业化发展道路，引领金融企业积极推进实现产融业务和市场化业务“双轮驱动”，为建设产融结合的国际知名、国内一流金融服务企业奠定坚实发展基础。

【石油金融品牌影响力】 2020年，中油资本品牌形象广泛认同，行业地位日益巩固。由证券时报社主办、e公司和中国资本市场研究院承办、中证中小投资者服务中心担任指导单位的“第十二届中国上市公司投资者关系天马奖”颁奖典礼中，中油资本从2690家主板上市企业中脱颖而出，连续三年入选“中国上市公司投资者关系最佳董事会”前50名，并首次从3050家运营新媒体的上市公司中入选“中国上市公司最佳新媒体运营”前30名。中油资本荣登“2020年中国上市公司百强榜”，蝉联“中国百强企业奖”和“中国道德企业奖”；获“中国金融机构金牌榜·金龙奖”等多个行业奖项，彰显了中国石油金融企业在客户、行业和社会中的影响力和认可度。

（陈若莲）

法律工作

【概述】 2020年，集团公司法律工作紧紧围绕新冠肺炎疫情防控、复工复产、提质增效、市场营销、深化改革等中心工作，持续推进依法合规治企，积极参与重大涉法事项，有效防范重大法律风险，坚决维护重大合法权益，法律工作取得新进展，实现新提升。

【依法合规管理】 2020年，集团公司落实国务院国资委部署，组织开展“十三五”法治建设和“七五”普法总结验收，取得较好成绩。认真贯彻“坚持依法合规治企”兴企方略，深入研究新形势下加强法治建设的思路措施，全面落实领导人员法治建设职责，强化“依法合规经营”考核，有力推动依法合规治企。各单位对照依法合规治企要求，着力补短板强弱项，实现较大提升。坚持中心组学法制度，落实“管业务、管普法”责任制，深入开展习近平法治思想学习宣贯，强化民法典专题学习，广泛普及疫情防控相关法律知识，持续宣贯安全生产法、环境保护法、监察法、保密法等法律法规，开展干部普法考试、“12·4”专题普法活动，法治文化氛围更加浓厚。

组织合规管理示范创建，确定17家示范创建单位，着力强化合规管理组织、机制、责任、文化“四个保障”。组织推进各领域各层面合规风险防控。制修订《通用法律禁止性强制性规范指引》《天然气销售企业法律合规风险防控指引》，各业务部门落实“管业务管合规”责任，指导所属单位落实法律合规风险岗位防控。广泛开展合规风险排查和应对，部分单位构建与国际接轨的“强合规”管理体系，组织排查重点领域合规管理漏洞，收到较好成效。组织培育合规文化。集团公司总部创新培训形式，将合规典型案例拍摄为微电影，在岗员工合规培训率100%。各单位通过多种媒介广泛开展合规知识竞赛、演讲比赛、合规作品征集，部分单位组织“合规能力提升年”活动，强化合规文化培育。

【制度建设】 2020年，集团公司着力优化制度体系。围绕推进集团公司治理体系和治理能力现代化要求，全面梳理集团公司制度现状，设计形成集团公司“3个层级、5个类别”的制度体系架构，为制度体系优化奠定框架基础。着力优化各层级各类别制度。适应外部法律环境变化和管理提升需要，加大制度“立改废”力度，集团公司总部、专业公司、所属单位分别制修订制度66项、167项、7659项。着力提升制度质量。坚持按计划、按程序定制度，强化调研对标、深入论证、多方参与、多部门评审、集体决策等制度形成机制，努力提高制度质量。着力强化制度宣贯执行。各单位通过检查考评、责任追究、评估改进等机制，推动制度落地执行。部分单位实行制度运行分级排名管理，坚持开展制度宣讲，促进制度规范落实。着力深化管理体系融合工作。推进最后一批42家单位融合，实现体系融合在106家生产经营单位全面展开，融合成果持续巩固。

【重大事项法律参与】 2020年，集团公司针对新冠肺炎疫情涉及的法律风险，多措并举克服疫情影响，保障合同应审必审、应签必签，为复工复产提供支持。部分单位及时办理防疫物资销售经营范围增项，注重运用不可抗力条款解决争议问题，通过合同谈判促使业主放弃大幅降价要求，维护了企业权益。针对涉外法律风险增大的态势，密切跟踪分析美国制裁及资源国政策动向，制订受制裁国家项目权益保护方案，动态调整敏感地区、敏感业务经营策略，妥善处理项目税务、转移定价、资产分割等争议问题，确保项目平稳运行。针对改革发展重大事项，集团公司总部和各单位法律部门全程参与管道业务重组，加强退休人员社会化移交、厂办大集体改革、压减法人等重大事项法律论证，促进依法决策、风险受控。针对影响企业权益的重大问题，注重运用法律途径研究解决。积极参与立法，提出立法建议30余条，相关建议得到国家立法机关采纳。加大商标维权力度，"中匡"商标侵权案取得重大进展，部分单位协调地方执法部门开展商标维权专项活动。多起虚假注册、冒名登记问题通过法律途径得到解决，有效维护了企业权益和市场秩序。

【合同管理】 2020年，集团公司合同规范化、标准化、信息化水平实现新提升。开展合同问题专项治理，事后合同率下降至1.03%，13家单位实现事后合同零发生；涉及民营企业合同订立履行发现的996例问题全部整改完毕。部分单位制订合同审查指南、责任清单，细化完善合同变更规范和合同履行表单，规范工程合同交底和合同履行，在解决合同审查责任不落实、合同变更不严格、履行不规范等问题上取得较好成效。加强合同示范文本建设，制订集团公司合同示范文本体系规划，完成工程、服务、承揽类合同示范文本制修订50个。各单位提升合同示范文本使用率，并根据需要制订完善个性化文本。强化合同信息系统优化和应用，实现合同系统2.0升级和推广上线。深化合同管理系统与相关系统集成应用，有效提升合同管理水平和运行质量。

【案件管理】 2020年，集团公司案件妥善处理和规范管理见到新成效。强化案件"减存量"，严格结案计划制订、实施和督促考核，上下联动、横向协同，推动案件及时妥善处理，纳入2019年"三年清零"目标的存量案件中，已结案件占比80.7%，顺利完成阶段性任务。强化主动维权，运用法律途径主动解决损害企业权益的问题，作为原告的案件占到年度全部新发案件的41%，较以往有较大增幅。在已结原告案件中，全部和部分获得审判支持的比例分别为74.4%和10%。强化案件管理责任落实。部分单位加大法律部门统一协调、涉案单位全力参与处理力度，将领导班子研究决策重大案件处理方案制度化，推行涉案单位负责人参加庭审制度。强化案例分析和信息共享。集团公司总部编印《经济案例评析》，汇编典型案例35个。部分单位通过案件分析，查找管理漏洞，完善管理制度及合同条款；建立过错案件违纪违规线索移交工作机制，充分发挥案例警示教育作用。

（黄珍涛）

工程和物装管理

【概述】 2020年，集团公司做好新冠肺炎疫情防控应急物资保障和复工复产物资保供，推进物资采购提质增效，着力控降物资采购成本，推进工程管理职能优化，管理水平和服务保障能力取得长足进步。物资采购总额1683亿元，采购资金节约率11.96%；期末物资库存较上年下降14.62%，全面完成提质增效各项指标。7月，为推进集团公司治理体系和治理能力现代化，完善集团公司总部功能建设，进一步优化职能配置，加强集团公司总部工程管理职能，理顺装备制造企业管理，物资装备部更名为工程和物装管理部，主要承担工程项目建设、物资、招标、装备管理职能，归口管理装备制造企业。

【工程项目管理】 2020年，集团公司按照"建规章、立标准、强监管"和重大工程项目建设管理协调的定位，深入剖析工程管理存在问题及深层次原因，完善制度体系，明晰管理界面，理清思路目标，各项工作有序步入正轨。学习借鉴中国石化、中国海油等优秀管理实践，深入板块、企业及重点项目开展调研交流，了解工程管理现状，掌握第一手资料，做好顶层设计。健全完善制度标准，推动项目管理规范化，在全面梳理已有工程管理制度基础上，制订以《工程建设项目管理规定》为基本管理制度，配套基础设计审批、总体部署、开工报告等多个管理办法的"1+N"工程管理制度框架体系。研究提出集团公司2020年重点工程清单，明确重点工程管理界面流程，加强重点工程建设管理协调。

【工程质量监督】 2020年，集团公司构建"大质量"管理体系，在一体化质量管理体系框架内，做好地面工程项目建设质量监督管理工作，确保集团公司总部工程管理职能调整期间，地面工程建设质量监督到位，重点工程顺利实施。2020年，监督检查兰州石化长庆乙烷制乙烯、塔里木乙烷制乙烯和广东石化炼化一体化等重点工程，积极推动问题整改。开展工程质量管理人员培训，新冠肺炎疫情期间采用线上培训方式培训质量管理人员 176 名，举办工程质量监督人员上岗资格取证培训班，109 名学员参加培训。完善工程质量监督专家库，择优选拔入库专家 75 人、培训师 16 人。

【物资采购管理】 2020 年，集团公司制定出台《物资采购提质增效专项行动 12 项措施》，强化规模采购降成本，强化资源共享压库存，强化内部优先增效益，突出一级物资集中采购、二级物资协同采购、进口物资联合采购、内部产品优先采购、零库存目标管理“5 个重点”，推进落实物资采购提质增效专项行动成效显著。深入研究年度消耗规律、原材料成本分析、市场价格走势，集中采购价格明显下降。覆盖全部一级物资的 414 个物资采购技术规格书全面应用，统一技术要求，减少个性化需求。进口物资通过实施国产化替代、重点项目联合采购等方法，规避风险、提高效率。新疆区域协同采购的 78 个物资品种平均价格下降 12%，通过优势产品政策支持内部企业技术进步和持续发展，促进集团公司整体利益最大化。

【招标管理】 2020 年，集团公司扎实开展中央巡视发现问题专项整治，配合做好经济责任审计工作，通过强化体制机制建设解决共性问题，通过强化问责和监管降低个例发生概率。坚持依法合规和释放企业活力“双主线”，不断健全完善招标制度标准体系，制订 50 个工程、物资和服务招标文件标准文本。加强招标项目审核审批，严格邀请招标、可不招标事项把控，推进规模化、集约化招标，解释好政策，服务好基层。创新电子招标应用，新冠肺炎疫情防控期间，推进实现远程会议系统、CA 电子认证系统与电子招投标交易平台互联互通，通过远程异地和同地异区评标的方式，实现评标人员不聚集，力保招标项目正常开展。2020 年集团公司总体招标率 81%，招标节资率 9.56%。

【装备管理】 2020 年，集团公司推进装备管理规范化标准化，印发《集团公司装备管理工作检查评价细则（2020 版）》，编写管理、操作和维修等三类人员应知应会题库，构建统一的装备管理工作检查评估体系。做好装备制造企业的指导服务与协调，在深化企业“五自”经营改革、强化市场主体地位的同时，统筹发展规划、业务定位和技术进步，研究制定《装备制造业务“十四五”规划和 2035 年远景目标》，推进业务转型升级。组织召开装备制造提质增效专项行动视频会、经营分析会以及精益管理暨服务型制造工作座谈会，推动企业健康发展。

【供应商管理】 2020 年，集团公司修订《集团公司物资供应商管理办法》，完善供应商考核评价规范和供应商管理标准文本，实现业务处理信息化。组织供应商新增准入和现场考察，新增准入供应商产品 532 项，涉及 206 个物资品种，对现场考察过程中发现的业绩造假、股权造假等 14 家问题供应商进行处理。加强供应商全过程管理，抓实供应商考评分级，建立问题供应商通报机制，按规定及时处理问题供应商，不断优化供应商资源，引导采购向优秀供应商集中。刚性压减代理商和贸易商，不断完善供应商资源库结构，实行供应商有进有出动态管理，确保资源活力，有效防范采购风险。

【承包商管理】 2020 年，集团公司强化工程承包商管理，开展承包商年度评价，做好工程建设承包商准入工作，新增准入工程建设承包商 53 家。开展转包、违法分包、违规选商等违法违规行为及承包商管理检查，在地区公司自查、专业公司重点抽查基础上，对兰州石化长庆乙烷制乙烯、塔里木乙烷制乙烯和广东石化炼化一体化等 3 个重点工程项目承包商管理情况进行专项检查，并召开专题会议对发现问题进行通报，狠抓督促整改落实。

【物资仓储库存管理】 2020 年，集团公司强化库存管理，加强库存指标管控，库存降低率、库存周转次数等指标按月公示、按季度通报，激励企业完成库存压降任务，引导企业加强库存精细化管理，对常规储备要加快周转、特殊储备建立目录并优化定额，加快积压物资处置，不断优化库存结构，提升资源配置效益。下发《集团公司物资仓储管理扁平化工作实施指导意见》，促进所属企业通过调整、压缩、合并等方式优化仓储资源布局，通过压缩管理层级，缩短管理链条，利用工厂到现场、领料变送料等多种方法构建及时物流圈，提升仓储管理效率效益。加强物资集中储备，2020 年一般无缝管、普通中板等集中储备物资供货 40 家所属企业，供货批次 7200 次，完成 10 万吨、5.8 亿元供应保障任务。及时调整烟气轮机备品配件和储气库压缩机备件集中储备目录价格，有效降低采购成本。

【工程和物装管理信息化】 2020 年，集团公司通过推进电子采购系统 2.0（一期）深化应用，实现人员不见面、不聚集，节省交易时间，提高工作效率，有效保障新冠肺炎疫情期间采购工作顺利开展。执行“框架协议 + 订单”、目录自动匹配采购交易 10 万多笔，减少合同签订数量 70%，减少采购人员工作量 20%，有效支撑集团公司“两级集中、三级采购”模式。2020年集团公司电子采购总额1530亿元。组织电子采购系统2.0（二期）项目可行性研究，完成需求分析报告编制，提前开展系统初步设计和开发等相关工作。深化电子招标平台应用，推进招标、投标、开标、评标、定标全流程电子化，做到招标全程可追溯可管控。启动集团公司工程管理信息系统建设需求框架研究。

【采购管理对标】 2020年，集团公司参加国务院国资委央企采购管理对标评估，从采购管理组织与体制、采购管理流程与运营、供应商管理、信息化与大数据应用4个方面进行综合评估打分，中国石油获144.2分，位列所在组第3名。开展对标世界一流研究工作，开展与壳牌、BP、道达尔、雪佛龙、挪威石油、哈里伯顿、GE、卡特彼勒等8家国际先进企业采购管理对标交流，组织开展采购对标世界一流课题研究。

【疫情防控复工复产物资供应保卫战】 2020年，集团公司全力做好防疫应急物资采购，统筹国内国外、线上线下资源，有力保障基层一线对口罩等应急物资的防控需求，为新冠肺炎疫情防控工作争取主动。及时出台复工复产保供政策，通过发挥物资采购信息系统网上采购功能、简化申报审批流程、加大电子招标及远程异地评标应用力度等措施，保障企业生产和重点项目物资供应。提前掌控主要资源，加强与重点供应商的沟通联系，做到“手中有粮、心中不慌”。高效服务重点项目，专人负责、特事特办。有序保障日常生产，对年度集中采购、日常生产采购、特殊情况采购进行统筹安排。通过分级分类精准保供，促进各生产企业、重点工程项目平稳顺利复工复产。

（左　莹）

党风廉政建设和反腐败工作

【概述】 2020年，集团公司纪检监察组带领各级纪检监察机构不忘初心、牢记使命，自觉增强“四个意识”、坚定“四个自信”、做到“两个维护”，坚持稳中求进、坚定稳妥，在抗击新冠肺炎疫情和应对低油价“双重”大考中忠诚履职尽责，充分发挥监督保障执行、促进完善发展作用，为集团公司打赢疫情防控阻击战和效益实现保卫战提供坚强保障。

【政治监督】 2020年，协助配合集团公司党组建立学习贯彻习近平总书记重要指示批示精神落实机制，督促推动专业公司及部分油气田企业靠实举措、增储上产，持续开展扶贫领域腐败和作风问题专项治理，到集团公司总部及科研单位调研督导“卡脖子”技术攻关，确保政令畅通、落地见效。专题部署新冠肺炎疫情防控期间信访举报受理办理、监督执纪问责等工作，严查疫情防控有关问题，通报履职不力典型案例，助力集团公司守住工作场所“零疫情、零感染”和境外项目“两稳”“两不”底线。紧盯深化中央巡视反馈问题整改，组织13个专项整改（治）工作组自查评估，建立重点工作台账逐项推动整改落实，得到中央巡视办和中央纪委国家监委四室充分肯定。专门组建督导组，强化提质增效专项行动方案落实情况的监督，推动各项举措落地见效。

【纪检监察体制改革】 2020年，组织成立改革工作专班，制定深化纪检监察体制改革工作要点，建立改革进展情况月报机制，推动改革一贯到底。对标对表中央纪委国家监委机关，累计制修订制度52项，优化完善监督执纪、审查调查、案件审理全流程工作规程，建立健全信访举报初筛、两级集体研判、问题线索初步了解、两级审理等机制，规范化、法治化水平持续提高。推动构建纪检监察组、中心、企业纪委与地方纪委监委“三级”沟通协调机制，从以往纪检监察组开展纪律审查、地方监委开展监察调查，到深度融合、“混编组队”联合审查调查，再到独立开展监察调查，稳步推动监察权落地，有关做法及成效得到中央纪委国家监委领导批示肯定。

【日常监督】 2020年，建立完善与党组书记及领导班子成员协调沟通的顺畅机制，做实做细同级监督。督促推动上级“一把手”抓好下级“一把手”和领导班子，不定期向党组汇报纪检监察工作、审查调查重大事项、违纪违法人员处置意见、政治生态研判等情况，配合党组书记约谈所属企业负责人，问责“两个责任”落实不力的党组织和领导干部，压实管党治党政治责任。协助配合开展境外腐败、利益输送、设租寻租、化公为私问题专项整治，持续深化领导人员及其亲属违规经商办企业专项治理，狠刹“靠企吃企”歪风。发挥党风廉政建设和反腐败工作协调小组作用，建立健全与巡视、审计、组织人事等集团公司总部部门沟通协同机制，形成工作合力。制定实施激励干部担当作为干事创业若干措施、容错纠错工作办法等制度，精准把握政策策略，贯通运用“四种形态”，激发党员干部干事创业的内生动力。

【“四风”纠治】 2020 年，深化纠治形式主义、官僚主义，严肃查处不担当、不作为、慢作为等问题，促进干部作风持续转变。开展“厉行勤俭节约、反对铺张浪费”专项监督，坚决纠治餐饮浪费行为。严肃查处享乐主义、奢靡之风，通报曝光典型问题，坚决防止反弹回潮。编印《落实中央八项规定精神制度选编》，形成正面制度清单；结合监督检查、审查调查、巡视巡察发现问题，总结梳理 10 项“十不准”，列出负面清单。健全完善“四风”问题会商机制，严格审核把关，有效避免定性不准、处理畸轻畸重问题发生。推动集团公司总部围绕公务用车、公务接待、出差培训、津补贴福利费发放使用等共性问题，修订完善制度、堵塞漏洞，构建标本兼治的长效机制。

【一体推进不敢腐、不能腐、不想腐】 2020 年，认真贯彻习近平总书记关于加大国有企业反腐力度的指示要求，严肃查处林长海、李宗林、马洪良、李俊峰等人收受贿赂问题，形成强烈震慑。建立以案促改工作统筹及协调机制，用好“一函两书”有效载体，向集团公司有关部门、相关企业提出有针对性和治本效用的措施建议并督导落实，督促发生严重违纪违法案件的单位开展专项整治，指导推动政治生态局部受损单位制定修复措施，做实查办案件“后半篇文章”。分层分类开展警示教育，组织对新提任集团公司党组管理领导人员、企业中层干部开展任职廉洁从业教育，选取典型案例编印警示录、摄制警示教育片《利剑啸歌》，以鲜活案例警示教育党员干部引以为戒、免蹈覆辙，筑牢拒腐防变的思想防线。

【巡视巡察全覆盖】 2020 年，集团公司纪检监察组围绕政治巡视“四个落实”监督重点，制订企业深化政治巡视模块化清单，修订集团公司党组巡视工作规范。坚持有形覆盖和有效覆盖相统一，全年开展两轮巡视，第一轮派出 10 个巡视组，第二轮派出 7 个巡视组，常规巡视 34 家单位，穿插开展加油卡套现“微腐败”问题专项巡视，对 4 家单位开展“回头看”。认真落实集团公司党组巡视机构与纪检监察组，以及组织人事、审计等部门协调配合机制，推动巡视监督与其他监督贯通融合。严格落实“三位一体”巡视成果运用机制和“一责任三把关”巡视整改责任落实机制，成立督导检查组对 2019 年被巡视单位整改情况进行督导检查，向集团公司总部相关部门移交巡视发现共性问题，集团公司党组成员落实巡视整改总体验收把关职责。持续深化中央巡视反馈问题整改，推动整改走深走实。11 月 20 日，集团公司党组书记戴厚良向中央纪委国家监委四室汇报深化中央巡视反馈问题整改情况；12 月 30 日，在中央单位巡视工作调研座谈会上，作为唯一一家央企，集团公司党组书记戴厚良代表集团公司汇报题为《强化巡视成果运用，推动完善企业治理体系》的经验做法。组织大庆油田、吉林石化和陕西销售分别牵头编制集团公司油气田、炼化和销售业务领域《政治巡察工作操作指引（试行）》，印发相关单位推广。结合巡视任务，对 37 家单位开展巡察工作专项检查。

【队伍建设】 2020 年，认真落实把队伍建强、让干部过硬要求，认真执行民主集中制和“三重一大”决策制度，重大事项全部集体研究、民主决策。充实加强纪检监察组机关、中心人员力量，及时配优配强企业纪委书记、副书记，队伍年龄结构、专业结构更加优化。举办纪委书记、副书记和业务骨干培训班，选派业务骨干参加中央纪委国家监委、地方纪委监委审查调查及专项工作，组织开展全员培训，队伍纪法双施双守能力素质持续提升。完善纪检监察干部监督制度体系，建立健全内控机制，从严处置纪检监察干部问题线索，刀刃向内清除“害群之马”，坚决防止“灯下黑”。

（庞　亮　付淑芳）

内部审计

【概述】 2020年，集团公司审计工作围绕集团公司发展大局和中心工作，深入推进审计全覆盖，完善体制机制，狠抓队伍作风建设，全面提升审计工作质量，在完善公司治理、防范经营风险、提升发展质量、促进廉政建设等方面发挥积极作用。

2020年底，集团公司设置审计机构231个，其中一级审计机构7个、二级审计机构146个、三级审计机构78个。从业人员1871人，其中一级机构189人、二级机构1453人、三级机构229人。审计队伍中大学及以上学历1711人，占总人数91.44%；中高级技术职称1568人，占总人数83.80%；具有注册会计师、国际注册内部审计师、注册造价师等职业资格458人，占总人数24.48%。

【重要审计项目】 2020年，集团公司各级审计部门组织开展审计项目1690项，审计资金2.9万亿元，发现和揭示各类问题15305个，通过调整账目、清理债权债务、内部收缴等手段纠正问题15118个，形成直接经济成果16.09亿元。出具审计要情及简报17份，促进修订及完善规章制度908个。

深化经济责任审计。以制度建设与创新为路径，深化审计内容，坚持离任必审、强化任中审计，对600名领导干部开展经济责任审计，任中审计116项，其中集团公司党组管理干部50人，任中审计15项。修订完善经济责任审计方案，深化经济责任审计内容和重点，推进管理效益思维在经济责任审计中的运用，揭示重大违规违纪问题，严格落实“三个区分开来”重要要求，促进领导干部切实履职尽责，促进企业加强管理，全面提质增效，实现科学发展。

强化工程建设项目审计。开展工程项目结算、竣工决算和跟踪审计521项，审减工程结算费用7.87亿元，其中集团公司总部开展一、二类项目竣工决算审计22项，有效保障竣工验收任务的顺利推进。加强建设项目全过程监督，选取13个重大工程项目实施跟踪审计，高度关注工程质量，边审边改、立查立改，推动建设项目合规管理水平提升。

坚持开展国际业务审计。克服新冠肺炎疫情对海外审计正常开展造成的冲击，坚持利用大数据技术，探索开展远程审计，推动实施甲乙方联动审计。集团公司总部组织开展海外审计11项，揭示海外业务法律纠纷、税务罚款、投资回收、安全环保等方面存在的突出问题和重大风险；组织开展国内对外合作项目审计8项，发现联合作业管理不规范、对费用回收把关不严等问题118个，有效维护集团公司合法权益。

做深做实专项审计。密切跟踪生产经营运行中的新情况新问题，组织开展专项审计535个，其中集团公司总部组织开展研发费加计扣除、票据管理、扶贫资金管理、股权管理等10项专项审计，发现问题689个，对普遍性、全局性、倾向性问题摸清情况、总结分析、深挖根源、推动解决，有效促进企业提质增效。助力企业规范管理、提质增效，推动防范化解重大风险。

【审计管理】 2020年，集团公司审计管理体制、审计资源统筹、审计信息化建设等不断创新，审计质量管控和审计整改不断加强。

持续稳步推进审计体制改革。全面落实《关于深化中央企业内部审计监督工作的实施意见》，建立健全内部审计领导体制，集团公司党组成立审计工作领导小组，全面加强对审计工作的领导。加强沈阳、西安、成都、乌鲁木齐4个区域审计中心的机构和队伍建设，上审下的监督力度不断加大。

科学统筹审计资源。发挥两级审计部门合力，采取委托审计、授权自审等多种方式，组织实施一级审计项目109项，协调地区公司31人次参与集团公司总部项目，提高审计资源保障能力和配置效率。

扎实推进科技强审。持续优化审计管理信息系统，设计完善审计统计指标体系，做实统计分析，推广应用数据仓库项目，探索大数据技术应用与审计模式创新，完成油气田、炼化、销售等三类重点企业数据画像，大力推广普及数据建模工具软件，积极推进大数据分析和远程审计，确保完成审计项目计划和审计全覆盖目标实现。

严格审计质量管控。加强审计制度建设和质量检查，加强审计项目全过程管理，修订完善集团公司

《境外项目审计管理办法》《禁入限制人员信息管理工作暂行办法》等2项审计制度和3个审计标准。

全面抓好审计整改和违规经营投资责任追究。推动完善分级负责的审计整改机制，对362个存量问题实施账销案存管理，牵头负责审计署经济责任审计迎审配合、审计整改、设租寻租问题专项整治等重大专项工作。加大整改问责力度，对46个审计事项提出追责意见或移交线索。稳步开展违规经营投资责任追究体系建设工作，优化并推动实施责任追究工作体系建设方案。

【优秀审计论文】 2020年，集团公司组织开展优秀审计项目评审，经专家现场评审，评选出集团公司2020年优秀审计项目80个，其中部分企业研发费加计扣除情况专项审计调查、内蒙古销售赤峰油库迁建项目竣工决算审计、辽宁销售分公司总经理任中经济责任审计等15个项目获一等奖，25个项目获二等奖，40个项目获三等奖。

组织开展优秀审计论文评审，在片组评选推荐的基础上，经“查重”检测筛选，评选出集团公司2020年审计优秀论文91篇，其中《财务共享服务模式下大数据审计研究》《大数据环境下数据分层分析在油气田井筒工程结算审计中的应用探索》《成品油销售企业建设项目全过程造价审计模式应用探究》等21篇论文获一等奖，30篇论文获二等奖，40篇论文获三等奖。组织推荐优秀审计论文参加中国内部审计协会内部审计理论研讨论文评选，《新时代油气田企业经济责任审计探索与实践》获二等奖，1篇论文获三等奖，4篇论文获提名奖。

【审计队伍建设】 2020年，集团公司发挥先进典型的引领示范作用，评选表彰2018—2020年度审计工作先进单位、先进集体和先进工作者，授予大庆油田有限责任公司审计部等45个审计机构“审计工作先进集体”称号，授予刘忠全等210人“审计工作先进工作者”称号。大庆油田有限责任公司审计部（审计中心）、辽河油田公司审计部、西南油气田公司审计处获2017—2019年“全国内部审计先进集体”称号，叶茵、莫满军、许志强、李清、周海涛等5人获“全国内部审计先进工作者”称号。

2020年，举办各类审计培训班87个，培训1152人次。受新冠肺炎疫情影响取消现场培训，针对审计热点难点组织两期全系统视频培训和四期云培训。加强学习交流和经验推广，利用主页分享先进单位经验56个、优秀论文91篇，编辑出版《集团公司2020年度优秀审计论文集》和4期《中国石油审计》杂志，每周推出1期“中国石油审计”微信精选内容。

（白雪莲）

改革与企业管理

【概述】 2020年，集团公司改革与企业管理工作全面贯彻党中央和集团公司党组决策部署，统筹推进全面深化改革，扎实抓好重点改革任务落实，全力推进对标提升和管理创新，着力完善内控体系，加强重大风险防控能力建设，持续提升改革与企业管理工作水平。

【深化改革】 2020年，集团公司统筹推进年度改革工作。全面贯彻落实党中央、国务院关于深化国有企业改革和油气体制改革的决策部署，坚持高质量发展要求，围绕加快建设世界一流综合性国际能源公司目标，组织召开4次全面深化改革领导小组会议，审议通过5项改革方案文件，6大类51项任务全部按计划推进，各项改革举措得到有效落实。

推进国企改革三年行动工作。制定实施集团公司《落实〈国企改革三年行动方案（2020—2022年）〉的实施意见》和《改革三年行动实施方案》，明确未来三年深化改革工作总体思路、目标任务，从6个方面提出86条改革措施，形成未来一个时期深化改革的顶层设计文件。

推进集团公司治理体系和治理能力现代化工作。研究制定集团公司《深化体制机制改革的意见》，从进一步调整集团公司总部部门职能、厘清各层级职责界面、优化管控模式等方面提出了改革举措。

组织推进管道业务重组移交。深入贯彻落实党中央、国务院关于组建国家管网集团的决策部署，加强管道业务重组移交工作组织领导，完善重组交易方案，积极争取政策支持，规范履行相关程序，按照公平公允的市场化原则，依法合规推进管道资产重组移交工作，做好资本市场应对，有效防范潜在风险。2020 年 9 月 30 日，顺利完成股份公司管道资产重组交易，生产运行平稳衔接，干部员工队伍稳定，保障国家油气体制改革成果落实落地。

推进授权管理工作。持续实施差异化授权，编制《集团（股份）公司 2020 年度授权管理清单》，进一步厘清集团（股份）公司、专业公司、地区公司权责界面，加大授权放权力度，优化完善授权事项，给予企业更多经营自主权，充分调动企业积极性。

推进企事业单位混合所有制改革。采取“立项审批”和“方案审批”两个步骤履行混改项目决策程序，规范企业混合所有制改革工作程序。鼓励企业推进油气辅助业务混合所有制改革，批复立项上海寰球、中油阳光酒店管理公司等一批混改项目，推动企业经营机制优化完善。

推进“总部机关化”问题专项整改。落实专项整改实施方案，集团公司总部层面安排部署的 5 大类 17 项整改事项全部完成。将专项整改延伸至集团所属企业层面，进一步巩固整改效果。

推进企业公司制改制工作。全面梳理全民所有制企业情况，分类梳理确实存在困难无法完成改制或关闭注销的企业，研究提出更有针对性的工作措施，积极争取国家和地方政策支持，确保如期完成公司制改制任务。

推进创建世界一流示范企业工作。组织各业务领域和率先示范企业推进落实创建工作方案，推动创建世界一流示范企业举措落地，安排部署的重点工作取得阶段性进展，创建工作不断深化。

推进综合改革试点。“双百企业”综合改革试点取得阶段成效，吐哈油田持续优化工程技术服务业务结构，有效推动业务归核化；昆仑能源探索实施股权激励，进一步激发扩销增效动力活力；渤海装备实施多种灵活适用的内部分配措施，积极探索混合所有制改革，有效释放基层经营单元活力。全面启动改革管理标杆企业创建工作，推进综合改革、提升管理，力争在改革管理上实现突破，发挥好典型示范带动作用。

【厂办大集体改革】 2020 年，集团公司“抓重点、重点抓”“抓紧抓实、做深做细”，努力克服新冠肺炎疫情影响，坚持目标导向，细化工作安排，加快推进节奏，强化督导检查，全力以赴推进厂办大集体改革工作，取得较好进展。截至 2020 年底，完成 541 户企业改革任务，在职职工安置完成率 99.85%，完成国务院国资委考核目标。

【管理创新企业发展能力评价】 2020 年，集团公司持续完善企业发展能力评价体系。组织开展 2019 年度企业发展能力评价，发布集团公司评价总报告及 110 家企业分户报告，充分揭示所属企业发展优势和短板，指导企业开展自我诊断分析和改进提升，促进企业改革发展和提质增效。

【管理提升与管理创新】 2020 年，集团公司全力推进对标世界一流管理提升工作。组织成立对标提升行动领导小组及其办公室，编制 2019 年度集团公司对标分析报告，制定集团公司对标世界一流管理提升行动实施方案和工作清单，形成 39 项主要任务、具体提升措施 120 条，对标提升成果 104 项；组织 104 家专业公司和企事业单位编制完成本单位对标提升计划和工作清单，对标一流管理提升工作稳步扎实推进。

持续健全完善集团公司管理创新体系。组织建设集团公司管理创新信息系统并上线运行，规范管理创新项目和成果的全过程管理。立项实施 29 项年度管理创新研究与实践项目，支持企业解决生产经营管理重难点问题，评选出集团公司年度管理创新成果一、二、三等奖 103 项。举办企业改革管理讲堂，发布 8 期企管工作简报和企管动态 260 余项，管理创新专栏点击量超过 7.7 万次，深入推进管理创新的实践项目化、成果有形化和推广常态化，有效发挥典型经验的示范效应。

【内控体系建设】 2020 年，集团公司持续优化完善内控体系。深入落实国务院国资委关于加强中央企业内部控制体系建设部署要求，以“强内控、防风险、促合规”为目标，推进构建“1+N”内控制度体系，修订完成《内控运行评价管理办法》，保持内控体系规范有效运行。结合制度更新、机构调整整合和监管变化，组织开展内控管理手册修订，突出目标导向、问题导向，更新集团公司总部业务流程 112 个，确保内控体系持续有效，满足了资本市场监管要求。坚持系统集成，组织推进企业开展体系融合，开展体系融合内控合规性检查，确保融合后的内控体系满足监管要求。集团公司连续 8 年开展内控体系有效性自我评价，并向国务院国资委报送报告。

强化重点领域日常管控。紧密结合集团公司提质增效专项行动部署，聚焦关键领域、重点环节，集中组织开展“两金”压控流程评估和专项测试，评估应收账款及存货相关流程 43 个，梳理查找企业管理制度缺失或流程缺陷，全面推进落实成本费用各项行之有效的控制措施。按照国务院国资委加强内控体系信息化管控要求，强化内控信息化建设，筑牢底线思维，有序推进内控体系与业务信息系统互联互通、有机融合。借助信息化手段，对118家单位开展ERP系统权限专项测试，提高远程监测能力，强化内控体系刚性约束。突出强化落实违规经营投资追责力度，推进实施内控监督线索共享机制，全力配合构建大监督格局，确保经营管理依规合法。

加强内控监督评价。落实国务院国资委关于加大企业监督评价要求，研究细化年度内控监督评价工作计划，突出重要领域和关键环节，有序延伸内控测试范围，确保各级企业自评当年全覆盖、集团监督3年全覆盖。强化测试组织，组织建立例外事项分级复核、重点警示和跟踪整改机制，严密落实疫情防控措施，关心关注测试人员健康安全，组织完成集团公司总部及41家企事业单位管理层测试，覆盖242家子企业，实现测试发现问题当年全部完成整改。加强沟通协调，积极配合外部审计实施，较好发挥外部审计专业性和独立性作用。股份公司内控体系连续14年通过外部审计，确立和维护中国石油在资本市场的良好形象。

【风险管理】 2020年，集团公司持续开展重大风险评估。完成集团公司2020年风险管理报告，建立重大经营风险事件报告机制，强化风险动态预警。组织评估确定2021年8大类11项重大风险，明确风险管控目标，制定风险管控措施，落实风险管理责任，有效提升重大风险防控能力。

【队伍培训】 2020年，集团公司组织1期改革与企业管理处长培训班、3期改革与企业管理业务培训班、2期流程与测试培训班，超过800人参加培训。集团公司改革与企业管理队伍得到锻炼，工作得到加强和推进。

（刘　影）

矿区服务

【概述】 2020年，集团公司全力推进矿区业务深化改革，扎实履行服务保障职责，各项工作取得积极进展。

【剥离企业办社会职能】 2020年，集团公司落实国务院国资委视频会议精神，强化顶层推动、持续加强督导、密切跟踪落实，工作取得决定性成果，在国务院国资委统计口径范围内的“三供一业”、市政、社区、教育、医疗、消防等6项改革任务完成率100%。克服新冠肺炎疫情影响，优化施工改造方案，全力推进复工复产，“三供一业”维修改造2020年开工率96%，整体形象进度94%。认真组织“三供一业”补助资金清算，完成63家单位、888个项目补助资金清算工作，并上报国务院国资委。集中精力攻坚啃硬，全面完成大庆石化、大庆炼化医疗机构深化改革和市政设施移交。

【退休人员社会化管理】 2020年，按照党中央、国务院决策部署，集团公司上下齐心协力、主动作为，系统谋划、高位推动，精心组织、攻坚克难。截至2020年底，集团公司退休人员人事档案、组织关系、管理服务3项主要业务移交平均完成率99.97%，位居中央企业前列，集团公司退休人员社会化管理工作经验也被国务院国资委《国有企业改革动态》（第111期）宣传推广。选取华北油田、吉林石化和辽宁销售等作为工作试点单位，先行先试、积累经验。编制宣传工作手册，统一宣传口径，采用线上方式组织集团公司全系统全覆盖政策培训，推动中央政策文件精神落地生根。分片区组织召开10余次工作座谈会，与114家单位面对面沟通交流、讲解政策，现场指导化解矛盾问题。对于人员移交范围、移交地点选择、专用场所移交、管理服务衔接等难点问题，及时研究出台配套措施。建立工作进展情况定期报告制度，定期通报、排名排序，加强日常跟踪力度，及时掌握进展情况，协调解决矛盾问题。

【移交业务监督协调和服务支持】 2020年，集团公司组织开展矿区分离移交业务留存人员现状调研，对现有人员劳务输出情况及存在的矛盾问题进行分析，起草《关于矿区服务系统从业人员分流安置情况调研及下步工作建议的报告》。研究下发《关于规范“三供一业”等企业办社会业务剥离移交后续工作的通知》，明确要求厘清业务界面、规范人员管理、规范业务往来、规范费用核算，指导企业积极引导职工家属与业务接收方或移交业务实际运营机构就其服务质量、收费价格等问题进行沟通协调，协助建立沟通及诉求表达渠道，协助解决相关矛盾和问题，支持分离移交业务的健康稳定运行。

【生产后勤服务保障】 2020年，大庆油田、华北油田、吐哈油田等单位以妥善安置富余人员为目标，以精干主业、提质增效为原则，立足于服务油气主业改革发展，重新明确矿区服务职能定位，整合生产后勤服务保障业务，实行专业化管理，有效提高服务质量，为企业提质增效开辟新途径。集团公司组织对部分重点单位生产后勤服务保障业务进行调研，启动“中国石油生产后勤服务保障业务组织模式”课题研究。全面梳理矿区服务业务现有标准体系，就有关生产一线工业物业服务管理标准向集团公司标准化委员会申请立项。

【维护矿区和谐稳定】 2020年，集团公司在推进剥离企业办社会职能等各项改革工作过程中，做好政策宣传引导，做好一人一事思想工作，营造广大职工群众理解改革、支持改革、推动改革的良好氛围。针对职工群众普遍关心的热点焦点问题，全力办好利民实事，解决民生难事；协调各业务接收方，强化事务综合协调，及时处理居民服务投诉；协同各业务接收方，把弘扬社会主义新风尚、传承中华民族传统美德寓于各项服务之中，坚持团结、健康、正面宣传导向，创造凝心聚力、向上向善良好风气。

（陈成才）

维稳信访与综治保卫

【概述】 2020年，集团公司维稳信访、综合治理与保卫工作围绕中心、服务大局，持续推进上访总量、进京访总量两个硬下降，持续推进油区治安秩序维护和反恐防范标准化建设两个硬提升，在集团公司总部、专业公司和各企事业单位的大力支持下，各项工作取得积极成效，进一步筑牢企业和谐稳定的根基和防线。

（王　越）

【维稳信访】 2020年，集团公司维稳信访系统各级组织牢牢把握“稳定工作是基础的基础，要更加可靠，更不能出问题”的要求，立足长远抓当前、治标治本相结合，多措并举、综合施策，各项工作呈现出“亮点”。

在新冠肺炎疫情防控阻击战中，集团公司坚决把党组部署要求落实到位，坚决阻击疫情、坚决不阻民情，在疫情防控中维护了企业和谐稳定，发挥了积极作用。充分重视并做好网上、网下办信工作，坚决做到“办信如办访”，在疫情期间有效保证信访渠道畅通；各级信访部门通过多种方式及时发现疫情防控期间新形成的困难人员，多渠道帮扶救助，随时就地解决问题；在信访接待场所按照国家防疫要求关闭期间，创新手段方法，开通信访邮箱、信访电话、微信公众号541个，始终保持信访渠道畅通，为集团公司夺取疫情防控“阻击战”胜利提供坚实的稳定保障。

在贯彻落实党中央国企改革战略部署中，履职尽责、担当使命，发挥维稳保障作用，2020年没有发生一起在推进改革中出现的影响大局稳定的事件。在集团公司全面深化改革领导小组的统一部署下，与各相关部门密切配合，按照职责分工和时间节点主动作为、积极行动；通过信息预警、企地联动，开展针对性排查，密切关注提早消除化解不稳定动向；重视发挥集团公司稳定风险评估工作机制对改革重大事项的事前研判、源头防范、风险规避作用，把风险因素纳入视线，综合平衡、整体研判，逐一明确责任，落实专控方案；施行集团公司重大改革事项维稳信访保障方案，采取现场调度、集中督导、配合检查、政策支持等多种工作方式筑牢保障改革的铜墙铁壁；将各项改革后续事项的维稳保障任务捆绑运行，全程跟踪关注、严密防范掌控；将保障改革的任务纳入企业领导人员维稳信访工作业绩考核，纳入企业领导个人年度绩效合同内容，严格考核和落实；充分发挥集团公司维稳信访工作“五级责任制”作用，抓实领导干部稳定责任和基层落地见效，全力保障集团公司党组各项改革平稳推进。

全面落实集团公司党组“战转勇上”部署，推进落实中国石油版的“枫桥经验”，努力让员工群众享受更加便捷优质的信访服务。集中开展信访“受理零推诿、服务零距离、质量零差错、结果零投诉”专项工作，将信访“四零”承诺与“提质增效”相结合，使集团公司信访工作实现整体提质增效。强化服务意识，执行首问负责、限期办理、服务承诺制度，搭建员工群众走访、电话、信箱、网络“四位一体”信访渠道，打造“暖心窗口”，确保受理环节“零推诿”。强化群众意识，组织各单位严格落实群众合理诉求“最多访一次”“最多访一地”，坚决杜绝信访部门“门难进、脸难看、事难办”，确保服务工作“零距离”。强化责任意识，严格按照工作流程和岗位职责受理办理信访事项，对各工作环节实时监督，发现问题及时整改，确保办理质量“零差错”。强化担当意识，各单位设置群众信访监督箱，积极引导来访员工群众同步监控、实时查询，倒逼信访工作实现结果评价“零投诉”。

紧盯疑难杂症，在全系统开展“四重”大排查工作，抓重点破难点、以点带面，夯实集团公司大局稳定基础。把领导批示信件办理作为转变工作作风、建设服务型机关的大事来抓，在全面了解掌握信访诉求的同时做到与信访群众“见一次面、谈一次话、征求一次意见、做一次细致的思想工作”，及时掌握信访人的思想动态，确保平稳可控；以“三到位一处理”为遵循，突出源头预防、多元化解，综合运用教育、调解、疏导等方法，不断深化特殊疑难复杂信访问题的化解工作，搭建“治理疑难复杂问题专项平台”，实现即时跟踪、实时督办，智能化管理促进“钉子案”“骨头案”化解；以“事要解决、服务群众”为导向，紧盯一、二级稳定风险，按照“限期化解、挂牌督办、重点关注”三个层级，坚持“五个一批”的方法逐项逐案研判、分类处置，持续推进“四重”攻坚；以“综合会诊和督导检查”为手段，逐事、逐案、逐人分析共性诉求和案件办理情况，对症研究，明确解决、化解和缓解的措施办法，持续削减“四重”存量；以“预警发现、重在防控”为重点，紧紧守住不稳定风险的源头关、监测关、管控关，提高预测、预警、预防能力，统筹网上、网下两个战场，把苗头性、倾向性信息和敏感、热点关联信息纳入视线和掌控，有效提升预警发现和落地查实力度，网上网下联动，把握了工作主动。

2020 年，集团公司经过一系列维稳政策的推进和各级组织大量艰苦细致的工作，全系统信访总量和进京访总量持续下降，年度各项工作主要指标实现新的历史性突破。

（王　越）

【综合治理与保卫】 2020 年，集团公司成立维稳信访社会治理领导小组，由集团公司党组书记、董事长任组长，党组分管领导和 2 名相关业务党组领导任副组长，专门召开 2020 年中国石油安保防恐工作视频会议，对安保防恐工作进行全面部署。

1. 国家重大活动安保

在新冠肺炎疫情防控工作常态化条件下，集团公司在全国“两会”、第三届国际进口博览会、北戴河暑期安保等重大活动期间，严格落实企业主体责任，加强升级管控措施，坚持超前部署、督导检查、企警联动、坚持现场推进，狠抓跟踪落实，紧盯重点目标、部位和环节，跟踪督办隐患整改和升级管控措施落实，确保万无一失。

2. 驻疆重点地区反恐维稳

集团公司贯彻落实党中央治疆方略，围绕新疆维吾尔自治区社会稳定和长治久安总目标，打好“组合拳”。2020 年初将驻疆在疆企业安保防恐工作纳入工作要点重点部署，强化指导，在落实政策、资金上全力支持，确保一级响应常态化反恐维稳措施有效落实。紧盯穆斯林斋月和“7・5”等重要敏感时期反恐维稳升级管控，专门部署驻疆企业强化力量手段、扎实应急准备，坚持严防严守，确保敏感节点平稳安全。

3. 重点涉恐要素管控

散装汽油实名制管控。各成品油销售企业切实规范和加强散装汽油购销安全管控工作，严格落实地方公安机关部署要求，因地制宜、科学布设散装汽油购销系统，加强自助加油环节监管，确保风险可控、受控。

成品油流通领域“三黑”问题治理。引导销售企业主动协调地方政府持续发力，推动“三黑”问题治理长效机制落地见效。2020 年成品油销售企业累计摸排报告违法经营行为线索 4215 条，配合地方政府和公安机关打击取缔“黑窝点”2310 个、查获非法油品 38540 吨、查封运销油品车辆 3697 台、查扣拆除非法加油设备设施 2145 台、查处违法犯罪嫌疑人 1298 人。

新疆历史遗留石油勘探爆炸物品清理。严格落实公安部、新疆维吾尔自治区公安厅开展常态化清理和“队伍不撤、力量不减”要求，督导东方物探 2020 年投入清线人员 295 人次，运输设备 75 台，专用清理设备工具 300 余台（套），累计清理历史测线工作量 30047 万千米，清理遗留震源弹 12283 千克、雷管 1452 发、遗留炮井 735 口。配合当地政府部门和公安机关开展遗留爆炸物品应急处置29次，收缴销毁遗留震源弹125枚144千克、雷管61发，处置遗留炮井16口，协助地方公安机关安全销毁非勘探炸药5千克、雷管3发，有效消除安全隐患，展示中国石油负责担当的社会形象。

4.“反内盗”长效防范治理机制

将企业“内盗”问题治理作为一项长期性、基础性工作重点推进。严格落实“四个一批”工作目标，坚决铲除“里勾外连、监守自盗”违法犯罪活动。2020年，各企业协助公安机关查破内盗案件22起，查获企业内部和承包商涉案人员55人。检察机关批捕26人、刑事拘留10人。各企业严格追责、查堵管理漏洞，对12家涉案二级单位分别给予扣减业绩奖励、取消年度评先选优处理；对1名相关责任人给予党纪政纪处分和扣减业绩奖励处罚；对7家承包商企业采取处以罚金或扣除抵押金处理；13名涉案外雇劳务人员全部解聘，有效净化企业内部治安环境。

5.国家行业标准达标建设

按照国家反恐办、部际联席会议和集团公司党组部署要求，明确“企业分管领导和保卫部门、二级单位、重点目标主要负责人”四级责任，指导企业结合生产经营形势，及时调整计划、加快实施进度、保障资金渠道，确保一级重点目标达标建设按计划完成，二级、三级重点目标有序推进。根据疫情影响和低油价带来的挑战及时提出要求，做到年初重点部署、年中重点推进、年末重点督办，动态跟进、持续推动。集团公司21552个一、二、三级重点目标达标率94.48%，其中总体防范、人力防范、实体防范、技术防范达标率分别为92.93%、96.25%、98.50%、93.30%。

6.油气安保顶层设计

安保防恐管理体系化建设智能化发展。持续深入推进安保管理体系试点，组织召开7家单位体系试点方案专家研讨会，及时总结试点单位经验做法、完善试点方案，按照成熟一个、批复一个原则，确保试点工作按计划开展。推动实现数据多维度采集、大数据运用、智能化分析、可视化推送。

国家行业标准和企业标准体系。积极配合国家反恐办完成《防范恐怖袭击的重点目标分类分级办法》石油石化部分编制工作。牵头承担石油石化治安反恐国家行业标准管道部分起草工作，组织国家管网公司、中国石化、中国海油等企业按计划启动。积极开展企业标准修订，及时协调集团公司社会安全专业标准化技术委员会完成立项，组成企标修订组分专业进行全面修订，按计划进入专家评审阶段。

重点区域企业联席会议机制。督促“黑吉辽”“津冀鲁”区域企业联席会议机制正常运行，2020年度会议以视频方式圆满召开，省级联席会议机制全面建立；经过反复研商，“陕甘宁蒙”“川渝滇藏”重点区域企业联席会议机制如期建立；驻疆企业联席会议常态运行，机制更加健全完善。

7.安保基础建设

安保防恐队伍培训。注重抓好年度培训任务，分别于2020年11月、12月在西安长庆培训中心、广州培训中心举办保卫信息系统信息员培训班、综合治理（内保）管理干部培训班，68家企业150名一线信息员和基层保卫干部，以及128名保卫部门负责人和业务骨干参加培训。

安保防恐理论研究。组织开展首次集团公司油气安保优秀论文评选活动，对81家企业上报的335篇论文进行两轮初选，从中筛选50篇进入专家评审阶段。通过工作组预审和专家组评审，评出优秀论文46篇，其中一等奖10篇、二等奖15篇、三等奖21篇，有12家单位获“集团公司油气安保工作论文征集活动优秀组织奖”。推荐6篇论文参加国家反恐办组织的反恐怖理论与实践研讨会优秀论文评选，其中3篇论文获优秀论文奖，集团公司获“优秀组织奖”，充分调动全系统保卫干部将实践经验转化为理论成果和创新安保工作积极性。

安保防恐专家选聘。按计划启动专家评审工作，在企业推荐基础上，选聘47名安保防恐专家，同步从企业保卫部门特聘9名政治过硬、经验丰富、理论扎实、能力突出的主要负责人作为特聘专家，建立56人专家队伍，为集团公司安保防恐工作科学化、规范化、专业化发展提供智力支撑和人才保障。

（乔旭烁）

离退休人员管理

【概述】 截至2020年底，集团公司所属企事业单位离退休人员586655人。其中：离休干部1980人，占0.34%；退休干部198095人，占33.77%；退休工人386580人，占65.90%。离退休管理工作人员6514人，其中专职5201人、兼职1313人。

【离退休人员政治建设、思想建设和党组织建设】 2020年，集团公司离退休管理工作全面贯彻新时代党的建设总要求，以强化“三项建设”为抓手，持续巩固提升离退休党建工作质量水平。强化政治建设。认真组织学习习近平总书记对关心下一代工作的重要指示，认真贯彻纪念中国关心下一代工作委员会成立30周年暨全国关心下一代工作表彰大会精神。组织全系统10万多名离退休人员在线收看中组部举办的“党的十九届五中全会辅导报告”“弘扬伟大抗疫精神，做好疫情防控工作”“学好用好民法典”等3场全国离退休干部专题报告会。每季度召开一次部门党总支会议，组织各离退休人员党支部书记认真学习掌握党和国家、集团公司重要会议精神、退休人员社会化管理改革有关政策及进展情况，上门宣讲政策350余次，征求意见建议200多人次，讲清集团公司党组为保障退休人员各项待遇付出的巨大努力，让大家切身感受到集团公司党组的关怀与厚爱。全系统举办3596场次20.42万名离退休人员参加的情况通报会，深入学习贯彻党中央重大决策部署及集团公司党组、各企事业党委要求。强化思想建设。组织部门12个离退休人员党支部分别召开党员大会，传达学习集团公司领导干部会议精神，党总支负责人就社会化移交等热点焦点问题为大家解疑释惑，集团公司总部600多名离退休人员到场参会。举办“深入贯彻落实党的十九届五中全会精神，推动离退休工作高质量发展”和“弘扬石油精神，凝聚奋进力量”专题党课，不断夯实党员干部的思想政治基础。借助中油即时通信、“石油金秋”微信公众号等载体，向广大离退休人员宣传党中央部署、集团公司动态、新冠肺炎疫情防护知识、正能量事例等信息3000多篇，阅读点击量超30万人次。强化组织建设。结合退休人员党员组织关系转移到居住地街道社区党组织的实际，对党总支所属党支部进行重新调整，依照程序选举产生新党支部委员会，基层组织建设更加完善。

【在京退休人员社会化管理工作】 2020年，集团公司按期完成在京退休人员社会化管理工作。成立在京单位退休人员社会化工作领导小组，组织各单位成立专门领导机构，明确职责界面和任务分工。召开在京单位退休人员社会化管理工作视频会、领导小组会议、情况分析汇报会等12次，压实各单位主体责任。每月召开一次领导小组会议，强调依法合规，实现闭环管理。及时与北京市相关部门、辖区和兄弟央企沟通对接125次，摸底相关情况，积极争取支持。先后编制在京单位、集团公司总部退休人员社会化工作实施方案及总体安排，邀请北京市有关部门开展退休人员社会化移交培训辅导。加强与企事业单位沟通协调，处理舆情信息305条，跟踪掌握离退休人员思想动态。通过扎实开展在京退休人员基本信息采集确认、承诺书制定印发、党员信息分类统计等大量基础性工作，于9月21日顺利取得北京市人社局复函。完成首批全部7476份人事档案和4026名党员组织关系的移交工作、移交完成率100%。召开北京、华北片区座谈会，以及部分单位处级干部座谈会，组织30余家重点单位讨论梳理退休人员社会化管理形势下企业离退休服务管理工作的思路方向和职责界面，努力为做好补位衔接、实现平稳过渡创造良好条件。

【离退休人员待遇落实】 2020年，集团公司认真贯彻党和国家养老助老惠老政策，确保将离退休人员政治待遇和生活待遇落到实处。集团公司党组邀请原石油工业部、总公司和集团公司老领导参加集团公司2020年工作会议，召开老领导座谈会，传达集团公司改革发展部署和生产经营情况。集团公司党组在经营形势异常严峻的情况下做出3次节日慰问金人均标准不降低的决定，为离退休人员吃下定心丸。调整退休人员统筹外费用发放方式，认真做好政策解释工作。集团公司总部和各单位严格执行离退休干部阅读文件、参加重要活动、通报情况等制度，2020年召开离退休人员座谈会、报告会、情况通报会等8297

场，参会32.92万人次；举办各类离退休人员培训班3898场，培训9.19万人次；组织离退休干部参观工农业生产442次；免费为全体离退休人员订阅《中国石油报·金秋周刊》。集团公司领导春节前夕分组看望慰问老领导及遗孀，集团公司总部和各单位在元旦、春节、“五一”“七一”、国庆、重阳、抗战胜利纪念日、抗美援朝纪念日等期间，开展走访慰问离退休人员活动，向广大离退休人员传递集团公司党组和各级党委的关怀与祝福，2020年走访慰问老干部、老党员、老战士和生活困难离退休人员6.16万人次，电话询访16.43万人次。按照集团公司党组要求，依照标准为离退休人员发放3次节日慰问金。全年全系统举办各类离退休人员文化体育活动6046场，15万名离退休人员参加活动，离退休人员活动中心和老年大学日均活动人数达66528人次。

【新冠肺炎疫情防控】 2020年，集团公司离退休系统全面落实董事长戴厚良指示批示要求，以确保离退休人员生命安全和身体健康为首要任务，严格落实防控措施，加强防疫宣传引导，竭力解决离退休人员实际困难，迅速落实落细落小各项疫情防控工作。集团公司离退休人员在严格做好自身防护的基础上，以高度的政治自觉和行动自觉，通过缴纳大额党费、开展志愿服务、创作书画作品等多种形式，讴歌抗疫精神，支持疫情防控和复工复产，同舟共济，汇聚起共克时艰的强大力量。3372个基层党支部发挥战斗堡垒作用，20余万名离退休党员走向疫情防控前线，守住了离退休系统工作场所和活动场所“零疫情、零感染”的底线。

【离退休人员管理队伍建设】 2020年，集团公司离退休管理队伍紧紧围绕贯彻落实集团公司董事长戴厚良给老石油人的回信精神，扎实加强和改进作风建设，苦干实干、比学赶超蔚然成风。学习贯彻习近平总书记系列重要讲话和指示批示精神、党的十九届五中全会精神、集团公司党组重要会议精神、全国老干部局长会议精神等，不断提高政治站位，努力提高政治素养、理论水平和管理能力。严格落实“三重一大”决策制度，定期召开班子碰头会、工作例会，集体研究决策重大工作事项，各项工作更加严谨规范。以“信息化助推离退休工作精准化规范化建设上水平的实践与思考”为题组织开展调研工作，形成调研成果并报送中组部老干部局。对2019年度离退休工作103篇优秀论文进行评选表彰并统一编印出版发行，对优秀论文作者、215名离退休系统宣传思想工作优秀通讯员给予表彰，鼓励工作人员立足岗位钻研业务。举办集团公司离退休人员管理办公平台应用管理及统计培训班，105家企事业单位176名学员参加培训。定期召开部门专题学习会、工作总结会和业务交流会，不断提升工作人员理论素养、业务能力和服务水平。结合工作实际制定加强作风建设工作方案，组织离退休人员深入学习贯彻董事长戴厚良给老石油的回信精神，认真践行“马上就办、担当尽责”，着力强化工作队伍作风建设。大力宣传各单位学习回信精神情况，积极营造深刻领会回信精神、依照回信完善工作、对标回信检视工作的良好氛围。

（魏毓一）

保密管理

【概述】 2020年，集团公司保密密码工作克服新冠肺炎疫情带来的不利影响，聚焦定密管理、网络保密管理、涉密人员管理，进一步夯实保密工作基础。集团公司保密工作继续保持安全平稳的态势，国家秘密保护总体安全可控，执行保密法律法规基本到位；商业秘密保护创新发展，管理体系试点取得阶段性成果；“依法治密”基础不断夯实，10余项保密制度和规范性通知出台实施；保密检查实现新突破，“拳头”和“利剑”作用充分体现；保密技术持续发挥优势，网络信息保密迈上新台阶；关注焦点加强密码工作，为信息安全传输提供保障；宣教活动紧贴实际，“两识”教育取得新成果。

【保密委员会（密码工作领导小组）调整】 2020年，按照《关于非常设机构调整清理情况的通知》，集团公司保密委员会（密码工作领导小组）组成调整为：主任（组长）刘跃珍，副主任（副组长）李越强、徐新福、匡立春、古学进，委员（成员）王龙、刘文涛、马晓峰、李刚、宋文国、蒋汉才、于开敏、孙明旭、裴颖、何海清、陈俊豪、付斌、宋文杰、刘合年、焦向民、于国锋、邹才能、韩景宽、闫伦江。

保密委员会（密码工作领导小组）下设办公室，办公室设在集团公司办公室，王龙兼任办公室主任，石继宁担任办公室副主任。

【制度建设】 2020年，《集团公司涉商业秘密人员保密管理办法》《集团公司保密违法违规行为处分办法》《集团公司内部资料保护管理办法》《集团公司领导干部保密责任制管理办法》《集团公司保密重点单和要害（重点）部门部位保密管理办法》等制度印发实施，保密制度体系进一步完善。

【监督检查】 2020年，首次在集团公司总部开展现场检查，首次以“四不两直”方式开展保密工作突击检查，首次以定密工作为重点内容开展专项检查，覆盖6个集团公司总部部门、2个专业公司和1个企事业单位。抽查专网计算机和广域网计算机，发现定密不规范、基础工作不扎实、技术秘密管理不到位、保密人员业务能力不足等问题59处，提出整改建议50余项。

【保密技术】 2020年，集团公司信息内容审计平台2.0项目通过等级保护三级测评。数据分类分级试点工作正式开展部署终端计算机34万台，集团公司企事业单位关键部门覆盖率95%以上，实现网络侧发现的敏感信息外发事件量下降近70%，新增敏感信息外发拦截提醒功能，发送者累计取消疑似标密文件外发5万次，有力提升集团公司数据资产的安全保密水平。商业秘密信息系统测评工作有序推进，中国石油邮件系统、中油国际文档加密系统、川庆钻探科技管理系统及保密管理信息平台、国有资产监督管理运行系统、纪检监察组企业监督执纪问责信息系统等6个系统首批通过测评，开辟商业秘密信息合规传输的新渠道。办公专网日常管理持续加强，办公专网顺利取得运行许可证；办公专网技防体系进一步完善，新用户身份认证系统及登录Key得到启用，打印与光驱刻录监控审计系统部署和打印机终端管控盒安装调试全面完成。

【宣传教育】 2020年，集团公司组织举办以“依法治密、精准定密、严格守密”为主题的保密宣传周活动，超过19万人完成线上答题，66万人次通过“中油e学”平台学习保密知识，1833名涉国密人员通过线上考试。以广州石油培训中心为试点，积极开展保密教育进课堂活动。组建30人的保密兼职培训师队伍，全年开展业务培训53场次，涵盖集团公司72家单位，保密宣教实效性进一步增强。

【标准化工作】 2020年，集团公司组织完成《保密工作现场检查评价规范》（Q/SY 25620—2018）修订。完成《商业秘密定密工作指南》11项标准制定的前期研究工作，包括《集团公司商业秘密定密工作指南》《集团公司商业秘密事项目录清单编制工作指南》《集团公司商业秘密解密工作指南》《集团公司商业秘密失泄密风险评估工作指南》《集团公司商业秘密载体制作工作指南》《集团公司商业秘密载体传递工作指南》《集团公司商业秘密载体销毁工作指南》《集团公司商业秘密信息传输工作指南（国内）》《集团公司商业秘密信息传输工作指南（跨国境）》《集团公司商业秘密信息系统建设及运行维护工作指南》《集团公司商业秘密失泄密案件查处工作指南》。

【试点建立商业秘密保护管理体系】 2020年，集团公司编写《商业秘密保护管理手册》。为保证试点工作的科学性，确保取得全面、客观、真实、有效的试点效果，8月中旬，选取20个企事业单位进行试点，其业务从油气上中下游到油田技术服务、贸易、金融、科研等全覆盖；地域上7个协作组全覆盖；单位规模大中小全覆盖；保密工作能力相对强弱全覆盖。10月下旬，在大庆油田公司组织召开商业秘密保护管理体系试点工作推进会，20个试点单位保密办负责人汇报交流试点工作进展情况，20个试点单位如期完成试点工作。试点结果显示：建立商业秘密保护管理体系的思路和想法得到各单位认同，都认为建立商业秘密保护管理体系很有必要、很重要；建立商业秘密保护管理体系具有可行性，试点过程中有难度，但总体可行；建立商业秘密保护管理体系具有适用性，符合统筹商业秘密保护的要求，切合工作需要；建立商业秘密保护管理体系具有可操作性，不需要额外增加更多的成本和工作量，操作难度不大；建立的商业秘密保护管理体系具有可推广性，不同类型的试点单位均能够按期完成工作量，证明可以在全集团公司推行。

（黄照富）

档案管理

【概述】 “十三五”期间，集团公司档案工作认真贯彻落实国家档案局工作部署，紧紧围绕改革发展中心工作，牢牢把握服务企业发展宗旨，持续推进治理体系、资源体系、利用体系和安全体系建设，全面创新体制机制，提升管理和服务水平，完善基础设施和工作规范，各方面实现高质量发展。

2020年底，集团公司共有专兼职档案人员11386人，其中专职档案人员2787人；馆藏纸质档案2464万卷、4462万件，排架长度96万米，较2015年分别增加13%、12%和18%；电子档案突破2亿条，存储量262TB，较2015年增长1.7倍。2016—2020年集团公司档案工作获国家档案局各类评选奖励21项；完成15个油田346个矿权42792档资料汇交补交；与电子公文、财务管理、合同管理等业务系统集成对接，实现业务数据在线自动归档；累计提供档案利用682万卷、1000万件，为各项业务发展提供有力支持。中国石油档案馆“四个中心”建设取得阶段性重要成果。

【档案业务指导与归档利用】 2020年，集团公司档案工作强化企事业单位档案史志业务指导。组织召开集团公司档案工作暨2020年鉴工作视频会议，印发《集团公司2020年档案工作要点》《中国石油档案管理手册（2020版）》，加强档案业务顶层规划。完善《集团公司建设项目档案管理规定》，制定2020年建设项目档案专项验收计划，组织、委托组织和参加建设项目档案验收12次，参加信息化项目竣工验收5次。根据国家档案局安排，组织大庆油田等25家单位开展国际档案日专题宣传活动；完成13个档案史志编研项目结题验收；组织有关单位申报国家档案局科技项目、全国经济科技档案工作创新案例，参加中国档案学会征文等活动，不断提升专业研究能力，创新案例获评一类、二类、三类案例各1项；征文活动获一等奖、二等奖各1个，三等奖、优秀奖各4个。

探索疫情高发时期档案收集利用新模式。及时印发《关于做好疫情防控文件材料收集归档工作的通知》，列明疫情防控文件材料归档范围，并建立专题；编制“疫情防控，档案怎么办？”“疫情防控，档案怎么建？”宣传图，分享疫情期间档案管理相关经验；向国家档案局报送企事业单位档案部门抗疫事迹等材料；充分发挥档案管理系统作用，实现无接触查阅利用。2020年为全集团提供利用40万人次，复制25万余页。湖北销售、大连石化等单位制定疫情期间档案工作方案，收集整理归档疫情有关文件5000余卷件。中国石油档案馆进一步创新集团公司总部档案管理，印发《总部机关电子化归档实施方案》，实行电子文件单套制归档试点，纸质归档比例显著下降。2020年接收整理各类档案41477卷件，提供利用9108人次，复制6470页，利用3526卷件，为经营决策、巡视巡查、税收检查、法律诉讼和组织史编写等各项工作提供资料和证据支持。扎实做好管道资产处置专题建档工作。

【持续推进年度重点编研项目】 2020年，集团公司档案工作围绕中心服务大局，推进重点史志编研项目。编纂出版《石油精神——文献石油70年》，2020年6月24日在集团公司第三届石油精神论坛正式发布，94.5万石油人在线观看。全书以石油企业特有精神为脉络，首次系统研究梳理79家企业在长期发展实践中形成的212种特有企业精神，引用各类档案史料390份。这是从理论上探讨研究石油精神，用文献资料佐证石油精神的探索与尝试。

策划编纂《家书·油情》，持续培育石油特色家书品牌。持续开展石油家书征集工作，深入挖掘其背后故事，围绕“家国情怀”主题，采用征集、约稿、采编等方式，收录老英模、老领导、老院士、老会战等珍贵家书文章48篇、信封51封、信瓤87张、图片189张、视频6个、音频2个。《家书·油情》是中国能源行业乃至工业企业系统策划编纂的第一部家书著作。

持续加强通用编研工作，夯实编研基础。理顺集团公司年鉴管理职责，加强年鉴业务管理，组织召开年鉴2020卷审稿工作会议，圆满完成出版任务。完成国资委年鉴、企业年度报告等通用年鉴组编供稿工作，撰稿量近10万字。立足集团公司层面，突出档案服务集团公司大局取得的重要成果和贡献，策划编写中国石油档案工作“十三五”十件大事。积极开展史料征集工作，通过电话访谈等多种方式，征集康世恩、张尔平、赵德水等老领导、老专家各类史料138件，接受捐赠康世恩生前使用的手表1块。

【持续加强数字化档案馆建设步伐】 2020年，集团公司档案工作坚持档案业务与信息化建设有机融合，建成以数字档案为基础、网络利用为目标的档案管理系统2.0，同年6月24日通过项目竣工验收，在企事业单位全面推广。完成集团公司总部专网档案系统优化升级，进一步推进合同系统、电子招标系统、电子文件归档系统等集成工作。

中国石油数字档案馆试点通过国家验收，标志着集团公司档案工作迈入数字化阶段。按照国家档案局要求，依托档案管理系统2.0项目建设及深化应用，全面覆盖中国石油11大类业务归档和电子档案管理，电子文件在线归档和批量整理录入效率不断提升。截至2020年底，生产数据总量同比增长35.6%，系统应用效果显著。强化档案管理系统安全防护能力，遵照网络安全等级保护基本要求第三级安全要求，持续开展档案管理系统安全加固。

【疫情防控与馆库安全消防管理】 2020年，中国石油档案馆坚持“一体统筹”，强化防控责任落实。筑牢“四道防线”，强化防控措施细化。完成《档案馆疫情防控工作日报》271期、《档案馆疫情防控工作周报》37期，测温43569人次；累计消毒面积282.55万平方米，清洗消毒新风机组47台、风机盘管321台；组织开展应急演练2次，参加人员41人次，确保档案馆零疫情。

开展“安全生产月”等安全活动，严防夏季、冬季等自然灾害高发期的安全风险，组织月度安全检查、消防专项检查、月度安全沟通会等10余次。坚持每日安全巡视检查，对发现的问题及时监督整改，2020年巡查库房3685间次。组织节能降耗专题研讨会3次，制定节能降耗措施11项。编制档案馆安全风险防控管理办法、消防专项检查报告、档案馆消防安全管理工作报告和档案馆空调清洗专项工作报告等，形成安全工作周报46期，安全月报10期。

（中国石油档案馆）

党建、思想政治工作与企业文化建设

党建工作

【概述】 2020年，面对新冠肺炎疫情和低油价带来的严峻挑战，集团公司党组以习近平新时代中国特色社会主义思想为指导，全面贯彻党的十九大和十九届二中、三中、四中、五中全会精神，认真落实新时代党的建设总要求和新时代党的组织路线，以《中国共产党国有企业基层组织工作条例（试行）》为基本遵循，落实“中央企业党建巩固深化年”专项行动部署，推动党建工作提质、增效、升级，“两个前列”目标全面实现并不断巩固，引领和保障企业高质量发展。集团公司在国务院国资委党委2019年度中央企业党建工作责任制考评中连续第三年获评A级。

截至2020年底，集团公司有基层党委2460个、党总支2066个、党支部29630个，党员总数500657人，其中在岗党员477640人、退休党员14854人，女党员123160人。

【学习贯彻习近平新时代中国特色社会主义思想】 把学习贯彻习近平新时代中国特色社会主义思想作为首要政治任务，持续推动大学习大普及大落实。制定印发巩固深化“不忘初心、牢记使命”主题教育成果26条措施，从9个方面系统安排部署、细化落实举措。2020年“七一”前夕，举办“贯彻落实习近平总书记重要指示批示精神，战严冬、转观念、勇担当、上台阶”专题视频党课，集团公司党组书记、董事长戴厚良向全系统党员授课，广大党员干部通过4万多个终端收看直播。各级党组织2020年组织专题学习习近平总书记关于中国石油重要指示批示精神3.3万场次，参与党员89.6万人次。

【基层党组织建设】 2020年，牢固树立大抓基层鲜明导向，健全完善组织体系，持续强化基层党组织政治功能和组织功能，推动党的组织、党的工作在有形覆盖基础上实现有效覆盖。持续推进党支部达标晋级管理，强化基层党组织换届指导，2020年评定示范和优秀党支部10215个，6310个基层党组织如期完成换届。制定《贯彻落实〈2019—2023年全国党员教育培训工作规划〉举措清单》，各单位分层分类轮训党员130万人次。按照中组部、国务院国资委党委部署开展“党课开讲啦”活动，累计讲授专题党课3.7万场次、覆盖79.9万人次，评选精品党课165个。指导各单位召开2020年度专题组织生活会和民主评议党员，48.7万名党员参加，其中134848名党员被评为“优秀”，按程序对不合格党员做出组织处置。与持续整顿软弱涣散基层党组织有机结合，梳理下发基层党建存在和可能出现的问题清单，组织基层党组织逐项对照自查，召开进一步提升基层党建工作质量推进会，组织举一反三，补齐短板弱项。2020年8月，中组部副部长张建春一行深入大庆油田调研指导，对集团公司基层党建工作给予高度评价。新冠肺炎疫情期间，印发《关于充分发挥各级党组织和党员干部作用坚决打赢疫情防控阻击战的通知》，近2万个基层党组织、4.9万名党员干部直接投身抗疫第一线，147名抗疫一线人员递交入党申请书、31人火线入党，全系统党员自愿捐款7386.6万元。

（刘　猛　姜嘉彤）

【直属党组织建设】 2020年，以中央企业党建工作责任制考评现场考核迎检工作为契机，规范集团公司总部部门组织生活会、民主评议党员、发展党员等7个方面工作，进一步提高党内组织生活质量。结合不同时期新冠肺炎疫情防控特点，分4次划拨党费1484.75万元，支持新冠肺炎疫情防控工作。组织党员自愿捐款支持新冠肺炎疫情防控，参与捐款党员42171人，捐款金额678.42万元，党员参与率92.9%，人均捐款160.87元。印发《党建工作常用制度文件汇编》《党建工作流程、模板和常用表单》，规范基础工作。下发《关于做好2020年基层党组织按期换届工作的通知》，对应换届的直属党组织进行提醒督促，开展直属党代表增补工作，进一步加强党代表队伍建设。协调指导党组织设立、划转等工作，将天然气销售东部分公司等3家企事业单位党组织纳入直属党委管理，将中国石油企业协会党支部划转至中国石油和化学工业联合会党委管理，协调中油管道、北京油气调控中心等单位党员组织关系整体划转至国家管网集团。表彰直属优秀共产党员233名、优秀党务工作者121名、先进基层党组织120个。发展党员915名，解决党员空白班组 212 个，计划指标完成率连续 4 年保持 100%。在线培训集团公司总部、专业公司、直属单位 342 名发展对象和入党积极分子。有序推进集团公司总部及在京单位 4026 名退休党员组织关系向地方划转。开设直属党委党费专用账户，组织开展党费管理人员备案，逐级公示党费收支情况，全面推进党建信息化平台在线收缴党费，实现闭环管理。

（宗　图）

【党建责任体系建设】 2020 年，研究制定集团公司 2020 年党的建设工作要点，召开年度党建工作会议，组织党建工作例会，安排部署重点任务。坚持完善“大党建”工作格局，所属单位党委均建立党委委员责任清单，连续第四年举办行政干部党建“一岗双责”示范培训班，160 名处级行政干部参加。在此基础上，首次举办所属单位党委班子成员党建“一岗双责”培训班，培训党组管理企业副职 825 人。围绕提升领导班子凝聚力、党员干部执行力、员工队伍战斗力、企业发展成长力，采取定性与定量相结合的方式，对 131 家所属单位党委开展党建工作责任制考核，考核项同比压减 47%，在业绩合同中将党建工作从约束类指标调整为运营类指标，权重从原 ±3 分调整为 10%，充分发挥考评“指挥棒”作用。通过视频形式启动新一轮（2019—2021 年度）党委书记抓基层党建述职评议，首次将党委副书记纳入述职范围，50 家单位党委书记和 10 家党委副书记分 6 场进行 2019 年度现场述职，进一步指导各单位将述职评议向基层延伸，推动党建责任层层压紧压实。

【党建制度体系建设】 2020 年，将党内法规制度纳入党员干部培训和基层党支部“三会一课”内容，以视频形式举办国有企业基层党组织工作条例和基层党组织选举工作条例宣贯培训，对全系统 1.7 万名党务干部进行集中辅导，推动制度规定落实落地。及时根据党中央和上级精神，结合工作需要配套出台加强基层党建制度文件，集团公司层面制定《关于加强班组党员覆盖的指导意见》《关于进一步规范党支部主题党日的实施意见》等制度，各单位累计制修订党建工作制度 523 个，推动建立系统完备、科学规范、运行有效的党建工作制度体系。

【党建保障体系建设】 2020 年，落实国务院国资委党委“两个 1%”要求，强配配强专职党务干部，持续规范党组织工作经费管理使用。强化党建业务培训，连续第四年举办基层党支部书记示范培训班和党建工作部门业务骨干培训班，培训 197 名基层党支部书记、140 名党建业务骨干，各级党组织 2020 年集中培训基层党组织书记 6.8 万人次、党务人员 7.7 万人次，持续提升基层党组织带头人和党务干部队伍素质。

【党建研究平台】 2020 年，聚焦企业党建重点、热点、难点问题开展课题研究，以研究深化认识、推动工作，2020 年集团公司层面立项组织高质量党建引领高质量发展等 4 项重点课题研究，下发 56 项党建研究课题参考选题，各单位结合实际开展 560 项课题研究。党建研究分会组织评选 2019 年度党建研究成果，表彰优秀党建研究成果 150 项，编辑出版《2018—2019 年度党建研究成果》专刊，推广交流 37 篇优秀成果。集中力量开展国家高端智库自主选题研究工作，研究成果得到上级部门领导和专家肯定。

【党建工作交流平台】 2020 年初，人民日报刊发《中国石油促进企业党建与生产经营融合——党员加油干 岗位建新功（国企党建典型）》，交流集团公司推进党建工作与生产经营融合情况。系统总结集团公司贯彻落实习近平总书记致大庆油田发现 60 周年贺信重要指示精神工作成效，在中组部干部五局《央企情况》刊发《中石油深入贯彻落实习近平总书记贺信精神，奋力谱写企业党的建设和改革发展新篇章》。应邀参加中组部干部五局主题党日，以党课形式从强化政治建设、推动融入融合、夯实基层基础等 6 个方面全面介绍集团公司基层党建工作经验。在国务院国资委党建工作局举办的中央企业党群（组织）处长培训班上，集团公司以《秉承“强‘三基’、固堡垒”优良传统，推动基层党支部建设全面进步全面过硬》为题交流了基层党支部建设经验。

（刘　猛　姜嘉彤）

【党建信息化平台】 2020 年，注重深化应用，高质量抓好“智慧党建”。坚持“能线上、不线下”，建设七大类一级功能，140 项二级功能，297 项三级功能，实现党工团业务一网集成。动态更新党工团组织新增、调整、换届或撤销信息，实现组织关系全面在线转接；推进线上党务、厂务和团务公开，共享岗位建功等经验做法；开展在线学习教育活动，创新员工健康管理、心理援助（EAP）、困难帮扶等服务方式，丰富线上文化活动，探索更多消费扶贫应用场景拓展服务范围；推进在线工作考核和述职测评，充分发挥平台支持管理决策功能。坚持自主开发和精品引进相结合丰富学习教育资源，推动党建网讯改版升级，加快融媒体技术应用，推进音视频内容创新，打造一批精品公众号，增强平台时代感和吸引力。落实平台管理办法和管理细则，开展党建指数体系等应用解决方案研究，深入分析党建工作数字化转型规律，为平台持续建设提供理论指导，加强“预防、检测、防护、响应”安全能力闭环建设，持续优化平台安全防护策略，加强安全风险预判和隐患识别。

（宗　囡）

思想政治工作

【概述】 2020年，集团公司宣传思想文化工作坚持以习近平新时代中国特色社会主义思想为指导，深入学习贯彻党的十九大和十九届二中、三中、四中、五中全会精神，始终坚持正确的政治方向和舆论导向，紧紧围绕集团公司改革发展大局，全面加强思想理论、新闻舆论、企业文化工作，突出抓好疫情防控宣传思想工作，唱响主旋律、弘扬正能量，为集团公司打赢疫情防控阻击战、推动高质量发展、建设世界一流综合性国际能源公司提供坚强保障。

【集团公司宣传思想文化工作会议】 2020年3月26日，集团公司召开宣传思想文化工作视频会。会议以习近平新时代中国特色社会主义思想为指导落实全国宣传部长会议和集团公司工作会议精神，总结工作、表彰先进、交流经验、部署任务。集团公司党组副书记、副总经理徐文荣出席会议并讲话。思想政治工作部总经理邱宝林作会议报告，大庆油田、长庆油田、湖北销售、中油国际公司、东方物探5家单位作经验交流，会上表彰2019年度集团公司宣传思想文化工作优秀工作者和优秀案例。集团公司总部、各专业公司、各单位相关负责人等在主分会场参会。

【大力弘扬石油精神】 2020年6月24日，集团公司举办第三届“石油精神论坛”，9个先进集体和个人宣讲践行石油精神体会，讲述中国石油贡献国家、造福社会的故事和员工爱岗敬业、拼搏奉献的事迹。联合中央党校《学习时报》和《求是》杂志等单位，研究石油精神和大庆精神铁人精神，形成并发布《新时代大力弘扬大庆精神铁人精神研究报告》《石油精神——文献石油70年》。组织集团公司首批工业文化遗产申报工作，评选并发布28个首批工业文化遗产候选项目。推进石油精神教育基地数字化工程，制定工程标准，下发三年行动实施方案，将石油精神教育基地数字化100%达标作为提升企业文化引领力的对标数据，2020年集团公司有近三分之一所属单位启动该工作。

【“战严冬、转观念、勇担当、上台阶”主题教育】 2020年，按照集团公司党组部署，以“战严冬、转观念、勇担当、上台阶”为主题，开展第18次“形势、目标、任务、责任”主题教育，贯穿全年、覆盖全员。编发《主题教育读本》《转观念参考资料》，开展“主题教育十二讲”，组织员工问卷调查，深入调研27家重点企业，收集175个提质增效典型案例，总结宣传一批先进经验。局、处两级领导干部聚焦提质增效，开展学习研讨2.3万余次，深入基层宣讲1.3万余次；2.3万个班组创新创效攻关6000余项，提出合理化建议近10万条；广大干部员工立足岗位落实提质增效具体举措。集团公司总部、138家企事业单位，3.9万多个党组织、160多万名员工参与其中，员工思想观念深刻转变，发展合力广泛汇聚，提质增效专项行动走深走实。国务院国资委评价“树立了党建思想工作的典范”。

【意识形态工作责任制】 2020年，把握党中央、国务院国资委党委要求，借鉴新疆、河北、吉林等省（自治区、直辖市）经验，对辽河油田、新疆销售、乌鲁木齐石化等单位进行专项调研，修订完善《党组（党委）意识形态工作责任制实施办法》。抓好集团公司党组第一轮巡视发现意识形态共性问题整改落实，组织10家被巡视单位召开整改落实会，要求抓住要害本质，堵塞管理漏洞，确保集团公司意识形态领域安全。开展意识形态工作督查，成立工作督查组，进行实地调研督导，系统了解各单位党委落实意识形态工作责任制情况。加强时政报道规范管理和重点信息发布审核力度，印发《中国石油天然气集团有限公司时政报道规范》，补充完善《集团公司新闻报道和公文稿件慎用词汇表》，进一步规范集团公司和党组领导等重要会议、活动相关报道。

【新冠肺炎疫情防控宣传思想工作】 2020年，集团公司将做好新冠肺炎疫情防控宣传思想工作作为政治任务、头等大事，以战时状态统筹做好思想教育和舆论引导工作。及时传达学习习近平总书记关于疫情防控的重要讲话、党中央的科学判断，传递集团公司党组的关心关怀，印发《关于切实做好新型冠状病毒感染肺炎疫情防控期间思想政治工作的通知》，通过心理热线、走访慰问等线上线下方式，做实做细员工思想工作，坚定百万员工战胜疫情的信心决心。做好应对新冠肺炎疫情宣传工作，开展“夺取疫情防控和高质量发展双胜利”主题宣传活动，突出宣传中央决策部署、中国石油保障油气和防疫物资供应的务实举措、干部员工防疫抗疫感人事迹，各大媒体发布信息6000余篇、总浏览量突破5200万次。

【典型选树】 2020年，集团公司抓好央企优秀共产党员、央企楷模、集团公司优秀共产党员陈建军的宣传。推荐集团公司援藏干部、最美支边人梁楠郁成为央企楷模。选树宣传抗击新冠肺炎疫情先进典型，武汉宏图大道加油站获全国抗击新冠肺炎疫情先进集体（全国唯一一座获此殊荣的加油站），1名个人、5个集体获中央企业抗击疫情先进典型，石化院兰州中心、昆仑燃气武汉东湖销售安检班组和武汉销售公司马婷、胡兰兰获中国石油和化学工业联合会疫情防控工作先进集体和先进个人。举办集团公司抗击疫情表彰大会，355名先进个人、101个先进集体获得殊荣。

【“形象提升周”活动】 2020年，集团公司在长庆油田启动第三届“中国石油开放日”活动，各单位充分运用“云开放”手段，组织开放日239场次，1万多人走进中国石油。开展“中国石油形象名片”评选活动，评选出在中国石油发展历程中产生的40项遗址遗迹、经验口号、重点工程、文艺作品等，作为首批“中国石油形象名片”对外发布。组织首届集团公司文创产品评选表彰及交流推广活动，评选出四大类105个奖项。组织“为中国石油点赞”短视频评选活动，纳入集团公司新媒体大赛评选。

【企业宣传】 2020年，集团公司策划开展油气勘探、提质增效、重点工程、冬季保供、市场营销等系列主题宣传，央媒刊发信息1400余篇、网络转载7000余篇，其中人民日报43篇、新华网247篇、中央电视台75篇、中央人民广播电台57篇。抓住学习贯彻党的十九届五中全会精神、全国“两会”、脱贫攻坚、元旦春节等时政热点、关键节点，集中宣传集团公司关键举措、突出成效，举办“决战脱贫攻坚的石油力量”主题新闻发布会、冬季天然气保供新闻通气会，开展“新春走基层”“温暖回家路·铁骑返乡”“庆祝记者节”等活动。

【舆情应对】 2020年，集团公司系统推进舆情管理工作，制定《集团公司新闻宣传和信息发布保密管理办法》，召开重大突发舆情应急警示会，进一步夯实舆情管理基础。深化舆情联防联控，加强沟通联络，及时稳妥处置突发事件舆情，确保国内外舆情总体平稳。

【媒体和网站建设管理】 2020年，集团公司研究推进媒体融合发展，顶层设计媒体融合发展方案。围绕重点工作，调整优化集团公司和股份公司网站栏目内容，2020年中国石油网群开设专题专栏280多个，日均发布信息约2.2万篇，日均访问量约400万人次。着力提升新媒体运营质量，集团公司官方微博粉丝同比涨幅117%、微信“10万＋”推文涨幅280%、抖音粉丝涨幅138%，快手、微门户客户端、头条号、“直播”等官方平台平稳运行，11个海外社交媒体组成央企账号最多、语种最多的海外社交矩阵，130多家企事业单位、300多个新媒体公众号实现联动，集团公司各类新媒体用户突破6000万，传播覆盖人群4.5亿。以“战严冬、转观念、勇担当、上台阶”为主题，举办第五届新媒体内容创作大赛，收到图文、摄影、动漫H5、微电影、短视频五类作品3341部，评选各类获奖作品250余部。举办首届新媒体大会，进一步促进中国石油新媒体整体建设运营水平。

【中国石油党建思想政治工作研究会】 聚焦理论研究诠释，持续推进习近平新时代中国特色社会主义思想落地，在《学习时报》刊发《在疫情与油价双重大考中当好顶梁柱》《为打赢脱贫攻坚战贡献石油力量》《以全面从严治党保障世界一流企业建设》等理论文章。聚焦党组重大决策部署，加强阐释引导，《新时代国企宣传思想文化工作“五项使命任务”落地举措研究》《国有企业媒体融合发展创新实践》分别获中国政研会三类优秀研究成果奖；《重大突发公共事件中加强宣传舆论引导工作实践研究》《建党以来国企思想政治工作基本经验研究》《加强中国特色现代企业董事会建设研究》分别获央企政研会一等奖、二等奖、三等奖，集团公司获优秀组织奖。聚焦服务基层，持续完善课题选题立项、调研、对外联系沟通等机制，增强研究合力。强化成果推广应用，主动向上级推荐研究成果，选编优秀成果在会刊《石油政工研究》、新媒体和党建信息化平台等刊发。

（赵沿旭）

企业文化建设

【概述】 2020年，集团公司持续实施文化强企战略，加强企业文化战略规划研究，围绕强化党对企业文化建设的领导、推动文化转型升级、提升文化引领、建构新时代具有中国石油特色的先进文化，编制完成《集团公司“十四五”企业文化建设规划（征求意见稿）》。推动地区公司间的企业文化交流互鉴，分东北片区、西北片区召开两场企业文化现场会，42家单位从企业文化理论研讨、企业文化典型案例分享和“十四五”企业文化建设规划意见建议等方面进行现场交流，推动基层文化建设的再思考再深入，对企业文化建设“十四五”开局产生动员效果。

【社会主义核心价值观培育和践行】 2020年，集团公司贯彻落实《关于进一步培育和践行社会主义核心价值观的实施意见》，通过宣传教育、选树典型、实践养成，培育和践行社会主义核心价值观。深化石油精神再学习再教育，深入开展石油精神研究、探索、宣传，深挖蕴含的时代内涵，以弘扬石油精神和大庆精神铁人精神作为培育和践行社会主义核心价值观的实际行动。

【精神文明建设】 2020年，集团公司推进精神文明创建，推荐申报上海销售、西南油气田重庆气矿并获评第六届全国文明单位，完成第五届全国文明单位——山东销售、西气东输和川庆钻探的实地复核。协调拍摄《玉树春花》《石油的故事》纪录片，摄制《天边加油站》电影并组织干部员工观看。开展两场“送文化到海外”系列直播慰问演出，9万余名观众通过网络线上观看。举办“千江有水千江月”慰问海外员工云直播中秋晚会，集团公司董事长、党组书记戴厚良在云直播活动中向海外石油员工送去节日的祝福，平台浏览观众近400万人次，国内外员工同观看、心连心，传递集团公司党组温暖、凝聚员工力量。

（赵沿旭）

基层建设

【概述】 2020年，把弘扬石油精神、大庆精神铁人精神作为提升基层建设水平的有效手段，持续扩大基层石油物质文化遗产保护，将石油精神教育基地的数量扩大到近200个，持续推动基层建设与企业文化的相融互促。将100余家地区公司基层建设自主调研报告摘要汇编，形成《问道基层——集团公司基层建设经验集》，出版2019—2020年度基层建设优秀案例。

【送书工程】 2020年，借助中油阅读APP平台，开展全员读书活动和送书工程。中油阅读APP平台已经成为石油员工开展学习和文化交流的重要阵地，百万石油员工注册。通过在线讲座、直播带货、观影互动、考试辅导、阅读分享、持续增加图书量等方式，提升用户黏性。“石油精神论坛”“文创产品推广交流活动”“电影《天边加油站》观影”都借助中油阅读APP的直播功能和虚拟影院功能，取得良好的传播效果，成为文化传播的有效载体。

【职业道德规范确认书】 2020年，组织集团公司总部、专业公司、地区公司共145家单位的198名2019—2020年新晋集团公司党组管理的高级管理人员签订职业道德规范确认书。

（宗　囡）

群团工作

【概述】 2020年，坚持以习近平新时代中国特色社会主义思想为指导，按照上级要求，认真贯彻落实集团公司党组部署，紧密围绕企业中心工作，积极履行引领凝聚、组织动员、联系服务基本职能，团结带领广大员工为高质量推进世界一流综合性国际能源公司贡献力量。

【开展劳动竞赛】 2020年，在上游企业开展“大力弘扬石油精神、持续提升勘探开发能力”主题劳动竞赛，通过勘探开发“六比六赛六提升”活动，进一步激发广大员工的参与热情和创造活力，为集团公司持续提升勘探开发能力，推动勘探开发业务高质量发展提供保障。

【扶贫帮困送温暖活动】 2020年，印发《关于进一步加强帮扶资金规范管理的通知》，指导和督促各企事业单位按照精准识别、精准帮扶、精准管理的原则，持续做好扶贫帮困送温暖工作，帮助困难人员解决现实问题，促进企业队伍凝心聚力、和谐稳定。新冠肺炎疫情期间，累计开展各类困难员工帮扶14.67万人次。

【青年岗位建功活动】 2020年，按照共青团中央和中央企业团工委部署，以“号声嘹亮·青年文明号向祖国报告”为主题，以学习教育、创先争优、服务群众、职业体验、主题宣传、分享交流、形象展示等活动为载体，开展“我承诺、我服务，我文明、我快乐”践行文明承诺，“青年文明号优质服务示范周”“青年文明号节约示范行动”等活动，组织动员各级青年文明号集体和团员青年积极投身企业高质量发展。活动结束后，将大庆油田优秀案例及成果报送至共青团中央。以“学雷锋树新风、学铁人立新功”为主题，以“宝石花”青年志愿服务队为组织单元，2020年有3590支青年志愿服务队、11.7万余名青年志愿者围绕“中心”抓服务、立足“安心”抓服务、汇聚“爱心”抓服务、强化“关心”抓服务，围绕企业安全环保、疫情防控、社区服务、爱心助学、敬老爱老等方面开展志愿服务，展示石油青年心系社会、乐于奉献的精神风貌。

【直属工会工作】 2020年，开展职工合理化建议和经济技术创新成果征集活动，组织动员广大职工围绕提质增效建言献策，收到提报职工优秀合理化建议142项、经济技术创新成果148项。开展“提质增效促发展、服务基层转作风”优秀工作案例征集活动，促进集团公司总部服务企业发展的工作质量效率不断提升。做好扶贫帮困工作，为42家直属单位下拨资金1821万元，及时把组织的温暖送到困难职工身边。贯彻落实集团公司扶贫工作要求，在春节、端午节和中秋节会员慰问品采购中，选择的扶贫产品种类和支出金额均占70%以上，合计采购扶贫产品153.86万元，超额完成集团公司下达任务指标。加强职工身心健康管理，结合体检情况，做好一对一健康咨询答疑，制订职工身心健康促进方案，通过开展心理健康援助、职工健身活动等途径，促进提升职工健康水平。

【直属共青团与青年工作】 2020年，加强青年思想政治引领，持续抓好新媒体阵地建设，成立直属团委“小油滴”青微工作室，进一步创新“青年之声”广播站形式内容，探索组织在线论坛，围绕理论学习、形势任务教育、服务青年等主题，累计发布推文、音频360余期。组织“直属机关青年思想政治引领工作现状和提升路径”课题研究，开展青年思想状况和青年工作问卷调查，调研15家中央企业团委青年工作好经验、好做法。加强共青团和青年工作组织建设，撤销、合并不足3人团组织74个，推动3家单位成立团组织、17家单位按期完成换届、3家单位成立青年工作委员会。分两期组织699名团干部参加中央团校“魅力夜校”在线公益培训项目。组织“五四”评选表彰，命名29家直属青年文明号，表彰青年岗位能手158名，评选10名第四届十佳青年岗位能手。组织第二届直属青年岗位创新大赛，动员青年投身提质增效专项行动，6000余名青年通过“铁人先锋”平台在线收看。

（宗　囡）

光荣榜

【2020 年全国劳动模范】 36 人：

刘　丽　大庆油田有限责任公司第二采油厂第六作业区采油 48 队采油工班长

张永平　大庆油田有限责任公司采油工程研究院技术专家

赵奇峰　辽河油田公司欢喜岭采油厂采油作业三区 8 号站采油工

陈思杨　长庆油田公司第二采气厂应急维护班班长

顾　燕　长庆油田公司第三采油厂吴起采油作业区吴一联中心站副站长、党支部书记

吴春生　长庆油田公司第十采油厂采油工艺研究所副所长

杨海军　塔里木油田公司企业首席技术专家

郭旭光　新疆油田公司勘探开发研究院副院长兼勘探研究所所长

杨　忠　西南油气田公司川中油气矿磨溪开发项目部西眉清管站副站长

冯展好　吉林油田公司扶余采油厂采油十二队中转站集输班班长

金凤鸣　大港油田公司人才开发中心首席技术专家

杨永磊　青海油田公司格尔木炼油厂工人

黄京生　华北油田公司第一采油厂西柳采油作业区西柳 10 转油站站长

文　盛　玉门油田公司炼油化工总厂焦化车间班长

潘大龙　大庆石化公司炼油厂班组长

李　艳　吉林石化公司炼油厂加氢一车间化工一班操作工

边　江　抚顺石化公司石油一厂酮苯一车间工艺一班班长

孙青先　兰州石化公司石油化工厂乙烯联合车间操作工

曾飞鹏　独山子石化公司乙烯厂乙烯一联合车间主任

李晓波　大连石化公司建筑安装工程有限公司检修二车间三班班长

杨振巍　锦西石化公司重整车间主任

陈志国　大庆炼化公司聚合物一厂丙烯腈车间车间主任

张　磊　广西石化公司生产一部副主任

杨丽芳　广东石化公司设计管理部主任

巩怀华　庆阳石化公司运行一部班长

张庆明　吉林销售公司松原分公司双龙加油站副站经理

孙玲玲　青海销售公司质检站站长

李一蕾　西藏销售公司日喀则分公司干事

谭文波　西部钻探工程有限公司试油公司工程技术研究所新技术推广分公司高级技师

康　辉　渤海钻探工程有限公司第三钻井工程分公司 40505 钻井队队长

张　勇　川庆钻探工程有限公司川西钻探公司工人

詹仕凡　东方地球物理勘探有限责任公司首席技术专家

李　鹏　测井有限公司长庆分公司安全副总监

董　旭　管道局工程有限公司东南亚项目经理部党委书记、总经理

白景阳　寰球工程有限公司吉林化建工程有限公司安装公司白景阳电焊班班长

魏晨吉　勘探开发研究院油田开发研究所阿布扎比项目部主任

【全国“安康杯”竞赛活动优胜单位】 2 个：

新疆油田公司石西油田作业区

兰州石化公司

【中国青年五四奖章】 1 人：

冯萌萌　大港油田公司第二采油厂第二采油作业区注采二组副组长

【全国向上向善好青年】 1 人：

滕少臣　大庆油田有限责任公司第二采油厂工程技术大队仪表室主任

【全国青年岗位能手标兵】 1 人：

罗灵力　独山子石化乙烯厂乙烯一联合车间副主任

【全国青年岗位能手】 12 人：

刘永保　大港油田公司第三采油厂第五采油作业区第

注：光荣榜引用单位名称均依据获奖文件。

一采油管理站副站长
李　鑫　吉林石化建修公司班长
张　实　吉林石化建修公司副班长
杨　希　锦州石化公司质检部设备管理工程师
潘志榆　管道分公司仪表自动化主管
黄珂珂　中国石油天然气第一建设有限公司第一工程处电焊工
潘若生　吉林油田油气工程研究院三次采油研究所副所长
张兆奇　大庆油田钻探工程公司副队长
杨永纳　兰州石化炼油厂催化二联合车间班长
田　刚　长庆油田第二采油厂生产技术室主任
唐永亮　塔里木油田勘探开发研究院天然气所库车评价开发室主任
薛正才　工程建设公司第一建设有限公司第三工程处电焊工

【全国优秀团干部】 1人：
张　艳　长庆油田第二采油厂团委副书记

【全国优秀共青团员】 2人：
李胤搏　锦州石化公司重整车间操作员
何玉环　云南德宏销售分公司章凤加油站经理

【全国五四红旗团委】 2个：
大庆油田有限责任公司团委
吉林石化公司团委

【全国五四红旗团支部】 1个：
辽河油田曙光采油厂采油作业三区火驱注空气站团支部

【全国青年安全示范岗】 4个：
浙江销售公司文二西路加油站
锦州石化公司蒸馏车间减压岗
华北油田公司第一采油厂同口采油作业区同二采油站采油岗
乌鲁木齐石化公司炼油厂芳烃车间芳烃三班

【全国抗击新冠肺炎疫情先进集体】 1个：
湖北销售分公司武汉分公司宏图大道加油站

【集团公司特等劳动模范】 46人：
李新民　大庆油田有限责任公司中东分公司经理、党总支副书记
刘　丽　大庆油田有限责任公司第二采油厂第六作业区采油48队采油工班长
张永平　大庆油田有限责任公司采油工程研究院技术专家
裴明波　大庆油田有限责任公司勘探开发研究院地震解释一室主任工程师
赵奇峰　辽河油田公司欢喜岭采油厂采油作业三区8号站采油工
陈思杨　长庆油田公司第二采气厂作业三区应急维护班班长
吴春生　长庆油田公司第十采油厂采油工艺研究所副所长
顾　燕　长庆油田公司第三采油厂吴起采油作业区吴一联中心站党支部书记、副站长
毕　楠　长庆油田公司第五采气厂作业一区采气工
杨海军　塔里木油田公司首席技术专家
郭旭光　新疆油田公司勘探开发研究院副院长兼勘探研究所党总支书记、所长
杨　忠　西南油气田公司川中油气矿磨溪开发项目部西眉清管站副站长
冯展好　吉林油田公司扶余采油厂采油十二队中转站集输班班长
金凤鸣　大港油田公司人才开发中心首席技术专家
杨永磊　青海油田公司格尔木炼油厂电焊工
黄京生　华北油田公司第一采油厂西柳采油作业区西柳10转油站站长
文　盛　玉门油田公司炼油化工总厂焦化车间班长
潘大龙　大庆石化公司炼油厂班组长
李　艳　吉林石化公司炼油厂加氢一车间化工一班操作工
姜　涛　吉林石化公司乙烯厂乙烯车间化工四班值班长
边　江　抚顺石化公司石油一厂酮苯一车间工艺一班班长
孙青先　兰州石化公司石油化工厂乙烯联合车间操作工
曾飞鹏　独山子石化公司乙烯厂乙烯一联合车间主任
李晓波　大连石化公司建筑安装工程有限公司检修二车间三班班长
杨振巍　锦西石化公司重整车间主任
陈志国　大庆炼化公司聚合物一厂丙烯腈车间主任
张　磊　广西石化公司生产一部副主任
杨丽芳　广东石化公司设计管理部主任
巩怀华　庆阳石化公司运行一部运行丁班班长
张庆明　吉林销售公司松原销售分公司双龙加油站副站经理
孙玲玲　青海销售公司质检站站长
李一蕾　西藏销售公司日喀则销售分公司干事
聂　伟　浙江销售公司宁波销售分公司福洋、甬一、姚隘加油站经理

谭文波　中国石油集团西部钻探工程有限公司试油公司工程技术研究所新技术推广分公司高级技师
高维明　中国石油集团西部钻探工程有限公司吐哈钻井公司 50638 钻井队队长兼党支部书记
康　辉　中国石油集团渤海钻探工程有限公司第三钻井工程分公司 40505 钻井队队长
张　勇　中国石油集团川庆钻探工程有限公司川西钻探公司工人
詹仕凡　中国石油集团东方地球物理勘探有限责任公司首席技术专家
李　鹏　中国石油集团测井有限公司长庆分公司安全副总监
谢小丽　中国石油集团测井有限公司辽河分公司危险品管理中心女子装炮队队长
董　旭　中国石油管道局工程有限公司东南亚项目经理部党委书记、总经理
李兆明　中国石油工程建设有限公司中东地区公司党工委书记、总经理
白景阳　中国寰球工程有限公司吉林化建工程有限公司安装公司白景阳电焊班班长
魏晨吉　勘探开发研究院油田开发所阿布扎比项目部主任
张建立　中国石油国际勘探开发有限公司中油国际（阿曼）公司总经理
刘　强　中国石油国际事业有限公司中国石油国际事业（巴西）公司经理

【集团公司劳动模范】 429 人：

周万成　大庆油田有限责任公司钻探工程公司钻井三公司装备资产科干事
张　晶　大庆油田有限责任公司钻探工程公司钻井二公司 1205 钻井队队长
张有兴　大庆油田有限责任公司第一采油厂第四油矿中十八采油队采油班长
张　尹　大庆油田有限责任公司第二采油厂第二作业区采油 4−6 队队长
褚洪芳　大庆油田有限责任公司第三采油厂第一油矿 206 队党支部书记
周恒仓　大庆油田有限责任公司第四采油厂作业大队作业十四队井下作业工班长
赵福冬　大庆油田有限责任公司第四采油厂第二油矿修旧利废班班长
段志杰　大庆油田有限责任公司第五采油厂第三油矿杏十三—Ⅰ联合站党支部书记
王金成　大庆油田有限责任公司第七采油厂第三油矿 728 队采油工
刘　磊　大庆油田有限责任公司第八采油厂第四油矿矿长
侯文斌　大庆油田有限责任公司第十采油厂第一油矿朝一联合站站长
伊　凯　大庆油田有限责任公司榆树林油田开发有限责任公司电力管理分公司外线队队长
张　林　大庆油田有限责任公司头台油田开发有限责任公司经营管理部主任
田　野　大庆油田有限责任公司庆新油田开发有限责任公司数据管控中心责任工程师
姜洪福　大庆油田有限责任公司国际勘探开发公司副总经理、安全总监、总地质师兼中国石油大庆塔木察格有限责任公司总经理
刘国振　大庆油田有限责任公司采气分公司第二作业区副经理、主任地质师
殷　鹏　大庆油田有限责任公司天然气分公司四站储气库群项目部项目副经理
代玉梅　大庆油田有限责任公司储运销售分公司南一油库集输队综合计量工
王天明　大庆油田有限责任公司工程建设有限公司安装公司第一工程部电焊工
林庆祥　大庆油田有限责任公司井下作业分公司工程地质技术大队副大队长兼主任工程师
蒋清涛　大庆油田有限责任公司试油试采分公司射孔大队射孔四队队长
张兴彦　大庆油田有限责任公司测试技术服务分公司第三大队生产办主任
刘向斌　大庆油田有限责任公司采油工程研究院油田化学研究室主任
王舒平　大庆油田有限责任公司中国石油集团电能有限公司供电公司特种运维部副主任
孟凡军　大庆油田有限责任公司水务公司副经理
杨建伟　大庆油田有限责任公司信息技术公司软件分公司软件开发部组长
刘春义　大庆油田有限责任公司物资公司物资管理部主任
宋　霞　大庆油田有限责任公司通勤服务公司东风分公司六车队驾驶员
贺建磊　大庆油田有限责任公司装备制造集团射孔器材有限公司研究所副所长
李　斌　大庆油田有限责任公司昆仑集团水泥有限公司第三水泥厂副厂长
闫婷婷　大庆油田有限责任公司文化集团油田报社新

闻采访部记者
朱增玉　大庆油田有限责任公司工程项目管理有限公司工程管理三处副处长
王春雷　大庆油田有限责任公司消防支队特勤大队大队长
李　卓　大庆油田有限责任公司开发事业部生产管理科科长
马　刚　大庆油田有限责任公司党委组织部党建科科长
闵忠顺　辽河油田公司勘探开发研究院天然气研究所一级工程师
刘奇鹿　辽河油田公司曙光采油厂总地质师
顾百峰　辽河油田公司曙光采油厂采油作业七区 701 采油站（SAGD-1 号站）站长
唐　亮　辽河油田公司特种油开发公司采油作业二区经理
王海生　辽河油田公司兴隆台采油厂厂长
杨世民　辽河油田公司沈阳采油厂集输大队沈二联合站队长
刘思阳　辽河油田公司锦州采油厂集输大队深度污水岗副岗长
赵　明　辽河油田公司茨榆坨采油厂采油作业二区龙六计站长
赵　阳　辽河油田公司油气集输公司坨子里输油分公司经理
许恒岳　辽河油田公司辽河工程技术处奈曼项目部 3 队队长
窦玉明　辽河油田公司中油辽河工程有限公司巴州塔里木分公司一级工程师
宋长龙　辽河油田公司油田建设有限公司中俄东线项目中段三标焊接二机组机组长
王兴亚　辽河油田公司安全环保技术监督中心工程质量监督站高级主管
房永兴　辽河油田公司信息工程分公司网络管理维护中心维护班班长
赵　艳　辽河油田公司供水分公司副总工程师兼生产技术科科长
宋洪园　辽河油田公司石油化工分公司煅烧焦车间操作三班班长
范恩强　辽河油田公司兴隆台公用事业处钻二物业项目部恩强绿化班班长
金兆勋　辽河油田公司东部油田项目管理部副总师兼地质研究所所长、市场开发科科长
姚红光　辽河油田公司审计部主任
袁广平　辽河油田公司总法律顾问兼企管法规部主任
李永平　长庆油田公司第二采油厂厂长、党委副书记
贾浩民　长庆油田公司第一采气厂副厂长、总工程师
杨海恩　长庆油田公司油气工艺研究院副院长
杜玉斌　长庆油田公司气田开发事业部党委书记、工会主席、副经理（副处长）
向兴强　长庆油田公司水电厂庆阳长庆水电工程有限责任公司施工分公司施工一班班长
杜仪军　长庆油田公司第七采油厂耿湾采油作业区环三联合站站长兼党支部书记
李国锋　长庆油田公司第二输油处庆咸首站站长
王　军　长庆油田公司第三采油厂大水坑采油作业区经理
霍俊洲　长庆油田公司第六采气厂生产运行科科长
赵　鹏　长庆油田公司第九采油厂五谷城采油作业区经理、党总支书记
于文华　长庆油田公司长庆实业集团有限公司长达物业公司经理
卢星辛　长庆油田公司第三输油处质量安全环保科科长
乔亚宁　长庆油田公司第八采油厂吴定采油作业区吴 6 增压站站长
魏　诚　长庆油田公司第四采油厂化子坪采油作业区采油工
高彩霞　长庆油田公司西安长庆化工集团有限公司庆阳分公司第二车间主任
赵小兵　长庆油田公司机械制造总厂压力容器制造分厂自动焊接班班长
杨　君　长庆油田公司第六采油厂兴庄采油作业区胡二联合站采油工
安小平　长庆油田公司勘探开发研究院石油开发一室主任
郑成城　长庆油田公司通信处西安总站线务员
申　彪　塔里木油田公司安全环保与工程监督中心副经理
李亚庆　塔里木油田公司塔西南勘探开发公司泽普油气开发部柯克亚处理站集输工
徐振平　塔里木油田公司勘探开发研究院勘探所库车勘探室主任
周　波　塔里木油田公司油气工程研究院副院长
秦　可　塔里木油田公司油气田产能建设事业部副经理兼总地质师
陈新伟　塔里木油田公司塔中油气开发部塔中第一采油气作业区副经理

杨　磊　塔里木油田公司克拉油气开发部副书记、工会主席

唐福俊　塔里木油田公司安全环保与工程监督中心地面 HSE 监督室主任

谭建华　塔里木油田公司概预算管理部主任

向　东　新疆油田公司百口泉采油厂玛湖第一采油作业区向东站站长

李荣辉　新疆油田公司风城油田作业区采油二站采油四班班长

孟祥伟　新疆油田公司采油一厂红浅采油作业区采油七班班长

倪丰文　新疆油田公司重油开发公司采油作业五区采油三班班长

伍小三　新疆油田公司陆梁油田作业区陆梁集中处理站保运组组长

李　婷　新疆油田公司采油二厂第三采油作业区副经理、地质总监

赵晓云　新疆油田公司新港公司采油作业三区运行一班班长

也塔红·阿不都古　新疆油田公司人事处（党委组织部）副处长（副部长）

万丙乾　新疆油田公司开发公司总地质师

王　剑　新疆油田公司实验检测研究院地质实验中心主任

史全党　新疆油田公司采气一厂地质研究所所长

石建刚　新疆油田公司工程技术研究院钻井工程研究所所长

林森明　新疆油田公司应急抢险救援中心副总工程师

谢雨兵　新疆油田公司油气储运公司交油队维修巡检班综合计量工

赵　强　新疆油田公司物资供应总公司金属材料公司副经理

刘进军　新疆油田公司准东采油厂勘探开发研究所二级工程师

李培斌　新疆油田公司吉庆作业区运行维护中心大平台片区片区长

金　萍　新疆油田公司黑油山有限责任公司地质研究所副所长

程　伟　新疆油田公司行政事务中心机关保卫大队大队长

何小川　西南油气田公司川中油气矿党委书记、矿长

陈本学　西南油气田公司川中油气矿遂宁采油气作业区磨溪雷一[1]总站中心井站站长、党支部副书记

余　慧　西南油气田公司重庆气矿忠县采输气作业区采气工、第二党支部书记

陈晓华　西南油气田公司蜀南气矿安岳采气作业区高石梯集气总站中心站站长

庞　成　西南油气田公司川西北气矿广元采气作业区双鱼石首站中心站站长

陈小明　西南油气田公司川东北气矿宣汉采气作业区运维保障班采气工

张义兵　西南油气田公司输气管理处南充输气作业区运维保障班电工

胡滨涛　西南油气田公司储气库管理处相国寺集注站生产技术安全班班长

罗　斌　西南油气田公司天然气净化总厂中石油安岳天然气净化有限公司生产一班班长

代　云　西南油气田公司四川长宁天然气开发有限责任公司盐津前线开发建设项目部经理、党支部副书记

罗　伟　西南油气田公司工程技术研究院完井试油研究所副所长

雍　锐　西南油气田公司气田开发管理部主任

张　宇　西南油气田公司勘探事业部勘探项目部部长

刘　何　西南油气田公司总经理助理兼四川华油集团有限责任公司经理、党委副书记

肖　宏　西南油气田公司通信与信息技术中心副总工程师兼信息系统业务部党支部书记、经理

岳　霞　西南油气田公司物资分公司仓储中心仓储管理员

杨　镇　西南油气田公司四川川油物业有限公司总经理助理兼成都分公司经理、党委副书记

刘　巍　西南油气田公司生产运行处（天然气调度中心）副主任工程师兼生产调度科科长

江　涛　吉林油田公司总经理助理兼非常规资源开发公司（油藏评价部）经理

杜　军　吉林油田公司吉木萨尔吉油勘探开发分公司经理、党委书记

鞠岳军　吉林油田公司乾安采油厂创新创效工作站首席技师

胡瑞波　吉林油田公司松原采气厂小城子采气队队长兼党支部副书记

孟广财　吉林油田公司新木采油厂创新工作站物联网运维班班长

张海棉　吉林油田公司长春采油厂采油四队 2 号井组班长

张盛良　吉林油田公司钻井工艺研究院井筒质量研究所所长

丛立芬　吉林油田公司地球物理勘探研究院开发地震研究所所长

杨占山　吉林油田公司工程技术服务公司大修三队七班班长

刘金庆　吉林油田公司建设公司输电队施工一组外线电工

张　林　吉林油田公司消防支队特勤消防站修理工

范洪博　吉林油田公司滨江物业管理公司滨江嘉园东区服务中心主任兼书记

王峥嵘　大港油田公司第二采油厂第三采油作业区生产技术组副组长

任桂山　大港油田公司采油工艺研究院油田公司一级工程师

王小芳　大港油田公司石油工程研究院油层保护技术服务中心高级工程师

张树志　大港油田公司第一采油厂第二采油作业区工程维修组组长

王世谦　大港油田公司第三采油厂第一采油作业区第二采油联合管理站采油工

朱子杰　大港油田公司第四采油厂（滩海开发公司）滩海集输作业区维修电工

徐立鑫　大港油田公司第六采油厂第一采油作业区采注二组组长

阮　杰　大港油田公司信息中心勘探开发信息部副主任

赵文艺　大港油田公司离退休管理中心主任助理兼老干部服务中心主任

于　飞　大港油田公司新闻文化中心报社记者部副主任

孙　宝　青海油田公司采油三厂狮子沟采油作业区班组长

唐怀清　青海油田公司采油一厂副厂长

王　波　青海油田公司勘探开发研究院天然气勘探研究所所长

宋继龙　青海油田公司采气一厂基建项目中心主任

崔　彬　青海油田公司格尔木炼油厂机修车间机组特护班班长

桑金凤　青海油田公司采油四厂南翼山采油作业区采油班班长

郭晓林　青海油田公司井下作业公司压裂技术服务大队副大队长

张文浩　青海油田公司地面集输工程公司地面集输建设分公司经理

邬建勇　青海油田公司油田综合服务中心检修公司副班长

冯　松　华北油田公司第一采油厂同口采油作业区地质工程组副组长

陶　帅　华北油田公司第二采油厂岔北采油作业区岔北转油站代理副站长

高　原　华北油田公司第三采油厂肃宁采油工区主任

李小永　华北油田公司第五采油厂工程技术研究所所长

徐永峰　华北油田公司二连分公司工程技术研究所副所长

李祖强　华北油田公司巴彦勘探开发分公司生产运行（安全环保）部科员

刘　静　华北油田公司勘探开发研究院外围勘探研究所 C 级项目经理

刘春春　华北油田公司山西煤层气勘探开发分公司地质研究所郑庄开发动态室主任

耿晓娟　华北油田公司华港燃气集团有限公司内蒙 LNG 工厂厂长助理兼生产运行部主任

陈锦涛　华北油田公司电力分公司二连分厂副厂长

于晨光　华北油田公司通信有限公司党委副书记、纪委书记、工会主席，驻唐县北店头乡马庄村扶贫工作队第一书记

赵　伟　华北油田公司公用事业管理处（路桥工程公司）地面工程处主任、党支部书记

李长开　华北油田公司新闻中心新闻采访部主任、记者站副站长

于家义　吐哈油田公司勘探开发研究院吐哈油田公司一级技术专家

顾仲辉　吐哈油田公司吐鲁番采油厂玉果采油工区采油工

刘建伟　吐哈油田公司工程技术研究院吐哈油田公司一级技术专家

杜学东　吐哈油田公司供水供电处输配电运行部机械化作业班班长

顾惊涛　吐哈油田公司信息技术公司软件运维中心主任

周　微　冀东油田公司陆上油田作业区地质研究所所长

唐海忠　玉门油田公司勘探开发研究院院长、党委副书记

吕剑锋　玉门油田公司老君庙采油厂开发技术科科长

王立伟　玉门油田公司酒东采油厂安全设备科科长

何天全　玉门油田公司水电厂电力水利工程公司电气试验高级技师

殷国君　玉门油田公司综合服务处运输大队特车驾驶员
王维旭　浙江油田公司新区勘探事业部经理、党委副书记
郭炳政　中石油煤层气有限责任公司总经理助理
娄序光　南方石油勘探开发有限责任公司福山油田项目部经理
李传明　大庆石化公司科技与规划发展处副处长
李英俊　大庆石化公司化工一厂仪表车间主任
刘长富　大庆石化公司化工二厂丙烯腈联合车间副班长
郝志军　大庆石化公司化工三厂橡胶聚合一车间主任
王更河　大庆石化公司热电厂锅炉车间班长
黎才斌　大庆石化公司水气厂机动科科长
赵玉龙　大庆石化公司机械厂容器制造车间主任
郑　铁　大庆石化公司炼油工程指挥部（工程管理部）高级主管（项目经理）
赵景林　吉林石化公司化肥厂合成氨车间化工一班值班长
王代鹏　吉林石化公司乙二醇厂环氧乙烷车间工艺工程师
曹　宽　吉林石化公司建修公司东部检维修一车间钳工班长
董洪海　吉林石化公司动力二厂锅炉车间运行三班班长
刘振国　吉林石化公司研究院乙丙橡胶研究所副所长
由德军　吉林石化公司铁路运输部经理助理兼油品业务科科长
李云龙　吉林石化公司丙烯腈厂厂长、党委副书记
刘宏歧　吉林石化公司财务处处长
郭建勇　抚顺石化公司工程建设有限公司第一分公司维修车间乙烯班班长
佟明海　抚顺石化公司石油二厂焦化车间一班班长
王瑞宏　抚顺石化公司烯烃厂丁苯橡胶车间工艺三班值班长
王高生　抚顺石化公司乙烯化工厂聚乙烯车间主任
王　磊　抚顺石化公司洗涤剂化工厂机动工程部部长
井　振　抚顺石化公司热电厂生产运行部副部长
金　弘　抚顺石化公司矿区服务事业部运输服务中心修理队班长
史新民　抚顺石化公司财务处处长
李　涛　辽阳石化公司炼油厂西油品车间值班长
刘　毅　辽阳石化公司油化厂二联合车间白班班长
米哲夫　辽阳石化公司芳烃厂重整车间白班班长
褚常涛　辽阳石化公司烯烃厂裂解车间值班长
任国焱　辽阳石化公司仪电中心仪表一车间班长
张宏东　辽阳石化公司建修公司检修三车间班长
杨永纳　兰州石化公司炼油厂催化二联合车间 300 万重催装置催化三班班长
金　龙　兰州石化公司化肥厂空分车间榆林空分一组班长
徐　龙　兰州石化公司长汀催化剂有限公司微球一班班长
温晓丹　兰州石化公司电仪事业部仪表二车间高压聚乙烯仪表班班长
吉　宁　兰州石化公司检维修中心仪表二车间仪表维修工
杜兴云　兰州石化公司检维修中心化工维修一车间钳工四班班长
陶志宝　兰州石化公司建设公司安装公司副经理
王艳雄　独山子石化公司炼油厂加氢联合车间主任
王晓强　独山子石化公司炼油厂第一联合车间工艺五大值值班长
郭牡丹　独山子石化公司乙烯厂聚烯烃一联合车间运行工程师
蒋鹏飞　独山子石化公司乙烯一联合车间副主任
程志军　独山子石化公司热电厂发电运行部值班长
韩明哲　独山子石化公司研究院副总工程师、安全副总监兼合成橡胶研究所所长（书记）
张锡德　独山子石化公司塔里木石化分公司机动设备处合成氨生产部天然气化工一级工程师
李　鹏　乌鲁木齐石化公司炼油厂 HSE 监督站站长
尹育康　乌鲁木齐石化公司检维修中心维修一车间党支部书记
马岩军　乌鲁木齐石化公司炼油厂炼油二车间操作工
程　超　乌鲁木齐石化公司化肥厂技术科科长
张新军　宁夏石化公司生产运行处高级主管
肖国强　宁夏石化公司安装检修公司钳工班班长
杨世水　大连石化公司第五联合车间班长
张要武　大连石化公司第二联合车间班长
文道余　大连石化公司第三联合车间班长
孙集斌　大连石化公司建筑安装工程有限公司班长
吴金德　大连石化公司第四联合车间班长
卢本宏　大连西太平洋石油化工有限公司运行一部运行四班班长
徐　磊　锦州石化公司炼油一联合车间常务副主任、安全总监
蔡道青　锦州石化公司炼油四联合车间生产副主任、

安全总监
王艳慧　锦州石化公司仪电车间自控班技术负责人
刘　宁　锦西石化公司蒸馏车间生产二班班长
张立群　锦西石化公司加氢车间加氢精制三班班长
徐渐平　锦西石化公司机动处机泵设备管理科科长
刘　伟　大庆炼化公司炼油二厂厂长兼党委副书记
钟书明　大庆炼化公司炼油一厂副总工程师
徐　涛　大庆炼化公司电仪运行中心仪表三车间仪表值班员
李云广　哈尔滨石化公司第一联合车间值班长
王忠海　广西石化公司生产一部催化装置班长
马振宇　中国石油四川石化有限责任公司生产三部运行二班副班长
王重国　广东石化公司工程管理部工程调度
刘立波　中石油云南石化有限公司生产三部重整联合装置操作班长
陶新建　大港石化公司第一联合车间班长
杨向党　华北石化公司三联合运行部加氢装置长
刘四辈　呼和浩特石化公司第一联合车间运行二班班长
关顺达　辽河石化公司生产运行处动力平衡调度
魏　伟　长庆石化公司运行一部运行四班班长
艾里江·木沙　中石油克拉玛依石化有限责任公司企业文化处（党群工作处）副处长
周凤鸣　庆阳石化公司维修保障部仪表技术组首席技师
苏轶飞　中石油燃料油有限责任公司中石油江苏燃料沥青有限责任公司储运车间值班长
李　琪　润滑油公司产品设计中心技术服务部系统内服务专家
杨建玲　东北化工销售公司电子商务处副处长
任宏斌　西北化工销售公司总经理助理
王健舟　华东化工销售公司杭州分公司党支部书记、经理
韩鹏程　华北化工销售公司业务二处处长
赵　翀　华南化工销售公司南宁分公司党支部书记、经理
金丽晓　西南化工销售公司技术服务处高级工程师
时丕军　东北销售公司抚顺分公司质量安全环保部节能环保和 HSE 体系管理岗助理主办
江许辉　西北销售公司武汉分公司武汉油库中控室调度
王立军　中石油昆仑好客有限公司福建武夷山水食品饮料有限公司董事、总经理、党支部书记
张松波　北京销售公司第三分公司高塔加油站经理
王喜庆　上海销售公司浦西分公司上中路加油站经理
邓金川　湖北销售公司武汉分公司零售负责人
刘　泽　湖北销售公司武汉分公司汉口片区经理
熊晓玲　湖北销售公司黄石分公司鄂城片区经理
金德权　广东销售公司佛山销售分公司顺德马村顺风加油站经理、顺德区党支部书记
金笃军　云南销售公司营销调运处处长
赵　斌　辽宁销售公司鞍山销售分公司经理
王吉祥　辽宁销售公司仓储分公司王屯油库副主任
王　聪　辽宁销售公司葫芦岛销售分公司兴海北路加油站经理
马阿丽　吉林销售公司辽源销售分公司向阳加油站经理
陈仲然　吉林销售公司白山销售分公司镇江加油站经理
于海朋　吉林销售公司延边销售分公司延东加油站经理
陈文科　黑龙江销售公司鸡西销售分公司虎林片区忠诚加油站经理
张　艳　黑龙江销售公司齐齐哈尔销售分公司泰来片区第一加油站经理
汪　帆　天津销售公司滨海分公司老弯道加油站经理
刘慧慧　河北销售公司石家庄分公司大地 136 加油站经理
张　国　山西销售公司朔州销售分公司安家岭第一加油站经理
巴特尔　内蒙古销售公司呼和浩特销售分公司清水河金三角加油站经理
邢　超　内蒙古销售公司巴彦淖尔销售分公司黄河加油站经理
张艳清　内蒙古销售公司锡林郭勒销售分公司锡林浩特市北京路加油站经理
任腊腊　陕西销售公司延安分公司东关加油站经理
安建成　陕西销售公司咸阳分公司东关加油站经理
张文魁　陕西销售公司西安分公司凤城十路加油（气）站经理
万　云　甘肃销售公司兰州分公司党委书记、经理
乔　炯　甘肃销售公司甘南分公司贡巴加油站经理
郑望红　甘肃销售公司平凉分公司业务运作部科员
颜世秀　青海销售公司格尔木分公司西大滩加油站经理
胡　鹏　青海销售公司总经理助理兼投资建设管理处处长

牛晓琴　宁夏销售公司固原销售分公司西吉片区苏堡加油站经理

田新宏　中石油新疆销售有限公司喀什分公司乌恰迎宾加油站经理

巴合提亚尔·依代吐力（维吾尔族）　中石油新疆销售有限公司吐鲁番分公司托克逊煤矿路加油站经理

孙金峰　中石油新疆销售有限公司营销处综合信息统计科科长

刘德培　重庆销售公司永川分公司江城加油站经理、江津经营部江南加油站联合党支部书记

李玉龙　重庆销售公司万州分公司经理、党委副书记

米才高　四川销售公司仓储分公司 102 油库检维修班组长

毛海鹦　四川销售公司绵阳销售分公司涪城片区客户经理

铁　庆　四川销售公司雅安分公司汉石片区支部副书记

冯　燚　贵州销售公司遵义销售分公司忠庄加油站经理

马　达　西藏销售公司党委组织部副部长、人事处副处长

次　玉　西藏销售公司林芝分公司鲁朗加油站负责人

袁　雷　江苏销售公司苏州销售分公司新区党支部书记

戴继琴　安徽销售公司芜湖分公司白马洲水上加油站经理

吴珍珍　福建销售公司宁德销售分公司站前路加油站经理

徐建良　江西销售公司九江分公司涌泉服务区加油站经理

郝国锋　山东销售公司菏泽销售分公司经理、党委副书记、安全总监

闪迎河　河南销售公司南阳销售分公司经理、党委副书记

李志林　湖南销售公司怀化分公司总经理、党委副书记

苏　针　广西销售公司贺州销售分公司金山加油站经理

王茂民　中石油海南销售有限公司海南三亚东岸加油站经理

马　军　天然气销售北方公司协调监督部高级主管

王　彪　天然气销售东部公司协调监督部主任

臧　勇　天然气销售西部公司协调监督部副主任

孙振祥　天然气销售南方公司总经理助理

张旭东　中石油北京天然气管道有限公司山西输气管理处副处长、安全总监

石文玉　中国石油集团西部钻探工程有限公司国际工程公司阿克纠宾项目后保部经理

刘晓顺　中国石油集团西部钻探工程有限公司准东钻井公司 70528 钻井队党支部书记

濮　洪　中国石油集团西部钻探工程有限公司固井公司经理助理兼固井技术研究中心党支部书记

吐尔洪·木沙（维吾尔族）　中国石油集团西部钻探工程有限公司地质研究院第一项目经理部副经理

余加水　中国石油集团西部钻探工程有限公司钻井液分公司钻井液研究中心一级工程师

刘　灵　中国石油集团西部钻探工程有限公司工程技术研究院副总工程师

杨国涛　中国石油集团长城钻探工程有限公司钻井一公司辽河项目二部经理

赵松江　中国石油集团长城钻探工程有限公司钻井二公司水平井项目部副经理

杜兴隆　中国石油集团长城钻探工程有限公司钻井三公司国际项目中心副主任兼打捞分公司副经理

王向农　中国石油集团长城钻探工程有限公司国际钻井公司 GW180 钻井队平台经理

胥向明　中国石油集团长城钻探工程有限公司压裂公司经理、党委副书记

李　建　中国石油集团长城钻探工程有限公司四川页岩气项目部副经理

叶应庆　中国石油集团长城钻探工程有限公司昆山公司技术开发中心主任工程师

赵增权　中国石油集团渤海钻探工程有限公司井下技术服务分公司试油工程作业部 S06603 队井下作业工

万长明　中国石油集团渤海钻探工程有限公司第三钻井工程分公司 70217 钻井队队长

张　胜　中国石油集团渤海钻探工程有限公司第一钻井工程分公司 40128 钻井队队长

李　超　中国石油集团渤海钻探工程有限公司第二固井分公司国际项目经理部施工技术员

刘爱国　中国石油集团渤海钻探工程有限公司井下作业分公司 S06572 队队长

曹建峰　中国石油集团渤海钻探工程有限公司第四钻井工程分公司钻前工程作业部副主任、50674 钻井队队长

毕海源　中国石油集团渤海钻探工程有限公司油气井测试分公司新疆项目部工程师

陈　勇　中国石油集团渤海钻探工程有限公司第一录

井分公司大港项目部队长
甘焕振　中国石油集团渤海钻探工程有限公司质量安全环保处安全监督中心监督一科科长
王国旭　中国石油集团川庆钻探工程有限公司川东钻探公司 50663 钻井队司钻
刘明兴　中国石油集团川庆钻探工程有限公司川西钻探公司 70081 钻井队司钻
向平虎　中国石油集团川庆钻探工程有限公司长庆钻井总公司 40656 钻井队队长
刘泽明　中国石油集团川庆钻探工程有限公司新疆分公司 90002 钻井队平台经理、党支部副书记
朱炬辉　中国石油集团川庆钻探工程有限公司井下作业公司研发中心压裂酸化技术研究所副主任
田玉琛　中国石油集团川庆钻探工程有限公司长庆井下技术作业公司陇东项目部经理兼党总支副书记
何志强　中国石油集团川庆钻探工程有限公司国际工程公司安全副总监
钱浩东　中国石油集团川庆钻探工程有限公司钻采工程技术研究院工程技术信息研究中心川庆信息二级技术专家
杨　志　中国石油集团川庆钻探工程有限公司四川蜀渝石油建筑安装工程有限责任公司总经理、党委副书记
张　庆　中国石油集团川庆钻探工程有限公司页岩气勘探开发项目经理部总经理、党委副书记
周　萌　中国石油集团东方地球物理勘探有限责任公司信息技术中心智慧党建业务总监、党建信息化平台项目经理
张建军　中国石油集团东方地球物理勘探有限责任公司国际勘探事业部沙特项目部 8628 队特级队经理
冉建斌　中国石油集团东方地球物理勘探有限责任公司公司高级技术专家、研究院乌鲁木齐分院领衔专家
吴永国　中国石油集团东方地球物理勘探有限责任公司青海物探处方法研究所副所长
熊建华　中国石油集团东方地球物理勘探有限责任公司塔里木物探处 247 队副经理
余兴良　中国石油集团东方地球物理勘探有限责任公司西南物探分公司 212 队经理
张录录　中国石油集团东方地球物理勘探有限责任公司新疆物探处物探方法研究所工程师
曲英波　中国石油集团东方地球物理勘探有限责任公司大庆物探一公司 2160 队经理
王先虎　中国石油集团测井有限公司新疆分公司测井研究所勘探室主任
谷学博　中国石油集团测井有限公司天津分公司国际（海上）测井项目部副经理兼伊拉克项目部经理
张凤生　中国石油集团测井有限公司测井应用研究院东部应用中心副主任
单正锋　中国石油集团海洋工程有限公司钻井事业部副经理
单旭东　中国石油管道局工程有限公司东南亚项目经理部泰国公司党支部书记兼经理、泰国北部成品油项目经理
张　锋　中国石油管道局工程有限公司研究院施工装备与非开挖中心主任
范进章　中国石油管道局工程有限公司管道一公司第二分公司经理、中俄东线项目经理、涿州—永清输气管道工程 EPC 项目经理、党支部书记
李勤学　中国石油管道局工程有限公司管道四公司经理助理、定向钻分公司经理
朱建新　中国石油管道局工程有限公司通信公司经理、党委副书记、通信处处长
王　琦　中国石油工程建设有限公司第一建设公司 5000 吨作业队女子操作班班长
陈　凤　中国石油工程建设有限公司西南分公司设备室主任、支部书记
刘　玉　中国寰球工程有限公司北京公司生产与项目管理部主任，辽阳石化项目经理
刘元丹　中国寰球工程有限公司上海公司党委副书记、总经理，乌兹别克斯坦项目负责人
邱万忠　中国昆仑工程有限公司生产运行部高级项目经理
李广超　中国石油集团工程有限公司北京项目管理分公司北京兴油工程项目管理有限公司副总经理
王宝东　中国石油技术开发有限公司总经理助理
陈文征　中国石油技术开发有限公司伊拉克分公司总经理
周天明　宝鸡石油机械有限责任公司中油国家油气钻井装备工程技术研究中心有限公司副总经理
苑清英　宝鸡石油钢管有限责任公司钢管研究院油井管研究所党支部副书记、副所长
张传勇　中国石油集团济柴动力有限公司机加分厂加工中心班班长
王显林　中国石油集团渤海石油装备制造有限公司钻井装备公司项目负责人
张　筠　中油财务有限责任公司总经理助理
雷　鸣　昆仑银行股份有限公司吐哈分行行长助理

陈 勇 昆仑信托有限责任公司股权投资部经理
张玉良 昆仑金融租赁有限责任公司综合管理部总经理
颜 亮 中石油专属财产保险股份有限公司承保运作部（基金管理部）高级经理
张光亚 勘探开发研究院非洲研究所所长、党支部副书记
刘文卿 勘探开发研究院西北分院地球物理研究所副所长
刘定智 规划总院天然气规划研究所室主任
王力搏 石油化工研究院大庆化工研究中心化工研究所副所长
陈建荣 中国石油集团经济技术研究院发展战略研究所主任工程师
靳建洲 中国石油集团工程技术研究院有限公司固井研究所所长、党支部书记
李兴春 中国石油集团安全环保技术研究院有限公司环保技术研究所所长、党支部书记
魏 斌 中国石油集团石油管工程技术研究院企业技术专家
魏新立 中国石油运输有限公司塔运司原油运输大队驾驶员
俞兆杰 中国石油运输有限公司山东分公司经理助理兼青岛配送中心主任
谢荣成 中国石油运输有限公司吉林分公司吉林配送中心主任
严 莉 中国华油集团有限公司北京物业分公司北京分公司项目部餐饮副总监
程 升 北京石油管理干部学院教学二部领导力教研二室教师
郎东晓 石油工业出版社有限公司总经理助理、销售总监、图书营销中心主任、能源经济项目部主任
王晓群 中国石油报社西部记者站站长
刘柏汝 中国石油报社国际石油新闻中心编辑
于伯新 中国石油审计服务中心销售审计处处长
肖斌涛 广州培训中心安全工程教学部党支部书记、主任
张小锋 中国石油物资采购中心（中国石油物资有限公司）招标二处处长、西北分中心主任
姚 强 信息技术服务中心桌面服务组组长
刘继红 中国石油集团共享运营有限公司西安中心采购应付部总经理
李亚英 集团公司办公室秘书一处处长
邱少林 集团公司质量安全环保部副总经理
左 莹 集团公司工程和物装管理部综合管理处高级主管
陆如泉 集团公司国际部（外事部）副总经理
朴 军 集团公司纪检监察组一中心纪检监察员（二级副）
刘志强 天然气销售分公司（昆仑能源有限公司）湖北分公司党委书记、总经理
图尔贡（维吾尔族） 天然气销售分公司（昆仑能源有限公司）新疆分公司阿克苏新捷能源有限公司生产运行部（质量安全环保部）部长
王立国 天然气销售分公司（昆仑能源有限公司）中石油江苏液化天然气有限公司生产运营中心经理
刘尊斗 中油国际（伊拉克）哈法亚公司副总经理
陈宗祥 中油国际（哈萨克斯坦）曼格什套公司副总经理
杨明玉 中油国际（哈萨克斯坦）PK 公司总会计师
金劲松 中油国际（苏丹）6 区项目公司副总经理
冷继川 中油国际（秘鲁）6/7 区项目公司副总经理
韩海彬 中油国际（乍得）上游项目公司管道运行部经理
赵成斌 中油国际（尼日尔）公司副总经理兼尼日尔上游项目 HSSE 总监
王 强 中油国际中缅油气管道公司总经理助理兼曼德勒管理处处长
薛 磊 中油国际中哈天然气管道公司副总经理兼经营管理大部副主任
李新宇 中油国际（加拿大）公司总法律顾问
王金站 中油国际规划计划部副主任
孙 申 中国石油集团工程股份有限公司市场管理部主任
莫傲璇 中国石油国际事业（香港）有限公司轻油部经理

【集团公司先进集体】 303 个：

大庆油田有限责任公司钻探工程公司钻井二公司 1205 钻井队
大庆油田有限责任公司第一采油厂第三油矿中四采油队
大庆油田有限责任公司钻探工程公司钻井工程技术研究院鲁迈拉钻井液项目组
大庆油田有限责任公司第二采油厂作业大队作业 10 队
大庆油田有限责任公司第三采油厂第二油矿采油 201 工区
大庆油田有限责任公司第五采油厂工程技术大队技术监督室

大庆油田有限责任公司第六采油厂第一油矿采油114队
大庆油田有限责任公司第八采油厂地质大队油藏评价室
大庆油田有限责任公司第九采油厂龙西地区致密油开发示范工程项目经理部
大庆油田有限责任公司呼伦贝尔分公司贝中作业区
大庆油田有限责任公司工程建设有限公司国际事业部第三工程部
大庆油田有限责任公司井下作业分公司海外管理中心鲁迈拉项目部
大庆油田有限责任公司试油试采分公司试油大队试油四队
大庆油田有限责任公司勘探开发研究院采收率研究二室
大庆油田有限责任公司信息技术公司北京分公司
大庆油田有限责任公司物资公司萨尔图仓储分公司机电设备材料库
大庆油田有限责任公司装备制造集团力神泵业有限公司南苏丹项目部
大庆油田有限责任公司化工有限公司东昊分公司油气处理厂原稳车间
大庆油田有限责任公司“石油魂——大庆精神铁人精神”宣讲团
辽河油田公司高升采油厂
辽河油田公司石油化工分公司水气车间
辽河油田公司冷家油田开发公司采油作业二区
辽河油田公司金海采油厂采油作业二区
辽河油田公司油气集输公司大连石油储运项目管理部
辽河油田公司兴隆台采油厂集输大队兴二联合站
辽河油田公司茨榆坨采油厂地质研究所
辽河油田公司欢喜岭采油厂热注作业一区
辽河油田公司钻采工艺研究院压裂酸化技术研究中心
辽河油田公司中油辽河工程有限公司油气储运所
辽河油田公司油田建设有限公司管道工程第五项目部
辽河油田公司财务资产部资金科
长庆油田公司第一采油厂张渠采油作业区
长庆油田公司西安长庆科技工程有限责任公司石油工程设计部
长庆油田公司第十采油厂乔河采油作业区
长庆油田公司物资供应处（物资管理部）榆林供应站
长庆油田公司第二采气厂榆林天然气处理厂
长庆油田公司第三采气厂苏里格第三天然气处理厂
长庆油田公司第五采油厂马家山东采油作业区
长庆油田公司第十二采油厂店子采油作业区
长庆油田公司第一输油处杨山输油站
长庆油田公司行政事务管理处员工健康管理科
长庆油田公司第十一采油厂方山采油作业区镇四联合站
长庆油田公司第四采气厂产能建设项目组
塔里木油田公司勘探开发研究院勘探所
塔里木油田公司油气田产能建设事业部塔北项目经理部
塔里木油田公司哈得油气开发部
塔里木油田公司勘探事业部物探工程部
塔里木油田公司油气运销部塔轮油气储运中心西气东输集气站
新疆油田公司风城油田作业区
新疆油田公司呼图壁储气库作业区
新疆油田公司重油开发公司采油作业五区
新疆油田公司克拉玛依红山油田有限责任公司研究中心
新疆油田公司采油二厂第五采油作业区
新疆油田公司百口泉采油厂玛湖第三采油作业区
新疆油田公司石西油田作业区石西集中处理站
新疆油田公司油气储运公司701站
新疆油田公司准东采油厂沙南作业区林伟班
新疆油田公司勘探开发研究院玛湖百万吨砾岩致密油产能建设团队
新疆油田公司采油一厂第一集中处理站李红站
新疆油田公司应急抢险救援中心带压作业分公司带压大修1队
西南油气田公司川中油气矿磨溪开发项目部
西南油气田公司重庆气矿梁平采输气作业区天东29井中心站
西南油气田公司蜀南气矿威远采气作业区威202井区中心站
西南油气田公司输气管理处成都输气作业区
西南油气田公司中石油遂宁天然气净化有限公司净化生产一班
西南油气田公司四川长宁天然气开发有限责任公司
西南油气田公司勘探开发研究院
西南油气田公司四川宝石花医疗管理有限公司四川宝石花医院新冠肺炎隔离病区
吉林油田公司新立采油厂
吉林油田公司扶余采油厂长春岭采油队
吉林油田公司新民采油厂作业一队102班
吉林油田公司勘探开发研究院勘探研究所

吉林油田公司储运销售公司维修保障中心特种作业班
吉林油田公司通信公司技术研发部
大港油田公司勘探开发研究院歧口油气勘探研究所
大港油田公司第五采油厂第二采油作业区西二联合站
大港油田公司原油运销公司废弃泥浆处理作业区
大港油田公司物资供销公司外部市场服务中心
大港油田公司工业服务公司高层公司
大港油田公司勘探事业部
青海油田公司采油五厂
青海油田公司采油二厂昆北油田第二采油作业区
青海油田公司采气二厂南八仙试采作业区
青海油田公司钻采工艺研究院采油工艺室
青海油田公司井下作业公司作业二大队
华北油田公司第一采油厂鄚州采油作业区
华北油田公司储气库管理处苏桥天然气注采作业区
华北油田公司工程技术研究院工程措施所
华北油田公司华港燃气集团有限公司任丘燃气事业部
华北油田公司消防支队消防一大队消防二站
华北油田公司华美综合服务处局机关社区服务站
华北油田公司勘探事业部巴彦河套勘探项目部
吐哈油田公司工程技术研究院吐哈气举技术中心
吐哈油田公司三塘湖采油厂牛东采油工区
吐哈油田公司生产运行处生产保障科
吐哈油田公司勘探开发研究院三塘湖及外围勘探研究中心准东项目室
冀东油田公司油气集输公司南堡联合站
玉门油田公司鸭儿峡采油作业区（油矿）鸭西采油中心
玉门油田公司炼油化工总厂重整车间
玉门油田公司钻采工程研究院钻井工艺室
浙江油田公司天然气勘探开发事业部
中石油煤层气有限责任公司韩城分公司
南方石油勘探开发有限责任公司福山油田项目部
大庆石化公司炼油厂
大庆石化公司化工一厂乙烯车间
大庆石化公司化工二厂丙烯腈联合车间
大庆石化公司塑料厂高压聚乙烯联合车间
大庆石化公司水气厂污水联合车间
吉林石化公司合成树脂厂
吉林石化公司炼油厂催化裂化三车间
吉林石化公司有机合成厂乙烯车间
吉林石化公司动力一厂汽机车间运行五班
吉林石化公司新闻中心吉化报社采编组
抚顺石化公司石油一厂
抚顺石化公司烯烃厂
抚顺石化公司工程建设有限公司
抚顺石化公司石油二厂重油催化车间
抚顺石化公司石油三厂分子筛车间
辽阳石化公司油化厂二联合车间
辽阳石化公司芳烃厂重整车间
辽阳石化公司烯烃厂裂解车间
辽阳石化公司建修公司特种作业车间
兰州石化公司合成橡胶厂
兰州石化公司催化剂厂
兰州石化公司炼油厂催化一联合车间
兰州石化公司乙烯厂高压聚乙烯车间
兰州石化公司化工储运厂铁路车辆车间洗槽班
独山子石化公司乙烯厂乙烯一联合车间
独山子石化公司炼油厂第一联合车间
独山子石化公司热电厂除灰车间
独山子石化公司研究院合成树脂应用研究所
乌鲁木齐石化公司炼油厂炼油一车间
乌鲁木齐石化公司炼油厂芳烃车间
乌鲁木齐石化公司研究院
宁夏石化公司炼油厂一联合车间
大连石化公司第五联合车间
大连石化公司动力二车间
大连石化公司机动设备处
大连石化公司生产技术处
大连西太平洋石油化工有限公司运行四部
锦州石化公司炼油二联合车间
锦州石化公司炼油五联合车间
锦州石化公司炼油三联合车间
锦西石化公司加氢车间
锦西石化公司蒸馏车间
锦西石化公司重整车间
大庆炼化公司聚合物一厂
大庆炼化公司聚丙烯厂聚丙烯一车间
大庆炼化公司检维修中心检维修一车间
哈尔滨石化公司营销调运部
广西石化公司生产三部
中国石油四川石化有限责任公司生产四部
广东石化公司设计管理部
中石油云南石化有限公司生产二部
大港石化公司第三联合车间
华北石化公司油品运行部
呼和浩特石化公司第三联合车间
辽河石化公司第四联合运行部

长庆石化公司运行二部
中石油克拉玛依石化有限责任公司炼油第三联合车间
庆阳石化公司运行一部
中石油燃料油有限责任公司佛山高富中石油燃料沥青有限责任公司
润滑油公司兰州润滑油研究开发中心
东北化工销售公司橡胶塑料处
西北化工销售公司乌鲁木齐分公司
华东化工销售公司安徽分公司
华北化工销售公司河南分公司
华南化工销售公司业务四处
西南化工销售公司四川分公司
东北销售公司南京分公司三江口油库
西北销售公司武汉分公司武汉油库
西北销售公司调度运行部（综合营运指挥中心）
北京销售公司第二分公司南湖加油站
上海销售公司浦东分公司振兴加油站
湖北销售公司武汉分公司宏图大道加油站
湖北销售公司宜昌分公司大桥服务区加油站
湖北销售公司襄阳分公司紫东阁加油站
广东销售公司珠海销售分公司横琴加油站
云南销售公司昆明地区网络建设项目推进组
辽宁销售公司非油品销售分公司
辽宁销售公司沈阳销售分公司富民加油站
辽宁销售公司抚顺销售分公司雷锋体育场加油站
吉林销售公司长春销售分公司
吉林销售公司吉林市销售分公司蛟河经营处
吉林销售公司四平销售分公司范家屯西加油站
黑龙江销售公司哈尔滨销售分公司通河第一加油站
黑龙江销售公司大庆销售分公司开发区加油站
天津销售公司市区分公司富民路加油站
河北销售公司瑞州分公司绥中第一加油站
山西销售公司太原销售分公司北大街加油站
内蒙古销售公司鄂尔多斯市销售分公司康利加油站
内蒙古销售公司赤峰销售分公司阿鲁科尔沁旗天山加油站
内蒙古销售公司呼伦贝尔销售分公司新城区加油站
陕西销售公司西安分公司高新加油站
陕西销售公司西安分公司凤城十路加油（气）站
陕西销售公司咸阳分公司渭惠路加油站
甘肃销售公司酒泉分公司
甘肃销售公司仓储分公司白银油库
甘肃销售公司天水分公司三马路加油站
青海销售公司西宁分公司马坊加油站
宁夏销售公司高速公路销售分公司
中石油新疆销售有限公司仓储公司奎屯油库
中石油新疆销售有限公司哈密分公司金沙滩加油站
中石油新疆销售有限公司乌鲁木齐分公司东平加油站
重庆销售公司黔江分公司下坝加油站
四川销售公司凉山销售分公司
四川销售公司南充销售分公司燕儿窝油库
四川销售公司成都销售分公司金牛坝加油站
贵州销售公司贵阳销售分公司兴筑加油站
西藏销售公司业务营运中心
江苏销售公司南京销售分公司
浙江销售公司杭州销售分公司文二西路加油站
安徽销售公司合肥分公司锦天加油站
福建销售公司宁德销售分公司站前路加油站
江西销售公司上饶分公司
山东销售公司青岛销售分公司第 102 加油站
河南销售公司郑州销售分公司
湖南销售公司长沙分公司机场高速加油站
广西销售公司河池销售分公司
中石油海南销售有限公司海口海港加油站
中石油北京天然气管道有限公司陕西输气管理处榆林作业区
中国石油集团西部钻探工程有限公司巴州分公司 90008 钻井队
中国石油集团西部钻探工程有限公司克拉玛依钻井公司 50071 钻井队
中国石油集团西部钻探工程有限公司青海钻井公司 30554 钻井队
中国石油集团西部钻探工程有限公司井下作业公司压裂一分公司压裂 YS43294 队
中国石油集团西部钻探工程有限公司试油公司测试分公司 CS2361 队
中国石油集团长城钻探工程有限公司泰国项目部 GW80 钻井队
中国石油集团长城钻探工程有限公司井下作业公司大修项目一部 D08204 队
中国石油集团长城钻探工程有限公司录井公司辽河项目部 L10391 录井队
中国石油集团长城钻探工程有限公司苏里格气田分公司采气作业二区苏 11–2 集气站
中国石油集团长城钻探工程有限公司尼日尔综合项目部 GW131 钻井队
中国石油集团渤海钻探工程有限公司工程技术研究院智能钻井研究所

中国石油集团渤海钻探工程有限公司第一钻井工程分公司 50505 钻井队
中国石油集团渤海钻探工程有限公司第二钻井工程分公司 50510 钻井队
中国石油集团渤海钻探工程有限公司井下作业分公司酸化压裂作业部 YS69050 队
中国石油集团渤海钻探工程有限公司井下技术服务分公司压裂酸化作业部 YS43040 队
中国石油集团渤海钻探工程有限公司泥浆技术服务分公司国际项目经理部
中国石油集团川庆钻探工程有限公司川东钻探公司 70527 钻井队
中国石油集团川庆钻探工程有限公司川西钻探公司 90005 钻井队
中国石油集团川庆钻探工程有限公司长庆钻井总公司 50053 钻井队
中国石油集团川庆钻探工程有限公司钻采工程技术研究院压裂酸化研究所
中国石油集团川庆钻探工程有限公司钻井液技术服务公司页岩气项目经理部
中国石油集团川庆钻探工程有限公司地质勘探开发研究院第一录井作业部
中国石油集团东方地球物理勘探有限责任公司物探技术研究中心超大型油气地球物理勘探软件 GeoEast 研发团队
中国石油集团东方地球物理勘探有限责任公司信息技术中心中国石油党建信息化平台项目组
中国石油集团东方地球物理勘探有限责任公司研究院油气勘探新区新领域综合研究项目组
中国石油集团东方地球物理勘探有限责任公司海洋物探处东方勘探二号船队
中国石油集团测井有限公司长庆分公司解释评价中心
中国石油集团测井有限公司西南分公司四川石油射孔器材有限责任公司
中国石油集团海洋工程有限公司钻井事业部
中国石油管道局工程有限公司国际事业部沙特国家公司
中国石油管道局工程有限公司管道设计院勘察事业部
中国石油管道局工程有限公司中国石油天然气管道第二工程有限公司
中国石油管道局工程有限公司大港油建公司海洋工程公司
中国石油管道局工程有限公司西北管道公司长庆应急保障服务分公司
中国石油工程建设有限公司北京分公司中东设计中心
中国石油工程建设有限公司中东地区公司
中国寰球工程有限公司北京公司
中国昆仑工程有限公司第二区域项目部
中国石油集团工程有限公司北京项目管理分公司廊坊中油朗威工程项目管理有限公司
中国石油技术开发有限公司尼日尔有限公司
中国石油技术开发有限公司厄瓜多尔有限公司
宝鸡石油机械有限责任公司四川宝石机械专用车有限公司
宝鸡石油钢管有限责任公司辽阳石油钢管制造有限公司
中国石油集团济柴动力有限公司总装分厂
中国石油集团渤海石油装备制造有限公司华油钢管公司
中油财务有限责任公司中国石油财务（香港）有限公司
昆仑银行股份有限公司西安分行产融服务三部
昆仑信托有限责任公司风险管理部
勘探开发研究院中东项目技术支持团队
勘探开发研究院杭州地质研究院海相油气地质研究所
规划总院油气田地面工程规划研究所
石油化工研究院兰州化工研究中心
中国石油集团经济技术研究院石油市场研究所
中国石油集团工程技术研究院有限公司非常规油气工程研究所
中国石油集团安全环保技术研究院有限公司 HSE 检测中心
中国石油集团石油管工程技术研究院国家质检中心管材实物实验室
中国石油运输有限公司湖北分公司
中国石油运输有限公司长庆运输公司运输三大队
中国石油运输有限公司四川分公司资阳配送中心
中国华油集团有限公司北京酒店管理分公司北京中油宾馆有限公司
北京石油管理干部学院远程培训部
石油工业出版社有限公司石油科技图书出版分社
中国石油报社编辑中心
中国石油审计服务中心海外审计中心
广州培训中心研发部
中国石油物资采购中心（中国石油物资有限公司）沧州有限公司储运业务科
天然气销售分公司（昆仑能源有限公司）天然气销售湖北分公司

天然气销售分公司（昆仑能源有限公司）天然气销售河北分公司
天然气销售分公司（昆仑能源有限公司）昆仑燃气有限公司华北分公司
天然气销售分公司（昆仑能源有限公司）天然气销售山东分公司
中油国际（乍得）上游项目公司勘探部
中油国际（伊朗）北阿扎德甘公司采油厂
中油国际（伊拉克）艾哈代布公司勘探开发部
中油国际（土库曼斯坦）阿姆河天然气公司生产事业部
中油国际（哈萨克斯坦）奇姆肯特炼油公司
中油国际（南苏丹）1/2/4 区项目公司
中油国际（厄瓜多尔）安第斯公司勘探开发部
中油国际中乌天然气管道公司布哈拉输气管理处
中油国际俄罗斯公司亚马尔项目组
中油国际（印度尼西亚）公司佳步项目部
中油国际法律事务部
中国石油国际事业（香港）有限公司财务资产部

【中央企业抗击新冠肺炎疫情先进个人】 5 人：

李卫国　新疆油田公司维稳信访工作办公室（疫情防控办公室）武装（保卫）科副科长
单忠军　辽阳石化公司聚酯厂熔喷无纺布车间主任
董同乐　东方地球物理勘探有限责任公司国际勘探事业部伊拉克北部项目 HSE 总监
冀成楼　中国石油国际勘探开发有限公司中东公司 HSSE 部经理
钱风章　集团公司国际部海外防恐安全办公室处长

【中央企业抗击新冠肺炎疫情先进集体】 1 个：

天然气销售湖北分公司

【集团公司抗击新冠肺炎疫情先进个人】 333 人：

孙英杰　大庆油田有限责任公司质量安全环保部调研员
王曦敏　中国石油集团电能有限公司质量安全环保部干事
吴红雨　大庆油田有限责任公司第一采油厂质量安全环保部科员
王显帮　大庆油田有限责任公司钻探工程公司国际事业部沙特项目经理部经理
刘佳鹏　辽河油田公司国际合作部外事管理科科员
郭　健　辽河油田公司质量安全环保部职业健康防护科科长
蒋　微　辽河油田公司振兴公用事业处质量安全环保科科长
蔡晓红　辽河油田公司锦州采油厂质量安全环保科科员
李俊杰　长庆油田公司行政事务管理处处长、党委副书记
李鹏辉　长庆油田公司第三采气厂厂长助理
任　伟　长庆油田公司上古天然气处理总厂工程项目组综合部副主任
梁　斌　塔里木油田公司塔西南勘探开发公司医疗服务中心（职工医院）党总支书记、主任
伊　利　塔里木油田公司公共事务部卫计办公室主任
贾正兴　塔里木油田公司生产运行处公路管理科科长
逯志刚　新疆油田公司准东采油厂伊拉克艾哈代布项目部副经理
李卫国　塔里木油田公司维稳信访工作办公室（疫情防控办公室）武装（保卫）科副科长
朱元杰　塔里木油田公司生产运行处总值班室（应急办）主管
乐　宏　西南油气田公司党委委员、副总经理、安全总监
朱　进　西南油气田公司质量安全环保处处长
涂国川　西南油气田公司重庆气矿外派土库曼斯坦人员阿姆河 A 区生产部副经理
邱　胜　西南油气田公司川油物业有限公司川西分公司第二综合项目部经理
司晓军　吉林油田公司质量安全环保处副处长
解恒斌　吉林油田公司石油大厦餐饮部经理
郭焯民　大港油田公司质量安全环保处安全管理科科长
陈　龙　大港油田公司工业服务公司餐饮配送公司副经理
朱雨泽　大港油田公司对外技术服务公司安全生产管理部副科长
杨　俊　青海油田公司油田综合服务中心办公室主任
王健磊　青海油田公司办公室（党委办公室）秘书科副科长
沙　刚　华北油田公司美佳公司工业物业服务中心经理
张文胜　华北油田公司华美综合服务处质量安全环保科科长
吴　征　吐哈油田公司总经理助理兼生产运行处处长、基建设备处处长
唐安达　吐哈油田公司工程技术研究院二级工程师
陆杏区　冀东油田公司质量安全环保处安全管理科科长

李云华　玉门油田公司质量安全环保处处长
赵　亮　玉门油田公司矿区管理部副总工程师兼公益事业科科长
张　兰　玉门油田公司乍得有限责任公司业务主管兼Ronier 区党支部书记
王维旭　浙江油田公司新区勘探事业部经理、党委副书记
雷　琦　中石油煤层气有限责任公司质量安全环保处质量（计量、节能）管理科负责人
刘顺顺　南方石油勘探开发有限责任公司综合办公室（党群工作处）主办
孙　强　对外合作经理部综合处高级主管
耿慧晶　储气库公司生产安全处 QHSE 岗
马铁钢　大庆石化公司党委委员、副总经理
孟凡伟　大庆石化公司总经理助理、总经理办公室（党委办公室）主任
张洪波　大庆石化公司生产运行处应急管理高级主管
刘　斌　大庆石化公司人事处（党委组织部）统计与劳务高级主管
姜昌泉　吉林石化公司党委委员、副总经理、安全总监
刘春华　吉林石化公司安全环保处体系及职业卫生管理岗位主管
胡　清　吉林石化公司电石厂氯碱车间主任
王昕利　吉林石化公司行政事务中心主任、党总支副书记
刘荣江　抚顺石化公司党委委员、副总经理、总工程师
刘　恒　抚顺石化公司北天集团副总经理、党委委员
李士新　抚顺石化公司总经理（党委）办公室行政科科长
齐敬东　抚顺石化公司疫情防控办公室成员、抚顺石化总医院副院长
刘振宏　辽阳石化公司党委委员、副总经理
宋　玉　辽阳石化公司物资采购中心副主任
王树伟　辽阳石化公司保卫部主任助理
单忠军　辽阳石化公司聚酯厂熔喷无纺布车间主任
赵　晶　辽阳石化公司研究院材料研究室主任
郭　健　兰州石化公司党委委员、副总经理
马力飞　兰州石化公司国际事业公司副经理
陈发光　兰州石化公司安全环保处职业卫生管理主管
郑小宗　兰州石化公司长汀催化剂有限公司安全环保部副主任
陈　伟　兰州石化公司物业管理公司运营管理部经理
白继晨　独山子石化公司党委委员、副总经理
李天炜　独山子石化公司总经理办公室副主任（机要处处长）
章小明　独山子石化公司人事处（党委组织部）干部监督主管
秦　军　独山子石化公司乙烯厂副总工程师兼生产调度处处长
努尔曼·吾甫力哈斯木（维吾尔族）　乌鲁木齐石化公司党委副书记、工会主席
胡平松　乌鲁木齐石化公司质量安全环保处安全管理科科长
刘海英　宁夏石化公司宁化医疗健康管理中心副主任
景玉忠　大连石化公司党委委员、副总经理
刘晓舟　大连石化公司安全环保处副科长
姜玉杰　大连石化公司保卫处保安队队长
王梦炽　大连西太平洋石油化工有限公司质量安全环保部部长
孙　哲　锦州石化分司质量安全环保处安全管理主管
岳玉红　锦西石化公司安全环保处体系管理科长
尹延峰　大庆炼化公司总经理（党委）办公室文书保密业务管理
徐振国　哈尔滨石化公司人事处（党委组织部）劳动组织与员工管理高级主管
王志伟　广西石化公司物资采购部副主任
史永利　中国石油四川石化有限责任公司安全环保处副处长
李占军　广东石化公司 HSE 中心高级主管
胥　松　中石油云南石化有限公司计量中心操作工
李一夫　大港石化公司综合保障部技术员
巢明宇　华北石化公司保卫消防部消防管理站副站长
张　洋　呼和浩特石化公司安全与管理监督中心 HSE 体系管理
甄　毅　辽河石化公司办公室（党委办公室）副主任
杨晓元　长庆石化公司质量安全环保处处长
张为著　中石油克拉玛依石化有限责任公司人事处（党委组织部）副处长（副部长）
张　野　庆阳石化公司质量安全环保处副处长
李剑平　东北化工销售公司总经理（党委）办公室高级主管
王卫东　西北化工销售公司乌鲁木齐分公司调运科科长
黄庆东　华北化工销售公司党委委员、副总经理
杨忠胜　华北化工销售公司总经理（党委）办公室主任

刘京涛　华东化工销售公司总经理助理、总经理办公室主任
孙颖楠　华南化工销售公司企管法规处（质量安全环保处）副处长
徐　震　西南化工销售公司彭州调运部安全管理岗
李　哲　东北销售公司质量安全环保处安全管理
杨　升　西北销售公司武汉分公司武汉油库主任
陈军强　西北销售公司办公室（党委办公室）副主任
张明涛　西北销售公司新疆分公司综合办公室主任
张晓燕　中石油昆仑好客有限公司商品部经理
余海东　中石油燃料油有限责任公司华中销售分公司总会计师
朱登锋　润滑油公司武汉润滑油销售分公司销售代表
赵浚然　润滑油公司总经理办公室（党委办公室）主办
夏　丹　四川销售公司成都分公司新都北新加油站经理
李兴伟　辽宁销售公司质量安全环保处 HSE 体系管理主管
陈保贤　广东销售公司质量安全环保处安全综合主管
任俊华　内蒙古销售公司包头销售分公司达茂经营部经理
余　森　中石油新疆销售有限公司乌鲁木齐分公司加油站管理部（质量安全环保部）副主任
杨　辉　陕西销售公司西安销售分公司陕重加油站经理
李　翼　甘肃销售公司甘肃中油交通油品有限公司河西销售片区负责人
陈　强　山东销售公司质量安全环保处处长
宋岗岗　江苏销售公司质量安全环保处高级主管
王永钢　河北销售公司瑞州分公司绥中第一加油站经理
崔海伟　北京销售公司第二分公司天成桥加油站经理
苏国明　上海销售公司振兴党支部书记、振兴加油站经理
邹宏辰　黑龙江销售公司牡丹江销售分公司经理、党委书记、纪委书记
屠永达　吉林销售公司质量安全环保处处长
闪迎河　河南销售公司南阳销售分公司经理、党委副书记
张丽明　云南销售公司非油品经营管理分公司中央仓主任
潘宏伟　重庆销售公司万州分公司本部片区经理、党总支书记
杨学卫　湖北销售公司党委委员、副总经理、总会计师
马　婷　湖北销售公司武汉销售分公司宏图大道加油站经理
熊　杰　湖北销售公司孝感销售分公司汉川西湖加油站经理
李成云　广西销售公司质量安全环保处处长
马双勤　浙江销售公司温州销售分公司南白象服务区加油站站经理
赵犀角　安徽销售公司质量安全环保处安全管理主管
肖保军　福建销售公司质量安全环保处处长
龙晓阳　湖南销售公司长沙分公司机场高速加油站站经理
李成虎　宁夏销售公司高速公路销售分公司泾源服务区副经理
岑义林　贵州销售公司办公室副主任
杜聪慧　山西销售公司质量安全环保处高级主管
薛林娜　青海销售公司西宁销售分公司业务运作部主任
邱琴芳　江西销售公司宜春丰城围里加油站经理
杨茂生　天津销售公司宝坻分公司投资安全部经理
次仁欧珠　西藏销售公司那曲销售公司副总经理、安全总监
李东明　中石油海南销售有限公司质量安全环保处处长
张增强　北京油气调控中心安全处处长
张志勇　管道公司哈尔滨输油气分公司驻俄计量站负责人
来　源　管道公司质量安全环保处环保科科长
陈国治　西气东输管道公司香港支线龙鼓滩分输站四级作业员兼安全员
刘　彬　西气东输管道公司武汉管理处枣阳作业区副书记兼副主任
马　帅　西气东输管道公司武汉管理处武汉西站副站长
张国兴　中石油北京天然气管道有限公司北京输气管理处质量安全环保科科长
桑海博　中石油北京天然气管道有限公司质量安全环保处职业健康主管
向　东　西部管道公司乌鲁木齐输油气分公司王家沟作业区主任
尹　行　西南管道公司质量安全环保处主管
薛伟强　中国石油集团西部钻探工程有限公司国际工程公司乌兹别克斯坦项目部经理、党支部书记

邓新明　中国石油集团西部钻探工程有限公司新疆油田生产协调部副主任
王乐星　中国石油集团西部钻探工程有限公司 HSE 监督中心监督管理科科长
邓　南　中国石油集团长城钻探工程有限公司苏丹测井作业区南苏丹办事处主任
于　阳　中国石油集团长城钻探工程有限公司物资公司机电仪表采购部副主任
吴　桐　中国石油集团长城钻探工程有限公司质量安全环保处综合管理科负责人
张全伟　中国石油集团长城钻探工程有限公司伊拉克综合项目部安保部经理
甘家军　中国石油集团渤海钻探工程有限公司国际合作处副处长
梁　晨　中国石油集团渤海钻探工程有限公司质量安全环保处科员
张国威　中国石油集团渤海钻探工程有限公司第二钻井公司质量安全环保科科长
罗　坚　中国石油集团川庆钻探工程有限公司川东钻探公司安全副总监兼质量安全环保部部长
田思涛　中国石油集团川庆钻探工程有限公司国际工程公司质量安全环保部部长
刘　石　中国石油集团川庆钻探工程有限公司质量安全环保处处长
范瑞阁　中国石油集团东方地球物理勘探有限责任公司矿区服务事业部主任兼党委副书记
李识宇　中国石油集团东方地球物理勘探有限责任公司安全环保处健康环保科科长
邱智辉　中国石油集团东方地球物理勘探有限责任公司国际勘探事业部 HSE 监督
张晓军　中国石油集团东方地球物理勘探有限责任公司国际勘探事业部安全环保科主任
熊长善　中国石油集团测井有限公司质量安全环保处专项工作
李金刚　中国石油集团测井有限公司生产服务中心副主任、安全总监
李　栋　中国石油集团测井有限公司国际事业部乌兹别克项目部副经理
马廷雷　中国石油集团海洋工程有限公司质量安全环保处处长
徐　飞　中国石油集团海洋工程有限公司工程设计院机电仪所高级工程师
程景彬　中国石油管道局工程有限公司质量安全环保部经理
王　茁　中国石油管道局工程有限公司国际事业部应对疫情领导小组办公室副主任
石利军　中国石油管道局工程有限公司亚太分公司斯里兰卡排水隧道项目副经理
艾景奇　中国石油管道局工程有限公司孟加拉国单点系泊项目部 HSSE 部长
敖日其楞　中国石油工程建设有限公司安全环保处处长
刘　伟　中国石油工程建设有限公司阿尔及利亚分公司质量安保部经理
杨苗红　中国石油工程建设有限公司第一建设公司天元管理处中油花园小区主任
宋跃军　中国石油工程建设有限公司俄罗斯分公司 AGPP 项目副总经理
韦宁宁　中国寰球工程有限公司中国石油天然气六建有限公司安全环保部经理
孙　婧　中国寰球工程有限公司矿区行政管理部物资管理中心副经理
阚德新　中国寰球工程有限公司东南亚地区管理公司质量安全环保部副主任
赵　恺　中国昆仑工程有限公司办公室（党委办公室）副主任
杨柳俊　中国昆仑工程有限公司印度聚丙烯项目部财务经理、孟买办公室负责人
王兆伟　中国石油集团工程有限公司北京项目管理分公司项目管理部业务主管
崔　杰　中国石油集团工程有限公司北京项目管理分公司中油朗威公司国际市场开发部（国际项目群）经理、孟加拉国吉大港—达卡成品油管道工程 PMC 项目经理
林多果　中国石油技术开发有限公司阿克纠宾石油机械（联合有限）公司副总经理
刘艳君　中国石油技术开发有限公司苏丹及南苏丹总代表、苏丹分公司总经理
古　悦　中国石油集团渤海石油装备制造有限公司办公室（党委办公室）副主任
李　帅　中国石油集团渤海石油装备制造有限公司尼日尔事业部带班技术员
赵吉雨　宝鸡石油机械有限责任公司销售公司中东公司经理
董宗刚　宝鸡石油机械有限责任公司安全环保处处长
马国光　宝鸡石油钢管有限责任公司安全环保处处长
贾　杰　中国石油集团济柴动力有限公司海外技术营销服务公司管理部副部长

李　腾　中国石油集团济柴动力有限公司质量安全环保处安全监督岗
王锐杰　中油财务有限责任公司总经理办公室（党群工作部）主任
赵卫峰　昆仑银行股份有限公司办公室（党委办公室）主任助理
赵　卓　昆仑信托有限责任公司（中油资产管理有限公司）办公室高级主管
杨　涛　昆仑金融租赁有限责任公司财务部（金融市场部）总经理
王占东　中石油专属财产保险股份有限公司发展企划部资深经理
王云锋　中意人寿保险有限公司总经理办公室主任
周　莺　中意人寿保险有限公司湖北省分公司人力资源部经理
周　俊　中意财产保险有限公司工会副主席、北京分公司副总经理
李玉梅　勘探开发研究院综合服务中心（基建办公室）副主任
王　叶　勘探开发研究院人事处（党委组织部）薪酬与保险管理岗高级主管
陈振国　规划总院信息中心天然气零售系统运维项目经理
薛　鹏　石油化工研究院综合管理处（党委办公室）处长（主任）
李　潇　石油化工研究院成果管理处高级主管
李　男　中国石油集团经济技术研究院财务资产处高级主管
赵　彤　中国石油集团工程技术研究院有限公司党委委员、副总经理、安全总监
蒲晓莉　中国石油集团工程技术研究院有限公司江汉机械研究所总经理办公室（党委办公室）主任
崔龙连　中国石油集团工程技术研究院有限公司中东分公司总经理助理
孙仕娟　中国石油集团安全环保技术研究院有限公司HSE信息中心软件设计师
张译之　中国石油集团安全环保技术研究院有限公司总经理办公室主管
耿　宝　中国石油集团安全环保技术研究院有限公司总经理办公室主任
吴顺成　中国石油集团安全环保技术研究院有限公司HSE信息中心副主任
李笑笑　中国石油集团安全环保技术研究院有限公司HSE海外技术支持中心科员
孙联昌　中国石油集团石油管工程技术研究院质量安全处副处长
王　婧　咨询中心（中国石油集团工程咨询有限责任公司）综合技术部业务经理
吴传胜　中国石油运输有限公司湖北分公司驾驶员
贾玉齐　中国石油运输有限公司沙运司尼日尔分公司安全副总监兼HSE管理部主任
刘宏军　中国石油运输有限公司北京分公司木林配送中心主任
薛　云　中国石油运输有限公司新疆配送公司党群工作（保卫）科科长
唐建军　中国华油集团有限公司党委委员、副总经理、安全总监
谢立明　中国华油集团有限公司中油阳光餐饮（北京）有限责任公司燕京分公司寰球工程项目部经理
张　松　中国华油集团有限公司北京物业分公司北京分项目部副经理
夏　上　中国华油集团有限公司北京中油宾馆经理、党支部书记
李玉兰　北京石油管理干部学院后勤物业处处长
王晓群　中国石油报社西部记者站站长
金　添　中国石油报社视觉中心记者
魏　杰　中国石油报社工会副主席、行政事务中心主任
高艳华　石油工业出版社有限公司行政事务中心副主任
范　勇　中国石油审计服务中心后勤服务中心高级主管
许　俊　中国石油物资采购中心（中国石油物资有限公司）计划运行处处长
陈　麒　中国石油物资采购中心（中国石油物资有限公司）中国石油物资上海有限公司综合办公室主任
陶　陶　中国石油集团共享运营有限公司综合管理部管理岗
李佳星　信息技术服务中心综合办公室高级主管
谭国勇　广州培训中心后勤处主管
张慧芳　中国石油企业协会办公室（秘书处）副主任
邹　刚　中国石油学会办公室主任
范　宁　集团办公室（总裁办公室）副主任
施　伟　集团办公室（总裁办公室）综合处副处长
王　伟　集团办公室（总裁办公室）办公资源管理处高级主管
龙海涛　集团办公室（总裁办公室）办公资源管理处处长

陈　祺　政策研究室调研一处高级主管
胡　勇　规划计划部综合处副处长
鞠慧敏　财务部综合处副处长
程小舟　资金部综合处副处长
傅骏雄　人事部综合处高级主管
吴建国　生产经营管理部综合处处长
岳松伟　资本运营部综合管理处（董监事办公室）处长
吴胜琴　法律事务部综合处高级主管
邱少林　质量安全环保部副总工程师
黄力维　质量安全环保部 HSE 体系处高级主管
孙德坤　质量安全环保部应急处处长
李　勇　质量安全环保部环保处副处长
张程光　科技管理部综合处高级主管
张云辉　信息管理部综合计划处处长
洪卫东　工程和物装管理部采购管理二处处长
李　萌　工程和物装管理部采购管理一处高级主管
张　军　国际部副总经理
李成儒　国际部海外防恐安全办公室高级主管
蒙　萌　国际部综合处高级主管
陈绍勤　国际部阿尔及利亚办事处主任
王　磊　国际部苏丹办事处副主任
钱凤章　国际部海外防恐安全办公室处长
常福权　国际部俄罗斯办事处主任
李　尧　党组巡视办公室综合处高级主管
左建东　审计部综合处处长
宋　婕　改革与企业管理部综合处高级主管
孙明旭　思想政治工作部副总经理
沈　中　思想政治工作部副总经济师、石油文联秘书长
李生儒　思想政治工作部新闻处处长
李文彩　维稳信访工作办公室总部机关保卫大队队长
沈　娅　直属党委办公室主任
张博文　董事会秘书局（监事会办公室）综合管理处主管
张　辉　离退休职工管理中心保健处处长
陈建文　纪检监察组三室（党风政风监督室、监督检查室）副主任
李春雨　纪检监察组二中心副处级纪检监察员
鄢庆辉　纪检监察组四中心正处级纪检监察员
蔡　敏　纪检监察组一中心综合处高级主管
赵邦六　勘探与生产公司党委委员、副总经理、安全总监
张维智　勘探与生产公司设备与管道处副处长
王合营　勘探与生产公司生产运行处副处长
吕文军　炼油与化工公司党委委员、副总经理、安全总监
曲天煜　炼油与化工公司安全环保处处长
高俊峰　炼油与化工公司装备管理处副处长
廖国勤　销售公司党委书记、副总经理
魏先春　销售公司总经理办公室主任
陶　辉　销售公司安全环保处处长
陈晓鸣　天然气销售分公司（昆仑能源有限公司）办公室主任
刘志强　天然气销售分公司（昆仑能源有限公司）湖北分公司（中石油昆仑燃气有限公司湖北分公司）党委书记、总经理
任军岗　天然气销售分公司（昆仑能源有限公司）新疆分公司副总经理、安全总监
郑敬亮　天然气销售分公司（昆仑能源有限公司）中石油昆仑燃气有限公司北京分公司质量安全环保部经理
薛风东　天然气销售分公司（昆仑能源有限公司）中石油大连液化天然气有限公司质量安全环保部安全主管
陈　建　天然气销售分公司（昆仑能源有限公司）中石油昆仑燃气有限公司液化气抚顺分公司经理、党支部副书记、安全总监
范　洁　天然气销售分公司（昆仑能源有限公司）中石油昆仑燃气有限公司华北分公司办公室（党委办公室）主任
张　莉　天然气销售分公司（昆仑能源有限公司）新闻中心网站主编
赵春磊　天然气销售分公司（昆仑能源有限公司）质量安全环保处高级主管
吴世勤　中石油管道有限责任公司党委委员、副总经理、安全总监
何兆洋　中石油管道有限责任公司办公室高级主管
任　磊　中石油管道有限责任公司质量安全环保部高级主管
王行义　中国石油国际勘探开发有限公司（海外勘探开发分公司）党委委员、副总经理、安全总监
卞德智　中油国际中亚公司总经理、中亚地区协调组组长
王贵海　中油国际中东公司总经理、安全总监、中东地区协调组组长
陈金涛　中油国际拉美公司总经理、拉美地区协调组组长

陈　鑫　中油国际（伊拉克）哈法亚公司 HSE 计划与内控科长
崔　鹏　中油国际（哈萨克斯坦）阿克纠宾公司 HSE 部业务主管
张　睿　中油国际尼罗河公司综合管理部 HSE 综合管理
晁　阳　中油国际拉美公司拉美地区协调组办公室主任
安　昊　中油国际（乍得）上游项目安保部经理
姜　民　中油国际（俄罗斯）亚马尔项目 HSE 部经理
孙继辉　中油国际管道公司中乌天然气管道项目布哈拉管理处 HSE 科副科长
唐　尧　中油国际（加拿大）公司综合办公室经理
冀成楼　中油国际中东公司总经理助理兼 HSSE 部经理、协调组办公室主任
刘丽萍　中国石油国际勘探开发有限公司（海外勘探开发分公司）海外 HSSE 技术支持中心业务经理
严佳佳　中国石油国际勘探开发有限公司（海外勘探开发分公司）人力资源部（党委组织部）高级主管
周　敬　中国石油国际勘探开发有限公司（海外勘探开发分公司）后勤保障中心项目服务部
李　伟　中国石油国际勘探开发有限公司（海外勘探开发分公司）健康安全环保部副主任
周晓耕　中油国际中亚公司安全副总监
赵宏展　中油国际西非公司技术管理部主任
曹民权　中油国际拉美公司技术管理部 HSE 执行总监
焦向民　中国石油集团油田技术服务有限公司（工程技术分公司）党委副书记、纪委书记、工会主席
李德鸿　中国石油集团油田技术服务有限公司（工程技术分公司）质量安全环保部副主任
崔　涛　中国石油集团油田技术服务有限公司（工程技术分公司）国际事业部综合处副处长
于国锋　中国石油集团工程股份有限公司（工程建设分公司）党委委员、副总经理、安全总监
孙　健　中国石油集团工程股份有限公司（工程建设分公司）质量安全环保部高级主管
刘春贵　中国石油集团工程股份有限公司（工程建设分公司）非洲协调组组长
祁　哲　中国石油集团工程股份有限公司（工程建设分公司）中油工程西南工程建设分公司质量安全环保部科员
李少林　中国石油国际事业有限公司（国际贸易分公司）新加坡公司高级副总经理
杨连国　中国石油国际事业有限公司（国际贸易分公司）安全总监
刘孝堂　中国石油国际事业有限公司（国际贸易分公司）综合部（党委办公室）总经理
刘昕舟　中国石油国际事业有限公司（国际贸易分公司）质量安全环保部业务主管
王立平　中国石油集团资本股份有限公司党委委员、副总经理
陈六亿　中国石油集团资本股份有限公司办公室主任

【集团公司抗击新冠肺炎疫情先进集体】　96 个：

大庆油田有限责任公司保卫中心
大庆油田有限责任公司市场开发部
辽河油田公司国际事业部加拿大乐迪实业有限公司
辽河油田公司群团工作部 EAP 项目组
长庆油田公司公用事业部
塔里木油田公司维稳与矿区管理办公室（保卫部）
新疆油田公司准东采油厂伊拉克艾哈代布项目部
西南油气田公司天然气净化总厂
吉林油田公司物业服务系统
大港油田公司对外技术服务公司
青海油田公司油田综合服务中心
华北油田公司培训中心
吐哈油田公司哈萨克斯坦吐哈石油技术服务有限责任公司
冀东油田公司矿区服务事业部
玉门油田公司乍得有限责任公司
大庆石化公司开发公司
吉林石化公司吉林燃料乙醇有限责任公司
抚顺石化公司北天集团安防制品公司
辽阳石化公司安全环保处
兰州石化公司国际事业公司
兰州石化公司规划处
独山子石化公司乙烯厂聚烯烃一联合车间
乌鲁木齐石化公司综合服务中心
大连石化公司第五联合车间
锦州石化公司矿区服务事业部
锦西石化公司质检部
大庆炼化公司安全环保处
华北化工销售公司湖北分公司
华东化工销售公司业务二处
西北销售公司武汉分公司
润滑油公司武汉润滑油销售分公司
四川销售公司 7102 油库
辽宁销售公司大连销售分公司
内蒙古销售公司巴彦淖尔销售分公司五原经营部

中石油新疆销售有限公司乌鲁木齐分公司
陕西销售公司安康销售分公司
甘肃销售公司质量安全环保处
山东销售公司总经理（党委）办公室
北京销售公司新发地加油站
黑龙江销售公司牡丹江销售分公司绥芬河片区
吉林销售公司吉林市销售分公司
湖北销售公司武汉销售分公司
管道公司长沙输油气分公司
西气东输管道公司武汉管理处
中国石油集团西部钻探工程有限公司国际工程公司阿克套项目部
中国石油集团长城钻探工程有限公司古巴项目部
中国石油集团长城钻探工程有限公司钻井二公司西南项目部 50022 钻井队
中国石油集团渤海钻探工程有限公司职工教育培训中心
中国石油集团川庆钻探工程有限公司国际工程公司
中国石油集团东方地球物理勘探有限责任公司海洋物探处
中国石油集团测井有限公司新疆分公司
中国石油集团海洋工程有限公司中油海 281 船
中国石油管道局工程有限公司亚太分公司
中国石油工程建设有限公司西非公司
中国寰球工程有限公司吉林化建阿尔及利亚分公司
中国昆仑工程有限公司印度聚丙烯项目部
中国石油集团工程有限公司北京项目管理分公司尼日尔上下游一体化 PMC 项目
中国石油技术开发有限公司阿克纠宾石油机械（联合有限）公司
中国石油集团渤海石油装备制造有限公司钻井装备公司尼日尔事业部
宝鸡石油机械有限责任公司销售公司
中意人寿保险有限公司湖北省分公司
勘探开发研究院国际合作处
石油化工研究院兰州中心聚烯烃树脂研究所
中国石油集团工程技术研究院有限公司中石油江汉机械研究所有限公司
中国石油集团安全环保技术研究院有限公司总经理办公室
中国石油集团安全环保技术研究院有限公司 HSE 信息中心
中国石油运输有限公司湖北分公司
中国石油运输有限公司哈萨克斯坦分公司
中国华油集团有限公司阳光国际商务有限公司
中国华油集团有限公司华中分公司
集团办公室（总裁办公室）资源管理处
质量安全环保部疫情防控工作领导小组办公室
工程和物装管理部采购管理二处
国际部国际业务新冠肺炎疫情专项工作组办公室
思想政治工作部综合处
纪检监察组六中心
勘探与生产分公司质量安全环保处
炼油与化工分公司安全环保处
销售分公司安全环保处
天然气销售分公司（昆仑能源有限公司）质量安全环保部
天然气销售分公司（昆仑能源有限公司）湖北分公司（中石油昆仑燃气有限公司湖北分公司）
天然气销售分公司（昆仑能源有限公司）大庆中石油昆仑燃气有限公司
中石油管道有限责任公司质量安全环保部
中国石油国际勘探开发有限公司（海外勘探开发分公司）健康安全环保部
中油国际（哈萨克斯坦）PK 公司
中油国际（厄瓜多尔）安第斯公司
中油国际（伊朗）北阿扎德甘公司
中油国际（南苏丹）1/2/4 项目公司
中哈天然气管道项目
中油国际俄罗斯投资公司
中油国际（尼日尔）炼油公司
中油国际印尼公司
中国石油集团油田技术服务有限公司（工程技术分公司）质量安全环保部
中国石油集团工程股份有限公司（工程建设分公司）质量安全环保部
中国石油国际事业（香港）有限公司
中国石油国际事业（新加坡）有限公司

【支持中国石油抗击新冠肺炎疫情先进个人】 22 人：

张雪军　宝石花医疗集团河北中石油中心医院卫生处职业卫生管理与职业病防治科科长
刘　政　宝石花医疗集团河北中石油中心医院呼吸与危重医学科主任
杨洪涛　宝石花医疗集团河北中石油中心医院石油大厦医务室主任
王　旸　宝石花医疗集团副总裁、院长委员会主任、宝石花（辽宁）医疗健康管理有限公司总经理、盘锦辽油宝石花医院院长

邢　伟　宝石花医疗集团盘锦辽油宝石花医院感染管理部主任
胡　耀　宝石花医疗集团华北石油管理局总医院感染性疾病科副主任
何敬堂　宝石花医疗集团华北石油管理局总医院医疗管理部部长
易梦秋　宝石花医疗集团松原吉林油田医院副院长兼急诊、重症科主任
程明康　宝石花医疗集团松原吉林油田医院呼吸内科主任
张　静　宝石花医疗集团吉林市化工医院感染控制处处长
刘永斌　宝石花医疗集团甘肃宝石花医院副院长
曾　婧　宝石花医疗集团四川宝石花医院医教部副主任
李国平　宝石花医疗集团四川宝石花医院重症医学科医师
席建堂　宝石花医疗集团宝石花长庆医疗健康投资管理有限公司总经理、西安宝石花长庆医院（长庆油田职工医院）院长、党委副书记
杨秀菊　宝石花医疗集团辽阳辽化医院疾病预防控制科科长
周国庆　宝石花医疗集团宝石花东方医疗健康管理有限公司保定宝石花东方医院急诊科主任
边银龙　宝石花医疗集团保定涿州宝石花医院公共卫生科主治医师
阿力木江·阿不来提　宝石花医疗集团新疆宝石花医院内二科主任
尤春红　宝石花医疗集团北京市西城区宝石花门诊部主任
张　琳　宝石花医疗集团宝石花医疗器械有限公司耗材业务部总监
邢宏建　宝石花医疗集团宝石花国际医疗健康有限公司高级项目经理
刘子沛　宝石花医疗集团医疗管理部总监

【支持中国石油抗击新冠肺炎疫情先进集体】 5 个：

宝石花医疗集团医管部
宝石花医疗集团宝石花医疗资产投资有限公司（中心医院）
宝石花医疗集团吉林宝石花健康产业发展有限公司
宝石花医疗集团兰州宝石花医疗管理有限公司
宝石花医疗集团新疆宝石花医疗健康管理有限公司

【集团公司 2019 年度优秀党建研究成果名单】

一等奖（20 个）

国有企业基层党员党的创新理论学习如何刻骨铭心进头脑研究　中国石油报社
强化各层级党组织整体功能研究　大庆油田公司
设立执行董事“一肩挑”领导体制下党委发挥领导作用研究　东方地球物理公司
党委委员落实党建工作“一岗双责”的探索与思考　长庆油田公司
扩大党内基层民主研究　大港油田公司
构建雄安新区党建互联共建平台的探索实践　河北销售公司
党建工作与生产经营“双向融入”的实践探索和理论思考　吉林石化公司
加强海外党的建设强化风险防控的研究探索　中油国际公司
不忘初心、牢记使命长效机制的探索实践　新疆油田公司
非法人型国有企业党委“讨论和决定企业重大事项”的研究　吉林油田公司
新时代激励领导人员担当作为对策与实践研究　陕西销售公司
“区域党建联盟”研究及实践　川庆钻探工程公司
构建党建工作责任考核评价体系的延伸研究　西北化工销售公司
推动海外党支部党建“三基”工作标准化的思考与探索　集团公司第 71 期党校班
激励干部敢担当有作为研究　辽河油田公司
混合所有制企业党委发挥领导作用研究　天然气销售分公司
推动党建工作与中心工作深度融合的探索与思考　塔里木油田公司
石油企业坚持和加强党的全面领导的思考与建议　经济技术研究院
新形势下加强企业机关党建工作路径探析　吐哈油田公司
驱动新时代青年人才培育新引擎打造高素质专业化年轻干部队伍研究　大庆炼化公司

二等奖（30 个）

以“区域党建联盟”为纽带的劳务输入党员作用发挥机制研究　长庆油田公司
“不忘初心、牢记使命”主题教育实践经验研究　管道局工程公司
国企党建标准化管理应用探究　哈尔滨石化公司
加强国际化人才队伍建设的实践与思考　国际事业公司
国有企业党建制度体系建设研究　西南油气田公司

以“大党建”工作格局引领“大后勤”体系建设研究　华油集团公司
石油企业基层党支部提升“三会一课”质量的探索与研究　渤海钻探工程公司
“一带一路”海外党建研究　东方地球物理公司
提升海外基层党组织组织力研究　大庆油田公司
着力推进新时代国有企业纪检监察体制改革创新的思考　四川石化公司
加强新时代国有企业党校党建工作研究　北京石油管理干部学院
持续推进党的建设与“国际先进、国内一流”窗口企业建设深度融合的研究与实践　华北石化公司
海外油气业务开展政治巡察的实践与探索　中油国际公司
加强基层党支部书记队伍建设研究　大港油田公司
党建大数据应用的研究与探索　东方地球物理公司
提高基层党支部建设工作质量研究　东北销售公司
落实重大问题决策前置程序发挥党委领导作用研究　吉林油田公司
构建甲乙方党建共建新格局的探索与实践　冀东油田公司
“3456”机制培养年轻干部的实践与探索　兰州石化公司
强化企业党建工作推动上游业务高质量发展研究　集团公司第 71 期党校班
新形势下加强党员教育培训实践与探索　大港油田公司
深化“智慧党建”探索研究　大庆油田公司
基于党建信息化平台的党支部标准化建设实践　测井公司
政治生态评价方法研究　新疆油田公司
企业基层党务干部心理状态分析及养护研究　辽河油田公司
提升基层党建工作质量研究　吐哈油田公司
提高新时代党支部“三会一课”质量研究　西北销售公司
加强基层党支部带头人队伍建设的探索与研究　华北油田公司
提升国有企业党支部书记党建工作能力的实践研究　塔里木油田公司
大力发现培养选拔优秀年轻干部调研报告　西部钻探工程公司

三等奖（50 个）

加强海外项目群模式下党建工作研究　管道局工程公司
新形势下国有企业提升基层党建工作质量研究　运输公司
加油站“微腐败”防治的研究与对策　贵州销售公司
建立党支部达标晋级机制的实践与探索　兰州石化公司
国企党委发挥把方向、管大局、保落实作用工作路径研究　天然气销售分公司
党建工作与生产经营深度融合的探索与实践　辽河油田公司
销售企业控参股公司党建工作实践与探索　广西销售公司
集中整治形式主义官僚主义研究　大庆油田公司
加强领导班子和党员领导干部政治素质考察研究　新疆油田公司
基层党组织落实管党治党主体责任研究　青海油田公司
石油企业坚持和加强党的全面领导研究　石油工业出版社
“油公司”党的建设领导体制机制研究　西南油气田公司
国有企业落实“三重一大”决策制度实践研究　宁夏石化公司
提高新形势下党员教育质量的调查研究　锦西石化公司
基于“4C”党建工作责任制落实机制的实践与探索　信息技术服务中心
加强基层党组织带头人队伍建设研究　长城钻探工程公司
基层党组织示范群体建设达标管理的研究与实践　大庆石化公司
全面加强新时代国企机关党建工作研究　吉林油田公司
新时代加强机关党建工作的思考与对策　玉门油田公司
新形势下提高党员教育培训针对性精准性有效性的研究与实践　浙江销售公司
石油科研企业党建与科研工作深度融合研究　工程技术研究院
党员在线教育管理的实践和探索　湖北销售公司
深化“智慧党建”的探索研究　云南销售公司
党建工作责任制考核评价探索与实践研究　辽阳石化公司
建立国有企业不忘初心、牢记使命长效机制的探索思

考　华北油田公司
石油企业坚持和加强党的全面领导研究　乌鲁木齐石化公司
提高国有企业党的建设质量研究　重庆销售公司
基层党支部党建创新研究　北京油气调控中心
提高基层党支部工作质量探析　四川销售公司
新时代提高基层党建工作质量探究　锦州石化公司
加强机关作风建设的实践与探索　西部管道公司
加强党支部发挥主体作用研究　东北销售公司
新形势下提高党员教育质量实效性研究　玉门油田公司
以党支部"联学联建"为载体推动党建与业务深度融合的探索与实践　安全环保技术研究院
持续构建"大党建"工作格局研究　济柴动力公司
全力推进党风廉政建设调研报告　宝鸡石油机械公司
党建工作与生产经营深度融合制度机制研究　浙江油田公司
大力发现储备和培养锻炼年轻干部研究　寰球工程公司
新时代提高党员教育质量研究　运输公司
"一网一微一平台"在构建海外后勤服务企业"大党建"工作格局中的应用实践研究　华油集团公司
提升基层党支部组织力研究　辽宁销售公司
提高企业基层党建工作质量研究　华南化工销售公司
关于基层党建工作质量问题的调查与分析　海洋工程公司
关于加强基层党建工作的调研报告　昆仑信托公司
发挥基层党组织作用促进党建工作与生产经营深度融合探究　独山子石化公司
建设标准化党支部推动企业党建高质量发展的探索与实践　渤海装备公司
提高党支部"三会一课"质量研究　燃料油公司
加强机关党建工作研究　长庆石化公司
国有企业党委组织架构和分工研究　储气库公司
"区域党建联盟"助推项目快速发展的探索实践　煤层气公司

优秀奖（50个）

党建工作与生产经营深度融合制度机制研究　大港油田公司
推动国有企业基层党组织全面进步全面过硬研究　吉林石化公司
聚力"五大工程"提升党建质量的实践与启示　青海销售公司
关于提升基层组织力的探索与实践　测井公司
加强"石油党建"信息化平台建设高质量开展基层党支部"三会一课"的研究与探索　广西销售公司
石油企业科研单位基层党支部达标晋级探索实践研究　经济技术研究院
党建工作与生产经营深度融合制度机制研究　陕西销售公司
加强党支部标准化规范化建设研究　大庆油田公司
中外合资企业党建工作研究　广东销售公司
企业党建工作与生产经营深度融合制度机制研究　审计服务中心
石油企业加强基层党务工作者队伍建设的研究与探索　辽河油田公司
新形势下加强党员队伍管理打造石油销售公司党建先锋矩阵的实践与探索　江苏销售公司
区域化管理模式下提升基层党组织组织力研究　管道公司
新时代提高油田基层党建质量研究　长庆油田公司
加强国企离退休党员管理工作的分析与思考　抚顺石化公司
新时代国有企业机关党建有质量有作为研究　新疆油田公司
提高国有企业基层党建工作质量研究　大连石化公司
深化人才发展体制机制改革研究　西南油气田公司
提升片区党支部"三会一课"质量的调研与思考　山东销售公司
新时代加强企业党建与生产经营融合的思考　锦州石化公司
加强"三基建设"提升新时代基层党建工作质量探究与实践　哈尔滨石化公司
科研单位党建工作和科研生产深度融合的实践与思考　冀东油田公司
在构建"大党建"格局中压实党建责任的探索实践　四川石化公司
党员积分制管理在基层党支部工作中的探索　安徽销售公司
"五指成拳"打造坚强战斗堡垒的探索实践　渤海装备公司
在项目建设中激发广大干部员工干事创业热情的研究与实践　广东石化公司
关于构建长效机制实现主题教育与生产经营相融共促的实践与思考　中油工程公司
一体推进"三不腐"的实践探索　大港石化公司
新形势下科研单位党支部工作新方法探析　石油化工研究院

发挥基层党支部思想政治引领作用的思考与措施　庆阳石化公司
提高新形势下党员教育的针对性精准性有效性研究与实践　燃料油公司
营造风清气正的良好政治生态研究　青海油田公司
严把发展党员政治关提高发展党员质量研究　西南化工销售公司
党建工作与生产经营深度融合制度机制研究　润滑油公司
建立“321”党建与业务融合机制提高机关干部员工担当意识探索实践　宝鸡石油钢管公司
“互联共建”助推党建经营融合发展的实践探索　河北销售公司
推进基层党组织全面进步全面过硬进一步提高基层党建工作的思考和研究　锦西石化公司
新时代全面提升基层党建工作质量研究　上海销售公司
党建工作与生产经营深度融合制度机制研究　项目管理公司
国有企业建立实效型基层党建绩效评价体系的对策分析和创新实践　湖南销售公司
提升基层党建工作质量的思考　江西销售公司
以体系化手段构建“大监督”工作格局的研究与实践　技术开发公司
党建工作与生产经营深度融合制度机制研究　河南销售公司
深化人才发展体制机制改革实践探索　石油管工程技术研究院
党建可视化矩阵管理探索与实践　重庆销售公司
提高基层党建工作质量探究　工程建设公司
加强基层党建基本组织基本队伍基本制度建设研究　宁夏销售公司
构建“权责”匹配的基层党建管理模式研究　西气东输公司
党建工作与生产经营深度融合创新与实践　宝鸡石油机械公司
党建信息化建设的探索与研究　甘肃销售公司

【2020 年“石油精神教育基地”的名单】

大庆油田铁人王进喜纪念馆
大庆油田松基三井
大庆油田历史陈列馆
大庆石油科技馆
大庆油田铁人一口井
大庆油田 1205 钻井队
大庆油田 1202 钻井队
大庆油田第一采油厂中四采油队
大庆油田第一采油厂 5-65 井组
大庆油田第一采油厂北二注水站
大庆油田工程建设有限公司油建十一中队
大庆钻探工程公司硬骨头十三车队
大庆油田储运销售分公司西油库
大庆油田水务公司西水源水厂
大庆油田第一采油厂中十六联合站
中油电能有限公司星火一次变电所
大庆油田采气分公司徐深 1 井
大庆油田第二采油厂采油 49 队
大庆油田井下作业分公司修井 107 队
大庆油田第四采油厂女子采油队传统教育基地
大庆油田第三采油厂北十五联合站
大庆油田物资公司缝补厂精神纪念室
大庆油田勘探开发研究院采收率研究室
辽河油田辽一井
辽河油田企业文化教育中心
辽河油田欢喜岭采油厂东滨霞采油站
辽河油田欢喜岭采油厂企业文化教育中心
长庆油田陕参一井
长庆油田西 17 井
长庆油田塞 1 井
长庆油田苏 6 井
长庆油田采油二厂厂史展览馆
长庆油田好汉坡
长庆油田流芳亭
长庆油田展览馆
长庆油田会战指挥部旧址（将军楼）
长庆油田靖安油田展览馆
长庆油田苏里格气田展馆
长庆油田安塞油田展览馆
长庆油田陕 141 井
塔里木油田展览馆
塔里木油田轮南 2 井
塔里木油田克拉 2 井
塔里木油田柯一井
塔里木油田沙漠公路
塔里木油田塔西南勘探开发公司石油展览馆
塔里木油田塔中水平 1 井（TZ4-17-H4）
克拉玛依一号井
新疆油田英雄 193 井
新疆油田陆九井

新疆油田 101 窑洞遗址
新疆油田彩参二井
新疆油田克 75 教育基地
新疆油田油气储运公司总站
新疆石油地质陈列馆
克拉玛依黑油山
独山子油井遗址
毛泽东主席视察隆昌气矿纪念馆
西南油气田自二井
西南油气田公司展厅
西南油气田卧龙河集气总站
西南油气田川中油气矿磨溪 8 井
吉林油田长深 1 井
吉林油田扶 27 井
吉林油田展览馆
吉林油田新立“大井丛”
大港油田展览馆
大港油田港五井
大港油田第五采油厂第二采油作业区
大港油田第一采油厂第二采油作业区
大港油田埕海 1-1 人工岛教育基地
青海油田地中四井
青海油田跃参一井
青海油田涩深 15 井
青海油田展览馆
青海油田发展史厅和勘探开发厅
青海油田狮 20 井
青海油田冷湖四号公墓
青海油田格尔木炼油厂展厅
青海油田油砂山露头
青海油田花格管道甘森站
青海油田北参三井
华北油田科技展览馆
华北油田任四井
华北油田巴 19 井
华北油田二连油田艰苦奋斗精神展室
华北油田第二采油厂靳占忠创新团队工作室
华北油田煤层气勘探开发展览室
华北油田第三采油厂王四联合站
华北油田第四采油厂永清气处理站
华北油田反腐倡廉教育基地
吐哈油田台参一井
吐哈油田红连文化园
吐哈油田杨拯陆烈士纪念雕塑
冀东油田思想教育基地
冀东油田南堡展厅
玉门油田展览馆
玉门油田老君庙油田展览室
玉门油田老君庙采油厂采油四队 603 岗
玉门市铁人王进喜纪念馆
玉门油田矿区遗址群（6 个工业遗址）
南方勘探开发公司花场油气处理中心
大庆石化“石化之光”展厅
大庆石化化肥厂厂史展览室
大庆石化保洁公司服务品牌文化展厅
大庆石化炼油厂催化重整车间员工教育基地
吉林石化展厅
吉林石化化肥厂
吉林石化电石厂文化教育基地
吉林石化碳纤维厂展厅
吉林石化合成树脂厂
抚顺石化“中国第一套催化裂化装置”址
抚顺石化石油二厂中转站车间学大庆示范基地
抚顺石化石油三厂王海班组示范基地
抚顺石化赵林源密封专家工作室
抚顺石化丙烯腈车间传承大庆精神示范教育基地
抚顺石化“腈纶人的画与话”展室
兰州石化展览馆
辽阳石化企业精神教育基地
独山子石化蒸馏釜遗址
独山子石化展览（博物）馆
乌鲁木齐石化厂史馆
大连石化展览馆
锦州石化员工教育基地
大港石化展览馆
四川石化企业文化展厅
广西石化展览厅
大庆炼化展厅
华东化工销售企业文化展厅
西北化工销售展览室
西北销售企业文化展厅
四川销售展览馆
四川销售 104 油库
四川销售泸州龙马加油站
新疆销售展厅
河北销售企业文化展厅
上海销售企业文化展厅
云南销售大理金花加油站

重庆销售朝阳河油库历史展览馆
浙江销售文二西路加油站“智慧 e 工作室”
西藏销售企业精神教育基地
青海销售玉树西杭加油站
青海销售西宁尚丽群加油站
甘肃销售企业发展史展室
东方地球物理公司征服塔克拉玛干纪念碑
中国管道博物馆
管道局第四工程分公司盾构工程展览馆
管道局第五工程公司企业文化展馆
中油国际中亚公司肯基亚克盐下油田功勋井 H8010 井
俄罗斯公司亚马尔项目“一带一路”重大工程企业精神教育基地
川庆钻探油气井灭火抢险中心
川庆钻探科技创新文化示范园
川庆钻探长庆钻井总公司企业文化展厅
西部钻探克拉玛依钻井公司陈列室
西部钻探吐哈井下作业公司铁军展厅
西部钻探展厅
中国石油物探展览馆
工程建设公司第一建设公司荣誉馆
工程建设公司第七建设公司创业展览馆
宝鸡石油机械公司厂史展厅
渤海装备公司青县产业园区厂史展厅
运输公司沙漠运输公司企业精神教育展览厅
海外勘探开发公司中国石油海外业务展厅
西藏双湖特别区发展历程大庆精神铁人精神展厅

（宗　图）

机构与人物

中国石油天然气集团有限公司

组 织 机 构

单 位		地 址
一、机关职能部门（20个）		
1	办公室（党组办公室、董事会办公室）	北京市
2	政策研究室	北京市
3	规划计划部	北京市
4	财务部	北京市
5	资金部	北京市
6	人事部（党组组织部）	北京市
7	生产经营管理部	北京市
8	资本运营部	北京市
9	法律事务部	北京市
10	质量安全环保部	北京市
11	科技管理部	北京市
12	信息管理部	北京市
13	工程和物装管理部	北京市
14	国际部（外事部）	北京市
15	党组巡视办公室	北京市
16	审计部	北京市
17	改革与企业管理部	北京市
18	党群工作部（直属党委）	北京市
19	党组宣传部（企业文化部、新闻办公室）	北京市
20	维稳信访工作办公室（综合治理办公室、保卫部）	北京市
二、纪检监察组		北京市

注：本篇资料截至2020年12月31日。

续表

单 位		地 址
三、控股子公司（4 个）		
1	中国石油天然气股份有限公司	北京市
2	中国石油集团工程股份有限公司（工程建设分公司）	新疆维吾尔自治区克拉玛依市
3	中国石油集团资本股份有限公司	新疆维吾尔自治区克拉玛依市
4	中国联合石油有限责任公司	北京市
四、专业全资子公司（2 个）		
1	中国石油国际勘探开发有限公司	北京市
2	中国石油集团油田技术服务有限公司（工程技术分公司）	北京市
五、油气田全资子公司（9 个）		
1	大庆石油管理局有限公司	黑龙江省大庆市
2	辽河石油勘探局有限公司	辽宁省盘锦市
3	长庆石油勘探局有限公司	陕西省西安市
4	新疆石油管理局有限公司	新疆维吾尔自治区克拉玛依市
5	四川石油管理局有限公司	四川省成都市
6	吉林石油集团有限责任公司	吉林省松原市
7	大港油田集团有限责任公司	天津市大港区
8	华北石油管理局有限公司	河北省任丘市
9	新疆吐哈石油勘探开发有限公司	新疆维吾尔自治区哈密市
六、炼化全资子公司（10 个）		
1	中国石油大庆石油化工有限公司	黑龙江省大庆市
2	吉化集团有限公司	吉林省吉林市
3	中国石油抚顺石油化工有限公司	辽宁省抚顺市
4	中国石油辽阳石油化纤有限公司	辽宁省辽阳市
5	中国石油兰州石油化工有限公司	甘肃省兰州市
6	新疆独山子石油化工有限公司	新疆维吾尔自治区克拉玛依市独山子区
7	中国石油乌鲁木齐石油化工有限公司	新疆维吾尔自治区乌鲁木齐市
8	中国石油大连石油化工有限公司	辽宁省大连市
9	中国石油锦州石油化工有限公司	辽宁省锦州市
10	中国石油锦西石油化工有限公司	辽宁省葫芦岛市

续表

单 位		地 址
七、装备制造全资子公司（5个）		
1	中国石油技术开发有限公司	北京市
2	宝鸡石油机械有限责任公司	陕西省宝鸡市
3	宝鸡石油钢管有限责任公司	陕西省宝鸡市
4	中国石油集团济柴动力有限公司	山东省济南市
5	中国石油集团渤海石油装备制造有限公司	天津市
八、科研及其他单位（19个）		
1	中国石油集团经济技术研究院	北京市
2	中国石油集团工程技术研究院有限公司	北京市
3	中国石油集团安全环保技术研究院有限公司	北京市
4	中国石油集团石油管工程技术研究院	陕西省西安市
5	昆仑数智科技有限责任公司	北京市
6	离退休职工管理中心（老干部局）	北京市
7	中国石油天然气集团有限公司咨询中心（中国石油集团工程咨询有限责任公司）	北京市
8	北京石油管理干部学院	北京市
9	石油工业出版社有限公司	北京市
10	中国石油报社	河北省涿州市
11	中国石油审计服务中心	河北省廊坊市
12	广州石油培训中心	广东省广州市
13	中国石油物资采购中心（中国石油物资有限公司）	北京市
14	中国石油集团共享运营有限公司	北京市
15	中国石油运输有限公司	新疆维吾尔自治区乌鲁木齐市
16	中国华油集团有限公司	北京市
17	中国石油天然气香港有限公司	香港特别行政区
18	中国石油学会	北京市
19	中国石油企业协会	北京市

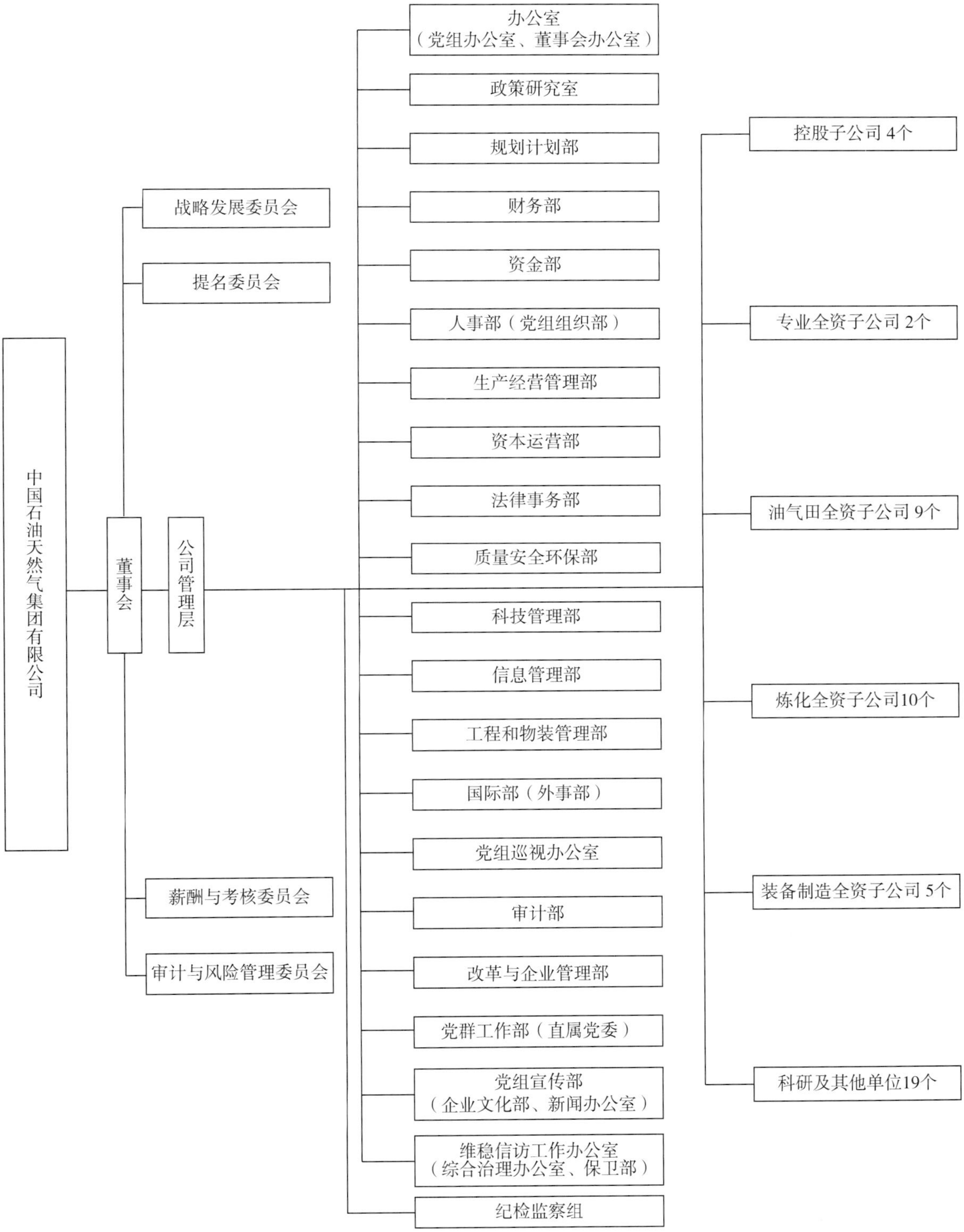

中国石油天然气集团有限公司组织机构图

董事会成员

序　号	姓　名	职　务
1	戴厚良	中国石油天然气集团有限公司董事长
2	李凡荣	中国石油天然气集团有限公司董事
3	段良伟	中国石油天然气集团有限公司董事
4	王久玲	中国石油天然气集团有限公司外部董事
5	王用生	中国石油天然气集团有限公司外部董事
6	刘国胜	中国石油天然气集团有限公司外部董事
7	杨　华	中国石油天然气集团有限公司职工董事

董事会秘书

姓　名	职　务
徐新福	中国石油天然气集团有限公司董事会秘书

集团公司领导

序　号	姓　名	职　务
1	戴厚良	中国石油天然气集团有限公司董事长、党组书记
2	李凡荣	中国石油天然气集团有限公司董事、总经理、党组副书记
3	段良伟	中国石油天然气集团有限公司董事、党组副书记、安全总监
4	刘跃珍	中国石油天然气集团有限公司党组成员、总会计师
5	吕　波	中国石油天然气集团有限公司党组成员、副总经理
6	焦方正	中国石油天然气集团有限公司党组成员、副总经理
7	徐吉明	中国石油天然气集团有限公司党组成员、纪检监察组组长
8	黄永章	中国石油天然气集团有限公司党组成员、副总经理

总经理助理

序　号	姓　名	职　务
1	李越强	中国石油天然气集团有限公司总经理助理
2	杨　华	中国石油天然气集团有限公司总经理助理
3	张华林	中国石油天然气集团有限公司总经理助理

集团公司总部职能部门主要领导

序　号	单　位	总经理（主任、部长、组长）
1	办公室（党组办公室、董事会办公室）	徐新福（兼）
2	政策研究室	张华林（兼）
3	规划计划部	谢　军
4	财务部	谢海兵
5	资金部	蔡　勇
6	人事部（党组组织部）	杨　华（兼）
7	生产经营管理部	苏　俊
8	资本运营部	卢耀忠
9	法律事务部	赵　颖
10	质量安全环保部	张凤山（兼）
11	科技管理部	匡立春
12	信息管理部	古学进
13	工程和物装管理部	孙树祯
14	国际部（外事部）	李越强（兼）
15	党组巡视办公室	张晓东
16	审计部	王　亮
17	改革与企业管理部	姜力孚
18	党群工作部（直属党委）	李家民
19	党组宣传部（企业文化部、新闻办公室）	李憧章
20	维稳信访工作办公室（综合治理办公室、保卫部）	李若平
	纪检监察组	徐吉明（兼）

所属企事业单位主要领导

序号	单位名称	党（工）委书记	董事长（执行董事）	总经理（总裁、主任、院长、社长、会长）	常务副总经理（党委常务副书记）
一、控股子公司（4个）					
1	中国石油天然气股份有限公司	（未设置）	戴厚良（兼）	段良伟（兼）	（未设置）
2	中国石油集团工程股份有限公司（工程建设分公司）	白玉光	白玉光	王新革	（未设置）
	（1）中国石油管道局工程有限公司	孙全军	孙全军	孙全军	陈庆勋（涉嫌违法）
	（2）中国石油工程建设有限公司	刘海军	刘海军	武　军	（未设置）
	（3）中国寰球工程有限公司	魏亚斌	魏亚斌	宋少光	（未设置）
	（4）中国昆仑工程有限公司	王德义	王德义	吴玉波	（未设置）
	（5）中国石油集团工程有限公司北京项目管理分公司	宋德琦	宋德琦	许贤文	（未设置）
3	中国石油集团资本股份有限公司	蒋尚军	刘跃珍（兼）	蒋尚军	（未设置）
	（1）中油财务有限责任公司	刘　德	刘　德	肖　华	（未设置）
	（2）昆仑银行股份有限公司	王忠来	王忠来	何　放	（未设置）
	（3）昆仑信托有限责任公司（中油资产管理有限公司）	王增业	王增业	吴　妍（女）	（未设置）
	（4）昆仑金融租赁有限责任公司	桂王来	桂王来	贺金霞（女）	（未设置）
	（5）中石油专属财产保险股份有限公司	魏国良	魏国良	潘国潮	（未设置）
4	中国联合石油有限责任公司	田景惠（兼）	田景惠（兼）	火金三	（未设置）
二、专业全资子公司（2个）					
1	中国石油国际勘探开发有限公司	叶先灯	叶先灯	贾　勇	（未设置）
	（1）中油国际中东公司		（未设置）	王贵海	（未设置）
	（2）中油国际中亚公司		（未设置）	卞德智	方甲中
	（3）中油国际尼罗河公司		（未设置）	刘英才	刘志勇
	（4）中油国际拉美公司		（未设置）	陈金涛	（未设置）
	（5）中油国际西非公司		（未设置）	刘合年	（未设置）
	（6）中油国际管道公司	孟向东	（未设置）	孟繁春	（未设置）
	（7）中油国际俄罗斯公司		（未设置）	蒋　奇	（未设置）
2	中国石油集团油田技术服务有限公司（工程技术分公司）	秦永和	秦永和	胡欣峰	（未设置）
	（1）中国石油集团西部钻探工程有限公司	张宝增	张宝增	张宝增	（未设置）
	（2）中国石油集团长城钻探工程有限公司	马永峰	马永峰	周　丰	（未设置）
	（3）中国石油集团渤海钻探工程有限公司	刘光木	刘光木	刘光木	（未设置）

续表

序　号	单位名称	党（工）委书记	董事长（执行董事）	总经理（总裁、主任、院长、社长、会长）	常务副总经理（党委常务副书记）
2	（4）中国石油集团川庆钻探工程有限公司	李爱民	李爱民	王治平	（未设置）
	（5）中国石油集团东方地球物理勘探有限责任公司	苟　量	苟　量	张少华	（未设置）
	（6）中国石油集团测井有限公司	金明权	金明权	胡启月	（未设置）
	（7）中国石油集团海洋工程有限公司	彭　飞	彭　飞	彭　飞	（未设置）
三、油气田全资子公司（9个）					
1	大庆石油管理局有限公司	（未设置）	孙龙德（兼）	朱国文	（未设置）
2	辽河石油勘探局有限公司	（未设置）	李忠兴	李忠兴	（未设置）
3	长庆石油勘探局有限公司	（未设置）	付锁堂	付锁堂	（未设置）
4	新疆石油管理局有限公司	（未设置）	霍　进	霍　进	（未设置）
5	四川石油管理局有限公司	（未设置）	张道伟	张道伟	（未设置）
6	吉林石油集团有限责任公司	（未设置）	姜鹏飞	姜鹏飞	（未设置）
7	大港油田集团有限责任公司	（未设置）	赵贤正	赵贤正	（未设置）
8	华北石油管理局有限公司	（未设置）	修景涛	修景涛	（未设置）
9	新疆吐哈石油勘探开发有限公司	（未设置）	支东明	支东明	（未设置）
四、炼化全资子公司（10个）					
1	中国石油大庆石油化工有限公司	（未设置）	王一民	王一民	（未设置）
2	吉化集团有限公司	（未设置）	金彦江	金彦江	（未设置）
3	中国石油抚顺石油化工有限公司	（未设置）	李天书	李天书	（未设置）
4	中国石油辽阳石油化纤有限公司	（未设置）	白雪峰	白雪峰	（未设置）
5	中国石油兰州石油化工有限公司	（未设置）	李汝新	李汝新	（未设置）
6	新疆独山子石油化工有限公司	（未设置）	任立新	任立新	（未设置）
7	中国石油乌鲁木齐石油化工有限公司	（未设置）	王红晨	王红晨	（未设置）
8	中国石油大连石油化工有限公司	（未设置）	庞晓东	庞晓东	（未设置）
9	中国石油锦州石油化工有限公司	（未设置）	陈　志	陈　志	（未设置）
10	中国石油锦西石油化工有限公司	（未设置）	隋　昊	隋　昊	（未设置）
五、装备制造全资子公司（5个）					
1	中国石油技术开发有限公司	张晗亮	张晗亮	张晗亮	卢江波
2	宝鸡石油机械有限责任公司	郭孟齐	郭孟齐	忽宝民	（未设置）
3	宝鸡石油钢管有限责任公司	舒高新	舒高新	冯文升	（未设置）
4	中国石油集团济柴动力有限公司	孙宝福	孙宝福	苗　勇	（未设置）
5	中国石油集团渤海石油装备制造有限公司	周荣学	周荣学	赵红超	（未设置）

续表

序号	单位名称	党（工）委书记	董事长（执行董事）	总经理（总裁、主任、院长、社长、会长）	常务副总经理（党委常务副书记）
六、科研及其他单位（19 个）					
1	中国石油集团经济技术研究院	余　国	（未设置）	李建青	（未设置）
2	中国石油集团工程技术研究院有限公司	冯艳成	冯艳成	冯艳成	刘岩生
3	中国石油集团安全环保技术研究院有限公司	闫伦江	闫伦江	朱圣珍	（未设置）
4	中国石油集团石油管工程技术研究院	刘亚旭	（未设置）	刘亚旭	（未设置）
5	昆仑数智科技有限责任公司	（空　缺）	（空　缺）	（空　缺）	（未设置）
6	离退休职工管理中心（老干部局）	（未设置）	（未设置）	（空　缺）	（未设置）
7	中国石油天然气集团有限公司咨询中心（中国石油集团工程咨询有限责任公司）	（未设置）	（未设置）	吕　波（兼）	（未设置）
8	北京石油管理干部学院	钱兴坤	（未设置）	赵玉建	（未设置）
9	石油工业出版社有限公司	张卫国	张卫国	李俊军	（未设置）
10	中国石油报社	娄铁强	（未设置）	雷　平	（未设置）
11	中国石油审计服务中心	钟显明	（未设置）	王　亮	（未设置）
12	广州石油培训中心	李光华	（未设置）	李光华	（未设置）
13	中国石油物资采购中心（中国石油物资有限公司）	朱喜龙	朱喜龙	朱喜龙	（未设置）
14	中国石油集团共享运营有限公司	胡炳军	胡炳军	陈朝晖	（未设置）
15	中国石油运输有限公司	魏国庆	魏国庆	郭建设	（未设置）
16	中国华油集团有限公司	秦文贵	石清俊	石清俊	（未设置）
17	中国石油天然气香港有限公司	（未设置）	付　斌	付　斌	（未设置）
18	中国石油学会	（未设置）	（未设置）	赵政璋	（未设置）
19	中国石油企业协会	（未设置）	（未设置）	王志刚	（未设置）

中国石油天然气股份有限公司

组织机构

单　位		地　址
一、股份公司总部		
（一）董事会、监事会机构（2 个）		
1	董事会秘书局	北京市

续表

单 位		地 址
2	监事会办公室	北京市
（二）职能部门（18 个）		
1	总裁办公室	北京市
2	规划计划部	北京市
3	财务部	北京市
4	资金部	北京市
5	人事部	北京市
6	生产经营管理部	北京市
7	资本运营部	北京市
8	法律事务部	北京市
9	质量安全环保部	北京市
10	科技管理部	北京市
11	信息管理部	北京市
12	工程和物装管理部	北京市
13	国际部	北京市
14	监察部	北京市
15	审计部	北京市
16	改革与企业管理部	北京市
17	党群工作部	北京市
18	企业文化部	北京市
二、专业公司（6 个）		
1	中国石油天然气股份有限公司勘探与生产分公司	北京市
2	中国石油天然气股份有限公司炼油与化工分公司	北京市
3	中国石油天然气股份有限公司销售分公司	北京市
4	中国石油天然气股份有限公司天然气销售分公司（天然气与管道分公司）	北京市
5	中国石油天然气股份有限公司海外勘探开发分公司	北京市
6	中国石油天然气股份有限公司国际贸易分公司	北京市
三、油气田企业（17 个）		
1	大庆油田有限责任公司	黑龙江省大庆市
2	中国石油天然气股份有限公司辽河油田分公司	辽宁省盘锦市
3	中国石油天然气股份有限公司长庆油田分公司	陕西省西安市
4	中国石油天然气股份有限公司塔里木油田分公司	新疆维吾尔自治区库尔勒市

续表

单位		地址
5	中国石油天然气股份有限公司新疆油田分公司	新疆维吾尔自治区克拉玛依市
6	中国石油天然气股份有限公司西南油气田分公司	四川省成都市
7	中国石油天然气股份有限公司吉林油田分公司	吉林省松原市
8	中国石油天然气股份有限公司大港油田分公司	天津市
9	中国石油天然气股份有限公司青海油田分公司	青海省海西州
10	中国石油天然气股份有限公司华北油田分公司	河北省任丘市
11	中国石油天然气股份有限公司吐哈油田分公司	新疆维吾尔自治区哈密市
12	中国石油天然气股份有限公司冀东油田分公司	河北省唐山市
13	中国石油天然气股份有限公司玉门油田分公司	甘肃省酒泉市
14	中国石油天然气股份有限公司浙江油田分公司	浙江省杭州市
15	中石油煤层气有限责任公司	北京市
16	南方石油勘探开发有限责任公司	广东省广州市
17	中国石油天然气股份有限公司对外合作经理部	北京市
四、炼化企业（33 个）		
1	中国石油天然气股份有限公司大庆石化分公司	黑龙江省大庆市
2	中国石油天然气股份有限公司吉林石化分公司	吉林省吉林市
3	中国石油天然气股份有限公司抚顺石化分公司	辽宁省抚顺市
4	中国石油天然气股份有限公司辽阳石化分公司	辽宁省辽阳市
5	中国石油天然气股份有限公司兰州石化分公司	甘肃省兰州市
6	中国石油天然气股份有限公司独山子石化分公司	新疆维吾尔自治区克拉玛依市独山子区
7	中国石油天然气股份有限公司乌鲁木齐石化分公司	新疆维吾尔自治区乌鲁木齐市
8	中国石油天然气股份有限公司宁夏石化分公司	宁夏回族自治区银川市
9	中国石油天然气股份有限公司大连石化分公司	辽宁省大连市
10	大连西太平洋石油化工有限公司	辽宁省大连市
11	中国石油天然气股份有限公司锦州石化分公司	辽宁省锦州市
12	中国石油天然气股份有限公司锦西石化分公司	辽宁省葫芦岛市
13	中国石油天然气股份有限公司大庆炼化分公司	黑龙江省大庆市
14	中国石油天然气股份有限公司哈尔滨石化分公司	黑龙江省哈尔滨市
15	中国石油天然气股份有限公司广西石化分公司	广西壮族自治区钦州市
16	中国石油四川石化有限责任公司	四川省成都市
17	中国石油天然气股份有限公司大港石化分公司	天津市
18	中国石油天然气股份有限公司广东石化分公司	广东省揭阳市

续表

单位		地址
19	中石油云南石化有限公司	云南省昆明市
20	中国石油天然气股份有限公司华北石化分公司	河北省任丘市
21	中国石油天然气股份有限公司呼和浩特石化分公司	内蒙古自治区呼和浩特市
22	中国石油天然气股份有限公司辽河石化分公司	辽宁省盘锦市
23	中国石油天然气股份有限公司长庆石化分公司	陕西省咸阳市
24	中石油克拉玛依石化有限责任公司	新疆维吾尔自治区克拉玛依市
25	中国石油天然气股份有限公司庆阳石化分公司	甘肃省庆阳市
26	中石油燃料油有限责任公司	北京市
27	中国石油天然气股份有限公司润滑油分公司	北京市
28	中国石油天然气股份有限公司东北化工销售分公司	辽宁省沈阳市
29	中国石油天然气股份有限公司西北化工销售分公司	甘肃省兰州市
30	中国石油天然气股份有限公司华东化工销售分公司	上海市
31	中国石油天然气股份有限公司华北化工销售分公司	北京市
32	中国石油天然气股份有限公司华南化工销售分公司	广东省广州市
33	中国石油天然气股份有限公司西南化工销售分公司	四川省成都市
五、销售企业（34 个）		
1	中国石油天然气股份有限公司东北销售分公司	辽宁省沈阳市
2	中国石油天然气股份有限公司西北销售分公司	甘肃省兰州市
3	中石油昆仑好客有限公司	北京市
4	中国石油天然气股份有限公司北京销售分公司	北京市
5	中国石油天然气股份有限公司上海销售分公司	上海市
6	中国石油天然气股份有限公司湖北销售分公司	湖北省武汉市
7	中国石油天然气股份有限公司广东销售分公司	广东省广州市
8	中国石油天然气股份有限公司云南销售分公司	云南省昆明市
9	中国石油天然气股份有限公司辽宁销售分公司	辽宁省沈阳市
10	中国石油天然气股份有限公司吉林销售分公司	吉林省长春市
11	中国石油天然气股份有限公司黑龙江销售分公司	黑龙江省哈尔滨市
12	中国石油天然气股份有限公司天津销售分公司	天津市
13	中国石油天然气股份有限公司河北销售分公司	河北省石家庄市
14	中国石油天然气股份有限公司山西销售分公司	山西省太原市
15	中国石油天然气股份有限公司内蒙古销售分公司	内蒙古自治区呼和浩特市
16	中国石油天然气股份有限公司陕西销售分公司	陕西省西安市

续表

单　位		地　址
17	中国石油天然气股份有限公司甘肃销售分公司	甘肃省兰州市
18	中国石油天然气股份有限公司青海销售分公司	青海省西宁市
19	中国石油天然气股份有限公司宁夏销售分公司	宁夏回族自治区银川市
20	中石油新疆销售有限公司	新疆维吾尔自治区乌鲁木齐市
21	中国石油天然气股份有限公司重庆销售分公司	重庆市
22	中国石油天然气股份有限公司四川销售分公司	四川省成都市
23	中国石油天然气股份有限公司贵州销售分公司	贵州省贵阳市
24	中国石油天然气股份有限公司西藏销售分公司	西藏自治区拉萨市
25	中国石油天然气股份有限公司江苏销售分公司	江苏省南京市
26	中国石油天然气股份有限公司浙江销售分公司	浙江省杭州市
27	中国石油天然气股份有限公司安徽销售分公司	安徽省合肥市
28	中国石油天然气股份有限公司福建销售分公司	福建省福州市
29	中国石油天然气股份有限公司江西销售分公司	江西省南昌市
30	中国石油天然气股份有限公司山东销售分公司	山东省青岛市
31	中国石油天然气股份有限公司河南销售分公司	河南省郑州市
32	中国石油天然气股份有限公司湖南销售分公司	湖南省长沙市
33	中国石油天然气股份有限公司广西销售分公司	广西壮族自治区南宁市
34	中石油海南销售有限公司	海南省海口市
六、天然气销售企业（1个）		
1	中国石油天然气股份有限公司天然气销售分公司（昆仑能源有限公司）	北京市
七、海外企业（1个）		
1	中石油国际投资有限公司	北京市
八、国际贸易企业（1个）		
1	中国石油国际事业有限公司	北京市
九、科研及其他单位（5个）		
1	中国石油天然气股份有限公司勘探开发研究院	北京市
2	中国石油天然气股份有限公司规划总院	北京市
3	中国石油天然气股份有限公司石油化工研究院	北京市
4	中国石油天然气股份有限公司信息技术服务中心	北京市
5	中石油香港有限公司	香港特别行政区

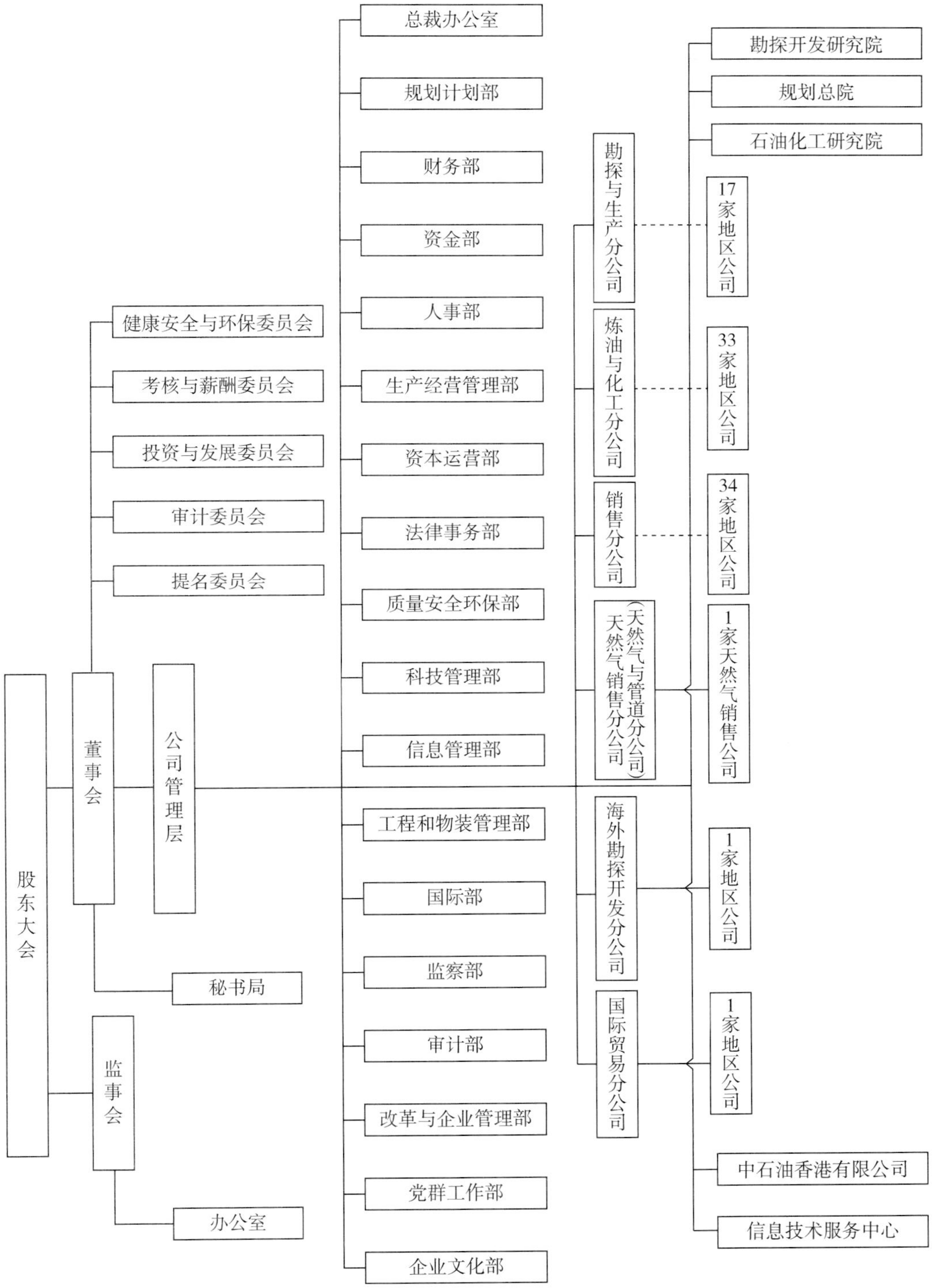

中国石油天然气股份有限公司组织机构图

董事会成员

序　号	姓　名	职　务
1	戴厚良	中国石油天然气股份有限公司董事长
2	李凡荣	中国石油天然气股份有限公司副董事长
3	段良伟	中国石油天然气股份有限公司执行董事
4	刘跃珍	中国石油天然气股份有限公司董事
5	焦方正	中国石油天然气股份有限公司董事
6	黄永章	中国石油天然气股份有限公司董事
7	梁爱诗	中国石油天然气股份有限公司独立董事
8	西蒙·亨利	中国石油天然气股份有限公司独立董事
9	德地立人	中国石油天然气股份有限公司独立董事
10	蔡金勇	中国石油天然气股份有限公司独立董事
11	蒋小明	中国石油天然气股份有限公司独立董事

董事会秘书

姓　名	职　务
柴守平	中国石油天然气股份有限公司董事会秘书

监事会成员

序　号	姓　名	职　务
1	吕　波	中国石油天然气股份有限公司监事会主席
2	张凤山	中国石油天然气股份有限公司股东代表监事
3	姜力孚	中国石油天然气股份有限公司股东代表监事
4	卢耀忠	中国石油天然气股份有限公司股东代表监事
5	王　亮	中国石油天然气股份有限公司股东代表监事
6	付锁堂	中国石油天然气股份有限公司职工代表监事
7	李家民	中国石油天然气股份有限公司职工代表监事
8	刘宪华	中国石油天然气股份有限公司职工代表监事
9	李文东	中国石油天然气股份有限公司职工代表监事

总裁班子成员

序 号	姓 名	职 务
1	段良伟	中国石油天然气股份有限公司总裁
2	孙龙德	中国石油天然气股份有限公司副总裁
3	李鹭光	中国石油天然气股份有限公司副总裁
4	田景惠	中国石油天然气股份有限公司副总裁
5	柴守平	中国石油天然气股份有限公司财务总监
6	凌 霄	中国石油天然气股份有限公司副总裁
7	杨继钢	中国石油天然气股份有限公司副总裁
8	张凤山	中国石油天然气股份有限公司安全总监

股份公司总部职能部门主要领导

序 号	单 位	总经理（主任）
1	总裁办公室	徐新福（兼）
2	规划计划部	谢 军
3	财务部	谢海兵
4	资金部	蔡 勇
5	人事部	杨 华（兼）
6	生产经营管理部	苏 俊
7	资本运营部	卢耀忠
8	法律事务部	赵 颖
9	质量安全环保部	张凤山（兼）
10	科技管理部	匡立春
11	信息管理部	古学进
12	工程和物装管理部	孙树祯
13	国际部	李越强（兼）
14	监察部	（未配备）
15	审计部	王 亮
16	改革与企业管理部	姜力孚
17	党群工作部	李家民

注：2021 年 10 月 3 日中央纪委国家监委网站发布，据中国石油天然气集团有限公司纪检监察组、四川省监委消息：中国石油天然气股份有限公司原副总裁凌霄涉嫌严重违纪违法，主动投案，中国石油天然气集团有限公司纪检监察组正对其进行纪律审查，经国家监委指定管辖，四川省监委正对其进行监察调查。

续表

序　号	单　位	总经理（主任）
18	企业文化部	李懂章
19	董事会秘书局（监事会办公室）	柴守平（兼）

专业公司主要领导

序　号	单　位	党委书记	董事长（执行董事）	总经理	常务副总经理（党委常务副书记）
1	中国石油天然气股份有限公司勘探与生产分公司	李鹭光（兼）	李鹭光（兼）	万　军	（未设置）
2	中国石油天然气股份有限公司炼油与化工分公司	杨继钢（兼）	（未设置）	杨继钢（兼）	（未设置）
3	中国石油天然气股份有限公司销售分公司	兰建彬	兰建彬	廖国勤	（未设置）
4	中国石油天然气股份有限公司天然气销售分公司（天然气与管道分公司）	付　斌	付　斌	钱治家，天然气销售分公司；付斌，天然气与管道分公司	（未设置）
5	中国石油天然气股份有限公司海外勘探开发分公司	（未设置）	（未设置）	叶先灯	（未设置）
6	中国石油天然气股份有限公司国际贸易分公司	（未设置）	（未设置）	（未配备）	（未设置）

所属企事业单位主要领导

序　号	单位名称	党（工）委书记	董事长（执行董事）	总经理（主任、院长）	常务副总经理（党委常务副书记）
一、油气田企业（17 个）					
1	大庆油田有限责任公司	孙龙德（兼）	孙龙德（兼）	朱国文	方　庆（一级副）
2	中国石油天然气股份有限公司辽河油田分公司	李忠兴	李忠兴	孟卫工	（未设置）
3	中国石油天然气股份有限公司长庆油田分公司	付锁堂	付锁堂	何江川	（未设置）
4	中国石油天然气股份有限公司塔里木油田分公司	杨学文	（未设置）	杨学文	（未设置）
5	中国石油天然气股份有限公司新疆油田分公司	霍　进	（未设置）	霍　进	（未设置）
6	中国石油天然气股份有限公司西南油气田分公司	张道伟	（未设置）	张道伟	赵厚川
7	中国石油天然气股份有限公司吉林油田分公司	姜鹏飞	（未设置）	姜鹏飞	赵志魁
8	中国石油天然气股份有限公司大港油田分公司	赵贤正	（未设置）	赵贤正	（未设置）
9	中国石油天然气股份有限公司青海油田分公司	张明禄	（未设置）	张明禄	李战明
10	中国石油天然气股份有限公司华北油田分公司	修景涛	修景涛	（空　缺）	高贵民

续表

序　号	单位名称	党（工）委书记	董事长（执行董事）	总经理（主任、院长）	常务副总经理（党委常务副书记）
11	中国石油天然气股份有限公司吐哈油田分公司	支东明	支东明	梁世君	（未设置）
12	中国石油天然气股份有限公司冀东油田分公司	杨盛杰	杨盛杰	汤　林	（未设置）
13	中国石油天然气股份有限公司玉门油田分公司	刘战君	（未设置）	刘战君	（未设置）
14	中国石油天然气股份有限公司浙江油田分公司	汪鉴定	杨立强	杨立强	（未设置）
15	中石油煤层气有限责任公司	齐振林	齐振林	（空　缺）	（未设置）
16	南方石油勘探开发有限责任公司	夏义平	夏义平	麦　欣	（未设置）
17	中国石油天然气股份有限公司对外合作经理部	（未设置）	（未设置）	邓民敏	（未设置）
二、炼化企业（33个）					
1	中国石油天然气股份有限公司大庆石化分公司	王一民	（未设置）	王一民	孙玉彬
2	中国石油天然气股份有限公司吉林石化分公司	金彦江	金彦江	刘振宏	（未设置）
3	中国石油天然气股份有限公司抚顺石化分公司	李天书	（未设置）	李天书	（未设置）
4	中国石油天然气股份有限公司辽阳石化分公司	白雪峰	（未设置）	白雪峰	李贵合
5	中国石油天然气股份有限公司兰州石化分公司	李汝新	李汝新	王晓路	（未设置）
6	中国石油天然气股份有限公司独山子石化分公司	任军革	（未设置）	任立新	（未设置）
7	中国石油天然气股份有限公司乌鲁木齐石化分公司	秦本记	（未设置）	王红晨	（未设置）
8	中国石油天然气股份有限公司宁夏石化分公司	陈　坚	（未设置）	陈　坚	（未设置）
9	中国石油天然气股份有限公司大连石化分公司	庞晓东	庞晓东	刘国海	（未设置）
10	大连西太平洋石油化工有限公司	郝相民	郝相民	徐晓明	（未设置）
11	中国石油天然气股份有限公司锦州石化分公司	陈　志	（未设置）	陈　志	袁庆斌
12	中国石油天然气股份有限公司锦西石化分公司	隋　昊	（未设置）	隋　昊	（未设置）
13	中国石油天然气股份有限公司大庆炼化分公司	姜国骅	（未设置）	姜国骅	（未设置）
14	中国石油天然气股份有限公司哈尔滨石化分公司	李　纯	（未设置）	李　纯	宋大勇
15	中国石油天然气股份有限公司广西石化分公司	李善春	（未设置）	李善春	（未设置）
16	中国石油四川石化有限责任公司	王　彬	王　彬	李　铁	（未设置）
17	中国石油天然气股份有限公司大港石化分公司	默新社	（未设置）	默新社	季德伟
18	中国石油天然气股份有限公司广东石化分公司	康志军	（未设置）	康志军	（未设置）
19	中石油云南石化有限公司	吴　凯	吴　凯	吴　凯	（未设置）
20	中国石油天然气股份有限公司华北石化分公司	王　强	（未设置）	王　强	（未设置）
21	中国石油天然气股份有限公司呼和浩特石化分公司	刘至祥	（未设置）	刘至祥	（未设置）
22	中国石油天然气股份有限公司辽河石化分公司	何晨光	（未设置）	何晨光	相养冬
23	中国石油天然气股份有限公司长庆石化分公司	李力斌	（未设置）	李力斌	（未设置）
24	中石油克拉玛依石化有限责任公司	许立甲	许立甲	丛　飙	（未设置）

续表

序　号	单位名称	党（工）委书记	董事长（执行董事）	总经理（主任、院长）	常务副总经理（党委常务副书记）
25	中国石油天然气股份有限公司庆阳石化分公司	桑运超	（未设置）	桑运超	张豫锋
26	中石油燃料油有限责任公司	刘合合	赵　勇	赵　勇	（未设置）
27	中国石油天然气股份有限公司润滑油分公司	肖宏伟	肖宏伟	孙树好	（未设置）
28	中国石油天然气股份有限公司东北化工销售分公司	石振东	（未设置）	石振东	（未设置）
29	中国石油天然气股份有限公司西北化工销售分公司	陈　磊	（未设置）	陈　磊	（未设置）
30	中国石油天然气股份有限公司华东化工销售分公司	崔柳凡	崔柳凡	王　博	（未设置）
31	中国石油天然气股份有限公司华北化工销售分公司	阎智才	（未设置）	刘　杰	（未设置）
32	中国石油天然气股份有限公司华南化工销售分公司	马宗立	（未设置）	马宗立	（未设置）
33	中国石油天然气股份有限公司西南化工销售分公司	戴　永	（未设置）	戴　永	（未设置）
三、销售企业（34 个）					
1	中国石油天然气股份有限公司东北销售分公司	李长安	（未设置）	李长安	李天峰
2	中国石油天然气股份有限公司西北销售分公司	刘守德	（未设置）	刘守德	赵振学
3	中石油昆仑好客有限公司	刘　刚	刘　刚	刘　刚	（未设置）
4	中国石油天然气股份有限公司北京销售分公司	王广生	王广生	（空　缺）	（未设置）
5	中国石油天然气股份有限公司上海销售分公司	杨昌陶	（未设置）	杨昌陶	杨　杰
6	中国石油天然气股份有限公司湖北销售分公司	杨天奎	（未设置）	杨天奎	姜　涛
7	中国石油天然气股份有限公司广东销售分公司	李占宁	（未设置）	李占宁	（未设置）
8	中国石油天然气股份有限公司云南销售分公司	赵剑春	（未设置）	赵剑春	刘启然
9	中国石油天然气股份有限公司辽宁销售分公司	冀玉军	（未设置）	刘宪华	（未设置）
10	中国石油天然气股份有限公司吉林销售分公司	徐金良	（未设置）	徐金良	（未设置）
11	中国石油天然气股份有限公司黑龙江销售分公司	梁生光	（未设置）	梁生光	师　野
12	中国石油天然气股份有限公司天津销售分公司	张安平	（未设置）	张安平	（未设置）
13	中国石油天然气股份有限公司河北销售分公司	周德军	（未设置）	周德军	（未设置）
14	中国石油天然气股份有限公司山西销售分公司	张国宏	（未设置）	张国宏	林喜东
15	中国石油天然气股份有限公司内蒙古销售分公司	郭　春	（未设置）	郭　春	李储龙
16	中国石油天然气股份有限公司陕西销售分公司	杨子清	（未设置）	杨子清	（未设置）
17	中国石油天然气股份有限公司甘肃销售分公司	贾鸿武	贾鸿武	王　强	（未设置）
18	中国石油天然气股份有限公司青海销售分公司	张海云	（未设置）	张海云	郑国玉
19	中国石油天然气股份有限公司宁夏销售分公司	蒋杨贵	（未设置）	蒋杨贵	杨锡云
20	中石油新疆销售有限公司	王智利	王智利	王斌全	（未设置）
21	中国石油天然气股份有限公司重庆销售分公司	蔡向阳	（未设置）	吴恩海	（未设置）
22	中国石油天然气股份有限公司四川销售分公司	（空　缺）	（未设置）	刘建明	（未设置）

续表

序　号	单位名称	党（工）委书记	董事长（执行董事）	总经理（主任、院长）	常务副总经理（党委常务副书记）
23	中国石油天然气股份有限公司贵州销售分公司	鲁凤浩	鲁凤浩	魏秋冬	（未设置）
24	中国石油天然气股份有限公司西藏销售分公司	郭广海	郭广海	（空　缺）	（未设置）
25	中国石油天然气股份有限公司江苏销售分公司	张　永	（未设置）	张　永	郑华生
26	中国石油天然气股份有限公司浙江销售分公司	李　多	（未设置）	李　多	严志军
27	中国石油天然气股份有限公司安徽销售分公司	李向宇	（未设置）	张用军	（未设置）
28	中国石油天然气股份有限公司福建销售分公司	王明富	王明富	高贤才	（未设置）
29	中国石油天然气股份有限公司江西销售分公司	赵明奎	（未设置）	赵明奎	（未设置）
30	中国石油天然气股份有限公司山东销售分公司	刘德祥	（未设置）	刘德祥	（未设置）
31	中国石油天然气股份有限公司河南销售分公司	刘星国	（未设置）	刘星国	董　海
32	中国石油天然气股份有限公司湖南销售分公司	王长根	（未设置）	王长根	（未设置）
33	中国石油天然气股份有限公司广西销售分公司	曹景军	曹景军	（空　缺）	（未设置）
34	中石油海南销售有限公司	韩　非	韩　非	韩　非	（未设置）
四、天然气销售企业（1个）					
1	中国石油天然气股份有限公司天然气销售分公司（昆仑能源有限公司）	付　斌	付　斌	钱治家	（未设置）
	（1）中国石油天然气股份有限公司天然气销售北方分公司	（空　缺）	（未设置）	（空　缺）	（未设置）
	（2）中国石油天然气股份有限公司天然气销售东部分公司	侯创业	（未设置）	侯创业	（未设置）
	（3）中国石油天然气股份有限公司天然气销售西部分公司	（空　缺）	（未设置）	（空　缺）	（未设置）
	（4）中国石油天然气股份有限公司天然气销售南方分公司	陈正惠	（未设置）	陈正惠	（未设置）
五、海外企业（1个）					
1	中石油国际投资有限公司	（未设置）	叶先灯	叶先灯	（未设置）
六、国际贸易企业（1个）					
1	中国石油国际事业有限公司	田景惠（兼）	田景惠（兼）	火金三	（未设置）
七、科研及其他单位（5个）					
1	中国石油天然气股份有限公司勘探开发研究院	马新华	（未设置）	马新华	窦立荣（一级副）
2	中国石油天然气股份有限公司规划总院	韩景宽	（未设置）	韩景宽	梁　鹏
3	中国石油天然气股份有限公司石油化工研究院	何盛宝	（未设置）	何盛宝	（未设置）
4	中国石油天然气股份有限公司信息技术服务中心	（未设置）	（未设置）	宫立新（女）	（未设置）
5	中石油香港有限公司	（未设置）	段良伟（兼）	（未设置）	（未设置）

专家队伍

中国石油两院院士

序　号	姓　名	工作单位	科学院或工程院
1	李德生	中国石油勘探开发研究院	科学院院士
2	王德民	大庆油田有限责任公司	工程院院士
3	翟光明	中国石油咨询中心	工程院院士
4	郭尚平	中国石油勘探开发研究院	科学院院士
5	李庆忠	中国石油集团东方地球物理勘探有限责任公司	工程院院士
6	戴金星	中国石油勘探开发研究院	科学院院士
7	胡见义	中国石油勘探开发研究院	工程院院士
8	李鹤林	中国石油集团石油管工程技术研究院	工程院院士
9	邱中建	中国石油天然气集团有限公司	工程院院士
10	韩大匡	中国石油勘探开发研究院	工程院院士
11	贾承造	中国石油天然气集团有限公司	科学院院士
12	苏义脑	中国石油集团工程技术研究院有限公司	工程院院士
13	袁士义	中国石油咨询中心	工程院院士
14	童晓光	中国石油国际勘探开发有限公司	工程院院士
15	孙龙德	中国石油天然气股份有限公司	工程院院士
16	胡文瑞	中国石油天然气集团有限公司	工程院院士
17	黄维和	中国石油天然气股份有限公司	工程院院士
18	赵文智	中国石油勘探开发研究院	工程院院士
19	戴厚良	中国石油天然气集团有限公司	工程院院士
20	邹才能	中国石油勘探开发研究院	科学院院士
21	刘　合	中国石油勘探开发研究院	工程院院士
22	孙金声	中国石油集团工程技术研究院有限公司	工程院院士
23	李　宁	中国石油勘探开发研究院	工程院院士

注：按当选时间先后顺序排列。

（曹　月）

中国石油天然气集团有限公司技能专家

序号	姓名	专业	工种	工作单位
1	刘　丽	采油采气	采油工	大庆油田有限责任公司
2	刘洪俊	采油采气	采油工	大庆油田有限责任公司
3	赵海涛	采油采气	采油工	大庆油田有限责任公司
4	张有兴	采油采气	采油工	大庆油田有限责任公司
5	宋宝玉	采油采气	采油工	大庆油田有限责任公司
6	杨海波	采油采气	采油工	大庆油田有限责任公司
7	张朋娟	采油采气	采油工	大庆油田有限责任公司
8	胡延军	集　输	集输工	大庆油田有限责任公司
9	王运成	集　输	集输工	大庆油田有限责任公司
10	罗贤银	集　输	集输工	大庆油田有限责任公司
11	王惠玲	集　输	集输工	大庆油田有限责任公司
12	付荣娟	集　输	集输工	大庆油田有限责任公司
13	孙雨飞	采油采气	采油地质工	大庆油田有限责任公司
14	汲红军	采油采气	采油工	大庆油田有限责任公司
15	王亚军	采油采气	采油工	大庆油田有限责任公司
16	邹继艳	采油采气	采油工	大庆油田有限责任公司
17	汤　凯	采油采气	采油工	大庆油田有限责任公司
18	祁战宝	采油采气	采油工	大庆油田有限责任公司
19	李殷海	机械修理	注输泵修理工	大庆油田有限责任公司
20	李　沫	集　输	集输工	大庆油田有限责任公司
21	金广军	集　输	集输工	大庆油田有限责任公司
22	赵国刚	集　输	集输工	大庆油田有限责任公司
23	庞庆梅	集　输	集输工	大庆油田有限责任公司
24	代玉梅	集　输	综合计量工	大庆油田有限责任公司
25	裴庆银	天然气加工	轻烃装置操作工	大庆油田有限责任公司
26	李旭东	工程技术	井下作业工	大庆油田有限责任公司
27	周恒仓	工程技术	井下作业工	大庆油田有限责任公司
28	李洪亮	工程技术	井下作业工	大庆油田有限责任公司
29	赵春海	工程技术	井下作业工	大庆油田有限责任公司
30	齐志民	工程技术	石油钻井工	大庆油田有限责任公司

续表

序　号	姓　名	专　业	工　种	工作单位
31	徐义千	工程技术	钻井液工	大庆油田有限责任公司
32	田兆义	工程技术	钻井液工	大庆油田有限责任公司
33	丁洪涛	工程技术	采油测试工	大庆油田有限责任公司
34	杨凤凯	工程技术	采油测试工	大庆油田有限责任公司
35	李春辉	工程建设	变电检修工	大庆油田有限责任公司
36	卫　东	工程建设	电　工	大庆油田有限责任公司
37	王召军	工程建设	电焊工	大庆油田有限责任公司
38	都宏海	工程建设	电焊工	大庆油田有限责任公司
39	刘忠波	工程建设	电焊工	大庆油田有限责任公司
40	金铁钢	工程建设	电焊工	大庆油田有限责任公司
41	郭建明	工程建设	电焊工	大庆油田有限责任公司
42	司英建	工程建设	电焊工	大庆油田有限责任公司
43	王　汀	工程建设	继电保护工	大庆油田有限责任公司
44	笪祖朋	工程建设	石油金属结构制作工	大庆油田有限责任公司
45	刘可夫	工程建设	维修电工	大庆油田有限责任公司
46	张洪军	工程建设	维修电工	大庆油田有限责任公司
47	姜　平	工程建设	维修电工	大庆油田有限责任公司
48	刘国昌	工程建设	维修电工	大庆油田有限责任公司
49	任传柱	工程建设	维修电工	大庆油田有限责任公司
50	张振增	工程建设	油气管线安装工	大庆油田有限责任公司
51	林士军	工程建设	油气管线安装工	大庆油田有限责任公司
52	孔德生	工程建设	油气管线安装工	大庆油田有限责任公司
53	许　斌	机械制造	车　工	大庆油田有限责任公司
54	郑希权	机械制造	钳　工	大庆油田有限责任公司
55	谢仕洪	机械制造	车　工	大庆油田有限责任公司
56	马喜林	仪器仪表安装修理	仪表维修工	大庆油田有限责任公司
57	李庆峰	机械修理	轻烃装置维修工	大庆油田有限责任公司
58	邢恩福	仪器仪表安装修理	仪表安装工	大庆油田有限责任公司
59	杨振东	采油采气	采油工	辽河油田分公司
60	高文斌	采油采气	采油工	辽河油田分公司
61	单忠利	采油采气	采油工	辽河油田分公司
62	朱明哲	采油采气	采油工	辽河油田分公司

续表

序　号	姓　名	专　业	工　种	工作单位
63	徐志强	采油采气	采油工	辽河油田分公司
64	代新勇	采油采气	采油工	辽河油田分公司
65	郭发德	采油采气	采油工	辽河油田分公司
66	赵奇峰	采油采气	采油工	辽河油田分公司
67	曹建新	采油采气	采油工	辽河油田分公司
68	杨　波	采油采气	采油工	辽河油田分公司
69	柳转阳	采油采气	采油工	辽河油田分公司
70	陈伟东	采油采气	采油工	辽河油田分公司
71	张　云	采油采气	热注运行工	辽河油田分公司
72	孙　洁	集　输	集输工	辽河油田分公司
73	靳庆凯	采油采气	采油工	辽河油田分公司
74	邹洪超	采油采气	采油工	辽河油田分公司
75	饶德林	采油采气	采油工	辽河油田分公司
76	杨立华	采油采气	热注运行工	辽河油田分公司
77	李桂库	工程技术	井下作业工	辽河油田分公司
78	张　明	工程技术	井下作业工	辽河油田分公司
79	吴晓媛	工程建设	变电站值班	辽河油田分公司
80	张金平	工程建设	电焊工	辽河油田分公司
81	于占勇	工程建设	配电线路工	辽河油田分公司
82	杨　玲	采油采气	采气工	长庆油田分公司
83	刘美萍	采油采气	采油工	长庆油田分公司
84	丁巨龙	采油采气	采油工	长庆油田分公司
85	李永宏	采油采气	采油工	长庆油田分公司
86	梁庆辉	采油采气	采油工	长庆油田分公司
87	于建平	采油采气	采油工	长庆油田分公司
88	孟亚莉	采油采气	采油工	长庆油田分公司
89	张　华	采油采气	采气工	长庆油田分公司
90	王德宽	采油采气	采气工	长庆油田分公司
91	杨　君	采油采气	采油工	长庆油田分公司
92	李眉博	采油采气	采油工	长庆油田分公司
93	胡忠太	采油采气	采油工	长庆油田分公司
94	曹庆红	采油采气	采油工	长庆油田分公司

续表

序　号	姓　名	专　业	工　种	工作单位
95	郝颖平	采油采气	采油工	长庆油田分公司
96	魏　诚	采油采气	采油工	长庆油田分公司
97	梁东平	工程技术	井下作业工	长庆油田分公司
98	赵瑞元	工程技术	井下作业工	长庆油田分公司
99	杨义兴	工程技术	井下作业工	长庆油田分公司
100	李亚庆	集　输	集输工	塔里木油田分公司
101	张　明	工程建设	电　工	塔里木油田分公司
102	王爱民	炼　油	合成氨装置操作工	塔里木油田分公司
103	朱建雄	采油采气	采气工	新疆油田分公司
104	张　杰	采油采气	采气工	新疆油田分公司
105	陈其亮	采油采气	采油工	新疆油田分公司
106	李海军	采油采气	采油工	新疆油田分公司
107	朱安江	采油采气	采油工	新疆油田分公司
108	寇秀玲	采油采气	采油工	新疆油田分公司
109	张　军	采油采气	采油工	新疆油田分公司
110	颜福新	采油采气	采油工	新疆油田分公司
111	魏昌建	采油采气	采油工	新疆油田分公司
112	叶长新	采油采气	采油工	新疆油田分公司
113	林　伟	采油采气	采油工	新疆油田分公司
114	肉孜麦麦提·巴克	采油采气	采油工	新疆油田分公司
115	陈林政	采油采气	热注运行工	新疆油田分公司
116	靳光新	集　输	集输工	新疆油田分公司
117	卢风光	集　输	集输工	新疆油田分公司
118	丁　建	集　输	集输工	新疆油田分公司
119	肖　刚	集　输	输气工	新疆油田分公司
120	杨　豪	集　输	输油工	新疆油田分公司
121	杨文学	采油采气	采油工	新疆油田分公司
122	张玉华	采油采气	采油工	新疆油田分公司
123	陈相国	工程技术	井下作业工	新疆油田分公司
124	夏仲华	采油采气	采气工	西南油气田分公司
125	刘　辉	采油采气	采气工	西南油气田分公司
126	姜婷婷	采油采气	采气工	西南油气田分公司

续表

序　号	姓　名	专　业	工　种	工作单位
127	李忠良	采油采气	采油工	西南油气田分公司
128	李　强	机械修理	天然气压缩机修理工	西南油气田分公司
129	宋殷俊	采油采气	采气工	西南油气田分公司
130	王川洪	采油采气	采气工	西南油气田分公司
131	陈蓉萍	集　输	输气工	西南油气田分公司
132	谢宗宝	集　输	输气工	西南油气田分公司
133	王　帅	工程建设	电焊工	西南油气田分公司
134	鲁大勇	仪器仪表安装修理	仪表维修工	西南油气田分公司
135	郑立东	仪器仪表安装修理	采输气仪表工	西南油气田分公司
136	宋成立	采油采气	采油工	吉林油田分公司
137	景　伟	采油采气	采油工	吉林油田分公司
138	王瑞东	采油采气	采油工	吉林油田分公司
139	张海山	采油采气	采油工	吉林油田分公司
140	安文霞	采油采气	采油工	吉林油田分公司
141	李　英	采油采气	采油工	吉林油田分公司
142	臧鑫赫	采油采气	采油工	吉林油田分公司
143	陆　辉	采油采气	采油工	吉林油田分公司
144	田大志	集　输	集输工	吉林油田分公司
145	鞠岳军	集　输	集输工	吉林油田分公司
146	周小东	采油采气	采油工	大港油田分公司
147	周忠军	采油采气	采油工	大港油田分公司
148	赵常明	采油采气	采油工	大港油田分公司
149	苏建斌	采油采气	采油工	大港油田分公司
150	尤立红	采油采气	采油工	大港油田分公司
151	李　健	集　输	集输工	大港油田分公司
152	于兴才	采油采气	采油工	大港油田分公司
153	张润进	集　输	集输工	大港油田分公司
154	宋忠利	集　输	集输工	大港油田分公司
155	孙国海	工程技术	井下作业工	大港油田分公司
156	邓鲁宁	工程技术	井下作业工	大港油田分公司
157	王普军	工程建设	维修电工	大港油田分公司
158	张树起	工程建设	维修电工	大港油田分公司

续表

序　号	姓　名	专　业	工　种	工作单位
159	张华先	采油采气	采油工	青海油田分公司
160	姜　宏	集　输	集输工	青海油田分公司
161	王富满	采油采气	采气工	青海油田分公司
162	史　昆	采油采气	采油工	青海油田分公司
163	张　峰	工程技术	井下作业工	青海油田分公司
164	杨永磊	工程建设	电焊工	青海油田分公司
165	王锡军	工程建设	油气管线安装工	青海油田分公司
166	陈向平	化　工	甲醇装置操作工	青海油田分公司
167	郭连升	采油采气	采油工	华北油田分公司
168	杨培伦	采油采气	采油工	华北油田分公司
169	胡东华	采油采气	采油工	华北油田分公司
170	王振东	采油采气	采油工	华北油田分公司
171	闻　伟	采油采气	采油工	华北油田分公司
172	王爱法	采油采气	采油工	华北油田分公司
173	李秉军	采油采气	采油工	华北油田分公司
174	李　明	采油采气	采油工	华北油田分公司
175	冯　松	集　输	集输工	华北油田分公司
176	徐立东	集　输	集输工	华北油田分公司
177	曾庆伟	集　输	集输工	华北油田分公司
178	黄　树	工程技术	井下作业工	华北油田分公司
179	孙连会	工程技术	井下作业工	华北油田分公司
180	李彦超	工程建设	变电站值班员	华北油田分公司
181	冉俊义	工程建设	电焊工	华北油田分公司
182	徐志民	采油采气	采油工	吐哈油田分公司
183	顾仲辉	采油采气	采油工	吐哈油田分公司
184	陈　述	集　输	集输工	吐哈油田分公司
185	江　龙	集　输	集输工	吐哈油田分公司
186	金勇才	采油采气	采油工	吐哈油田分公司
187	张　浩	集　输	集输工	吐哈油田分公司
188	赵松柏	采油采气	采油工	冀东油田分公司
189	李魁芳	集　输	集输工	冀东油田分公司
190	张立群	天然气加工	轻烃装置操作工	冀东油田分公司

续表

序　号	姓　名	专　业	工　种	工作单位
191	刘春杰	采油采气	采油工	玉门油田分公司
192	陈全柱	工程技术	井下作业工	玉门油田分公司
193	华玉林	工程建设	维修电工	玉门油田分公司
194	贾洪彬	工程建设	司炉工	大庆石化分公司
195	包忠臣	炼　油	催化裂化装置操作工	大庆石化分公司
196	马宏伟	化　工	聚乙烯装置操作工	大庆石化分公司
197	左成玉	化　工	乙烯装置操作工	大庆石化分公司
198	姜大为	化　工	乙烯装置操作工	大庆石化分公司
199	王立明	科研与分析化验	化工分析工	大庆石化分公司
200	潘大龙	仪器仪表安装修理	仪表维修工	大庆石化分公司
201	周　军	炼　油	催化裂化装置操作工	吉林石化分公司
202	姜　涛	炼　油	乙烯装置操作工	吉林石化分公司
203	赵景林	化　工	合成氨装置操作工	吉林石化分公司
204	刘忠梅	炼　油	汽（煤、柴）油加氢装置操作工	吉林石化分公司
205	李宏光	化　工	二甲苯装置操作工	吉林石化分公司
206	侯英杰	仪器仪表安装修理	仪表维修工	吉林石化分公司
207	李永翔	机械修理	机泵维修钳工	吉林石化分公司
208	崔宏鑫	工程建设	维修电工	抚顺石化分公司
209	韩　威	炼　油	加氢裂化装置操作工	抚顺石化分公司
210	边　江	化　工	酮苯脱蜡装置操作工	抚顺石化分公司
211	田　军	化　工	丙烯腈装置操作工	抚顺石化分公司
212	李　俊	炼　油	催化裂化装置操作工	抚顺石化分公司
213	贾　亮	炼　油	常减压蒸馏装置操作工	抚顺石化分公司
214	张凤光	仪器仪表安装修理	仪表维修工	抚顺石化分公司
215	郭建勇	机械修理	机泵维修钳工	抚顺石化分公司
216	刘　牧	工程建设	电焊工	辽阳石化分公司
217	崔启福	炼　油	加氢裂化装置操作工	辽阳石化分公司
218	陶贵金	炼　油	汽（煤、柴）油加氢装置操作工	辽阳石化分公司
219	徐艳敏	科研与分析化验	化工分析工	辽阳石化分公司
220	郑　重	炼　油	加氢裂化装置操作工	辽阳石化分公司
221	杨柏林	炼　油	催化重整装置操作工	辽阳石化分公司

续表

序　号	姓　名	专　业	工　种	工作单位
222	刘　东	炼　油	乙烯装置操作工	辽阳石化分公司
223	任国焱	仪器仪表安装修理	仪表维修工	辽阳石化分公司
224	岳景春	机械修理	机泵维修钳工	辽阳石化分公司
225	吕仲光	工程建设	电焊工	兰州石化分公司
226	杨子海	工程建设	锅炉运行值班员	兰州石化分公司
227	孙青先	化　工	乙烯装置操作工	兰州石化分公司
228	卢朝鹏	炼　油	催化裂化装置操作工	兰州石化分公司
229	管东红	化　工	丁苯橡胶装置操作工	兰州石化分公司
230	宋俊鸿	化　工	丁腈橡胶装置操作工	兰州石化分公司
231	巩国平	炼　油	常减压蒸馏装置操作工	兰州石化分公司
232	黄开炳	化　工	乙烯装置操作工	兰州石化分公司
233	吉　宁	仪器仪表安装修理	仪表维修工	兰州石化分公司
234	杜　亮	工程建设	电焊工	独山子石化分公司
235	薛　魁	化　工	乙烯装置操作工	独山子石化分公司
236	杜胜利	炼　油	加氢裂化装置操作工	独山子石化分公司
237	张全军	化　工	聚乙烯装置操作工	独山子石化分公司
238	潘志强	科研与分析化验	化工分析工	独山子石化分公司
239	张健新	炼　油	催化重整装置操作工	独山子石化分公司
240	徐凯军	炼　油	常减压蒸馏装置操作工	独山子石化分公司
241	谢文奋	仪器仪表安装修理	仪表维修工	独山子石化分公司
242	陈文忠	机械修理	机泵维修钳工	独山子石化分公司
243	许战军	化　工	精对苯二甲酸装置操作工	乌鲁木齐石化分公司
244	孙　燕	科研与分析化验	化工分析工	乌鲁木齐石化分公司
245	张卫红	炼　油	催化裂化装置操作工	宁夏石化分公司
246	杨学智	炼　油	合成氨装置操作工	宁夏石化分公司
247	张业涛	炼　油	常减压蒸馏装置操作工	大连石化分公司
248	张守前	炼　油	催化裂化装置操作工	大连石化分公司
249	荣　征	炼　油	催化裂化装置操作工	大连石化分公司
250	崔　健	炼　油	酮苯脱蜡装置操作工	大连石化分公司
251	隋广鑫	化　工	聚丙烯装置操作工	大连石化分公司
252	刘丛堂	仪器仪表安装修理	仪表安装工	大连石化分公司
253	孙泳峰	仪器仪表安装修理	仪表维修工	大连石化分公司

续表

序号	姓名	专业	工种	工作单位
254	褚继勇	炼油	催化重整装置操作工	锦州石化分公司
255	盖保权	炼油	催化裂化装置操作工	锦州石化分公司
256	徐凯	机械修理	机泵维修钳工	锦州石化分公司
257	侯传江	炼油	催化裂化装置操作工	锦西石化分公司
258	王尚典	机械制造	车工	锦西石化分公司
259	荀巍	机械修理	机泵维修钳工	锦西石化分公司
260	王健	工程建设	维修电工	大庆炼化分公司
261	王东华	炼油	催化裂化装置操作工	大庆炼化分公司
262	徐涛	仪器仪表安装修理	仪表维修工	大庆炼化分公司
263	张世凯	机械修理	机泵维修钳工	大庆炼化分公司
264	林树国	工程建设	维修电工	哈尔滨石化分公司
265	刘强	炼油	催化裂化装置操作工	哈尔滨石化分公司
266	张林涛	化工	乙烯装置操作工	四川石化有限责任公司
267	陈军舰	机械修理	机泵维修钳工	大港石化分公司
268	王峰	炼油	催化裂化装置操作工	大港石化分公司
269	陶新建	炼油	延迟焦化装置操作工	大港石化分公司
270	肖国营	炼油	延迟焦化装置操作工	辽河石化分公司
271	盖永强	炼油	催化裂化装置操作工	辽河石化分公司
272	周强	机械修理	机泵维修钳工	辽河石化分公司
273	马晓伟	炼油	制氢装置操作工	克拉玛依石化有限责任公司
274	韩胜显	炼油	催化裂化装置操作工	克拉玛依石化有限责任公司
275	张俊晓	炼油	延迟焦化装置操作工	克拉玛依石化有限责任公司
276	陈淑建	炼油	催化重整装置操作工	克拉玛依石化有限责任公司
277	于红伟	炼油	酮苯脱蜡装置操作工	克拉玛依石化有限责任公司
278	吴占关	工程技术	井下作业工	西部钻探工程有限公司
279	张晓亮	工程技术	井下作业工	西部钻探工程有限公司
280	谭文波	工程技术	井下作业工具工	西部钻探工程有限公司
281	张耀先	工程技术	石油钻井工	西部钻探工程有限公司
282	赵辉	工程技术	钻井柴油机工	西部钻探工程有限公司
283	潘鹏飞	工程技术	石油钻井工	西部钻探工程有限公司
284	艾尼·库尔班	工程技术	钻井柴油机工	西部钻探工程有限公司
285	武东生	工程技术	石油钻井工	西部钻探工程有限公司

续表

序号	姓名	专业	工种	工作单位
286	周哲文	工程技术	钻井液工	西部钻探工程有限公司
287	高　峰	工程技术	钻井液工	西部钻探工程有限公司
288	孙　斌	工程技术	钻井液工	西部钻探工程有限公司
289	妥　红	工程技术	综合录井工	西部钻探工程有限公司
290	肖　胜	工程技术	录井工	西部钻探工程有限公司
291	杜红光	工程技术	石油钻井工	长城钻探工程有限公司
292	王振军	工程技术	钻井柴油机	长城钻探工程有限公司
293	鲁政权	工程技术	钻井液工	长城钻探工程有限公司
294	张　良	工程技术	钻井地质工	长城钻探工程有限公司
295	赵增权	工程技术	井下作业工	渤海钻探工程有限公司
296	李　龙	工程技术	井下作业工	渤海钻探工程有限公司
297	张　勇	工程技术	石油钻井工	渤海钻探工程有限公司
298	王金广	工程技术	钻井柴油机工	渤海钻探工程有限公司
299	王　信	工程技术	钻井液工	渤海钻探工程有限公司
300	尚旺涛	工程技术	钻井液工	渤海钻探工程有限公司
301	陈祖红	工程技术	钻井液工	渤海钻探工程有限公司
302	李爱忠	工程技术	石油钻井工	渤海钻探工程有限公司
303	杨砚杭	工程技术	钻井柴油机工	渤海钻探工程有限公司
304	方福君	工程技术	井下作业工	川庆钻探工程有限公司
305	王国锋	工程技术	井下作业工	川庆钻探工程有限公司
306	张　勇	工程技术	石油钻井工	川庆钻探工程有限公司
307	田　军	工程技术	作业工	川庆钻探工程有限公司
308	王亚红	工程技术	钻井柴油机	川庆钻探工程有限公司
309	闵光平	工程技术	石油钻井工	川庆钻探工程有限公司
310	黄述春	工程技术	石油钻井工	川庆钻探工程有限公司
311	李　缨	工程技术	石油钻井工	川庆钻探工程有限公司
312	刘贵义	工程技术	石油钻井工	川庆钻探工程有限公司
313	张　杰	工程技术	石油钻井工	川庆钻探工程有限公司
314	李　刚	工程技术	钻井柴油机工	川庆钻探工程有限公司
315	朱亚峰	工程技术	钻井柴油机工	川庆钻探工程有限公司
316	唐润平	工程技术	钻井液工	川庆钻探工程有限公司
317	高　强	工程技术	钻井液工	川庆钻探工程有限公司

续表

序号	姓名	专业	工种	工作单位
318	邵友勤	工程技术	地层测试工	川庆钻探工程有限公司
319	汪　敏	工程技术	采气测试工	川庆钻探工程有限公司
320	郑　永	仪器仪表安装修理	仪表维修工	川庆钻探工程有限公司
321	许绍俊	仪器仪表安装修理	仪表维修工	川庆钻探工程有限公司
322	孙祖强	工程技术	地震勘探工	东方地球物理勘探有限责任公司
323	赵　帅	工程技术	可控震源维修工	东方地球物理勘探有限责任公司
324	郑家志	工程技术	石油物探测量工	东方地球物理勘探有限责任公司
325	杨新勇	交通运输	汽车修理工	东方地球物理勘探有限责任公司
326	石庆平	工程技术	测井工	中油测井有限公司
327	马　营	工程技术	测井工	中油测井有限公司
328	刘秀庆	工程技术	测井工	中油测井有限公司
329	王　琦	工程技术	射孔取心工	中油测井有限公司
330	牛承东	工程技术	测井仪修工	中油测井有限公司
331	刘春斌	工程技术	测井工	中油测井有限公司
332	吴依东	工程技术	测井工	中油测井有限公司
333	张光洲	工程技术	测井工	中油测井有限公司
334	杨　平	工程建设	电焊工	中国石油集团工程股份有限公司
335	汪　明	工程建设	电　工	管道局工程有限公司
336	邵洪波	工程建设	电焊工	管道局工程有限公司
337	王建才	工程建设	电焊工	管道局工程有限公司
338	王以兵	工程建设	电焊工	管道局工程有限公司
339	董俊军	工程建设	电焊工	管道局工程有限公司
340	陈　强	工程建设	电焊工	管道局工程有限公司
341	刘　智	工程建设	电焊工	管道局工程有限公司
342	高继宏	工程建设	电焊工	管道局工程有限公司
343	牛连山	工程建设	电焊工	管道局工程有限公司
344	陈献明	工程建设	配电线路工	管道局工程有限公司
345	孙洪业	工程建设	气焊工	管道局工程有限公司
346	饶雪飞	工程建设	石油金属结构制作工	管道局工程有限公司
347	张　宁	工程建设	石油金属结构制作工	管道局工程有限公司
348	陈兆坤	工程建设	电焊工	工程建设有限公司
349	赵承先	工程建设	电焊工	工程建设有限公司

续表

序 号	姓 名	专 业	工 种	工作单位
350	王俊峰	工程建设	电焊工	工程建设有限公司
351	裴先峰	工程建设	电焊工	工程建设有限公司
352	慕香奎	工程建设	电焊工	工程建设有限公司
353	蒋国辉	工程建设	电焊工	工程建设有限公司
354	曹遂军	工程建设	电焊工	工程建设有限公司
355	刘新儒	工程建设	石油金属结构制作工	工程建设有限公司
356	刘树权	工程建设	石油金属结构制作工	工程建设有限公司
357	丁自力	工程建设	电焊工	工程建设有限公司
358	王振平	工程建设	电焊工	工程建设有限公司
359	刘新海	工程建设	电焊工	工程建设有限公司
360	刘永华	工程建设	工程设备安装工	工程建设有限公司
361	王业民	技术监督	无损探伤工	工程建设有限公司
362	王兴平	工程建设	电焊工	寰球工程有限公司
363	赵 辉	工程建设	电焊工	寰球工程有限公司
364	陈君龙	工程建设	电焊工	寰球工程有限公司
365	张仕经	工程建设	起重工	寰球工程有限公司
366	张 杰	机械制造	车 工	宝鸡石油机械有限责任公司
367	信华滨	机械制造	镗 工	宝鸡石油机械有限责任公司
368	刘均让	机械制造	钳 工	宝鸡石油机械有限责任公司
369	茆建军	工程建设	维修电工	宝鸡石油钢管有限责任公司
370	彭建军	机械制造	钳 工	宝鸡石油钢管有限责任公司
371	胡德虎	机械制造	埋弧焊管自动焊工	宝鸡石油钢管有限责任公司
372	强会明	技术监督	无损探伤工	宝鸡石油钢管有限责任公司
373	张传勇	机械制造	加工中心操作工	济柴动力有限公司
374	何 伟	机械修理	天然气压缩机修理工	济柴动力有限公司
375	林 海	机械修理	内燃机装调工	济柴动力有限公司
376	王海生	工程建设	电焊工	渤海石油装备制造有限公司
377	白国文	机械制造	车 工	渤海石油装备制造有限公司
378	厉彦东	机械制造	钳 工	渤海石油装备制造有限公司
379	祝国政	机械制造	车 工	渤海石油装备制造有限公司
380	刘 东	交通运输	汽车修理工	中国石油运输有限公司

中国石油天然气集团有限公司国家级技能大师工作室

序号	工作室名称	单位
1	任相财技能大师工作室	大庆油田有限责任公司
2	刘永庆技能大师工作室	大庆油田有限责任公司
3	王汀技能大师工作室	大庆油田有限责任公司
4	杨海波技能大师工作室	大庆油田有限责任公司
5	胡延军技能大师工作室	大庆油田有限责任公司
6	崔启福技能大师工作室	辽阳石化分公司
7	李桂库技能大师工作室	辽河油田分公司
8	赵奇峰技能大师工作室	辽河油田分公司
9	柳转阳技能大师工作室	辽河油田分公司
10	束滨霞技能大师工作室	辽河油田分公司
11	梁东平技能大师工作室	长庆油田分公司
12	肖刚技能大师工作室	新疆油田分公司
13	宋成立技能大师工作室	吉林油田分公司
14	周小东技能大师工作室	大港油田分公司
15	赵常明技能大师工作室	大港油田分公司
16	王锡军技能大师工作室	青海油田分公司
17	刘春杰技能大师工作室	玉门油田分公司
18	陈全柱技能大师工作室	玉门油田分公司
19	左成玉技能大师工作室	大庆石化分公司
20	赵林源技能大师工作室	抚顺石化分公司
21	孙青先技能大师工作室	兰州石化分公司
22	谭文波技能大师工作室	西部钻探工程有限公司
23	冉鹏技能大师工作室	川庆钻探工程有限公司
24	张勇技能大师工作室	渤海钻探工程有限公司
25	王建才技能大师工作室	管道局工程有限公司
26	曹遂军技能大师工作室	工程建设有限公司
27	赵辉技能大师工作室	寰球工程有限公司
28	王兴平技能大师工作室	寰球工程有限公司

中国石油天然气集团有限公司技能专家工作室

序　号	工作室名称	单　位
1	刘丽采油技能专家工作室	大庆油田有限责任公司
2	齐志民钻井技能专家工作室	大庆油田有限责任公司
3	王召军焊接技能专家工作室	大庆油田有限责任公司
4	张有兴采油技能专家工作室	大庆油田有限责任公司
5	罗贤银集输技能专家工作室	大庆油田有限责任公司
6	林士军管工技能专家工作室	大庆油田有限责任公司
7	李殷海泵修技能专家工作室	大庆油田有限责任公司
8	张云热注运行技能专家工作室	辽河油田分公司
9	吴晓媛变电站值班技能专家工作室	辽河油田分公司
10	杨振东采油技能专家工作室	辽河油田分公司
11	孙洁集输技能专家工作室	辽河油田分公司
12	丁巨龙采油技能专家工作室	长庆油田分公司
13	梁庆辉采油技能专家工作室	长庆油田分公司
14	杨玲采气技能专家工作室	长庆油田分公司
15	杨义兴井下作业技能专家工作室	长庆油田分公司
16	张明电工技能专家工作室	塔里木油田分公司
17	王爱民合成氨装置技能专家工作室	塔里木油田分公司
18	新疆油田采油技能专家工作室	新疆油田分公司
19	新疆油田采气技能专家工作室	新疆油田分公司
20	集输技能专家工作室	新疆油田分公司
21	热注技能专家工作室	新疆油田分公司
22	西南油气田采气技能专家工作室	西南油气田分公司
23	西南油气田天然气净化技能专家工作室	西南油气田分公司
24	西南油气田输气技能专家工作室	西南油气田分公司
25	邓鲁宁井下作业技能专家工作室	大港油田分公司
26	李健集输技能专家工作室	大港油田分公司
27	周忠军采油技能专家工作室	大港油田分公司
28	杨永磊设备维修技能专家工作室	青海油田分公司
29	史昆采油技能专家工作室	青海油田分公司

续表

序　号	工作室名称	单　位
30	华北油田采油集输技能专家工作室	华北油田分公司
31	华北油田井下作业技能专家工作室	华北油田分公司
32	冉俊义电焊技能专家工作室	华北油田分公司
33	李彦超供电技能专家工作室	华北油田分公司
34	吐哈油田采油技能专家工作室	吐哈油田分公司
35	赵松柏采油技能专家工作室	冀东油田分公司
36	华玉林维修电工技能专家工作室	玉门油田分公司
37	姜涛乙烯技能专家工作室	吉林石化分公司
38	候英杰仪表维修技能专家工作室	吉林石化分公司
39	李永翔机泵维修钳工技能专家工作室	吉林石化分公司
40	抚顺石化机泵维修钳工技能专家工作室	抚顺石化分公司
41	仪表维修技能专家工作室	抚顺石化分公司
42	辽阳石化机泵维修钳工技能专家工作室	辽阳石化分公司
43	吕仲光技能专家工作室	兰州石化分公司
44	杨子海锅炉运行技能专家工作室	兰州石化分公司
45	兰州石化化验分析技能专家工作室	兰州石化分公司
46	机泵维修钳工技能专家工作室	独山子石化分公司
47	焊接技能专家工作室	独山子石化分公司
48	许战军化工技能专家工作室	乌鲁木齐石化分公司
49	刘丛堂仪表维修技能专家工作室	大连石化分公司
50	锦西石化机泵维修钳工技能专家工作室	锦西石化分公司
51	林树国电气技能专家工作室	哈尔滨石化分公司
52	陈军舰机电仪技能专家工作室	大港石化分公司
53	王峰催化裂化技能专家工作室	大港石化分公司
54	周强机泵维修钳工技能专家工作室	辽河石化分公司
55	武东生打捞技能专家工作室	西部钻探工程有限公司
56	井下作业技能专家工作室	西部钻探工程有限公司
57	长城钻探钻井技能专家工作室	长城钻探工程有限公司
58	李爱忠石油钻井技能专家工作室	渤海钻探工程有限公司
59	王信钻井液技能专家工作室	渤海钻探工程有限公司
60	杨砚杭钻井柴油机技能专家工作室	渤海钻探工程有限公司
61	刘贵义油气井抢险技能专家工作室	川庆钻探工程有限公司

续表

序　号	工作室名称	单　位
62	高强钻井液技能专家工作室	川庆钻探工程有限公司
63	杨新勇汽车修理技能专家工作室	东方地球物理勘探有限责任公司
64	赵帅可控震源技能专家工作室	东方地球物理勘探有限责任公司
65	孙祖强石油地震勘探技能专家工作室	东方地球物理勘探有限责任公司
66	牛连山焊接技能专家工作室	管道局工程有限公司
67	邵洪波焊铆管技能专家工作室	管道局工程有限公司
68	孙洪业焊铆管技能专家工作室	管道局工程有限公司
69	王业民无损探伤技能专家工作室	工程建设有限公司
70	张仕经起重技能专家工作室	寰球工程有限公司

（胥　勇）

奉献能源 创造和谐

Caring for Energy Caring for You

中国石油

大庆油田有限责任公司

大庆油田有限责任公司（大庆石油管理局有限公司）是中国石油天然气集团有限公司下属的全资子公司，是以石油、天然气的勘探、开发为主营业务的国有大型企业，是迄今国内较大的油田，也是世界上为数不多的特大型砂岩油田之一。

“大庆油田松辽盆地北部古龙页岩油勘探重大发现”
获集团公司特等奖

“大庆油田智慧指挥系统研究与应用”
获集团公司科学技术进步奖一等奖

大庆油田 1959 年发现，1960 年投入开发。开发建设 60 多年来，累计生产原油 24.3 亿吨、天然气 1412 亿立方米，上缴税费及各种资金 2.9 万亿元，为维护国家石油供给安全、支持国民经济发展做出了高水平贡献。大庆精神铁人精神已经成为中国共产党和中华民族伟大精神的重要组成部分。

大庆油田天然气日销量跃上千万立方米台阶，取得突破性进展，持续推动天然气业务发展

首口薄层水平取心井取心完成，创 4 项全国纪录，水平井密闭取心技术达到国内先进水平

地址：黑龙江省大庆市让胡路区
邮编：163002
电话：0459-5999255
传真：0459-5973125

2020 年，大庆油田全面落实习近平总书记贺信重要指示精神，深入推进集团公司党组和黑龙江省委部署要求，大力弘扬大庆精神铁人精神，积极应对新冠肺炎疫情、超低油价等风险挑战，企业生产经营和改革发展各项事业取得新进展。全年完成国内原油产量 3001.03 万吨，海外权益产量 931 万吨;生产天然气 46.5537 亿立方米，实现“十连增”;合计完成油气当量 4302.9777 万吨，继续保持油气当量 4000 万吨以上持续稳产。深入开展“战严冬、转观念、勇担当、上台阶”主题教育活动和提质增效专项行动，全力打好“六个攻坚战”，油气完全成本和操作成本同比实现硬下降。

召开庆祝中国共产党成立 99 周年专题党课暨基层党建工作质量提升推进会

国家重点项目——国家危险化学品应急救援实训演练（大庆）基地竣工投产

“黑龙江省油气资源产业技术创新战略联盟”在大庆油田成立揭牌

中国石油首个碳中和林项目——大庆油田马鞍山碳中和林项目揭牌启动

站在“两个一百年”的历史交汇点，开启“十四五”发展新征程，大庆油田将牢记嘱托、接力奋斗，坚定扛起“当好标杆旗帜、建设百年油田”的重大责任，奋力谱写油田发展、改革、科技、党建“四个新篇章”，不断开创新时代油田高质量振兴发展新局面，坚决做党和国家最可信赖的骨干力量。

中国石油辽河油田公司

中国石油辽河油田公司为中国石油所属地区分公司，行政上由中国石油天然气股份有限公司直接管理，业务上由勘探与生产分公司归口管理，是大型的稠油、高凝油生产基地，总部机关坐落在辽宁省盘锦市。2020 年底在册员工 7.42 万人。

超重稠油生产基地

辽河油田自 1970 年开始大规模勘探开发建设以来，先后在辽宁省、内蒙古自治区、甘肃省、青海省 4 个省（自治区）发现曙光、兴隆台、欢喜岭等油气田 43 个，攻克了蒸汽驱、SAGD、火驱、水平井等勘探开发技术难题，形成油气生产、工程技术、工程建设、燃气利用、矿区服务、多种经营等业务协调发展的格局。拥有东北地区较大的储气中心——辽河储气库群，被纳入国家石油天然气基础设施重点工程，规划建成双台子、雷 61、黄金带、马 19、高 3、兴隆台潜山及龙气 5 等 7 座储气库（群），总工作气量 143 亿立方米，担负着“气化辽宁”、东北和京津冀地区天然气季节调峰任务，对调整国家能源结构、促进节能减排、应对气候变化、保障供气安全及国家战略储备方面具有重大的社会意义和战略意义。

2020 年，辽河油田面对新冠肺炎疫情和油价断崖式下跌的双重影响，全力“战严冬、转观念、勇担当、上台阶”，深入推进“全员抓产量、对标创效益、科技破瓶颈、改革增活力、党建促发展”，深化提质增效专项行动。超额完

“战严冬、转观念、勇担当、上台阶”主题教育活动形势任务宣讲会

党的建设与生产经营深度融合经验交流会

地址：辽宁省盘锦市兴隆台区石油大街98号　　邮编：124010
电话：0427-7298001　　传真：0427-7822545

成勘探增储任务，三级储量创近 10 年新高；油气当量超过 1060 万吨，实现连续第 35 年原油千万吨规模稳产；桶油完全成本降至近 10 年较低水平，全面超额完成经营业绩指标。

2020 年，辽河富油气区勘探实现规模增储，兴隆台中生界、外围陆东后河构造带精细勘探再获新突破，新增控制储量 5158 万吨，创近 10 年新高

2020 年，辽河油田新区、新领域风险勘探获得重大突破，驾探 1 井试油日产气 32.5 万立方米，创近 40 年天然气单井产量新高

2020 年，辽河油田获省部级科技成果一等奖 2 项、二等奖 2 项、三等奖 8 项，国家授权专利 430 件

稠油蒸汽吞吐、污水深度处理、中深层稠油大幅度提高采收率等技术处于国际领先水平

“十四五”时期，辽河油田将以习近平新时代中国特色社会主义思想为指导，认真贯彻党和国家决策部署，全面落实集团公司工作要求，大力实施党建提升、增储上产、科技兴油、民生改善四大战略工程，精心做好“千万吨油田”“百亿方气库”“流转区效益上产”三篇文章，努力打造中国石油和辽宁省骨干力量，履行好国有能源企业的政治、经济和社会责任。

辽河储气库群雷 61 储气库率先开工、率先投产，建库速度位居全国同批次储气库前列

辽河油田承建中俄东线天然气管道（长岭—永清），该工程是中国第一条南北传输的天然气大动脉，是中国石油服务“一带一路”倡议、构建中国四大能源运输通道的重大工程

中国石油长庆油田公司

20 世纪 70 年代，长庆油田以庆 1 井发现为标志，拉开陕甘宁石油大会战序幕。经过几代石油人的攻坚啃硬、拼搏进取，油气产量当量跃上 1000 万吨用了 33 年时间，跃上 2000 万吨用了 4 年时间，跨越 3000 万吨和 4000 万吨分别只用了 2 年时间。2013 年长庆油田实现年产油气当量 5000 万吨。2018 年 7 月，习近平总书记做出“大力提升国内油气勘探开发力度”的重要批示，长庆油田研究制定“二次加快发展”战略，推动油田从持续稳产转入快速上产，油气产量当量在 5000 万吨连续 8 年高效稳产的基础上，2020 年一举突破 6000 万吨，其中原油 2451.80 万吨、天然气 445.31 亿立方米，创造了我国油气田产量纪录，开创了我国石油工业发展史上的新纪元。

2020 年 8 月 5 日至 6 日，集团公司董事长、党组书记戴厚良到长庆油田调研指导工作

2020 年 6 月 11 日，长庆油田公司执行董事、党委书记，长庆石油勘探局有限公司执行董事、总经理付锁堂到基层单位调研指导工作

2020 年 12 月 18 日，长庆油田公司总经理、党委副书记何江川到基层单位调研指导工作

2020 年 6 月 23 日，“中国石油开放日”活动在长庆油田主会场开启

长庆油田连续 10 年新增石油探明储量超 3 亿吨，连续 14 年新增天然气探明储量超 2000 亿立方米，“十三五”期间，每年新增油气探明储量占全国探明储量 35% 以上。先后成功开发 35 个油田和 13 个气田，率先建成我国百万吨级页岩油示范开发区和首个 400 亿立方米大气田，累计为国家贡献油气超过 7 亿吨，油气年产量约占全国总产量的 1/8 和 1/4，为保障国家能源安全增添了厚重的底气。

2020 年 10 月 20 日，长庆油田开发建设 50 周年庆祝大会在长庆油田的发源地——甘肃庆城举行

2020 年 12 月 27 日，长庆油田油气产量当量突破 6000 万吨，标志着长庆油田已建成我国年产 6000 万吨级别的特大型油气田，开创了中国石油工业发展史上的新纪元

长庆油田大力实施创新驱动战略，“十三五”以来获省部级科技奖 80 多项，“5000 万吨级特低渗透—致密油气田勘探开发与重大理论技术创新”获国家科学技术进步奖一等奖。坚持推动“油气并举”，建成大规模的天然气生产基地和天然气管网枢纽中心。西气东输、陕京管道、靖西线等 12 条国家天然气主干线在长庆交汇，长庆“先锋气”源源不断地输往北京、上海、天津、西安等 40 多个大中城市，累计供应天然气 4600 多亿立方米，相当于替代标准煤 5.62 亿吨、减少碳排放物 15.29 亿吨，惠及居民 4 亿多人，对改善我国能源消费结构、打赢蓝天保卫战和污染防治攻坚战发挥了不可替代的作用。十多年来，长庆油气产量当量从 2000 万吨增长到 6000 万吨，用工总量始终控制在 7 万人左右，“十三五”期间劳动生产率提升了近一倍。2020 年在新冠肺炎疫情和国际超低油价叠加影响下，贡献利润超过 150 亿元，创造了传统能源企业转型升级、效益发展的成功范例。

地址：陕西省西安市未央路151号　　邮编：710018
电话：029－86596666　　传真：029－86599999

中国石油抚顺石化公司

中国石油抚顺石化公司是我国炼油工业的摇篮，具有93年的发展历史，是集“油化塑洗蜡剂”为一体的大型石油化工联合企业，下辖23家基层单位。抚顺石化现有全民员工1.81万人，集体企业职工3576人。总占地面积1270万平方米，资产总额311亿元，年销售收入500亿元以上。主要生产装置77套，辅助及配套装置、设施105套，原油一次、二次加工能力1150万吨/年，乙烯生产能力100万吨/年，化工产品生产能力360万吨/年。能够生产300多个牌号石油化工产品，产品畅销全国并远销到世界50多个国家和地区，是世界上独具特色的石蜡、烷基苯、贵金属催化剂生产基地。

2020年，是抚顺石化发展史上极不平凡、极具挑战的一年。面对突如其来的新冠肺炎疫情、断崖式下跌的国际油价、复杂多变的石油石化市场、严峻的安全环保形势等重大挑战，抚顺石化坚决贯彻落实党中央指示精神和集团公司党组决策部署、炼油与化工分公司工作要求，不畏难、不气馁，审时度势、积极应对，组织开展主题教育，发动全员提质增效，下大气力开展安全专项整顿，用团结的力量、坚定的步伐、拼搏的汗水和勇毅的坚持，守住了“零疫情、零感染”底线，顶住了不利形势对生产经营造成的巨大冲击，主要经济技术指标好于预期，全面完成集团公司下达的指标任务，打赢了疫情防控阻击战和提质增效攻坚战，实现了“十三五”圆满收官。

近年来，抚顺石化获中央企业先进集体，全国石油优质工程金奖，全国绿化工作先进单位，改革开放40周年企业文化建设标杆单位，全国石油和化工行业党建及思想政治工作、信息化先进单位，集团公司先进集体，集团公司抗击新冠肺炎疫情先进集体等荣誉。涌现出党的十九大代表、全国人大代表、全国劳动模范、全国五一劳动奖章、全国优秀企业家、全国工人先锋号、全国技术能手、全国模范职工之家、新时代特色品牌班组、全国青年安全生产示范岗、全国妇女代表、辽宁省五一劳动奖章、辽宁工匠、全国石油和化工行业技术能手、集团公司特等劳动模范等一批先进集体和个人。

抚顺石化认真贯彻党的十九届五中全会和中央经济工作会议精神，落实集团公司党组决策部署，全面加强党的建设，有效提高安全环保业绩，深度优化调整生产经营，着力提升市场开拓能力，大力开源节流提质增效，全力推进改革管理，强化科技创新支撑引领，优质高效完成装置大检修，全力保障员工民生福祉，抓好疫情防控，实现“十四五”高起点开局，高质量建设一流的现代化炼化企业。

抚顺石化成品油在拔鱼圈港装船出口

中国石油大型的加氢催化剂项目在抚顺石化奠基开工建设

医用口罩生产线投产仪式暨北斗启明（北京）向抚顺石化捐赠口罩制造机仪式

抚顺石化千万吨炼油生产基地

地址：辽宁省抚顺市新抚区凤翔路45号　　邮编：113008
电话：024-52421988　　传真：024-52420988

中国石油宁夏石化公司

中国石油宁夏石化公司位于宁夏回族自治区银川市，是集石油炼制、化工及化肥生产为一体的大型石化企业，具备年加工原油 500 万吨、生产尿素 200 万吨、聚丙烯 10 万吨的生产能力。

2020 年 8 月 5 日至 6 日，集团公司董事长、党组书记戴厚良一行到宁夏石化调研

2020 年，宁夏石化以习近平新时代中国特色社会主义思想为指导，认真贯彻落实自治区党委、集团公司党组决策部署和炼化板块工作要求，主动应对新冠肺炎疫情和低油价双重挑战，扎实推进安全环保、生产经营、提质增效、改革发展等各项工作，圆满完成年度目标任务。加工原油 369.5 万吨，生产汽油 164.5 万吨、柴油 129.9 万吨、合成氨 37.4 万吨、尿素 61.5 万吨、聚丙烯 8.6 万吨。实现营业收入 176 亿元，账面利润 2.3 亿元；上缴税费 72.8 亿元。宁夏石化被评为宁夏回族自治区工业稳增长突出贡献企业。

站在新起点，起航新征程。宁夏石化将准确把握新发展阶段，深入贯彻新发展理念，加快构建新发展格局，认真落实集团公司“四个坚持”兴企方略、“四化”治企准则，全面加强党的领导，全面深化改革创新，全面提升综合实力，推动企业高质量发展，为集团公司全面建成世界一流综合性国际能源公司做出新的贡献。

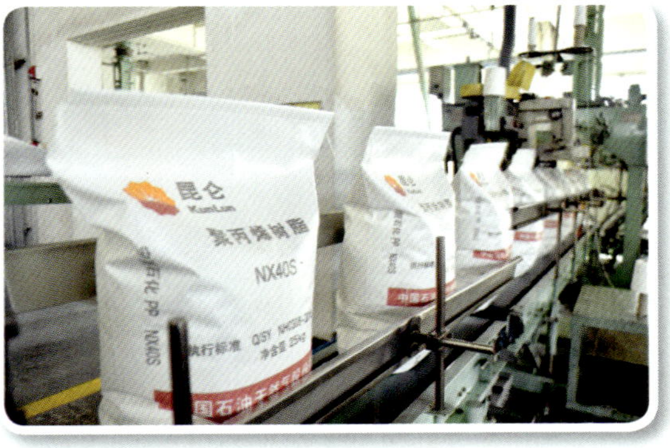

转产聚丙烯医用材料支援抗疫，出色完成国家紧急调拨任务

2020 年，炼油装置吨油利润和吨油收入指标在炼化板块 26 家企业中均排名前列

地址：宁夏回族自治区银川市西夏区文昌南路中国石油宁夏石化炼油厂　邮编：750021
电话：0951-2972361　传真：0951-2021379

中国石油兰州石化公司

中国石油兰州石化公司是国家“一五”期间156项重点工程项目，是新中国第一个现代化炼油化工生产基地，被誉为新中国石油化学工业的“摇篮”，素有“共和国长子”之称。兰州石化集炼油、化工、装备制造、工程建设、检维修为一体，原油一次加工能力1050万吨/年，乙烯产能150万吨/年、合成树脂产能122万吨/年、合成橡胶产能22万吨/年、炼油催化剂产能11万吨/年，现有各类炼化生产装置90余套，总资产200亿元，年营业收入600亿元左右。

“十三五”以来，兰州石化认真贯彻集团公司各项决策部署，统揽全面从严治党和高质量发展两大任务，各项事业取得突破性成就。累计加工原油4457万吨，生产乙烯303万吨、合成树脂496万吨、合成橡胶74.5万吨、炼油催化剂24万吨，实现营业收入2517亿元、税费703亿元，税费连年超百亿元、稳居甘肃省前列；聚乙烯突破茂系铬系高端产品生产，聚丙烯形成车用、医用、透明、耐热、薄壁注塑“五大系列”产品，医用专用料获国内企业认证，合成橡胶实现绿色化定制化，炼油催化剂远销海外高端市场；获省部级以上科技成果45项、授权专利40项，开发新产品253个，获集团公司认定自主创新重要产品9项、可推广应用技术24项，获国家科学技术进步奖2项、国家专利优秀奖1项；完成7套装置先进控制系统及24套流程模拟系统实施，成为首批炼化数字化转型试点单位；涌现出全国劳动模

第二次获全国先进基层党组织荣誉

加速转型升级的兰州石化

榆林乙烷制乙烯项目

福建长汀催化剂项目

地址：甘肃省兰州市西固区玉门街10号　　邮编：730060
电话：0931-7933707　　传真：0931-7561499

建设中的 3.5 万吨 / 年特种丁腈橡胶项目

甘肃省首条熔喷布生产线

高严细实的优良传统

信念坚定、斗志昂扬的干部队伍

范汪艳侠、孙青先及全国能源行业“大国工匠”卢朝鹏等先进人物，获国家荣誉 8 项、省部级荣誉 36 项；兰州石化党委被党中央表彰为“全国先进基层党组织”。

“十四五”期间，兰州石化将以加快建成黄河流域高质量发展示范企业为目标，大力实施创新、绿色、智能、资源化、低成本战略，按照“三步走”的总体布局，突出炼化主营业务高质量发展和服务业务品牌化发展，推进企业治理体系和治理能力现代化，统筹域内、域外、海外业务规模化、一体化、集团化运营，全面深化卓越绩效管理，瞄准产品高端化、品牌化、差异化方向，切实提升市场引领、市场营销、产品销售、价值创造和全产业链服务能力，强化人才“生聚理用”，主动承担经济、政治、社会三大责任，打造产业转型、安全发展、绿色发展、技术创新、数字化转型、人力资源价值提升、质量成本控制、文化引领、企地融合发展、党建品牌“十大示范”，把兰州石化建成高端清洁油品、合成树脂、合成橡胶、炼化催化剂、润滑油五大生产基地，率先建成黄河流域高质量发展示范企业。

现代化清洁美丽工厂

美丽舒适的员工生活区

中国石油锦州石化公司

中国石油锦州石化公司始建于 1938 年，是一家以炼油为主、化工为辅的燃料化工型企业，是我国重要的润滑油添加剂科研生产基地和辽西地区大型的原油、成品油储备基地，是生产国 IV 标准汽油、京 V 标准汽油的企业。新中国第一滴人造石油、第一块合成顺丁橡胶都在这里诞生。拥有 54 套炼油化工生产装置，原油一次加工能力 750 万吨 / 年，固定资产总额 151 亿元，可生产 44 个品种 81 个牌号的石油化工产品。拥有长输管线、铁路、陆路、海上“四位一体”原油成品油输送通道，产品畅销国内外。下设 12 个处室、5 个直属部门、23 个基层单位，员工 6508 人。

2020 年，突如其来的新冠肺炎疫情和油价暴跌，使石化行业遭受巨大冲击。面对困难，锦州石化牢固树立“过紧日子”思想，按照集团公司统一部署，深入开展“战严冬、转观念、勇担当、上台阶”主题教育，坚持生产经营和改革发展一起抓，疫情防控和提质增效两场硬仗一起打，在困境中实现了生产经营平稳。新建的渣油加氢装置、连续重整装置、硫磺回收装置有序推进；多功能中央控制室主体建成；成品油出口储运设施改造项目投产，低硫船用燃料调和系统、油浆火车接卸设施提前投用。锦州石化获集团公司“质量安全环保节能先进单位”称号。完成加工原油 570.6 万吨，营业收入 213.71 亿元，上缴税费 57.8 亿元，圆满完成生产经营任务。

月工作例会

硫磺回收装置施工现场

渣油加氢装置施工现场

新重整装置施工现场

以**技术**为支撑

打造**精品**炼厂

微博　　微信

中央控制室主体建成

地址：辽宁省锦州市古塔区重庆路一段二号　邮编：121001

电话：0416-4152240　传真：0416-4567532

中国石油锦西石化公司

中国石油锦西石化公司的前身始建于 1939 年，1953 年恢复生产，1960 年 6 月大庆油田第一列原油就是在这里炼制的。占地面积 640 万平方米，炼油化工装置 56 套，原油一次加工能力 650 万吨 / 年，以加工大庆原油、辽河原油为主，另有部分进口油。主要产品有汽油、柴油、航空煤油、船用燃料油、苯乙烯、聚丙烯、煅烧焦等，是国内首批京 VI 标准汽油生产企业之一。

锦西石化坚持以习近平新时代中国特色社会主义思想为指导，紧跟集团公司党组思路，落实“四精”要求，明确以“推动高质量发展、建设一流石化企业”为目标的企业发展战略。公司领导班子坚持用战略目标凝聚人心，用严细管理推进工作，用先进理念引领发展，全力以赴完成 2020 年“生存大修”，积极推进结构调整和转型升级“生命工程”，优化生产运行，狠抓提质增效，深化改革创新，企业呈现出稳健发展的良好局面。

2021 年，锦西石化强化装置平稳操作，持续优化原油结构、产品结构、装置运行和公用工程，坚持以销定产，及时调整生产方案，重整、催化装置满负荷运行，统筹低碳烯烃利用，全力增产汽油、丙烯、聚丙烯和苯乙烯等高效产品。上半年累计加工原油 277 万吨，产品出厂 256 万吨，产销率 101%。实现营业收入 130 亿元，超预算进度 13.2 亿元。炼化业务盈利 9.34 亿元，在 26 家炼化企业中排名第 12 位。技术经济指标持续改善，高标号汽油比率、加工损失率、柴汽比、炼油综合能耗等指标好于板块平均水平，特别是柴汽比 0.44，在 26 家炼化企业中排名前列。

庆祝建党 100 周年暨创先争优表彰大会

聚丙烯装置成功生产出可用于医用无纺布制造的
高熔脂聚丙烯纤维料 1105S

锦西石化大检修现场

地址：辽宁省葫芦岛市连山区新华大街42号

邮编：125001

电话：0429-2178015

传真：0429-2175888

中国石油呼和浩特石化公司

中国石油呼和浩特石化公司位于内蒙古自治区首府呼和浩特市，始建于 1992 年，占地 200 万平方米。呼和浩特石化炼油加工规模 500 万吨 / 年，固定资产原值 81.19 亿元，拥有 14 套炼油装置、1 套化工装置及配套系统；配套建设有长庆—呼和浩特原油管道和呼和浩特—包头—鄂尔多斯成品油管道。主要生产汽油、柴油、航空煤油、燃料油、液化石油气、聚丙烯树脂、石油苯、工业硫磺等 6 大类 13 种产品，主要满足内蒙古、山西及周边地区市场需求，并出口蒙古国。截至 2020 年底，在册员工 1720 人，大专以上学历 1090 人；设有 11 个机关处室、5 个直属单位、10 个二级单位。2020 年，呼和浩特石化加工原油 409.51 万吨，销售收入 177.67 亿元，实现税费 72.9 亿元，实现考核口径利润 6.58 亿元。

呼和浩特石化广大干部员工在公司党政领导班子的带领下，克服新冠肺炎疫情带来的市场疲软、加工量减少、产品后路不畅、生产组织难度大等困难，战严冬、转观念、勇担当、上台阶，扎实苦干、顽强拼搏，提质增效 1.21 亿元、转型升级稳步推进、矿区改革顺利完成、疫情无一人感染，为集团公司实现任务目标贡献应有的力量。2020 年，呼和浩特石化位列集团公司企业净资产收益率第 30 名，位列企业净利润排名第 28 名，是炼化板块企业净资产收益率和企业净利润双上榜的 6 家企业之一。呼和浩特石化获全国“安康杯”安全生产劳动竞赛优胜企业、集团公司 2020 年度质量安全环保节能先进企业、“十三五”中国企业文化建设优秀单位等称号。

面对新使命、新要求，呼和浩特石化将坚持“业务主导、协同增效、管理提升”工作理念，突出党建引领、安全环保、提质增效、转型升级，加大改革创新力度，勠力同心、真抓实干，确保实现奋斗目标，努力开启公司“十四五”发展新征程。

立足岗位，提质增效

写春联，送基层

公司装置

主动承担社会责任，加大聚丙烯高熔脂无纺布专用料 HT40 生产量

青年有担当，攻坚有力量

地址：内蒙古自治区呼和浩特市金桥开发区呼和浩特石化公司　邮编：010070
电话：0471-3351041　传真：0471-3310881

中国石油长庆石化公司

中国石油长庆石化公司始建于1990年，位于陕西省咸阳市，毗邻西咸新区，原油加工能力500万吨/年，固定资产原值59亿元，主要生产装置17套，辅助设施12套。在册员工1114人，平均年龄39.7岁，大专以上文化程度占78.5%。产品以国VI标准车用汽柴油、航空煤油、液化石油气为主，有少量的丙烯、工业硫磺、石油苯、F80防水沥青等化工产品，其中航空煤油全部直供西安咸阳国际机场，占比92%以上。

长庆石化领导班子合影

2020年，长庆石化在集团公司党组的坚强领导下，坚持以习近平新时代中国特色社会主义思想为指导，有效应对前所未有的困难，以提质增效为主线，全方位突出精细化管理，夺取了疫情防控阻击战和效益实现保卫战的双胜利，交上了合格答卷。全年加工原油473.3万吨，实现营业收入203.8亿元、税费82.5亿元、考核利润7.6亿元，超额完成奋斗目标。

面对新形势新要求，长庆石化将认真落实集团公司党组工作部署，按照“突出创新、人才和低成本三大战略，夯实安全、环保和稳定三个基础，做强绿色和智能两个引擎，打赢就地改造、提质增效、创新发展、管理提升、人才建设五场战役，做好党建引领和和谐共融两篇文章”的“33252”总体发展思路，全面开启世界一流示范型城市炼厂建设新征程，确保“十四五”开好局、起好步，以优异业绩迎接建党100周年。

中心控制室内部

加氢裂化装置

南厂区

连续重整装置

中国石油庆阳石化公司

中国石油庆阳石化公司位于甘肃省庆阳市西峰区董志镇工业园区，占地面积 1360 亩，加工能力 370 万吨 / 年。前身为“庆阳石油化工厂”，是随着长庆油田开发于 1971 年 9 月成立，隶属原庆阳地区管理，1984 年 5 月划归甘肃省石化厅行业管理，2001 年 8 月整体划转中国石油天然气集团公司，2004 年 12 月划转中国石油天然气股份有限公司。2010 年 10 月原 150 万吨老厂关停，300 万吨新厂建成开工。

庆阳石化为燃料型炼厂，主辅装置 20 套，主要产品为汽油、柴油、航空煤油、聚丙烯等 3 大类 10 种 26 个牌号。截至 2021 年 6 月底，设机关管理部门 10 个、直属部门 4 个、二级单位 10 个，在册员工 1160 人，资产总额 62.92 亿元，资产负债率 13.98%。

50 年来，庆阳石化根植庆阳革命老区，始终秉持“我为祖国献石油”的使命担当，勇担国企三大责任，致力于推动企业高质量发展。2010 年新厂投产以来，累计加工原油 3567 万吨，营业收入 2033 亿元，实现税费 628 亿元，实现利润 104 亿元，工业总产值 1890 亿元，工业增加值 709 亿元，上缴税费连续多年居庆阳市和甘肃省前列。被评为国家“支持老区建设先进单位”、国家“守合同重信用”企业，获“全国五一劳动奖状”“全国文明单位”以及甘肃省“企业推动高质量发展突出贡献奖”等荣誉。

庆阳石化将以习近平新时代中国特色社会主义思想为指导，深入贯彻落实党的十九大和十九届历次全会精神，持续推进党史学习教育，进一步牢固树立“四个意识”、坚定“四个自信”、坚决做到“两个维护”，以全面加强党的领导为统领，认真贯彻落实集团公司党组的决策部署，开展“转观念、勇担当、高质量、创一流”主题教育活动，树正气，严管理，提素质，增效益，奋力打造提质增效升级版，强力推动高质量发展，把庆阳石化建设成为效益突出的精品炼化企业，为中国石油全面建成世界一流综合性国际能源公司作出新的更大贡献。

2021 年 4 月，庆阳石化党员干部到梁家河学习

首次承办集团公司 500 万吨级炼化企业常减压蒸馏装置操作工职业技能竞赛

员工现场操作培训

厂区全景

“石油工人心向党、共建美好幸福新庆阳”媒体开放日

地址：甘肃省庆阳市西峰区董志镇　　邮编：745002
电话：0934-8368106　　传真：0934-8368582

中国石油甘肃销售公司

中国石油甘肃销售公司的前身成立于 1953 年，1998 年划入中国石油天然气集团公司，先后获“中央企业先进集体”“中央企业扶贫先进单位”等荣誉 20 多项，2018 年企业类别明确为一类一级。

“十三五”期间，甘肃销售积极践行“埋头苦干、能打硬仗、敢于突破、勇争一流”的精神，成品油年销量稳定在 445 万吨左右，“十三五”各项目标基本实现，展现出加快推进高质量发展的新态势。

2020 年，甘肃销售面对新冠肺炎疫情和低油价的叠加冲击，在新老两届班子的带领下，在全体干部员工的努力下，认真落实集团公司党组工作安排，统筹推进疫情防控、改革创新和提质增效各项工作，党的建设巩固深化，经营业绩板块领先，业务运行安全平稳，治理能力不断提升，示范作用逐步显现。实现油气销量 480.53 万吨，同比增加 24.93 万吨，增长 5.47%。实现销售收入 278.66 亿元，净利润 9.15 亿元。实现非油店销收入 9.49 亿元、同比增长 17.2%，实现毛利 1.44 亿元。

2020 年，甘肃销售加气业务快速发展，新建 LNG 油气混合站 12 座、油增气改造 7 座，甘肃省主干道销售网络基本贯通，业务统管、供应商群优化遴选模式初步建立。编制了《车用燃气质量计量管理手册》《加油与 LNG 加气合建站、LNG 加气站建设标准》，填补加气业务管理制度上的空白。

2020 年，甘肃销售稳步推进供给侧结构性改革，充分结合区域特点，积极构建化石能源与清洁能源全面融合发展的低碳能源生态圈，建成西部首座“油气电非”综合能源补给站——兰州莫高站。

志存高远开新篇，守正创新促发展。肩负着建设一流示范销售企业的光荣使命，甘肃销售将全面贯彻落实集团公司党组决策部署和销售公司工作要求，大力弘扬石油精神和甘肃销售精神，继续开创甘肃销售高质量发展新篇章，为集团公司建设世界一流综合性国际能源公司和全面建设社会主义现代化国家做出新的更大贡献。

集团公司董事长戴厚良到甘肃销售调研

组织消防演练

精准扶贫助农直播

积极应对陇南泥石流自然灾害

地址：甘肃省兰州市城关区甘南路702号
邮编：730030
电话：0931-8448055
传真：0931-8448002

信誉——大信有成，广播天下

多年以来，昆仑信托坚持以“信”为本，恪守商业价值，信守契约，风格稳健，一诺千金。通过高水平、高质量、高标准的金融服务，为企事业单位、社会大众带来稳固的财富回报。作为国有企业，勇于承担社会责任，服务社会需求，改善民众生活，积极参与社会公益事业，培养员工感恩之心。组织员工“慈善一日捐”、抗旱救灾、爱心捐赠、扶贫帮困、无偿献血等慈善公益活动，发挥信托优势，推出“仁爱”系列慈善信托计划，与宁波市慈善总会联合设立“昆仑信托慈善基金”，广泛用于安老、扶孤、助残、助医、助学、济困等慈善公益活动，让慈善的阳光温暖更多的心灵。

信念——不忘初心，谱写新篇

不忘初心，方得始终。2017 年，昆仑信托踏上了增资上市的新征程，昆仑信托借中油资本上市东风，注册资本已超百亿元，跃居行业前列。昆仑信托坚持专业化、规模化、数字化、规范化四大战略原则，形成辐射全国的业务网络。处于新发展阶段，昆仑信托将认真贯彻新发展理念，积极融入新发展格局，在转型升级上见行动，在改革创新上见突破，在提质增效上见实绩，在风险防控上见真章，在奋发有为上见新局，奋力建设与集团公司行业地位相匹配的一流财富管理机构，续写新时代的华章。

昆仑信托——信誉无价，托付有道。

昆仑金融租赁有限责任公司

昆仑金融租赁有限责任公司党委在集团公司党组的坚强领导下，大力实施以抓党建、抓市场、抓融资、抓合规、抓管理、控风险为主线的“五抓一控”工程，高质量发展成果不断显现。概括为“三个没有”：在经济下行压力不断加大情况下，没有出现一笔新增不良资产；在金融严监管、强监管形势下，没有受到监管部门任何处罚；在没有集团公司内部项目情况下，稳字当头，一步一个脚印，眼睛向外实现转型发展，市场和融资两头在外的经营格局业已经形成。

2020年资产总额600亿元，实现营业收入35亿元。利润总额15亿元，同比增长11%；净利润12.5亿元，同比增长9%。上缴税费6.8亿元，净资产收益率ROE10.9%。全面完成集团公司下达的主要经营目标，净利润列集团公司第12位，主要经营指标创历史高水平，实现“十三五”圆满收官。连续五年蝉联集团公司A级企业，并被集团公司授予“2018—2020年中期业绩优秀单位”荣誉称号。2020年，国务院国资委统一部署的中央企业融资租赁业务检查组经过2个月现场检查后认为，昆仑金融租赁是央企办租赁成功的范例。2020年，在资本管理、资产管理、质量管理、风险管理、战略管理与专业能力等方面继续保持行

鲁地拉水电站项目

盱眙生物质发电厂项目

长江油轮项目

港口设备租赁项目

地址：北京市西城区金融大街1号石油金融大厦A座21层

邮编：100033　**电话：**010-89025106　**传真：**010-89025050

业领先水平，获中国银保监会金融租赁公司行业监管高评级，在全国金融租赁公司中名列前茅。中国人民银行开展的年度金融机构评级，公司保持行业高评级。

昆仑金融租赁在全国 71 家金融租赁公司综合排名前 10 位，人均净利润第 3 位；在 17 家产业系公司中综合排名前列，逐步建立起与中国石油创建世界一流示范企业相一致的行业优势地位。

重庆时光号项目

江西高速项目

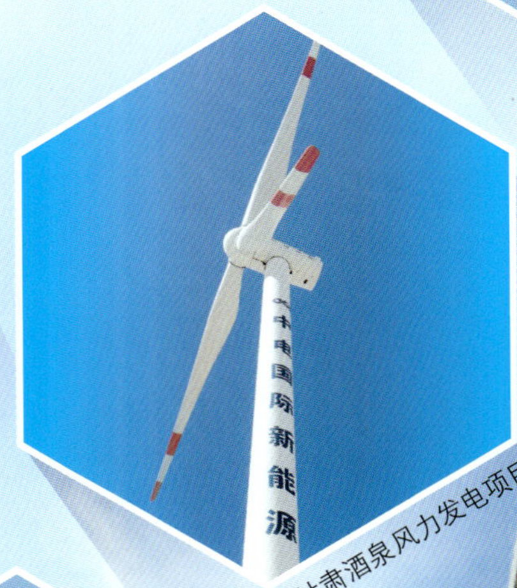

甘肃酒泉风力发电项目

福建漳浦光伏发电项目

石油天然气运输管道项目

重庆轨道交通设备项目

中国石油安徽销售公司

中国石油安徽销售公司于2002年9月正式注册成立，负责中国石油在安徽省的成品油销售、市场开发、非油销售业务。2020年底，下设职能部门12个、附属机构3个、所属二级单位15个、控股公司20个，在册员工3550人，运营加油站572座，运营油库10座，库容28.46万立方米，资产总额72.05亿元。

2020年，安徽销售面对复杂多变的市场环境，坚决贯彻党中央重大决策部署，坚决落实集团公司党组和销售公司党委工作安排，以“十三五”规划为引领，紧紧围绕扭亏脱困目标，打赢疫情防控阻击战、防汛救灾主动战、提质增效攻坚战三场硬仗。销售成品油211.67万吨，其中纯枪销量157.29万吨。非油业务收入6.87亿元、同比增长18.3%，非油业务毛利1.5亿元、同比增长19.2%，商流费用10.84亿元、同比下降10.1%，实现净利润-1.25亿元、同比减亏0.95亿元，实现安全环保“四零”（零污染、零伤害、零事故、零重大新闻舆情事件）目标。

站在新的历史起点，安徽销售将坚定不移实施“1225”（即建成区外一流销售企业的“一个目标”；坚持精细管理、精准营销，坚持创新转型、稳健发展的“两个坚持”；企业发展依靠员工、企业发展惠及员工的“两个发展”；市场战略、创新战略、人才战略、资源战略、成本领先战略的“五大战略”）治企方略，着力提效益、稳增长、抓改革、补短板、防风险，坚决打好提质增效持久战，打赢价值创造翻身仗，实现“十四五”良好开局，以优异的成绩献礼建党100周年。

2020年工作会议

总经理张用军走访慰问基层

抗洪抢险队员在加油站前堆放沙袋防止河水倒灌

“不忘初心、牢记使命”主题教育活动

党委书记李向宇到基层慰问困难职工

与中国联通安徽省分公司签订战略合作协议

企事业单位概览

油气田企业

大庆油田有限责任公司（大庆石油管理局有限公司）

【概况】 大庆油田有限责任公司（大庆石油管理局有限公司）简称大庆油田，是中国石油天然气集团有限公司的重要骨干企业。大庆油田1959年发现，1960年投入开发，是迄今国内最大的油田，也是世界上为数不多的特大型砂岩油田之一。油田位于黑龙江省中西部，松嫩平原北部，由萨尔图、杏树岗、喇嘛甸、朝阳沟、海拉尔等油气田组成。国内勘探范围包括黑龙江松辽盆地北部、依舒等外围盆地、内蒙古海拉尔盆地、新疆塔东区块、四川重庆矿权流转区块等领域，海外业务覆盖中东、中亚、亚太、非洲和美洲等区域。业务有上市、未上市两大部分，包括勘探开发、工程技术、工程建设、装备制造、油田化工、生产保障、矿区服务等。

截至2020年底，累计生产原油24.3亿吨，上缴税费及各种资金2.9万亿元，为维护国家石油供给安全，支持国民经济发展，作出高水平贡献。孕育形成大庆精神、铁人精神，成为中国共产党和中华民族伟大精神的重要组成部分。创造领先世界的陆相油田开发水平，主力油田采收率突破50%，比国内外同类油田高出10—15个百分点，三元复合驱年产量突破400万吨，使中国成为世界唯一大规模工业化应用的国家，油田勘探开发与“两弹一星”等，共同载入中国科技发展的史册。涌现出以“三代铁人”为代表的一大批先进模范人物，锤炼一支“三老四严”、永创一流的英雄队伍。发挥国有大企业的辐射拉动作用，有力地带动地方经济社会发展，催生一座现代化油城。对于大庆油田的历史性贡献，党和国家给予充分肯定和高度评价。

2020年，大庆油田完成油气产量当量4303万吨，继续保持油气当量4000万吨以上持续稳产。

【“十三五”回顾】 “十三五”期间，大庆油田累计营业收入8517亿元、利税933亿元，为国民经济社会发展作出重要贡献。油田振兴发展。坚持战略引领，组织编制实施“振兴发展纲要”，指导引领油田发展实践，天然气产量占比接近10%，海外权益产量占比22%，外部市场收入占比超过10%，构建形成稳油增气、内外并举的新格局。油气勘探开发。五年累计产油1.64亿吨，油气产量当量始终保持在4000万吨以上，巩固保持全国最大原油生产基地地位。海外市场开发。成功收购伊拉克哈法亚项目股权，海外业务进入中东、中亚、亚太、非洲和美洲等五大区域，海外权益产量达到千万吨级规模，海外市场收入突破百亿

大庆油田主要生产经营指标

指　标	2020年	2019年	2018年	2017年	2016年
国内原油产量（万吨）	3001.03	3090.01	3204.43	3400.03	3656.03
天然气产量（亿立方米）	46.59	45.53	43.35	40.13	37.70
新增原油产能（万吨）	176.95	172.15	243.27	242.23	318.66
新增天然气产能（亿立方米）	2.80	5.23	2.03	3	1.71
二维地震（千米）	—	—	1896	2681.10	3394.60
三维地震（平方千米）	1272	2560	1714	1424.70	1889.80
探井（口）	166	211	222	201	153
开发井（口）	3265	3409	3414	3718	3458
钻井进尺（万米）	499.44	527.65	556.19	584.17	489.78
勘探投资（亿元）	31.64	43.59	29.19	29.59	27.25
开发投资（亿元）	183.65	185.28	188.77	180.54	162.35

元大关，迈出重大跨越发展新步伐。企业改革创新，完成企业办社会职能剥离移交、机关机构精简、专业化重组、扩大经营自主权试点等重大改革任务，制定实施核心技术发展路线图，创新发展特高含水老油田提高采收率等一批重大关键技术，中高成熟页岩油攻关实现历史性战略性突破。企业发展员工受益，生产生活条件持续改善，收入待遇稳定增长。铁人学院成为国企首家“全国党员教育培训示范基地”、首批“全国工会干部教育培训基地”，大庆新铁人王启民获“人民楷模”“改革先锋”称号。

【振兴发展】 2020年，大庆油田围绕贯彻落实习近平总书记贺信重要指示精神，开展“大学习、大讨论、大宣传”，推动总书记重要指示精神进机关、进一线、进班组，汇聚起推进振兴发展的强大合力。制定下发《关于贯彻落实习近平总书记贺信重要指示精神、当好标杆旗帜建设百年油田的实施方案》，发布实施《大庆油田振兴发展纲要（2020版）》，组织编制《大庆油田及其地区“十四五”高质量发展专项规划》，以当好标杆旗帜、建设百年油田为目标，以深化改革创新为动力，以谱写“四个新篇章”为重点，明确今后一个时期的业务规划、主要任务和保障措施，引领推动各个领域创新发展实践。

【资源勘探】 2020年，大庆油田坚持油气并举、常非并重、海陆相并进，重点领域勘探取得丰硕成果，全面超额完成三级储量任务。页岩油方面。举全油田之力高效协同推进，成立页岩油勘探开发指挥部。攻关形成“四项革命性认识”，颠覆传统找油理论，实现从陆相页岩生油到陆相页岩产油的创新突破。这一历史性重大战略突破，对于建设百年油田和引领我国陆相页岩油革命，具有十分重大的意义。常规油方面。松北常规油，按照“西上斜坡、北要过线、南到古龙、东到三肇”整体部署，新获多口工业油流井。海拉尔中部断陷带，相继发现多个高产区块。致密油方面。直平联合探索增储潜力，持续攻关完善压裂工艺技术，不断扩大效益建产示范区规模，成为外围油田稳产上产的重要支撑。川渝流转区块方面。继潼探1井之后，合深4井、合深2井下二叠统茅二段、栖霞组再次突破，获高产气流，成为近期探明千亿立方米高效储量主战场。

【油气生产】 2020年，大庆油田采取强力措施，有效应对疫情限运、汛期内涝、投资成本压降等严峻挑战。全力复工复产，合力破解塔木察格限运难题，高效实施抢产上产措施，加快推进油田产能建设。深化水驱综合挖潜，通过精准注水方案调整、区块综合治理，水驱开发稳中向好态势进一步巩固。强化三采优化提效，通过采取区块分类对标调整、开展二类B油层挖潜技术攻关等措施，三次采油年产量连续19年保持在1000万吨以上。徐深气田采取稀井高产模式，水平井储层钻遇率创近年最好水平。合川气田老井挖潜增气成效显著，新区块首口试气井获高产，千亿立方米规模开发潜力有望效益动用。溶解气实现精准管控，处理量和轻烃产量保持稳定。全年完成国内原油产量3001万吨、天然气产量46.6亿立方米、海外权益产量931万吨，天然气产量连续10年稳步增长。

【科技创新】 2020年，大庆油田坚持科技先行、创新驱动，把创新摆在发展全局的核心位置，完善“双序列”“课题制”及首席专家领衔的科技管理机制，加快推进核心技术发展路线图。获省部级以上科技奖励31项，授权发明专利53项。陆相页岩油理论认识有力地指导古龙页岩油突破发现，老区常规油、松北致密油富集规律认识持续深化，河道砂体精细刻画、薄层白云岩地震识别、特色酸压等关键技术创新发展，为重点领域勘探突破提供有力支撑。特高含水后期渗流特征及开发规律、复合驱界面特性微观机理、致密储层渗流规律等研究，取得新的认识和成果。长垣水驱控水提效及二类油层聚合物驱提质提效技术持续完善。创新发展调整井控制压力钻完井、水平井钻井提速、智能分注、火炬系列深穿透射孔器等关键技术，大规模体积压裂、直井缝网及工厂化压裂配套技术达到行业先进水平。加快实施信息化建设“三步走”，数字油田建设全面铺开。“大庆油田智慧指挥系统研究与应用”项目获集团公司科学技术进步奖一等奖。

【提质增效】 2020年，大庆油田开展“战严冬、转观念、勇担当、上台阶”主题教育活动，深挖潜力、降本节流，油气完全成本、操作成本实现双下降。压降投资，突出“五保”，强化“三压”，优化投资结构，提高投资回报。全年油气产能内部收益率分别提高1.99%和5.21%。控制成本，深挖水、电、气等生产要素潜力，实现用电量连续四年、用水量连续七年硬下降。优化运行。树牢经营油藏理念，突出效益建产，优化产量结构，推广应用“三优一简”、方案调整及堵水等措施，严格控制无效注水、无效产液，节约生产费用支出。“两金”管控，强化过程管控，提高资金回流效率，采取多种手段加大清欠力度。利用抗疫惠企政策、加强税收筹划等渠道，节约税费及成本支出。

【企业改革】 2020年，大庆油田解决历史遗留问题改革基本完成。厂办大集体改革，拟“混改”企业完成公司制改制和产权链接，拟关闭注销企业全部停业、加速清理，重组企业完成管理权移交，人员得到妥善安置。退休人员社会化管理，完成退休人员和退养家属移交工作。“三供一业”及企业办社会职能剥离移交收尾工作加速实施，矿区维修改造工程如期完工。完成物业和采暖费货币化改革。机构改革持续深化，坚持精简机构、精干人员、高效运转，压减机构和人员编制。撤销矿区服务事业部层级，重组成立专业公司，实施专业化运作、市场化发展。经营机制进一步完善，突出市场导向、效益导向，加大对原油超产、效益升降、市场拓展以及重大控制事项的奖罚力度，实行差异化、梯度工效挂钩机制，推广全要素量化考核，发挥“指挥棒”作用。通过强化资本运营，引入战略投资推进混合所有制改革，进一步提高资产创效能力。

【业务升级】 2020年，大庆油田未上市业务克服市场急剧变化影响，调结构、转方式、促升级，取得好于预期的经营业绩。服务保障能力持续提升，钻探工程水平井钻速大幅提高，开发井固井优质率、水平井优质井段比例持续提升，均创历史最好水平。工程建设推行“五化”模式，实现大幅提质提效。业务发展能力持续提升，铁人学院整合职教、培训、托幼等业务，形成一体化高端教育培训产业。化工有限公司打造“技工贸一体化”模式，业务重组稳步推进。水务公司整合环境监测检测、装置集成、废液废固处理等业务单元，打造全链条环保产业。昆仑集团整合土地资源，发展现代绿色农牧业。市场开拓能力持续提升。推动国际市场复工复产、国内市场优化布局，伊拉克、南苏丹等海外项目提前复工，承揽广东石化EPC项目，创造国内市场单个项目合同额最高纪录，相继中标伊拉克钻井、哈法亚潜油电泵、黑河天然气管网等一批重点项目，伊拉克鲁迈拉、库尔德及国内西北、西南、华南区域市场实现滚动开发。全年外部市场收入实现疫情及低油价下逆势增长。

【基础管理】 2020年，大庆油田紧密结合形势变化，立足抓基层、打基础、防风险、强管控，全面加强各项基础管理工作。新冠肺炎疫情防控精准有力。坚持把员工群众生命安全和身体健康放在第一位，以“战时状态”统筹推进疫情防控和生产经营工作，外防输入、内防反弹，严格落实“日报告、零报告”制度，严格实行基层站队网格化管理，严格执行重点人员隔离报备规定，严格消毒、测温、分餐、戴口罩、倒班轮换、核酸检测等防控措施，高效建成多条口罩生产线，有力保障抗疫物资的生产与供应，建立海外分级分区防控机制，确保疫情防控与油气生产“两手抓、两不误”。安全环保全面加强。牢固树立“生命至上、安全第一”的理念，以“安全生产专项整治三年行动”为主线，开展“四查”活动，全面整治官僚主义、形式主义，强化履职能力考评，突出重点领域整治，严肃事故问责追责，加大“三违”行为整治力度，扭转安全生产被动局面。打好生态环境保卫战，推进绿色发展，全面落实污染防治措施，推进环保督察和历史遗留问题治理，中国石油首个碳中和林项目“落户”大庆油田，生态环境建设取得重大进展。“四位一体”综合管理体系初步构建。完成公司层面八大管理体系融合，“岗位责任文本＋基层‘两册’”高效执行，综合管理体系全面启动，新时代岗检覆盖全部单位，规范化管理水平持续提升。依法治企成效明显。坚持“三重一大”与建立完善依法决策机制相结合，推进重大事项法律论证、争议纠纷诉前调解、民法典宣贯等措施，被诉案件数量、标的金额连续两年大幅下降，防范化解重大风险能力显著提升。

【民生建设】 2020年，大庆油田坚持以人为本，争取政策支持，加快实施矿区维修改造项目建设，员工家属居住环境得到有效提升。完成中引水厂水源地替代工程、3座污水处理厂升级达标改扩建、生活污水系统改造等一批环保及重点民生项目，员工生产生活条件进一步改善。加大自动化设备投入，提升施工作业队伍装备水平，降低一线员工劳动强度。注重人才培养，加强技能专家、劳模和工匠创新工作室建设，健全核心人才薪酬待遇对应机制，开展主题劳动竞赛，促进员工与企业共同成长。完善员工服务网络，加大帮扶解困力度。开展形式多样的线上线下活动，丰富员工业余文化生活。加强维稳信访工作，疏解调处矛盾纠纷，维护员工合法权益，巩固安定团结的良好局面。

【企业党建工作】 2020年，大庆油田高举大庆红旗，全面加强企业党的建设。推进实施《大庆油田基层党建工作质量提升三年行动计划》，评选20个示范党支部，制定发布企业标准《示范党支部“六好”验收考评工作规范》，总结推广党建协作区经验，推动基层党建全面进步、全面过硬。落实党管干部原则，严把选人用人关，一批优秀年轻干部走上领导岗位，领导班子结构进一步优化。开展大庆精神铁人精神再学习再教育再实践，召开大庆油田思想政治工作会议，集中选树宣传一批先进集体和个人典型，推进“石油魂”宣讲，中央主流媒体持续推出专题报道，大庆精神铁人精神进一步传承弘扬。推动政治监督具体化常态化，聚焦疫情防控、提质增效、安全环保开展专项监督，深化两级巡察，抓好问题整改，压紧压实全面从严治党责任，严肃查处违纪违规行为，巩固作风建设成果，营造风清气正的良好政治生态。

（李　冬　陈娇红）

中国石油天然气股份有限公司辽河油田分公司（辽河石油勘探局有限公司）

【概况】 中国石油天然气股份有限公司辽河油田分公司（辽河石油勘探局有限公司）简称辽河油田，成立于1970年3月，是全国大型稠油、高凝油生产基地。业务范围涵盖油气开采、工程技术、工程建设、燃气利用、炼油化工、生产辅助、矿区服务、多种经营、储气库业务等领域。矿权区位于辽宁省、内蒙古自治区、青海省、陕西省、甘肃省和海南省。勘探领域包括辽河探区、鄂尔多斯探区、柴达木探区和南海探区四大探区，总探矿权面积为20.93万平方千米。主要开发区在辽宁省盘锦市、沈阳市、锦州市、鞍山市、辽阳市内。总部机关设在辽宁省盘锦市兴隆台区。

辽河油田于1970年投入大规模勘探开发建设，1980年原油产量跨越500万吨，1986年突破1000万吨，跻身我国第三大油田，1995年达到历史最高峰1552万吨，到2020年连续35年保持千万吨规模稳产。勘探开发建设50年以来，先后在辽宁省、内蒙古自治区、青海省3个省（自治区）发现兴隆台、曙光、欢喜岭等油气田43个，开发方式从天然能量开发、水驱、稠油蒸汽吞吐，到蒸汽驱、SAGD、火驱等方式转换，形成9种主要开发方式及配套技术，几乎涵盖陆上石油的全部开发方式。2020年底，辽河油田设机关职能部室15个、机关直属机构7个、机关附属单位3个，所属二级单位53个。在册员工7.42万人。其中，专业技术人才5300人，大专及以上学历43192人，正高级职称94人、副高级职称4011人、中级职称12904人。企业首席专家3人，企业技术专家20人，一级工程师62人；集团公司技能专家23人，企业技能专家68人，企业首席技师44人，高级技师266人，技师1703人。资产总额539.8亿元，净资产172.07亿元。自1970年开始大规模勘探开发建设以来，累计探明石油地质储量25.7亿吨、天然气地质储量2154.94亿立方米；累计生产原油4.9亿吨、天然气892.54亿立方米。建成具有1004万吨/年的原油生产能力，7亿米^3/年的天然

辽河油田主要生产经营指标

指　标	2020年	2019年	2018年	2017年	2016年
原油产量（万吨）	1004.26	1007.56	995.11	1000.1	974.11
天然气产量（亿立方米）	7.24	6.04	5.7	4.6	4.64
新增探明石油地质储量（万吨）	4089	2519	2262.06	2203.55	1692
新增控制石油地质储量（万吨）	5158	4859	4321	4989	4855
二维地震（千米）	700	1170	500	0	499.6
三维地震（平方千米）	415	189	200	420	200
探井（口）	70	70	58	89	85
开发井（口）	828	928	754	991	562
钻井进尺（万米）	147.41	177.93	163.24	171.08	109.03
勘探投资（亿元）	8.96	13.79	13.76	15.69	14.2
开发投资（亿元）	52.34	63.03	63.28	61.68	37.2
资产总额（亿元）	539.8	651.92	546.15①	522.74	606.96
收入②（亿元）	344.45	472.38	517.09	409.29	318.37
利润（亿元）	−60.12	−11.53	8.03	−115.32	−225.46
税费（亿元）	33.69	51.23	59.14	46.55	30.85

注：①2019年开始执行财务部《企业会计准则第21号——租赁》，按新资产租赁准则，2018年原资产总额应为674.01亿元进行核算。②均不包括多种经营业务收入。

气生产能力。有东北最大的储气中心——辽河储气库群，被纳入国家石油天然气基础设施重点工程，担负着“气化辽宁”、东北和京津冀地区天然气季节调峰任务，对调整国家能源结构、提高人民生活水平、促进节能减排、应对气候变化、保障供气安全及国家战略储备方面具有重大的社会意义和战略意义。

2020 年，辽河油田生产原油 1004.26 万吨，超计划 0.26 万吨；生产天然气 7.24 亿立方米，超计划 1.64 亿立方米；完成油气当量 1062 万吨，超产 13.3 万吨。新增探明储量 4089 万吨、控制储量 5158 万吨、预测储量（油气当量）9112 万吨，三级储量创近 10 年新高。收入 344.45 亿元，其中上市业务收入 206.9 亿元、控亏 56.65 亿元，未上市业务实现收入 137.6 亿元、控亏 3.47 亿元；油田整体控亏 60.12 亿元，对比集团公司考核指标增效 7.04 亿元；上缴税费 33.69 亿元。

【“十三五”回顾】“十三五”期间，辽河油田始终坚持以油气主业为根本，突出高效勘探开发，累计新增探明储量 1.28 亿吨，控制储量 2.42 亿吨，预测储量 2.74 亿吨；累计生产原油 4981.14 万吨、天然气 28.22 亿立方米，实现油气当量 5206 万吨。把握提质增效主线，精细投资管理，严格成本管控，深入挖潜创效，连年超额完成业绩指标，比 2016 年桶油完全成本同口径减少 31.51 美元、下降 38%，实施 288 项措施优化投资 41 亿元、效益挖潜 145 亿元；累计收入 2061.58 亿元、缴纳税费 221.46 亿元，位居辽宁省企业前列。发挥科技创新支撑驱动作用，科技攻关取得丰硕成果，获省部级以上科技成果 56 项，国家授权专利 2165 件，国家能源稠（重）油开采研发中心全面建成，牵头推进国家、集团公司重大科技专项 2 项、科技项目 12 项，科技贡献率持续提升。推进“三供一业”、医疗、社保、离退休和市政社会化改革，优化业务结构、组织结构、队伍结构，基本建立业务归核、管理扁平的现代“油公司”模式，累计优化压减二级机构 59 个、三级机构 1076 个。提升依法治企能力，完善制度流程体系，修订规章制度 198 项，内控管理、法律风险防控体系实现全覆盖，全面落实重大事项法律审查，连续 5 年“零例外”通过内控外部审计。树立宗旨意识，强化底线思维，普惠发展成果，投入 16.5 亿元治理隐患 3359 项，全面完成节能减排任务；支出近 22 亿元实施民生工程，投入 2.07 亿元开展帮扶工作，保持油田矿区安定和谐。

【油气勘探】 2020 年，辽河油田以高效勘探为中心，坚持“老区不老、小块不小、新区快突破”的勘探工作理念，油气勘探总投资 8.96 亿元，实施探井 70 口，超额完成三级储量任务。新区、新领域风险勘探获得重大突破，其中驾探 1 井试油日产天然气 32.5 万立方米，创近 40 年天然气单井产量之最，新增预测储量 607 亿立方米。沈页 1 井试采平均日生产原油 11.4 吨，累计生产原油 1859 吨，证实大民屯页岩油资源通过工程技术进步可以有效动用。辽河富油气区勘探实现规模增储，其中小 47 井、龙 71 井、河 32 井等多口探井获高产油气流，兴隆台中生界、外围陆东后河构造带精细勘探获新突破，新增控制石油地质储量 5158 万吨。流转矿权区勘探取得新发现，鄂尔多斯 7 口井钻遇良好油气显示，宁古 3 井在两个层段试油分别获 13.4 万立方米和 17 万立方米高产工业气流，初步落实资源规模 2008 亿立方米。柴达木探区马气 1 井日产天然气 10.4 万立方米，初步落实预测资源量 40 亿立方米。在双 229 区块、沈 273 区块、河 19 区块等 18 个区块实施滚动评价勘探，新增探明石油地质储量 4089 万吨，稀油、高凝油等优质储量占比 91%。新能源勘探取得积极进展，深海勘探、天然气水合物研究得到深化。东部凹陷深层天然气勘探、大民屯凹陷页岩油勘探成果，分别获集团公司油气勘探重大发现二等奖、三等奖。

【油气开发】 2020 年，辽河油田强化效益油气开发，推进产能建设、方式转换、注水注汽等重点工作，召开注水、注汽专题研讨会，开展劳动竞赛，推动原油日产连上 8 个百吨台阶，完成全年油气产量任务。油气开发总投资 52.34 亿元，开发井 828 口。其中，产能建设投产新井 660 口，新建产能 97.1 万吨，年产原油 45.9 万吨，同比增加 10.2 万吨。高效建成并投产双 229 块 、兴 20 块等区块，百万吨产能直接投资同比减少 10.6 亿元、下降 20.5%。优化实施方式转换，新转蒸汽驱、火驱等各类井组 90 个，转换项目年产油 262.9 万吨。注水油田日产稳定在万吨以上，自然递减率 12.8%、同比下降 0.5%。稠油吞吐油汽比 0.31、同比提高 0.02，年生产原油 335 万吨。实施老井大修、侧钻等进攻性措施 1051 井次，年增油 30.1 万吨；恢复长停井 823 口，年增油 26 万吨。冷家、月东合作区完成产量 94.8 万吨、超产 1.6 万吨。柴达木、鄂尔多斯流转区生产原油 2.4 万吨。加强水、电信、作业、物资、车辆服务保障业务，协调征地、外来气等工作，实现产、运、储、销高效顺畅，主要工作运行到位率 98%、符合率 87%。开井数净增加 288 口，举升单耗降低 2.5 千瓦 · 时 / 吨，检泵率降低 7.3%，采油管理指标得到提升。推进储气库建设，双

6 储气库实现扩容上产，工作气量达 32.2 亿立方米历史峰值，雷 61 储气库在国内同批次中率先建成投产。

【经营管理】 2020 年，辽河油田深入推进提质增效专项行动，采取变革性措施打好企业效益保卫战，完成调整预算指标，生产经营业绩好于预期。精细投资管理，优化投资方向，勘探开发主营业务投资比重 95%。通过严控总量、强化审批、简化设计，压降投资 10.54 亿元，完成年度目标 157.8%。推行钻井工程标准化、地面工程标准化、市场化计价体系等措施，优化产能建设投资 3.84 亿元，相当于多实施产能新井 85 口。严格成本管控，发挥预算导向作用，推动效益配产，引导各单位聚焦“两利三率”（净利润、利润总额，资产负债率、营收利润率、研发经费投入率）指标，控制投资，降低成本。加强燃料费、材料费、作业费等重点成本管控，基本运行费下降 22.58 亿元、下降 24.8%，桶油完全成本 51.73 美元，下降 4.99 美元，创 10 年新低。开展挖潜创效活动，项目化推进 10 个方面、46 项工程、166 条提质增效措施，挖潜增效 41.85 亿元。运用租赁准则政策、专项经费统筹等措施，实现增利 18.32 亿元。落实税收政策，研发费加计扣除增利 4077 万元，节约土地使用税、资源税 9946 万元。推进依法治企管理，民企欠款清理挂账支付率 101.3%，“两金”压降完成率 112%，压减法人 3 家，超额完成管控任务，如期上线财务共享。颁布实施管理制度 37 项，重大事项决策前法律审查率 100%，处理法律纠纷案件 59 起，避免和挽回损失 4334 万元，辽河油田被集团公司列为“全面合规示范创建企业”。出台外部市场管理办法，突出效益优先，完善运行机制，推动市场开发从规模扩张向质量效益转型。实施外部市场项目 988 个，主体单位走出去员工 4352 人，完成市场开发额 54 亿元，实现收入 44.32 亿元、利润 2.26 亿元。

【企业改革】 2020 年，辽河油田落实集团公司总体改革部署，坚持顶层设计与强化落实并重，全面推进 48 项年度改革任务。推进“油公司”模式改革，制订实施业务归核化发展方案，形成八大业务板块、“5+7”（5 类核心业务：油气勘探开发、采油采气、储气库建设运营、油气储运与销售、燃气及新能源开发业务；7 类辅助业务：修井作业、工程建设、石油化工、外闯市场、生产保障、公建物业及多元经济业务）归核化发展格局。完成工程技术、工程建设、储气库、外部市场、矿区及社保离退休等业务重组，整合采油厂低压电、油井测试、工程维修等业务，稳步实施修井作业、物资供应、车辆运输等业务专业化管理，初步建成主营业务突出、辅助业务高效的“油公司”体制。深化三项制度改革，深入实施机关“大部制”改革，开展新一轮“五定”工作，压减二级机构 10 个、三级机构 142 个、三级职数 604 人、总编制定员 4108 人。优化人力资源配置，富余人员显性化比例 15.5%，实施“十一条”措施分流 2230 人。完善工效挂钩办法，发挥绩效考核“指挥棒”作用，效益类指标权重 60%。重点领域改革取得良好成效，基本实现厂办大集体改革主要目标，妥善安置 7000 余名派出员工，正式运营混改“辽宁中油”平台。完成退休人员社会化档案移交、资产划拨等重点任务，工作进展走在辽宁省前列。“五自”经营改革试点单位效果明显，其中辽河油田建设有限公司实现扭亏为盈，试点单位同比减亏 3.85 亿元。完成康复医院社会化、民用物业等改革任务，第二轮扩大经营自主权改革顺利收官。

【科技创新】 2020 年，辽河油田坚持需求导向，优化科研攻关布局，召开油田科学技术大会，明确中长期攻关任务，发挥国家能源稠（重）油开采研发中心创新平台牵引作用，强化关键核心技术研究应用，取得一批重要成果。在勘探技术方面，提出深层火成岩“源储一体、近源成藏”地质认识，建立大民屯凹陷页岩油“甜点”分类、定量评价标准，助推深层天然气、非常规油气勘探取得重大突破。在开发技术方面，探索形成直平组合立体火驱技术，突破高凝油微生物化学复合驱油配方体系，建立超稠油蒸汽驱实施条件与技术界限，支撑油田稳产上产。在储气库技术方面，创新提出建库与提高采收率联动理念，建立断层封闭性评价标准，支撑双 6 储气库扩容上产和雷 61、马 19 等复杂类型油气藏建库。在工程技术方面，建立致密储层可压性评价方法，研制成功 3 种新型压裂材料，助推增储建产和压裂降本。推广小修替大修、大口径管道自动焊等技术，热采井预应力完井配套工具填补油田技术空白。在信息技术方面，在锦州采油厂、特种油开发公司建成物联网首批试点，第二批项目前期工作进展顺利，油田井、站数字化覆盖率分别提升至 39%、44%。完成国家信息试点 D1 项目年度任务，采油工程（A5）、梦想云（A6）、财务共享（D13）等统建系统实现升级应用。获省部级科技成果一等奖 2 项、二等奖 2 项、三等奖 8 项，国家授权专利 430 件，取得近 10 年最好成绩，首次获中国创新方法大赛一等奖。

【安全环保】 2020 年，辽河油田坚持把安全环保作为不可逾越的底线要求，落实“四全”（全员、全过程、全天候、全方位）原则、“四查”（查思想、查管理、查技术、查纪律）要求，严守“五个零容忍”（对生态环境保护违法违规“零容忍”、对油气泄漏及火灾爆炸“零容忍”、对不合格承包商“零容忍”、对工程质量重大问题“零容忍”、对特种设备带病运行“零容忍”）红线，以“安全执行年”为载体，严格风险防控、环境治理、质量管理措施，强化QHSE一体化管理。坚持将疫情防控作为贯穿全年的重点任务，成立辽河油田防控领导小组，建立中国石油辽西地区企业联防联控机制，制订“四控”方案，多措并举打好防控阻击战。下发防控指令37个，投入1200余万元采购防疫物资，排查重点人员4.4万人，外防输入、内防反弹取得积极成效。落实精准防控策略，有序组织复工复产。强化常态化疫情防控，油区形势保持稳定。推进三年整治行动，突出动态施工、承包商、危险化学品等高风险领域，开展诊断评估查改问题7537项。投入2.28亿元治理硫化氢、油气管道等重大隐患605处，有效解决城区井占压等问题。健全完善从严监管机制，违章处罚698万元、失职追责43人，一般C级事故同比下降47%。开展全要素量化审核，深化QHSE体系建设，连续保持良好B1级水平。加大环境保护力度，制订绿色发展行动计划，绿色修井技术应用100%、油泥源头减量4000吨、固相综合利用58万立方米，5个单位17个矿权进入国家绿色矿山遴选名录，COD、二氧化硫、氮氧化物分别同比下降6.7%、20.1%、22%，五年产能建设环评、环保区调规等工作进展达到预期。实现节能4.6万吨标准煤，单位油气生产综合能耗创“十三五”最好水平。加强与钻探企业工作交流，制定钻井施工质量考核细则，建立全生命周期井筒质量管理责任架构。严肃查处不合格井90口，井身、固井质量合格率分别提升至98%、74%。查改工程质量问题1516项，追回损失295万元。抽检产品9717批次，查处不合格产品168批次，挽回损失447万元。

【企业党建工作】 2020年，辽河油田组织两级党委中心组学习664次、研讨209次，巩固深化主题教育成果，用党的新理论和要求武装头脑、指导实践。坚持战略引领，完善油田“十四五”中长期发展规划，优化调整油气发展目标和业务发展布局，形成系统规划体系，指导油田高质量发展。坚持思想引领，将“战严冬、转观念、勇担当、上台阶”主题教育与“四大”形势任务教育融合推进。开展纪念辽河油田开发建设50周年系列活动，引导全员回答好“应对低油价、我们怎么办”，凝聚勠力同心战严冬的整体合力。聚焦发展主题“管大局”，坚持议大事、抓重点，完善党委发挥领导作用的制度机制，修订党委工作规则、“三重一大”决策等制度20项，辽河油田党委研究议题163个，确保党委领导作用发挥组织化、制度化、具体化。坚持重成效、抓关键，推进党建工作与生产经营深度融合，制定实施指导意见，发布、推广优秀实践成果40项，深化党委结对帮扶，实行党建考核与生产经营联动。坚持抓基层、打基础，深化“三基本建设”（基本组织、基本队伍、基本制度），推进党支部标准化规范化建设和达标晋级管理，创建党建项目220项、共产党员先锋工程1280项，推进党建信息化平台2.0推广应用，党的组织覆盖和工作覆盖质量持续提升。完成工会、团委换届，推进民主管理，基层党组织和工团组织建功创效成效明显。坚持管干部、育人才，完善中层领导人员管理办法、选拔任用规范，实施年轻干部“115”培养工程，选拔任用、调整交流中层领导人员125人，“80后”比例提升到4.7%。深化“双序列”改革，推动专家负责制，选聘两级技术专家和一级工程师85人。坚持强监督、严执纪，受理信访举报120件、纪律处分155人。开展三轮党内巡察，覆盖4个机关部门、19个二级单位、8个多种经营企业。实施提质增效跟进监督、重大工程合规监督，推进专案后续处置。坚持转作风、办实事，开展“三个面向、五到现场”大调研，出台机关作风建设十二条规定。强化“担当尽责、马上就办”，精减文件和会议，优化评比考核管理，推动辽河油田机关深入基层解决问题716个。强化政法维稳工作，发挥公检法作用，维护平安稳定大局。

（沈明军　石　坚）

中国石油天然气股份有限公司长庆油田分公司（长庆石油勘探局有限公司）

【概况】 中国石油天然气股份有限公司长庆油田分公司（长庆石油勘探局有限公司）简称长庆油田。长庆油田成立于1970年，总部位于陕西省西安市，主营鄂尔多斯盆地的油气勘探、开发、生产、储运和销售等业务，盆地面积37万平方千米，是中国第二大含油气盆地。盆地油气资源丰富，但地质条件复杂，资源禀赋差，非常规油气占主导地位，油气层被业界形象地称为“磨刀石”，是典型的低渗、低压、低丰度的“三低”油气藏，其经济有效开发属于世界性难题。

2020年，长庆油田生产原油2467.2万吨、生产天然气448.53亿立方米，分别同比增加51.17万吨、36.03亿立方米，油气当量突破6000万吨，创造国内油气田年产量历史最高纪录。收入1133.06亿元，利润总额156.9亿元；实现资产回报率5.54%，现金贡献22.53亿元，上缴税费140.47亿元。2020年底，长庆油田有14个采油单位、10个采气单位及其他科研、后勤服务等单位，用工总量6.8万人。

【“十三五”回顾】 “十三五”期间，长庆油田新增油气储量位居国内油气田首位，年产油气当量创国内油气田新纪录，收入、利润均排名集团公司第一。按照习近平总书记作出“大力提升国内油气勘探开发力度”的重要指示批示精神，长庆油田研究制定“二次加快发展”战略，推动油田从持续稳产转入快速上产，油气当量在5000万吨连续8年高效稳产的基础上，一举突破6000万吨，开创中国石油工业发展史上的新纪元。

增储上产实现历史性跨越，发现庆城10亿吨级页岩油大油田，落实盆地西缘两个亿吨级复合含油区，首次发现宁夏、庆阳两个千亿立方米整装气田，建成国内首个百万吨页岩油示范区，致密气年产量达到330亿立方米，占全国天然气产量的五分之一。“十三五”期间，新增油气探明储量在集团公司占比44%，累计生产油气2.78亿吨。经营业绩始终名列前茅，坚持低成本发展，推进全员、全过程、全要素降本增效，投资规模全面受控，运行成本逐年下降。累计收入5839.18亿元、利润1057.96亿元，经济增加值、自由现金流排名集团公司所属企业前列。科技创新取得标志性成果，页岩油、致密气部分勘探开发技术达到国际领先，数字化覆盖率96.7%，中小型场站无人值守覆盖率83%，建成国内最大的油气生产物联网系统。获国家科学技术进步奖1项、省部级科技成果79项、“五小”成果968项。企业改革获得实质性进展，构建“油公司”模式，加快推进业务共享，完成“三供一业”移交、医疗业务改制、社区职能剥

长庆油田主要生产经营指标

指　标	2020年	2019年	2018年	2017年	2016年
原油产量（万吨）	2467.2	2416.03	2377.02	2372.02	2392.01
天然气产量（亿立方米）	448.53	412.5	387.48	369.43	365.02
新增原油产能（万吨）	329.76	345.96	264.4	244.7	266.6
新增天然气产能（亿立方米）	92.9	96.81	83.28	86.69	25.53
二维地震（千米）	4451	1000	3849	5500	7776
三维地震（平方千米）	0	1500	879	160	40
探井（口）	420	230	540	470	398
评价井（口）	358	172	379	320	382
开发井（口）	3796	6050	7228	6747	5664
钻井进尺（万米）	1271.02	1740.26	2143.63	1912.71	1434.16
勘探投资（亿元）	38.12	51.81	51.19	47.14	41.82
评价投资（亿元）	16.09	18.67	18.18	19.63	17.29
开发投资（亿元）	426.39	503.54	487.49	374.3	286.24
资产总额（亿元）	3682.96	3481	3532.37	3310.61	3314.82
收入（亿元）	1133.06	1339	1338	1117	912.12
利润（亿元）	156.9	321	313	183	84.06
税费（亿元）	140.47	196	237	193	118.10

离、厂办大集体改革等重点任务。稳步推进三项制度改革，构建"作业区—中心站—无人值守站"新型劳动组织架构，深化工效挂钩机制，实物劳动生产率提升20%。风险防控体系不断完善，推进生态文明建设，打造林缘区、水源区等8种生态保护模式，井下清洁作业实现全覆盖，主要污染物排放全面受控，累计节能23万吨标准煤、节水220万立方米。加强文化阵地建设，深挖"磨刀石"精神内涵，推进"重塑良好形象"活动，获评"全国企业文化建设示范基地"。84个集体、76名个人获省部级以上荣誉，5人获"全国劳动模范"和"全国五一劳动奖章"。油田全方位支持地方经济社会发展，定点扶贫村全部脱贫"摘帽"，树立责任央企良好形象。和谐发展基础更加牢固，员工收入与企业效益同步提升、惠民项目有序推进，一线问题得到妥善解决，员工生活条件持续改善，矿区环境设施和服务品质不断提升。

【油气勘探】 2020年，长庆油田实现1亿吨优质高效储量的快速落实和增储上产。加大天环新区甩开勘探，在侏罗系、长8等多个层系发现高产含油富集区，形成哈巴湖、平凉北两个新的亿吨级战略接替区。深化技术提产提效，陕北长8新增储量品质较好，为老油田发展提供新的资源基础。推进页岩油整体勘探，落实陇东和陕北两大含油区带，在陇东地区快速建成百万吨页岩油开发示范区，陕北新区页岩油攻关取得实效。加大陇东新区甩开勘探，发现多个含气富集区，为打造甘肃老区千万吨油气生产基地奠定资源基础。坚持多层系立体勘探，深化天环坳陷成藏研究，加强三维地震应用，加大甩开力度，含气富集区范围进一步落实并扩大。开展天然气风险领域研究与目标评价工作，初步形成两个新的接替领域。

【油气开发】 2020年，长庆油田油田开发坚持效益优先，在陇东地区部署产能308万吨，产能占比由2019年的51.5%提高到56.9%；转变开发理念，突出大斜度井、水平井规模开发，全年实施925口，建产能174.1万吨，占比64.5%；突出浅层高效建产，浅层油藏规模由114.5万吨增加到125.8万吨，全年完钻井715口，单井初期平均日产油2.5吨，建产能59.1万吨；实施"大井丛、工厂化"建产模式，全年新建原油产能269.9万吨，通过优化部署、优化井型，新井日产提升至3.7吨，同比提高0.7吨。夯实油藏精细描述、精细注水等油水井治理基础工作，分注率提高4.5个百分点，自然递减率下降0.2个百分点，长停井、侧钻井、套损井专项治理增产22万吨，原油产量同比增加51万吨，国内合作超产2.4万吨，采油二厂、十厂、十一厂等10家单位超计划运行。气田开发突出大平台部署、井型优化，推进丛式井组集中建产和水平井规模开发；优化生产组织，加快试气投产，自营区累计完钻气井1992口，完试井1919口，求产1564口，平均无阻流量29.02万米^3/日，其中无阻流量大于百万立方米井109口；投产2060口，开井1919口，日产气量2590.5万立方米，年累计产气31.32亿立方米，产能到位率87.3%，新井贡献率16.2%。突出气田差异化增压开采，规模实施排水采气和千口气井评价挖潜，措施增产30亿立方米，综合递减率下降0.5个百分点，天然气产量同比增加36亿立方米。

【经营管理】 2020年，长庆油田推进油气完全成本控降三年行动，实施143条刚性措施，主动化危为机。优化方案部署，精细过程管控，完善工程造价标准体系，盘活闲置资产，深化修旧利废，控降投资55.3亿元；压减水电运输、物资材料、业务外包等主干费用和非生产性支出，推广车辆、食堂公寓等区域共享，在消化新增因素基础上成本控降18.2亿元，油气综合运行成本同比下降7%；实现提质增效111.4亿元。拓展天然气销售市场，主动"走出去"开拓周边用户，完成自主销售15亿立方米，形成以销促产、产销两旺的良好局面。

【企业改革】 2020年，长庆油田"油公司"改革试点初见成效，机关"大部制"压减机构29个，退休人员社会化管理移交完成，物资采供、车辆运输、食堂公寓等业务区域共建共享模式基本形成；陇东页岩油开发项目部率先实行两级管理模式，4家采油气单位机构整合工作基本完成，基层站库"两册"覆盖率66%。开展对标世界一流管理提升行动，建立健全"四纵四横"对标体系，挖掘典型经验，培育镇原油田、苏东南及苏6区块等一批效益示范区，深化法治建设与合规管理，推动治理效能持续增强。

【科技创新】 2020年，长庆油田扩大黄土塬可控震源三维地震技术应用，采集效率和部署成功率实现"双提升"。页岩油、致密气集成创新"甜点"预测、立体布井、三维优快钻井等21项配套技术，低成本高效开发模式初步形成。推进空气泡沫驱和二氧化碳驱攻关，开展超低渗透油田转变开发方式试验，提高采收率工程覆盖产量规模持续扩大，建成姬塬油田国家级CCUS示范工程综合试验站。推进优快钻井、体积压裂等工程技术升级，规模实施小井眼钻井、石英砂支撑剂、低成本压裂液、DMS可溶球座等技术，推广地面工程标准化设计全覆盖，助推降本增效。加快数字化转型升级，智能化油田蓝图正式上线，数据湖、云平台主体架构基本成型，初步实现生产管理由“业务驱动”向“数据驱动”转变。

【安全环保】 2020年，长庆油田健全责任体系，提升履职能力，全员安全环保意识明显增强。深刻吸取“3·23”“8·28”事故事件教训，部署油气管道隐患治理三年行动，加强QHSE审核发现问题追溯，突出抓好井控、油气泄漏、承包商等重大风险管控。狠抓质量违规问题处理，加大监管力度，处理“三商”5759家，清退167家，同比增长3.8倍、6.6倍，井筒、地面、产品质量合格率不断提高。开展安全生产专项整治，生产单位双重预防机制全面建成，重点隐患治理取得实效。推动绿色清洁发展，深化大气、土壤、水资源污染防治，4家单位8个采矿权进入国家级绿色矿山名录。强化绿色矿山创建，制订黄河流域生态环境保护工作方案，坚持井下清洁作业全覆盖，扩大钻井、压裂返排液循环利用，源头减少油泥9300吨、废液135万立方米，污染治理能力明显提升。

【队伍建设】 2020年，长庆油田树立鲜明用人导向，严格选人用人工作程序，坚持把基层作为培养和选拔干部的主战场，选拔政治素质好、工作作风实、敢于担当负责、业绩表现突出的干部。探索构建年轻干部日常发现、动态管理、持续培养、大胆使用工作机制，主要油气生产单位均配备有“80后”班子副职，“80后”“70后”班子成员分别占比18%、58%。强化干部思想政治理论教育、实践锻炼培养、岗位交流培养和日常监督管理，干部队伍担当作为能力持续提升。打造高素质专业化人才队伍。强化领军科技人才队伍建设，实施育才引才“双千工程”，推进专业技术岗位序列改革向基层延伸，2020年新聘任一级工程师8名。注重培育“石油名匠”，开展“砥砺奋进新时代，匠心筑梦新长庆”技能提升行动，承办全国采气工竞赛，参加全国集输工和创新方法竞赛，获奖15项，评选全国技术能手3人，建成甘肃省技能大师工作室1个，打造接替有序、一专多能的复合型人才队伍。

【企业党建工作】 2020年，长庆油田聚焦“两个维护”，落实“第一议题”制度，推动习近平总书记重要指示批示和党中央重大决策部署落实落地，油田政治领导坚强有力，广大党员干部政治能力持续提升，党的建设展现新作为。深入开展“战严冬、转观念、勇担当、上台阶”主题教育，全面践行“大有大的样子”，细化“重规范、有风范、做示范”工作举措，推进公司治理体系和治理能力现代化。落实“中央企业党建巩固深化年”各项部署，抓牢基层党组织“三个基本”建设，创新发展“区域党建联盟”，组织力持续加强。突出政治标准和业绩导向，提拔和进一步使用中级管理人员111人次，其中“80后”占比30%；交流调整191人次，班子结构不断优化。贯通协同“四项监督”，推动以案促改制度化常态化，党员领导干部纪律规矩意识明显增强。大力加强企业文化建设，成立企地共建新时代文明实践中心，开展工会“七个一”和团员青年主题宣讲活动，凝聚推动二次加快发展的强大动力。

【党风廉政】 2020年，长庆油田一体落实“两个责任”。制定落实全面从严治党主体责任清单，构建一体推进“三不”体制机制，深化纪检体制改革，推动反腐败斗争由“治标”向“标本兼治”转变，员工群众对党风廉政建设和反腐败工作满意度96.9%。毫不松懈纠治“四风”。持之以恒纠治违反中央八项规定及其实施细则精神问题，坚决破除形式主义、官僚主义，扎实推进“六个专项治理”，党风企风呈现新气象。精准有力监督执纪。坚持严的主基调不动摇，贯通联动“四项监督”，全年立案审查56件，纪律处分111人，实事求是运用“四种形态”批评教育帮助和处理1284人次，营造风清气正的发展环境。

【矿区建设】 2020年，长庆油田进一步巩固深化学习践行“枫桥经验”成果，全面推行网格化管理，创新性实施信访积案项目化管理模式，为保障油田公司改革发展稳步推进、重点阶段秩序井然、打赢疫情防控阻击战等各项重大部署顺利完成作出新的贡献，得到集团公司党组嘉勉通报，获“陕西省信访工作先进单位”。深入开展油气田及输油气管道治安秩序综合整治，持续健全完善立体化、信息化、智能化防控机制，油气区发案总量和严重涉油刑事犯罪大幅下降，长输管道打孔盗油实现“零发案”；治安反恐防范一级重点目标达标建设任务按期完成，特别重点阶段和特殊敏感时期油气基础设施安全平稳运行，受到所在省（自治区）及集团公司表彰奖励。

【民生工程】 2020年，长庆油田认真做好新冠肺炎疫情期间生活保障，协调畅通复工返岗、轮休返家“绿色通道”，拓展惠民服务，强化医疗健康管理，切实为员工群众排忧解难。推进矿区“服务大提升”活动，“三供一业”改造全部完成，老旧小区电梯加装试点开工，黄河水、天然气引入庆城基地，服务满意度进一步提高。创新信访积案项目化管理，警企联合开展“战疫情、强整治、保生产”专项行动，确保油区大局稳定。

【长庆油田开发建设50周年庆祝大会】 2020年10月20日上午，长庆油田开发建设50周年庆祝大会在长庆油田的发源地——甘肃庆城举行。大会回顾长庆油田半个世纪波澜壮阔的发展历程，全面总结长庆油田卓越丰硕的发展成果，旨在追根溯源，铭记历史，传承石油精神，弘扬石油文化，提振全员士气，凝聚发展力量，坚持企地携手，共谋发展蓝图，持续开创油田高质量发展新局面，共同谱写企地融合发展新篇章。与会领导为12位劳模代表颁授长庆油田开发建设50周年纪念章；劳动模范代表刘玲玲做发言；长庆油田分公司党委书记、总经理，长庆石油勘探局有限公司执行董事、总经理，中国石油驻陕西地区企业协调组组长付锁堂作题为《砥砺奋进五十载，继往开来谱新篇，奋力打造新时代国有企业高质量发展典范》的发言；甘肃省副省长李沛兴、集团公司党组成员、副总经理焦方正发表讲话。

（卢晓东）

中国石油天然气股份有限公司塔里木油田分公司

【概况】 中国石油天然气股份有限公司塔里木油田分公司（简称塔里木油田）前身是1989年4月成立的塔里木石油勘探开发指挥部，主营业务包括油气勘探开发、油气销售、科技研发。总部位于新疆维吾尔自治区巴音郭楞蒙古自治州库尔勒市，作业区域遍及塔里木盆地周边20多个县市，有探矿权面积13.17万平方千米、采矿权面积9054平方千米。2020年底，塔里木油田设机关职能处室16个，直属机构2个，附属机构3个，二级单位26个，员工总数9771人。

2020年，塔里木油田生产石油液体602.01万吨、天然气311.03亿立方米，油气产量当量3080万吨，实现工业总产值407.16亿元，收入450.43亿元，上缴税费68.69亿元，高质量建成3000万吨大油气田。

【“十三五”回顾】 “十三五”期间，高质量建成3000万吨大油气田，开创塔里木油气事业加快发展的新局面。

立足大盆地、寻找大场面，大打油气勘探进攻战，获2个战略突破（中秋1井、轮探1井）、33个重要发现，落实库车山前两个万亿立方米大气区（博孜—大北、克拉—克深）、台盆区一个10亿吨级大油气区（富满油田）。推进富油气区带集中规模建产，统筹规划建设重点区块骨架工程和主力气田联络线，新建产能原油380万吨、天然气137亿立方米，产能当量创历个“五年规划”最高。全覆盖开展老油气田综合治理，原油综合递减由12%降至10%，气区负荷因子由1.10降至1.06，老区重回合理开发秩序。五年来，储量产量持续高峰增长，塔里木油田实现从2500万吨向3000万吨的历史跨越。

坚持科技先行、技术立企，深化地质认识、攻关技术瓶颈、控降开发成本，创新发展含盐前陆冲断带、超深海相碳酸盐岩两项油气地质理论，攻关配套高精度三维地震、超深井优快钻井、低渗透体积压裂、多介质长输处理等一系列关键技术，支撑超深复杂油气藏规模效益开发。高标准推进数字化油田建设，井场、站场数字化率分别从35%、60%提高到91%、100%。完善以我为主、联合攻关的开放式科研体制，建立圈闭研究、重大发现、效益超产等精准激励政策，强化科技成果和知识产权管理，获科学技术奖国家级1项、省部级79项，专利授权759项。

塔里木油田主要生产经营指标

指　标	2020年	2019年	2018年	2017年	2016年
原油产量（万吨）	602.01	576.01	551.53	520.21	550.01
天然气产量（亿立方米）	311.03	285.51	266.21	253.27	235.62
新增原油产能（万吨）	92.00	97.33	86.20	59.89	44.31
新增天然气产能（亿立方米）	41.25	39.71	20.95	21.47	14.01
二维地震（千米）	1458	630	2264	3184	3274
三维地震（平方千米）	4714	3240	3386	1534	1125
探井（口）	66	87	89	86	74
开发井（口）	123	224	198	158	136
钻井进尺（万米）	75.10	127.45	107.14	97.55	67.97
尿素产量（万吨）	72.26	57.56	48.96	66.64	62.20
资产总额（亿元）	999.27	921.91	819.92	855.77	903.62
税费（亿元）	68.69	68.69	77.16	71.74	63.15

增强企业创效能力，实施勘探开发、炼油化工、安全环保、后勤辅助等领域20余项改革举措，压减处科级机构225个，控减两级机关人员1091人，主营业务单位占比从40%提高到62%。加强基础管理，全面完成劳动“五定”工作，健全完善岗位责任制，系统梳理制度流程和技术标准，制定发布安全“双十条”和各业务管理手册，企业管理基础不断夯实，管理效率、管控能力大幅提升。积极应对低油价挑战，常态化推进开源节流降本增效，精细计划经营管理，累计上缴税费335亿元，经济效益保持行业领先。

坚决贯彻新时代党的治疆方略，聚焦总目标、打好“组合拳”，打造塔西南战略支点，依法加强民族团结和宗教事务管理，牢牢守住塔里木阵地。坚持发展成果共建共享，升级改造库尔勒和泽普两个石油基地，推进实施办公、住房、矿区建设等53项民生工程，职工群众工作生活条件改善。深化油地融合发展，建立油地联席、干部交流等机制，成立塔中西部、巴州能源两个合资公司，选派5批次203名干部专职从事驻村工作，不断扩大“气化南疆”规模，精准助力南疆脱贫攻坚，树立良好的石油形象和塔里木品牌。

加强和改进党工委统一领导，深化甲乙方联合党建，狠抓“三基建设”，形成塔里木特色党建品牌。树立鲜明选人用人导向，推进干部年轻化，中层年轻干部占比提高18%。推进党风廉政建设，打出正风肃纪组合拳。弘扬石油精神，完善企业特色文化，拓展塔里木精神，凝聚干事创业的正能量。

【油气勘探】 2020年，塔里木油田按照“瞄准大场面、进军新领域，加大风险勘探，加强精细勘探，加快寻找战略接替资源和规模优质储量”的勘探思路，实施“3+2”战略部署，突出库车新区、寒武系盐下、塔西南山前三个新区新领域风险勘探，开展三维地震采集处理解释一体化会战和圈闭研究会战，持续推进库车天然气、塔北石油两个根据地集中精细勘探，储量继续保持高峰增长。完成当年投资4个线束地震采集项目实物工作量215.88千米（有资料面积105.19平方千米）、5个二维地震采集项目实物工作量701.2千米、8个三维地震采集项目偏前满覆盖面积4186.795平方千米；完钻探井44口，探井进尺25.03万米；19口井获工业油气流，获2个重大突破（塔北寒武系盐下轮探1井重大突破、塔北奥陶系深层满深1井重大突破）、8个预探发现（博孜7、博孜13、博孜15、博孜18、克深17、中古71、鹿场1、哈得32）、6个评价进展（博孜3、博孜12、大北9、大北14气藏评价进展顺利，跃满西、富源Ⅱ区油藏评价进展顺利）。其中，塔里木盆地塔北寒武系奥陶系深层勘探重大突破获集团公司重大发现特等奖，塔里木盆地库车坳陷博孜区块天然气勘探重要成果获集团公司重大发现一等奖。物探工作全面提质提速，采集三维4498平方千米，处理资料1.2万平方千米，年度采集处理进度和质量创历史新高，新发现和重新落实圈闭117个。

【油气开发】 2020年，塔里木油田科学组织油气生产，在低油价下实现发展速度不降、质量更高。优化产能建设部署，集中在博孜—大北、富满等高效区块建产，新建产能原油92万吨、天然气33.4亿立方米，在投资下降13.9%的情况下超额完成产建任务。高效推进地面工程建设，投产克深联络线、阿克处理厂等13项重点工程，库车山前主力气田互联互通，富满油田骨架管网加快完善，有效释放生产能力。老区实现效益开发，常态化推进老油气田综合治理，全面推行“三总师”（总地质师、总工程师、总会计师）会审机制，择优实施措施作业77井次，恢复产能原油17.7万吨、天然气10.5亿立方米。强化产、运、销一体化协同，超前研判油气市场变化，建立随油价变动的生产动态调整机制，关停2个负效油田和182口边远无效井，减少无效产量4.6万吨。生产组织精细高效，以战时状态统筹做好疫情防控、油气生产和复工复产，分区配置物资、水电、运输等生产服务资源，点对点组织员工返岗。

【科技与信息化】 2020年，塔里木油田深化基础地质研究和关键核心技术配套，集成配套工程和油气开发关键技术，推进数字化油田建设，初步建成“塔油坦途”。地质理论方面，深化油气地质理论认识，深化克拉苏构造带断裂体系认识和碳酸盐岩油气成藏与分布规律研究，引领油气勘探持续突破。物探方面，开展高精度三维地震采集处理一体化攻关，探井成功率、开发井高产井比例分别同比提高3个百分点和14个百分点。钻井方面，复杂山地密度三维地震技术、黄土塬及大沙漠区地震关键技术、超深复杂井筒复杂储层测井关键技术取得新进展，形成全生命周期地质力学技术系列，配套完善盐下大斜度井及水平井钻井、巨厚难钻砾石层钻井提速、超深复杂储层精细化改造等工程技术，储层改造平均增产5倍，建井整体提速10.4%，盐上砾石层钻井周期同比减少80天。开发方面，发展完善高压超高压裂缝性砂岩气藏高效开发技术、凝析气藏开发中后期提高采收率技术、碎屑岩油藏开发中后期提高采收率技术、缝洞型碳酸盐岩油气藏断控型油藏描述与提采关键技术，开发高产井比例同比提高 11.9%。信息化建设方面，推进物联网、梦想云、区域湖等基础建设，初步建成塔里木数据银行，依托集团公司梦想云架构和平台初步建成塔里木智能网络协同工作平台“坦途”，在 11 月 27 日集团公司梦想云发布会正式发布，实现应用模块化、软件云化共享。塔里木油田数字化油田项目 12 月 23 日通过验收，初步建成数字化油田，促进勘探开发数据共享和系统集成应用。2020 年牵头承担国家科技重大专项示范工程 1 个、股份重大科技专项项目 1 个，联合承担集团战略合作专项 1 个，参与承担国家项目 8 个、集团公司项目 8 个，获省部级科技奖励 19 项。

【安全环保】 2020 年，塔里木油田强化责任落实、狠抓风险防控、加快隐患治理，扎实开展体系审核，安全环保形势总体稳定。深刻吸取博孜 3-1X 井重大井控险情教训，组织开展全员大反思，系统梳理职责界面和制度标准，推进风险隐患排查治理，整改各类问题 1.4 万余项。制定发布塔里木油田三年行动实施方案，发布《安全生产与环境保护管理职责规定》，完善安全生产责任制，实施安全生产述职制、约谈制、记分制、“区长”制、承包点制。制定发布直接作业环节安全管理十条措施，强化十条安全禁令执行。组织井控隐患大排查，查改问题 1.6 万余个；开展大型压裂施工、天然气井生产等四个专业领域问题集中整治，查改问题 179 项。开展监督检查作业现场 2795 次，现场纠正问题 2782 项。推进“两册”（QHSE 管理手册 + 业务手册）建设，编制发布基层“两册”3598 册，初步形成规范指导基层工作的管理及操作标准。开展现场体系审核，发现问题 2542 项。推进清洁生产，塔里木河上游湿地保护区 8 口油井退出，第一轮中央环保督察问题全部整改销号。推进绿色矿山创建，克拉、哈得、大北、迪那和牙哈 5 个区块进入国家“绿色矿山”名录。开展清洁生产工作，推进钻井废弃物不落地工艺，处理钻井泥浆废弃物 44.6 万立方米，推广使用钢木基础等配套清洁生产技术 86 井次。开展土壤地下水调查，完成 3 个高关注、7 个中关注地块监测，监测结果达标。实施节能减排，节能 3.46 万吨标准煤，节水 13.3 万立方米，核减重点排污单元 16 个。

【提质增效】 2020 年一季度，受全球新冠肺炎疫情影响，国际油价暴跌，投资、效益锐减，产销压力巨大，油田生产经营和改革发展遇到巨大的困难和挑战。3 月 9 日，塔里木油田党工委召开紧急会议，研究应对策略，要求班子成员深入分管领域调研，全面摸查提质增效潜力。班子成员以现场考察、座谈研讨、个别访谈等方式深入基层调研 95 家次、专题研究 14 次，确立“三控三提”（控投资、控成本、控递减，提高经济效益、提高劳动效率、提升本质安全水平）总体目标，制定 10 方面 55 项 480 条具体措施。同时成立提质增效专项行动领导小组，制订配套方案，出台甲乙方共渡难关十条意见。重新签订各单位业绩合同，实行周跟踪、季考核、月兑现，设立 1 亿元提质增效专项奖。多措并举，在低油价下实现利润总额、净利润、经济增加值三个“板块前列”，创油气基本运行费、所得税税负率、资产负债率三个“五年最好”。

优化部署谋划，调整优化投资成本结构，集中资金动用优质资源。优化勘探部署，加强新领域风险勘探和重点区集中勘探，将产能建设集中在博孜—大北、塔河南岸等高效区块。优化开发部署，整体在高效区块集中建产，新井平均日产油 41.3 吨、产气 17.4 万立方米，内部收益率提高 5 个百分点。建立随油价变化的生产调整机制，提高天然气产量占比，整体关停负效油田，减少无效产量。优化措施作业，建立方案设计“三级审查”和措施作业“三总师”会审机制，在投资成本大幅控减的情况下，实现发展速度不降、质量更高。

深化精益管理，强化储量创效，树立储量资产意识，加强效益勘探和老区挖潜，开展半年 SEC 储量评估及挖潜，新增 PD 储量 3000 余万吨，降低折耗 10.9 亿元。强化修旧利废，全面盘查库存物资，实行降积压、降库存、降闲置，不新买油管、不新买采油气树的“三降两不买”，盘活资产 5 亿元。强化物采管理，推行集招集采、代储代销和大宗物资设备国产化采购，对已签订单开展调价谈判，油基钻井液下浮 22.9%，采油气树下浮 66.7%。优化承包商经营，通过整合同质同类业务、优化工艺流程和方案、统一技术标准和要求、完善发包方式和计价方式，统筹配置资源、提升关键岗位薪酬待遇。争取政策红利，用好新资源税法，用足科研加计扣除、疫情期间相关优惠政策，减税降费 1.6 亿元。严控人工成本和管理性支出，压缩劳务用工规模，从严从紧控制劳务费、培训费、福利费、工会费和机关费用等项目计提和使用。优化市场布局，提早预判天然气供需变化，加大周边市场开拓力度，开发优质客户 89 家、增销 6 亿立方米，南疆天然气市场份额由 72% 提高到 75%。

强化技术攻关，与东方物探合作开展物探工作会战，集中精力、突出重点开展 7 块 6834 平方千米地震采集处理解释一体化攻关。升级钻井提速模板，优化井身结构，推广应用空气钻井、精细控压等新技术，整体提速10.4%，平均单井钻井液漏失下降18.5%。建立“能混输不分输、能集中不分散、能自压不增压、能国产不进口、能利旧不新购，减阀门、减仪表、减尺寸、减功能、减面积”的“五能五减”设计准则，压减冗余功能，实施标准化设计、模块化建设，控减地面投资1.4亿元。坚持稀井高产，对碳酸盐岩躺井、低效井开展水力增压扩容、深度延迟改造、短半径侧钻，提高单井累计产量和储量动用程度。转变碳酸盐岩开发方式，将定容体油藏“自喷—机采—注水”三段式开发优化为“自喷—注水”两段式开发，减少不必要的投入。加快数字化转型，建成“塔油坦途”梦想云平台，大型场站、钻完井现场数据自动采集率100%。

【企业党建工作】 2020年，塔里木油田党工委突出全面从严治党，建立学习贯彻习近平总书记重要指示批示精神落实机制，以高质量、跨越式的发展成果践行“两个维护”，加强基层党建，开展主题教育活动，强化对外宣传，突出共建共享。坚持“好干部”标准，打破年龄、资历、身份界限，吸纳行业内管理技术骨干，加大优秀年轻干部培养选拔力度，39名80后干部走上中层领导岗位。深化“双序列”改革，选聘6名企业首席技术专家、7名企业技术专家、22名一级工程师。开展述职评议考核，推进党建与业务融合，靶向开展课题研究，建成7个党建示范点。完成集团公司党组巡视反馈问题整改，开展党工委巡察和基层党委内部巡察。强化监督执纪问责，突出政治监督，严格日常监督，持续保持惩治腐败高压态势。开展“战严冬、转观念、勇担当、上台阶”主题教育活动。组织党员自愿捐款支持新冠肺炎疫情防控工作，6549名党员捐款236万余元。举办3000万吨系列活动，受到《人民日报》和新华社等主流媒体的广泛关注报道。加大典型选树力度，杨海军获全国劳动模范称号。常态化做好维稳工作，建立重点人员专班研判机制，突出重点场所、重点时段安保防范，配合扫黑除恶专项斗争，实现“三不出”（大事不出、中事不出、小事也不出）。践行“两个一切为了”工作理念（一切为了三千万、一切为了老百姓），实施幼儿园扩建、一卡通升级、基地美化绿化工程，加快石油花园小区和科技研发中心建设，员工群众工作生活环境进一步改善。

【企业改革】 2020年，塔里木油田制定对标世界一流管理提升和改革三年行动实施方案，加强改革顶层设计，落实专业化发展要求，按照集团公司《关于塔里木油田分公司化工业务实施重组的通知》要求，10月将塔里木石化分公司、乙烯工程建设项目经理部以及化工业务管理人员整体划转独山子石化分公司。开展退休人员社会化改革，完成退休人员管理服务职能、人事档案、党组织关系和社会保障移交工作，移交管理服务职能6329人、人事档案6315人、党组织关系2085人。完成北京办事处注销、塔里木石油酒店移交、矿区管理与维稳业务整合、编织袋业务退出等工作，油田业务发展进一步归核化。

【塔里木油田建成3000万吨大油气田和300亿立方米战略大气区】 截至2020年12月20日24时，塔里木油田年产天然气301.59亿立方米、石油液体600.01万吨，油气产量当量达3003.12万吨，全面建成3000万吨大油气田和300亿立方米战略大气区，油气产量和天然气产量双双实现新突破，成为中国陆上三个年产超过3000万吨的大油气田之一和年产天然气300亿立方米的大气区。

1989年4月10日，塔里木石油勘探会战指挥部成立，塔里木新型石油会战正式打响。30年来，塔里木油田实行“两新两高”管理方针，坚持走少人高效、稀井高产的低成本发展之路，攻克塔里木盆地一系列世界级技术难题，2000年油气产量当量突破500万吨、2005年突破1000万吨、2008年突破2000万吨、2017年突破2500万吨，成为西气东输主力气源地和中国陆上第三大油气田。

2018年习近平总书记作出大力提升油气勘探开发力度重要批示。塔里木油田坚决贯彻落实习近平总书记重要批示精神，全力推进油气增储上产，落实博孜—大北万亿立方米大气区、富满油田十亿吨原油储量规模区，如期实现“十三五”规划目标。截至2020年，发现并开发轮南、塔中、克拉2、克深等32个油气田，累计探明石油地质储量11亿吨、天然气地质储量2万亿立方米；生产石油液体1.4亿吨、天然气3308亿立方米，油气产量当量4亿吨，上缴税费1609.6亿元。履行央企责任，开展对口支援，建成南疆天然气利民管网、沙漠公路等重大民生工程，带动新疆2.7万人如期脱贫，为保障国家能源安全、促进经济社会发展作出贡献。

【疫情防控】 2019年底至2020年初，新冠肺炎疫情突然暴发，塔里木油田勘探开发工作受到严重冲击。塔里木油田以各单位党委书记履行疫情防控第一责任人为主线，重点实施组织建设、系统搭建、环境消杀、物资保障、人员管控、物资管控、场所管控、核酸检测、应急处置、宣传教育 10 项措施，开展“战严冬、转观念、勇担当、上台阶”主题教育，实现“零疫情、零感染”。

组建领导小组，下设综合保障组、人员核查组等 7 个专项工作组，高效建成疫情防控信息登记系统，加强防疫数据收集汇总、分析管理等功能完善，实现流动人员基本信息清、健康状况清、行程情况清。建立日例会制度，做好重点项目、关键物资、核心人员流通问题协调。建立并完善特殊情况下区域作业队伍、区域物资共用机制。做好宣传教育与心理疏导服务，编制下发新冠肺炎疫情防控基本知识、疫情防控工作指导手册、疫情防控常态化工作方案。结合油田实际和疫情政策变化六次修订《塔里木油田新冠肺炎疫情防控工作指导手册》。将公共卫生、疫情防控等内容纳入 QHSE 体系统一管理。

管住员工及家属，加强人员信息核查，做到人员信息掌握细、实、准；突出境外及国内中高风险地区人员管理，严格执行境外及国内重点地区返回人员居家隔离、自我健康监测制度；突出热筛查制度严格执行，建立员工健康监测及报告制度，出现异常及时上报、送诊；做好全员核酸检测工作。管住承包商和外来访客，严控国内中高风险地区人员往来，中高风险地区人员暂停返回疆内工作地，暂缓倒班工作，就地休息、就地过节，落地后进行 3 天自我健康监测，提供“健康码”等健康情况证明，接受体温检测、监测。对进出外围出入口人员实行“戴口罩 + 测温 + 一卡通 + 大数据行程卡 + 核酸检测标签”查验。

落实保洁、环境卫生消杀措施，公共区域每日通风 3 次以上，公共物品及公共接触物品或部位每日 2 次消杀，食堂错时错峰错位就餐，炊灶具使用专用酒精消毒、餐饮具高温消毒。严格执行生产场所“五统一”（统一健康筛查、岗位管理、组织就餐、上下班、科学安排住宿）管理要求。管住施工作业场所，排查施工作业人员返程、隔离、复工等情况。管住会议场所，提倡开展电话、视频会议，对大型会议实行报备制度，参会人员全程佩戴口罩，保持 1 米以上距离。管住公共活动场所，减少非必要性群众聚集活动，确需举办的，降低人数、缩短时间，全程落实清洁、消毒等卫生措施。

制定发布中高风险地区生产物资疫情防控工作方案，对物资出厂、报关接运、国内发运、物资进场及采样、物资发放、料场管理、应急处置、消毒及个人防护等各环节严格落实方案措施。暂停进口冷链物资采购，明确基地小区居民不得通过快递等方式购买进口冷链食品。建立健全消耗性生产物资最低储备标准，将防疫物资纳入重点保障范围，统一采购调配和发放。按照疫情防控物资储备满足 30 天满负荷要求，多渠道、多方式采购防疫物资，采购口罩 68.1 万只、防护服 17.2 万套、消毒液 10.7 吨、配送物资 1242 吨。

研究制订疫情期间油气生产工作方案，明确工作重点及各专业具体实施方案，分区优化配置工程技术服务资源，优先保障重点井施工，上下联动优先解决原油、液化气拉运问题，保障油气生产后路。建立属地协调机制，成立 8 人现场协调小组，分派到巴州、阿克苏地区物资转运、交通枢纽和重点上产县市驻扎，协助甲乙方单位办理通行手续，运送油田甲乙方单位近 7 千人返岗复工，组织 1.8 万人返岗、2.5 万人坚守生产一线，3 月初重点工程 100% 复工复产。

制定《关于进一步强化疫情防控期间维稳安保工作的通知》《关于进一步加强人员安全防范工作的通知》等 13 项制度文件，做好基地小区中门值班值守工作，有效控制并降低人流、车流。加强出入口管理，严防陌生人员和健康不明人员进入。根据疫情形势变化，聚焦病例发现、场所封闭、信息上报、排查转运、环境消毒、配合隔离、核酸检测、舆情监控、复工复产 9 个关键环节，研究制订疫情应急演练方案，做到常态化精准防控和局部应急处置有机结合。

【博孜 3–1X 井重大井控险情处置】 塔里木油田博孜 3–1X 井是塔里木盆地库车坳陷博孜 3 气藏的一口开发评价井，位于新疆阿克苏地区温宿县境内。该井由西部钻探总承包，2020 年 6 月 24 日上午，在起钻过程中发生重大井控险情，8 月 17 日安装新井口，取得应急抢险决定性胜利。11 月 14 日塔里木油田召开井控隐患排查暨反思总结会，发布并推进井控管理整改提升计划。

井喷险情发生后，集团公司立即启动井控应急响应，抽调井控专家和专业救援力量到现场，组织开展抢险救援。博孜 3–1X 井抢险面临六大风险和难点：储层异常高压、地层压力高；现场主风向变化快、雨水、冰雹天气频繁，施工窗口窄；刺漏蔓延快、井况恶化快，装置破坏严重；现场噪声大，前期油气弥漫、后期热辐射强，作业环境险恶；作业平均需 35 米^3/ 分供水量，抢险又恰逢新疆爆发第二次新冠疫情，应急保障难；套管头受大火炙烤，承压能力不定，重置井口后不具备压井条件，必须通过救援井压井，面临高精度中靶、高压力施工等一系列挑战，压井难度大。

6月28日、30日，两次实施堵漏压井作业，掌握井口压力、喷势情况，现场决定终止堵漏压井，启动重置井口，同步实施救援井。7月8日、13日，实施两次钻机拖移作业，将钻机拖离井口76米。7月14—29日，实施6次井口切割作业，29日按照“中间对口、左右扫切”的技术路线，使用现场发明自制的切割机，成功切倒升高短节以上的井口。7月30日—8月4日，实施19次罩引火筒作业，成功罩上引火筒。8月4—17日，进行下挖井场、拆卸旧井口、安装新井口作业。抢险处置打通救援道路3条4.5千米；抢建输水管线11条2.7千米，水池水罐7个、总蓄水量3.4万立方米。险情处置历经55天，于8月17日成功安装新井口，8月18日关闭防喷器。20日，将油气流接入生产流程，博孜3-1X井一次投产成功。

【井控风险管控升级】 2020年，博孜3-1X井重大井控险情发生后，塔里木油田落实集团公司党组对井控工作系列指示要求，于6月24日—7月4日，连续发布《关于加强2020年端午节期间钻、试、修重点井安全生产的通知》《关于加强安全生产工作的紧急通知》《关于进一步严格钻试修现场管理的紧急通知》《关于进一步强化目的层作业井井控管理的紧急通知》等，全面开展井控安全风险隐患排查治理，抓好井控风险管控。

强化排查反思，开展“四查”（查思想、查管理、查技术、查纪律）活动，检查钻修井队伍120支，开展防喷演习106井次，排查在役生产井2385口、长停及弃置井1904口，评估关键岗位人员994人。发现问题1.6万余个，完成整改1.2万余项，完成40口井剪切全封一体化闸板更换，71支录井队全部安装溢流一键报警装置。组织反思总结会，甲、乙方14家单位对行业管理、钻井设计、现场实施、应急救援全流程井控工作进行反思。

强化红线意识，制定“井控十条禁令”，建立井控违章、溢流报告奖惩机制，严惩严处违反禁令的单位和个人。把6月24日作为油田井控警示日，组织实地教育和警示活动。

强化责任落实，压实业主单位属地管理、勘探公司过程管控、监督中心现场监督责任，建立钻井队、事业部两级验收机制，加强从钻前到交井全过程管控。细化监督履职清单，明确监督职责任务。

强化过程管控，执行“五个严格”（严格井控管理、严格技术标准执行、严格规范操作、严格人员培训、严格现场监督）要求，加强井场、装备标准化建设。树立“大井控”理念，健全地质、工程、地面三方联合踏勘井位机制，加强地质和工程设计深度融合。加快RTOC系统投用，实现现场施工全过程全方位监控。

强化能力提升，加强工程技术、井控专家、操作队伍建设，组织钻井工程成熟人才招聘。改进井控培训模式，加强实操培训和专业培训，严格井队资质审查和岗位能力评估。

强化应急管理，完善应急预案，在上产关键区域建立重泥浆应急储备站，形成油田区域化小应急、盆地一体化大应急体系。加快队伍磨合锻炼，做好物资装备补充升级。

【轮探1井在寒武系盐下获战略突破】 2020年，塔里木油田轮探1井在寒武系盐下获战略突破。轮探1井位于塔北隆起轮南低凸起寒武系盐下台缘丘滩带上，是集团公司重点风险探井，2018年6月28日开钻，2019年6月23日完钻，完钻井深8882米，完钻层位震旦系。完井过程中对中下寒武统吾松格尔组—沙依里克组进行射孔机械分层酸压测试，折日产油91立方米，折日产气2万立方米。轮探1井测试获高产工业油气流，首次在盆地内8600米以下钻获寒武系玉尔吐斯组优质烃源岩，进一步证实玉尔吐斯组烃源岩主力地位，证实台盆区寒武系盐下发育两套优质储盖组合，发现全球最深古生界油藏。

【满深1井和哈得32井获重大突破】 2020年，塔里木油田满深1井和哈得32井获重大突破。满深1井和哈得32井均为部署在满深区块西部FI17断裂带的预探井。满深1井2019年8月6日开钻，2020年3月16日完钻，完钻井深7665.62米，完钻层位奥陶系一间房组。对奥陶系一间房组进行酸压测试，折日产油624立方米，折日产气37万立方米。

哈得32井2020年3月8日开钻，9月19日完钻，完钻井深7607米，完钻层位奥陶系鹰山组。对奥陶系鹰山组进行测试，折日产油315立方米，日产气4万立方米。满深1井和哈得32井获得突破，新发现一条资源量超2亿吨富油气断裂，扩展塔北油田富满区块的勘探面积，证实塔北—塔中奥陶系整体连片成藏的认识。

【博孜区块天然气勘探获重要成果】 2020年，塔里木油田博孜7井、博孜15井在白垩系巴什基奇克组获突破，博孜13井、博孜18井在白垩系巴西改组获突破。

博孜7井是部署在库车坳陷克拉苏构造带克深区带博孜段南部博孜7号构造高点附近的一口预探井，

2018年11月11日开钻，2020年1月15日完钻，完钻井深7792米。完井过程中，对白垩系巴什基奇克组进行加砂压裂测试，日产气4万立方米、日产油92立方米。博孜7井在白垩系巴什基奇克组获高产，发现克拉苏盐下首个千万吨级油藏。

博孜15井是部署在库车坳陷克拉苏构造带博孜—大北区块博孜15号构造高点的一口预探井，完钻井深4968米，完钻层位白垩系舒善河组。完井过程中，对白垩系巴什基奇克组进行加砂压裂测试，折日产气7万立方米，折日产油14立方米，进一步证实博孜3气藏周缘整体含气。

博孜13井是部署在库车坳陷克拉苏构造带博孜—大北区块博孜1号构造博孜13高点的一口预探井，完钻井深7350米，完钻层位白垩系舒善河组。完井过程中，对巴西改组进行酸压测试，折日产气29万立方米，折日产油127立方米。

博孜18井是部署在库车坳陷克拉苏构造带博孜—大北区块博孜18号构造高点的一口预探井，完钻井深6985米，完钻层位白垩系舒善河组。完井过程中，对博孜18井白垩系巴西改组加砂压裂测试，日产气42万立方米、日产油32立方米，进一步证实巴西改组为博孜—大北区块重要的勘探层系。

【“中中合作”】 2019年6月22日，中国石油塔里木油田与中国石化西北油田签署战略联盟合作协议（简称“中中合作”），共同开展盆地基础地质研究、技术与认识交流，共享地震数据、钻井数据与综合研究报告。2020年底，双方实现资料互通、认识互通、技术互通、管理互通，初步形成四大阶段性研究成果，有效指导勘探开发实践。

厘定塔北—塔中走滑断裂体系。双方互换三维地震数据82块，实现5.13万平方千米三维连片，共同研讨走滑断裂的形成机理、形态展布、控藏作用，识别出70条主干走滑断裂，长度大于100千米的Ⅰ级断裂25条、50—100千米的Ⅱ级断裂45条。

推动台盆区地震采集技术优化。深入交流台盆区物探技术新进展、项目管理新举措，系统开展农田湿地、浮土小沙、大沙漠区96块三维地震采集技术对标研究，取得采集参数的共识，指导塔里木油田大沙漠区部署设计。

开展工程技术联合研讨。针对塔北碳酸盐岩超深层钻探工程风险，2020年1月在库车举行专题研讨，分析认为避开浅层断裂，在目的层实施大斜度井，可以解决工程地质风险，有效实现地质目的，形成“从设计源头提高钻井风险可控、井身结构优化提质增效”的共识与研究方向。

开展寒武系盐下勘探合作。轮探1井突破之后对中国石油和中国石化三维连片资料拼接处理，开展轮南周缘超深层震旦系研究，塔里木油田部署上钻轮探3井，西北油田部署上钻塔深5井。

【扶贫攻坚】 2020年，塔里木油田贯彻落实中央、新疆维吾尔自治区扶贫工作会议精神，履行社会责任，开展“访惠聚”驻村和精准扶贫，实施产业扶贫、消费扶贫、就业扶贫、项目扶贫，开展技能培训和就业指导，扶持当地特色产业发展，被党中央、国务院授予全国脱贫攻坚先进集体。塔里木油田承担1个县（集团公司委托定点扶贫县尼勒克县）、4个“访惠聚”驻村（阿克苏库车市牙哈镇星光村和阿克布亚村、泽普县古勒巴格乡吐格曼贝希村和尤库日卡拉尤勒滚村）、8个第一书记深度贫困村（莎车县乌达力克乡英霍伊拉村、巴格买里村、英买里村、阔什阿瓦提村，叶城县柯克亚乡塔尔阿格孜村、果萨斯村、卡拉尤勒滚村、阿其克拜勒都尔村）、巴州地区2个村（且末阿羌乡阿羌村、库尔勒市和什力克乡上和什力克村）共计15个定点扶贫点的扶贫工作，全年购买定点扶贫村农副产品2000余万元，带动村民人均年收入增长到9000—12000元，定点帮扶的12个深度贫困村全部实现“脱贫摘帽”。

支援地方建设，塔里木油田领导与南疆五地州领导交流互访12次，推动基础设施建设、项目合资合作。与地方共建道路，协助地方拆迁、征地落实建设道路129.3千米。做好天然气保供，向南疆供气42.2亿立方米。推进“气化南疆”工程，拓展周边天然气市场，同温宿县达成10亿立方米供气计划，改造升级拜城县的门户站管线、计量等装备，年供天然气规模扩增至7亿立方米。

投入定点扶贫和捐赠资金5641.2万元（包含化肥4682吨价值934万元）。向阿克苏地区社会公共设施建设、公益救济和公共福利、教育事业等捐赠资金1800万元；向巴州地区教育和社会公共设施捐赠资金1757.2万元；向喀什地区油田定点扶贫村投入产业项目资金400万元、向教育和公益事业捐赠350万元，共捐赠750万元；向和田地区教育事业捐赠100万元；向克州地区教育事业捐赠100万元；向尼勒克县投入产业项目资金200万元。

选派政治觉悟高、工作作风实、综合能力强、身体素质好的中青年干部到地方挂职、参加驻村帮扶，选派10名干部到各涉油地州、县市挂职；向4个“访惠聚”、8个第一书记深度贫困村、尼勒克县选派

30名干部，其中驻村处级干部12人、科级干部13人专职负责定点扶贫工作。建立健全驻村扶贫干部职责分工、考核办法等扶贫工作制度，以第一书记和驻村工作队队长为主要责任人，建立贫困户、边缘户、团结关爱户产业发展、扩大就业、项目实施等综合社会保障工作台账，每周走访、定期研判、每月评估，实现应退尽退、应纳尽纳、应扶尽扶。

2020年，实施扶贫项目19个，拨付扶贫项目资金600万元。项目分别在莎车县乌达力克乡英霍伊拉村、乌达力克乡巴格买里村、乌达力克乡阔什阿瓦提村、乌达力克乡英买里村，叶城县柯克亚乡果萨斯村，泽普县古勒巴格乡吐格曼贝希村、古勒巴格乡尤库日喀拉尤勒滚村和尼勒克县实施，主要包括温室大棚、庭院种植、林果种植、家庭养殖、干豇豆加工、打馕合作社、卫星工厂、十小商铺、种植养殖合作社、村级阵地建设、农户水路电路改造、配套水井、水渠闸口修复等。截至2020年底，12个村有蔬果种植1200余亩、林果木6500余亩、牲畜存栏3.2万余头（只）。

优化农副产品采购模式，对农副产品按市场价格进行包销，农副产品采购标准化、制度化、公益化。完成集团公司下达的500万元定点扶贫农产品消费及帮助消费100万元任务的采购工作。协调尼勒克县、塔里木油田宝石花物业公司及油田公司各单位采购扶贫农产品2229.32万元；采购尼勒克县黑蜂蜂蜜、旱田面粉、蜂蜜、胡麻油、菜籽油、马肉等328.5万元，购买12个定点扶贫村和拜城县蔬菜、牛羊肉等产品1900.82万元。

按照各村精准扶贫规划，全面摸底村民在第一、第二、第三产业上实现就业的技能需求，编制技能培训需求清单和实施计划，利用地方县（乡）级技术培训平台、外请社会培训力量和油田内部培训资源，投入10余万元开展技能培训工作。组织村民学习养殖、种植、烹饪等职业技能，开展“智慧教育”改造村民思想认识，千方百计鼓励学龄青少年参加基础教育、职业教育、高等教育。足额接收富余劳动力就业，安置富余劳动力60人，年人均收入2.5万—4万元。

（滑晓燕）

中国石油天然气股份有限公司新疆油田分公司（新疆石油管理局有限公司）

【概况】 中国石油天然气股份有限公司新疆油田分公司（新疆石油管理局有限公司）简称新疆油田，前身是1950年成立的中苏石油股份公司，总部位于新疆维吾尔自治区克拉玛依市，主营业务共4类，为油气勘探、油气开发与生产、油气储运与销售、科学技术研究，作业区域遍及准噶尔盆地及其外围盆地，涉及9个地州（市、兵团）、28个县市（团场）。

截至2020年底，新疆油田开发油气田33个（其中油田29个、气田4个），累计探明石油地质储量31.98亿吨，技术可采储量6.85亿吨；累计探明天然气地质储量1737.28亿立方米，技术可采储量957.73亿立方米。有探矿权面积5.71万平方千米、采矿权面积7039平方千米。有油井35692万口、气井275口、注水井6438口，原油生产能力1263.6万吨/年、天然气生产能力18.8亿米^3/年（气井）。累计生产原油4亿吨、天然气761.4亿立方米。设机关职能处室18个，直（附）属单位9个，基层单位38个，员工总数34300人。

2020年，新疆油田实施增储上产“五大工程”（老油田千万吨稳产、玛湖500万吨上产、页岩油200万吨上产、南缘100万吨建产、天然气加快发展）和提质增效专项行动，生产原油1320.02万吨，同比增加73万吨，超产量和净增量居集团公司首位；生产天然气30.04亿立方米，同比增加0.73亿立方米。新增探明石油地质储量19210万吨，新增控制石油地质储量22235万吨，新增预测石油地质储量38360万吨。收入394.31亿元，其中上市业务275.63亿元，未上市业务111.74亿元，对外合作业务6.94亿元。缴纳税费39.43亿元。

【“十三五”回顾】 “十三五”期间，新疆油田坚持稳中求进工作总基调，聚焦现代化大油气田建设目标，突出增储上产，深化改革创新，纵深推进提质增效，实现质量效益可持续发展。全力推动增储上产，落实玛湖、吉木萨尔页岩油两个10亿吨级大油区，发现红车拐、滴南凸起、盆地上二叠统3个亿吨级规模油气储量区，南缘下组合、准东地区勘探实现

新疆油田主要生产经营指标

指　标	2020 年	2019 年	2018 年	2017 年	2016 年
原油产量（万吨）	1320.02	1247.02	1147.01	1131.02	1113.02
天然气产量（亿立方米）	30.04	29.31	29.16	28.42	28.55
新增原油产能（万吨）	302.60	346.03	251.00	202.77	178.01
新增天然气产能（亿立方米）	1.07	0.99	1.67	1.44	1.53
新增探明石油地质储量（万吨）	19210	14441	13030	10017	8089
新增探明天然气地质储量（亿立方米）	—	67.52	—	344.18	—
二维地震（千米）	900	1494	1238	2550	2282
三维地震（千米）	2036	2314	1238	1568	1980
探井（口）	151	157	123	132	134
开发井（口）	1079	1421	1709	1539	793
钻井进尺（万米）	219.94	357.78	233.43	214.19	155.36
勘探投资（亿元）	46.97	51.23	38.18	38.88	36.95
开发投资（亿元）	133.17	200.58	154.04	108.78	65.54
资产总额（亿元）	1425.61	1660.50	1321.19	1198.95	1161.22
收入（亿元）	394.31	520.79	510.55	395.85	305.58
利润（亿元）	−49.95	39.50	61.83	−15.73	−124.47
税费（亿元）	39.43	65.56	77.25	55.39	30.89

历史性突破，新增探明石油地质储量 6.47 亿吨、较“十二五”增加 1.44 亿吨，获集团公司重大油气发现特等奖 3 项、一等奖 7 项。加快盆地重点探区勘探开发建设进程，新建原油产能 1214 万吨、较“十二五”增加 205.9 万吨。抓好老油田长效稳产，全油田绝对油量递减率控降至 7.7%，老油田标定采收率提高至 27.8%，生产原油 5958.09 万吨、天然气 145.48 亿立方米，原油产量较“十二五”增加 254 万吨。实施“大科技”工程，建成省部级重点实验室 2 个，实施集团公司及以上重大科技专项 71 项，形成凹陷区砾岩油藏勘探、浅层稠油有效开发、“水平井 + 体积压裂”等 8 项主体技术，获省部级及以上科技成果 131、专利提 776 件，“凹陷区砾岩油藏物探理论技术与玛湖特大型油田发现”获国家科学技术进步奖一等奖。推进智能油田建设，数字油田入选国家智能制造试点示范项目，数据中心 (克拉玛依) 成为集团公司“三地四中心”之一。坚持低成本发展，全员全要素全过程全方位开源节流降本增效，累计控减投资 96.58 亿元、挖潜增效 95.24 亿元；完成投资 925 亿元，收入 2127.08 亿元、考核利润 −88.82 亿元、较集团公司下达指标减亏 70 亿元；桶油完全成本控制在 44.15 美元 / 桶，较“十二五”末减少 6.53 美元。坚持“油公司”发展方向，分离移交“四供一业”、报社等企业办社会职能，稳妥退出运输、居民通信等辅助业务，专业化整合应急抢险救援、油田技术服务、档案管理、后勤服务等业务，推动建成中国石油新疆北疆区域仓储物流共享中心和中国石油招标中心新疆分中心，压减二级、三级机构 586 个，控减员工 10123 人，“油公司”建设成为集团公司上游业务改革样板。坚持绿色发展理念，全面完成中央环保督察发现问题整改，11 家油气生产单位纳入国家绿色矿山名录。节能 23.8 万吨标准煤、节水 341 万立方米，油气生产综合能耗下降 24 个百分点。深化企地融合发展，投入资金 2.21 亿元援建涉油地区民生项目 60 个，定点扶贫托里县、南疆“访惠聚”所驻村如期脱贫摘帽；支持地方经济建设，缴纳税费 268.3 亿元，合作开发生产原油 447 万吨。

【疫情防控】 2020 年，新疆油田贯彻落实党中央、集团公司党组和地方党委政府疫情防控工作部署，坚持外防输入、内防反弹，成立新冠肺炎疫情防控应急总指挥部，构建“公司、厂处、作业区、基层班站”四级防控责任体系，完善疫情防控工作规则，有序实施两轮封闭管理，构建与涉油地市、下游企业防疫工作协调机制，统筹做好人员管控、网格化管理、场所防疫、健康监测、核酸检测等工作，成功应对新疆地区多轮疫情，实现“两个零”“两个不”防控目标。

【油气勘探】 2020 年，新疆油田加快重点领域突破进程，发现阜康凹陷二叠系、沙湾凹陷二叠系、玛南风城组、玛湖页岩油 4 个亿吨级石油规模勘探大场面和南缘中段下组合大构造、盆 1 井西凹陷、沙湾凹陷风城组 3 个天然气规模勘探新领域。其中准东地区勘探获历史性突破，阜康凹陷康探 1 井在二叠系芦草沟组日产原油 24.09 立方米、天然气 1.44 万立方米，在二叠系上乌尔禾组两层分获 157.6 立方米、133.4 立方米高产工业油流；南缘中段呼探1井在白垩系清水河组获日产天然气61万立方米、原油106.32立方米高产工业油气流，展现出盆地勘探“油气并举、东西并进”新格局；盆1井西凹陷石西16井在石炭系两层分获原油73.56立方米、天然气10.27万立方米和原油156.96立方米、天然气21.61万立方米高产工业油气流，前哨4井在三工河组日产天然气30.36万立方米、原油76.3立方米，开辟天然气勘探新领域。新获工业油气流132井167层（百吨井10口），完成三级石油储量8亿吨，其中新增探明储量2亿吨，创历年之最。获集团公司油气重大发现特等奖及一、二、三等奖各1项，获奖成果等级和数量居集团公司16家油气田首位。

【油气田开发】 2020年，新疆油田深化产能建设提速提质提效，推广玛131示范区钻井提速模板，升级“水平井+体积压裂”技术体系，玛湖、吉木萨尔页岩油钻井综合提速14.5%，压裂平均协同效率提高20%。推广“大井丛、平台式、工厂化”和“批钻批压、批焖批开”建产模式，新建原油产能302.6万吨，新井产油48.4万吨。坚持精细开发、量效并重，开展百日原油上产会战，8月下旬日产水平达38866吨、创历史新高。全过程优化注水注汽，含水上升率控制在0.9%，稠油油汽比稳定在0.11；强化压裂、上返补层、长停井复产等进攻性措施，增产原油55万吨；攻关推广砾岩油藏化学驱、超稠油SAGD、火驱工业化应用等重大开发试验，生产原油169万吨。全油田绝对油量递减率控制在7.7%、同比减缓0.2个百分点。呼图壁储气库库存量突破百亿立方米，调整工程（一期）12口井全部投产，最大调峰能力2800万立方米。建成投产玛河气田、81号天然气深冷提效工程和页岩油联合站等7座场站。

【经营管理】 2020年，新疆油田聚焦“四精”要求，坚持“五保一压”（保员工利益、保安全生产、保油气勘探、保生产必须、保和谐稳定，压缩一切非生产性支出），制定实施6大类31项提质增效措施，开展“战严冬、转观念、勇担当、上台阶”主题教育活动和成本管控培训，纵深推进提质增效专项行动，控减投资51.7亿元、降本增效37.7亿元，整体控亏57.9亿元。精细成本解剖，加强资产轻量化、运行成本管控，单位操作成本、桶油完全成本为14.13美元/桶、44.15美元/桶，分别同比下降1.77美元/桶、3.09美元/桶。用好财税优惠政策，节税6.89亿元。发挥一体化优势，节约财务费用2.92亿元，未上市业务实现账面盈利。深化“两金”管控专项行动，应收账款和存货分别完成年度指标的117%、120%。推行集中招标、框架招标，完成招标金额116.4亿元，节约7亿元。巩固拓展外部市场，创收5.3亿元。强化重大事项法律论证和纠纷案件管理，梳理优化业务流程186项，制修订规章制度83项。实施经济责任、竣工决算、管理效益审计37项，实现直接经济成果4175万元。

【改革创新】 2020年，新疆油田瞄准建设世界一流企业目标，完善现代化“油公司”顶层设计，编制完善对标世界一流管理提升、改革三年行动工作方案，推进三项制度改革，开展新型油田作业区试点，优化精简二级、三级机构212个，控减员工1361人；完成退休人员社会化管理、客运业务分离移交，上线运行财务、人事共享业务，退出常规小修业务，有序推进发电业务退出。组建西部原油销售中心，加强区域原油统购统销，平稳接管王家沟油库。推进“大科技”工程，投入科研经费16.12亿元，实施科技攻关200余项。健全完善科技大联合体系，与华为、中国石油大学（北京）签订战略合作协议，建成新疆油田公司院士专家工作站、新疆页岩油勘探开发重点实验室。新疆吐哈与页岩油股份公司重大科技专项及成熟探区基础研究项目中期评估优良率100%。加强技术集成与推广应用，中高渗砾岩油藏化学驱实现规模化应用，提高采收率20个百分点；推广全程滑溜水连续携砂等措施，节约投资8.87亿元。推进智能油田建设，上线运行重点探区勘探开发生产指挥等7套系统，完成百口泉采油厂等3家单位物联网改造，油气生产物联网覆盖率提升至60%。获省部级及以上科技成果17项、授权专利179件、国家专利金奖1件。

【安全环保】 2020年，新疆油田健全完善HSE管理体系，制修订安全环保制度15项，细化岗位HSE责任清单，层层压实责任。突出HSE体系“三化”审核，整改问题2249项，集团公司QHSE体系审核晋档B1级。开展关键岗位HSE履职能力评估，540个班组通过自主化建设验收。推进安全生产专项整治三年行动，突出高风险井井控管理，有效防范风险。严格承包商准入审查和动态考核，强化培训取证和分级监管，承包商管理水平得到提升。健全生态环境保护议事制度，推进绿色矿山建设，13家油气生产单位全部达到国家绿色矿山创建标准，通过新疆维吾尔自治区专家验收；抓实中央环保督察发现问题整改，提前两个月完成历史遗留含油污泥处置任务。强化能耗源头管控和过程监督，单位油气生产综合能耗同比下降3.5个百分点。

【和谐发展】 2020年，新疆油田常态化抓好维护稳定工作，一级、二级重点目标“三防”建设达标率 100%。开展“民族团结一家亲”活动，结对认亲 5164 对、入户走访 12 万余人次，获评全国民族团结进步示范企业。投入帮扶资金 612 万元，帮助困难员工 768 人次。建立员工健康档案，加强前线远程医疗和健康巡诊，完成职业病危害因素检测 3100 处，职业健康体检 6800 人；实施前线基地集中管理，推进餐饮质量提升，后勤服务保障能力显著增强。支持地方经济建设，缴纳税费 39.43 亿元，合作开发生产原油 120 万吨，减免中小微企业和个体工商户房屋租金 3616.56 万元。投入资金 2000 万元支持涉油地区民生项目建设；巩固提升新疆维吾尔自治区塔城地区托里县定点扶贫成效，超额完成消费扶贫任务，建成红花油标准化车间和活畜检疫交易市场；做好南疆“访惠聚”工作，巩固所驻村脱贫成效，新疆油田获评新疆维吾尔自治区“访惠聚”驻村工作优秀组织单位。与新疆维吾尔自治区乌鲁木齐、塔城等 5 个地州市建立联席工作机制，形成企地互利共赢、加快发展共识合力。

【超稠油 SAGD 重大开发试验连续四年实现百万吨稳产】 2020 年，新疆油田立足稠油产业链价值最大化、集团公司整体利益最大化，推进超稠油 SAGD 重大开发试验，坚持“一井一策”精细调控与措施综合治理相结合，优化开发技术政策，开展动态调控 2000 井次以上，实施复合吞吐、氮气辅助等 3 项措施 218 井次，增产原油 14.5 万吨，阶段油汽比提高 0.02，累计生产原油 411.6 万吨，连续四年实现百万吨稳产。

【呼图壁储气库完成去冬今春保供任务】 2020 年，新疆油田贯彻落实集团公司工作要求，安全高效完成呼图壁储气库保供任务。该气库于 2019 年 11 月 5 日启动第七采气周期，累计投运气井 31 口，最大应急调峰能力达 2300 万米^3/日，累计采气 14.9 亿立方米，库存气量 84.9 亿立方米，为新疆地区平稳迎峰度冬提供有力支撑。

【新疆油田 2020 年勘探“春雷行动”成果丰硕】 2020 年，新疆油田贯彻落实集团公司党组加快新疆地区油气业务发展工作要求和提质增效专项行动决策部署，突出“高效勘探”“油气并举”，推进勘探“春雷行动”研究部署和组织实施，在玛湖页岩油、腹部下斜坡、沙湾凹陷风城组等领域获 11 项重要发现和成果，其中天然气勘探成果 3 项，为近年来同期最佳水平；累计落实探井 191 口，钻井进尺 71.63 万米；完钻 26 口，完成钻井进尺 18.63 万米，新获工业油流 42 井 47 层，同比增加 12 井 14 层，其中百吨井 2 口。

【呼图壁储气库库存量突破 100 亿立方米】 2020 年，新疆油田科学应对高库存、高压力“双高”严峻形势，坚持“一井一策”差异化精细动态调控，加大增产增注措施应用力度，高效推进新井投产，截至 7 月 29 日，呼图壁储气库投运注气井 30 口，日均注气量 1295 万立方米，超计划水平 187 万立方米，累计注气 15.2 亿立方米，继 2018 年后当期库存量再次突破 100 亿立方米，达 100.1 亿立方米。

【新疆油田吉木萨尔页岩油原油日产破千吨】 2020 年，新疆油田发挥盆地重点探区勘探开发建设现场指挥部组织机制优势，统筹内外部人员力量，加快推进新疆吉木萨尔国家级陆相页岩油示范区建设，全区完钻井 93 口，新建产能 71.9 万吨，投产井 84 口，开井 75 口，日产原油破千吨、达 1005 吨。

【准噶尔盆地阜康凹陷油气勘探获重大突破】 2020 年，新疆油田部署在准噶尔盆地阜康凹陷的风险探井康探 1 井在二叠系上乌尔禾组压裂后试获高产工业油气流，4 毫米油嘴自喷日产油 157.6 立方米，日产天然气 1.12 万立方米，累计生产原油 587.27 立方米，套压 28.01 兆帕。康探 1 井是凹陷区首口突破井，油层厚度大，产量高。该区纵向多层系含油、横向叠置连片，展现规模高效勘探良好前景，打开阜康凹陷下凹规模勘探序幕，实现盆地上二叠统 5.52 万平方千米统一坳陷湖盆区大型地层—岩性油气藏领域整体突破，有望形成盆地规模增储东西并进新格局。

【全国最大超稠油油田全面迈入数字化时代】 2020 年，新疆油田风城油田作业区物联网系统二期工程的全面上线运行标志着全国最大整装超稠油油田全面迈入数字化时代。该系统实现稠油生产关键环节节点集中监控、实时报警，推动建成“无人值守、集中监控、按需巡检、精准处置”稠油生产管理新模式，提升油田上下游一体化管控能力和风险预防能力，可减少基层班组巡检工作量 50% 以上，压减操作员工用工总量 300—400 人，年均节约油田生产运行费用近 5000 万元、蒸汽用量近 20 万吨，产生经济效益 1600 万元。

（许　超）

中国石油天然气股份有限公司西南油气田分公司（四川石油管理局有限公司）

【概况】 中国石油天然气股份有限公司西南油气田分公司（四川石油管理局有限公司）简称西南油气田，为中国石油所属地区公司，1999年由原四川石油管理局改制重组后成立。西南油气田位于四川盆地，横跨四川省、重庆市，主要负责四川盆地的油气勘探开发、天然气输配及终端销售业务，以及中国石油阿姆河项目天然气采输和净化生产作业，具有天然气上中下游一体化完整业务链的鲜明特色，为西南地区最大的天然气生产供应企业，是中国重要的天然气工业基地。2020年底，西南油气田设置机关职能处室17个、机关附属机构2个、直属机构11个、二级单位44个；有在册员工30023人，其中合同化员工25637人、市场化用工4386人；资产总额1035.84亿元，上市业务收入522.29亿元，上缴税费39.47亿元。在四川盆地及周缘有13.7万平方米的勘探开采矿权，累计探明天然气地质储量34593亿立方米。有川中、重庆、蜀南、川西北、川东北5个油气主力产区，投入开发的气田112个，有生产井2929口，全年开井2026口，天然气年产能超过380亿立方米，石油年产能5万吨。历年累计生产天然气超过5100亿立方米、石油549万吨。有集输和燃气管道4.8万千米，年综合输配能力达350亿立方米以上。建有西南首座应急日采气能力2850万立方米的储气库，区域管网通过中（卫）贵（阳）线和忠（县）武（汉）线与中亚、中缅、西气东输等骨干管道连接，是中国能源战略通道的西南枢纽。天然气用户遍及川渝地区，拥有千余家大中型工业用户、1万余家公用事业用户以及2500余万家居民用户，在川渝地区市场占有率77%。2020年，天然气净产量318.19亿立方米，创历史新高；天然气销售量342.63亿立方米（含购气销售）；生产石油液体5.16万吨。

西南油气田主要生产经营指标

指　标	2020年	2019年	2018年	2017年	2016年
原油产量（万吨）	5.16	5.72	5.95	7.38	10.04
天然气产量（亿立方米）	318.19	268.65	226.33	210.25	191.68
新增天然气产能（亿立方米）	120.22	63.18	25.55	18.63	31.22
新增探明天然气地质储量（亿立方米）	2093.40	7003.00	1296.30	2248.4	1527.84
二维地震（千米）	1911.00	4774.00	3103.84	7163.33	3301.86
三维地地震（平方千米）	4988.00	3365.00	3212	831.33	747.98
探井（口）	45.00	47.00	25.00	15.00	18.00
开发井（口）	109.00	269.00	38.00	33.00	40.00
钻井进尺（万米）	112.04	183.18	93.90	39.24	27.68
勘探投资（亿元）	60.29	58.34	38.77	30.16	26.85
开发投资（亿元）	152.17	206.54	123.43	59.84	48.78
资产总额（亿元）	1035.84	985.47	866.82	941.35	948.52
营业收入（亿元）	522.29	480.00	410.90	450.01	381.35
利润总额（亿元）	108.79	47.51	72.70	27.19	15.41
税费（亿元）	39.47	35.11	39.15	41.91	35.19

【"十三五"回顾】 "十三五"期间，西南油气田面对国内经济下行压力加大、油气能源结构转型加速、天然气市场竞争加剧等复杂形势，坚持走低成本高质量发展之路，推进增储上产，实施改革创新，抓风险管控，实现产量、销量、利润"三个翻番"，储量、产能、投资"三个跨越"，党建工作、改革发展、民生保障"三个提升"。高效探明安岳、川南页岩气2个万亿立方米特大型气区，高水平建成安岳、川南页岩气、老区3个100亿立方米大气田，天然气储量保持高峰增长，产量连续5年创历史新高。发挥上中下游一体化优势，天然气集输储配系统更加完善，终端销售日益壮大，川渝地区天然气市场占有率始终保持在75%以上，西南能源战略通道枢纽作用更加凸显，稳固区域市场供应的基本盘。"油公司"改革初见成效，科技创新能力持续提升，以两个"三化"为代表的数字化气田全面建成，依法治企、合规管理能力水平不

断提高，西南油气田管理体系和管理能力日趋现代化，走出改革创新发展的新路径。“三严三实”“两学一做”“不忘初心、牢记使命”等教育实践成效显著，党建工作三年行动计划深入推进，“大党建”格局初步构建，从严治党向纵深发展，党的领导与经营管理有效融合，党组织“把方向、管大局、保落实”作用充分发挥，扛起党建引领高质量发展的先锋旗。“惠民二十条”落地见效，员工群众获得感、幸福感、安全感显著提升，定点扶贫的甘孜州九龙县成功脱贫摘帽，凝炼出“和合共生、气美家国”合气文化，在行业内首获“全国企业文化建设最佳实践企业”称号。2020年，面对新冠肺炎疫情和低油价双重冲击，西南油气田公司党委贯彻习近平总书记重要指示批示精神和党中央防控命令，落实集团公司党组“在疫情与油价双重大考中当好顶梁柱”总体要求，勇于担当责任，带领广大干部员工攻坚克难、逆势求进，全面完成各项目标任务，“十三五”工作圆满收官。2020年，生产天然气318.19亿立方米、销售天然气343.1亿立方米、利润总额109.2亿元。“十三五”期间，累计探明天然气地质储量14168.94亿立方米、新建产能329.9亿立方米、投资金额885.5亿元。

【油气勘探】 2020年，西南油气田持续加大风险勘探和甩开预探力度，寻找优质规模储量，实现优质规模储量有序接替，获得一系列战略新发现、新成果。川中古隆起太和含气区取得重大突破，蓬探1井灯二段测获日产量122万立方米，角探1井沧浪铺组测获日产量52万立方米，并提交预测储量，展示古隆起太和含气区万亿储量规模前景，获集团公司油气勘探重大突破特等奖。安岳气田精细评价取得重要成果，高石18井区台内灯四气藏、高石1井区灯二气藏完成12口工艺井，全部测获高产工业气流，井均测试日产量60万立方米，实现规模储量持续升级，新增探明天然气地质储量2017亿立方米，获集团公司油气勘探重要成果二等奖。川西南部二叠系勘探取得重要发现，平探1井栖霞组测获日产量67万立方米，开启盆地栖霞组台缘带勘探新局面，获集团公司油气勘探重要发现一等奖。致密气勘探取得新进展，连续6口井测获高产工业气流，最高日无阻流量254万立方米，创盆地沙溪庙组测试新纪录，展示出巨大的勘探开发潜力。

【天然气开发】 2020年，西南油气田优化生产组织，抓产能建设，气田开发实力持续增强，上产增产保持强劲势头，天然气产量再创历史新高。全面建成国内首个百亿立方米页岩气田，推广地质工程一体化，优选“铂金靶体”，中深层页岩气井均测试日产量25.9万立方米、EUR（最终可采储量）1.24亿立方米，分别同比提高9.5%和12.7%；深层页岩气钻获一批EUR大于1.5亿立方米的高产井，有望五年内再建一个百亿立方米气田。加快推进安岳气田150亿立方米年产能建设，高石梯—磨溪灯影组优化精准分段酸压技术，台缘带井均测试日产量85万立方米，高效建成60亿立方米年产能并具备长期稳产基础。开展磨溪龙王庙组气藏主体区整体治水、外围区滚动建产，实现连续五年稳产90亿立方米。巩固老区百亿立方米稳产基础，老气田综合递减率控制在8%以内，实现稳产40亿立方米；川东北罗家寨气田年产量创历史新高，实现扭亏为盈；川西深层双鱼石、九龙山、剑阁试采工程评价效果显著，建成11亿立方米年产能；致密气秋林区块连续获得日产量30万立方米以上的水平井，基本锁定“十四五”核心建产区。

【天然气销售】 2020年，西南油气田通过拓展市场、增加销量，实施差异化营销，提升能源供应保障能力。全年在川渝地区销售天然气266.5亿立方米，同比增销12亿立方米，销售均价1.622元/米^3，增效25亿元。坚持产销联动、运销协同，完善供需联动长效运行机制，增强天然气保供能力，特别是在新冠肺炎疫情最严重的时候，累计向武汉和北方地区供气16亿立方米，最大日供气量3733万立方米。持续拓展市场，建立地企合作市场开发新机制，推动大客户万华化学集团股份有限公司西南基地项目落户眉山；拓展云南楚雄和贵州开阳等区外市场，全年新开发项目98个，新增市场规模31亿立方米。精准施策扩销增效，加强需求侧管理，通过“价价联动”等方式促进客户复工复产、高负荷长周期用气，增销超20亿立方米；推进线上交易，实现标签化销售30亿立方米，增效12亿元；深化客户经理负责制，客户满意度保持在98%以上。全面落实“三走向、三移交、一开口”（走向工业园、走向合作和并购、走向乡镇，向终端公司移交部分有利于终端发展的站场和支线管道，有序将终端自有站场和管道上供气且条件成熟的客户向终端移交，继续支持终端开口）策略，推动雅安等地全域市场整合，终端销售天然气77.2亿立方米，同比增销4.2亿立方米。

【安全环保管理】 2020年，西南油气田突出重点领域风险防控，不断提升安全环保管控力，实现疫情防控和安全生产两不误。面对疫情，突出抓早、抓实、抓准，分级分类实施网格化管理，西南油气田员工、离退休人员和家属20余万人无一例确诊病例，实现“零疫情”防控局面，疫情防控取得阶段性胜利。QHSE管理体系实效运行，试点“油气行业”安全生产清单制管理，健全安全环保考评机制。推进基层站队QHSE标准化建设，全覆盖开展QHSE管理体系审核，在集团公司两次审核中均获上游企业第一名。推进含硫天然气、页岩气生产等5个重点领域安全环保风险专项整治，严格落实承包商管理“五项刚性措施”，引入外委监督队伍，建立远程视频监控系统，实现主要生产现场监督全覆盖，安全环保管控能力提升明显。有序推进生态文明建设，落实生态环保重大事项议事制度，稳步推进绿色矿山建设，12个采矿权进入国家绿色矿山名录，新开钻井全部实现钻井液不落地，含油岩屑合规处置率100%，清洁生产能力持续增强。

【疫情防控】 新冠肺炎疫情发生后，习近平总书记于2020年1月20日作出“坚决遏制疫情蔓延势头”重要指示，西南油气田立即启动突发事件预警程序，研究防控策略，组织紧急采购防疫物资，调配1万只口罩送达四川宝石花医院；1月23日，四川宝石花医院按地方人民政府要求，腾出10间病房用于新冠肺炎患者备用收治。1月26日，西南油气田成立新冠肺炎疫情防控领导小组，启动突发事件应急响应程序，建立日报告、周分析工作机制，进入抗疫战时状态。1月28日，四川宝石花医院防控新冠肺炎党员先锋队成立，450名党员群众郑重承诺。1月24—30日，西南油气田要求所属供气单位、终端燃气公司决不能因气款不足而出现短供停供事件，重点保障医院或医疗器械企业用气，稳定忠武线外输，保障武汉市天然气供应，通过忠武线向武汉地区日供气量最高达660余万立方米。2月2日，印发《新型冠状病毒感染肺炎疫情防控工作方案》，明确网格化防控要求，落实“四大领域、六大人群”疫情防控措施，开通员工心理援助专线。2月8日，西南油气田抽调20名医务人员，组建2支医疗队支援地方人民政府抗击疫情。2月10日，西南油气田油气生产建设工作全面恢复正常状态，实现“一手抓防控，一手抓保供，确保天然气安全平稳输送”。4月30日，滞留湖北的124名员工健康安全返岗，实现员工“零感染”、疫情“零回流”，疫情防控工作转入“外防输入、内防强单”常态化防控新阶段。9月9日，党委书记、总经理张道伟在集团公司疫情表彰大会做交流发言。9月27日和30日，西南油气田领导分别视频慰问第一批包机回国海外项目员工，与第一批返回阿姆河项目员工开展座谈交流，落实派驻海外员工疫苗接种等防疫措施。11月16日，中共四川省委、四川省人民政府在成都锦江大礼堂召开四川省抗击新冠肺炎疫情和防汛救灾表彰大会，西南油气田输气管理处被授予四川省抗击新冠肺炎疫情先进集体。截至2020年底，西南油气田实现员工家属“零感染”目标。

【“油公司”模式改革】 2020年，西南油气田以推动组织模式、运行机制现代化为重点，全面深化改革，构建管理提升长效机制，发展质量效益持续向好。纵深推进“油公司”模式改革，成立川中北部新型气田作业区，在川东北气矿、川中油气矿磨溪开发项目部分别开展次新区、老区转型试点，初步搭建起适应“油公司”模式的管理架构；有序整合井工程业务，推行“公司—事业部”两级产能建设模式，实现井工程业务专业化运行。剥离企业办社会职能，完成“三供一业”分离移交和退休人员社会化管理工作。

【经营管理】 2020年，西南油气田开展提质增效专项行动，增收29亿元、降本14亿元、控投22亿元，实现整体效果65亿元。完善薪酬分配体系，推行差异化工资总额决定机制，加大精准激励力度和全过程跟踪分析，试行工编挂钩机制，切实发挥薪酬激励约束作用。西南油气田设置总经理特别贡献奖7项，对在油气勘探、油气开发、质量安全环保和页岩气开发等工作，以及在新冠肺炎疫情防控、天然气扩销增量、剥离企业办社会职能改革和创新大赛等工作中作出重大贡献的人员进行奖励。强化合规经营管理，建立公司两级重大风险评估机制，抓好“七五”普法收官，深入推进合规示范创建，西南油气田内控体系运行质量和成效获集团公司“杰出级”评价。

【科技发展】 2020年，西南油气田坚持科技创新引领，着力关键技术攻关，加速科技成果转化，科技支撑生产发展的成效明显。健全科技体制机制，联合共建盆地特色中心，三大技术中心，院士、博士工作站，完善开放共享的科研平台；深化双序列改革，在15家单位新增专业技术岗位序列，企业专业技术人才队伍不断壮大。科技攻关转化成果丰硕，攻关形成3项勘探开发基础理论和17项核心技术，集成示范12项重大开发技术，助推新区重大勘探发现和规模效益开发。注重专利挖掘和质量把控，获授权专利114件，获四川省科学技术进步奖一等奖2项、集团公司科学技术进步奖特等奖1项。高效推进数字化转型发展，构建起“全面感知”的物联网系统，场站数字化覆盖率92%，上线应用勘探、开发、管道等核心业务平台，全面建成以两个“三化”为代表的数字化气田。推进龙王庙组和页岩气智能气田示范工程建设，打造前端综合应用、后端一体协同的智能化管理体系。

【企业党建工作】 2020 年，西南油气田围绕中心工作，加强党的建设，将政治优势转化为发展优势，为企业发展提供政治保障。不断巩固政治思想优势，推动落实习近平总书记重要指示批示精神制度化、常态化；开展“战严冬、转观念、勇担当、上台阶”主题教育活动，引导干部员工坚定在双重大考中当好顶梁柱的思想和行动自觉。加强党的组织建设，健全党建工作“述评考用”一体化机制，集中整顿软弱涣散的基层党组织，西南油气田建水平持续保持在集团公司党建先进行列。健全完善全周期干部成长递进培训工程，全覆盖开展选人用人专项检查。加大年轻干部培养力度，所属三级单位 40 岁以下领导人员占比达三分之一。发挥纪委监督责任，有效运用联合监督信息系统，压实业务部门监管责任，形成齐抓共管的“大监督”格局。开展两轮公司级党委巡察，督促 8 家所属单位党组织开展本级巡察，形成协同推进整改合力，全面从严治党向纵深推进。

（闵　军　孔令兴）

中国石油天然气股份有限公司吉林油田分公司（吉林石油集团有限责任公司）

【概况】 中国石油天然气股份有限公司吉林油田分公司（吉林石油集团有限责任公司）简称吉林油田，总部位于吉林省松原市。勘探开发和生产区分布在吉林省 37 个市、县（区）。吉林油田于 1959 年 9 月 29 日发现，1961 年 1 月 17 日建矿并正式投入开发建设。2020 年底，有机关职能处室 14 个、机关附属机构 3 个、直属机构 6 个，所属二级单位 48 个。用工总量 34469 人，其中合同化员工 28490 人。2020 年，吉林油田全面落实提质增效专项行动 46 个方面 171 项措施，全年油气当量产量 486.10 万吨，同比增加 5.70 万吨，连续三年增产超产。

【“十三五”回顾】 “十三五”期间，吉林油田编制实施中长远发展纲要，确立“建设创新型可持续发展的吉林油田”战略目标，明确并落实“3456”发展思路，结合加快发展、减亏行动、成本压降等要求，统筹优化战略布局、战术原则和战役打法，引领和推动发展稳中有进、稳健向好。五年提交油气探明地质储量超过 2 亿吨，致密油气等非常规资源实现规模动用，自然递减率等开发指标逐年向好，油气生产走出低谷，近三年产量箭头始终向上。重大科技专项支撑作用充分发挥，物联网应用深刻改变生产管理方式，管理架构、“油公司”模式、经营政策得到持续优化，市场意识和创效意识已经转化为自觉行动。制度体系建设取得重要进展，投资和财务管控策略更加有力，开源节流降本增效全面展开，依法合规管理持续加强，QHSE 业绩稳步提升，各类风险得到有效管控。全面从严治党向纵深推进，党员、干部模范带头作用有效发挥，员工群众安居乐业、对企业的归属感明显提升，队伍精神面貌积极向上。

【油气勘探】 2020 年，吉林油田完钻探井 46 口（其中勘探 21 口、评价 25 口），完成二维地震 308.54 千米。提交预测石油地质储量 4111 万吨，提交探明天然气地质储量 115.22 亿立方米，提交预测天然气地质储量 1008.77 亿立方米。

松南深层是天然气勘探的重点领域，长岭断陷断陷面积 1.3 万平方千米，资源量 1 万亿立方米，占深层天然气总资源量近 50%，资源潜力较大。2020 年度以源内勘探认识为指导，针对长岭断陷基于“源、储、藏”三方面工作获得突破，长深 40 等 4 口探井相继获得发现和突破证实长岭断陷神字井洼槽发育致密砂岩和火山岩大型复式气藏，根据成藏条件综合研究落实三套气藏有利面积 260 平方千米，资源量 1620 亿立方米，2020 年提交预测天然气地质储量 580 亿立方米。长岭断陷初步落实第二个千亿立方米规模储量区。

2020 年，在集团公司正确指导下、在新疆油田大力支持下，吉林油田有序推进吉木萨尔流转区块的各项工作。采集三维地震 230.9 平方千米，完钻探评井 13 口，6 口井获工业油流。吉木萨尔凹陷和阜康断裂带多层系取得重要发现。

松辽盆地青山口组页岩油资源潜力巨大，具有重大战略意义。松辽盆地是叠置于古生代基底之上的

吉林油田主要生产经营指标

指　标	2020 年	2019 年	2018 年	2017 年	2016 年
原油产量（万吨）	400	396.72	393.72	390.01	404.5
天然气产量（亿立方米）	10.81	10.51	10.02	10.21	11.37
新增原油生产能力（万吨）	40.38	28.65	29.42	36.84	14.58
新增天然气生产能力（亿立方米）	1.33	1.7	1.02	1	0.75
新增探明石油地质储量（万吨）	3231.15	3768.62	3411.61	2010.59	1663.73
新增探明天然气地质储量（亿立方米）	115.22	—	247.61	—	141.43
二维地震（千米）	308.54	588.7	1076.49	908.98	307.88
三维地震（平方千米）	145	306	236.69	395	543.17
探井完成井（口）	52	56	62	70	69
开发井完成井（口）	624	763	803	850	270
钻井进尺（万米）	144.13	153.05	150.74	180.15	68.81
勘探投资（亿元）	13.2	16.35	12.34	13.42	12.22
开发投资（亿元）	46.49	51.34	41.34	38.85	20.19
上市业务资产总额（亿元）	331.2023	442.23	449.03	482.75	639
未上市业务资产总额（亿元）	38.54	37.12	45.97	62.38	75.99
上市业务收入（亿元）	93.9539	126.37	128.86	98.37	79
未上市业务收入（亿元）	45.38	47.28	54.23	52.18	44.28
上市业务利润（亿元）	−149.1961	−27.5	−46.6	−175.22	−58
未上市业务利润（亿元）	−3.09	−10.42	−5.74	−2.94	−7.77
上市业务应交税费（亿元）	6.196	13.77	20.39	10.05	8
未上市业务应交税费（亿元）	0.93	0.97	1.23	2.73	2.78

大型陆相沉积盆地，坳陷期发育多套沉积体系，青山口组一段、二段和嫩江组一段、二段沉积两套分布广泛、富含有机质、巨厚的半深湖—深湖相页岩，嫩一段、嫩二段页岩热演化程度低，青一段、青二段页岩热演化程度高，发育成熟页岩油资源。初步评价认为松辽盆地青一段、青二段成熟页岩油有利面积 1.87 万平方千米，资源量 152.72 亿吨，其中松辽盆地北部有利面积 1.37 万平方千米，资源量 98.02 亿吨，松辽盆地南部有利面积 5000 平方千米，资源量 54.7 亿吨。

【油田开发生产】 截至 2020 年底，吉林油区探明油田 24 个，探明石油面积 3030.60 平方千米，探明石油地质储量 16.57 亿吨，技术可采储量 3.45 亿吨，探明油田中的长春油田和莫里青油田位于伊舒地堑，套保油田位于松辽盆地西部斜坡区，四五家子油田位于松辽盆地东南隆起区，其余油田均位于松辽盆地中央凹陷区。开发油田 23 个（永平油田未投入开发），动用石油地质储量 11.27 亿吨，探明储量动用率 68.0%，动用石油可采储量 2.45 亿吨，标定采收率 21.75%。

截至 2020 年底，累计生产原油 17861 万吨，累计产液量 93003 万吨；累计注水量 137542 万立方米。累计注采比 1.23。地质储量采出程度 16.44%，综合含水 89.99%。储采比 16.6。

2020 年，有采油井 26786 口，采油井开井 18080 口，注水井 8726 口，注水井开井 6536 口，产油 400 万吨，地质储量年产油速度 0.37%，全油田年产液量 3919 万吨，注水量 5936 万立方米，年注采比 1.28，平均单井日产油 0.5 吨。

2020 年，全油田新建产能 42.41 万吨，新井产量 12.28 万吨。其中自营区新建产能 40.38 万吨，新井产量 11.37 万吨；合资合作区新建产能 2.03 万吨，新井产量 0.91 万吨。近年来，新区资源品质日趋变差，提高储量动用技术不适应，产能建设规模减少，储采平衡系数下降。2020 年自营区新增探明地质储量 3213 万吨。主要在大情字井、海坨子、两井和让字井油田外扩新区域，新增已开发原油地质储量 4135.19 万吨，增加可采储量 551.56 万吨；老区减少可采储量 15.91 万吨，需要加大力度推进提高老区采收率工作。

2020 年，把有效注水作为老区稳产的关键，深挖注水分类管理潜力，创新水驱，攻关低渗透能量补充技术，探索新驱替介质补充能量的方式，实现控制自然递减和含水上升的目的，油田自然递减率 11.3%，综合递减率 5.4%，老井含水上升率 0.7%。

【天然气开发生产】 2020年，股份公司下达吉林油田年度天然气产量计划10.0亿立方米，商品量6.9亿立方米，完成天然气产量10.8058亿立方米，商品量完成8.0182亿立方米。股份公司下达吉林油田年度天然气产能建设计划钻井9口，钻井进尺4.96万米，新建产能1.08亿立方米，投资2.5930亿元。根据产能建设区块整体部署安排及区块评价需要，实际在长岭、德惠、英台等地区完成产能建设井位15口，新建产能1.33亿立方米，根据落实资源需要，在德惠地区实施评价井1口，总钻井进尺6.17万米，完成投资4.03亿元。

截至2020年底，投入开发气田7个，全油区投产气井372口，开井233口，年产天然气10.8058亿立方米，累计生产天然气218.14亿立方米。2020年底配套能力10.57亿立方米，负荷因子0.99。气层气井口年产天然气11.0064亿立方米，井口累计生产天然气200.08亿立方米，已开发气层气可采储量461.32亿立方米，采出程度43.37%，已开发气层气剩余可采储量261.23亿立方米，采气速度4.21%，储采比23.74。

【科技创新】 2020年，吉林油田地质研究持续深化，页岩油甜点优选标准初步建立，源内致密气成藏富集规律基本明确，吉木萨尔近源成藏认识初步形成。工程技术取得新成果，水平段长度突破2000米，重点探井钻井周期缩短58%，水平井体积压裂、直井分段压裂、老井整体压裂提产均在10%以上，排水采气形成3种模式，带压作业突破1300口，小修替代大修89口。三采技术稳步发展，二氧化碳驱黑125工业化试验区建成投产，氮气驱年增油8000吨，化学驱和纳米增渗驱配方体系基本形成。数字化转型初见成效，核心专业历史数据全部入库，物联网不正常井发现率超过95%。节能技术取得新进展，地热利用进入现场试验，新立污水余热回收顺利实施，单位油气生产综合能耗同比下降3%。开展新技术推广项目21项，创效3500万元；推广群众性创新成果342项，创效6994万元。

【企业管理】 2020年，吉林油田落实深化改革三年行动计划，压减二级、三级机构90个，控减比例7.4%，新一轮定员缩编7893个，建成“油公司”新型管理区1个、作业区16个，实质性移交排水、道路保洁、托幼、离退等业务，完成厂办大集体改革第一阶段任务。大力推进提质增效专项行动，百万吨原油、亿立方米天然气产能投资分别同比下降5%和9%，基本运行费、人工成本、管理费用实现硬下降，外委外雇转自营创效1.7亿元，外输劳务新增404人、规模超过4400人，签订外部工程技术服务合同2.5亿元，压减法人3户，压降存货1.19亿元，完成清欠1.86亿元。启动对标一流管理提升行动，管理体系融合全面完成，招投标、合同、审计等管理进一步规范，电力、土地、油料等监管力度加大，一批法律纠纷案件得到妥善处理。

【安全环保】 2020年，吉林油田安全环保形势保持稳定，未发生新冠肺炎病例，未发生新增职业病，未发生质量事故，未发生生产安全责任事故，未发生井喷失控事故和环境污染事件。全年排放氨氮2.6吨、二氧化硫801吨、氮氧化物551吨，COD无排放。全部控制在总部要求范围内。全年节能量1.36万吨标准煤。节水量10万立方米。检定计量器具45877台，强制检定计量器具周检率100%。开展4轮大检查大讨论活动，全面启动绿色矿山建设，强化井筒、工程建设、采购产品等质量管控，实施专项审核23个、全覆盖监督6轮、应急演练3次，整治高风险问题2838个，治理隐患17个，减少油土新增量16%，清理承包商35家，被集团公司评为质量安全环保节能先进企业。

【企业党建工作】 2020年，吉林油田学习习近平总书记重要讲话和重要指示批示精神、党的十九届五中全会精神，两级党委学习研讨696次；主题教育查摆问题全部整改，集团公司党组巡视反馈问题整改率96%。队伍建设抓得更强，新提拔中层领导人员“80后”，30名年轻干部到铁人学院深造，职业培训1万人次，技术技能核心人才突破3200人。党建责任抓得更实，第二轮党委书记述职评议全面启动，首轮党支部书记述职评议全覆盖，4个党委落实主体责任不力受到约谈。党建“三基本”建设抓得更牢，启动党支部规范化建设三年行动，完成党支部集中换届选举，实现7086名退休党员社会化管理。正风肃纪抓得更严，疫情防控、餐饮浪费、提质增效等专项监督取得实效，两轮巡察15个单位、“回头看”9个单位。宣传思想文化抓得更深，“战严冬、转观念、勇担当、上台阶”主题教育活动全员参与，建矿60周年系列活动凝心聚力，意识形态管理和新媒体宣传持续发力，汇集起艰苦奋斗、克难奋进的正能量。

【和谐企业建设】 2020年，吉林油田治安维稳态势向好，破获涉油案件12起，进京访集体访人次同比下降35%。民生实事全面落地，改造楼顶和墙体503栋，安装门禁系统322个，升级高清监控系统1305个。重建和加固维修震损建筑物390座。协调完成供应中区回迁安置，小窑、职大、地调回迁楼开工建设。增加体检项目和频次，确保重大恶性疾病早发现、早治疗。实现全国就医“一卡通”。精准帮扶困难家庭9482户次。物业托管期间服务质量不降，在松原创建国家卫生城活动中贡献油田力量。

【疫情防控】 2020年，吉林油田坚持把员工群众生命安全和身体健康放在首位，落实管控措施，对整个油区摸排21轮，隔离观察5928人，核酸检测3589人。精准有序复工复产，333支外部队伍“零病例、零等停”入场施工，申请开通外输劳务航空专线。组织医务人员驰援武汉和舒兰，率先启动松原地区口罩生产线，筹集抗疫物资对外捐赠支援。

（李冬梅）

中国石油天然气股份有限公司大港油田分公司 大港油田集团有限责任公司

【概况】 中国石油天然气股份有限公司大港油田分公司（大港油田集团有限责任公司）简称大港油田，是中国石油所属的以油气勘探开发为主，集油气管道运营、储气库运营、技术咨询服务、修井作业、井下测试、物资供销、信息通讯、检测评价、电力供应、多元投资等业务于一身的地区分公司，总部位于天津市滨海新区。大港油田勘探开发建设始于1964年1月。截至2020年底，矿权面积16787.9平方千米，地跨天津、河北、山东3省（直辖市）的25个区、市、县。大港油田员工总数21491人，设16个机关部门、5个直属单位、38个所属单位，资产总额573.71亿元。

2020年，大港油田落实“高、早、变、快、实、好、精、严”八字要求，一体推进提质增效专项行动和“战严冬、转观念、勇担当、上台阶”主题教育活动，应对新冠肺炎疫情和油价断崖式暴跌等困难，抗疫情、保生产、稳经营、提效益，各项工作稳步推进。

大港油田主要生产经营指标

指　标	2020年	2019年	2018年	2017年	2016年
原油产量（万吨）	415.02	417.02	407.02	402.78	407.87
天然气产量（亿立方米）	6.63	5.68	5.21	5.09	4.73
新增原油产能（万吨）	66.99	141.63	85	74.6	50.80
新增天然气产能（亿立方米）	0.62	1.1	1	1	1
新增探明石油地质储量（万吨）	3223.57	3198.31	845.86	1874.46	1515.56
钻井（口）	291	510	402	496	313
钻井进尺（万米）	82.21	148.64	93.48	128.39	80.29
勘探投资（亿元）	15.34	20.09	12.61	14.07	11.59
开发投资（亿元）	35.93	69.23	43.85	40.28	18.07
资产总额（亿元）	573.71	590.79	578.65	543.66	531.09
收入（亿元）	202.7	245.2	248.53	198.25	121.8
利润（亿元）	−21.19	8.9	6.98	−6.35	−51.19
税费（亿元）	8.61	18.22	23.5	16.46	7.08

【“十三五”回顾】 “十三五”期间，大港油田渐次开展主战区、接替区、潜力区勘探，在沧东凹陷官东地区实现陆相页岩油工业化开发重要突破，入选中国“十大油气勘探重大发现”。钻获百吨高产井33口，新增原油三级储量3.1亿吨、天然气三级储量465.8亿立方米，并在新增储量区建成8个日产百吨高效区块，增储建产一体化管理成果获“第二十四届国家级企业管理现代化创新二等奖”。生产原油2049.71万吨、天然气27.34亿立方米，储气库调峰采气93亿立方米，新增经济可采储量1616万吨，油气产量保持“箭头向上”。坚持以经济效益为中心，创新实施“生产经营一体化”管理模式，收入1016.48亿元、上缴税费73.87亿元，预算同口径减亏增利29.8亿元。推进绿色矿山创建，投入资金11.3亿元治理重点安全环保隐患157个，关停退出环境敏感区油气井130口，实施重大风险长停井永久封井125口，钻修井清洁生产覆盖率100%，成为集团公司首家进入全国绿色矿山名录的地区公司。推进“油公司”模式改革，精简二级、三级机构388个、清退外雇工1296人，改革减员1277人。组建集团公司首家院士专家

工作站，攻关形成陆相页岩油富集理论、水平井 + 二氧化碳吞吐稠油提产等处于国内领先水平的优势特色技术 14 项，成为集团公司首家获国家“两化融合突出贡献奖”单位。争取政府出资 5.9 亿元、自行筹资 35 亿元，实施港西新城职工住宅、幸福路拓宽改造等重点民生工程与矿区建设，完成 2.65 万名河北户籍职工家属“迁津落户”，推介职工子女社会化就业 3144 人次。

【油气勘探】 2020 年，大港油田完钻探评井 76 口，钻井进尺 25.7 万米，获工业油流井 43 口，其中日产百吨井 5 口，探井成功率 63.5%。新增探明石油地质储量 3223 吨、探明可采石油地质储量 533 吨、控制石油地质储量 1103 万吨；沧东凹陷南皮斜坡致密油勘探获重要进展，整体形成一个 3000 万吨级整装探明储量区；歧口凹陷沙河街组三段页岩油勘探获重要突破，覆盖资源量 4.1 亿吨，形成新增储量接替战场。成熟区带精细勘探成效显著，在刘官庄、北大港构造带、埕海地区落实 3 个千万吨级高效增储建产区；潜山内幕原生油气藏甩开预探发现重要苗头，奥陶系油气显示良好。

【油气开发】 2020 年，大港油田注水专项治理覆盖储量 3.1 亿吨、自然递减下降 2.5 个百分点，二次开发新建产能 46 万吨、产油 21.8 万吨，取得近五年最好成效，三次采油年产原油 44.6 万吨，二氧化碳吞吐、老井储层改造等专项工程措施增油 11.5 万吨，在沈家铺、埕海二区、板中东地区建成 3 个日产百吨高效区块，赵东项目钻获 9 口百吨高产井，港西油田“二三结合”效益稳产工程获集团公司认可。管道和站场完整性管理获新突破，大港油田获评股份公司“最佳进步单位”。在原油、天然气产能投资分别大幅压减 52.1% 和 50.7% 的情况下，生产原油 415 万吨，完成年度计划；生产天然气 6.6 亿立方米，超产 1.6 亿立方米。

【提质增效】 2020 年，大港油田落实“一图一表六模块一活动”（关键业绩指标提升路线图，提质增效专项行动任务分解运行表，增储建产、稳油增气、投资管控、降本增效、亏损治理、管理提升六模块，“战严冬、转观念、勇担当、上台阶”主题教育活动），优化各类方案设计，压减成本 1.89 亿元；盘活土地资源实现增收 6019 万元；加强物资设备管理，节约资金 2.9 亿元；用足社会保险减免、电力“大用户”直接交易等各类财税政策，减少支出 2.7 亿元；加强内部项目自建运行管理，避免效益流失 4426 万元，资产轻量化减负 3.4 亿元；稳固外部市场创收 28 亿元，局、处级机关管理费同比下降 31.5%、“五项”费用下降 50.1%。营业收入 202.7 亿元、控亏 21 亿元，完成上级下达的效益指标。

【改革创新】 2020 年，大港油田退休人员社会化管理、厂办大集体改革基本完成，污水处理业务移交地方政府，专业技术岗位序列改革全面展开，勘探评价、工程监督等职能机构优化调整有序实施，“采油厂—采油作业区”两级管理全面落地，精简二、三级机构 73 个、盘活内部用工 2742 人。股份公司三期重大科技专项阶段检查获评“优秀”，油藏渗流地球物理、“王徐庄 + 港西模式 2.0”等科技信息创新应用成效显著，率先在集团公司建成数字油藏 1.0，获省部级以上科技和管理创新奖 42 项、获授权发明专利 52 件。

【安全环保】 2020 年，大港油田树立“隐患就是事故，事故就要处理”理念，开展安全生产“大排查、大整治”活动，检查现场 650 个，查改问题 1300 余项。日常监督发现整改问题 13978 个，下达隐患整改通知单 172 份，经济处罚 49.3 万元。开展全要素、全覆盖内部审核和井下作业公司专项审核评估，查改问题 1986 个。对照集团公司 237 个审核问题清单，督促各单位举一反三、对照查改问题 1823 个。推广污水余热回收利用、钻修井清洁作业等节能减排新工艺、新技术，节电 1056 万千瓦·时，节支 837 万元。产生化学需氧量 249.7 吨、氨氮 12.2 吨、二氧化硫 7.7 吨、氮氧化物 1059.6 吨，指标排放量均在控制线以内；综合能耗 41.3 万吨标准煤，节能 1.06 万吨标准煤；用水 410 万立方米，节水 10 万立方米，超额完成天津市和集团公司年度指标，并通过中央第六生态环境保护督察组现场验收。

【矿区和谐】 2020 年，大港油田启动安全生产专项整治三年行动，制定推行岗位员工“十条保命法则”，治理重点隐患 23 个。帮扶困难职工 1.1 万人次，帮助基层解决实际问题 844 个，争得津潍高铁在大港油区增设站点，大港油田第二、第六采油厂工艺地质所回迁大港油田中心区办公，办理完成首批 12 个住宅小区的土地使用证和房屋所有权证。联合公安机关抓获涉油气犯罪嫌疑人 40 人，未发生“进京”越级信访事件，大港油区安稳和谐局面持续巩固。

【疫情防控】 2020 年，大港油田全力应对新冠肺炎疫情，建立以大港油田主要领导为组长、机关处室及所属单位为成员的疫情防控领导小组，编制六版《新冠肺炎疫情防控工作指导手册》及《大港油田常态化疫情防控措施指南》，筑牢疫情防控体系。按照早发现、早报告、早隔离、早治疗要求及国务院联防联控机制，排查武汉、北京、乌鲁木齐、大连、瑞丽、青岛、喀什地区、浦东新区、滨海新区归来人员4839名，核酸检测652人，居家隔离4018人，注射疫苗32人。开展办公场所、生产区域、超市、市场、食堂防疫工作督导检查300余次，并严格承包商和外来人员防控管理，油区职工群众及海外员工“零确诊、零感染”。大港油田对外技术服务公司获评集团公司“抗击新冠肺炎疫情先进集体”，3人分别获集团公司“抗击新冠肺炎疫情先进个人”、天津市“抗击新冠肺炎疫情劳动模范”称号。

【数字油藏1.0建设完成】 2020年，大港油田数字油藏1.0建设完成。该项目利用多学科成果构建多维虚拟油藏数据体，依托数字化、可视化、智能化的优势，创新研发油气藏研究软件云化管理技术、油气藏大数据全链管理技术、大数据驱动下油气藏智能决策技术，并配套形成专业软件云化、油气藏大数据、协同研究、智能决策的现代油气藏经营管理新模式，硬件资产综合利用率提升50%，油气藏应用开发效率提高10倍，项目研究时间由2年缩短为1年，模型精度提升到95%，老油田自然递减降低4.69%，为中国石油油气开发领域数字化、智能化建设提供技术借鉴。

【数字油田综合应用系统获国家发明专利】 2020年，大港油田首创的“数字油田综合应用系统”获国家专利。该系统采取开放式技术架构，是一个多数据库融合、多业务领域协同的集成应用系统，可在数据池、功能池、服务池中，快速检索相关业务链条，实现按需定制，达到“一张纸”办公模式，创集团公司跨系统、跨专业的综合类管理系统先河。该系统投用后，业务处理能力与工作效率均有提升，为大港油田数字化转型、智能化发展提供参考与支撑。

【管道技术项目获中国创新方法大赛一等奖】 2020年，大港油田申报的技术项目“基于TRIZ理论的管道阴极保护技术智能化升级”获中国创新方法大赛一等奖。该项目运用TRIZ创新方法分析管道阴极保护系统，并应用“小人法”实施系统升级。该项目突破以惯性思维解决问题的局限性，通过选择问题系统层级，确定系统问题矛盾，建立问题模型、方案模型，最终形成实际方案，为解决油气管道问题、提升管道输送效率提供技术指引。

【青年人才建设】 2020年，大港油田推进青年马克思主义者培养工程与“青字号”品牌创建活动。按照“按需、竞争、择优、公开”原则，引进硕士学历和重点院校优秀本科生，注入新生力量；开展“十杰百优青年”“双争双创评选”等特色活动，激发工作活力；根据岗位与个性差异，针对性实施青年成长体系建设，明确成长路径；深化青年干部培训和挂职交流，增强履职能力。第二采油厂冯萌萌获第24届“中国青年五四奖章”；井下作业公司成利鹏当选全国青联十三届委员会委员；第三采油厂作业六区管理一站刘晓东入选“中国好人榜”，获评见义勇为类“中国好人”。三项荣誉皆为大港油田首例。

【大港油田博士后工作站获评全国优秀博士后科研工作站】 2020年，大港油田博士后工作站获评“全国优秀博士后科研工作站”。全国博士后工作综合评估每5年开展一次，3324家博士后工作站参加评估，221家获评优秀。大港油田围绕海工、新能源、智能化油田等科研新领域及勘探开发紧缺专业，通过高校专场和网络评审形式，考察博士8人，签约3人，博士队伍结构进一步优化。“中国博士后科学基金特别资助及面上资助”项目获国家二等资金基金资助，并成为中国石油行业唯一由企业博士后工作站独立申报的项目。研发“液体自支撑压裂技术的研发与实践”等5项科研成果，助推油气开发质量与效益提升。

（刘朝晖　覃爱群）

中国石油天然气股份有限公司青海油田分公司

【概况】 中国石油天然气股份有限公司青海油田分公司（简称青海油田）主营业务为石油天然气勘探、开发、炼油化工、油气集输、储运、勘探开发研究等业务，同时具有石油工程技术服务业务。

青海油田主要勘探开发领域——柴达木盆地，是中国七大内陆含油气盆地之一，地理面积约25万平方千米，沉积岩面积12万平方千米。油气总资源量70.3亿吨，其中石油38.17亿吨（包含致密油8.58亿吨）、天然气32127亿立方米。工作区域平均海拔3000米以上，是国内自然条件、工作环境最艰苦的油田之一。

截至2020年底，发现油田23个、气田9个，累计探明油气地质储量 11.84 亿吨，其中石油 7.7 亿吨、天然气 4128.27 亿立方米，油气探明率分别为 20.16% 和 13.4%。累计生产油气 1.39 亿吨，其中原油 6414 万吨、天然气 939.6 亿立方米，加工原油 3258 万吨。固定资产原值 647.99 亿元、净值 315.95 亿元；累计收入 4088 亿元，上缴税费 1344 亿元，连续 25 年保持青海省第一利税大户和财政支柱企业地位，被誉为青海经济发展的"领头羊"。

2020 年底，青海油田有花土沟原油生产、格尔木天然气和炼油化工、敦煌科研教育生活三个基地，有机关处室 16 个、直（附）属单位 6 个、二级单位 34 个。在册员工 16351 人，平均年龄 40.7 岁。男员工 10452 人，占员工总数的 64%；女员工 5899 人，占员工总数的 36%；35 岁及以下青年员工 4968 人，占员工总数的 30%；管理人员 3101 人，占员工总数的 19%；专业技术人员 2240 人，占员工总数的 14%；技能操作人员 10279 人，占员工总数的 63%，岗位退出人员 731 人，占员工总数的 4%。

【生产经营】 2020 年，青海油田新增油气三级地质储量 1.64 亿吨，探明石油地质储量 2389.25 万吨，生产原油 228.5 万吨、天然气 64 亿立方米，加工原油 150 万吨；收入 145.76 亿元，经营效益在集团公司国内上游企业排名第 4。

【"十三五"回顾】 "十三五"时期是青海油田稳健发展的五年，也是接续奋斗建设千万吨规模高原油气田的五年，广大干部员工坚定信念、砥砺前行，开创油田高质量发展的新局面。

石油勘探主攻英雄岭、扩展柴西北、深化柴西南，先后发现英西、英中、扎哈泉、切克里克等油藏。天然气勘探主攻阿尔金山前、深化三湖生物气、风险勘探腹部构造带，发现尖北、昆特依两个气田，生物气创新勘探多类型发现新苗头。综合勘探深层卤水和砂岩型铀矿，获铀矿、碳酸锂、氯化钾实验产品。"十三五"期间，新增油气三级地质储量当量 8.49 亿吨，其中探明石油地质储量 1.5 亿吨、天然气地质储量 422.44 亿立方米，获集团公司油气勘探重大发现奖 9 项。

发挥"勘探与开发、地质与工程、地面与地下、生产与销售"一体化优势，形成以前线指挥部为前沿、总值班室为指挥源头的生产管理模式，油气当量连续 10 年稳在"7"字头，尕斯油田百万吨规模稳产 29 年，打造英东油田效益建产的典范，涩北气田 50 亿立方米稳产 11 年。格尔木炼油厂实现"三年一修"，油品质量达到国Ⅵ A 标准，95 号高标号汽油和 –35 号低凝点柴油、航空煤油产品填补青藏地区生产空白。"十三五"期间，累计生产油气当量 3716 万吨，其中原油 1129 万吨、天然气 316.9 亿立方米，加工原油 741.12 万吨。

青海油田主要生产经营指标

指　标	2020 年	2019 年	2018 年	2017 年	2016 年
原油产量（万吨）	228.5	228	223.3	228	226.3
天然气产量（亿立方米）	64	64	64.05	64.01	60.8
新增原油产能（万吨）	31.61	44.86	41.66	48.45	35.07
新增天然气产能（亿立方米）	9.63	6.45	10.36	6.5	4.87
新增探明天然气地质储量（亿立方米）	2389.25	3244.45	286.32	2279	2801
二维地震（千米）	1000	874.84	806.8	1955	1053
三维地震（平方千米）	800	599.6	857	671	599
探井（口）	47	48	42	59	53
开发井（口）	228	560	463	627	503
钻井进尺（万米）	21.51	110.68	91.2	122.11	84.2
收入（亿元）	145.76	174.21	217.31	200.95	167.41
利润（亿元）	9.86	16.29	28.97	25.19	16.01

深入推进全员全过程全要素降本增效，实现储量、产量、效益逐年增长，投资、成本、人员逐年下降的"三增三降"目标。"十三五"期间，连续 25 年保持青海省利税大户和财政支柱企业地位。

完善科研创新体系，建立三级技能专家工作室管理模式，开展科技项目 661 项，新技术推广 63 项，科研成果应用率 95%，形成强改造盆地油气地质理论等 7 项重要成果，连续管作业技术成为集团公司标杆示范。加快数字化油田建设，实现 5943 口生产井数字化、23 个场站无人值守。"十三五"期间，获国家能源科学技术进步奖 1 项，科技成果荣获省部级以上奖项 45 项，其中集团公司科学技术进步奖 14 项。

建立完善生产安全风险分级管控和隐患排查治理双重预防机制，健全 QHSE 委员会和 6 个分委会，实现“属地、专业、专职”三位一体监督模式，完成全员安全环保履职能力评估，分级防控8类重大风险、157个风险点源。实施油泥砂处理、格尔木炼油厂硫黄回收、工业废水处置等环保项目。“十三五”期间，工业生产事故起数同比下降42.6%，主要污染物排放总量削减56%以上，连续五年评为青海省安全生产先进单位，两次获集团公司质量安全环保节能先进企业。

实施艰苦边远地区津贴、基地餐厅建设、盆地一线免费就餐、通廉航班、医院移交、雪亮工程、家庭宽带提速等惠民实事，实施矿区建设项目23个，建成东坪油苑住宅2794套，完成12094套老旧小区改造，“三供一业”、退休人员社会化管理等办社会职能平稳移交。助力脱贫攻坚战，实施冷湖镇农业种植园、唐古拉山镇文化旅游建设和长江源村综合服务中心建设等项目，获青海省脱贫攻坚精准扶贫先进单位。

【油气勘探】 2020年，青海油田提升勘探开发力度，创新咸化湖相碳酸盐岩油气藏富集规律，开展复杂三维地震攻关，优选干柴沟部署钻探柴9井，日产原油121立方米、日产天然气5万立方米。发现新的高产、埋藏浅的效益勘探区带，获集团公司油气勘探重大发现成果一等奖。集中勘探柴西北，控制南翼山、风西两个亿吨级规模储量区。台南、涩北、驼峰山区块见到较好效果。原油开发聚焦“精细治理老区、精心培育新区”，优化单井设计和措施类型，完全成本同比降低9.66美元/桶，原油产量超计划1.5万吨。坚持产储炼销一体化，争取成品油在青海省销售份额，在新冠肺炎疫情期间避免格尔木炼油厂关停，实现“安稳长满优”运行。实施二维地震5789千米、三维地震4075平方千米；实施探井238口，累计钻井进尺84.73万米；钻探风险井9口，钻井进尺5.02万米。新增油气三级地质储量当量8.49亿吨，其中探明石油地质储量15078.57万吨、探明天然气地质储量422.44亿立方米。

【油气生产】 2020年，青海油田充分发挥“油田公司前指+油田开发领导小组”的现场监管机制，开辟油田开发项目组运行管理模式，将科研、生产与机关深入融合，有效调动开发一路的集体智慧和力量，实现原油产量逐年攀升的良好局面。

截至2020年底，累计探明叠合含油面积412.59平方千米，探明石油地质储量70870万吨，技术可采储量13509万吨，动用22个油田（39个油藏区块），分别为尕斯库勒、跃进二号、乌南、昆北、扎哈泉、花土沟、七个泉、狮子沟、南翼山、油泉子、咸水泉、尖顶山、红沟子、开特米里克、冷湖、南八仙、马北、鱼卡、英东、英西、小梁山、大风山。累计动用探明石油地质储量61056.72万吨，累计动用石油技术可采储量12308.48万吨，共动用地质储量占探明储量的86.15%，技术可采储量占总探明技术可采储量的91.11%，储采平衡系数为2.24。采油井5452口，开井3902口，年均日产油6243吨，年产石油液体产量228.50万吨（其中液化气产量2.91万吨），累计生产原油6390.89万吨，年产液644.92万吨，累计产液1.48亿吨。

青海省柴达木盆地探明不同类型的气田15个，累计探明天然气地质储量4125.71亿立方米。开发涩北一号、涩北二号、台南、南八仙、乌南、马西、马北8、盐湖、英东、牛1、东坪和尖北气田，累计动用天然气地质储量4048.72亿立方米，累计动用天然气可采储量1986.86亿立方米。2020年，生产天然气64.00亿立方米，销售天然气57.41亿立方米，“涩—宁—兰”及复线销售44.23亿立方米，油田周边销售13.18亿立方米，累计销售817.84亿立方米，“涩—宁—兰”及复线累计销售594.82亿立方米。

老区以稳定老井为重心，抓实抓细综合治理和水侵挖潜，强化泥岩层及表外层试采评价，推进工艺技术瓶颈攻关，完成评价实验2项、提高采收率实验5项、专题研究3项。新区紧盯昆特依区块，加大试采评价力度，深化地质研究认识，为区块增储上产做好技术支撑，完成三维地震精细处理主体工作量、评价实验3项、专题研究1项。

【安全生产】 2020年，面对青海油田将质量安全环保节能与“战严冬、转观念、勇担当、上台阶”主题教育活动深入融合，强化依法合规，注重标本兼治。一般生产安全A级事故零起，百万工时死亡率为零；万台车死亡率为零；职业健康体检率100%，职业病危害因素检测率100%。深化QHSE培训，组织安全管理人员和特种作业资格取证、承包商HSE培训和关键岗位能力提升培训45期3142人次，培养属地安全管控“明白人”147名；通过演讲、宣讲等方式，开展安全生产月、环境日、质量月等主题活动，30万余人次参与答题，征集安全环保“话与画”作品162份，发放资料4469套（册）。开展“低、老、坏”专项整治、井控升级管理月、生态环境隐患排查等活动，投入2.89亿元，整治安全环保隐患157项。

组织井控、消防、承包商、特种设备等检查26次，整改问题6183项；严格承包商过程监管和考核，末位淘汰4家、黄牌警告停工整顿5家，清理资质失效队伍13支，满足集团承包商“两个3%”工作要求。推进安全生产专项整治三年行动，学习研讨习近平安全生产重要论述127次，实施114项重点工作；开展QHSE合规评价，修订《青海油田安全生产承包点管理办法》等制度16项。

【炼油化工】 2020年，青海油田加工原油150.01万吨，生产汽油53.27万吨，柴油66.90万吨、航空煤油0.15万吨，液化气4.64万吨，燃料油2.66万吨，烷基化油3.07万吨。销售汽油53.42万吨，柴油66.61万吨，航空煤油0.21万吨，燃料油2.32万吨，液化气4.62万吨，拔头油2.29万吨。生产甲醇8.16万吨，聚丙烯3.05万吨，苯0.53万吨，硫黄0.27万吨。销售甲醇6.67万吨，聚丙烯3.06万吨，苯0.54万吨，硫黄0.27万吨。

截至2020年底，青海油田炼化业务有150万吨/年常减压装置、90万吨/年催化裂化装置、30万吨/年汽油重整装置，19万吨/年汽油重整装置、15万吨/年柴油加氢装置、25万吨/年汽油加氢醚化装置、80万吨/年加氢裂化装置、16万吨/年重汽油补充加氢装置，10万吨/年甲醇装置、30万吨/年甲醇装置、10万吨/年气体分馏装置、2万吨/年聚丙烯装置、2万吨/年 MTBE装置、3万吨/年苯抽提装置、8万吨/年干气、20万吨/年液化气脱硫装置、42万吨/年酸性水汽提装置、5000吨/年硫黄回收装置、8000吨/年硫黄回收装置、15万吨/年航空煤油装置、5万吨/年烷基化装置、6万立方米甲醇驰放气及1.10万立方米混合气PSA提氢装置，以及相应的“水电气风路储运”等配套设施。可生产92号、95号国ⅥA标准汽油；+5号、0号、-10号、-20号、-35号国ⅥA标准柴油；甲醇、聚丙烯、纯苯、MTBE（甲基叔丁基醚）、液化石油气、液氨、航空煤油、硫黄等炼油、化工产品。

【工程技术服务】 2020年，青海油田井下作业工程作业一次合格率99.74%，二次作业发生率降低46.75%，作业周期4.67天；试油气施工工序一次成功率99.25%，资料差错率1.25‰，试油周期32.16天；常规大修施工合格率100%，套损井修复率52.94%，大修周期21.18天；压裂酸化措施改造成功率95.28%。通过推广应用聚丙烯酰胺类粉体封堵暂堵剂，开展天然聚合物类抗滤失压井液、冻胶堵漏剂试验，有效防止压井液漏失，推广应用聚丙烯酰胺类粉体封堵暂堵剂55井次，平均漏速由12米^3/时降至3.4米^3/时，同比下降71.6%，返排率83.5%。由井下作业技能专家工作室牵头，开展气井防砂一趟管柱工艺试验，在台1-21井获得成功，单井节约施工费用25万元。

2020年，承建工程项目65项，完工43项；生产各型抽油机180台、橇装产品91套、控制柜830面，套管螺纹加工19000吨，压力容器及加热炉制造44套，非标及其他加工136套，管线防腐保温635.1千米。

【科技发展】 2020年，青海油田科技工作以构建适应油田发展的特色创新体系为目标，推进科技改革与管理创新，完善激励措施，通过完善“决策、组织、实施”三级机构，明确各部门功能、职责定位，推动国家油气专项、集团公司重大科技专项、重大现场试验等科技项目取得新进展。组织开展各类科研攻关项目251项（含省部级及以上19项）。科研项目进度完成率95.1%，科技创新及成果转化应用率95%，获省部级科技奖励9项，其中青海省科学技术进步奖3项、石油化工自动化协会科技奖励6项。获国家授权专利33件（发明专利6件）。新技术、新产品推广应用7项，创效900万元。举办“2020年青海油田青年学术论坛”，28篇论文获奖。出版《青海石油》4期，发表论文80篇。

推广应用“四新”技术4项，累计推广应用60井次，通过新技术推广应用累计创效和节约成本191.71万元。其中，“液面监测系统推广应用”累计完成32井次，节约费用89.5万元。

【数字化油田建设】 2020年，青海油田信息化工作紧密围绕集团公司“数字中国石油”战略部署，持续推进信息化技术与油田产业链深度融合，全面促进油田公司发展理念、生产模式、科技研发、管理体制体系等全方面变革，加速推进“油公司”模式改革。围绕新油气田效益建产、老油气田持续稳产，统筹谋划“十四五”工作，加强信息化顶层设计，坚持试点先行、分步实施，数字化油田建设稳步推进。

油气水井系统（A11）升级，系统兼容A11标准和油气水井标准，实现油田单井生产数据的全覆盖，确保井口数据在同一平台统一管理；采油与地面工程（A5）2.0升级，成立项目工作领导小组和项目实施组，完成问题追踪182项，单井基础数据补录106402条，对接63002条，单井设备数据加载由原来的65%提升到100%，完成《气田开发动态分析及诊断系统》与A5系统采气生产模块的数据同步工作；电子公文（OA）2.0升级，梳理各单位电子公文系统AD账号信息，为单轨登录提供技术保障；油田财务共享项目建设，完成财务共享平台中ERP系统部分的梳理和ERP测试系统中28家单位的测试单据准备工作；优化勘探生产管理模块数据获取流程及曲线成图功能，更新一体化助手石文插件和石文研究模块数据流程获取优化，解决综合查询展示模块的录井综合图和试采曲线打开报错问题，完成用户登录次数弹窗显示的功能开发，解决卡奔井筒可视化IEP文件读取问题。实现油田生产数据、生产现场视频、工业控制、生产调度、生产应急一体化和可视化管理，提高油田公司生产运行管理水平和应急指挥能力。

勘探与生产技术数据管理系统（A1）加强权限管理，定期开展岗位角色对应关系检查，及时处理用户申请、撤销、变更、解锁等系统运行维护工作，清理账号37个，新建账号5个，现有账号283个，完善系统内组织机构2个（油气生产单位，勘探开发研究院），优化业务流程15条，油田共开钻524口井，钻井、录井、测井、试油等专业采集任务下发4256井次，任务入库2873井次，结构化数据721014条、文档数据117328份、二维地震数据2.7太字节、三维地震数据4.6太字节，系统数据正常化工作有序开展；油气水井生产数据管理系统（A2）配合集团公司A2项目组展系统运维满意度调查1次、网络测试8次，系统接口调试处理3次，保障油田生产数据上报勘探与生产公司工作；采油与地面工程运行管理系统（A5）基本完成单井基础数据补录工作，主要包括：4269口钻完井基础信息、3210口单井小层数据、7147口单井套管信息、7148口单井油层套管记录、2321口井射孔数据、4850口井单井井斜数据、6370口油气水井井口设备（抽油机、电机、控制柜、皮带等）资料补录工作；油气生产物联网系统（A11）新增配套采集设备油井276套，水井24套，气井176套，油井数据上线率92%、水井上线率91%、气井上线率97%。勘探与生产ERP（D1）在现行的ERP系统物资管理模块内增设物资到货通知单流程，将到货通知单的下达业务在ERP系统内进行电子化，实现到货通知无纸化；电子公文系统（E5）系统用户20800名，年均发文25300件。根据业务需求变化及时调整系统流程配置，建立从厂处到地区公司的两级运维模式。在集团公司统建系统2020年度考核中，青海油田电子公文系统位居第一名；企业信息门户（E3）开发“深入开展‘战严冬、转观念、勇担当、上台阶’主题教育活动”“众志成城、防控疫情青海油田”“2020年网络安全宣传周”“青海油田2020年两会专题”“高质量推进千万吨规模高原气田建设（2020年领导干部会议精神）”“走向我们的小康生活”“新春及节假日宣传彩页”等12个专题网页；视频会议系统（F7）开展局级会议329场次，会议保障率100%。

【企业党建工作】 2020年，青海油田党委设二级单位党委31个，党总支4个，党支部401个，基层党支部覆盖率100%。党员7581人，其中在职党员7387人，离退休党员25人，其他党员169人。女性党员2407人，少数民族党员344人。新发展党员206名。

青海油田党委逐级传递压力，大力开展主题教育宣讲，以领导带头示范讲、全面覆盖巡回讲、上下联动重点讲的形式，宣讲522场次。组织转变观念大讨论1500多次，收集合理化建议近2000条，讨论出提质增效的措施和方法。青海油田对主题教育进行再部署、再动员，再发力，组织第二轮宣讲与调研，宣讲29场次，走访近百个基层队站班组，总结宣传典型经验30余个，66个三级单位通过视频听取宣讲并参与座谈讨论，2000多人听取宣讲。以找问题破短板为突破口，青海油田领导班子成员和专业部门深入基层一线，到65个单位123个基层队站，征集意见建议180条。制订主题教育活动方案，安排部署提质增效专项行动9个方面38项具体措施，主题教育4个方面20项活动。开展领导调研，征集意见建议180条。11000余名员工参与问卷调查，占员工总数的65%以上。广泛开展应对低油价“怎么看、怎么办、怎么干”主题大讨论活动1500多次，收集建议近2000条。撰写简报25期，集团公司采用5期。

升级“抓攻树”活动，创新开展HSE+党建、安全监督哨等活动，完成党员立项攻关项目52个，创效近800万元。召开党建工作与生产经营深入融合经验交流会，形成“三合工作法”及“党组织强体、党员塑形、党员创效”三项创建活动、“高原气田特色党小组”等党建品牌。强化融合阵地建设，建成17个“党建室”和65个“党建活动园地”，员工群众依托党支部活动园地、技能大师工作室、青工孵化基地等平台开展创新创效、“五小”攻关，节约创效近1500余万。

【纪检工作】 2020年，青海油田对照中央巡视反馈10类问题，结合集团公司党组巡视反馈30个问题及“不忘初心、牢记使命”主题教育检视的10个问题，组织三地纪检力量开展坚决制止餐饮浪费专项督查36场次，营造浪费可耻节约光荣的氛围，形成杜绝浪费厉行节约的自觉。深入花土沟、格尔木、民和县、门源县等扶贫点开展扶贫领域腐败风险和作风问题督导检查，助力脱贫攻坚任务完成。推动党中央重大决策部署落实落地。

组织 300 余名领导干部和关键岗位人员观看《不忘初心 警钟长鸣》警示教育片；组织参观油田“两厅”2740 人次，让党员干部守初心、知敬畏；组织 1.36 万人次参与党风廉政建设知识微信答题、1.57 万人次参加政务处分法微信答题。纪委书记、派驻纪检组组长讲党课 16 次，将集团公司典型案例通报、油田经商办企业和违法犯罪案例等作为警示教育重点。组织 3 次纪检干部廉洁家访，了解“八小时以外”的廉洁自律情况。开展“六个一”任前廉洁教育 29 人次，党风廉政意见回复 67 批次，涉及 346 个集体、1113 人次。

围绕新冠肺炎疫情防控、主题教育、QHSE 问题整改等重大事项，开展各类监督检查 322 次，发现问题 210 个，针对工作开展不严细、责任履行不到位、问题整改不认真等典型问题，在检查过程中督促立行立改，下发监督建议书 24 份，通报 14 件次、问责 144 人。加强专业培训、强化理论积累，举办业务大讲堂 4 期、培训 189 人次，举办巡察干部培训班 2 期、培训 74 人次，着力提升纪检、巡察队伍业务素质。加强政治训练，强化实践锻炼。抽调 6 名纪检干部以案代训，选派 18 名业务骨干以巡代训，选送 1 名年轻干部参加纪检监察组六中心实践锻炼，选派 3 名处科级干部参加集团公司党组巡视，授权派驻纪检组查办案件 28 件。

【企业文化建设】 2020 年，青海油田组织新华社、中新社及《青海日报》等多家外媒记者开展“新春走基层”采访、“五一劳动节”直播、“昆仑山下采气人”主题直播活动，直播客户端点击量累计突破 50 余万次，中新网、凤凰网、微博等平台及海外推特、脸书等账号同步转播观看累计达到 50 万次。组织开展科技成果展示宣传、提质增效专题采访、冬季保供主题宣传、企业形象提升周活动，对外宣传发稿 400 条，集团公司门户投稿 1075 条，集团公司各单位排名第二。

深入基层单位、生产一线、野外队站开展“形势目标任务责任”主题教育活动，围绕十九届五中全会精神、集团公司工作会、油田两会精神以及提质增效专项行动，分四批组织主题教育巡回宣讲 110 场次，走访 132 个基层队站班组，座谈 38 场次，通过手机短信发送解读信息 31 万余条，通过微信和石油党建平台开展答题累计 20000 余人次，实现油田全覆盖。网络推送宣传引导信息 400 余次，正面转发评论 16 万次。

2019 年 12 月 18 日，国务院国资委在北京发布中央企业工业文化遗产名录，冷湖地中四井等 15 项石油石化行业文化遗产入选名录。2020 年，集团公司开展首届工业文化遗产申报，评出 29 项物质文化遗产和非物质文化遗产。11 月 20 日，经专家项目组现场验收，冷湖地中四井通过验收。

【惠民工程】 2020 年，青海油田推进“三供一业”清算鉴证和维修改造收尾，强化基地职工餐厅、菜篮子等民生工程，矿区环境容貌秩序实行常态化管理。推进“关爱生命，守护健康”等有关措施，实现非职业健康体检一年一次，三大基地实现定点药店医院刷卡实时结算。积极争取青海省政策支持，完成 2019 户老旧住宅小区窗户更换和外墙保温改造。组建成立海西州青海油田社会事务服务中心，清理规范统筹外项目，维护退休人员切身利益，退休人员社会化管理平稳有序。协调宝石花物业解决 80 名油田子女就业问题。“小劳保”实现电商采购发放，员工采购生活用品更加便捷。

（幸　利）

中国石油天然气股份有限公司华北油田分公司（华北石油管理局有限公司）

【概况】 中国石油天然气股份有限公司华北油田分公司（华北石油管理局有限公司）简称华北油田，隶属中国石油天然气股份有限公司和中国石油天然气集团公司，是一家以常规油气勘探开发为主，同时拥有煤层气、储气库、燃气以及生产服务、矿区和社会服务等业务的地区分公司。前身为 1976 年 1 月成立的华北石油会战指挥部，总部位于河北省任丘市，油气勘探区域主要集中在渤海湾盆地冀中坳陷、内蒙古二连盆地、巴彦河套盆地和山西沁水盆地四大探区。截至 2020 年底，华北油田资产总额为 554.75 亿元，净资产 419.45 亿元；累计探明石油地质储量 14.82 亿吨、天然气地质储量 374.33 亿立方米、煤层气地质储量 2833.13 亿立方米；累计生产原油 2.91 亿吨、天然气 135.19 亿立方米、煤层气 87.33 亿立方米；累计工业总产值（现价）3414.63 亿元。2020 年底，华北油田设机关职能部门 14 个，直属单位 8 个，直管单位 3 个，二级单位 36 个。员工 2.8 万人，其中：管理人员 6932 人，专业技术人员 4628 人，技能操作人员 15987 人；研究生及以上学历人员 738 人，大学文化程度人员 16996 人。

2020 年，华北油田新增探明、控制、预测石油地质储量 3444 万吨、1515 万吨和 5344 万吨；生产原油 416 万吨、天然气 3.19 亿立方米、煤层气 12.57 亿立方米；收入 179.11 亿元、利润 -15.96 亿元、上缴税费 15.14 亿元。

【"十三五"回顾】 "十三五"期间，华北油田坚持稳中求进工作总基调，统筹推进改革发展稳定各项事业，全面完成各年度生产经营任务。坚持优化业务布局，规模实力不断增强。"主营突出、多元互补"的产业格局日益完善，油田核心竞争优势持续巩固，业绩考核位居集团公司上游板块前列。累计生产原油 2050 万吨、天然气 14.1 亿立方米、煤层气 52 亿立方米，收入 1407.3 亿元，上缴税费 120.4 亿元。坚持掌控优质资源，勘探开发成果显著。巴彦河套盆地探明整装储量并建成吉兰泰油田，冀中和二连老区形成一个亿吨级、两个五千万和三个三千万吨级规模储量区，杨税务超深潜山气藏整体探明天然气地质储量 115 亿立方米，富油区带整体再评价经验做法在股份公司全面推广。累计新增三级储量 6.29 亿吨、新建产能 347 万吨，储量替换率连续 10 年大于 1，自然递减、综合递减稳中有降。坚持抢占外部市场，发展空间有效拓展。燃气业务遍布全国 13 个省（自治区、直辖市），居民用户突破 60 万户。地热业务形成"一区五县"市场布局，供热面积 180 万平方米。对外合作业务巩固长庆、海南等国内市场，拓展中东、非洲、南美等海外市场，外闯市场人员 3500 人，"人多油少"的矛盾有效缓解。坚持深化改革创新，动力活力显著提升。全面移交"三供一业"、市政、社区等企业办社会职能，建立完善以事业部为经营主体的管控模式，累计压减整合二级机构 27 个、三级机构 404 个。着力抓好科研体制完善和重大科技攻关，累计获省部级以上科技奖励 77 项、授权专利 688 件，制定发布行业标准 15 项，形成具有华北油田特色的技术体系。坚持加强安全环保，发展根基巩固夯实。

华北油田主要生产经营指标

指　标	2020 年	2019 年	2018 年	2017 年	2016 年
原油产量（万吨）	416	413	407.20	403.10	410.96
天然气产量（亿立方米）	3.19	3.19	3.25	2.40	2.07
煤层气产量（亿立方米）	12.57	11.41	10.35	9.0	8.77
新增原油产能（万吨）	60.22	97.86	70	56.01	47.82
新增天然气产能（亿立方米）	0.51	0.8	1.0	1.0	0.8
新增煤层气产能（亿立方米）	2.94	3.23	1.7	2.3	0.49
新增探明石油地质储量（万吨）	3443.65	3732.72	2782.23	3136.03	2554.06
新增探明天然气地质储量（亿立方米）	0	0	60.95	0	37.59
新增探明煤层气地质储量（亿立方米）	189.03	235.89	122.02	104.8	116.59
二维地震（千米）	879	758	1475	1518	640
三维地震（平方千米）	293	1260	654	704	655
探井（口）	103	124	120	132	96
开发井（口）	358	608	578	662	199
钻井进尺（万米）	107.88	158.5	138.1	140.0	73.72
勘探投资（亿元）	12.79	21.16	18.47	20.34	13.72
开发投资（亿元）	32.79	52.46	40.16	40.34	28.48
资产总额（亿元）	554.75	577.14	572.23	530.99	529.9
收入（亿元）	179.11	229.69	231.33	177.39	145.12
利润（亿元）	-15.96	10.17	16.35	-18.2	-37.02
税费（亿元）	15.14	27.56	29.54	22.39	12.92

冀中地区实现钻井液不落地全覆盖，油气生产综合能耗始终低于股份公司平均水平，第五采油厂进入国家绿色矿山名录库，华北油田连续 11 年被评为集团公司安全环保先进单位。坚持员工至上理念，企业大局

和谐稳定。累计改善住房 1.66 万套，发放公积金贷款 24.88 亿元，帮扶救助困难家庭 6.94 万户次，发放慰问金、救助金 1.31 亿元，发展成果更多惠及员工群众。坚持全面从严治党，政治优势充分发挥。“大党建”工作格局日益完善，引领保障企业发展能力显著增强，华北油田连续获评全国文明单位。

【油气勘探开发】 2020 年，华北油田注重资源掌控，稳产能力不断增强。预探评价多点突破，巴彦河套盆地临河坳陷兴隆构造带临华 1X 井、兴华 1 井分获 305 立方米和 274 立方米高产油流，开辟规模增储新战场；杨税务潜山天然气勘探获新突破，安探 401X 井获日产原油 12.96 立方米、天然气 52.54 万立方米高产油气流；富油区带整体再评价在束鹿西斜坡、乌里雅斯太、阿南洼槽等取得新进展，老区资源基础不断夯实。开发生产稳定向好，突出效益建产，新建原油产能 60.22 万吨；加大老油田综合治理力度，抓好注水专项、长停井恢复、深部调驱等工作，措施有效率提高 2.2 个百分点，累计增油 26.2 万吨；强化生产组织，综合平衡产、运、销、储，加快实施工程建设，及时解决工农问题，确保油气生产踏线运行。

【增气战略】 2020 年，华北油田注重规模效益，增气战略加速推进。煤层气业务盘活老区、拓展新区，加快产能建设节奏，全年探明石油地质储量 189 亿立方米。常规天然气业务（含苏 75 合作区块）生产运行保持平稳，累计生产天然气近 11 亿立方米。储气库业务科学注采运行，三大储气库群累计注气 21.4 亿立方米、采气 17.7 亿立方米。燃气业务新开发城乡用户 9.2 万户，正式承接长庆乙烷销售业务，形成新的经济增长点。

【市场开拓】 2020 年，华北油田注重开放合作，市场空间不断拓展。生产服务保障能力持续增强，“水电讯”运行平稳，物资供应、消防安全、道路修建等服务及时高效。外闯市场业务以技术服务为切入点，带动辅助业务规模不断提升，新拓展浙江油田、南方公司和长庆油田市场领域，新获西非乍得和中东阿联酋技术服务项目，整体创收 5.4 亿元。地热业务“一区五县”市场加速落实，联合中标雄安新区供暖项目，任丘、霸州等地热项目加快建设，形成供暖能力 283 万平方米。

【经营管理】 2020 年，华北油田注重综合施策，提质增效成果丰硕。突出控投求效，坚持效益标准，严控投资规模，严格立项评估，严抓考核评价，投资完成率 95% 以上。突出降本增效，落实预算成本倒逼机制，严格控制“五项”费用和非生产性支出，深入推进资产瘦身减负，原油完全成本、单位操作成本实现硬下降。突出挖潜创效，推进难采区块合作开发，加大闲置资产调剂利用力度，扩大集中采购、集约招标规模，优化油气销售运行、加大推价力度，落实减免社保支出及援企稳岗补贴优惠政策，累计节支增收 7.5 亿元。突出合规保效，召开依法合规专题会议通报典型案例，着力抓好重点领域、关键环节审计和特殊资金监管，持续加强合同和市场管理，取消不合格“三商”42 家，堵塞管理漏洞，维护企业利益，为提质增效保驾护航。

【改革创新】 2020 年，华北油田注重稳准实施，改革创新持续深化。重点改革纵深推进，制订业务归核化发展方案，指导第五采油厂开展辅助业务专业化重组，深化巴彦勘探开发分公司“两新、两高”模式建设，全年优化整合二级、三级机构 53 个；加快企业瘦身健体，按时完成涉及天津、河北、内蒙古 15 个地市 6.4 万人的退休人员社会化管理工作；实行工效挂钩和差异化考核，绩效工资随效益联动的激励约束机制更加完善。科技创新成果显著，加大瓶颈技术攻关力度，在新区高效勘探、富油区带整体再评价、煤层气高效增产等方面发展完善 4 项理论认识、攻关形成 12 项标志性创新成果；加强油田信息化建设，油气生产物联网系统数字化率 73%，127 个科研项目实现上云，科技支撑能力进一步提升。

【安全环保】 2020 年，华北油田注重科学精准，疫情防控和安全环保态势平稳。坚持外防输入、内防反弹，统筹抓好战时应对、复工复产和常态化防控工作，持续加强重点场所、重点人群管控，牢牢守住“零疫情”“零感染”底线。坚持从严监管、从严防控，完成以内部自审为主的体系审核，全年整改发现问题 1529 个；分级分类整改生态环保排查发现问题 120 项，按期完成雄安新区高 59 区块 18 口井的退出任务，第一采油厂、第四采油厂通过国家级绿色矿山创建验收；推进质量监管，开展井筒质量监督 1253 井次，完成产品质量监督 185 批次，质量安全环保根基逐步夯实。

【和谐稳定】 2020 年，华北油田注重发展惠民，油田矿区和谐稳定。推进改善房建设，完成第五批改善房选房工作，万达春溪渡、创业家园 F 区改善房及华美育才小区棚改项目加快推进。全力办好惠民实事，实现参保人员跨省异地就医直接结算，推进多种常用药品价格下降 70%，走访慰问生活困难家庭 5000 户、发放救助金 3400 余万元。落实维稳安保责任，坚持和发展新时代“枫桥经验”，畅通“四位一体”诉求表达渠道，严厉打击涉油违法犯罪，完成全国“两会”、党的十九届五中全会等重点敏感时期维稳信访安保防恐任务，两次获集团公司嘉勉。

【企业党建工作】 2020年，华北油田制定实施学习贯彻习近平总书记重要指示批示精神落实机制，持续做好选人用人工作，推进干部年轻化，选拔中层干部52人、调整77人，组织100多名机关、基层干部双向交流，促进干部队伍结构优化和综合素质提升。高质量整改集团公司党组巡视及“回头看”发现问题，扎实开展“四风”纠治和四个专项治理，全面加强“三不”机制建设深入开展“战严冬、转观念、勇担当、上台阶”主题教育，不断深化企业文化理念实践，积极谋划新时期共青团和青年工作，创新组织主题劳动竞赛和岗位创效活动，大力弘扬劳模精神、劳动精神、工匠精神，凝聚推动改革发展的强大合力。

（杨　英　葛志军）

中国石油天然气股份有限公司吐哈油田分公司（新疆吐哈石油勘探开发有限公司）

【概况】 中国石油天然气股份有限公司吐哈油田分公司（新疆吐哈石油勘探开发有限公司）简称吐哈油田，是集油气勘探与生产、石油工程技术服务、矿区后勤服务等多种业务于一体，跨国、跨地区经营的大型石油企业，前身为1991年2月成立的吐哈石油勘探开发会战指挥部，总部位于新疆鄯善县火车站镇。主要从事油气勘探开发、科研服务、油田建设、水电讯保障、机械制造、物资采购等业务。吐哈油田勘探领域包括吐哈、三塘湖、准噶尔、民和、银额、总口子6个中小盆地，分布在新疆、内蒙古、甘肃和青海4省（自治区），登记17个探矿权区块，探矿权面积4.14万平方千米。2020年底，有机关职能部门13个、直属机构6个、二级单位20个（含医院），用工总量9350人，其中合同化员工7497人、市场化用工1853人。累计探明石油地质储量59305.35万吨（含凝析油），探明天然气地质储量1176.31亿立方米（含溶解气）；累计生产原油6127.03万吨、天然气253.68亿立方米；上市业务资产总计118.83亿元，未上市业务资产总计28.49亿元。

2020年，吐哈油田坚持稳健发展方针，围绕提质增效工作主线，深化改革创新，强化扭亏攻坚，统筹推进党的建设、增储上产、提质增效、深化改革各项工作，安全环保生产平稳受控，完成年度各项指标任务。新增探明石油地质储量543.76万吨、预测石油地质储量3373万吨，新增探明天然气地质储量2.18亿立方米，新增SEC油气证实储量59.5万吨；生产原油157万吨、天然气3.16亿立方米。上市业务结算油价40.6美元/桶，收入39.93亿元、利润-27.61亿元，完成考核指标；桶油单位完全成本

吐哈油田主要生产经营指标

指　标		2020年	2019年	2018年	2017年	2016年
原油产量（万吨）		157	165	185	190	200
天然气产量（亿立方米）		3.16	4.04	5.02	6	7.25
新增原油生产能力（万吨）		17.76	23.03	40.93	48.48	30.48
新增天然气生产能力（亿立方米）		0.2	0.06	0.56	0.5	1
新增探明石油地质储量（万吨）		543.76	149.32	1950.61	1598.63	2120.7
新增探明天然气地质储量（亿立方米）		2.18	—	—	—	—
二维地震（千米）		272	730.7	200	—	1509
三维地震（平方千米）		38.04	473.4	200	345	—
完成钻井（口）		107	247	305	266	244
钻井进尺（万米）		36.43	68.36	82.22	76.25	74.91
勘探投资（亿元）		7.68	9.82	7.44	7.53	9.44
开发投资（亿元）		12.21	22.09	27.66	28.33	23.79
资产总额（亿元）	上市	118.83	132.19	158.75	177.37	179.71
	未上市	28.49	31.75	37.76	36.87	41.22
收入（亿元）	上市	39.93	59.8	70.51	57.7	46.93
	未上市	19.35	25.92	33.02	31.01	29.33
利润（亿元）	上市	-27.61	-56.44	-23.22	-18.02	-27.59
	未上市	-1.66	-3.1	-0.71	-6.31	-7.99
税费（亿元）	上市	3.56	7.29	11.23	5.17	3.02
	未上市	2.23	3.09	3.32	3.35	4.02

67.27 美元 / 桶、油气单位操作成本 22 美元 / 桶，分别较考核指标下降 0.54 美元 / 桶和 0.34 美元 / 桶；未上市业务收入 19.35 亿元，利润 -1.66 亿元，较考核指标减亏 0.18 亿元。

【“十三五”回顾】 “十三五”期间，吐哈油田持续创新工作方式，政治文化优势充分发挥。建立系统化明责、清单化定责、精细化履责、多元化考责、严肃化问责的“五化”党建工作责任制，形成“大党建”工作格局，8 个党组织、21 名党员获省部级以上党内表彰，8 人次获省部级以上劳动模范、开发建设新疆奖章等。强化党风廉政建设和反腐败工作，推进全面从严治党向纵深发展。加强宣传思想文化和群团统战工作，深化形势任务教育，推进媒体融合升级，创新思想政治工作方法，筑牢全体干部员工共同奋斗思想基础。

推进瓶颈技术攻关，明确勘探突破方向和稳产技术路线。深化地质认识和地震成像技术研究，探索新领域、扩展新层系、寻找新类型，发现石炭系天然气、芦草沟组页岩油、煤层气等勘探新领域，迈出吐哈前侏罗系深层大型岩性油藏、胜北洼陷岩性油气藏的勘探步伐。推进提速提效技术攻关、提高采收率机理研究和现场试验，实现二叠系超深稠油、页岩油、火山岩等油藏规模建产，鲁克沁深层稠油“二三结合”开发方式日趋配套，页岩油和火山岩油藏以井组为单元的“渗析 + 驱替”开发技术逐步完善，吐哈稀油减氧空气泡沫驱在玉果油田获成功。

全方位挖掘降本增效潜力，缓解低油价和产量下跌带来的经营压力。构建完善工程服务市场化、井筒设计实用化、钻修动力电驱化、地面建设集约化的投资管控模式，百万吨原油产能建设投资上升势头得到控制；形成生产全过程优化、集中采购打包招标、外包劳务费用严控、措施成本与当期油价联动等成本管控成熟做法，连年完成集团公司效益考核指标；完成资产减值、报废 84 亿元，折旧折耗总额下降 13.5%；做好原油混掺和价差增效、油气副产品增效等工作，累计增效 15 亿元；外部及海外市场累计创效 2.7 亿元。

优化体制机制，推进“双百行动”综合改革和扩大经营自主权改革。重组整合三个采油厂、三个后勤单位和运输、机械制造等业务，全面完成剥离企业办社会任务；建立由身份管理向岗位管理转变的用工机制；建成以 52 套信息系统为核心的“数字吐哈”；加强依法治企，确保各项决策和生产经营依法合规。

推进和谐建设，实施民生工程，营造良好的内外部发展环境。建设和维修鲁克沁职工公寓、哈密基地南区食堂、鄯善基地步行道等设施，建设多层电梯住宅，推进“三供一业”维修改造，开展石油基地美化亮化绿化工程。争取地方惠民政策，退休养老金、生育津贴、工伤伤残及工亡遗属抚恤金较“十二五”末分别增长 46.5%、90% 和 39%。帮扶困难群体 4623 人次、资助困难学生 388 人次、大病救助 107 人次。落实新时代党的治疆方略和新疆工作总目标，投入 6700 万元支持地方建设，做好南疆“访惠聚”工作，安保防恐信访维稳实现“三不出”。

【油气勘探】 2020 年，吐哈油田石油及天然气预探完成二维地震 272 千米、时频电磁 260 千米、Walkaway-VSP1 口（条 3408 井）、VSP 勘探 1 口（石钱 1 井）；三维地震 38.04 平方千米。完成预探井 19 口，完成钻井进尺 7.42 万米；油藏评价完成钻井 16 口，完成钻井进尺 5.03 万米；石油及天然气预探试油交井 20 口 26 层，新获工业油气井数 8 口，综合探井成功率 30.77%；油藏评价试油交井 10 口，新获工业油气井数 9 口，综合评价井成功率 90.91%。新增探明石油地质储量 543.76 万吨、可采储量 51 万吨。

突出高效勘探，立足吐哈—三塘湖、加快准东流转区、积极准备风险领域，强化地质认识创新与工程技术进步，持续推进勘探开发一体化与提质增效工程，油气勘探在多个领域获新发现。吉木萨尔芦草沟组页岩油上、下甜点均获工业油流，新增预测石油地质储量 3373 万吨，吉 28 块水平井体积压裂先导开发试验区实现 60 美元 / 桶油价下效益开发，具备 30 万吨规模建产的资源和技术条件；石钱滩凹陷石钱 1 井中途测试获 6.3 万立方米工业气流，首次在东疆石炭系海相砂砾岩获天然气工业突破，有望落实 300 亿立方米整装石炭系天然气储量；准东页岩油勘探突破、天然气勘探发现分获集团公司勘探重要成果一等奖和重要发现二等奖；沙奇凸起前缘具备 5000 万吨岩性油藏勘探潜力，石树沟凹陷拓展出亿吨级页岩油勘探新领域，地质工程一体化攻关发现胜北凹陷 136 亿立方米侏罗系岩性气藏勘探有利区，三塘湖马朗、条湖凹陷芦草沟和条湖组页岩油形成两个 3000 万吨储量叠合连片的新态势。吐哈盆地玉探 1 井、连 30 井揭示台北凹陷二叠系成熟烃源岩并发现稀油油藏，三塘湖盆地塘 1 井组煤层气排采 8 口井均获气流，明确吐哈—三塘湖盆地稀油及天然气高效勘探的主攻领域和方向。

【油气开发】 2020 年，吐哈油田生产原油 157 万吨、天然气 3.16 亿立方米。

油田开发在评价建产一体化、马1块页岩油开发试验、精细注水专项治理、非常规油藏转变开发方式等方面取得成效，新建原油产能17.8万吨，平均单井日产10.2吨，同比增加2.4吨，自然递减率控制到21.6%，同比下降0.7个百分点。胜北503H井、胜北505H井获高产油气流，致密气评价取得关键突破；三塘湖马L1-4H、马T103H等井获工业油流，页岩油评价成果进一步扩大，明确上产重点区块。严格落实井位三级审查、建立“一井一策”单井优化模板，红南9块、鲁克沁二叠系加密调整、三塘湖马1块页岩油等产能建设方案符合率提升到83.9%，百万吨产能建设投资52.5亿元，同比减少6.1亿元，实现投资效益正向拉动。推进精细注水专项治理，油田分注率、欠注率、水质达标率等关键指标优于方案。创新开展天然气重力混相驱和战略储气库协同建设，葡北开发试验见到增产效果；鲁克沁减氧空气泡沫驱腐蚀、气窜治理技术进一步完善，采收率由15%提高到25%。温吉桑储气库群设计库容量55.9亿立方米、工作气量20.5亿立方米，完成丘东气库先导试验，效果好于方案设计；温西一气库开工建设，计划2022年投产，2025年库群全面投产。

【改革创新】 2020年，吐哈油田遵循“专业化发展、市场化运作、精益化管理、一体化统筹”治企准则，持续深化改革，强化经营管理，提升效率效益，高质量发展内生动力不断增强。党的领导有机融入吐哈油田治理各环节，QHSE、内控、廉政建设等体系实现融合，完成“油公司”模式改革，吐鲁番、鲁克沁、鄯善和三塘湖4个新型采油管理区基本建成，成立油气生产服务中心，实现生产模式变革和用工方式转型；准东新区“管理+技术+第三方用工”试点效果显著，形成以甲方为主导的管理、研究、工程、现场“四位一体”管理模式；运输、机械制造等未上市业务专业化重组纵深推进，企业和领导人员岗位分级分类管理稳步实施。

【提质增效】 2020年，吐哈油田强化全员效益意识，建立长效机制，细化责任落实，围绕勘探走出低谷、低成本开发、深化改革、降本增效等重点工作，制定10个方面43条措施，细化分解133项具体任务，对主要成本要素分类制定压降措施，“一井一策”优化产能建设方案设计，推进轻烃装置参数优化、老油田简化，开展大宗物资降价谈判，动态优化区块储量与资产，从紧控制管理费用，科学筹划财税政策，建立周碰头会、月度工作例会机制，全方位、全要素、全员、全过程挖掘生产经营潜力，实现提质增效6.08亿元。

【安全环保和疫情防控】 2020年，吐哈油田深化QHSE体系建设，推进基层队站标准化建设、全员HSE履职能力评估考核、风险识别培训，增强员工“懂标准、知风险、会操作”的综合能力。启动安全生产专项整治三年行动计划，落实高危作业区域安全生产“区长”制、全员安全生产记分管理等制度，扎实推进“大反思、大排查、大整改”活动，建立健全隐患问题和制度措施“两个清单”，开展井控安全、大型压裂施工等5个专业领域风险整治，多方位联合推进风险隐患排查治理，强化重大风险领域应急实战演练，颁布油田HSE禁令，落实承包商考核末位淘汰，生产形势平稳受控，连续17年实现安全环保生产。推进绿色矿山建设，推广地面和井筒清洁生产作业技术，完成历史遗留的低含油危险废弃物治理，吐鲁番采油管理区所属4个油田通过新疆维吾尔自治区绿色矿山验收，进入国家绿色矿山名录。开展质量计量和节能节水工作，能源消耗总量逐年下降，实现节能0.41万吨标准煤、节水9.1万立方米。统筹推进新冠肺炎疫情防控和复工复产，与地方政府建立联防联控机制，哈密、鄯善、吉木萨尔三个疫情防控指挥部严格落实“早发现、早报告、早隔离、早治疗”“统一健康筛查、统一岗位管理、统一安排分餐、统一封闭管理、统一住宿管理”“发热门诊预警机制、环境监测预警机制、环境消杀预警机制、冷链食品邮件物流监测预警机制、交通运输人和物的监测预警机制、重点人群核酸检测预警机制、人员不聚集监督管理预警机制、健康码的运用预警机制”要求，压紧压实属地、行业、单位、个人四方责任，将疫情对生产经营的影响降到最低，油区实现“零疫情、零感染”。

【科技攻关】 2020年，吐哈油田投入科研经费6860万元，组织实施科技攻关项目42项，获集团公司科学技术进步奖2项、省部级成果4项，获国家发明专利3件、实用新型专利66件。叠合型盆地油气成藏勘探理论研究进一步深化，老区稀油以注气为主的提高采收率技术路线基本明确，三塘湖非常规油藏创新形成井组“渗析+驱替”技术，马北稠油探索试验水平井+化学降黏技术见到良好效果，准东吉木萨尔页岩油低成本钻井及储层改造技术走在同行前列。三塘湖采油管理区、吐鲁番玉果油田、鲁克沁玉东204区块实现集中监控、无人值守、故障巡检，有效减少用工总量，降低劳动强度，提高生产效率；集团公司A1、A2等统建系统实现互联互通、数据共享，以ERP应用集成、共享财务为核心的经营管理信息系统不断完善，工作效率大幅提升。

【企业党建工作】 2020年，吐哈油田围绕重大项目、重点工程和生产难点，开展党员先锋队、“点区岗”创建等活动，在融入中心中体现守初心、担使命的思想自觉和行动自觉。深化“战严冬、转观念、勇担当、上台阶”主题教育活动，开展层层宣讲和“吐哈怎么办”大讨论，凝聚全员迎战低油价“大考”的智慧力量。开展“党建巩固深化年”专项行动，压实全面从严治党责任，构建干部担当作为的激励约束机制，狠抓基层党建“三基本”（基本组织、基本队伍、基本制度）建设，保持反腐败工作高压态势，持之以恒纠治“四风”，开展两轮巡察，一体推进不敢腐、不能腐、不想腐，党建质量不断提升，活力进一步增强。

（朱晓龙　李艳蓉）

中国石油天然气股份有限公司冀东油田分公司

【概况】 中国石油天然气股份有限公司冀东油田分公司（简称冀东油田）成立于1988年4月，位于河北省唐山市。截至2020年底，有油气矿业权9个，总面积7058.71平方千米，集中在唐山市东南部（包括渤海湾海域部分）及秦皇岛东南部渤海海域。其中：探矿权1个，面积6290.12平方千米；采矿权8个，面积768.59平方千米；已投入开发高尚堡、柳赞、老爷庙、唐海、南堡5个油田。冀东油田主营业务包括石油、天然气、地热的勘探、开发、生产、销售、科研，以及油田工程技术、机械制造、电力通信、油田化学等业务；设10个机关处室、5个直属部门、21个二级单位（分公司），员工6011人（合同化员工4236人、市场化员工1775人）。

2020年，新增石油预测储量1642.58万吨、石油控制储量2453.98万吨、石油探明储量1963.63万吨。生产原油127.5万吨、天然气2.28亿立方米，油气当量145.7万吨。

冀东油田主要生产经营指标

指　标	2020年	2019年	2018年	2017年	2016年
原油产量（万吨）	127.5	137	130	136	135
天然气产量（亿立方米）	2.28	2.5	2.75	3.64	4.62
新增原油生产能力（万吨）	18	29.37	21.6	22.47	32.97
新增探明石油地质储量（万吨）	1963.63	2044	1227.9	1403	1108
三维地震（平方千米）	—	135	—	—	131
钻井（口）	156	191	123	112	165
钻井进尺（万米）	46.82	59.10	41.68	37.51	62.58
勘探投资（亿元）	5.1	4.8	4.19	5.64	7.02
开发投资（亿元）	17.06	26.16	20.05	13.46	20.62
资产总额（亿元）	143.39	165.82	223.3	228.37	230.28
收入（亿元）	35.48	52.41	54.1	45.66	38.00
利润（亿元）	−39.15	−18.25	−65.1	−16.90	−28.01
税费（亿元）	3.36	5.76	7.78	4.29	3.63

【“十三五”回顾】 “十三五”以来，冀东油田经历储量接替的攻坚，油气稳产的跋涉，改革调整的洗礼，油价波动的挑战，新冠肺炎疫情的考验。面对异常艰难的内外部环境，坚持以习近平新时代中国特色社会主义思想为指导，坚决贯彻集团公司党组决策部署，坚持新发展理念和稳健发展方针，持续加强党的建设，聚焦主营业务，强化技术创新，稳准推进改革，狠抓提质增效，着力规范管理，努力改善民生，各方面工作取得了新成效。

1.党的建设

“两学一做”学习教育、“不忘初心、牢记使命”主题教育、“重塑良好形象”大讨论活动扎实推进，各级党组织和党员干部“四个意识”更加牢固、“四个自信”更加坚定、“两个维护”更加坚决。强化理论武装，意识形态责任制有效落实，石油精神和大庆精神铁人精神学习教育深入推进，增强了队伍“二次创业”斗志。严肃党内政治生活，自觉对标对表锤炼党性，坚决肃清周永康、蒋洁敏、廖永远、王永春等人流毒影响，政治生态持续净化。强化基层党建“三基本”建设（加强基本组织、基本队伍、基本制度建设），实现二级党组织书记现场述职评议全覆盖，党建工作责任制有效落实。严格落实中央八项规定精神，持续纠治“四风”（形式主义、官僚主义、享乐主义和奢靡之风），改进机关作风，切实为基层松绑减负。从严从实整改集团公司党组巡视反馈问题，建立完善一系列立长远、管根本的体制机制。内部巡察实现全覆盖，深化运用“四种形态”（第一种：党内关系正常化，批评和自我批评经常开展。第二种：党纪轻处分和组织处理成为大多数。第三种：对严重违纪的重处分、作出重大职务调整的应当是少数。第四种：严重违纪、涉嫌违法立案审查的只能是极少数。），发挥巡察监督震慑、遏制、治本作用。工会、共青团组织动员员工建功立业，深入开展群众性生产经营活动，“桥梁”“纽带”作用更加彰显，激发全员为油拼搏奋进的热情。

2. 资源勘探

深入贯彻落实习近平总书记关于大力提升国内油气勘探开发力度的重要指示批示精神，强力实施“立足南堡、进军外围、面向全区”勘探战略，坚持增储上产、地质工程、科研生产、部署实施“四个一体化”，突出强化勘探程度相对较低的中深层，有针对性地开展中浅层精细勘探与滚动评价，积极推进天然气勘探，全面准备低渗透、非常规油气资源及地热资源，夯实资源基础。累计增加探明石油地质储量7746.4万吨，完成冀东油田内部考核指标的110.7%。3项油气勘探成果获集团公司油气勘探重大发现奖。地热资源评价与利用取得新成效，冀东油区发育5个地热异常带，总资源量折合标准煤70亿吨（2.05亿兆焦耳），可采资源量折合标准煤10.8亿吨（0.32亿兆焦耳），地热供暖面积达到336万平方米。

3. 油气开发

累计生产油气当量793.3万吨（原油667.5万吨、天然气15.8亿立方米）。主要开发指标稳中向好，水驱储量控制程度、水驱储量动用程度分别达到71.6%、56.2%，比“十二五”末期分别提高13.5个百分点、18个百分点。自然递减率、综合递减率分别降至21.2%、12.4%，比“十二五”末期分别降低5.8个百分点、3.6个百分点。采收率21.5%，比“十二五”末期提高1.3个百分点。生产系统效率持续提升，油井、水井开井率分别达到80.9%、80.6%，比“十二五”末期分别提高12.2个百分点、8.1个百分点。采油时率97.3%，注水时率95.4%，水质综合达标率94.4%。持续推进地面系统优化简化，强化管道和站场完整性管理，管道失效率降至0.056次/千米·年，五年降幅82.9%。

4. 科技创新

获省部级以上科学技术进步奖21项，授权发明专利32项，软件著作权40项，在核心期刊发表科研论文118篇；承担国家级科研项目2项、集团公司级科研项目17项，冀东油田设立重大、重点项目29项，各类子课题256项，评选冀东油田级科学技术进步奖135项。加强科技创新平台建设，自主创新手段和能力不断增强。获集团公司自主创新重要产品认定7项。职工创新工作室达55个。建成提高采收率地质实验中心。推进信息化建设，参与股份公司信息系统建设与深化应用，勘探开发“梦想云”试点建设等项目获得股份公司充分肯定。

5. 安全环保

深入学习贯彻习近平生态文明思想和关于安全生产的重要论述，全面推进QHSE管理体系建设，建立健全安全环保责任体系，开展风险分级管控和隐患排查治理双重预防机制建设，狠抓全员QHSE履职能力提升工作。落实安全生产专项整治三年行动计划，稳步推进“绿色矿山”创建工作。推进重点领域隐患治理，深入开展“低标准、老毛病、坏习惯”专项整治，工业污染源产生的废水、废气和固体废弃物排放全面达标，COD（化学需氧量）、氨氮、二氧化硫、氮氧化物等排放量均低于控制指标。

6. 精细管理

累计实现账面营业收入194.15亿元、税费21.99亿元，较集团公司预算控亏指标减亏10.57亿元。资产轻量化效果显著，以减值、报废、处置等方式降低资产规模96.97亿元，资产总额降至143.39亿元，其中，油气资产降至59.56亿元，比“十二五”末期分别降低43.58%、60.19%。资产结构与产量规模总体渐趋合理，吨油当量资产降至10067元，比“十二五”末期降低9.7%。开展开源节流、降本增效和提质增效专项行动，投资回报率、EVA（经济附加值）等指标持续改善，均超额完成集团公司年度考核（调整）目标。开展“强化合规管理年”“制度学习周”等活动，合规意识不断增强，工作质量与效率相应提高。

7. 法人企业发展

产业结构持续优化，优势产品研发力度不断加大，市场竞争能力持续增强，创新能力、发展实力迈上新台阶，经济增长质量和效益稳步提升，服务油田生产的保障能力不断增强，在勘探开发、生产建设、储运销售、保障员工利益等方面发挥有力的支撑作用。累计实现收入 74 亿元、创造经济效益 3 亿元。外拓市场力度持续加大，外部市场收入 19 亿元、占总收入的 25.7%。机械公司、瑞丰化工公司保持国家高新技术企业资质。

8. 深化改革

聚焦重点领域和关键环节，突出问题导向和稳准原则，推动改革走深走实。有序推进勘探开发一体化改革、油田开发“1+N”模式改革、科技创新体制机制改革、“三项制度”（劳动制度、人事制度、分配制度）改革、经营管理体制机制改革、两级机关机构改革、分离企业办社会职能改革、法人企业改革、安全环保监管改革和党建思想政治工作继承创新，呈现全面发力、多点突破、蹄疾步稳的良好态势，内生动力和发展活力不断增强。

9. 队伍建设

注重优化领导班子结构，加大干部交流、调整及优秀中青年干部培养选拔力度，提拔的 45 岁以下年轻干部比例达到 60%。推进“双序列”改革（建立“专业技术岗位序列”和“行政管理岗位序列”体系），选聘冀东油田首席技术专家 7 名、二级技术专家 8 名、一级工程师 18 名。建立博士后科研工作站，2 名博士进站工作。培养集团公司级技能专家 3 名，冀东油田技能专家、高级技师、技师 112 名。获集团公司技能竞赛集输、采气、井下作业、环境监测等专业团队一等奖、二等奖各 1 次，个人金牌 1 枚、银牌 6 枚、铜牌 10 枚。涌现河北省“能工巧匠”3 人、唐山市“技术状元”“金牌工人”2 人。

10. 和谐稳定

持续深化“标准化管理、亲情化服务”，矿区配套功能日趋完善，改革发展成果不断惠及员工家属。“三供一业”（供水、供电、供热和物业管理）分离移交，医疗业务实行重组，社区服务水平、员工家属生活质量持续改善。开展金秋助学、扶贫帮困和重大疾病专项援助，累计实施精准帮扶 1427 户（次）、发放救助金 657.99 万元。全面做好带薪休假、健康体检、职业病防治等工作，畅通患病员工到大医院就诊的绿色通道，员工家属幸福感、满意度稳步提升。依法做好维稳信访和安保防恐工作，妥善处理不同群体合理诉求，员工队伍保持和谐稳定。积极推进企地共建、驻村帮扶、天然气供应保障等工作，助力地方经济发展，构建良好企地关系。

【油气勘探】 2020 年，冀东油田聚焦规模增储，重点领域勘探取得突破。“渤海湾盆地南堡凹陷和辽中凹陷油气勘探”成果获集团公司重大发现三等奖。

南堡 2 号构造中深层拓展勘探获得进展。南堡 280 区块增加“控制石油地质储量”1619 万吨。南堡 2–56 井压裂试油，日产原油 14.94 立方米，首次突破南堡 2 号构造东二段工业油流关。

洼陷带中深层火山碎屑岩甩开勘探取得突破。南堡 2–27 井东三段两套层系压裂试油，均获高产油气流，增加“预测石油地质储量”1643 万吨。

林雀次洼北斜坡深层火山碎屑岩评价工作取得成效。新井庙 13X6 井钻遇 31.2 米 /9 层厚油气层，新庙 1 井老井试油未经改造，获日产天然气 5 万立方米高产工业气流。

高北深层低渗储量深化评价取得认识，增加“探明石油地质储量”1129.26 万吨。中浅层富油区带滚动勘探开发取得进展，提交“探明石油地质储量”606.26 万吨。

秦皇岛新区评价再次获得突破，东升 402 井获日产原油 208.8 立方米、天然气 1.01 万立方米的高产；辽中凹陷北斜坡走滑断裂带增加“控制石油地质储量”835 万吨。

页岩油领域持续探索，获得重要苗头。南堡 2–46 井压裂获日产油 21.87 立方米、天然气 1919 立方米；南堡 3–66 井压裂获日产原油 20.65 立方米。

【油气开发】 2020 年，冀东油田聚焦效益建产和老油田稳产，油气生产平稳运行，完成石油、天然气生产任务。

精心组织效益建产。加强精细地质研究，深化油气富集规律认识，评价优选实施目标区块 24 个，落实石油地质储量 1313 万吨。加强方案技术、经济一体化优化和单井设计，浅层单井日产量增加 1 吨。新建产能 18 万吨，当年生产原油 9 万吨。

稳步推进老油田稳产。推进以单砂体为单元的精细油藏描述，覆盖石油地质储量 7128.6 万吨。推进浅层特高含水油藏剩余油精准挖潜，增加原油产量 6.45 万吨。推进中深层油藏注采系统完善、注采结构调整，水驱储量控制程度、水驱储量动用程度分别同比提高 1.9 个百分点和 3.7 个百分点，自然递减率下降 1.4 个百分点。推进深层低渗透油藏压裂注水开发，压裂 71 口井，新动用低渗透石油储量 88.3 万吨。坚持长停井恢复与综合治理相结合，全年恢复 148 口井，增加原油产量 1.55 万吨，增加注水量 22.5 万立方米。

持续推进提高采收率工程。明确 3 个主力油藏技术路线，形成浅层强边底水油藏有效驱替构建技术，适应中深层高温油藏多尺寸颗粒 + 表面活性剂非均相化学驱油体系。开展3项提高采收率矿场试验，覆盖石油地质储量155.8万吨，可推广潜力1.05亿吨石油地质储量。

强化开发精细管理。优化产量结构，自然产量超计划1.9万吨。加强采油管理，检泵周期延长27天达到801天，机采系统效率同比提高1.45个百分点。加强水质管理，水质综合达标率、井口水质达标率分别同比提高1.7个百分点和0.9个百分点。加强井下作业管理，提高创新和价值创造能力，节约井下作业费用2500万元。加强地面集输系统管理，集输系统负荷率、密闭率、伴生气处理率不断提升。

【科技创新】 2020年，冀东油田聚焦科技创新，发展动力不断增强。承担各级各类科技项目118项，投入经费6360万元，大力攻关勘探增储、开发稳产核心支撑技术。获省部级科技奖励9项，获软件著作权和授权发明专利15项。

油气勘探技术。中浅层低幅度构造识别、曲流河边滩砂体刻画、中深层富砂区预测、构造—岩性圈闭描述、地热评价与利用等特色技术日趋成熟。

油田开发技术。浅层天然水驱油藏水平井精准挖潜、调堵+吞吐、二氧化碳腐蚀预测与防治，中深层注水开发油藏差异化调整、耐高温调驱与电缆测调，深层低渗透油藏井网缝网优化设计、不同井型分段压裂、高温增注等关键实用工艺技术持续完善。全面推广应用环境友好型钻井液体系及清洁作业、带压作业技术。地面系统大力推进“软件量油、单管集输、平台串T接、端部掺水”等技术应用，实现井场工艺简化、管网优化，布站模式更趋合理。

信息化建设。“智能化油田”顶层设计逐步完善，形成“统一数据体系、统一云平台、五大业务共享支撑中心、综合保障体系”整体架构。推进数据治理，数据质量明显提升，数据作用有效发挥。推进数字化建设，物联网建设成效明显，井站数字化率92.5%。落实“集团公司统建＋自主配套”建设模式要求，提升自主研发能力，自主配套研发信息系统13个，有效支撑冀东油田生产经营平稳运行。

【安全环保】 2020年，冀东油田聚焦安全环保风险防控和安全环保隐患治理，确保安全环保形势稳定。

健全QHSE责任体系，持续推进安全环保主体责任落实。严格执行生态环境保护重大事项议事制度，完善两级机关QHSE责任清单。开展“四查四强化”（查思想，强化思想观念转变；查管理，强化安全生产管理提升；查技术，强化技术能力建设；查纪律，强化工作作风转变）专项整顿行动，促进安全环保管理作风转变。

推进“双重预防机制”（安全风险分级管控和隐患排查治理）建设，重大安全环保风险受控。实施安全生产专项整治三年行动计划，开展油气生产、危险化学品、消防、交通和电力安全等专项整治。加大隐患治理力度，投入1.2亿元，治理安全环保重大隐患32项。严格承包商（队伍）监督管理，黄牌警告、停工整顿26家承包商（队伍），末位淘汰清退24家承包商（队伍）。修订“1+18”安全环保应急预案，开展实战化应急演练，提升应急处置能力。

加强环境保护管理，推进清洁生产。“绿色矿山”创建工作取得进展，南堡油田作业区通过专业公司验收，陆上油田作业区等4个试点单位达到股份公司创建标准。全面推广清洁作业技术，完成33台加热炉低氮改造，开展原油储罐、挥发性有机物治理、管道泄漏检测与修复。

全力做好新冠肺炎疫情防控工作，强化职业健康管理。坚决贯彻落实国家、地方政府和集团公司疫情防控措施，做好员工食堂、办公场所、生产现场、生活小区和人员流动管理，加大防疫物资保障力度，加强承包商单位管控，有序组织复工复产，冀东油田保持“零”疫情。开展职业卫生状况评估，专业检测131个职业危害场所，组织401名特殊工种人员进行职业健康体检。

强化安全环保基础管理，提升QHSE管理水平。出台QHSE管理体系建设提质升级三年实施方案，强化QHSE体系量化审核。稳步推进基层站队标准化建设，南堡联合站等21个基层单位达到A1级标准。

【经营管理】 2020年，冀东油田聚焦提质增效，经营状况总体稳健。账面营业收入35.48亿元，缴纳各类税费3.36亿元；按照预算口径，单位操作成本降至20.52美元/桶，同口径对比，同比下降0.97%。法人企业收入14亿元、利润2159万元。

成立提质增效专项行动工作领导小组，推进提质增效行动方案实施，明确10大类49项97条措施。从勘探开发、投资管控、增收节支、保障措施4个方面细化291项具体任务目标，落实到单位、部门和责任人。成立2个联合督导检查组，出台专项监督方案，拓宽专项审计范围，加大提质增效工作方案落实情况督查力度。

通过优化勘探开发方案部署、加大合同谈判力度、加强设备修旧利旧等措施，优化节约投资3.3亿元。通过严控维修费、优化措施工作量、严控外部委托支出等措施，减少各类支出3.85亿元，实现增收创效 2.52 亿元。坚持依法治企，强化合规管理，严密组织造价、审计、招标投标工作，节约资金支出。

【企业改革】 2020 年，冀东油田聚焦“五化”（主营业务归核化、组织机构扁平化、辅助业务专业化、运行机制市场化、生产管理数字化）模式，深化改革稳步推进。

围绕价值创造，制订改革三年行动实施方案、业务归核化发展及价值提升方案、机构编制动态控制计划，统筹推进整体改革。推进组织机构扁平化，压减二级机构 3 个、三级机构 12 个。启动 3 个基层单位扩大经营自主权改革试点，控制用工、压减成本、提高效益预期效果初步显现。严控用工总量、盘活用工存量，开展挖潜和分流工作，显性化富余人员 100% 分流安置。深化绩效考核与薪酬分配制度改革，制定并实施《绩效考核管理办法》等 5 项制度，重构“基础 + 浮动”奖金考核体系，岗位收入差距合理拉开。推进机构和领导人员岗位分级分类管理，取消处级、科级机构规格使用和领导人员职级管理方式，建立与单位层级类别相适应的领导人员岗位体系。

【队伍建设】 2020 年，冀东油田聚焦素质和能力提升，人才队伍建设持续强化。强化管理人才队伍建设。规范、完善干部选拔任用管理机制，制（修）订基层领导人员管理办法、中层领导人员选拔任用工作规范、竞争性选拔领导人员实施细则等制度，采取公开招聘、竞争上岗和内部推选方式，提拔任用中层领导人员 28 人，进一步使用 18 人次，其中，选拔任用 45 岁以下中层领导人员 21 人，中层领导人员占干部比例接近 1/4，改善干部队伍结构。加大干部教育培训力度，提升领导干部引领发展和驾驭复杂局面的能力。

强化专业技术人才队伍建设。续聘、增补冀东油田二级技术专家 4 人、一级工程师 2 人，完成 3 个科研生产单位各层级岗位聘任工作。

强化操作技能人才队伍建设。开展高技能人才一线巡诊工作，冀东油田“采油技能专家工作室”被评为“河北省技能大师工作室”。组织 30 人开展以电工、电焊工等工种为主的强化培训，增强自主维修能力。举办井下作业、维修电工等 6 个工种技能竞赛，促进技能人才培养。参加集团公司首届一线生产创新大赛和油气集输工技能竞赛，获 2 枚银牌、3 枚铜牌和优秀组织奖。参加第 12 届全国石油和化工行业职业技能竞赛化学检验员项目，获团队项目三等奖。3 名员工、1 个基层单位分别获河北省和集团公司劳动模范、先进集体称号。

【企业党建工作】 2020 年，冀东油田健全完善党建责任体系，建立落实全面从严治党主体责任清单及党建核心要素等 4 个清单，梳理党群工作制度 103 项。

深化党的思想建设。高标准开展“战严冬、转观念、勇担当、上台阶”主题教育活动，深入组织党的十九届五中全会精神宣讲。深化精神文明创建工作，冀东油田获“中国企业文化建设优秀单位”称号，冀东油田及下属的勘探开发研究院等 3 个二级单位获河北省人民政府国有资产监督管理委员会“文明单位”称号。

提升基层党建工作质量。深入整顿软弱涣散的基层党组织，深化党支部达标晋级动态管理，评定“示范党支部”19 个，基层党支部达标率 99.5%。党建信息化平台得到广泛应用。开展党建理论研究和实践探索，1 项成果获全国政研成果二等奖，5 项成果获集团公司和河北省国有资产监督管理委员会表彰，3 项成果获新时代中国石油党建思想政治工作优秀政研成果及创新案例。

推进党风廉政建设和反腐败斗争向纵深发展。实施“五责联动”（党委主体责任、纪委监督责任、党组织书记第一责任人责任、领导班子成员“一岗双责”、业务部门监管责任），推动“三不腐”（不敢腐、不能腐、不想腐）体制机制建设，深化巡察工作，强化正风肃纪，严肃监督执纪问责。严肃整改巡视反馈问题，针对集团公司党组巡视反馈指出的 4 个方面 11 类 48 个具体问题，制定 123 项整改措施，实行分兵把口、挂图作战、销项管理，整改率 100%。

（刘东宇）

中国石油天然气股份有限公司玉门油田分公司

【概况】 中国石油天然气股份有限公司玉门油田分公司（简称玉门油田）开发于 1939 年，是中国石油工业的摇篮，炼油工业的发祥地。开发建设 82 年来，玉门油田为国家提供大量的石油资源，承担国家石油石化工业“三大四出”的历史重任，为全国输送 10 多万产业工人和技术人才，积淀形成了以艰苦奋斗、三老四严、无私奉献为核心的玉门精神。玉门油田主要涵盖勘探开发、炼油化工、井下作业、水电供应、机械加工、建筑安装、综合服务、物资供应、通信、保卫消防等业务。先后投入开发老君庙、石油沟、鸭儿峡、白杨河、单北、青西、酒东、环庆8个油田，具有有效探矿权6个，矿权区块主要分布在河西走廊的酒泉、雅布赖和鄂尔多斯等盆地，面积1.23万平方千米。

2020年底，玉门油田设12个机关职能部门、4个直属机构，19个二级单位。在册员工10087人。其中，在岗员工7704人（管理人员1512人，占员工总数的19.6%；专业技术人员1537人，占员工总数的20%；技能操作人员4655人，占员工总数的60.4%）。资产总额191.66亿元，净值90.13亿元，净额42.77亿元。有各类设备11383台套，设备资产原值59.24亿元，净值22.81亿元，新度系数0.39。

2020年，玉门油田生产原油49.02万吨，新增原油生产能力15.20万吨，天然气产量240万立方米，原油加工量200.62万吨。新增探明石油地质储量1402.37万吨、预测石油地质储量2106万吨、SEC储量66.2万吨。利润-11.57亿元，同比减亏10.58亿元。收入114.38亿元，上缴税费37.09亿元。

2020年，玉门油田被评为集团公司“十三五”统计工作先进单位、集团公司2020年度质量安全环保节能先进企业；玉门油田老君庙油矿作为甘肃省唯一一家、集团公司两家单位之一入选第四批国家工业遗产名单（核心物项包括老君庙一号井、老君庙四号井、老君庙油田展览室、玉门炼油厂遗址、西河坝窑洞）。玉门油田井下作业技能专家工作室获评甘肃省2020年“国家级技能大师工作室”；玉门油田炼油化工总厂化验分析监测中心获评2019年度全国“航空煤油实验室能力验证优秀单位”；玉门油田职业技能鉴定中心被甘肃省授予“省级高技能人才培训基地”；玉门油田管道运维服务公司检维修作业队被评为2019年度甘肃省“青年安全生产示范岗”；玉门油田炼油化工总厂“华玉林劳模创新工作室”被命名为“甘肃省示范性劳模创新工作室”。文盛获“全国劳动模范”、集团公司“特等劳动模范”称号；朱侠萍被评为“全国优秀工会工作者”。“玉门鄂尔多斯盆地环庆区块石油勘探取得重要成果”获集团公司2020年度油气勘探重大发现成果三等奖；“玉门油田重上百万吨勘探开发关键技术研究”获集团公司科学技术进步奖二等奖；“复杂地质条件地球物理关键技术研究与应用”“老油田水驱提高采收率关键技术研究”获甘肃省科学技术进步奖三等奖。

玉门油田主要生产经营指标

指　标	2020年	2019年	2018年	2017年	2016年
原油产量（万吨）	49.02	45.19	41.00	40.00	38.00
天然气产量（万立方米）	240	219.4	452	433	581
新增原油生产能力（万吨）	15.20	18.06	15.01	12.71	11.00
新增探明石油地质储量（万吨）	1402.37	1110.22	—	—	—
三维地震（平方千米）	292	230	—	69.90	—
石油钻井（口）	245	317	60	61	52
钻井进尺（万米）	62.09	84.41	16.06	18.60	15.14
原油加工量（万吨）	200.62	190.89	201.01	200.93	175.12
收入（亿元）	114.38	120.21	135.69	120.87	93.65
利润（亿元）	-11.57	-22.15	-26.61	-10.84	-17.66
税费（亿元）	37.09	30.95	36.40	37.97	30.93

【“十三五”回顾】“十三五”期间，玉门油田油气勘探累计新增探明储量2839万吨、控制储量1481万吨、预测储量4817万吨，较“十二五”分别增长35%、51%和33%。油田开发原油年产量由2016年的38万吨增加到2020年的49万吨。炼化业务2016年实现扭亏为盈，甩掉连续17年亏损的帽子；累计实现净利润9.3亿元，较“十二五”增利42.89亿元；吨油利润对标排名位居板块第11位。井下作业、管道运维、海外业务等立足内部市场增收，巩固传统市场，实现外部收入23.05亿元，由“十二五”末亏损12.14亿元转变为2020年盈利3400万元。

内部改革持续深化，完成机关“大部制”改革，“油公司”模式调整试点先行。下放财务、组织人事等管理权限，初步建立分级授权管理体系。压减二级机构8个、三级机构91个，分别下降17.4%、21.1%，富余人员显性化716人，用工总量较“十二五”末减少1903人、下降15.9%。

突出科技创新引领，开展165个项目攻关，累计获国家专利63项、甘肃省和集团公司级科技成果10项。炼化业务“高汽油收率低碳排放系列催化裂化催化剂工业应用”获2017年度国家科学技术进步奖二等奖，28 项技术应用后吨油利润板块排名由 2015 年的第 17 位前进到 2020 年的第 11 位。ERP 系统深化应用，酒东采油厂率先建成数字化油田，低成本物联网（A11）实现全覆盖，单井用工由“十二五”末的 1.48 人降低到目前的 1.06 人。

强化安全环保管理，完成 5 轮体系内外审核和 6674 项问题整改，建成 105 个 HSE 标准化队站，完成集团公司挂牌督办的 4 项隐患治理项目。退出 2871 平方千米涉自然保护区的矿权，关停涉保护区油井 76 口，玉门老区 3 个采油厂全部进入国家绿色矿山名录。推进合同能源管理，累计节能 4.3 万吨标准煤、节水 34.91 万立方米。

重大活动凝心聚力，筹办庆祝新中国成立 70 周年、改革开放 40 周年、油田开发建设 80 周年系列活动，召开第二次党代会，开展“源泉”“央企楷模”“铁人式的好干部”陈建军同志先进事迹宣讲，员工群众自豪感和凝聚力显著增强。

发展成果惠及民生，酒泉基地 8200 户员工群众拿到不动产房产证，22572 名员工持卡就医购药。开展各类困难群体帮扶，金秋助学、大病救助、助残慰问近 3.9 万人次。开展精准扶贫工作，累计投入 690 万元扶贫资金，选派驻村帮扶人员 11 人，助力 9 个贫困村全部脱贫摘帽。“十三五”期间上缴税费 167.66 亿元，较“十二五”增加 32.15 亿元。

【油气勘探】 2020 年，玉门油田油气勘探执行“深化酒泉、主攻环庆”勘探方针，新增探明石油地质储量 1402.37 万吨，新增预测石油地质储量、新增 SEC 储量超额完成计划。环庆区块实现快速增储上产，年生产能力达到 18 万吨；在侏罗系以及演武高地、甘陕古河发现多个油藏，长 6、长 7、长 8 区块都取得新进展。酒泉盆地立足鸭儿峡白垩系、窟窿山构造带及长沙岭下沟组 3 个富油区带开展精细研究，鸭儿峡白垩系 K_1g_1 油藏实现高效勘探，新增控制石油地质储量 504 万吨，成为重要建产区。

2020 年，酒泉盆地三维地震资料解释 476.2 平方千米（满覆盖面积），发现圈闭 11 个、面积 67 平方千米，落实圈闭 11 个、面积 56 平方千米，提供井位 10 口、采纳井位 6 口。鄂尔多斯盆地环庆区块二维测线地震资料解释 96 条 2229 千米，三维地震资料解释 680 平方千米（满覆盖面积），发现圈闭 63 个、面积 106 平方千米，落实圈闭 50 个、面积 84 平方千米，提供井位 58 口、采纳井位 41 口。

测井方面，首次在窿 111J 井应用最新研发的 MPAL-F 型远探测阵列声波仪，探测深度 100 米以上，为裂缝性储层评价提供依据。

【油田开发】 2020 年，玉门油田开发工作按照“玉门老区长期稳产和环庆区块快速上产”思路，开展达标建产、老油田稳产、注水专项治理、提质增效 4 项工程，生产原油 49.02 万吨，同比增加 3.83 万吨。全年完钻投产新井 238 口，新建产能 15.20 万吨，新井产油 7.3255 万吨。玉门老区持续推进老油田稳产工程，实现 40 万吨高水平高质量硬稳产；鸭西 K_1g_1 油藏继续向北、向东、向西三个方向滚动建产，部署扩边开发井 6 口，均获成功，新建产能 2.53 万吨，新井产油 1.56 万吨。环庆区块加快侏罗系油藏建产节奏，长 8 油藏择优建产，新建产能 4.5 万吨。

开展注水专项治理，全年实施注水治理主干工作量 519 井次，实施辅助工作量 3418 井次。浅层钻井提速提效，全面应用钻井总包、平台化布井、优化生产组织、一趟钻完井、钻井液循环利用，完成 39 口，钻井进尺 41946 米，井数同比增长 50%，钻井进尺增长 36%，周期减少 1.16 天。

【炼油化工】 2020 年，玉门油田加工原油 200.62 万吨，生产汽油 63.41 万吨，航空煤油 7.72 万吨，柴油 85.85 万吨，液化气 7.34 万吨，聚丙烯 3.37 万吨，石油焦 9.59 万吨。完成利润 233 万元，销售各类产品 191.07 万吨，销售收入 85.16 亿元。有生产装置 32 套，其中 250 万吨 / 年常减压蒸馏装置，80 万吨 / 年重油催化裂化装置，45 万吨 / 年催化重整装置，8 万吨 / 年苯抽提装置，8 万吨 / 年 C5、C6 异构化装置，50 万吨 / 年柴油加氢改质异构降凝装置，25 万吨 / 年航空煤油脱硫醇装置，40 万吨 / 年催化汽油加氢脱硫装置，70 万吨 / 年柴油加氢精制装置，2 万米 ^{3}/ 时制氢装置，15 万吨 / 年轻汽油醚化装置，50 万吨 / 年延迟焦化装置，15 万吨 / 年气体分馏装置，15 万吨 / 年气体脱硫装置，10 万吨 / 年 C_3、H_2 回收装置，2.5 万吨 / 年 MTBE 装置，4 万吨 / 年聚丙烯装置，2000 吨 / 年液压油装置，1.5 万吨 / 年分子筛脱蜡装置，60 万吨 / 年酸性水汽提装置及 2 套 5000 吨 / 年硫黄回收装置，100 吨 / 时溶剂再生装置，瓦斯集输站，300 万吨 / 年水处理装置，动力系统，空气分离装置，油品装置，航空煤油洗槽站，储运装置，液态烃站 29 套装置在用；16 万吨 / 年汽油加氢脱硫装置、32 万吨 / 年 DSO-FCC 催化汽油加氢脱硫预分馏装置、2500 吨 / 年硫黄回收装置 3 套装置工艺停用。

2020 年，玉门油田完善炼化转型升级规划，形成“军品立厂、特色发展、分子炼油、效益优先”转型思路。微生物脱硫放大试验装置建设落地，实现柴油硫含量由700毫克/升降低至10毫克/升以下。HV12/H舰用低温液压油、超低温液压油成功工业化试生产。

【工程技术】 2020年，玉门油田井下作业钻修井工作量1280井次，其中钻井46口、钻井进尺5.55万米，大修9井次，试油25井次；完成压裂酸化379井次，射孔538井次，特车服务5126台班。收入5.06亿元，利润868万元，完成提质增效指标的106%。

管道运维抓好新井投产、钻前工程、炼化保运工作，全年完成新井投产47口，钻前工程46口、炼油厂检维护1091项。承揽各类工程28项，其中跨年工程5项，新开工23项。环庆19.3万吨/年地面工程产能建设项目历时138天，有效工期123天，创造玉门油田产能建设历史最快水平。

机械制造全力开拓油田内外两个市场。内部市场加大抽油机安装、维修等工作量承揽力度，做好柔性复合高压输送管配送安装，提高油管清洗的生产效率。外部市场以大庆、长庆、青海、新疆等油田市场为重点，实施精准营销。开辟长庆油田市场，实施靠前快速服务；在新疆油田实现销售突破，签订5台12型超长冲程抽油机及配套产品合同；拓展青海油田产品销售，在超长冲程采油设备取得良好使用效果基础上，安装38台直驱抽油机，抽油杆订货19万米。

水电供应完成发电量5.28亿千瓦·时，其中(火电4.64亿千瓦·时，水电6396万千瓦·时)。供水量985万吨，供汽量105万吨。新建老君庙采油厂太阳能综合利用试点示范项目，装机容量为887.04千瓦，9月8日正式开工，11月6日并网进入试运行，11月16日正式投运。

物资采购签订采购合同1190份，物资采购额9.99亿元，招议标率95.69%；库存周转16.67次，期末库存余额5319.56万元，铁路专用线到货7249车、47.24万吨，同比增长51.36%；配送物资1.57万吨；阀门试压4666只、油井水泥混拌6334吨。集团公司采购产品质量抽检合格率100%。巩固仓储服务市场，全年创收301.40万元。开拓压裂砂内外部市场，全年外部创收941.1万元。

【科技创新】 2020年，玉门油田承担股份公司科技项目“玉门探区重点勘探领域综合研究与预探目标评价”“酒泉盆地精细地质研究及勘探目标优选”，开展油田科研项目31项。6月，新增6个油田提质增效补充科研项目。

加强知识产权宣贯指导，开展“推进知识产权高质量发展，加快建设知识产权强企”“尊重知识，崇尚创新，诚信守法”主题宣传活动。申报与授权专利数量稳步增加，18项专利获国家知识产权局的授权，其中发明专利授权2项，实用新型专利授权13项，计算机软件著作权3项。

【信息化建设】 2020年，玉门油田全面推进实施低成本物联网(A11)项目，9月实现老君庙采油厂、鸭儿峡采油作业区、酒东采油厂全覆盖，初步实现油田1600多口油水井、28个站库系统数据的自动采集、生产实时监控、智能电子巡检。持续完善A1系统数据入库工作，探井上报率90.89%，开发井上报率81.33%，数据入库正确率99.27%。深化应用勘探开发梦想云平台，持续推进数据湖建设和治理。加强A6系统协同研究及井位部署主题应用。新建会展中心115、祁连宾馆、炼化总厂、水电厂、鸭儿峡采油厂5个视频会议系统。

【安全环保】 2020年，玉门油田推进本质安全体系建设，开展疫情防控专项检查，加快生态环境历史遗留问题和重大环保隐患治理，推进绿色矿山建设，推动QHSE管理体系与综合管理体系融合，质量健康安全环保工作有序开展。

强化过程管理，石油炼化、石油机械等主导产品质量稳定提高；广泛开展群众性质量小组活动，3项成果获集团公司三等奖，9项成果获甘肃省质量管理优秀小组奖；组织开展全面质量管理专题培训，80名基层骨干参加学习。

开展安全生产集中整治活动，12个生产和后勤服务单位、35个基层队站查摆问题99项。加强临时作业及非常规作业HSE监督检查，现场专项检查7710次，发现问题7591个，现场查处违章302项。量身定制油田安全生产宣传教育活动，开设《安全观察哨》报纸栏目，刊登新闻稿件49条、应急演练专版2个、地震防灾抗灾知识选登13期。

建立疫情防控信息快报机制，开展3轮疫情防控专项督察和复工复产专项检查工作，落实疫情常态化防控措施，始终保持“零疫情”良好态势；强化海外疫情防控措施落实，400余名海外员工在连续坚守生产岗位10个月后实施有序轮换，实现“零报告”“零感染”管控目标。

开展绿色矿山建设和清洁文明生产活动，推广应用高效开发技术和清洁生产技术16项，消除环境隐患21个；12月，酒东、鸭儿峡采油厂通过国家自然资源部公示，提前3年进入国家级绿色矿山名录。

【经营管理】 2020年，玉门油田按照提质增效“三保、四提、五压”总目标，围绕油田勘探开发、炼油化工等重点建设项目，完成投资19.37亿元。

实行“效益倒逼”机制，加快扭亏脱困步伐，持续加大3家特困企业工作督导，通过国资委处僵治困专项验收检查。完成合同管理系统2.0的上线运行，实现与ERP系统、ECP物采系统、财务系统的业务、数据对接。

强化油田管道本质安全管控，管道失效率0.13次/（千米·年），同比下降39%。完成环庆区块19.3万吨原油产能地面工程建设项目，建设工期压缩30%。加强设备基础管理，主要专业设备综合完好率99.4%，主要专业设备利用率67.47%。

开展保密自查工作，完成集团公司保密工作自查自评任务90项。清理网站敏感信息400余条。

落实消费扶贫活动，拓宽帮扶贫困地区面粉、大米、五谷杂粮等特色农产品销售渠道，发放消费扶贫物品51530人次。坚持领导挂点帮扶困难户制度，慰问困难户、职工遗孀、困难军属6517人次，在岗残疾职工218人次，办理大病和临时救助406人次。

【企业管理】 2020年，玉门油田落实三年改革行动计划，组织机构、管控模式、流程界面进一步优化，初步建立“油公司”模式。实施鸭儿峡采油厂、青西采油厂合并；整合综合服务处、农牧业有限责任公司；成立工程技术研究院、监督中心；重组成立共享服务中心。实施机关“大部制”改革及机关直属机构改革方案，机关职能部门由14个调整为12个，压缩14.3%；职能部门内设机构由53个调整为46个，压缩13.2%。提高富余人员显性化调剂比例，向西部管道劳务输出60人，油田内部调剂安置富余人员139人；与宝石花物业酒泉分公司接洽劳务合作，以外部劳务输出方式安置149人。

【民生工程】 2020年，民生工程玉门油田“三供一业”移交物业维修改造项目竣工验收，涉及酒泉基地、兰州基地、成都基地、西安基地，小区亮化、美化、绿化、硬化水平大幅提高，为油田19281户员工及家属营造舒适、安全的生活环境。

【队伍建设】 2020年，完善选人用人工作制度，专业技术人员、技能人才导向激励作用充分发挥。加强干部选拔任用工作，调整24个单位和机关部门领导班子，56人调整交流，24人提拔任用。畅通领导人员退出机制，7名二级正副职领导人员、23名三级正副职领导人员退出岗位。有益尝试和探索创新干部快速成长机制，与玉门市互派5名优秀年轻干部挂职锻炼。强化厂（处）级后备干部民主推荐，选拔优秀二级正副职干部5名，三级正职干部34名，三级副职及专业技术人员11名。

专业技术人才队伍建设成效显著。完成甘肃省“陇原人才服务卡”人选推荐和1名酒泉市领军人才补选工作；167人晋升中、高级职称。

技能操作人才队伍整体素质不断增强，在集团公司首届一线生产创新大赛中获铜牌。进一步发挥技能专家（劳模创新）工作室在技术创新、成果转化应用中的示范引领作用，1个工作室被甘肃省人社厅评为甘肃省2020年国家级技能大师工作室。利用集团公司多个线上平台，开展创新能力提升培养5000余人次。坚持开展征集评选职工优秀技术创新成果、先进技术操作法和优秀合理化建议活动，征集职工技术创新成果59项、先进技术操作法16项、合理化建议695条，获甘肃省职工优秀技术创新成果一等奖、三等奖、优秀奖各1项，提名先进操作法1项。

【企业党建工作】 2020年底，中国共产党玉门油田分公司委员会有基层党组织213个，其中党委21个、党支部192个。有党员4737名，其中女党员1050名，占党员总数的22.17%；少数民族党员84名，占党员总数的1.77%；35岁及以下的党员645名，占党员总数的13.62%；大专以上学历的党员3629名，占党员总数的76.61%。全年发展党员96名。

2020年，玉门油田开展“战严冬、转观念、勇担当、上台阶”主题教育活动，制订21个具体工作方案，集中学习研讨267次，分专题调研并形成调研报告35篇，开展宣讲251场次、大讨论155场次，征集合理化建议695条。首次召开2020年度党支部书记现场述职评议会，20位示范党支部、优秀党支部书记代表进行现场述职并进行测评打分，示范带动基层党委常态化开展述职评议考核工作。

高标准推进巡视问题整改落实“回头看”。对照中央第二巡视组向党组反馈指出的4个方面10类问题，查摆出54个问题，制定整改措施372条整改落实371条，整改率99.7%，制修订制度63项。

推动“两个责任”贯通联动，公司党委全年2次专题研究部署党风廉政建设工作，11次专题听取纪检工作汇报；班子成员认真履行“一岗双责”，检查指导基层党风廉政建设工作25次，提醒约谈277人次，各单位、部门约谈2711人次；全方位开展廉洁风险防控，辨识风险点1308个，制定措施1578条；全年开展反腐倡廉教育447场次13322人次，廉洁测试 4528 人次，专题党课 68 次。

全年受理信访举报 21 件，同比下降 59.6%；处置问题线索 10 件，同比下降 87.9%；立结案 6 件，给予党政纪处分 8 人。运用“四种形态”处理 43 人，实现由“惩治极少数”向“管住大多数”转变。

坚持开展春节、七一建党节、国庆节期间慰问党员工作，慰问老困难党员、老党员 378 人。结合油田三项制度改革，同步推进党支部优化调整，压减党支部数量 55 个；严格落实党组织按期换届提醒督促机制，指导 73 个基层党支部完成换届选举工作，基层党组织建立健全率保持 100%。全面推广应用党建信息化平台 2.0，细化工作方案，深度融入党群工作体系，实现党建、群团、统战“一网覆盖”，党建信息化平台 2.0 推广应用在集团公司名列前茅。

（王振军　周莉娟）

中国石油天然气股份有限公司浙江油田分公司

【概况】 中国石油天然气股份有限公司浙江油田分公司（简称浙江油田）于 2005 年 7 月由浙江勘探分公司与浙江石油勘探处重组成立。总部位于浙江省杭州市。主要从事常规和非常规石油天然气勘探、开发、生产、储运和销售等业务。工作区域主要分布在浙江、江苏、四川、湖北、云南、贵州 6 省。截至 2020 年底，设职能部门 12 个、二级单位 10 个，用工总量 490 人。

2020 年，浙江油田生产销售原油 2 万吨；生产天然气（包括页岩气、煤层气）16.08 亿立方米，商品量 15.62 亿立方米。油气生产当量 130.17 万吨，产量再创历史新高。收入 20.19 亿元，同比增长 11.36%；利润 1.34 亿元，同比增长 48.89%；连续第五年盈利。

【“十三五”回顾】 “十三五”期间，浙江油田勘探开发认识持续深化，油气勘探领域大幅拓展。提出山地页岩气三元成藏赋存理论，指导有利区优选，在页岩气浅层、超浅层连续获突破。揭示浅层页岩气高产成因机制，获集团公司油气重大发现特等奖，建成国内第一个规模开发的浅层页岩气田太阳气田；创建构造改造型山地煤层气富气高产优选评价技术，建成中国第三个高煤阶煤层气产业基地；苏北页岩油勘探见到良好显示。累计新增 SEC 天然气储量 122 亿立方米，新增天然气探明地质储量 1453.34 亿立方米，创新形成浙江油田独具特色的非常规油气开发理论、技术及管理体系。加快天然气业务发展，油气当量快速增长。高效建成百万吨油气田。天然气业务快速成长，累计生产天然气 53.96 亿立方米，收入 69 亿元，利润 3.44 亿元，盈利能力从 1500 万元提高到 1 亿元以上，账面利润五连增，连续 4 年集团业绩考核为 A 级。创新机制不断优化，现场工艺技术迭代升级。坚持“两新两高”护航，突出“两优一快”思路，漂浮下套管技术在浅层大水垂比井全面推广应用，套管跟管钻井工艺在川南首创应用，浅层页岩气井返排技术

浙江油田主要生产经营指标

指　标	2020 年	2019 年	2018 年	2017 年	2016 年
原油产量（万吨）	2.00	2.09	3.00	3.00	3.00
天然气产量（亿立方米）	16.08	14.39	11.54	6.16	5.79
新增天然气产能（亿立方米）	8.21	5.40	5.23	6.73	2.55
新增探明天然气地质储量（亿立方米）	0	1359.50	0	0	93.84（煤层气）
二维地震（千米）	0	53.10	0	100	0
三维地震（平方千米）	416.00	200	256.67	317.63	243.97
探井（口）	20	22	30	12	18
开发井（口）	46	53	59	99	25
钻井进尺（万米）	17.01	19.35	18.77	23.10	12.52
勘探投资（亿元）	1.98	2.03	5.25	3.84	1.44
开发投资（亿元）	20.66	20.60	19.43	17.42	10.05
资产总额（亿元）	97.55	86.18	72.86	59.83	42.42
收入（亿元）	20.19	18.12	16.22	7.62	7.22
利润（亿元）	1.34	0.90	0.81	0.24	0.15
税费（亿元）	0.85	0.87	0.68	0.44	0.51

国内首创，单井产量明显提升；鲲腾节点地震采集仪器国内首次应用，采集日效提高1倍、地震资料品质大幅提升；页岩气场站全橇装化建设为国内首创，工期缩短30%以上；钻井和压裂工具国产化进程不断加快，积极引进系列国产技术装备，打破国外技术垄断。"油公司"改革全面深化，治理能力显著提高。坚持将完善深化"油公司"模式作为全面深化改革的"重头戏"，以问题为导向，以市场化为方向，以"提高运行效率、实现高质量发展"为主线，持续优化调整公司内部组织机构，主营业务归核化、组织机构扁平化、辅助业务专业化、运行机制市场化、生产管理数字化"五化"特色"油公司"模式不断完善，治理体系和治理能力现代化建设推进有力。连续五年获集团公司质量安全环保节能先进企业，入选国家绿色矿山名录。

【疫情防控】 2020年新冠肺炎疫情发生后，浙江油田坚持把员工生命安全和身体健康放在第一位，克服承包商多、人员多，生产区域分散、人员流动性大等困难，守住"零疫情、零感染"底线。第一时间成立疫情防控工作领导小组，科学精准部署防控工作，构筑覆盖浙江油田和所有承包商单位的联防联控工作机制。浙江油田和承包商干部员工，在统一指挥下，立即行动，迅速打响抗击疫情的阻击战、防控战；全年共发布七版疫情防控手册，累计发放口罩15万只、消毒液1.1吨，为湖北等地捐款捐物35万元，组织志愿者无偿献血1.35万毫升，保证油气安全稳定供应。科学施策抓复产，加强与地方政府协调沟通，分区分策，快速有序实现复工复产。杭州总部2月14日率先返岗复产，是集团公司最先复工的油气田。湖北宜昌探区企地联合开通"千里复工专车"，一个月内组织完成近千人次复工转运。

【油气勘探】 2020年，浙江油田年完成探井钻井20口，实施三维地震勘探416平方千米，新增SEC储量24.44亿立方米。精细评价太阳气田南部海坝浅层页岩气，YS153H1井组单井测试日产达到5万立方米，有望南北连片开发，锁定第二个千亿立方米浅层页岩气储量申报区。宜昌远安发现丘滩体岩性圈闭，远安1井上部地层钻遇油气显示；苏北页岩油丰页1H井见到油气显示；昭通示范区毕节星火向斜乐平组、威宁龙街向斜旧司组钻遇页岩气显示，展示良好勘探前景。运用矿权新政，新增荆门页岩气矿权面积993平方千米；内部流转马田、梅田煤层气矿权，面积529平方千米。

【油气田开发】 2020年，浙江油田突出精细排采管理，页岩气按照开发单元、气井类型实施"一井一策"管理，年产量达到14.87亿立方米新高；煤层气坚持智能精细排采，年产量1.21亿立方米。加快气藏评价建产，加强精细地质研究，深化油气富集规律认识，滚动评价太阳南部海坝区带，优选建产区面积400平方千米，有望再建7亿立方米产能，形成年产15亿立方米浅层页岩气产能规模。加快新区产能建设，建成国内首个浅层页岩气田，完善推广浅层页岩气钻完井配套技术，完成太阳气田8亿立方米产建工程，当年贡献4.7亿立方米产量。按照"钻前不等征地"的原则，及时完成30宗435亩土地租赁。加快老井稳产措施研究，坚持生产与研究、地质与工程一体化分析思路，加快稳产措施研究实施，老井增产1.08亿立方米。

【产能建设】 2020年，浙江油田产能建设工作量主要集中在四川泸州叙永和云南昭通威信地区，钻井30口、压裂58口、投产60口，新建产能8.21亿立方米。位于威信地区的紫金坝4.8亿米^3/年产建项目完成钻井0口、压裂11口、投产9口，新建产能2.10亿立方米；位于叙永地区的太阳气田8亿米^3/年浅层页岩气产建项目完成钻井30口、压裂47口、投产51口，新建产能6.11亿立方米。

【安全环保】 2020年，浙江油田建立完善生态环境风险管控机制，推进环保依法合规，各级党组织召开生态环境专题会议13次，排查一般环境隐患51项，整改完成49项。启动安全生产专项整治三年行动，分解落实926项具体任务，整改问题隐患1626项，健全制度、方案40项。集团公司两次QHSE体系量化审核平均得分85.88分，是历年最好成绩。抓实重要风险管控，推进管道完整性管理，识别管道高后果区5处，通过技术手段查找并修复管道风险点40处。强化生产作业现场监督检查，全年查处问题2749项，通报违章364起，清除承包商队伍6支，清退承包商直接违章责任人7名。关爱员工健康，发布《员工健康指导意见》，常态化开展职业病危害检测和接害岗位员工体检。投入安全环保专项资金，治理安全环保隐患7项。投入节能专项资金，对15口外围零散井"放空气"进行回收，回收天然气1.2亿立方米。

【提质增效】 2020年，浙江油田持续强化质量管理制度建设，制修订钻压工程、井筒质量、物资采购和入井材料等6项质量管理制度。抓质量监管，开展油气水井质量三年集中整治行动，组建现场流体实验室，组织入井材料和流体质量专项检查，深挖问题原因补短板、强弱项，加强质量管理。成立提质增效专项行动工作领导小组，明确21项提质增效指标，制定8项配套措施，落实责任单位、责任人。成立提质增效工作督导组，制订专项监督方案，加强方案落实情况督查。开源、节流双向发力，全年销售收入突破20亿元，增长11.37%，页岩气、煤层气销售单价分别提高0.01元/米^{3}和0.04元/米^3。全年页岩气增收2.2亿元，零散气推价增收500万元；钻井、压裂等主要费用同比下降13%；利用税收减免政策，减税降费776.47万元；优化物资采购模式，石油专用管综合采购价格降低18%，压缩机、采气井口等下降10%，全年节约投资2亿元，成本挖潜1628万元。

【深化改革】 2020年，浙江油田贯彻落实国企改革三年行动方案，遵循“专业化发展、市场化运作、精益化管理、一体化统筹”治企准则，推进新型“油公司”及三项制度改革。累计整合机构职能5项，减少三级机构54个，压减职能管理岗位99个，用工总量控制在490人，低于总量控制计划。以效益效率为导向的薪酬分配和全员业绩考核体系运行良好，“收入凭绩效、增收靠贡献”的共识全面形成。

【技术攻关】 2020年，浙江油田盆外山地页岩气“多场协同多元耦合”富集成藏赋存理论的创新形成，指导昭通浅层页岩气的勘探发现，有效助推评价选区，开辟山地页岩气3000亿立方米整装太阳气田战略新资源，浅层页岩气评价开发技术攻关再获突破。“川南地区3500米以浅页岩气规模有效开发关键技术”获集团公司科学技术进步奖特等奖，同时获集团公司科学技术进步奖一等奖、三等奖各1项。“昭通示范区浅层页岩气勘探突破与高效开发创新技术应用”获浙江省科学技术进步奖二等奖。国家重大专项“昭通页岩气勘探开发示范工程”和集团公司重大现场试验“昭通示范区页岩气钻采工程技术现场试验”通过集团公司审验收，科技成果推广应用取得新进展，其中国家重大专项取得一项理论认识，攻关形成六大技术系列、23项特色技术标志性创新成果。参与制定国家和集团公司非常规行业标准7项、浙江油田技术标准规范7项，申报授权专利6项、技术秘密1项，在中文核心期刊发表论文76余篇。申报集团公司重大技术现场试验项目“井下光纤智能监测现场试验”获得立项，承担勘探与生产分公司科研项目3项。针对浅层岩气地质工程特点，推广应用地震逐点引导水平井钻井地质导向、优快安全钻井技术、水平井水基钻井液、浅层页岩气体积压裂、浅层页岩气排采等7项工业化、国产化、低成本特色技术。制定实施《关于加快推进浙江油田科技创新的实施意见》，增设科技奖项、加快成果转化、加大人才激励的相关措施；编制《国家科技重大专项绩效考核管理办法》，建立以科技贡献为导向的绩效考核体系。持续推进科研项目课题长、任务长、项目经理负责制管理模式，赋予课题长、任务长、项目经理及主要研究成员更多自主权，培养一批年轻有为、敢于担当作为的年轻技术专家。

【依法治企】 2020年，浙江油田推进合同管理规范化、标准化、信息化建设，完成合同2.0系统升级，运行正常。制度“立改废”工作进一步深化，完成制度制订50项，修订55项，废止55项。对非制度类规范性文件实施合法合规性审核，为规范性文件依法合规提供保障。合规管理作为月度、年度的绩效监控指标纳入考核，促进生产经营依法合规。全面实施委托招标，委托华东（上海）招标分中心实施。优化招标报审程序，通过“协同办公平台”移动终端，招标项目实现全过程电子化审批，提高工作效率。开展投资项目风险评估及程序性审核工作，制定投资项目风险评估管理办法，完成2019年风险评估及工作总结报告。完成年度内控自我测试，涉及内部控制21个一级流程、175个末级流程、320个关键控制点，测试样本1841个，发现例外事项同比下降50%。推进体系融合工作，完成综合管理体系方案、业务能力架构搭建、综合管理体系要素框架搭建、规章制度审查、制度流程对照表、综合管理体系手册、二级单位管理分册和基层单位操作规范编制等工作，完成综合管理体系文件的审核、修订、评审和发布。开展第三届管理创新成果评比活动，对2019年30项管理创新成果进行评审，表彰奖励优秀成果。完成《油气田企业战略转型的探索与实践》报告，获集团公司管理创新成果二等奖。

【员工培训】 2020年，浙江油田持续全员能力素质评估和需求调查，增强培训计划项目针对性，拓宽培训渠道，严格过程管理，加强考核和后评价，提升培训效果。实施公司级培训计划22项，各单位、部门完成培训656项，送外培训98项，240人次；承包商培训253项，3022人次。组织管理技能知识竞赛，以赛促学、以赛促训、以赛促提高。参加集团公司首届一线生产创新大赛，西南采气厂蒋一欣、张盼锋、王子云、薛伟宾、薛彦明参赛的《关于页岩气井排水采气接替工艺的难题》获三等奖。参加2020年全国行业职业技能竞赛第二届全国油气开发专业采气工和集输工竞赛，获采气工个人铜牌，采气工团队项目三等奖、团体项目三等奖及集输工团队项目三等奖。完成行业类职业技能资格证书向国家职业技能等级证书转变并完成国家证书系统历史数据补录工作，32 人通过技能等级鉴定，其中 19 人通过高级工资格鉴定，3 人通过技师资格鉴定。2020 年，新增 35 名兼职培训师。

【企业党群工作】 2020 年，浙江油田政治建设抓得牢，常态化落实“第一议题”制度，压紧压实两级党委中心组学习，建立完善贯彻落实习近平总书记重要指示批示精神保障机制。巡视整改抓得严，建立问题清单、任务清单、责任清单，集团公司党组巡视发现问题全部整改到位。组织建设抓得紧，干部板结现象有所改善，全年调整使用中层领导人员 27 人次，去行政化改革快速落地，完成 165 名干部岗位层级套转工作。反腐倡廉抓得狠，强化纪委专职监督，巡察利剑效应不断彰显，向两个基层党委反馈巡察问题 97 项，巡察成果转化运用取得明显成效；狠抓正风肃纪和监督执纪，扎实开展“四风”整治，全面加强“三不”机制建设，风清气正的政治生态不断巩固。开展“战严冬、转观念、勇担当、上台阶”主题教育活动、“把油田装进心田”形势任务教育，组织各层级宣讲 103 次、调研 56 次；宣传文化引领作用充分发挥，发布新版企业文化手册，在公司主页刊发新闻 2050 篇、新媒体刊发 550 篇、集团公司官网刊发 150 篇以上，社会关注度同比提高 20%；群团民生工作取得新实效，开展劳动竞赛、扶贫帮困、“青力青为”主题实践，创建劳动模范工作室，“最好一餐在岗位”和“健康体检少跑腿”得到认可，广大员工的向心力、凝聚力进一步增强。

【民生工程】 2020 年，浙江油田把职工群众生命健康放在第一位，筹集调配口罩，拨付 100 余万专项资金支持新冠肺火疫情防控，指派专人摸排员工群众生活需求，为缺少防护用品、因疫情致困、坚守岗位的职工和家属及时送去防疫物资和生活用品。建立员工健康档案，对存在异常或疑问的进行专门提醒，安排有针对性重点复查，做到早预防、早检查、早诊治。坚持走访、慰问制度，发放 66.8 万元帮扶困难职工 300 余人次。“金秋助学”45 人，发放助学金 21 万元，对一线 300 多名员工进行慰问。完成退休职工社会化管理移交工作，油区和谐安定局面更加稳固。

【智慧油田建设】 2020 年，浙江油田围绕“管理高效化、技术智能化、操作无人化”建设思路，推进智慧油田建设，包括 12 个项目，分别是协同办公平台，生产经营与绩效评估平台，安全环境监控平台，大数据管理平台和区域湖平台，勘探开发一体化协同平台，地质工程一体化决策平台，煤层气智能排采，地面建设数字化移交，物联网（A11），黄金坝作业区智能化管理，智联智能运行管理平台，疫情防控平台。截至 2020 年底，完成 10 个项目建设。物联网自动采集系统，数据自动采集覆盖率由 30% 提升到 100%；移动协同办公平台，80% 以上管理业务由线下转移到线上；大数据管理平台与区域湖，为生产经营、技术研究和生产运行提供数据支撑。

（罗新明）

中石油煤层气有限责任公司

【概况】 中石油煤层气有限责任公司（简称煤层气公司）是中国石油天然气股份有限公司独资设立的从事煤层气业务的专业化公司，成立于 2008 年 9 月，总部位于北京市，主要从事煤层气、致密气、页岩气的勘探、开发、集输、销售、国内对外合作，以及相关工程施工、技术服务、技术咨询、信息咨询、技术培训等业务，工作区域横跨山西、陕西、新疆、内蒙古、宁夏、湖南、贵州、黑龙江等八省（自治区），规模生产区域主要位于晋陕两省的鄂尔多斯盆地东缘。

截至 2020 年底，机关设 12 个部门、3 个直属机构、3 个附属机构；设 11 个所属单位（勘探开发研究院、工程技术研究院、勘探开发事业部、韩城分公司、临汾分公司、忻州分公司、山西分公司、外围项目经理部、煤炭地下气化项目部、中石油渭南煤层气管输有限责任公司、监督中心）。按照股份公司授权，负责管理中联煤层气国家工程研究中心有限责任公司。用工总量 1103 人。

2020 年，煤层气公司天然气产量 24.62 亿立方米、商品量 24.4 亿立方米，分别同比增长 4.2%、5.6%；收入 25.66 亿元，净利润 3.01 亿元，同比增长 12.3% 和 32.6%。

煤层气公司主要生产经营指标

指　标	2020年	2019年	2018年	2017年	2016年
天然气产量（亿立方米）	24.62	23.63	20.95	18.91	12.66
新增天然气产能（亿立方米）	8.09	3.04	3.17	3.0	1.2
新增探明天然气地质储量（亿立方米）	429.03	—	291.08	1142	322.61
二维地震（千米）	0	0	0	392.10	332
三维地震（平方千米）	480	370	0	0	0
探井（口）	2	15	17	28	16
开发井（口）	267	281	240	113	26
钻井进尺（万米）	60.22	55.80	40.45	28.62	9.14
勘探投资（亿元）	1.51	1.95	1.54	2.23	1.78
开发投资（亿元）	16.41	10.92	8.70	7.18	5.04
资产总额（亿元）	110.77	104.23	97.36	101.80	100.26
收入（亿元）	25.66	22.85	21.68	18.04	13.96
净利润（亿元）	3.01	2.27	−5.82	1.28	0.43
税费（亿元）	1.72	1.69	1.60	1.58	1.14

【“十三五”回顾】“十三五”是煤层气公司夯基础、调结构、促改革、防风险、提质量、增效益的五年，在推动公司高质量发展的征程上取得系列显著成效。累计产量破百亿立方米，实现产量100.77亿立方米、商品量98亿立方米；“十三五”末油气当量超过200万吨，较“十二五”末增长286%。经营业绩稳步提升，累计收入102.2亿元，持续保持集团公司业绩考核“A”级单位。安全环保形势稳定向好，连续5年获“集团公司质量安全环保节能先进企业”。科技攻关成效明显，获省部级及以上科技奖励16项，国家授权专利61项、计算机软件著作权登记14件，发表EI、中文核心论文60余篇；组织发布各类行业标准80余项，牵头起草的2项国际标准（《煤的比表面积测定方法》《煤层气资源评价规范》）通过ISO/TC 263委员会审查。坚持“油公司”管理模式，扎实推进“三项”制度改革，公司合规管理水平和抗风险能力进一步提升。全面从严治党责任深入落实，“大党建”格局基本建立，“把方向、管大局、促落实”的领导作用更加突出，全面夺取疫情防控和生产经营改革发展“双胜利”。

【勘探开发】 2020年，煤层气公司强化勘探评价，资源增储实现新突破。深层煤层气勘探评价获股份公司勘探重要发现三等奖。海陆过渡相页岩气勘探评价成果丰硕，3口水平井获工业气流。多层系立体勘探评价成效显著，陕北延川郝13井首次钻揭本溪组高压气层，石楼北区块三维地震勘探首次发现鄂东缘下古生界冲断带。加强气藏经营管理，保德煤层气田连续第5年稳产5亿米^3/年以上，韩城煤层气田日产气量稳步提升。持续推进综合治理，全年治理174口井，增产3145万立方米。高效推进“5+1”产建工程，大宁—吉县区块5个致密气百万立方米大井组部署水平井37口，投产7口井日产天然气85万立方米；启动全国首个亿立方米煤层气规模开发大平台建设，保8井区落实井台4座、井位55口。优化水平井钻井提速模板，钻井时效提高10%、钻头消耗减少33%、钻井周期缩短37%；优化地面工程工艺，标准化设计覆盖率100%，场站安装预制率85%，缩短建设工期10%。

【科技创新】 2020年，煤层气公司强化创新驱动，战略发展增添新动能。牵头承担国家重大科技专项2项、股份公司科技重大专项2项，实施公司科技项目4项，推广新技术新产品6项，授权发明专利12件，发布行业标准6项、集团公司标准2项。针对大宁—吉县区块深8煤开展系统评价，创新形成深煤层开发技术11项，优选12口老井实施体积酸压试验，有效攻克2000米以深煤层气开发禁区，开启煤层气资源评价从储层常压区向高压区、由埋深中浅层向深层的“两个转变”；在大吉区块开展海陆过渡相页岩气地质理论与工程技术攻关研究，落实海陆过渡相页岩气地质条件，3口水平井密切割体积压裂技术试验取得良好效果；煤炭地下气化（UCG）项目攻关通过股份公司开题论证，各专项课题进入实质性研究阶段。加强数字基建，优化完善信息化顶层设计配套方案，开展勘探开发数据智能治理、产建动态模块、生产安全视频监控系统、油气生产物联网、大数据中心等项目建设，取得阶段性进展。

【安全环保】 2020年，煤层气公司强化责任落实，安全环保形势平稳可控，未发生一般B级及以上安全环保事故事件，获集团公司“质量安全环保节能先进企业”。开展“强基础、提素质”QHSE专项培训，针对性设置培训课程92项，培训1700人次；开展各级领导干部述职和履职能力评估239人次；精准开展QHSE巡察工作，实现所属单位全覆盖；建立2大类

12项高危作业项目清单，排查专项隐患问题247项，制订重点风险防控方案11项，实现分公司级重点施工作业监督全覆盖。优化承包商队伍结构，内部队伍占比95%以上，清退不达标承包商队伍9支。落实黄河流域生态环境保护责任，处理并达标排放采出水260万吨，实施钻井泥浆不落地93井次；持续推进绿色矿山创建，保德北5亿米^3/年煤层气项目、大吉5-6井区致密气5亿米^3/年项目进入国家级绿色矿山名录，韩城南、韩城西2个煤层气项目实现省级绿色矿山达标创建。以精准疫情防控强化员工健康管理，编发《公司常态化疫情防控指导手册》，将常态化疫情防控纳入QHSE统一管理，与各类生产活动同部署、同实施、同监督、同考核；实施《健康煤层气2030规划方案》，开展职业健康普查，建立全员"健康卡"。

【对外合作】 2020年，煤层气公司执行对外合作项目6个，国内联营项目2个，年产量11亿立方米、日产量突破350万立方米。开展增储工作，完成石楼北区块金1、中1井区三维地震采集。加快推进产能建设，三交煤层气区块完成钻井18口，新建产能超0.66亿立方米，创历年新高；三交北区块完成钻井34口，秦家山集气站提前75天投产，全面完成3亿米^3/年产建任务；石楼西区块完成水平井钻井30口，钻井周期缩短13.3%，平均机械钻速提高30%，压裂施工效率提高57%，申请钻完井技术专利3项。

【提质增效】 2020年，煤层气公司聚焦提质增效，强化经营管理，EVA变负为正，实现0.94亿元，超额完成预算指标2.75亿元。强化投资管理，压减年度投资总量2.23亿元。统筹投资和业务发展，加强效益评价，重点向效益好、具有重大战略意义的保德滚动扩边二期、大和及延川6亿米^3/年产建项目等重点项目倾斜。强化精细管理，成本费用平稳受控，实现单位完全成本1.084元/米^3，单位操作成本9.36美元/桶，均控制在板块下达指标之内；修旧利废节约资金1649万元；"五项"费用同比下降35%；用足用好疫情期间复产复工、非常规天然气补贴、增值税退税等国家政策创效7620万元。强化创新增效，推进网电改造，节约自用气量2249万立方米，节约发电机保运费用2063万元；在韩城分公司进行扩大经营自主权试点改革，减少运行费用1400万元。强化合规管理，优化招标整体节约金额4000万元，强化工程造价结算核减工程费用1839万元，深化工程结算审计审减工程结算资金1244万元。

【深化改革】 2020年，煤层气公司强化深化改革，系统能效进一步提升，2项管理成果分别获全国企业管理现代化创新成果二等奖和石油石化企业管理现代化创新成果一等奖。优化体制机制，强化勘探开发事业部力量，新建产能5.13亿米^3/年，同比增长86.5%，方案符合率、产能到位率、致密气新井当年贡献率分别同比提高10%、5.3%、6%；组建地质工程一体化工作站，水平井储层钻遇率同比提高8%；优化生产运行组织机构，构建以市场为导向的产、供、销格局，推动物资管理向现代物流模式转变。完善"三能机制"，推进扁平化管理，实现"分公司—站队"两级管理模式，撤销三级机构67个；加大差异化激励力度，同级别月奖最大差距30%以上；推进干部能上能下，实施干部任期制、试用期制、"阶梯式"退出政策，提拔"80后"年轻干部17人、占比57%；推进员工能进能出，建立员工动态管理机制，4名党委直管干部进行双向交流，5名干部到基层挂职锻炼，招聘应届高校毕业生10人，引进成熟人才23人。创新培训模式，开展"导师带徒结对子"活动，签订师徒协议570份，参加技能比赛练就人才，1人获全国采气工职业技能竞赛铜牌，选派6支队伍参加集团公司首届一线生产创新大赛获团队三等奖2项、优秀组织奖2项。

【企业党建工作】 2020年，煤层气公司探索建立"不忘初心、牢记使命"主题教育长效机制，班子成员授课12次、中层领导干部授课121次；组织党委中心组学习15次，6名班子成员均进行研讨发言；深入开展"战严冬、转观念、勇担当、上台阶"主题教育活动，编发简报12期，推送集团公司"战严冬"专栏稿件20余篇。推进党的组织建设，开展所属单位党组织书记抓基层党建述职评议考核，党建责任权重在绩效考核中占比30%。新建、重组党支部21个，完成2个党组织的换届工作，党组织健全率和党员班组覆盖率达到两个100%。探索区域党建"8+6"联建模式，形成同一区域单位之间党建工作新机制、新格局。推进党的作风建设，疫情期间领导班子实行"双岗值班"和24小时值班制度，46名党员干部连续工作四个月以上。践行"马上就办、担当尽责"，成立督办工作领导小组，形成三级督办工作网络，实现督办向帮办、任务清单向任务清零"两个转变"。强力推行"一线工作法"，建立打石腰"一刻钟工作圈"，提升整体执行效力。推进党的纪律建设，聚焦常态化疫情防控、提质增效专项行动、党内政治生活、安全生产领域等重点工作，开展跟进监督、精准监督、全程监督；严肃巡视巡察问题整改，成立10个专项整改（治）工作组，制定整改措施 331 项，完成 329 项；深化党委巡察，完成 3 家所属单位疫情防控和提质增效专项巡察。组织开展“六比六看”“决胜 5+1”等劳动竞赛、提质增效“金点子”群众性创新活动、QHSE 隐患识别“金眼睛”群众安全监督活动，“一站到底”安全环保知识竞赛获集团优秀工会工作案例一等奖。医疗体检、带薪休假、帮扶救助、“双送慰问”等关爱政策落实落地，员工获得感、幸福感、安全感进一步增强。

（纪　烨）

南方石油勘探开发有限责任公司

【概况】 南方石油勘探开发有限责任公司（简称南方公司）前身为中国石油天然气勘探开发公司，1984 年在北京注册成立，1991 年迁至广州；1995 年以“南方石油勘探开发有限责任公司”名称在广州注册；1997 年划入中国石油天然气勘探开发公司管理；2008 年 9 月，调整为中国石油天然气集团公司直属单位，业务上归勘探与生产分公司管理；2011 年 10 月，中国石油天然气股份有限公司正式完成对南方公司的股权收购。总部位于广州，勘探区域覆盖广东、海南、广西、云南四省（自治区）。

2020 年底，南方公司设 10 个机关部门、7 个二级单位。在职员工 180 人（合同化 94 人、市场化 86 人），平均年龄 42 岁，其中党员占 57%，本科及以上学历占 71%，中级及以上职称占 62%，高级职称占 37%，教授级高工 4 人。70% 以上在油田现场工作。

2020 年底，南方公司有探矿权 5 个，勘查面积 5654.26 平方千米，其中海南省 2 个、广东省 1 个、广西壮族自治区 1 个、云南省 1 个；另有采矿权 2 个，开采面积 302.63 平方千米。

2020 年，生产液态烃 30.58 万吨、天然气 1.04 亿立方米，销售液态烃 30.59 万吨、天然气 8893 万立方米；收入 8.71 亿元、净利润 1.18 亿元，超出奋斗目标 1.07 亿元。

【“十三五”回顾】 “十三五”时期，南方公司人均关键业绩指标稳居油气田企业前茅。截至“十三五”末，累计三级储量石油 9155 万吨，天然气 212 亿立方米，油气当量 1.08 亿吨，比“十二五”末增加 1706 万吨；SEC 储量石油 302 万吨、天然气 18 亿立方米，平均储量接替率 1.2；完成二维、三维地震 558 千米和 234 平方千米；钻井 196 口，累计进尺 69 万米；累计生产液态烃 151 万吨、天然气 5.6 亿立方米，合计油气当量 196 万吨；累计实现营业收入 51.4 亿元，利润 10.7 亿元，上缴税费 7.9 亿元；资产总额 54 亿元，5 年增加 11.8 亿元，较好地实现国有资产的保值增值。

南方公司主要生产经营指标

指　标	2020 年	2019 年	2018 年	2017 年	2016 年
液态烃（万吨）	30.58	30.52	30.48	30.04	29.48
天然气产量（亿立方米）	1.04	1.04	1.07	1.11	1.38
新增原油产能（万吨）	6	4	4	4	3.45
新增天然气产能（亿立方米）	0.07	0.11	0.05	0.04	0.05
二维地震（千米）	234	—	—	—	—
三维地震（平方千米）	331.9	—	—	—	—
探井（口）	13	9	7	16	14
开发井（口）	29	20	20	15	20
评价井（口）	5	6	5	7	9
钻井进尺（万米）	16.19	12.85	11.97	13.44	14.21
勘探投资（亿元）	3.04	3.03	2.28	3.30	1.64
开发投资（亿元）	3.62	2.93	3.62	2.59	2.59
资产总额（亿元）	54.03	51.59	48.4	45.60	43.23
收入（亿元）	8.71	11.87	12.62	10.27	7.93
利润（亿元）	0.25	3.62	4.59	2.03	0.24
税费（亿元）	0.76	2.19	2.71	1.44	0.80

“十三五”期间，南方公司深化老区精细勘探，加快新区新领域探索，累计投入勘探资金超过 10 亿元，实施探井 58 口。推进高效生产运行，加快开发

技术攻关，提升高质量发展保障能力。坚持评价建产一体化，转变开发方式，打造省重点项目，累计投入评价开发资金20亿元，实现增储上产。坚持创新驱动发展，加快新技术适用技术应用升级，激发高质量发展强大动能。规范科技管理，累计投入资金3.62亿元，打造现代化、数字化油田，科研成果有力支撑公司油气勘探开发，创造良好生产效益、管理效益和经济效益，获省部级以上科学技术进步奖6项。

【油气勘探】 2020年，南方公司突出主责主业，打好勘探开发进攻战。提升油气勘探开发力度，确保油气产量稳中有增。坚持老区精耕细作，加快新区新领域探索，全年探井成功率56%、评价成功率100%；新增探明石油地质储量1069万吨、预测石油地质储量370万吨，合计新增三级石油地质储量1439万吨，完成南方公司储量任务的111%。海南福山探区突出效益勘探，涠洲组实现高效增储；注重规模勘探，岩性油藏展现大潜力；探索三新领域，多种类型取得新成果；突出规模评价朝阳后备区，夯实开发建产基础。广东三水探区开展综合地质研究，开辟页岩油勘探新领域，高1平1井钻遇油层318米；开展储气库建库评价工作进展顺利，证实具备建库条件。广西崇左探区完成崇1井钻后评价，明确探区发育两套烃源岩及礁滩体，具有常规和非常规气藏勘探潜力。云南德宏探区，完钻陇4井。在与中国海油合作区块，优化勘探部署，完成三维地震资料采集。

【油气田开发】 2020年，南方公司优化方案部署和产量结构，老井深耕靠实基础，新井早投接力稳产。立足富油区效益建产，新建产能6万吨。持续加强油藏注水，完善注采关系，夯实水驱开发基础，实现主力断块注水全覆盖。精细注采调控，在中高含水井组开展周期注水实验，效果显著。2020年原油、天然气自然递减率降至9.3%和2.8%，为历史新低。优化生产组织运行，编制油气生产运行大表，跟踪督办重点工程，综合平衡产运储销，强化水电路信保障，克服灾害天气不利影响，生产运行更加均衡平稳。

【工程技术】 2020年，南方公司持续开展工艺技术攻关，油气保障能力稳步提升。推广应用同心双管地面数字式分注技术，应用井占比达54%，地面测调可靠准确，实现全天候达标注水；推广智能柱塞气举工艺，2020年实施10井次，柱塞气举井总计48口，日产天然气16.53万立方米，占天然气总产量的53%，平均增产率117%，在几乎未新增产能建设井的前提下保证天然气的连续稳产；通过优化措施、试验推广长冲程塔架式抽油机、潜油螺杆泵等高效举升工艺，普及内衬油管应用等措施，坚持以机采系统经济运行为目标，抽油机系统效率整体提高1.5个百分点，检泵周期延长115天；形成精细分层+暂堵转向压裂配套和形成复合压裂液+缝网压裂的配套技术；积极推进地热能开发，地热资源评价取得阶段性成果；持续提高地面建设管理水平，保障油气生产平稳运行。

【科研创新】 2020年，南方公司承担上级下达科技项目5项，自立13项，投入经费2350万元，参与的“石油开采业危险废物靶向豁免与污染防控管理支持与应用”“油气开采业危险废物分类豁免与污染防治技术研究与应用”项目分别获集团公司2020年科学技术进步奖二等奖和中国石油和化学工业联合会2020年度科学技术进步奖二等奖。科技创新和技术引用工作围绕支撑油气生产有序开展：二氧化碳先导试验运行平稳，莲4断块地层压力得到有效补充，累计生产原油6100吨、生产天然气6733万立方米，增效显著，为全面推广和大幅度提高采收率奠定基础。实施压裂20井次，累计增产原油1.73万吨，增产天然气468万立方米；推广应用以柱塞气举为主体的排液采气工艺，实施12井次，累计增产原油1410吨、增产天然气238万立方米，夯实油田增油稳气基础；试验推广塔架式抽油机、同心双管分注、泡沫排水采气等新技术和适用技术，取得较好的提质增效成果。

【安全环保】 2020年，南方公司全面落实HSE直线责任，HSE体系运行质量持续提升，量化审核成绩逐步提高。全面启动安全生产专项整治三年行动，制订工作方案，推动措施落实，持续提升本质安全环保水平。持续强化排污许可依证管理，完成中央环保督察问题整改销项，持续推进绿色矿山和清洁生产工作。强化油田环境监测和调查，明确监测任务，定期开展监测，确保油田污染物排放和环境质量达标。加强承包商QHSE监管，严把承包商入口关，开展承包商履职能力考评，严格“两书一表”管理实施。加强工程、井筒和采购物资产品质量管理，有序推进节能节水及能源管控试点建设，完成节能节水指标。连续3年获评集团公司质量安全环保先进单位，安全环保形势持续稳定。

【经营管理】 2020年，南方公司持续优化投资结构。采取“一项目一对策”，充分评估项目在低油价下的回报和对公司长期稳产的贡献，在不减少总体工作量的前提下，优减投资6.2%；持续推进降本控费。吨油完全成本、油气单位操作费完成上级下达压控指标，折旧折耗、销售管理费分别同比下降9%、19%，可控管理性支出同比下降30%，其中“五项”费用压降50%，物资采购总成本下降10%；持续提升资金效率。量入为出实施资金计划滚动调整、动态管控，现金净流入3006万元，较好完成自由现金流、"两金"压控、降杠杆减负债等各项指标。及时研判分析，依法合规申请，通过落实疫情期间国家出台的各项优惠政策，减少人工成本446万元、税费支出447万元，降低用电成本140万元；迅速落实海南自由贸易港企业所得税减按15%税率征收优惠政策，冲回递延所得税9548万元；深入推进"战严冬、转观念、勇担当、上台阶"主题教育活动。开展学习调研，层层组织宣讲，发动全员讨论，推动岗位实践，及时跟进督导，将主题教育活动与提质增效专项行动有机融合、一体推进，为打赢提质增效攻坚战提供坚强思想保障、有利舆论支持和强大精神力量。2020年，累计降本提质增效超过2.5亿元，实现人均产值483万元，人均利润60万元。

【企业党建工作】 2020年，南方公司治党工作责任，印发党委落主体责任清单。健全党建工作制度体系，优化调整基层党组织设置，开展基层党支部书记述职评议考核和党支部达标晋级工作。构建"融合式党建"工作新机制，把流动党员和合作方党员纳入公司党建管理、考核机制之内，使党建的目标、方法、要求一致，促进合作双方的党建资源共享共用、协同共建，推动党建与生产深度融合。进一步完善"三重一大"实施细则，"三重一大"事项全部由党委决策，党委领导作用充分发挥。巩固和发展爱国统一战线，召开统战工作座谈会。切实提高政治站位，完成巡视整改工作。

【企业文化建设】 2020年，南方公司制定完善干部管理工作制度，加强对干部的日常教育和管理监督。加强干部队伍梯队建设，以内部推选方式提拔二级正职1人，交流轮岗中层管理人员5人、退岗4人。加强中层以下管理人员选聘，开展高级主管、主管岗位竞争上岗工作，选拔高级主管7人、主管12人、直接确认主管4人。选派2人分别到海南省工信厅、自然资源和规划厅挂职锻炼。全年开展各层次培训700余人次。参与并协助地方上级工会举办多项活动，在教育、扶贫、联合治安、应急响应等方面主动配合地方政府，履行社会责任。加大正面宣传工作力度，《人民日报》《中国石油报》及海南省电视台等10余家中央、地方和行业主流媒体累计发稿超过40余篇，后勤保障有力，办公生活环境舒适有序。关爱退休人员，认真落实"两项"待遇，组织健康体检，开展节日慰问活动，全年共有9个单位、集体和38人次获省部级以上表彰和奖励。

（宋　佳）

中国石油天然气股份有限公司储气库分公司（中国石油集团储气库有限公司）

【概况】 中国石油天然气股份有限公司储气库分公司（中国石油集团储气库有限公司）简称储气库分公司，前身是2016年11月成立的中国石油天然气销售储备气分公司，负责中国石油储气库业务的专业化管理工作，主要承担储气库规划计划、建设与运营管理、技术开发应用、标准规范制修订、考核评价、合资合作及业务发展政策研究等工作。与中国石油集团储气库有限公司、中国石油天然气集团有限公司储气库评估中心按三块牌子、一个机构运行，总部在北京市。2020年底，储气库分公司设机关职能处室6个，所属机构1个；在册员工66人，其中，本科以上学历占总人数98%，中高级以上职称占总人数86%，涵盖勘探开发、钻井、储运、经营管理等专业。

2020年，储气库分公司分析研判疫情影响，组织各储气库提前近一个月由采转注，全年各在役储气库（群）实际注气92.11亿立方米；辽河雷61、吉林双坨子2座新建库建成投产。本轮采气期比上一轮提前19天开始，连续65天单日采气量保持在1亿立方米以上，比上一采气期多49天；单日最大采气量创历史新高、达1.34亿立方米，调峰能力比上一采气期最大日采气量增加2600万立方米，同比增长24%；周期采气108.8亿立方米，比上一采暖季增长55.73%。中国石油各储气库连续安全生产428天。储气库业务收入52.93亿元，利润9.4亿元、同比增加8.44亿元，注采成本0.512元/米^3、同比减少0.067元/米^3。储气库分公司组织14家油气田单位近200人，历时半年完成储气库业务"十四五"建设、科技和QHSE发展规划编制。组织起草移交生产运行管理协议和运营服务协议，金坛储气库和刘庄储气库移交国家管网公司。对外开展盐穴储气库合资合作，签订江苏苏盐井神张兴储气库、山东菏泽盐穴储气库《合资框架协议》。

到“十三五”末，中国石油在役储气库（群）10座，实际工作气量128.81亿立方米，占集团天然气销售量的5.6%，是“十二五”末的2.5倍。储气库（群）有注采井280口、监测井102口、注采站14个、压缩机组78台套、管线733千米，固定资产净值332亿元，从业人员1621人。形成一批适用于中国储气库业务的技术和标准，有13项配套技术和14项关键技术，获集团公司科学技术进步特等奖1项、省部级科学技术进步奖9项、十大科技进展1项，发明专利11件，发布储气库专业标准33项，其中行业标准8项、中国石油企业标准25项。

【企业管理】 2020年，储气库分公司深入开展“战严冬、转观念、勇担当、上台阶”主题教育活动，推动提质增效各项措施落实落地。体制机制进一步理顺，储气库评估中心挂牌成立，储气库有限公司完成注册，具备做专储气库分公司、做实储气库有限公司的条件和基础。科技创新取得新进展，发布集团公司企业标准3项，编制下达11项行业标准制修订计划，研究中心完成《盐穴储气库声呐检测技术规范》企业标准修订，评估中心开展呼图壁和相国寺储气库风险诊断评估等8项课题研究，并顺利通过检查验收。积极对外开展盐穴储气库技术服务，将市场范围拓展到中国石化和地方盐化企业，锁定合资合作盐穴储气库3座。完成QHSE管理体系修订和发布工作，梳理责任清单48项，修订制度22项。制定公司《安全生产专项整治三年行动计划实施方案》，建立健全安全生产责任体系。组织开展专项审核，通过对相国寺等7座储气库（群）进行审核，发现问题212项，提出建议31条，及时督促整改落实，夯实储气库安全平稳运行基础。组织对双6储气库出站天气携液问题进行调查，制定气质达标措施5项、提高安全运行措施4项，确保双6储气库正常生产。坚持“一切成本皆可降”，采取压缩公务用车、减少会议和差旅支出、节约办公费用等措施，全年可控管理费用同比下降10%，机关管理费用压减30%，“五项”费用压减50%，全面完成成本压降目标。

【企业党建工作】 2020年，储气库分公司全年组织中心组（扩大）学习34期，组织全员参加党史、新中国史、改革开放史、社会主义发展史等学习培训，干部员工的“四个意识”更加牢固、“四个自信”更加坚定、“两个维护”更加坚决。第一时间成立疫情防控应对工作小组，及时贯彻落实国家和集团公司疫情防控各项要求，严格落实防控措施，严格出京管控，确保员工和家属“零疫情、零感染”。狠抓党风廉政建设和反腐败工作，健全完善“三不腐”体制机制，开展“三查三看一追责”活动，强化政治监督。抓好巡视整改，针对巡视反馈问题细化整改措施79项，针对督导检查提出的8个问题研究制定整改措施24项，全部完成整改。狠抓宣传思想文化建设，践行“信任、理解、支持、执行”的理念和“担当实干、合规高效、开放合作、共赢共享”的储气库文化；弘扬工匠精神，提倡“第一次就把事情做对”，连续举办“储气库讲堂”12期，打造储气库自主培训品牌。开展合理化建议征集活动，2条合理化建议和1个班组创新创效项目被评为集团公司优秀成果；积极做好扶贫帮困工作，超额完成消费扶贫指标，完成率200%以上；首次举办青年员工科研成果发布会，9名青年交流论文和专利成果。积极做好正面宣传和舆论引导，配合中央电视台对储气库复工复产进行跟踪报道，在《红旗文稿》上发表理论文章《压实国有企业党建的责任》，在集团公司《企业动态》《值班信息》上刊发稿件5篇，启动公司微信公众号，利用新媒体语言传递储气库声音、讲好储气库故事。

（王晓明）

炼化企业

中国石油天然气股份有限公司大庆石化分公司（中国石油大庆石油化工有限公司）

【概况】 中国石油天然气股份有限公司大庆石化分公司（中国石油大庆石油化工有限公司）简称大庆石化，是股份公司的地区分公司，始建于1962年。2020年底，有二级单位25个，员工2.2万余人，生产装置、公用工程及辅助设施171套，可生产64个品种502个牌号的产品。有1000万吨/年炼油加工能力，120万吨/年乙烯，45万吨/年合成氨，80万吨/年尿素，111万吨/年聚乙烯，10万吨/年聚丙烯，8万吨/年丙烯腈，20万吨/年丁辛醇，19万吨/年苯乙烯，10.5万吨/年ABS，16万吨/年顺丁橡胶，6.5万吨/年腈纶丝等产能规模。2020年，炼油结构调整转型升级项目建成中交，大庆石化正式迈入千万吨级炼化一体化企业行列。截至2020年，累计加工原油2.85亿吨，生产乙烯1950万吨，完成工业总产值8435亿元，累计收入9173.78亿元，累计上缴税费1130.36亿元

2020年，大庆石化科学统筹全年各项任务目标，取得疫情防控阻击战和效益实现保卫战"双胜利"。全年收入392.78亿元、利润2100万元，上缴税费63.36亿元，上市业务实现利润6.47亿元，实现"十三五"圆满收官。

【"十三五"回顾】 "十三五"期间，大庆石化历时26个月，建成中交大炼油项目，"千万吨炼油、百万吨乙烯"的生产规模形成，规模能力进一步增强。生产经营再创新业绩，以安稳长满优生产为目标，安全生产体系持续完善，对标达标深度开展，主要技经指标稳步提升，累计生产乙烯592.3万吨，比"十二五"乙烯产量增加199.6万吨，化工商品总量增加445万吨。树立"过紧日子"思想，开源节流并举，提质增效并重，累计实现利润总额63.33亿元，上缴税费399.94亿元。深化改革，"处僵治困"成效显著，检测业务持续重组、通信业务社会化移交、编织袋业务优化调整、厂办大集体改革、退休人员社会化、驻京办清理等改革任务精准推进，餐饮、房地产、印刷业务有序退出，加大"三供一业"推进力

大庆石化主要生产经营指标

指　标	2020年	2019年	2018年	2017年	2016年
原油加工量（万吨）	605.56	604.02	540.06	595.76	646.19
汽油产量（万吨）	167.98	176.47	135.74	153.81	157.68
柴油产量（万吨）	85.4	92.63	108.2	131.61	175.73
航空煤油产量（万吨）	28.06	38.01	28.84	26.73	28.04
乙烯（万吨）	131.1	128.83	105.81	115.83	110.76
丙烯（万吨）	77.62	77.27	64.92	71.22	68.39
ABS树脂（万吨）	12.31	11.70	10.13	11.09	10.41
丁辛醇（万吨）	19.61	18.15	15.77	21.72	19.80
聚乙烯（万吨）	128.18	126.05	103.03	112.43	108.47
聚丙烯（万吨）	11.31	11.66	10.76	11.31	11.42
顺丁橡胶（万吨）	16.98	16.94	13.68	14.42	14.19
合成氨（万吨）	44.62	44.80	36.96	46.36	44.84
尿素等（万吨）	28.93	17.57	11.47	35.78	51.18
资产总额（亿元）	226.17	237.22	220.35	208	222
收入（亿元）	392.78	483.96	473.72	461	423
利润（亿元）	0.21	0.1（上市）	10.39	33	31
税费（亿元）	63.36	78.3	77.82	93	90

度，三项制度改革持续深入。员工人均收入、企业年金、公积金同比增长；生产运行岗位实现四班两倒，白班岗位作息时间优化调整，更新通勤车辆，提高就餐标准，会战园项目如期交付入住，实施矿建投资项目18个，发放慰问金9921万元。

【疫情防控】 2020年，大庆石化按照“坚定信心、同舟共济、科学防治、精准施策”总要求，成立新冠肺炎疫情防控工作领导小组，建立例会制度，完善“五级包保”机制，层层压实责任，突出考核问责，“零疫情”的良好态势持续巩固。切实履行央企责任，全力保障市级定点医院用氧需求，向市区政府部门、学校及医疗机构捐赠防疫物资近100万元，调拨专项资金500余万元修缮发热门诊，建立集中隔离观察点7个，划拨防疫专项经费370万元，用于购买防疫物资、慰问表彰防疫先进，组织党员捐款103.6万元，选派3名医护人员支援湖北孝感，以最快速度建成投用4条口罩生产线，生产口罩2000余万片，开发公司被授予集团公司抗疫先进集体，4人获评集团公司抗疫先进个人。

【生产运行】 2020年，大庆石化坚持“大平稳出大效益”，裂解（二）等13套装置创出长周期运行最好成绩，高压（一）、低压A线创出国内同类装置连续运行新纪录，主要生产装置操作平稳率99.71%，KPI考核的19套装置，损工时数74.71天，比考核指标减少67.23%；节能3.29万吨标准煤，节水64万立方米。深入开展关键机组隐患排查，有效治理振值超标机泵，持续推进无泄漏装置创建，静密封点泄漏率0.038‰；实施加热炉长周期攻关，试点建设智能仪表巡检平台，推进预知维修模块应用，整合完善腐蚀监测系统，整体设备完好率99.83%。全年加工原油605.56万吨，生产乙烯131.1万吨，乙烯产量创造历史新高。

【提质增效】 2020年，大庆石化坚持“四精”要求，制定“一企一策”提质增效方案，开展“战严冬、转观念、勇担当、上台阶”主题教育活动，通过拓宽原料渠道、实施“减油增化”、落实乙烯装置大负荷生产方案、全力增产高效产品等措施，实现生产优化增效3.57亿元。通过压减修理费、严控“三剂”费用、停运水煤浆锅炉和生活区热水、实施非生产性物资休眠采购、缓缴税费等措施，实现降本增效2.73亿元。争取疫情防控优惠政策，及时获得补贴资金及减免支出3.8亿元。全年挖潜增效11亿元。

【转型升级】 2020年，大庆石化实现大炼油项目“8·30”中交目标，10月24日开车一次成功，正式跨入千万吨级炼化一体化企业行列，为大庆地区打造“油头化尾”产业集群作出贡献；加工俄罗斯原油43.56万吨，吨油利润570元。高质量编制“十四五”发展规划，以“减油增化”为方向，以“做强主业、做大化工、做精炼油”为目标，着力解决“大而不强、化工上下游不匹配、产品创效能力弱”等问题。加快科技创新成果转化，开发新产品3项，放大生产48.23万吨，科技创效能力不断提升。开展“辛烯等α-烯烃合成成套技术工业试验”等各类新开科技项目14项，企业核心竞争力不断积聚。

【安全环保】 2020年，大庆石化落实“党政同责、一岗双责、齐抓共管、失职追责”，完善安全生产责任清单，推行全员安全生产记分管理，实现管理层、执行层、操作层全覆盖。倡导“安全是碗、效益是饭”理念，创新开展“四查四提升”活动，遵循“党委统领、专业负责、区域承包、基层落实”原则，各级领导干部开展督导1740次，发现问题836项，提出意见建议1061条，安全管理逐步向基层延伸，安全生产体系不断明晰。高质量完成QHSE体系审核，发现问题2090项，整改率100%。建立作业预约机制，实行危险作业升级管理，严格承包商“五关”审查，治理隐患项目25个，安全监管效能逐步增强。完成青肯泡污水氧化塘提标改造等环保项目6个，加大“三废”治理力度，依法合规处置危险废物3.3万吨，主要污染物减排指标全面完成。

【改革发展】 2020年，大庆石化推动三项制度改革，整合石蜡、尿素生产和出厂业务，移交职工医院，深化二级单位机关“大部制”改革，推进联合车间建设，减少二级、三级机构130个，机构数量较年初下降22%。强化员工总量控制，员工总量减少1959人，劳务用工减少330人。有效落实专项治理部署，厂办大集体改革实现阶段性目标，退休人员社会化全面完成。明确经营性企业发展定位，检维修、装备制造、信息检测等业务市场占有率、产值、市场美誉度不断提升。推进管理体系融合，规范业务流程70个，梳理优化制度295项。提升造价管理效能，检维修、基建、技改项目累计审减9279万元，合规管理水平有效提升。

【企业党建工作】 2020年，大庆石化将党建工作纳入二级单位业绩合同，实行量化考核，269个基层党支部完成星级支部验收，基层党组织建设不断强化。加大优秀年轻干部培养选拔力度，干部队伍年龄结构持续改善。强化“监督、执纪、问责”，整改集团公司党组巡视反馈问题76项，完成6个二级单位党内巡察，精准运用“四种形态”，处理违纪违规人员45人次。组织公众开放日，打造新媒体平台，推进企业形象建设常态化长效化。大力弘扬劳动精神，创建潘大龙劳模创新工作室，做好劳动模范推选工作，2人分获全国劳动模范称号和黑龙江省“五一劳动奖章”，9人获评集团公司劳动模范。坚持依法维稳，突出风险评估，有效化解信访问题，公司大局保持稳定。

（钟国强）

中国石油天然气股份有限公司吉林石化分公司（吉化集团有限公司）

【概况】 中国石油天然气股份有限公司吉林石化分公司（吉化集团有限公司）简称吉林石化，办公地点在吉林省吉林市，前身是吉林化学工业公司，是国家“一五”期间兴建的以“三大化”为标志的第一个大型化学工业基地。1954年开工建设，1957年建成投产，1998年上划中国石油天然气集团公司，1999年重组为中国石油吉林石化公司、吉化集团公司，2000年吉化集团公司与吉林石化公司正式分立运行，2007年吉林石化公司与吉化集团公司整合管理，2010年集团公司授权吉林石化对吉林燃料乙醇有限责任公司实施一体化管理，2017年吉化集团有限公司完成公司制改制。

吉林石化作为新中国化学工业长子，新中国的第一桶染料、第一袋化肥、第一炉电石就诞生在这里，创立60多年来，为中国化学工业和国民经济的发展作出重要贡献。特别是上划中国石油以来，全面实施体制机制改革和产品结构调整，企业发展取得长足进步，成为千万吨级炼化一体化生产基地，“十三五”期间整体创效水平位居炼化板块前列。

截至2020年底，吉林石化原油加工能力1000万吨/年、乙烯生产能力85万吨/年、燃料乙醇生产能力70万吨/年。炼化生产及辅助装置130余套，能够生产汽油、柴油、航空煤油、聚乙烯、ABS、丙烯腈、乙丙橡胶、丁苯橡胶、甲基丙烯酸甲酯等115种主要石油化工产品，总资产241亿元。设机关职能处室15个，机关附属机构6个、直属机构4个，二级单位43个；在册合同化员工1.94万人。

2020年，面对新冠疫情影响、国际油价断崖式下跌、国内石化市场剧烈震荡等严峻考验，吉林石化紧紧围绕疫情防控和生产经营“两条线”，突出抓好安全生产整顿和提质增效攻坚，强化严细实精举措，坚持“两紧盯、一平稳、四优化”，稳字为基、实字为要、干字为先，创出生产经营的良好业绩。全年加工原油883.09万吨，生产乙烯86万吨，完成商品总量915.4万吨，收入499亿元，上缴税费111.3亿元，盈利9.3亿元。

吉林石化主要生产经营指标

指　标	2020年	2019年	2018年	2017年	2016年
原油加工量（万吨）	883.09	919.38	812.32	897.23	910.19
乙烯产量（万吨）	86.00	86.72	76.68	85.43	80.74
汽油产量（万吨）	184.46	202.27	167.22	176.25	170.57
柴油产量（万吨）	245.01	273.08	253.28	281.53	312.38
航空煤油产量（万吨）	30.77	32.45	26.91	29.54	28.22
合成树脂产量（万吨）	119.08	120.09	106.54	118.28	115.01
合成橡胶产量（万吨）	15.57	15.87	12.26	15.65	10.71
资产总额（亿元）	240.67	224.30	231.58	235.95	242.59
收入（亿元）	499.00	611.46	613.92	600.50	507.99
利润（亿元）	9.3	–0.6	20.38	49.87	15.17
税费（亿元）	111.30	118.04	111.73	137.08	129.24

【生产经营】 2020年，吉林石化落实集团公司提质增效专项行动部署，围绕“炼化一体化、效益最大化”，精准把控、实时优化、动态调整，实施生产优化60余项，增效4.5亿元以上。全力推进“减油增

化”，乙烯原料自给率93.1%。充分发挥化工产业链特色优势，全年化工业务盈利超过21亿元。围绕供应链，实施渠道优化，采购成本同比下降10%。积极克服新冠肺炎疫情影响，加大成品油调运力度，统销产品高效市场比例46%以上，丙烯腈、甲甲酯等自销产品直销率88%。坚持经营库存，全面开展降库攻关及物资清查，库房数量由209座减至26座，暂舍由224处减至19处，平利库物资3400万元；停运储罐56台、腾退库容18万立方米。

【安全环保】 2020年，吉林石化大力倡导并积极践行“五有”“三不”“三必须”“三不让”“叫停、退守”，“操作前思考30秒”“三个一”“三不伤害”等理念和要求，制订出台安全生产“十条禁令”“三十条员工行为规范”，实施全员记分管理、承包商“五位一体”监管，成立东中西3个监督站，全面强化风险作业预约和分级分类全覆盖专业管控。落实“四全”“四查”要求，扎实开展安全生产整顿，实施特殊敏感时期升级管控，两级机关干部每天“陪检”查岗，安全生产总体受控。深入践行“绿水青山就是金山银山”理念，落实生态环境保护议事制度，19项重点环保项目全部中交，出水COD排放总量持续下降。制订严于政府的标准，组织召开新冠肺炎疫情防控领导小组例会129次，落实“十项措施”，坚守“三道防线”，实现“零疫情”，保持生产经营和队伍稳定。

【科技创新】 2020年，吉林石化坚持“三个面向”，打破科研与生产界限，形成以“研究院+4个研发中心”为创新主体、各生产厂为成果转化主体、“产销研用”一体化协同的创新体系，整合科研资源，激发创新活力。强化新技术、新装备、新型催化剂的推广应用，实施低密度聚乙烯装置粉料包装线改造等项目，持续改进ABS 0215H等产品质量和性能，开发乙丙橡胶X-3070等9个牌号新产品，进一步提高装置技术和产品创效水平。

【转型发展】 2020年，吉林石化深入论证“十四五”发展规划及9个专项规划，开展重点装置和产品竞争力分析研究，明确“十四五”高质量发展的方向路径；持续对转型升级方案进行优化完善，立足产业链特色，优化资源配置，经过10轮优化论证和修改完善，形成高质量转型升级方案并上报炼油与化工分公司；吉化（揭阳）60万吨/年ABS项目实现开工建设。

【企业改革】 2020年，吉林石化统筹协调治理体系和治理能力现代化、对标世界一流管理提升、改革三年行动计划，成立领导小组，强化顶层设计，制订工作方案。大力实施“三项制度”改革，精简机构169个，同比下降20%，合同化和劳务用工分别减少1138人、676人，同比下降5.5%和13.9%；构建“1+3+5”立体化综合考核机制，设立提质增效专项考核指标200余项，实现了精准考核激励。理顺吉林燃料乙醇管理体制，成立质量检验中心实施专业化整合，全面完成矿区服务事业部组织机构改革和管理模式转换、退休人员社会化管理移交，深入开展扩权工作及全级次亏损企业治理，促进了“瘦身健体、强身健骨”。

【企业党建工作】 2020年，吉林石化深入学习领会习近平总书记重要指示批示精神，创新建立“8+X”长效机制，强化学以致用，把“两个维护”不折不扣体现到企业工作中。全力做好战略性、系统性、前瞻性研究，强化全局把控、整体推进和跟踪问效。深化党建“三融入”，设立提质增效党建项目58个、细化党员责任区713个、评选党员好管家1788名，开展“安全从心出发”主题活动，实现党建和中心工作互促互进。制订落实全面从严治党主体责任清单，加强党建责任制考核，组织基层党委书记抓党建述职，突出抓好“三基本”工作。坚持好干部标准和正确选人用人导向，健全完善人才工作机制，80后干部占新提拔干部的一半以上，“全岗通”技能人才比例提高至40.5%。压实“两个责任”，健全“大监督”格局，一体推进“三不”，开展巡视问题整改“回头看”和党委巡察，形成强力制约。开展“强基固本、提质增效”主题劳动竞赛、“青年建功”等系列活动，营造“争红旗、当先进、创一流”浓厚氛围，关爱员工身心健康，员工收入同比增长，获得感、幸福感、安全感进一步增强。

（解瑞铭）

中国石油天然气股份有限公司抚顺石化分公司（中国石油抚顺石油化工有限公司）

【概况】 中国石油天然气股份有限公司抚顺石化分公司（中国石油抚顺石油化工有限公司）简称抚顺石化，是中国炼油工业的“摇篮”，具有92年的发展历史，是集“油、化、塑、洗、蜡、剂”为一体的大型石油化工联合企业，世界上独具特色的石蜡、烷基苯、贵金属催化剂生产基地。为全国各地输送2万余名优秀管理和技术人才。占地面积1270万平方米。截至2020年底，抚顺石化有全民在职员工1.81万人，有偿解除劳动合同人员3451人，离退休人员17131人；集体企业在职职工3576人，有偿解除劳动合同人员12475人，退休人员11269人；社会化用工5587人；合计7.2万人。资产总额311亿元，年销售收入500亿元以上。原油一次、二次加工能力均为1150万吨/年，乙烯100万吨/年，化工产品生产能力为360万吨/年。主要生产装置77套，辅助及配套装置、设施105套。能够生产汽油、航空煤油、柴油、润滑油基础油、石蜡、烷基苯、聚乙烯、聚丙烯、丁苯橡胶等300多个牌号石油化工产品，产品畅销全国并远销到世界50多个国家和地区。

2020年，是抚顺石化发展史上极不平凡、极具挑战的一年。面对突如其来的新冠肺炎疫情、断崖式下跌的国际油价、复杂多变的石油石化市场、严峻的安全环保形势等重大挑战，审时度势、积极应对，组织开展主题教育，发动全员提质增效，下大气力开展安全专项整顿，用团结的力量、坚定的步伐、拼搏的汗水和勇毅的坚持，守住“零疫情、零感染”底线，顶住不利形势对生产经营造成的巨大冲击，主要经济技术指标好于预期，全面完成集团公司下达的指标任务，打赢疫情防控阻击战和提质增效攻坚战，实现“十三五”圆满收官。

2020年，加工原油803.95万吨，汽油、航空煤油、柴油总量360万吨，化工商品总量370万吨。实现利润-3.89亿元；上缴税费68.23亿元，其中上缴地方税收12.7亿元。炼油完全单位加工费305.66元/吨；化工现金单位加工费1605.37元/吨。

2020年，抚顺石化获评集团公司先进集体、集团公司抗击新冠肺炎疫情先进集体；集团公司网络舆情监测、维稳信访安保防恐专项通报嘉勉。涌现出全国劳动模范、全国优秀企业家、全国技术能手、全国石油和化工行业技术能手、集团公司特等劳动模范、集团公司劳动模范、辽宁省优秀企业家、辽宁省五一劳动奖章、抚顺市文明单位、抚顺市优秀企业家、抚顺市文明家庭等一批先进集体和个人。

抚顺石化主要生产经营指标

指　标	2016年	2017年	2018年	2019年	2020年
原油加工量（万吨）	842.07	785.04	865.03	871.25	803.95
化工商品总量（万吨）	356	318	342	388	370
化工商品现金加工成本（元/吨）	1781	1960	971.74	1602.27	1605.37
全口径炼油单位加工费（元/吨）	311.76	343.85	310.12	286.52	305.66
炼油加工损失率（%）	0.4	0.3	0.25	0.3	0.29
乙烯加工损失率（%）	0.22	0.2	0.13	0.12	0.11
双烯收率（%）	48.21	48.3	48.51	49.45	49.39
炼油综合能耗（千克标准油/吨）	64.85	64.56	67.58	70.79	74.94
收入（亿元）	421.77	387.73	518.09	484.27	352.82
利润（亿元）	15.31	39.09	30.08	0.43	-3.89
税费（亿元）	105.34	99.57	95.90	101.65	68.23

【“十三五”回顾】 “十三五”期间，抚顺石化突出提质增效，综合实力显著增强。实现效益80.7亿元；吨油边际效益由202元提高到1365元；负息资金降低80.5亿元；上缴税费468亿元，增加102亿元；累计减亏增利增税413亿元，列炼化板块第一名；纳税始终保持辽宁省前三位。原油加工总量4167万吨，

化工商品总量1775万吨，石蜡产量243万吨。突出固本强基，安全环保基础不断夯实。狠抓HSE体系管理和人的行为管控，审核问题整改率96.48%。投资14.4亿元，469个厂外油气管道占压隐患全面治理完成，国务院挂牌督办的抚鲅线等20项重大隐患得到彻底根治。完成安全环保隐患项目462个，事故事件下降41%，主要污染物排放全面实现达标排放。突出稳产高产，追求效益最大化。建立“日核算、周测算、月分析，实时优化、快速决策”经营预警机制。全面开展班组经济核算，“日核算”结果准确率95%以上。800万吨/年蒸馏加工负荷率由76%提高到108%，大乙烯负荷率由72.7%提高到105%。炼油高效产品收率48.65%，提高22个百分点。“控油增化”成效显著，汽油、航空煤油、柴油收率由52.87%下降至41.82%，年150万吨油品向化工转移。率先实现“四年一大修”。突出创新驱动，科技创新成效显著。“十三五”规划重点项目有序推进，完成投资31.3亿元，60万吨/年酮苯脱蜡装置扩能改造、轻烃卸车设施、新建成品油转输中心等132个项目建成投产，中国石油最大的5000吨/年通用加氢催化剂技术升级项目开工建设。科技投入1.7亿元，开展科研项目73项，15项科研成果获国家、辽宁省和集团公司科学技术进步奖；专利授权7项。弱碱体系主表面活性剂石油磺酸盐在辽河油田锦16和海1等区块达到使用要求；加氢、重整催化剂在中国石油市场占有率50%以上。研发生产新产品65个、107万吨，创效3.3亿元，增速位居炼化板块前列。聚乙烯瓶盖专用料FHP5050成为国内唯一替代进口产品。突出管理创新，激发内生动力。大力开展整章建制，依法合规治企，在中国石油率先完成管理制度、内控和QHSE及计量等多体系的深度融合。实施绩效考核和重点工作单项承包，激励约束机制更加完善。开展“两级八星”评比竞赛，基层建设经验在集团公司全面推广。推进矿区服务事业部、工建公司等直属单位及两级机关改革和专业化整合，“三供一业”全部移交，恢复石油一厂设置，科学化、专业化、精细化管理水平进一步提高。清退社会化用工4370人，用工总量由39717人减少到27171人，劳动生产率提高48.4%。突出以人为本，民生福祉大幅改善。企业年金、保险等各项福利待遇全面落实。员工健康工程有效实施。就餐、浴池、通勤、劳动保护用品和文化体育等服务质量、标准持续提高。大力实施惠民工程，利用公司集中采购优势为员工提供通信、食材、保险、医疗等优质商品和服务。花园式工厂建设向综合绿化美化一体化发展，创造人与自然和谐共生的美好环境。抚顺石化获评中央企业先进集体、全国石油优质工程金奖、全国绿化工作先进单位、改革开放40周年企业文化建设标杆单位；全国石油和化工行业党建及思想政治工作、新闻宣传、信息化先进单位；集团公司先进集体、集团公司抗击新冠肺炎疫情先进集体等。涌现出党的十九大代表、全国人大代表、全国劳动模范、全国五一劳动奖章、全国优秀企业家、全国工人先锋号、全国技术能手、全国模范职工之家、全国妇女代表、新时代特色品牌班组、全国青年安全生产示范岗、辽宁省五一劳动奖章、辽宁工匠、全国石油和化工行业技术能手、集团公司特等劳动模范等一批先进集体和个人。

【疫情防控】 2020年，抚顺石化新冠肺炎疫情防控取得阶段性成果。切实把疫情防控工作作为压倒一切的政治任务，切实承担起疫情防控的企业主体责任和属地责任，切实把员工生命安全和身体健康放在第一位，强化风险意识，坚持底线思维，制定周密方案，采取有效措施，构建起上下贯通、高效协同、整体联动、快速反应的公司、直属单位、基层车间三级工作体系和疫情防控网络，常态化防控和突发事件紧急应对紧密结合，“宁可十防九空，不可失防万一”，科学防治、精准施策，实现工作场所“零疫情、零感染”。全力抓好防控物资保障，疫情初期，第一时间组织手工防护口罩生产，缓解疫情初期防护物资紧缺状况。生产医用口罩原料Z30S产品6.18万吨、FHA2060产品0.31万吨，创效1.2亿元。投资2115万元，新上8条医用口罩生产线，累计生产防护口罩5083万片，占中国石油总产量的三分之一。收入6392万元，利润2138万元。

【生产运行】 2020年，抚顺石化生产优化成效显著。面对年初新冠肺炎疫情突发、产品严重堵库等多重不利因素影响，按照“以销定产、以产定供、以产促销”原则，24小时持续优化调整生产经营计划，对33套装置进行深度生产操作调整、6套装置安全停工循环，蒸馏装置负荷降至84%、大乙烯装置负荷降至90%，尽最大努力稳产、高产、安全生产，守住管线不停输、炼油厂不关厂的底线，为保上游油田不关井作出贡献。从5月开始，以提质增效专项行动为统领，以市场为导向深化结构调整，快速恢复正常生产状态，努力追求低库存状态下的产销平衡，蒸馏、大乙烯装置负荷分别达100.03%、98%以上。优化产品结构，推进控油增化，降低柴油产量，增产裂解原料15万吨，外采裂解原料40万吨，确保化工装置高负荷运行，在原油加工量减少67万吨的不利情况下，化工创效益13亿元。生产乙烯99.06万吨、石蜡51.5万吨、烷基苯24万吨、线性聚乙烯50.4万吨、聚丙烯43.5万吨、橡胶14万吨，均创历史新高。乙烯产量、双烯收率在炼化板块12家乙烯企业中排名第2位。首产船用燃料油11.8万吨。柴汽比1.14，同比下降0.09个单位；炼油综合损失率0.34%，降低0.01个百分点；乙烯能耗522千克标准油/吨，下降2.26个单位。实施凝结水综合利用、红旗炉达标评比、蒸汽系统优化调整等节能降耗项目，节能1.59万吨标准煤，节水56.7万吨，燃动费用下降3.2亿元。深化设备全生命周期管理，大力整治频修设备，主要设备完好率100%、联锁投用率99.61%。开展机泵房、仪表室、变电所等6个标准化建设，现场管理水平明显提升。

【安全环保】 2020年，抚顺石化安全环保态势总体可控。健全完善安全环保责任制体系和责任清单，层层签订责任状。大力推进HSE体系建设，组织两次公司级内审，力求“发现一类问题，提升一类管理”；炼化板块QHSE体系审核发现问题385项，整改率93.77%。安全环保现场监督由普查全查向精查细查转变，发现问题4148项，整改率98.2%。强化隐患排查治理，治理完成重大安全隐患督办项目54项、污染防治攻坚战督办项目6项、VOCs治理督办项目7项。对避免重大事故的27名员工奖励1.62万元。辨识危害因素1.49万项，建立重点风险管控责任清单。强化危险化学品管理，分别处置硝酸铵、三氯化钛28.45吨、2.6吨；完成国家危险化学品应急救援基地建设并通过验收。完成安全培训考核平台建设，教育培训2.82万人次。组织应急演练2349次，参演2.83万人次。建立党委生态环保议事制度。强化源头管控，监测污水排放口7.3万项次、大气污染源2758项次；LDAR检测密封点148.38万点次。主要污染物全面实现达标排放。集中开展以“六查六整顿”为主要内容的安全生产专项整顿，用超常决心、超常举措、超常力度，推动1个主方案、43个专项方案落实落地，立标准、严整顿，强管理、明责任，夯基础、重执行，整治安全环保项目116个，查找整治安全隐患436项，通过集中整治，安全环保生产局面明显好转。

【企业管理】 2020年，抚顺石化经营管理全面加强。持续完善“日核算、周测算、月分析，实时优化、快速决策”经营预警机制。针对内部资源优化、产品价格区位影响、高库存产品结构等方面持续开展对标，实施综合利用内部资源、降低原油及成品油库存、大力开发新产品等13项措施。坚定成本削减目标不动摇，强化“两金”压控，应收款、存货分别完成压控指标的110.8%、109.1%；收回年度欠款23.7亿元，集中处置报废资产原值1.6亿元。利用税收政策减免税金6852万元；享受新冠肺炎疫情优惠政策降低成本1.22亿元。加大平库利库力度，严格执行一级定商定价物资集中采购结果，强化二级物资与一级定商未定价物资集中采购，创效益2.98亿元。采购金额35.3亿元，节约3.9亿元，节约率11.15%。加强与国矿合作，全力稳控煤炭价格，采购煤炭200万吨，节约1.01亿元；炉前煤、卸车煤热值差收窄至15大卡/千克，下降38个单位。畅通统销产品信息渠道，最大限度降低库存，确保生产后路畅通，自销产品石油焦、丙烯腈产销率108%、103%；产品总产销率102%。成品油转输中心正式投用，输转油品23万吨。积极开拓国外市场，出口汽油51万吨、柴油45万吨，获出口补贴1.3亿元。工程造价审减2048万元、审计审减465万元。调整直管干部4批次122人次，干部队伍结构进一步优化。出台《专业技术人员业务能力提升方案》。承办集团公司技术专家咨询会诊、技能专家一线巡诊服务等活动和炼化企业班组长培训班。举办3期公司高级技师培训班和第十一届操作技能人员职业技能竞赛活动。在第十二届全国石油和化工行业职业技能竞赛仪器仪表维修工竞赛、全国乙烯装置操作工竞赛、中国石化—中国石油分子筛脱蜡装置操作工行业技能对抗赛等活动取得优异的成绩。对全国、行业及抚顺石化各级别竞赛中取得优异成绩的人员予以重奖。开展劳动纪律检查1.75万余次，查处违纪行为1271起，处分60人次。

【科技创新】 2020年，抚顺石化技术改造和创新步伐不断加快。完成抚顺石化“十四五”总体发展规划编制。开展资本性支出项目116项，投资3.5亿元。分子筛生产线技术升级改造项目、重包装膜项目建成投产；通用加氢技术升级改造项目开工建设。增产油蜡特色产品改造项目可行性研究通过评估；烯烃厂乙烯装置扩能改造、120万吨/年汽油选择性加氢装置适应性改造完成可行性研究编制；烯烃厂乙烯装置裂解炉更换高效炉管项目、洗化厂脱氢Ⅱ装置设备设施隐患治理项目完成可行性研究和基础设计编制；增产Ⅲ类润滑油项目完成实验。科研项目成效显著，“驱油剂放大试验及生产工艺参数优化”实现吨级产品生产，开始工业化推广应用；“新型烷烃脱氢催化剂”实现自主研发—自主生产—自主应用，填补集团公司贵金属脱氢催化剂生产技术等多项技术空白；“炼油化工转型升级关键技术开发与工业应用”项目被评为中国石油十大科技进展成果之一，在石油三厂实现工业应用，年创效益1.2亿元以上。开发生产树脂新产品14个、11.8万吨，增效益3421万元。新产品比例9.37%，同比增长0.82个百分点。冷灌瓶盖料FHP5050、热灌瓶盖料FHP5050R、中熔中抗专用料FC709M等新产品得到国内市场高度认可。FHMCRP100N、FC709M获炼化板块优质稳定二等奖。信息化建设迈出新步伐，在集团公司炼化企业中首家完成两化融合管理体系贯标认证。可视化设备大检修系统、问题建议和提报系统、全员安全生产计分卡等项目建成投用。

【改革发展】 2020年，抚顺石化改革管理向纵深推进。修订完善规章制度432节，管理流程简化为333个，专业考核标准增至1019项。基层建设“两级八星”竞赛活动向纵深开展。推进法治建设，落实法治职责。强化合同管理，事后合同占比1.05%，同比下降0.1个百分点。强化准入商资质审查和考评监督，淘汰69家，列入黑名单32家。制定《公司混合所有制改革实施方案》，出台《公司改革三年行动实施方案》，形成任务清单及季度滚动计划，分解任务75项。完成信息管理部、矿区服务事业部、工建公司改革，压减一级管理层级，成立后勤服务公司、运输公司。稳妥推进厂办大集体改革。推进未上市托管业务改革，“三供一业”全部移交，离退休人员实现社会化管理。推进二级单位机构改革，压减机构167个。高效完成“四班两倒”调整工作。持续深化劳务用工市场化改革，压减1293人，节约2609万元。启动对标一流管理提升行动，建立公司—直属单位两级指标库，与国内外47家公司开展对标。

【后勤服务】 2020年，抚顺石化员工群众满意度持续提高。住房公积金人均增长2.34%。发放健康疗养费2347万元。为员工投保非公意外和团体寿险，受益员工30人、600万元。落实个人所得税优惠政策，1.37万名员工享受3306万元。为参与新冠肺炎疫情防控的286名医务人员投保20万元/人责任保险；疫情期间困难职工专项帮扶695人、68.84万元。设立疫情防疫专项资金，投入60.8万元为员工购买口罩、消毒液等防护用品。秋季助学行动救助1149户、246.6万元。强化帮扶工作平台应用管理，帮扶救助各类特困群体5742人、2133万元。后勤服务质量不断改善，就餐、通勤、离退休服务水平不断提高。健康体检2.6万人次。种植各类树木5544株，灌木16322株，绿篱模纹0.75万平方米，草坪花卉地被植物10万余平方米，绿化建设总面积达30万余平方米。

【企业党建工作】 2020年，抚顺石化建立“第一议题”机制，通过党委会、两级中心组学习推动学习常态化、制度化。组织开展“战严冬、转观念、勇担当、上台阶”主题教育、“三查三比三看”提质增效红旗竞赛、提质增效专项行动、对标世界一流管理提升等活动，推进党建与企业中心工作的深度融合。修订《“三重一大”决策制度实施细则》《其他重要经营管理事项决策制度实施细则》《意识形态工作责任制》等制度，制定全面从严治党主体责任清单。持续加强党支部建设、优化党组织设置、严格落实党内各项制度、强化党组织书记和党员队伍建设，基层党建“三基本建设”不断加强，实施共产党员工程481项，班组创新创效项目661项。组织开展“形势、目标任务、责任”宣讲活动，围绕“面对低油价怎么办、怎么干”主题开展大讨论。坚持“干字当头、实字托底”，激励干部员工立足岗位建功立业，用石油精神和大庆精神铁人精神统一思想、统一意志、统一行动。6个企业教育基地被集团公司命名为石油精神教育基地。推动政治型、担当型、服务型、廉洁型、表率型机关建设，两级机关工作作风更加扎实。开展中央巡视反馈问题“回头看”，梳理领导干部经商办企业等29项问题，完成整改措施99个。开展工程建设领域专项巡察、危险废物点穴式巡察以及土地管理、安全环保“两个主义”管理、隐患治理项目工期滞后等合规监督，发现问题106项，责任追究71人。组织开展“抗疫情诗朗诵”“凝心聚力向前冲”“青年大讲堂”“提质增效青春建功”等活动，深化“安全生产、提质增效”合理化建议征集，群团组织桥梁纽带作用充分发挥。坚持依法维稳，努力化解积案，警企联防，打击违法犯罪行为，获集团公司网络舆情监测、维稳信访安保防恐两个专项通报嘉勉。

（吴东泽）

中国石油天然气股份有限公司辽阳石化分公司（中国石油辽阳石油化纤有限公司）

【概况】 中国石油天然气股份有限公司辽阳石化分公司（中国石油辽阳石油化纤有限公司）简称辽阳石化，是大型炼化一体化生产企业。截至2020年底，设14个职能处室、5个机关附属中心、5个直属单位、22个二级单位，员工总数1.2万人。

辽阳石化位于辽宁省辽阳市宏伟区，1972年经国家批准建设，1974年正式动工，是20世纪70年代国家建设四大化纤基地中最大的一个，织出中国第一块国产“的确良”。经过40多年的发展，有炼油、芳烃、烯烃、聚酯、尼龙等主要生产线，炼化主体生产装置79套，辅助生产装置52套。其中，炼油部分有加工俄罗斯原油的全加氢炼油厂，原油加工能力1000万吨/年，为中国石油第8家千万吨级炼油基地，可年产优质柴油430万吨、汽油260万吨、航空煤油80万吨。芳烃及衍生物生产能力位居全国前列，可年产100万吨对二甲苯、40万吨苯、14万吨邻二甲苯、30万吨聚酯、14万吨精己二酸和18万吨硝酸。烯烃部分以20万吨/年乙烯裂解装置为核心，可年产7万吨聚乙烯、25万吨环氧乙烷/乙二醇。

2020年，面对突如其来的新冠疫情和剧烈的市场变化，辽阳石化保持战略定力，准确判断形势，牢牢把握主动，以疫情防控为底线科学防治，以安全环保为主线强化管理，以提质增效为抓手奋力挖潜，交出一份党组满意、员工认可的答卷。

2020年，辽阳石化经济总量实现跨越式增长，全年加工原油856万吨，创历史最高；销售商品838万吨，收入362.03亿元，上缴税费104.7亿元。“十三五”期间上缴税费385亿元，比“十二五”期间增长44%，其中2019年、2020年连续两年上缴税费超过百亿元，对国家的贡献持续增加，在地方的影响力显著增强。

【“十三五”回顾】 “十三五”是辽阳石化发展历程中极不平凡的五年，也是大转折、大跨越、大发展的五年，在“三年三步走、五年大跨越”目标指引下，实现从面临生存危机到大幅减亏、稳步扭亏的重大转变，习近平总书记视察并赋予辽阳石化共和国“种子队”、国有企业“种子队”称号。经济总量实现历史性跨越，加工原油3492万吨，实现商品总量3455万吨，比“十二五”分别增长7%和12%；累计实现税费388亿元，比“十二五”增加120亿元，彰显国有企业的主力军作用。产业结构完成战略性调整，建设俄罗斯原油加工优化增效改造项目，实施芳烃扩能改造，与“十二五”末相比，在运装置增加30套，炼油结构得以根本性改善。质量效益呈现本质性提升，全面打响扭亏脱困攻坚战，2017年、2018年持续盈利，扭转连续多年亏损的颓势，创效

辽阳石化主要生产经营指标

指标	2020年	2019年	2018年	2017年	2016年
原油加工量（万吨）	856	842.4	751.8	600.55	441.66
汽油产量（万吨）	220.77	239.8	128.4	70.61	38.3
柴油产量（万吨）	329.43	321.45	342.09	294.15	207.59
航空煤油产量（万吨）	32.19	49.35	35.47	27.34	22.31
对二甲苯产量（万吨）	69.77	63.38	66.91	54.64	32.45
环氧乙烷产量（万吨）	24.89	19.4	20.32	19.12	13.85
聚乙烯产量（万吨）	3.8	3.15	5.35	4.44	4.42
上市部分（亿元） 资产总额	150.98	160.21	145.34	110.91	103.61
上市部分（亿元） 收入	362.03	472.68	445.12	298.17	143.84
上市部分（亿元） 利润	-14.09	-17.58	3.49	2.5	-49.58
上市部分（亿元） 税费	104.7	110.94	78.91	55.77	37.89
未上市部分（亿元） 资产总额	11.61	12.17	20.22	21.57	26.08
未上市部分（亿元） 收入	6.91	9.34	9.8	11.66	10.81
未上市部分（亿元） 利润	0.3	-0.38	0.05	0.0036	-1.48
未上市部分（亿元） 税费	1.22	1.61	1.58	1.66	1.77

能力、竞争实力和抗风险能力明显增强。企业改革取得关键性突破，顶层设计三项制度改革，优化调整处室、部门管理职能，实施专业化重组，处级单位、科级机构、班组数量分别压缩 22%、55% 和 32%。着力推进剥离企业办社会职能改革，“三供一业”移交、厂办大集体和退休人员社会化等重大改革任务全面完成。科技创新迈出实质性步伐，累计科技投入 3.2 亿元，形成集团公司可推广应用技术 6 项、自主创新产品 12 项，获科学技术奖 16 项、授权专利 51 项。党的建设得到全面性加强，坚持把政治建设放在首位，深入学习习近平新时代中国特色社会主义思想，推动总书记视察辽化重要讲话精神落地生根。坚持全面从严治党、从严治企，探索形成富有辽阳石化特色的“三抓三带”“三亮”等党建工作模式，党组织的政治核心作用、党支部的战斗堡垒作用、党员的先锋模范作用充分发挥，企业政治生态根本好转。

【开展纪念习近平总书记视察辽阳石化两周年系列活动】 2020 年 9 月 27 日，在习近平总书记视察辽阳石化两周年之际，辽阳石化召开“牢记总书记嘱托、推动高质量发展、当好国有企业‘种子队’”现场推进会，举办职工书法美术作品展览，深入贯彻落实习近平总书记视察时的重要讲话精神，重温总书记的亲切关怀和殷切嘱托，回顾两年来的发展变化，动员和激励全体干部员工沿着总书记指引的方向奋力前行，汇聚起建设有实力、有活力、有竞争力的特色炼化企业的磅礴力量。

【疫情防控】 2020 年，辽阳石化坚决落实中央决策部署，始终把员工生命安全和身体健康放在首位，把疫情防控作为压倒一切的政治任务，全面启动疫情防控工作，先后发布 10 个指挥部令和 2 个防控指南，为员工发放口罩 115 万个，落实消毒、测温、阻断各项措施，牢牢守住“零疫情、零感染”的底线。特别是在国家防疫物资最为吃紧的关头，积极响应国家号召，连续抢建 4 条熔喷布生产线，平价向市场供应 500 吨精品熔喷布，助力国家疫情防控，彰显“人民需要什么，我们就生产什么”的使命担当，赢得社会各界的广泛赞誉。

【生产运行】 2020 年，辽阳石化牢固树立“大平稳产生大效益”的理念，从“人、机、料、法、环”5 个方面入手，抓预防、治未病，强弱项、补短板，生产受控管理水平持续提升。上半年利用低负荷之机对 18 套装置进行消缺检修，以最优状态回归满负荷生产；下半年高质量完成渣油加氢 I 系列检修换剂，完成催化裂化烟机、废酸装置等检修任务。催化裂化、裂解等主体装置全年无生产波动，废酸装置运行 155 天、创历史最好水平。全年主体装置运行平稳率 99.96%、同比提高 0.14 个百分点，设备完好率 99.97%，介质泵振动速度值小于 2.8 毫米 / 秒标准的达 82%，工艺防腐监测分析项目总体合格率 97.62%、同比提高 7.34%，生产运行质量显著提升。

【安全环保】 2020 年，辽阳石化将安全环保作为基础性工程、天字号工程，坚持“生命至上、安全第一”的发展思想，落实“四全”工作机制，紧紧抓住制约安全生产的“两重点一重大”、腐蚀泄漏、施工作业等重大风险，不间断进行风险识别和安全监管，现场作业总体受控，无事故工厂、无事故车间创建取得显著成效，实现“零事故、零污染、零伤害”。上半年辽阳石化 QHSE 体系内审在炼化板块排名第 1，下半年炼化板块集中审核综合排名第 5，迈入集团公司体系建设先进行列。持续提升“超标就是事故，超排就是违法”意识，强化环保源头治理和过程管控，总排污水实现连续稳定达标排放。继 2019 年打赢安全环保翻身仗之后，又打赢安全环保攻坚战，安全环保形势创近年来最好水平。

【提质增效】 2020 年，辽阳石化认真贯彻集团公司和炼化板块提质增效专项行动部署，深入落实“四精”工作理念，按照“六创效一保障”的总体思路，研究制定 99 项 146 条提质增效措施，并扎实推动落实。把生产优化作为提质增效的主战场，坚持以市场为导向、以效益为中心，按照“一平稳四优化”的总体方针，狠抓“三提三降”，深入推进全员优化、深度优化和精细优化，实施 80 个公司级优化专题、90 项优化建议，征集员工“金点子”1191 个，优化创效近 2 亿元。牢固树立“固定费用不固定，一切成本皆可降”的理念，深入推动控本降费，固定费用同比减少 4 亿元，总加工成本同比减少 5.7 亿元，炼油完全加工费、化工完全加工费大幅降低。提质增效 11.8 亿元，有力促进集团公司下达的业绩指标的完成。

【科技创新】 2020 年，辽阳石化坚持把科技创新作为发展重要支撑，以市场和需求为导向找灵感、搞研发，加快推动科研成果转化，走高端化、特色化、差别化发展之路。成功研发生产抗菌聚酯新产品，抗菌性能达到行业 3A 级标准；超高分子聚乙烯在连续稳产、品质改善、牌号切换、市场推广等方面取得新的进步；利用自主研发的专用催化剂，成功工业生产超高分子聚乙烯纤维专用料，并向系列化产品迈进。进行 PETG 全系列产品制备关键技术研发。利用自主研发技术快速建设5条熔喷料生产线。

【项目建设】 2020年，辽阳石化加强项目组织，科学安排力量，开展“百日安全竞赛”和“百日会战”劳动竞赛，全年完成炼油厂汽油、航空煤油栈台改造，油化厂PSA防结盐改造，重醇酮装车VOCs治理等23个限下项目，完成投资2.25亿元。加快推进30万吨/年聚丙烯项目设计、采购进度，合理安排作业时间和作业人员，各单元施工有序进行，2020年底，项目总体进度完成89%。项目建设安全、进度、质量、投资全面受控，为提质增效、安全环保、平稳生产补齐短板、消除瓶颈。

【企业改革】 2020年，辽阳石化把打好深化改革攻坚战作为推动高质量发展的重要抓手，组织制定三项制度改革行动方案，逐项推动实施。撤销公用事务中心、联贸公司两个处级单位建制；在公司机关、新闻中心实行扁平化管理；整合调度和仓储系统，将聚酯、储运、油化、动力调度业务整合到公司调度中心；离退休服务中心与矿区管理部合并；撤销信息技术部党委；在炼油厂公用车间试点“四班两倒”模式；压减二级机构2个、三级机构92个、基层班组68个。加速剥离企业办社会职能，全面完成“三供一业”实质性改造移交，退出厂办电视台、液化气站业务；全面完成退休人员社会化改革，一次性移交退休人员2.2万人，移交专用场所资产44处；创新“移交—改制—托管”的模式，完成厂办大集体企业改革。

【队伍建设】 2020年，辽阳石化坚持正确用人导向，打造担当尽责的管理队伍。拓宽人才培养渠道，针对不同层次、不同阶段的专业技术人员，采取差别化有针对性的培养方式和措施。强化新毕业大学生的见习期管理，结成师徒对子200余对。建立人才评价体系，激励高技能人才作用发挥。重视精英队伍培训，建立竞赛常态化机制。以系统化工作为引领，强化操作技能员工培养，主体装置418名操作员达到系统化操作水平，106名技师和高级技师完成全流程测试。开展“季季考”和“月月评”工作，激发全员素质能力提升。举办基层班组长培训30期，累计培训班组长886人。紧跟30万吨聚丙烯项目，建设仿真培训系统，选派优秀培训师，为装置培养一支经得起考验的员工队伍。

【企业党建工作】 2020年，辽阳石化持续深化“学习习近平总书记讲话、推动高质量发展、当好国有企业‘种子队’”主题教育，建立学习贯彻习近平总书记重要讲话和指示批示精神党委第一议题制。深入开展“战严冬、转观念、勇担当、上台阶”主题教育，召开启动会和千人视频推进会，党员干部深入基层宣讲形势，统一思想、明确任务、坚定信心。制定《关于深入推进党的建设工程实施意见》《落实全面从严治党主体责任清单》，全面推行基层党建“三三制”“双积分制”，党建基础不断夯实；牢固树立“一切工作到支部”“大抓基层”的鲜明导向，基层党支部的战斗堡垒作用和党员先锋模范作用有效发挥。制定《一体推进“三不”机制实施方案》，组织开展两轮内部巡察，突出抓好问题整改，党风廉政建设不断加强。深入开展“三抓三带”“三亮”等特色活动，在两级机关开展“马上就办、担当作为”作风建设活动，锲而不舍纠治“四风”，风清气正的政治生态得到持续巩固。

【关注民生】 2020年，辽阳石化牢固树立以员工为中心的思想和共商共建共享理念，全心全意依靠员工办企业，各级工会组织全年走访慰问职工2265人次，帮扶困难员工3548人次，发放救助金649万元，并向全员发放节日慰问品。全年办理公司级提案16项，召开4次公司级民主管理座谈会，落实民主管理建议136项，厂务公开在基层有效落实。整合食堂2所，员工就餐环境得到改善；在6所食堂实施智盘结算系统改造，就餐结算效率大大提升；主副食产品价格大幅降低，受到员工广泛好评。全年来访批次、来访人次、来电次数同比大幅下降，保持队伍和谐稳定。

【“十四五”发展规划编制】 2020年，辽阳石化结合发展定位和企业实际，深入落实戴厚良董事长重要批示要求，精心谋划“十四五”和特色产业发展规划，完成百万吨乙烯改扩建工程预可研报告，制定特色产业特色产品发展规划方案，明确“瞄准一个目标，实现两个转变，打造三条产业链”的总体思路，推动辽阳石化从生产“基础化学原料”向生产“特色化工新材料”和高端精细化学品转变，做精做活炼油产业链、做强做特芳烃产业链、做大做优乙烯产业链，努力打造特色产业、特色产品巨人，建设有实力、有活力、有竞争力的特色炼化企业。

（高大卫）

中国石油天然气股份有限公司兰州石化分公司（中国石油兰州石油化工有限公司）

【概况】 中国石油天然气股份有限公司兰州石化分公司（中国石油兰州石油化工有限公司）简称兰州石化，1952年选址，1958年建成投产，是集炼油、化工、工程建设、检维修、装备制造及矿区服务为一体的大型综合化炼化企业，是中国西部重要的炼油化工生产基地，能源战略地位非常突出。地处甘肃省兰州市西固区，有土地面积27平方千米。截至2020年底，总资产197亿元。设机关处室13个，直属机构12个，二级单位35个，集体企业2个，在册合同化员工1.91万人。设党委1个，下辖二级单位设党委42个、党总支8个、党支部418个，有党员10257名。原油一次加工能力1050万吨/年，乙烯产能70万吨/年、合成树脂产能122万吨/年、合成橡胶产能22万吨/年、炼油催化剂产能5万吨/年。2020年底，兰州石化有各类炼油化工生产装置90余套，可加工7种原油，生产汽油、航空煤油、柴油、润滑油基础油、合成树脂、合成橡胶、炼油催化剂、精细化工、有机助剂等多品种、多牌号、多系列石化产品。有汽油加氢、丁二烯抽提、丁苯橡胶、丁腈橡胶、碳五加氢石油树脂成套技术，炼油化工主要工艺技术和炼油催化裂化催化剂领域达到国内领先水平。有石油化工工程施工总承包一级资质和大型炼油化工施工能力。

2020年，兰州石化结合市场需求变化，及时调整装置运行，加工原油911.3万吨，生产汽油、航空煤油、柴油616.5万吨，生产乙烯69.7万吨、催化剂5.6万吨、合成树脂111.2万吨、合成橡胶17.4万吨，生产丙烯酸8.24万吨、苯乙烯6.23万吨、甲乙酮6.4万吨、偏三甲苯1.52万吨、正己烷1.07万吨，有10项产品产量创出历史最好水平。收入451亿元、利润2.78亿元，全面完成集团公司下达的生产经营计划指标和利润指标。上缴税费135亿元，连续12年成为甘肃省纳税超百亿元企业。

兰州石化主要生产经营指标

指　标	2020年	2019年	2018年	2017年	2016年
原油加工量（万吨）	911.3	915	927	881	823
汽油、航空煤油、柴油总量（万吨）	616.5	647	648.9	538	572
乙烯产量（万吨）	69.7	53.3	64.4	64	51.7
合成树脂产量（万吨）	111.2	87.7	106.5	106	85.5
合成橡胶产量（万吨）	17.4	14.2	16.5	14.4	11.9
炼油催化剂（万吨）	5.6	5.3	5	3.9	4.1
资产总额（亿元）	200.28	197	199	160	261
收入（亿元）	451	541	600	513	412
利润（亿元）	2.78	–8.44	20.16	22	5.38
税费（亿元）	135	136	145	153	133

【“十三五”回顾】 “十三五”期间，兰州石化发展基础稳步提升。投资97.5亿元，落地建设汽油、柴油产品质量升级等重点项目8项，300万吨/年重催MIP技术改造等技改技措项目28项，实施安全隐患治理108项、环保升级达标治理57项，炼化结构调整重大项目长庆乙烷制乙烯加速推进、长汀催化剂建成投产，汽油、柴油实现从国Ⅳ到国ⅥB标准“三级跳”，原油储备库获国家优质工程奖。关停一批低效无效装置，完成46万吨/年乙烯装置竣工环保验收，迎接两轮中央环保督察，固废排放总量降低78.24%，外排COD、氨氮、二氧化硫、氮氧化物比“十二五”末分别下降42.64%、54.02%、56.37%、53.15%，VOCs减排率60%以上。完成炼化系统2轮“修改升”，逐步迈向四年一修；机泵MTBR由60.3个月提高到77.81个月；计量自采率由23%提升至84.3%，成为集团公司首家计量交接电子化炼化企业。税费连年超百亿元，稳居甘肃省第1；全流程打通保税航空煤油业务，牙哈、塔河凝析油实现管输进厂，聚丙烯形成车用、医用、透明、耐热、薄壁注塑“五大系列”产品，聚乙烯突破茂系铬系高端产品生产，合成橡胶实现绿色化定制化，炼油催化剂远销海外高端市场，仪

表业务实现从年亏损千万元到年盈利千万元，海外业务创收 3.59 亿元。通过甘肃省政府质量奖复评，成为国内唯一通过医用专用料认证的生产企业。

【生产运行】 2020 年，兰州石化统筹资源优化配置，组织采购发运原油 915.1 万吨，拓展发运长庆石化、宁夏石化、庆阳石化轻质乙烯原料 4.16 万吨，上古液化气及轻烃资源实现互供 2.52 万吨，保障新冠肺炎疫情期间西部原油原料资源平衡。推进“减油增化”，炼油化工系统互供原料 301 万吨，增产 95 号以上高标号汽油 16.5 万吨，保税航空煤油稳占陕西、甘肃、宁夏、青海市场，聚乙烯铬系、管材料和聚丙烯车用料、医用料、耐热料、薄壁注塑料上量扩销，聚烯烃专用料比例 58% 以上，丙烯酸、甲乙酮、偏三甲苯等高效产品实现产销双增，生产催化剂 5.6 万吨、开拓 14 个新市场。仪表优势产品市场进一步稳固、利润增长 69.6%，工程质量监督业务外部创收 1800 余万元。深化效益测算，加强量价配合，实现推价增效 3796 万元，原料、包装物、“三剂”等降低采购费 1.15 亿元。紧盯能耗、物耗、损耗“三降”和收率、比率、合格率“三升”，装置平稳率 99.89%，同比提高 0.55 个百分点，炼油、化工完全加工费分别减少 33 元 / 吨、572 元 / 吨，炼油综合能耗减少 1.17 千克标准油 / 吨，两套乙烯装置能耗分别减少 9.51 千克标准油 / 吨、12.95 千克标准油 / 吨，完成节能量 2.22 万吨标准煤、节水 42.5 万吨。坚持以销定产、以产促销，统销、自销产品产销率为 100.04%、100.2%。完成 28 项产品质量攻关，炼油、化工中控合格率分别 99.94%、99.3%。加强对标对表管理，兰州石化 188 项一级、二级生产经营类对标指标基础值完成率 90.02%、创标率 51.41%。炼油业务原油加工损失率、炼油综合能耗、单位能量因数耗能等 10 项指标创出历史最好水平。化工业务 24 万吨 / 年乙烯装置双烯收率、46 万吨 / 年乙烯装置综合能耗、5 万吨 / 年丁腈橡胶综合能耗等 16 项指标创出历史最好水平。落实 12 个方面、542 项举措，完成提质增效 18.2 亿元。

【安全环保】 2020 年，兰州石化落实安全环保责任制，层层分解、签订 HSE 目标责任书，定期召开 HSE 委员会、分委会，研究解决存在的问题。开展合规性评价及制度评估，制定和修订安全管理制度 15 项。靠实全员“责任 + 责任心”，建立“一岗一清单”，完成 1.28 万余名人员安全环保履职能力评估，深化历年事故再分析再教育，开展查思想、查管理、查技术、查纪律，有效识别大风险、消除大隐患、杜绝大事故，重点实施的 19 项安全隐患和 20 项环保隐患治理项目全部竣工。完成安全生产专项整治三年行动 49 项节点任务，深化一体化、差异化、精准化 QHSE 管理体系内审，推进安全环保低标准整治，分层分类开展应急、消防等 8 类专项督查和各类检查 3800 余次、查改问题 9100 余项，抓实现场、装置、专项监督，监督重点装置 31 套，发现问题 668 项，评估出装置高危关键风险点 74 个。开展“安全环保低标准整治百日行动”，初步梳理安全环保低标准整治问题清单 80 条，分层级、分专业开展专项督查 3802 次，发现问题 7301 项，业绩考核 2263 项、考核金额 32.36 万元；考核承包商 314 人次、考核金额 9.36 万元。加强环境保护和常态化环保监督监测，组织异味管控和固体废物资源化减量化攻关，COD、氨氮、石油类、二氧化硫、氮氧化物、烟粉尘达标排放，工业固体废物量同比下降 54.14%。全面完成中央环保督察问题整改，8 个二级单位获甘肃省工业企业环境保护标准化 A 级企业。

【设备管理】 2020 年，兰州石化围绕设备管理重点环节和关键因素完善优化设备指标体系，完成炼油与化工板块下达的 11 项设备管理指标。高危泵平均故障检修间隔时间 67.07 个月，所有机泵平均故障检修间隔时间 77.81 个月。组织修订《设备事件管理》等 8 项制度，发布《电力系统运行》等 3 项规程。开展设备现场标准化装置创建活动，公司 157 套装置全部达标。组织改造 430 台高危机泵和 68 台苯系物单端面机泵，提升设备本质安全管理水平。加强特种设备年检和定检，检验压力容器 493 台、压力管道 184 千米，完成 3201 台安全阀风险评估。对 2885 处易泄漏法兰制定风险管控措施进行分级管控。按照《炼油与化工分公司关于加强供电路线安全运行保障工作的紧急通知》精神，组织对所辖架空线路进行全线巡检，检查处理问题 8 项。完成化工区主要生产装置全流程自动控制系统优化和主要生产装置报警监控系统建设，装置自控率 95% 以上。

【项目建设】 2020 年，兰州石化加速项目建设，推进结构调整转型升级，90 万吨 / 年柴油加氢改质装置开车一次成功，长汀催化剂、24 万吨 / 年乙烯产能恢复、机场航空煤油管道、黄河北罐区异地搬迁改造等重点项目建成投运，国家示范工程长庆乙烷制乙烯项目按期实现“12 · 30”机械完工。40 万吨 / 年润滑油加氢项目可行性研究、3.5 万吨 / 年特种丁腈橡胶项目基础设计获集团公司批复，聚烯烃催化剂列入集团公司新能源项目名单。续建和新开项目 59

项，建成中交34项，竣工验收32项。组织编制公司“十四五”建设规划方案，使发展战略目标定位更加明晰。

【改革创新】 2020年，兰州石化深化10大领域、56项改革任务，有序推进法人压减收尾、厂办大集体改革和多种经营事业部混合所有制改革，完成“处僵治困”目标。建立组织机构层级类别管理新体系，试点组建炼化生产单位联合运行部，开展检维修业务专业化重组整合，开展机关岗位职责流程再造，有序推进“四班两运转”，深入推进业务归核化、管理扁平化，核减二级、三级机构58个、定员1470人，在总量不增基础上有效解决榆林、长汀项目缺员问题。加快推进干部年轻化，选拔“80后”二级副职12名、“88后”三级副职57名。供水、供暖、供气、供电、物业服务“四供一业”维修改造清算鉴证工作全面完成，退休人员社会化管理全面移交地方政府，幼教业务签署移交协议。大力推进科技创新创效，完成新产品工业化开发33个、首次开发18个，产量超20万吨。新开科研项目47项，推进集团公司7个重大专项，申报专利14项，医用药包材聚烯烃树脂技术开发与应用获集团公司科学技术进步奖一等奖。推进工业化、信息化融合，完成长庆乙烷制乙烯智能化工厂设计和7个信息化系统升级开发应用，升级改造20套装置47个单元系统DCS仿真软件。创建技术技能工作室20个，选聘15名技术领衔人，培养两级技术骨干178人，增补技师队伍121人。

【企业管理】 2020年，兰州石化全面推进依法治企，将法治建设纳入发展规划及年度工作计划，加强合规管理，系统梳理管理制度、工作流程、业务表单，实现QHSE、测量、能源、内控、法律风险防控、廉洁风险防控等管理体系逐步融合。推进管理制度化，制度流程化，流程标准化，标准信息化，考核自动化建设，打通10个专业、25个流程节点。强化重大事项法律论证，开展内控体系有效性自评，评估前10个重大风险，全员合规线上培训率100%。系统排查近3年合同履行情况，完成集团公司合同2.0系统上线。加强工程造价全过程管理，完成工程建设和检维修等项目2332份、11.42亿元结算审核。加强建设项目竣工决算、领导干部经济责任及专项审计，完成审计项目51项，节约成本691万元。加强招标全过程管理，公开招标率77.1%、全流程电子招标率98%，实现降低采购资金2.4亿元。优化物资采购管理，物资供应点由79个降为35个，直接采购率89.39%、资金节约率10.17%。开展联合清欠工作，收回外部3年以上应收账款2617万元。持续优化绩效考核体系，坚持关键业绩指标考核与专业管理考核相配套，重点考核与全面考核相结合，分类分策与差异激励相衔接，增强体系设定的科学性、指标选定的导向性、目标确定的先进性、考核判定的严肃性和结果审定的权威性。注重结果导向，突出重点抓关键，加强专业管理考核，注重过程管控，对所有专业管理事项进行规范化分类、清单化梳理、标准化考核、透明化运行，实现管理要素全覆盖。

【疫情防控】 2020年，兰州石化坚持把员工生命安全和身体健康放在第一位，落实地方政府、集团公司应对新冠肺炎疫情防控工作要求，持续制定完善公司工作场所新冠肺炎疫情防控、上岗员工及承包商人员管控等措施，压实防控主体责任。抓实抓细“外防输入、内防反弹”各项措施，制定下发《新冠肺炎疫情防控常态化工作方案》，常态化召开疫情防控工作例会，分类落实网格化管理机制，采用“二维码”技术严格监管承包商，实施域外企业和驻外项目专项管控，加强企地联防联控，实现企业地方、海内海外、域内域外、生产生活及15万名家属员工、海外400多名员工“零感染”。以没有条件创造条件也要上的魄力，23天建成口罩生产线，34天建成投用甘肃省首条熔喷布生产线，最短时间内打造形成医用聚丙烯、熔喷料、熔喷布、医用口罩、医用消毒一体化全产业链，生产口罩4205万只、熔喷布309吨。组织41名医护人员分4批支援武汉和地方省市等重点医院，1万余名党员自发捐款130余万元。在集团公司抗击新冠肺炎疫情表彰大会上，兰州石化2个先进集体、5名先进个人受到表彰，并作专题交流发言。中央电视台新闻联播等主流媒体专题报道公司抗击疫情先进事迹，彰显中央企业关键时刻的责任担当。

【企业党建和思想政治工作】 2020年，兰州石化党委进一步理顺党组织机构，整合成立3个二级党委，完成1个党总支和45个党支部换届，撤销6个二级党委，全面摸排和消除党员空白班组，1316个班组实现党员全覆盖。修订完成《党委工作》《组织生活》《党员教育管理》等制度。广泛征集、评选打造28个可推广、能复制的党支部工作法。深入推进标准化党支部达标晋位升级。制定《党委工作规则》，修订完善“三重一大”集体决策制度，兰州石化党委全年召开党委会40次，审议决策“三重一大”议题464项。加强党风廉政建设，逐级签订党风廉政责任书3610份、廉洁从业承诺书5870份，推动“两个责任”贯通联动。兰州石化公司党委2轮巡察13个二级单位，全覆盖34个党支部，巡察问题全部得到整改。建立落实中央八项规定精神负面清单90条，制定《改进会风文风的十四条措施》，推进问题专项整改，持续为基层减负，全年会议和文件数量分别同比减少13.1%、29.4%。对38个二级党委开展党建工作责任制督查，完成4轮党委书记现场述职评议考核。加强干部选拔任用，优化调整二级领导班子40个，提拔任用二级领导人员49名、交流27名。开展“战严冬、转观念、勇担当、上台阶”主题教育活动，加强抗击疫情与深化改革过程的宣传教育与思想引导工作，组织集中学习讨论800余次、宣讲3100余场。坚持用石油精神、兰州石化精神和企业优良作风铸魂育人，宣传先进群体、“最美一线员工”，举办“最美故事最美人讲述会”，挖掘采写反映公司10位全国劳动模范事迹的报告文学，编发专项文化案例和《石化摇篮故事》，促进企业文化宣贯落地。推进新时期产业工人队伍建设，征集群众性创新创效成果妙招1万余项、合理化建议7500余条，选树5名石化（行业）工匠。保障员工合法权益，使用1022.7万元救助金，帮扶救助慰问各类人员1.2万人次。实施青年素质提升工程，开展青年突击队、“五小”攻关等创新创效活动。

【人才队伍建设】 坚持人才强企，创建技术领衔工作室16个，在炼化主要业务领域选聘15名技术领衔人，形成拥有300余名成员的技术团队，增创技能专家工作室3个，增补技师、高级技师121名，创造学技术、学技能、比学赶帮超良好环境。

【脱贫攻坚】 2020年，兰州石化组织医疗人员下乡，开展消费扶贫965万元，阳光助学300万元，吸纳省内贫困地区劳动力2213人，完成帮扶地基础设施建设投资200余万元，扶贫攻坚帮扶成果得到持续巩固。

（王宏亮）

中国石油天然气股份有限公司独山子石化分公司（新疆独山子石油化工有限公司）

【概况】 中国石油天然气股份有限公司独山子石化分公司（新疆独山子石油化工有限公司）简称独山子石化，位于新疆维吾尔自治区克拉玛依市独山子区，前身是1936年10月成立的独山子炼油厂。历经多年发展，具备1000万吨/年原油加工、140万吨/年乙烯生产、45兆瓦·时发电、500万立方米原油储备、45万吨/年合成氨、80万吨/年尿素生产能力，可生产燃料油、树脂、橡胶、化肥等16大类500多种石化产品。截至2020年底，资产总额273亿元，员工总量1.16万人，机关处室14个，机关直属机构4个，二级单位19个。独山子石化是国家环保总局授予的首批“国家环境友好企业”，2次被国务院国资委评为“中国石油炼油乙烯业务最佳实践标杆企业”，4次获中华全国总工会授予的“全国五一劳动奖状”，8次被石油和化学工业联合会评为“全国乙烯生产能效领跑者”。

【“十三五”回顾】 “十三五”期间，独山子石化资产总额达273亿元，较“十二五”末增长9%。累计加工原油3539万吨，生产乙烯647万吨，向社会提供成品油1870万吨、化工产品1197万吨，完成销售收入2043亿元，上缴税费486亿元，实现利润153亿元。每年带动新疆下游产业链1000多亿元产值。有效运行一体化管理体系，修订制度620份，优化流程1100多个。30个生产车间重组为17个联合车间，23个基层检维修、后勤服务、仓储运输业务单元整合为6个专业公司。全面移交企业办社会职能，机构压减23%，员工减量21%。深化工效挂钩考核，推行科研双序列改革，精准激励骨干。完成国家和集团公司级科技项目24项，获省部级科技奖40项、发明专利27项。开发新产品42个，形成管材料、茂金属膜料、环保橡胶三大优势产品系列。TUB121N3000B入选国际PE100+协会、国内G5+协会优质产品名录。环保橡胶2557S、2564S符合欧盟标准，市场占有率52%。信息化建设走在集团公司前列。加工轻烃乙烯优化调整项目全面投产，乙烯产能跨上新台阶。15万吨/年裂解炉仅用6个月、5万吨/年硫黄8个月建成，打破同类装置建设纪录。老区聚乙烯直注改造用120天完成，创造该专利全球应用新水平。改造100万吨/年蜡油加氢等装置，按期实现汽柴油国Ⅴ标准、国Ⅵ标准升级。电厂1号2号背压机组、铁路电气化和11条重膜、2条吨包装线改造完成。实施第二轮“四年一修”，奠定“五年一修”基础。连续

18年派驻干部帮扶察布查尔县，投资4700万元开展智力、产业、消费扶贫，2017年实现脱贫摘帽。连续8年选派233人次到南疆泽普县4个村开展“访惠聚”、担任叶城县8个深度贫困村第一书记，带动群众改善民生、增收致富，泽普、叶城县分别于2019年、2020年退出贫困县序列。涌现出一批先进集体和个人，获省部级以上荣誉562项。

独山子石化主要生产经营指标

指　标	2020年	2019年	2018年	2017年	2016年
原油加工量（万吨）	709.29	617	727.07	738.69	793.29
汽油产量（万吨）	92.56	99.15	108.59	100.37	86.43
柴油产量（万吨）	244.12	205.38	239.47	250.62	264.28
航空煤油产量（万吨）	22.70	35.25	37.80	30.51	30.31
乙烯产量（万吨）	141.00	110.8	131.83	132.15	130.80
聚乙烯产量（万吨）	124.89	96.20	114.15	114.95	113.73
聚丙烯产量（万吨）	66.62	52.12	62.48	62.94	61.22
橡胶产量（万吨）	22.77	19.27	21.65	18.87	20.31
资产总额（亿元）	273	240.18	270	255	268
收入（亿元）	362.9	387	492.47	434.40	375
利润（亿元）	21.5	0.12	34.66	51.60	45.8
税费（亿元）	86.8	90.8	103.7	103.5	102.3

【生产经营】 2020年，独山子石化加工原油709.29万吨，生产乙烯141万吨、化肥72.3万吨，收入362.9亿元，上缴税费86.8亿元，炼化盈利20.9亿元、化肥盈利5700万元。炼油在67%低负荷工况下，优化加工方案，成品油比例同比下降3.2个百分点，高标号汽油、自产乙烯原料分别同比增长13个百分点和2.9个百分点。乙烯突出满负荷长周期运行，9号裂解炉连续运行142天，新区乙烯负荷达104.5%，创历史新高。三烯收率58.4%，同比提高1.5个百分点。高密度聚乙烯、全密度聚乙烯、顺丁橡胶装置负荷率分别达110%、120%、115%，化工商品总量同比增长30%。电厂汽机实现“三年一修”，动力站锅炉运行周期突破15个月。化肥保持平稳生产。

【疫情防控】 2020年，独山子石化坚持把员工生命安全和身体健康放在首位，以“外防输入”为重点，召开新冠肺炎疫情防控工作领导小组会议15次、疫情防控工作会109次，科学精准安排防控工作。建立公司、分厂、车间三级防控体系，层层建立日报和零报告制度，全面排查离开独山子员工旅居信息。及时跟进人民政府最新防控要求，印发防控方案、指导手册、消毒方案，指导全员科学防疫。从严管理操作室、办公楼、宿舍等重点区域，狠抓“全面测温消毒、全员佩戴口罩、加强管控”，严格把守通勤车、控制室、门岗“三道关口”，督导靠实各项措施，取得疫情防控阶段性胜利。满负荷生产口罩原材料S2040、消毒液包装原材料HD5502XA等医用料43万吨，完成国家紧急调拨任务，国务院应对疫情联防联控机制医疗物资保障组专门致信感谢。

【改革管理】 2020年，独山子石化落实集团公司对标一流管理提升、三年改革行动部署，积极推进治理体系和治理能力现代化。稳妥实施业务主辅分离、专业化重组，整合化验分析、行政后勤、仓储运输业务，移交离退休管理，压减机构21个，减少用工364人。横向瞄准世界一流，纵向对标历史最好水平，从盈利能力、竞争能力、可持续能力3个维度，形成对标世界一流管理提升方案。44项重点指标中，30项同比提升，25项达到近3年最好，16项排名集团公司炼化板块前3，其中9项第1。蒸馏和高密度聚乙烯装置达到国际先进水平，新区乙烯燃动能耗连续8年领跑行业榜单，首次获“全国乙烯行业水效领跑者”称号。

【提质增效】 2020年，独山子石化深入落实集团公司“战严冬、转观念、勇担当、上台阶”主题教育活动部署，举办“提质增效勇担当”大讲堂等系列活动600场，组织“如何看、怎么办、如何干”大讨论473次，收集合理化建议1.97万条，实施11类170项提质增效措施。梳理成本中43项500万元以上大额费用，主管领导挂帅、部门承担专责，坚持“一费一策”，落实降费措施，细化到部门单位和班组岗位，逐月考核、推动落实。存货周转次数同比提高2.5次，修理费比上一运行周期最低年度下降8.3%，“五项”费用同比下降56%。

【安全管理】 2020年，独山子石化认真落实集团公司安全生产专项整治三年行动计划部署，推行全员安全生产记分制、高危作业安全生产挂牌制、安全生产承包制，压紧压实各级安全责任。坚持压总量、控风险，推行"无作业日""集中动火日"，开展"零违章"活动，检维修作业总量同比下降69%，月度"零违章"车间达48%。有效运行双重预防机制，识别风险21.2万个、治理隐患9600个。组织作业许可、危险化学品运输、"防泄漏、防着火爆炸"专项整治和罐区、装卸栈桥等专项检查，常态化开展全员安全经验共享、查找身边隐患、行为规范化治理，削减员工不安全行为5144项，闭环治理隐患6120项，巩固本质安全基础。

【环保提标】 2020年，独山子石化践行"绿水青山就是金山银山"理念，以迎接中央环保督察为契机，推进环保提标，努力建设"绿色无味工厂"。成立生态环境保护重点工作领导小组，每周召开迎审会，解决重点环保问题35项。储煤、储焦场封闭完成，废水减排项目动静设备安装就位，总体完成88%。动力站6座脱硫岛投用正常，电厂烟气全部实现超低排放。污水回用率50.8%，同比提高1.1个百分点。固体废物全部合规处置。二氧化硫、COD、氨氮、烟尘分别减排36%、42%、84%、57%。开展4轮185万个密封点泄漏检测与修复，发现漏点全部修复。独山子石化被评为新疆维吾尔自治区第二次全国污染源普查表现突出集体，被《中国环境报》评为环境社会责任企业。

【科技攻关】 2020年，独山子石化充分发挥科技创新引领作用，实施科研项目37项，承担国家级项目2项、集团公司级17项，获国家授权专利8项、科学技术进步奖9项。推行经理负责制，推进消减装置报警数、提高运行周期等26个攻关项目，新区裂解9号炉连续运行142天，创历史新高。过渡料比例同比下降0.8个百分点。规范工艺联锁报警管理，报警数量同比下降76.2%。聚苯乙烯HIPS线突破高负荷生产瓶颈，全密一线首次实现不同催化剂茂金属产品连续转产。茂金属聚丙烯mPP35S国内首次使用巴塞尔环管工艺生产，实现新突破。完成炼化物联网扩展、智能巡检优化等12个信息化项目，加快数字化转型、智能化发展。

【产品研销】 2020年，独山子石化树牢市场意识，利用一季度市场低迷窗口期，专门腾出生产线进行新产品开发。开发己烯共聚膜料LL6209AA、薄壁注塑聚丙烯专用料HP60、二元发泡聚丙烯专用料EPP0723等7个树脂新产品，工业化生产冬季轮胎用SSBR1540S、SSBR1040，赛车轮胎专用料RC3840S、RC3550S等4个橡胶新牌号，高苯乙烯含量溶聚丁苯橡胶RC3550S填补国内空白。化工专用料比例同比提高0.7个百分点。联合各大区销售加强产品推广，开展专项营销，TUB121N3000B、DGDZ3606销量分别同比增加0.6万吨、1万吨。高效市场配置率同比上升0.6个百分点。

【队伍建设】 2020年，独山子石化聚焦高素质、专业化，树立崇尚担当作为的用人导向。综合考核42个领导班子、248名领导人员，调整领导干部170人次，提拔副总师6人，提醒谈话14人。1人被集团公司任命为公司总工程师。新选聘技能骨干759人，享受国务院特殊津贴专家3人、集团公司和地区公司级专家60人、国家级和省部级技术能手67人。坚持以赛促训，举办第十三届职业技能竞赛、首届"安康杯"青年安全技能大赛。精选骨干参加全国乙烯装置技能大赛、集团公司首届一线生产创新大赛，获2金2银1铜，1项成果获一等奖。

【重点项目】 2020年，独山子石化认真落实集团公司关于塔里木油田分公司化工业务重组工作部署，迅速做好业务对接，管理体系有序延伸，文化理念快速融合。按照国家示范工程标准，成立乙烷制乙烯工程建设指挥部，快速推进60万吨/年塔里木乙烷制乙烯项目，总体形象进度83%，安全、质量、进度全面受控。大力推进"短平快"项目，聚苯乙烯扩能改造项目建成，实现当年开工、当年建成、当年投产创效。大力推进"短平快"项目，新增GPPS生产线当年开工建设、当年建成投产。建成加工能力3.6吨/日的熔喷料生产线，成为新疆维吾尔自治区唯一连续稳定供应熔喷料的企业。着眼长远发展，完成"十四五"规划编制。

【企业党建工作】 2020年，独山子石化持续巩固"不忘初心、牢记使命"主题教育成果，引导全员增强"四个意识"、坚定"四个自信"、做到"两个维护"，构建公平公正、健康向上的政治文化。统筹纪律、组织、巡察、审计、业务监督资源，建立"大监督"体系，完成四轮8家单位党委巡察，全面从严治党向纵深推进。大力弘扬石油精神，传承企业优良传统，涌现出10名新疆维吾尔自治区、集团公司劳动模范，1人被评为"全国青年岗位能手标兵"。

【维稳扶贫】 2020年，独山子石化认真贯彻第三次中央新疆工作座谈会精神及新疆维吾尔自治区、克拉玛依市维稳工作部署，紧盯总目标，推动维稳安保工作。督促整改安防隐患45项，周界无效报警降低80%。做好全国"两会"等重要时段的维稳工作，受到集团公司嘉勉。认真落实新疆维吾尔自治区、集团公司脱贫攻坚部署，制定年度扶贫方案，采购对口扶贫地区察布查尔县大米 50 吨、苗木 47.3 万株、红花油 4 万桶，完成消费扶贫任务。连续 8 年选派 233 人次到南疆泽普县 4 个村开展“访惠聚”、担任叶城县 8 个深度贫困村第一书记，带动群众改善民生、增收致富，泽普县、叶城县分别于 2019 年、2020 年退出贫困县序列。

（郭　楷）

中国石油天然气股份有限公司乌鲁木齐石化分公司（中国石油乌鲁木齐石油化工有限公司）

【概况】 中国石油天然气股份有限公司乌鲁木齐石化分公司（中国石油乌鲁木齐石油化工有限公司）简称乌鲁木齐石化，前身为乌鲁木齐石油化工厂，筹建于 1971 年 1 月，始建于 1975 年 4 月，是集炼油、化肥、芳烃等加工于一体的综合性石油化工生产基地，为集团公司一级二类企业。地处新疆维吾尔自治区乌鲁木齐市米东区，占地面积 18 平方千米。

2020 年，乌鲁木齐石化有员工 8341 人。其中，少数民族员工占 20.19%，女员工占 30.04%。有职能部门 13 个，机关附属机构 8 个，直属部门 7 个，炼油厂、化肥厂、化纤厂、热电厂等 21 个二级单位。固定资产原值 226 亿元。设备总台数 180764 台套，主要设备 1714 台套。炼油生产装置 40 套，原油一次加工能力 850 万吨 / 年，对二甲苯生产能力 100 万吨 / 年；合成氨装置 2 套、尿素装置 2 套，可年产 75 万吨合成氨、130 万吨尿素；可年产精对苯二甲酸 9.6 万吨、聚丙烯 10 万吨和塑料编织袋 3240 万条；产汽能力 1670 吨 / 时，发电能力 125 兆瓦，工业废水处理能力 3258 米^3/ 时。有石油化工工程设备制造安装维修、科研开发、工程监理、分析测试、计量检定、设备检验、公路运输、铁路运输、物资供应、职业教育等生产保障业务职能，以及离退休管理、员工服务等社会职能。

2020 年，乌鲁木齐石化可生产 30 余种石油化工产品。主要产品有汽油、航空煤油、柴油、石油对二甲苯、石油苯、尿素、精对苯二甲酸、聚丙烯、石油焦、液化石油气、重交道路沥青、戊烷发泡剂、硫黄、硫酸铵、塑料编织袋等。其中，尿素产品曾获“中国名牌产品”称号，车用汽油、车用柴油、尿素、精对苯二甲酸等产品先后获国优、部优和省优名牌产品称号。多次获国家、新疆维吾尔自治区、集团公司颁发的新产品开发奖、科学技术进步奖，并申请多项专利。先后获“全国五一劳动奖状”“全国文明单位”“全国民族团结进步模范单位”“全国‘安康杯’竞赛优胜企业”“全国环境优美工厂”等称号。

2020 年，乌鲁木齐石化加工原油 608.7 万吨，生产汽油、柴油、航空煤油 390.58 万吨，对二甲苯 68.15 万吨，石油苯 26.26 万吨，精对苯二甲酸 9.4 万吨，聚丙烯 8.26 万吨，合成氨 31 万吨，尿素 53.62 万吨。收入 238.92 亿元，上缴税费 87.08 亿元。

乌鲁木齐石化主要生产经营指标

指　标	2020 年	2019 年	2018 年	2017 年	2016 年
原油加工量（万吨）	608.7	581.05	600.06	634.57	556.92
汽油产量（万吨）	113.1	134.67	148.32	143.3	112.86
柴油产量（万吨）	265.14	258.99	274.02	312.72	280.59
航空煤油产量（万吨）	12.34	23.04	21.61	16.91	17.67
石油苯产量（万吨）	26.26	18.71	19.82	17.4	14.02
对二甲苯产量（万吨）	68.15	45.47	42.2	38.58	29.58
精对苯二甲酸产量（万吨）	9.4	7.89	8.6	5.47	8.47
聚丙烯产量（万吨）	8.26	6.25	6.14	6.40	4.81
合成氨产量（万吨）	31.0	13.17	0.52	1.01	14.64
尿素产量（万吨）	53.62	22.12	0	0	24.16
资产总额（亿元）	85.36	106.6	104.05	97.18	117.64
收入（亿元）	238.92	302.48	344.24	311.64	233.75
利润（亿元）	−12.17	−9.09	11.36	11.03	8.21
税费（亿元）	87.08	88.36	86.11	107.4	89.35

【“十三五”回顾】“十三五”期间，乌鲁木齐石化以高质量党建引领高质量发展，健全两级“三重一大”制度，完善乌鲁木齐石化党委、经理层、生态环境保护等议事规则，持续完善科学管理、集体决策体系。全面落实从严治党主体责任，深入开展“三严三实”“两学一做”“不忘初心 牢记使命”等主题教育，干部员工的精神面貌、队伍作风明显转变，形成“忠诚、担当、实干、奉献”的“6・30”精神，为乌鲁木齐石化发展提供坚强的政治保障。

“十三五”期间，乌鲁木齐石化践行新发展理念，坚持做精做细，转换发展动力，累计完成投资26.77亿元，着力实施油品质量升级、安全环保、结构调整及配套项目，业务格局和产品结构进一步优化。累计加工原油2981.3万吨；生产汽油、航空煤油、柴油2135.28万吨；收入1431.03亿元；乌鲁木齐石化整体比“十二五”减亏87.46亿元，年度盈利最高为10.74亿元，单月盈利能力达3.01亿元历史新高，上缴税费458.3亿元，体现企业的责任和担当。

“十三五”期间，乌鲁木齐石化主动适应社会发展，坚持源头防治，环保投资7.2亿元，外排污水达到特别排放限值指标，烟气实现超净排放，废渣全部合规处置，发动全员开展现场整治，通过环保督察。开展12轮泄漏检测与修复，实施10个VOCs治理项目，落实异味管控常态化。完成油品质量“两连升”，淘汰第一套常减压装置等一批落后产能，新水耗量减少1124万吨，炼油综合能耗创历史最佳，主要污染物排放总量全面削减。

“十三五”期间，乌鲁木齐石化遵从市场规律，优化生产运行，推进提质增效，炼化总成本比“十二五”末下降20.51%，高效产品比例增加5.33个百分点，98号汽油占疆内市场100%，柴汽比减少1.32。坚定减油增化举措，累计生产对二甲苯 239.64万吨，年产量创68.15万吨历史新高；顾全板块转型大局，外供乙烯原料逐年大幅增加，达160.91万吨。完成二化肥装置复工，转变供氢方式，重振化肥业务，抢抓发展机遇，单套装置运行年产尿素创53.6万吨历史新高。乌鲁木齐石化新标号沥青、新品种尿素等产品不断投放市场，化工产品比例提升8.55个百分点。100万吨/年连续重整环评获批复，合力促进新疆芳烃全产业链建设，高质量发展逐步推进。

“十三五”期间，乌鲁木齐石化顺应行业大势，将创新作为引领发展的第一动力，大力推进智能化工厂建设，APS、流程模拟、APC成为运行优化的利器，应用管理者驾驶舱助力专业管理创新，有效赋能管理精细化。形成具有乌鲁木齐石化特色的重油、杂油高效加工技术，油品超深度脱硫、国Ⅵ B标准汽油生产技术保持领先。状态监测智能诊断创新突破，“四年一修”全生命周期指标排名靠前。乌鲁木齐石化申报专利26件，省部级以上科技奖励4项，多个技术和产品填补国内空白，轻质烯烃骨架异构化催化剂打破国外垄断，发展活力显著增强。

“十三五”期间，乌鲁木齐石化按照集团公司业务“归核化”改革部署，先后完成检维修、供排水、化纤、矿区等业务改革，生产调度扁平化运行，探索组建联合车间，组织架构进一步优化。落实国家政策，医疗、“三供一业”、市政公益设施、退休人员社会化管理等改革顺利实施，未上市业务大幅减亏。压减二级、三级机构56个，用工总量减少25.5%，有效推动瘦身健体、轻装上阵。安全生产台阶奖、月度奖金动态管理等精准激励措施相继实施，持续打破“大锅饭”，劳动生产率显著提升。提高体检和福利标准，员工收入比“十二五”大幅增长。

“十三五”期间，乌鲁木齐石化积极投身于决战决胜脱贫攻坚战，帮扶工作不断取得突破。在青河县完成投入2920万元，建成8个产业扶贫项目，惠及贫困农牧民3785人，实现群众受益可持续性。在喀什疏勒县定点帮扶12个深度贫困村，先后派出“访惠聚”驻村队员87人，投入870万元兴建110个项目，惠及村民3.2万余人次，12个村在全县率先通过脱贫验收。同时大力开展消费扶贫、贫困村结对共建和美丽乡村建设等，为帮扶地区脱贫致富奔小康做出重要贡献，乌鲁木齐石化连续5年在扶贫考核中保持优秀，2020年被喀什地区评为脱贫攻坚先进集体。

【生产运行】 2020年，乌鲁木齐石化着力提升生产管理智能化水平，坚持先算后干，深化APS系统应用，计划、财务部门协同引领测算排产，150万吨/年重油催化裂化装置、600万吨/年常减压装置实现实时动态测算。依托MES2.0系统，搭建统计平衡模型，日趋接近“班跟踪、日平衡”的管理目标。深入推进流程模拟技术应用，搭建流程模型175个，在人员培训、改善指标等方面成效凸显。安排专人驻扎油田油库加强源头监控，制定单批次原油进厂含水指标，利用新开发的原油光谱快速评价系统快速实现原油评价，开展原油破乳等攻关，解决北疆原油带水、COD高等难题。坚持下游装置的需求就是上游装置的质量指标，优化生产运行管理，严格生产波动分级管控，确保原油及天然气、公用工程、物料互供“三大平稳”运行。采取精准有效的措施，完成375台机泵振动超标治理。严控故障和重复检修，应用远红外热成像技术消除电气设备缺陷135项。通过状态监测智能预警诊断平台、泵群无线监测系统等，大幅提升设备维护保养效率。全年检维修作业量同比下降16.08%。强化工艺纪律与报警管理，及时处置装置异常指标。通过严控现场各类作业，实现科学减负、精准减负，促进各级人员进一步熟悉装置，增强学深、悟透设计原理的能力。随着装置平稳率、自控率的逐步提升，参数报警数量从1.3万次/周降至1200次/周，芳烃抽提等4套装置实现黑屏操作。

【安全环保】 2020年，乌鲁木齐石化坚持HSE体系思维，持续构建“大安全”格局，推进安全环保系统化，管控全过程风险，完善三级HSE体系内部审核日常化计划，精准审核。建立“有问题就有责任”工作机制，提升各级管理人员点评问题的意识，促进各类问题整改，内部审核问题整改率98.37%。逐步提高全员风险识别能力，体系运行更加有效。完善安全生产台阶奖等奖励办法，全年奖励6052万元，嘉奖发现隐患、应急处置、优秀监护人1158人次，通过奖惩并举，营造“安全工作成在全体、败在一人”的全员履职尽责氛围。推行全员安全生产记分、安全生产承包点、高危作业挂牌等新制度，落实有感领导、直线责任和属地管理。加强双重预防机制建设，统一风险量化判定标准，推广HAZOP、FMEA、JSA等工具应用，取得HAZOP主席资格57人，评审确定风险削减措施202项，风险辨识更加系统，现场风险得到动态管控。针对加热炉点炉，汽车、火车装车台等关键风险点，统一风险受控要求。首次推行作业一票制，改进作业管理，票证签发量同比下降65.38%。全面推进安全生产专项整治3年行动，按期完成重大隐患治理5项，排查整改问题320项。利用安全受控系统改进隐患管理，隐患上报数量和整改率大幅提升，全员参与查隐患的氛围更加浓厚。确定7个专业25项“零容忍”条款，针对问题落实定量化追责，增强全员红线意识。通过基层站队HSE标准化建设，将重点管控要求转化成量化指标，引导车间班组自主承诺，形成团队目标1225项。开展“信得过”车间、优秀站队评比等，推动指标落地，承诺目标完成率92.9%，形成基层管理创新成果184项，促进形成安全生产合力。危险作业违章率同比下降10.3个百分点，承包商作业事故、事件为零，装置操作平稳率99.73%，年平均自控率98%，非计划停工大幅下降。

提升政治站位，两级党委定期专题研究环保突出问题。按照集团公司生态环境隐患排查治理实施规范，落实中央环保督察通报问题举一反三，系统排查评估问题25项。每周组织会议，推进建设安全环保“红线”项目23项，按时完成造粒塔粉尘治理、VOCs在线监测和厂界预警系统等项目，新建引水工程完成年内统筹。开展油泥处置等攻关8项，动态修订生产厂排污量指标，按照新标准对异味进行网格化监督，推进定量化检验，持续稳定达标排放废水、废气，规范处置危险废弃物。深入研究碳排放交易规则，制定碳排放管理标准，组织碳排放培训2次。加强节能降耗管理，全年节水39.6万立方米、节能1.74万吨标准煤，超额完成目标。全年事故、事件同比下降18.4%，未发生环境事件。

【提质增效】 2020年，乌鲁木齐石化全面开展“提质增效”活动，推行“一企一策”“一厂一策”“一车间一策”，设置专题网页实时动态展示指标，建立日、周、月精准评价体系。从第二季度开始，处级干部效益工资下浮30%，根据指标动态兑现。将提质增效指标与车间、班组核算挂钩，激发全员创新创效热情。各单位层层细化措施，成立攻关团队，主动拓展业务，班班抠指标、比产量，形成良好竞争氛围。2020年平库利库865.89万元、修旧利废532.86万元。检维修中心完成自干量1075.8万元，外部创收82.38万元，主动承揽3家外单位检修工作。设备检验检测院拓展外部合同78.41万元。工程监理公司签订外部合同19份，合同金额460万元。坚持“一切成本皆可降”的理念，机关管理费用同比压减51%，落实社保减免政策节约6150万元。组织采购价格谈判68次，节约采购金额2116万元。自主开发信息系统8套，节约对外委托费用440万元。坚持自己能干的活自己干，清退劳务用工79人，节约费用998万元。完成“处僵治困”三年行动方案目标。

【疫情防控】 2020年，乌鲁木齐石化面对新冠肺炎疫情，始终把员工生命安全和身体健康放在首位，第一时间成立组织机构，坚持抓好防疫和生产“两条线”，第一时间部署云办公、封闭隔离、物流管控等措施，全力阻断疫情传播。疫情期间2000余名员工主动请战，克服一切困难连夜回到单位，部分员工自带行军床、睡袋住宿在岗位。在急难险重任务中，党员和干部冲锋在前。94名餐饮工作人员超常规运转，日配餐量近7000份。在长达76天2次封闭运行中，守住“零疫情”底线，确保生产正常进行。

【攻关增效】 2020年，乌鲁木齐石化开展工艺技术攻关27项，重点对催化、重整等9套核心装置进行攻关，189项指标达标率95.77%。100万吨/年连续重整装置纯氢产率最高4.05%，达到国内先进水平，降低用氢成本1.5亿元以上。持续开展减少浆液外运攻关，增加效益618万元。强化原煤比质比价，节约费用3777万元。通过装置热供料、停用罐、合并罐等措施，实物量消耗同比下降4%，炼油单因耗能等多项指标创历史最佳。歧化装置加热炉热效率94.6%，位列股份公司炼油与化工板块第1。全年燃气动力成本下降3100万元，炼油完全加工费同比下降27.61元/吨，为近年来最好水平。通过优化原料进厂、提高重整装置负荷，对二甲苯产量增加22.68万吨，新疆销量增加45.72万吨。提高催化液化气丙烯产率至5.5%以上，增产聚丙烯1.87万吨。化肥保持高产稳产，顺势增销4.77万吨，践行保民生责任。抓住市场机遇，增产高品质焦炭增效1.84亿元。高效小产品积极增产推价，增效4498万元。成功开发含海藻酸尿素和F80防水卷材沥青，创效1824万元。国内首家完成轻汽油醚后碳五与碳四混合烯烃烷基化工业试验，每月增产烷基化油0.6万吨。围绕碳一化工技术开展研究，持续推进工业化应用；丁烯骨架异构化催化剂投入试用，实现替代进口剂节约成本700多万元；甲醇耦合轻烃技术当年立项并完成工业试验。积极协同新疆维吾尔自治区政府编制新建PTA项目可行性研究报告，推进新疆芳烃全产业链建设。

【智能化建设】 2020年，乌鲁木齐石化围绕数字化转型，充分利用统建和自建系统86套，建设管理者驾驶舱，专业驾驶舱上线5个，有效引领专业管理提升。深入挖掘数据池价值，实现互联互通和数据共享，APS、MES、物联网等系统应用考核得分在股份公司炼油与化工板块中领先。根据管理方法改进需求，开发综合销售、基层站队平台等系统，在集团公司内首家推行各类物资ERP无纸化出库，推进生产经营向智能化迈进。

【改革创新】 2020年，乌鲁木齐石化根据业务发展，持续优化组织机构，压减二级、三级机构28个，减员589人。系统完善三项制度改革方案，完成分级分类、定岗定编等配套内容。理顺部分业务职能界面，将招投标管理职能划入企管法规处。落实国家剥离企业办社会职能政策，按时完成退休人员社会化管理移交，市政公益设施全面移交政府，企业“归核化”进一步明晰。

【企业管理】 2020年，乌鲁木齐石化加强生产运行依法合规，新建20万吨/年烷基化装置等4个项目取得消防验收批复，完成项目的安全、职业病危害预评价6个，完成特种设备和管道备案1.56万项。依法合规制定采购策略，保证招标充分竞争，物资采购公开招标率87.2%。首次将合规管理纳入体系审核，纪委、审计、造价等部分齐抓共管，形成常态化监督机制。落实重大法律事项参与和法律论证工作，合同审查整改问题32项。开展独立法人单位经营管理风险排查，有力促进各级人员履职尽责。出台领导人员和员工履职评估管理制度，规范开展评估工作，完成领导人员履职能力评估155人。紧贴生产需要，积极开展主操培养和通岗培训，培养主操181人、具备通岗能力操作人员163人。加强以赛促训，组织开展流程模拟等4项公司级专业竞赛，开展实训项目48个。精准培养高级技师28人，组织青年骨干订单式培训3批，加快培养和储备专业人才。

【企业党建工作】 2020年，乌鲁木齐石化扎实开展“战严冬、转观念、勇担当、上台阶”主题教育，引领提质增效专项行动，激励干部员工坚定信心、担当作为。扎实开展“党员责任区”“党员先锋岗”等创建活动，各单位组织开展劳动竞赛319项，开展新冠肺炎疫情防控和提质增效专项监督，有效推动中心工作落实。公司领导带头进行“形势、目标、任务、责任”主题教育宣讲，全面组织“大干100天、勇夺双胜利”活动，先进典型和企业正能量在系列丛书、各类媒体中不断推出，切实凝聚生产发展的强大合力。通过全员努力，乌鲁木齐石化提质增效指标完成排名在股份公司炼油与化工板块中保持领先，2020年累计提质增效6.27亿元。把党的领导融入公司治理各个环节，修订完善“三重一大”等系列制度，加强对疫情防控、安全环保等重大事项的组织领导，乌鲁木齐石化党委会专题研究安全环保监督汇报4次，企业治理能力进一步增强，风险管控效果明显提升。深入开展党建责任制评价，指导基层党建工作规范运行。深化全面从严治党，开展两级政治生态调研，对二级单位的巡察实现全覆盖。全力投入打赢脱贫攻坚战，完成帮扶资金1368万元，建成投用产业项目26个，消费扶贫348万元，推动疏勒县和青河县脱贫成效的巩固和提升。

（董　琦）

中国石油天然气股份有限公司宁夏石化分公司

【概况】 中国石油天然气股份有限公司宁夏石化公司（简称宁夏石化）始建于1985年，是集炼油、化工和化肥生产为一体的大型石化企业，具备500万吨/年原油加工能力，10万吨/年聚丙烯、200万吨/年尿素生产能力。主要产品为汽油、柴油、聚丙烯、航空煤油、尿素及合成氨，2020年底，资产总额105亿元。设13个机关处室、8个直属部门、19个二级单位。在册员工4380人，其中，在岗员工4008人，大专及以上学历员工2754人，具备初级以上职称员工943人。2020年，宁夏石化加工原油369.5万吨，生产汽油164.5万吨、柴油129.9万吨、航空煤油14.4万吨，合成氨37.4万吨、尿素61.5万吨、聚丙烯8.6万吨，收入176亿元，利润2.3亿元，上缴税费72.8亿元。纳税总额居宁夏规模以上企业首位。

宁夏石化主要生产经营指标

指　标	2020年	2019年	2018年	2017年	2016年
原油加工量（万吨）	369.5	453.2	439.8	375.2	442.8
汽油产量（万吨）	164.5	200.1	189.8	156.5	187.7
柴油产量（万吨）	129.9	156.9	156.7	135.8	164
航空煤油产量（万吨）	14.4	25	24	18.7	19.6
聚丙烯产量（万吨）	8.6	10.9	10.6	9.1	10
尿素产量（万吨）	61.5	23.5	22	41.5	52.6
液化气产量（万吨）	8.56	11.7	17.6	15.9	16.4
资产总额（亿元）	105	96	97	86	93
收入（亿元）	176	265	267	201.3	206
利润（亿元）	2.3	10.7	18	14.1	15.2
税费（亿元）	72.8	91	92	77.8	95

【“十三五”回顾】 “十三五”期间，宁夏石化累计加工原油2080.5万吨，生产尿素201万吨，收入1116亿元，上缴税费430亿元，账面利润60.5亿元，纳税总额连续五年位居宁夏规模以上企业首位，获宁夏回族自治区成立60周年杰出企业、全区工业稳增长突出贡献企业、宁夏回族自治区工业龙头企业、宁夏杰出企业等称号。员工收入连续4年实现较大幅度增长，对口扶贫的盐池县郭记沟村也提前实现整村“脱贫摘帽”。4万余个隐患得到集中治理，事故事件逐年减少，下降33.3%。82个班组完成自主管理班组创建，51个班组跨入安全团队管理班组行列。投入3.6亿元，建成投运挥发性有机物管控等16个环保治理项目，推动环保达标排放，2020年VOCs排放量较2016年减少1301吨，下降35.2%，5年节能减排指标全部完成。炼油装置保持三轮安全稳定长周期运行，最高纪录1056天，创同类型新建装置最好水平。化肥长周期运行、吨油利润、吨油收入保持炼化板块前列，高效产品比2015年提升35.7%，装置三次年度检修均实现安全、绿色、一次开车成功目标。大型氮肥工业化成套技术开发等3项重大科技专项、53项科技开发及技术攻关项目推动解决影响生产经营、制约企业发展的突出问题。应用新技术、新催化剂实现汽油、柴油产品向国Ⅴ标准、国Ⅵ（A/B）标准升级。2个尿素新产品成功开发，聚丙烯实现三级换代，NX60S高熔指纤维料填补国内生产高熔指纤维无纺布纤维专用料空白。获授权专利38件，省部级以上科技成果4项，12个由劳模和技术骨干领军的创新工作室完成创新成果400余条，科技创新成果增长52%。建成以风险防控为主线的“1331”综合管理体系，体系成果获第二十九届全国石油石化企业管理现代化创新优秀成果一等奖。完成炼油和化肥业务薪酬体系整合，三项制度改革逐步推进。“四供一业”分离移交、幼教和离退休人员社会化改革任务全面完成，员工总量5年减少1094人，促进企业瘦身健体。独立核算单位市场意识逐步增强，安检公司承担的宁煤保运任务和炼油厂承担的哈萨克斯坦PK保运项目打出牢固市场招牌，对外创收稳步增长，累计创效2308万元。高质量开展“两学一做”学习教育和“不忘初心、牢记使命”主题教育，党建责任层层压实，“大党建”格局基本构建。推进党风廉政建设，落实两轮党组巡视问题整改，三年8轮党委巡察实现全覆盖，企业政治生态持续清正。

【生产运行】 2020年，宁夏石化坚持贯彻落实习近平总书记关于疫情防控重要指示批示精神和集团公司、地方政府疫情防控工作部署，积极应对炼油装置极低负荷运行、产品销售后路不畅等困难和挑战，实现炼油装置平稳运行和化肥装置一次开车成功。炼油装置第三周期安全稳定运行1056天，平稳率99.4%，2020年吨油利润、吨油收入两项重要指标在炼化板块26家企业中均排名第2。化肥装置于3月16日投料开工，用时4.1天产出合格尿素，实现三化肥装置开工新突破；年内装置长周期运行A类86天、B类272天，平稳率99.8%，天然气单耗和单位制造成本分别同比减少179米^3/吨和383元/吨，下降12%和27%。11月25日，新建烷基化废酸再生装置开车成功并产出合格成品酸。

【设备管理】 2020年，宁夏石化全面落实全生命周期管理理念和工作措施，强化机泵风险管控、关键设备特护和设备日常基础管理，完成三化肥装置开工前消缺检修和2020年炼油装置大检修。炼油装置检修历时50天，近250万工时，完成检修项目10732个、投资技改项目49个，消除重点隐患61项，为第四周期平稳运行奠定基础。组织开展电气隐患专项排查治理和仪表自控率攻关，消除重点隐患8项，炼油装置自控率提升至98%，三化肥自控率提高至92%。开展地下管线泄漏检测和炼油装置腐蚀检查各1次，完成定点测厚4500点次，查出漏点8处，腐蚀减薄问题56项，为装置检修和技改项目立项提供依据。

【安全环保】 2020年，宁夏石化深刻汲取“5·24”“6·14”事故事件教训，扎实开展为期3个月的“强基础、除隐患、补短板、上台阶”专项整治活动和公司领导班子“六个一”安全活动，切实改善安全管理被动局面。加强风险分级管控和隐患排查治理，排查发现各类隐患6907项，治理率93.6%。组织开展3个月冬季培训，培训16334人次，现场答题50592人次。废酸资源得到循环再利用，年度可减少外购硫酸900吨，减少废酸处置量1000余吨。年内处置各类危险废物21256吨，处置量达到历史最高。全年废水达标率100%，废气达标率100%，污染物排放综合达标率100%，达到历史最好水平。

【管理提升】 2020年，宁夏石化坚持合规有序、简洁高效原则，不断优化改进企业综合管理体系，发布C版综合管理体系手册，修订规章制度24项，梳理优化业务流程177个，完成企业标准复审10项，确认在用标准适用性及有效性1472项，为推进公司治理体系和治理能力现代化奠定基础。强化内部巡察、专项审计、监督检查和法律事务、纠纷案件管理，开展重大风险评估，修订完善“三重一大”决策制度，提升风险防控、合规管理水平。“两化”融合推进顺利，办公系统实现“一键登录”，智能人脸识别系统实施投用，MES2.0和ERP2.0系统深化应用，信息系统推广应用100%。网络安全实现公司“零事件”、集团公司“零通报”。

【挖潜增效】 2020年，宁夏石化以“战严冬、转观念、勇担当、上台阶”主题教育活动为思想先导，组织开展提质增效专项行动，增效2.3亿元。其中，优化出租房屋资产、处置闲置土地和废旧物资，实现收益4006万元；通过增产化肥和液氨销售，创效益2500万元；尿素及炼油小产品推价到位，增效2986万元；开展集采、电商平台采购及价格谈判，节约采购资金1976万元；聚丙烯新产品NX80G创收600万元；优化核减公车配置数量，通过停租和管理费降费措施，每年减少成本500万元；压缩劳务用工减少服务成本492万元；实施常压工艺加热炉科研攻关，节约燃料气增效123万元；实施瓦斯系统压缩机扩能改造和循环水机泵节能改造等项目，节约用电成本105万元；争取天然气夏季调峰优惠价格，落实疫情供电税收优惠、社保和铁路运输减税政策，节约成本1.2亿元；提高设备维护质量，减少非生产性检修，节约检修费用650万元。

【改革创新】 2020年，宁夏石化加大科技创新和成果转化，加快改革发展，新产品开发取得一定成效。聚丙烯NX40S产品品牌化凸显；新产品NX80G薄壁注塑料一次试生产成功；控失尿素开发成功；固体车用尿素试生产成功，拓展生产经营利润空间。12个“劳模创新工作室”完成创新成果86项。申报专利6项，技术秘密认定2项。宁夏石化“四供一业”100%移交，离退休人员、幼教中心社会化管理完成，2296名退休人员人事档案和社会保障管理、459名离退休党员党组织关系、3个服务场所顺利移交。亏损业务治理和社会化改革取得进展，停运新型建材厂，止住亏损出血点。

【企业党建工作】 2020年，宁夏石化全面落实“第一议题”制度，巩固“不忘初心、牢记使命”主题教育成果，增强“两个维护”行动自觉。坚持党管干部党管人才原则，加强领导班子、干部队伍和人才队伍建设；完善制度、责任和保障三大体系，一体推进“三不腐”机制建设；持续加强党风廉政建设，建立全面从严治党责任清单，高质量完成2轮党委内部巡察，接受集团公司党组第五巡视组对公司党委的全面巡视，坚决落实巡视反馈问题整改，推动全面从严治党纵深发展。落实党管意识形态责任，坚持用石油精神铸魂育人，强化宣传舆论引导。履行企业社会责任，强化人文关心，巩固盐池县花马池镇郭记沟村整村“脱贫摘帽”成果。获全区工业稳增长突出贡献企业。

（张国荣）

中国石油天然气股份有限公司大连石化分公司（中国石油大连石油化工有限公司）

【概况】 中国石油天然气股份有限公司大连石化分公司（中国石油大连石油化工有限公司）简称大连石化，是中国石油所属的大型骨干炼化企业，始建于1933年，中华人民共和国成立后先后更名为“大连石油厂”和“石油工业部大连石油七厂”等，1983年划归中国石油化工总公司，1998年划归中国石油天然气集团公司。长期以来，大连石化为国家炼油工业培养输送大量的管理和技术人才，被誉为中国炼油工业的“人才摇篮”。

大连石化主要生产经营指标

指　标	2020年	2019年	2018年	2017年	2016年
原油加工量（万吨）	1355.02	1688.02	1678.22	1308.5	1678
汽油产量（万吨）	405.58	483	472	335.04	423.75
柴油产量（万吨）	491.26	577	611	465.07	624.95
航空煤油产量（万吨）	137.03	267	226	176.63	199.62
润滑油基础油产量（万吨）	13.7	11.27	23.79	20.35	18.4
乙苯、丙烯、苯等有机原料产量（万吨）	77.18	31.7	30.7	77.29	103.11
化工产品产量（万吨）	29.76	81.24	79.94	25.31	33.08
资产总额（亿元）	135.16	130.67	135.62	152	157
收入（亿元）	455	765.57	820.51	506	568
利润（亿元）	–13.26	22.12	34.28	27	52
税费（亿元）	76.6	121.30	145.98	135	241

大连石化为燃料—润滑油型炼化企业，有炼油化工主体装置37套，具备2050万吨/年的原油加工能力和27万吨/年的聚丙烯生产能力，主要生产汽油、航空煤油、柴油、润滑油基础油和石蜡、芳烃、聚丙烯等4大类129种石化产品。占地318万平方米，海岸线长4.3千米，有油品装卸码头5座，5000—10万吨级泊位15个，年吞吐能力超过2300万吨，85%的产品通过船运销往华东、华中、华南等国内市场及国际市场。2020年底，大连石化设13个机关部门、5个直属单位、18个二级单位，在册员工5492人（上市公司4396人、未上市公司1096人）。加工原油1355.02万吨，收入455亿元，利润–13.26亿元，上缴税费76.6亿元。

【“十三五”回顾】 “十三五”期间，大连石化累计加工原油7708万吨，实现营业收入3114亿元，上缴税费693亿元，累计盈利122亿元。安全环保基础不断夯实，完成2000余项隐患治理项目，实现安全生产标准化二级企业达标。完成两轮全厂装置检修，开展HAZOP分析和PID参数整定，“五位一体”巡检法和手指口述操作法普及推广。同“十二五”末比，设备故障项数下降62%，装置运行平稳率提高0.07%。6大信息平台、50余个系统应用覆盖各业务领域。连续7年实施“开源节流降本增效”工程，累计增效82.6亿元。主要技经指标持续改善，同“十二五”末相比，炼油综合能耗下降2.28个单位、单因耗能下降0.42个单位。企业深化改革成效突出。“区域化管理、系统化操作”生产管控模式稳步推进，生产和辅助“5+5”联合车间管控模式构建完成。四级法人清理、厂办大集体改革、“三供一业”移交按期完成，“油公司”定位更加突出。持续完善管理制度体系，“制度管人、程序管事”态势基本形成。

【疫情防控】 2020年，大连石化面对新冠肺炎疫情，第一时间将防护物资配发到各岗位，先后采购配发口罩170万余只、呼吸器7400余只、乳胶手套1.5万副、消毒液8.2吨、电子测温仪280只、防护服380余件，配备消毒舱、检测仪等防护用具，有效保证防疫需要。按照“外防输入、内防反弹”原则，严格落实分层分类网格化管控措施，加强人员密集场所卫生管理和定期消毒，确保施工现场、办公场所、船舶码头“零疫情、零感染”。建立驻大连企业“每日协调、每周研判、资源统筹”协调工作机制，及时向有关驻大连企业支援防疫物资。确保聚丙烯装置满负荷运行，全力保证卫材原料供应。

【安全环保】 2020年，大连石化持续推进全员责任制落实，完善“一岗一清单”，制定实施《员工安全环保履职能力评估管理办法》。发挥“四方责任”机制作用，高质量完成安全生产标准化第一阶段创建任务。编制双重预防管理手册，搭建风险隐患“四色图”信息平台，制定装置风险责任清单，深化双重预防机制建设。完善环保事项议事机制，将生态环境保护重大事项列入“三重一大”事项范围。开展多轮次环境风险排查，细化完善环保隐患治理方案，31台储罐、码头装卸船、苯及甲苯装车、苯罐等VOCs综合治理工程顺利完工投用，427套低氮燃烧器改造、148台密闭采样器安装、31套加热炉及VOCs设施增设在线监测设施等一批环保项目建成投用，VOCs治理效果得到国家生态环境部调研组肯定和认可。

【生产运行】 2020年，大连石化严格遵循装置运行规律，完善“机电仪管操”五位一体巡检体系，推进标准化操作和手指口述操作法，加强工艺防腐管理，强化变更风险分析，严格落实“事不过夜、溯源分析、及时退守”三大原则，全年非计划停工及损工天数为零。深化装置对标达标，强化平稳率和报警管控，巩固仪表控制参数整定优化成果，装置运行质量不断改善，运行平稳率99.87%。解决重整催化剂性能变差、催化脱硫醇后液化气总硫升高等技术问题，为长周期平稳运行提供有效保障。落实控油增化措施，增产高效产品，在加工量大幅降低的情况下，石蜡、聚丙烯分别增产3万吨、3.5万吨，生产–35号低凝柴油1.07万吨，聚丙烯产品品牌化率100%。实施石油混合二甲苯新标准，11项产品标准在集团公司备案，年度产品质量监督抽检合格率100%。H39S–3聚丙烯产品在集团公司石化重点品牌产品质量考核中再夺第一。

【挖潜增效】 2020年，大连石化落实集团公司党组提质增效专项行动部署，制定并实施13方面54项措施，实现年增效额9.36亿元。动态调整制氢原料、电厂燃料方案，制氢产氢量占总产氢量比例最低降至21%，创历史最好水平。严格执行生产计划，优化产销衔接，全年计划执行率99.47%，产销率99.71%。强化公用工程系统的科学统筹，检修期间装置停开工物耗、能耗实现双下降，累计节约成本1785万元。完成国内首单以期转现原油业务，采购上海国际能源交易中心交割库23万桶上扎库姆原油，降低采购成本1000万元。通过成功实施点价锁价，采购110万桶海上进口原油，降低采购成本5600万元。严控非生产性支出，推动“两金”压降，自由现金流持续向好。截至2020年底，通过退罐清库、产销精准衔接等措施，累计停、封油罐38台，总容量35.5万立方米；“两金”占用16亿元，同比下降27.3%；存量资金50.5亿元，同比增长24.8%。停检后炼油完全加工费、化工完全加工费均实现历史最好水平。

【设备管理】 2020年，大连石化持续完善设备“用管修”指标体系，强化设备大数据分析和故障预防。开展转动设备技术攻关，推行风险评估（RBI）、可靠性维修（RCM）管理，综合利用机泵在线监测、设备离线检测、分级分专业巡检等手段，提高故障预警和诊断能力。有效应用红外成像及RBI风险管理，检测分析出中高风险设备75台、管道196条，为设备预知维修提供数据支撑。关注静密封核心风险，实行定力矩紧固标准化管理，设备完好率99.95%、装置泄漏率0.05‰。建成转动设备预知维修管理平台，巩固振动超标机泵整改效果，关键机泵增上状态监测系统，高危泵平均检修间隔时间（MTBR）、平均故障间隔时间（MTBF）分别同比提高8个单位、5个单位。加强腐蚀性介质分析及预警值管控，完善装置腐蚀管理手册。开展设备故障溯源分析及隐患故障技术攻关，提高预知维修水平。加强仪表系统管控，整改完成178项安全仪表系统安全完整性等级评估验证。开展供电系统隐患排查治理，推进变配电室、仪表控制室标准化整改。遵循“油不落地、气不升天、声不扰民、渣不乱弃、尘不飞扬、安全清洁、高质高效、系统统筹”检修原则，完成全厂装置大检修，实施停检项目7722项、隐蔽工程493项、技改技措384项，检修交开工一次开车成功，各生产装置实现满负荷优化运行。

【工程建设】 2020年，大连石化加强项目建设统筹协调，强化工程建设质量安全管控。2020年1月，8000米^3/时空气分离装置B套建成投用，总投资2564万元，项目投用后进一步优化公司氮气供应，提升氮气系统运行安全性。2020年6月，130吨/时污水汽提装置建成投用，总投资6652万元，项目采用低压全吹出工艺设计，通过三相分离技术处理原料水，成功解决酸性水不平衡问题，与同规模装置相比，该装置处理能力增长40%，能耗下降30%，每年节约成本945万元。完成35万吨/年烷基化装置扩能改造项目主体施工建设，该项目总投资4.99亿元，采用低温硫酸法和湿法制硫酸工艺技术，改造后装置处理能力由10万吨/年扩至35万吨/年。强化项目验收管理，2020年5月获集团公司“工程建设项目竣工验收工作先进单位”称号。

【内部改革】 2020年，大连石化坚决落实集团公司深化改革工作要求，内部深化改革稳步推进。所属二级机构分类方案获集团公司首批批复并顺利实施，基层车间“5+5”组织模式完成构建。修订领导干部管理规定，完成中层领导人员层级类别套转。专业技术岗位序列改革加快推动，制定方案搭建2层7级专业技术岗位管理体系和考核评价体系。调整干部125人，推动干部年轻化，生产车间主任“70后”占比70%以上，“90后”开始走上领导岗位。2020年制修订制度74项、标准规范142项，优化业务流程25个，完善专业考核细则174项。制定实施法治建设工作方案，明确涉法的7个领域21项工作内容及要求，强化重大事项法律论证与“三重一大”事项集体决策有机融合。离退休人员社会化管理工作按时完成。制订实施“一企一策”工作方案，石服总改革全面推进。

【员工培训】 2020年，大连石化切实推进员工素质能力全面提升，抓好抓实检修培训。明确责任分工，细化培训标准，将检修现场变成培训课堂，采取多种形式开展系统培训。专业部门发挥直线责任，组织装置开停工、承包商液压紧固、监护人等各类培训31期，培训1600余人次；统筹做好新冠肺炎疫情防控下的外来施工人员入厂培训，累计培训近2万人。利用检修淘汰设备充实机电仪实训基地，培训基础设施更趋完备。完善仿真培训管理系统，实现计划安排、效果评估、线上学习与考试功能，强化培训统筹管理。加大新入职大学生的培训力度，为176名院校毕业生制订停检专项培训计划、开展系统培训。组织基层青年骨干到安全监督、生产运行、技术管理等部门轮岗学习，以岗位实践增强培训效果。1人获评“全国劳动模范”，6人获评“集团公司劳动模范”、1人获评“辽宁省五一劳动奖章”、1人获评“辽宁工匠”，1人获评“大连工匠”，2个车间在集团公司首届一线生产创新大赛中获奖。

【企业党建工作】 2020年，大连石化贯彻落实“第一议题”制度，推动学习走深走实。编制党工团“一书一图一单”，完善全面从严治党主体责任清单，完成党支部达标定级和基层党组织书记现场述职全覆盖，推动党建责任落地落实。开展“战严冬、转观念、勇担当、上台阶”主题教育活动，促进党建工作与中心工作深度融合。完善政研工作机制，4项思想政治研究成果获集团公司2019年度党建思想政治工作优秀研究成果奖。健全党风廉政制度体系，强化“两个责任”落实，一体推进“三不腐”长效机制。深化违规经商办企业和形式主义官僚主义问题整治，深入开展形式主义官僚主义问题集中整治和“四风”问题专项整治，助推党风政风持续好转。

【公众开放日活动】 2020年，大连石化举办“云游大连石化”主题公众开放日活动。以“探秘大连石化”为题，聚焦企业停检现场和企业特色“打卡点”，向公众展示企业绿色环保检修理念和现场精细化、标准化管理成果。2次直播累计观看量超过3亿次，创造中国石油开放日活动开展以来的新纪录，传达中国石油企业“负责担当、绿色高效”的正面形象，员工的荣誉感、自豪感、归属感空前高涨，企业美誉度全面提升，公众开放日活动达到新的高度。

（马成祥）

大连西太平洋石油化工有限公司

【概况】 大连西太平洋石油化工有限公司（英文简称WEPEC，简称大连西太平洋石化）是由大连市发起、经国务院批准、由中法两国股东共同投资兴建的中国第一家大型中外合资石化企业，成立于1990年，总投资10.13亿美元，1992年动工建设，1996年开工投产，2018年完成股权调整，现主要股东为中国石油（84.475%）和大连建投（15.525%）两家。建有18套主体生产装置及配套的公用工程系统、辅助生产设施，以加工高含硫原油为主，产品全部加氢精制，其中1000万吨/年常减压、300万吨/年催化裂化、220万吨/年重油加氢脱硫、150万吨/年加氢裂化等均为中国单体加工能力较大的生产装置之一。截至2020年底，形成系列无铅汽油、轻质柴油、航空煤油、聚丙烯、硫黄、苯、混合二甲苯、重交通道路沥青等19大类，50多个牌号产品的生产能力。各种产品畅销国内市场，远销东南亚等10个国家和地区。

其中聚丙烯、硫黄、航空煤油、重交沥青等产品被评为辽宁省、大连市的名牌产品。

2020年，大连西太平洋石化完成加工量842.81万吨，收入254.54亿元，上缴国家税费57.38亿元，利润水平好于预期优于考核指标，主要经济技术指标持续改善，实现考核炼油完全加工费用223.02元/吨（扣除财务费用仅198元/吨）创历史新低，竞争力显著增强。

【"十三五"回顾】"十三五"期间，大连西太平洋石化累计加工原油4388万吨，实现利润总额45.49亿元，与"十二五"相比分别增长15.51%和178%，其中2017年盈利26亿元，创历史最高；上缴税费285.48亿元；同口径吨油利润指标连续3年位列中国石油千万吨级炼厂前三名；资产负债率由2015年的181.64%下降至142.67%；有息负债由2015年末的131.46亿元降至64亿元，减少67.46亿元。顺利完成股权调整，理顺体制机构，完善管控模式。升级完善设备运行监控，实施电子巡检、电子操作规程、电子作业票系统，定期工作全部纳入MES系统，生产受控保障能力实现跨越式提升。成功上线ERP集成系统，自建MES、ERP集成系统，为生产经营管理提供重要信息化支撑，深化技术攻关，实施200多项两级挖潜增效和优化运行项目，累计增效20.6亿元，各项主要经济技术指标持续提升。推进提质增效专项行动，采取非常规手段和革命性措施，降成本、增效益，炼油完全加工费等指标大幅降低，持续向好。开好连续重整、汽油加氢装置，产品结构质量得到提升，增强企业竞争力。

大连西太平洋石化主要生产经营指标

指　标	2020年	2019年	2018年	2017年	2016年
原油加工量（万吨）	842.81	827	914.02	901.88	902.24
汽油产量（万吨）	222.40	212.91	234.10	228.97	221.95
柴油产量（万吨）	296.86	247.56	235.18	231.99	232.17
航空煤油产量（万吨）	125.73	171.01	194.56	173.29	175.48
沥青产量（万吨）	49.51	54.01	60.46	67.38	66.23
聚丙烯产量（万吨）	11.37	10.37	11.55	11.97	12.08
硫黄产量（万吨）	11.54	12.06	12.99	13.21	13.09
苯产量（万吨）	6.65	7.04	7.6	7.14	6.45
混二甲苯产量（万吨）	23.12	21.94	28.24	27.84	23.45
收入（亿元）	254.54	331.31	373.85	277.16	190.29
利润（亿元）	-13.44	2.59	15.58	26.02	14.75
税费（亿元）	57.38	54.26	62.91	56.65	50.76

【生产运行】 2020年，大连西太平洋石化贯彻"四有工作法"等生产受控管理办法，完善MES预警系统，强化巡检机制及监控措施，修订应急处置预案，强化第一时间对事故事件的准确判断处理，全年生产计划完成率98.89%、装置运行平稳率99.96%。强化预警管理，建立报警管理制度，明确管理内容要求，形成"日通报、周分析、月总结"管理机制和频繁报警的分析整改体系，预警管理更加科学化。3月2—25日，组织开展2020年重油加氢装置换剂消缺工作。本次换剂消缺工作历时23天并实现一次开车成功，为设备长周期稳定运行奠定坚实基础。

【安全环保】 2020年，大连西太平洋石化认真落实国家安全环保生产法律法规，牢固树立"以人为本、质量至上、安全第一、环保优先"的理念，修订完善岗位安全生产责任制，推进执行全员安全生产记分制度，开展安全生产能力考评，提升安全环保履职能力。坚持承包商全过程风险管控，制定、修订承包商评价制度，每周组织安全活动日和事故反思日活动，安全生产理念深入人心。全面落实国家VOCs治理管控和特别排放限值要求，推进18项环保隐患治理和特别排放限值项目，被评为集团公司安全环保先进单位，安全环保形势持续稳定。

【挖潜增效】 2020年，大连西太平洋石化开展提质增效工作，围绕疫情和低油价带来的冲击，坚持"安全效益、质量效益、成本效益"三大中心理念，成立领导小组，研究制定包含优化原油采购、调整产品结构、节能降耗、技术攻关、资金运作等15方面67项措施及配套考核制度，广泛征集措施建议，收集实施合理化建议836项，各项经济技术指标显著提升，效益水平持续好转，全面完成提质增效任务目标，实现增效3.34亿元。

【节能减排】 2020年，大连西太平洋石化结合提质增效开展节能减排工作，聚焦技术攻关、挖掘潜力，完成加氢裂化液力透平技术攻关，运行周期提升到两年以上，实现节能降耗4500万元。聚焦能耗管理，注重电消耗，剔除大检修因素同口径比，电单耗约为74.35（千瓦·时）/吨原料，节省电费800万元。

【维稳安保】 2020年，大连西太平洋石化坚持以和谐稳定为目标，持续加大投入，完成厂区周界报警防入侵探测系统、一键报警设备等项目建设，完善治安防范制度，修订印发《防暴反恐专项预案》《群体性突发事件专项预案》《综合办公室突发事件应急响应预案》，建立联防联控机制，推进“反内盗”工作，综合管控能力不断提高，做好入场人员身份比对、行程审查等工作，形成大安保、大维稳的工作格局。

【企业党建工作】 2020年，大连西太平洋石化优化完善“党委把关、董事会决策、经理层执行”的法人治理结构，编写《法人治理工作手册》，充分发挥党委“把方向、管大局、保落实”作用，加强对“三重一大”决策事项的把关，保证企业正确的发展方向。贯彻落实党组决策部署，高标准开展“战严冬、转观念、勇担当、上台阶”主题教育，党的建设在生产经营中的深度融合作用得到有效发挥。落实全面从严治党要求，党建责任制得到层层落实，党风廉政建设监督有力，党委巡察工作高质量完成，党组织的引领力、向心力、凝聚力显著提升。

【疫情防控】 2020年，大连西太平洋石化坚持把新冠肺炎防疫物资生产作为政治任务，第一时间调整方案，不计成本、全力提高产能，累计生产医用口罩专用料5万吨，为疫情防控和经济社会发展贡献力量。

1月23日，下发《关于预防新型冠状病毒感染肺炎的紧急通知》，成立新冠肺炎疫情防控领导小组，号召全体干部员工，响应各项防疫措施，落实有关要求。2月1日，党委召开扩大会议，专题研究部署疫情防控工作，明确8个方面工作要求。提高思想认识，提升行动自觉；加强党的领导，抓好措施落实；加强安全生产，确保全面受控；强化宣传引导，坚定信心士气；有效调动资源，保障相关物资供应及员工防疫物品的发放；严格值班值守，做好岗位人员安排，确保疫情防控与安全生产两不误。2月29日，为支持疫情防控工作捐款，用于慰问一线医务人员、公安民警及社区工作者，捐款党员覆盖率98.7%，筹得善款72800元。7月22日和12月15日大连地区两次突发疫情，疫情防控领导小组在做好常态化防控的同时，启动战时状态各项应对措施，组织好管控区域员工返岗稳岗工作，保证一线装置安全稳定生产，坚决落实复工复产要求，实现安全稳定大局和地区成品油市场的稳定供应。

（车昀泽）

中国石油天然气股份有限公司锦州石化分公司（中国石油锦州石油化工有限公司）

【概况】 中国石油天然气股份有限公司锦州石化分公司（中国石油锦州石油化工有限公司）简称锦州石化，隶属于股份公司，始建于1938年，是一家以炼油为主、化工为辅的燃料化工型企业。是中国重要的润滑油添加剂科研生产基地和辽西地区最大的原油、成品油储备基地，也是国内首家生产国Ⅳ标准汽油、京Ⅴ标准汽油的企业。

新中国第一滴人造石油、第一块合成顺丁橡胶都在这里诞生。2020年底，有54套炼油化工生产装置，原油一次加工能力750万吨/年，固定资产总额151亿元，可生产44个品种81个牌号的石油化工产品。有长输管线、铁路、陆路、海上“四位一体”输出通道，产品畅销国内外。有员工6508人，设12个处室、5个直属单位、23个基层单位。

2020年，锦州石化开展“战严冬、转观念、勇担当、上台阶”主题教育，坚持生产经营和改革发展一起抓，新冠肺炎疫情防控和提质增效两场硬仗一起打，防风险、稳运行、强管理、保安全，在困境中实现生产经营平稳，加工原油570.6万吨，收入213.71亿元，实现利润–17.71亿元、上缴税费57.8亿元。

【“十三五”回顾】 “十三五”期间，锦州石化综合实力得到大幅提升。产品结构优化成效显著，汽柴油质量实现从国Ⅳ到国Ⅵ的两级跨越，轻油收率从75.7%提高到78.3%，柴汽比从0.98降至0.55以下，高标号汽油比例增至28.7%。低迷多年的化工业务乘势崛起，异丙醇、苯乙烯和橡胶三大产品高产高效，针状焦产品特色发展上升为集团公司“十四五”总体战略。高水平组织两次全厂停工大检修，立项治理85

个重大安全环保隐患，生产波动较“十二五”下降46%，20套装置创造长周期稳定运行纪录，本质安全水平迈上新台阶。自主科研成果完成77项，申请授权国家专利38项，获省部级科学技术进步奖励5项。5年累计完成固定资产投资42.16亿元，8套新装置建成投产，10套老装置完成改造升级，企业固定资产净额增幅43.6%，人均收入增长32.4%。5年累计加工原油2858万吨，完成营业收入1278亿元，实现利润28.82亿元。企业实现一年一大步、利润三年翻两番的骄人成绩。锦州石化以突出的经济贡献和良好的社会形象，获全国“五一劳动奖状”。

锦州石化主要生产经营指标

指　标	2020年	2019年	2018年	2017年	2016年
原油加工量（万吨）	570.6	500	622.64	614.87	490
汽油产量（万吨）	244.2	216	240.02	231.7	178
柴油产量（万吨）	170.53	137.3	180.35	181.56	148
航空煤油产量（万吨）	32.45	53.4	62.72	54.68	48
化工添加剂产量（万吨）	26.38	15.26	24.5	15	18
资产总额（亿元）	102.06	113.59	99.7	87.89	77.89
收入（亿元）	213.71	267.7	345.7	270	181.2
利润（亿元）	−17.71	2.55	24.26	14	5.6
税费（亿元）	57.8	65.5	73.3	76.97	70

【生产运行】 2020年，锦州石化按照专业化发展、市场化运作、精细化管理、一体化统筹“四化”准则和经营上精打细算、生产上精耕细作、管理上精雕细刻、技术上精益求精“四精”要求，对22套装置168个重点指标进行实时监控，查找163个DCS参数异常原因，多角度分析处理348项波动故障，工艺报警次数降低91.6%，生产平稳率99.46%。162万条物料数据准确分析报检，产品出厂合格率100%。全力组织优化调整，积极应对低油价挑战，完成集团公司下达的控亏指标。生产计划执行率99.35%，综合商品率92.8%，轻油收率75.4%，汽油、航空煤油、柴油收率74.8%，高效产品比例79.1%，综合损失率0.39%，炼油综合能耗59.8千克标准油/吨，炼油新水单耗0.4吨/吨。

【安全环保】 2020年，锦州石化举办19期安全培训班，对133名领导干部进行履职能力评估，逐级签订安全环保责任书，“管工作管安全”理念更加入心入脑、自觉主动。健全完善双重预防机制，排查识别风险43832项，治理较大隐患15项。遵循全员、全过程、全方位、全天候四全原则，落实查思想、查管理、查技术、查纪律四查要求，纠正违章行为612次，内审发现整改问题2166项，开展应急演练测试1483次；加强环保源头治理，从严管控厂区异味，全程监管固体废物处置，科学组织VOCs治理、温室气体减排和土壤地下水调查，完成中央环保督察问题整改。17项安全环保指标全部达标，事故事件起数下降40%，安全环保形势稳定向好。获评集团公司质量安全环保节能先进单位。

【设备管理】 2020年，锦州石化以“装置四年一周期安全稳定运行”为目标，坚持以问题为导向，按照制度化、标准化、专业化、精细化“四化”管理要求，全面夯实设备管理基础，通过开展各装置制约设备长周期运行主要矛盾和薄弱环节，排查、强化日常“四精”管控、落实工艺设备“两强化、两监控”风险措施、推进机泵隐患治理、提升仪电专业现场主动维护及稳定运行水平等一系列措施，较好完成全年既定设备管理目标，为全年生产经营目标完成奠定坚实基础。贯彻精修理念，强化设备主动预防维修，高效高质量组织完成3套催化、2套催化、1套针焦、加氢改质四套炼油装置、两套异丙醇装置、烷基化废酸消缺检修。科学组织完成热电四炉两机及附属单元检修，实现“三炉三机”稳定运行，为保障公司汽电系统平衡奠定基础。橡胶装置首次实现以在线检修替代停工检修。设备管理KPI考核得分进入炼化板块前三，精细管理水平显著提升。特种设备全部依法合规管理，完成8台常压储罐、11台液化气球罐、3条长输管线、9台锅炉、27台起重机、20台电梯检修检测，消除设备腐蚀、泄漏等隐患，提升设备的本质安全，确保特种设备依法合规运行。

【工程建设】 2020年，锦州石化克服新冠肺炎疫情影响和资金困难，召开21次工程协调会，保障重点项目缓建不停工。新建100万吨/年连续重整装置完成地基基础和地管施工，进入钢结构和设备安装阶段。新建150万吨/年渣油加氢装置工程时间、进度双过半，大型设备陆续进场，关键机组吊装就位，主管架施工与压缩机厂房建设同步展开。新建3+3万吨/年硫黄回收装置完成地下工程和道路施工。多功能中央控制室主体建成。成品油出口储运设施改造项目中交投产，外贸成品油装船效率提高3倍，一次备货能力达到6万吨。低硫船用燃料调和系统、油浆火车接卸设施提前投用，实现降本增效。

【科技创新】 2020年，锦州石化超低排放脱硫技术获集团公司科学技术进步奖一等奖。电极焦提质技术中试成功，产品关键指标达到国内先进水平。负极焦原料优化工作深入开展，生产成本降低20%。稀土橡胶催化新工艺通过国家评审，原油离线调和等两项示范工程完成总部验收。含硫污水减量方案、船用燃料调和指标预测系统开发、低成本油浆阻垢剂配方研制、水质评价腐蚀测试装置建设等科研成果为生产优化和装置长周期运行提供技术支撑。工业智能化取得进展，以生产任务和生产质量为核心的两个闭环基本形成，生产管控智能化、设备管理智能化、安全管理智能化3个平台开发进度超过70%，加氢裂化等3套装置投用先进控制系统，一常和三催化装置完成实时优化系统建模。主厂区边界防御系统进入运维阶段。

【提质增效】 2020年，锦州石化召开18次提质增效专题会议，印发33期工作简报，制定落实63项286条具体措施。组织合理化建议和班组创新创效两个100条征集评选和13个公司级劳动立功竞赛，开展“生产原料、工艺流程、装置运行、公用工程、产品结构、市场营销、商储运输”7个优化，推进“物损能耗、库存占用、建设投资、采购成本、管销费用”5个压降，在低油价、低负荷下探索出最佳生产运营方式。炼油完全加工费创历史最低，异丙醇、橡胶、苯乙烯等化工产品增产创效益1.98亿元，“五项”费用压降50%，采购资金节约率10.24%，挖潜增效4.5亿元。

【企业改革】 2020年，锦州石化深化劳动、人事、分配三项制度改革，完成二级机构分级分类实施方案报批，推行机构和领导人员岗位层级类别管理，完成二级机构整合和扁平化，配强班子力量及专业组人员。精简组织机构，将23个二级单位整合为14个联合车间。锦州石化机构由60个降至47个，下降21.6%，联合车间组建及管理模式构建基本完成。优化生产作业形式，推行“四班两倒”，12个连续生产作业单位完成轮班方式调整。开展体系融合，完善合同、招标管理，加强投资成本过程审计和废旧物资合规处置，事后合同率降至0.4‰，招标率96.4%。按照国家要求和集团公司部署，完成厂办大集体改革和退休人员社会化管理。移交幼儿园及市政业务，剥离企业办社会职能。注销节能实业公司、物业管理分公司，完成法人压减任务，公司治理体系和治理能力现代化向纵深推进。

【企业党群工作】 2020年，锦州石化提升“学习强国”“铁人先锋”两个平台使用效能，建立党员学习奖励机制，自主学习氛围日益浓厚。党建“四化”工作法初见成效，梳理建立84项党建制度、35个工作流程和8类工作模板，提升党建工作规范化、标准化水平。开展中央巡视反馈问题整改情况“回头看”，对18个党组织进行内部巡察，“常专结合”提升巡察质效。群团工作取得可喜成果，高颖明创新工作室被命名为全国示范性劳模和工匠人才创新工作室。召开锦州石化第二届团代会，青年员工深受鼓舞激励，踊跃投身企业发展建设。开展导师带徒、劳动立功竞赛，为员工成长搭建平台。积极回应员工关切，组建退役军人服务中心，开辟倒班休息室，优化员工体检项目。代办登山卡，组织“健步走”活动，推行健康饮食，增加手机流量。开展送温暖活动，走访困难员工4417人次。信访起数、人数大幅下降，员工对企业的满意度、认同感普遍提高。

（曹继辉）

中国石油天然气股份有限公司锦西石化分公司（中国石油锦西石油化工有限公司）

【概况】 中国石油天然气股份有限公司锦西石化分公司（中国石油锦西石油化工有限公司）简称锦西石化，始建于1939年，1953年恢复生产。有员工7183人（上市5106人、未上市2077人），直属单位51个，炼油化工装置56套，原油加工能力650万吨/年。原油来源以大庆油田、辽河油田为主，直接管输进厂，另有部分进口原油。主要产品有汽油、柴油、航空煤油、船用燃料油、苯乙烯、聚丙烯、煅烧焦等。

2020年，锦西石化加工原油465.62万吨，收入151.25亿元，优化降本增效3.7亿元，获集团公司质量安全环保节能先进。

锦西石化主要生产经营指标

指　标	2020 年	2019 年	2018 年	2017 年	2016 年
原油加工量（万吨）	465.62	600.3	610.01	550.83	431.73
汽油产量（万吨）	174.92	260.6	241.82	219.29	146.03
柴油产量（万吨）	125.42	155.5	188.91	179.17	149.2
航空煤油产量（万吨）	21.13	65.7	55.02	43.95	16.61
资产总额（亿元）	93.76	96.71	86.23	92.01	91
收入（亿元）	151.25	307	327.85	246.31	172.6
利润（亿元）	−25	4	19.13	6.6	4.93
税费（亿元）	38.50	67.65	77.55	76.44	71.27

【“十三五”回顾】“十三五”期间，锦西石化制定“135566”企业发展战略，企业发展方向更加明晰；提炼以“争第一、创一流”为核心内涵的“第一列油”精神，坚持35年开展“月评十佳”活动，连续18年开展“形势、目标、任务、责任”主题教育，企业发展软实力更加强劲。

“十三五”期间，累计加工原油2658.49万吨、收入1205.01亿元、利润9.66亿元、上缴税费331.41亿元，主要经济技术指标持续改善。装置平稳率99.97%，柴汽比、高标号汽油比率、综合损失率等5项指标于2019年创下历史最好水平。

锦西石化一般A类及以上安全生产事故为零，无环境污染事件。2016年、2017年获集团公司安全生产先进企业和环境保护先进企业，2018年、2019年、2020年被集团公司评为质量安全环保节能先进企业。

深化经济活动分析，全方位开展对标，推进提质增效专项行动。2018年实施成本费用由主控部门归口管理，累计压降成本1.03亿元。“十三五”期间“五项”费用支出比“十二五”下降3708万元。

经过2016年、2020年两次大修，装置安全隐患得到集中治理，同步完成环保减排、优化增效、节能降耗等技改技措和基建改造项目，为巩固“四年一修”，实现“五年一修”奠定坚实基础。

碧海长输管道隐患整改工程按期完工，彻底解决旧管线安全隐患，提高成品油输送能力。结构调整及转型升级发展工程项目获批建设，一批重大工程项目建成投产，企业综合实力进一步提升。

锦西石化跻身首批京Ⅵ标准汽油生产企业行列，成为中国石油首家应用LTAG技术的企业。研发生产医用无纺布高熔指聚丙烯纤维料，实现低硫船用燃料油特色产品的工业化生产，企业科技开发能力进一步增强，“以市场为先导”理念深入人心。

【生产管控】2020年，锦西石化建立平稳运行考核机制，制定38项考核标准，狠抓指标提升、技术分析和问题整改。紧盯变动及生产异常波动管控，确保操作变动受控。依托MES实时数据，强化工艺报警管理，装置平稳率99.95%。开展长周期攻关，消除瓶颈问题32项。推进全生命周期管理，形成设备专业KPI考核体系。强化大机组运行管理，催化装置烟机连续运行19224小时，创历史最好水平。催化气压机、重整、加氢、焦化大机组实现4年无故障平稳运行。开展“两治理、一监控”和机泵精修工作，机泵故障率同比下降4.8个百分点。更新DCS和GDS系统29套，自控率97.5%，联锁投用率保持100%。

【疫情防控】2020年，锦西石化第一时间召开党委会，成立新冠肺炎疫情防控工作领导小组，制定防控方案。召开疫情防控暨安全生产调度会112次，落实“外防输入、内防扩散”措施，坚持应急处置和常态化防控相结合，着力加强外来承包商、外出职工及家属疫情防控，守住“零疫情”底线。

【安全环保】2020年，锦西石化加强QHSE体系建设。制修订制度67项，转化文件502个，组织培训50期，炼化板块体系审核问题同比减少47项。锦西石化加强日常安全管理。坚持生产受控碰头会机制，对危险作业和操作实施预约管理，动火、高处、受限空间等高危作业全面受控。对生产异常波动深入分析，每月汇编成册。对重要敏感时段和节假日生产作业方案升级管理，风险得到有效管控。强化承包商作业管控，实施网格化安全监管模式，检修期间制止违章行为4012起，清除严重违章作业人员17人。持续治理安全隐患。制定安全生产专项整治三年行动实施方案。开展设备隐患排查，完成液化气、丙烯、苯储罐等安全仪表系统和储罐紧急切断阀隐患整改。强化备案及监控预警管理，重大危险源全面受控。落实中央生态环境环保督察要求，治理生态环境隐患16项。完成加热炉低氮排放改造等7项环保减排项目，COD、氨氮、二氧化硫、氮氧化物排放量同比大幅下降，实现达标排放。强化VOCs监测与治理，完成污染源清查建库。

【挖潜增效】2020年，锦西石化通过优化对标，降低成本，创效能力进一步提升。优化产品结构，柴汽比下降 0.17，增效 1815 万元；优化装置原料切割，调整工艺路线，调整航空煤油生产方案，增效 443 万元；紧跟聚丙烯产品市场价格，增效 710 万元；优先调运高效产品，调整柴油出厂节奏，跟踪市场适时调整焦炭、液蜡等自营产品销售价格，累计增效 2189 万元；加强区域集中采购，推进物资直达现场，增效 2964 万元。45 项成本费用划归各主控部门归口管理，压降成本 8900 万元；严格控制“五项”费用支出，同比下降 50%；科学制定大检修方案，节约氢气、蒸汽和回收液态烃等降低成本 240 万元，节约外委修理费用 1000 万元；加强项目设计管理，北蒸馏等装置 DCS 系统国产化，降低投资 800 万元；提高利库效率，节约 1099 万元；通过资金筹划、税费减免等措施，节约费用 1.06 亿元；内部审计和工程造价取得审计经济成果 761 万元，工程造价审减金额 1130 万元。

【项目建设】 2020 年，锦西石化完成焦化富气改造等 17 项技改技措项目，实施低温热和加热炉节能改造等 4 项节能项目，完成南蒸馏装置常、减压塔隐患治理等 14 项安全环保项目。

【设备大检修】 2020 年，锦西石化大检修涉及 42 套装置、3531 项检修项目、470 项技改技措项目，为历次检修之最。建立大检修现场指挥部，设置 13 个专业组。形成指挥部、专业处室、属地车间立体化管理网络，现场、车间、专业组和公司四级协调会机制。强化 4 级安全监督模式，引进第三方质量监督，建立 KPI 考核机制，人事、纪检、审计等部门全过程监督。党群部门深入一线，服务和助力大检修。组织部门开展“党员身边无‘三违’，提质增效当先锋”活动。群团组织开展大检修立功竞赛、青年志愿者活动，服务检修现场。矿区服务部全方位做好后勤工作，宝石花医院现场巡诊，设备检测、环境监测、交通管理、消防应急保障到位。

【科技创新】 2020 年，锦西石化研究低硫船用燃料配方 60 余种，生产低硫船用燃料 2 万吨。推进装置 DCS 关键信息采集及黑屏操作。强化腐蚀科研攻关，初步建立加氢裂化等装置腐蚀风险防控体系。完成信息统建项目 6 项，ERP 融合与工程造价系统升级等项目顺利上线，完成分子炼油、工艺防腐等项目的技术方案评审。

【企业管理】 2020 年，锦西石化厂办大集体改革按期完成。原渤海集团公司进行重组改制，葫芦岛海盛石油化工有限公司正式揭牌。华亿实业总公司及所属单位完成关闭注销，渤海汇金、渤海加油总站依法依规收归主业。企业办社会职能剥离移交基本完成。“三供一业”等社会化改革，按照集团公司要求完成清算鉴证工作。退休人员社会化改革稳步实施，6081 名离退人员及相关党员组织关系、管理服务职能和活动场所完成移交。三项制度改革稳步推进。制定岗位人员分级分类实施方案，二级、三级机构数量进一步降低。发挥薪酬分配杠杆作用，薪酬进一步向一线和关键岗位倾斜。实施管理创新工作，梳理制度 477 项，修订发布 153 项，制度建设与体系融合纵深推进。加强经营风险管控，整改内控自查问题 81 项；推进建设项目、经济责任等审计工作，整改问题 88 项；严抓招标方案管理，完成招标 230 项。开展重大事项法律论证，修订“三重一大”决策实施细则，完善依法治企保障机制。

【企业党建工作】 2020 年，锦西石化突出党的政治建设。把学习习近平新时代中国特色社会主义思想作为首要政治任务，公司党委理论中心组开展集体学习 16 次，各级党组织开展学习研讨 665 次。制定《公司党委落实全面从严治党主体责任清单》。坚守政治巡察定位，推进专项巡察与常规巡察相结合，发现问题 181 项。强化巡察“回头看”，举一反三整改问题 371 项。加强党的组织建设。交流调整干部 71 人，提拔干部 13 人，其中 40 岁以下占 84.6%，干部年轻化步伐加快。对年度考核排名靠后及日常考核发现问题的领导干部进行提醒、诫勉谈话 19 人次。实现基层党组织书记述职考评三年全覆盖，141 个党支部达标晋级评定全部完成。开展“党课开讲啦”活动 95 场。完善 8 项党建制度。开展“党建项目化管理”，征集项目 201 项，推进党建与业务的融合。强化宣传思想工作。开展“转观念、提标准”和“贯彻落实集团公司市场营销工作会议精神”大讨论，收集成果 470 项。围绕大检修开展全媒体报道，发稿 2335 篇，广播站播出 540 小时。开展检修立功竞赛，奖励先进集体和个人 140 万元。扶贫帮困，送温暖 2593 人、736 万元。开展“青”字号助力新冠肺炎疫情防控和大检修活动。深化党风廉政建设。落实“两个责任”，研究部署党风廉政建设工作 16 次，听取巡察工作汇报 3 次，细化 7 个方面 75 项任务，逐级签订党风廉政建设责任书。持续深化落实中央八项规定精神，制定落实改进会风文风 39 条措施。

（高　远）

中国石油天然气股份有限公司大庆炼化分公司

【概况】 中国石油天然气股份有限公司大庆炼化分公司（简称大庆炼化）于2000年10月由原大庆油田化工总厂和林源石化公司重组成立，2006年2月与林源炼油厂进行二次重组。2020年底，员工总数8706人，主要生产装置48套，固定资产原值198.46亿元，有600万吨/年原油加工能力以及60万吨/年聚丙烯、20万吨/年润滑油基础油、15万吨/年聚丙烯酰胺、12万吨/年石油磺酸盐的生产能力，可生产汽油、柴油、航空煤油、液化气、石蜡、润滑油基础油、聚丙烯酰胺、石油磺酸盐、聚丙烯、白油、重质液蜡、乙腈等26类280个牌号的石油化工产品。企业成立以来，获全国"五一劳动奖状""国家重合同守信用先进企业""中国诚信企业"等30余项荣誉。

2020年，大庆炼化以管理提升为牵引，收入255亿元、上缴税费79.22亿元，打赢新冠肺炎疫情防控阻击战和效益实现保卫战，企业呈现稳步向好、逆势上扬发展态势，实现"十三五"圆满收官。

大庆炼化主要生产经营指标

指　标	2020年	2019年	2018年	2017年	2016年
原油加工量（万吨）	493.63	470	503.52	503.67	514.25
汽油产量（万吨）	224.32	200.69	208.45	204.19	188.63
柴油产量（万吨）	104.25	127.41	143.36	140.07	168.51
异构脱蜡装置基础油产量（万吨）	10.09	6.66	13.92	9.38	9.46
石蜡产量（万吨）	15.30	12.45	14.97	14.81	13.51
聚丙烯酰胺产量（万吨）	15.06	14.53	15.13	16.22	15.8
聚丙烯产量（万吨）	53.84	46.70	45.78	50.79	46.61
收入（亿元）	255	298	344.29	305.3	263.54
利润（亿元）	10.06	7.7	29.09	29.02	27.89
税费（亿元）	79.22	86.25	98.38	96.5	94.62

【"十三五"回顾】 "十三五"期间，大庆炼化开展"两学一做"学习教育和"不忘初心、牢记使命"主题教育，严格落实中央八项规定精神，推进党建与生产经营深度融合，做实化为生产力，做强化为竞争力，做细化为凝聚力，把党的政治优势转化为竞争优势和发展优势。共加工原油2485.08万吨，收入1466.13亿元、上缴税费454.97亿元、利润103.76亿元，同比"十二五"，在原油加工量和营业收入均降低情况下，税费增长28%，利润跨越式攀升，实现企业增效、社会增益、员工增收，为集团公司高质量发展作出贡献。

【生产运行】 2020年，大庆炼化推进各项具体措施落地见效，实现提质增效6.06亿元。精耕细作组织生产运行，加大平稳生产攻坚力度，狠抓指标控制、技术分析、难点攻关和问题整改，强化设备基础管理、预知维修和运行保障，实现操作平稳率99.96%，运行质量有效提高。精打细算组织生产运营，按照市场导向、效益指向和控油增化方向，深度优化装置运行，灵活调整原料配置、生产路线和产品结构，密切产、储、销、运及上中下游协作配合，抢抓市场有利时机、推动产品增收创效，努力追求效益最大化，实现效益稳步提升。增强全员质量意识，完善质量管理办法，规范产品质量标准，严格馏出口合格率等质量关键点和全过程控制，推进品牌工程建设，提高化工产品质量要求，建立化工产品质量统计平台、加强产品过程能力指数CPK分析，强化聚合物、聚丙烯等重点产品质量管理，产品稳定性和客户满意率持续提升，产品出厂合格率100%。

【安全环保】 2020年，大庆炼化按照"坚定信心、同舟共济、科学防治、精准施策"总要求，扎实落实集团公司和地方政府新冠肺炎疫情防控工作部署，建立指挥网，畅通信息网，织密防护网，解决员工上岗、交通运输、生产低负荷、产品高库存、项目复工复产等困难，第一时间筹集防疫物资，全体员工齐心协力应对突发疫情影响、推进常态化防控，实现员工、家属零感染和外来人员"零疫情"，在极其艰难条件下保障员工生命安全、身体健康和生产经营工作有序进行。落实全员、全方位、全过程、全天候"四全"原则和查思想、查管理、查技术、查纪律"四查"要求，加强安全检查、风险预警、作业管控和承包商监管，加大隐患治理力度、精心组织QHSE审核、组建4个应急储备库和5个专业应急救援队伍，完成全员安全能力履职达标考评，安全生产基础得到巩固，安全管控水平有效提升。

【改革创新】 2020年，大庆炼化把发展的基点牢固建立在创新驱动上，坚定不移抓改革、调结构、促转型，发展后劲更加充足。强化顶层设计、过程督导跟进，完成15个二级单位机构扁平化和379名领导干部去行政化改革，由三级管理转变为二级管理，一线班组实现“四班两运转”，撤销科级机构106个，压减用工437人，按生产要素贡献和市场化对标要求拉大前后线收入差距，工作流程实现优化，管理效率得到提升，人事劳动分配制度改革取得关键性突破。克服新冠肺炎疫情和建设周期短等不利局面，采取非常规措施加快结构调整项目建设，250万吨/年常压装置增加减压系统、60万吨/年酮苯脱蜡、30万吨/年石蜡加氢和15万吨/年石蜡成型等项目高质量建成投产，炼油加工方案由多产汽油、柴油向高产气体汽油转变，航空煤油产品通过国家国产航空舰艇油料鉴定委员会现场评审进入市场，炼油控制中心建成投用，转型升级取得重要阶段性成效。

【企业管理】 2020年，大庆炼化突出精雕细刻抓管理，把精细、合规、信息化贯穿于生产经营始终，企业管理更加科学规范。以树标杆、找差距、挖潜力、促提升为思路，完善对标达标管理方案，实行分类管理，严格考核兑现，补短板、强弱项、固优势，101项指标取得进步，74项指标完成达标，经济技术指标不断提高。践行“明责、尽责、考责、问责”理念，根据管理提升和改革要求，实施管理提升举措150项，组织全业务内审、优化流程148项，推进管理体系融合、制修订制度85项，识别无价值劳动问题420项、整改率99.5%，优化制度流程，堵塞管理漏洞，提高管理效率和工作执行力。开展普法合规培训，完善重大涉法决策论证把关机制，坚持运用法治思维和法治方式规范各项工作、解决各种风险问题，出台重大经营风险事件报告管理规定，组织内控体系测试、建立控制风险文档218个，加强合同和招标管理监督检查、分析查改问题81项，较好规避企业经营风险。高度重视信息化工作，实施信息化项目9个，开发业务流程30个，开发管理软件24个、其中11个获国家软件著作权，信息系统一体化平台完成一期建设，信息工作有效融入生产经营，对减轻工作负荷、提升工作效率、提高管理水平的作用持续增强。

【队伍建设】 2020年，大庆炼化坚持人才是第一资源，加大培训、培养和激励力度，努力打造适应企业发展需要的员工队伍。按照改革需要、人员变化和未来发展要求，加大岗位培训力度，注重培训实效，强化管理技术人员制度流程、标准规范等内容培训，实行培训效果排名打分并与干部员工收入挂钩，开展首届一线生产创新大赛，组织提质增效岗位练兵比武，举办骨干班组长培训班，突出岗位培训，以练代培、以赛促训、以考促学，新培训系统化操作员1767人，员工操作技能素质持续提升，多岗位操作能力持续增强。转变观念，适应形势，突破固有模式，加快年轻干部培养，开展第三批干部集中挂职锻炼，40岁以下中层领导人员崭露头角，30岁以下管理技术人员梯队跟进，年轻干部数量同比提升85%。实施主任工程师培养选聘工作、组织选拔和竞争上岗选聘25人，统筹加快干部队伍交流、横纵向交流调整干部42人，技术人员、复合型人才培养不断深入。修订领导干部管理规定，加快干部成长进程，激励干部特别是年轻干部担当作为。注重多维度评价分析，严格考核结果应用，加大提醒、诫勉、组织调整力度，强化讲政治、重品德、凭实干、靠能力、看业绩、年轻化的选人用人导向，激励干部担当作为、岗位奉献。

【企业党建工作】 2020年，大庆炼化落实《中国共产党国有企业基层组织工作条例（试行）》，制定基层党建“三基建设”实施方案，建成2个党建工作示范阵地，优化设置47个基层党组织，各级党组织和广大党员在新冠肺炎疫情防控、提质增效、解决经营管理难题中当先锋、打头阵，推进党建工作与生产经营有效融合。落实首要、首长、首问、首位、首次和兜底管理“5+1”工作思路，推动政治型、学习型、创新型、服务型、廉洁型、表率型的“六型”机关建设，实施机关为基层减负公示、明确限时办结事项，转作风、优服务，担当尽责、马上就办，两级机关工作更加务实高效。严格政治监督、审计监督和日常监督，开展中央巡视反馈问题整改“回头看”，党内巡察6个二级单位党组织，动态排查识别通用和专业廉洁风险169项，推进不敢腐、不能腐、不想腐“三不腐”体制机制建设，营造风清气正环境。

（贾　楠）

中国石油天然气股份有限公司哈尔滨石化分公司

【概况】 中国石油天然气股份有限公司哈尔滨石化分公司（简称哈尔滨石化）是以石油炼制为主的炼化企业，位于黑龙江省哈尔滨市，是黑龙江省百强企业、哈尔滨市财源骨干企业。前身是哈尔滨炼油厂，1970年筹建，1976年建成投产，1983年划归中国石油化工总公司管理，1998年划归中国石油天然气集团公司管理，1999年重组为中国石油天然气股份有限公司哈尔滨石化分公司和哈尔滨石油化工服务公司（2000年更名为哈尔滨炼油厂），2005年两家公司再次整合重组为中国石油天然气股份有限公司哈尔滨石化分公司。

2020年底，哈尔滨石化设11个机关职能部门，3个直属机构，11个二级机构。员工总数1706人，有各类生产装置22套，分别是420万吨/年常减压蒸馏装置、120万吨/年重油催化裂化装置、60万吨/年重油催化裂化装置、80万吨/年柴油中压加氢裂化装置、75万吨/年汽油连续重整装置、10万吨/年苯抽提装置、90万吨/年催化汽油加氢精制装置、100万吨/年柴油加氢精制装置、50万吨/年催柴加氢精制—临氢降凝装置、50万吨/年气体分馏装置、5万吨/年甲基—叔丁基醚（MTBE）装置、4万吨/年甲乙酮（MEK）装置、4000吨/年硫黄回收装置（环保备用）、1万吨/年硫黄回收装置、8万吨/年聚丙烯装置、15万吨/年饱和烃脱硫精制装置、15万吨/年烷基化装置、60吨/时酸性水汽提装置（环保备用）、100吨/时酸性水汽提装置、20万吨/年催化重整装置、1万米³/时氢气膜分离回收装置（PSA）、10万吨/年干气脱硫和35万吨/年液化气脱硫脱硫醇装置等。能够生产满足国家标准的汽油、柴油、航空煤油、石脑油、液化石油气、饱和烃、丙烷、丁烯、MTBE、苯、甲乙酮、硫黄及聚丙烯等14类27种产品。

哈尔滨石化主要生产经营指标

指　标	2020年	2019年	2018年	2017年	2016年
原油加工量（万吨）	354.38	337.71	390.4	379.01	351.16
汽油产量（万吨）	138.24	129.10	137.65	129.6	118.89
柴油产量（万吨）	109.58	104.73	124.28	120.2	108.48
航空煤油产量（万吨）	26.36	31.85	34.97	30.33	27.09
资产总额（亿元）	62.75	62.76	58.88	47.18	45.22
收入（亿元）	152.34	187.37	222.08	188.45	142.43
利润（亿元）	3.07	3.41	15.77	16.35	12.89
税费（亿元）	58.34	56.06	64.83	67.62	58.3

2020年，哈尔滨石化提升安全环保管理水平，保障生产运行平稳，开展提质增效工作，推进转型升级，健全公司治理体系，稳步推进改革，抓好疫情防控，促进党建与生产经营融合。

【"十三五"回顾】 "十三五"期间，哈尔滨石化推进开源节流降本增效工程，确保生产安稳长满优运行。与"十二五"末相比，累计加工原油1813万吨，增长6.3%；累计生产95号以上高标号汽油257万吨、航空煤油150.7万吨，分别增长61%、58.6%；实现营业收入890亿元，受价格等因素影响，减少111亿元；累计实现利润51.21亿元、上缴税费295.37亿元，连续多年成为哈尔滨市第一纳税大户，为地方经济建设做出突出贡献。扎实对标一流，部分技经指标跻身炼化板块前5名。综合损失率0.32%、加工损失率0.29%，分别下降0.06和0.09个单位；全面推进减油增化，柴汽比由0.95降至0.79、高效产品收率由50.37%提高至78.01%。

【生产运行】 2020年，哈尔滨石化全面推行操作变动预约，强化装置异常波动管理，严格管控工艺纪律、操作纪律和劳动纪律，装置平稳率99.99%，GDS泄漏报警次数和工艺报警次数同比下降80%，工艺、设备联锁投用率100%，巡检到位率99.98%，装置无非计划停工。加强先进信息技术应用，完成工业互联网、安全报警、航空煤油管线监控等一批信息化项目，助力数字化转型。加强建设项目统筹管理，克服疫情造成的用工不足、物资延迟交货、大型设备运输受限等不利因素影响，50万吨/年气体分馏装置按期高质量中交、实现一次开车成功，聚丙烯、烷基化、甲乙酮等项目实施技术改造后达标达产，为推进减油增化、实现效益目标提供有力支持。

【设备管理】 2020年，哈尔滨石化加大设备难题攻关和隐患治理，静密封点泄漏率低于0.1‰。推进机泵专项治理，C级振动机泵消减16台，10台机泵由B级提升为A级。加强装置大检修全生命周期管理，安全优质高效完成甲乙酮、烷基化等4套装置检修并一次开车成功。完善设备状态监测体系，及时发现处置机泵异常13项，健全极端天气、突发事件应急保障机制，生产、设备、属地三方协调联动，化解"7·22"外网晃电等突发事件对生产运行和设备设施的影响，保证全年装置平稳运行。

【计划优化】 2020年，哈尔滨石化协调落实原油进厂计划，最大化安排互供醚后碳四进厂，平衡石脑油资源，进厂原油354.41万吨、石脑油9.66万吨、醚后碳四2.25万吨，为优化增收奠定基础。采取"革命性"措施，阶段性停运加氢改质装置2个月、延长烷基化装置停工2个月、主动停运PSA装置3个半月，深挖系统降本潜力，间歇停运燃煤锅炉、循环水场，外购燃动费用同比减少23.4元/吨。围绕50万吨/年气分装置建设科学编制排产计划，优化产品结构，增产丙烯、甲乙酮等高效化工品2.4万吨，增效3889万元。

【安全环保】 2020年，哈尔滨石化逐级签订HSE责任书，制定安全生产责任清单，健全层次清晰、分级负责、覆盖全员的责任体系。严肃追责问责，考核承包商、属地11.88万元。开展历史发生事故回头看，辨识风险4925项、发现问题308项、整改293项。严格危险作业预约审批，加强现场监督和检查考核，监督与属地自查问题比值逐步优化，承包商违章下降14%。利用事故资源，深化事件管理，事件同比下降44.5%。落实"一体化、差异化、精准化"要求，高质量推进体系审核，体系运行质量显著提升。贯彻习近平生态文明思想和集团公司生态环境保护部署，健全各级党组织环保议事制度，落实各级生态环保责任。强化"三废"治理，装置分排口累计合格率99.7%，同比提升0.2个百分点；废水、废气排放达标率100%。获集团公司"质量安全环保节能先进企业"称号。

【提质增效】 2020年，哈尔滨石化贯彻集团公司党组"四精"管理要求，制定"增收、降本、提升、保障"4大类20项88条提质增效措施，向精益化管理要效益，累计增效1.7亿元，57项关键指标达标率超过90%。实施19个"短平快"增效项目，年增效1000万元。通过加强协调和谈判，取消天然气合同阶梯价、变更石脑油价格调整方式，节约采购资金2256万元。与供应商签订"同舟共济"协议，151份年度框架合同实现降价。加大产品销售力度，推进产销配合，为实现效益目标打下坚实基础。推进采购价格对标，节约资金2073万元。加强库存物资管理，实现利库307万元、降库700万元，库存降低率18%。提升资金管控水平，"两金"压控指标完成率117%，实现利息收入3500万元。落实税收优惠政策，减税561.47万元。

【企业管理】 2020年，哈尔滨石化贯彻集团公司领导干部会议精神，召开年中工作会明确推进治理体系和治理能力现代化三个阶段的战略目标任务。推进依法治企，健全法律管理制度，落实领导干部履行法治建设责任清单，建立重大经营风险事件上报机制，定期对投资项目等内部风险进行审查，实现法律论证与"三重一大"集体决策机制融合。修订制度178项，新建制度22项，解决制度缺失、职责交叉和流程不畅等问题。系统发挥法律、审计、造价、财务等监督职能，审查合同竞价方案50份，节约资金1007万元。加强建设项目竣工决算、干部离任经济责任、扶贫资金专项等审计，促进合规管理水平提升。推进管理创新和成果申报有形化，《新形势下国企党建引领"三项"制度改革的探索与实践》等9项管理创新成果获省部级以上奖项。

【企业党建工作】 2020年，哈尔滨石化坚持民主集中制，严格党委会研究讨论前置程序，有效行使决定权、把关权、监督权，班子谋发展、定政策、促改革能力不断强化。坚持稳生产、抓增效，开展"战严冬、转观念、勇担当、上台阶"主题教育活动和提质增效专项行动，完成集团公司下达的各项任务目标。坚持谋发展、讲奉献，助力龙江百大项目建设和装置检修一次开车成功。坚持用石油精神、大庆精神铁人精神提士气、鼓干劲，选树身边先进典型，讲好哈石化人打赢"双战役"的动人故事，形成崇尚实干、主动担当的良好氛围。

（曹　宇）

中国石油天然气股份有限公司广西石化分公司

【概况】 中国石油天然气股份有限公司广西石化分公司（简称广西石化）于2010年建成投产，总投资228亿元，设计原油加工能力1000万吨/年（已标定最高可达1200万吨/年），是集团公司优化炼油化工产业布局，在南方地区建设的第一座千万吨级炼油厂。建有常减压蒸馏、重油催化裂化、渣油加氢脱硫、连续重整、蜡油加氢裂化、硫黄回收等23套主体装置，有完备的环保、消防、储运、公用工程及辅助设施，产品包括汽油、柴油、航空煤油、芳烃、聚丙烯、硫黄、液化气、沥青等14类36种产品，主要销往广西、广东、贵州等国内市场和澳大利亚、新加坡等国外市场。实行扁平化管理模式，2020年设有10个机关处室、3个直属部门、9个生产及辅助单位，并托管广西中国石油储备油有限公司和广西东油沥青有限公司，操作运行采取“四班两倒”模式。员工总数941人，其中党员473名，平均年龄37岁。

2020年，面对新冠肺炎疫情重大挑战和低油价严峻考验，广西石化坚持以提升低成本发展能力为主线，以持续深化精细管理为抓手，统筹推进疫情防控、生产经营、改革发展、党的建设等各项工作，完成全年各项工作任务，获集团公司2020年度“质量安全环保节能先进企业”等7项集体荣誉。加工原油778万吨，销售产品736万吨，其中出口194万吨，收入281.2亿元，上缴税费74.4亿元，自由现金流24.6亿元，经营业绩在加工进口油的沿海炼化企业中名列前茅。

广西石化主要生产经营指标

指　标	2020年	2019年
原油加工量（万吨）	778	970.4
汽油产量（万吨）	235.3	292.3
柴油产量（万吨）	288.9	309.6
航空煤油产量（万吨）	69.4	146.2
聚丙烯产量（万吨）	15.1	20.2
收入（亿元）	281.2	460
税费（亿元）	74.4	66.2

【生产经营】 2020年，广西石化优化原油结构、产品结构、装置运行和公用工程，积极推进公司高质量发展。完全加工费较上个检修年下降68元/吨，现金加工费同比下降20元/吨，21项技术经济指标中15项同比改善，炼油能耗等5项指标在炼化板块名列前茅；原油成本同口径下降103元/吨，原油硫含量为2.48%、API达30.7，创历史最优水平；将柴汽比在0.85—1.5之间灵活调节，聚丙烯品牌化率提高至61.5%，沥青、船燃、MTBE等特色产品收率提高1.6%；实现动力锅炉全部停运，全年节能2.6万吨标准煤、节水3.7万立方米，燃料气管网氢含量降低25%，新鲜水单耗降低18%，电单耗降低9.1%、氮气耗量降低29%、蒸汽单耗降低20%，全厂综合能耗降低8.14个单位；物资采购资金节约率10%，物资库存减少2600万元、同比下降10%。

【安全环保】 2020年，广西石化持续完善QHSE体系，践行“以人为本、质量至上、安全第一、环保优先”理念，出厂产品100%合格，新发职业病人数为零，安全型班组达85%，基层装置HSE标准化建设100%达标，实现“零事故、零污染、零伤害”目标。编制298个岗位安全生产责任清单，组织833人参与安全生产能力测试，对67名中层领导干部与新提拔人员进行履职能力评估，组织全员参与“CCSA”答题，开展HSE专项培训15次，举办内审员专项培训2次，实施安全生产记分制度。制定公司《安全生产专项整治三年行动计划实施方案》，明确101项措施分阶段实施，识别出风险8600多项，消除大制氢进料集合管开裂等200余项隐患。完成380名关键人员履职培训，对900名监护人进行考核、全部合格上岗，全年累计从重从严考核137项次、实施安全约谈22次、清退违章人员64人。健全雨水、污水源头管控机制，VOCs综合治理和加热炉烟气在线监测项目全面完工并投入使用，工业“三废”100%达标排放。

【队伍建设】 2020年，广西石化深化队伍建设，三项制度改革有序推进，人才成长通道更加广阔、顺畅，“三支队伍”能力素质不断提高，队伍“严细实快”的良好作风进一步巩固和加强。制修订“三支队伍”建设制度28项，将动力、储运等装置辅助生产业务全面转成业务外包管理模式，采取“减员不减薪”的办法累计向缺员部门奖励102万元，举办党的十九届四中全会精神线上培训班，建立“业绩考核+履职测评+日常考核”的干部考核评价体系，公开、公平、公正选拔任用12名二级领导干部；抓好抓实“五型”班组建设，对95个班组进行验收及复评，其中38个班组达到“五型”全能标准，达标率37.5%；举办班组长培训班，提升班长抓管理、带队伍、强培训的能力，压实班组日常操作、巡检、应急等责任，进一步落实班组在第一现场、第一时间的第一作用。

【企业党建工作】 2020年，广西石化制修订党建制度20余项，全面建立二级单位重要事项决策机制，通过做实11个党建项目，探索党建制度与生产经营管理、队伍管理的有机融合，取得初步经验和成果；撤销直属部门党总支，将3个党支部划归机关党委，理顺管理层级；推进基层党支部标准化建设，党支部达标率95%；开展整顿软弱涣散党组织和提升基层党建工作质量活动，整改问题80余项，支部战斗堡垒作用更加彰显；培训党组织书记、支部委员130余人次，开展“党课开讲啦”活动70余场次；以党员为首的劳模工作室完成技术成果15项，发挥党员先锋模范作用；统筹纪检、巡察、审计、财务、人事、内控等监督力量，建立常态化、长效化监督工作机制，对5家生产单位和4个机关处室开展常规巡察，实现三年全覆盖；制定改进会风文风等3项制度、50多条措施，会议、文件同比下降，纠治形式主义、官僚主义取得较好成效；创建“五型”机关，选树“文明服务示范窗口”，服务意识和服务质量得到进一步提升。

2020年，广西石化开展“战严冬、转观念、勇担当、上台阶”主题教育。两级领导班子成员、公司劳模带头开展形势宣讲40余场次，专项调研34次，组织全员开展大讨论，征集意见和建议345条，树立“过紧日子苦日子”思想和“一切成本皆可降”理念，以“困难面前有我们，我们面前无困难”的勇气，深化底线思维，增强斗争精神，采取许多革命性措施，全力以赴打赢效益实现保卫战。

【企业管理】 2020年，广西石化持续优化体制机制，“四化”治企准则初步落实落地，发布《2020年管理效能提升工作方案》，明晰212个岗位职责，删减28项冗余流程，逐步建立明责履责考责问责的闭环体系；制定《企业管理体系融合工作方案》，全面建立公司业务能力框架，优化429个业务流程，整改187项管理问题，再造172个流程，推动管理架构更加清晰高效、管理层级更加扁平精简、管理流程更加科学顺畅、治理体系更加规范完善；开展28次部门负责人讲制度活动，巩固和深化全员规矩意识；提升工艺报警管理，日报警同比下降97%，全面消除无效报警；实施重油加工装置优化运行等15个技术攻关项目，解决影响安全平稳生产、经济效益的瓶颈问题；强化操作优化和监盘巡检，平稳率提升至99.89%，综合损失率降至0.4%，综合商品率提高至92.39%。

【广西石化超额完成提质增效奋斗目标】 2020年，广西石化深入推进提质增效专项行动，制定85条具体措施、590项任务目标并落实到人，通过优化原料结构、优化产品结构、优化生产运营、压减合同费用、实施节能降耗和深化管理创效等具体措施，做到“千斤重担人人挑，人人身上有指标”，确保专项行动有效落实落地，全年实现提质增效6.31亿元，超额完成提质增效5.92亿元的奋斗目标。

【广西石化完成大检修】 2020年，广西石化面对新冠肺炎疫情暴发、任务重、难度大等困难，树立“宁可十防九空、不能失防万一”的理念，时刻以战时状态落实防控措施，落实集团公司党组“开得起、稳得住、长周期”的要求，高质量完成大检修并实现零疫情、零感染、零伤害、零事故、零污染、零缺陷、零返工，顺利解决制约装置运行、影响安全生产的工艺和设备等方面的主要问题，实施工艺改造、安全环保及节能减排项目，为“四年一修”、优化运行和提质增效奠定良好基础。

（胡　泉）

中国石油四川石化有限责任公司

【概况】 中国石油四川石化有限责任公司（简称四川石化），由中国石油和四川省合资组建，2014年建成投产，厂址位于四川省成都市彭州市，厂区占地4平方千米。四川石化是由1000万吨/年炼油、80万吨乙烯/年配套组成的炼化一体化项目，总计22套主体装置，并承担国家100万立方米原油商储库运营任务。四川石化借鉴国际同行企业管理模式，按照新体制新机制建设，实行“职能部门—联合装置”两级扁平化管理架构，采用核心业务集约化运营、非核心业务综合一体化外包和生活后勤社会化保障的管理模式，为企业追求质量、效益和效率的协调统一提供体制支撑。

四川石化有彭州和南充两个厂区。彭州厂区有员工1704人，南充厂区有员工964人。南充厂区以100万吨/年PTA项目为主要载体。

2020年，受新冠肺炎疫情和国际油价大幅下跌双重因素影响，四川石化生产创效面临严峻困难。积极落实集团公司“战严冬、转观念、勇担当、上台阶”主题教育，强化安全环保管理，优化生产稳定运行，精准施策提质增效措施，取得抗击新冠肺炎疫情和生产经营双胜利。加工原油775万吨，生产汽油、航空煤油、柴油433万吨，生产化工产品306万吨。收入353亿元，上缴税费81亿元，盈利7.2亿元。规模企业工业增加值120亿元，工业总产值345亿元，高水平完成各项目标任务。

四川石化主要生产经营指标

指　标	2020年	2019年	2018年	2017年	2016年
原油加工量（万吨）	775	882	650	729	696
汽油产量（万吨）	179	223	162	187	188
柴油产量（万吨）	156	207	164	208	217
航空煤油产量（万吨）	98	84.72	47	46	47
乙烯产量（万吨）	85	87	63	83	84
芳烃、丁辛醇、环氧乙烷等有机原料产量（万吨）	160	159	90	121	103
合成树脂产量（聚丙烯等）（万吨）	108	108	79	102	106
顺丁橡胶（万吨）	10	9.83	8	10	11
硫黄（万吨）	5.8	6.61	5	5	4
工业增加值（亿元）	120	148	118	155	158
工业总产值（亿元）	345	490	393	439	384
收入（亿元）	353	499	399	436	376
利润（亿元）	7.2	10	10	32.4	34.8
税费（亿元）	81	124	64	95	84

【“十三五”回顾】“十三五”期间，四川石化加强创效能力建设，管理水平、盈利能力实现稳步提升。累计加工原油3732万吨，生产汽油、航空煤油、柴油2149万吨，化工产品1377万吨，销售收入2063亿元，上缴税费449亿元。工业总产值2063亿元。为地方经济持续稳步增长提供强有力支撑，航空煤油产品覆盖四川省内全部13个机场，保税航空煤油供应四川省内国际航班，液体化工产品在西南市场区域内销售占比超过80%。安全环保管理受控，开展装置区防工艺介质泄漏、防着火、防爆炸3项专项审核，安全管控能力得以提升。建立三级责任体系，深化生产受控、设备可靠性管理，保证生产高效、装置运行平稳，在西南地区树立良好品牌形象。以炼化一体化样板企业建设为目标，推进高质量发展。利用2018年大检修契机，实施以增产航空煤油、PX扩能为主的四大工程技改，超前谋划推动第一轮结构调整，促进企业竞争力大幅提升。推进管理信息化、科学化，智能化工厂建设迈上新台阶，ERP、MES、APS等重要应用系统逐步完善。开展科技创新，开发固体化工产品新牌号20个，企业管理能力不断提升。加强制度体系建设，349项制度有效涵盖企业管理所有专业、各个方面，形成完善的管理机制。创新开展“先算后干”常态化经营模式，在集团公司进行经验推广。秉承“共赢发展”理念，与所有关联单位共谋发展，总结提炼“五化”运维管理经验，为炼化企业深化设备管理提供借鉴。

【生产经营】 2020年初，四川石化及时调整生产计划，优化物料平衡，落实集团公司在“经济上精打细算、生产上精耕细作、管理上精雕细刻、技术上精益求精”工作要求，在原料上多渠道组织互供乙烯芳烃原料，累计协调采购互供原料34万吨，实现乙烯满负荷、芳烃高负荷，确保乙烯收率创新高，双烯收率50%。在产品结构上，根据市场变化不断推进化工产品结构测算机制，分时段优化环氧乙烷、丁醇辛醇、顺丁橡胶等高效产品加工计划，组织高附加值产品生产，其中PE100及管材料、CI36D、环氧乙烷等品牌产品，市场占有率大幅提高。在生产运行上，开展影响生产长周期运行的“瓶颈”攻关，主要实施高氯原油加工、电脱盐预处理设施投用、柴油加氢装置低负荷运行、乙烯装置塔压差高等攻关活动，确保各装置综合运行效能持续提升，全年非计划停车次数同比降低50%，装置平稳率99.9%以上。推进硫黄装置节约蒸汽、催化装置乏汽回收、调整装置之间热供料比例、优化自备电站运行等节能降耗措施，完成集团公司节能节水考核指标。加强与国内同行先进企业对标，提高主体生产装置达标标准，各项经济技术指标持续提升。

【安全环保】 2020年，四川石化坚持科学从严管理，安全环保总体平稳。面对新冠肺炎疫情带来的严峻形势，精准有效做好防控工作，14次修订疫情防控方案，确保全体员工及家属“零疫情、零感染”，阶段性打赢新冠肺炎疫情阻击战。严格强化企业安全环保主体责任，深化HSE体系建设，贯彻安全生产“党政同责，一岗双责”要求，实施岗位职责“一岗一清单”管理，安全生产岗位责任制得到有效落实。完善量化考核方案，强化各类安全培训，规范作业过程管理，建立不合格承包商淘汰机制，提高全员安全履职能力。落实地方政府工作部署，编写“企业安全生产责任清单”，完成重大危险源安全生产风险监测联网，制定《安全生产专项整治三年行动计划实施方案》并发布实施。全面落实建设项目“三同时”要求，完成航空煤油加氢装置等14个新增项目的安全设施竣工验收、柴油质量升级改造等10个项目的竣工环保验收。推进VOCs管控，加强污染物源头治理，“三废”全部达标排放。

【设备管理】 2020年，四川石化夯实设备基础管理，树立“设备管理安全可靠、设备状态预知掌控、设备维修科学经济”的管理理念，生产装置运行保障能力进一步提高。推进“两治理一监控”工作，全部机泵平均修复时间（MTBR）提高到109个月，长周期保障运行能力显著增强。强化关键机组“五位一体”特护管理，严格管控现场风险识别和隐患排查，确保设备安全运行。运用状态监测系统和设备一体化管理平台，实施数据集成预警，精准判断潜在故障，强化电气、仪表检维修计划管理，实现设备完好率99%，装置联锁投用率100%，设备运行安全可靠性进一步提升。加强现场管理，完善设备“日查周检”及考核机制，将预防检修与预知维修相结合，以设备管理、操作、维保3个层级，建立专业、装置台历化工作清单。加强设备腐蚀管理，落实全厂22套装置腐蚀监测、工艺防腐工作。积极推进电气、仪表专业化管理，组织开展隐患专项排查治理和技术攻关，提升电气、仪表可靠性。开展备品配件机加工修复、设备国产化应用等工作，实现降本增效。

【挖潜增效】 2020年，面对新冠肺炎疫情影响和产品市场价格变化，四川石化组织全体员工聚焦优化增效、降本增效和经营增效，制订提质增效专项行动方案，细化实施完成15大类127项挖潜增效措施，采取领导班子成员督导承包制。树立“一切成本皆可降”理念，严格费用管理，压减固定费用，可控费用同比降低15%，其中，销售管理费、修理费分别下降14%、18%。物资采购推行“框架协议+订单采购”模式，实现资金节约率9%。抓细有价值废旧物资和超储积压物资处置渠道，废旧物资处置回收资金3.18亿元，增加资金有效利用。全方位开展节能降耗，主要经济技术指标全面提升，炼油综合商品收率完成96.5%，轻油收率完成88.5%，柴汽比降至0.88，对二甲苯能耗292.8千克标准油/吨，以及聚烯烃和顺丁橡胶能耗、物耗均在中国石油炼化企业排名领先。实现挖潜增效5.3亿元，其中，重点实施的富氢气体回收利用、自备电站4号机抽凝改造、增产环氧乙烷、乙二醇装置低温水综合利用等8项措施，创效益均在3000万元以上。

【科技创新】 2020年，四川石化落实集团公司营销工作会议精神，开展管理创新、技术创新，各类产品在西南地区市场占有率进一步提高。组织实施结构调整，落实控油增化、降低柴汽比、增产航空煤油等应对市场变化的措施，建成以航空煤油公路、管输、铁路全网物流整体运输体系，钕系稀土橡胶装置一次开车成功，提升竞争创效能力。紧扣《建设炼化一体化样板企业总体规划》，制定“十四五”发展规划，完成以乙烯装置扩能改造为重点的第二轮结构调整规划，完成国家危险化学品应急救援（成都）基地、新建PSA、混油处理装置、轻质油罐区VOCs治理项目等工程建设。取得CNAS（中国合格评定国家认可委员会）颁发的实验室认可证书，新建70万吨/年航空煤油加氢装置通过航鉴委的民航生产认证，通过ISO 9001质量管理体系的再认证，提升四川石化品牌形象和质量信誉。新开发高强度透明薄膜料HM9453F、稀土顺丁橡胶NdBR40两个产品，满足高端市场需求。开展质量攻关，实现乙二醇、正丁醇、辛醇产品出厂优级品率100%。加强信息化、智能化工厂建设，完成生产管控、安全环保、设备管理、供应链管理、能源管理、综合应用六大平台建设。

【企业管理】 2020年，四川石化推进“四化”（管理过程精细化、管理技术标准化、管理责任层次化和人员能力专业化）管理理念，促进管理效能进一步提升。狠抓法治建设的关键和着力点，企业法治建设水平持续提高。开展事后合同治理，严格落实法律审查机制，提高防范重大风险能力。实施新合同管理信息系统应用，提高合同签订和审查效率。深化制度建设与体系融合，依据“有业务、有职责、有流程、有制度、有表单”的管理要求，对业务流程进行梳理优化，明晰职责界面，修订制度82项，发布新版内控手册。构建综合管理手册总体架构，将各管理体系标准要素有机融入公司所有业务流程，编制完成《公司综合管理手册》。深入推进内控体系测试工作，确保制度执行有力。组织开展检维修外包业务管理专项审计、技改项目竣工决算审计等5个审计项目，审计监督效能进一步提高。加强合规管理，防范经营风险。突出绩效管理导向作用，优化考核系统，实现员工绩效考核信息化、透明化、规范化管理。

【企业党建工作】 2020年，四川石化推进党建与安全生产、提质增效、装置平稳、结构调整等中心工作有机融合、同步促进。优化完善顶层设计，加强党的领导与公司治理体系的有机统一，修订《“三重一大”决策实施细则》《党委工作规则》等制度，构建权责清晰、规范高效的决策运行机制。面对生产经营严峻形势，落实“战严冬、转观念、勇担当、上台阶”主题教育，深入基层一线专题调研120余次，协调解决影响基层工作的实际问题，保证各项工作落到实处。推进“三不腐”长效机制建设，有效发挥同级监督、关键环节监督、日常监督和巡察监督。抓实党建工作基础管理，推进党建“三联”、主题党日活动，党组织活力得到有效释放。发挥门户网站、官方微信、微博新闻矩阵优势，凝聚宣传正能量。发挥群团组织联系员工桥梁纽带作用，畅通民主交流渠道，开展丰富多彩的业余文体活动。常态化举办“公众开放日”活动，宣传企业发展成果，树立良好形象。创新开展“青”字号志愿者服务，慰问周边村镇敬老院、困难党员群众，营造积极向上的企地和谐氛围。

（范双权）

中国石油天然气股份有限公司广东石化分公司

【概况】 中国石油天然气股份有限公司广东石化分公司（简称广东石化）是股份公司下属的地区分公司，项目所在地为广东省揭阳市大南海石化工业区。中国与委内瑞拉合资广东石化2000万吨/年重油加工工程（广东石化炼化一体化项目），是中国石油天然气集团有限公司贯彻国家能源安全战略，利用“两种资源”，面向“两个市场”，建立上中下游一体化国际合作模式，建设世界一流综合性国际能源公司的重要举措。项目为国家“十三五”能源规划战略布局项目，得到党和国家领导人及各级政府的高度重视和关注。

广东石化炼化一体化项目是中国石油迄今为止一次性投资建设规模最大的炼化一体化项目，批复可行性研究投资654亿元人民币。项目建设规模2000万吨/年炼油+260万吨/年芳烃+120万吨/年乙烯，共包括41套主体装置和204个主项单元，并配套建设30万吨原油码头及最大泊位10万吨的产品码头，占地920公顷（1公顷=666.7平方米）。项目加工原料是具有高密度、高含硫、高氮、高残炭、高金属、高酸值“六高”特性的委内瑞拉超重劣质原油和中东混合原油。工艺装置41套，均采用国际先进加工工艺，以实现节能减排、清洁化和环境友好的目标。建成投产后的汽油、柴油等产品全部达到国Ⅵ标准，化工产品主要采用专利商标准以满足下游用户和市场需求。

在建设广东石化炼化一体化项目基础上，揭阳市与中国石油密切对接，加大招商引资力度，配套引进吉林石化60万吨/年ABS项目和昆仑能源揭阳LNG等项目，并新增520万立方米原油商业储备库项目。

广东石化项目筹备组于2009年5月20日成立，原规划的2000万吨/年炼油项目于2012年获国家发改委批复核准后开工奠基，进入现场施工建设阶段。2017年，为推动中国石油炼化业务转型升级，原炼油项目经中国石油董事会审议确定调整为2000万吨/年炼油+260万吨/年芳烃+120万吨/年乙烯炼化一体化项目。2018年经国务院常务会议通过，正式列入国家《石化产业规划布局方案》，项目核准变更也正式获广东省发改委批复。2018年12月5日，项目建设启动仪式在现场举行，标志着项目正式启动。

2020年底，广东石化设10个机关处（部）室、5个直属单位（中心）、12个基层项目管理组（PMT），以及揭阳国储石油基地有限责任公司。项目定员2170人，在册员工1707人，引进中层管理干部15人，管理及专业技术人员90人，操作骨干340人，招聘大学生513人。

2020年，广东石化坚持稳中求进工作总基调，坚持新发展理念，全面落实高质量发展要求，以现场施工建设为驱动，紧盯“四个关键”（乙烯项目、芳烃项目、POX项目、公用工程），抓好“四个环节”（详细设计、物资采购、施工组织、生产准备），筑牢“四个基础”（管理创新基础、队伍建设基础、党建工作基础，工程建设基础），确保“一个目标”（实现高质量建成目标），全面落实责任担当、提高工作效率、体现管理水平，加快推进世界级炼化基地建设。

2020年，广东石化员工杨丽芳、曾飞鹏获评全国劳动模范、集团公司特等劳动模范，张勇获评全国优秀工会工作者，王重国获评集团公司劳动模范。

【“十三五”回顾】 “十三五”期间，广东石化按照集团公司炼化产业转型升级战略要求，完成从最初的单一炼油到炼化一体化的结构调整，2013—2018年，受国内外政治、经济环境变化影响，项目处于缓建状态，在此期间不断优化完善相关方案，做好各项基础工作。2018年12月5日，举行项目建设启动仪式，标志着项目正式启动。2019年12月27日，项目举行化工区开工仪式，项目建设进入全面开工阶段。

【设计管理】 2020年，广东石化40套采购工艺包全部完成交付。全项目204项主项单元基础设计完成批复；详细设计总体进度完成率72%。桩基、基础出图4192张，完成计划的100%；完成60%3D模型审查148个，完成率92.5%；90%3D模型审查陆续展开。520万立方米原油商储库完成可行性研究审查和基础设计编制。POX灰渣项目完成炼化板块审批及立项工作。完成“十四五”规划编制工作。

【物资采购】 2020年，广东石化项目设备总数1.59万台，订货完成率83%；1058台长周期设备订货全部完成；甲定乙采设备9183台，完成合同签订9129台，完成率99.4%；进口非长周期设备3674台，完成合同签订1569台，完成率42.7%；加大大件设备催交力度，蜡油加氢反应器等大件设备顺利到货并安装到位；加强到货设备检测、仓储管理，物资采购取得实质性进展。

【现场施工】 2020年，广东石化施工总体进度完成14.4%；204个EPC合同主项开工166项，开工率81.4%；化工区场平、强夯全面完成，实现场地移交；桩基施工完成率77.8%，混凝土施工完成率39.6%，一级地管施工全部完成；钢结构安装全面开展，完成率3.1%，设备安装完成率9.7%，储罐安装完成率47.5%；公用工程加快建设，220千伏电网建设进入设备安装阶段；原油码头防波堤工程完工，扭王字块预制、引桥工程沉箱安装、钢管桩沉桩等工作取得突破性进展；产品码头重件泊位、重件道路建成投用；国储公司完成注册，开展征地组卷，初步设计上报总部及国家发改委；厂前区行政办公楼启动内部装修，中心控制室、化验室等新建单体完成基础施工；现场承包商、施工及监理人员1.7万余人，施工机械3100余台，建设热潮全面掀起。

【生产准备】 2020年，广东石化完成《生产准备工作大纲》编制，启动试车生产方案编制；78项操作规程、工艺操作卡编制完成28%；完成项目开工统筹编制；加快推进供水、供气配套工程建设，供水项目完成内部可行性研究审批，供气项目开展天然气管线施工。突出操服人员培训，组织1187名员工在8个实习地进行跟班实习，为项目开工奠定基础。

【关键项目建设】 2020年，广东石化突出乙烯、芳烃、POX、公用工程牛鼻子工程地位，优先组织、优先推进，实现重点项目关键性突破。

突出乙烯装置化工龙头地位，重点推进乙烯装置建设，全力优化“四通一平”、长周期设备采购、桩基出图等工作，加强现场施工组织，混凝土工程完成70.5%，地管安装完成36%，乙烯裂解炉辐射段开始安装。

全力攻坚芳烃装置建设，加强总包、分包单位管理，加大人力、机具资源投入，混凝土完成58.2%，地管安装完成2.5%，抽余液塔、加热炉、烟囱等关键设备基础完成施工，整体进度满足总体部署要求。

POX项目有序推进。优化施工组织和现场管理，混凝土工程完成63.1%；主干地管施工全面完成，钢结构安装全面启动，碳洗塔等6台大件设备安装就位，工艺管线预制有序推进。

突出公用工程“动工晚、投用早”特点，优先推进公用工程建设，主项单元桩基施工全部完成；动力中心、220千伏变电站、空分空压等装置混凝土工程完成62%；动力中心锅炉、空分装置冷箱开始安装，“四个关键”牵引作用有效发挥。

【基础管理工作】 2020年，广东石化开展管理体系融合，搭建建设期、生产期业务能力构架2200余个；完成282个建设期制度优化编制；编制发布综合管理体系手册；完成合同系统2.0上线运行，签订合同436份；完成220余家承包商准入、资质复审工作；编制发布《重大涉法事项法律论证实施细则》，依法处理法律纠纷；加强对外协调工作，解决化工区、火炬区征地、拆迁补偿等一批争议事项；智能化工厂建设全面启动，APS实现原油选择，21个系统完成需求调研，智能工厂建设步入快车道。

【人才队伍建设】 2020年，广东石化按照“结构合理、专业优先、素质过硬、群众认可”的原则，配齐配强中层干部队伍；基本完成一般管理和专业技术人才引进及首次聘任工作；加大操作骨干调剂力度。开展各类党建、项目管理、合规管理、安全管理培训及操作技能人员生产准备实习，完成培训项目65项，培训3.4万人次。规范分配秩序，向骨干、一线和贡献大的岗位倾斜，员工收入实现稳定增长，干事创业积极性得到调动。深化干部队伍作风建设，人心思干、积极向上的干事创业作风逐步形成。

【工程建设管理】 2020年，广东石化坚持“科学统筹、分级管理、动态调整、深度交叉、周密安排”原则，优化、详细制订各主项单元建设进度计划，合理配置人力、机具，确保项目总体统筹推进。加强承包商组织体系管理，坚持对30余家单位进行年度评价；持续加强现场管理力量，压实总包、分包、属地责任链条，为项目加快推进提供保障；建立90天工程滚动计划考核机制，坚持落实周检查、月检测、季考核，实现“以周保月、以月保季、以季保年”工程建设目标。开展主题劳动竞赛，24支参赛队伍受到表彰，形成你追我赶的施工场面。

【提质增效】 2020年，广东石化分解制定提质增效8大类17项158条具体措施，任务到部门、责任到岗位，实现节约资金11.35亿元。科学统筹、合理靠实投资计划，组织做好计划指标分解，完成投资104.33亿元；加强项目投资控制，优化投资结构，开展设计、概算降点优化，投资预算可控。落实板块压降管理费用1000万元硬指标，从专业管理入手，将降本措施逐步分解到各部门、岗位。“五项”费用中业务招待费、会议费、办公费同比分别下降36.59%、26.84%、30.26%。紧盯成本控制，公开透明开展EPC合同招投标、设计优化、集约施工、工厂化预制、机械化作业，攻关解决砂石料、商混等工程物资供应，形成有效竞争格局，有效降低项目运行成本。

【企业党建工作】 2020年，广东石化修订完善“三重一大”决策制度，召开党委会46次，审议议题92个，召开总经理办公会45次，决策事项437个，进一步规范程序规则，提高科学决策水平。坚持理论武装，组织党委中心组集体学习15次，中层领导干部专题培训3期，专题研讨4次，党员领导干部“四个意识”有效增强，“四个自信”更加坚定，“两个维护”更加自觉。持续优化基层组织体系，调整成立26个党支部、5个实习管理部临时党支部，发展党员19名。开展“战严冬、转观念、勇担当、上台阶”主题教育，班子成员带头宣讲、带头调研，确保形势人人知晓、责任人人分担。大力推动党风廉政建设主体责任、监督责任落实，巩固巡视巡察整改成果，加强“关键少数”监督，坚决纠正“四风”，完成2轮4个单位的巡察工作。积极回应员工关切诉求，推进干事创业活力十大举措专项行动，将企业改革发展成果惠及广大干部员工，家属就业、子女就学、员工住房问题稳步推进。

【安全质量管理】 2020年，广东石化坚持“打造优质工程、标杆工程、阳光工程”目标，加强项目全过程安全、质量管控，QHSE措施得到有效落实。坚持全面覆盖、风险管控和分级负责原则，落实“一岗双责”，修订完成公司各级安全环保责任制、安全责任清单，责任链条有效压实。建立健全工程质量、安全全覆盖QHSE管控运行体系，落实业主、监理、总包、施工单位职责，形成权责明晰、分工负责、齐抓共管、立体覆盖的管控网络，发现问题6312项，整改率100%；审核施工专项方案229份，发布风险预警6次；优化人员、机械入厂及管理工作，办理各类培训合格证、车辆入厂证3万张。开展QHSE体系审核，发现问题1430项，整改率100%。开展以“消除事故隐患，筑牢安全防线”为主题的安全生产月活动，提高施工队伍应急处置能力和承包商主动管理意识。重点开展临电、脚手架、基坑开挖、吊装等4项专项治理，取得较好管控效果。建立月度安全业绩评价机制，设立红黑榜鼓励各单位内部有效奖惩、管理责任追溯，考核零容忍问题69次，兑现金额70余万元。加强厂区交通、安全管理，严厉打击超速、假证、超载行为650余次。加强工程质量控制，形成业主、监理、总包、分包四级管控体系；深入开展体系运行监督检查，发现问题659项，整改率100%；完成162项单项工程质量监督注册，对参建单位进行质量交底，强化焊工100%准入考试；开展桩基施工、大体积混凝土浇筑、焊接、半成品保护等专项检查34次，查出问题463项，下发考核单24份，考核金额11.51万元；焊接一次合格率98.82%，完成3849个分项、197个分部、14个单位工程质量验收，合格率100%。

【疫情防控】 2020年，广东石化落实集团公司、地方政府“一手抓疫情管控，一手抓项目复工”要求，建立地企联防联控常态化机制，重点关注“四类人员”管控及各项措施落实，新冠肺炎疫情管控常态化机制成效显著，实现“零感染”管控目标。

（王羽欣）

中石油云南石化有限公司

【概况】 中石油云南石化有限公司（简称云南石化），成立于2011年5月25日，位于云南省昆明市安宁工业园区，占地300公顷，总投资225亿元，主要承担云南炼油项目的建设和运营任务，与中国四大油气进口通道之一——中缅油气管道共同构成中国西南油气引进和加工的战略格局。云南石化炼油项目设计原油加工能力1300万吨/年，2013年1月开工建设，2016年主体装置建成中交，2017年8月28日正式投产。建有常减压、催化裂化、连续重整、延迟焦化等17套主要工艺装置和完备的公用工程系统。项目选用UOP、雪弗龙、德西尼布、KTI等国际先进技术，可生产符合国Ⅵ标准的汽油、柴油、航空煤油、丙烯、液化气等16类69种产品。获“国家优质工程金奖”“国家工程卓越大奖”“超大规模类卓越项目管理银奖”等多项荣誉。产品主要服务于云南省，辐射西南地区，出口东南亚国家。

2020年底，云南石化实施组织机构扁平化、辅助业务市场化的管理模式，设10个机关处室，2个机关附属机构，3个直属部门，10个二级单位。在册员工802人，本科及以上学历447人，平均年龄36岁。

2020年，云南石化统筹推进疫情防控、复工复产、安全环保、科技创新、专项攻关、全停检修和全面从严治党等重点工作，开展提质增效专项行动和“战严冬、转观念、勇担当、上台阶”主题教育活动。加工原油1026.06万吨，生产产品994万吨，工业总产值436亿元，上缴税费155亿元，为云南省经济社会建设作出积极贡献。获“国家级绿色工厂”“云南省人民政府质量奖”“重点行业能效‘领跑者’企业”“智能制造先进应用示范企业”等荣誉。

2020年12月6日，云南石化被石化联合会授予“绿色工厂”称号（黄晓洪 摄）

云南石化主要生产经营指标

指　标	2020年	2019年	2018年	2017年
原油加工量（万吨）	1026.06	1086.51	1010.00	401.93
汽油产量（万吨）	330.00	397.65	347.31	103.76
柴油产量（万吨）	384.73	419.73	406.35	156.23
航空煤油产量（万吨）	105.36	110.01	96.11	21.84
液化石油气产量（万吨）	29.14	30.90	31.5	14.84
丙烯、苯、二甲苯、丙烷等有机原料产量（万吨）	54.55	32.81	46.71	18.03
硫磺、液氨等无机原料产量（万吨）	21.16	22.22	21.61	5.29
沥青产量（万吨）	45.22	16.62	1.70	1.06
石油焦产量（万吨）	23.35	30.17	27.80	—
资产总额（亿元）	193.53	234.43	250.43	293.26
收入（亿元）	439.04	600.70	598.68	172.82
利润（亿元）	−19.89	10.82	28.70	−7.66
税费（亿元）	154.94	188.40	175.09	48.88

注：云南石化2017年8月28日开工投产。

【“十三五”回顾】 “十三五”期间，云南石化攻克管理模式变更、项目规模调整、突发地基沉降、环保提标改造等难关，完成浇筑混凝土53万立方米，焊接管线总长1915千米，安装动静设备5797台套，快速建成千万吨级现代化新炼油厂。多个单套设备装置创造世界最大台套纪录，工程转资、工程结算、档案验收、竣工验收均创集团公司大型炼化项目建设最快纪录，获国家优质工程金奖和IPMA国际项目管理银奖等荣誉。依法合规办理完成开工手续，严格执行受控管理要求，用时20天打通全流程，2017年8月28日完成集团公司党组交办的安全平稳绿色开车一次成功任务，创造安全绿色开工新典范。积极参与国际竞争，原油采购、海上运输、国外管道输送均与国际油气市场接轨，有力拉动云南省对外贸易快速增长。深化“综合业务一级管理、生产业务两级管理”管控模式，优化体制架构和权责划分，建立健全运行机制，构建完善定位明确、界面清晰、责权统一、协调运转的高效能管理体制和组织体系。着力解决员工及家属期盼，共享发展成果，构建起“团结、奋进、和谐、共荣”良好发展局面。2016年起，员工收入逐年增长，安全感获得感幸福感进一步增强。塑造“绿色炼厂、开放型炼厂、负责任炼厂”企业形象。积极履行经济、政治、社会三大责任，快速融入和全方位服务于云南省经济社会高质量发展。支持地方企业转型升级，云天化石化动力站、聚丙烯和异辛烷装置陆续投产并满负荷运行。关心关注民生福祉，解决当地用工近2000人，推进实施社会公益项目，向地方捐赠超600万元，企业区域市场影响力、美誉度不断扩大，构筑企地融合发展新高地。

【疫情防控】 2020年，云南石化落实集团公司和云南省关于统筹新冠肺炎疫情防控和经济社会发展的决策部署，树立“宁可十防九空、不能失防万一”理念，第一时间成立疫情防控工作领导小组，建立健全疫情联控机制，定期召开疫情防控领导小组会议，精准部署防控工作，严格落实测温、验码、戴口罩、通风、消杀等各项举措，做好疫情防控。克服大检修期间人员流动频繁、来源复杂等问题，实行升级管理，增加核酸检测、行踪溯源等具体措施，高峰近6000人的检修现场实现“零感染、零疫情”。强化疫情期间成品油保供和生产组织，主动争取云南省政府和集团公司总部支持，采取“加大与中国石化、中国海油串换量，协调租赁国储油罐、鼓励社会加油站和经营单位采购中石油产品”等举措，各生产装置在最低负荷下安全连续稳定运行。

【生产经营】 2020年，云南石化加强生产受控管理，坚持推行“精细巡检、精心监盘、精准操作”，严格落实维保单位专业化巡检和干部陪检制度，规范工艺变更和操作变动，优化调整巡检路线55条、巡检点488个。设立公司级关键平稳率控制点129项，建立工艺联锁和报警动态管理平台，1729条联锁回路全部投用，促进装置运行质量提升，装置平稳率99.7%以上。开展全系统长周期运行攻关及误操作专项整治，组织开展小接管、易泄漏法兰、保温下腐蚀、电气仪表隐患等专项检查，加强动设备振动隐患治理，完善机泵风险等级管理和关键机组特保特护措施，全部设备完好率99.5%以上，静密封点泄漏率0.1‰以下。紧盯产品市场，加强产销计划协同配合，科学编排产销方案，合理控制产销节奏，建立产品销售日报，打通航空煤油管输流程，在终端需求不旺、产销矛盾突出的情况下，保证产品销路畅通，全产全销。

【安全环保】 2020年，云南石化落实领导干部安全生产承包点、高危作业区域安全生产“区长”制、全员安全生产记分、承包商违章积分等制度，130名承包商人员、59名公司员工分别记139分、61分，承包商违章积分406分。开展安全环保隐患排查，组织原油储罐光栅光纤改造、19座含油污水池“一池一策”隐患治理。持续强化应急管理，完成国家危化品应急救援基地建设，组织4次公司级、40次生产部级和864次班组级应急演练，应急处置能力显著提高。加强环保治理，中间罐区密闭脱水、酸性水罐尾气回收等环保技措项目建成投用，酸性水罐等26个异味点源完成整改；强化环保在线监测，实现清洁文明生产。

【提质增效】 2020年，云南石化开展提质增效专项行动，制定实施19项139条提质增效具体措施，增效6.2亿元，守住自由现金流为正的底线，完成集团公司下达“稳增长”“降杠杆减负债”“两金”压控指标。加强成本控制，后勤服务费用同比压降18%，“五项”费用压降22%，日常“三剂”成本压降29%，大宗物资采购价格下降7%—20%，争取抗疫惠企政策节约成本费用支出1.3亿元。优化生产经营，研究原油采购策略，控制原油采购成本，开展套期保值增效1633万美元；实施减油增化，汽油、柴油占比下降5.3%，芳烃、沥青占比增长5.5%；优化装置运行，单月炼油能耗、全厂能耗连续实现“破5破7”目标；优化沥青价格机制，推价提升4%；推动航空煤油管输上量，航空煤油出厂量超108万吨，达历史峰值。实施“两金”压降，年末实现应收款项“零余额”，存货数量、金额较年初分别下降36.3%、46.4%，达历史最低水平。

【科技创新】 2020年，云南石化强化创新驱动，成立技术委员会，组建机、电、仪技术攻关室，调动广大员工在科研攻关、技术改造、发明创造等方面的积极性。编制发布科技攻关管理办法，完成科技成果征集和评审，产生优秀科技成果16项。成立沥青产销研一体化领导小组，研发70号、90号A级道路沥青，SBS改性沥青产品，F-300防水卷材用沥青等产品并实现量产，建成西南沥青生产基地。利用大检修契机，完成蜡油加氢裂化，汽油、柴油改质，汽油加氢改造三大技改项目和155项技改技措项目实施，解决瓶颈问题，提高经济效益。围绕“数字化转型、智能化发展”思路，编制完成云南石化第一批信息化重点建设项目可行性研究报告，为数字化向智能化工厂转型升级奠定基础。组织召开公司首届科技大会，营造科技创新氛围，激发广大专业技术人员科技创新活力。

【全停检修】 2020年12月，云南石化首次全区大检修集环保提标改造、质量升级、隐患治理一并进行。检修准备阶段，严格落实“八定五统筹”要求，坚持“七分准备三分干”，成立大检修工作专班，统筹各专业检修准备稳步有序开展。建立大检修公司和部门两级“指挥部”，坚持每日组织协调例会，及时通报进展，协调解决问题，促进踏点前行。检修全过程，狠抓安全、质量、进度、费用全过程管理，推进17套主体装置和辅助系统，9000项检修和155项技改技措项目按期高质量完成，实现“安全、优质、高效、绿色、节约”的大检修目标。

【企业管理】 2020年，云南石化围绕“提质增效、管理体制机制创新、历史遗留问题解决”等8项瓶颈问题，成立8个专班，详细制订工作方案，建立健全推进机制，确保涉及企业发展、管理提升、员工利益的难事大事得到高效推进、快速解决。认清扭亏脱困的艰巨性、严峻性，专题研究、推进安全生产专项整治三年行动计划、亏损治理行动及专项规划、改革三年专项行动实施方案、对标世界一流管理提升行动、创建世界一流示范企业等五个专项行动方案，为发展提档升级奠定基础。专题研究、全面部署加强市场营销工作，编制公司营销工作实施方案，推动企业由生产型向经营型转变。加强干部管理，对考核排名靠后人员进行提醒诫勉谈话及岗位调整，完成62名中层干部岗位类别层级套转，建立能上能下的用人机制。贯彻新发展理念，主动对接国家产业政策，融入地方经济社会发展，紧跟集团公司发展定位，推进公司“十四五”规划及2035年远景目标编制，明确高质量发展方向。

2020年12月，云南石化大检修，140万吨/年汽油、柴油改质装置更换脱硫化氢汽提塔（黄晓洪　摄）

【企业党建工作】 2020年，云南石化党委开展“战严冬、转观念、勇担当、上台阶”主题教育，开展两轮调研53场次，全员大讨论25场次，征求意见建议251条，优化调整技经指标1146项，推广班组创新创效项目64个，以工作实绩推动主题教育走深走实。推进建党99周年系列活动和大检修主题党建活动，开展党建带工建促团建“共建互促”活动，引导广大党员和青年员工立足岗位创先争优。成立机关党委，开展“五型机关”创建，召开机关专题组织生活会，查摆问题171项，制定整改措施，促进机关作风转变。压紧压实管党治党责任，对中层以上干部开展廉洁谈话83人次，受理信访件3件，处置问题线索6条。整合监督资源，推进大监督、大巡察，发现并整改各类问题102项，“三不”机制建设持续推进。

（邹纪丞）

中国石油天然气股份有限公司大港石化分公司

【概况】 中国石油天然气股份有限公司大港石化分公司（简称大港石化）是中国石油直属的炼化地区公司之一，地处天津滨海新区南港工业区，始建于1965年。2020年底，有员工1965人，其中管理和技术人员617人。原油加工能力500万吨/年，固定资产原值76亿元，净值33亿元，厂区占地面积193.63万平方米。2020年，加工原油454.18万吨，生产成品油293.97万吨，低硫船用燃料50.51万吨、航空煤油11.14万吨，收入179.48亿元，利润7.56亿元，上缴税费74.59亿元。

【“十三五”回顾】 “十三五”期间，大港石化加工原油2180万吨，盈利82.08亿元，收入1055.89亿元，上缴税费399.06亿元。完成2017年大检修，装置检修从首次“三年一修”直接迈向“四年一修”。汽油柴油产品质量从国Ⅴ标准升级到国Ⅵ标准。增加航空煤油、低硫船用燃料等特色产品，实现陆海空燃料生产全覆盖。建成投用航空煤油、汽油、柴油外输管线，开辟产品下海、出口新通道。完成综合装车场升级改造，投入3亿多元实施环保隐患治理项目18个。完成“十三五”减排任务。承办“中国石油开放日”活动。开展“两学一做”学习教育、“不忘初心、牢记使命”主题教育。编制基层党建质量提升三年规划。整改2次巡视53项问题，完成首轮巡察全覆盖。

大港石化主要生产经营指标

指　标	2020年	2019年	2018年	2017年	2016年
原油加工量（万吨）	454.18	450.06	448.9	385.13	441.32
汽油产量（万吨）	148.84	153.51	154.72	121.58	126.99
柴油产量（万吨）	134.00	198.20	203.8	186.32	224.46
收入（亿元）	179.48	237.57	261.66	192.00	185.40
利润（亿元）	7.56	10.09	26.33	15.60	22.55
税费（亿元）	74.59	77.66	93.18	76	87.26

【疫情防控】 2020年，大港石化召开79次新冠肺炎疫情防控例会研究部署防疫工作。发动专、兼职300余人做好体温检测、场所消杀等工作，发放口罩34.3万个，测温设备1880个、消杀物资3.45吨。排查重点人员610人次。做好硫黄热备项目复工，“点对点”从河南接回施工人员73人。落实常态化疫情防控工作部署，保持“零疫情”。

【生产运行】 2020年，大港石化装置运行平稳率99.96%，设备完好率99.95%，仪表自控率96.76%。完成40万吨/年航空煤油加氢装置开工投产及产品认证工作。组织装置检修准备工作，确定检修项目5168个。编制“十四五”发展规划。实施生产低硫船用燃料等6个项目，启动10万吨/年聚丙烯装置复产检修、15万吨/年烷基化装置建设，开展轻质白油及工业白油项目前期研究。成功应对“2·14”外网晃电。推进生产装置控制系统优化项目及11项技术攻关，组织2次催化烟机检修、气分装置丙烯塔顶空冷器更换，处置重整脱碳六塔底再沸器泄漏、催化脱硫醇抽提塔顶馏出线泄漏。

【安全工作】 2020年，大港石化开展“3·24”事故大讨论、大反思、大检查活动。制定安全生产“八条红线”，制修订安全生产制度25个，制定整改措施27项，修订操作规程24套、操作卡166项、装置工艺卡片17套。开展安全生产专项整治三年行动和为期3个月的安全生产专项整治工作。

【提质增效】 2020年，大港石化编制提质增效实施方案。实现航空煤油生产、低硫船用燃料RMG380生产和汽油、柴油下海出口的3项历史性突破。通过销售低硫船用燃料DMA、增产丙烯、回炼污油三泥等举措，增效9000余万元。采取低效机泵叶轮切削、空冷器管束清理、加强雨水回收等措施，水、电、蒸汽消耗分别同比减少17万吨、1960万千瓦·时、13万吨，降本1924万元。降低非生产性支出，降本1622万元。

【基础管理】 2020年，大港石化产品出厂合格率100%。完成立、改、废制度83个。完成合同系统2.0上线运行。开展适用法律法规梳理评审、合规培训、普法教育。修订《绩效考核管理办法》。开发网络培训平台及培训APP。举办12期技术人员“培训日”活动。组织1027名操作人员开展技能大练兵大考核，结成师徒341对。在集团公司500万吨级炼化企业技能竞赛中，获1银、1铜，1人获“优秀选手”称号。

【三项制度改革】 2020年，大港石化完成公司分级分类、中层领导干部职数核定及去行政化套转工作，建立与企业层级类别相适应的领导人员岗位体系。加强机关与基层人员交流，制定《一般管理和专业技术人员管理办法（试行）》。组织开展“五定”工作。

【企业党建工作】 2020年9月1日，大港石化召开第七次党代会。整改巡视“回头看”问题。开展“战严冬、转观念、勇担当、上台阶”主题教育活动。修订《中层干部管理规定》。调整领导班子17个、中层干部45人次。修订党支部党建责任制考核细则。举办党支部书记、党员培训班9期，为基层配备4名政工人员。帮扶困难员工132万元。

（蔡宇丽　肖尚辰）

中国石油天然气股份有限公司华北石化分公司

【概况】 中国石油天然气股份有限公司华北石化分公司（简称华北石化）位于河北省任丘市北环东路。

2020年底，设机关处室10个，直属部门5个，二级单位12个；员工总数2069人，平均年龄42.75岁，大专以上学历占76.6%；常减压、催化裂化、渣油加氢、蜡油加氢、连续重整、航空煤油加氢、柴油加氢等主要生产装置35套。主要产品有汽油、柴油、航空煤油、聚丙烯等30余种。2020年，面对市场低迷、低负荷运行等严峻挑战，华北石化坚持问题导向、目标导向、结果导向，坚持“严细实快新”工作作风，顾大局、保平稳，稳经营、强管理，加工原油555.6万吨，收入238.4亿元，账面亏损20.78亿元，完成控亏目标。主要是1月底新冠肺炎疫情暴发后，市场持续低迷，2月按股份公司要求停运一套500万吨系列，低负荷（54%）运行。高库存形成跌价损失22.3亿元（2月底库存达历史最高点113万吨），导致错失3月、4月采购低价原油机会，且全年低负荷运行，影响利润9.77亿元以上。虽通过提质增效完成年度控亏目标，但低负荷下，千万吨规模技术优势无法充分发挥，固定成本与加工量严重不匹配，技经指标变差。千万吨及配套项目折旧、财务费用、催化剂摊销每年增加成本10.52亿元。2020年炼油完全加工费高达383元/吨。

华北石化主要生产经营指标

指　标	2020年	2019年	2018年	2017年	2016年
原油加工量（万吨）	555.6	645.7	336.31	390.1	440.01
汽油产量（万吨）	207.11	221.74	122.18	141.3	159.35
柴油产量（万吨）	172.21	269.49	112.33	141.54	161.31
聚丙烯（万吨）	9.55	8.82	5.99	7.56	8.47
收入（亿元）	238.4	332.5	167.86	190.28	183.53
利润（亿元）	−20.78	9.7	4.10	10.09	14.57
税费（亿元）	104.9	74.1	65.81	67.03	85.75

【“十三五”回顾】“十三五”期间，华北石化千万吨炼油及配套等重点项目陆续建成，原油加工能力1000万吨。聚焦核心装置，深化生产受控，形成以效益提升为核心，以预算管理、对标管理、成本管控、运行管理、生产优化等为抓手的生产经营管控体系，优化“产供运销储贸”业务链条，以销定产、以产促销，市场适应能力增强，加工原油2349万吨，收入1121亿元。构建有效管控的安全环保责任体系，加快集团公司历次HSE体系审核发现问题整改，加强VOC治理，二氧化硫、氮氧化物等主要污染物排放总量较2015年下降14.78%，多次获评集团公司安全生产、环境保护先进单位，2018年获质量安全环保节能先进单位。深化三项制度改革，健全完善制度流程，推进辅助业务外包，落实全员绩效考核，完善科研体制机制，开展技术攻关，获国家技术专利5项、集团公司科学技术进步奖3个，参与股份公司重大科技项目3个。开发出京Ⅵ标准、液相加氢航空煤油、HB28F和HB37MF聚丙烯等新产品，2016年成为集团公司首供北京市场京Ⅵ标准汽油企业，2019年成为首供大兴机场航空煤油企业。积极履行政治经济社会“三大责任”，实现税费406亿元，销售高清汽油柴油产品1710万吨，各种牌号聚丙烯产品40万吨。选树各类先进集体167个、先进个人1027个、劳动模范41名。举办“公众开放日”等系列活动，23项新媒体作品获集团公司奖项，445篇新闻报道在中央和省部级媒体刊发。

【生产运行】 2020年，华北石化坚持大平稳出大效益，抓日常、抓重点、抓本质、抓预防。建立“讲清楚、回头看”机制，安全虚惊、生产波动、机电仪故障大幅降低；强化专项攻关，启动公司级工艺和设备攻关74项、完成48项，实现增效保安全，装置平稳率99.86%。排查千万吨投产后装置运行问题，一部一册，持续整改；开展小接管、易泄漏法兰、振动管线等专项排查，一装置一策，制定管控措施。有效应对中压蒸汽、天然气入厂中断，极端恶劣天气险情，确保平稳受控。日常维修与预防维修相结合，消除C区、D区运行设备，治理振动超标和流量偏离机泵38台，预防维修102台关键机组，大机组故障率为零。细化完善防腐蚀管理体系，加强监测和数据应用，增加测厚点858处，发现并整改问题26项。强化继电保护定值、UPS隐患、防雷防静电等专项排查，高质量完成电气设备春检。强化仪表自控管理，建立仪表及控制系统寿命动态评价机制，实施调节阀、开关阀主动维修，仪表自控率由96.79%提升至98.57%；加强低负荷下联锁投用分析、检查，切实提升可靠性。加强劳动纪律管理，强化基层党政领导管理责任，建立人事、党群、公司值班干部、生产调度、视频监控“五位一体”劳动纪律检查机制。加强工艺纪律管理，开展生产受控专项排查，加强装置MES平稳率和DCS报警管理，深化工艺变更运行部级、专业部门级、公司级“三级管理”。加强操作纪律管理，建立约谈机制，严格操作变动和危险作业预约，执行有指令、有规程、有确认、有监控、卡片化的“四有一卡”制度，强化“机、电、仪、管、操”五位一体巡检，推进工艺、仪表电气等关键操作唱票制，提升全员遵章守纪自觉性。7月17日，首辆满载华北石化聚丙烯产品的散装罐车启程发运，这是中国石油启动合成树脂散装运输工作的首次发运，标志着中国石油化工产品向物流机械化、包装绿色化又迈出重要一步。

【安全环保】 2020年，华北石化坚持从严管理，把工作重心下沉到操作和作业现场，确保安全受控。推动HSE体系建设与专业管理相结合，坚持“一体化、精准化、差异化”体系内审，开展末位帮扶，下半年体系审核，在炼化板块排名首次进入前10，2个专业排名第1、5个专业进入前6，230个问题整改完成98%。按照一查生产现场，二查责任落实，三查检查排查情况，四查整改落实情况的“四查”要求和事故原因未查清不放过、责任人员未处理不放过、责任人和群众未受教育不放过、整改措施未落实不放过的“四不放过”原则，开展为期3个月的安全生产专项整治活动，制订实施三年行动计划，开展“强‘三基’、反‘三违’、除隐患、保安全”隐患大排查，查出隐患8548项，整改完成98.5%。开展年度风险辨识与控制，制定重点管控措施386项。严抓承包商管理，严控高风险作业数量，实施联合监督，查出问题3931项，处罚18万元，14397项作业实现风险受控。常态化开展生产异常应急演练，消防队战斗预案结合炼化工艺、装置现场，一体制定、共同组织消防实战演习，实现深度融合。落实党委生态环境保护议事规则，推进实施装车油气回收、油品罐区、隔油池密闭等VOC综合治理，开展LDAR检测，完成土壤和地下水环境调查，实施从源头预防、生产过程控制到产品销售的全过程管理，整改问题35项，推进“绿色工厂”创建。抓细抓实常态化新冠肺炎疫情防控。制订工作方案、防控手册和应急预案，外防输入、内防反弹，坚决做到“两个执行”，管好“四类人员”。针对近期河北疫情，落细管理责任，升级防控措施，建立每日例会机制，严控人员外出，严格外来人员、物品监管，加强食堂、通勤车管理，实现“零疫情、零感染”。

【提质增效】 2020年，华北石化将“战严冬、转观念、勇担当、上台阶”主题教育与提质增效紧密结合，系统推进“一手册、两底线、三攻关、四优化、五清理、六压降”为主线的“123456”华北方案，落实举措676项，创效益4.6亿元。成立提质增效工作领导小组，设立12个专业组，健全“交流协作、指导督导、定期报告、改进提升、考核激励”运行机制，每周例会、通报、奖惩，每月讲评、督办，每季度综合评比、颁发流动红旗。落实“一企一策”目标，细化分解费用指标到部门、成本指标到装置、参数指标到设备。健全对标机制，实施“一标一策”，综合商品率等6项指标同比提升。优化原油采购，健全市场分析预测机制，加强APS测算，提高上装率，降低卸船损失0.97‰。优化工艺流程，兼顾航空煤油供应，统筹新老装置运行，不断摸索、优化和调整，确立低负荷下最佳运行方式，掺炼华北油田巴彦原油。优化产品结构，柴汽比实现1.14—0.47灵活调节，适应市场变化；持续减油增化，增产石油苯、混合二甲苯4万吨、聚丙烯5006吨，生产低硫船用燃料11.59万吨，汽油、柴油收率由78%降至51%、航空煤油收率由3%提升至12%。优化全厂用能，严控燃动消耗，降低燃动费用23元/吨，增效1.3亿元。优化产品销售，健全价格管控、变化响应、获利能力分析预测机制；加大推价力度，民用液化气与中国石化价差缩小206元/吨；实现区域内成品油诚信交接全覆盖，减少延时费用，建成中国石油第一套聚丙烯散料装车系统，提升企业信誉度。强化“一切成本皆可降”意识，围绕低成本发展，推进“成本费用、能耗物耗、库存占用、人工成本、业务外包支出、采购成本”六大压降，降低费用3.4亿元。实现原油、半成品、产成品库存量由年初的113万吨降至年底的45万吨，规避跌价损失。机关管理费、“五项”费用压降等均超额完成目标。

【深化改革】 2020年，华北石化坚持改革不松劲、创新不止步，制定对标世界一流、三年改革行动、推进治理体系和治理能力现代化方案，科学编制“十四五”规划。深化干部人事制度改革，构建日常考察、专项考察、阶段性履职测评“三位一体”干部考核体系，把推动提质增效作为考核评价干部的“风向标”，选拔任用优秀中层干部18人，超过83%的单位实现“80后”进班子。深化劳动组织制度改革，推进分级分类政策落地，开展“五定”，建立包括内部退养等8项措施的退出机制，优化人力资源配置。深化分配制度改革，修订年度绩效考核和月度工效挂钩方案，绩效向生产一线、贡献突出人员倾斜，提高效益类指标权重，健全完善收入与效益效率挂钩联动机制。按照相关规范要求，企业退休人员社会化管理完成主体移交。制定创建纲要和实施方案，完善各类学习平台建设，健全学习激励机制，开展“周末大讲堂”，组织公司领导、中层干部参加网络政治理论和财务知识培训班，开展操作人员3个月现场技能强化培训，各运行部结合工艺指标、现场流程、实际操作等，实施培训项目1100余个。开展各类技能竞赛，掀起“比学赶帮超”热潮，获集团公司常减压竞赛团队二等奖、个人铜牌3枚，集团公司首届培训项目设计大赛优秀奖、优秀组织奖。修订科技管理办法，改进科技委员会职能，实施全厂能量优化等科技项目，开发出90号道路沥青、Z30S、DMA、DMX等新产品。围绕“一个指挥中心，数字和应用集成两大平台，经营管理、生产执行、过程控制3个层次，一个IT基础支持”的总体架构，完成“智能工厂”顶层设计规划。

【企业管理】 2020年，华北石化把“四精”要求融入生产经营、改革发展全过程，推行专业化、标准化、规范化、流程化管理。坚持专业与业务相统一，对维修费管理、资产管理、扶贫捐赠、业务外包等业务，细分专业、整合资源、明确职责，全面适应发展需要。开展体系融合建设，形成综合管理手册，融合QHSE、内部控制等8个体系，规章制度由485个精简至253个，减少48%。建立上级文件、公司党政决策、专业会议安排、党建工作、依法合规事项“五位一体”督办落实机制，3817项重点工作落地落实。调整职责分工，对业务外包项目进行梳理，针对存在的突出问题，制定制度、规范合同，初步形成一合同一策。结合提质增效开展教育宣讲、合同复议，业务外包费用同比下降15%，管理向科学化、规范化转变。召开法治工作会议，开展法律法规动态识别，落实重大事项法律论证机制，举办普法教育、法治大讲堂、一把手讲制度等活动，筑牢全员依法合规基础。修订内控管理手册，开展重大经营风险评估并制订管控方案，梳理证照及合规手续74项。开展岗位廉洁风险识别，制订防控措施3525条。推进千万吨项目及配套工程竣工验收，系统梳理各类历史遗留项目119个，逐一落实整改措施。经济责任审计6项问题，完成石化新村公建楼、地方政府借款等5项整改。加强企地协调，持续推动解决地方财政支持等历史遗留问题，确保依法合规。

【企业党建工作】 2020年，华北石化面对复杂多变的发展形势，把党的政治优势转化为发展优势。建立“第一议题”制度，组织党委理论中心组学习22次、专题研讨4次。制定63项巩固深化“不忘初心、牢记使命”主题教育成果具体任务。完善“三重一大”决策体系，制定总经理办公会议事规则，58个重大事项实现合规、科学、民主决策。成立党的建设工作领导小组，制定《党委落实全面从严治党主体责任清单》，建立“定期例会、工作督办、督导检查、指导基层、干部领学”五个机制，构建“各负其责、齐抓共管”的“大党建”工作格局。开展领导干部联系服务进基层“五个一”（为基层员工取一次餐、吃一顿饭、谈一次心、巡一次检、解决一个具体问题）活动，指导党建活动28次，座谈交流160人次，提出措施32项，解决倒班员工网上订餐等实际问题24项。与行政班子调整同步衔接，完成22个党支部的集中换届选举，保持全部生产班组班班有党员。出台《党员责任区、党员示范岗创建工作规范》等8项制度，使抓党建有章可循、有规可依。开展基层党建质量检查考评，结果与业绩挂钩。开展“党员建功立业”系列活动，把提质增效作为党建与生产经营融合的具体实践，25个党支部组建81个党员攻关组，产生10项一线创新成果。党支部书记、党务工作者全部集中轮训，党建平台2.0推广中，“党建业务应用”单项成绩在集团公司排名第一。突出问题导向，针对集团公司党组巡视反馈的23项问题，制定措施104项，并全部落实；巡视督导4个问题全部完成整改。开展内部巡察，发现问题126项，整改完成率97.6%。常态化抓好疫情防控、提质增效、餐饮浪费监督，完成设租寻租等4个专项整治。紧盯节假日等重要节点，节前“预警”，节内监督，严防“四风”问题回潮复燃。制定改进文风会风十四条措施，转变机关作风，服务基层一线。评选出各类先进集体50个、先进个人192名、劳动模范11名，杨向党获评集团公司劳动模范、油品运行部获评集团公司先进集体。以党建带团建，选举产生新一届团委，开展“青年技术比武”“安全生产青年争先”等活动，发挥生力军作用。

（刘　琨）

中国石油天然气股份有限公司呼和浩特石化分公司

【概况】 中国石油天然气股份有限公司呼和浩特石化分公司（简称呼和浩特石化）位于内蒙古自治区呼和浩特市，始建于1992年，占地200万平方米。

呼和浩特石化炼油加工规模500万吨/年，固定资产原值81.19亿元，14套炼油装置、1套化工装置及配套系统；配套建设有长庆—呼和浩特原油管道和呼和浩特—包头—鄂尔多斯成品油管道。主要生产汽油、柴油、航空煤油、燃料油、液化石油气、聚丙烯树脂、石油苯、工业硫黄等6大类13种产品，主要满足内蒙古自治区中西部、山西省及河北省周边地区市场需求，并出口蒙古国。截至2020年底，在册员工1720人，大专以上学历1090人；设11个机关处室、5个直属单位、10个二级单位。

呼和浩特石化主要生产经营指标

指　标	2020年	2019年	2018年	2017年	2016年
原油加工量（万吨）	409.51	423.51	357.37	447	409
汽油产量（万吨）	166.85	178.38	151.54	176.54	176.14
柴油产量（万吨）	135.62	137.62	122.25	161.17	138.52
航空煤油产量（万吨）	15.48	19.71	13.03	16.97	14.22
苯（万吨）	2.61	2.66	2.03	2.49	2.37
聚丙烯（万吨）	14.91	14.62	10.85	13.10	13.78
资产总额（亿元）	87.39	77.92	83.2	75.63	66.76
收入（亿元）	177.67	239.22	211.83	225.10	187.08
利润（亿元）	5.40	12.54	15.05	19.19	20.84
税费（亿元）	72.9	80.30	72.21	88.35	86.37

2020年呼和浩特石化安全生产总体受控，较好完成生产经营任务。加工原油409.51万吨，轻质油收率77.45%，综合商品率91.13%，炼油综合能耗66.95千克标准油/吨原油，新鲜水单耗0.48吨/吨，综合损失率0.47%。收入177.67亿元，上缴税费72.9亿元，利润5.40亿元，吨油利润130元/吨，炼油完全加工费考核口径222.77元/吨，现金加工费98.73元/吨。呼和浩特石化获集团公司2020年度“质量安全环保节能先进企业”“‘十三五’中国企业文化建设优秀单位”等称号。

【“十三五”回顾】 “十三五”时期，呼和浩特石化攻克500万项目环评验收难题，完成汽油、柴油历次质量升级任务，首次承办集团公司技能大赛并取得优异成绩、获“全国企业文化建设示范基地”称号、企业评级重回A级序列、员工幸福指数大幅提升，各项工作迈上新台阶。

“十三五”期间，呼和浩特石化加工原油2046.39万吨，收入980.9亿元，利润73.02亿元，上缴税费400.13亿元。到“十三五”末全员劳动生产率460万元/（人·年），比“十二五”末提升8.6%；净资产收益率11.52%，提升21.39%。研制开发聚丙烯系列新产品，专用料HT03B填补中国石油聚丙烯专用料的空白；汽油、柴油生产进入国Ⅵ标准时代，成为内蒙古自治区首家生产国Ⅵ标准的企业；智能化炼油厂关键技术研究与示范应用进入实施阶段，航空煤油扩能改造项目和丙烷脱氢项目稳步推进，市场竞争力和发展后劲更加强劲。

“十三五”期间，呼和浩特石化紧盯安全环保不放松，坚守“底线”、不碰“红线”。加强源头治理，实现无一般B级以上生产安全事故目标；完成500万吨扩能改造和催化烟气脱硫脱硝项目竣工验收，取得排污许可证，制约合规生产的瓶颈问题得到彻底解决。呼和浩特石化获第十二届人民企业社会责任奖——年度环保奖、连续9年获全国“安康杯”安全生产劳动竞赛优胜企业。

“十三五”期间，呼和浩特石化坚持精准对标、优化产销计划常态化，突出“事前算赢”，聚焦“一平稳四优化”，苦练内功、深挖潜力，提质增效7.09亿元。完成大检修任务，加大成品油出口力度，深化系统信息化应用，呼和浩特石化生产经营更加高效。推进三项制度改革，推行“四班两倒”运行模式、健全完善12项激励措施，强化管理体系融合，首次获石油石化企业管理现代化创新奖。

“十三五”期间，呼和浩特石化推进矿区社会化改革，完成“三供一业”移交、医疗和幼教社会化改革以及退休人员社会化管理移交工作；坚持业务回核、人员回位，压减矿区业务机构 7 个、压减人员 80 人；高层住宅楼产权证办理取得实质性突破。提高员工福利待遇，组织“两节”帮扶慰问送温暖活动，丰富员工业余文化生活。加强信访维稳和安保防恐工作，强化人防、技防、信息防，营造和谐稳定发展环境，呼和浩特石化多次受到集团公司电令嘉奖。坚持企地共建，对兴安盟突泉县平新村实施定点帮扶，实现脱贫摘帽目标，呼和浩特石化获第二届内蒙古自治区“最具社会责任感企业”。

【生产运行】 2020 年，呼和浩特石化落实炼化板块“一平稳四优化”要求，强化“12334441”（“1”指巡检；“2”指值班和交接班；第 1 个“3”指三个方案，即变更方案、处理方案、应急方案；第 2 个“3”指反“三违”，即反违章指挥、反违章操作、反违反劳动纪律；第 1 个“4”指“四超”，即超温度、超压力、超流量、超液位；第 2 个“4”指：四无，即无泄漏、无误报警、无不备用设备、无非计划停工；第 3 个“4”指“四降”，即降作业量、降不相关作业人数、降现场作业时间、降作业费用；“1”指抓应急演练）安全平稳生产过程管控，严格“四有一卡”（“四有”即有指令、有规程、有确认、有监控，“一卡”指卡片化。）生产操作制度控“四超”、注重现场管理控“四无”，推进平稳率收窄工作，促进装置长周期平稳运行。加强生产变更管理，开展风险辨识并编制变更方案，强化对操作人员交底、培训，确保生产变更平稳受控。严密组织、上下协同、科学应对，化解年初装置低负荷运行风险、高氯原油冲击风险和 9 月以来柴油高库存运行风险。高质量完成航空煤油装置停工小修、重整 E214 检修等工作，消除生产运行的瓶颈和隐患。加强工艺防腐管理，严格原料和公用工程介质品质管控，强化设备及管线测厚、过热点监测，夯实装置长周期运行基础。狠抓冬季设备管线防冻凝管理，建立台账做到风险排查全覆盖，确保冬季安全生产平稳运行。

【安全环保】 2020 年，呼和浩特石化严格落实全员、全过程、全方位、全天候“四全”要求，常态化开展公司级、处室级、车间级、班组级“四级”安全生产运行风险排查工作，强化隐患整改销项，将风险隐患消灭在萌芽状态。开展全员安全能力大检查及岗位风险大排查“双查”行动，提高培训的针对性，员工风险辨识能力、应急处置能力得到提升。落实炼化板块四项工作要求，将作业前“四问”（每一项作业预约前，要问“为什么要干？”在作业预约过程中，要问“为什么必须今天干？”对决定要进行的作业，要问“为什么必须现场干？”在确定工期上要问“为什么要干这么长时间？”）、作业过程“四严”（严格履行逐级审批，确保作业风险管控责任落实到位；严格落实各项安全措施，保证作业风险受控；严格现场监护到位，把住现场作业风险管控最后一道关口；严格监督检查考核，夯实作业安全风险管控责任，杜绝作业“三违”）落实到位，促进作业的“四降”，2020 年施工作业数量同比下降 28.57%。推行值班现场“小审核”和专家生产异常专项审核，注重将体系建设融入日常管理，促进 QHSE 体系有效运行。增强绿色环保生产意识，推进污泥干化项目，污泥减量三分之二，实现“三废”达标排放。

【疫情防控】 2020 年，呼和浩特石化组织召开近 30 次党委会和 116 次新冠肺炎疫情防控工作领导小组会，以“战时状态”，统筹部署疫情防控、复工复产和改革发展等工作，构建呼和浩特石化三级疫情防控全覆盖网络。各级党组织共成立 30 支党员志愿者服务队，591 名在岗党员主动履职尽责，带头奋战在疫情防控和安全生产第一线。通过第一时间部署、第一时间行动、第一时间排查、第一时间稳控，保障不让一名员工感染和低负荷下安全环保平稳生产“两确保”目标的实现。同时，呼和浩特石化紧急转产 7800 吨无纺布纤维料 HT40S，为抗击疫情作出应有的贡献，履行央企的社会责任。

【提质增效】 2020 年，呼和浩特石化贯彻落实“四精”（经营上精打细算，生产上精耕细作，管理上精雕细刻，技术上精益求精）原则要求，筛选出 82 个项目，涉及 127 个分项，并制订行动方案，聚焦“保、压、缓、停、降、节、合、变”八字管控措施，加强“周通报、月分析、季考核”过程督导，提质增效 1.21 亿元。坚持市场导向，强化经营策略分析优化，精准指导生产，增加聚丙烯生产负荷达 99.5%，扩大对蒙古国成品油出口 6.54 万吨。开展节能降耗工作，通过提高烟机效率、污水单系列运行等项目的实施，大幅压降生产成本。加强与地方政府沟通，用好用足政策，2—4 月养老保险费用减少 426 万元，获援企稳岗补贴 195 万元，压减人工成本。

【转型升级】 2020 年，呼和浩特石化启动丙烷脱氢装置建设前期工作，完成项目可行性研究报告批复和基础设计内审，环境评价报告完成审查，项目按计划有序推进。航空煤油扩能改造项目完成可行性研究报告审查，呼和浩特石化 3 号喷气燃料生产通过民航局航油航化适航审定，获技术标准规定项目批准书，为航空煤油扩能改造提供强力支撑。推进智能化炼油厂建设，通过“优化催化装置主分馏塔取热，提高蒸汽产量”等九个生产优化方案，为生产精益运行注入科技力量。推进信息化工作，自主研发推送包括“平稳率异常”“物料平稳异常”等8个模块的信息数据，提高工作效率，保障生产平稳运行。

【管理体系融合】 2020年，呼和浩特石化持续推进管理体系融合，从QHSE管理、制度建设等方面入手，组织对制度进行梳理、分析确认，形成《整体业务能力架构》《综合管理体系要素对照表》。开展内控流程符合性评审，及时修订完善内控手册，提升流程符合性、规范性。创新审计工作方法，纵向查深查透、横向查细查实，工程审减额225.12万元。深化三项制度改革，推进“去行政化”改革，盘活人力资源，优化安置员工到生产一线车间，清理19名外包保洁人员。加大干部员工培训力度，完成中层领导干部、基层班组长“全员”培训，干部员工业务素质明显提升。开展岗位练兵、技术比武活动，在500吨/年炼化企业常减压装置操作工技能竞赛中，呼和浩特石化获个人铜牌3枚、团体应急三等奖。

【企业党建工作】 2020年，呼和浩特石化开展党委巡察工作，实现对所属党组织巡察的全覆盖，推动全面从严治党向基层延伸。开展“形势、目标、任务、责任”宣讲活动和“战严冬、转观念、勇担当、上台阶”主题教育，统一思想，凝聚合力。加强意识形态阵地建设，始终坚持弘扬正能量，利用网络媒体讲好呼石化故事，15家中央媒体对呼和浩特石化新冠肺炎疫情防控工作进行宣传报道，展示呼和浩特石化良好企业形象。加强保密管理，通过对队伍建设、保密宣教、自查防范的强化，织密保密防线。开展“众志成城 共克时艰”主题活动和“十佳伉俪”选树，激发广大党员干部“战疫”和建功立业的积极性。丰富“骏马特色文化”内涵，打造升级版“骏马特色文化”，呼和浩特石化企业文化建设实现新提升。

【矿区改革】 2020年，呼和浩特石化稳妥推进矿区业务社会化改革，完成医疗、幼教社会化改革和退休人员社会化管理移交工作。协调督促“三供一业”接收方实施维修改造和业务全面运营承接，完成维修改造全部工程量。按照“合法合规、分类实施”原则，竞价出售12套矿区空置公有住房，实现员工受益、呼和浩特石化资产轻量化、历史遗留问题合规解决。解决乌兰牧骑剧场欠费清缴工作，欠费清缴68.5万元。推动高层住宅905户房屋不动产权证办理工作，499户领取不动产权证。强化矿区留存业务管理，严格委托服务业务监管，确保服务质量不降低、矿区和谐稳定。

【企地共建】 2020年，呼和浩特石化投资110万元帮助突泉县突泉镇平新村各户发展庭院经济，每户种植1亩鸡心果的同时借鉴集体肥牛养殖模式，增加集体安格斯牛养殖，带领村民走出贫困、走向振兴，彰显石油企业的责任与担当。

（何淑华）

中国石油天然气股份有限公司辽河石化分公司

【概况】 中国石油天然气股份有限公司辽河石化分公司（简称辽河石化）位于辽宁省盘锦市，前身为盘锦炼油厂，始建于1970年，1971年建成投产，经过近50年的建设发展，成为原油加工能力550万吨/年、固定资产原值70.28亿元的炼化企业。有常减压蒸馏、催化裂化、连续重整、汽油柴油加氢、润滑油高压加氢、延迟焦化、润滑油糠醛白土联合精制、气体分馏、聚丙烯、制氢、硫黄回收、酸性水汽提、干气及液化气脱硫等31套主体装置以及完善的公用工程系统和辅助生产设施。2020年底，设机关处室11个、附属机构5个、直属部门3个、二级机构17个，在册员工2395人。主要加工低凝环烷基原油、混合稠油、超稠油、石蜡基原油和进口稠油，主要生产沥青、汽油、柴油、润滑油、燃料油、聚丙烯、石油焦、液化气、橡胶增塑剂等39种产品。辽河石化是以加工稠油为主的炼化企业，是中国石油最具特色的炼化企业之一。面对稠油轻质油收率低、腐蚀严重、环保问题等困难，辽河石化形成资源、产品、技术三大特色。以“建设稠油加工基地，打造现代化特色精品企业”为目标，坚持走特色化、差异化、高端化的发展路线，建设“精品炼厂、效益炼厂、绿色炼厂”，实现“吃粗粮、产精品、高效益”。

2020年，辽河石化加工原油482.9万吨，销售产品485万吨，收入155.91亿元，上缴税费36.15亿元，完成炼化板块下达的2亿元效益奋斗目标，吨油利润30元，比炼化板块平均高112元，自由现金流 6.63 亿元，同比增加 3.9 亿元，“两金”压控完成 120%，为“十三五”画上圆满句号。

辽河石化主要生产经营指标

指　标	2020 年	2019 年	2018 年	2017 年	2016 年
原油加工量（万吨）	482.9	465.11	457.69	457.6	470.50
汽油产量（万吨）	62.91	73.8	64.7	64.48	57
柴油产量（万吨）	87.89	128.97	126.34	137.83	132
燃料油（万吨）	85.75	2.48	11.54	11.14	0
石油焦产量（万吨）	22.76	24.49	22.1	24.5	24.28
润滑油产量（万吨）	5.46	4.73	3	4.07	13
石油沥青产量（万吨）	103.22	145.56	165.59	154	177
液化石油气产量（万吨）	10.94	12.47	9.51	10.35	10
蜡油产量（万吨）	0	6.98	9.4	12.62	0.89
芳烃类产量（万吨）	18.19	14.74	7.97	8.54	13.15
聚丙烯产量（万吨）	2.6	2.81	2.19	2.45	2.35
橡胶增塑剂产量（万吨）	50.52	19.87	23.4	15.27	0
资产总额（亿元）	45.17	45.13	60	58	56
收入（亿元）	155.91	208.69	200	182	139
利润（亿元）	1.23	0.27	0.32	2.26	0.13
税费（亿元）	36.15	48.29	40.4	49	41

【“十三五”回顾】“十三五”期间，辽河石化坚定特色发展方向，推进重油轻质化，加工原油 2334 万吨，销售产品 2275 万吨，收入 878 亿元，上缴税费 215 亿元，利润 3.25 亿元，连续 15 年盈利。2019 年，炼化企业综合业绩排名由 2018 年第 31 位提升至第 6 位，进入集团公司 A 级企业行列。2020 年，成为中国石油北方地区唯一完成加工任务和辽宁地区唯一实现盈利的炼化企业。润滑油高压加氢、低硫船用燃料油生产配套设施、轻烃处理单元、富氢气体回收等项目建成投产，推动产品结构根本性调整。利用辽河原油环烷基特性，开发环烷基润滑油高压加氢技术。利用辽河原油低硫特性，开发出低硫船用燃料油系列产品。利用辽河原油低凝低蜡特性，开发低凝稠油、超稠油生产重交沥青及改性沥青等技术。形成高硫、高酸原油加工成套防腐技术和腐蚀监测技术。利用非统价产品占比高的特点，创新销售方式，拓宽销售渠道。形成润滑油高端化、低硫船用燃料油低成本、沥青系列化、稠油加工专业化、产品销售市场化“五大优势”，成为中国石油稠油加工技术中心，走出一条适合自身生存发展的特色之路。

“十三五”期间，集团公司把辽河石化定位为环烷基润滑油、低硫船用燃料油、高等级沥青生产基地。生产环保橡胶填充油、变压器油的润滑油高压加氢路线，与生产高芳烃橡胶增塑剂的“老三套”路线形成优势互补，实现特种润滑油年产能 50 万吨以上，成为新的效益支撑点。钻井液基液生产基地落户辽河石化，高端润滑油生产基地特色凸显。低硫船用燃料油实现全国首单出口，完成 85 万吨出口配额任务，中国石油最大低硫船用燃料油生产基地地位凸显。沥青产品由规模化向优质化和高端化转变，环保沥青填补集团公司产品空白，中国石油最大沥青生产基地优势凸显。

“十三五”期间，辽河石化公司实施三项制度改革，压缩直属机构 2 个、附属机构 1 个，压减员工 416 人，对 16 项管理职能及人员进行明确或划转。推进业务归核化，完成财务共享和人力资源共享，关停退出招待所、绿化、食堂餐饮、治安保卫等非核心业务。完善业绩考核体系，动态调整奖金基数，设置浮动奖。在国家级、行业级职业技能竞赛中，获团体奖项 11 次，个人奖牌 6 枚，5 人获全国石油和化工行业、集团公司“技术能手”称号。深化“辽河油辽河炼”共识，推进原油分输、分储、分炼，开展后勤保障、人力资源等业务合作，油区协作高效顺畅。科学谋划“建设稠油研产两大基地，打造一流特色精品企业”发展目标，稳步实施“一年转观念、两年夯基础、三年见成效、五年大跨越、十年创一流”的“五步走”发展规划，“大党建”格局日益完善，党委政治巡察 3 年全覆盖收官，增强高质量党建引领高质量发展能力。

【经营管理】 2020 年，辽河石化落实新发展理念，推动质量变革、效率变革和动力变革，高质量发展保障更加有力。坚持“问题导向、以点带面、综合施策、持续提高”管理理念。启动管理体系融合，整合转化制度 47 项，修订 174 项，废止 29 项，修改流程 145 个，删除 22 个，新建 24 个。开展大机组管理提升工作，突出预知性维修的推广和应用，加强运行与状态检测参数监测，加大机泵振动治理，全部机泵实现A区、B区运行，优化26套装置全流程自动控制、自控率98.48%以上，加强循环水和蒸汽质量管控，循环水水质合格率由92.14%提升至99.3%，中压蒸汽合格率由95.47%提升至99.2%。工艺管理更加精细，建立“日检、周评、月兑现”管理体系，精细化平稳率管理，实施加热炉管理“一炉一策”，执行“四有一卡”，工艺报警点次数由每周5100次减少至600次。加强工作循环分析，提高风险防控和应急处置能力。

2020年，辽河石化推进人力资源优化配置，用工总量减少80人，清退非全日制用工26人、劳务用工34人，后勤业务员工10人补充至倒班岗位。完成首批12名重要岗位人员岗位轮换。完善业绩考核机制，加大浮动奖分配力度，月浮动奖基数由300元提高到500元。实施精准化专项激励，兑现提质增效专项奖励120万元、“研、产、销、服”一体化专项奖励20万元。加强人才队伍建设，组织工艺、设备、安全专业考试，选拔技术人才6人，末位淘汰5人，列入试岗管理5人。以赛带训，开展钳电仪、分析化验工基本功职业技能竞赛。合规管理更加规范。紧盯关键领域和重点环节，针对招标业务主要风险点，制定标准，规范流程，压实招标主体责任，明确业务职责权限，加强过程监管和结果监督，建立考核评价机制，规范招标各方行为。建立以注重合同全过程管理，把管控重点放在前期防范和控制上的法律合同管理体系，合同签约率，经济、技术、法律3项审查率，以及履约率3个100%，确保经营过程合法合规。

2020年，辽河石化坚持创新驱动发展，立足行业、走向市场，塑造发展新优势。低硫船用燃料油生产配套项目有序推进，为辽河石化特色化发展增添新动能。轻烃回收单元建成投用，分离出民用液化气，解决轻烃无法综合利用的问题。实施1号改质新氢进高压氢气管网项目，保证氢气管网平衡，确保润滑油高压加氢装置满负荷运行。完成高温热力管道节能改造项目，大幅降低蒸汽热量损耗。完善“研、产、销、服”一体化机制，实施增产环保橡胶增塑剂技术研究等5个项目，增效1000万元以上。开发钻井液基液新产品，吨油创效达500元以上。开发N4010新产品，实现N系列橡胶增塑剂量产。开发低硫船用燃料油系列产品，抢占国际市场份额。环保阻尼沥青在知名汽车厂家应用，开辟特色沥青开发新路径。新建信息化项目11个，上传重大危险源视频监控74点、危险源数据473点，辽河石化全部摄像头及分散监控系统并入视频监控管理平台。门禁系统集成考勤、消费等应用功能，内部网络视频会议系统提高会议效率。深化信息系统应用，完善MES系统调度一体化和炼化生产技术分析功能，实现APS系统“优化—排产—测算—分析”业务协同功能。

【安全环保】 2020年，辽河石化积极应对新冠肺炎疫情，扭转安全生产被动局面，加强疫情防控和安全环保管理。外防输入、内防反弹，建立常态化疫情防控长效机制，压实主体、直线、属地“三大责任”，坚持疫情日报告、零报告，严格执行重点场所消杀规定，突出重点人群管控，建立油区联防联控机制，实现员工及家属零疫情、零感染。吸取事故教训，狠抓安全生产主体责任落实，常态化查思想、查管理、查技术、查纪律，修订41项安全生产管理制度，实施全员岗位QHSE履职能力评估，开展“安全生产百日整治”“安全生产专项治理整顿”活动。强化风险作业过程监督和考核，处罚违章行为425项，淘汰安全业绩考评末位承包商2家。专业管理日益精细，在集团公司QHSE体系审核中取得明显进步。健全和落实生态环境保护议事制度，强化污染源源头管控，日常监测结果纳入考核，污染物稳定达标排放。加快环保隐患治理，建成投用污水预处理系统异味治理等6个VOCs项目，完成水处理单元14项提标升级项目，厂区及周边空气质量得到明显改善。

【提质增效】 2020年，辽河石化制定5方面17类129项措施，增效4.18亿元，超额完成提质增效既定目标。开展日核算工作，实时测算“公司＋装置”在不同加工方案下的盈利能力，及时调整产品结构。落实减油增化要求，减少汽油、柴油商品量52万吨，增产橡胶增塑剂等高附加值产品28万吨。执行集团公司低硫船用燃料油整体战略，完成船用燃料油产品出口配额，占中国石油总产量35%；生产20号、50号硬质沥青，盈利创历史同期最高水平。拓宽润滑油产品销售渠道，部分特色小产品竞价销售，增效2990万元。与吉林石化、大庆石化互供降低生产成本，实现合作共赢。有效推进油气集输流程调整，提高低凝油分储分输比例，增加低凝油、混合油入厂量，低凝油加工量同比增加7.63万吨，混合油加工量增加15.44万吨。将优势资源向创效能力强的润滑油及橡胶增塑剂产品路线倾斜，增产橡胶增塑剂8万吨，保持润滑油高压加氢负荷90%以上。树立“一切成本皆可降”的理念，把提质增效加工费指标纳入生产计划刚性执行，炼油综合能耗69.42千克标准油/吨，同比下降0.68千克标准油/吨。优化全厂装置运行，停运1号汽油加氢和1号制氢装置，糠白装置间歇开工，优化蒸汽管网，停用华润电厂中、低压蒸汽。降低辅材成本1079万元、添加剂成本765万元。落实新冠肺炎疫情期间各项优惠政策，缓缴税款21.61亿元，节约利息、费用支出5689万元，减免各类社会保险1117万元。压控“两金”占用，推进电子商业承兑汇票，成品油销售日销日结，节约财务费用支出830万元，压减运输成本800万元。严格项目计划管控，压减修理费支出1600万元。深化对标管理，提升核心装置创效能力，润滑油高压加氢装置精准控制反应深度，高效产品收率90%以上。重整装置成为达标装置，辛烷值桶92.78，能耗60.2千克标准油/吨，居炼化板块第2位。催化装置经济指标创历史最好水平，汽油加液化气收率首次突破60%，丙烯收率5%以上。西蒸馏总拔收率同比提高1.43%，增效1267万元。优化石脑油及氢气系统平衡，柴油改质装置重石脑油收率增长6.01%，增效1928万元。推进丙烷脱沥青、轻脱油生产光亮油等技术攻关，建立公司级全年原油数据库。

【企业党建工作】 2020年，辽河石化梳理汇编公司党委和党群部门工作制度62项。完善党群系统会议机制，党委会审定“三重一大”事项65项，把好政治方向关、顶层设计关和重大决策关。高质量开展“战严冬、转观念、勇担当、上台阶”主题教育活动，两级班子调研31次，收集意见建议128条，为基层解决问题72个，促进提质增效措施有效落实。

落实党建责任制，健全党的基层组织体系，成立5个党总支，完成27个党支部换届选举，136个基层班组“班班有党员”。组织24名党支部书记述职评议，实现首轮全覆盖。开展党建基础资料达标创优活动，推进8家党支部标准化阵地建设，以党建工作优势促进行政工作提升。规范领导人员选拔任用，加大优秀年轻干部培养选拔力度，2020年提拔使用51人，其中新提拔主管平均年龄37岁，包括“80后”24人、“90后”1人。深化党建信息化平台2.0应用，推进党支部“结对共建”活动，“结对子”25对，“建项目”26项。

2020年，辽河石化组织3轮党委政治巡察和4项专项监察，实现三年政治巡察全覆盖。改进文风会风，控制会议数量，推进报表、简报网络共享。召开辽河石化共青团第二次代表大会，搭建青年员工成长平台，青年监督员查找各类属地隐患99项。修订困难职工帮扶管理办法，扩大扶贫帮困范围，通过节日帮扶、医疗帮扶、应急帮扶，帮扶困难员工家庭128户，使用帮扶资金88万元。关心关爱员工，为员工投保三大团体保险，赔付182万元，解决员工实际困难。开展不稳定因素大排查大调解和重大改革事项稳定风险评估，攻坚化解“四重”问题，未发生“涉疫访”、进京非法访和群体性事件。

（宁晓韦）

中国石油天然气股份有限公司长庆石化分公司

【概况】 中国石油天然气股份有限公司长庆石化分公司（简称长庆石化）位于陕西省咸阳市渭城区，毗邻西咸新区，始建于1990年，1992年投产，固定资产原值59亿元，主要生产装置17套，辅助设施12套，具备年加工500万吨原油能力。长庆石化为燃料型炼油厂，产品以国Ⅵ标准车用汽油、柴油、航空煤油、液化石油气为主，有少量的丙烯、工业硫黄、石油苯、道路沥青等化工产品。2020年底，设10个机关职能处室、5个直属机构、9个二级单位和3个机关附属机构。在册员工1114人，平均年龄39.7岁，大专以上文化程度占78.5%。

2020年，长庆石化坚持以提质增效为主线，有效应对后路不畅、库存告急、运行困难等严峻挑战，全方位突出精细化管理，夺取新冠肺炎疫情防控阻击战和效益实现保卫战的双胜利。加工原油473.3万吨，生产汽油178.4万吨、柴油162.1万吨、航空煤油67.6万吨，收入203.8亿元、上缴税费82.5亿元。

【“十三五”回顾】 “十三五”期间，长庆石化发挥资源、地域优势，装置高负荷平稳运行，加工原油2286万吨，收入1144亿元，账面利润76亿元，创效能力始终保持炼化板块前列，绩效考核连续3年获A级，业务发展能力位居前3。高质量完成两轮装置大检修，11项指标得到改善，轻质油收率提高1.1个百分点，柴汽比下降0.42，高效产品比例提升28%，综合能耗下降4.3千克标准油/吨，开发新产品6种，提质增效约7亿元。新建天然气和航空煤油两条管道投运，百万吨级航空煤油生产基地全面建成。树立“硬安全”理念，QHSE体系建设深入推进，杜邦管理理念深入人心，管理工具普遍推行，双重预防体系运行顺畅，风险管控和应急处置能力显著提升，通过国家安全生产标准化一级企业现场验收，筑牢本质安全、生存发展基础。落实环保升级升位管理，强化全过程精细化管控，完善环保治理和在线监测设施，COD、SO_2、NO_x、氨氮等主要污染物实现超净排放，VOCs减排85%以上，被评为国家和行业双“绿色工厂”，连续3年被评为集团公司安全环保先进单位。覆盖6大业务领域开展智能工厂建设，构建全流程、精细化、可视化的生产管控系统，建立全热点、高精度三维数字化工厂模型，实施机电仪智能化管控，完善信息基础设施，仪表自控率提升到99.5%以上，联锁投运率100%，设备可靠性大幅提高，员工劳动强度有效降低，有力促进本质安全、成本效益、管理效能提升。长庆石化成为5个国家级试点和集团公司首批数字化转型智能化发展试点单位，在全国石化企业中率先通过国家智能制造能力成熟度四级评估，被评为国家“智能制造标杆企业”。实施示范型城市炼油厂整体形象提升工程，完成总图整治、老旧装置拆除、现场标准化目视化改造等项目，加大绿化美化力度，厂区面貌焕然一新，“美丽石化、花园工厂”成效显著。坚持开门办企业，主动履行社会责任，企地关系和谐融洽，获石油石化行业责任关怀最佳实践单位和陕西省爱心企业、三秦善星等荣誉。示范型城市炼油厂建设取得重大阶段性成果，完成“十三五”各项任务目标。

长庆石化主要生产经营指标

指　标	2020年	2019年	2018年	2017年	2016年
原油加工量（万吨）	473.3	425.2	482.4	470.1	435.2
航空煤油产量（万吨）	67.87	58.15	60.75	38.68	30.25
柴汽比	0.92	0.93	0.99	1.19	1.34
综合能耗（千克标准油/吨）	60.67	61.99	62.58	64.47	64.98
收入（亿元）	203.8	234	277.5	240	188.9
税费（亿元）	82.5	80	87.2	92	82.6
利润（亿元）	6.2	9.5	21.6	21.2	17.1

【经营管理】 2020年，长庆石化实施升级管理，成立应急领导小组，一体化统筹计划、生产、销售及外部资源运行，周密制定多种工况应对措施，采取租用国储库、优化成品油物流等超常举措，实现装置超低负荷平稳运行，力保经营态势在最短时间内企稳回升，把新冠肺炎疫情造成的损失降到最低。强化市场意识，成立市场化推进领导小组，紧盯靶心目标，加强产、运、销、储衔接，动态优化调整产品结构，大力拓市增量，高效产品比例达86.7%，柴汽比降至0.92，产销率101%，其中航空煤油在西安咸阳国际机场的市场占有率突破90%、创历史新高。

【生产运行】 2020年，长庆石化结合“精细管理年”工作安排，突出技术和现场两个主攻方向，提升现场管理、生产运行、工艺技术和基础管理精细化水平。以“推进精细化、扫除低标准”百日整治活动为切入点，强化现场巡检、交接班、检维修、监督检查标准化管理，整改4671项低标准问题。发挥技术专家作用，推进53个公司级长周期课题攻关，有效解决低加工负荷结焦、液化气和贫液质量波动等问题。建成投运设备可靠性管控中心，扩大设备在线监测范围，设备完好率99.9%，动、静、电、仪设备智能健康运行水平进一步提升，装置运行平稳率99.9%，无非计划停工。深化精细化对标管理，与先进企业开展“全厂+装置”对标，实现整体效益和技术经济指标同步提升，综合能耗、加工损失、新鲜水单耗等6项指标创出历史最好水平。完善质量管理制度及标准，开展全员质量管理活动，航空煤油通过中国民航适航首次审定，质量检验中心获CNAS实验室国家认证。

【安全环保】 2020年，长庆石化坚决落实集团公司新冠肺炎疫情防控要求，抓好常态化疫情防控，守住“零疫情、零感染”的底线。落实“四全”要求，层层分解安全环保目标，发布370个岗位安全生产责任清单，开展全员安全生产履职能力考评，实施个人安全记分制，靠实安全环保责任。开展HSE工具应用比赛和现场讲述，推进HSE标准化班组评审，集团公司体系审核问题整改完成94.8%。落实安全生产专项整治三年行动计划实施方案，开展重大危险源辨识和预警，坚持危险作业预约，实施高危作业挂牌管理，加大重点时段特殊时期隐患发现奖励力度，建立“现场半小时”检查机制，通报整改现场问题1530项。做好VOCs泄漏检测与修复，检测密封点40万个，泄漏点修复率97.5%，建成投运VOCs网格化监控预警系统，组织厂界VOCs走航检测，现场异味管控更加严格。建立土壤和地下水污染防控检测体系，如期完成排污许可证变更和延续许可，绿色发展根基更加稳固。

【提质增效】 2020年，长庆石化落实炼化板块“一企一策”要求，将提质增效专项行动与“战严冬、转观念、勇担当、上台阶”主题教育有机结合，推动提质增效专项行动深入开展。制定9方面47项151条任务，细化公司级措施518项。聚焦管理增效，抓好压减投资项目、资金管理、精细仓储管理、优化采购策略、压缩业务外包等措施，“两金”压控完成121%，节约采购资金2535万元，增效3860万元。聚焦优化增效，做好原油及损失、产品结构、装置及设备运行和产品销售等优化工作，实现单台锅炉、单一气源、单一氢源运行，原油损耗同比下降0.13‰，设备计划检修率92%，综合能耗下降1.32千克标准油/吨，化工产品价格到位率106%，增效6990万元。聚焦降本增效，采取革命性措施，化工辅材单耗下降4.3%，“五项”费用刚性下降47%，增效4520万元。聚焦创新增效，有序推进14个科技项目和82项技术攻关项目，申请专利17项，专利总数量和发明专利数量均创新高；表彰科技成果20项、优秀科技论文19篇；开发丙烷、防水沥青F80等新产品，增效益约100万元。通过开展提质增效专项行动，增效1.5亿元。

【企业管理】 2020年，长庆石化结合“五定”工作，细化装置、岗位工作标准，规范工作流程，开展“工作清单化、执行台历化”管理。整合12套体系1100多个管理要素，发布《综合管理体系手册》，体系融合工作走在炼化板块前列。推进示范型城市炼油厂标准体系建设，形成6项企业标准，申报3项地方标准，牵头制定1项团体标准。强化法律风险全过程、全要素管控，建立标准合同文本库，组织招投标管理专项整治自查，总招标率87%，公开招标率100%。审计工作成果显著，完成大检修、日常检维修、技改项目结算审计102项，审减2300万元。

【企业党建工作】 2020年，长庆石化健全党建工作责任体系。编制《党支部工作规范》，实施党员量化考核，组织党委书记与党委委员、党支部书记与支部委员签订党建责任书，规范区岗创建标准，完成支部换届选举，开展基层党建短板弱项“大排查、大扫除、大清零”专项工作，基层党建工作规范化标准化水平持续提升。开展党支部书记党建业务培训，启动第一批17名干部双向挂职锻炼，组织安全、设备、工艺技术管理人员竞赛和职业技能竞赛，创新开展机关素质提升大学堂和技术大讲堂，持续提升人力资源价值。深化党建信息化平台2.0推广应用，党员学习、教育、管理再上新台阶。推进纪检监察体制改革，完善“两书九单七表N制度”全面从严治党责任体系和“一体两翼多点支撑”大监督工作格局。以政治标准和政治要求狠抓制度执行和部署落实，以“一台账四清单”方式做深做实精准监督，完成5个党支部巡察工作，以一体推进“三不”机制推进公司治理效能提升和政治生态持续好转。加强宣传工作，加快新媒体建设步伐，围绕抗击疫情、提质增效、精细管理年、主题教育等热点，突出员工弘扬石油精神的生动实践，内外部发稿量同比增加10%。

【和谐发展】 2020年，长庆石化就地改造工作取得重要阶段性成果，内部项目完成90%，外部搬迁改造实质性推进，卫生防护距离重新核定工作有序推进。建立全员职业健康档案，发布长庆石化《健康中国2030规划纲要》，创建省级健康示范企业。发挥工会、共青团组织优势，召开第二次团代会，广泛开展劳动竞赛、巾帼建功和青年创新创效、安全当先等活动。举办媒体开放日暨《2018—2019年企业社会责任报告》发布会，并首次聘任10名社会责任监督员，人民网、新华网及《陕西日报》等23家驻陕西媒体到场见证。加强统战工作，常态化开展困难群体帮扶，完成离退休人员社会化管理移交，做好维护稳定工作。

（许　超）

中石油克拉玛依石化有限责任公司

【概况】 中石油克拉玛依石化有限责任公司（简称克拉玛依石化），始建于1959年，是中国石油的稠油加工基地和高档润滑油、沥青生产基地。按照集团公司与新疆维吾尔自治区深化合资合作框架协议，于2015年7月完成合资公司组建，更名为中石油克拉玛依石化有限责任公司。合资公司保持中国石油运营体系和管理模式不变。2020年底，设机关处室12个、机关附属6个、直属机构3个，直属单位19个。

主体装置35套，辅助装置21套，可生产各类石油化工产品160多种，主导产品 40余种。被评为集团公司2019年度“质量安全环保节能先进企业”，保持“全国‘安康杯’竞赛优胜企业”称号。

2020年，克拉玛依石化加工原油548.3万吨（其中稠油363万吨），生产汽油106万吨、柴油162万吨、航空煤油15万吨，特色润滑油84万吨、沥青92万吨，高效产品占比81%。收入194亿元，炼化板块排名第6；上缴税费69亿元，其中留存地方12.4亿元。产品出厂符合率100%，未出现一起厂内及厂外质量事故。接受上级抽检13批产品，全部合格。

克拉玛依石化主要生产经营指标

指　标	2020年	2019年	2018年	2017年	2016年
原油加工量（万吨）	548.3	573.53	500.02	551.08	557.01
汽油产量（万吨）	106	131.30	92.79	101.02	102.67
柴油产量（万吨）	162	166.25	138.59	155.55	186.94
航空煤油产量（万吨）	15	34.04	24.19	25.90	22.36
润滑油产量（万吨）	84	64.64	45.51	54.81	49.75
沥青产量（万吨）	92	75.16	84.55	102.60	84.83
资产总额（亿元）	132.18	121.53	112.49	109.92	83.49
收入（亿元）	194	267.31	229.19	229.62	202.27
利润（亿元）	7.81	13.59	22.37	34.41	29.53
税费（亿元）	69	79.45	62.02	79.27	88.55

【“十三五”回顾】“十三五”时期，克拉玛依石化生产经营连创佳绩，聚焦高质量发展，深化改革创新，运营水平和整体实力稳步提升，多项经济技术指标创历史新高。加工原油2729.94万吨（其中稠油1773万吨），比“十二五”时期增加41万吨；生产产品油1464.6万吨，润滑油298.71万吨，沥青439.14万吨；综合商品率始终保持在95.3%以上；高效产品占比81%，同比增长28%。主营业务收入1122.39亿元，其中留存地方63.5亿元，创历史最好水平。企业经济效益和赢利能力始终位居炼化板块前列。

【生产运行】 2020年，克拉玛依石化聚焦高质量“安稳长满优”运行，强化资源保障，与新疆油田研究制定稠油400万吨/年稳产开采方案，跟进分析风城超稠油、春风原油及玛湖、南缘等区块油品研究利用；开展周边煤炭资源利用调查研究，转型升级高质量发展的资源储备持续靠实。深化工艺、设备24小时生产问题上报处理，优化生产、作业管理和系统保障，开展催化等装置长周期运行攻关，开展装置平稳运行风险辨识及措施落实。2020年，装置平稳率、自控率始终保持炼化板块前列。

【HSE基础管理】 2020年，克拉玛依石化落实主体责任，强化双重预防机制构建，抓实风险隐患排查治理，发现隐患609起，奖励13.32万元；坚持标本兼治，47项公司级及以上隐患治理按期完成。深化全员HSE安全环保履职能力评估，加强人员、工艺、操作等“五要素”管理，依规读卡操作，抓实HSE技能提升，推行安全生产记分等，着力夯实HSE基础，举一反三整改HSE体系审核问题182项，健全完善HSE各项制度31项，开展应急演练848次，生产安全事件同比下降27%，未发生B级及以上安全生产事故。

【安全环保】 2020年，克拉玛依石化将生态环境保护纳入各级党组织重要议事日程，制定《党组织生态环境保护重大事项议事规则》，将节能降耗纳入KPI考核，推进“三泥”进焦化项目，含油污泥同比减量30%；加速推动VOCs综合治理，储罐联运等项目如期投用；按期完成净化水库加固竣工验收，完成土壤、地下水环境调查。炼油综合能耗同比下降0.15千克标准油/吨，COD、氨氮等4项污染物均严格保持在达标范围内，未发生一般及以上环境事件。

【工艺技术】 2020年，克拉玛依石化加大平稳率、自控率、报警考核权重，重要指标分级纳入部门和车间业绩合同，强化变更及受控管理，落实操作交底、内外操读卡、5秒钟工作法、旁站管理等，一级保一级，层层保落实，装置平稳率99.96%、自控率99.95%，均超目标值，彰显大平稳出大效益优势。

【设备管理】 2020年，克拉玛依石化开展对标达标及深层次工艺设备防腐，完成装置重点难点两级技术攻关98项，重点完成焦化汽油加氢等装置长周期攻关和7套装置标定；聚焦设备全生命周期管理，狠抓设备基础管理，推行设备状态智能监测，重点抓好大机组特护、润滑管理、易泄漏法兰检测及机泵风险评价与精准维保。设备计划维修和预知维修率占比超过83%，设备完好率99.5%以上。

【科技创新】 2020年，克拉玛依石化聚焦发挥特色资源、特色产品、特色技术优势，坚持以科研创新体制改革为突破口，强化新产品开发推广领导小组职能，紧盯新产品研、产、销各环节衔接，推进“双序列”改革，将克拉玛依石化炼化院原有的6个研究所合并至4个。修制订知识产权保护、科技成果转化创效奖励等制度5项，推行科研项目分级管理制，开展重点科研项目28项。其中，变压器油新工艺实现I套高压加氢直接生产20号、40号变压器油，工艺流程大幅缩短；化学法改性克拉玛依沥青降低SBS改性沥青加工难度，节省生产成本。“N4010高档白色环保橡胶填充油”等4项成果获集团公司科技成果转化创效奖励；“一种石油磺酸盐的制备方法”同时获集团公司和新疆维吾尔自治区专利奖；“新标准KI50X变压器油基础油工艺开发与应用”等2项成果获新疆石油学会科学技术进步奖。

【提质增效】 2020年，克拉玛依石化面对新冠肺炎疫情和国际油价断崖式下跌等风险挑战，推进“战严冬、转观念、勇担当、上台阶”主题教育和提质增效专项行动，组织各类宣讲183场次、大讨论107场次，征集合理化建议304条，提质增效成果被人民网和《中国石油报》等媒体广泛宣传报道。推进产品结构优化、成本压降等相关33类200余项措施，压实考核指标，周通报、月考核，形成全员狠抓提质增效、共克时艰的强大合力。

【管理提升】 2020年，克拉玛依石化坚持问题导向，推进巡视、审计、体系审核等反馈问题整改，修制订各类制度64项、废止42项；周检中发现并查处各类问题1844项；推进人力资源及财务共享和合同管理2.0系统上线，移交招投标业务，通过内控合规性测试；制订改革三年行动计划及中长期发展，为“十四五”高质量发展奠定坚实基础。

【队伍建设】 2020年，克拉玛依石化积极助力员工价值实现和成长，推进三项制度改革，工业保洁与综合服务中心合并；完成生产一线编制定员核定，编制核减8.8%；推动主要效益指标与工资挂钩，坚持薪酬向一线、科研等重点岗位倾斜，突出劳动贡献率，全员促效益、挣工资意识明显增强，人均工资增长2.8%。推进人才强企工程，抓实干部员工履职能力提升，推进年轻后备干部培养，完成各类培训2787场次，200人获职称晋升和职业技能等级认定。组织克拉玛依石化第十二届职业技能竞赛，25名员工获奖；参加集团公司500万吨/年常减压蒸馏职业技能竞赛，获单项铜奖和团体二等奖；组织参与集团公司首届一线生产创新创效大赛，获2个单项奖、团体二等奖，其中“催化再生立管输送催化剂稳定性控制”项目获总决赛一等奖。评选出模范单位2个、劳动模范5名、“四项”十佳41名；马晓伟、柯友胜、艾里江·木沙3人分别获新疆维吾尔自治区、集团公司劳动模范。落实第三次中央新疆工作座谈会精神，聚焦社会稳定与长治久安总目标，维稳防恐、民族团结等工作常态化推进。切实关注职工身心健康和困难诉求，开展“五必三关注”、大病救治和“送温暖”1380余人次。承担并履行社会责任，捐赠疫情防控相关费用，开展义务植树、厂区及周边绿化，和谐稳定大局持续保持。

【企业党建工作】 2020年，修订完成克拉玛依石化《党委工作规则》《“三重一大”决策实施细则》等14份全面从严治党制度文件，将党建责任制纳入业绩合同，党的全面领导内嵌于公司治理各环节。深化“不忘初心、牢记使命”主题教育成果，转化制定《习近平总书记重要指示批示精神学习贯彻机制》，严抓党委中心组学习，创新性将及时传达学习习近平总书记重要讲话指示精神等作为会议“首要议题”，召开党委会32次，党委前置审议“三重一大”决策事项83项，中心组学习18次，传达学习22次。完成集团公司巡视反馈的4个方面32项问题整改；完成67个基层党组织换届选举，抓实党组织书记持证上岗及述职评议，完成党员空白基层班组清零，抓好党支部达标晋级评定和领导干部评议；选配基层党务干部11人；9个基层党组织、49名党员干部获公司级及以上表彰奖励。抓严党建责任制考评，将考核结果与年度业绩、评优选先“硬”挂钩，B档以上占比超81%。完成“铁人先锋”2.0上线，将工团组织、“三会一课”等统一纳入平台管理，同步规范《党小组记录》等，党建数字化、信息化、标准化水平进一步提升，“智慧党建”迈出坚实步伐。

【企业文化建设】 2020年，克拉玛依石化组织开展“企业形象提升周”活动，利用新媒体平台开展“云参观”开放日活动。培育和践行社会主义核心价值观，推进廉洁文化建设，落实“五必三关注”制度，开展精神文明建设；扎推进安全文化建设，建立健全安全文化建设长效机制，成立克拉玛依石化安全文化建设推进领导小组。每周五例会播放一个克拉玛依石化拍摄制作的《事故案例》系列片，微信公众平台开设“微安全”，每周选取同行业相关典型案例分析或安全故事视频。做细思想政治工作，对员工就餐补助、手机管理等员工关注的热点问题进行调研，撰写调研报告提交公司党委，收集员工思想动态87条。

【社会责任】 2020年，克拉玛依石化坚持把南疆“访惠聚”驻村按期脱贫摘帽作为重要政治使命，落实新疆维吾尔自治区党委和集团公司党组部署，加强人、财、物支持，选派29名干部，投入700万元，高质量完成安居房达标和庭院经济建设、千亩核桃示范田援建、土豆红薯洋葱试验田建设、标准蔬菜拱棚及冷鲜库建设等重点工程，开展消费扶贫等，建齐建强驻村基层党组织，举办双语及技术夜校，推进转移就业，一批家具、服装等企业建厂投产，“两不愁三保障”全面达标。7月，驻村工作通过莎车县和喀什地委验收；11月，通过新疆维吾尔自治区验收，精准脱贫攻坚战取得重大决定性胜利。

【疫情防控】 2020年，克拉玛依石化面对新冠肺炎疫情，及时成立公司、基层两级疫情防控组织机构，层层落实防疫责任措施。坚持“四早”原则，畅通政企信息排查共享渠道，落实日报告、零报告制度，排查风险地区旅居史员工423人次。构建完善常态化疫情防控体系，形成“1+8”常态化防控方案、“137”风险研判机制及八项预警机制，科学防控、精准监测、快速处置、企地联动的防疫工作格局不断完善，“零输入、零感染”防控态势持续巩固。广大干部员工坚持两轮次72天“驻厂”奋战，保障安全平稳连续生产，为各项业绩指标完成、地区油品保供及复工复产作出重要贡献。

（王金平　刘　娟）

中国石油天然气股份有限公司庆阳石化分公司

【概况】 中国石油天然气股份有限公司庆阳石化分公司（简称庆阳石化）位于甘肃省庆阳市西峰区董志镇工业园区，占地面积1360亩（约91万平方米）。前身为庆阳石油化工厂，随着长庆油田开发，于1971年9月成立，2001年8月整体划转中国石油天然气集团公司。2004年12月划转中国石油天然气股份有限公司。2010年10月原150万吨老厂关停，300万吨新厂建成开车，全体职工及家属整体搬迁至庆阳市西峰区。2016年5月25日，甘肃省和集团公司认定庆阳石化加工能力370万吨/年。2020年底，设机关管理部门10个，直属部门4个，二级单位10个，在册员工1174人。庆阳石化为燃料型炼油企业，主辅装置20套，主要产品汽油、柴油、航空煤油、聚丙烯等4大类10种26个牌号。汽油、柴油产品达到国Ⅵ标准。

2020年，庆阳石化坚持稳健发展方略，完成新冠肺炎疫情防控、生产经营、提质增效、改革发展等各项工作。加工原油355.63万吨，利润总额11.73亿元，吨油利润328.08元/吨，利润总额居集团公司第13名、炼化板块第2名，吨油利润居炼化板块第1名，为集团公司打赢效益实现保卫战作出应有贡献。

庆阳石化主要生产经营指标

指　标	2020年	2019年	2018年	2017年	2016年
原油加工量（万吨）	355.63	360.01	312.01	355.02	343.36
汽油产量（万吨）	157.48	149.72	125.49	142.66	136.87
柴油产量（万吨）	138.68	138.29	125.03	141.86	142.65
航空煤油产量（万吨）	10.15	19.07	11.65	15.61	14.11
乙烯、丙烯、苯等有机原料产量（万吨）	10.36	10.54	8.42	9.69	9.09
聚丙烯（万吨）	10.20	9.16	7.05	4.34	—
资产总额（亿元）	78.19	65.22	62.13	60.18	51.21
收入（亿元）	166.25	207.04	180.77	182.32	155.53
利润（亿元）	11.73	14.18	15.44	22.11	20.00
税费（亿元）	73.67	71.33	62.34	73.79	72.11
吨油利润（元）	328.08	391.78	491.61	618.29	579.62

【“十三五”回顾】 “十三五”时期，庆阳石化原油加工量1983.13万吨，收入1013.29亿元，利润89.57亿元，上缴税费405.36亿元（连续多年居庆阳市第1、甘肃省第3）。推进QHSE体系建设，开展安全生产专项整治三年行动计划，狠反“三违”，严控“四条红线”。在炼化板块率先实施老厂地下水、土污染修复。与“十三五”初期相比，化学需氧量（COD）、氨氮、二氧化硫分别下降24%、56%、36%。紧跟国家汽油、柴油产品质量升级步伐，建成烷基化、异构化、醚化、航空煤油等新装置，完成汽油加氢、柴油加氢等装置优化改造，产品从国Ⅴ标准升级到国Ⅵ标准。装置由“三年一修”迈向“四年一修”。庆阳石化科技项目无循环上流式液相航空煤油

加氢生产新技术试验成功。液化气超重力法深度脱硫（LDS）技术获集团公司科学技术进步奖一等奖。健全完善“三重一大”决策程序，上线国有资产监督管理运行系统，科学决策、民主决策。深化内控管理和流程简化，完成多专业管理体系“一体化”融合。修订《定点扶贫工作管理办法》，选拔骨干员工成立工作队驻村帮扶。扶贫投入2228万元，其中用于贫困村项目建设1055万元、助学帮扶716万元、产业帮扶385万元、物资救助52万元，干部帮扶贫困户20万元。通过持续帮扶，镇原县马渠镇如期脱贫。整改巡视反馈问题370项，完成基层支部三年巡察全覆盖。坚持正确舆论导向，举办“开门办企业”“公众开放日”活动，将各界代表主动请进企业参观、答疑解惑。企业微信公众号关注近5000人，单次最高访问突破2万人次。庆阳石化被评为集团公司质量安全环保节能先进单位、甘肃省本质安全体系建设示范企业，获甘肃省推动高质量发展突出贡献奖，连续3年获甘肃省脱贫攻坚先进奖励。

【安全环保】 2020年，庆阳石化贯彻落实集团公司“识别大风险、消除大隐患、杜绝大事故”要求和全员、全过程、全天候、全方位的原则，深化风险辨识和隐患排查治理双重预防机制建设，识别辨识危害因素2168项，排查隐患1290项，整改率99%。开展“安全考评年”活动，直线责任有效落实，现场“三违”大幅下降。抓实QHSE体系审核，审核综合排名炼化板块第4。两个VOCs治理项目建成投运，污染物全部达标排放。科学精准部署疫情防控工作，构筑起全覆盖防控体系和联防联控机制，实现“零疫情、零感染”，确保员工、家属及服务商生命健康安全。

【生产运行】 2020年，庆阳石化生产运行克服因疫情造成成品油市场需求锐减、生产后路告急的困难，采取紧急投运成品油首站检修罐、以车代库等各种措施，在加工负荷降至64%最低水平下，守住装置不停工、不停产底线。坚持以市场为导向、以效益为中心，优化产品结构，柴汽比同比下降0.04%，修订完善全厂蒸汽中断、重整氢气中断等28项生产调度专项预案。加强废酸装置管控，连续稳定运行5个月以上，创投产以来最好纪录。平衡燃料气及蒸汽，丙烷消耗同比减少5441吨。启运K2001，改善催化烧焦，提高催化加工量，蒸汽产量提高6吨/时。组织系统平衡气分、MTBE、烷基化原料，实现满负荷高效运行。

【设备管理】 2020年，庆阳石化完成2022年大检修计划初版编制。夯实设备可靠性管理，主动预防性检修占比90%，实现“周末、节假日、夜间及特殊敏感时段”不作业，设备全生命周期得分1035分，居炼化板块第5名。完成常压、催化及重整等易腐蚀、易冲蚀部位脉冲涡流检测，有效处置腐蚀减薄的25处高风险部位。完成气分空冷、动力锅炉隐患治理，建成投用地下管网阴极保护系统。庆阳石化被甘肃省评为“防雷检测先进单位”。

【挖潜增效】 2020年，庆阳石化把“事后算账”变为“事前算赢”，增效1.86亿元。落实经营增效，生产计划执行率99.9%。细化价格管理，各类对外经济合同降价10%签订，通过代储代销、框架协议及电商采购等节约1569万元。贯彻落实市场营销工作会议精神，减油增化，开发增产聚丙烯特色优势产品1.5万吨，增效748万元，聚丙烯总产量首次突破10万吨，增效3100万元。优化生产运行增效，轻油收率提至87.8%，油浆外甩降至0.14%，柴汽比降至0.83，催化丙烯收率最高提至5.3%，炼油综合能耗最低降至58.2千克标准油/吨，单位能量因数降至6.4千克标准油/吨。提高加热炉效率，节约燃动成本2037万元。攻关液化气超重力法深度脱硫（LDS）技术，每年可节约成本和碱渣处理费401万元。提升管理增效，航空煤油运费同比减少527万元；直购电政策落地，减少电费402万元，合理调整电力系统力率，国家电网奖励冲减电费109万元；落实新冠肺炎疫情期间优惠政策，保险优惠793万元；优化信息系统，维护费减少79万元。降本增效，炼油完全加工成本减少0.5元/吨；“五项”费用减少350万元；危险废物处置费用减少105万元；降库利库467万元，修旧利废651万元，处置无使用价值物资回收资金403.5万元。控制投资增效，氢气回收项目节约214万元；醚化项目节约200.2万元；完成工程结算审核121项，审减率9.5%。

【依法合规管理】 2020年，庆阳石化落实法治建设工作要求，推进领导干部法治建设职责落地；推进“管业务管合规”，精细合同管理、规范招标工作，综合招标率91.16%，高出指标10个百分点以上。提升内控风险管控，加强基础管理，高标准完成《综合管理体系管理手册》。深化改革，顶层设计完成《改革三年行动方案》《对标一流管理提升暨推进治理体系治理能力现代化行动计划》。修订完善“三重一大”事项和其他重要经营管理事项决策程序，召开决策会议47期，研究议题219个，未发生违规决策。

【队伍建设】 2020年，庆阳石化推进三项制度改革，调整部门6项职能，压缩岗位304个，机关部门、机关附属、直属机构、生产单位及后勤单位中层以下岗位1042人竞聘到岗。落实业务外包，减少直接用工。开展全员HSE履职能力评估，提升全员综合素质。选聘28名技能专家及首席技师，搭建高技能人才梯队。打破“小循环”实现“大流动”，提拔任用中层领导6人，调整交流7人，退出领导岗位1人。落实“抗疫稳岗扩就业”政策，招聘高校毕业生21名。

【中国石油500万吨/年炼化企业常减压蒸馏装置操作工技能竞赛】 2020年9月11—18日，在庆阳石化举办中国石油500万吨/年炼化企业常减压蒸馏装置操作工技能竞赛，来自中国石油16家炼化企业的48名选手参加竞赛，竞赛内容包含理论考试、DCS仿真操作、VR考试、应急现场处置、综合答辩等5方面，展示各炼化企业操作人员的良好职业素养和技能水平。四川石化贾鹏及庆阳石化尹文浩、辛江飞3人获个人金牌，广东石化闫金库等8人获个人银牌，大港石化史一尧等13人获个人铜牌；庆阳石化获团队一等奖、华北石化和克拉玛依获团队二等奖，呼和浩特石化、宁夏石化和长庆石化获团队三等奖，庆阳石化、四川石化和广东石化分获团体第一名、第二名、第三名，庆阳石化、哈尔滨石化、华北石化获优秀组织奖。

【企业党建工作】 2020年，庆阳石化执行集团公司党组《学习贯彻习近平总书记重要指示批示精神落实机制》，把学习习近平总书记最新重要讲话、重要指示批示精神作为党委会“第一议题”，党委会学习8次，召开党委理论学习中心组学习会17次，班子集体学习研讨9次。制定下发《中共庆阳石化公司委员会落实全面从严治党主体责任清单》，明确党委书记“第一责任人”职责、常务副书记直接责任、班子成员“一岗双责”。推进基层党建“三基本”建设，完成基层党支部换届选举，选优配齐支部书记、副书记、委员和党务工作者。为各党支部配发《习近平谈治国理政》第三卷及党史、新中国史、国企党建等方面书籍1200多册，组织基层党课26场次，教育党员近900人次。推广应用石油党建信息平台2.0，在岗党员、工会会员、共青团员上线全覆盖；开展党支部达标晋级考核，选树示范党支部1个、优秀党支部6个、党员先锋岗5个和党员责任区3个。落实中央、集团公司党组和纪检监察组关于党风廉政建设和反腐败工作要求，强化政治监督。突出疫情防控、提质增效等重点工作强化监督。高质量完成基层支部巡察全覆盖，提出管理和整改意见建议168条，整改完成率94.32%。

【民生工程】 2020年，庆阳石化坚持“尊重员工、信任员工、关爱员工、激励员工”，优化补充医疗保险商业保险方案，改善员工医疗待遇。提高员工餐饮质量，加强伙管会对食堂卫生、饭菜价格、服务质量等监督检查。帮扶困难员工家庭75户，临时帮扶员工家庭67户。“三供一业”全部剥离，退休人员社会化管理移交，基本完成剥离企业办社会职能；维稳防恐、带班值班工作精准落实，保障重点时期、特殊敏感时段企业大局和谐稳定。

（邹宝应）

中石油燃料油有限责任公司

【概况】 中石油燃料油有限责任公司（简称燃料油公司）前身是中油燃料油股份有限公司，1997年1月成立，是中国石油全资子公司，主要从事重质进口原油加工，沥青、船用燃料油、油浆等炼油副产品统销，炼化企业二次原料互供，原油、沥青等套期保值工作，是集资源采购、销售、加工、科研、期货、物流、贸易等为一体化的全产业链专业化公司。2020年底，员工1873人，在秦皇岛、佛山、温州、无锡等地经营4个沥青生产企业，年加工能力505万吨；在湛江、青岛有2个仓储公司，库容总量282万立方米；在东北、华北、西北、华东、华中、华南、西南布局7个销售公司，另有研究院、舟山自贸区公司，并参股6家公司。

2020年，燃料油公司总销量4387万吨，其中沥青销量1092万吨，稳居国内沥青市场份额第1，燃料油销量438万吨。收入1052亿元、利润9.8亿元。

【“十三五”回顾】 “十三五”期间，燃料油公司坚持以市场为导向，以效益为中心，深化改革创新，推进转型发展，做大规模、做优效益、做强品牌，加工原油1859万吨，沥青销量4795万吨、营业收入4568亿元、利润78.68亿元。

【营销业务】 2020年，燃料油公司贯彻集团公司市

燃料油公司主要生产经营指标

指　标	2020 年	2019 年	2018 年	2017 年	2016 年
在营油库数量（座）	3	3	3	3	3
油库库容（万立方米）	282	332	332	332	332
自加工原油（万吨）	305	398	276	399	481
销售油品（万吨）	4387	3155	3294	3390	3336
统销直属炼油厂小产品（万吨）	522	424	441	482	468
沥青销量（万吨）	1092	1106	1029	853	714
燃料油销量（万吨）	438	258	258	249	280
吨油费用（元）	24.42	41.11	36.18	30.28	46.81
收入（亿元）	1052	1024	1080	810	634
利润（亿元）	9.78	18.33	20.32	20.18	10.09

场营销工作会议精神，解决主要矛盾和突出的薄弱环节，转化制订加强市场营销工作的实施细则。从严合规管控原油委托加工业务，加大沥青、馏分油等产品回购；灵活运用套期保值工具对冲跌价风险，降低原油采购成本。坚持做大做强沥青，将“保后路、增效益”作为服务目标，激发炼化企业等大幅增产沥青，并成为名副其实的“厚利”产品；强化产、销、研、用联动，加大防水卷材沥青市场开发，特种沥青、改性沥青产销同比增加；深耕市场终端，提高项目服务能力，创新项目直投营销模式，终端销售占比提升。做优互供，协助化解炼化企业油浆库存高企、跌价损失、应急原料需求和组分优化，新开启与集团公司 3 家炼化企业石脑油互供合作，新开发 4 家二次原料供应商，高效保障炼化企业石脑油、蜡油等资源需求。积极做大船用燃料油，终端加注量居舟山小牌照第 3；实现集产储销一体运作的内外贸低硫船用燃料油全流程贯通，为规模化量产奠定基础。深挖仓储物流创效潜力，服务营销价值最大化。拓展轻质循环油仓储外租业务，湛江原油期货启用库容获增 10 万立方米，储罐外租收入、仓储盈利同比增长，打通云南石化沥青铁路、管输出厂模式，出厂能力显著提升。做优主动配送，为客户提供一站式服务。

【生产运行】 2020 年，燃料油公司以边际贡献安排装置加工负荷，开展承接代料加工，较自加工大幅减亏。完成温州公司装置的船用燃料油生产改造、高富公司船用燃料油调和设施改造，生产调和船用燃料油 10 万吨。通过工艺调整，适应多种原料加工，生产各牌号的合格沥青。精心平稳组织秦皇岛、高富、温州、江苏沥青厂开停工 11 次。组织开展加热炉富氧燃烧、污泥减量化、中水回用等新技术推广应用，高富公司投用加热炉富氧燃烧技术后，节约天然气量 19.8 米^3/时、加工原油天然气单耗下降 0.206 米^3/吨，通过应用低温干化污泥技术、实现含油污泥减重 70% 以上。推进腐蚀防护体系建设，开展沥青装置原料腐蚀性介质设防值评估，建立沥青装置“一图、两表、一手册、一报告”工艺防腐标准化体系，有效指导装置防腐蚀工作。

【科技创新】 2020 年，燃料油公司坚持科技驱动公司发展动能和价值提升。以市场需求为导向，打造“市场导向型”“技术引领型”的产、研、销、用联动体系，实现再生沥青混合料在北京大兴区南十路大修实体工程应用，自主研发的阴离子乳化沥青成为水性涂料中的高端产品；橡胶沥青解决废旧轮胎对环保污染问题，实现环保再利用，“昆仑融雪橡胶沥青”应用于哈尔滨市香福路高架桥，为橡胶复合沥青在融雪抗滑路面的推广应用奠定基础。2020 年度结题验收股份公司级科研项目 1 项、公司级 24 项、科研课题完成率 100%；科研成果新产品转化 4 项，完成业绩指标；申报专利 20 项，其中发明专利 15 项，发布《硬质道路石油沥青》（GB/T 38075—2019）、《防水材料用沥青》（NB/SH/T 0981—2019）、《防水材料用沥青》（Q/SY 03008—2020）3 项标准，科技创新取得丰硕成果。

【HSE 管理】 2020 年，燃料油公司吸取董家口项目“5·14”施工承包商亡人事故教训，严肃问责追责，举一反三开展为期 3 个月覆盖全员的“四查”专项整治行动；对标炼化板块 QHSE 制度和管理要求，做好转化细化；开展防雷防静电和防腐蚀专项审核、QHSE 体系量化审核；执行“危险作业预约管理”，组织开展“全员写风险”工作；组织各二级单位编制应急预案和现场处置卡并加强演练，提高员工“一分钟”应急处置能力。排查生态环境风险，完成重点地块的现场采样调查，推进油库、沥青库排污许可取证工作，迎接集团公司及炼化板块 VOCs 专项督查、中央环保督查前置检查等专项检查并做好整改落实工作。拨付 145 万元党组织经费用于新冠肺炎疫情防控，及时滚动制订防控方案和“两手抓”“两不误”措施，实现员工及家属“零疫情”“零感染”。

【提质增效】 2020年，燃料油公司建立提质增效目标倒逼机制，制定细化提质增效措施。成立降本提质增效、基础管理提升、员工技能提升与薪酬改革、安全环保工作提升4个专项工作领导小组。建立适应量效齐增目标和专业化管理、一体化统筹的业务运行模式，设立资源、沥青、船用燃料油及互供料、石油焦、期货、物流6条专业线，实现“矩阵式”的业务归口管理。实施“阿米巴”经营模式，发挥事业部优势，在各级业务单元中划小经营核算单位进行精细独立核算，全体员工都参与经营，打破“大锅饭”。优化组织机构，精简职能部门，将生产技术处、工程和物采部的职能合并至规划计划处，将质量管理职能纳入安全环保处，设立信息部，并统一将“处”改为“部”，实现去行政化。在4个沥青厂成立营销小组和科研小组，分别按50%的考核比例挂靠销售公司和研究院。加强优秀年轻干部选拔，推行干部竞聘上岗。强化开源节流降本增效，控制投资规模，加快清理低效无效资产。建立重大经营风险事件报告工作机制、以控制最大亏损额为主要指标的风控体系。推进体系融合，发布《综合管理手册》。完成电销平台沥青、油品业务线开发、测试和功能升级，各类平台集成化加速推进。

【规划计划】 2020年，燃料油公司结合集团公司市场营销工作“十四五”目标，优化完善“十四五”规划。获取投资计划额度16100万元，推进温州公司、高富公司船用燃料油生产改造及调和设施工作，温州公司石脑油储罐项目获批。完成政府督办安全隐患项目治理，推进集团公司督办环保隐患治理项目的整改，高富公司污水处理场VOCs废气回收治理项目完成可行性研究、初设的批复，进入项目施工阶段。克服新冠肺炎疫情影响，组织董家口油库建设项目的复工，平稳有序推进董家口油库项目建设。针对油价大跌、疫情对需求的跌价影响，建立重大生产经营风险应对机制，结合油价波动、资源到货、国内沥青市场情况，提出资源采购、加工、销售各环节的优化应对措施。

【企业党建工作】 2020年，燃料油公司制定督办28类63项党委工作要点。强化组织力提升，宣贯落实全面从严治党主体责任清单，开展基层党委书记党建履职评议和党建责任制考核检查；集中开展软弱涣散党组织整治工作“回头看”，制修订《标准化党支部建设工作手册》《党支部工作手册》；以华东公司为试点，以党建信息化应用平台建设为抓手，有效解决经营部党建工作薄弱的问题。开展“战严冬、转观念、勇担当、上台阶”主题教育活动，突出时、度、效，信息报送和新媒体矩阵排名保持集团企事业单位前列，微信公众号关注量突破31万人，融媒体格局初步建成。构建“大监督”工作格局，纠治“四风”，扎实推进“三不”。推进两轮6家二级单位的内部巡察工作，营造风清气正的干事创业氛围。

（王雪茹）

中国石油天然气股份有限公司润滑油分公司

【概况】 中国石油天然气股份有限公司润滑油分公司（简称润滑油公司）成立于2000年12月19日，是油剂脂液产、研、销一体化的专业公司。2020年底，设兰州、大连2大研发中心、1个产品设计中心、1个检测评定中心，8个产销一体化公司，8个销售公司，3个专业公司，2个生产厂，1个事业部。资产总额69.9亿元，固定资产净值48.7.53亿元，员工总数3922人。

2020年，润滑油公司收入112亿元，利润4.3亿元，连续5年保持盈利；销售总量165.1万吨。其中，车用油（车用辅助产品）65.2万吨、工业油29.1万吨、特种油52.6万吨、船用油3.4万吨、润滑脂3.8万吨。

【“十三五”回顾】“十三五”期间，润滑油公司利润18.6亿元，连续5年保持盈利，连续4年获评集团公司业绩考核A类；集团公司润滑油产业链整体创效56.2亿元，其中炼化板块创效18.6亿元，销售板块创效19亿元，综合实力和竞争力持续增强，为高质量发展奠定坚实基础。深化体制机制改革，机关科室由154个减到84个，下降46%；精简两级机关人员，充实销售一线力量，两级机关由1529人减至825人，销售一线由433人增至1133人，增长162%。整合优化业务，生产厂由15个减到2个，销售公司由6个增至16个。建立以首席科学家为代表的专业技术序列，组建产品设计中心、检测评定中心和再生科技公司。攻克高铁齿轮油、航空发动机油等

润滑油公司主要经营指标

指　标	2020 年	2019 年	2018 年	2017 年	2016 年
销售总量（万吨）	165.1	160.8	163	142.6	116.6
车用油（含车用辅助产品）销量（万吨）	65.2	56	47.7	35.9	27.2
工业油销量（万吨）	29.1	30.2	31.5	28.3	23.7
特种油销量（万吨）	52.6	56.1	60	52.8	42.4
船用油销量（万吨）	3.4	3.4	3.3	2.6	2.1
润滑脂销量（万吨）	3.8	3.8	3.5	3.2	2.6
资产总额（亿元）	69.9	69.2	61.9	64.8	62.8
收入（亿元）	112	117	123	110	91
利润（亿元）	4.3	3.0	4.6	5.1	1.6
税费（亿元）	5	4.6	4.3	6.6	3.5

关键核心，在新领域、新技术、新应用上取得新突破，打破国外技术垄断，为核潜艇、装甲装备、大型驱逐舰、复兴号高铁等中国制造、高端装备、关键核心技术提供润滑服务。承担 5 项国家重点研发项目、168 项省部级研发项目，获省部级科技成果奖 71 项，获授权专利 198 项，自有技术国产化应用率 75%。创新实践“军工品质、大国重器”品牌理念，连续 32 年举办中国润滑技术论坛，连续 10 年冠名“中国心”十佳发动机评选，连续两年冠名“CCPC 中国量产车性能大赛”，持续冠名“昆仑润滑号”高铁，首批样品油被中国铁道博物馆永久收藏，成为 2022 年北京冬奥会官方指定用油，获评“建国 70 周年阅兵服务保障单位”和“新中国成立 70 周年 70 品牌”。

【疫情防控】 2020 年，润滑油公司第一时间成立新冠肺炎疫情防控工作领导小组，召开 8 次党委会、36 次疫情防控领导小组例会、78 次办公室例会，出台疫情防控常态化工作方案和指导手册 5 版；采购发放各类防疫物资 60 余万件，为中国龙工等重点客户提供防疫物资 4500 件；划拨 93 万元党费和党组织工作经费，支持基层单位开展疫情防控；积极履行社会责任，向宜化集团、武汉公交、武钢公司等重点疫区企业，紧急供应油品 4000 余件，彰显昆仑润滑使命必达的责任担当，守住“零疫情、零感染”底线，确保员工及家属、承包商、服务商员工的生命健康安全。

【提质增效】 2020 年，润滑油公司统筹推进提质增效专项行动和“战严冬、转观念、勇担当、上台阶”主题教育活动，以市场为导向、以效益为中心，及时调整经营策略，围绕降本降费、挖潜增效、提质增效三大类 20 个项目，制定实施 14 个方面 54 项保障措施，提质增效 4.2 亿元。强化帮扶解困，4 家亏损单位实现扭亏，特别是受疫情影响严重的武汉、大庆、新疆、大连公司均实现利润同比增长。期间费用、吨油加工成本、物资采购成本等关键指标实现硬下降，两级机关管理费用下降 30%，包装物、标签、成品润滑油实现“零库存”目标。

【深化改革】 2020 年，润滑油公司把发展定位从“做强做优”调整为“做强做优做大”，明确打造效益最好、品牌最优、数字化智能化世界一流高科技企业的战略目标和战略举措，专题研究和部署“十四五”规划，编制三年改革行动方案，年度重点改革有序推进。制订混合所有制和事业部制试点方案，稳妥布局脂液上市，完成特种油事业部、工业油行业事业部体制机制改革，市场化经营机制取得突破，数字化智能化资本化运营走出新路，为推进三项制度改革奠定坚实基础。

【营销服务】 2020 年，润滑油公司召开营销研讨会和首届营销经理人论坛，实施“简政放权、激活赋能、精准营销”工作举措，增强产业链市场意识和竞争意识。围绕十大攻关项目，车用油持续推进商业模式迭代创新，“西安模式”“兰州模式”打造初显成效，建立“城市站”营销活动管理机制，新零售平台应用迭代优化，推动车用油从 1.0 时代迈向 + 互联网 2.0 时代；工业油探索“本钢模式”试点，深化“服务、技术、品牌”三大定位，聚焦客户体验，提供全面润滑解决方案，全链条服务模式全面突破，为开拓市场、扩销增效积累经验，在渠道、品牌、队伍等方面形成比较优势，为润滑油业务高质量发展注入不竭动力。

【科技创新】 2020 年，润滑油公司首席科学家伏喜胜获集团公司 2020 年度唯一科学技术杰出成就奖，激发技术团队弘扬石油精神和科学家精神，凝聚起打造研发“核心发动机”的强大动力。内燃机油关键技术开发与应用，获集团公司科学技术进步奖二等奖；国家重点项目“高性能润滑油生产关键技术攻关及应用”取得突破性进展，装置一次开工成功，实现国内首次工业应用，自主创新能力提升；围绕“国之重器、绿水青山、新能源”三条主线，研究部署“十四五”科研规划；加快推进上海研发平台建设，试点推进“无人工厂”建设，数智化转型步伐明显加快。

【品牌建设】 2020 年，润滑油公司践行“为中国制造、高端装备、关键核心技术”提供润滑服务的使命，加大品牌建设，打造品牌全新形象，2020 年中国 500 最具价值品牌排行中，昆仑润滑品牌价值 203 亿元，百度指数累计增长近 120 倍，新媒体矩阵影响力在集团公司排名首位。持续护行“复兴号”3 周年，平稳运行超 7500 万千米，夯实“高铁第一油”的行业地位；特高压变压器油、机器人油脂、高铁齿轮箱油，以高品质“中国油”提速新基建，昆仑润滑作为唯一新基建配套原材料供应商，接受央视财经频道专访；开展品牌体验日活动，品牌体验日大型事件营销活动，获第 20 届 1A1 国际广告奖铜奖；昆仑润滑列入“中国石油形象名片”名单，获社会公众网络投票 20 万余人；在冬奥主题形象站暨特许商品零售店启动仪式上接受冬奥组委授牌，扩大品牌影响力。

【企业党建工作】 2020 年，润滑油公司探索打造独具特色的“爱党、爱国、爱昆仑润滑”实践载体，通过“党员亮身份”“党员攻坚小组”“临时党支部”等形式，推动党建与经营深度融合，切实把党建工作为抗击重大风险、冲破至暗时刻和推进改革发展的“动力源”和“压舱石”。弘扬石油精神和大庆精神铁人精神，以公司成立 20 周年为契机，全国 24 城 31 个地点同步开展“新时代、新起点、新征程”健步走活动，开展 130 余场次讲述“昆仑润滑故事”、培育选树“提质增效昆仑润滑榜样”系列活动，涌现出宋庆武团队、十佳营销经理人等一大批先进典型。

（任建伟）

中国石油天然气股份有限公司东北化工销售分公司

【概况】 中国石油天然气股份有限公司东北化工销售分公司（简称东北化工销售）2006 年 6 月成立，主要负责中国石油东北地区 11 家炼化企业化工产品销售、东北区域外销售产品调运组织和区域产品互供管理等业务，销售产品广泛应用于塑料、纺织、橡胶、化工、医药、农业等行业。东北化工销售机关驻地在辽宁省沈阳市。2020 年底，设机关职能部门 16 个，基层分公司 7 个。合同化员工总数 407 人，固定资产总额 9.44 亿元。2020 年，产品销量 765 万吨；收入 333 亿元；利润 3.81 亿元；调运量 1288 万吨；各项 KPI 指标全部超额完成，产品销量、调运量创出历史新高。

【“十三五”回顾】 “十三五”期间，东北化工销售产品销量稳步增长。产品销量从 2015 年的 562 万吨，增长至 2020 年的 652 万吨，5 年平均增长 6.36%，产品销售规模始终牢牢占据化工销售企业首位。单月销量屡破新高，最高月达 70.8 万吨。特别是“三个百万吨”（合成树脂产品年销量“破百万”、两家基层单位年销量“破百万”）、“一个 5%”（区内液体产品年销量提高 5%）等战略目标接连完成，东北化工市场主导地位愈发稳固。

“十三五”期间，东北化工销售利润 12.2 亿元，年均创利超过 2.4 亿元。如剔除 2019 年考核方式调整因素影响（捆绑利润考核权重由 100% 大幅降低至 30%），各年度利润总额均能大幅超出预算指标，完成考核任务。

东北化工销售主要经营指标

指　标	2020 年	2019 年	2018 年	2017 年	2016 年
化工产品销量（万吨）	765	652	606	611	594
调运量（万吨）	1288	1193	1017	1012	993
调运计划完成率（%）	100	100	100	100	100
购销率（%）	101.56	99.2	100.04	99.81	100.21
直销率（%）	82.55	79.53	79.80	79.55	74.94
价格到位率（%）	99.35	98.79	100.31	100.13	100
资产总额（亿元）	25.59	18.5	22.41	19.11	24.4
收入（亿元）	333	355.01	382.24	344.54	278.52
销售环节利润（亿元）	3.81	0.59	1.84	2.17	3.81
捆绑考核利润（亿元）	—	13.54	—	—	—
税费（亿元）	1.24	0.76	1.15	1.18	1.22

调运服务有序推进，年调运量稳中有升，自2017年起连续4年维持在千万吨以上，调运计划完成率100%。物流代理费提升，2019年达8308万元，创历史最好水平。产销运合作紧密，仓储库房布局重新规划，产品移库效率大幅提升，以客户需求为中心的物流配送体系初步建立。

企业改革迈向纵深，推进全公司、全品种管办分离改革，强化纵向管控水平，激发内生动力，机关、分公司“两个积极性”明显提升。实施企业和领导人员岗位分级分类，二级、三级领导人员岗位层级套改和分级分类工作完成。建立奖金分级分类的薪酬分配机制，实现基础奖公平公正、综合奖业绩优先。

【市场营销】 2020年，东北化工销售围绕提升市场份额发力，对外抓渠道、抓服务，对内抓资源、抓策略，抚顺、辽阳、大庆3家分公司销量“破百万”，整体年销量逆势上扬。

2020年，东北化工销售将均衡销售视为提高营销质量的“生命线”，狠抓需求计划的真实性、配置计划的合理性、销售计划的坚决性，产品库存处于可控合理状态。加强量价配合和周均衡销售监控，深化对价格走势的研判分析，对合成树脂产品推行按品类控制上限。建立价格预警机制，按价格高低进行牌号分级，对价格到位率较低的产品动态监督、调整政策，防止大量出货；对价格对标缩差贡献大的产品实现增销。

2020年，东北化工销售把握“客户至上”理念，以“一品一策、一户一案、一地一策”为抓手，推进网格化建设和差异化营销，到鞍山、喀左等地走访调研、强化合作，深度挖掘客户潜力，新增客户261家，其中直供户127家，产品直销率82.55%，同比提高3.02个百分点。高度关注保供优供和服务跟踪，促使客户从多元化采购向集中化采购转变，单月销量屡破新高，最高月份达70.8万吨；橡塑产品四大战略客户年销量15.6万吨，同比增长20.9%；区内液体产品增量29.1万吨。与大连西太平洋石化、福佳大化多次会商，搁置5年之久的大连西太平洋石化管输福佳大化混合二甲苯首次开阀，年增销量5.1万吨，创效76.7万元。开发定制化新产品CPP0830、L5D98J等，对大庆石化2420D、DQDN3711等进行重点推介，销售各类新牌号产品14个1.2万吨，创效益200余万元。

2020年，东北化工销售深化对产品价格的研判分析，灵活实施批量优惠、挂翻牌等价格政策，对丁醇和邻苯产品推行工业大户价，推价创效404.4万元。面对大连恒力、盘锦宝来、大庆海国龙油等大型石化企业的扩能投产，注重强化产销衔接和资源共享，出台“一地一策”政策，通过多种营销手段提高产品竞争力；协调与系统外大型石化企业的关系，稳妥推进代理销售，减少竞争冲突，实现共同发展。稳步开展减水剂、丙烯、PP粉料等扩销新业务，与大庆亿鑫15个品种的独家代理协议正式签订，与黑龙江海国龙油的战略合作初步达成，扩销各类产品12个，实现扩销增量15.6万吨，创效益274万元，为石化企业创效724万元。

2020年，东北化工销售打造中国石油石蜡示范工程，精准实施“促进内贸销售，延期挂牌保价、批量优惠促销、调整生产牌号”组合策略，历史库存清零的战略目标提前实现，固蜡库存由统销期初8.1万吨大幅降至2.5万吨，完成阶段性降库任务；裂解价差维持在2193元/吨的较高水平，位居炼油小品种第1；推价20次，与中国石化比价缩差历史性实现“由负转正”。保持电商工作竞争优势，制定零门槛入网政策，允许线上交易一日多价，实现除剧毒产品外的全品种上线。拓展电商业务范围，利用线上客户优势，探索实施为大庆炼化、大连西太平洋石化等生产企业代销的新模式；利用灵活便捷优势，完成锦州石化丙烯协议品的应急出厂任务。2020年，电商业务发展客户158户，完成交易量25.4万吨，高出底价成交创效2858万元。

【调运组织】 2020年，东北化工销售推进现代物流体系建设，突出产销运整体协同运作，提升各环节工作水平，以高效、专业的服务为营销工作助力。

2020年，东北化工销售加强物流结构分析，探索和尝试高效低成本的运输方式，完成统销产品调运量536.9万吨，公路、铁路、海运输比例为9∶51∶40。利用铁路棚车和散船资源，有效缓解集装箱阶段性紧张状态，大庆石化产品运至华东主港物流成本降低100元/吨以上。将华东方向的大庆石化腈纶大包装产品由公路汽车运输改为铁路棚车运输，运输大包装腈纶产品1.03万吨，降费创效208.7万元。开展物流仓储一体化招标，重新梳理运费标准，下调石蜡汽运价格，降费213万元。保持资产轻量化运行，处理报废自备车114辆，增效495万元。协调大庆石化“油头化尾”项目甲苯装车出厂事宜，为产品出厂奠定基础。

2020年，东北化工销售树立“大物流”理念，在沈阳、大连、盘锦等关键区域启用仓储库房和中转基地。对塑料、液体等产品直供用户实行公路配送模式，增加用户直发量，减少库房移库量，降费255万元。对营口烷基苯储罐公路装车系统进行液袋集装箱改造，装车效率提高10%，转运烷基苯2.62万吨，创效益170万元。利用营口分公司自有库房优势，为开发、维护周边市场提供支持，周转大连分公司、辽西分公司合成树脂产品2.57万吨。盘活闲置资产，6台芳烃储罐改储燃料乙醇项目取得实质性进展。针对喀佐市场，利用社会资源，在物流配送、仓储服务环节引入竞争机制，降低成本39万元。

2020年，东北化工销售主动与生产企业研究探讨铁路车辆装载方案，明确车辆清扫、铺垫等环节防护措施，商务纠纷得到控制，发生商务案件7065起，同比下降9.12%；涉及商务量407.7吨，下降38.03%；商务赔付金额284.3万元，下降44.89%。深化固体产品库存管理预警机制，根据企业库存、市场库存、销售节奏、生产计划、调拨计划等因素科学组织移库、发运，提升物流科学化水平。重点治理锦西石化聚丙烯铁路棚车亏吨问题，协调解决包装物、装车作业等因素影响，提高各车型装载量，聚丙烯编织袋改造方案被生产企业正式采纳并组织推进。

【企业管理】 2020年，东北化工销售落实“基础管理提升年”各项部署，以深化改革为驱动，以提质增效为抓手，企业发展生机与活力增强。

2020年，东北化工销售针对解决管办分离难点盲点，推动工作走深走实，职责界面更为清晰规范，纵向管控水平有效提升。实施企业和领导人员岗位分级分类，二级、三级领导人员岗位层级套改和分级分类工作完成。绩效考核指向性更为突出，综合奖基数动态调整机制有效建立，管办双方积极性得到调动。妥善解决历史遗留难题，完成公司97名劳务派遣员工转业务外包用工相关工作。深化创新成果研究，电商应用、项目管理等两项创新应用分获石油企协和集团公司管理创新成果奖二等奖、三等奖。

2020年，东北化工销售以超常举措应对新冠肺炎疫情和低油价双重冲击，本着“找准问题、找清差距、措施有效，结果有数”原则，快速部署提质增效专项行动，开展“战严冬、转观念、勇担当、上台阶”主题教育，以市场为导向、效益为中心及时调整发展策略，各项工作举措落实落地，工作进度大幅超过预期，为公司内部创效3354万元，为生产企业创效益2.04亿元，累计创效益2.37亿元。

2020年，东北化工销售按照“点连成线、体系运行、闭环管理”原则，制修订规则制度和管理流程52项。突出抓好领导干部、重要领域、关键岗位的合规培训，推进法治建设职责落实，组织各类培训138项，参加5339人次。强化关键风险领域和重要敏感时段安全生产管控，组织开展安全生产专项整治三年行动，推进营口分公司储罐防雷防静电专项检查，通过炼化板块QHSE体系内审工作。大力开展“两金”压控，集中清理长期无动态存货及应付账款129万元。有效开展对外交易管理，事后合同发生率始终控制在0.5%以下。提前完成合同管理系统2.0版本的上线运行工作，受到集团公司肯定。

【企业党建工作】 2020年，东北化工销售推动全面从严治党落实落地，召开党委会31次，研究决策“三重一大”事项40项，完成年度重点任务。

2020年，东北化工销售以达标晋级活动为平台，以《党支部工作指导手册》为抓手，推动基层党组织建设规范化、标准化。开展“互比双学、横向拉练”基层党组织结对共建活动，举办“互比双学、横向拉练”党建经验交流会，选树标杆基层党委2个、基层示范党支部2个。高效开展党建信息化平台2.0推广应用工作，迅速开展功能培训，丰富线上业务活动，在集团公司应用考核中受到通报表扬。

2020年，东北化工销售坚持正确选人用人导向，制修订《干部管理暂行规定办法》《干部选拔任用流程模板》，推进机关处室、机关与基层的干部交流调整，调整中层干部29人次，其中提拔12人，交流调整13人，交流率27%。配齐配强基层领导班子，选拔分公司副职6人。建立优秀年轻干部人才库，为年轻干部提供关键岗位锻炼机会，调整提拔“70后”24人次、“80后”6人次。

2020年，东北化工销售开展机关党委巡察，解决“灯下黑”难题，整改问题30项，实现党委巡察3年全覆盖。围绕液氧小产品、石蜡价格、物资采购、合同招标等重点敏感领域开展专项监督，提出监督建议13项。制定为基层减负的十三条措施，重点解决文山会海、考核过多、过度留痕等问题。一体推进“三不”机制建设，受理信访举报及问题线索7件。

2020年，东北化工销售开展“战严冬、转观念、勇担当、上台阶”主题教育活动，组织集中学习37次、研讨22次、开展主题宣讲42场、专题调研52次，员工参与率100%。开展合理化建议活动，征集优秀合理化建议47项，推动实施32项，为企业多创效益1986万元。推进“一报一网两微”媒体矩阵平台建设，外发稿被“今日头条”及《中国石油报》

等30多家媒体刊载。高度重视帮扶慰问工作，组织扶贫帮困等各类慰问31次，发放扶贫补助6.2万元、慰问金3.9万元。

（倪　玉）

中国石油天然气股份有限公司西北化工销售分公司

【概况】 中国石油天然气股份有限公司西北化工销售分公司（简称西北化工销售）成立于2006年6月8日，整合了中国石油在西北地区的化工营销资源和网络，主要负责中国石油在西北地区的10余家石油石化企业的化工产品在陕西、甘肃、青海、宁夏、新疆、内蒙古等省（自治区）的销售业务，以及西北地区石油石化企业的化工产品向其他5家化工销售公司的运输、配送任务。

2020年，面对新冠肺炎疫情的严重冲击、国际油价断崖式下跌和化工市场剧烈变化的复杂局面，西北化工销售推进提质增效专项行动，坚决打赢新冠肺炎疫情防控阻击战和效益实现保卫战。收入221.64亿元，利润3.71亿元，上缴税费1.54亿元，分别同比增长27.23%、196.09%和26.23%。2020年5月、9月、10月位列集团公司盈利企业前30名以内，各项工作都取得新进展新成效。

【"十三五"回顾】 "十三五"期间，西北化工销售超额完成年度业绩考核指标。销售化工产品1998.37万吨，2019年一举扭转因配置资源不足总销量下滑的态势，2020年产品销量622.35万吨，创出历史最好水平，销售规模位居六家化工销售单位前列，人均销量超过1.51万吨，是2015年的2.6倍。收入915亿元；利润12.62亿元，是"十二五"的3.8倍。财务费用由2014年净支出4714万元，5年实现财务净收益8215万元，比"十二五"增加2.13亿元；不含人工成本和运杂费的营销成本由2015年6441万元下降至2020年3404万元，实现降费3037万元；调运化工产品2984万吨，运杂费由2015年的72595万元下降至2020年的63469万元，下降9126万元，单位运杂费用由2015年的198元/吨下降至2020年的104元/吨，下降94元/吨，降幅48%，物流更加高效快捷；降本增效5.39亿元，资产负债率由–24%转为15%，连续三年在集团公司年度考核中列为"A级"，在化工销售单位中综合排名从2015年的最后一名上升至2019年第1名。

西北化工销售主要经营指标

指　标	2020年	2019年	2018年	2017年	2016年
销售总量（万吨）	622.35	374	320	336.59	345
购销率（%）	100.59	99.1	100.6	99.86	105
直销率（%）	66.75	56.8	62	52.1	46.95
价格到位率（%）	100.2	100.35	100	100.16	100
运输总量（万吨）	778	540	542	567.7	557
运输区外公司产品量（万吨）	297	259	259	243.1	235
收入（亿元）	221.64	174	195	185.98	140
利润（亿元）	3.71	1.24	2.24	2.69	2.73

"十三五"期间，西北化工销售市场版图改写扩大。2019年，陕西市场划归西北化工销售，当年橡塑销量突破30万吨，同比翻一番。2020年，陕西市场橡塑销量超过55万吨，比2018年接近"翻两番"，市场占有率提升至51.7%。销售结构转型升级。2017年，合成树脂销量首次突破100万吨大关。2020年，合成树脂销量达147万吨，是2015年的1.7倍；合成橡胶销量23.2万吨，比2015年增长49.5%；有机化工销量196.5万吨，比2015年增长81.6%，橡塑及化工产品占比57.9%。贸易业务快速崛起。2017—2020年，贸易量分别为8.38万吨、35.17万吨、87.74万吨、134.2万吨，实现贸易业务从零到130万吨的跨越式增长。制定落实直销率三年提升计划，产品直销率66.75%，较"十二五"末提高29.72个百分点，合成树脂直销率达到B级，合成橡胶、有机化工直销率接近A级，价格缩差完成考核指标，落袋价差收入指标与先进企业差距不断缩小。

"十三五"期间，西北化工销售深化改革行动和人事三项制度改革等专项方案，从10个方面搭建改革基本框架，实施改革措施31项，率先推进"小机关、大销售"改革，撤销销售部、科室等三级机构51个，撤并6个处室和分公司，压减用工总量近百人，瘦身健体取得明显成效。整合成立销售事业部，推进"产品经理负责制"销售管理体制改革，建立

"产品经理 + 客户经理 + 执行经理"的销售运行模式。坚持分层级建立重点工作看板及业务指标进度看板；完善经营计划管理体系；建成绩效管理信息系统，形成"三纵四横"业绩考核体系；推进管理体系融合、财务共享、信息平台建设。这些改革创新加速动能转换，为高质量发展提供强大新动力。

"十三五"期间，西北化工销售建设以"至善达远"为核心理念的企业文化，打造"幸福员工、幸福企业、幸福产品、幸福客户、幸福产业链"的幸福工程。5 年人均收入实现翻番。改善提升分公司办公环境。开展帮扶救助，慰问 515 人次，发放慰问金 70.2 万元。5 年上缴增值税、企业所得税、个人所得等税费 8.05 亿元，比"十二五"增加 4.1 亿元；积极开展脱贫攻坚，筹措扶贫资金 600 余万元，助力 8 个贫困村实现整体脱贫；引进 9 家企业在西北地区落户，较"十二五"期间新增资源消化量 110 万吨，为地方经济社会发展贡献石油力量；承担集团公司科研项目课题 9 项，获集团公司科学技术进步奖 8 项、省部级科技奖 1 项；开发推广新产品牌号 32 个，完成销量 46.7 万吨，比"十二五"增加 12 个、29.2 万吨。

【经营业绩】 2020 年，西北化工销售主营业务高歌猛进。销量首次突破 600 万吨，完成 622.35 万吨，同比增长 66.7%。其中：合成树脂销量 147.09 万吨，同比增长 37.8%；合成橡胶销量 23.2 万吨，增长 22.36%；有机化工销量 191.31 万吨，增长 101.74%；化肥销量 260.75 万吨，增长 70.63%。提质增效成效显著。聚焦产销衔接、市场销售、运输优化、财务降费、三项制度改革等关键领域，编制"提质增效"专项行动实施方案，建立协调推进机制和两级考核机制，收入和利润分别同比增长 47.43 亿元和 2.46 亿元，使用承兑汇票支付铁路运费 7.1 亿元，优化物流降费 3020 万元。增效降费 1.54 亿元，单月利润连续 8 个月同比大幅增长。销贸融合增量明显。坚持"稳经营、提销量，抓机遇、促效益"的经营思路，推进"统销"和"贸易"融合发展。统销产品在市场波动中抢抓销售机遇，超前推价，统销量 488.18 万吨，同比增长 70.9%。贸易产品提升区域市场控制力，贸易销量首破 100 万吨，实现 134.2 万吨，同比增长 52.7%。市场掌控力跃然升华。推进"陕、新两翼齐飞，甘、青、宁稳固拓展"的战略布局，橡塑、尿素和液体化工市场占有率分别同比提高 3 个百分点、11 个百分点和 15 个百分点，其中新疆区域销量 249.5 万吨，陕西区域销量 51.2 万吨，甘肃、青海、宁夏区域销量 83.7 万吨，分别增长 97.9 万吨、23.5 万吨、31.6 万吨。推进产业链延伸，以自身为基点链接生产企业、地方园区、科研单位和下游客户，延伸区域化工后加工产业链，在促成无锡兴达、新疆万盈、和山巨力等企业区内建厂投产的基础上，开展与金发科技、伟星管业、中复神鹰等国内知名企业接洽合作，与甘肃长信安昌健康医疗大数据科技有限公司、兰州化工研究中心签署三方战略合作协议。

【深化改革】 2020 年，西北化工销售围绕职能整合、销量提升，推进三项制度改革，职能处室减少 3 个、分公司减少 1 个。构建市场化营销管理新体系，成立销售事业部，整合并形成高密度聚乙烯、低密度聚乙烯、聚丙烯通用、聚丙烯专用、芳烃、非芳烃、通用橡胶、特种橡胶等产品线。推进变动薪酬"三七"分配和"双包干"激励机制。按照"领导带头、骨干参与、分类施策、协同作战"的原则，组建"扩销贸易、进出口、新产品推广、SBS 产品销售、财务增效、储运降费"等 6 个专项攻坚团队，聚焦年度重点任务精准发力，进出口销售 7.7 万吨，同比增长 7.45 万吨；新产品推广销售 31.28 万吨、SBS 产品销售 3.68 万吨，分别增长 479%、47.2%；财务增效 2792 万元，不含运杂费营销成本 17394 万元，减少 1139 万元，自由现金流 4.75 亿元。

【创新创效】 2020 年，西北化工销售修订"三重一大"决策实施细则，将党的领导有机嵌入公司治理结构中，发挥党委的领导作用。建立常态化安全管理工作体系，开展"安全生产月"活动，强化危险化学品购销、运输合规等管理检查，提升安全检查整治常态化管理水平。完成综合管理体系融合，构建权责明确、责任落实、界面清晰、流程简洁、可控可追责的管理体系。推进依法治企，组织开展民法典、合同系统、合规管理、法律法规知识及技能培训。加强审计监督，强化整改责任落实。围绕国家改革政策和经营管理等重点问题开展软科学研究，形成 9 项研究成果，推动公司治理体系和治理能力在现代化道路上不断迈进。

【企业文化建设】 2020 年，西北化工销售明确发展定位，加快从销售商到贸易商转型步伐。坚持以员工为中心的发展思想，保持员工收入稳定增长，稳妥解决一些历史遗留问题，关爱员工身心健康，组织丰富多彩文体活动，广大干部员工精神面貌焕然一新，凝聚干事创业的正能量。围绕疫情防控、提质增效、精准扶贫、经营管理、党建工作等重点做好宣传教育和舆论引导，讲好西北化工销售故事，拓展权威发声渠道，在《中国石油报》《甘肃日报》及集团公司网站、国企党建等主流媒体刊发报道74篇，受到众多媒体和社会公众点赞。

第一时间响应启动，迅速建立新冠肺炎疫情防控工作机制，从组织保障、责任分解、全员防控、复工安排等方面逐项抓实抓细，确保经营管理和疫情防控"两手抓两不误"。采购配发防疫物资保障员工生命健康，使用费用37.8万元采购防疫物资，配发口罩9.5万只，无一名员工及家属感染新冠肺炎。采购和调运熔喷料、熔喷布等医卫原料29.7万吨支援抗疫一线，新疆3个分公司连续两次封闭办公，广大干部员工舍小家顾大家，有力保证生产企业后路畅通，前沿市场不脱销，原料供应不断档。1—5月，销量同比增长35%，单月销量、贸易量、调运量连创历史新高，成为疫情防控期间逆势增长最明显的化工销售企业。

【企业党建工作】 2020年，西北化工销售创新理论课堂、红色课堂、实践课堂、微型课堂"四个课堂"，开展"战严冬、转观念、勇担当、上台阶"主题教育和"销五运千"岗位实践活动，团结凝聚广大党员干部推进高质量发展。《"四个课堂"党员教育模式实践与探索的经验》被集团公司评为"2020年度基层党建十大优秀案例"，《构建党建工作责任考核评价体系的延伸研究》获集团公司党建研究成果一等奖。配合集团公司党组对西北化工销售政治巡视工作，正风肃纪综合效应显现。

（杨　成）

中国石油天然气股份有限公司华北化工销售分公司

【概况】 中国石油天然气股份有限公司华北化工销售分公司（简称华北化工销售）成立于2006年2月，总部设在北京市，主要负责中国石油所属企业生产的石油化工产品在华北区域的统一销售业务，销售网络覆盖北京、天津、河北、河南、山东、山西、湖北、内蒙古8省（自治区、直辖市），主要经销合成树脂、合成纤维、液体化工和合成橡胶四大类、数十个品种、上百个牌号的产品，产品销量和销售收入逐年增长。

2020年底，华北化工销售机关设15个处室，下辖湖北、河南、山东、天津、内蒙古和任丘6个分公司（调运部），太原销售部和大港调运部。员工总数196人，其中党员147人，本科及以上学历占86%，中级以上职称占67%。资产总额12.61亿元。

华北化工销售主要经营指标

指　标	2020年	2019年	2018年	2017年	2016年
化工产品销量（万吨）	387.18	359.49	259.09	256.29	250.57
资产总额（亿元）	12.61	12.15	14.61	16.23	12.95
收入（亿元）	241.78	249.00	217.01	210.2	190.19
利润（亿元）	2.83	1.46	1.22	2.23	3.34
税费（亿元）	1.33	1.00	1.22	1.57	1.69

2020年，华北化工销售各类化工产品销售387.18万吨，收入241.78亿元，账面利润2.83亿元；购销率100.26%，直销率53.7%，完成KPI指标。

【"十三五"回顾】 "十三五"期间，华北化工销售总销量1512万吨，占公司成立以来总销量的47%；盈利11.08亿元，占公司成立以来总利润的93%；人均销量增至1.86万吨，比"十二五"期间增长81%；不含运费及人工的运营成本降至9.14元/吨，下降61%，连年超额完成集团公司业绩考核指标。获集团公司科技工作、信息化工作、生产经营管理先进单位等称号。坚持以市场为导向、以客户为中心，主营业务发展迈上新台阶。建立完善数据库，研究趋势动态，加强外部交流合作，开发市场分析预测模型，准确研判，把握市场营销主动权，科学制定策略，做好量价配合，实现更好效益。推动客户数量质量双提升，夯实核心贸易商"地基"，深化与道恩集团有限公司、北京四联创业化工集团有限公司等知名贸易商互利合作，核心贸易商数量和销量基本保持稳定；做强大型直供厂"支柱"，加强与万华化学集团股份有限公司、威高集团有限公司等大型直供厂战略合作，开发定制化产品，深化产业链合作，销量占比持续扩大，大型直供厂增加33家、数量增长127%，销量增长112%，直销率提升6个百分点。建立分析评价模型，客户黏性有效增强。推进营销模式转型升级，电商销量46.8万吨、利润3782万元，扩销销量81.4万吨、增效1435万元，发放促销贷额度6.97亿元，外贸业务完成橡塑产品进出口 4500 吨，首创合成树脂专用集装箱散装运输方式，营销质量提高。坚持发挥产销研用一体化优势，市场竞争能力迈上新台阶。到下游客户调研交流 150 次，企业与客户的互信协作持续增进。协助建立“溶聚丁苯橡胶”“PE 压力管材料”联合应用试验基地，与石化院成立技术服务站，产品开发能力不断提高。每年与 Univation 公司对接新产品工作计划，产品系列化、差异化、高端化持续推进。针对高端替代、特色定制产品制订年度增量方案，配合开发新产品 75 个、推广 131 个，获科学技术进步奖 11 个，一批高端专用料率先在华北市场实现突破，溶聚丁苯橡胶销量占中国石油总量 77%，品牌价值更加突显。重点高效产品销量增长 142%，增效近 3.2 亿元，产销研用一体化协同发展和产品竞争力持续提升，实现良性循环。坚持把改革创新贯穿发展始终，体制机制建设迈上新台阶。优化组织机构，合并 2 个业务处室，调整设立河南分公司、任丘调运部，撤并 4 个三级机构，整合设立专业处室，专业化发展框架基本形成。三项制度改革稳妥推进，干部选拔任用严格把关，中层干部交流 95%，一般员工交流 25%，选拔使用年轻干部比例 60%，干部和人才储备呈现良好态势。开展“五定”工作，完成 11 项部门职责优化调整，21 个部门和单位、147 个岗位的评价分级。优化薪酬分配结构，体现“分配凭业绩，收入凭贡献”的激励导向，广大员工干事创业积极性有效激发。扩大分公司经营自主权，推进产品经理制、客户经理制试点，实现分公司销量增加 109.7 万吨、增长 129%，市场化运作和专业化发展能力持续增强。坚持依法治企、安全合规，治理能力迈上新台阶。把依法治企作为保障公司稳健发展的全局性、战略性工作，落实集团公司普法规划，法治宣传教育持续开展。深化制度建设，修订各类规章 109 项、废止 17 项，制度执行力度增强。推进 QHSE 体系建设，开展内外审整改工作，体系建设水平持续提升。迎接集团公司党组专项巡视两次，配合完成审计署延伸审计、原总经理离任审计、现总经理任中审计和各类专项审计 16 项，巡视审计发现问题全部整改完毕。执行招标管理制度，建立评标专家队伍，实现应招必招、招必规范。合同管理体系更加健全，事后合同、应签未签合同、线下合同等违规事项管理基本杜绝，风险防控能力持续提高。坚持发展成果惠及员工，队伍凝心聚力迈上新台阶。员工薪酬持续增长，分公司与总部、市场化与合同化员工实现同工同酬。建立完整的岗位序列，员工职业晋升通道更加完善，71 人完成技术职称晋升，其中副高级 31 人，150 名员工聘任到相应岗位序列。整体办公环境大幅改善，争取北京户口指标 8 个、工作居住证指标 24 个，解决员工的迫切需要。加大员工培训力度，连续举办中层干部及业务骨干培训班，每年参加各类交流培训 300 余人次，干部员工履职能力和业务技能提高。

【市场营销】 2020 年，华北化工销售加强市场营销能力，坚持均衡销售、低库存运行，优化资源配置，推动渠道建设和客户服务质量双提升。总销量同比增长 7.7%，分公司销量增长 21%，营销工作成效十分显著。市场研判能力持续提升，建立需求大、潜力高产品应用信息反馈机制，运用市场分析模型，跟踪采集市场信息，做好量价配合，平均每月低于中国石化华北比价牌号不超过 10 个。运用客户综合评价模型，优化客户分级分类管理，净增战略伙伴 9 家、销售代表 31 家、扩销客户 37 家、一般客户 41 家，核心客户销量 117.39 万吨、战略伙伴销量 81.06 万吨。对直供客户和分公司提供技术服务 35 次、技术培训 3 次，服务水平不断提高。新销售模式应用更见实效，电商销量 15.6 万吨、盈利 1856 万元，为客户发放促销贷 8 笔、额度 3.24 亿元，扩销销量 32.8 万吨、盈利 904 万元，外贸销量 2655 吨，国际市场经营能力有效提升。炼化板块所列高附加值产品销量 70.3 万吨，在 6 个大区公司中排名第一，14 类重点产品销量保持稳定增长，销量 131.04 万吨、增长 14.8%、增效 1.6 亿元，重点高效产品增销创效能力持续增强。

【改革创新】 2020 年，华北化工销售坚持把改革创新贯穿发展始终，推动营销体制机制改革，优化业务机制和工作流程，实行管销分离，实现 5 个分公司自主经营。制订改革三年行动实施方案，开展高质量发展专题研究和“十四五”规划，完成高质量发展顶层方案。完成中层干部层级类别套转工作，3 名干部进行岗位交流、4 名干部退居二线，选派 3 名业务骨干到分公司学习锻炼，推进产品经理制、客户经理制试点，改革总体进度把控稳妥。开展科技创新和技术变革，协调高强度耐热 PPH 专用料工业化生产 1200 吨，推广应用锂电池隔膜专用料 280 吨，完成奶茶杯专用料、共聚热灌装专用料的应用试验，产品结构优化。管理创新成果突出，完成 26 个管理创新项目、11 个 QC 项目，群众性创新创效热情有效激发。合成树脂散装运输项目有序推进，完成华北石化散装装料设施改造，华北石化聚丙烯散装运输公路槽车首发及专用集装箱现场测试工作有效落实。

【提质增效】 2020年，华北化工销售坚决贯彻落实集团公司党组和炼化板块决策部署，聚焦主营业务、改革创新、管理提升、治理体系和治理能力建设5个方面，形成25项87条措施的具体方案，实施日分析、周跟进、旬通报、月总结机制，覆盖各项工作。在市场营销方面成立18个提质增效工作小组，抓好重点任务细化分解，依靠主动出击解决难题，引导合理排产，促进销量增长，实现更好效益。制订提质增效专项考核方案和全员劳动竞赛方案，设置重点产品、超额利润等13个专项奖励，促进精准有效激励。同预算相比，全要素费用减少352万元，运输费用减少616.7万元，仓储费减少229.4万元，资金成本减少617万元，成本费用得到有效控制。财务指标持续向好，利润同比增加1.38亿元，完成提质增效工作目标。

【运营管控】 2020年，华北化工销售推进体系融合，制修订制度163项，初步制定综合管理体系整体架构及《综合管理手册》，建立全过程管理体系的自我完善机制，ISO体系框架覆盖全管理流程，管理体系更加先进。推进QHSE体系建设，完成HSE体系内外审工作，落实安全生产专项整治三年行动方案，开展安全生产专项整治行动，安全环保体制机制建设加强。加强危险化学品管控，及时办理危险化学品经营范围增项，严守安全红线。合规管理稳步提高，开展法律法规学习季活动，加强合同的精细化、规范化管理，合规意识增强。

【企业党建工作】 2020年，华北化工销售开展“战严冬、转观念、勇担当、上台阶”主题教育活动，举办宣讲28场次、讨论10场次，提出降本增效合理化建议、创新创效攻关项目45个，凝聚提质增效、改革发展的动力。基层党建持续加强，党委成员深入联系点开展党建指导工作14人次，持续推进党支部“达标晋级”，抓好党支部书记培训和述职，党建“三联”全面落实。组织开展“党课开讲啦”活动25次、培训党员450人次，党员先锋模范作用更加突出。发挥全媒体平台宣传作用，在集团公司网站、中国石油官微、直属工会及《中国石油报》等外部媒体发布稿件30篇，《口罩来了》《众志成城》等多篇稿件引起强烈反响，《奶茶杯中的营销密码》登上《中国石油报》头版。贯彻落实中央八项规定精神，开展“四个专项整治”和反“四风”行动，推进反对形式主义为基层减负措施落实，紧盯餐饮浪费行为，开展党风廉政建设约谈和廉洁主题教育，开展机关党支部常规政治巡察，完成政治巡察首轮三年全覆盖任务，集团公司巡视问题整改成果得到巩固拓展。

【疫情防控】 2020年，华北化工销售第一时间成立新冠肺炎疫情防控领导小组，制订周密防控方案，严抓疫情防控，紧急帮助湖北分公司，鼎力支援兄弟单位，中层干部以身作则、落实责任，广大员工积极响应、严格执行，众志成城，取得疫情防控阶段性胜利。在“一布难求”的特殊时期，把保障集团公司口罩生产作为政治攻坚任务，协调采购熔喷布52吨、熔喷料180吨、纺粘布110吨，满足大庆油田等5家口罩生产企业和2家熔喷布生产企业迫切需要。湖北分公司坚持疫情防控、复工复产两手抓，1—4月湖北区域PP纤维料销量同比增长25%，为打赢疫情防控阻击战作出突出贡献。获集团公司抗击新冠肺炎疫情先进集体1个、先进个人2名。

（迟云峰）

中国石油天然气股份有限公司华东化工销售分公司

【概况】 中国石油天然气股份有限公司华东化工销售分公司（简称华东化工销售）始建于2000年，是中国石油天然气股份有限公司直属地区分公司，业务上由中国石油炼油与化工分公司垂直管理。2020年底，设8个职能处室、7个业务处室、3个直属单位及1个作为二级单位管理的上海中油石油交易中心有限公司，分别在上海、江苏、江西、安徽、杭州、宁波等贴近市场一线地区设有6个区域销售分公司，在以上6个区域内的主要消费集中地和物流集散地配备余姚、上海2个自有中转仓库和26个社会仓库，总库容22万吨，能够快捷方便地服务客户和满足为上游炼化生产企业保后路的需要。华东化工销售以市场为导向，以客户为中心，凭借中国石油的资源优势、品牌优势、上下游一体化优势，一品一策、一户一案，健全完善营销网络，厚植一站式服务客户，构建同向同行、共享共生的市场利益共同体，与众多知名的行业龙头、上市公司建立战略伙伴关系，产品广泛用于医疗、汽车、家电、建材、食品饮料等国计民生领域。

华东化工销售获“全国企业文化建设优秀单位”“上海市文明单位”“上海市陆家嘴金融贸易区经济发展突出贡献企业奖”，以及中国石油“安全生产先进企业”、企业文化展厅获评集团公司首批“石油精神教育基地”等称号，上海仓储分公司党支部、安徽分公司党支部分别获国务院国资委“中央企业先进基层党组织”和集团公司“先进基层党组织”称号。

2020年，华东化工销售产品销售304.17万吨，收入211.74亿元，利润2.81亿元，提质增效创效益1亿元。

华东化工销售主要经营指标

指　标	2020年	2019年	2018年	2017年	2016年
化工产品销量（万吨）	304.17	327.48	260.7	266.3	269.1
购销率（%）	100.7	100.2	100.0	100	101.0
直销率（%）	59.4	62.5	62	64.6	61.6
价格到位率（%）	—	—	100.28	100.33	100.1
直发、断卖比例（%）	37.0	39.5	31.41	33.84	32.8
资产总额（亿元）	22.03	22.76	21.6	23.3	24.0
收入（亿元）	211.74	243.98	234.7	227.0	198.3
利润（亿元）	2.81	1.21	0.9	2.5	4.0
税费（亿元）	1.11	1.53	1.2	2.0	1.8

【“十三五”回顾】“十三五”时期，华东化工销售累计销售产品1429万吨，收入1114亿元，购销率100%，直销率56%，利税18.8亿元，利润11.4亿元；开发客户797家，其中终端客户664家，终端客户开发数占比81%；在2019和2020年连续2年产品销量突破300万吨，营销能力和品牌影响力稳步提升，员工收入实现五连增，“五项”费用较2015年下降30%，吨商品营运费用始终保持合理低位，实现应收账款、法律纠纷、公关危机、安全环保事故“四个为零”。探索提高化工市场研报编撰质量，改进聚烯烃产品预测模型，预测准确率60%以上。按时完成5个“构建与化工业务发展相适应的营销体系”研究课题，为集团公司市场营销工作顶层设计贡献力量。坚持直发断卖销售，年均节约二次费用近2000万元。加大直供终端开发力度，直销率从2016年的48.6%提升至2020年的58.2%，新增直供终端销量59万吨。月均销量2000—4000吨的客户销量占比从2016年的9.9%提升至2020年的22%。打造特色化“王牌”高端产品，发挥产销研用纽带作用，接待地区公司来访183次，带领重点客户走访石化生产企业53次；采用“产业政策追踪法”“特色产品开发法”，开发契合市场和客户需求的产品。通过科技创新提升产品竞争力和市场占有率，获集团公司科学技术进步奖15项。建成中国石油化工产品电商平台，在6家化工销售企业的上线应用，为中国石油集团大电商建设积累经验；注册客户数2737家，成交量284万吨，成交金额202亿元，推价金额8348万元。建立“服务型”财务管控新体系，扩大财务共享范围；丰富“周预测、月分析、年报告”体系，帮助优质终端客户获银行授信14亿元；灵活管理票据节约财务费用2800万元，利用财税政策获补贴9500万元。推进合规经营和创新管理，开展全员合规培训、“规章制度年”“管理体系融合”“事后合同专项整治”等活动，事后合同持续下降，员工合规意识提升，法律纠纷保持为零。理顺管理职能，成立结算中心，提高工作效率。推进内控与风险管理，连续通过外部审计师测试，保持内部控制有效性优秀评价。获评集团公司2020年度质量安全环保节能先进企业。

【提质增效】 2020年，华东化工销售与生产企业捆绑利润22亿元；价格对标缩差-131元/吨，比预算提高34元/吨；吨产品运费492元/吨，同比减少3元/吨；“两金”压控完成率120%，比预算指标提高20%；自由现金流10亿元，比预算提高13亿元；经济增加值（EVA）8511万元，比预算增加1.2亿元。提质增效创效1亿元，其中闯市场增效益获利2839万元、降费用增效益获利4361万元、提管理增效益获利3076万元，给地区公司提质创效2.4亿元，合计创效3.4亿元；业务人员走访客户数量600余家，行程近20万千米；开发终端工厂客户152家，新增客户销量超过10万吨；承接区内无法消化的液体产品，为炼化企业后路畅通解困纾困，疏通PX后路9.2万吨，保证集团公司全产业链安稳优运营。启动石蜡产品试点销售，推广ES复合纤维专用料、首次开发的系列防疫和卫生器材用产品，实现聚丙烯管材系列、聚乙烯茂金属系列新产品的稳定销售，助推兰州石化“三高两低”系列汽车改性料确立在华东区域的主销定位。采购高效产品同比增加7.4万吨，22个品牌建设牌号同比增加4.1万吨，合成树脂专用料增加6.6万吨，合成树脂激励I类产品增加7.4万吨。

增配橡塑产品创效1740万元，增加捆绑利润1.54亿元。抓住防疫用品需求激增的市场机会，销售聚丙烯纤维料和复合纤维料产品21万吨，利润1955万元。抓住“一盔一带”行情，5月3天时间ABS系列产品销量是正常销量的1.9倍，相对月初价格创效350万元。捕捉到“中天合创”大检修信息，临时增加排产18G产品，实现生产企业和销售企业的双向增效。

【基础管理】 2020年，华东化工销售一次运费发生12.4亿元，同比减少2.1亿元，直发断卖销售节约二次费用1610万元。“五项”费用下降50%以上；压降机关管理费30%；物料消耗、绿化费、宣传费、技术服务费、代销手续费等下降30%以上；申请疫情期间复工复产各项支持政策费用470万元；通过加强票据管理创效1035万元，始终保持自由现金流为正。2019年和2020年连续2年产品销量突破300万吨，营销能力和品牌影响力稳步提升，员工收入实现五连增，“五项”费用较2015年下降30%，吨商品营运费用始终保持合理低位，实现应收账款、法律纠纷、公关危机、安全环保事故“四个为零”。

【科技创新】 2020年，华东化工销售打造特色化“王牌”高端产品。发挥产销研用纽带作用，采用“产业政策追踪法”“特色产品开发法”，开发契合市场和客户需求的产品。独山子石化低压注塑料DMDA8008通过一次生产、分批买断的方式连续稳定供应市场，逐步成为市场认可的王牌产品；利用华东区域产业特色，将LLDPE通用薄膜料DFDA7042（N）和注塑料DMDA8320应用于硅烷交联电缆料的专用树脂，改善中国石油FDPE装置产品同质化突出的问题。

【电子商务】 2020年，华东化工销售在创新中求发展，助推化工销售业务营销模式转型，在6家化工销售企业的上线应用，注册客户数2737家，成交金额71.7亿元，推价金额3750万元。

【厚植服务】 2020年，华东化工销售联合兰州石化开发“三高二低”抗冲共聚聚丙烯专用料，确立高模量和高抗冲两条系列化产品路线，在汽车改性、玻璃纤维增强、家电部件和日用品行业形成稳定应用。通过科技创新提升产品竞争力和市场占有率。培育形成上海塑料改性、沪杭橡胶轮胎、甬台温注塑、温州制鞋和包装印刷、杭州湾小家电、苏州电子、诸暨和江阴管道、合肥家电、桐城包装等多个特色产品销售区域。

【企业文化建设】 2020年，华东化工销售推进“家文化”华东特色企业文化，通过企业形象提升周活动、石油精神论坛、中国石油开放日、精神文明创建等工作的开展，提升企业文化软实力。开展“企业形象提升周”活动。围绕“战严冬、转观念、勇担当、上台阶”主题教育活动和提质增效专项行动，开展“弘扬石油精神战严冬，助力提质增效上台阶”企业形象提升周活动。组织公司石油精神论坛，集中观看集团公司第三届石油精神论坛专题片及部分主题宣讲。组织“决胜全面小康·中国石油在行动”中国石油开放日，制作“我为中国石油点赞”优秀短视频，征集企业文创产品。推进精神文明单位创建。两次迎接上海市第二十届文明单位创建考评检查工作，总结文明创建工作，将石油精神与精神文明建设高度有机融合，整理文明单位创建工作手册中的三级46个指标，完成近500项图文材料的梳理、完善、分类、总结，汇编台账，获考评组一致好评。开展庆祝华东化工销售成立20周年活动，展示20年发展成果，增强全员凝聚力和向心力。

【疫情防控】 2020年，华东化工销售第一时间打响新冠肺炎疫情防控阻击战，在疫情初发之时增配独山子石化S2040产品，2月、3月为下游口罩原材料生产企业特供大连石化H39S-2和H39S-3高熔纤维；为集团公司总部及疫情重灾区紧急支援近6万只口罩；为上海市协调最为紧俏的熔喷布，上海市经济和信息化委员会送来信函，对中国石油表示感谢。内部启动公共卫生事件应急响应机制，对办公场所进行消杀，为员工采购口罩、消毒液等急需防疫物资，为身处疫情地区员工提供物资帮助和精神帮扶，实现员工家属零感染。

【企业党建工作】 2020年，华东化工销售推进“两学一做”常态化制度化，开展“不忘初心、牢记使命”主题教育，传承石油精神强根铸魂。深化“大党建”工作格局。构建党建工作责任制考核评价体系，压实党委委员“强党建”责任，让从严治党主体责任在深化细化中落实落地。通过上下联动、齐抓共管，形成党委书记统筹抓、党委委员协同抓、支部书记具体抓的工作机制。加强基层党组织建设。从严落实“三会一课”、按期换届、组织生活会、民主评议党员等党内制度，始终保持基层党组织健全率和党员受教育率“两个100%”。完善基层党组织治理格局，重点抓好基层党组织书记、党务干部、党员“三支队伍”建设，开创“一支部一特色，一部门一亮点”的基层党建工作新局面。推进“三不”有效机制和“大监督”格局构建，纠治“四风”取得新成效，反腐败斗争压倒性胜利持续巩固发展；聚焦中心任务，突出政治定位，巡视巡察利剑作用有效发挥，政治生态明显改善持续向好。

（李文娟）

中国石油天然气股份有限公司华南化工销售分公司

【概况】 中国石油天然气股份有限公司华南化工销售分公司（简称华南化工销售）前身是中国石油天然气股份有限公司化工与销售华南分公司，2004年5月18日成立，负责中国石油统销化工产品在广东、福建、广西、海南四省（自治区）的市场营销业务和广西石化生产的化工产品的调运任务，主营合成树脂、合成橡胶、有机和无机化工产品四大类百余个牌号石油化工产品，年销售量近300万吨，收入近200亿元。2020年底，设15个处室，下设厦门、汕头、深圳、南宁、海口和钦州6家分公司，形成以珠江三角洲为核心、覆盖华南四省（自治区）的成熟营销网络。

2020年，华南化工销售根据需求结构变化和出口激增新动向，减少基建、家装类原料配置，增加卫材、汽车、家电、电子类原料供应。卫材H39S-3新冠肺炎疫情期间市场表现抢眼，实现经济和社会效益双丰收。EP533N抓住汽车行情销量增长147%。加大0215A、0215H市场供应并高位放量，在火爆的家电市场实现产销双赢；与国内家用路由器销量第一的Tp-link直接合作，ABS转战“蓝海”。抓住“地摊经济”行情，稳定供应注塑、膜料和ABS等产品，实现较好产品效益。

【“十三五”回顾】 “十三五”期间，华南化工销售年销量由2015年的213.17万吨增长到292.6万吨，增长37%。销售化工产品1303.69万吨，其中，扩销44.3万吨，电商销量53万吨，实现多元化增长，稳定市场份额。账面利润12.2亿元，上缴利税6.87亿元。人均创效能力、直销率、客户开发、新产品推广、成本控制等方面工作走在同类企业前列。

“十三五”期间，华南化工销售推动以产定销向产销协作、以销定产转变，打造“品牌工程”，实现产品结构优化升级。根据市场变化协调炼化板块调整市场布局，优化资源配置。炼化板块口径高效产品销量47.96万吨，年均增长17.6%。增销高附加值的低压聚乙烯管材、膜料产品，价格对标缩差进步明显；优化高压和线性聚乙烯产品结构，售价整体大幅提升；医药卫生、汽车专用料市场开发实现新突破，共聚产品比例由11.83%提高到29.95%；0215H成为大型白色家电用户主选原料，ABS产品线整体盈利能力大幅提升，进军智能家居、5G等领域。芳烃产品克服质量波动难题，为创效和扩销上量作出贡献。为迎接激烈的市场竞争，率先实施高端化转型，5年来参与集团公司新产品开发114个、量产69个，打造0215H、H39S-3、100S等22个优势牌号，合成树脂专用料比例由2015年40%提高到59.1%。参与集团公司重大科技专项，获科学技术进步奖10项。

华南化工销售主要经营指标

指　标	2020年	2019年	2018年	2017年	2016年
化工产品销售量（万吨）	292.6	266.17	252.88	249.86	242.18
购销率（%）	100.5	100.3	99.5	99.2	101.1
直销率（%）	68.18	64.22	67.91	70.01	65.56
推价到位率（%）	100.24	99.49	100.25	100.55	100.5
资产总额（亿元）	17.62	14.15	13.09	18.31	17.33
收入（亿元）	182.79	189.98	201.84	192.62	164.75
利润（亿元）	3.14	1.12	1.22	2.77	3.95
税费（亿元）	1.316	1	1.31	1.74	1.41

以直供为重点推动渠道扁平化，建成销售渠道“2.0版”。连续6年每年新增客户100家以上，新进一批标志性大工厂，战略客户由4家增长到16家，月均采购量200—1000吨的橡塑直供客户由2015年55家增长到77家。产销研用合作持续深化，带领工厂客户走访生产企业，与金发科技、德冠包装建立联合实验室，与广东东立合作开发电子保护膜，与佛山必得福开发卫材纤维料。以销售计划执行为抓手，定期升降级考评，推进客户质量升级，推动新客户有效合作，累计淘汰低效客户607家。直销率由49.76%逐步达68%。

坚持稳健经营，以购销平衡为主线实行销售计划管理，销售计划执行率持续提升保证较好的销售均衡性和量价配合的有效性，低库存运行降低在途产品跌价风险。坚持精益营销，开展“广角式”市场研判、“解剖式”运营分析和全要素价格对标，因品施策灵活制定销售价格。价格到位率每年均在100%以上，2017年和2018年比价排名系统内同类企业前列，与中国石化比价总体领先。坚持营销创新，推行均价结算、公式定价，开展电商、竞价销售、期现结合等业务，竞争手段日趋灵活。坚持服务增值，推行售前、售中、售后和“四时”服务，产销协同帮助客户解决加工应用问题；开展客户授信、电子承兑、银行保函业务，为客户提供金融服务；及时受理解决客户投诉和商务理赔，增强客户黏性。

对运输和仓储服务商全部公开招标，构建效率型、安全型物流体系，陆海并进纾解超长运距难题，运输包装质量大幅改进，运输效率持续提升，使占比近70%的北方资源跨越千里直抵市场前沿，保障生产企业后路畅通和客户稳定供应；自主调运业务保持平稳高效，直发与移库合理优化，保障广西石化产品有效销售；建立完善仓储配送体系，精细管理、安全管理和控费提质成效明显，服务商达标考核促使现场管理和服务质量持续提升，微信公众号、手机APP等新媒介推广应用明显提升客户体验。

【提质增效】 2020年，华南化工销售开展“战严冬、转观念、勇担当、上台阶”主题教育和劳动竞赛，掀起创先争优热潮，推进实施提质增效专项行动，10个方面42条措施见效，提质增效1.87亿元。资源优化方面，高效产品购入量完成年度目标的110.9%，销量同比增长近3成；资源优化布局成效突出，各区域销量和效益实现科学匹配。营销组织方面，新开发直供客户127家，合成橡胶直销率继合成树脂后大幅提升并领先同类企业；销售计划执行率逐年提升，周均衡指标为化工销售6大区最优；断卖率49%，海运断卖率60%；扩销40万吨，单吨效益排名第2；价格对标缩差、销售收入差大幅超额完成集团公司下达的考核指标，综合得分122分，领先同类企业。物流仓储方面，广西石化产品直发自提和配送比例分别提高6.2个和11.8个百分点，移库比例下降18个百分点，东北、西北运输周期分别同比缩短1天，仓储平均周转天数减少1.59天，商务比率下降8.6%。降本控费方面，吨产品营销成本压降4元，单吨运输费下降30.26元，吨产品配送费降低5.08元。

【基础管理】 2020年，华南化工销售依法治企合规管理持续深化，风险和内控管理加强，重大事项开展法律论证、合规性审查，依法合规成为员工的思维习惯。发挥制度建设在企业管理中的基础性根本性作用，推进制度修建补废，全员学制度查制度和干部宣贯制度活动持续开展，党委巡察、专项审计、内控测试等监督手段促进制度有效执行，实现靠制度管人管事。对标管理与绩效考核融合推进，经营业绩与管理水准同步提升。财务工作与销售业务深度融合，效益测算、风险预警、指标跟踪、财务稽查等管理行为引导企业增销创效。制定实施三年安全行动计划，HSE管理体系建设持续加强，安全环保责任制有效落实，员工安全教育和风险隐患排查治理扎实推进，危化品运储销各环节实现安全受控。管理体系融合有效推进，形成17大类126项制度体系。信息化建设取得新进步，基本实现无纸化办公，客户管理系统、电商平台让营销业务更加便捷，“互联网+采购”和门对门配送提高采购效能。

【改革创新】 2020年，华南化工销售推进治理体系和治理能力现代化，制定下发深化改革三年行动计划、对标提升三年行动计划和落实集团公司市场营销工作会议精神三年实施方案。以“建强总部‘两大中枢’、做大分公司”为框架，增强营销一体化统筹，并侧重在夯实基础管理方面发挥作用。建立销售公司管理模式，业务单位实行产品线管理和业务下沉。职能管理界面进一步理顺，加强专业化管理。芳烃产品转由总部统一计划和销售。以效益为中心建立完善绩效考核和薪酬分配体系，强化工效挂钩，全员绩效考核让每名员工都心系公司发展。三项制度改革稳步推进，实行组织机构和领导干部分级分类管理；完成管理序列改革，建立梯次有序的员工晋升通道。管理创新摆上全局工作实现突破，获集团公司二等奖、三等奖各1项。

【疫情防控】 2020年，华南化工销售第一时间发出新冠肺炎防控疫情动员令，建立常态化防控机制，采购配发防疫物资，统筹做好疫情防控、复工复产和经营管理各项工作，当好员工的“主心骨”。力保下游企业生产原料，支持客户增产熔喷布、口罩、医用防护服、消毒用具等医疗用品。在疫情暴发的最艰难时期，克服前沿告急、爆仓堵罐、上游被迫减产、同行抢占社会库容的极端困难，服从大局、主动请战，争取充沛运力和库容，为疏通炼化供应链作出贡献；为集团公司总部、兄弟企业和扶贫点提供口罩3万多只，协助采购口罩生产设备；为定点扶贫村送上急需口罩，担负起国企的社会责任，守住“零疫情”底线，取得疫情防控阻击战的阶段性胜利。

【队伍建设】 2020年，华南化工销售落实新时代组织路线和好干部“五条标准”，实施人才“墩苗计划”，培养一批优秀年轻干部，“80后”中层干部占比由五年前8%提高到33%，具备高级职称的员工占比由15.2%提高到24.6%，队伍结构持续改善。

【企业党建工作】 2020年，华南化工销售构建以党委工作规则、“三重一大”集体决策制度和其他经营管理事项会议制度为主体的议事决策制度体系，党委会前置研究和决定企业重大事项。意识形态和宣传思想工作持续加强。全面从严治党向基层持续延伸。召开党代会，细化责任清单，固化抓基层党建工作机制，“大党建”格局初步形成。“六个一”党支部规范化建设加强，21个党支部全部达标。“三会一课”等基本制度落到实处。“铁人先锋”平台把党支部建在网上。形成“红色教育”“主题党日”“互联共建”等党建品牌。党风廉政建设和作风建设扎实推进，干部员工树立廉洁从业意识。落实中央八项规定精神及实施细则，巡视巡察“回头看”和各类专项检查坚持高标准，整治形式主义、官僚主义一以贯之，保持政治生态健康纯净。坚持以“家文化”为引领建设和谐企业。建立职代会制度，坚持民主管理厂务公开，保障职工合法权益；民主生活会、职代会前广泛征集职工意见建议，逐条研究落实；推出亲情团聚、扶贫帮困、大病医疗、补充医疗、员工体检等关爱职工政策，关注员工心理健康；工会、共青团围绕中心工作创造性开展特色活动，举办运动会、“全员健身”、歌咏比赛等文体活动，职工归属感、幸福感、获得感不断增强。投入扶贫专项资金200万元，完成脱贫攻坚任务。

（叶婉英）

中国石油天然气股份有限公司西南化工销售分公司

【概述】 中国石油天然气股份有限公司西南化工销售分公司（简称西南化工销售）2000年按照中国石油化工统销战略部署整合成立，原名为中国石油天然气股份有限公司化工与销售西南分公司，2009年4月机构规格由处级调整为副局级。主要负责中国石油在四川、重庆、湖南、云南、贵州、西藏6省（直辖市、自治区）的化工产品统销业务，承担四川石化和云南石化的化工产品调运业务，经营中国石油所属炼化企业生产的合成树脂、合成橡胶、工程塑料、有机化工4大类近200个牌号的化工产品。本部在四川省成都市，设15个职能处室和四川、重庆、湖南、云南、贵州5个销售分公司及彭州、安宁2个调运部。2020年底，员工总数220人，其中本科以上学历占85%，中高级职称人员占53%。党员155人，占员工总数的70.5%。2020年，西南化工销售积极应对新冠肺炎疫情影响和低油价冲击，聚焦主业提质增效，深化改革创新发展，全面加强党的建设，销售化工产品488.3万吨，利润3.38亿元，完成“十三五”规划目标。

西南化工销售主要经营指标

指　标	2020年	2019年	2018年	2017年	2016年
化工产品销量（万吨）	488.3	415	313.3	301.8	256.3
购销率（%）	100.6	100.7	100.5	99.6	101.3
直销率（%）	75.5	75.4	72.3	66	61.8
价格到位率（%）	100.51	99.84	100.55	100.25	100.49
资产总额（亿元）	18.9	16.1	18.77	17.95	20.24
收入（亿元）	232.4	244.4	222	207.1	161.1
利润（亿元）	3.38	2.72	1.78	3.42	4.42
税费（亿元）	1.75	1.45	1.08	1.96	1.95

【“十三五”回顾】 “十三五”期间，西南化工销售抢抓四川石化、云南石化投产机遇，聚焦营销主业，开拓市场，强化提质增效，推进改革创新，加强党的建设，实现高质量发展。销量年均增长率超过18%；盈利15.72亿元；价格到位率等关键指标排名稳居前列。优化营销服务支撑体系，实施专业化管理、区域化销售体制，大销量快周转低库存销售模式，核心竞争力持续增强。开展“三大攻坚”，打牢高质量发展根基。四川石化产品就地销售比例超过88%；产品直销率从64%提高到75.5%，高效产品、新产品、专用料推广销售完成既定目标。深化精准管理，提高化工

营销创效能力。强化固“根”铸“魂”，营造良好干事创业环境。

【营销工作】 2020年，西南化工销售统销产品实现稳增长。橡塑业务落实“事前算赢”要求，坚持低库存运作，年底库存降至2.3万吨历史低位，多次有效规避跌价风险；紧抓国家利好政策和高压、ABS等上涨先机，紧贴市场精准分析、量价配合，销量174.4万吨，同比增加18.9万吨、增长12%。有机化工业务抢抓控油增化机遇，克服PX大型终端延迟开工等困难，争取西北石油苯资源，销量265.9万吨，同比增加34.9万吨、增长15%。

坚持对标优秀贸易商，打造多渠道发展增长极。橡塑产品与中国石化、中煤串换贸易量提升至3000吨/月以上，补充区内资源品种，陆续打开四川能投PTA、河南能源煤制乙二醇、中国石化沥青在西南区域代理渠道，与朗盈、昱泰等5家企业签订战略合作协议。扩销48万吨，同比增长69%。

3月底油价暴跌、产品价格大幅波动，市场供需严重失衡，从4月中旬集中走访川能投、华峰、巴斯夫等6家战略终端客户，4月、8月召开橡塑产品区域重点客户和大客户座谈会，坚定客户合作信心，共渡难关。4月起有机产品扭转颓势，5月创造24.5万吨历史新高；橡塑产品8月刷新16.2万吨销量纪录，常态化销量15万吨左右。

【重点任务】 2020年，西南化工销售推进品牌工程效益工程。加强龙头客户开发提升中国石油品牌形象，海尔月采购独山子K9928H 4000吨以上；坚持以客户为中心，开展“双送双到”活动22轮，走访典型客户121家、解决问题116个，为客户提供增值服务。深耕战略客户贵轮资源需求，替代竞争对手产品，实现四川石化顺丁橡胶在贵州轮胎股份有限公司（简称贵轮）的配方替代，年销量突破5000吨。向资源优化、排产优化要效益，做好产品结构“加减法”，实现全区域、全品种整体盈利，取得历史性突破。

推进就地销售，四川石化低压、线性就地销售比例高达96%，聚丙烯提高到86%。坚持“四个一批”客户开发工作，2020年开发终端直供用户27家、增量2.7万吨。高新专销量突破100万吨，新产品开发推广26个，其中兰州石化车用料销量提高到2.8万吨，市场认可度显著提高。

【疫情防控】 2020年，西南化工销售新冠肺炎疫情防控取得实效。贯彻集团公司关于疫情防控各项部署要求，多次制修订《疫情防控手册》，每日统计、每周通报防控信息，严格办公环境消杀、员工体温检测，稳妥有序复工复产。2020年底，国内疫情多点散发，成都出现聚集性疫情，加大办公场所及人员管控，采取禁止采购冷链食品等应对措施，确保办公场所、员工及家属“零疫情、零感染”。

面对疫情初期医卫物资异常紧缺情况，积极协调增配纤维料1.3万吨保障资源供应，紧急协调兰州石化排产5000吨RP260解决四川科伦生产急需。落实总部指示要求，积极履行社会责任，帮助四川、贵州两省填补物资缺口，受到地方政府高度赞扬。

【提质增效】 2020年，西南化工销售贯彻落实集团公司提质增效专项行动决策部署，系统制订实施方案，分解落实任务，推进5个方面69条提质增效措施。开展“战严冬、转观念、勇担当、上台阶”主题活动，党委委员深入基层调研宣讲，召开3场专题报告会，引导干部员工认清严峻形势、增强必胜信心。提质增效1.47亿元，超额完成既定目标。

【精细管理】 2020年，西南化工销售强化精准研判，运用关联模型精准研判市场，做到大趋势准确研判、小变化随时掌控。落实“事前算赢”，强化精准导航，科学指导营销工作，盈亏趋势分析偏差低于5%。深化精准对标，对标缩差实现超基准值56元/吨，排名大区第2。做好承兑汇票顺转、择机票据贴现，精准挖潜增效，节约财务费用1000万元以上。

产销衔接紧密高效。聚焦以销定产、以产促销，制订实施深化产销衔接方案，每月编制《西南关注》反馈区域信息，共同应对市场变化、共同增收增效。疫情发生以来，打破传统线下沟通方式，建立每月视频对接、客户季度参与工作机制，确保产销衔接无缝高效，2020年采购兰州石化、独山子石化橡塑产品63万吨，增量16.5万吨。

【物流仓储】 2020年，西南化工销售实现兰州石化丁苯橡胶门到门直发贵轮，有效节省运费。多方协调完成白涛站扩能加热设施改造，彻底解决冬季苯类产品冻凝“卡脖子”难题，为西部地区纯苯域内销售奠定基础。重庆仓储中心改造扩容30%，增收降费效果明显；调整优化库房布局，节约物流费用。库存预警效果突出，受到板块赞扬并在各大区推广。

【安全环保】 2020年，西南化工销售把安全环保作为高质量发展的重要保障，强化属地管理和一岗双责落实，加大安全培训力度，提升基础能力。深化QHSE体系审核，完善内审管理机制，动态通报典型问题，对5家单位严肃考核追责，提升管理水平。修订完善制度办法，堵塞管理漏洞，实现承运车辆资质硬关联，严肃整治违规自提、配送等乱象，处理多家违规承运商，确保风险受控。

【改革创新】 2020年，西南化工销售推进三项制度改革。优化人员配置，加强机关基层岗位轮换，用工总量减少8人。加强干部队伍建设，明确中层干部任期时限，加快提升后备干部能力素质。坚持将人才培养作为可持续发展的推动力，树立重能力、看实绩的用人导向，实行评聘分开，5人通过竞聘晋升职级。

依法合规提升效能。加强制度管理，强化内控测试、合规评价和培训，确保管理体系有效运行。加强法治宣贯，强化依法治企。落实应招必招，7个项目实施采购招标。规范采购管理，推进线上采购，节约采购资金13.1%。开展业务专项检查、内部审计。

管理创新激发活力。开展管理体系融合，《综合管理手册》发布试运行，提高整体运行效能。落实国企改革三年行动方案和对标世界一流管理提升行动方案要求，坚持创新驱动发展战略，编制实施方案，统筹推动改革向纵深发展。获石油化工企业管理现代化创新优秀论文一等奖，发展能力评价在集团公司110家企业排名第10，同类企业排名第1。

【企业党建工作】 2020年，西南化工销售深入从严治党。配合集团公司党组巡视和离任经济责任审计。规范“三重一大”决策流程，加强党委把方向管大局保落实的作用。推进中央八项规定精神落实落细，驰而不息纠治“四风”，严肃查处两起违规违纪案件，警示教育全员吸取教训、廉洁从业。完成机关两个支部党委巡察，做好巡察“后半篇文章”。

夯实党建基础，2020年初完成支部书记抓党建述职第一轮全覆盖，完成新一届支部换届选举，压紧压实党建工作责任，针对性开展党建培训，提升支部工作能力，围绕提质增效专项行动，提高党建与业务融合深度，发挥支部战斗堡垒和党员先锋模范作用。

聚焦抗击疫情、提质增效、市场营销工作会议精神落实等热点，运用新媒体影响力，提升整体形象。组织开展“三八妇女节”知识竞赛、职工摄影比赛、青年知识分子座谈会等活动，走访慰问大病和困难职工及家属13人次。

（梁　东　石进昆）

销售企业

中国石油天然气股份有限公司东北销售分公司

【概况】 中国石油天然气股份有限公司东北销售分公司（简称东北销售）1998年6月组建，是中国石油所属成品油大区销售公司之一，是股份公司销售分公司在东部地区的派出机构。主要负责东北、华北地区13家直属炼化企业和部分地方炼化企业成品油资源的统一采购、配置、调运和结算；22个地区销售公司和9个专项用户资源的全部或部分供应和一次物流组织，东北三省和内蒙古东部地区二次物流的主动配送；东部地区成品油出口业务的组织协调和实施；物流区域内沿海、沿江、沿成品油管线具有集散和储备功能的大型油库的建设和管理。本部设在辽宁省沈阳市，设13个机关处室，19个二级单位，分布在黑龙江、吉林、辽宁、河北、天津、山东、江苏、浙江、广东9个省（直辖市），员工总数1869人。管理资产型油库10座，库容313.86万立方米。运营成品油铁路罐车4423辆，其中产权车2849辆、租赁车1574辆。作为国内最大的成品油物流中心之一，东北销售有效发挥衔接上下游、协调产运销的物流枢纽作用。成品油年销量约占股份公司成品油年产量的50%。

2020年，东北销售在东部地区销售企业成品油销量同比下降20.14%的情况下，完成交货计划4096.03万吨，销售成品油4083.43万吨。销售收入2087.9亿元；运费支出总额70.58亿元，商流费27.29亿元，在向省市公司市场化补贴101.46亿元、炼化企业出口补贴20.38亿元后，利润–111.64亿元，同比减亏11.43亿元。

东北销售主要经营指标

指　标	2020 年	2019 年	2018 年	2017 年	2016 年
成品油销量（万吨）	4083.43	4975.59	5172.53	5300.90	4765.10
汽油销量（万吨）	1974.07	2195.20	2400.08	2601.35	1887.93
柴油销量（万吨）	1840.00	2514.33	2473.06	2416.23	2606.94
航空煤油（万吨）	265.02	260.47	293.71	278.48	264.66
运费成本（亿元）	67.94	84.83	77.5	70.62	69.90
商流费用（亿元）	27.29	26.51	21.52	20.09	19.01
吨油费用（元）	66.83	53.28	41.60	37.91	39.90
油库数量（座）	15	17	16	16	17
油库库容（万立方米）	370	337	337	338.11	330.21
资产总额（亿元）	133.65	174.94	131.97	124.24	149.58
油品收入（亿元）	2087.90	3604.91	3425.24	3009.26	2354.40
利润总额（亿元）	−111.64	−123.07	−39.61	1.41	−40.98
税费（亿元）	0.27	2.69	3.22	12.08	1.44

【“十三五”回顾】“十三五”期间，东北销售把确保直属炼化企业生产后路畅通和销售企业资源稳定供应作为首要责任，推进物流优化，降低运行成本。销售、出口油品 30473 万吨，资源配置完成率 100%，年均产调率 99.8% 以上，东部地区炼化企业柴汽比由 2016 年的 1.37 下降至 2020 年的 0.98。创新推行“订单式”生产模式，炼化企业产品结构更加合理，产销矛盾逐渐缩小，产销更加匹配。高附加值产品提效显著，推动高标号汽油由 2016 年的 443.2 万吨提高至 2020 年的 589.6 万吨，增长 33%。年均调运总量 6234 万吨，年均节约运费 10.15 亿元，炼销企业服务水平满意度稳定在 99% 以上；推进主动配送业务，区内节约整体运费 6.2 亿元；关停低效油库 34 座，库容 46.66 万立方米，年均节约油库运行费用 0.63 亿元。与炼化、销售企业衔接，完成国Ⅳ标准、国Ⅴ标准油品到国Ⅵ标准油品的质量升级。推进 3 种运输方式计量诚信交接及流量计“三项修正”、质量诚信交接、集采油品质量关口前移和计量“零损耗”入库，各运输方式损耗逐年下降。平衡好出口和国内资源，出口量由 2016 年的 861.8 万吨提高至 2020 年的 1530.4 万吨，增长 77.6%，有效缓解国内资源过剩局面，增加集采创效空间，为集团公司整体效益最大化和炼销业务有序有效稳健发展作出贡献。

【提升产业链价值】 2020 年，东北销售把服务集团公司整体战略、推动产业链协同发展作为最大的政治责任。保障炼化企业运行顺畅，统筹平衡直炼和集采两种资源、国内和国外两个市场，优化调整运行方案，强化应急保障措施。运行危急时刻，采取以车代罐、以船代库、紧急收储等应急措施，收储直炼资源 97 万吨，高峰期月下海 190 万吨，缓解多家炼油厂堵库停产危机。出口成品油 1530.23 万吨，占集团公司出口总量的 87.6%，同比增长 8.7%，促进国内资源供需平衡。落实集团公司“以销定产、以产定供、以产促销”要求，高标号汽油完成 589.59 万吨，同比提高 3.4%；向直属炼油厂发送生产订单 61 份，引导炼油厂生产适销对路产品 138.1 万吨，助推销售企业抢占市场份额、扩销创效。践行“服务创造价值”理念，构建“五位一体”服务保障机制。主要领导分两轮次到东部 14 个省市地区、14 家炼化企业以及业务关联单位走访座谈，解决炼销问题 177 项，有效应对风险挑战和运行难题，为产业链提供增值服务。

【落实提质增效专项行动】 2020 年，东北销售制定 12 个方面、34 项提质增效措施，分解落实三个层级 420 项责任清单、11 项专项方案，实现高标准开局、高质量推进。开展资源运作创效，购进资源 4096.03 万吨，外采成品油 95.31 万吨，创效 14.3 亿元；刚性兑现直炼额外量 431.58 万吨，创效 9.05 亿元。开展物流优化增效，对东部地区成品油一二次物流整体优化，推进优质、高效、集约、阳光物流建设，降费 3.5 亿元。打通大港石化、华北石化下海通道，节约运输成本 3123 万元。提高资产型三江口油库中转比例 7.8%，优化“长株潭”地区“海进江”供货模式，节约仓储物流成本 1642 万元。推进运输降耗增效，开展“3+1”诚信交接体系建设，协调 7 家炼化企业开展流量计“三项修正”，与 3 家炼化企业签署铁路诚信交接方案，铁路、管道、下海油减少损耗 4323 吨，增效 2248 万元。推进管理挖潜增效，强化费用过程控制，“五项”费用同比下降 1239 万元，下降 51%，其中招待费压减 62.6%。动员干部员工自主维修油库设备设施，节约修理费163万元。推进全员创新创效，举办青年创新创效论坛，参加集团公司首届一线生产创新大赛，获油气销售专业团体一等奖，3个参赛项目获一等奖2个、三等奖1个；总结提炼提质增效“金点子”典型案例116个，营造大众创新、全员创效浓厚氛围。

【推进改革创新】 2020年，东北销售落实国企改革三年行动方案，明确2020—2024年深化三项制度改革的时间表和路线图，稳妥推进一批改革举措落地。有序推进机构整合，撤销秦皇岛分公司、自备车管理分公司2个二级单位和审计中心、结算中心2个机关附属机构，稳妥有序分流人员86人。开展业务外包“双压减”，压减业务外包人员168人、压减费用865万元，分别同比下降21%和20%。深化薪酬分配改革，绩效奖金向风险高、责任重、贡献大岗位倾斜，新增“双压减”和“四不两直”两个专项奖励，兑现专项奖金115万元。深化辅业改革，推进退休人员社会化管理工作，“三供一业”分离移交完成，减轻企业办社会负担。

【加强安全环保】 2020年，东北销售树立“一切事故都是可以避免的”理念，狠抓安全生产责任制和风险管控措施落实。抓好常态化新冠肺炎疫情防控，召开党委扩大会议等45次专题会议安排部署疫情防控工作。开展“四不两直”检查28次，发现、整改问题265项。加大安全隐患排查治理，按照“轻重缓急”的原则确定治理方案，列支8344万元优先治理隐患115项，重点治理千米桥油库铁路专用线、南沙油库油气回收装置等设备设施隐患。抓实抓细体系审核，上半年体系内审质量排名销售板块第9，下半年销售分公司量化审核获92.1分，排名销售板块第1，HSE管理水平从B1良好级提升到A2优秀级。

【推进精益管理】 2020年，东北销售树立“管理出效益，精细管理出大效益，精益管理出最大效益”的理念，提升管理效能。实行预算管控，推进财务预算和投资计划“一本账”管理。实行费用项目归口管理，落实机关专业线在预算费用上的管控责任。优化经营活动分析，科学评价经营指标、成本管控能力和盈利水平。优化制度流程，对规章制度进行梳理，发布制度157项，废止制度184项。重构优化管理链条，合同审批时限由原来的8天压缩到5天以内。开展清理油库报表专项整治行动，两级机关合计压减报表139项，压减率35%。加强项目管理，争取投资计划1.03亿元，落实宁波油库等4个乙醇改造项目续建投资。开展“冲刺100天，决胜‘9·30’”活动，狠抓工期、质量、安全和投资管控。加强法治建设，在重点风险领域和关键环节，进行风险提示、开展法律论证，推进法治工作与生产经营高度融合。落实“三重一大”决策制度实施细则，健全两级机关“三重一大”事项决策清单，召开党委会议40期，决策“三重一大”事项26个。加强审计管理，完成11家分公司资产租赁及食堂、车辆管理专项审计，发现38方面142个问题，有效堵塞漏洞，防范风险。加大科技创新，提升信息化建设水平，综合营运管控平台一期上线并全面推广，完成协同平台2.0升级，扩展无纸化会议系统至分公司，加快调运智能化、油库信息化、办公无纸化步伐。

【企业党建工作】 2020年，东北销售开展“我能为改革做些什么”全员大讨论，奠定全员抓改革促发展的思想基础。抓强干部队伍，分6个批次选拔任用二级领导人员77人次，新提拔使用25人，其中“80后”干部7人，激发干部队伍活力。抓严作风建设，以“固根基、治顽疾、强作风、保落实”为总要求开展作风建设年活动，查摆两级机关作风建设问题清单329条，推动转变作风，提升工作效率。抓实政治巡察，完成三轮6家分公司巡察，发现5方面103项问题，提出整改意见建议96条，移交问题线索4个，对4名领导干部进行问责和提醒谈话。抓准舆论导向，与中国石油报社签署战略合作协议，在集团公司报刊、网站等媒体上刊发各类稿件500余篇，正向回应集团公司党组和炼销企业关切，展示公司提升服务、精益管理的良好形象。

（管育林）

中国石油天然气股份有限公司西北销售分公司

【概况】 中国石油天然气股份有限公司西北销售分公司（简称西北销售）前身是成立于1946年9月的中国石油有限公司兰州营业所，新中国成立后先后隶属于商业部、甘肃省、中国石油化工总公司，1998年成建制划转集团公司，总部设在甘肃省兰州市，是股份公司销售分公司在西部地区的派出机构。主要承担西部地区 13 家直属炼化企业，21 个省（自治区、直辖市）销售公司，铁路、民航、兵团等 10 家专项用户的成品油产销计划衔接、资源优化配置、物流调运组织、质量计量监督和油品结算，以及地方炼化资源的集中采购等职责，业务范围覆盖我国陆地国土面积的 80%。截至 2020 年底，管理运营 9 座成品油库，总库容 216.5 万立方米，有铁路专用线近 20 千米、自备罐车 4255 辆。设 12 个机关职能部门、3 个直属单位，在中西部 12 个省（自治区）设 14 家分公司，员工总数 1587 人。1999 年以来，累计配置销售成品油 6.94 亿吨，向国家上缴税金 108.8 亿元。获全国五一劳动奖状、全国企业文化建设先进单位、甘肃省文明单位、甘肃省先进基层党组织等称号，2020 年获全国文明单位、甘肃省高质量发展突出贡献奖、甘肃省最具社会责任感物流企业等称号。

西北销售主要经营指标

指　标	2020 年	2019 年	2018 年	2017 年	2016 年
成品油销量（万吨）	5140	5430	5206	4930	4263
汽油销量（万吨）	2140	2281	2166	1992	1645
柴油销量（万吨）	2520	2610	2559	2547	2292
航空煤油销量（万吨）	480	539	481	391	326
调运总量（万吨）	8676	9065	8634	8219	7831
油库数量（座）	9	10	10	10	10
油库库容（立方米）	216.5	247.5	247.5	247.5	247.5
运费总额（亿元）	77.63	82.25	80.75	80.97	78.57
吨油运费（元）	151.04	151.47	155.11	164.26	184.28
资产总额（亿元）	91.01	186.33	169.08	155.44	119.53
收入（亿元）	2613	3367	3448	2796	2130
利润（亿元）	–39.06	0.49	5.66	4.13	–9.55
税费（亿元）	3.38	3.81	7.45	7.78	6.29

2020 年，销售油品 5140 万吨，调运油品 8676 万吨，销售收入 2613 亿元，缴纳税费 3.38 亿元，在承担库存跌价损失 54.3 亿元、完成省区公司政策性奖励 82 亿元（不含税）后，账面利润 –39.1 亿元，较股份公司销售分公司下达目标减亏 1.9 亿元，炼销企业服务满意度 99.9%，风险综合防控体系顺畅运行，安全生产实现“三个为零”（工业安全生产事故为零、道路交通事故为零、火灾事故为零），油品损耗指标有效控制，三项制度改革稳步推进。

【“十三五”回顾】“十三五”期间，西北销售助力西部地区直炼原油加工规模和成品油产量稳步增长，资源配置量、调运量大幅增加，特别是资源配置量从占中国石油国内配置总量的 47.5% 增长到 55.1%，相比“十二五”末，西部地区原油加工量增长 12%，调运总量增长 4.4%，资源配置量增长 11.3%，高标号汽油和航空煤油配置年均增长 13.3%、11.6%，吨油运输成本较“十二五”末下降 13.9%，创效 115 亿元。服务满意度保持在 99% 以上。经营创效能力大幅提升，完成扭亏脱困目标，取得连续 3 年盈利、连续 4 年集团公司业绩考核 A 级的良好成绩，缴纳税费 31.3 亿元，经营业绩创历史最好水平。贯彻新发展理念和深化改革总体要求，组织实施人事劳动分配三项制度改革“1+4”行动方案，推进机构重组整合，优化调整岗位编制，公司二级推荐选拔一级干部 9 人，提拔二级干部 96 人、三级干部 242 人，队伍年龄结构、知识结构、专业结构、梯次结构明显改善。机构和员工总量较“十二五”末分别减少 14%、28%。实施人才强企战略，成立专家委员会和技师协会，建成“424”百名人才库，构建形成以博士生为带头人、以硕士生为中坚、以本科生为骨干的生产经营管理队伍，本科及以上学历员工达 57%、中级及以上职称管理人员达 61%，较“十二五”末分别提高 17.3% 和 6%。操作服务人员中高级工及以上比例 64.1%、高技能人才比例 15.5%，较“十二五”末分别提高 13.2% 和 5.7%，为接续发展提供坚实人才保障。

【产销运行】 2020 年，西北销售制定“一厂一策”运行保障方案 40 余套，一体化统筹推进炼油厂控产减产，一季度加工负荷平均下降 13.3%，减少油品生产 80.7 万吨。坚持“大库存”运作思路，组织收储资源，产运销整体库存在 700 万吨以上历史高位承压安全运行 43 天，化解资源严重过剩突出矛盾。结合新冠肺炎疫情防控和市场形势变化，快速打通兰郑长管道“肠梗阻”和云南铁路中转下海发运、国储油库中转入库新路径，避免炼油厂停产停工风险。加快资源前移，增配华北、华中、西南地区油品 21.9 万吨，首次辐射江苏沿江市场，所属武汉、新疆分公司克服“封城”影响，做好资源组织，实现责任区域产销平稳顺畅运行。做好宁夏石化、云南石化检修保障和西南、青藏、宁蒙等重点难点地区产销保障，为四川销售稳住千万吨、云南销售迈上600万吨销量新台阶提供有力支撑。建立日调度运行机制，分区域召开产销协调视频会，及时化解供需脱节、运输中断等难题。组织召开西部地区成品油业务产运销协调会、专项用户恳谈会，系统评估冬季柴油高库存运行风险，加强产销联动，解决产销企业困难，协调总部出台柴油扩销激励措施，四季度柴油降库46万吨，有效改善"过冬"条件，实现产业链安全平稳受控。

【经营创效】 2020年，西北销售从开源、节流、保障3个方面入手，推进提质增效专项行动各项安排部署。落实直炼交货从量从价政策，足额兑现额外量879.7万吨，创效21.7亿元，集采156.3万吨，创效17.3亿元。实施低凝点柴油夏储冬用策略，配置完成106.8万吨，创效4.2亿元，抢抓油价和市场回暖时机，高标号汽油产销逆势增长6.4%和3.7%，创效13.4亿元。加大航空煤油专项营销，市场份额同比提升6.3%，创效2.2亿元，成都、昆明、咸阳、兰州、乌鲁木齐等5大枢纽机场航空煤油管输常态化运行。所属兰州、玉门分公司开展甘肃、青海公路多仓多品种发运，作业效率提升49%，庆阳石化公路配送一次入站比例提升19.8%。推进管道增输上量，管输量超计划目标121.4万吨，管输比例提高3.4%，云南管网管输量突破377.9万吨，广西分公司首次实现黔桂地区管铁联运。新疆、云南地区资源串换198.4万吨，节约运费2.9亿元。落实降费措施，节约铁路保价费、延时费2609万元，降低检修费526万元，免收自备车停放费115万元。推广自备车重装重返，周转率同比提升0.04次，节约返空费625万元。提高铁路单车装载率，节约运费1867万元。"五项"费用同比下降17%，油品结算时间平均缩短16小时，节约财务费用2586万元。申请获银行承兑汇票1亿元授信额度，加大铁路运费、物资采购、工程结算票据支付比例，票据支付37.9亿元，节约财务费用2707万元，所属9家分公司与铁路部门实现运费票据结算，金额2.7亿元，其中新疆、宁夏分公司分别同比增长25.9%、16%。科学调整结算主体，消化留抵税额3.1亿元，落实财税减免补贴2.8亿元。完成管道铺底油销售137.7万吨，利润15.9亿元。开展内部审计，审减工程费用79万元，公路运费专项审计、专项整治直接及延伸成果750万元。加大招投标谈判力度，节省投资支出735万元。完成南宁油库划转、闲置资产租赁和1820辆报废自备车处置，收益5192万元。所属长沙、武汉分公司实现机关与油库合署办公，减少租赁费用214万元。宁夏、青藏、呼和浩特等分公司推行"网约车"模式，费用同比下降95%。

【风险综合防控】 2020年，西北销售推进"平安、绿色、数字、效率"油库建设，夯实高质量发展基础。落实安全生产专项整治三年行动计划，开展重大危险源管理、埋地管线隐患排查治理，整改问题隐患43项。提前3个月申领完成所属油库新版排污许可证，率先完成咸阳、武汉、彭州油库挥发性有机物泄漏检测与修复治理，实现西固、郑州、宝鸡油库土壤和地下水常态化采样分析，妥善解决兰成渝管道和云南管网混油处理难题，有效消除安全环保数质量风险。完善油库安全生产数字化平台应用，通过视频扫站加大油库重点区域、施工现场和常规作业远程监督，确保油库生产作业安全。利用物联网、5G无线通信等新技术，搭建完成油库三维可视化监控平台，实现咸阳、长沙、彭州油库管线压力、可燃气体、水电能耗等过程参数无线采集分析。争取投资计划6911万元，完成兰州质检中心迁建、西固油库汽油栈桥鹤管改造和武汉油库码头改造等重点项目。上线运行公司应急管理系统，集中评审各类应急预案356项，开展专项演练218次，举办彭州油库公司级火灾事故应急演练。完成消防战斗员能力达标考核，所属各油库三级战斗员达标率均100%，宝鸡、永登油库专职消防队获地方政府嘉奖。开展"安全生产月""消防安全月"等活动，组织开展企地联合开展应急知识宣传和应急能力培训。

【基础管理】 2020年，西北销售织密织牢管理网络，开展"体系深化年"活动，组织完成全员风险和危害因素辨识，修订程序文件和业务流程153项，采取"现场+远程"方式开展两次体系审核，发现问题1037项，整改完成986项。出版发行《一体化综合管理体系理论与实践》专著，完成集团公司企业标准《综合管理体系融合建设指南》初版编制。推广应用合同管理2.0系统，围绕《中华人民共和国民法典》等重点法律法规开展普法教育，完成全员年度合规培训，夯实依法合规管理基础。完善"大监督"工作机制，配合完成总经理任中经济责任审计，开展"五项"费用专项检查和扶贫资金、公路运费等专项审计，整改问题91项。落实年度综合计划、绩效考核和督查督办管理要求，实施全员绩效管理量化评价。加强档案规范化标准化管理，获"集团公司史志工作先进集体"称号。规范涉密事项和内部资料管理，开展"护网2020"专项行动和保密自查活动，有效防范失泄密风险。制订改革三年行动方案和对标世界一流管理提升行动计划，明确新阶段公司深化改革重点任务。推进三项制度改革，研究形成《西北销售分公司机关组织机构优化和定岗定编方案》。有序剥离企业办社会职能，按期高质量完成1187名退休人员社会化管理移交和“三供一业”改造项目清算。推进管理创新项目，1项成果、3篇论文获集团公司和石油企协表彰。实现综合营运指挥平台二期、风险综合防控体系三期项目上线运行，入选集团公司“十四五”数字化转型智能化发展首批试点单位。

【人才队伍建设】 2020年，西北销售完善“生聚理用”机制，提升人才队伍建设质量。坚持正确选人用人导向，打造政治坚强、本领高强、意志顽强的高素质专业化干部队伍，调整补充二级领导人员32人，推选二级后备干部53人。制定员工“积分制”管理指导意见，修订《二级单位机构设置及定员标准》和《标准岗位说明书》，核减优化岗位编制23个，组建完成彭州、武汉、咸阳维保中心，消化富余人员28人。调整劳务用工工资指导标准，落实精准奖励措施，兑现总经理专项奖励、“424”人才奖励和安全风险抵押金等581万元。组织做好员工重大疾病保险投保和理赔工作，在新冠肺炎疫情特殊时期为武汉地区员工加保专属保险，切实保障员工及家庭健康安全。发挥专家作用，举办西北销售首届成品油库技术应用与交流论坛，将二级督导巡查员全部纳入专业学会管理，开展技术专家与入库人才“师带徒”活动，完成课题研究任务31项。加强“424”人才库建设，完成第三轮人才评价考核，选拔入库15人、动态调整出库11人。挂牌成立技能人才评价中心，召开技能人才工作推进会，表彰奖励优秀技术论文18篇，首次承担股份公司销售分公司油库工种高级技师培训和认定工作任务，16名员工获高级技师资格。组织完成11批次140人技能等级认定，开展线上线下培训195期5350人次。

【企业党建工作】 2020年，西北销售制定落实《关于深入学习贯彻习近平总书记重要指示批示精神的实施意见》，研究编制“十四五”发展规划、党的领导和党建工作规划。细化落实100项全面从严治党主体责任清单、149项党建责任制清单，研究落实“三重一大”决策事项100项，党委委员深入基层开展调研30余次。制定印发《巩固深化“不忘初心、牢记使命”主题教育成果三十条措施》，两级党委开展理论学习中心组集中学习和研讨交流、专题辅导410次，组织周集中学习46次。落实新冠肺炎疫情防控主体责任，建立上下贯通、高效协同、整体联动、快速反应的联防联控工作机制，在所属武汉分公司、新疆分公司地处疫情核心区域的情况下，取得“零疑似、零确诊”重大战略成果。

2020年，西北销售加强和改进党的群团工作，推动群团组织团结动员员工群众建功立业。加强民主管理和厂务公开，解答回复基层意见建议127条，400余名劳务人员加入工会组织，依法维护员工合法权益。开展“五比五保”劳动竞赛，孵化“五新五小”成果66项，征集合理化意见建议200余条，助力改革攻坚取得实效。推进“健康西销”行动计划，筹集发放慰问金和物资255万元开展“金秋助学”“三送温暖”和困难党员、员工群众扶贫帮困，拨付新冠肺炎疫情防控专项资金72万元。召开团员青年工作会暨第二届青年论坛，举办“青春心向党·建功新时代”团员青年体验式教学培训，8个青年集体和个人获甘肃省、集团公司表彰。

【脱贫攻坚】 2020年，西北销售直接投入资金130多万元，完成各类扶贫项目11个，招商引进整合各种资金300余万元，上下联动共同培育大产业。召开脱贫攻坚帮扶工作推进会，压实帮扶责任人责任，完成扶贫消费316万元。主要领导和班子成员带领机关干部150余人次到村入户，召开座谈会15多次，制订产业帮扶计划。机关党委与村支部“结对子”、机关干部与贫困村“结产业”、党员带头与贫困户“结亲戚”，带动3个村脱贫致富、500多人就业，收入300多万元。培育4个龙头企业，成立10个合作社，采取产业入股、合作社带动等形式，推动50%的贫困户参与“龙头企业”入股。建成4个党建文化和德善广场，举办新时代文明实践活动和广场舞比赛等文化活动，解决村民实际问题350多件。3个帮扶村经省市县验收普查全部脱贫，连续多年被评为甘肃省脱贫攻坚帮扶单位优秀等次和甘肃省脱贫攻坚先进集体，卜鹏洲获“全国脱贫攻坚先进个人”称号，2个产业被评为国家能源扶贫特色案例，1人获国家级扶贫奉献奖提名，1人获国家能源扶贫“最美先锋战士”称号。

（高　越）

中石油昆仑好客有限公司

【概况】 中石油昆仑好客有限公司（简称昆仑好客）2017年9月在北京市昌平区注册成立，列股份公司全资子公司序列，作为销售分公司非油业务的管理运营和合资合作平台，指导各成品油销售企业非油业务专业化运营，承担非油业务的管理协调与考核职能，主要负责非油业务的顶层设计、标准规范制定、品牌管理，开展商品统采统配、物流优化、合资合作、自有商品开发等业务。

2020年，昆仑好客实施提质增效专项行动，全系统非油业务店销收入221.4亿元、非油业务毛利38.8亿元，利润3141万元，费用总额较控制目标降低2267万元，取得逆势增长的良好业绩。

2020年底，昆仑好客设综合部（党委办公室、人事处）、财务部、商品部、经营部、市场部、项目开发部、销售部等7个职能部门，控股福建武夷山水食品饮料有限公司1个专业公司，有员工70人，其中领导班子6人、公司本部52人、控股公司18人。未发生A级及以上工业生产事故，企业大局和谐稳定。

【“十三五”回顾】 “十三五”期间，昆仑好客连年完成经营考核指标，理顺股份公司销售分公司、昆仑好客以及省区销售公司等各层级非油业务管理界面和业务流程，优化内部组织机构和部门职责，完成武夷山水公司股权划转，成立非油研究中心，优化管理体制和管控模式。服务能力得到新增强，着力构建业务运行规范，创建以精益零售理论为核心的昆仑好客运营体系，两年内完成31家省区销售公司推广覆盖；完善专业管理标准，统一非油业务核算口径，建立非油商品质量管理体系，健全店面诊断优化工作法，出台站外店开发指南，编发化肥、咖啡等业务运营手册，细化非油业务投资审核标准；建立“三融合”人才培养机制，分级分类培训非油业务骨干2万多人次。推行全国性大宗物资集中采购，集采金额超过51亿元，综合降本超过5亿元，渠道影响力大幅提升。统筹制定自有商品发展规划，开发“昆仑好客优选＋”等10个系列、126款全国性自有商品和300余款地方特色商品，累计销售超15亿元，平均毛利率高出同类商品10个百分点以上。积极承担社会责任，组织31家省区销售公司开展消费扶贫，举办6期扶贫产品展销会，销售扶贫产品近5亿元；在中央电视台、地方电视台等多个渠道开展品牌宣传推广，昆仑好客品牌价值超过126亿元，成为中国便利店行业的知名品牌和展示中国石油良好形象的重要窗口。

【抗疫保供】 2020年，昆仑好客在春节期间迅速成立新冠肺炎疫情防控工作领导小组，第一时间启动应急预案，细化落实员工个人和经营场所防护措施，统筹战疫、复工双线并进，建立“联防联保”机制，协调供应商优先保供、省区销售公司守望相助，向湖北捐赠价值40万元“武夷山”矿泉水，调拨口罩6万余只、洗手液等消杀用品6.5万余瓶；组织各省区销售公司开展不下车、送上门、进社区、“油卖菜”等服务，帮助100余家微小企业和农民合作社销售上百吨滞销果蔬生鲜，全国昆仑好客便利店基本做到不断供、不涨价、不打烊，昆仑好客、非油专业线广大干部员工和进站顾客未发生一例感染，以实际行动响应中国消费协会保价格、保质量、保供应、保安全、保服务、保秩序的号召，积极履行社会责任。

【业务发展】 2020年，昆仑好客围绕“人·车·生活”生态圈建设，坚持以便利店业务为核心，拓展汽车服务、化肥、快餐、线上营销等业务。推进以精益零售理论为核心的昆仑好客运营体系，完成第二批10家省区销售公司推广培训，实现31家省区销售公司全覆盖，围绕便利店业务优化完善管理制度、流程和标准，提升商品选品、营销组织、库存管控、顾客服务等核心能力，支撑服务门店。指导省区销售公司升级便利店店面优化，“一站一策”抓提升，非油业务店销收入50万元以上店新增1277座、超过1万座、同比增长24%。协同开展“油卡非润”一体化营销，深度参与全国“消费促进月”活动，带动店销收入增加5亿元。制定实施汽车服务业务专项规划，推动开展洗车、维修、保险、整车销售等服务，运营网点超过2300座，收入3.8亿元、毛利1.49亿元。组织26家省区销售公司和化肥合作厂家在重庆召开化肥业务交流会，对接化肥资源，制定营销措施，化肥销售突破25亿元、毛利超过1亿元。组织百胜（中国）公司与省区销售公司共同开展肯德基汽车穿梭餐厅项目踏勘选点，在投资紧张的情况下投运2座店，单店日均销售过万元。在天猫平台开设昆仑好客旗舰店，组织31家省区销售公司和润滑油公司上线，在售商品超过1000个，销售非油品2963万元，带动油卡充值530多万元；组织直播带货大赛，并通过微信、抖音等线上平台开展营销，全系统线上销售收入超过1.4亿元。开发大客户70余家，销售收入3188万元、同比翻一番多。

【商品集采与自有商品开发运营】 2020年，昆仑好客发挥非油业务平台作用和加油站便利店规模优势，推进全国性大宗非油商品集采业务，完善新品引入流程，探索集采家电以及季节性、节日性产品，全国性合作品牌拓展到130余家，SKU增加至2000余个，集采收入19.5亿元，分别同比增长44%、25%和14%，向省区销售公司返利1000万元。持续加大自有品牌商品开发运营力度，结合后新冠肺炎疫情时代消费特点，突出绿色健康和民生类自有商品开发，强化商品全生命周期管理，推出5个系列50余款新品，紧贴52周顾客行事历，策划开展系列主题营销活动，销售自有商品7.5亿元、同比增长50%。

【专业管理】 2020年，昆仑好客强化专业管理，发挥管理运营平台作用。完善综合管理体系手册，制定生态环保管理制度并纳入"三重一大"决策范围，建立事前法律论证机制，完善采购及招标流程，邀请第三方开展内控测试、深化成果运用，初步建成重大风险防控机制。加快推进信息化建设，基本完成HOS系统集采模块升级，在直营便利店试点运行专业信息系统。有力做好资金保障，在集团公司严控资金流情况下实现重要业务所需资金及时到位，年末自由现金流超考核目标2.3亿元。分品类推动非油库存管控，加强进、销、存联动管理，库存周转缩短20多天、总量较控制目标多降2.8亿元。科学开展财税政策筹划，合规节税近500万元，减免保险费用210多万元。加强市场研究，召开非油业务宏观形势研讨会，编发17期《非油研究参阅》，完成11项专项调查研究。

【品牌经营】 2020年，昆仑好客加大品牌宣传推广。高度重视企业品牌价值评估，首次参评由中国国际贸易促进委员会、中国品牌建设促进会、中国资产评估协会联合举办的2020中国品牌价值评价活动，昆仑好客获评品牌价值126.32亿元，在全国零售业品牌榜中排名第二。参加中国国家品牌网、新华网等共同举办的"全球抗疫·品牌力量"经典案例点赞活动，经过网上投票昆仑好客荣登榜首，入选经典案例榜单。开展自有品牌体系规划，采用"1+N"的多品牌发展策略，即以"昆仑好客"为非油业务主标识，辅以"昆仑好客优选+""好客壹生""好客火山泉""好客·智"等一系列非油自有品牌，形成较为完善的品牌家族和商品体系。

【企业党建工作】 2020年，昆仑好客开展党委理论中心组学习17次，党委牵头制定非油业务"十四五"发展规划，推进党建"三基本"建设，健全完善党、工、青组织，落实落细"三会一课"，常抓抓长党员教育，一体推进"三不"机制，基层党建水平稳步提升。制修订"三重一大"决策制度等18项党内制度，初步建成党建制度体系，召开党委会24次，研究通过126个重大事项，将党的领导融入企业治理各环节。围绕热点重点加强内外宣传，完成网站改版，开通公司微博，增强舆论引导力。党委培养选拔2名"80后"中层干部、1名员工获评集团公司劳动模范。

【消费扶贫】 2020年，昆仑好客通过线上线下全渠道开展消费扶贫。线下，积极参与中国石油"百城万站·扶贫助农"百日攻坚活动，优选贫困地区百种特色助农产品，设立扶贫产品专区专柜；集团公司市场营销工作会议期间，组织31家省区销售公司在中国石油北京科技交流中心举办消费扶贫商品展销会，集团公司党组主要领导亲临展销现场调研。线上，联合央视在"云游中国""人人都爱中国造"等栏目开展扶贫商品直播带货；组织开展中国石油"百城万站·扶贫助农"百日攻坚直播营销大赛，33家企业派队参加。2020年销售扶贫商品近2亿元，促进非油业务增收3亿元，为脱贫攻坚战贡献非油力量。

（关志强）

中国石油天然气股份有限公司四川销售分公司

【概况】 中国石油天然气股份有限公司四川销售分公司（简称四川销售）1952年9月成立，前身是四川省石油总公司，1998年成建制上划中国石油天然气集团公司。主要从事成品油批发和零售业务，以及便利店、润滑油、天然气、广告和化工产品等非油销售业务，是四川成品油供应的主渠道。截至2020年底，设机关处室12个，有二级公司有25家、股权企业78家；有在营加油（气）站1888座，在用油库22座、库容80.83万立方米。

“十三五”期间，四川销售累计销售汽油、柴油4884万吨、营业收入3240亿元、贡献利税92.5亿元，在资源、网络、品牌、队伍等方面形成比较优势，为集团公司产业链畅通、整体价值实现发挥重要作用，为四川销售开启世界一流生态能源企业建设奠定坚实基础。

四川销售主要经营指标

指　标	2020年	2019年	2018年	2017年	2016年
成品油销量（万吨）	1000.3	1021.2	1008.76	945.48	908.25
汽油销量（万吨）	512	524.7	523.05	495.57	464.69
柴油销量（万吨）	488.3	496.5	485.71	449.88	443.31
润滑油销量（万吨）	1.54	1.78	2.17	0.02	0.11
加油（气）站总数（座）	1888	1734	1717	1688	1634
在用油库数量（座）	22	22	22	22	22
在用油库库容（万立方米）	80.83	80.54	80.54	79.90	80.99
纯枪销量（万吨）	610	662.03	667.66	666.17	654.53
非油业务收入（亿元）	18.36	15.91	15.96	14.44	10.40
非油业务利润（亿元）	1.39	0.98	2.06	1.67	1.45
吨油费用（元）	335.68	329.54	319.82	310.62	362.92
资产总额（亿元）	195.60	169.77	144.51	128.33	133.88
收入（亿元）	607.08	729.14	739.28	626.52	538.41
利润（亿元）	10.50	10.07	4.17	11.61	12.01
税费（亿元）	8.04	8.82	5.35	6.58	13.14

【油气销售业务】 2020年，四川销售制定提质增效实施方案，组织开展21个方面、68项专项攻关，推进创造性开源、革命性节流。打好市场进攻战，实施积极营销、借势营销、有效营销，经营业绩逆势增长，高质量稳住千万吨，油气销量1011.3万吨，其中自营油气纯枪销量621万吨。瞄准商品损耗、物流优化、人工成本等重点领域，费用同比下降1.1亿元。

【非油业务】 2020年，四川销售主动顺应新消费、新模式变革，迭代升级中油优途，坚持发展油站实体平台与打造中油优途线上平台同步发力，集成一键导航、在线支付、电子发票等无接触服务模块，建立京东专区、开设特色店铺，引入配送服务体系，推广线上订购、线下取货模式，打破便利店时空限制，中油优途注册用户突破560万人、线上交易额超过40亿元。实施“加油站+N”赋能战略，在200座城区中心站开设汽车服务、洗美等业务，新增1919联营店96座、昆仑好客站外店3座，建成投用大渡河等3个文旅驿站项目，完善平台生态，网络终端综合价值更加凸显。2019年非油店销收入17.9亿元，同比增加2.59亿元、增长16.88%；非油毛利2.97亿元，同比增加0.36亿元。

【投资建设】 2020年，面对激烈的终端争夺和投资收紧的两端挤压，四川销售高质高效开发终端市场。新开发加油（气）站107座，其中LNG站点39座，平均单站投资1838万元，同比下降7.4%；新投运加油（气）站106座，其中加气站29座，同比增加11座，贡献销量8万吨，建成投用加气站29座，同比增加11座。开展历史遗留项目攻关，投运问题项目、恢复关停站点17座，盘活投资9700万元、激活资产4600万元。践行新发展理念，发展混合所有制经济，组建铁建中油、葛洲坝四川能源、成都生物城等17家合资公司，采取合资合作新开发加油（气）站45座、节约投资9亿元。股权企业油气销量121.2万吨、利润近6亿元，投资收益2.3亿元，为低成本、高质量发展打开广阔空间。

【加油站管理】 2020年，四川销售持续推进“双低”站治理，通过优化经营模式、增量增效、费用挖潜，“一站一策”治理攻坚，全力盘活存量资产、优化增量资产，实现资产创效1.14亿元，“双低”站同口径减少108座，减亏1490万元。对新投运站制订投运计划，倒排时间表，提前准备开业手续办理；严格停业管理，通过优化交接班、错峰交接、现场分工，加油站营运天数增加1万天以上。投入18.7亿元实施防渗治理、隐患整改、形象提升等改造，对152座加油站进行双层罐改造、提前半年完成三年防渗改造任务。

【改革创新】 2020年，四川销售以治理体系和治理能力现代化引领内部改革，整合大成都地区5家二级公司，组建新成都公司，完成省公司、二级公司大部制调整，精简管理机构125个、压缩人员编制520个；组建中油优途电子商务公司，整合非油处及非油运作中心、成立好客蜀韵公司，搭建与平台经济和线上经济发展趋势相匹配的管理架构；将天彭、青龙油库对应划归岷江、眉山公司，实现油库属地化管理、一体化运行；完成“三供一业”和退休人员社会化管理移交、8家厂办大集体企业改革。建立健全“7+1+2”工效挂钩、领导人员业绩奖金分档兑现、超级薪酬分配等机制，配套2080万元工资总额用于提质增效、百日攻坚专项奖励，将收入分配向基层岗位、艰苦地区倾斜，一线员工收入同比增长3%以上。持续强化管理创新，17项成果和论文获行业部级奖项。

【企业党建工作】 2020年，四川销售组织学习党中央和集团公司党组关于疫情防控、复工复产等一系列指示部署要求，将“战严冬、转观念、勇担当、上台阶”主题教育和提质增效专项行动融合推进，抓实抓细大学习、大调研、大宣讲、大讨论、大帮扶、大实践“六个一”措施，开展“百日攻坚勇担当、提质增效争先锋”主题活动。积极配合集团公司党组政治巡视，组织实施5个机关部门党支部巡察，开展设租寻租、化公为私等4个专项整治，整改中央巡视反馈、集团公司领导离任审计问题，推动全面从严治党走深走实。强化典型选树，5个集体、11名个人受到省委省政府、集团公司表彰；获“四川省优秀服务业企业”称号。

（陈　晶）

中国石油天然气股份有限公司辽宁销售分公司

【概况】 中国石油天然气股份有限公司辽宁销售分公司（简称辽宁销售）成立于1955年2月，前身为中国石油公司辽宁省公司。1998年6月成建制上划集团公司。2015年12月，与原中国石油天然气股份有限公司大连销售分公司整合，组成新辽宁销售分公司。主要从事成品油批发、零售及便利店、天然气、广告和化工产品等非油销售业务，是辽宁地区成品油市场主渠道供应商。

截至2020年末，辽宁销售下设20个二级单位，其中地市分公司14个。有44个县（区）经营部，19个控股公司，8个参股公司。运营加油站1368座。其中全资加油站1192座、控股加油站21座、租赁加油站155座。运营便利店1353座，其中千万元便利店5座、百万元便利店372座。在用油库13座，库容46.71万立方米。用工总量1.32万人，其中合同化员工3940人。资产总额131.72亿元。

2020年，辽宁销售汽油柴油销售总量519.48万吨，同比下降22.2%。其中：汽油销售量311.21万吨，同比下降7.2%；柴油销售量208.27万吨，同比下降37.3%。昆仑车用油销量3.52万吨（其中车用润滑油0.84万吨、车用辅助产品2.68万吨），同比增长21.8%。非油业务收入12.86亿元，同比增长4.8%；非油业务毛利总额1.96亿元。发生商流费总额26.98亿元，同比下降3.9%。账面税前利润1.39亿元，同比增长332.2%。净利润1.25亿元，同比增长327.7%。股权投资收益7010万元，同比下降15.38%。各项税费支出2.98亿元。

辽宁销售主要经营指标

指　标	2020年	2019年	2018年	2017年	2016年
成品油销量（万吨）	519.48	683.69	708.11	708.21	725.56
汽油销量（万吨）	311.21	337.00	341.49	363.53	379.04
柴油销量（万吨）	208.27	333.53	326.93	299.29	329.56
润滑油销量（万吨）	3.52	13.16	39.69	42.01	39.33
加油站总数（座）	1368	1371	1360	1337	1372
油库数量（座）	13	15	18	16	26
油库库容（万立方米）	46.71	54.3	59.63	53.33	71.2
纯枪销量（万吨）	380.80	526.50	548.15	544.39	569.62
非油业务收入（亿元）	12.86	12.28	17.29	15.95	11.94
非油业务利润（亿元）	1.96	1.28	0.98	1.08	1.36
吨油费用（元）	469.49	410.54	375.73	355.31	373.88
资产总额（亿元）	131.72	123.99	104.16	115.02	122.19
收入（亿元）	346.87	465.01	505.74	450.52	434.73
利润（亿元）	1.39	−4.33	−15.43	1.04	11.06
税费（亿元）	2.98	5.22	5.75	6.70	10.99

【“十三五”回顾】“十三五”期间，辽宁销售确立“以服务求生存、以创新促发展、以管理增效益”理念，开展“改革创新年、营销提质年、网络开发年、管理强化年、作风建设年”活动。投资总额41.1亿元，年均增长31%。新开发加油（气）站261座（含50座高速参股站），新增零售能力97.7万吨；新投运加油（气）站123座，新增零售能力55.4万吨；续租加油站82座。进行防渗改造加油站1327座。依托加油站发展非油业务，2020年非油业务收入12.86亿元，比2015年的8.3亿元增加4.56亿元，增长35.46%；非油业务利润1.96亿元，比2015年的0.9亿元增加1.06亿元，增长117.78%；油非转化率为13.9%，比2015年的1.2%，提高12.7个百分点；百万元便利店为372座（其中千万元便利店4座），比2015年的134座增加238座，增长117.61%。截至2020年底，自有商品海鲜礼盒、渔夫尚选、龙山泉啤酒等自有商品销售额1.39亿元；600座便利店入驻“美团”“饿了么”“京东到家”外卖平台，线上收入3270万元（含天猫）；建设综合汽车服务门店20座；合作建设麦当劳得来速餐厅5座、肯德基餐厅1座。

【疫情防控】2020年，面对突如其来的新冠肺炎疫情，辽宁销售及时发布和修订《疫情防控工作指导手册》《疫情常态化防控工作方案》《疫情应急处置指导意见》等指导性文件，编发《战“疫”动态》简报103期。保障库站一线岗位口罩、酒精等防疫物资供应，周密做好疫情防控重点人员“一对一”服务，服务员工及家属3万余次。适应新冠肺炎疫情防控需要，加快布局线上业务，直批APP平台销量突破5.2万吨，“10惠”活动线上参与人数屡创新高，“油卖菜”等文化创意带动蔬菜销售成为非油店销新卖点，“直播”销售模式日渐成熟，有力推动经营工作触底反弹。

【油气销售】2020年，辽宁销售以数据分析测算模型和销售对标为抓手，加强油气销售工作顶层设计，实现对量、价、效精准把控，提高营销质量。

2020年，辽宁销售建立直销业务综合评价体系，发挥直销客户经理人作用，加大中小微客户开发力度，直批销售结构优化提升，2020年终端机构用户数量占比77.1%，同比提高7.8个百分点，直批价格到位率90.69%，同比提高4.09个百分点。

2020年，辽宁销售通过线上线下联动、主题促销、跨界合作等多种渠道拓展纯枪业务。强力打造“10惠”促销品牌，完善线上线下活动体验，活动充值14亿元，参与人次接近100万，活动效果和影响力持续升级。提升加油站服务价值，建成洗车网点103座，实施全员全时段开口营销。围绕“中油好客E站”，强化零售会员体系建设，建立“一人·一车·一卡”精准营销模型，实名认证客户近百万。

2020年，辽宁销售贯彻落实集团公司和销售分公司推广“阿米巴”经营模式思路，在辽宁省运营站推行单站价值管理，以提升单站创效能力为目的，以“单站日报表”为核心，以量效结合考核机制为导向，以赋权经营为手段，激发员工自主经营活力，推动纯枪销售稳价上量，精准投放促销资源，节约营销支出，纯枪价格到位率97.59%，同比提高3.81个百分点。

【非油业务】2020年，辽宁销售立足店销，开展多元化经营，非油业务收入逆市增长。

2020年，辽宁销售抓好便利店常规商品销售，加强特色商品销售。龙山泉啤酒、满乡甜水大米、“渔夫尚选”金枪鱼罐头等自有商品收入4979万元，龙山泉啤酒单品销售收入突破4000万元。海鲜礼包等节日特色商品销售收入突破亿元。与辽宁卫视“黑土地”栏目联合打造“放心农吧”，实现化肥销售收入1.05亿元。与中国移动、中国联通建立手机销售点8个，构建以加油站实体平台为核心的全渠道营销模式取得积极进展。

2020年，辽宁销售在开通“饿了么”“美团”基础上，48座便利店上线“京东到家”，2020年9月入驻天猫旗舰店，线上业务收入突破3200万元。尝试淘宝、抖音直播，举办直播带货营销大赛。参与“扶贫助农百日攻坚”活动，采购扶贫商品718万元，通过昆仑好客便利店走入千家万户，帮助贫困地区脱贫摘帽做出贡献。

2020年，辽宁销售昆仑车用润滑油销量3.52万吨。深化“油卡非润气”一体化运作，提升润滑油业务在一体化营销活动中参与度。开展“昆仑润滑油，好客送好礼”“购买高端汽机油赠送龙山泉啤酒”等促销活动，带动高端汽机油销量突破300吨。完善柴油尾气净化液网点布局，销量突破2万吨。石化产品销量50.44万吨，同比增加39.28万吨，增长352%；毛利同比增加701万元，增长186%。

【安全环保】2020年，辽宁销售强化全员安全环保责任意识，执行安全环保绩效考核，停发46人次2.19万元月度安全环保绩效奖金，对违反过程性考核指标问题严肃追究管理责任。开展QHSE体系审核，整改审核发现问题2728项，库站HSE标准化建设100%达标。加大关键风险防控，做好敏感时段、重要活动及危险作业等环节关键风险辨识，加强重大危险源专项检查督导，整改隐患 81 项。修订《突发事件总体应急预案》《自然灾害突发事件专项应急预案》，提高应急响应和事故处置能力。做好阜新东梁油库场地污染治理，按期完成应急控源、场地详查与风险评估、中试试验和水源替代工程，实现环保销号。

【企业管理】 2020 年，辽宁销售推升企业精细化管理水平，推进公司治理体系和治理能力现代化。

2020 年，辽宁销售制定 8 大类 52 项提质增效措施，挖潜增效 8.4 亿元。抓住油品调价窗口期，合理控制库存规模，库存调控增效 4809 万元。加大非油商品库存管控力度，库存资金占用由年初 2.33 亿元压减至 1.28 亿元，平均库存周转天数降至 72 天。加强油品损溢管理，执行公路运输超耗索赔制度，推动 4 座地付库纳入索赔体系，索赔金额 168 万元。强化工程项目全过程造价管控，核减工程费用 3329 万元，核减率 8.44%。统筹做好税收协调，抵减超缴增值税 1.95 亿元，减少税金及附加 2340 万元，节约社保和土地使用税 7346 万元。加大闲置资产处置力度，取得资产处置净收益 1.4 亿元。

2020 年，辽宁销售以“法治辽销”微信公众号、门户网站普法专栏等为载体，加大普法宣传力度。加强制度建设，优化完善库站在用制度、流程 77 项，推动制度优势转化为管理效能。解决历史遗留问题，成立纠纷案件领导小组，建立案件挂牌督办机制，处理诉讼问题 13 件，为企业挽回损失近 3.2 亿元，有效维护企业合法权益。

【投资建设】 2020 年，辽宁销售围绕“网络开发创效年”工作思路，加大网络开发力度，完成年度及“十三五”网络开发投运目标。投资完成 6.96 亿元。新开发加油（气）站 40 座，新增零售能力 18.5 万吨，城市站开发比例超过 47%，租赁站开发比例 12%，同比下降 32 个百分点，网络开发结构更趋优化。新投运加油（气）站 25 座，新增零售能力 13.7 万吨，18 座往年开发站在 2020 年投运，大连北站、抚顺望花桥、阜新前进路 3 个重点改扩建项目实现当年下达计划、当年施工改造、当年投入运营，成为当地“地标”。做好土地竞拍信息监测，捕获全部 35 宗加油（气）站土地竞拍信息，竞得土地 16 宗，竞得率 46%。网络开发合资合作取得新进展，本溪分公司 3 座轻资产合资加油站项目落地，新增零售量近 2 万吨。克服疫情影响，完成加油站防渗改造收尾任务，平均工期较标准工期节约 7 天。

【信息化建设】 2020 年，辽宁销售推进“数据辽宁”发展战略。依托协同办公平台 169 个功能模块，持续提升管理制度化、流程化、信息化水平。深化大数据分析应用，被确定为股份公司销售分公司“大数据平台”建设试点单位。开发加油站视频智能分析系统，亮相国家级智慧加油站技术交流会，信息化建设取得新进步。

【组织人事】 2020 年，辽宁销售加大三项制度改革力度。加大中层干部优化调整力度，“80 后”中层干部占比 18.9%，所属单位班子形成“60、70、80”组合，实现老中青梯次结构合理。以“一推双考”方式建立 80 人左右优秀年轻干部队伍。控减用工 585 人，连续 5 年超额完成员工总量控减目标。挖掘用工潜力，合理调整用工结构，将 108 名二线、三线员工调剂充实到一线岗位。严厉打击刷卡套现、虚开发票等违规违纪行为，对 132 名符合解除劳动合同情形的违纪人员予以辞退，并纳入“黑名单”管理。强化绩效考核，突出效益效率，通过引入提价奖励和效益贡献系数，调动加油站员工积极性。规范机关人员管理，出台《两级机关人员借用管理办法》《两级机关管理岗位人员补充办法》。

【企业党建工作】 2020 年，辽宁销售制定《学习贯彻习近平总书记重要指示批示精神落实机制》，党委理论学习中心组做到每月学习、季度集中学习研讨，学习 13 次，学习重点内容 54 项。通过年度要点部署、定期例会推动、党委书记述职评议、党建责任制考核评价等方式，推动党建工作责任制有效落实，在集团公司党建考评中获评 A 级。推进基层党组织“三基本”建设，举办基层党支部书记培训班，培训支部书记 173 名，新发展党员 155 名。打造共产党员发挥作用平台，设立党员示范岗 490 个，党员责任区 581 个，党员服务队 140 个。制定下发《党支部联建共建实施办法》，通过与其他单位党支部联建共建，办理加油卡 3888 张，销售油品 836 吨，非油销售收入 80.61 万元。

2020 年，辽宁销售完善一体推进“三不”机制，持续开展正风肃纪反腐工作，处置问题线索 49 件，立案 8 件，给予党政纪处分 10 人，挽回损失 64 万元，追缴问题资金 31 万元。对新提任 22 名处级干部开展廉洁从业教育，持续营造风清气正的政治生态。上下联动增强“大监督”合力，两级公司开展监督检查 5124 项次，提报问题 1034 个，追责问责处理 986 人，对 32 人进行谈话提醒，挽回经济损失 553 万元。对机关党委和 4 个分公司开展巡察，深入片区、经营部、加油站，谈话194人次，发现问题144个，收缴违规违纪款62万元，避免或挽回经济损失116万元。强化巡察成果运用，对3家单位开展巡察整改“回头看”。加大审计监督力度，完成审计项目13项，发现问题金额2.6亿元，取得经济成果3908万元。

【企业文化建设】 2020年，辽宁销售强化意识形态责任落实，常态化开展敏感信息排查整治，牢牢把握意识形态领导权、主导权和主动权。做好宣传工作，在石油媒体和地方主流媒体发表稿件1309篇，利用辽宁销售报、“辽宁石油之声”微信公众号、短视频平台等宣传载体打好提质增效宣传战。成立“青年新零售模式探索小分队”“石油青年主播团队”“青年练摊小分队”三支队伍，在提质增效专项行动及新零售探索中展现青年力量。做好扶贫帮困工作，帮扶1275人次，发放帮扶资金238.5万元。落实维稳信访安保防恐责任制，巩固企业和谐稳定局面。

（张凤春　陈占凤）

中国石油天然气股份有限公司广东销售分公司

【概况】 中国石油天然气股份有限公司广东销售分公司（简称广东销售）主要负责中国石油在广东地区油气销售、网络开发建设工作。截至2020年底，投运加油站1142座，运行资产型油库11座，总库容109万立方米，资产总额265亿元。设有12个职能部门，3个附属机构，18个地市（区域）分公司、2个专业分公司和1个综合服务中心，90家股权企业，员工总数10738人。党委下设23个基层党委，4个党总支，156个党支部，党员2083名。

【“十三五”回顾】 “十三五”期间，广东销售年均销售收入501亿元，年均利润–6.7亿元。油品销售量3945万吨，比“十二五”增长570万吨，年均销售量789万吨；纯枪量2581万吨，比“十二五”增长179万吨，年均纯枪量516万吨；非油业务收入60亿元，比“十二五”增长24亿元，年均非油收入12亿元。柴汽比0.44，平均价格到率94.4%。年均直批量273万吨，柴汽比2.2。年均非油业务收入12亿元，年均非油业务利润1.8亿元。截至2020年，广东销售本部累计发卡618万张，活跃卡总量112万，卡销比例逐年提升，达到48%，线上客户数715万，沉淀资金8.9亿元，线上客户数量突破700万人。

“十三五”期间，网络建设投资完成27.9亿元（含中油碧辟6.5亿元），其中加油站15.1亿元，技改及其他7.9亿元，控股4.9亿元，库站投资比例68%；新增租赁站租赁费14.8亿元；新增股权项目23个。新增投运加油站207座（本部159座，中油碧辟48座），较期初净增101座。截至2020年底，在营加气站10座（油气合建站9座，纯气站1座），加气能力18万米^3/日，销售车用燃气1957万立方米。

2020年，在用资产型油库11座，库容145.6万立方米，较“十二五”末增加58.6万立方米，仓储能力较大提升。其中，全资油库6座、库容69.8万立方米，控股油库5座、库容75.8万立方米；为满足

广东销售主要经营指标

指　标	2020年	2019年	2018年	2017年	2016年
成品油销量（万吨）	719.9	862.54	831.1	774	757
汽油销量（万吨）	431.31	474.39	463.81	454	432.93
柴油销量（万吨）	288.58	388.15	367.28	320	324.07
加油站总数（座）	1142	1150	1142	1113	1083
油库数量（座）	11	11	12	10	11
油库库容（万立方米）	109	109	149	99.8	90.3
纯枪销量（万吨）	464.80	522.65	520.31	538	533.68
非油业务收入（亿元）	12.34	12.99	15.5	12.3	8.81
非油业务利润（亿元）	2.01	2.85	2	1.77	1.38
吨油费用（元）	523.85	467.15	388.95	366.03	372.02
资产总额（亿元）	265	250	154.09	143.43	153.33
收入（亿元）	422.3	580	592.71	483.2	427.08
利润（亿元）	–8.3	–9.3	–20.55	1.02	3.54
税费（亿元）	8.1	10.6	13.68	12.86	11.96

销售业务发展需要，租赁仓储油库2座、库容6万立方米。仓储周转油品787万吨，平均年周转次数7.1次。获广东省治安保卫先进保卫机构，集团公司宣传思想文化工作先进集体、集团公司质量安全环保先进企业等荣誉。

【油气销售业务】 2020年，广东销售坚持以效益为中心，销售成品油719.9万吨，零售464.8万吨，毛利总额14.19亿元、同比增加5.62亿元、增长65.6%，其中广州分公司毛利贡献率14.4%；价格到位率同比提高1.35个百分点，云浮、清远、肇庆、茂名、东莞分公司价格到位率在95%以上。直批销售255.1万吨，直销比例提升至60%，毛利同比减亏2.9亿元，吨油售价高于同行企业；创新经营销售5.1万吨，创效804.5万元。

【非油业务】 2020年，广东销售根据市场需求和消费行为变化，线上线下、店内店外同步发力，直播带货、美团外卖等新模式引领消费扩容，店销非油业务收入12.34亿元；毛利3.1亿元、同比增长8%；百万元便利店增至355座。“一市一品”建设成效初显，韶关公司香烟、润滑油、车用尿素等大品类销售毛利占据半壁江山，惠州分公司轮胎、江门分公司摩托车、佛山分公司小家电销售各具特色，成为非油业务新的重要支撑。

【加油站管理】 2020年，广东销售亏损站治理增利降费5326万元；新增发卡47万张，线上客户数715万个，线上充值32亿元，沉淀资金8.9亿元，指标均排名销售板块前列。加油站信息系统向微服务架构转型，互联网营销新生态初步建立。

【油库管理】 2020年，广东销售通过加大钦州、韶关国储公路出库和加大美视水路转运量，持续物流优化降费847万元。仓储物流总费用同比减少9517.2万元。物流、仓储、站内销售全口径损耗–8154吨，损耗率–0.41‰，损耗量同比减少2140吨，整体损耗率降低0.14‰。公路配送车辆100%实行专仓配送，保障配送油品质量。

【投资建设】 2020年，广东销售网络创新模式得到落实，新开发加油站15座，新增投运站20座，其中韶关分公司投运加油站5座。潮州中油、客都中油、白云中油、中油华远、中油中云等合资公司相继注册并运营，锁定规划布点70个；与广州公交集团、汕头政府、河源龙川政府合资合作有序推进，低成本、轻资产、高质量扩张之路取得重要进展。“核心提升”再次实现重大突破，中山公司开发4座高速和2座快速路加油站。

【质量安全环保】 2020年，广东销售健全风险分级防控机制，投入7882万元开展隐患治理及应急处置，整改问题1759项，在集团公司HSE体系量化审核中取得89.6分，同比提高0.9分；危害因素检测和职业健康体检100%。抓实全流程数质量管控，油非质量合格率100%。

【企业党建工作】 2020年，广东销售开展“筑攻坚克难堡垒，做提质增效先锋”岗位实践活动，把“守初心、担使命”贯穿新冠肺炎疫情防控、提质增效、经营管理全过程。调整中层干部60人次，新提拔中层干部40岁以下占21%。持续推进正风肃纪，处置问题线索28件，立案6件，组织处理17人，诫勉谈话10人，党政纪处分8人；巡察3家单位，开展利益输送、设租寻租、化公为私问题专项整治，推进基层“微腐败”专项治理，推进全面从严治党向基层延伸。

（徐　彬）

中国石油天然气股份有限公司内蒙古销售分公司

【概况】 中国石油天然气股份有限公司内蒙古销售分公司（简称内蒙古销售）1951年成立，1998年上划集团公司，主要负责内蒙古地区成品油、天然气销售业务和非油销售业务，是内蒙古自治区成品油市场的主渠道供应服务商。

2020年底，内蒙古销售设12个职能部门，4个附属机构，下辖12个盟市分公司、2个专业分公司、3个控股公司、2个参股公司，86个旗县经营部，运营加油站1362座，便利店1322座，运营油库21座，库容105万立方米，资产总额104.8亿元。

2020年，销售成品油473万吨，纯枪销量337万吨；非油业务店销收入10.12亿元，非油业务毛利1.29亿元，分别同比增长17.7%和3.4%；利润6258万元，净利润6055万元，上缴税费2.25亿元，取得提质增效成果3.2亿元；新冠肺炎疫情防控阻击战坚决有效，守住员工及家属零感染、经营和办公场所零疫情的底线，整体平稳有序运行，取得好于预期的良好业绩。获“全国文明单位”、人民网“第十五届人民企业社会责任奖——绿色发展奖”、内蒙古自治区“产品质量服务双满意单位”、内蒙古自治区“纳税信用A级企业”、集团公司“质量安全环保节能先进企业”等称号，HSE体系审核定级由良好级B1档提升为优秀级A2档，步入集团公司A级单位行列。

内蒙古销售主要经营指标

指　标	2020年	2019年	2018年	2017年	2016年
成品油销量（万吨）	473	517	465.78	492.85	540.51
汽油销量（万吨）	228	242.10	248.31	263.88	272.28
柴油销量（万吨）	244	274.90	217.47	228.97	268.32
润滑油销量（万吨）	2.62	1.73	1.98	1.5	1.2
加油站总数（座）	1362	1369	1414	1427	1459
油库数量（座）	21	20	19	21	23
油库库容（万立方米）	105	96.5	91.3	95.38	89.9
纯枪销量（万吨）	337	383.07	355.9	389.72	434.71
非油业务收入（亿元）	10.12	8.60	7.83	6.05	4.72
非油业务利润（亿元）	1.29	1.27	0.8	0.79	0.64
吨油费用（元）	347	320	490	416	445
资产总额（亿元）	104.8	96.28	79.05	86.2	92.5
收入（亿元）	279	356.05	345.41	318	307
利润（亿元）	0.62	0.21	−9.66	2.53	2.02
税费（亿元）	2.25	1.97	3.92	5.22	5

【“十三五”回顾】　“十三五”期间，内蒙古销售积极应对政策环境、资源格局、供需关系、竞争态势等一系列巨变带来的挑战，树立大营销理念，坚持总毛利最大化原则，推进批零、“油卡非润气”一体化运作。围绕非油业务收入、毛利“双增”的目标，注册昆享自有品牌，开发6个系列25个自有商品，销售收入突破6000万元，年均增长分别达21.4%和15.9%。销售收入由2016年307亿元增长到2019年的356亿元，年均增长3.8%；2020年利润同比增长0.42亿元。严控成本费用支出，好于销售板块平均水平。2020年员工数量实现“破万”，人工成本得到有效控制。信息化建设主动融入业务运行，线上线下深度融合，直销APP、零售APP推广应用，率先完成ETC支付项目试点。“10惠”等主题促销及电子券业务常态化，微信、支付宝等多种移动支付方式全面推广，免费洗车服务提升客户体验，3.0智慧站、首座汽车穿梭餐厅陆续建成。加油站开展“形象、服务、管理、素质”4个提升工程，打造强大现场，零售核心竞争力提高。优化网络布局，市场控制力稳步增强。打通“四支队伍”晋升、转换的通道，建立精准考核机制，企业软实力持续增强。安全质计量管控能力持续提升。风清气正的政治生态更加巩固。

【油气销售业务】　2020年，内蒙古销售把握油价波动趋势，差异化组织销售，以最小的代价扩销上量，直销毛利2.2亿元。零售汽油坚持“稳额稳价稳效”，柴油坚持“稳价增量提效”分区、分线、分点、分客制定营销策略，抢占份额。纯枪销售绝对市场份额同比提高2.1个百分点，纯枪营销支出同比减少7.6亿元，价格到位率同比提升2.3个百分点，零售质量大幅提高。抢占市场先机，农柴销售同比增长44%；响应销售板块低凝点柴油销售号召，制定扩销策略，四季度低凝点柴油同比增加4.5万吨，增长36%。推进加气业务发展，天然气销量0.54亿立方米，同比增长35%，毛利1286万元，增长6%。每季度开展全覆盖市场调研，年末逐家召开市场调研评审会，摸清区域市场情况。密切与主要市场参与者的沟通，批发价格到位率同比提高3.38个百分点。开展打击“三黑”专项行动，查处非法销售成品油事件148起，罚没油品341吨，整改商标侵权站14座，有效净化市场。

【非油业务】　2020年，内蒙古销售以店销收入和毛利最大化为目标，突出“油卡非润”组合、自有商品开发销售和跨界合作，做大规模、做优品牌。推进昆仑好客（KOS）运行体系，下发店面优化提升方案，对所属单位开展100%现场督导检查。组织油非互促，开展“线上＋线下”充值送活动，油非转换率9.24%，同比增长1.49个百分点。优化渠道，“推集采、严统采、控地采”阳光采购模式全面实施，家庭食品毛利平均增长3.7%。提早筹划化肥农资销售，收入、毛利分别同比增长132%和151%，被昆仑好客评为“最佳突破单位”。入驻天猫中石油昆仑好客旗舰店，开展直播带货。昆享（自有商品）13个单品全部纳入国家扶贫产品名录，承包6000亩（1亩≈

666.67 平方米）扶贫基地，实现产业扶贫。加强与烟草公司交流互访和渠道建设，香烟收入 2.65 亿元，同比增长 20%。全体总动员响应“地摊儿经济”政策，拓展店外销售，非油业务店销收入贡献在销售板块排名第 7。

【加油站管理】 2020 年，内蒙古销售开展加油站“形象、服务、管理、素质”4 个提升工程，实施形象改造工程，打造 3 座 3.0 智慧站和 45 座标准示范站；对 138 座加油站卫生间进行升级改造。加油站标准化服务初步形成，在 481 座加油站开展高峰期驻站帮扶，88 座站开展免费洗车服务，洗车站点平均单站汽油日均增量 2.1 吨。制定《加油站标准化手册》《加气站操作手册》，开展“双低”站治理，“双低”站摘帽 255 座，减亏 9700 万元。通过“微课堂”开展专项培训 20 次，培训 2.3 万人次。

【安全环保】 2020 年，内蒙古销售面对新冠肺炎疫情，落实地方、集团公司防疫要求，抓实常态化防控，配备口罩 123 万只、手套 21 万双、酒精消毒液 5.2 万瓶、测温枪 1007 把，召开 45 期疫情防控领导小组会议，排查 13793 人，印发防疫信息 113 期。坚持“站不关停、店不打烊、油不断供、物不涨价”的“四不”原则，全力保障社会民生。投入 4386 万元，集中解决六大类 145 个安全环保隐患。加大“四不两直”检查力度，开展施工检查 328 站次，发现整改各类隐患问题 1022 项。内审和销售板块审核发现问题整改率 97.6%。通过质量管理体系再认证审核，58 座加油站被授予“内蒙古自治区质量（品牌）诚信加油站”。全年未发生生产安全事故和环境事件，上级公司和地方油品质量抽检合格率 100%，超额完成年度节能节水指标。

【投资建设】 2020 年，内蒙古销售在整体投资计划压缩的情况下，网络投资建设工作始采取合资合作、新建、租赁等有效手段，按照轻重缓急稳健发展销售网络，稳扎稳打，持续夯实发展根基。新投运加油站 9 座，新增零售能力 3.2 万吨。防渗改造任务全部完成。打造首座肯德基穿梭餐厅，拉动油品日增量最高达 9 吨，便利店日增收最高达 7600 元。

【资源运行】 2020 年，内蒙古销售采取全力扩销、租库增容、优化配置“三措施”，确保炼油厂后路畅通。库存始终保持高位运行，一季度多接资源 25 万吨，超进度结算 9.4 万吨，保障呼和浩特石化、宁夏石化后路畅通。迅速落实上级公司要求，租赁乌兰察布市丰镇一七〇国储油库，间接增加可用空容 20 万吨，有力维护产业链安全运行。提升运行效率，销售油品全部直炼资源购进，配置计划完成率 99%。

【合规管理】 2020 年，内蒙古销售健全完善“三重一大“集体决策制度，规范党委会、总经理办公会等重大事项集体审议决策，确保事项执行公平公开、阳光透明。对集团公司巡视组及各类检查提出的问题限时整改，闭环销项。开展党内巡察及内部专项审计督查，及时预警整改防范。加强两级视频监控，重点对 200 座销售散装汽油站点、138 座重点站卫生间进行监督。保持票据高压管控态势，清理冗余银行账户，推广卡系统“资金到账充值”功能，堵塞内部单位付款监管漏洞，抓牢抓实资金安全防控。积极化解矛盾，信访维稳工作受到集团公司通报嘉奖。

【提质增效】 2020 年，内蒙古销售制定开源节流降本增效 37 项措施和提质增效专项行动 27 条措施，开展“奋力大干 100 天”“全力冲刺 60 天”活动，取得提质增效和减税降费阶段性成果 3.2 亿元，完成销售板块下达的利润目标。推广“阿米巴”经营模式，以“单站核算”为主要抓手，提升站级管理水平和盈利能力。树立“企业不消灭亏损，亏损终将消灭企业”理念，“五项”费用同比减少 1417 万元；开展低效负效土地盘活工作，创效 2700 万元；争取保险、税费等政策支持 8816 万元。强化损溢管理，推进 V20 交接，推行油库对账和现场盘点。瞄准国内标杆销售企业，建立健全对标指标体系，开展对标提升活动。

【改革创新】 2020 年，内蒙古销售稳步推进三项制度改革。启动大部制改革，机构平均减少 3 个，三级组织减少 66 个。在销售板块劳动竞赛中劳动效率排名前进 8 位。深化薪酬改革，推进升油含量工资制改革，对考核指标实施阶梯式专项奖励。发布干部管理、队伍建设、人才引进与培养等实施细则，打通各序列人员上下进出通道。推进数字化转型，建立非油电商平台，综合管理平台和自建大数据平台由内蒙古销售机关逐步推广至库站应用。优化支付方式，同比节约财务费用 3038 万元。制定科技创新管理细则，自主开发“散装油实名登记”系统，一次性节约费用 200 余万元，年均节约费用 170 万元。利用大数据平台，开展优惠叠加实时预警和效果评估，助推业务有效运行。完成厂办大集体改革、“三供一业”分离移交、退休人员社会化移交等工作。

【企业党建工作】 2020 年，内蒙古销售把党的领导融入公司治理结构，建立落实全面从严治党主体责任清单，制定《党委工作规则》《重大涉法事项法律论证实施细则》等规章制度，明确规范党委在生产经营中引领地位。开展“战严冬、转观念、勇担当、上台阶”主题教育活动，助推全年任务目标的完成。疫情期间党委下拨党组织工作经费500万元，用于采购防疫物资；成立12个党员突击队，214名党员志愿者参与社区防疫，2756名党员自愿向地方捐款50万元，得到地方政府高度认可。首次召开党委意识形态工作专题会议，发挥思想引领、舆论推动和精神激励作用。完成对两家分公司的巡察，营造风清气正的良好环境。打造学习型、服务型、创新型、示范型机关，切实转变机关工作作风。

（巴音巴特）

中石油新疆销售有限公司

【概况】 中石油新疆销售有限公司（简称新疆销售）前身是1954年成立的新疆石油总公司，经历上划、重组、改制3个重要历史阶段，1998年上划中国石油天然气集团公司，1999年重组至中国石油天然气股份公司，2015初改制为全资子公司，2017年12月变更为国有控股合资公司。改制整合后，业务范围覆盖成品油销售、润滑油等石油副产品销售、食品销售、餐饮服务、日用百货及家电销售、办公用品销售、化肥等农用物资销售、汽车服务等多个领域。2020年底，新疆销售机关有职能处室13个、下设18家分公司；各类用工9666人，其中第三方业务外包4946人；运营油库7座、库容40.9万立方米，有加油（气）站1154座；资产总额为122.57亿元。

2020年，新疆销售开展违反中央八项规定精神专项整治、“大干四十天”活动，推进提质增效专项行动、“战严冬、转观念、勇担当、上台阶”主题教育。成品油销量601.92万吨、纯枪销量374.11万吨、非油业务收入12.39亿元、燃气销量1.2亿立方米、净利润8.63亿元、经营安全平稳、队伍和谐稳定、企业合规运行。选树省部级及以上先进集体5个、先进个人8名。上映以罗布泊加油站经理为原型的电影《天边加油站》，创作《“频”说战疫》《守望昆仑》等5部优秀文化作品，展示新疆销售人的石油精神。

【“十三五”回顾】 “十三五”期间，新疆销售主营业务量效稳增，成品油销量和纯枪量分别突破600万吨和400万吨，非油业务收入连续稳定在10亿元以上，车用燃气销量迈上1亿立方米台阶；提质增效理念深入人心，年度税前利润始终为正并创出10亿元新高；网络布局持续优化，一批重点工程投运，运营站数量突破900座大关，运营效率、运营质量显著提升；改革创新成效显著，完成混合所有制改革，推进三项制度改革，业务外包用工改革全面实施，人均劳效排名销售板块第一；落实精细营销，互联网营销与时俱进，加油卡作用更为突出，特色服务体系初步形成。

新疆销售主要经营指标

指　标	2020年	2019年	2018年	2017年	2016年
成品油销量（万吨）	601.92	623.41	564.47	614.52	557.13
汽油销量（万吨）	206.71	234.57	208.79	212.11	194.64
柴油销量（万吨）	395.21	388.84	355.69	402.41	362.48
润滑油销量（万吨）	2.02	2.93	2.51	2.02	1.54
加油站总数（座）	1154	1114	1057	1051	1042
油库数量（座）	7	7	8	7	6
油库库容（万立方米）	40.9	43	49.7	44.94	38.2
纯枪销量（万吨）	374.11	406.96	380.2	400.58	394.58
非油业务收入（亿元）	12.39	13.37	10.81	9.12	7.39
非油业务利润（亿元）	0.54	0.97	1.12	1.11	0.97
商流费（亿元）	22.75	23.86	21.29	22.68	22.14
资产总额（亿元）	122.57	107.33	88.99	80.98	75.03
收入（亿元）	351.45	431.62	410.60	383.92	315.65
利润总额（亿元）	10.03	10.36	0.51	7.71	3.51
净利润（亿元）	8.63	8.31	0.48	5.92	3.14
上缴税费（亿元）	6.49	6.63	3.83	8.14	6.08

【成品油销售业务】 2020年，新疆销售开展“三月阵地争夺战”“金九银十攻坚战”“四季”主题营销、跨界联合营销，引进超级92号汽油，加大低凝柴油

销售力度，单日纯枪销量创1.6万吨新高。加强市场信息监控，完善差异化营销机制，强化营销支出分析，取消3种以上叠加优惠促销140项，减少站前直降站点35座，纯枪销售价格到位率97.75%、同比提高0.78个百分点、6个月排名销售板块第一。扩大客户规模，以卡为媒服务客户，开展跨界营销，推广中油好客e站，发售个人卡120万张，核销电子券4216万张。加大客户开发维护力度，新增固定客户582个，直销APP认证客户1023家，直批销量227.8万吨、同比增长5.24%，其中线上销量7.92万吨。以资源串换为纽带强化沟通协调、保障资源供应、维护市场秩序，串换量突破100万吨、同比增长8.5%。成品油销售总量601.92万吨、同比下降3.45%，其中纯枪销量374.11万吨、下降8.07%，车用燃气销量1.2亿立方米、增长13.9%，在销售板块31家省区公司中，纯枪销量排名第四。

【气非销售业务】 2020年，新疆销售完善一体化营销策略决策体系，创新营销模式，优化营销策略，加强特色服务体系建设。非油业务销售收入连续稳定在10亿元以上，车用燃气销量迈上1亿立方米台阶。燃气业务方面，新疆销售控成本、强营销，取得量效双升好成效，站前零售7559万立方米、同比增长34.9%，卡销比超过45%，燃气量效逆势增长。吐鲁番、昌吉销售分公司实现自营网点零的突破，扩大燃气业务范围。非油业务方面，新疆销售从运行机制、销售计划、营销策划、店面陈列、巡店督导5方面完善零售体系，吨油非油收入、单品品效、客单价分别提高15元、26元和29元，SKU更新率44.1%、淘汰率57.1%，30万元以上便利店增加60座，非油业务运营持续优化。开展“大干四季度、冲刺新目标”专项竞赛，追赶任务欠量，塔城、哈密、博州、巴州、石河子、吐鲁番销售分公司完成店销收入任务。非油业务针对新冠肺炎疫情消费特点，开展微信营销、配送上门，外卖收入900万元；突出重点品类和重点项目，香烟、扶贫产品和柴油尾气净化液销售收入分别增长14.5%、88.22%和33.33%；“百县百品央字号—新疆专场”等3场直播活动创收180万元，“百城万站、扶贫助农”直播竞赛排名销售板块第二。

【加油站管理】 2021年，新疆销售强化基础管理，推进服务转型，提升加油站运营效率，保障设备管理运行，加油站隐患实行项目化管理。通过神秘顾客访问加油站942座，平均成绩91.2分，同比提升1.2分；处理投诉数量98起、支撑工单2262件，处理及时率100%、投诉满意率100%。开展达标创星年度考评工作，分别授予221座加油站为三星、四星、五星级加油站。执行油站运营日报制，督促关停站、新建站提高投运效率，运营站数同比增加61座。选取乌鲁木齐、昌吉、吐鲁番分公司6座加油站门禁系统开展雷达车检器代替地感线圈感应试点；更换或配置POS收银机144台、BOS服务器144台、FUEL服务器140台、扫描枪86把，金额309.57万元。实行项目化管理。协同开展“防罩棚倒塌、防危房坍塌”专项检查和门窗等特殊设施设备和关键部位排查，组织检测罩棚136个。新增隐患465项，销号治理各类隐患554项，剩余隐患427项，强化运行保障。

【油库管理】 2020年，新疆销售“全力以赴推进提质增效专项行动”，制订实施方案。提高工作效率，紧盯影响收发油的异常因素，建立与零售公司、配送中心三方沟通协调机制，完善资源应急保障措施，及时调整并优化资源运行方案，提升油库持续保供能力；开展铁路接卸全流程诊断及验证，哈密、阿克苏、库尔勒、伊犁油库每批次铁路接卸时间压减2小时，北屯、喀什油库压减4小时，接卸效率同比提高25%；通过双仓车一次性装油、预约发油等措施，实现出入库装油时间由2小时降至1.5小时之内，付油效率提高25%。实施降本控费，紧盯人工、运输、安保等费用支出，从自主维修、修旧利废、物资采购等10个方面有效落实降本控费各项措施，通过优化结构、合理调拨，盘活资产404项，可控费用同比减少202.51万元，自主维修节约费用22.31万元，形成全员发力、全员攻坚、全员创效的强大合力。

【工程建设】 2020年，新疆销售夯实工程基础、强化现场安全管理、提高施工组织效率，新建、重建项目开工83座，新投运加油（气）站54座。推行项目分类分级和模块化设计，严控工程建设成本。对LNG储罐基础、操作井、潜油泵软连接、环保沟及站房值班室设计进行优化。组织设计优化加油（气）站项目120座。调减站房面积约3420平方米，调减罩棚面积约3125平方米，缩减硬化面积22354平方米，预留加气11座，预留汽车服务6座，核减工程投资3578万元。2020年应结算项目220项，复审并移交审计216项，复审完成率98%。工程项目签证变更数278项1919.88万元，工程变更管理更为规范。

【资源运行】 2020年，新疆地区受新冠肺炎疫情影响，石油产业链遭受前所未有的憋库压力，按照集团公司“控产量、扩配置、拓渠道、增库容”运行安排，坚持中国石油一盘棋、上中下游一体化运作思路，新疆销售开展盘查整合储罐空容工作，刚性接受直炼资源，油库连续 63 天满库存运行。2020 年，购进成品油 603.23 万吨，其中：直炼配置 500.58 万吨，兑现率 99.6%；串采 102.65 万吨。配送油品 451.46 万吨，车辆标准周转效率 2.22 次 / 日。公路运费 2.85 亿元，同比增加 0.24 亿元；吨油运费 47.44 元，同比增加 5.59 元；平均配送运距 216 千米，同比减少 4 千米。为强化保供责任，协调办理罐车“油气物资保障通行证”574 张，争取罐车驾驶员和押运员核酸快检政策，采取向当地交管部门报备、驾押人员持核酸检测报告、车门贴封条、片区经理带车的方式通行卸油，将配送效率影响降至最低，新冠肺炎疫情期间完成配送 1.82 万车次、送油 48.99 万吨，未发生加油站脱销和客户断供。推进系统标准化应用，各环节损耗系统提取，强化液位仪脱机考核，液位仪自动计量率排列销售板块前十。

【脱贫攻坚】 2020 年，新疆销售推进精准扶贫，党委专题研究脱贫攻坚事宜 6 次、调研 14 人次，统筹部署和督导集团公司定点扶贫 6 县的产业扶贫、消费扶贫、就业帮扶和培训帮扶，实施民宿旅游、生态扶贫林等 8 个项目，开展直播扶贫、百日攻坚等活动，消费扶贫收入 2301 万元。推进扶贫故事宣传，编制脱贫攻坚纪实，参加扶贫故事大赛和公益评选，微电影《加油吧，孩子》获全国三等奖。开展“访惠聚”驻村及 6 个深度扶贫村工作，对外捐赠 20 个项目 133 万元。推进民族团结教育及“民族团结一家亲”、民族团结联谊等活动，结对认亲 617 户，走访 1758 人次。

【“十四五”规划】 新疆销售“十四五”发展指导思想是：深入贯彻党的十九大和十九届五中全会精神，以习近平新时代中国特色社会主义思想为指导，认真贯彻落实第三次中央新疆工作座谈会精神，落实集团公司“四个坚持”兴企方略、“四化”治企准则和“四精”要求，围绕建设具有新疆特色的世界一流

2020 年 9 月 9 日，新疆销售在吉木乃县喀尔交镇举行分红仪式，通过采取党支部 + 合作社 + 公司 + 农户的运营模式，帮助贫困户实现就业养殖双丰收

销售企业这一目标，加强党的建设和现代企业制度建设，采取打造最讲政治、最守规矩、最有活力、最受信赖、最可持续发展的新疆销售 5 项举措，实施党建引领、人才强企、网络优化、服务提升和信息化保障五大工程（简称“1255 战略”），以石油精神和大庆精神铁人精神凝心聚力，全力以赴、乘势而上，稳中求进、小步快跑，实现公司高质量发展。发展定位是：油气并举、以油为主，油非互动、做强非油，氢电突破、共同发展。发展目标是：到 2025 年为建设世界一流销售企业打好基础，到 2030 年全面实现公司的高质量发展，到 2035 年基本实现新疆特色的世界一流销售企业。主要任务是：成品油销量增幅市场份额不降、非油和天然气业务量效齐增，自由现金流为正，利润保持在十亿元以上，主要指标位居销售分公司前列，集团公司年度业绩考核保持 A 级；运营加油加气站平均增长率不低于 7.4%，储运设施配套建设，部分加油加气站具备充电功能，加氢业务实现零的突破，整体投资回报率不低于 9.5%；现代企业制度基本成型，管理制度全面完善，管理架构清晰高效，管理层级扁平精简，治理体系和治理能力现代化取得显著成效。

（罗丽戈）

中国石油天然气股份有限公司陕西销售分公司

【概况】 中国石油天然气股份有限公司陕西销售分公司（简称陕西销售）是股份公司所属地区公司，前身为陕西省石油总公司，成立于 1953 年，1998 年 6 月上划中国石油天然气集团公司，主要从事成品油批发和零售业务以及便利店、润滑油、天然气、汽车服务等非油销售业务。2020 年底，设 11 个职能部门、2 个机关附属机构、1 个机关直属单位，下辖 11 个分公司。运营加油站 1032 座，油库 4 座，总库容 21.21 万立方米，资产总额 76.46 亿元。用工总量 8846 人，其中合同化员工 4502 人、市场化用工 2182 人、劳务外包用工 2162 人。党委下设 12 个基层党委，193 个党（总）支部，党员总数 2824 人。

2020年，销售总量297.87万吨，纯枪销量255.92万吨，非油业务收入7.83亿元，非油业务毛利1.53亿元，费用总额18.21亿元。

【“十三五”回顾】 “十三五”时期，陕西销售围绕打赢“二次创业”翻身仗，强化市场营销、提质增效和改革管。实施以三项制度改革为重点、涉及100条举措的深化改革行动，完成营销、非油等业务重组，各类机构由290个减至196个，用工总量由12110人降至8846人。实施“油卡非润气醇电”一体化运营，市场份额降幅比“十二五”减少19个百分点，吨油毛利自2017年以来由246元回升至570元，每年被评为陕西省顾客满意度行业第一。做大非油业务，柴油净化液加注、汽车服务项目从无到有，非油业务收入40亿元、利润4.86亿元，毛利年均增长34%。网络开发克难前行，完成投资34.86亿元，投运加油站130座，续租高速加油站30座，运营合资企业7家，加气、甲醇、充电业务填补空白，防渗改造提前完成。

陕西销售主要经营指标

指　标	2020年	2019年	2018年	2017年	2016年
成品油销量（万吨）	297.87	370.96	393.79	423.69	442.97
汽油销量（万吨）	176.03	189.99	194.68	200.32	212.6
柴油销量（万吨）	121.84	180.97	199.11	223.37	230.37
天然气销量（万立方米）	5252	2261	2168	726	42.75
润滑油销售（万吨）	1.44	1.44	6.53	1.72	0.87
加油站总数（座）	1032	1026	995	998	971
油库数量（座）	4	7	7	7	7
油库库容（万立方米）	21.21	30.22	30.22	30.22	30.22
纯枪销量（万吨）	255.92	320.91	320.29	328.9	325.94
非油业务收入（亿元）	7.83	7.73	10	8.44	5.7
非油业务毛利（亿元）	1.53	1.28	1.07	0.81	0.58
吨油费用（元）	611.26	562	456.04	388.04	353
资产总额（亿元）	76.46	78.14	48.11	43.98	54.51
收入（亿元）	190.14	259.73	290.45	265.99	248.66
税费（亿元）	0.66	2.55	4.05	8.15	3.48

【油品销售】 2020年，陕西销售优化油品营销机制，运营水平有效提升。精准实施一体化营销，按照“总毛利最大化”原则，完善价格快反机制，开展油品结算价格“三运筹”，纯枪销售价格到位率97.3%，营销支出同比下降71%，吨油毛利同比增加314元、增长112%。协同推进成品油市场整顿，建立“书记负责”和“市场协调三机制”协同的市场整顿责任制，协助政府查封问题油站21座、取缔黑油窝点75处、查获劣质油品894吨。加快完善客户开发维护体系，推行客户“网络化”群管理，实行“客户专员”服务，找回流失单位客户4929家，新增单位卡客户7587家；线上用户突破385万，单位卡线上充值2.2亿元、充值金额在各销售企业中排名第二。树立“客户没有错”的服务理念，打造服务价值提升工程，建立电话稽查“计件制”问责机制，现场重复性问题同比下降76%。开展“星工程”月度典型选树，“客户给我点赞”参与人次超200万。改善站库效益效率，推行站经理线上背靠背“智能竞标上岗”，“大班组”运转逐渐顺畅，“竞标包枪”加油站392座，“店小二”考核由44分升至96分，加油站运营率98.3%。采取间歇营业、间苗停用、出租经营等方式推进负效站治理，关停3座低效油库，亏损站同比减少219座、下降32%、减亏1.8亿元。延安分公司亏损站数量同比减少50%，安康公司亏损站占比下降至13%。

【非油业务】 2020年，陕西销售持续做大做优非油业务，以精益零售为推手，做强自有品牌，探索线上销售，规模效益日益显现。做精支柱品类，精益便利店覆盖率超40%，50万元以上便利店801座，库存较年初压降2100万元，直配节省运费164万元，店销毛利率提升4个百分点，非油利润同比增长19%。持续拓展非油业务，洗车站点突破100座，快修快保店增至6座，柴油尾气净化液加注点新投运40座，“好客秦味”自有品牌创收160万元。强化油非互促，“汽机油联合促销、创意堆头竞赛”等主题促销活动丰富多彩，润滑油销量1.44万吨，香烟毛利同比增长14%。安康分公司承办“百城万站、扶贫助农”直播带货活动，取得直播大赛全国亚军佳绩。

【提质增效】 2020年，陕西销售开展“战严冬、转观念、勇担当、上台阶”主题教育，建立提质增效19项“硬核”措施，细化加油站提质增效“明白卡”，强化督导检查和对标分析，增利创效4.32亿元，完成目标任务的117%。深入挖掘增收创效潜力，争取政府新冠肺炎疫情“降免补”1.6亿元，实现票据池融资收益1687万元，新增盘活土地资产29宗、创效1202万元，实施资源运作优化、库存创效2400万元。精打细算降本节支，资金占用减少3.4亿元，增值税及附加清算退税1.79亿元，合同协商减支625万元，电子券“价税分离”月创效63万元，水电费同比下降17%，两级机关管理费用下降4915万元。费用总额同比下降12%，压减2.57亿元。

【投资建设】 2020年，陕西销售研判油品市场竞争态势，确定“提质发展陕北市场、有效拓展关中市场、全力稳固陕南市场”区域定位，采取多种方式灵活开发网络，力求数量质量并重。积极应对投资锐减新情况，发挥土地招拍挂信息搜寻反馈机制，获咸阳沣景路等11宗建设用地，获17个城市便利加油站立项指标，新开发加油（气）站37座、新投运20座，续租项目12个。注重与地方企业合作开发网络，首次与昆仑燃气试水“油+气”增值项目，与葛洲坝集团达成8座高速站合资经营意向，通过联合竞标的形式取得菏宝高速4座服务区加油站经营权。新立项合资公司7家，新增合资公司加油站14座，新增品牌经营加油站5座。强化工程前期勘察设计，健全验收投运交接清单，推进工程质量终身负责制，提升项目管理水平。建立新投项目效果分析制度，实行月度综合考核通报，投资成本意识不断强化。2020年施工建设项目31个，其中新建项目11个、改造项目20个。

【风险管控】 2020年，陕西销售综合施策，管控安全环保数质量风险，运行管理平稳受控。面对突发新冠肺炎疫情，迅速建立全面排查、日报零报、重点防控、执纪督查工作机制，组织11轮新冠肺炎疫情排查，召开79次专题会议，固化32项常态化防控措施，健全4类场所应急预案，守住“零疑似、零确诊”底线。严守安全环保红线，编制专项整治三年行动方案，实施安全环保基础提升年活动，完成隐患整改48项，初步建立环保体系，开展加油站“净味”行动，完成274座站油气回收自检。恪守质量计量底线，强化油品损耗管控，加油机检定信息全部上网，液位仪参数信息集中联网，损耗异常自动预警，液位仪及罐容表签认率超90%，综合损耗同比下降6061吨、4125万元。

【改革管理】 2020年，陕西销售持续深化改革，加强管理，制定深化改革三年行动方案，改革发展蓝图更加清晰，发展动能进一步增强。剥离企业办社会职能，6000余名退休人员全部移交地方政府。推进用工精简，非政策性在册不在岗人员全部清零，单一用工站101座，用工总量较年初压减1075人。开展全员竞争上岗，291人分流到加油站工作。完善绩效激励机制，机关部门内员工月收入差平均达20%。推进信息化建设，优化升级协同管理平台2.0、陕销党群通2.0，推广大数据应用平台，在线监控、远程办公、视频会议在疫情期间发挥重要作用。1025座加油站实现移动支付，600台高拍仪安装使用，加油站“三堵”（开票堵、充值堵、交款堵）问题得到有效解决。加强制度建设，启动体系融合。“三商”资源库建立运行，事后合同发生率降至1.4%。站库证照录入率提升至98%，收回印章4400余枚。成立4个历史遗留问题处理工作组，建立任务清单及考核问责机制，西安分公司收回长达12年的土地预付款，汉中分公司追回边家山油库335万元补偿款。

【企业党建工作】 2020年，陕西销售制订《学习贯彻习近平总书记重要指示批示精神落实机制》。分级分类下发党内学习内容、明确研讨主题，依托新媒体平台推动日常学习常态化，中心组学习和每月干部大讲堂学习实效性有效提升。构建集体决策和权责清单，建立覆盖各层级决策体系。坚持正确选人用人导向，加快培养选拔优秀年轻干部，引进7名“80后”急需岗位专业人才，二级、三级正副职中“80后”占比达到三分之一，6名二级副职主动辞任现职岗位，干部能上能下机制有效落实，政研课题《新时代激励领导人员担当作为对策与实践研究》获集团公司优秀党建研究成果一等奖。开展“基层党建深化巩固提升年”活动，164个党员先锋岗、133个党员突击队和130个党支部+，开展活动4605次，推进提质增效。深化大监督格局建设，持续强化正风肃纪，出台《“阳光工程”建设实施方案》，开展“微腐败”专项治理，实现党的十九大后对所有单位、支部、加油站的全覆盖巡察，承接集团公司任务，编写的《政治巡察操作指引》在销售企业推广应用。连续4年开展“作风建设年”活动，1230人次在加油站挂点服务，解决基层急难愁盼问题209项。党建考核获集团公司A级评价，被评为“十三五”中国企业文化建设优秀单位。基层建设微视频《家·油站》获中国能源化学地质工会微电影创作大赛特等奖，成为中国石油2项获特等奖作品之一。

【扶贫攻坚】 2020年，陕西销售把扶贫攻坚作为一项政治任务，统筹推进定点扶贫、产业扶贫及消费扶贫工作。在定点扶贫方面，17名驻村干部以全脱产或半脱产的形式对陕西省6个地市的9个贫困村进行驻村帮扶，9个贫困村均脱贫摘帽。从公司定点扶贫和对口支援的汉中洋县、略阳县、勉县，商洛镇安县、山阳县，延安延川县，安康平利县，榆林绥德县中，挑选42种扶贫产品，经集团公司扶贫办批复，纳入销售扶贫产品目录。在产业扶贫方面，作为延安产业扶贫公司股东之一，通过产业扶贫方式推进扶贫工作的投入，参加股东大会1次，研究审议通过为陕果延长公司冷库1座和智能选果线项目。在扶贫捐赠方面，对外捐赠11项，捐赠资金13.07万元，物资1.77万元，主要用于对口包扶的10个贫困村的民生改善、产业项目帮扶及医疗帮扶，受益人数2900余人。在消费扶贫方面，开展“百城万站·扶贫助农”百日攻坚活动，选取507座主力加油站便利店，设立扶贫专柜，推广展示销售扶贫产品。依托好客e站购物商城、官方抖音商品橱窗、陕西扶贫空间等内外部电商平台积极推广销售。两级公司机关食堂、各库站食堂、员工节日福利发放优先采购贫困地区产品，完成内部消费45.98万元。将销售任务下达分公司、分解到加油站，采取周统计、月通报的形式，并纳入纪委督查项目，推进消费和销售扶贫工作，销售扶贫产品859万元。与西部网（陕西新闻网）、陕西扶贫空间三方合作，签订战略合作框架协议，形成“政府+媒体+企业”的扶贫方式。10月15日，被陕西省扶贫空间评为“消费扶贫爱心企业”称号。

（董　慧）

中国石油天然气股份有限公司甘肃销售分公司

【概况】 中国石油天然气股份有限公司甘肃销售分公司（简称甘肃销售）前身为甘肃省石油总公司，1953年成立，1998年划入中国石油天然气集团公司，1999年8月集团公司实施内部重组改制时划入股份公司，2018年企业类别明确为一类一级。经营范围涵盖成品油及天然气批发零售、非油品经营、汽车服务、汽车充电、加油（气）站及相关设备设施建设改造等。2020年底，设9个职能处室、3个附属机构，所属地市分公司14家、直属公司4家。控股公司3家、参股公司5家；员工总量6076人，离退休人员4665人。运营油库13座，总库容45.25万立方米；运营加油（气）站818座；加油站便利店760座，汽车服务店47座；加油站网络份额68%、市场份额92.45%。

2020年，油气销量480.53万吨，同比增加24.93万吨，增长5.47%；销售天然气20.69万吨，同比增加9.18万吨，增长78%；油品纯枪销量371.9万吨，同比增加18.3万吨，增长5.2%。非油业务店销收入9.49亿元、同比增长17.2%，毛利1.44亿元。资产规模69.93亿元，同比增加4.61亿元。销售收入278.66亿元，净利润9.15亿元，排名销售板块第3。

【“十三五”回顾】 “十三五”期间，甘肃销售油气销量2267万吨，同比增加62万吨；利润43.72亿元，同比增加2.75亿元；非油销售收入43亿元，非油利润4.3亿元，分别同比增长129%和153%。2020年加油（气）站数量较2015年增加213座，年均增加43座。

【油气销售】 2020年，甘肃销售精益运营推进零售网格化管理，开展主题、专题促销7期36项，带动油气零售392.6万吨，同比增加27.5万吨。推进天然气集采业务，打通资源、效益、安全渠道，LNG销量14万吨，同比增长172%。突出加油卡及线上营销，记名活跃卡140.3万张，卡销比55.4%，沉淀资金13.86亿元。落实客户维护“责任制”，实施精准锁客，存量客户有效成交率76%、销量59.8万吨，新开发客户501家、增量7.5万吨；稳固直批业务，下发重点客户名录，油品配置率100%，增量14.7万吨；特许参股站配置量28.6万吨，同比增长7%。整合营销资源，引入异业促销资金3282万元；与甘肃铁塔、西部战区陆军等8家重点客户及驻地部队签订战略协议及保障协议。强化市场整顿，凝聚政、警、企三方合力，召开省市级警企联席会议32场，查获非配置油品0.6万吨，拆除油罐128个，查扣黑流动加油车142台，关闭无证经营网点82个。

【油站管理】 2020年，甘肃销售强化现场服务，开展现场服务专项治理活动16次，神秘顾客暗访得分同比提高2.7分；狠抓投诉管理，有效投诉同比下降18起；制定实施消高峰措施17项，现场拥堵指数同比降低0.25。紧盯加油站改造工期，平均单站运营天数29.67天，同比增加1.37天，运营率提高4.2个百分点。建立服务监督考评体系，检查加油（气）站3115座次，各类问题整改率98.6%以上。开展服务明星及明星站经理评选、奖励，评选服务明星1039人次，明星站经理174人次。

【非油业务】 2020年，甘肃销售强化店面质量，打造省级旗舰店5座、地市样板店42座、片区特色店

甘肃销售主要经营指标

指　标	2020年	2019年	2018年	2017年	2016年
资产规模（亿元）	69.93	65.32	53.97	46.16	42.73
资产负债率（%）	37.83	39.64	0.458	0.450	0.483
收入（亿元）	278.66	315.19	315.24	288.33	256.25
商品流通费（亿元）	16.7	18.54	18.81	15.05	15.53
利润（亿元）	9.15	10.01	3.42	11.12	10.02
净利润（亿元）	9	9.83	3.29	10.67	9.87
吨油创效（元/吨）	190.4	219.71	79.22	244.71	221.92
油气销量（万吨）	480.53	455.6	431.71	454.42	451.52
油气零售量（万吨）	392.6	365.07	350.92	367.82	378.86
油品纯枪量（万吨）	371.9	353.57	343.52	361.95	373.13
天然气销量（万吨）	20.69	11.51	7.40	5.87	5.74
市场份额（%）	92.45	92.45	92.40	96.40	96.65
零售率（%）	0.85	83	80.96	80.69	83.70
价格到位率（%）	98.48	98.45	99.36	99.18	99.73
非油业务店销收入（亿元）	9.49	8.1	5.31	4.44	3.92
非油业务毛利（亿元）	1.44	1.55	1.37	1.2	0.91
汽车服务收入（万元）	404.8	154.5	412.73	1545.24	1483.69
品效[元/（个·日）]	474.8	409.9	523.5	389	365.3
平效[元/（米^2/日）]	62.9	48.1	46.8	51	40.9
油非转换率（%）	15.4	10.1	7.2	6.35	5.24
库存价值（亿元）	1.55	1.59	1.59	1.46	1.22
库存周转天数（日）	70	68	66	84	93
运营加油（气）站（座）	818	787	713	700	679

58座，店销收入平均增长26.2%。加强门店督导和单店管理，便利店平效增长30.7%，单店日均增收389.4元。强化精品创效，清理低效商品库存量（SKU）918个，引入新品1218个，商品优化率42.5%以上，单品效益同比增长15.8%。拓宽业务范围，销售生鲜蔬菜1160万元、家庭食品7157.3万元、口罩78万只，自有商品销量同比增长30%。开展品牌合作代理，化肥、轮胎、汽车服务、化工销售收入1.4亿元，同比增长61.1%。做大非油业务平台，加大集团客户开发力度，新增供货单位34家，增收675万元。推进业务融合，润滑油、车用辅助产品、柴油尾气净化液销量同比增长0.4万吨。聚焦店外市场，开展主题营销活动15场、创收5000万元，建成店外店19座、创收7685万元。加速推进线上融合，“好客陇品”微信商城上线，扶贫助农直播营销活动销售额561万元。加强物流及库存管理，配送及时率和准确率97%以上，库存占压资金同比下降434万元。

【资源运行】 2020年，甘肃销售强化资源保障，主动对接大区公司收储直炼资源，高峰期库存26万吨，进货461.7万吨。降低运输成本，优化作业流程，开展运距复测，运输费同比减少0.25亿元（含税）、吨油运费同比下降5.8元。提升配送效率，优化油库发油鹤位及库存结构，试点19小时付油模式，万吨周转用人同比减少12.5%，油库周转次数提高1.46次。开展双仓车同装同卸作业，装卸效率同比提高46%。稳步推进地罐交接，系统单轨地罐交接运行完成率100%。

【网络建设】 2020年，甘肃销售完善发展规划，主动配合两级政府，引导或主导甘肃省成品油、天然气分销体系规划编制。强化终端建设，落实投资9.6亿元，建成投运加油（气）站74座，新增零售能力31.6万吨。推行“轻量化”发展，以低价租赁方式建设加油站6座，合资公司新投运加油（气）站34座，新增零售能力13.3万吨。压减投资成本，优化设计方案，单站平均投资成本减少34.5万元；狠抓进度管控，单站工期平均缩短8天。最后一批54座防渗改造项目收尾。

【安全环保】 2020年，甘肃销售落实主体责任，逐级签订安全生产合同及责任书7442份，签订率100%；深化“有感领导”，定期量化动态审核，培养骨干审核员72名，QHSE基础管理水平有效提升。组织开展危险源专项治理，整改重大隐患3项，一般隐患1212项。开展挥发性有机物（VOCs）专项治理，稳步推进库站土壤污染调查，加油站排污许可证取证率100%，固废管理全面受控。强化应急响应，开展应急演练1.9万次，处置突发事件及险情126起。坚持灾前保护、过程跟踪、复产支持有机结合，12座受灾加油站抗洪抢险取得胜利。强化数质量管理，油品全口径盈余率17.7‰，天然气损溢率5.6‰。接受内外部油品抽检3491批次，合格率100%。

【企业党建工作】 2020年，甘肃销售开展党委理论中心组集体学习14次；搭建以5类主体、23项清单为基本框架的全面从严治党主体责任体系，形成每季度一主题、党建与经营工作深度融合的政工例会机制。夯实基层基础，42个党支部按期换届，50名党支部书记完成提升培训，新发展党员53名，铁人先锋平台全覆盖运行，线上转接组织关系1366人次，党费线上缴费率98%。常态化开展谈心谈话和廉政集体约谈，纪检与巡察、审计、专项检查配套互补的“1+N”大监督格局初步成型。

【队伍建设】 2020年，甘肃销售交流调整干部54人次，提拔使用二级正副职干部17人、三级正副职干部19人，高级技师实现“零”的突破，8名员工取得国家质量督导员证书，开展各类培训145期、参培1.2万人次。“新春走基层”系列报道登上甘肃电视台，《宝石花开金张掖》获全国“小康生活·化工印迹”视频大赛“最佳故事奖”，9个集体和20名个人获省部级荣誉，93个集体、165名个人受到甘肃销售表彰，5名公司级劳模成为标杆榜样。发放困难职工慰问金282万元、慰问1100余人次。

【管理优化】 2020年，甘肃销售强化对标管理，围绕3类31项指标数据模型开展对标分析，提出改进措施400余条，评价体系应用效能不断提升。推进“双低”站治理，负效站治亏率80%、低效站治理率98%，治理增效1亿元。梳理规章制度228项，废止35项，修订35项，补充完善33项。投入资金1.3亿元，完成“三供一业”专项维修改造项目，有效解决住宅小区物业管理热点难点问题。

【疫情防控】 2020年，甘肃销售成立以主要领导为组长的新冠肺炎疫情防控工作领导小组，召开疫情专题会议74次。印发《关于全面加强近期疫情防控的若干措施》，发放各类防疫物资96万件，分环节严抓防疫防控，实现全员疫情零感染。协调甘肃省卫健委组织开展援助湖北医疗队及全省医务工作者关心关爱活动，办理“天使卡”6113张；向湖北销售捐赠口罩1.3万个。对公交集团、公安部门、环卫局、出租车公司客群开展“复工战疫与您同行”慰问工作，开展“抗疫情、保春耕”专项活动，送油4327吨。

【提质增效】 2020年，甘肃销售制定《中国石油甘肃销售公司2020年提质增效专项行动激励办法》，确定40项挖潜目标，制定50条具体挖潜措施，助推高质量发展。打造“甘青新”“陕甘宁”联动协调机制，及时调整营销策略，控减营销支出1.2亿元。用好用活政府惠企政策，增值税及附税现金流出同比减少8300万元，落实政策红利3998万元。加快推进低效无效资产处置，创效1800万元。

【深化三项制度改革】 2020年，甘肃销售制定《两级机关组织机构设置优化方案》，省公司机关由原来的12个职能部门调整为9个。所属二级单位推行大部制改革，将原来的“六部一室”“五部一室”整合为“四部”，三级机构数量由110个优化为80个。优化劳动组织和岗位设置，两级机关转岗分流至基层一线人数143人。

【兰州莫高站建成投运】 2020年，甘肃销售兰州莫高站集智能服务技术、智慧营销平台、设备智能管理，以及CNG加注、风力、光伏分布式发电、充电、换电等新能源应用为一体，是西部地区首座“油气电非”综合能源补给示范站。

【发布企业文化手册】 2020年，甘肃销售研究制定企业文化实施纲要，传承中国石油“六统一”文化，创新树立“有数、有路、有招、有效”的工作基本要求，发布《企业文化手册》，塑造甘肃销售特色文化。

【建立首套加气站管理制度】 2020年，甘肃销售编制《车用燃气质量计量管理手册》《加油与LNG加气合建站、LNG加气站建设标准》，填补销售板块在加气业务建设、管理制度上的空白。

（张岩峰）

中国石油天然气股份有限公司山东销售分公司

【概况】 中国石油天然气股份有限公司山东销售分公司（简称山东销售）是中国石油天然气股份有限公司在山东省设立的全资分公司，主要从事成品油（气）与非油销售业务，2000年成立，本部设在济南。2020年底，山东销售机关本部设职能处室12个，设地市分公司17家、专业分公司2家，控股公司18家、参股公司6家；运营油库7座、库容19.50万立方米；运营加油站1058座，占全省加油站总数9.12%；员工总数5533人，其中库站员工4767人、占比86.16%，资产总额103.60亿元。

“十三五”期间，山东销售销售成品油1832.47万吨，其中纯枪销量1475.73万吨；加油站数量由938座增加到1058座，资产总额由86.33亿元增加到103.60亿元；非油业务收入由9.27亿元增加到10.83亿元；缴纳各类税金19.30亿元。

【提质增效】 2020年，山东销售牢牢抓住“扭亏”

山东销售主要经营指标

指　标	2020 年	2019 年	2018 年	2017 年	2016 年
成品油销量（万吨）	269.74	356.00	394.80	404.22	407.71
纯枪销量（万吨）	228	262.21	331.86	330.28	323.38
加油站总数（座）	1058	1105	1030	968	938
油库数量（座）	7	7	9	10	10
油库库容（万立方米）	19.50	19.50	20.10	20.80	21.10
非油业务收入（亿元）	10.83	9.88	13.57	11.37	9.27
非油业务利润（亿元）	0.89	0.75	1.20	1.10	0.99
单站日销量（吨）	6.28	6.98	9.97	10.17	9.82
吨油费用（元）	689	654	453	416	462.92
资产总额（亿元）	103.60	113.52	84.61	70.14	86.33
营业收入（亿元）	162.40	240.92	267.09	241.80	222.60
利润（亿元）	1.63	1.51	–17.39	–11.80	8.98

"增盈"两个关键，将"三个一批"和"九费压减"作为提质增效硬核举措狠抓落实，账面利润 1.63 亿元、同比增加 0.12 亿元，费用同比下降 4.70 亿元，吨油营销成本同比降低 52 元，自由现金流 9.37 亿元、同比增加 5.39 亿元，资产负债率较年初下降 2.86%。推进"三个一批"，对 1058 座加油站按照量、价、费、效进行梳理分类，针对性开展提升、优化、治理工程，"提升一批"创造利润 10.14 亿元；"优化一批"实现 110 座站点扭亏；"治理一批"处置站点 105 座、扭亏 24 座，取得租金 3006 万元，亏损站比例较年初下降 10%。对九项大额费用进行重点压降，油品运输费同比下降 1.34 亿元，财务管理费下降 8136 万元，亏损站治理费下降 5173 万元，技术服务费下降 4589 万元，上门收款费下降 1124 万元，运输损耗费下降 602 万元，第三方服务费下降 477 万元，信息运维费下降 460 万元，非油运行费下降 412 万元。

【成品油销售】 2020 年，山东销售坚持深耕市场化、推进站级化，以毛利最大化为原则，以市场为导向、以客户为中心，提升精准营销创效能力，销售成品油 269.74 万吨，其中纯枪销量 228 万吨、纯枪毛利 16.81 亿元。深化新秩序市场建设，配合政府部门打击取缔"自流黑"网点 356 个，聊城地区首次实现"自流黑"网点清零。实施精准营销，开展汽油提质工程和柴油重点客户分担管理，汽油柴油价格到位率分别提高 0.15%、3.38%，高标号汽油销量同比提高 5%；建立市场价格监控系统，将 2768 座外部加油站销售价格纳入监控。推进直批创效，实施直批客户分级分类管理和差异定价政策，完成配置计划 202.90 万吨、完成率 98.50%，直批销量 41 万吨，毛利 2400 万元、同比减亏 1.20 亿元。强化客户开发维护和加油卡使用管理，发行记名卡 65 万张（含升级），卡销比 67%，排名销售板块第一；地市公司 V 会员注册量 313 万人，线上客户 787 万人、线上充值额 20 亿元；发行记名活跃卡 174 万张、沉淀资金 19.60 亿元。实施站级化改革，编制下发《加油站经营会计核算表》《加油站客户经营报表》。下放营销决策权、选人用人权、费用建议权、收入分配权和考核权，对 105 座加油站开展"阿米巴"经营管理试点。提升现场服务水平，强化"6S"管理，推动客户服务生态圈建设，投运洗车项目 128 个、项目覆盖率 20%，获异业合作资源 2000 万元；销售板块神秘顾客访问、"95504"客户服务质量综合指标评价均排名第一。

【非油业务】 2020 年，山东销售优化非油商品结构，强化商品进货成本管控和销售量价管理，收入 10.83 亿元、同比增加 9500 万元，毛利 1.64 亿元、同比增加 1300 万元，吨油非油收入同比提升 147 元。强化重点品类创效，深挖潜力品类创效空间，10 大重点品类实现毛利 1.35 亿元、同比提升 2%；坚持"油卡非润"一体化营销，油非转化率同比提高 2.1%，车用润滑油和车用辅助产品销量完成全国排名第一；加强昆悦系列商品全国推广力度，自有商品创收 5826 万元。提升店面运营水平，成立非油制售同盟，对山东省 115 座百万元店开展督导，收入 1.89 亿元、同比增长 24%，毛利 3016 万元、同比增长 18%。创新商品营销模式，利用线上线下两种渠道，联合多家外部单位，开展非油品推介会 108 场、非油收入 1.03 亿元。强化成本费用管控，优化物流配送模式，大单采购商品直配到站，运费同比下降 130 万元、装卸费下降 59 万元；506 种商品降低采购进价、节约采购成本 294 万元。抢抓化肥销售机遇，化工农资收入同比增加 8233 万元，获昆仑好客 2019—2020 年度化肥业务最佳营销奖。

【网络建设】 2020 年，山东销售坚持效益开发导向，严把新开发项目效益评价论证关，维护高效网络、坚决处置亏损网络，投运自营加油站 13 座，完成投资 2.69 亿元。破解"双高"站（高销量、高效益）续租难题，建立两级公司联动工作机制和常态化沟通维护机制，实施三年滚动续租计划，续租优质站点9座。深化合资合作，在路达公司、葛洲坝能源公司、中油哈鹿公司、临沂中恒公司等合资项目中投运加油站31座，其中，路达公司20座高速服务区加油站当年开发当年投运，葛洲坝能源公司泰山东服务区加油站投运首月即盈利。树立“过紧日子”思想，清理长期在建项目9个、盘活资产5300万元；实施限额设计、分类建设，单站维修改造费同比下降32%。推进油气一体化建设，与天然气销售山东分公司签订一体化建设协议，探索加气站新增加油、加油站新增加气业务，推动油气网络“二次开发”。

【安全环保】 2020年，山东销售持续强化红线意识和底线思维，紧盯新冠肺炎疫情防控和关键领域隐患治理，编制隐患治理计划63项，安排治理资金1781万元，隐患整改完成率100%，实现“零污染、零事故、零伤害”的目标。抓实疫情防控，成立疫情防控领导小组，建立信息日报机制，明确库站防疫工作要求，统配口罩15.57万只，有效应对青岛突发疫情等情况，守住疫情“零感染”底线。夯实管理基础，完善以风险管理为核心，以落实有感领导、直线责任和强化安全监督、考核、评价为“两翼”的安全管理模式，开展QHSE政企标准融合试点，明确应急预案管理机制，健全设备设施检查标准36项206条。强化学习培训，组织安全培训143期、安全大讲堂2期，培训1.39万人次；集中对各分公司领导班子95人开展履职能力评估，2221人取得安全考试证书。加强安全检查，督察机关部门及库站345个次，发现问题864项，其中，负面清单问题48项，处罚0.68万元。甲方监护人考评及资格认证基本实现加油站经理的全覆盖。狠抓环保、计质量管控，计量器具检定合格率100%，迎接各级政府和上级公司安全质量环保检查合格率100%，完成700座加油站三次油气回收设备专项检查，管输、铁路、下海油、公路运输损耗分别控制在0.09%、-0.001%、0.061%、0.004%。完成特殊敏感时段反恐维稳任务和“护网2020”专项行动，通过集团公司下半年QHSE体系量化审核、得分率91.2%，获评山东省2020年度安全生产月活动优秀组织单位和全国“安康杯”竞赛优胜单位。

【精益管理】 2020年，山东销售坚持用精益化管理理念统筹推进各项工作，提高企业管理效能。实施“治繁”减负，精减账表册713项，取消业务流程40个、审批环节225个、工作群895个；编制《管理制度精要》，整合管理制度170项，形成管理要点1871项。开展“治违”攻坚，健全“大监督”工作格局，合并检查37项，发现问题7922项、整改7800项；加强纪检审计监督，督促整改问题144项，挽回损失11.49万元。提升全员创新水平，评选优秀创新项目2096项、重点指导推广585项，3个项目获山东省“十强”产业创先争优劳动竞赛一等奖。深化三项制度改革，建立“全单元、全业务链、全员全岗位”的KPI考核体系，实施重点任务目标考核GS管理，完成316名退休人员社会化管理移交、协议签订率100%。推进依法治企，成立律师办公室，办案101件，避免经济损失5478万元。强化信息化支撑保障，实施运维模式改革，搭建预核考、客户圈、智能营销平台。

【企业党建工作】 2020年，山东销售开展“战严冬、转观念、勇担当、上台阶”主题教育活动，两级公司组织开展中心组学习254次，专题研讨112次；建立贯彻落实习近平总书记重要批示指示精神工作机制，统筹谋划公司“十四五”发展规划、改革三年行动计划；举办“百场宣讲、百场调研”活动，征集基层意见建议284个，解决问题62项。落实从严治党责任，组织490名干部签订党风廉政建设责任书，更新123名处级干部廉政档案；受理信访举报25件，立案2件，追责38人次；党内巡察5家单位，覆盖32个党支部、219座库站；持续纠治“四风”，专项整改8方面51项问题。

【队伍建设】 2020年，山东销售强化干部人才队伍建设，调整任免领导人员27人，其中提拔14人、交流干部13人；通过高级技师认定3人、技师认定28人，推荐高级职称评审10人，通过中级职称评审58人。

【社会责任】 2020年，山东销售履行企业责任，践行“四爱”企业文化，推进聊城、济宁地区3个扶贫项目，打造烟台扶贫苹果品牌，开展“百城万站·扶贫助农”百日攻坚活动，完成扶贫商品采购1081万元，销售997万元、完成下达任务的216%；帮扶慰问困难员工397名，打造35座户外劳动者驿站，援建8个贫困儿童“希望小屋”，通过“全国文明单位”复审验收，获评“山东省职业道德建设先进单位”。

（郭见昌）

中国石油天然气股份有限公司江苏销售分公司

【概况】 中国石油天然气股份有限公司江苏销售分公司（简称江苏销售）2003年9月成立，前身系中油销售江苏有限公司成品油分公司。2008年12月，由中国石油华东销售公司管理上划集团公司直管。2009年9月，中国石油上海销售苏州分公司划入江苏销售，标志着江苏销售在江苏地区成品油销售业务实现统一管理。2020年底，设12个职能部门，3个附属机构（采购招标中心、结算中心、技能人才评价中心），下辖13个地市分公司，1个专业分公司（非油品业务分公司），42家股权企业（其中并表企业37家）。员工总数4658人，其中合同化员工78人、市场化用工4580人。下属基层党委14个，党总支5个，党支部97个，党员1090人。有加油站775座，在用油库13座，库容56.79万立方米。资产总额99.43亿元。油品销售346.5万吨，其中纯枪销售259.83万吨，纯枪销售比重75%；非油业务收入7.93亿元，非油毛利1.02亿元；开发加油站10座，投运加油站9座。

江苏销售主要经营指标

指　标	2020年	2019年	2018年	2017年	2016年
成品油销量（万吨）	346.50	425.56	444.64	423.50	432.56
汽油销量（万吨）	225.56	256.85	251.16	219.56	205.20
柴油销量（万吨）	120.94	168.71	193.48	202.88	227.13
加油站总数（座）	775	773	766.00	774.00	768.00
油库数量（座）	13	14	14.00	13.00	14.00
油库库容（万立方米）	56.79	62.82	67.50	69.50	70.54
纯枪销量（万吨）	259.83	280.23	267.14	270.85	264.85
非油业务收入（亿元）	7.93	7.76	10.34	7.50	5.65
非油业务利润（亿元）	0.35	0.51	0.95	0.79	0.55
吨油费用（元）	438.00	366.03	314.42	325.88	374.15
资产总额（亿元）	99.43	97.09	97.09	75.00	74.89
收入（亿元）	216.50	290.59	318.36	261.48	236.86
利润（亿元）	−2.88	−5.64	1.22	3.70	5.00
税费（亿元）	3.24	3.64	4.37	4.39	6.66

【"十三五"回顾】 "十三五"期间，江苏销售成品油销量2072万吨，其中销售汽油1158万吨、柴油913万吨；纯枪量1343万吨；非油业务收入39.18亿元，非油业务利润3.14亿元；营业总收入1324亿元，利润总额1.4亿元，缴纳税费22.3亿元；开发加油站93站，投运加油站104座，2020年末运营加油站728座，比2016年初增加86座。公司资产总额由2016年的74.89亿元增长到2020年的99.43亿元。

【油品及非油业务】 2020年，江苏销售深挖零售潜能，销售结构持续优化。零售方面，将工作重点放在扩销增效上，将扩大厚利油品销量作为零售的重中之重，剔除疫情影响较大的2—4月，纯枪销量、汽油销量逆势增长，价格到位率好于2019年常态化水平。纯枪销量完成259.8万吨，同比下降7.29%，在销售板块排名第四、区外企业排名第二。纯枪销售比例增加至75%，同比增长9.1个百分点；高标号汽油占比提升至30.8%，同比增长2.5个百分点。线上业务快速发展，线上充值24.2亿元，沉淀资金10.3亿元。

直批方面，改变计划编制思路，通过日常销售节奏掌控，提升直批创效能力；下放价格管理权限，为分公司赋能提升其自主性。年内摸排站代库客户5238个，成交销量1.1万吨；走访邮乐购网点2472个，开发邮乐购客户62个，销量1237吨；直批毛利5100万元，同比增长227%。

非油方面，打造高端门店15座，标准门店80座，门店单店日均收入平均提升1800元；发展汽车服务业务，汽车服务运营站点拓展至161座，规模位列销售板块第一；开拓广告业务、化肥销售、肯德基业务，实现业务发展零突破，重点在宿迁、淮安、盐城等地开展化肥试销工作，实现销售200吨；在泰州开泰加油站、盐城开发大道加油站与肯德基合作，为后期开业奠定基础。

【提质增效】 2020年，江苏销售坚持持续提质增效，企业成本明显下降。开展"战严冬、转观念、勇担当、上台阶"主题教育活动，实施提质增效专项行动。积极推动扩销增效，注重深化精细化管理，压降企业运行成本。坚持通过优化物流降本，完成跨区串换油品51.6万吨，节约大区海运费用6192万元；从苏北石化管道库自提 18.13 万吨，节约倒拨和仓储成本 2287 万元。树立低成本发展网络思维，压控加油站投资支出，加强对项目的尽职调查和可行性研究论证，根据不同区域、不同类型的站级标准，合理设计业务功能、建设规模，削减非必要建设改造内容，平均单站投资同比下降约 1000 万元，下降 24%。压控财务费用支出，引导采用手续费更低的微信、支付宝支付，手续费支出同比压降 1129 万元。硬性压减各项管理性费用，部门管理性费用同比压降 43%，超额完成集团公司要求压降 30% 的目标，其中“五项”费用同比压降 50%。

【客户开发】 2020 年，江苏销售践行“客户第一”的经营理念，连接各方资源，打造以客户为中心的价值网络。通过“公司 +”，推动省市两级公司与电信、银行、物流、天然气等 50 余家大型机构用户的跨界合作，引入外部促销资源 2820 万元，多层次拓展合作内容，推动互利互惠、合作共赢；通过“油站 +”，与网约车、停车场、洗车场、餐饮店等开展合作，解决各方经营需求和客户消费“痛点”，构建有益于彼此的价值创造小循环。依托线下线上、企内企外各种渠道，推动“引客、留住、裂变”系统性营销思维落实落地，坚持引客赋之以利益、留住赋之以体验、裂变赋之以口碑，提升客户的聚拢能力，实现忠实客户群体有效扩容。

【改革创新】 2020 年，江苏销售深化改革创新，激发基层动力活力。将改革创新作为推动公司发展的强大引擎，开展供给侧、需求端、人才面“三大体系”建设，将省公司打造成支撑平台，实行“一站式”“一条龙”服务，效能型、阳光型、服务型省公司建设深入推进；将各地市公司打造成服务中心，在各地市公司组建营销策划、运营保障、能力提升 3 个服务团队，为基层支部和加油站提供“管家式”保障；将党支部打造成基础作战单元，从思想和经营双向入手，有机融入“阿米巴”经营理念，提升基层党支部凝聚力、创造力和战斗力，推动加油站扩量增效。树立“大抓基层”导向，发挥“三大法宝”（党支部 + 经营、教练团队和员工心理援助计划）作用，激发基层潜能活力；鼓励一线员工创新创业，形成“三做”（做竞争对手想不到、做不到和不想做的事）等促进销售的新路径新方法，涌现出女性司机专属微信服务群、网约车司机之家、大货车服务驿站、加油站自行制售早餐撬动市场等创新性做法，使零售潜能得到深度挖掘。2020 年，在集团公司一线生产创新大赛中，“党支部 + 经营”“加油站油品质量验收”2 项创新成果分别获一等奖，江苏销售获团体二等奖；“企业教练模式的探索与实践”课题研究获集团公司 2020 年管理创新三等奖。

【安全管理】 2020 年，江苏销售质量安全环保和疫情防控有力有效。在质量安全环保方面，坚持以风险管控为核心，狠抓标准化和体系建设，促进依法合规和事故预防，被集团公司评为质量安全环保节能先进企业，1 月 8 日在集团公司质量健康安全环保工作会议上作书面交流。在新冠肺炎疫情防控方面，发挥“一方有难、八方支援”的互助精神，向湖北销售捐赠 N95 口罩 2 万只，向南京鼓楼区政府捐赠口罩，帮助缓解防疫工作燃眉之急；两级公司干部值班值守，库站员工奋战一线，守住工作场所“零感染、零疫情”底线，实现疫情防控和复工复产两手抓、两不误。

【企业党建工作】 2020 年，江苏销售组织中心组（扩大）学习 4 次，参学人数 90 人次，专门组织党委扩大会学习传达习近平讲话精神 18 次，定期督办贯彻落实情况。意识形态领域风险得到有效管控，发布《意识形态阵地管理办法》等制度；组织两级公司宣讲主题教育 170 多场次，引导员工认清形势、明确任务。提前梳理 16 个方面 146 项准备资料清单，迎接集团公司巡视，加大对巡视巡察问题整改的监督；督促省公司对基层单位的巡察整改工作，组织对苏州分公司等 5 家单位开展常规巡察。在支部建设方面，发挥“党支部 + 经营”作用，组织 3 期党支部书记网络培训班，97 名党支部书记均参训；举办 2 期加油站党支部书记培训班，实现加油站党支部书记线下集中培训全覆盖；印发《加油站联合党支部书记工作职责》，统一基层党务工作者的思想认识。

【队伍建设】 2020 年，江苏销售强化队伍建设，对所属二级单位实施分级分类管理，设置二级一类 5 家，二级二类 6 家，二级三类 3 家单位，根据各单位规模、效益、效率等情况测算及时调整；完成中层领导人员原级别和现任职岗位的层级类别套转工作，停止使用“局级、处级、科级”等机构规格和领导人员级别管理方式，推行“纵向分级、横向分类”的层级类别动态管理机制，营造有利于选人用人环境。248 座加油站开展站经理夺标竞争上岗，新选拔聘任站经理 47 人，交流调整站经理 120 人，员工积极性有效激发，站经理危机感和使命感明显增强；推进年轻干部选拔培养工作，4 名工作表现突出的优秀干部到重要岗位挂职锻炼；选聘加油站经理教练、客户经理教练、油库专业教练、特长教练等各类别省级教练 80

名、分公司教练119名，推进“师带徒”模式。销售队伍活力动力持续增强。

【企业文化】 2020年，江苏销售企业文化建设主要是围绕打造以客户为中心的价值网络、推进高质量发展提供思想引领和精神动能。新冠肺炎疫情发生后，通过各类渠道向一线员工推送加油站应急事项和防疫手册。加强与地方媒体的联系，同《扬子晚报》共同发布“进入加油站要戴口罩，防止飞沫传播”“支付方式尽可能选择手机支付，减少现金接递”“单次加油建议加满，减少外出加油频次”等加油“提醒小贴士”。做好对内宣传，鼓舞员工士气，《战“疫”一线 我们在行动》《让党旗高高飘扬在“战疫”第一线》等稿件得到员工肯定。新冠肺炎疫情期间开通2部心理疏导热线、组织6次情绪压力缓解等网络直播课、主动拨打5326次员工随访电话，稳定员工及家属的情绪，保障基层库站平稳运营。

（谢小鹏）

中国石油天然气股份有限公司河北销售分公司

【概况】 中国石油天然气股份有限公司河北销售分公司（简称河北销售）成立于2000年5月，“十一五”期间经历多次改革重组，2009年12月上划股份公司直接管辖。主要负责中国石油在河北省行政区域的成品油批发、零售、便利店、润滑油、化工产品和汽车服务等非油销售业务以及市场网络开发工作。2020年，国际油价大幅下降、市场竞争加剧等严峻形势，河北销售聚焦“专注、透明、传导、穿透”，全力打好新冠肺炎疫情防控阻击战和提质增效攻坚战。

2020年底，员工总数5129人；设11个职能处室、13个地市分公司、2个专业分公司、18个股权企业。投运加油站878座，投运油库14座，总库容35.83万立方米，“昆仑好客”便利店849座。下设1个机关党委、15个基层党委、3个党总支、108个党支部，有党员1452人，占总人数28.3%。

2020年，河北销售成品油销量240.57万吨，汽油销量106.47万吨，柴油销量134.11万吨；其中，纯枪销售157.95万吨。非油业务收入9.6亿元、毛利1.18亿元，税前利润1亿元。其中，非油业务利润0.11亿元。总收入142.69亿元，上缴税费1.12亿元。

【“十三五”回顾】 “十三五”期间，河北销售聚焦“专注、透明、传导、穿透”经营理念，贴近市场参与竞争，精准投放，“油卡非润气”一体化营销有效实施，价格智库有序引领，零售营销成本支出下降，市场份额稳步增长，销售成品油1680万吨、非油销售40亿元，记名卡突破500万张。低成本运行，商流费总额较“十二五”期间减少7.19亿元，年均减少1.44亿元。2020年非油业务收入9.6亿元，比2015年6.24亿元，增长53.85%，商流费同比下降13%。升级油品质量，实施双层罐改造，有效履行“护城河”企业安保维稳责任。

河北销售主要经营指标

指　标	2020年	2019年	2018年	2017年	2016年
成品油销量（万吨）	240.57	338.02	381.03	382.48	340.75
汽油销量（万吨）	106.47	145.34	153.32	150.63	136.50
柴油销量（万吨）	134.11	192.68	227.65	231.85	204.25
运营加油站总数（座）	878	919	915	1040	1011
油库数量（座）	14	12	11	16	16
油库库容（万立方米）	35.83	32.95	33.70	47.27	47.20
纯枪销量（万吨）	157.95	230.13	227	230.53	238.01
非油业务收入（亿元）	9.60	8.30	10.16	7.36	6.07
非油业务利润（亿元）	0.11	0.34	0.91	0.66	0.57
吨油费用（元）	611.52	499.91	423.79	403.30	434.04
资产总额（亿元）	75.79	79.45	66.20	60.80	60.67
收入（亿元）	142.69	222.75	257.63	223.02	182.96
利润（亿元）	−1.76	1.02	−14.37	−9.54	−3.90
税费（亿元）	1.12	0.82	1.18	3.12	3.06

“十三五”期间，河北销售投资总额23.55亿元。新开发加油（气）站42座（含加氢站1座、充电站4座），新增零售能力27.57万吨；新投运加油（气）站45座，新增零售能力29.38万吨；续租加油站104座；进行防渗改造加油站966座。拓展新零售精益服务体系建设，服务示范站以点带面，95504客户投诉率连续下降，油卡、线上会员成倍增长。建设“人·车·生活”驿站，构建客户服务“两体系一机制”模式，“客户全生命周期”“产品+咨询+服务”价值链持续延展。深化大数据应用，率先实现5G网络覆盖、加油卡多业态支付、消费体验客户评价等服务创新。

【疫情防控】 2020年，面对突如其来的新冠肺炎疫情，河北销售党委落实主体责任，组建战“疫”工作组，将河北省183个县区划分5个风险等级，实施精准排查，“一人一表、不漏一人”，最大限度减少疫情影响。向社会公众承诺“油品不断档、商品不涨价、服务不打折”，履行央企责任。紧急筹集防疫物资支援湖北疫区，星夜驰援石家庄“集中隔离点”建设。精细制定加油站防疫标准，“一人四区”15项防疫流程、40项操作规范，建立疫情防控督导检查台账及日报制度，人员上岗佩戴口罩、设备定时消毒。确保加油站整体运行平稳有序，经过科学防御、主动应对，较好实现生产、经营、办公场所“三个为零”目标。

【营销调运】 2020年，河北销售精细资源布置。克服新冠肺炎疫情影响和跌价损失压力，购进资源总量235.4万吨，其中统配资源购进186.8万吨，配置计划完成率99.19%。地付直接配送入站量100.07万吨，占比65.83%；油库配送入站量51.93万吨，占比34.17%。销售总量240.57万吨，同比下降28.4%。其中，汽油106.47万吨、同比减少27.4%，柴油134.11万吨、同比下降29.1%。直批销量84.09万吨，同比下降22.1%。其中，汽油30.67万吨、同比下降19.1%；柴油53.42万吨、同比下降23.7%。直批购油客户1631家，同比减少501家，下降23.4%，其中直销客户1432家，同比增加131家，增长9.1%。直批综合价格到位率88.44%，同比提升1.31个百分点。一次铁路运输油品损耗率0.181‰，同比下降0.0058个百分点；二次配送损耗率0.013‰，同比下降0.0011个百分点。二次配送吨油运费72.22元，同比减少6.72元/吨，下降8.5%。

【加油站管理】 2020年，河北销售做好精准营销。实现成品油销售240.6万吨，汽油、柴油价格到位率分别提升2.9个百分点、2.8个百分点。严控促销叠加，纯枪吨油零售营销成本支出降低44%。着力“五进”（进单位、进厂矿、进社区、进车场、进展会）发卡，发卡80万张，沉淀资金10亿元。新零售精益服务体系，发挥加油卡、“好客油油”、电子券等促销工具优势，坚持“一站一策”“一客一策”“一企一策”，提升客户体验。剔除高速退租及“一客一议”因素后，纯枪销量同比好于中国石化1.1个百分点，其中纯枪柴油好于中国石化13.7个百分点。开展“多卖一升油、增效一分钱”活动，纯枪销售汽油价格到位率同比提升3.15个百分点，柴油同比提升3.16个百分点；零售营销成本支出同比减少11.9亿元，下降61.7%，有力地保障河北销售完成销售板块下达的控亏1.8亿元的税前利润目标。精选45座站推行“阿米巴”模式，销量、效益同比分别提高8%、4%，费用下降5%，取得良好示范效果。办理“天使卡”2.9万张、“教师卡”1.2万张张、“中油龙卡”21万张，实现高质量客户群体持续增长。搭建“好客油油”全会员服务平台，实现差异化营销；开展病毒营销“以客引客”、全员推广“扫街行动”，线上会员注册333万人，其中“以客引客”拉新188万人，线上消费会员215万人，线上消费2848万元。深化以委托转制为核心的“双低”站“3+1”治理模式（“3”是针对自营加油站的目标责任制、委托管理和出租经营模式，“1”是针对社会加油站的品牌输出模式），完成41个团队、102座站新一轮合同签订。加强停业站管控，廊坊香河50站、唐山汉沽新华站等停业近10年站点实现复业，加油站运营效率同比提高4.8个百分点。强化加油卡、电子券等业务运行风险管控，开展加油卡业务专项检查，推动零售业务各环节合规管理。监督检查，远程巡查8760站次、现场检查1012站次、组织神秘顾客访问4835站次，发现问题及时整改。

【非油业务】 2020年，河北销售非油业务收入9.56亿元，同比增长16.25%；毛利1.18亿元，毛利率12.37%；销售车用辅助产品3.39万吨，销售车用润滑油1605.8吨，车用辅助产品、车用润滑油、工业油分别同比增长70%、7%、18%，位居销售板块前列。深入跨界合作，河北省内12个地区建成17座华为体验店，实现华为产品销售7100万元；线上商城注册用户300万人，线上电商销售3000万元；加快“车系列”业务拓展，实现整车销售850辆、收入7181万元。试点推进便利店“阿米巴精益运营”模式，完成选聘站点6座；持续推进尾气净化液加注站建设，投运150座加注站（其中2020年33座）。联合以岭药业等优质资源，开发“健康防疫”套装，为员工配发一次性口罩44万支、N95口罩15万支、84消毒液和75%酒精共20余吨、手套19.5万副、测温枪958支、护目镜876支、防护服800件等各类防疫物资。做好“好客油油”、快手、抖音等直播带货，直播业务培训6场次，选拔培养内部直播带货主播80余名，石家庄专场首次突破百万元，销售板块“百城万站、直播助农”单场直播突破500万元，获团体冠军奖、优秀组织奖，包揽最佳人气主播奖前两名和最佳特色商品奖等10个单项奖。

【油库管理】 2020年，河北销售有油库19座，库容44.895万立方米，在用油库14座，其中全资库5座，参控股库3座，代储库5座，租赁库1座，在用总库容35.83万立方。周转油品200.62万吨，其中汽油95.25万吨、柴油105.22万吨；油库出库81.9万吨，其中汽油35.58万吨、柴油46.33万吨；地付配送118.56万吨，其中汽油59.67万吨、柴油58.89万吨；平均日库存19万吨。油品接卸完成率100%、出库计划完成率100%，保障批发、配送业务执行。严抓施工安全，完成南堡油库、杏园油库、杨官林油库、昆恒油库4座油库隐患改造；完成杨官林油库压力管线登记、检测，安全状况等级评定为二级；提前完成杨官林油库、南堡油库、昆恒油库等12座油库排污许可证申领；推进土壤和地下水环境调查，完成40个采样点采样，数据全部合格。

【投资建设】 2020年，河北销售紧抓京津冀协同发展、2022年冬奥会召开及雄安新区建设的历史机遇，以效益为中心，优化网络结构，拓展新能源网络布局，加快建设高质量营销网络。多路并进，着力开发高效站点，新增加油站立项7座，投运5座；加气站立项4座，投运2座；投运充电站4座，光伏发电站1座；竞拍取得沧州、邢台2宗土地；取得京石、保津、沿海高速5对高速LNG项目经营权，沿海高速8个服务区纳入合资公司经营；完成防渗改造43座、安技改295座；完成结算项目358个，审减率4.8%。深化合资合作，超前谋划加氢网络布局，与张家口交投集团成立合资公司，取得2座加氢站建设经营权，其中太子城加氢站建成投运，成为集团公司首座加氢示范站；以氢带油，拓展崇礼北油氢合建站、云顶加油站及2个橇装油品保供站点。挖潜创效，盘活处置低效负效资产，减掉历史包袱、回收投资成本。2020年退租低效负效站点34座，年降低租赁费1146余万元。强化档案管理，整理历年建设项目档案1265卷，全部验收归档。

【安全数质量】 2020年，河北销售强化QHSE体系运行，深化“六个一”（每天交接班时进行安全提示、每周召开安全例会、每月开展安全经验分享、每月开展应急预案演练、每季组织安全隐患排查及每年制定安全工作计划）安全文化培育，强化隐患排查，建立隐患跟踪督察，审核查改问题2421项，310座库站完成隐患治理。风险管控前置，提前完成所有库站排污许可证申领，123座库站接受国家、河北省环保督查，问题为零。坚持油品质量抽检，检测油品2978次。组织开展公众开放日活动，积极打造良好品牌形象，公司7月、9月零投诉，全年未发生油品数质量类客户投诉。

提高员工安全意识，强化宣传培训，19名加气站管理人员、5名一类作业许可审批人通过销售板块加气业务安全考试和作业许可考评，223名计量人员通过河北销售培训考核。突出全国“两会”、国庆节等敏感时段安全保障，开展应急、防恐演练1.1万余次，评审加油站演练视频189个，优选演练37个，在承德昆恒油库与地方政府开展联合应急演练，企地协同作战能力得到提升。启动两轮营销纪律专项检查，扎实全流程诊断，完善风险管控手段。严格“手指口述”、站经理旁边监卸和视频远程监控3项管控措施，国家、地方数质量抽检合格率100%。严格一次运输、二次配送、油库损耗、零售损耗专项整治，分别同比下降0.08‰、0.01‰、0.03‰和0.31‰。

加强信息技术保障，深化综合平台数据应用，有效支撑“阿米巴”经营落地。强化“好客油油”平台迁移和等保测评，完成网络攻防演习。

【基础管理】 2020年，河北销售突出队伍考核激励，推行汽油增量、非油专项等9项考核，激发一线活力。实施素质提升工程，健全公司、分公司、库站三级培训体系，畅通人才成长通道，出台“1+3”管理办法（《四类岗位序列优化“转换”管理办法》《加油站经理管理办法》《客户经理管理办法》《便利店经理管理办法》），组织各类培训班350余期，培训1.2万人次。着力技能人才培育，高级技师、技能专家、高级工166人，495人通过技能等级认定考试。线上创新“互联网＋培训”模式，承接板块昆仑学院建设工作，实现培训体系线上线下深度融合，围绕主题主线，开设“提质增效”培训专栏，设置“经理人大讲堂”“问答互动”等学习模块，推送“阿米巴”经营模式“好客油油”营销等专题课程45个，组织15大类岗位技能培训，录制疫情防控“战疫之星”先进事迹、提质增效经验案例视频 15 部，组织考试 1.3 万人次，全员学习 62.5 万人次。加强业务驱动，分专业线开展线上线下“技能比武”“开口营销竞赛”“经理人论坛”“网上答题”等竞赛活动，组织“好客油油”营销应知应会线上考试 27 场，参与考试 4032 人次，形成“人人练本领，岗位赛技能，全员大比武”的浓厚氛围。

【企业党建工作】 2020 年，河北销售组织两级中心组学习 179 次。开展“战严冬、转观念、勇担当、上台阶”主题教育，通过领导班子带头深入基层宣讲，开展月度宣讲等方式，确保主题教育走深靠实；组织“检视自我、反对惰怠”专项行动，助力提质增效工作。持续构建“大党建”工作格局，开展“三化三一”（通过一套制度、细化一个清单、填好一张报表，实现党支部工作规范化、精细化、可视化）标准化党支部达标创建、推行党支部书记“三个三”（三知、三联、三观）工作法、实施党员项目攻关制、进行“多彩”支部打造等；推动党建与经营有机熔炼、深度融合，“互联共建”单位超过 1000 家。

【宣传公益工作】 2019 年，河北销售突出提升舆论宣传引导能力，发挥门户网站主渠道作用，开通公司抖音号、快手号和头条号，形成“一网两微三号”的宣传阵地格局；加强正向传播，发稿 4050 篇，其中集团内部发稿 3360 余篇，外部媒体 690 多篇，策划并推送新媒体作品 113 期；微电影、漫画、短视频在集团公司新媒体大赛中获 3 个一等奖。组织庆祝河北销售成立 20 周年活动，出版《中国石油河北销售公司志（2000—2019）》。打造公益品牌，开展“旭航”助学、驻村帮扶公益行动；2020 年公司承接 315 万元扶贫任务，其中扶贫产品金额不低于 50 万元，扶贫网购销产品金额 170.86 万元，完成年度扶贫任务 710 万元，完成指标任务的 342%；与河北省公安厅交管局连续 4 年举办“零违法 · 油奖励”自律驾驶人挑战赛，年度参赛人数 102.4 万人次，同比增长 19.6%，获众多“油粉”点赞，被国家公安部交管局授予“交通安全公益之星”称号。针对疫情防控，开通 EAP 热线，组织“心灵关爱一线行”活动。组织志愿服务、“青年活动月”等活动，参加志愿服务 1.6 万人次。

（韩　锐）

中国石油天然气股份有限公司北京销售分公司

【概况】 中国石油天然气股份有限公司北京销售分公司（简称北京销售）前身是中国石油华北销售公司，1999 年 4 月成立，曾先后负责七省两市的成品油销售、非油销售和终端网络建设工作。2009 年 12 月，原华北销售公司机关与原北京销售公司整合，上划中国石油天然气股份有限公司直接管理，主要负责中国石油在北京市的成品油和非油销售、网络建设和市场开发等工作。截至 2020 年底，北京销售资产总额 34.08 亿元，在用油库 2 座，库容 3.1 万立方米，投运加油站 193 座，投运橇装站 141 座，便利店 189 座，员工 2095 人。

2020 年，成品油销售 111 万吨，纯枪销售 83.69 万吨，LNG 销售 6.97 万吨，IC 卡发卡 14.36 万张。非油业务收入 2.68 亿元，非油业务毛利 6543 万元。账面税前利润 -2.45 亿元，费用总额 9.45 万元。新投运加油站 11 座，其中新增 3 座、合资公司转入 6 座，续租 2 座。

北京销售主要经营指标

指　标	2020 年	2019 年	2018 年	2017 年	2016 年
成品油销售（万吨）	111	176	184	200	181
汽油销量（万吨）	68	109	116	108	92
柴油销量（万吨）	43	67	68	92	89
加油站总数（座）	193	210	211	210	210
在用油库数量（座）	2	3	3	3	5
在用油库库容（万立方米）	3.1	7.23	8.23	15.15	16.83
纯枪销量（万吨）	83.69	120	96.11	103.03	107
非油业务收入（亿元）	2.68	2.91	4.44	4.13	3.14
非油业务利润（万元）	2863	3453	4320	3203	3218
资产总额（亿元）	34.08	39.38	35.19	37.92	41.85
收入（亿元）	73.44	126.18	140.95	136.99	109.42
利润（亿元）	-2.45	-4.80	-1.67	0.56	2.90

【“十三五”回顾】 “十三五”期间，北京销售以效益为中心，统筹推进市场开发、精准营销、精细管理、

安全环保和党的建设，保持良好发展势头。完成直炼资源购进 672.79 万吨，成品油销量 851.45 万吨。纯枪销量 472.14 万吨，LNG 34.82 万吨，总体保持年均 100 万吨的油气纯枪销售规模。非油业务收入 17 亿元，便利店收入 9 亿元，年均增长 12%，非油业务毛利 2.4 亿元。新增立项加油站 34 座、新开 25 座，新投 28 座，“十三五”末投运加油站 193 座，自营 145 座，股权合作 48 座。新能源加氢项目稳步推进。连续 5 年获集团公司安全生产先进单位。梳理优化流程 1007 项，制订修订制度 182 项，股权投资收益 8.28 亿元。获首都文明单位标兵称号。

【营销业务】 2020 年，北京销售下发《全面加强市场营销工作行动方案》，强化市场经营理念，推动批零业务重组，整合优化业务架构。优化定价机制、激励模型和京外业务运作方案，以整体毛利最大化为目标，以直批业务评价模型为指引，推进直批客户平台建设和 APP 推广应用，升级直批业务管理模式，提高直批业务效益水平；通过扩大互供规模、强化节奏把控、扩大特许范围，实现资源与销售的动态平衡、规模和效益的统筹兼顾，直批完成 43.3 万吨。

【加油站管理】 2020 年，北京销售坚持“以零售为核心”，强化“油卡非润”一体化营销，突出合作抓纯枪销售，提升服务水平。面对新冠肺炎疫情期间消费量大幅下滑、市场整体萎缩的不利影响，强化竞合关系，共同维护市场，较好地稳住零售份额；梳理促销政策、强化异业合作赋能、推广移动支付，纯枪销售 67.48 万吨，LNG 销售 6.97 万吨，IC 卡发卡 14.36 万张，其中记名卡 10.8 万张。

【非油业务】 2020 年，北京销售稳步推进非油业务发展。紧盯非油业务收入和毛利两个 120% 挑战目标，开展便利店优化提升、网络平台搭建和积分商城微信小店应用，全面实现预期目标；围绕客户需求，强化“一店两节一品牌”，开展跨界合作、精准促销、自有品牌建设，创新服务模式、完善服务功能、强化汽车服务引流效果，培养消费习惯，深挖便利店潜能，店销创效能力持续提升，非油业务店销收入 2.68 亿元，毛利 6543 万元。

【油库管理】 2020 年，北京销售规范油库运行，激发仓储潜能。立足有限库容，综合匹配品号、库容和能力等要素，统筹数据分析、运行组织和单罐优化，持续提升出入库效率，油库周转 12.49 次；开展油库专项检查，强化应急预案演练和设备专项维护，重点设备设施完好率保持 100%；抓牢抓实出入库计量管控、油品损耗分析和监控系统巡查，落实卸油“双复核”；完成石楼油库清罐作业，质检中心取得国家认可委员会能力验证“全满意”结果。

【投资建设】 2020 年，北京销售围绕提高投资效益、提升网络效能，推进总部经济合作和集团开发，统筹开展现有网络维稳与挖潜增效，紧盯充电、加氢和加气等新能源规划布局，稳固既有网络，拓宽新能源业务，厚植发展根基。网络布局实现新进展，新增立项加油站 8 座，新开 7 座，新投 6 座。工程项目稳步推进，石楼油库隐患整改及达标改造通过北京市发改委核准审查。合资合作齐头并进。中油慧普能源科技有限公司和中油工惠驿家石油销售有限公司项目落地；北京石大中油油品销售有限责任公司股权收购进展顺畅；新能源拓展实现突破，两座冬奥加氢站建设按计划进度推进。投资基础不断提升，规划计划、实物资产和综合统计工作扎实推进，科学研究编制北京销售“十四五”发展规划（草案），为开展各项工作理清思路、确定目标。

【资源运行】 2020 年，北京销售优化物流，提升保障能力。针对仓储实际布局、油库关停改造等情况，强化沟通协调，调整发运节奏、追加运输计划、优化配送方案，通过对品类、流向、需求的科学控制、持续优化，确保首都市场油品平稳供应，直炼配置完成 74.18 万吨，在销售板块系统中名列前茅，通过科学把控调运节奏、持续跟踪油站存量、动态优化配送路径，未发生油品断档事件，严格承运商运力和效率管控，优化压缩运费，获销售板块第三季度劳动竞赛物流优化类先进单位。

【安全质量计量环保】 2020 年，北京销售加强体系建设，推进全员风险辨识，提升安全履职能力，实现“零事故、零污染、零伤害”目标。常态化疫情防控取得阶段性成效，守住“零确诊、零感染、零疑似”的底线。夯实安全基础，审核两级机关部门 48 个次，库站和施工现场 16 个，发现问题 733 项，落实整改措施；迎接集团公司内审指导，总体得分 91.48 分，处在销售板块前列。应急保障能力更加有效，强化安全环保风险防控，开展隐患排查治理，完成 56 项重点隐患和 124 项安全环保隐患整改工作，实现本质安全。环保水平全面提升，稳定在线监测系统运行，提高环保自测能力，按期完成密封泄漏检测与修复，积极承担社会环保责任。推进履行碳排放配额工作，碳排放量 8785 吨，控制在政府核发配额内，同比节电 278.2 万千瓦·时、节油 34.9 吨、节气 3.2 万立方米、节水 7.2 万吨，降费 249 万元。

【人才队伍建设】 2020 年，北京销售推进人事劳动分配制度改革，精简组织机构 18 个；强化工资倾斜力度，在工资总额同比下降的情况下，稳定基层一线和关键岗位薪酬水平。通过培训培养、鉴定提升、竞赛比武，加强一线人才、技术人才培养使用，组织参加上级培训 56 项，实施培训 32 项，参与 6574 人次，精细设计、创新模式，开展领导力和“阿米巴”经营理念培训班，616 人次参训，63 人通过技能鉴定，13 人获技师资格，1 人获高级技师认定，技能人才队伍初步成型，“新式油样瓶”和“库站维修 e 点通平台”项目分获集团公司首届一线创新大赛专业组比赛二等奖、三等奖；强化人事基础工作，134 名员工审核参与积分落户，6 名员工获落户指标，人力资源共享业务实施，完成退休人员社会化移交工作。

【企业管理】 2020 年，北京销售坚持“强基固本，服务核心”理念，增强合规意识，优化基础工作，推进提质增效，围绕业务发展的支持作用得到稳步提高。坚持依法合规，增强治理能力。结合实际推动体系融合，完善制度建设，发布制度 44 项、修订流程 175 个；有序推动改革三年行动、对标管理和 6S 管理等专项工作；坚持依法治企，深化法制教育、合规培训；开展合同管理、商标维权和招标采购，合同 2.0 系统上线，8 起纠纷案件得到处理，收回铁道部第十六工程局机械运输工程处建材供应站纠纷退款 108 万元；推进物资专家评标和集中采购，两级集中采购率 100%，物采招标率 99.74%，物采节约率 47.94%；完成中油机场、中油中船清算注销，提前完成 2020 年法人压减任务；2019 年股权投资收益 1.48 亿元。发挥审计的规范增值作用，完成审计项目 5 项、外委工程审计 27 项，审减额 13.93 万元。推进提质增效，实现业财融合。推进提质增效专项行动，实施 5 大类、34 项具体措施，有效提升净利润，改善自由现金流，商流费总额 9.45 亿元，同比减少 1.01 亿元，完成提质增效目标；优化预算管理、强化资金管控、推进产融结合，通过资产全周期管理和财务稽查体系建设，深入压降“两金”，防范财务风险。系统建设和运维能力不断增强。根据业务实际需求，强化用户、操作人和项目组三方沟通，推进统建系统调试应用，推进数字化转型、智能化发展，探索开发 ETC 无感加油、加油 APP 移动支付等新模式，为顾客提供更好的消费体验，与福建销售、规划院合作开展团队大数据平台建设，发挥数据支撑决策能力，率先应用油气回收在线监测平台，通过技术手段提高运行效能，降低人为操作风险；发挥系统运维和网络安全的保障作用，有效提高系统运行稳定性，通过网络攻防演习。

【企业党建工作】 2020 年，北京销售坚持以“高质量党建引领高质量发展”，巩固深化主题教育成果。党建水平迈上新台阶，压实压紧党建责任，开展党建责任制考评，实现党组织书记述职评议全覆盖；深化干部理论学习和轮训，开展集中学习 18 次，党委班子讲授专题党课，两级机关 170 余名党员参加学习；完善领导人员管理规定，坚持“三重一大”决策程序，推进基层党建重点任务落实落细，整顿软弱涣散基层党组织，开展党建工作“回头看”，推进“智慧党建”上线，加强支部标准化建设，在国资委“印证式”党建考核中获肯定。开展“两优一先”评选活动，10 个集体和 49 名个人受到表彰，2 个集体和 6 名个人获上级党组织表彰。从严治党持续深入，推进落实全面从严治党责任，强化履职担当意识，组织签订“三书”1512 份，开展季度沟通性约谈 1959 人次；推进巡察巡视上下联动，2019 年问题整改完成 97.9%，开展党委第五轮巡察，发现问题 27 个，全部完成整改落实；深化治理“四风”新表现，巩固纠治“四风”问题初现成效，会议数量同比下降 25.6%。紧盯重要节日廉洁风险，发送廉洁短信，开展公务车辆节日专项检查和公款送礼专项自查，车辆燃料费用 89.32 万元，业务接待费 57.15 万元，同比下降均超过 20%。落实“三不”要求，推进“大监督”格局，开展 25 项专项工作，持续推进合规自查和“微腐败”专项巡察，发现问题 861 个，收缴金额 31.26 万元。

【团队管理】 2020 年，北京销售统筹安排，快速优化运营模式，1 个月内组建 33 个零售团队，完善激励机制，激发内生动力，提高扩销创效能力；15 天内上线团队数字化支撑平台，完成团队看板、数据报表、智能报告、参数维护 4 个主模块的开发，实现从不可能到可能的突破。

（刘倩倩）

中国石油天然气股份有限公司上海销售分公司

【概况】 中国石油天然气股份有限公司上海销售分公司（简称上海销售）前身为中国石油华东销售公司，成立于1998年5月，是中国石油在区外成立的第一家销售企业。“十一五”期间历经多次改革重组，2009年底调整成立上海销售，主要负责中国石油在上海市辖区的油气销售、市场开发和终端网络建设业务。2020年，上海销售利润1.31亿元，净利润5582万元，在区外销售企业中排名第5。克服新冠肺炎疫情影响快速恢复销量，销售油品141.75万吨，纯枪销量82.4万吨；非油业务收入4.07亿元、毛利6146万元，分别同比增长8.4%、15%。

上海销售组织机构实行二级管理，设置12个职能部门；财务结算中心、技能人才评价中心、成品油检验中心3个附属机构；非油品销售分公司、浦东分公司、浦西分公司、奉金分公司、宝嘉分公司、松青分公司、崇明分公司7个二级二单位。有资产型油库3座，库容25.71万立方米；在册员工1532人，其中，大专及以上学历596人，高级职称74人、中级职称156人，高级技师1人、技师27人。上海销售党委下属直属机关党工委1个，基层党委6个、党支部29个，有党员370人，均为在职党员。

上海销售主要经营指标

指　标	2020年	2019年	2018年	2017年	2016年
成品油销量（万吨）	141.75	164.7	156.18	150.13	149.14
汽油销量（万吨）	95.22	94.80	89.79	74.5	65.72
柴油销量（万吨）	69.067	69.25	70.35	75.63	83.41
非油业务收入（亿元）	4.07	4.07	3.5	2.84	2.29
非油业务利润（亿元）	0.36	0.42	0.36	0.31	0.27
吨油费用（元）	373.12	357.9	351.9	356.7	330.3
资产总额（亿元）	66.29	39.53	37.89	24.85	36.69
收入（亿元）	84.37	112.56	112.70	91.75	84.02
利润（亿元）	1.31	1.33	1.18	1.70	1.69
税费（亿元）	1.54	1.92	1.61	2.14	2.39

【“十三五”回顾】 “十三五”期间，上海销售连续5年在集团公司企事业单位业绩考核中获A级。以市场为导向、以效益为中心，平均利润总额1.44亿元，在区外销售企业排名保持前五。开发加油站14座、投运6座，新增年可行性研究销售能力近10万吨。万吨站比“十二五”末增加17座，千万元便利店从零增长至6座，以不足19%的销售网络实现21%的市场份额；闯入临港新片区和低硫船用保税油加注市场，突破发展瓶颈，赢得综合性能源服务先发优势。两级机关编制5年压减22%，直接用工下降24%，队伍素质显著提升，结构性矛盾有效改善；选人用人公平择优，年轻干部茁壮成长；体制机制高效顺畅，激励制度更加健全；员工收入不断增长，干事创业动力更强。安全环保质量管理绩效跨越式提升，股权企业合资合作巩固深化，股权企业创效能力年年超预期。

【油气销售业务】 2020年，上海销售油品销量141.7万吨。6月强化石化跨区互供，创纪录购进汽油、柴油19万吨，获可观涨价效益。利用政策，做好石化串换，获销售板块奖励823万元。强化沟通，维护市场秩序和价格稳定。完善客户动态跟踪管理、客服经理联量计酬体系，开发机构用户103个，批发环节实现利润2942万元。

【加油站管理】 2020年，上海销售全力稳定销量，“油卡非润”一体化营销，四季促销、会员日紧密结合，科学竞合，稳定零售价格，价格到位率同比增长0.84个百分点。培养线上线下客户，发卡同比增长10%，天使卡等活动有效提升口碑；推广移动支付，交易超过335万笔，线上客户322万人、同比增长10%，汽油移动支付占比20.4%，跃居全国第一，“万人朋友圈”营销模式获板块推广。止住效益出血点，零售油品盘盈量同比上升1.2‰；成立减亏治理领导小组，实质启动“双低”站亏损站三年治理工作。优化现场管理和服务，平均单站运营天数同比增长19.5天，销售板块神秘顾客暗访平均分85.7分，达历史最好水平。

【非油业务】 2020年，上海销售做优终端，全力扩大店销。完善业务管理构架，做优品类，包装饮料、家庭食品等重点品类逆势两位数增长，车用润滑油、车用辅助产品销量超考核指标20%。精准营销，深挖市场潜力，24次促销创收近9000万元，非油业务平效在销售板块中排名第一。洞察消费新趋势，把握商机，系统内率先开展“油卖菜”销售，开通上海首家加油站无人商店，线上商城开卖办公用品，疫情及宅生活相关品类收入1.1亿元、毛利1000余万元。“百城万站，扶贫助农”活动中首试直播带货，销售3万余元。

【投资建设】 2020年，上海销售开拓临港新片区和低硫船用保税油加注市场，中油港汇、中油上港两个合资公司当年成立、当年运营。聚焦临港新片区，密切推动临港新片区管委会与集团公司的沟通协调，与临港城投、申能集团打造合作平台，完成临港62号、平霄路等项目立项注资，推动传统加油站向综合能源服务商转型。聚焦保税油市场，与上港集团合力推动浙沪两地政府部门沟通，开展首单保税油业务加注，赢得“十四五”新市场抢跑先机。开发项目数、取得地块数创历史新高，开发加油站5座（项）；投运1座；取得新地块4座，昕鑫、锦秋、祝桥等多个疑难停滞项目得以解决，新增年可行性研究零售能力3.8万吨，网络攻坚成效突出。平稳完成8座加油站续租，实现一站未丢，网络基础持续稳固。统筹工程建设和现场防疫，完成18座站双层罐复合管线改造，网络能级持续拓展。储备项目梯次推进，43个项目实质推进，再创历史新高。聚焦存量挖潜，强化扩能改造，以妙境站为典型的“双万吨”潜力站崛地而起，油罐库容、油枪数量、场地面积翻倍式提升，“鱼刺式”创新型改造方案带动油站运营效率大幅提高。扩能改造投入资金3.8亿元，增加销量5.52万吨。

【资源运行】 2020年，上海销售稳定油品供应，确保上游运行顺畅、资源稳定，配置计划完成率100%，无断供事件。优化资源运作，把握购进节奏，实现资源创效，节约购进成本2857万元；打破区域壁垒，优化配送运距，开启浙沪跨区采购新模式。多措并举控费降耗，提高云峰油库运营效率，精准划分配送运费，仓储费同比减少856万元，运费同比减少653万元；下海油损耗率0.65‰，实现9年连降。

【企业管理】 2020年，上海销售制定提量、控费、节支、增收四大环节10大类47条工作重点措施，将提质增效专项行动嵌入经营管理全环节。滚动实行效益预测，常态化经济活动分析。控费增效，以费用“四色预警”为抓手强化过程管控，划小预算单位，跟踪落实进度，商流费同比压降6060万元。争取政策支持增效，合理利用社保减免，争取拆迁补偿和政策补贴，各类款项8263万元。

落实集团公司“四化”治企准则，把制度优势转化为管理效能。坚持依法治企合规管理，深化领导人员履行法律建设职责，法律参与重大事项论证60项，规避经营风险；常德路站、延平站等5起案件如期推进，依法维护权益；强化综合管理体系运行，制修订规章制度11项、业务流程82项。加强股权企业治理，实现股权企业投资收益2.05亿元，中油华鑫公司历史未分配投资收益3306万元全部收回；加强合资合作，中油奉贤公司续签合作协议。强化审计监督，配合完成主要领导任中经济责任审计、审计署延伸审计，合规管理得到检验。

【信息建设】 2020年，上海销售创新驱动先行先试，加油站物联网监测预警平台首次接入政府监管系统，首批试点加油卡移动支付业务、ETC无感支付加油，首次通过5G物联网卡和云端存储实现车载视频监控，在消费模式升级、安全监控、损耗管理等方面输出上海经验；深化数据治理，首次开放大数据平台站级权限，推动数据资源向数据资产转变，为销售板块大数据平台贡献模型占比近30%，支撑业务提速、精准营销、规范运行，20余座重点站实现智慧化建设升级，向加油站3.0稳步迈进。

【质量计量安全环保】 2020年，上海销售质量安全环保实现“三个零”工作目标，销售板块量化评价得分89.6分，HSE体系运行绩效保持良好B1级。强化责任落实，贯彻落实HSE岗位责任清单，压实“三个必须”安全生产责任，完善三级考核机制，干部履职能力评估机制不断完善；强化体系运行，首次实现年度内两级机关、基层站点全覆盖；强化安全风险管控，建立健全库站四色分级管控机制，开展安全生产专项整治三年行动，完成隐患项目整改31项，投入整改资金806万元。坚决守住生态环保底线，完善环保管理机制，85座站实现油气回收线上监管。统筹兼顾质量管理，完成质检中心重建，组织“3·15”、进博会等重点敏感时期油品抽查136批次，确保稳定受控。

【疫情防控】 2020年，上海销售第一时间组建两级疫情防控领导小组，1月21日启动应急响应，早于上海市启动一级响应，22日为员工配备防护口罩。召开专项会议45次、下发文件52件，组建三级防控体系，印发4个版本应急手册，严防死守确保“零疫情、零感染”目标实现。

将员工健康安全放在首位，7个方面15条防控措施确保现场安全，220余万元防护用品保障员工健康。坚持全员健康监测日排查、加油现场日消杀、疫情防控日报告，机关员工弹性上班，增设通勤班车，优化加油站排班，为在岗员工发放特殊津贴，提前集中采购食品，保证员工小食堂供餐，平稳度过疫情防控最吃紧阶段。开设心理咨询热线、“健康小课堂”，“一对一”联系481名返沪隔离员工，重点走访五类员工，优先为基层一线接种新冠肺炎疫苗335人，做到战疫温情护“心”。

新冠肺炎疫情期间，所属库站无一停业，千方百计调入粮油生鲜民生用品和防疫物资，保证质量、承诺不涨价，开通“油卖菜”解居民买菜难，昆仑好客成为社区最可靠的生活便利店。为湖北销售等10余家兄弟单位提供口罩超过30万只，组织515万只口罩支持557家企业复工复产，被主流媒体广泛报道、被国资小新点赞。松江第一党支部先锋突击队4次协助泰缘生物公司生产消毒剂30余吨，泗砖加油站盛美芳志愿服务20天，生产支援武汉医用口罩3万只。

近百名党员提前到岗，363名党员捐款3.6万元支持新冠肺炎疫情防控，29支党员突击队以最强行动、最优作风投身防疫和经营生产。防疫办每天追踪2410人动态，汇总报表50余份，保障防疫工作网络高效运行。南汇党支部书记严剑英连夜跑27家药房购买3000副手套，嘉定南区中央食堂疫情期间配餐6000余份，让员工吃上热乎放心饭。丁晗、苏国明分别被上海市、集团公司评为抗击新冠肺炎疫情先进个人。

【企业党建工作】 2020年，上海销售建立5个方面23项全面从严治党主体责任清单，构建齐抓共管的“大党建”格局。把握发展主动权，系统谋划“十四五”发展布局，完善党委工作规则、修订“三重一大”决策制度实施细则，集体决策事项58项，所属控股企业全部完成党建工作入章程，党组织在公司法人治理结构中的法定地位和作用发挥更加突出。

巩固深化“不忘初心、牢记使命”主题教育成果，整改问题18项，在战“疫”一线发展党员17名，组建党小组45个，命名“示范党支部”3个，新建中油港汇临时党支部，党组织健全率100%，为决胜“双胜利”提供坚强组织保障。规范党工团组织岗位设置，制定促进加油站党支部作用发挥实施细则。67名中层干部完成套转，7名“80后”走上中层领导岗位，干部队伍更加奋发有为。2篇党支部党课课件在集团公司“党课开讲啦”评比中获奖。

成立党风廉政建设工作领导小组，制定纪委工作规范，厘清各治理主体权责边界，形成有效制衡、高效运转的监督体系。高质量配合完成集团公司党组巡视和审计署延伸审计，完成3家单位政治巡察和“回头看”，发现问题63个。聚焦贯彻落实习近平总书记重要指示批示精神、新冠肺炎疫情防控、提质增效和“四风”问题整治，强化督查检查、专项整治和日常检查，制定改进会风文风十四条措施落实清单，开展监督检查7次，发现问题30个，提出整改意见12条，对1位支部书记提醒谈话，打通挺纪在前“最后一公里”。深化运用“四种形态”，受理信访举报6件，处置问题线索4件，诫勉谈话2人，提醒谈话5人，批评教育1人，警钟长鸣、震慑常在。

两级班子成员加强调研，完成70篇调研报告。创新加油站一线党支部工作机制，找准融入生产经营六大途径，党团员突击队成为攻坚克难、增量创效的主力军。在崇明生态岛、临港自贸区等新蓝海开发中实现党建共建、文化互促，红色基因、石油文化成为开拓市场、融洽企地关系的法宝。

【员工队伍建设】 2020年，上海销售推动机构模式改革，实现层级类别管理全覆盖。选人用人机制持续完善，调配中层干部18人，其中提拔10人；优化薪酬分配机制，突出效率效益，业绩考核、薪酬激励、费用调节精准有效、更切实际，人均劳效指标排名位居销售板块第三；严控用工总量，取消机关部门操作岗位编制，两级机关编制总数严控在350人内。开展“阿米巴”改革，划小核算单元，加油站独立核算模式试点运行，6项管理机制初步建立。完善“3+2”人才队伍建设，健全三级培训体系，创新VR技术开展培训，开展40项培训，覆盖4620人次。2020年，有集团公司内训师2名、股份公司销售分公司“百名优师”4名、高级职称77人、高级工以上128人，实现高级技师“零突破”，专业人才队伍不断壮大。劳动竞赛与“提质增效”专项行动同向同力，获12项先进单位，创新攻关活动涌现课题34个、金点子116条，浦东分公司“油含水量测定桶”获集团公司首届一线生产创新大赛油气销售专业三等奖。

【企业文化建设】 2020年，上海销售展厅获集团公司首批石油精神教育基地命名，振兴特色党支部阵地和方皇进博特色站成为加油站2.0建设新样本。王喜庆获评集团公司劳动模范、袁婷婷获评上海市劳动模范，评选上海销售首届劳动模范、模范集体，营造崇尚劳模、学先进、比先进的良好氛围。坚持“输血”与“造血”并重，慰问困难员工264人次，发放慰问金207万元。为全体工会会员发放节日慰问品、送生日祝福，在杨思、嘉南支部建设2个妈咪小屋。迎新春系列活动、“抗疫”海报展、第二届文化嘉年华等文体活动持续不断，广受员工好评。发挥群团统战工作优势，团结凝聚广大员工和团员青年，“点对点”做好党外人士交友联系，汇聚干事创业力量。

（安明珠）

中国石油天然气股份有限公司黑龙江销售分公司

【概况】 中国石油天然气股份有限公司黑龙江销售分公司（简称黑龙江销售）前身是成立于1954年的黑龙江省石油总公司，隶属于黑龙江省政府管理，1998年划归中国石油天然气集团公司管理。2020年底，设10个处室，下辖15个分公司（13个地市分公司、2个专业分公司），运营加油站1144座，在用油库16座，库容量45.18万立方米，资产总额80.42亿元。2020年，销售成品油总量366.43万吨，非油业务收入7亿元，始终保持黑龙江省成品油销售市场的主渠道地位。

黑龙江销售主要经营指标

指　标	2020年	2019年	2018年	2017年	2016年
成品油销量（万吨）	366.43	436.98	434.9	450.9	466.9
汽油销量（万吨）	185.72	229.35	235.2	250.1	245.8
柴油销量（万吨）	207.63	180.71	199.7	200.8	221.1
润滑油销量（万吨）	1.73	1.99	6	2.26	2.22
加油站总数（座）	1144	1150	1124	1101	1079
油库数量（座）	16	17	18	20	21
油库库容（万立方米）	45.18	46.34	46.94	50.19	51.72
纯枪销量（万吨）	265.71	304.35	319.6	335.8	365.3
非油业务收入（亿元）	7.0	6.3	7.37	5.38	5.63
非油业务利润（亿元）	0.6	0.46	0.65	0.6	0.5
吨油费用（元）	468.06	417.36	406.87	413.49	397.01
资产总额（亿元）	80.42	79.63	64.28	69.39	74.02
收入（亿元）	225.37	297.39	319.46	299.89	286.34
利润（亿元）	2.01	0.51	−7.69	1.2	6.31
税费（亿元）	3.34	2.28	3.04	4.16	6.96

【“十三五”回顾】 “十三五”期间，针对资源供给过剩、油品需求不振、市场竞争加剧、量效难以平衡等不利局面，黑龙江销售扛起保后路与保效益双重使命，建立一体化营销机制，完善四级竞合体系，增强市场观念、竞争意识，确保份额不丢、效益不减。5年消化直炼资源1862万吨，市场份额提升1.1个百分点，非油业务收入增长23%，利润总额2.85亿元。针对竞争主体多元、民营企业高价抢占终端且呈连锁化态势，把握“油头化尾”战略先机，营造良好企地关系，签订地企战略合作协议10家；持续优化完善网络布局，开发加油站67座，投运66座；工程建设“多快好省”，防渗改造完成率100%，创造旧站升级、重建改造用时50天的“东湖速度”。

【成品油业务】 2020年，黑龙江销售建立三级市场监测机制，以需定进，进销联动。针对新冠肺炎疫情影响春耕需求延迟释放，合理组织低凝点0号柴油6.4万吨，协调政府独家获批定点加油站664座及专油专送政策；抓住油价下调需求报复性反弹，纯枪连续10日超万吨创历史新高。新增电伴热站点78座，纯枪0号柴油反季销售同比增长21.4%，机会营销、差异营销成效明显。盯油价强运作。研判油价走势，分析市场行情，精准制定营销策略，有效把控销售节奏，纯枪综合价格到位率比预算提高0.54个百分点。在油价跌至“地板价”前扩销降库5.26万吨，规避跌价损失4820万元。盯对手稳市场。发挥市场主导作用，“疏堵”结合，有效维护市场稳定。注重加强竞合关系处理，黑龙江省78个片区全部建立石油商会，联手推价92次，协调政府下达“提醒告诫函”76份，“四级”竞合优势凸显。协调政府整治“三黑”，查处违法案件202起，查扣油品2797吨、车辆222台，查封储油点85处，追究刑事责任59人，市场环境日趋净化。

【非油业务】 2020年，黑龙江销售优化商品结构，增强店销活力，引入畅销网红商品292个，依托爆款、主题促销导客引流，提升店面氛围。打造旗舰店40座、百万元店147座，以店面升级改善服务环境。

深化渠道创效益，线上线下联动促销，组织直播带货38场，收入350万元。与“饿了么”合作外卖业务，开展果蔬销售，无接触配送上门服务，收入300余万元。新增医疗器械经营资质，口罩、消毒液等防疫物资销售200余万元。加大扶贫商品销售力度，收入1342万元。强化品类拓规模，狠抓香烟、酒类、奶类等重点商品销售，分别收入10050万元、1221万元、523万元，同比增长10%、179%、44%。打造化肥样板站551座，组建微信群400余个，开发试验田200余亩，线上线下专家技师解惑答疑，服务农户5万余人，销售化肥12.5万吨，毛利1900万元，分别同比增长129%、143%。

【加油卡业务】 2020年，黑龙江销售开展客户大普查大开发，新增建档零售农柴客户41.5万户，完善直批客户档案3301户，同比增加1095户。对接百大项目530个，客户开发率77%。开展“致敬最美逆行者”等活动，办卡53.31万张，沉淀资金21.18亿元。深化异业合作，引入促销资金8051万元，带动交易额6.5亿元。

【投资管理与网络建设】 2020年，黑龙江销售紧密企地关系，协调省市政府达成“优先保障中石油新建项目三年分期实施计划”，规划点位165个，纳入黑龙江省重点项目建设目录。相继与佳木斯、七台河、双鸭山市政府及伊春森工集团签署战略合作协议，创造发展新机遇。与哈尔滨市城投、佳木斯富锦城投组建合资公司，合资合作取得重点突破。网络布局持续优化，完善激励考核机制，调动网建积极性，开发加油站14座，投运9座，协调大庆市政府一次性中标加油站用地8宗。防渗改造高效完成，坚持功能、效率、形象“三提升”推进一体化改造，统筹项目评审、设计、选商及施工有序衔接、协同发力，改造加油站147座，工期控制在27天以内，防渗改造完成率100%。

【专业管理】 2020年，黑龙江销售多措并举提质增效。开展提质增效专项行动，持续强化损耗管理，压缩管理性费用支出，“五项费用”减少730万元。用好减税降费政策，减免各种税费1.03亿元。处置低效油库1座，处置闲置房产及土地收益3262万元。合规管理防范风险，制修订制度16项，健全完善制度体系架构；梳理流程85个、控制措施130项，业务运行更加顺畅受控。压减法人企业3户，封存印章107枚、销毁1335枚，有效降低涉法风险。聚焦关键领域，开展专项审计7项，提出审计建议29条。信息化建设保障有力，升级库站监控智能运维系统，加油站移动支付上线1053座，智能化管控、自助化服务能力显著提升。优化线上营销渠道，强化运维保障，ERP、加管系统应用考核排名销售板块前列。

（冯　乐）

中国石油天然气股份有限公司吉林销售分公司

【概况】 中国石油天然气股份有限公司吉林销售分公司（简称吉林销售），前身为吉林省石油总公司，始建于1949年，1998年6月上划集团公司。2020年底，机关设置“两部两室四处”，下辖9个市（州）分公司、4个直属二级公司、10个控（参）股公司、49个经营片区。资产总额75.01亿元；运营加油站1000座；运营油库12座，库容39.64万立方米；员工总数（含业务外包）9669人；网点份额40%；市场份额70%。

【“十三五”回顾】 “十三五”期间，吉林销售在集团公司综合考核排名进位101位，提升到第26位，在销售板块由处于垫底位置向前进位29位，提升到第7位。以“成就企业、福祉员工”为治企宗旨，提出并实践创造“点环源考核”“万千百十”大营销工程、“双阿米巴”经营体系、“6+1”大监督等典型做法，9次在上级公司各类会议上做交流发言，特别是近十年来首次在集团公司市场营销工作会议、精细化管理会议等全局性会议上介绍经验。“点环源”管控体系获国家级企业管理现代化创新成果奖二等奖。员工收入“四连增”，分批有序推动停滞长达5年之久的干部选拔工作。高质量推动“两学一做”学习教育常态化制度化，以全面从严的标准开展“不忘初心、牢记使命”主题教育，推动以“家·和”为核心的企业文化建设。

【油气销售业务】 2020年，吉林销售坚定“保份额，就是保未来；保后路，就是保效益”的政治担当，守正出奇、创新求进，捍卫吉林市场产业链最高价值。把批发、零售等5个营销部门与职能整合为业务运营

吉林销售主要经营指标

指　标	2020 年	2019 年	2018 年	2017 年	2016 年
成品油销量（万吨）	309.61	351.22	354.90	375.82	374
汽油销量（万吨）	165.87	167.12	185.06	197.77	198.69
柴油销量（万吨）	143.17	183.62	169.84	177.48	174.83
润滑油销量（万吨）	0.57	0.48	0.36	0.56	0.49
加油站总数（座）	1000	997	986	982	989
油库数量（座）	12	12	12	12	12
油库库容（万立方米）	39.64	39.64	39.69	37.79	39.69
纯枪销量（万吨）	226.53	274.59	272.19	297.06	303.56
非油业务收入（亿元）	9.23	8.49	8.54	5.72	3.03
非油业务利润（亿元）	0.59	0.49	0.80	0.60	0.42
吨油费用（元）	494	442	441.63	414.27	411.75
资产总额（亿元）	75.01	69.93	56.33	66.12	71.71
收入（亿元）	192.99	244.62	262.75	243.68	215.02
利润（亿元）	0.58	0.11	–8.36	0.55	1.63
税费（亿元）	0.69	3.24	3.45	4.60	5.26

部，构建“批零一体、油非互动、业财融合”的新机制。坚持做到售前算赢，设立 872 个情报监测点，对吉林省 49 个经营片区和 1000 座加油站按保量、保效及量效兼顾精准施策。依托大数据运维平台 10 大类 50 项报表日常监测分析，从 12 个维度分区域制定差异化价格策略，纯枪价格到位率同比提高 3.36 个百分点。对城区加油站实行汽油“划圈”，对吉林省“三横五纵”8 条国省道路实行柴油“跑线”，“圈线”内设置“阿米巴长”整体协调，综合算账、联动考核，高标号汽油和低凝点柴油分别同比增长 6% 和 1%。协调吉林石化根据市场需求，生产滤点低的 0 号柴油和 +5 号柴油，增强市场竞争力；深化与昆仑银行跨界合作，成为销售系统产融结合的新典范；引入保险、4S 店等 16 家外部营销资源 3000 余万元，争取政府发放消费券 2200 万元。推进“客户经理人+”，依托 15 名社会能人和外部力量新增机构客户 39 个，销售油品 3.1 万吨。

【非油业务】 2020 年，吉林销售坚持把“解放思想、创新驱动”作为非油业务发展基本遵循，用超常规的思路、超常规的努力、超常规的措施，引领非油业务走出一条加速发展、提质升级的新路子。持续开展“万千百十”全员大营销工程，把做强店面作为非油业务的核心竞争力，对 78 座加油站的便利店、汽车服务业务、车用尿素橇装、化肥仓储、快餐业务等非油项目进行投资，打造 50 万元便利店 225 座，百万元便利店 229 座，培育千万元便利店 10 座。加大集采商品和自有品牌商品销售，集采商品占比提升到 50%，自有品牌包装水铺货率提升至 96%。推进“油卡非润气”一体化营销活动 36 项，带动销售收入 8634 万元，非油毛利 2175 万元，油非转换率同比增长两个百分点。拓展化肥业务，销售 29 万吨；收入 5.5 亿元，同比增长 25%；毛利 3960 万元，同比增长 31%，经营质量提升。以“市场化运作、全成本核算”为原则，探索咔咔汽车服务自营模式，有 24 家汽车服务店投入运营。培育做大车险业务，稳步推进快餐业务，延边新丰加油站试水肯德基快餐经营，日均收入突破万元。依托中央仓，为临近吉林省的蒙东区域便利店配送 11 次，商品 38450 件，为吉高集团 83 座高速便利店开展配送服务，配送非油商品 160 万元。拓展线上线下双“阿米巴”业务，推出“九城千站云油购”直播、地摊经济等活动百余场次；参加昆仑好客“百城万站，扶贫助农”线上销售竞赛，直播 100 余场，非油收入 300 万元，获团队季军；销售蘑菇、木耳等扶贫商品 450 余万元，完成集团公司下达的目标任务。

【安全环保】 2020 年，吉林销售树牢“安全环保是中国石油最优的形象，是企业发展最大的效益，是干部员工最好的福祉”，保持 3716 天安全平稳运行的良好局面。坚持把安全环保摆在突出位置来抓，持续深化 QHSE 体系建设，常态化开展反“三违”专项治理，发现和整改各类问题 3465 项。争取上级资金 4977 万元对 32 项重点隐患进行治理，有力提升本质安全水平。科学有效应对百年不遇的 3 次强台风和雨雪冰冻重大灾害影响。长春凯旋油库承办吉林省应急救援演练，成为吉林省企地联动的典范。安全考核评价由 2017 年的 C1 级迈入 B1 级序列。把新冠肺炎疫情防控作为压倒一切的政治任务，召开 3 次党委会和 108 次疫情防控领导小组会议，制定各类防控措施 40 余项。坚持把员工生命安全和身体健康放在第一位，在防控最为艰难的时期，千方百计筹措防疫物资，上下联动抓实防控工作，有力有效应对舒兰疫情等重大考验，实现员工及家属零疑似、零感染、零传播的目标。

【库站管理】 2020 年，吉林销售明确“加油站是甲方、其他都是乙方”的战略定位，强化“服务就是竞争力”的理念，打造销售的黄金终端。坚持客户至上，常态化开展“客户在我心、服务见我行”竞赛，在销售板块客户服务类指标排名明显提升。成立加油站服务监督领导小组和工作小组，选聘 50 名五星、六星级站经理，松原分公司站经理张庆明获评 2020 年全国劳动模范。深化“双低”站治理，出台 32 项具体措施加强全流程诊断与优化。推进加油站经理“竞聘 + 竞标”机制，两级机关干部下沉一线帮扶，绩效工资与包保站考核结果挂钩，引入“阿米巴”单站考核。做强加油站，推进加油站单站核算，深化加油站升油工资含量制度，活学活用财务“三张表”，强化加油站经理的商人意识、经营意识、算账意识，提升加油站的创效能力。

【投资建设】 2020 年，吉林销售把网络工程视为“生命工程”“饭碗工程”，构筑网络份额的核心竞争优势。做强“增量”工程，新开发加油（气）站项目 21 个，投运加油（气）站项目 20 个，完成投资 2.3 亿元。注重高效市场和高回报项目开发，与春城公司开展合作经营，一次性取得长春市区内 5 座加油站经营权。与吉高集团合作突破坚冰，新增“他有我营”站点 15 对，减租近 5000 万元，年新增销量超 3.3 万吨。高质量完成施工检维修项目 38 个，工程质量合格率和施工安全率均为 100%。投运 3 座加气站，有效提升天然气市场份额。

【企业管理】 2020 年，吉林销售运用“阿米巴”经营理念，实施“点环源考核”精益管理。把依法合规管理作为前置项和必选项；严格法律论证审查和合规风险排查，审查合同 1356 份，规避风险 1600 余项；规范“三商”（承包商、服务商、供应商）管理，持续加强内控体系建设，推进制度体系融合和 10 枚印章清理，有效规避经营风险，法治建设考核由 C 级跃至 B 级。推动长春东油库等一批重点闲置资产置换创效；强化油品损耗治理，油品综合损耗率控制在 0.3‰以内；做活做优库存经济，科学把握存储调控节奏；遵循量价效运原则，持续优化物流管理，综合吨油运费同比再下降 6.07 元；开展专项审计 14 个，发现整改各类问题 73 个，工程审计覆盖率 100%。把信息化建设摆在前所未有的高度，深化 60 余项数据模块开发应用，推进加油卡移动支付、零售电子地图建设、油库系统云化升级等一系列工作，推动信息维护费、电话费等降费举措。按照集团公司和销售板块要求，重点推进大部制改革等工作，用工总量按进度有效控制，改革工作得到销售板块表扬。

【提质增效】 2020 年，吉林销售把提质增效专项行动作为应对新冠肺炎疫情和低油价双重考验的重要措施，采取 52 项革命性举措，实现销售最大化、费用最小化。成品油销售总量 309.61 万吨，纯枪销售 226.53 万吨；非油收入 9.23 亿元，非油毛利 1.08 亿元；润滑油销售 5700 吨，天然气销售 10129 吨；商流费总额 15.36 亿元，同比下降 0.22 亿元。净利润 5800 万元，超额完成销售板块连续 5 次调整后的 5000 万元净利润目标。

【企业党建工作】 2020 年，吉林销售落实党委“第一议题”制度，开展“战严冬、转观念、勇担当、上台阶”主题教育，夯实基层党建工作，制定完善修订相关制度 9 项，开展基层党建述职评议，落实党支部“三会一课”、主题党日、民主评议党员等制度。强化省公司联合监督、机关处室直线监督、所属单位属地监督、经营处区域监督、库站自我监督和中介机构暗访监督 6 个方面监督为主线，以及实行纪委监督再监督的“6+1”大监督体系建设，推进境外腐败、利益输送、设租寻租和化公为私 4 个专项整治，党风廉政建设得到持续加强。投入扶贫帮困资金 294 万元，抓好重点时期信访稳定工作，攻坚克难推动厂办大集体改革，持续培育“家・和”文化，营造和谐向上的发展氛围。通过全国文明单位复评，被授予吉林省首批人才培养基地，在集团公司首届一线创新大赛中，获团体二等奖。

（李　垒）

中国石油天然气股份有限公司河南销售分公司

【概况】 中国石油天然气股份有限公司河南销售分公司（简称河南销售）成立于 1999 年 2 月，主要承担中国石油进入河南的成品油资源配置、批发、零售以及销售网络开发、建设、管理等职责。2020 年底，设10个职能部门，下辖17家分公司、2家专业分公司和24家控参股公司，员工总数4733人。2020年总销量274.2万吨，非油业务销售收入6.41亿元，利润总额5347万元。

河南销售主要经营指标

指 标	2020年	2019年	2018年	2017年	2016年
成品油销量（万吨）	274.20	340.99	317.25	352.40	353.70
汽油销量（万吨）	136.50	156.93	150.88	171.40	148.00
柴油销量（万吨）	137.80	184.06	166.37	181.00	205.70
润滑油销量（万吨）	0.20	0.30	0.50	0.50	0.30
加油站总数（座）	859	868	848	882	826
油库数量（座）	9	9	9	9	9
油库库容（万立方米）	19.40	19.40	19.40	19.40	19.40
纯枪销量（万吨）	177.3	228.05	209.07	255.55	251.84
非油业务收入（亿元）	6.41	6.56	7.04	6.40	5.20
非油业务利润（亿元）	0.47	0.57	0.95	0.80	0.60
吨油费用（元）	490.00	415.24	460.46	377.14	360.21
资产总额（亿元）	76.41	78.84	67.57	60.10	69.23
收入（亿元）	156.90	217.29	219.06	212.33	185.31
利润（亿元）	0.53	2.06	−14.78	−6.99	1.25
税费（亿元）	1.13	1.24	1.42	2.59	2.93

【“十三五”回顾】 “十三五”期间，河南销售坚持批零一体化运作，上线运行“豫油通”APP和好客乐家小程序，直销线上开户6200家，终端机构客户占比36%。突出销售结构调整，“油卡非润”一体化营销，强化新站达销考核，贴近市场灵活营销，纯枪销量较2015年提升7.3个百分点，柴汽比较2015年下降11个百分点。强化非油业务店面管理，加大营销力度，店销占比95%；加强商品分析，引入单品3100余种，商品品效同比增长55.8%；加大自有商品开发，开发好客乐家茶叶、香菇酱、苏打水等系列产品，销售收入809万元。网络建设实施低成本发展战略，推动网络建设由数量型向质量型转变，投运加油站178座，上线运行站总数852座。解决遗留项目，拆迁重建站投运14座。拓展高速网络，取得19座高速服务区加油站经营使用权。发挥品牌优势，加强合资合作，投运加油站62座，品牌输出18座。坚持改革创新，市场化改革成果、单站核算模式、三级对标体系等项目获省部级管理创新成果奖，在集团公司首届一线生产创新大赛中获5项荣誉。完善薪酬分配体系，一线人均收入较2015年提升48%。选树先进典型，季俊田获“中央企业劳动模范”称号，闪迎河被评为集团公司“劳动模范”“抗击新冠肺炎疫情先进个人”，郑州分公司被评为集团公司先进集体。推进精准扶贫，投入扶贫资金8000多万元，实施一批乡村旅游扶贫项目、安全饮水民生项目，助力两县脱贫摘帽。

【疫情防控】 2020年，河南销售聚焦“过程”抓疫情防控，把员工身体健康和生命安全放在首位，落实自我防控、单位防控、社会防控三级防控措施，两级机关顶岗轮岗，库站员工就地轮休，严格消毒消杀，办公场所及库站经营实现“零感染”。落实落细常态化疫情防控措施，强化物资保障，发放口罩133万只、医用酒精33吨、84消毒液3吨、红外测温仪460支、护目镜5530支。响应地方政府号召，组织党员捐款、义务献血，累计捐款21.5万元、献血量13600毫升；向两个定点扶贫县分别捐赠5万元防疫物资。

【销售业务】 2020年，河南销售聚焦竞合抓销售，强化斗争意识，与主要竞争对手建立定期沟通协调机制，用“三个坚持”（坚持资源共享、坚持网络共商、坚持市场共维）推动同业关系由竞争向竞合转变，以起拍价竞得土地19宗。坚持市场导向，紧盯对手，紧盯客户，不打价格战、不搞普惠制、不做亏本买卖，引导市场由价格竞争向良性竞争转变，直批毛利同比增加1.36亿元，零售环节汽油、柴油价格到位率分别同比提升3.6、5.5个百分点。坚持“好商品、好销售”原则，优选高毛利商品，淘汰单品775个；规范店面布局，优化现场陈列，实施网格化、责任制销售机制，店销比例同比提升4.6个百分点。开展标识标牌专项整治行动，拓展增值服务，推动特色站建设，用“三个高于”（打造高于竞争对手的站容站貌、打造高于竞争对手的环境卫生、打造高于竞争对手的服务能力）打造竞争新优势，分类别的加油站服务定置化清单在郑州、洛阳、驻马店等单位落地，形成可推广的服务标准。积极配合政府部门，开展市场整顿，清除非法网点586个，拆除油罐287具，查获油品2598吨，有效净化区域市场环境。地区涉税云平台上线运行，维护良好市场秩序。

【投资建设】 2020年，河南销售聚焦质量抓网络，紧盯关键区域，加大攻坚力度，强化考核激励，新增投运加油站37座，新增零售能力14.7万吨，驻马店、商丘2家单位各新增投运加油站8座。强化遗留问题治理，已拍土地项目开工建设12个，建成投运6个，贡献销量2280吨。推进与地方国有资产投资运营平台、国有大中型企业的合作，完善网络布局，完成股权收购1个，新设合资公司4个，投运加油站10座。通过品牌输出模式，弥补空白市场，销量2万吨，安阳分公司投运5座。加强沟通协调，发扬斗争精神，取得国家干线高速3个省界服务区加油站10年经营使用权。落实“四不开工”（各种手续不齐不能开工、年供材料不到现场不能开工、客户分流以措施没有预案不能开工、地产公司觉得条件不成熟不能开工）政策，完成40座加油站防渗改造工程，平均工期控制在33天以内。

【精细管理】 2020年，河南销售聚焦压控抓管理，加强资源摆布，优化物流运行，开展运距复测，节约运费、仓储费3957万元。争取优惠减免政策，社保减免2383万元、失业应急返还及稳岗补贴377万元、“以工代训”补贴276万元，减免税费792万元，退抵企业所得税718万元。树立“一切成本皆可降”理念，落实提质增效专项行动方案，水电费同比下降18%、车辆油料费下降30%、促销费下降39%、机关管理经费下降46%、物资采购节约率12.4%。河南省油库按照“东西南北中”原则实施“4+1”布局，取消豫北（浚县）油库、南阳油库建设和三门峡油库扩建工程，退租新郑油库、十五局油库，关停张阁油库，节约仓储费1000万元，减少运行费用73万元。强化算账意识，建立简易核算模型，提升营销策略精准度，吨油营销支出同比降低418元；通过团队管理、间歇营业、并站管理、家庭承包等方式，加大低销低效站治理力度，加油站亏损面同比降低14个百分点。

【队伍建设】 2020年，河南销售聚焦活力抓队伍，坚持不懈强“三基”，完善“双向进入、交叉任职”领导体制，按照机关部室、县区、库站设立党支部，调整党支部75个，基层组织更趋完善合理。深化三项制度改革，减少职能处室1个；定编定员，压减机关编制23个。推进干部管理制度改革，公开选拔二级正职4人、二级副职14人，调整交流31人次，选派4名骨干到基层单位挂职交流。加大典型选树力度，4个集体、5名个人受到集团公司和河南省表彰。

【企业党建工作】 2020年，河南销售聚焦“责任”抓党建，开展“战严冬、转观念、勇担当、上台阶”主题教育活动，宣讲形势任务88场次，受众5000余人次，覆盖100%二级单位和700余座加油站，解决问题62项，挖掘提质增效典型经验25个。深化依法治企，推动全面从严治党向基层延伸，开展基层微腐败专项治理，梳理廉洁风险点116条，完成对5家分公司的巡察工作，提醒约谈、批评教育、诫勉谈话等20人次，给予党政纪处分28人次。坚持薪酬与贡献相匹配、分配向基层一线、艰苦岗位倾斜，基层员工平均收入保持同比不降；持续开展扶贫帮困送温暖活动，发放慰问金61万元，帮助困难员工428人次，员工获得感、幸福感不断增强。

【定点扶贫】 2020年，河南销售聚焦落实抓扶贫，从资金、人力、技术、渠道等方面持续加大扶贫工作投入力度，克服新冠肺炎疫情影响，推动扶贫项目建设，集团公司董事长、党组书记戴厚良到现场指导定点扶贫工作，助力定点扶贫台前、范县两县退出贫困县序列，实现脱贫摘帽。在定点扶贫台前、范县，在原有乡村旅游示范项目投入基础上，分别在台前、范县增加投入1500万元实施定点扶贫项目，援建范县食用菌项目完成建设并投入使用，援建台前民宿配套项目基本完工。发挥定点扶贫工作前沿阵地作用，利用加油站开展扶贫项目宣传，促进扶贫项目知名度和收益双提升，乡村旅游示范项目收入90万元，解决当地17名贫困户在民宿就业，实现稳定收入来源30万元。持续帮销、代销扶贫产品及滞销农产品，加大石化产业扶贫力度，帮销购销定点扶贫两县农产品811.1万元，其中采购消费扶贫产品237.6万元，帮助销售扶贫产品573.5万元，帮助销售其他832个国家扶贫县商品1502.4万元，完成消费扶贫任务2313.5万元；支付范县龙头企业盛源石化加工费7541万元，采购濮阳恒润石化变性燃料乙醇1091.42万元。集团公司董事长、党组书记戴厚良安排部署，拨付台前、范县专项培训经费100余万元，濮阳市台前、范县扶贫干部与脱贫致富带头人100余人到大庆专题学习大庆精神铁人精神助力脱贫攻坚。

（王南雨）

中国石油天然气股份有限公司云南销售分公司

【概况】 中国石油天然气股份有限公司云南销售分公司（简称云南销售）前身是成立于1999年2月的中国石油西南销售公司。2008年底股份公司销售管理体制调整后，改名为中国石油天然气股份有限公司云南销售分公司，主要负责中国石油在云南省的市场开发，成品油批发和零售业务，以及便利店、润滑油、化工产品和汽车服务等非油销售业务。2020年底，下设11个职能部门、2个专业机构、16个地市分公司、36个控参股公司，员工总数5186人，党员1605人（占比30.94%），员工平均年龄33岁。资产总额159.71亿元，运营加油站836座，油库8座，库容45.6万立方米。2020年，销售成品油600.04万吨，同比增长5.7%。其中，云南省内自营销量489.13万吨，同比增长10.3%；纯枪销量269.41万吨，同比下降1.67%；直销219.72万吨，同比增长29.7%。非油业务收入11.32亿元、利润1.39亿元，分别同比增长25.82%、11.93%。销售收入339.92亿元，利润1.9亿元，综合效益排名销售板块前列，稳居销售板块第一阵营。

云南销售主要经营指标

指　标	2020年	2019年	2018年	2017年	2016年
成品油销量（万吨）	600.04	566.36	450.46	407.07	387.59
汽油销量（万吨）	238.22	242.21	189.36	156.11	136.6
柴油销量（万吨）	361.82	324.15	261.05	250.48	250.99
润滑油销量（万吨）	0.31	0.50	0.51	0.7	0.79
加油站总数（座）	815	773	718	661	634
油库数量（座）	8	9	9	13	10
油库库容（万立方米）	45.6	41.3	43.1	47.51	33.62
纯枪销量（万吨）	269.41	273.97	248.03	233.97	233.59
非油业务收入（亿元）	11.32	9.00	8.8	9.09	8.07
非油业务利润（亿元）	1.39	1.24	1.05	0.94	0.78
吨油费用（元）	351.76	359.44	386.05	402.57	470.98
资产总额（亿元）	159.71	146.84	118.3	107	109.84
收入（亿元）	339.92	391.63	331.25	264.37	224.15
利润（亿元）	1.9	1.31	1.2	1.81	3.6
税费（亿元）	3.66	2.5	2.93	2.32	4.63

【"十三五"回顾】 "十三五"期间，云南销售销量连续突破400万吨、500万吨，2020年站上600万吨新高点，连上3个大台阶，连续3年保持集团公司A类企业，稳固云南成品油市场主渠道供应商地位。坚定网建"生命工程"不动摇，重自有、控租赁、强合资，消除空白市场15个。组建大项目部，相继与35家政府平台、实力国企、骨干民企合资合作，以轻资产、低成本方式破瓶颈、优布局、扩规模。与"十二五"末相比，在营站从629座增至815座，其中万吨站44座，新投运站纯枪贡献量超过58万吨/年；新增资产型油库3座、加气站1座，规模发展基础持续巩固。销售总量从387万吨跃升到600万吨，年均增长11%。市场份额从37.5%增长到42.4%。零售量从231万吨增长到274万吨，年均增长3.7%。直销量从119万吨增长到220万吨，年均增长17%。云南石化油品在滇销售比例达75%。适应业态发展新趋势，打造非油增长新引擎。百万元店由113座增加到330座，占比达41%，非油业务收入从7.1亿元增长到13.7亿元，便利店收入从6.9亿元到突破10亿元，年均增长9.8%，各项指标居销售板块前列。建立健全年轻干部培养选拔机制、领导干部退出机制，建立管理专家、兼职培训师选聘机制，开通加油站经理到分公司管理层"直通车"，实行一类加油站经理年薪制，运行效率和员工劳效持续提升。与"十二五"末相比，员工总量下降17%；人均纯枪量从381吨增长到528吨，增长38.5%。坚持问题导向，完善内控体系、HSE体系建设整体HSE绩效水平进入2A阶段；统建、自建信息系统实现流程互联互通、数据共享共用，推进运营模式、管理架构和业务流程再造，连续4年获集团公司优秀管理创新成果奖。"七彩云南·魅力云销"特色企业文化建设深入人心。获国家级荣誉13项。

【网络建设】 2020年，云南销售坚持打造与云南石化产能相匹配的销售网络，开发加油站92座，投运94座，新站达销率111.2%，昆明地区新站达销率119.5%。突出差异化开发策略，瞄准中心城区高效站点，现场踏勘78座，组织可行性研究评审98座。推进“189”集团项目及历史遗留问题解决，学府、马厂加油站建成投运。防渗一体化改造全面“清零”，在营站防渗达标率100%。精细管理控本降费，健全投资预警机制，科学掌控投资节奏，“一站一策”实现网建提质增效，新项目站均开发成本下降113万元。坚持“四项资金一本账”管理，投资管理水平得到提升。加大合资合作力度，注册成立12家合资公司，锁定加油站项目60座、投运18座。高速公路站扭转多年徘徊不前的不利局面实现新突破，投运8座。

【成品油业务】 2020年，云南销售持续放权赋能、做强零售、做优效益、做大市场。精打细算零售创效，活用“一客一议”，控减普惠销售、优惠叠加及价格直降，开展“每升油多卖一毛钱”劳动竞赛，零售毛利同比增加1.04亿元，摘帽“双低”站77座。推广“中油好客e站”移动支付，注册客户超150万人，移动支付使用率为销售板块第一。精益放权激活一线，推广“阿米巴”经营模式，下放选人用人等“六项权利”，赋能基层自主营销。举办首届加油站营销创新大赛，提升一线经营创效活力。文山平远团队4座站销量同比提升27%，价格到位率提升0.82%，人均劳效由1.62吨/日提高到2.56吨/日。精耕细作直批增效，跟进云南省“四个一百”（100个竣工、100个在建、100个新开工、100个前期工程项目）重点项目257个，摸排云南省1198家社会站点，实现销量93.92万吨。推广“三直管一目标”（价格直管、客户直管、油库客户服务中心直管、客户经理区域目标市场责任制）直销管理体制和营销机制改革，客户经理人均销量1.38万吨，人均创效181万元，同比增长56%。推行全产品链、全服务链营销服务体系，优化新客户、固定客户和流失客户营销模型，发挥“惠购油”一站式服务、无接触购油优势，油易贷金融功能通过销售板块试点验收，实现“千客千价”，直销量同比增加51万吨。精心谋划政策提效，行业独家承办“畅购云南·焕新消费”促消费、“加油·彩云南”亿元电子加油券派发活动，新增客户53.1万人，带动纯枪汽油增量、增收分别超过3.25万吨、5.2亿元，获政府财政补贴2136万元。

【非油业务】 2020年，云南销售坚持变新冠肺炎疫情危局为非油发展新局，店销收入逆势上扬，油非转换率21.3%，新增百万元店68座。围绕客户需求变化加速商品迭代，打造142座节日主题店、3座“好客生活”形象店，商品品效从538元提升至656.3元，库存周转天数由72天降至59天，店销收入增长29.7%、毛利增长21.6%。探索线上线下互动营销、社群营销，打造“加油·彩云南”直播品牌，社群营销模式初步成型。打造放心“粮油驿站”，推广“油卖菜”模式，生鲜粮油销售突破1亿元。加快车用辅助产品和车用润油油市场全渠道拓展，收入6678万元。打造“好客生活”品牌体系，自有品牌商品销售破亿元。深化与肯德基等知名品牌连锁化经营，西福站、富海站肯德基快餐销售777万元。自营咔咔汽车服务13座，创收240万元。洗车网点165座，收入2812万元。整车销售157台，增收2704万元。店外网点增收420万元。

【业务改革】 2020年底，云南销售围绕做大做强加油站大平台，全方位推进非油店销业务改革，调整优化整合零售、非油管理职能，将非油处店销经营管理职能调整至零售业务处，搭建一体化、市场化、专业化、社会化的便利店销售业务，推动油非融合促效。聚焦消费者洞察、商品力打造、渠道变革、模式创新、跨界合作，打造市场敏锐、品类持续优化、议价专业的制售同盟的非油营销平台公司，为新业务、新项目、新技术提供“试验田”“孵化场”，推动非油公司实施“阿米巴”改革，设立“4个阿米巴+1个办公室+1个数据组”，细分12个项目小组推进产品、渠道、营销、业态、数据“五大合作”，打造开放共享的供应链平台、多业态联合的汽车服务产业链平台、化工业务平台、快餐运营平台、“好客生活”综合服务平台，构建非油业务平台化发展新格局，助力云南销售由能源服务商向智能化综合服务商转型升级。

【“1+15+N”营销新模式】 2020年，云南销售以“店销运营+社群营销”为重点，揭牌西福加油站“营销创新工作室”，聘任2名基层骨干为“营销创新带头人”，以零售客户为核心，以客户运营为抓手，探索“1+15+N”营销新模式，总结推广鲜活营销案例，加速孵化培养市场营销人才，推动非油店销爆发式增长，西福路加油站1天销售褚橙798件，两天销售牛奶1592提。在营销创新工作室的带领下，以“店销运营+社群营销”，异业联合“礼包组合”“阶梯定价”，创造库站销售新纪录，芒市加油站卷纸一天销售5019提，祥平加油站牛奶节一天销售500提，风凰加油站美酒节一天销售额 38.5 万元。牛奶，粮油、白酒组合礼包等成为非油业务增长爆发点。

2020 年 11 月，云南销售营销创新工作室开展“1+15+N”业务研讨（蔡丹 摄）

【资源运行】 2020 年，云南销售坚持发挥驻滇企业一体化优势，畅通炼油厂后路，实现中国石油在云南整体效益最大化。针对新冠肺炎疫情期间云南石化憋停风险，协调云南省委省政府停装省外资源、管控公路入省资源减少 16 万吨，协调同业伙伴加大串换，在油价持续走低的情况下，接收资源 34 万吨。引导云南省 1691 家社会加油站、139 家企事业单位采购油品 27 万吨，消除云南石化憋停风险，获政府专项奖励 500 万元。持续开展“云油利剑”成品油市场整治专项行动，增设市场整治专岗，加大市场整顿力度，配合公安部门建立一体化非标准油查扣处置流程，明确三级工作机制，实施全覆盖、无盲区、网格化管理，查获涉油案件 301 起，罚没不合格油品 1792 吨。深化一体运作控本降费，开发“智慧物流供应链”系统，量化测算、综合施策，精准调运节奏。成品油管道“应输尽输”，管输量同比增长 23%，节约一次运费 6000 万元。坚持“一次服务二次”的原则优化配送，精细四川交界市场跨区配送，强化资源串换，节省运费 2139 万元。实行油站配送、运输损耗“省直管”，吨油运费降低 5.08 元。优化油库布局，退租罗平油库，节省油库租赁费 450 万元。

【企业管理】 2020 年，云南销售坚持创新管理模式，提高运营质量，夯实提质增效工作基础。围绕零售核心，优化业务运行保障机制，工单响应及时率提升至 95.8%。上线“运营指令”模块，打造“运营内参”业务监测平台，开发“油你掌控”应用平台，以数据服务为核心的线上、线下全渠道服务体系更加完善。瞄准“数字化、可视化、自动化、智能化”工作目标，“信息化攻坚战”的综合运作平台、云油通移动办公、智能调度平台、数质量管理系统等推广应用，为业务管理精准化、实时化、专业化，客户服务便捷化提供有力支撑。细化安全环保数质量管控，完善量化审核标准，助推 HSE 和质量管理体系规范运行。狠抓计量质量合规管控，主非油质量合格率 100%。优化库站风险分级防控，强化应急演练，员工应急处突能力有效提升。深化业财融合提质增效，自主研发开展单站量效率薪联动核算新模式的创新实践，引导油站薪酬核发从销量提成向量效统筹分配模式转变，2020 年营销支出同比减少 3.52 亿元，创新项目获集团公司管理创新成果奖一等奖。强化“两金”压降，科学优化存货，减少资金占用，财务费用较预算节约 2878 万元。加强与税务等政府部门沟通，取得稳岗补贴 141 万元，减免社保费用 2811 万元，降费节税 1.03 亿元。强化管理创新与风险防控，推进加油站日常检维修服务外包，单站服务费同比下降 27%，节约 200 余万元。实施线上线下全渠道采购，节约资金 2731 万元。推动管理创新，3 个项目在集团公司创新大赛获奖。成立控参股企业财务共享平台，有效防控投资风险。

【企业党建工作】 2020 年，云南销售发挥党委把方向、管大局、保落实作用，融入中心促发展。坚持战略引领，全面复盘市场、品牌、创新、人才“四大战略”落实情况，加快完善“六大保障体系”（党建与思想政治保障体系、“三纵两横”营销体系、控本降费体系、安全环保数质量体系、人才保障体系、企业文化与品牌建设体系），冲刺网络开发、营销提质、信息化提升“三大攻坚战”。总结“十三五”发展，高起点谋划“十四五”，为推动高质量发展提供战略支撑。坚持问题导向和市场化改革方向，制定《云南销售公司改革三年行动实施方案》，启动对标世界一流管理提升行动。新冠肺炎疫情暴发后，两级党委班子全面部署、靠前指挥，全盘统筹疫情防控。坚持疫情防控与日常经营管理同安排同落实，两级党工群团组织筹集划拨 158 万元专项资金，保障基层库站防疫物资供应充足，发放专项帮扶慰问资金 200 万元，保护员工及家属健康安全，坚决守住“零疫情”底线。以“战严冬、转观念、勇担当、上台阶”主题教育为主线，聚焦提质增效 12 项具体措施，完善党建工作责任制，高标准实施党建责任制考核，常态化开展劳动竞赛，推进“一党委一特色、一支部一品牌”及“六型机关”（政治型、学习型、创新型、服务型、廉洁型、实干型）创建活动，党建经营互融互促，获评股份公司劳动竞赛组织工作先进单位、竞赛指标综合评比先进单位。坚持全面深入从严治党，持续完善制度体系，发布《云南销售公司党委落实全面从严治党主体责任清单》，建立“习近平新时代中国特色社会主义思想学习机制”，全覆盖签订“两书”、深化党内巡察，压实全面从严治党主体责任。纪委持续健全完善工作机制，坚持问题导向，践行“四种形态”，聚焦主责主业，强化监督执纪问责，为经营发展保驾护航。

【队伍建设】 2020年，云南销售坚持建设高素质员工队伍，推进三项制度改革，汇聚全员发展合力。落实“纵向分级、横向分类”要求，优化组织架构，精简机关部门，工程建设办公室与投资管理处合并；加强地市公司分级分类动态管理，玉溪、昭通公司管理类别调升至一类，中油云翔绩效奖金升类执行；撤销大理、普洱等9家公司客服中心，油库客服中心缩编至30人。推行“单主体”运行，属地控股公司与地市公司合署办公，提升运行效力。致力优化干部队伍结构，启动“青年人才培养开发行动计划”，166名学员完成首期集训。突出业绩导向，领导干部任期任届制全面推进。选派6名干部到地州市政府部门挂职，助力网络开发工作。优化员工培训体系，聚焦“阿米巴”经营模式推广，开展2020年“U计划”培训，获集团公司首届培训项目设计大赛二等奖。投入培训费用300余万元，培训员工1.26万人次。优化绩效薪酬管理，完善“一合同三办法”（业绩合同，扩销增量考核办法、提质增效考核办法、网络开发建设奖惩办法），响应员工诉求，加大一线薪酬倾斜力度，调整工资结构，一线员工岗位基薪、伙食费月度标准分别调增400元、100元，员工获得感、幸福感显著提升。

（金红梅）

中国石油天然气股份有限公司重庆销售分公司

【概况】 中国石油天然气股份有限公司重庆销售分公司（简称重庆销售）的前身是1950年成立的中国石油公司西南区公司，历经多次重组改制，1998年成立重庆石油（集团）有限公司，1999年重组为中国石油天然气股份公司下属的省（直辖市）级销售企业。主要从事成品油批发零售业务和非油销售及服务，是重庆市最大的国有石油企业，负责全市成品油供应渠道责任。

2020年，机关设13个机关职能部门，4个附属机构，下辖7个地市分公司、2个专业分公司、8个直属股权企业（4个控股公司、4个参股公司）。员工总数4774人；营运油库9座，总库容51.66万立方米，库容量占全市总量的36%；营运加油（气）站617座，占全市营运站总数的35.8%；资产总额81.21亿元，净资产50.44亿元，资产负债率37.89%。2020年，成品油总销量383.46万吨，其中自营纯枪销量260.11万吨。店销非油业务收入7.98亿元，非油业务毛利1.15亿元。利润在一季度亏损2.65亿元的情况下，8月底实现负转正，9月底突破1亿元，利润2.36亿元。2020年完成网络开发项目47个，投运油气项目24个。安全环保和数质量事故持续为零。

【“十三五”回顾】 “十三五”期间，重庆销售提升营销能力和销售质量，油品销售规模在2019年历史性突破400万吨大关，利润总额在销售板块保持相对领先水平；非油业务收入、非油毛利总额比2015年分别增长112%、96%。储运销一体化零售网络更加完善，开发加油站125座，投运加油站103座，新成立13家股权企业。对400余座加油站实施防渗一体化改造在内的技术改造和形象提升。迁建正阳油库增加库容3.5万立方米，完成油库下装发油改造，区县库站面貌焕然一新。在所有加油站开设便利店，建成汽车服务网点123座、柴油尾气净化液加注站134座。实施伏牛溪油库码头环保搬迁工程，老旧油库管线渗漏、趸船污水排放等重大隐患治理加快推进，通过两轮中央环保督察。完成地市公司升级版建设，“大部制”改革和“五定”在地市公司得以实现。推行工效挂钩，建立完善库站提成分配制度，迈出从“拨工资”到“挣工资”步伐，推动员工收入持续增长。选拔中层领导干部65名，干部选拔任用工作满意度连续3年排名集团公司前列，建立优秀人才“一队两库”，体现岗位价值差异和不同特点的人才培养框架体系基本建立。

【提质增效】 2020年，重庆销售一体推进“战严冬、转观念、勇担当、上台阶”主题教育活动与提质增效专项行动，围绕经营增效、优化增效、降本增效、资产增效、政策增效“五个增效”，制定8个方面30条

重庆销售主要经营指标

指　标	2020 年	2019 年	2018 年	2017 年	2016 年
成品油销量（万吨）	382.46	400.76	386.57	378.06	370.48
汽油销量（万吨）	206.94	209.89	196.17	192.56	180.7
柴油销量（万吨）	175.52	190.87	190.4	185.05	188.54
加油（气）站总数（座）	617	603	590	573	553
油库数量（座）	9	8	8	9	9
油库库容（万立方米）	51.66	47	43.52	47	49
纯枪销量（万吨）	260.11	271.59	259.38	273.19	276.26
非油业务收入（亿元）	7.98	8.12	8.08	6.15	4.57
非油业务利润（亿元）	0.65	0.77	0.86	0.71	0.53
吨油费用（元）	359	359	344	338	347
资产总额（亿元）	81.21	82.2	70.13	67.22	72.69
收入（亿元）	236.46	286.65	290.33	247.88	216.77
利润（亿元）	2.36	3.32	0.12	2.53	6.01
税费（亿元）	2.58	3.58	2.47	3.03	4.56

具体措施和 7 项配套薪酬激励政策并狠抓落实，取得显著效果。2020 年费用总额同比下降 6669 万元，吨油纯枪营销成本控制较好。各种政策创效超过 5000 万元，资产盘活处置等创效超过 1 亿元；物流费用同比下降 3689 万元，获对外仓储收入和大区运费补贴 1977 万元；精减投资 3.97 亿元。若剔除一季度新冠肺炎疫情和跌价损失影响，2020 年实际创效超过 5 亿元。

【业务运行】 2020 年，重庆销售积极应对市场变化和油价波动，坚持“纯枪优先、效益优先”，聚焦提量增效。直批销售贯彻既定销售策略，坚持不做亏钱的买卖，超额完成毛利目标。纯枪销售在疫情缓解后第一时间抢抓机遇扩销上量，纯枪销量恢复率排名销售板块第 6，价格到位率同比提高 1.1 个百分点。昆仑卡单卡沉淀资金保持销售板块首位，中油好客 e 站 APP 会员、公众号粉丝和企业微信客户大幅增加。与 43 个市级重点工程项目签订供油协议，跨省物流业务规模位居销售板块前列。95504 客服热线有效工单同比下降 17%，神秘顾客访问得分同比提高 2.3 分。牵头成立重庆市成品油流通行业协会并担任会长单位，成品油打非治违和罚没油处理工作取得进展。油非互动带动比和促销投入产出比增加，昆仑好客运营体系建设整体推进。承办销售板块化肥交流会议，从零起步开展化肥销售业务，在 300 余座站销售化肥 1.1 万吨，超额完成提质增效目标任务。汽车服务收入在销售板块列第 3 位；车用润滑油和车用辅助产品销量分别同比增长 4.9%、31.2%。

【投资建设】 2020 年，重庆销售紧抓网络建设“生命工程”，推动储运销一体化运营网络更加完善。完成网络开发项目 47 个，其中加油项目 25 个、加气项目 11 个、加氢项目 2 个、规模充换电项目 9 个。投运油气项目 24 个，其中加油项目 20 个、加气项目 4 个。正阳油库进油试运行。2020 年是重庆销售布局综合能源的元年，与昆仑燃气、长安奥动、吉利易易等 10 家新能源企业签订战略合作协议，初步搭建起“能源 +”商业生态系统。完成 75 座 LNG 站选址，确定加氢规划 5 座，完成 46 座换电站和 33 座规模充电站选址，两江双溪站、鱼嘴站成为重庆首批加氢示范项目，新牌坊站开工成为全国首个“加油 + 换电”建设项目。完成重庆销售“十四五”发展规划的编制。

【风险防控】 2020 年，重庆销售对新冠肺炎疫情防控作出系统部署，全力筹措防疫物资，落实落细防控措施，始终抓好疫情常态防控，确保工作和办公场所“零疫情”。抓实“六无一受控”和风险分级防控，落实安全生产专项整治三年行动任务，强化油品、非油品全过程质量计量管理，全年未发生一般 C 级及以上质量安全环保事故、事件。高质量完成全覆盖内部量化审核，年度 HSE 量化审核评级由 B1 良好级上升至 A2 优秀级。抓实 QHSE 考核与问责，问责处理 51 名责任人员，推动库站现场杜绝项问题和较大隐患有效减少。落实两级党委重大环保事项议事制度，编制三年生态环境风险隐患治理方案，有序推进安全隐患治理重点项目，生态环境保护工作全面加强。主动预防、有效应对极端天气、洪峰过境等自然灾害和突发事件，实现零伤亡低损失。加强信访稳定工作，妥善处理改革进程中的稳定问题，企业保持和谐稳定。开展学法、普法系列活动，健全完善重大涉法事项法律论证制度，加大对加油站套现套利、招标投标、工程建设的承包商管理等重点业务领域制度建设和监管问责力度，依法治企和合规管理持续深入。

【改革创新】 2020 年，重庆销售稳步推进各项改革任务，建立起“纵向分级、横向分类”的企业和领导人员岗位动态管理机制，完成二级、三级企业及领导人员岗位分级分类和中层、基层领导人员岗位层级套转。人才成长通道建设和职业技能等级认定改革取得重要进展，高级技师实现“零”的突破。基本完成退休人员社会化管理集中移交阶段性任务，厂办大集体改革通过集团公司督导验收。推动企业瘦身健体，实现公司员工总量控制目标。优化工效挂钩政策和直批提成、网络建设等专项考核激励政策，探索“阿米巴”经营模式，激发各层面积极性。完善大数据平台功能，在新牌坊加油站试点运行加油站智慧眼系统，完成所有油库自动化集成，组织打造“数字化公司”信息技术交流，为数字化转型打基础、增动力。

【精细管理】 2020 年，重庆销售强化精准调运，加强配送组织，克服阶段性资源失衡、突发事件、极端天气等困难，保障物流平稳运行。坚持低库存运作，严控“两金”规模，“两金”压控指标综合完成率 112%。保持投资计划与资金使用“紧平衡”状态，投资计划完成率达 95% 以上。深化加油站“6S+ 服务”管理，精减优化加油站纸质账表记录，开展第五届加油站员工岗位技能竞赛暨第三届零售管理论坛活动，提升加油站服务效率和运营管理水平。强化油品数量管理，研究攻克加油站损耗考核难题，油品损耗持续下降。推行集中采购，落实供应商黄名单、黑名单管理制度，实现供应商动态管理。理顺股权管理职责和工作流程，督促各股权企业制修订基本管理制度 400 余个，提升“三会”议案质量。股权企业分红利润 6018 万元。实施经济责任、建设工程、管理效益与专项审计等 3 类 9 项审计项目，取得经济效益 394 万元。按照集团公司对标世界一流管理提升行动部署，建立对标管理体系和对标工作清单。

【企业党建工作】 2020 年，重庆销售加强政治建设，建立党组织“第一议题”制度。修订党委工作规则、“三重一大”决策制度实施细则等制度，推动所属股权企业党建工作要求进章程全覆盖，党委发挥领导作用的制度更加完善。部署基层党建质量提升三年行动，推动实施 7 大行动 28 项重点任务，打造新时代公司党建工作“升级版”。制定党委落实全面从严治党主体责任清单，压紧压实管党治党主体责任。加强党风廉政建设工作，打通加油站廉洁风险防控责任落实“最后一公里”；加大执纪审查力度，持续纠治“四风”，职能监督发现的基层违纪违规问题同比下降 24%，实现四连降。开展投资工程重点领域的专项巡察和对 3 家分公司的巡察“回头看”，各类监督有机贯通、更加精准。落实职工代表大会制度，组织团委换届等工作。

【队伍建设】 2020 年，重庆销售加强干部队伍建设，完善“3+X”干部管理制度体系，制修订 6 项选人用人制度，加大优秀年轻干部培养选拔力度，举办第五期中青年干部培训班，连续 3 年实施“双十挂职计划”，提升干部队伍综合素质。

【企业文化建设】 2020 年，重庆销售组织开展成立 70 周年“七个一”系列活动，建成重庆销售历史展览馆，发布《记忆：渝销石油口述史》，涌现出余兵、潘宏伟、李玉龙、刘德培、下坝加油站等省部级先进个人、劳动模范和先进集体。

（张　祯）

中国石油天然气股份有限公司湖北销售分公司

【概况】 2000 年 5 月，西北销售公司通过组建控股公司——南顺中油销售有限公司进入湖北成品油市场。2002 年 10 月，湖北市场划归华北销售公司管理，湖北销售公司正式注册成立。2004 年 4 月，集团公司正式组建华中销售公司，主要负责华中河南、湖北、湖南三省成品油销售及市场开发工作。2008 年 12 月，河南、湖南上划集团公司管理，华中销售公司与湖北销售公司整合，实行“一个机构、两块牌子”运行。2009 年 12 月，注销华中销售公司，以中国石油天然气股份有限公司湖北销售分公司（简称湖北销售公司）省属公司模式运营管理，主要承担中国石油在湖北省的成品油销售、市场开发、网络建设等业务。办公地点位于湖北省武汉市江汉区常青路 149 号中国石油大厦。2020 年，设 13 个职能处室、4 个附属机构，下辖 13 个地市销售分公司，以及非油品销售分公司、高速公路销售分公司和仓储分公司 3 个专业分公司、9 个控股公司。员工总数 5071 人，其中合同化 109 人、市场化 4962 人，平均年龄 37.8 岁，实行同工同酬。运营加油站 807 座、油库 12 座（资产型 5 座），资产规模逾百亿元。2020 年成品油销量 252.86 万吨，其中纯枪 184.74 万吨，非油业务店销收入 8.04 亿元，非油业务毛利 1.27 亿元，总体销售收入 159.89 亿元，净利润 –1.8 亿元。

湖北销售主要经营指标

指　标	2020 年	2019 年	2018 年	2017 年	2016 年
成品油销量（万吨）	252.86	313.57	290.59	290.28	310.29
汽油销量（万吨）	137.89	165.21	160.24	161.08	151.28
柴油销量（万吨）	114.97	148.36	130.35	129.21	159.01
润滑油销量（万吨）	0.42	0.44	0.45	0.2	0.18
加油站总数（座）	807	827	820	845	826
油库数量（座）	12	12	13	14	13
油库库容（万立方米）	26.3	26.3	36.8	37.5	29.2
纯枪销量（万吨）	184.74	229.16	216.75	221.36	220.68
非油业务收入（亿元）	8.04	8.36	10.06	7.87	5.53
非油业务利润（亿元）	1.27	1.38	1.02	0.96	0.75
吨油费用（元）	564	489	497.09	480.76	488.08
资产总额（亿元）	107.03	113.64	97.28	94.68	95.33
收入（亿元）	159.89	224.9	220.14	189.81	175.52
利润（亿元）	–1.8	1.03	–8.27	0.32	2.72
税费（亿元）	0.7	1.92	1.75	1.51	3.46

【“十三五”回顾】“十三五”期间，湖北销售深化精细管理，强化风险管控，加大串换力度，按照路径最优、效率最高的原则，优化物流，公路配送吨油运费由 2016 年的 78.44 元 / 吨，下降至 76.6 元 / 吨，公路吨油运费逐步降低。成品油销售总量 1465 万吨，纯枪销量 1072.69 万吨，天然气销售量 3007.2 万立方米，销售车用天然气 7274.2 万立方米。2020 年比 2016 年非油收入增加 2.5 亿元、增长 45%，毛利增加 0.5 亿元、增长 66%。完成投资 37.63 亿元，新开发加油（气）站 118 座，新投运加油（气）站 95 座，加油（气）站投运任务比规划目标（90 座）超 5 座，投运油气站总数 836 座。成立合资公司 9 家，管理股权加油（气）站 20 座，主要从事成品油零售业务、天然气销售业务，均由地市分公司托管，油品资源配置由湖北销售统一管控，销售成品油 24 万吨，利润总额 9875 万元，股权投资收益 5080 万。2018 年武汉宏图大道加油站获全国总工会颁发的“全国模范职工小家”。2020 年宏图大道加油站获全国抗击新冠肺炎疫情先进单位。

【油气销售业务】 2020 年，湖北销售效益为先守底线，实现油品销售量价恢复上涨。面对新冠肺炎疫情带来的量效两难困局，确定“销量高于底线为前提的扭亏为盈”指导原则，强化同行业竞合管理，强化促销过程控制及效果评估，实行吨油折扣管控，与价格到位率联动考核，零售吨油折扣同比下降 43.2%，纯枪价格到位率从 95.9% 提高至 97.72%，区外排名第 6。借势强化线上营销，引入专业团队推广企业微信，汽油销量 8 月开始同比连续增长。坚持服务创造价值，投诉率大幅降低。直批销售加强疫情后市场研判，新开发客户 417 家，往来客户恢复至同期 82%，稳定机构客户占比持续提升。

【非油业务】 2020 年，湖北销售多渠引水增效益，4—12 月月均毛利率同比提升 0.8 个百分点，非油业务质量稳步提升。坚持调结构、强店销，抓牢新冠肺炎疫情带来的防疫物资刚需，完成营业执照医疗物资销售增项；把握扶贫商机，打造专柜助销扶贫商品；动态掌握客户需求，加大自有商品开发，加快新品引入；打造 100 万元以上店 227 个，200 万元以上店 75 个。坚持拓渠道、增效益，探索线上业务，推进线上平台建设，尝试直播带货销售新形式；推进汽车服务业务，打造汽车服务信息化平台，新增汽车服务站点 25 座，汽车服务收入同比增长 30%；加快车用辅助产品销售，新投运尿素加注机 61 座，散装尿素销量同比增长 73.1%；开展物资贸易，取得较好效益。坚持抓管理、控成本，通过精准管控促销、推进车用辅助产品直配、压降中央仓配送价格，多举措降低运行成本；开展滞销品专项清理，180 天未动销商品大幅降低。

【库站管理】 2020 年，湖北销售预防为主抓安全，实现平稳受控运行。成立党员突击队，实行升级管理，实现员工零伤亡、库站零关停。研究新冠肺炎疫情常态化安全监管模式，创新“四不两直”、远程视频联合检查，发现并整改问题 521 项。以油库 3 个月安全生产专项整治为突破口，开展隐患专项排查，对隐患项目申报实行分类分级管理，加强项目现场审核，治理隐患 374 项。加强环保风险防控，实施 132 座加油站防渗改造，如期完成所属库站排污许可证申领和登记备案，有效规避经营风险。加强质量管理，内外部抽检合格率 100%，守住质量红线。以设备安全保障本质安全，搭建加油站设备监控平台，制定设备管理制度，增设两级设备管理岗位，设备全周期管理体系初步建立。

【合规管理】 2020年，湖北销售健全体系防风险，提升合规管理水平。深化体系融合工作，新增制度和程序文件18个、修订10个，体系文件和制度覆盖面提升。推进“放管服”改革，优化完善公司“三重一大”决策事项范围及权限，下发“机关业务权限指引”，理顺权责；印发18项业务授权管理清单，新增下放业务权限5项，激发基层动力活力。制定对标管理方案，建立覆盖重点职能领域和业务领域的对标指标体系。突出合资合作法律问题研究，编制13类合资合作方式法律论证工作指引及配套案例。推进存量案件处置，胜诉14件，胜诉总金额6283万元。印章精简清理达到股份公司销售分公司控制标准，有效管控经营风险。

【投资建设】 2020年，湖北销售顶住压力再向前，网络建设获进展。面对建不起、租不起的网络建设困局，克服投资计划同比下降51%的困境，将有限的投资优先用于重点地区、关键项目，新增开发加油站6座、投运10座，为市场竞争开辟新阵地。灵活采取“品牌输出”方式开发荆宜高速消溪服务区项目，为创新网络开发模式提供有益借鉴。加大项目清理力度，近10年无进展的武汉三星村南、北等4座加油站项目遗留问题得以妥善解决。新建宜昌油库项目取得初设批复。首座智慧示范站武汉盘龙大道加油站完成改扩建正式投运。

【管理创新】 2020年，湖北销售数字化引领抓创新，科技助销迈入新阶段。首次召开管理创新工作会议，激励全员创新，推广员工原创优秀成果4项。发挥信息化助力效能，完成智能营销平台一期61项功能模块开发，并在随州等6家分公司开展测试，初步实现会员采集、异业合作等12个应用场景。深化一键盘点，推广液位仪远程管控系统，加油站保管损耗降费3132万元。在武汉等5家分公司试点一站式服务平台，改变多头管理、线下运作的模式，打造服务型机关和数字化油站。

【企业党建工作】 2020年，湖北销售巩固“不忘初心、牢记使命”主题教育成果，掌握意识形态工作领导权。提升基层党建质量，以党建项目化管理为抓手，总结推广武汉分公司试点经验，立项实施74个基层党建项目，党务、业务进一步融合。实行党组织书记述职评议全覆盖，压实管党治党责任。推进党支部规范化、标准化建设，开展软弱涣散基层党组织整顿治理，夯实党建工作基础。推进全面从严治党，制定责任清单，成立协调小组，一体推进“三不”机制建设。聚焦“四风”问题特别是形式主义、官僚主义问题整治，线上线下开展专项检查8次，对发现问题点名道姓通报曝光。组织开展巡视反馈问题整改“回头看”，开展2轮巡察，建立纪律规矩正面、负面清单，发现一类问题、提升一类管理。坚持员工主体地位，发挥工团纽带作用，帮扶困难员工700余人次，培育“青年新星”63名。

（罗　婕）

中国石油天然气股份有限公司广西销售分公司

【概况】 中国石油天然气股份有限公司广西销售分公司（简称广西销售）组建于2000年10月，机关总部位于南宁市民族大道157号财富国际广场，2008年12月由西南销售公司上划股份公司管理，主要负责中国石油在广西地区的成品油市场开发、销售以及非油业务经营和车用天然气终端销售工作。2020年底，有13个职能处室、4个直附属机构，下辖14个地市分公司和2个专业分公司，22个控参股公司；运营加油站586座（含控参股公司），油库8座，库容40.62万立方米；在册员工3412人，资产规模72.74亿元。成品油销售总量230.01万吨，零售量168.15万吨，非油业务收入4.69亿元。

【“十三五”回顾】 “十三五”期间，广西销售成品油销量1276.82万吨，纯枪销量911.1万吨，非油业务收入22.15亿元，非油业务利润2.6亿元，非油业务店销收入、利润分别由2016年的2.38亿元和2700万元，跃升至4.6亿元和4400万元，分别增长93.2%和62.9%。投入网络开发资金10.35亿元，开发油站104座，投运108座，超额完成新站开发和投运任务，新增零售能力41.2万吨，运营加油站规模586座。聚焦破难题、补短板，钦南柳管线和柳州油库投运，玉林兴业油库铁路专用线正式开通。

广西销售主要经营指标

指　标	2020 年	2019 年	2018 年	2017 年	2016 年
成品油销量（万吨）	230.01	288.71	265.47	246.75	245.88
汽油销量（万吨）	115.64	135.79	131.58	130.77	110.20
柴油销量（万吨）	114.37	152.92	133.89	115.95	135.68
润滑油销量（万吨）	0.40	0.44	0.06	0.42	0.47
加油站总数（座）	586	569	508	507	494
油库数量（座）	8	8	8	7	7
油库库容（万立方米）	40.62	40.62	40.62	20.22	20.15
纯枪销量（万吨）	168.15	188.66	178.74	179.54	186.45
非油业务收入（亿元）	4.69	4.2	6.03	3.36	3.87
非油业务利润（亿元）	0.44	0.4	0.43	0.41	0.27
吨油费用（元）	433.54	377.09	385.34	399.64	461.58
资产总额（亿元）	72.74	77.32	69.75	71.66	78.38
收入（亿元）	140.51	197.39	195.52	161.98	142.65
利润（亿元）	−4.43	−2.35	−2.94	0.43	1.09
税费（亿元）	0.91	1.79	2.15	2.17	0.06

【油气销售业务】 2020 年，广西销售认清市场营销新趋势、新要求，开展“战严冬、转观念、勇担当、上台阶”主题教育活动，围绕稳价格、扩零售、降库存，强化一体化营销决策机制，商流费同比降低 9800 余万元，负效站同比减少 98 座，现金流为负站减少 77 座。适应新业态，推广“不下车支付”“淘宝式购油”等营销新模式，打造“最惠 5+2”直批品牌，直批 APP 客户 2454 家，线上订单销量 21 万吨，下单率超 80%；中油好客 e 站绑定客户 5.45 万人，支付交易规模 1.3 亿元，带动 IC 卡沉淀资金 4.8 亿元。

【非油业务】 2020 年，广西销售紧盯营收和毛利奋斗目标，推进店面提升工作，有序扩大昆仑好客非油业务精益零售运营体系（KOS）项目试点，高质量组织油非互动，自有商品及统采、集采商品销量和毛利稳步提升，非油业务收入 4.6 亿元、毛利 8000 万元。立足市场，精准发力，提升昆仑系列产品的区域市场竞争力和经营质量，建成投用河池、柳州地区 8 个尾气净化液加注站合作点。用好汽车服务业务拓客引流，同 6 家汽车服务项目合作商合作，5 座自营洗车项目、35 座合作汽车服务项目投运，自营洗车销售收入 142.34 万元。开展“线上 + 线下”水果团购促销，红心柚子、富川脐橙、武鸣沃柑等水果销售 448 万元。加大坭兴陶、六堡茶、海鸭蛋等“壮乡桂品”自有商品推广力度，新开发“鸭脚木冬蜜”“百色芒果”“天峨珍珠李”等 10 余款明星单品。紧跟发展潮流和市场步伐，自有商品入驻昆仑好客天猫旗舰店，发展直播带货业务，收入 53 万元。同参控股公司及商圈内公司合作共赢，站外店销售收入近 500 万元，新增白砂糖业务，销售收入 3829 万元。

【加油站管理】 2020 年，广西销售安排专人负责监督审核地市公司稽查工作落实情况，定期组织开展现场稽查及远程视频稽查，重点抓好加油卡、电子券、散装汽油等关键环节风险稽查，确保所属各站安全平稳运行。围绕质量受控、计量准确、降低损耗的目标，紧盯薄弱环节，以强化稽查为抓手，强化月度零售损耗原因分析，严控异常损耗原因不明和反复发生，油品综合损耗同比降耗 705.54 吨，零售损耗率同比下降 0.37 个千分点。将生态园林加油站建设积极融入广西壮族自治区“美丽广西”建设活动中，擦亮中国石油宝石花品牌形象，启动生态园林加油站试点建设工作，成立专项评价小组对 14 家单位申报站点开展现场评价，18 座申报油站全部通过验收。开展现场稽查 3 次，专项稽查 2 次，检查加油站 500 余座，实现对 14 家地市公司全覆盖。两级机关开展远程视频巡查 19000 余站次，2020 年股份公司销售分公司神秘顾客暗访项目中，广西公司平均得分 87.9 分，同比提高 2.0 分。

【油库管理】 2020 年，广西销售基层库仓高效执行上级公司和仓储物流下达的工作任务，库仓制定落实 222 项提质增效措施，节约成本 93.6 万元。以“五型班组”建设为抓手，提升整体队伍素质，申报筹建南宁油库金扳手、柳江油库金石、桂林油库金创 3 个技师工作室，融合完善新员工岗前培训 10 门专业课程，发挥“党建 + 互联网”优势，依托党建信息化平台 2.0 打造线上岗位练兵，基层员工队伍素质显著提升，执行能力得到加强。围绕风险管理核心，建立库仓每月 1 评估、部门每季 1 分析、公司每年 1 总结的风险辨识体制，辨识新增公共卫生、油气回收、新工艺投用等占比 24% 的危害因素，分级、分类、分项排查登记隐患 176 项，柳州油库 102 号、109 号、111 号储罐法兰渗漏隐患、桂林油库围墙坍塌整改得到及时根治。

【投资建设】 2020年，广西销售完善土地挂牌信息跟踪上报机制，实时关注并掌握地区土地挂牌信息。用好上级公司权限调整政策做好项目测算形成竞拍方案，在满足投资效益的前提下按照“三重一大”程序进行决策，按决策要求参与竞拍。加强与主要竞争对手的沟通，建立良好的竞合关系，取得荔浦新坪、柳州西安、百色敢壮、百色那坡城北、贺州园博等5块土地，在柳州、桂林、百色、贺州等地市实现自主开发项目的落地。加大对区内存量加油站及土地进行摸底，对空白市场进行调研，对在建加油站及加油站用地提前介入，新开发加油站10座，投运10座。按集团公司要求每年高质量完成后评价各项工作并通过验收及肯定，2020年获评集团公司后评价先进集体。

【资源运行】 2020年，广西销售有效克服运力不足、油库改造等复杂局面，油品配置计划完成率98.55%（目标值≥98%），钦南柳管道油品输转完成量突破61万吨，非油配送总量预计完成1.63亿元，主营油品、非油商品配送及时率100%。分析地区油品调运配送量与储罐结构关系，优化柳江、百色、桂林油库罐存结构和发运工艺流程，增加乙醇汽油储存空容3000立方米。持续在外部借势助力，在内部挖潜创效，物流运输费用降低1300多万元（目标值1100万元），超额完成全年进度的18.18%，实现仓储物流主非油资源保供链条的高效配置。

【队伍建设】 2020年，广西销售坚持守正创新理念，推进公司治理体系和治理能力现代化，启动综合管理体系建设，稳妥实施中层领导人员考核套转，人力资源共享完成首期交付，5家股权单位实现财务共享上线，“阿米巴”经营模式形成系统化指导方案，八桂微课堂“每周一课”，助力培训成果转化为企业发展力。组织机关干部员工及部分加油站经理参加为期3天的“阿米巴”经营直播培训，培训2093人次，培训考试通过率100%，考试平均成绩93.7，名列销售板块第一并减免5万元培训费。开展以激发两级机关管理人员智慧潜能的“职场精英技提升”训练营7期，参训568人。持续开展“飞鹰”特训营、“雏鹰”训练营各1期，分别培训加油站储备经理38人、加油站储备主管39人，认证人数为28人，通过率85%。开发职业技能鉴定线上理论与实操学习模块，26人通过股份公司销售分公司技师鉴定，12人通过高级考评员选拔考核，高级考评员总数增加至15人。首次承办股份公司销售分公司技师等级认定，广东、云南等8家销售企业141名考生在海湾培训基地参加技师认定。

【企业党建工作】 2020年，广西销售改进和加强党的建设，党委专题研究党建责任落实工作，两级班子带头开展形势宣讲214场次，深入南宁、钦州等6家单位开展党内巡察，推动3个专项整治，贵港分公司党委及45个基层党支部按期完成换届，6个优秀党支部晋级示范党支部，锤炼党员干部担当作为、狠抓落实的硬本领。发挥抗疫先锋堡垒作用，100个基层党支部响应党委号召，勇于担当、甘于奉献，为防疫、运营、履责拼尽全力。压实“疫情就是命令，防控就是责任”的政治责任担当，组织召开43期新冠肺炎疫情防控领导小组会议，按照战时状态构筑起“上下贯通、高效协同、整体联动、快速反应”联防联控工作机制。每日编辑下发防疫简报及动态提醒，组织开展疫情防控知识视频培训、典型感染案例警示教育，每日抽派专人开展库站视频抽查近1000次。不讲条件筹措防疫物资，筹措66万个口罩、19.3万双一次性卫生手套、1.7万升消毒酒精、430余吨消毒液，为新冠肺炎疫情防控提供强有力的物资保障。428名党员组成48支突击队一日之间覆盖14个地市，肩负起物资保障、现场管控等重任。1112名党员通过各种渠道主动捐款10万余元。

（谭建安）

中国石油天然气股份有限公司浙江销售分公司

【概况】 中国石油天然气股份有限公司浙江销售分公司（简称浙江销售）成立于1999年1月，2008年12月上划由股份公司直接管理，主要承担中国石油在浙江地区的成品油零售、批发和非油业务，负责浙江地区销售网络的开发建设和管理工作。

2020年底，设12个职能部门，13家全资分公司，3家参控股公司。员工总数4200人，本科以上学历894人，高级职称41人，中级职称113人。运营加油站 474 座。其中：全资加油站 213 座，占全部加油站的 45%；控股加油站 112 座，占全部加油站的 24%；租赁加油站 148 座，占全部加油站的 31%。成品油销量 267.05 万吨，其中纯枪销量 200.64 万吨、批发 66.41 万吨，非油业务店销收入 6.76 亿元、毛利 1.81 亿元。

浙江销售主要经营指标

指　标	2020 年	2019 年	2018 年	2017 年	2016 年
成品油销量（万吨）	267.05	302.163	275.009	269.516	278.962
汽油销量（万吨）	184.719	214.901	200.434	191.103	181.516
柴油销量（万吨）	82.330	87.262	74.575	78.413	97.446
加油站总数（座）	483	475	473	478	473
油库数量（座）	14	14	15	16	16
油库库容（万立方米）	47.46	47.46	48.12	51.01	46.72
纯枪销量（万吨）	201.343	233.881	225.027	227.315	218.609
非油业务收入（亿元）	6.76	7.41	7.69	5.89	4.65
非油业务利润（亿元）	0.51	0.94	0.81	0.56	0.46
吨油费用（元）	577.18	514.04	557.22	514.86	459.80
资产总额（亿元）	97.02	86.40	75.13	69.63	64.83
收入（亿元）	169.33	216.58	215.38	185.14	170.25
利润（亿元）	−3.99	0.11	−5.33	0.23	1.51
税费（亿元）	3.14	2.89	3.04	4.77	5.22

【“十三五”回顾】“十三五”期间，浙江销售累计销售成品油 1392 万吨，其中纯枪销售 1099 万吨、批发 293 万吨，缴纳企业所得税 9.41 亿元。若纯枪销售结算价差按市场化结算，利润总额 117.22 亿元，年均盈利 23.44 亿元。纯枪销量从 2015 年 210 万吨，连续迈上 220 万吨、230 万吨，2019 年比 2015 年增长 11.1%；非油业务销售和非油业务毛利持续提升，2015 年非油业务收入 3.7 亿元，非油业务毛利 6604 万元，2020 年比 2015 年收入增长 70%，毛利增长 174%；2020 年直批销量 85.95 万吨（全口径），比 2015 年增长 21%。推进“互联网 +”“加油站 +”，推进“油卡非润”一体化血液式融合，线上线下一体化营销、平台化运营的创新持续取得成效。从传统的加油站 1.0 到加油站 2.0，再向加油站 3.0 迈进。管理股权企业 133 家，原始投资 25.95 亿元，收益 30.07 亿元。在共享客户资源与营销资源的基础上，开展异业合作，年引流客户约 20 万人次。优化基层薪酬体系，基层员工工资 5 年增幅高于全省平均 10 个百分点；完善医疗等保险，拨付扶贫帮困资金 468 万元，建立覆盖全员的保障体系。

【油气销售业务】 2020 年，浙江销售以市场为导向，以效益为中心，紧盯毛利最大化。精准施策增效益。坚持“一站一策”，逐站建表建档，落实增量降费任务指标。明确市场定位与竞争策略，突出边际收益，强化效果评价，吨油营销支出同比下降 52%。宁波分公司吨油营销支出 157.7 元为浙江省最低。

【非油业务】 2020 年，浙江销售坚持立足店内，拓展线上，做精品种，做大平台，加快建设“人・车・生活”生态圈，毛利率 26.6%，单店日均收入 3838 元，百万元以上便利店占比 49.3%。提升运营能力，通过组建 79 人非油营销团队、建设浙里好客非油便利店管理系统 2.0、升级电子券系统、搭建汽车服务平台，精益零售水平不断提升。开展月度主题促销 16 次，收入 1.1 亿元、毛利 2136 万元。拓展油站生态。提升昆仑车用润滑油、车用辅助产品市场份额，车用润滑油、车用辅助产品分别销售 671 吨、8095 吨；汽车服务业务加快发展，新增洗车站点 65 座，累计 151 座，收入 1472 万元；提高场地创效能力，油站广告及场地租赁收入近 500 万元。温州分公司创新开展生鲜、奶茶、口罩、手机等销售业务；昆仑好客分公司将爱心助农与非油业务相结合，销售助农产品 10 万余斤。融合线上线下。创新营销模式，拉动毛利增长。推出付费权益卡，“车主趣拼”“薅羊毛公社”两项活动收入 6571 万元。

【直批业务】 2020 年，浙江销售全口径直批创效 8158 万元，同比增加 6768 万元。坚持“做大一次物流区域、做精内陆地区”，一次物流区域同比增量 6 万吨，销量占比 61.6%，超提质增效目标 3.6 个百分点。坚持“做强终端直销，控减经营单位”，直销量 58.3 万吨，占比 81%。完善运行机制，提升营销队伍算账意识和创效能力，99 名专兼职客户经理人销售油品 19.8 万吨，占直批总量 23%，新开发客户 495 个、增量 3.4 万吨。台州分公司通过薪酬机制调动客户经理积极性，机构用户年销量增长保持在 20% 以上，2020 年新增终端客户 61 个。探索品牌输出增量创效，13 座加盟站销售油品 9 万吨。台州、宁波分公司通过特许经营和委托管理分别实现销量4.4万吨和3.9万吨。

【加油站管理】 2020年，浙江销售深化“油卡非润”一体化营销和四季主题营销品牌，发挥加油卡引客、留客功能，加强集团单位等重点客户合作开发。130万客户参与“10惠”活动，充值金额14.71亿元；搭建第三方资源共享平台，引入异业营销资源1600万元。助力复工复产，参与地方消费券活动，引入资源787万元。创新服务提价值。加快数字化转型，融合多个互联网平台，客户画像标签化、精准化走出第一步，打通非卡客户营销服务渠道，满足客户多元化、一站式服务需求，互联网平台新增注册用户200万人，累计500万人。创新DT加油模式，提升客户消费体验。获股份公司销售分公司认可和推广。上线应用加油站综合管理平台，130项子功能助力提升基础管理水平。U监测考核排名全国第一，神秘客户检查考核排名全国第二。

【安全环保】 2020年，浙江销售开展管理人员HSE履职能力评估，加强HSE体系建设，将审核发现较大隐患、重点整治问题纳入季度考核，问责相关单位和责任人。加大隐患治理力度，依托视频监控，发现问题实时通报、限期整改。组织开展重大危险源和油罐车专项检查，督办突出问题65项，以整改促提升。监管重点领域安全，提前完成安保防恐重点目标达标治理；排查监测临江临湖靠山库站，确保平安度汛。深化承包商管理，开展安全绩效评估，集中清理3家不合格单位。生态环境保护稳步推进。完成土壤与地下水调查，规范开展排污及环境监测，布置安装油气回收在线监测系统。规范设置危险废物储存设施，加强危险废物管理，管控库站环境污染风险。计质量管控效果明显。油品质量抽检合格率100%。浙江省综合损耗率同比降低4.8个千分点，其中下海油、公路、加油站零售、油库保管损耗率分别同比下降0.11‰、0.02‰、6.23‰和0.08‰。

【投资建设】 2020年，浙江销售竞得15块用地，完成率150%，新增年零售能力12.9万吨，吨油投资314万元，低于浙江省内综合供能站吨油平均投资水平（551万元）。通过事前算赢，理性开发，以合资促合作，在台州、丽水地区以较合理价格竞得两座优质项目，吨油投资控制在300万元以内。完成温州文泰、舟山海莲路站租转股。嘉兴庆丰站移址迁建，投运后预计日增销量15.5吨。新建项目投运15座，完成率150%，新增年零售能力9.4万吨。优化设计方案，科学组织施工，降低建设成本350万元。369座站全部完成防渗改造，质量合格率100%。

【资源运行】 2020年，浙江销售抓物流优化和油品保供。优化调运保资源，落实计划保后路，一次下海直达率100%，通过主动配送、同业串换、梯次配送、两票制等管理方法，同比降低物流费5836万元，实现物流费用连年向下换字头。优化油库作业流程，提高接卸油服务质量，获海运公司好评。通过挂牌等措施，处置亏损企业和闲置资产，创效4024万元。用好用足税费减免、社保减免、稳岗就业补贴等政策，降低支付宝微信回佣费率，开具电子商业汇票，筹划税收方案，压降机关费用，减少非生产性费用近1亿元。

【基础管理】 2020年，浙江销售强化依法合规治企。以合规管理、风险防控为重点，强化依法合规意识，梳理业务管理职责和边界，修订完善制度，融合多种体系，深化内控管理、合同审查、合规培训，加强物资和采购招标管理。加强审计监督和问题整改，提升审计质量。完成结算审核395项，完成率96.8%，审减4866.2万元，审减率11.8%。深化股权企业管理，设置专职董事，补强股权企业管理力量，股权投资收益3.94亿元。提前完成2020年法人压减，瘦身健体见到成效。加强关键环节管控，强化党费、工会费等表外资金监管；建立“存贷有息”机制，加强现金流管理。利用风控系统及视频监控，开展加油卡、电子券微腐败专项整治。夯实信息化建设基础。围绕核心业务加快信息化建设，改造传统模式、推进精细管理、提升工作效能。落实销售板块精细化会议部署，上线运行一站式模块；完成加油卡移动支付、卡机连接升级，为数字化转型、市场决策提供大数据支持；我爱销售平台持续发挥“对外赢得客户、对内赢得员工”作用；升级工程建设监管APP，保障施工现场安全；建设财务快速盘点、对账系统，提高运行效率；完成网站服务器迁移，促进合规运行。突出效益导向，聚焦“纯枪总毛利、人均纯枪量、吨油纯枪商流费”等核心指标，完善激励方式。稳步推进地市公司大部制改革，精简机关管理岗位85个，同比减少13%，库站减少用工193人，节余人工成本12%。坚持收入分配向一线倾斜，疫情严峻时期，保证基层员工收入不降。

【疫情防控】 2020年，浙江销售召开35次领导小组例会和8次驻浙企业协调会，5次修订完善新冠肺炎疫情防控指导手册，下达防疫物资15批次。健全防疫常态化机制，做好物资筹备、人员排查、信息上报，有效应对多点散发及局部聚集性疫情形势。做到

“油站不停业、油品不断供、商品不涨价、服务不打烊”，328座站开通绿色通道，百余座站变身“助农菜场”。兄弟单位守望相助，第一时间支援湖北、西藏和驻浙企业防疫物资；制定《加油站防疫指导手册》，在全国2万多座站推广使用。坚持发扬“困难面前有我们”的石油精神，党员靠前指挥，员工“最美逆行”，舍小家顾大家，体现强烈的大局意识责任意识。

【企业党建工作】 2020年，浙江销售两级党委中心组学习130次，实现学习研讨全覆盖。把党的领导融入公司治理，修订完善党委决策机制，明确“三重一大”与其他重要经营管理事项决策范围，优化流程，防范风险。召开党委会37次，研究重大问题和党建工作125项。开展“战严冬、转观念、勇担当、上台阶”主题教育活动，举办各类宣讲、学习讨论240场次，形成调研报告、简报、微文、微课上百篇，研究解决员工实际问题103项。党建考核结果占业绩指标权重提高到10%，作为评先选优重要依据，成为推动党建工作的有力抓手。实施党支部战斗力指数量化考核，编印《党支部党建工作手册》，推进党支部规范化、标准化建设。加强党务干部队伍建设，首轮两级党组织书记抓基层党建现场述职评议全覆盖，支部书记持证上岗合格率100%。常抓不懈党员教育管理，严把党员发展“入口关”，将党员培养成骨干、把骨干培养成党员。坚持干部选任标准，修订完善选任制度，提高干部管理科学化、制度化、规范化水平。遵循干部选任规定，聚焦“动议、民主推荐、考察、讨论决定、任职”5个关键步骤，发挥党委领导把关作用。优化领导体制和班子结构，注重岗位履历、专业特长、年龄结构等综合要素，选好配强领导班子，抓好年轻干部选任。2020年提拔中层干部10人中，40岁以下副职人数占一半。有45岁以下中层干部44人，占44.44%，40岁以下占14%。建立操作技能人才7级岗位序列，拓宽操作技能人才职业发展通道。在岗高级技师3人、技师105人；成为浙江省首批通过认定备案的驻浙央企，493名员工获地方政府技能补贴59.8万元。落实《公司党委全面从严治党主体责任清单》，连续3年组织所属分公司党委书记、纪委书记述责述廉，班子成员“一岗双责”得到落实。支持纪委履行监督责任，强化监督执纪问责，纪律处分和组织处理9人次。加强信访宣传引导，做实做细基层调研和谈心谈话，分析问题症结，实施靶向治理，信访举报件同比下降47%，越级访下降80%。配合集团公司党组巡视，主动梳理24个问题，坚持即知即改，立查立改。完成4家一类公司巡察，实现首轮巡察全覆盖。坚持问题导向和目标导向，推进共性问题和典型表现整改，促进干部履职担当。

【扶贫公益】 2020年，浙江销售创新扶贫路径，驻村扶贫干部帮销农副产品，超额完成扶贫任务。开展石油精神再教育，获省部级荣誉17项次，获评“十三五”全国企业文化建设先进单位。提升一线创新能力，党建共建论文、投资开发、便利店主管培训项目、新媒体作品等分获集团公司相关专业领域奖项。组织开展开放日活动，在《人民日报》、新华社等主流媒体推文列系统榜首，新媒体影响力排集团公司前三，品牌影响力不断增强。

（凌　琳）

中国石油天然气股份有限公司安徽销售分公司

【概况】 中国石油天然气股份有限公司安徽销售分公司（简称安徽销售）负责中国石油在安徽省的成品油销售、市场开发、非油销售业务。2002年6月成立中国石油天然气股份有限公司安徽销售分公司筹备组，2002年9月正式注册成立中国石油天然气股份有限公司安徽销售分公司。2020年底，设职能部门12个，附属机构3个，所属二级单位15个，控股公司20个，在册员工3550人。安徽销售党委下属基层党委15个，党总支1个，党支部57个，党员1047人。资产总额72.05亿元，加油站572座，在用油库10座，库容28.46万立方米。

2020年，安徽销售成品油销量211.67万吨，其中纯枪销量157.29万吨。非油业务收入6.87亿元、同比增长18.3%，非油业务毛利1.5亿元、同比增长19.2%，商流费用10.84亿元、同比下降10.1%，净利润-1.25亿元、同比减亏0.95亿元，实现安全环保零污染、零伤害、零事故、零重大新闻舆情事件目标。

【“十三五”回顾】 “十三五”期间，安徽销售以“五大战略”（市场战略、创新战略、人才战略、资源战略、成本领先战略）为引领，在资源组织方面，融入销售板块大物流体系，做强南京地付、石化串换两个通道，打通燃料乙醇市场化采购渠道，开辟非油厂家直采新路径，资源保供形势极大改善。为物流优化、控本降费提供较大空间，吨油运费比“十二五”末降低13.78元。在市场网络方面，新增投资30亿元、新开发加油站82座、新投运加油站79座，并表加油站583座、比“十二五”末增加45座，营销网络更加完善。在改革创新方面，坚持问题导向、目标导向、结果导向，在组织机构变革、激励机制创新、简政放权、营销体制调整、混合所有制改革、财务职能转型、基础管理提升等方面取得较好成效。在人才队伍方面，实施队伍提素工程，本科以上学历、中级以上职称、库站中级技能以上人员占比分别比“十二五”末提高6.5、4.8和10.3个百分点。实施工资总额管理，完善精准激励机制，全员人均收入比“十二五”末增长47%。

安徽销售主要经营指标

指　标	2020年	2019年	2018年	2017年	2016年
成品油销量（万吨）	211.67	271.72	258.64	254.13	231.07
汽油销量（万吨）	120.7	142.92	129.82	122.68	103.33
柴油销量（万吨）	90.97	128.80	128.82	131.33	127.68
润滑油销量（万吨）	0.76	0.28	0.28	0.24	0.21
加油站总数（座）	572	570	569	555	546
油库数量（座）	10	11	12	12	12
纯枪销量（万吨）	157.29	200.45	193.25	204.87	195.04
非油业务收入（亿元）	6.87	5.22	5.55	5.19	4.48
非油业务利润（亿元）	0.66	0.65	0.79	0.76	0.68
吨油费用（元）	512	444	429.26	415.33	442
资产总额（亿元）	72.05	70.88	60.42	58.73	62.95
收入（亿元）	1364.2	185.37	184.82	159.96	129.75
利润（亿元）	–1.05	–2.11	–7.49	0.75	2.61
税费（亿元）	1.73	0.8	0.94	2.03	2.87

【主营业务】 2020年，安徽销售树牢价值销售理念，经营质量大幅提升。新冠肺炎疫情向好后，连续9个月盈利，净利润1.68亿元。以零售“八个强化”（强化政府协调、强化考核激励、强化项目投运、强化客户开发、强化现场服务、强化市场研究、强化共享合作、强化以非促油）为抓手，协调5个地市开展“自流黑”整治，取缔非法经营主体225个；开发省属重点客户68家、地市百强企业1514家，新增物流企业284家；打造62座服务样板站，建立多维度监督体系，服务质量良好；精细促销管理，科学分析评价，取消3种以上叠加优惠；坚持共享共赢，引入营销资源5275万元。零售价格到位率同比提高6.3个百分点，购销毛利11.54亿元。实施有价值的直批销售，购销毛利4311万元、同比增长4506万元，扭转直批亏损局面。紧盯资源运作要效益，在疫情期间超接资源近万吨；争取高辛烷值汽油置换、0号柴油升品，做好燃料乙醇市场化采购，资源创效1.25亿元。

【非油业务】 2020年，安徽销售推进非油业务改革创新，组建新业务部、电子商务部，打造线上线下、站内站外、零售批发于一体的销售体系。在抓实店销的基础上，拓展组合礼包营销、化肥业务等，收入4349万元、毛利2148万元。开发“好客之力”功能饮料，通过系统内外渠道推广销售，收入2700余万元，非油业务逆势增长。

【网络建设】 2020年，安徽销售坚持高质量低成本发展，网络布局不断优化。与安徽省交通控股集团有限公司合资合作，开发2座高速加油站，3座高速遗留项目取得实质进展。打好租赁到期保卫战，续约合肥铜陵北路、裕利等3座站点；推进遗留项目落地，宁国金桥路等项目追回投资350万元，池州九华火车站恢复施工，铜陵普济圩水上站完成对外招租。实施项目全生命周期管理，依托信息系统实时监督，提高各环节效率，平均投运周期缩短4.5个月。亳州分公司强化施工力量组织，投运加油站3座。坚持产融结合，在投资收紧的情况下，争取资金支持1009万元，缓解资金压力，化解违约风险。新开发加油站18座、新投运加油站17座。

【提质增效】 2020年，安徽销售精细提质增效降本压费，成本领先战略有效落地。以提升单站经营能力为目标，实施单站核算，增强全员算账意识、成本意识、效益意识。学习推广“阿米巴”经营模式，开展专项培训，全员覆盖；在28座油站、1座油库试点，试点期间净利润3499万元、同比增加5840万元，费用同比减少333万元，试点库站员工平均增收148元/月。制订亏损站三年治理方案，多措并举、分批推进，亏损站数量比2019年末减少232座、减亏

1.05 亿元；与宣城市交通投资有限公司合作，创新治理模式，15 座亏损站净收益 935 万元。精细各环节损耗管理，综合损耗率同比下降 17%。以壮士断腕的决心控成本、降费用，争取税费优惠，优化业务外包，推行员工进出两条线管理，科学摆布资源，开展互供业务承兑汇票结算，落实管理费用压降 30% 的要求，商流费用同比下降 1.2 亿元、比预算节约 475 万元，完成提质增效目标。

【改革创新】 2020 年，安徽销售创新体制机制和营销模式，队伍动力活力持续增强。改革客户经理人评价激励机制，将客户经理改为高级客户经理，评价和晋升完全看业绩。改革以来，新开发终端机构客户 71 个、新增销量 0.99 万吨，价格到位率同比提升 3.8 个百分点。出台全员营销激励方案，正向激励推动全员营销，定额卡销售 403 万元、非油业务销售 265 万元。

【风险管控】 2020 年，安徽销售持续固本强基防控风险，实现企业安全平稳运行。以体系审核为抓手，以审强学、以审代训、以审促改，提升风险管控能力。开展两次 QHSE 量化审核，覆盖站库 119 座，发现问题 3059 项，对 7 类普遍性问题，及时推进整改，确保风险受控。落实重点风险领域管控措施，督促 6 家承运商对运输车辆、船舶全面排查，对驾驶人员进行安全培训再教育；约谈 17 家承包商和供应商，保障运行安全。开展基础管理提升年活动，健全完善制度 47 项，完成看板作业 132 项，围绕专业线制度及规范，制定 503 项检查条目，开展 52 次检查、40 次问题“回头看”，组织 11 个专业线管理对标，基础工作进一步夯实。

【企业党建工作】 2020 年，安徽销售坚定不移全面从严治党，党建经营相融互促。切实抓好新冠肺炎疫情防控、防洪救灾、脱贫攻坚、提质增效、扭亏脱困等党中央、集团公司党组安排部署的重要工作，取得较好成效。印发《落实习近平总书记重要指示批示精神机制》《党委第一议题制度》，将学习与工作实际紧密结合。落实《国有企业基层党组织工作条例》，修订完善“三重一大”实施细则，规范决策运行，提升治理效能；注重把党组织内嵌到销售一线，合肥、阜阳等 6 家单位试点撤销机关党支部，打造联合党支部，打通基层党建“最后一公里”，推动党建经营深度融合。修订完善业务招待、公务用车等制度，持续传导“严”的主基调。深化纪检监察体制改革，完成职责划转，形成党委统一领导、统筹谋划、科学指导的工作格局；主动配合党组巡视，巡视巡察上下联动，完成三轮、对 4 个基层党委巡察。坚持正面引导，讲好皖销故事，开展以抗疫、防洪、提质增效为主要内容的主题宣讲，弘扬伟大精神、凝聚强大力量；加强与主流媒体合作，宣传企业履行三大责任的先进事迹，得到社会广泛认可，树立良好的企业形象。

（辛家璇）

中国石油天然气股份有限公司福建销售分公司（中国石油天然气股份有限公司天然气销售福建分公司）

【概况】 中国石油天然气股份有限公司福建销售分公司（简称福建销售）成立于 1999 年 2 月，2008 年 12 月上划股份公司直接管理，主要负责中国石油在福建的成品油销售、非油业务与网络建设工作。中国石油天然气股份有限公司天然气销售福建分公司（简称天然气销售福建分公司）业务归属天然气销售分公司管理，成立于 2016 年 12 月，与福建销售公司实行“两块牌子、一套人马”，负责中国石油在福建的天然气销售工作。2020 年底，设 13 个职能处室、下辖 9 个地市分公司和非油分公司、仓储分公司，员工总数 2325 人。有加油（气）站 505 座；在营橇装 70 座；资产库 4 个，库容 30.6 万立方米；天然气支线项目 3 个。2020 年油气总销量 305 万吨，其中成品油销量 205.9 万吨（自营纯枪销量 123.6 万吨）、车用气 1624 万立方米、管道气 9.8 亿立方米，非油业务店销收入 5.3 亿元、非油业务毛利 9063 万元。成品油总销量完成率排名区外第二。新增投运加油站 15 座。油气业务合并实现利润 −4.17 亿元。安全环保数质量、舆情事件为零。全体员工全年零疑似、零感染、零确诊，常态化疫情防控平稳，安全环保形势稳定向好，做到疫情防控和生产经营两不误。在集团公司生产经营工作会议上做经验交流，以零售为核心的一体化营销机制、团队管理模式被销售板块采纳并推广；获集团公司首届一线生产创新大赛项目二等奖和集体三等奖。

表 1　福建销售主要经营指标

指　标	2020 年	2019 年	2018 年	2017 年	2016 年
成品油销量（万吨）	205.90	211	199.90	190.14	195.04
汽油销量（万吨）	126	124	124.64	122.50	123.39
柴油销量（万吨）	77	87	74.88	67.23	66.56
加油站总数（座）	505	497	498	495	495
油库数量（座）	4	5	5	5	6
油库库容（万立方米）	30.60	33.90	33.90	37.8	40.6
纯枪销量（万吨）	123.60	147	144.40	136.48	131.14
非油业务收入（亿元）	5.30	4.81	4.71	3.50	2.70
非油业务利润（亿元）	0.91	0.52	0.50	0.50	0.36
吨油费用（元）	0	528	556.23	577.05	575.18
资产总额（亿元）	71.67	79.06	70.64	72.26	78.50
收入（亿元）	125	149	150.30	125.92	114.81
利润（亿元）	−4.98	−3.67	−3.09	0.24	2.72
税费（亿元）	1	2.32	1.54	3.33	3.55

表 2　天然气销售福建分公司主要经营指标

指　标	2020 年	2019 年	2018 年	2017 年
天然气销量（亿立方米）	9.79	10.08	7.06	3.76
资产总额（亿元）	1.96	0.58	0.27	0.18
天然气销售收入（亿元）	20.67	22.87	13.87	7.13
收入（亿元）	20.67	22.87	13.87	7.13
利润（亿元）	0.81	0.37	0.24	−0.37
税费（亿元）	0.13	0.07	0.00	0.00

【“十三五”回顾】“十三五”期间，福建销售油气并举推进网络开发，强化基础管理与体系融合，实现跨越式发展，输出一系列福建经验，领导班子在集团公司综合考评中连续 3 年大幅进步，跨入区外销售企业先进行列。发挥驻闽企业协调组组长单位职能，协调各级政府，推动长汀稀土催化剂、福清 LNG 接收站等一批大项目落地。成品油总销量从 190 万吨提升到 203 万吨，管道天然气销量从零起步增长到近 10 亿立方米，油气总销量突破 300 万吨。获集团公司宣传思想文化工作先进集体、全国学雷锋志愿服务“四个 100”先进典型最佳志愿服务项目等荣誉。

【市场经营】 2020 年，福建销售精耕一体化营销。理顺营销机制，狠抓营销一体化运作、大数据一体化支撑、油非一体化互动，稳市场、提纯枪、强非油、保后路。统一计划下达，统一价格联动，统一客户管理，统一资源配置，推进零售、非油、直批、调运业务一体化运作，制定地市公司“创效、上量、量效兼顾”的差异化市场定位。开发批零毛利测算等 15 个应用模型，优化营销支出等 30 个数据应用，为营销组织、量效评价提供数据支撑。打造团队管理看板，提高团队经营分析能力。建立量价实时跟踪模型，95% 以上现场促销采用错峰错时方式，取消 4 种以上叠加优惠，减少 80% 3 种叠加优惠。实现 APP 移动支付自有站全覆盖，移动支付开户数和支付比例居销售板块第 4。推动跨界合作，引入异业资源、政府消费券等 800 万元以上，带动汽油消费超 1 万吨。创新 5 大类 35 细项诊断优化，诊断 300 座站点，优化 50 座汽油高产站。提升运营效率，优化加气项目，油品销量同比增长 6.4%，加气项目减亏 90 万元。升级停业审批权限，加强停业站问题解决，复业 14 座，运营天数同比增加 2822 天，运营率提升至 97%。营造现场氛围，销售板块神秘顾客检查得分提升 3.3 分。直销 22 万吨，毛利 1024 万元、同比增加 1358 万元；零售营销支出同比节约 4.24 亿元，零售毛利同比增加 1.86 亿元，自营纯枪计划完成率排名区外第 9；非油业务店销同比增加 6172 万元，毛利同比增加 1133 万元。直销扭亏为盈，增利 1358 万元；零售毛利同比增加 1.86 亿元；非油业务毛利同比增加 1133 万元。账面库存较年初增加 8.9 万吨，增长 80.9%，100% 执行配置计划。以会员营销为主轴，线上线下和跨界营销互促，推动“油促非”向“非促油”转变。坚持以“10 惠”“周末乐享”为主打，构建差异化促销品牌，30% 汽油客户参与油非互促，增加非油业务收入 5145 万元，线上活动个人卡充值 15.85 亿元，中油好客 e 站线上客户数突破 370 万。新增洗车网点 25 座，总运营网点突破 100 座，开展洗车业务 125.6 万次，汽车服务收入 1416 万元，洗车站点汽油销售环比增长3.2%。深化代销模式，代销比提升至98%，减少存货资金占用2000万元。严把商品采购关，以档期换资源，采购成本降低842万元。推广多品类组合联动营销，20期促销非油收入6435万元。紧抓尾气净化液需求爆发期，快速布局加注机71个站点，销售7516吨，同比增长131%。紧跟新零售变化，发展微信商城、直播带货等线上营销，两级公司开播26期，销售200万元。

【天然气业务】 2020年，福建销售精细差异化营销，稳销量创效益。维护好竞合关系，支持大工业用户复工复产，推进市场需求恢复，严肃督促履约，以精细服务赢得新增销量供应，实现稳销量、促增长、增效益。价格到位率99%以上，毛利突破1亿元。顺应管网体制改革，坚守市场开拓阵地。按期完成福建管网划转，剥离保留长汀、闽光、角美3条支线，长汀、闽光支线全线贯通，莆田旷远庄边门站竣工并完成与西气东输三线连头，推进福州华润闽侯东台工业园接气工程、漳州安然接气工程建设，市场开发全面加速。

【安全环保】 2020年，在抗击新冠肺炎疫情期间，福建销售开展救护车免费加油、致敬白衣天使等专项活动，全力支持地方抗疫，在关键时刻彰显央企责任担当。优化排班，推广移动支付、远程办公、线上会议，减少人员接触；执行常态化防控，动态调整防控策略，“日跟踪、周强调、月发文”，保持战时态势，维护生产经营秩序。为员工配发口罩91.15万个、消毒液1万余桶、手套27.83万双，购买防疫物资支出213.4万元。汇总涵盖人员轨迹、物资管理、员工亲属等44项信息数据50020条。全员履责狠抓安全，推动向主动管理转变。落实安全生产能力考评年，实行分公司风险等级分类管理，编制质量安全环保工作大表，狠抓领导干部安全联系点活动，开展领导干部HSE能力测试，加强全员安全教育，推动“能岗匹配、主动履职”。中层以上领导干部开展“四不两直”、联系安全承包点118人次，检查库站172座，发现问题313个，形成好做法44个。抓分级防控，治理有突破。完善双重预防清单制，动态发布风险预警提示，坚持开展安全咨询和现场培训辅导，推动设备检维修外委主动服务。审核检查发现问题3364项，整改3178项，整改率94.4%。推进油气在线监测、建筑结构隐患、电气隐患治理等63项公司级较大以上安全环保隐患整改，投入1968.9万元。签发隐患督办函11份，整改完毕。抓业务融合，监管有成效。保持严控违规行为高压态势，落实违规行为与业务处罚硬挂钩，有效推动“被动安全”向“主动安全”转变，“三违”行为同比锐减84%。

【网络建设】 2020年，福建销售深化合资合作，加快5种模式复制，突出以气促油，低成本拓展高质量站点。签约13座，年新增零售能力4.7万吨，其中万吨能力站3座；投运15座，年新增零售能力7万吨，其中万吨能力站4座。以天然气公司落地为契机，与仓山区政府签订战略合作框架协议，推动政府加快福州3块优质加油站用地规划落地，挂牌1座。创新油气双向互促发展模式，开发投产泉州丰海站。清理历史项目22座，收回款项4671万元；“双低”站完成投资治理12座、经营治理摘帽11座、量效提升32座，减亏3384万元；推进300座站全流程诊断，防渗改造收官，加油站运行质量显著改善。

【企业管理】 2020年，福建销售优化体制机制，提升“大营销”运作效率。深化机构改革，突出营销主体地位和零售中心地位，成立市场营销处；设立数据中心，加速数字化转型；设立天然气项目建设管理中心。完善年轻干部发现储备、培养锻炼、选拔使用和管理监督的全链条机制，提拔8人、交流调整6人。疫情期间不停学，完成首轮站经理网络轮训，组织团队经理、非油店长骨干到中油碧辟学习交流。与泉州职业技术大学合作共建，为一线输送3届油气储运专业生210人次。加快销售公司华南片区实训基地建设，完成鉴定中心升级改造及11省300余名技师等级鉴定任务。严控业务外包用工总量，用工总量同比下降8%，业务外包费下降16%。重构经营管理格局，强化“挣工资”理念。优化绩效考核，“利益趋同、风险共担”，建立企业效益与员工薪酬水平同步增减机制，推行地市公司“利润总额+自营纯枪+自营销售总量”工效挂钩政策，省公司机关业绩考核全面挂钩主营与效益指标，提量创效和降本控费压力得到有效传导。省公司制定地市差异化市场定位，把控福建省营销策略，下放价格权限，设置控制底线，加强跨地市作战指挥；地市公司自主制定营销策略，统筹团队促销；团队强化站间联动，提升协同作战能力，把控量本利平衡。完善核心岗位激励机制，强化价值贡献导向。持续推进岗位价值评估，主营零售、营销、非油及数据等关键岗位价值得到提升；分配向效益贡献大和争得荣誉的集体和个人倾斜，价值贡献导向更加凸显。推广团队管理模式，组建100个团队，覆盖94%自营站，全面放权；便利店店长制经营推广至80座站，推动店长融入团队。团队直面市场，自主经营，竞争力明显提升；地市支持保障团队更有效，市场反应更迅速，营销决策更精准。汽油、柴油纯枪销售价格到位率逆势增长，分别同比提高1.93个百分点、2.42个百分点。店长制经营便利店店销同比增长30.9%，毛利增长22.4%。推行团队工效挂钩，数据平台使用成为常态，分析式营销、竞合营销、大排班、合并宿舍等做法广泛应用，促销更加注重"省、算、干"。节约营销支出4.24亿元；团队用工压减323人，同比下降11.6%，加油站创效水平明显提升。团队内部将工作折算成积分，挂钩绩效，多劳多得，员工干事热情显著提升。团队开发固定客户794家、办卡30万张；油品损耗在历史最好水平基础上再提升1.8‰，客户投诉工单同比下降13%，销售板块神客访问得分提高3.33分，一线管理水平和服务质量大幅进步。构建全环节经营会计体系，加强价值管理完成利润任务。建立起省、市、团队三级经营活动分析机制和预算分解、日常经营、总结提升全环节经营会计体系，引入"红黄绿灯"预警，推行内部交易价格考核机制，打通经营管理链条"最后一公里"。落实降本控费部署，全环节控减实现降费目标。树立"一切费用皆可降"的理念，全员、全过程、全方位落实降本控费责任清单。各环节均完成降费任务，实际发生商流费9.91亿元，低于提质增效目标任务854万元，同比降低1.23亿元。合规管理风险防控措施到位。梳理分析安徽销售20年以来发生的54项纠纷案件，提出预防改进措施；主动摸排起诉6项案件，全部胜诉，挽回损失1217.8万元；积极应对合同纠纷案件，案件胜诉率93%。梳理优化165个流程，为有效执行基础管理2.0工作标准创造条件。开展股权企业专项自查与董监事履职信息梳理，规范股权行权管理。分析梳理发生的487项例外事项，完善形成省、市、库站三级风险事件数据库，初步构筑合规履职的风险防线。

【企业党建工作】 2020年，福建销售配合保障好集团公司党组巡视工作，制定《落实全面从严治党主体责任清单》，实现党风廉政建设责任书监察对象签订全覆盖。完善"大监督"格局，成立党风廉政建设和反腐败工作协调小组，开展监督检查和专项治理，提前2年实现对11个党委及支部、13个机关处室、1家专业分公司巡察全覆盖。深化理论武装，制订三年党员教育培训工作计划，组织"战严冬、转观念、勇担当、上台阶"主题教育，开展"大干一百天，决胜提质增效"攻坚行动。两级党委开展中心组学习70次、研讨68次，班子成员宣讲72次、专题调研96次，开展大讨论149次，征集合理化建议135项，落实123项，推进落实12项。推进基层党建与生产经营融合，完成基层党支部调整设置，推动基层党组织向"有效覆盖、突出作用"转变。编发《基层党组织标准化建设手册》，落实党务干部集中轮训机制，成立福厦泉区域党建督导与财务稽查中心，开展党建工作责任制考评和党委书记抓基层党建述职评议考核，初步形成"大党建工作格局"。强化思想政治工作，发挥中心组学习、"三会一课"等载体作用，用好"学习强国""石油党建"学习平台，抓实"党建三联"。抓牢群团作用，完善兜底工程，帮扶慰问285人次56.6万元。抓牢脱贫攻坚，为省市扶贫开发重点村捐赠15万元，销售扶贫产品逾200万元，开展"百城万站·扶贫助农"百日攻坚活动，超额完成任务。与福建省妇儿发展基金会联合开展"春蕾计划"助学行动，捐赠助学金24万元。获销售板块扶贫直播大赛季军、"对口扶贫爱心企业"称号。

（朱　婧）

中国石油天然气股份有限公司湖南销售分公司

【概况】 中国石油天然气股份有限公司湖南销售分公司（简称湖南销售）2000年6月进入湖南市场，2002年10月正式注册成立，2008年12月上划股份公司管理，主要负责中国石油在湖南地区的成品油市场开发和销售工作。2020年底，湖南销售设11个职能部门、4个附属机构，下辖2个专业分公司（非油品销售分公司和储运分公司）13个地市分公司、12个控参股公司，投运加油站664座，运营油库13座，在册员工3112人。

【"十三五"回顾】 "十三五"时期，湖南销售突出效率效益，强化营销组织，推进网络建设，深化精细管理，经营成果在稳健发展中持续向好。新增投运加油站55座，退租、征拆减少加油站28座，净增加油站27座。纯枪销量851万吨，年均销量170万吨。2020年底，有加油站664座。投运永州油库1座，新增库容3.4万立方米，全资型油库库容12.1万立方米。销售成品油 1082 万吨，年均销量 216.4 万吨。

2020 年，销售油品 208.68 万吨，较“十二五”末增加 8 万吨，增长 4%。2020 年，纯枪销量 163.87 万吨，较“十二五”末增加 10.3 万吨，增长 6.7%；纯枪销售比例 78.7%，较“十二五”末提升 2.3 个百分点。2020 年，非油业务收入 5.10 亿元，较“十二五”末增加 2.43 亿元，增长 91%；非油业务利润 0.22 亿元，较“十二五”末增加 0.01 亿元，增长 4.8%；百万元店数量 146 座，较“十二五”末增加 99 座，增长 206%。2020 年吨油费用 493.5 元，较“十二五”末减少 125 元，下降 20%。人均劳动效率呈逐年上升趋势。2020 年末，人均纯枪量 506 吨，较“十二五”末增加 146 吨，增长 41%。

【油气销售业务】 2020 年，湖南销售成品油销量 208.68 万吨，纯枪销量 163.87 万吨；利润总额 4198 万元，同比增加 1.7 亿元；商流费 10.3 亿元，同比减少 1.23 亿元。精细制定营销策略，精确把握量价费效关系，精准激励高质量客户开发，千方百计稳定终端销量。加大直批 APP 推广力度，认证客户 974 家，基本实现交易客户全覆盖。强化市场、客户、对手、策略研究，实施针对性、差异化营销策略，推动纯枪销售提量增效。持续推进品牌促销，“10 惠”线上充值额稳居销售板块前两名。深化“阿米巴”经营理念应用，按月逐站分析营销支出，深度梳理零售返利超过 5% 的客户，果断清理叠加优惠。

湖南销售主要经营指标

指　标	2020 年	2019 年	2018 年	2017 年	2016 年
成品油销量（万吨）	208.68	234.57	222.2	207.22	206.55
汽油销量（万吨）	120.77	126.81	119.54	109.35	97.06
柴油销量（万吨）	87.91	107.76	102.66	97.87	109.48
加油站总数（座）	664	664	657	643	642
油库数量（座）	13	14	12	11	11
油库库容（万立方米）	24.82	27.05	26.02	21.62	21.62
纯枪销量（万吨）	163.87	178.48	173.39	168.27	163.66
非油业务收入（亿元）	5.10	5.15	4.94	3.41	3.78
非油业务利润（亿元）	0.22	0.7	0.86	0.48	0.34
吨油费用（元）	493.5	491.34	550	555	572.4
资产总额（亿元）	88.18	92.76	96.69	90.06	86.01
收入（亿元）	128.84	163.81	155.49	133.47	118.44
利润（亿元）	0.42	−1.28	−1.44	0.21	0.16
税费（亿元）	1.6	2.33	1.37	1.65	2.18

【非油业务】 2020 年，湖南销售非油业务店销收入 4.61 亿元，非油业务毛利 1.09 亿元，打造百万元以上店 146 座，其中 200 万元以上店 44 座。新开发自有商品 28 种，好客湘品牌系列商品销售 331 万元。以 200 余座国省道乡村站为主力，开拓化肥销售新局面，销售 4300 吨，收入 800 余万元，获评股份公司销售分公司最佳突破奖。推进精益零售运营体系，丰富品类结构，精心组织主题促销，非油业务店销收入、店销毛利实现双增长。“一站一策”升级店面，形成以商圈定顾客需求、以顾客需求定核心商品、以核心商品定布局陈列的“三定”机制。上架“抗疫”平价蔬菜套餐，提供蔬果生鲜预约式购买服务，试点非油外卖业务，依托加油站点辐射周边社区。搭建好客湘有赞商城，与中油好客 e 站公众号、天猫旗舰店形成“三位一体”线上销售渠道。优选 191 座加油站，开展“百城万站・扶贫助农”百日攻坚活动，通过直播带货、展销会、分销竞赛等方式，收入 564 万元。

【加油站管理】 2020 年，湖南销售细化安全环保责任指标，管理压力层层传导。强化安全承包点考核，完善安全生产述职制度，责任意识不断增强。QHSE 体系量化审核成绩进入股份公司销售分公司前 10，连续 5 年获评湖南省安全生产工作先进单位。加强数质量管控，获股份公司销售分公司 4 面损耗管控流动红旗，获湖南省产品质量监督抽查连续 8 年合格企业。开展计量专项整治，稽查 160 座库站，督促整改问题 276 项。精减优化加油站账表册，由 74 类台账“瘦身”至 34 类，有效为基层员工减负。完善客户投诉快速稳妥处理机制，有效投诉 42 起，同比减少 22 起。对湖南省 105 座 2 吨以下站开展专项治理，逐站对接治理措施，月度增量 819 吨。对市场化价差下亏损的 40 座加油站，量身定做扭亏增盈措施，27 座加油站扭亏。对湖南省在营加油站开展全覆盖综合大检查，发现问题 1.7 万余项，实地摸排重点管控风险 341 项。完成 626 座库站排污许可证办理。深化“阿米巴”经营理念应用，果断清理叠加优惠，纯枪销售营销支出 4.42 亿元，同比减少 3.03 亿元，吨油营销支出272元，同比减少154元。

【油库管理】 2020年，湖南销售安全、环保、质量、计量等级事故4个为“零”。开展“四查、四整顿”专题活动，实施红橙黄蓝4色分级，辨识风险2376项，针对性落实措施，降低风险等级，实现有效受控。开展应急演练工作，组织76次应急预案演练，参演789余人次，油库应急处置能力显著提升。持续强化数质量管理，检测油品1000批次，其中入库482批次、出库518批次，各批次油样检测合格率100%。加大稽查力度，1个月自营油库全覆盖、两个月代储油库全覆盖，稽查管控力度持续加强。推动油库大班组运行试点，在邵阳油库、永州油库、衡阳油库、岳阳油库试点开展大班组运行，激发员工队伍活力的同时，从根源解决岗位间工作饱和度不均衡、人力资源利用效率低的问题，为运行提效提供坚实机制保障。提升信息水平，推动提油一卡通及直销APP项目落地，推动提油运行效率和客户体验提升。强化人才培养，技能鉴定中级以上员工90%，专业工种持证上岗率100%。

【投资建设】 2020年，湖南销售投运加油站8座，其中战略项目1个，百万人口县城中心站点3个。倒排工期制定运行大表，强化关键节点控制，紧盯现场施工进度，确保重点项目有序推进。长沙、株洲等地区11个优质项目取得实质性进展。克服重重困难，株洲红旗中路、邵阳南门口、永州中兴、怀化东方等加油站复投，长沙西二环加油站稳步推进。收回推进无望的怀化上瑞芷江、岳阳滨湖2个项目资金1172万元。克服新冠肺炎疫情、汛期及低温冰冻天气影响，完成74座加油站防渗改造任务。科学压缩工期，加油站改造停业天数同比减少6.5天。严控设备标准、改造内容及工程造价，压减投资2637万元。长沙油库码头投运，接卸油品9.5万吨，节约仓储费380余万元。

【资源运行】 2020年，湖南销售坚持“低库存、紧平衡”工作目标，提高资源运作的水平和能力，调运200.83万吨，兑现率100%。精细组织节日保供运行，较好完成春节、五一劳动节、国庆节等重大节假日的保供工作。做好新冠肺炎疫情期间油品的稳定供应及上游炼油厂资源疏通工作，接收4.9万吨代储资源，为集团公司产运销的平稳运行做出贡献。通过仓储调运业务的紧密衔接，长沙油库码头投运期间的高效运行，水路资源入库9.48万吨，节约仓储物流费1138万元。细化分解指标，明确责任，坚持一次、二次整体优化，仓储布局优化，公路配送优化等措施，公路配送吨油运费67元/吨，同比降低10元/吨。铁路运杂费同比下降75万元，其中延时费同比下降108万。中国石化串换资源42.2万吨，同比增加4.9万吨。整体物流费用1.22亿元，较销售板块提质增效目标节约1138万元。

【企业党建工作】 2020年，成立湖南销售党的建设工作领导小组，强化党委主体责任。制定《（湖南销售）党委工作规则》，切实发挥党委总揽全局、协调各方的领导作用。明确《（湖南销售）党委落实全面从严治党主体责任清单》，压实各级党建责任。完成邵阳、储运2家分公司及所属9个党支部政治巡察工作。党组织健全率和党员挂点库站覆盖率均100%。推进基层党支部规范化建设，37个标准化党员活动室投入使用。研究党建与生产经营深度融合等重点课题，党建课题项目和专题党课获集团公司表彰，党建工作获集团公司党建责任制考核“A档”评价。加大典型选树力度，38个先进集体、55名先进个人获省部级表彰。获股份公司劳动竞赛年度红旗8面。持续开展精准扶贫，筹集资金66.1万元，支持对口贫困村基础设施建设、发展新兴产业。应急帮扶、日常慰问，与“双节”慰问、金秋助学等活动有机结合，帮扶困难员工278人次，发放慰问金100余万元。

（熊翔宇）

中国石油天然气股份有限公司宁夏销售分公司

【概况】 中国石油天然气股份有限公司宁夏销售分公司（简称宁夏销售）1953年成立，前身是宁夏回族自治区石油总公司，1998年上划集团公司，主要承担中国石油在宁夏地区的成品油销售、天然气销售、非油业务销售及业务拓展、市场开发等业务。2020年，设10个职能部门，下辖6个地市销售分公司、1个仓储分公司、1个非油品经营分公司和5个附属单位。员工总数2714人；油库5座，总库容19万立方米；运营加油站336座；资产总额34.05亿元。

【“十三五”回顾】 “十三五”期间，宁夏销售推动业务转型，加大新能源和非油业务网络布局。投资 19.9 亿元，新增加油（气）站 54 座，便利店开店率 99%，网络数量由 298 座增长到 352 座。非油业务收入由 3.4 亿元增长到 5.79 亿元、年均增长 14.3%，毛利由 6990 万元增长到 1.1 亿元、年均增长 11.2%；天然气销量由 1604 万立方米增长到 5627 万立方米、年均增长 37%。

2020 年，宁夏销售在提质增效专项行动引领下，油品销量 165.67 万吨，天然气销量 5627 万立方米，同比增长 121.8%，非油业务店销收入 5.79 亿元，同比增长 3.1%，利润 3367 万元。“十三五”圆满收官。

宁夏销售主要经营指标

指　标	2020 年	2019 年	2018 年	2017 年	2016 年
成品油销量（万吨）	165.67	190.02	184.33	195.8	186.6
汽油销量（万吨）	61.69	63.48	61.89	64.73	61
柴油销量（万吨）	103.98	126.54	122.43	127.58	123.1
润滑油销量（万吨）	0.12	0.11	0.39	0.44	0.46
加油站总数（座）	352	343	317	317	310
油库数量（座）	4	4	4	4	4
油库库容（万立方米）	19	17.5	18.8	18.8	19.9
纯枪销量（万吨）	124.7	141.78	137.99	141.78	141.3
非油业务收入（亿元）	5.79	5.78	5.57	4.47	3.9
非油业务利润（亿元）	0.56	0.26	0.75	0.71	0.68
吨油费用（元）	437	367.4	352.75	339.99	362
资产总额（亿元）	34.05	35.25	29.55	28.08	25.74
收入（亿元）	101.04	130.69	136.55	123.01	102
利润（亿元）	0.34	−1.96	0.23	1.9	1.01
税费（亿元）	1.09	0.31	1.88	1.14	2.36

【油气销售业务】 2020 年，宁夏销售密切与主要市场参与者沟通协调，优化促销方式，杜绝亏损批发及无效低效优惠叠加。纯枪销量 124.7 万吨、同比下降 13.7%；纯枪销售环节营销支出同比减少 3.1 亿元、下降 78%；综合价格和纯枪价格到位率分别达 96.2%、97.2%。直批销量 40.97 万吨、同比下降 15%；直批环节营销支出同比减少 6416 万元、减幅 36%。与 18 个企业单位开展 30 余项商务合作，利用异业资源 1347 万元。坚持一体营销和线上线下互动营销，卡销比 48% 以上，沉淀资金 6.31 亿元。天然气业务强化市场调查和客户研究，精准制定销售策略，毛利 1933 万元、同比增长 54%。

【非油业务】 2020 年，宁夏销售坚持店内做精做优、油非互联互促，常态开展四季主题促销，推广直播带货等新零售模式，超额完成“十三五”目标。非油业务利润 5600 万元、毛利 1.1 亿元。人均非油收入、单店日均收入和吨油非油收入分别同比增长 42.1%、20%、35.6%；提升便利店品效、平效分别同比增长 14.7% 和 10.8%。百万元便利店 120 座，300 万元以上便利店 37 座。持续丰富油非礼包销售内容，礼包销售 8440 笔，带动油卡充值 517.34 万元，非油业务收入 270.87 万元。用供应商促销激励政策，增加润滑油利润 212 万元。

【投资建设】 2020 年，宁夏销售调整开发建设思路，优化投资质量和业务结构，投资计划 3.2 亿元、同比下降 70%。新开工项目 22 座，其中加气站项目 17 座；新投运项目 16 座，其中加油站投运 5 座，加气站投运 11 座。着力推动业务结构转型，加大清洁能源与新能源网络布局力度，利用存量油站增设 LNG 改扩建项目立项 8 座，建成投运 3 座，新增投运充电站 16 座。完成 293 座加油站防渗改造项目和 218 个燃煤锅炉改造环保项目。

【企业管理】 2020 年，宁夏销售突出以财务为主导的经营管理模式，全方位延伸事前算赢触角；改革领导班子、领导人员综合考评和业绩考核办法，建立起年度业绩合同“包保”完成、业绩考核结果分级管理、业绩违约责任追究、考评结果末尾淘汰制度；形成以利润为核心的奖金分配制度，给予地市分公司自主营销权，建立起责权利一体的运行机制。以推动三项制度改革为抓手，优化部门设置、精简组织机构、理清管理界限。机构压减率 21%，岗位编制压减 28%、精简人员 68 名。

【提质增效】 2020 年，宁夏销售制定《落实戴厚良董事长在宁石油企业调研讲话精神，推进完成重点改革工作任务、关键业绩指标的责任分工方案》，明确提质增效发力点和落脚点，抓实提质增效的每个关键环节，对确定的 9 项提质增效关键业绩指标定目标、定措施、定责任、定时限、定奖惩，“实打实”举措确保全年利润为正目标。运用“阿米巴”经营理念开展站级预算、核算和考核，员工收入与销售业绩紧密挂钩，激发基层增销创效活力，人均收入同比增长6%。深化油站经营模式创新，根据油站不同特点，采取出租经营、委托经营、内部员工承包经营以及家庭承包经营等多种模式培育高效站点、治理低效负效站点，亏损站减少66座，扭亏比例37.3%。落实降杠杆减负债，资产负债率较年初下降10.7%；落实国家税费优惠政策，减免保险和补贴1245万元，协调退还税费300万元，土地使用税年均降低370万元；拧紧费用支出总开关，可控费用同比下降53.2%，完成集团公司下达两级机关非生产性支出同比压降30%的管理目标；利用票据创效1525万元。清回拆迁补偿款2517万元。

【风险防控】 2020年，宁夏销售面对突如其来的新冠肺炎疫情，成立应急领导小组，投入防疫资金172万元，实现"零疫情零感染"。开展"六型基层"创建和"'5·15'基础工作反省日"活动，建立大稽查检查工作格局，通过QHSE体系审核、神秘顾客检测等方式检查整改现场管理服务、油品数质量、安全生产问题1235个。组织开展专项审计4次，发现问题23个；对重大部署问题开展2轮4个专项巡察，发现问题46个；开展专项合规稽查1次，发现问题21个、处罚129人。

【企业党建工作】 2020年，宁夏销售支持配合集团公司第五巡视组完成巡视任务。建立党委工作规则和全面从严治党主体责任清单，系统推进党建重点任务落实。精准运用四种形态，严肃查处违规违纪行为，持续推进正风肃纪。强化党建制度体系建设，新建和修订党建工作制度13项，构建起系统完备的制度体系。落实党建工作联系点制度，两级党组织领导班子成员深入基层联系点讲授专题党课51次，指导基层党建工作创新发展。组织开展主题宣讲62场次，全员大讨论75场次，引导干部员工认清形势任务、凝心聚力谋发展。

【企地共建】 2020年，宁夏销售以"营销就是治理、治理就是营销"的理念，组建两级市场治理工作团队，摸排掌握基本情况，为政府部门监督执法提供一手资料。向宁夏回族自治区和各地市党委政府多渠道多层级汇报反映情况120余次，配合开展专项检查15次，形成内参1份。处理商标侵权案件4起，关停油站4座、现场查封油站4座，配合查处黑流动加油车26辆、黑调和油窝点3个，协助宁夏回族自治区税务局追缴税款1.2亿元以上。推动宁夏回族自治区政府9部门联合印发《宁夏回族自治区成品油市场专项治理工作方案》，开展成品油市场专项治理，市场治理迈出关键步伐。在此基础上，实施"忍治劝联"竞争策略，相对市场份额从最低73.6%回升至76.2%。

（魏思雯）

中国石油天然气股份有限公司贵州销售分公司

【概况】 中国石油天然气股份有限公司贵州销售分公司（简称贵州销售）2001年4月成立，负责中国石油在贵州省的成品油销售、市场开发等工作。2020年，有12个处室、2个直属单位、3个附属单位，11个分公司，员工总数2379人；油库3座，总库容15.4万立方米；加油站334座（控股3座，参股15座，特许6座），加油站服务网点遍及全省高速公路、国道、省道和中心城市、重点集镇。

【"十三五"回顾】 "十三五"期间，贵州销售油品销量由180万吨最高增至226万吨；非油业务收入由1.9亿元增至3.45亿元，非油业务利润由2400万元增至4700万元。开发加油站110座、投运94座，新增销售能力35万吨。狠抓挖潜增效，吨油费用由402元降至307元；理性处理竞合关系，优化物流配送，年均节约运费超过1000万元。狠抓损耗治理，公路运输综合损耗率降幅50%。党建考核位居区外公司前列，业绩考核为集团公司A级。实施"战略营销、精准营销、理性营销"，市场营销能力和价值创造能力增强。开展政企合作、同行牵手、产融结合，优化网络布局，形成以黔中经济区为中心，以高速公路为纽带，辐射全省的销售网络布局。妥善处理速度与质量、效益与安全、和谐与创新的关系，建立完善适应高质量发展的体制机制。完善三级培训机制，3000余人次参加各类培训。

2020年，调入资源193万吨，销售油品216.32万吨，其中纯枪销量125.03万吨，直批98万吨；非油业务收入3.45亿元，同比增长29%；利润3800万元，完成稳增长利润指标；开发加油站25座，投运23座，安全环保"零事故、零伤害、零污染"，"十三五"圆满收官。

贵州销售主要经营指标

指　标	2020 年	2019 年	2018 年	2017 年	2016 年
成品油销量（万吨）	216.32	226.57	211.56	186.51	180.31
汽油销量（万吨）	115.86	112.93	104.96	84.43	82.73
柴油销量（万吨）	100.46	113.64	106.6	102.08	97.57
润滑油销量（万吨）	0.17	0.44	1.77	2.20	0.85
加油站总数（座）	334	308	294	280	282
油库数量（座）	3	3	3	3	3
油库库容（万立方米）	15.4	15.4	15.4	15.4	15.4
纯枪销量（万吨）	125.03	129.06	120.82	118.65	123.21
非油业务收入（亿元）	3.45	3.02	4.03	3.02	2.45
非油业务利润（亿元）	0.47	0.37	0.42	0.34	0.27
吨油费用（元）	307	324	320	366	372.04
资产总额（亿元）	50.57	49.01	44.41	40.55	38.43
收入（亿元）	125.1	155.42	157.09	120.14	101.27
利润（亿元）	0.38	0.5	0.02	1.51	2.06
税费（亿元）	1.17	0.79	2.46	1.37	2.2

【市场营销与资源调运】 2020 年，贵州销售打造宽松的内外部环境。油品销量 216.32 万吨。强化业财融合，突出预算引领，加强资产全生命周期管理，实行单站核算，找准盈亏平衡点，低销低效站大幅减少，吨油营销费用降至 307 元。理性处理竞合关系，与中国石化建立资源互供机制，扩大资源跨区互供，优化物流配送，有效降低无库地区运输成本，节约运费 1000 万元以上。群策群力狠抓损耗治理，公路运输综合损耗率同比下降 50%。党建考核位居区外公司前列，业绩考核为集团公司 A 级，销售规模、销售质量全面提升。

【加油站管理与非油业务】 2020 年，贵州销售坚持“以市场为导向、以客户为中心、以效益为目标”，加强市场研判，科学组织营销，突出零售主导地位，实施“战略营销、精准营销、理性营销”三大策略，巩固双万吨站 3 座、万吨站 17 座，单站日销量增至 13.2 吨，增加机构客户 700 家，百万元以上便利店增至 86 座；非油业务收入 3.45 亿元，非油业务利润 4700 万元，非油业务规模效益持续增长。店销收入同比增长 13%，毛利率增长 16%。自有商品“习缘酒”销售收入突破 1.2 亿元。市场引领能力、市场营销能力和价值创造能力不断增强。

【投资建设】 2020 年，贵州销售突出网络开发质量，优布局、盯效益、强投运，形成以黔中经济区为中心，以高速公路为纽带，辐射贵州省销售网络布局。开展政企合作，与贵安新区、观山湖区等政府平台成立合资公司，投运加油站 16 座。挖掘社会资源，促进一批历史遗留项目投运，与贵州高速集团成立合资公司，新增项目 30 个，盘活资金 7500 万元。开展产融结合。发挥集团公司金融板块优势，将中油资本向地方政府融资与贵州销售网络发展有机结合，圈定贵安新区加油站 3 座，惠水县融资意向合作项目 4 个，双龙经济开发区项目 2 个。开发加油站 25 座，投运 23 座。

【深化改革创新】 2020 年，贵州销售深化 QHSE 体系建设，有感领导、直线责任和属地管理责任进一步夯实，实现安全环保零伤害、零污染、零事故。实施三项制度改革，创新管理模式、绩效考核和薪酬分配方式，形成全员工效挂钩激励机制。创新干部选拔机制，一批优秀年轻干部进入中层领导岗位。推行站经理年薪制，调动加油站经理干事创业积极性。创新考核激励机制，逐年提高吨油绩效标准，人均劳效综合排名位居销售板块前列。完善目标责任管理，强化领导干部考核结果应用，薪酬分配向纯枪销售增量增利倾斜，重奖在关键领域做出突出贡献的单位和个人，发展活力不断释放。

【质量计量安全环保】 2020 年，贵州销售坚持“安全第一、预防为主、综合治理”的安全工作方针。质量计量监测中心检测油库抽送检油样 3818 批次，合格率 100%；所属加油站油品抽送检 2700 批次，合格率 98.41%；国家、地方政府和上级公司质量抽检 84 批次，未发生质量不合格事件，连续 3 年质量合格率 100%。各环节损耗 3034 吨，同比降低 1511 吨，下降 33.25%。其中：零售环节损耗量 845 吨，同比降低 596 吨，下降 41.34%；公路运输损耗量 1742 吨，同比降低 949 吨，下降 35.27%；铁路运输损耗量 2493 吨，同比降低 151 吨，下降 5.69%；仓储环节自有油库同比降低 208 吨，下降 9.18%；仓储环节代储油库损耗量 7 吨，同比降低 22 吨，下降 76.09%。严守安全生产“四条红线”，未发生生产安全等级责任事故、环境污染和生态破坏责任事故，有力保障公司生产经营安全平稳运行。

【信息化建设】 2020年，贵州销售新增上线加油站18座（含股权企业），在营291座，加油站系统上线率100%；完成双层罐改造二次上线20余座；新冠肺炎疫情期间，开通临时VPN用户112个，开通移动端视频会议用户518个，保障业务正常运行；推进股份公司销售分公司数据标准化应用工作，数据标准化核对准确率98%以上，数据标准化平台加油站端使用率95%以上；完成全部加油站移动支付系统版本升级，支付时间大幅缩减，提升客户服务效率；开展网络安全自查整改，通过集团公司“护网2020”专项行动；强化统建系统应用考核，获评销售板块劳动竞赛信息化类二季度、三季度和年度先进单位。

【培训管理】 2020年，贵州销售采用线上方式开展网络培训，利用视频会议系统、中油易连、昆仑学院、中油e学等线上培训软件开办培训班，采取业务讲座方式，实现即时对话交流，达到拓宽培训渠道、提高培训效率的目的，保证年度培训计划完成。选派人员参加上级公司组织的网络培训班42个1085人次。完成培训24项40期，1600余人参训，培训计划完成率100%。完成中层干部党的十九届四中全会精神专题培训班和非油基层便利店优化提升培训班等重点培训项目。

【绩效管理】 2020年，贵州销售发挥业绩考核“指挥棒”作用，以毛利总额为核心，优化月度经营发展重点控制指标设置，把效益类指标放到更为突出的位置。加大考核权重，对于完不成月度、季度考核任务单位的领导班子成员预兑现效益年薪扣减比例由5%调整为10%；增加“利润兜底”政策，对于毛利指标完成，优先保障完成效益类指标。提示约谈未完成月度考核任务分公司副职3人，有效传导业绩考核压力，促进提质增效任务完成。

【提质增效】 2020年，贵州销售明确12个方面44项具体措施，对标对表，强化执行，纯枪销售同比硬增长、零售比例硬提升、市场份额硬提高、非油业务硬发展。实施“经营创效、降本增效、管理提效”三大举措，以“战时状态”应对“叠加冲击”。纯枪价格到位率同比增长0.81%，费用总额同比减少4200万元，纯枪吨油营销成本532元，同比减少14元。利润总额3818万元，持续保持盈利能力。在销售板块劳动竞赛评比中获12个单项奖、2个综合评比先进单位。

【党群工作】 2020年，贵州销售完善“三重一大”决策制度，发挥党委“把方向、管大局、保落实”作用。落实党建目标考核责任制和书记述职测评制度，凸显基层党组织的政治优势、组织优势，涌现一批中央企业、集团公司“劳动模范”和贵州省“五一劳动奖章”等省部级先进集体和个人。坚持压实从严治党“两个责任”，一体推进不敢腐、不能腐、不想腐建设，推进巡察全覆盖，营造风清气正的良好氛围。加强党委班子自身建设，高度重视意识形态工作，落实中央八项规定精神，提高观大势、定大局、谋大事的能力。接受集团公司党组党内巡视，对巡视发现问题落实整改。

组织“战严冬、转观念、勇担当、上台阶”主题教育活动。组织班子成员专题调研25次，开展大讨论21次，征集合理化建议60条，开辟主题教育活动专题专栏，登载主题活动情况和经验交流等文章300多篇，各级党组织负责人围绕“形势怎么看、工作怎么干、我们怎么办”带头宣讲，实现支部、库站全覆盖。加强主题教育宣传引导，营造提质增效专项行动良好舆论氛围，配套开展主题劳动竞赛、创新创效攻关活动、合理化建议征集评选等，1个创新创效项目获集团公司首届基层创新大赛二等奖，2个项目成果入围，16个项目获公司级奖励。持续组织“形势、目标、任务、责任”主题教育。利用党建考核契机，分2个工作组，全覆盖10个分公司宣传贯彻党委新部署、新任务、新要求，引导广大干部员工认清形势转观念、凝心聚力谋发展。

【社会责任】 2020年，贵州销售完成定点扶贫项目“梧桐山”民宿项目开村仪式；完成集团公司消费扶贫采购103万元农副产品并下发至各库站；完成美丽乡村民宿项目的建成和投入工作。编制对外扶贫预算，开展“旭航”助学活动。在黔东南、六盘水开展“一升油、一生情”主题公益活动，所筹款项用于资助当地300名贫困高中生完成学业，每名贫困学生资助2000元，总资助金额60万元。对受资助学生第二年参加高考并被普通高校二本以上学校录取的给予5000元一次性升学奖励。“旭航”助学项目在贵州持续开展，坚持“助学育才”“形象提升”并重原则，每年资助学生不低于300名。扶贫工作受到当地政府部门及社会各界的一致好评，为贵州销售网络布局贵州省内空白区域，营造良好的外部氛围。

（杨珊珊）

中国石油天然气股份有限公司山西销售分公司

【概况】 中国石油天然气股份有限公司山西销售分公司（简称山西销售）2000 年 9 月组建成立，负责中国石油在山西省的成品油批发、零售、储运和网络开发建设及便利店、化工产品等非油销售业务。2020 年底，设 11 个处室，有 14 家分公司、6 家控参股公司，在册员工 2964 人，加油站 458 座，运营油库 9 座。

2020 年，山西销售成品油销售总量 126.03 万吨，纯枪销量 77.28 万吨，非油业务店销收入 3.24 亿元，非油业务毛利 4820 万元，完成率排名均在华北五省前列。网络开发投运 6 座加油站。安全环保责任事故为零。

【"十三五"回顾】 "十三五"期间，山西销售坚持"量效兼顾、以效为先"经营思路，2016—2018 年，总体收入年均增长 15.3%；2019 年市场化改革取得显著成效，实现近 3 年最好经营业绩。成品油销售基本稳定在 150 万吨左右，非油业务收入年均增长 15.6%，非油业务利润年均长 31.9%。投资完成额由 2016 年的 1.4 亿元上升到 2020 年的 2.5 亿元，年均增长 15.4%。持续优化资源和库存结构，综合损耗率由 2016 年的 –1.21‰下降到 2020 年的 –1.03‰。自建开发持续突破，投运加油站 2 座，在建加油站 3 座，积极布局发展车用天然气业务。坚持依法合规治企，编制发布《山西销售法律风险岗位防控指引》《合规管理实施细则》，处理完成企业纠纷案件 70 件，完成法人压减 7 家。安全管理等级由 B2 级升至 B1 级，保持等级以上安全环保责任事故为零。完成分公司、加油站、油库、客户经理分级分类，推进分公司大部制改革、组织机构压减率达 32%，员工总量从 2016 年到 2020 年年均下降 16.2%，人均销售收入年均增长 4.9%，人均销量年均增长 1.9%。

【油品销售业务】 2020 年，山西销售突出营销一体化运作，提质增效全面开展。明确"两确保一下降"工作目标，成立 6 个专项小组，制定 20 项工作措施，深化市场研判、预算制定、经营决策、运行分析和考核评价"五个一体化"应用，经营质量持续改善。"三个体系"保障有力，推进市场情报系统、经营决策体系、科学评价体系建设，把握"短周期、小趋势"市场规律，强终端、增零售、稳直批、优库存，突出对纯枪汽油、线上客户和终端销售考核指引，可比口径下纯枪销售吨油毛利同比提高 228 元 / 吨，直批吨油毛利同比提高 135 元 / 吨，综合价格到位率同比提升 1.7 个百分点。直批业务质量提升，坚持"线上 + 线下"销售模式，客户结构持续优化，直销比例突破 90%，新开发客户增销超 4.1 万吨，APP 线上销量占比突破 40%。资源运作精准高效，科学调控进销节奏，主动优化资源摆布，配置资源兑现率 99%。

山西销售主要经营指标

指　标	2020 年	2019 年	2018 年	2017 年	2016 年
成品油销量（万吨）	126.03	150.36	152.56	144.69	151.41
汽油销量（万吨）	49.12	56.69	57.64	60.69	59.63
柴油销量（万吨）	76.91	93.67	94.92	84	91.78
润滑油销量（万吨）	0.39	0.24	0.30	0.19	0.24
加油站总数（座）	458	467	471	481	482
油库数量（座）	9	8	8	8	10
油库库容（万立方米）	26	22.3	22.1	22.1	29.9
纯枪销量（万吨）	77.28	89.54	86.26	80.97	93.09
非油业务收入（亿元）	3.24	2.91	3.30	2.71	1.81
非油业务利润（亿元）	0.32	0.28	0.30	0.22	0.11
吨油费用（元）	552	514	500	487	476
资产总额（亿元）	48.63	52.96	44.86	47.53	40.31
收入（亿元）	73.17	97.88	103.75	86.70	78.04
利润（亿元）	–2.52	0.12	–3.27	0.11	0.11
税费（亿元）	1.00	1.88	0.41	1.32	2.09

【非油业务】 2020 年，山西销售非油业务强化专业化管理，创效水平持续提高。建立月度视频例会和"四包"（包公司、包品类、包培训、包任务）制度联动机制，完成 152 座站店面优化，缩短新品引入

时间，引进新品 700 余种，非油业务店销收入同比增长 11.4%，毛利同比增长 21.6%。组织开展车用润油油和车用助辅产品、包装饮料销售竞赛，车用辅助产品销售同比增长 112%，包装饮料收入、毛利大幅提升。“好客之信”白酒等自有商品上市销售，增强创效能力。推广彩票销售业务，开展员工内购，借助抖音等直播平台实现收入、毛利双丰收。抗疫扶贫精准到位，开展“油卖菜”业务，组织无接触送货上车等服务，销售 176 万元。优选 154 座便利店打造扶贫专柜，销售 401 万元。

【加油站管理】 2020 年，山西销售突出零售高质量优化，增强创效能力。丰富客户开发渠道，以卡锁客新增储值 9301 万元。丰富支付方式，推广 APP 一键支付，引入云闪付，开通移动支付客户 15.6 万个，线上充值比例环比增长 30%。创新合约加油模式，开发客户 1.27 万个，带动油品销售 4318 吨。优化促销手段，结合消费热点、节日刚需组织销售，新冠肺炎疫情期间价格到位率同比提升 3.17%、高速销量同比增长 57%。深化会员日促销和“10 惠”品牌促销，充值 1.32 亿元，销量环比增长 7% 以上。持续优化洗车平台，加盟商家 161 户，服务客户 21.6 万次。坚持实施精准激励，针对后疫情市场特点，组织“战严冬、转观念、强服务、提纯强”劳动竞赛，获股份公司销售分公司先进单位称号。实施纯枪汽油专项奖励、毛利考核奖惩、营销支出管控等措施，纯枪销售吨油支出同比减少 243 元。持续优化运行管理，推行“阿米巴”经营模式，成立地市运营指挥中心，上线加油站量价模型，强化数据分析和运行督导，做到量效实时掌控。有效把控市场节奏，调整销售指导价 25 次，优化汽油低效站，78 座站同比增长 53%。坚持量化考评，开展神秘顾客访问 15 次，现场管理明显增强。强化同业竞合共赢，理性应对主要竞争对手降价促销，坚持“以我为主”分区域定量、定价目标，千方百计增汽油、稳柴油，价格到位率同比提高 2.13 个百分点。

【投资与工程建设】 2020 年，山西销售突出生命工程高质量，优化网络结构。加大自主开发优布局，太原市首座自建项目阳兴南街加油站投运；竞得吕梁、晋中城区加油站用地，实现空白区域项目自建新突破。加快项目投运早见效，投运 6 座，超额完成目标任务。榆社化工园区加油站、太原亨通南路加油站当年立项、当年投运。强化合资合作扩市场，加大与国有、民营优势企业合作力度，以项目落地为首要目标，与山西交控实业高速公路合作项目取得重要进展；首座油气合建项目沁水尉迟站正式运营，为油气合建项目开拓市场奠定基础。盘活存量资产挖潜力，按照“双低”站治理思路，做好停业站、租赁站“加减法”，完成项目治理 15 座，节约费用 662 万元。狠抓工程管理强支撑，长治油库投产运营，解决长达 10 年的历史遗留问题；完成玉门沟、侯马等油库隐患治理、加油站防渗改造，库站安全条件得到全面改善。

【储运与油库】 2020 年，山西销售直炼资源购进 95.9 万吨，完成率 99%。月均库存 7.76 万吨，同比减少 1 万吨。积极沟通协调，控制资源购进节奏，资源创效 2434 万元。开通宁武神池片区一次入站业务，推动中国石化串换公路出库，运费同比降低 752 万元，实现运费总额硬下降。与铁路部门积极沟通，降低铁路代维费、维修费，延占费同比下降 54%。拓展思路、找准切入点，清理代县油库、跃胜油库库存遗留问题。

【企业管理】 2020 年，山西销售直批管理创新加快推进，确定“管理平台化、数据标准化、客户差异化”的直批发展方向，组建直批服务中心，推行山西省集中结算。通过实施组织优化、风险管控、流程优化和数据集中，完成直批流程“再造”，实现管理界面明晰、关键风险受控、销售模式创新和运行效率提升。夯实依法治企工作基础，制定合规管理制度和法律风险防控指引，明确防控措施 343 项，帮助干部员工明规定、知底线。纠纷案件管理实现新突破，处理结案 8 件，避免或挽回经济损失 4317 万元；妥善解决代县油库、跃胜油库等诉讼执行，有力维护合法权益。完成 10 家分公司经济责任审计和 164 项工程结算审计，审减率 17%。

【质量计量安全环保】 2020 年，山西销售夯实基础管理，管控能力持续提升。建立新冠肺炎疫情防控体系，召开疫情防控会议 52 次，编制《疫情防控知识手册》等 11 项制度，投入 193 万元购置防疫物资并发放到位，实现“零疫情、零感染”目标。完善安全责任体系，坚持安全总监例会制度，制定安全生产责任清单考核标准。建立内部量化审核机制，对地市公司开展全覆盖审核。加强本质安全管理，实施 3 座油库、131 座加油站隐患治理，按期完成危化证换证及排污许可证办理，加油站环评手续及验收手续补办基本完成。降耗增效目标实现，严格损溢月盘点制度，强化分品类、分环节考核，完成降费 139 万元。

【信息化建设】 2020 年，山西销售信息化建设发挥助推作用。完成大数据平台建设和数据治理，数据准确率98%。建设站级量效分析平台，实现预算管控到站。建立太原、忻州运营监控中心，上线进销存风险预警系统，解决“管不好、管不住”问题。

【人事管理】 2020年，山西销售三项制度改革成效显著。绩效考核突出业绩导向，纯枪销售考核权重由42%提高至45%，助力纯枪销售创效。运用分级分类改革成果，实现薪酬差异化管理。薪酬分配向一线倾斜，新冠肺炎疫情期间保证库站员工收入稳定。为员工缴纳住房公积金、参保率98%，企业年金参保率提升至66%，为2000余名员工投保补充医疗保险。调整合并机关处室4个，明确机关中层干部职责分工，完成股份公司销售分公司下达控员任务。优化人才队伍结构，完成地市公司领导班子、中层干部考核测评，完成层级类别套转工作。推荐后备干部入库培养，充实“234”人才库。选派多名机关、基层优秀年轻干部双向挂职锻炼，提拔使用优秀年轻干部。举办各类培训70期、参训8285人次，计划执行率100%。组织技能鉴定1154人，持证率72.6%。

【企业党建工作】 2020年，山西销售开展主题教育活动，两级领导班子成员学习研讨32次、专题宣讲69次，深入库站调研334次，收集合理化建议164项、组织创新创效项目224个。推进党建和业务“一岗双责”“横向融合、纵向延伸”，组织开展庆祝建党99周年“七个一”系列活动，创新性地将“支部建在市场上”，开展“全员销售、支部引领、党员带头”活动，坚持机关和基层党建共建。实施党建工作与生产经营“双百”考核，整改问题500余项，提升基层党建工作质量。风清气正生态持续向好，聚焦“三项监督”、提质增效等重大事项和重要节点，专项监督、严明纪律，发挥纪律保障职能。完成太原等3家地市公司政治巡察，实现巡察全覆盖。一体推进“三不”机制，打造廉政大讲堂，探索信访管理“坚守政治站位、严格工作规则、坚持过细研判”的“三三三”工作机制，全员纪律规矩意识持续增强。企业文化建设凝心聚力，开展“走进中国石油”媒体开放日、扶贫帮困送温暖和“送清凉到一线”慰问活动，组建劳模工作室，组织“拓市场、提纯枪、增效益”劳动竞赛，形成“比学赶帮超”的良好氛围。按照山西省委要求积极组织干部驻村扶贫工作，完成阶段性任务。张国被评为集团公司劳动模范，董娟娟获集团公司“最美青工”，太原小东流加油站团支部被集团公司授予“五四红旗团支部”。

（王丽萍）

中国石油天然气股份有限公司青海销售分公司

【概况】 中国石油天然气股份有限公司青海销售分公司（简称青海销售）1954年成立，1998年上划集团公司，承担青海汽油、柴油、润滑油等成品油稳定供应的责任。2020年底，机关设置12个职能处室，下设12个二级单位、14家合资公司，员工总数2254人；资产总额31.08亿元，运营加油站313座，直属油库4座、总库容21万立方米。青海销售连续多年名列“青海省百强企业”前10强，连续多年成为青海省上缴税收大户，获全国“五一劳动奖状”“抗震救灾英雄集体”“中央企业先进基层党组织”等称号。

2020年，青海销售面对疫情和低油价“双重大考”，坚定“巩固、创新、提质、共享”八字方针，重塑网建、营销、党建3个新格局，突出“零售创新”，统筹抓好“提质增效”工作。销售汽油、柴油180.66万吨，同比增长1%；零售126.26万吨，同比下降2%；销售天然气0.22万吨；非油业务收入3.47亿元，同比增长4%；非油业务毛利4681万元，同比增长7%；收入106.84亿元，利润总额1.02亿元，同比增长214.5%。

“十三五”期间，青海销售累计销售汽油、柴油872.04万吨，收入562.97亿元，利润3.08亿元，上缴税费6.83亿元。汽油、柴油年销售量从2016年的167.29万吨增长到2020年的180.66万吨、增长7.99%；运营加油站从236座增长到313座，增长32.63%；非油业务收入从1.63亿元增长到3.47亿元，增长112.88%。

【油气销售业务】 2020年，青海销售深化重塑营销新格局，超前研判疫情对油价影响，灵活运用营销策略，通过稳柴增汽、锁价销售、限时促销、限量秒杀等营销策略，销售汽油、柴油180.66万吨。坚持以市场为导向，用好用活促销政策，采取“以站代库”、一户一策、主动配送等，提高客户黏性，直批销售54.4万吨，同比增长8%。加强工程客户开发，重点工程项目客户实行“挂点承包”，新增工程客户

青海销售主要经营指标

指 标	2020年	2019年	2018年	2017年	2016年
成品油销量（万吨）	180.66	178.99	170.46	174.64	167.29
汽油销量（万吨）	75.31	65.15	66.36	67.4	59.78
柴油销量（万吨）	105.35	113.84	104.1	107.24	107.51
润滑油销量（万吨）	0.14	0.14	0.42	0.74	0.35
天然气销量（万吨）	0.22	0	0	0	0
加油站总数（座）	313	301	264	258	236
油库数量（座）	4	4	4	4	4
油库库容（万立方米）	21	21	21	21.6	21.6
纯枪销量（万吨）	126.26	128.7	124.04	122.29	118.85
非油业务收入（亿元）	3.47	3.35	3.06	2.13	1.63
非油业务利润（亿元）	0.24	0.31	0.29	0.2	0.16
吨油费用（元）	397	437	383	328	350.36
资产总额（亿元）	31.08	29.65	28.59	27.18	28.89
收入（亿元）	106.84	124.63	125.88	110.89	94.73
利润（亿元）	1.02	0.32	−0.67	2	0.41
税费（亿元）	1.11	1.18	0.95	1.55	2.04

416家。完善直批APP服务功能，配套开展线上营销，线上购油占比61%。优化竞合关系，与同业者建立常态化协商机制，减少非理性竞争和价格直降，油品销售综合价格到位率96.28%，同比增长0.26%。突出“零售创新”，构建新零售四梁八柱，出台《重塑零售新格局实施方案》，制定16个配套政策，深化“油卡非润”一体化营销，汽油纯枪销量同比增加5.12万吨，增长9%。加强零售客户开发，全员都当“卖油郎”，聚焦党政军机关、企事业单位，实行省公司、分公司、片区“三级联动”开发，收获80%的零售客户。拓展跨界合作，与青海省内3大通信运营商和15家商业银行合作，引入促销资源2601万元，撬动汽油销售7万吨。

【非油业务】 2020年，青海销售强化非油主营业务地位，加快创新驱动步伐，多点增收创效，非油业务收入3.47亿元、毛利4681万元，分别同比增长4%、7%。推进昆仑好客运营体系，引进新品229个，删减无效单品417个，酒类、奶类、通信、办公文体等大类收入同比增长超过30%，店销收入同比增长22%。开展车用辅助产品销售竞赛，采取单品捆绑纯枪销售办法，将考核激励兑现到人，销售车用辅助产品4346吨，同比增长42%。打造站外非油旗舰店，西宁、格尔木火车站2座便利店建成开业，西宁火车站店日均销量保持在5000元。加大自有商品开发，响应青海省牦牛＋青稞三年产业扶贫计划，与青海新丁香粮油有限责任公司成立合资公司，开发中国石油首款“青稞面馆”系列方便面，4个月销售收入360万元。以“自有商品”为主的网红带货直播在各分公司轮流开展，线上销售收入首次突破20万元。

【加油站管理】 2020年，青海销售推行“阿米巴”经营模式，重点划小核算单元，建立加油站“量本利”分析模型，培养员工算账意识，不搞普惠制、不做赔本生意、不搞无效益销售，提升单站创效能力，吨油毛利率同比提升1.5%。创新“双低”站治理模式，将33座位置偏、销量低、成本高、长年亏损的站点租赁给合资公司经营，青海省加油站同比减亏4077万元。推行加油站分级管理，3000吨以上站点自主经营，通过站经理夺标管理、全流程诊断优化，实现量效双增；3000吨以下站点实行整体外包，120座站移交给存续企业中油新兴能源公司经营，通过定编减员、合理开关、季节性经营，青海省加油站费用同比下降78万元。发挥薪酬杠杆作用，吨油含量工资向升油含量工资转变，员工收入与量效直接挂钩，激发广大干部员工工作积极性。

【油库管理】 2020年，青海销售执行直炼资源配置计划，调入成品油179.08万吨，其中调入汽油73.7万吨、柴油105.39万吨。4座油库周转油品321万吨，周转次数10.71次，人均吞吐量1.9万吨。加强客存油管控，出台客存油管理办法，压减客存油4万吨，清理不动转客存油978吨，收取仓储费22万元。优化配送计划和路径，配送油品126万吨，吨油运费3.01元/吨，同比下降4.76元/吨。提升油库自动化管理水平，“一卡通”付油系统上线运行，工作效率提高23%。加强油库损耗管理，一次物流损耗同比降低0.01%，二次物流损耗同比降低0.029%。紧盯油价变化，统筹资源运作，动态调整库存结构，资源运作创效4298万元。

【投资建设】 2020年，青海销售转变网络开发思路，突出市场控制力搞开发，通过合资合作“减对手”、收购租赁“拔钉子”、自主开发“打补丁”，开发加油（加气）站28座、投运25座。持续优化投资结构，把投资重点放在合资合作上，新增股权企业 13 家，开发合资站 13 座、投运 7 座。抢滩登陆 LNG 市场，以 109 国道、315 国道为重点，建成投运加气站 4 座、待建 15 座、完成前期规划 25 座，销售天然气 0.22 万吨。低成本发展加油站网络，参与 13 块土地竞拍，重点项目以最优价摘牌，每亩均价 66 万元。优化工程设计，果洛班玛建设乡项目改为橇装站，节约投资 240 万元；天棚货场项目合理优化，造价下降 140 万元。加强工程项目管理，启动工程建设项目 29 个，完工 28 个。

【提质增效】 2020 年，青海销售开展提质增效专项行动，制定《青海销售提质增效实施方案》，明确 4 个行动方向、18 类管理建议、70 项具体措施，开源节流并重，降低疫情和低油价造成的损失，吨油利润同比增加 38 元、增长 212%，利润总额增加 6958 万元、同比增长 214%。压减大额费用支出，费用总额同比减少 6344 万元、下降 8%，其中人工成本下降 4%、吨油商流费下降 9%、机关管理费用压减 34%、机关“五项”费用压减 51%。加强政府部门沟通，争取所得税返还 1149 万元，减免土地使用税 278 万元，争取社保减免 1700 万元。规范招投标管理，开展内外部招标及商务谈判项目 73 项，节约金额 604 万元。加强工程结算审计，68 个项目审减 1429 万元、审减率 10%。

【安全环保】 2020 年，青海销售把员工的生命安全和身体健康放在首位，常态化做好新冠肺炎疫情防控，配全配齐防护用品，工作场所定期消杀，未发生员工感染事件。提升 QHSE 体系审核质量，按照集团公司总部统一部署、销售板块重点指导、青海销售自主审核的模式，完成 13 家分公司体系审核工作，发现问题 2199 项，整改 2150 项，整改完成率 98%。集中整治库站安全环保隐患，曹家堡油库工艺管线隐患改造完成，开展“油气味”排查和土壤污染治理，286 座加油站和 4 座油库取得排污许可证，未发生安全环保事故，青海销售被青海省评为 2020 年度安全生产先进企业。加强数质量管理，政府部门抽检 504 批次，内部抽检 1535 批次，油品质量合格率 100%。强化合同风险管控，突出设备采购、工程建设、土地招拍、加油站收购、合资合作等合同审查，审核合同 1534 项，涉及金额 27.36 亿元。完善公司制度体系，新制定制度 15 项，修订制度 5 项，废止制度 3 项，形成 16 大类 233 项规章制度体系。

【企业党建工作】 2020 年，青海销售党委加强政治建设，组织党委理论中心组学习 16 次，邀请外部专家授课 4 次，召开专题研讨会 3 次，形成研讨材料 11 份。开展“战严冬、转观念、勇担当、上台阶”主题教育活动，引导员工坚决打赢疫情防控“狙击战”和效益“保卫战”。夯实党建“三基”建设，新成立党校分校 6 个，轮训党员 1257 人次，培训入党积极分子 36 人，打造支部阵地 36 个，创建党员示范班组 30 个，组织党员突击队 43 个。抓实党风廉政建设，86 名党员干部到廉政教育基地接受教育，开展廉政警示谈话 1081 人次，完成 6 家单位党委巡察工作。

【企业文化建设】 2020 年，青海销售加强企业文化宣传工作，在中央、青海省、中国石油等媒体发稿 199 篇，铁人雕像在公司大院落成，才仁吉藏获由人民日报社主导、中国能源报社评选的“扶贫榜样人物”，以她为原型的短视频《高原深处“春花”开》在人民日报数字传播有限公司举办的“小康生活、化工印记短视频大赛”中获扶贫类最佳故事奖，青海销售党委获集团公司宣传思想文化工作先进集体。加强典型人物选树，孙玲玲获全国劳动模范和集团公司特等劳动模范，胡鹏、颜世秀获集团公司劳动模范，薛林娜获集团公司抗疫先进个人，才仁永措获青海省职工职业道德建设“十佳个人”，彭家寨加油站获青海省工会“工人先锋号”，“加油站储罐一罐一率、实现精准降耗”项目在中国石油首届一线生产创新大赛上获总决赛三等奖和团体二等奖。履行央企“三大责任”，启动茫崖市应急避难疏散广场及环城防风固沙公益林基础设施配套项目，项目总投资 3100 万元，计划 3 年内完成。开展困难员工帮扶救助活动，帮扶困难员工 490 名、重病员工 10 名，发放帮扶资金 65 万元，为困难员工家庭募捐善款 17.73 万元。

【中国石油“旭航”助学奖学金首次在青海发放】 2020 年 9 月 8 日，由中国石油和中国扶贫基金会联合开展的中国石油旭航助学奖学金发放仪式在青海海东市一中举行，为 53 名考上本科院校的贫困学子每人发放奖学金 5000 元。

2020 年 9 月 8 日，中国石油、中国扶贫基金会联合开展的旭航助学（青海）奖金发放仪式在海东市一中举行（张爱民 摄）

（高国鹏）

中国石油天然气股份有限公司江西销售分公司

【概况】 中国石油天然气股份有限公司江西销售分公司（简称江西销售）2001年12月成立，前身是中国石油华东销售江西分公司，2008年底上划股份公司直接管理。主要从事成品油批发、零售业务及便利店、润滑油、天然气等非油销售业务，承担销售网络开发建设及管理等职责。

2020年底，下设12个职能处室、3个附属机构，下辖11个地市分公司、2个专业分公司和12个控（参）股公司，员工总数2000余人，运营加油站302座，运营油库8座，库容13.3万立方米。

2020年，江西销售油品销量106.79万吨，其中纯枪销量74.2万吨，同比下降13.8万吨；非油业务店销收入2.76亿元，同比下降14.2%，毛利3707万元，同比增长5.4%；开发加油站7座，投运加油（气）14座；自由现金流2亿元，完成提质增效效益目标。质量、计量和安全环保事故为零。

2020年，江西销售投入新冠肺炎疫情防控支出252万元，发放疫情补贴220万元。以实际行动践行“油品不断档、商品不涨价、服务不停歇”的承诺，取得“零疫情”的阶段性胜利，增强干部员工共克时艰、化危为机的责任感和使命感。树牢“一切成本皆可降”的理念，研究制定6大类38条提质增效措施，全员、全环节、全要素压实控本降费责任，连续9个月实现盈利。商流费首次控制在预算范围内，同比减少8005万元。

【“十三五”回顾】 5年来，江西销售资产较“十二五”末增加17.5亿元，运营加油站超过300座，库容13.3万立方米；纯枪销量年均增长8.4%，纯枪销售比例提高至69.5%，年均增长4.2%；非油业务收入和毛利年均分别增长26%和29%，建成百万元店91座。“十三五”期间，推进改革创新，开展提质增效、物流优化、单站核算、信息化建设等管理提升工作，坚守四条红线，企业安全平稳运营，QHSE体系量化审核从C2档提升至B1档。在集团公司支持下，完成“处僵治困”工作目标。基层建设得到新加强，560余个集体和个人获省市级以上奖励，库站人均工资年均增长10%以上，员工获得感、幸福感持续提升。企业形象得到新亮化，主动融入地方经济社会发展大局，得到社会广泛认可。在资源紧张、洪涝、新冠肺炎疫情等特殊时期千方百计保供，投入扶贫资金7000万元，得到江西省委主要领导的肯定嘉奖，企业品牌形象得到地方党委政府及社会的广泛认同。

江西销售主要经营指标

指　标	2020年	2019年	2018年	2017年	2016年
成品油销量（万吨）	106.79	136.55	140.92	126.97	137.73
汽油销量（万吨）	47.97	60.56	60.05	50.06	44.69
柴油销量（万吨）	58.83	76.00	80.87	76.91	93.04
润滑油销量（万吨）	0.24	0.28	0.14	0.05	0.05
加油站总数（座）	302	296	287	277	273
油库数量（座）	8	9	9	9	9
油库库容（万立方米）	12.8	13.17	12.97	12.77	12.77
纯枪销量（万吨）	74.21	88.05	77.73	72.36	69.59
非油业务收入（亿元）	2.76	3.21	2.53	1.53	1.17
非油业务利润（亿元）	0.14	0.14	0.24	0.20	0.14
吨油费用（元）	683.36	593.06	543.28	542.43	455.68
资产总额（亿元）	53.22	60.18	54.59	42.40	36.29
收入（亿元）	64.62	92.65	96.13	73.99	68.31
利润（亿元）	–0.46	0.01	0.11	0.14	0.14
税费（亿元）	1.65	1.41	0.27	0.30	1.04

【油品销售】 2020年，江西销售构建“上下里外”四个维度的市场研判机制。实施批零一体化，强化竞合关系处理，直批价格到位率89.8%，同比提高3.6个百分点。零售比例69.5%，同比提高5个百分点。理清两级零售部门管理权限，下放营销支出自主权。梳理促销政策，减少叠加优惠，杜绝普惠式无效促销，纯枪营销支出同比减少2.08亿元，下降53%。引入外部营销资源1057万元；主动融入政府消费

券商户圈，获取消费券150万元；纯枪价格到位率97.9%，同比提高1.9个百分点。立足客户精准营销，深化“油卡非润”一体化营销，开展以拉新为主题的裂变营销活动，新增发卡3016张、沉淀资金267万元。精准派发电子券，唤醒挽回客户3000余个。精准油站商圈分析与调查，开展“四见五进”活动，新增直批客户169个、零售客户5063个。中油好客e站微信关注量170.1万人，同比增长20.6万人。启动直批APP上线工作，认证直批APP客户512户。强化服务品牌营销。启动加油站“形象、环境、服务”专项整治提升工作，推进与高质量精品零售公司相匹配的精品服务建设。经过整治，加油站整体形象和服务水平得到明显改观，神秘顾客访问排名从小组末位上升至中游水平。

【非油销售】 2020年，江西销售优化销售结构，香烟销售占比同比下降8.1%，酒类、汽车用品、家庭食品等高毛利商品销售分别同比增长171.6%、54.7%、42.4%。新增汽车服务网点11座，建设柴油尾气净化液加注站33座，汽车服务收入、车用润滑油和车用辅助产品销售同比分别增长62.7%、4.9%，化肥销售20吨。引入移动积分兑换业务，带动非油销售140.4万元。创新营销方式。抢抓新冠肺炎疫情带来的营销风口，开展果蔬、鸡蛋销售和地摊经济，销售额59.2万元。开通线上销售平台，直播带货30余场，带动非油销售100余万元。开设“好客江西”微店，销售脐橙47.6万元。精心策划四季主题促销，带动非油业务收入4185万元，占比15.2%。强化基础管理。有效遏制“空转走单”类业务及香烟违规销售。强化供应商管理，降低进货成本。推进昆仑好客运营体系建设，开展业务培训和门店帮扶12次。打造百万元店91座、500万元店2座。

【网络建设】 2020年，江西销售抓优项目管控，网络建设迎难而上，重效益、优布局，面对集团公司投资计划大幅缩减的严峻形势，有序安排资金，及时转变工作思路，拓宽开发渠道。将土地落实作为合资合作前置条件，与3个县级投融资平台签署合作协议。天然气业务有所突破，新增CNG加气站1座。重清理、求实绩。4个遗留项目投运。停业10年的宜春高安铁信加油站恢复投运；置换抚州资溪飞鹤大道加油站，销量较置换前增长40%。重管控、强质量。加强施工现场管理，开展视频检查100余次，淘汰承包商1个，约谈2家分公司。严把工程设计变更和签证审批关，严控工程投资超计划。优化施工组织设计，严格工期管控，新开工项目27个，完工14个。

【质量计量安全环保】 2020年，江西销售狠抓防控体系建设，制定安全生产专项整治三年行动方案，修订应急预案，统筹安排安全生产月活动，修订完善全覆盖的安全生产责任清单。组织开展HSE管理体系量化审核，实现关键岗位人员HSE履职能力评估全覆盖，审核得分同比提高1.3分。首次获集团公司“质量安全环保节能先进企业”称号。高效应对鄱阳湖流域超历史大洪水。狠抓环保风险防控，建立两级党委生态环境保护重大问题议事规则，全面排查、大力整改环保隐患，通过中央环保督察。304座库站完成排污许可证申领，办理进度位居销售板块前列。狠抓监督体系建设。加大对卸油环节及施工过程的监督检查，有效消减违章行为。对安全隐患问题实时通报、限期整改，倒逼工作要求落实到位。组织库站专项隐患排查，发现各类隐患310余项，确定重点隐患29项，投入安全生产费775万元。狠抓质量计量管理。抽取样品638样次，覆盖全部运营库站，检测结果均合格。举办客户开放日活动，邀请部分客户走进化验室，零距离感受质量全过程管控。

【企业管理】 2020年，江西销售启动管理体系融合，建立“三位一体”综合管理体系文件，形成制度文件152个，嵌入业务流程225个、记录表单347个和管理风险387个。加强法治建设，处理存量案件10起，避免资金损失850余万元，追回涉案资金50万元，形成公司债权300余万元。优化合同审批流程，事后合同率下降1.1个百分点，实现合同管理提速升级。规范招投标管理，开展各类检查反馈问题专项治理，理顺业务流程。组织实施项目选商46项，节约费用315.93万元，节约率10.1%。经营依法合规，重要业务流程及关键控制点内控测试全覆盖。规范证照管理，完成经营范围增项，5家单位完成批发业务增项。规范印章管理，压减印章696枚，销售板块排名第9。

【提质增效】 2020年，江西销售创新加油站上门收款方式，开展“顺收”业务。相比保安公司押运，单次上门收款费用同比减少一半，单次费用由220元降为90元。268座加油站开展“顺收”业务，上门收款费用同比减少268万元，下降34%，集团公司主题教育实践成果读本收录“顺收”业务典型做法。优化仓储物流体系。重新核实运距515笔，平均运距节约10千米。运费同比下降2757万元，下降28%；仓储费同比下降109万元，下降4%。优化库存管理，开展客存和非油库存清理，减少跌价损失7400万元；直批客存较最高值下降40%。非油业务香烟和润滑油较最高值分别降库2237万元、239万元，下降73.9%、17.5%。盘盈油品7866吨，增效5263万元。盘活闲置资产5万元。积极争取地方政策支持。减免税费约187万元，社保395万元，水电气费用18万元，获政府相关部门奖励及补贴10万元，优化税企环境，被评为纳税先进企业。严控非生产性支出，建立产品服务价格数据库，安全专业线采用服务最高限价的做法在销售板块体系核审通报会中推广。两级机关“五项”费用较预算减少430万元，同比下降34.4%。资源调度助力营销，制订仓储物流运行和资源保供方案，配置资源90万吨。退租国储256库，租用中国石化水东油库，填补赣州汽油仓储空白。串换资源3.3万吨，节约运输仓储费116万元。二次吨油运费同比降低4.7元。

【信息化建设】 2020年，江西销售加快数字化转型步伐。推广加油站快速支付环境，实现自助开票、自助结算等，改善客户体验。完成大数据运算平台和“阿米巴”单站核算模型建设，让站经理从盈利能力、单站效率、成本费用控制等方面，开展对标和分析，提升加油站创效能力。上线加油站一站式服务平台和即时薪酬系统，上报诉求765个，下发工作任务136个，将站经理从内部事务的沟通审批中解放出来，更好地服务客户，开拓营销，聚力主业。推进管理数字化，让数据多跑路，员工少跑腿，各类单据流转79430条，将视频会议覆盖至库站，支持库站人员通过手机等移动设备参加会议和培训，召开各类会议培训455次，降低相关费用50万元。

【改革创新】 2020年，江西销售推进三项制度改革，撤销机构1个，重新梳理3个处室职能，推进中层干部层级套转和分级分类管理。深化青年干部培养，提拔使用4名中层干部，举办首届青年干部培训班。开展加油站经理星级评定，评聘星级站经理267名。培养高级技师2人，技师26人，内训师29人。深化工效挂钩考核激励，机关管理人员业绩工资与利润完成率挂钩，优化直批销售提成，引导全体干部员工树立“单位工资凭效益，员工收入凭贡献”的理念，身份管理逐渐淡化，岗位价值显著提升。践行“阿米巴”经营模式。现场交流学习中国石化“阿米巴”经营经验，将单站核算转化为增销创效的利器。针对市场化价差下亏损的96座站，量身定做扭亏增盈提升措施。宜春4座站打包出租，抚州站前大道站实施委托经营，账面利润同比增加673万元。

【企业党建工作】 2020年，江西销售领导班子分片开展调研21次，主题教育宣讲38场，查看加油站、油库及施工现场54个，征集意见建议300余条，收集创效“金点子”155个，对14个金点子予以表彰并持续跟进成果转化。修订“三重一大”决策制度，细化全面从严治党主体责任清单，压实管党治党责任。专题研究意识形态工作，牢牢掌握意识形态工作领导权、主动权。强化党建工作责任制量化考核结果应用，推动党建责任层层落实。加强基层党团组织建设，发展党员42名，12个基层团组织完成换届，5个团组织和12名青年获省市级以上荣誉。强化党风廉政建设和作风建设，围绕新冠肺炎疫情防控、提质增效、脱贫攻坚、作风建设等开展监督。完成对所属党组织三年巡察首轮全覆盖。加大执纪问责力度，处理中层干部1人，收缴违纪款1.5万元，挽回损失10万余元。下发加油卡“十大禁令”，严防加油卡“微腐败”。出台改进文风会风14条。

【企业文化宣传】 2020年，江西销售建立“一网三端多平台”新媒体传播体系，“中油赣之声”发布推文154篇，在销售板块排名第5。挖掘江西红色文化资源，打造红军主题文化加油站，拍摄企业宣教片《信仰的力量》。启动江西销售20年志书编写。和谐稳定大局更加牢固。深化民主管理，保障职工权益，群团活动开展有声有色，劳动竞赛作用有效发挥。开展公司首届十佳站经理评选表彰。完成退休人员社会化管理工作。开展综合治理和平安建设工作，排查化解矛盾隐患。

【扶贫工作】 2020年，江西销售在上饶、新余等7个地市投入扶贫资金1200余万元，消费扶贫600余万元。在横峰县援建港边乡石油中心小学，党建+扶志扶智、农家书屋、党员活动室、党群服务中心建设一体等项目，受益群众2万余人。获横峰县委县政府颁发的“脱贫攻坚先进单位”称号，2018—2020年度定点帮扶考核等次被江西省委组织部、省扶贫办定级为“好”。驻村工作队长黄勇考核等次为优秀。

（袁　媛）

中国石油天然气股份有限公司天津销售分公司

【概况】 中国石油天然气股份有限公司天津销售分公司（简称天津销售）1999 年 10 月正式注册成立，隶属于原华北销售公司，2009 年 11 月上划股份公司管理。截至 2020 年底，总资产 27.57 亿元，运行油库 3 座，库容 19.96 万立方米，其中：全资库 2 座，库容 13.6 万立方米，大港油库 8.6 万立方米，武清油库 5 万立方米，租赁油库 1 座，华源油库 6.36 万立方米；运营加油站 195 座，其中全资站 125 座、股权站 26 座、租赁站 44 座。

2020 年，销售油品 64.15 万吨，其中纯枪销量 48.29 万吨；利润 2805.5 万元；非油业务收入 2.61 亿元，非油业务毛利 4813.8 万元。在册员工 1799 人，其中大专及以上学历 968 人，高级职称 56 人、中级职称 179 人、技师 21 人。下属基层党委 10 个、党总支 1 个、党支部 71 个，有党员 758 人。

天津销售主要经营指标

指　标	2020 年	2019 年	2018 年	2017 年	2016 年
成品油销量（万吨）	64.15	94.42	103.74	111.32	114.94
汽油销量（万吨）	31.26	41.76	52.19	43.14	37.57
柴油销量（万吨）	32.89	52.66	51.55	68.18	77.37
润滑油销量（万吨）	0.08	0.06	0.16	0.08	0.04
加油站总数（座）	195	201	199	213	212
油库数量（座）	3	3	5	5	5
油库库容（立方米）	19.96	19.96	21.46	22.94	22.94
纯枪销量（万吨）	48.29	50.94	47.94	54.11	53.90
非油业务收入（亿元）	2.61	2.22	1.88	0.73	0.95
非油业务利润（亿元）	−0.02	0.1	0.3	0.15	0.13
吨油费用（元）	804.47	616.62	543	482	481
资产总额（亿元）	27.57	26.89	28.92	23.47	24.47
收入（亿元）	39.63	61.68	71.51	63.76	56.72
利润（亿元）	0.28	0.57	−1.73	0.5	0.13
税费（亿元）	0.69	1.22	0.71	1.22	1.3

【“十三五”回顾】 “十三五”期间，天津销售坚持以效益为中心，以市场为导向，制定“增油扩气加快发展非油业务”的战略部署、“三高一靠前”战略目标和“强精优特”的战略定位，调整 5 个结构，基本实现“三到位、三优化”（库存结构、批零结构、机构精简到位，批直结构、油非结构、人员结构得到优化）。打好提质增效进攻仗，2019 年实现扭亏脱困，连续两年盈利，企业发展质量明显提升。以深化改革为动力，推进市场化改革和三项制度改革，基本建立适应市场快速变化的辅助决策支持系统、营销决策系统、运行保障系统、考核激励机制和预警纠偏机制，大部制改革基本到位，面向市场的运行体制机制基本到位。深化干部人事制度改革，完善选人用人机制，打通各级各类人才成长通道。建立升油含量工资、非油百元提成、每单工资制、阶梯式奖励政策、试行年薪制等一系列薪酬分配机制，形成崇尚先进、崇尚实干、崇尚业绩的良好氛围。

【油气销售业务】 2020 年，受新冠肺炎疫情影响，销量断崖式下跌，天津销售提出保障后路畅通不能停、复工复产准备不能停、安全生产工作不能停等“六个不能停”要求，3 月纯枪销量每周一个台阶，3 月 18 日达到 2019 年同期水平。围绕“一个突出，两个靠前”目标，以“纯枪稳销量、增效益”为原则，严控营销支出，提升价格到位率，推进全量会员体系建设，推广昆仑加油卡和中油好客 e 站 APP，记名活跃卡发放 26.28 万张，同比增加 2.38 万张；沉淀资金 2.36 亿元，同比增加 0.23 亿元；线上充值 4.50 亿元，同比增加 0.95 亿元。坚决抑制没有效益的量的冲动，止住亏损出血点，加大直销大客户开发力度，开发大客户 66 个，直销终端占比 67%，同比提高 22%，盈利 1573 万元。加大天然气销售力度，销售天然气 2.27 万吨，销售收入 7541.17 万元，毛利 814.02 万元

【非油业务】 2020 年初，非油销售面临严峻挑战，天津销售将非油业务从店内销售转向店外拓展，非油项目部经理实行年薪制，客户经理按单提成，调动员工的积极性，各项目部多点开花，开发大客户 56 家，收入 4998 万元。打造核心单品，店内品类结构持续向好，香烟占比由 2019 年的 53.4% 下降至 33.5%。设立非油商品质量安全管理专员，为非油业务快速发

展保驾护航。优化店面管理，百万元店71座，占比38%；50万元店61座，占比32%。吨油非油收入、单站日均收入、油非转换率等主要指标排名销售板块前六。

【加油站管理】 2020年，天津销售成立生产运营指挥中心（营销调运加管部）、应急指挥中心（现场管理部），形成"一个中心抓运营、一个中心抓管理"的体制格局，实现业务链深度融合、快速应对市场变化的决策机制和业务运作体系，解决制度标准规范悬空问题，各项现场管理的标准制度规范落地生根，发展建立在稳固基础之上。实行加油站标准化管理，加强现场服务，增强消费者体验，开展神秘顾客访问、客户满意度调查、视频远程稽查和服务监督，用优质服务提升品牌价值。形成"雍阳阻击战精神""汇津战役精神""老王销售法"和"董淑凤非油销售法"，组织全员学习推广，提升营销和服务水平。

【油库管理及资源运行】 2020年，天津销售优化调整库存结构和资源结构。坚持均衡运行，防范风险，合理库存，建立价格库存模型，设立高低库存警戒线，紧盯价格趋势和库存变化，做到油价和库存的科学匹配，发挥专业人员的能动性和积极性，科学预判油价趋势。通过资源优化运作、乙醇创效等有力措施创效9304万元。坚持预算引领，每周召开营销决策和价格领导小组会议，及时制定营销策略和价格政策，使生产经营运行建立在科学决策的坚实基础上。

【投资建设】 2020年，天津销售整合各单位检维修及工程建设力量，施工力量统筹调度、建设标准统一规范、建筑材料统一采购、工程造价整体把控，施工质量和效率大幅提升，建成加油站4座，专项改造115座，单站工期同比压缩114%，减少停业天数132天，造价审减648万元。在检维修工单同比增长情况下，检维修费同比降低476万元，下降51.6%。加油（气）站项目新立项5座、运营试生产5座、开发储备4座、清理历史问题5项。推动与高速公司合作开发加气业务项目进程，打破中国石化垄断天津地区高速公路加气网点的局面，完成2座增设LNG加气设施项目的立项，1座L-CNG加气项目投运。

【提质增效】 2020年，天津销售深入各分控股公司，逐站解剖分析，对标寻找差距，逐条制定措施，制定提质增效实施方案以及1300多条具体措施，汽油纯枪销量同比增加2160吨。严控价格直降，取消叠加优惠，节约营销支出7658万元，吨油营销支出同比下降131元。开展"提升一批、合并一批、间歇一批、承包关停一批"的"双低"站专项治理，扭亏13座，减亏44座，同比增效2400万元。形成"一个工具、两张图、三张表、四种分析方法"的"阿米巴"单站经营核算工作法。落实"每升多卖一分钱、每升少花一分钱"行动计划，加强预算管控，两级机关费用硬压缩30%，通过关停退租油库、优化二次物流等措施，商流费同比下降7428万元，下降12.8%。

【深化改革】 2020年，天津销售推进市场化改革和三项制度改革，制定1个改革总体方案和11个配套政策文件。两级机关"大部制"改革推进到位，由15个处室压缩到10个部门，撤销4个机关拖斗，形成"两中心驱动、八综合部门配套"的体制格局。完成企业分级分类、直批业务、网络开发、检维修、公务车管理、年薪制、并站管理、站经理"5+2"权利、客户经理评级等一系列体制机制改革，在运行中优化提升。

【疫情防控】 2020年，天津销售高度重视新冠肺炎疫情防控工作，春节期间两级班子主要负责领导立即返岗，迅速成立疫情防控领导小组，每周召开会议，将消费者和库站员工的身体健康放在首位，千方百计筹措防疫物资，在保障库站一线员工防疫物资配备的同时，解决兄弟企业、战略合作单位防疫物资匮乏的燃眉之急。销售果蔬、米面油、防疫消杀物资等，开展便民、利民、惠民服务。下发6版《疫情防控指导手册》，落实防控措施，分级分类建档跟踪管控。实现新冠肺炎零感染、零疫情。

（胡良宇）

中国石油天然气股份有限公司西藏销售分公司

【概况】 中国石油天然气股份有限公司西藏销售分公司（简称西藏销售）总部设在西藏自治区拉萨市，主要从事西藏地区成品油及石油液化气、润滑油的批发、零售、运输、储存等业务。2020年底，西藏销售下辖10个处室、11个二级公司和10个合资公司。有成品油储配库8座，液化气储配库1座，加油站 173座（万吨级加油站9座），资产总额85亿元，在册人员总数1251人，劳务派遣用工505人，少数民族841人。

【“十三五”回顾】 “十三五”期间，西藏销售坚持追赶式前进，跨越式发展，攻坚克难，锻造了一支“艰苦不怕吃苦，缺氧不缺精神，海拔高境界更高”的员工队伍；形成以“忠党爱国、民族团结、能源兴藏、忍耐牺牲”为核心的西藏石油精神。企业规模逐年壮大，销售总量从86万吨增至最高142万吨，增长65%；非油业务从1456万元增至2.15亿元，增长13.8倍；营运加油站从116座增至173座，增长49%；销售收入从2015年的55.4亿元持续增长，2019年最高到104.4亿元，增长88%；市场份额从79.5%增长到82%。区域主导优势进一步巩固，盈利水平持续提升，纯枪销售从52万吨增至81.4万吨，增长56%；非油业务毛利从330万元增至7092万元，增长20.5倍；纯枪吨油营销成本从1483元/吨降到1164元/吨，降费319元/吨。年均净利润2.75亿元。

西藏销售主要经营指标

指　标	2020年	2019年	2018年	2017年	2016年
成品油销量（万吨）	129.93	141.6	127.9	117.91	101.7
汽油销量（万吨）	44.67	42.78	38.78	33.13	28.96
柴油销量（万吨）	75.62	87.58	83.98	77.67	68.59
航空航油销量（万吨）	4.74	5.77	5.1	4.87	4.15
加油站总数（座）	173	152	138	126	126
油库数量（座）	8	8	8	8	8
油库库容（万立方米）	17.03	17.03	17.03	17.03	17.03
纯枪销量（万吨）	81.37	75.71	73.01	70.09	62.62
非油业务收入（亿元）	2.15	1.5	0.9	0.49	0.32
非油业务利润（亿元）	0.32	0.33	0.11	0.13	0.11
吨油费用（元）	708	650	663.15	665.01	827.06
资产总额（亿元）	85	65.84	65.46	70.48	67.9
收入（亿元）	83.9	104.37	101.94	78.2	62.33
利润总额（亿元）	2.23	2	2.6	4.47	2.49
税费（亿元）	1.26	1.46	2.67	2.03	2.06

【油气销售业务】 2020年，西藏销售销售总量129.93万吨。汽油、柴油纯枪销量81.37万吨，同比提高5.66万吨，增长7.48%。汽油、柴油直批销量38.92万吨，同比下降15.68万吨。航空煤油销量4.74万吨；沥青销量0.61万吨；液化气销量4.29万吨，同比高1.17万吨，增长37.5%。

【非油业务】 2020年，西藏销售非油业务店销收入2.15亿元，同比提高0.66亿元，增长43.94%；非油业务毛利0.71亿元，同比提高0.22亿元，增长44.39%。“格桑泉”水铺货27省（自治区、直辖市），销售3.45万吨，销售收入6300万元、利润402万元。优化商品采集，强化供应商考核淘汰机制和采购价格对标调整机制，清理不动销商品961种，采购成本同比下降5%。从顾客需求出发，引进新品862个，淘汰商品472个，单店日均收入同比增加300元。创新营销模式，整合优化促销手段，加强效果评估，增强客户黏性。变坐商为行商，开发电信、移动、运输公司等机构客户20家，创效320万元。林芝、山南公司率先开展直播带货，带动非油业务销售14.8万元。设立扶贫专柜，帮销扶贫产品1167万元，获2020年西藏自治区消费扶贫先进单位。

【提升发卡质量】 2020年，西藏销售坚持以加油卡为主，电子券、油非互动为辅，持续做大做强“西藏石油会员日”活动，通过“线上+线下”多媒体、多渠道开展普惠促销和个性营销活动，用品牌效应替代营销支出获客引客、增收增效，树立西藏销售特有的促销品牌形象。沉淀资金从2016年的0.98亿元增加至2020年的1.94亿元，连续5年增长速度排名销售板块前列，加油卡记名活跃卡量从2018年的17.23万张增加至2020年的22.72万张。在新冠肺炎疫情影响情况下，纯枪销量保持5.6%的增长。持续巩固深化异业合作，积极与银联、兴业银行、工商银行、电信翼支付等开展联合营销推广活动，拓展合作深度和广度，引入第三方促销资源，以“阿米巴”经营模式为抓手，以最小的营销支出获得更大的提量提效，截至2020年12月底，与中国电信西藏公司开展翼支付合作消费15.86万次，消费金额3018.6万元，占支付比率的0.53%，电信返还顾客优惠301.86万元，极大提升客户忠诚度，助推纯枪销售上量。

【投资建设】 2020年，西藏销售开发加油站16座，投运24座。采取多措并举的网络开发手段，注重投资质量、效益，把握高效网点控制权，项目平均单站投资、吨油投资、考核达销率、土地成本等主要指标均优于系统平均水平。完成防渗治理加油站24座，西藏自治区129座加油站油气回收、防渗治理安全完成。从设计、施工、监理等管理环节推动提质增效工作，降本增效1558万元。探索新材料、新工艺、新技术的应用，试点日喀则扶贫加油站装配式方案，建设工期由原来的100天缩减至53天。项目提前运营47天，销售增量约280吨，创效20余万元。

【安全维稳】 2020年，西藏销售在新冠肺炎疫情防控方面，统购201万元防疫物资，强化新冠肺炎疫情管控，实现“零确诊、零疑似”双零目标。在安全环保监管方面，强化红线意识、底线思维，节假日、重点敏感时段实行升级管理，加强值班值守和库站风险排查。审核基层现场34站次，发现问题1282项，整改1277项，整改率99.6%。投入隐患整改资金7427万元，整改重大隐患28项，重大隐患清零。完成153座加油站、8座油库、1座液化气储备库排污许可证办理工作。积极推进三年行动专项整治工作，泽当油库获山南市“安全生产专项整治三年行动隐患整改先进单位”称号。在数质量管理方面，借助网络媒体“中国石油西藏行”活动，向人民网、新华网等20余家主流媒体介绍鉴别伪劣油品知识，拉近与广大消费者的距离。开展各类油品出入库抽检2971份，加油站抽检227站次，合格率100%。联合西藏自治区总工会举办2020年西藏自治区石油系统质量计量操作人员职业技能竞赛，2人获自治区级技术能手。

【企业党建工作】 2020年，西藏销售成立党建工作领导小组，细化年度党建工作要点。召开迎“七一”林芝党建会。强化基层党组织力，推动联合党委、党支部建设，创建联合党支部11个；联合中国石油驻西藏单位成立“联合党委”；与中国移动机关党委成立“党建同创”平台。开展“战严冬、转观念、勇担当、上台阶”主题教育活动，解决24项基层关心的重点难点问题。开展“弘扬爱国奋斗精神，建功立业新时代”“四讲四爱主题教育”等岗位实践活动，全体党员发挥先锋模范作用。投入2350万元，解决那曲、阿里等高海拔地区办公缺氧、饮水、取暖等困难问题。

2020年，在西藏销售建立工会独立账户，确保工会经费受控管理。实现“互联网+工会”管理模式，12个工会组织、1258名会员凝聚一个平台。企业形象持续向好，《讲述初心故事，牢记使命担当》等短片在新华社等平台转载量突破百万。举办“为西藏小康加油”——网络媒体“中国石油西藏行”主题采访活动，20余家区内外媒体发稿125篇，全网阅读量2432.6万余次；创建9个扶贫专柜和两个“司机之家”，实现社会效应与经济效益双丰收。典型选树激起“雁阵”效应。获地市级以上先进集体235个、先进个人341人次，推选“全国劳模”李一蕾、“区劳模”其布，时隔5年再获“西藏自治区民族团结进步模范集体”殊荣，2篇案例编入《中国石油主题教育活动成果集》。急难险重前彰显担当作为，面对新冠肺炎疫情，两级工会全力保障油气市场和民生物资供应，守住“零疫情、零感染”底线；捐款捐物驰援湖北，为西藏大学捐赠口罩1万只，助力复课复学；最美逆行者次仁欧珠被评为集团公司抗疫先进。

2020年，西藏销售强化对权力运行的监督制约，开展廉洁警示教育40余次，逐级签订“两书”1224份，开展领导干部经商办企、工程建设等专项整治7次，对发现的164项问题进行反馈并跟踪督办。坚持“利剑”高悬，成立巡察组，对10个单位和部门开展党内巡察和巡察“回头看”，发现党建工作、工作作风、合规管理等方面问题231项，形成意见建议40个，整改率84.4%，党内巡察实现3年全覆盖。注重审计作用发挥，年内开展经济责任审计、加油站管理审计等26个，发现“三重一大”决策制度执行、财务管理等问题510项，整改469项，整改率92%；开展工程结算审计项目29个，审减金额1363.03万元，审减率16.69%。结合巡察、新冠肺炎疫情防控监督检查，给予党政纪处分和组织处理30人。自2017年以来，自收信访举报件逐年下降，2017年7起，2018年4起，2019年2起。2020年，未发生重大违规违纪案件，两级纪委未收到信访和电话举报。

【队伍建设】 2020年，西藏销售开展各类培训31期，1600余人次参训。选拔中层领导人员8人，其中年轻干部占比88%。启动第九批双向挂职干部交流，9名优秀干部外出交流。中级职称新增23人，技师5人。80场“员工讲堂”“开口营销”等培训，助力195名职工职称晋级，71名员工走上两级机关管理岗位。在“自治区质量计量技能竞赛”中，包揽5项集体和16项个人荣誉。

【强基惠民活动】 2020年，西藏销售组织党员干部学习《习近平扶贫论述摘编》，优选45名驻村队员分布在西藏自治区6个县7个乡16个村，参与强基础惠民生活动，助力打赢脱贫攻坚战。积极与国有企业乡村振兴和环境保护促进会联系，捐赠现金100万元，用于昌都市5个村基础设施建设、生态绿化维护、创新创业扶持等项目，展现中国石油作为驻藏央企的使命担当。在春节、藏历新年、中秋节、国庆节等节假日，2次到南木林热当乡开展帮扶慰问，发放慰问品14万余元，887户群众受益，确保“真扶贫”“扶真贫”，增进群众和结对帮扶单位之间的感情。吸纳西藏籍高校毕业生27人，为“稳就业”做出应有贡献。以雅拉香布水厂“格桑泉”品牌为突破口，推动消费扶贫工作，160余座加油站销售“格桑泉”1132.29万元。联系31家区内兄弟单位销售“格桑泉”4816.74万元，将“格桑泉”品牌推向内地市场，营造良好的品牌效益。与那曲双湖县政府签订50万元消费扶贫农牧产品采购协议，致力于帮助定点扶贫县滞销农产品销售，促进农牧民群众增收致富。

（梅朵拉姆）

中石油海南销售有限公司

【概况】 中石油海南销售有限公司（简称海南销售）前身为中国石油天然气股份有限公司海南销售分公司，2004年6月成立，2010年9月上划股份公司管理，2015年12月改制为中国石油全资独立法人企业。2017年完成股份多元化改革，8月正式在海南省注册为有限公司，注册资本6亿元，中国石油、中国海油、海南省发展控股有限公司分别持股51%、39%、10%，成为从事海南省内库站网络开发建设，成品油、润滑油及非油销售的国有股份制综合性油品销售服务企业。2020年底，有11个机关处室、3个附属机构、5个片区，管理11家参控股公司，员工总数752人；运营加油站105座，全资和参股油库各1座，库容6万立方米；资产总额15.81亿元，负债5.07亿元。利润总额3.51亿元、同比增长2.6%，上缴税费4.03亿元，跻身2020海南省企业100强第21名，被评选为海南省安全生产工作责任目标考核先进单位、第十届海南省优秀企业，获第八届全国品牌故事大赛海口赛区决赛三等奖。海口海港站、马村油库分别被授予国家级“青年文明号”“青年安全生产示范岗”称号，12座服务区、加油站分别被授予省级、市级“青年文明号”和“青年安全生产示范岗”称号。

“十三五”期间，海南销售新开发油站18座、投运21座，销售成品油288.3万吨、零售185.2万吨，非油业务收入增长208%，非油利润增长34%，利润总额将近翻两番，销售结构和运行效率不断提升，稳健发展迈上新台阶。

【资源运行】 2020年，海南销售克服新冠肺炎疫情封航、东方油库维修改造、马村油库单库运行带来的运输和库存压力，密切与东北销售、西北销售沟通，优化资源流向，调入资源50.8万吨，落实股东资源，疏通炼油厂后路，助力全产业链平稳运营。与中国石化对等串换9.9万吨，降低运费，弥补供需矛盾，为零售创效提供有力保障。发挥自采优势，提前研判市场，准确把握节奏，同质低价超购，科学优化库存，冲抵存货跌价，源头创效6411万元，其中汽油创效4573万元、柴油创效1838万元。准确研判疫后市场走势，抓住油价低位、国家出台地板价政策，以及海南省内征稽费减免机会，及时锁量锁价，抢购低价资源。

海南销售主要经营指标

指　标	2020年	2019年	2018年	2017年	2016年
成品油销量（万吨）	60.75	71.32	61.3	50.3	46.1
汽油销量（万吨）	36.53	42.16	34.4	27	23.2
柴油销量（万吨）	24.22	29.16	26.9	23.3	22.9
运营加油站（座）	105	101	98	98	96
纯枪销量（万吨）	37.28	39.6	38.42	36.9	33.2
非油业务收入（亿元）	1.3	1.15	1.12	0.7	0.42
非油业务利润（亿元）	0.09	0.18	0.13	0.08	0.06
吨油费用（元）	489.33	439.60	492.18	480.54	542.28
评估前资产总额（亿元）	15.81	14.41	14.52	10.43	9.84
收入（亿元）	37.03	48.77	44.15	33.06	27.5
税前利润（亿元）	3.51	3.42	2.78	1.32	1.3
税费（亿元）	4.03	5.33	5.27	4.5	3.71

【油品销售业务】 2020年，海南销售坚持量效兼顾，对内严控运营质量，做优服务，精准营销，灵活促销，完成成油品销售60.75万吨，其中纯枪销售37.28万吨。直批方面，结合资源特点，贴近市场精准定价，对竞争性客户，实行“一户一策”弹性价

格，确保份额稳中有升。对海南省社会加油站、省内大型终端客户和建设工地用户进行摸排梳理、集团开发，新增客户41家，增量1.8万吨、增效300万元。完善奖励政策，激发一线销售热情，分公司积极开发油站周边小微客户，直批销售同比增长25.3%。在岛内成品油市场需求同比下降6%的情况下，直批量、效总量分别逆势增长3%和37%。零售方面，疫情面前，无畏坚守保供应，疫情过后，开足马力抢进度，销量同比恢复率97.3%，新增固定客户515家，发卡8.8万张。通过精算分析、收缩让利、清理叠加优惠、减少无感促销，控支出、保效益，吨油营销支出同比下降26.1%，年节约4285万元。

【非油业务】 2020年，海南销售持续推动“油卡非润”一体化运作，常态化开展店内主题促销的同时，创新摆摊、直播和微客分销等店外销售模式，增量60万元、增效13万元。发力红酒促销，从月销2瓶到突破万瓶的大幅增长。套餐销售方式日均增量7万元，11月、12月白酒销量增加近百倍，带动白酒增量112%、增效169%。开发NFC鲜榨果汁等自有特色商品，与区外公司和全国线上商城接轨，增量103万元、增效6万元。深化与烟草局合作，双品牌专营店增至11座，香烟销量同比增长21.3%，成为重要的量效增长点。抓住年前有利时机，以茅台酒带动中低端销售，增量812万元、增效324万元。公司百万元店增至41座，店销收入同比增长21%。

【投资建设】 2020年，海南销售实施开发建设模式改革，建立“5个片区开发组+3个合资公司”开发建设管理模式。与海南发控、大众燃气、福山油田等深度合作，新增储备项目20多个，开发12座（油站8座、气站4座），超额完成年度任务。文昌月亮湾、五指山毛道3月中旬复工，为年内完工验收投运创造条件。争取政府部门支持，化解历史问题，儋州三都项目近10年遗留问题取得实质性进展。调动多方社会资源，加快证照办理，加速项目实施，通过挂牌价取地、优化工程设计、核减工程费用、控制采购成本等措施，实现“低成本”开发。新增投运7座，防渗改造1座。终端规模稳步提升，区域布局得到优化，支撑能力持续增强。

【加油站管理】 2020年，海南销售组织开展《加油站管理规范》线上学习和考试，强化员工规范教育。开展违规套现治理，取消现金充值、规范UK权限；建立稽查方案，规范加油卡及电子券业务运行；强化日常刷卡监控，有序开展两级稽查，重点稽查电子券核销、积分兑换，坚持油品接卸、柴油打桶等重点操作环节的长期监管，视频扫站1153站次，处理卸油违规40次，罚款1.83万元。加强综合管控，将神秘客户检查、现场检查、视频巡查应用到考核中，常态化推进现场管理与服务整治，神秘顾客考评83分，同比提升1.6分。坚持开展多说一句话、多卖一升油、多省一分钱、服务快一秒“四个一”活动。推广快速交接班，缩短交接班时间，提高客户体验。

【提质增效】 2020年，海南销售精准预算控制，商流费总额同比下降5.2%，利润总额同比增长2.6%，人均利润同比增长1.3%。狠抓损耗治理，运输综合损耗降至2.9‰，节约费用760万元；优化运距、开展洋浦炼油厂地付，节约运费、仓储费660万元；实行全口径V20管理，油品损耗控制在预算范围内。重拳整治“微腐败”问题，严肃处理23座加油站、36名责任人，挽回损失30.2万元。强化信息支撑，拓展银联二维码、云闪付、刷脸无感支付，以及预约办卡、自助结算、视频分析等功能，数据标准化准确率由79%提升至99%。优化股权运作，参控股公司均实现盈利，上年度分红1.2亿元，当年股权投资收益预算完成率220.3%。

【探索新业务】 2020年，海南销售支持海南省建设国家生态文明试验区和清洁能源优先发展示范区，积极拓展车用LNG业务，启动实施LNG加气站项目20座，文昌潭牛加气站正式投运，1座进入建设组织阶段，4座取得政府规划许可批复，3座规划审批后启动建设。

【退休人员社会化管理】 2020年，海南销售组织清查退休人员情况，建立基础台账，制定具体实施方案，周报告、月总结，并召开专题会、协调会4次，压实工作责任，推动工作进度。主动与地方国资委对接政策要求，根据市县差异分地区启动社会化管理工作。一对一进行政策宣传，与退休人员沟通，确定移交地，做好个人档案和党组织关系接转。10月末完成19名退休人员社会化管理工作。

【扶贫攻坚】 2020年，海南销售推进精准扶贫和乡村振兴工作，协调落实40万元帮助屯昌县落根村、高坡村两个对口脱贫单位发展农业，提前实现脱贫和乡村振兴目标。组织参与集团公司“百城万站·扶贫助农”百日攻坚活动，11月单月销售68万多元，并超额完成集团公司下达的100万元助销和10万元内购帮销扶贫任务，切实履行社会责任，赢得社会赞誉，获股份公司销售分公司、海南省国资系统脱贫攻坚先进集体和个人荣誉。

（周继华）

天然气销售企业

中国石油天然气股份有限公司天然气销售北方分公司

【概况】 按照2016年11月中国石油天然气集团公司天然气销售业务管理体制改革的总体部署，中国石油天然气股份有限公司天然气销售北方分公司（简称天然气销售北方公司）是以2004年成立的原中国石油天然气股份有限公司华北天然气销售分公司为基础，划入中国石油天然气股份有限公司管道（销售）分公司机关营销处全体人员、东北地区各管理处天然气销售业务和人员，接收中国石油天然气股份有限公司西气东输管道（销售）公司山西省天然气销售业务和人员，整合中国石油天然气股份有限公司天然气销售大庆分公司、吉林分公司、辽河分公司全体人员和业务，划入管道建设项目经理部部分人员组建而成。2016年11月筹备组成立，2017年1月10日天然气销售北方公司在北京正式挂牌运营。成立初期员工总数480人，下设8个省级分公司，以及大连和唐山两个LNG项目单位。主要负责中国石油在役天然气长输管道和各油田输气管线进入黑龙江、吉林、辽宁、北京、天津、河北、山西、内蒙古（东部）等8省（自治区、直辖市）的天然气市场开发、营销管理、资源平衡、管道运行协调，终端销售业务协同、合资合作，中国石油天然气股份公司天然气销售分公司授权下的管网规划建设等工作。主要气源来自中国石油长庆、塔里木、大港、冀东、华北、大庆、吉林、辽河等油气田的国产天然气，以及中俄东线、中亚长输管道进口天然气，大连、唐山LNG接收站进口LNG和大唐煤制气。截至2020年底，区域内管道及LNG等各类供气用户共有629个。

根据中国石油天然气股份有限公司2018年10月12日印发的《关于进一步调整优化天然气销售管理体制的通知》（石油人事〔2018〕286号）文件要求，天然气销售北方公司的职能定位调整为天然气销售分公司（昆仑能源有限公司）的派出机构，内设“一室两部四中心”7个部门，代表天然气销售分公司（昆仑能源有限公司）负责区域内的天然气销售业务规划协调、天然气资源组织、区域价格平衡、安全环保监督、审计监察等工作。协调监督范围为黑龙江、吉林、辽宁、内蒙古、山西、河北、北京、天津8省（自治区、直辖市）的16家单位。

“十三五”期间，天然气销售北方公司销售2349.8亿立方米，市场占有率长期保持在72%以上。首轮天然气网上竞价交易正式启动，4年完成竞价交易11.01亿立方米。管道气用户较成立之初增长92%，地级市直销比例超过60%。深化区域合作，联合昆仑能源与保定、沈阳等12个地方政府和企业签订战略合作协议。参与国家能源战略工程，完成中俄东线、陕京四线等贯穿北方8省（自治区、直辖市）4682千米管道、91座场站分输方案。通过与中国石化、中国海油联动互保，增加保供资源，与8个地方政府构建冬供联动机制，与河北省、天津市成立应急调度指挥中心确保高峰时段、应急预警期间的居民和采暖用气稳定，2018年获集团公司保供先进单位，2019年获集团公司顾大局保整体先进单位，连续2次被国务院、国资委推优为首都文明单位。

【疫情防控】 2020年，天然气销售北方公司党委强化统一领导，落实新冠肺炎疫情防控举措，取得“零疫情、零感染”防疫成果。结合北京市政府、集团公司的疫情防控要求，印发《关于做好疫情常态化防控工作的通知》等21份防疫文件，编制完成5版公司防控方案以及应急处置预案，26次会议布置防疫，建立公司、部门、基层之间的“三群三会”联动管理，在北京市卫健委等7次“四不两直”检查中均获得好评。通过多种形式畅通信息反馈渠道，保证在思想上、措施上、管理上都能实时兼顾和精准定位到每一名员工。与恒毅大厦协作，按照防控方案要求，加强疫情期间人员返岗、会议、访客、餐饮、公务车辆等10个方面的管理，实时开展办公区域消杀工作，属地管理责任划分明确，联防联控成效显著。组织全员签订疫情防控责任书，组成联合检查组多次以抽查的形式开展防疫工作督促检查，加强警示提醒。关注离京、返京人员途经地区疫情态势，重点排查全国范围内中、高风险地区返京人员及家属情况，做好跟踪提示，严把行程审批关，为实现办公区域零疫情打牢坚实基础。

【产销协调】 2020年，天然气销售北方公司立足主责主业，抓好市场营销协调监督服务。与辖区内大庆、吉林和冀东6家内部油田进行资源采购业务对接，摸清资源规划，调控内外资源比例，保障油田后路畅通，节约采购成本，创造协调效益。分4个专业组到天津、保定、唐山等地开展提质增效、扩销上量等专题调研9次，完成辖区8个省公司LNG销售价格、合同签订等专项检查，梳理34个问题并提出整改意见。通过对辖区内销售计划的持续协调监督，区域内计划符合率由最低时期的84.4%提高至2020年底的99.9%。协助区域内583个长输管道开口对接，组织地区管道公司召开3次协调会，提出“定人、定责、定时”工作思路，每周与管道方面对接2次，累计对接32次。协调管道公司将审批流程从二级评审简化为一级评审，有力推动自有终端开发进度，获重点项目开口批复17个。集中力量编写北方区域8省市场基础资料报告和《区域天然气资源情况调研报告》，形成提高市场开发和营销工作质量的“数据字典”。

【监督控制】 2020年，天然气销售北方公司围绕“如何转变方式、化危为机，全面完成中心任务”组织多次研讨，集中软硬件优势开启“云监督”模式，降低监督成本，提高监督效率，取得良好效果。通过线上线下结合，完成16家二级单位和91家三级单位安全监督两个100%全覆盖，实际监督覆盖率分别达175%和150%，发现问题1597项，督促整改1515项，并对重点单位、重要场站开展“回头看”工作。完成安全生产集中整治、冬季安全生产、北方区域431台自有危化品运输车辆等20项专项监督任务，参加天然气销售分公司半年QHSE体系审核，通过线上线下结合，上半年发现问题468项，完成整改466项；选派13人参加下半年QHSE体系审核，行程4.58万千米，覆盖19个省115个基层单位，发现问题1665个，完成专项报告19份，得到上级审核组织的一致好评。针对48个在建工程开展监督检查16次、各类专项检查9次，建设项目监督覆盖率、发现问题整改复核率等5项指标全部100%达标。跟踪区域内开口工程进度，编制《开口工作简报》21期，完成河北、北京和山西3家分公司13个“煤改气”项目的专项监督任务，涉及燃气用户31.6万户。开展3次价格监督检查，掌握北方区域各公司价格执行过程中历史遗留及难点问题，跟踪督促强化整改。编制《天然气销售价格月度检查表》，作为常态化检查凭证和依据，明确检查内容、检查方式和检查时限。在线完成大连LNG和湖南分公司专项审计的审前调查准备，自主完成2个外部现场审计，落实审计质量分级控制和审计组长负责制，将既定审计时间节省四分之一。

【提质增效】 2020年，天然气销售北方公司执行提质增效月度综合绩效考核工作方案，引导全员树立效率与质量、能力与素质、安全与效益并重的发展理念。线上交易成交量6000万立方米，其中2月综合交易价格创当季价格新高。压减大唐克旗煤制气进气量2亿立方米，解决煤制气冬季价格上浮问题，两项工作节省资源购进成本近亿元。克服固定成本高达77%的不利条件，销管费用压减30.5%，“五项”费用压减61.9%，超额完成集团公司下达的指标。放弃更新5台报废车辆，节约费用近百万元；对已签绿植租赁、所得税汇算清缴等服务合同重新谈判，压减支出30余万元；强化自主攻关，节约外协经费65万元。搭建6路分屏联动的中控监督调控中心，推进线上线下监督协同开展，有效节省监督成本，节约差旅费225.8万元。锚定数字化、信息化建设，初步实现移动办公，简化线下流程，提高业务效率，在建立“数字北方”的道路上起步迅速。

【合规管理】 2020年，天然气销售北方公司强化公司治理体系和治理能力现代化建设。在2019年发布69个体系文件的基础上，制订2020年体系文件修订完善方案，完成38项体系文件、22项制度的修订工作，以新“三重一大”决策程序为抓手，将加强党的领导与完善公司治理相互统一。通过自主开展“特殊核查”和交叉开展“集中核查”，完成上级纪委下达的32项信访件的执纪审查任务，完成全部47个核查件的组卷、移交，实现工作闭环。积极推进财务共享服务上线，最大限度实现财务信息对接和共享，强化财务合规管理。起草了公司《财务监督检查管理办法》，参加山东、广东等4个省公司及8个项目公司的合规管理检查。完成2017—2019年三年的内部财务审计，配合做好审计署和集团公司5项专项审计，提供迎审资料275份。

【企业党建工作】 2020年，天然气销售北方公司党委在集团公司党建责任制考核中达到A级，推进党建与业务融合成效显著。组织党委理论中心组学习

21次，专题研讨8次。开展党务培训月活动，实施部门培训232项，参训2386人次、4325.5学时。落实集团公司纪检监察体制改革，细化全面从严治党主体责任，制定责任清单制度文件，规范责任体系、落实机制和追责机制。印发纪检文件17份，制修订制度14项，强化监督责任，完善政治监督和日常监督执行机制。10次召开巡视整改领导小组和工作组会议，明确百余项整改措施，形成专项纪要8份、整改工作简报4份，实施整改措施清单化管理，层层动员部署，层层压实责任，推进问题整改落实，以巡视整改促进公司党建工作质量全面提高。制定“战严冬、转观念、勇担当、上台阶”主题教育推进方案和运行大表，组织党委（扩大）会议集中讨论4次，撰写心得体会83篇，对京津冀三省（直辖市）14家用户及河北分公司进行调研，遴选7条经营管理合理化建议上报集团公司思政部，6篇活动稿件被集团公司专栏刊用。刊发新闻456篇，持续做优“提质增效”等5个宣传专栏和“微美北方”公众号，《牢记使命担当，助力蓝天工程》被选为集团公司新媒体创作大赛展播作品，多种载体全面传递北方声音。136%完成消费扶贫指标，督办完成各类专项任务152项。奋力落实三大责任，彰显央企担当，被国务院国资委推选为2018—2020年度首都精神文明先进单位。

（陈雨昕）

中国石油天然气股份有限公司天然气销售东部分公司

【概况】 中国石油天然气股份有限公司天然气销售东部分公司（简称天然气销售东部公司）是按照集团公司天然气销售管理体制改革部署成立的区域天然气销售分公司，以原西气东输一线东段销售机构为基础组建，由原西气东输销售分公司更名而来，在上海自贸区注册，自2017年1月1日正式运营。市场区域覆盖鲁、豫、皖、苏、浙、沪等六省（直辖市），主要负责区域内天然气市场开发与营销管理、资源平衡、产销衔接、输销衔接、终端销售业务合作协同及管网规划运行具体衔接协调等工作。2018年底，集团公司调整天然气销售管理体制，区域公司调整为专业公司派出机构，重点承担管理协调和监督控制职能。2020年底下设“三部四中心”，员工人数67人，负责协调监督区域内各省公司及江苏液化天然气公司等7家单位。

“十三五”期间，天然气销售东部公司销售天然气2140亿立方米，市场占有率超过60%，为80多座城市、400余家用户、近2亿人的生产生活提供能源保障。

【疫情防控】 2020年，天然气销售东部公司组建新冠肺炎疫情防控领导小组，加强领导，提供组织保障。开辟绿色通道，优先安排资金，及时定期采购口罩、体温监测仪、消毒剂等，费用20.6万元，购买38088件防疫物资。引导全体干部员工克服恐慌心理，保持积极精神状态，自觉养成良好的生活习惯和公共卫生习惯，切实加强个人防护。统筹兼顾疫情防控和经营管理任务，详细掌握员工健康状况、行程安排、家属信息等底数，有序组织返岗复工。落实居家隔离要求，利用电话、互联网等信息化手段开展工作、沟通信息。全体员工和家属未出现确诊或疑似病例，没有因为疫情影响工作。

【提质增效】 2020年，天然气销售东部公司从“开源”和“节流”两方面入手，推进提质增效专项行动。按照与华电江苏公司合资合作协议约定，2020年6月24日进行工商变更登记后，集团公司开始享受投资收益。专门就投资分红事宜，与华电江苏公司展开磋商，争取上半年投资收益，最终获得华电江苏公司理解和支持，集团公司自1月1日起享受投资收益，获投资分红近1亿元。精心设计交易模式，科学把握交易时机，线上交易成交气量2.5亿立方米，成交均价2.59元/米^3，增加收入1.2亿元。精心编制工作方案，细化制定10项措施，全方位削减支出，可控费用和“五项”费用同比下降均超过60%，超额完成提质增效目标。

【服务市场】 2020年，天然气销售东部公司积极适应管网独立后的市场形势，高度关注市场形势，保持实战状态，动态分析、提前研判、主动应变，为东部市场贡献力量。针对新冠肺炎疫情影响下天然气滞销的形势，调研市场信息，动态掌握和分析区域市场供需情况，并与LNG用户及电厂用户进行专项对接，确定LNG液态市场和燃气发电两个扩销方向，提出扩销思路，预测扩销效果，主动向集团公司和天然气销售分公司汇报。建议被采纳后，扩销立竿见影，效果符合预期。随着下半年疫情影响降低、经济恢复，东部天然气销售快速反弹，保持超计划运行，带动产业链提质增效。利用地缘优势，持续与管网公司加强协调开口工作，推动省公司加快完成管道开口，抢占市场先机。完成开口视同开工项目 54 个，实物开工开口 20 个。借助规划院专业力量，编制东部五省一市“十四五”天然气业务发展规划，完成初稿。主导重启金坛—江宁支线管道项目，具备核准条件，项目可辐射南京、皖南地区 50 亿—80 亿米 ^{3}/ 年的天然气市场。

【监督控制】 2020 年，天然气销售东部公司强化计划管控，常态化监督省公司销售业务，东部区域天然气销量 459.3 亿立方米，始终保持市场平稳。开展质量安全环保常规监督检查 225 次、专项监督检查 9 次，发现问题 1444 项，复核 QHSE 管理体系审核发现问题 857 项；对 65 座站队开展 HSE 标准化验收，评定优秀站 30 个，验收达标站 26 个；开展专项安全督办 5 次、解剖式监督检查 3 次、安全培训和督导 20 次，发现问题 474 项，提出管理提升建议 36 条。开展工程监督检查 18 次，煤改气专项检查 29 次，发现主要问题 64 项，均完成整改。进行重点督办工程项目竣工验收，6 个项目按计划完成。开展 2 个省公司主要领导离任审计，发现 8 个方面 88 项问题，涉及资金 1476 万元。完成 9 项执纪审查任务，办结率 100%，诫勉谈话 2 人，批评教育 5 人，提醒谈话 6 人，责成省公司纪委处理 2 人。

【改革创新】 2020 年，天然气销售东部公司制定改革三年行动计划，提出 21 项任务、48 条措施，明确改革发展方向和重点改革任务。针对天然气销售管理体制，提出建议调整区域公司职能定位，赋予发展规划、资源组织、流向统筹、价格平衡等职能，积极为集团公司天然气业务改革发展建言献策。推进软科学研究，自主研究成果《以市场化和效益最大化为导向的天然气线上交易管理与实现》《天然气销售短期预测在东部四省市场的创新与实践》《天然气销售类公司与发电企业合资合作战略探讨》，分别获第三十三届石油石化企业管理现代化创新优秀成果一等奖、二等奖和第二十五届石油石化企业管理现代化创新优秀论文二等奖。科研项目“工程监督数字化工作平台”“天然气期货市场策略研究”通过验收。承担的专业公司科技项目“能量计量模式下天然气销售效益分析及应对策略”，形成天然气能量计价方案、效益分析及应对策略等成果，通过专业公司验收。

【企业党建工作】 2020 年，天然气销售东部公司根据机构和人员变化，补选、改选支委，保持党组织全覆盖和机构健全。开展创先争优活动，评选表彰 7 名优秀共产党员和 3 名优秀党务工作者，发展 2 名新党员，1 名预备党员转正。组织开展内部巡察，发现 3 个方面 16 项问题。召开巡察发现问题整改专题会议，督导各党支部、各部门建立“问题清单、任务清单、责任清单”，逐级压实责任。坚持“当下改”和“长久立”相结合，问题整改完成率 100%，修订完善相关规章制度 10 余项，补强党建工作薄弱环节，堵住经营管理漏洞。把员工队伍素质提升作为党建重点工作，加强干部选拔、培训和日常管理，提拔任用 4 名副处级干部，补充处级干部队伍力量。发挥各党小组组长和部门负责人“一肩挑”优势，以党小组为单位组织开展党内生活，加强党性锤炼。坚持党建带工建带团建，通过到沙家浜开展党性教育、利用传统节日开展工团活动等，创造机会促进面对面交流、心贴心沟通，有效实现员工队伍稳定和谐，向心力凝聚力不断增强。

（张绚懿　顾霞娣）

中国石油天然气股份有限公司天然气销售西部分公司

【概况】 中国石油天然气股份有限公司天然气销售西部分公司（简称天然气销售西部公司）2016 年 12 月在乌鲁木齐注册，2017 年初正式运行，根据授权管理新疆、甘肃、青海、宁夏、内蒙古、陕西、西藏 7 省（自治区）天然气销售业务。2017—2018 年负责直接销售（面向客户）；2019—2020 年。定位为专业公司派出机构，负责协调监督（省公司业务）。2020 年底，下设 3 个部室（综合办公室、计划财务部、协调监督部）、4 个中心（质量安全环保监督、审计、纪检监督、工程监督）。用工总量 70 人，期末 61 人，平均年龄 44 岁。其中：本科及以上学历 57 人、占比 93%；中级及以上职称 51 人、占比 83%；中共党员 52 名、占比 85%。

2020 年，天然气销售西部公司销售天然气 350.5 亿立方米、同比增长 4.3%。其中，终端销售 48.2 亿立方米、同比增长 32%，占西部总销量的 13.6%。线上交易增收 8.6 亿元，用 16% 的西部销量创造 22% 的增收额。财务指标控制在预算之内，保持应收账款、存货年末余额双清零，差旅费支出同比下降 72%；公务用车数量同比压减 50%，降低成本 160 万元；减少办公用房面积，降低租房物业成本 40 万元。

“十三五”期间，天然气销售西部公司重组整合西部天然气销售业务和队伍，实现资源、市场、价格等统一运行，西部区域天然气专业化集中销售。扭转不签合同、拒绝推价、拖欠货款等被动局面，多年欠款基本解决，市场秩序基本理顺。健全运行议事、客户、营销等一整套管控体系和工作机制，经营指标持续向好发展。打赢整顿市场秩序攻坚战、提质增效主动战、迎峰度冬保卫战三场战役。推价清欠、控量增效等工作多次受到集团公司、天然气销售分公司表扬，在集团公司、天然气销售分公司工作会上经验交流 4 次；多次被集团公司、天然气销售分公司等评为先进集体。

天然气销售西部公司主要经营指标

指　标	2020 年	2019 年	2018 年	2017 年	2016 年
天然气销量（亿立方米）	350.5	339.7	324.7	305.8	275.6
综合价格（元 / 米 ^{3}）	1.342	1.474	1.358	1.245	1.323
收入（亿元）	431.6	457.7	398.0	338.6	—
利润（亿元）	–40.01	–21.14	5.92	8.89	—

【线上交易】 2020 年，天然气销售西部公司，创造条件拓宽线上交易增效益。在战“疫”关键期，采取延续价格策略保供应；在销售淡季期间，创新推出与装置负荷挂钩的价格机制促销量。线上成交 46 亿立方米，均价 1.45 元 / 米 ^{3}，较基准门站价上浮 15%，推价增收 8.6 亿元。用西部 16% 的销量创造 22% 的增收额，优化西部天然气销售结构，高端用气占比提高 2.96 个百分点。

【终端开发】 2020 年，天然气销售西部公司定期编制终端项目开发月报推动工作，不定期调研现场解决问题，安排专人跟踪新疆燃气、鑫泰燃气、哈纳斯燃气、西安秦华等重大股权收购项目进展，协调督促省公司终端项目开发进展，新增终端项目 7 个，新增终端销售能力 4.5 亿立方米。

【管道开口项目】 2020 年，天然气销售西部公司定期编制管道开口周报，多措并举加快开口。高位推动对接，协同省公司与 4 家地区管道对接开口 20 余次；缩短设计周期，与西部管道形成《管道开口分输项目统一技术要求》。加快现场施工，联合西部管道等现场踏勘，确认开口条件等技术要求。在管网正式分离前，促成开口批复 64 个，开工 23 个。

【资源采购】 2020 年，天然气销售西部公司落实资源采购任务，主动上门洽谈新疆庆华煤制气合同续签，编制购销建议方案。围绕新疆油田“王牌井”——高探一号井零散气回收攻坚，经过数次现场调研、上门协商，签订统购统销协议，实现西部区域零散气回收新突破，当年增加资源供应 430 万立方米，与中亚进口气相比节约采购成本 190 万元，为后续西部天然气资源整合打开新局、提供示范。

【西部天然气产业协调】 2020 年，新冠肺炎疫情及油价下跌下西部天然气市场销售乏力，天然气销售西部公司在供大于求情况发生后，加大产销协调频次和力度，每周跟踪销售动态，按月编制计划执行分析，促进供需匹配。长庆油田后路问题发生后，在按月组织产销对接的基础上，加大自我主导的 LNG 工厂销售力度，采取“一企一策、负荷越高、价格越低”的营销策略，引导 LNG 工厂释放产能、满负荷运行，用气需求从 2000 万米 ^{3}/ 日提升到 2700 万米 ^{3}/ 日，带动西部区域总体销量实现逆势增长，1—10 月同比增销 7 亿立方米、增长 36%，实现“保油田后路畅通、保产业平稳运行”双落地。

【质量安全环保监督】 2020 年，天然气销售西部公司围绕体系审核成果运用等内容，编制 900 多页教案；3 次上门开展安全技术讲座和实地业务指导，组织培训 900 余名安全管理人员，在送安全技术到基层场站、送安全经验到一线人员上实现新突破。常规检查 59 人次、专项检查 51 人次，全覆盖区内 8 个二级单位、69 个三级单位。2 次参加集团公司 QHSE 体系审核工作，落实重点领域安全风险隐患问题集中整治等专项任务 11 次。严格问题整改，开具严重问题通知单 10 份、管理预警通知单 1 份、停工令 1 份，实施达标站摘牌 1 座，发现并督促整改问题 4500 余个。通过检查督查，有力促进西部区域安全生产。

【纪检监督风险防范能力稳步提升】 2020 年，天然气销售西部公司高质量落实天然气销售分公司纪委下达的任务，初步核查信访件 16 个，立案审查 2 件。聚焦提质增效、疫情防控、餐饮浪费、扶贫帮困资金使用等精准监督，盯紧重大节假日和重点敏感时段开展“四风”提醒预警，常态化开展公车私用、公款吃喝等监督检查，为公司巩固作风建设成效、提高工作效能发挥了积极作用。

【自主审计】 2020年，天然气销售西部公司推进“审计能力提升年”活动，通过30多科专业课程、16个审计项目学习，以及5场次同业交流，全员审计能力大幅提升，2名员工受邀在专业公司交流经验。完成2项离任经济责任审计和2项专项审计，发现问题42个，追缴违规资金2206元，年度审计任务完成率100%，提前1年实现自主审计，项目现场审计时间同比下降23%。

【工程监督】 2020年，天然气销售西部公司克服新冠肺炎疫情出行限制，分轻重缓急，制订实施项目监督计划，优先督查管道开口等重点项目，日常抽查庭院管网项目。检查二级单位8个、项目公司15个，重点工程项目、二级单位监督覆盖率100%，督促整改圈闭问题85个。全员参加专业公司半年一次的工程项目专项检查，全覆盖地对区域内8个单位实施工程管理业绩考核，专项监督任务完成率100%。

【疫情防控】 2020年，新冠肺炎疫情发生后，天然气销售西部公司第一时间明确乌鲁木齐、兰州两地分头管理的责任分工机制，从严从紧落实集团公司、属地政府防疫要求，编发疫情通知14份、人员动态214期、“零报告”238期，实行网格化管理，每日跟踪到人，一对一帮扶独居员工，全年工作场所实现“零疫情、零感染”。把保障西部天然气稳定供应放在支持全国抗疫大局中去安排，坚持不断供，实行事后协议交易，满足在产LNG工厂需求；填报复产信息320次，推动下游企业复工复产，助力经济复苏，彰显责任担当。

【治理体系和治理能力提升】 2020年，天然气销售西部公司内部治理取得新进步，修订完善企业年金、员工休假等3项制度，新编合规管理等5项制度，面向全员培训《中华人民共和国民法典》、普及法律常识；识别经营风险36个，修订完善业务流程26个，完善控制措施42项；依法合规管理水平、经营风险管控能力得到新提升。对外宣传取得新进展，聚焦突出问题，创造条件落实3次重大汇报，实现向集团公司主要领导、主管领导全覆盖。捕捉亮点工作，在集团公司、天然气销售分公司主页上线新闻25篇；被集团公司、天然气销售分公司采用9条次。

【企业党建工作】 2020年，天然气销售西部公司聚焦党的政治建设“建制度、强学习”。年初发布实施党建工作要点，修订党委全面从严治党主体责任清单和各党支部“两个责任”清单。组织中心组学习15次，党支部书记培训25人次，处科级干部党的十九届四中全会精神培训37人次，全体党员全国“两会”精神培训49人次。对照《国有企业基层组织工作条例》等党内制度“自查、自纠”。通过跟踪检查“三会一课”考勤、记录，规范党支部建设；通过规范程序、监督检查，提高民主生活会、组织生活会质量；通过党员过“政治生日”等活动，唤醒全体党员政治规矩意识。围绕中央巡视反馈问题整改落实情况“回头看、强弱项”。全覆盖“不忘初心、牢记使命”主题教育检视问题、集团公司2018年以来巡视反馈通报的共性问题，制订实施整改方案，查摆18个问题；对落实不到位、效果不明显的整改“回炉补课”，落实62条措施；从制度层面溯源，建立15项长期工作机制。

（李金超）

中国石油天然气股份有限公司天然气销售南方分公司

【概况】 中国石油在南方地区的天然气主要由西气东输二线、西气东输三线、忠武线供应。2016年底，按照集团公司改革发展部署，中国石油将天然气销售与管输业务分离，成立五大区域天然气销售公司。中国石油天然气股份有限公司天然气销售南方分公司（简称天然气销售南方公司）于2016年12月15日完成注册，2017年1月1日正式上线运行，负责广东、湖北、湖南、江西、海南五省及香港特别行政区的天然气销售业务。

2018年10月，中国石油再次对天然气销售管理体制进行调整，按照《关于进一步调整优化天然气销售管理体制的通知》文件要求，天然气销售分公司（昆仑能源有限公司）内部实行“公司机关—省公司”两级管理为主、天然气销售区域公司协调监督为辅的管理模式。区域公司定位调整为天然气销售分公司（昆仑能源有限公司）的派出机构，负责区域协调监督工作。天然气销售南方公司协调监督范围为湖北、湖南、江西、广东、云南、贵州、广西、海南、四川、福建、重庆市11省（自治区、直辖市）及香港特别行政区；负责协调监督区域15家单位，并代表中国石油对广东省天然气管网有限公司、江西省天然气投资有限公司2家单位进行股权管理。

2020年，天然气销售南方公司销售天然气195.69亿立方米，同比稳中有升；平均销售价格2.015元/米^3，比天然气销售分公司整体高0.15元/米^3；其中非居民用气综合销售单价增长8.2%，增收21.36亿元；终端销售量58.24亿立方米，同比大幅提升；协调监督业务全覆盖，完成各项考核指标，发展质效显著提升。

“十三五”时期，天然气销售南方公司加快推进市场化进程，推动广东省发改委出台省内天然气直供有关政策，直供直销取得历史性突破。增强效益创造力，线上竞价交易取得新突破。推动互联互通，与资源供应商形成互供互保机制，保障南方区域资源稳定供应。履行央企责任，台风“天鸽”“帕卡”来袭，积极筹措资源，驰援保供广东地区。冬季用气高峰，落实国家“压南保北、压非保民”要求，为民生用气温暖护航。坚持创新驱动，优化营销策略，突出高端高效市场资源配置，提升客户服务水平，营销业务全面发力、多点突破，2017—2018年销售天然气266亿立方米，超额完成销售任务。推动协调监督向纵深发展，履行协调监督职能，构建大监督格局，建立健全监督体系和运转机制。发挥安全监督、纪检监督、工程监督职能和审计业务优势，互通有无、通力配合，确保业务相互促进及监督主体合规高效运行，各项监督业务平稳受控。

【协调业务】 2020年，天然气销售南方公司坚持市场化发展方向，促成华能东莞燃机热电项目等直供直连项目落地落实，配合广东省发改委、工信厅开展工作调研，推动广东省发改委出台省内天然气直供有关政策，减少中间环节，助力实体经济发展。创新专场交易模式，开展线上交易客户调研，首创回购客户误操作交易气量，疫情期间率先恢复组织线上交易和冬季预售，开展线上交易11次，成交气量1.9亿立方米，成交均价2.56元/米^3，较综合门站价上浮45.9%，增收1.56亿元。探索资源采购新途径，打通LNG资源采购“制度流、实物流、资金流”机制，扩展南方区域天然气资源海上上岸渠道，协调迭福接收站提供合作利用窗口期，海南分公司向东莞九丰销售2船LNG资源，促成福山油气田和海南分公司形成年度合同机制，采购资源2598万立方米。加强企地协同发展，推动湖北、湖南、江西、广东、海南、四川、广西等省区公司拓展市场，促进多个项目取得实质性进展，推进广东分公司与肇庆市、梅州市、清远市签署合作协议。加强管道开口协调，与管道企业建立月度对接机制，协调通过合建站等方式落实管道开口开工项目60个。强化市场信息研究，通过研究向广东省政府相关部门提出《关于加快推动广东省天然气利用转型升级发展的报告》等建议，为地方天然气高质量发展建言献策，贡献南方智慧。

【监督管理】 2020年，天然气销售南方公司构建标准化、系统化监督新格局，坚持从严从实监管，以推动区域形成安全管理命运共同体为契机，开展“解剖式”安全监督检查，实施“一问题一清单”机制，构建监督服务质量评价体系。通过常规安全检查发现问题3815个，规范开展专项监督任务30项，实现现场检查全覆盖，问题整改率100%，确保区域安全环保水平持续提升。提升独立审计水平，创新线上审前调查新方式，多渠道参加审计实践，高效完成审计任务3项、专项任务5项，形成复合性及问题性底稿49份，提出优化管理建设性意见7条，为区域业务发展提供有力保障。探索实践新冠肺炎疫情防控常态化高效执纪新路径，优化任务调配、工作程序及人员组织，强化执纪审查提质控费，完成初步核实、立案审查、督办任务16件，提出各类管理和整改建议22项。推进区域工程监督标准化和信息化建设，规范监督组织、工作流程、监督内容和信息管理，开发利用PCM系统模块，初步实现线上线下互补互促的“云监督”新模式，发现问题82项，有序跟踪完成问题整改，实现区域内单位和项目全覆盖。强化区域合同和价格执行监督，建立年度合同管理和价格执行监督机制，提出合同气量调整、调峰气价下浮、优化电厂偏差结算建议，提升区域内单位创效能力。

【企业管理】 2020年，天然气销售南方公司加强提质增效专项行动组织领导，研究推出4个方面18项专项行动措施和5项保障措施，向员工发出“一切成本皆可降”的动员令，把握发展主动权。发扬“二次创业”奋斗精神，通过费用管控、资金运营、实施减税降费筹划增效1390万元，压减费用预算38%，“五项”费用压减67.37%。优化提升经营管理水平，提高股权企业创效能力，推动股权项目分红，完成股权管理权平稳移交，投资收益4723万元。推动产融结合，发挥中国石油业务链优势，支持集团公司金融企业在粤发展，促成昆仑银行与广东管网签订4.31亿元贷款融资合同。推进财务共享平台上线运行，规范会计核算标准流程，处理业务1600余笔，降低管理成本。坚持依法治企、合规管理与风险防控相结合，注重将防范法律风险关口前移，学习宣贯《中华人民共和国民法典》，建立依法决策机制，提供法律审查服务93次，为业务开展提供坚强法治保障。完善综合管理体系，开展体系宣贯培训，强化体系落实执行，开展辅导式内审，通过外部监督审核。优化规章制度体系，建立规章制度评价机制，完成规章制度制修订7项。规范内控体系建设，首次编制发布内控手册，开展内控测试，提高管理效率。坚持“突出重点、保障实效”原则，开展业务模块重大风险评估，有效防范运行管理风险。

【企业党建工作】 2020年，天然气销售南方公司坚持全面从严管党治党，把党建工作融入经营管理全过程，同部署、同检查，推行创建“党员先锋岗”和“青年模范岗”，探索形成“区域党建联盟”。持续打牢党建基础，促成党组织关系归属集团公司直属党委，及时办理党员正式党组织关系转接，发展党员4人，党员覆盖率提升至88%。高标准开展“强筋骨、练内功、升管理”活动，结合巡视巡察、党建考核要求，重点梳理排查业务流程158个，查找对应规章制度601项，发现问题34个，完成整改，有效提升党建工作质量水平。加强党风廉政建设，开展境外腐败、利益输送、设租寻租和化公为私等4个专项整治工作，推进从严治党向纵深发展。开展党性、党纪、石油精神和廉洁警示等“四维度”强化教育，组织“以案说纪”12期，实现新提任干部“六个一”廉洁教育全覆盖，配合驻广东销售纪检组开展工作，保持公司政治生态风清气正。

【企业文化】 2020年，天然气销售南方公司创新工会活动载体，通过线上互动交流模式，开展“妇女节”主题活动，引导广大女员工在投身新冠肺炎疫情防控和推动高质量发展中展现担当、贡献力量。关注员工诉求，关心员工健康，为员工办好事解难事做实事，维护员工权益，开展员工疗养、金秋助学31人次，协调解决员工子女上学问题，提升员工幸福感和归属感。精准施策、多措并举实施消费扶贫23.86万元，超额完成8.86万元，助力中国石油扶贫攻坚取得胜利。加强团组织建设，利用线上线下多种方式组织团员青年学习教育，推广应用党建信息化平台共青团模块，开展“青春凝聚党旗下”主题团日活动，凝聚团员青年的青春力量。利用宣传媒体平台优势，突出发挥“南方正气”微信公众号作用，展示经营管理成果，推送微信公众号460篇，浏览量超6万余次，形成具有南方特色的长效宣传机制，业内反响良好，为推动改革发展稳定、树立中国石油良好形象提供强大精神力量。

（韩　鹏）

海外企业

中油国际中东公司

【概况】 中油国际中东公司（简称中东公司）是按照中国石油实施海外油气业务体制机制改革，于2017年7月由原中东公司更名而来。2015年12月，集团公司强化对中东地区布局的战略管理，整合中国石油天然气股份有限公司伊拉克公司、中国石油天然气集团公司伊朗公司，以及海外勘探开发分公司直接管理的中油国际（阿联酋）公司、中油国际（叙利亚）公司、中油国际（阿曼）有限责任公司，组建中石油中东公司并和中东地区协调组合署办公。中东公司在伊拉克、伊朗、阿曼、阿联酋、叙利亚等5个国家，以技术服务、回购、矿税制、产品分成等4种合同模式，同埃克森美孚（ExxonMobil）、英国石油公司（BP）、法国道达尔（Total）、壳牌石油（Shell）等18家合作伙伴，合作经营15个石油勘探和开发投资项目。中东公司同时负责协调中国石油在伊拉克、伊朗、阿联酋、阿曼、叙利亚、科威特、沙特阿拉伯、卡塔尔等8个国家和地区21家服务保障单位，业务涵盖工程建设、工程技术、物资装备、技术支持、后勤保障、原油贸易、金融服务等产业链。中东公司实施“做大中东”战略，高质量打造中国石油海外业务“半壁江山”。

“十三五”期间，中东公司权益产量年均增长450万吨以上，2019年迈上作业产量1亿吨新台阶。经营效益与规模同步提升，投资回报率保持在较好的水平。同时发挥中国石油一体化优势，实现甲乙方协调发展。

2020年，中东公司应对新冠肺炎疫情、低油价、政府限产及安保形势趋紧等带来的风险挑战和复杂局面，原油作业产量保持超1亿吨；HSSE工作平稳受控，保持良好的HSSE业绩。截至2020年底，多个项目实现投资静态回收，整体步入滚动发展阶段。

【油气勘探】 2020年，中东公司勘探业务主要集中在阿曼项目和陆海项目，受新冠肺炎疫情影响，阿布扎比陆上与陆海项目的探井计划取消。阿曼项目上半年对MZDP-1井油气潜力层阿闵（Amin）层井段及甘哈迪（Ghadir）3个层位井段开展压裂测试，压裂后测试日产气1万立方米。该井的压裂测试评价为后续开展深层研究和延期合同义务探井部署决策取得动静态资料。下半年探井E-22获发现，实现项目构造—岩性复合圈闭勘探首次突破。该井位于某区东北部巴士拉（Basirah）构造，目的层拉提（Natih），次目的层舒艾巴（Shuaiba）。层Natih和shuaiba解释含油有效厚度。在Natih-A层侧钻，平均含油饱和度77%。投产自喷，分离器测试日产油456桶，含水20%。陆海项目完成陆地三维地震资料连片处理，初步明确1区块拉亥迪英（Nahaidiin）地区为有利目标，进行1区块NN006井早期投产可行性研究。2020年中东公司地质储量储采比约46（不含叙利亚两个项目）。

【开发生产】 2020年，中东公司加强油藏注水工作，实施哈法亚项目高压注水站升级，推进鲁迈拉项目CPS6站恢复注水，北鲁注水工程进展顺利，全油田最高月均注水规模100万桶/日，最高周均注水规模150万桶/日以上。2月启动北阿项目注水先导试验，试验井组2口对应油井明显受效。

中东公司采取技术措施，开展油田增储上产。2020年艾哈代布项目完成第一口评价井ADM6-8井测试，对老井新层哈兰特哈（Hartha）和塔努玛（Tanuma）测试，投产以来平均产油279桶/日。对ADR3-5直井酸压先导性试验，极大改善油藏物性，酸压后初期采油指数约为1.74（桶·英寸^2）/（磅力·日），相比周围直井增产6倍以上，为油田延缓产量递减速度提供重要支撑。哈法亚项目推进萨迪（Sadi）油藏低渗储层分级压裂酸化改造技术应用，12月7日投产S0224H1井，动态分析初步判断该井可在1500桶/日以上产量稳产较长一段时间，Sadi层开发潜力验证为未来Sadi层开发积累经验。北阿扎德甘项目通过转气举，在没有新井工作量情况下，弥补产量自然递减。西古尔纳项目投产米什日夫（Mishrif）油藏水平井38口，形成6.8万桶/日的干油生产能力，有效提高Mishrif油藏开发效果。各项目公司灵活采用各种技术措施保障产量，措施井次291，措施增油758万吨。受低油价和疫情影响，优化调减钻井工作量，按调减计划完成。

【重点工程建设】 2020年，中东公司艾哈代布项目重点推动防腐工程，2月下旬整体完成西二线内衬管穿管工程，完成油气中心处理（CPF）内7.4千米玻璃钢管线更换和安装。哈法亚项目策略性推迟天然气处理厂建设，重点保证注水工程建设。鲁迈拉项目持续推进伽努比昂（Janubia）站和匡莱安泰（Quraiant）站三相分离装置建设和CPS6注水站建设，提升湿油处理和注水能力。西古尔纳项目推动OT2和OT3等产能建设项目，完成招标，进行内部审批。陆海项目布哈瑟尔油田完成EPC工程实现全油田投产。

【开源节流降本增效】 2020年，中东公司生产经营围绕确保权益产量稳定和确保底线油价净利润和净现金流“双正”的目标，推进提质增效专项行动。编制印发《2020年中东公司抗击疫情应对低油价持续推进提质增效工程行动实施细则》，确定总体要求和目标，部署制定6类14项举措。3月16日国际油价暴跌，艾哈代布项目多次组织完成专项行动量化实施方案。哈法亚项目根据生产经营环境变化，优化11个版本，测算20余种情景方案。鲁迈拉项目深挖潜力，加强与合作伙伴的交流，提出一系列提质增效的建议在联合公司批准下有序推动实施。西古尔纳项目围绕“保双正”“稳生产”“谋发展”，提出了出实招、用实功、见实效的“三实”要求。北阿扎德甘和MIS项目分别在控投资、控成本费用、“两金”压降、生产效益、油田稳产及人员抗疫等各方面做最优化措施组合和实施。阿布扎比项目完善行权管控模式确保中方策略得以实施，实施降本控费，最大限度控减项目运营成本，突出技术引领，以创新技术应用和方案优化保障增储上产和降本增效。阿曼项目推动召开联管会讨论通过分三步走的控投资降成本方案。推动实施上产、降本、控资、提油、科技、防疫6项增效措施，年度费用预算压减幅度21%以上。中方管理公司费用同口径压降30%以上。控资增效，优化投资节奏，注重投资的效益性，全年权益投资预算压减36%。提油增效，加大提油工作力度，抓好发票审批、提油量落实等关键环节，确保份额油及时足额回收，完成提油计划。防疫增效，落实常态化防控举措，确保“中方员工零感染、工作场所零疫情”。

【HSSE管理工作】 2020年，中东公司通过多年在国际油气高端市场与国际大石油公司的合作与提升发展，在HSSE管理方面形成特色有效的“中东模式”，积累很好的经验和做法。推行“四位一体”（区域协调组、行政、人力资源、HSSE委员会有效联动、统筹协调、分片负责，实行片区化管理）运作模式和片区HSSE一体化管理。根据中东地区各单位分布情况，由投资业务牵头，划分6个片区和3个统筹协调小组，分别成立HSSE分委员会，每年年初分片区签订HSSE责任书，分别落实片区和各单位的HSSE责任。分片区部署重点工作，定期开展HSSE检查和审核，共同促进HSSE管理水平提升。加强合规风险管控，执行所在国法律法规，若所在国没有适用的法律法规，则采用合同要求和遵循“国际最佳石油工业实践”，积极跟踪法律监管环境的变化，定期开展合规性评价和合规风险评估。积极应对高端国际市场条件下的严苛要求，引入国际监理团队严格规范承包商管理，定期召开承包商论坛，进行HSSE业绩评审。贯彻国际先进的事故事件管理理念，将事故事件作为资源，遵守“非责备”原则，鼓励全员报告不安全行为和不安全状态，重视事故统计和预防。中东地区地处亚洲、非洲、欧洲的交通要道，中东公司克服诸多困难，加强应急协调管理，开发应急信息平台，组建应急反应管理团队，统筹制定区域、作业机构、基层单位不同层级的应急预案，统一协调区域所有危机管理与应急反应工作。形成多层面与国际大石油公司的对标、交流与合作的机制。在地区层面，与埃克森美孚、BP、道达尔等国际石油公司建立地区管理层季度会晤机制，共同分析风险，商讨重点工作，在投资业务层面，各项目重视与合作方交流沟通、相互学习，积极争取实现HSSE管理的双方互认。

【包机倒班任务完成】 2020年7月14日—8月26日，中东公司根据新冠肺炎疫情等情况，组织协调完成伊拉克飞往哈尔滨、天津和石家庄的3架次包机倒班任务。3架包机实现1586人次动迁，运送患病员工231人，其中重病患者21人及时回国救治，保障员工生命健康。宝石花医疗队随同首架包机到伊拉克现场支援抗疫，选派2名专家到中国机械工业集团（简称国机集团）现场指导抗疫和人员救治，哈法亚项目向国机集团赠送一批防疫物资；第二架包机为国机集团拉运1.26吨防疫物资。3架包机帮助15家兄弟企业159个小组359人实现动迁。包机全员实现零感染、回国零输入，验证各单位安全岛、网格化、岗前筛查及医疗队派遣等疫情防控措施有效。2020年11月，启动沙特点对点包机倒班工作。

【疫情防控】 2020年，中东公司成立中东地区新冠肺炎疫情应对工作领导小组，每日召开视频防控例会，形成集团公司、中东地区公司、中东各资源国项目现场三级防控体系。中东公司从国内采购医药物资（药品、呼吸机、病毒抗体检测试剂盒）运抵伊拉克。中东地区疫情防控领导小组、中东地区协调组与中东地区10个片区、13家服务保障单位第一负责人签署《中东地区疫情防控责任书》，明确中东各片区、各单位疫情防控责任指标12项。联合宝石花集团，邀请专家医生8人成立远程问诊支持团队，开设线上“微诊所”，为员工提供在线问诊、心理咨询、疫情防控知识宣贯等服务，为员工35人远程诊疗，进行62人次“一对一”远程健康咨询和指导。中东协调组对9个片区42个项目组织10次疫情防控视频巡检，重点对大庆钻探沙特项目、东方物探阿布扎比项目、管道局沙特项目等当地员工数量较多的单位或项目进行专项视频巡查。中东地区各单位中外员工与当地员工坚守作业现场，实现“中方员工零感染，工作场所无聚集疫情”的防疫目标。

【信息化系统建设】 2020年，中东公司建成OA/ERP及FMIS融合的一体化管控信息系统，从预算、采购、付款等业务端到端闭环管理，实现会计凭证自动处理及当地报表和中方报表自动编报，提高工作效率，确保各项业务合规管控，满足各类审计要求。视频会议系统优化提升为中东公司在疫情期间的远程办公协作提供有力支撑。中东公司机关完成信息化项目实施，成为中油国际公司海外地区公司信息化示范工程。

【商务工作】 2020年，中东公司对管理的15家法律主体细化管理台账以及与中油国际公司和项目公司的管理界面，按期做好年检和执照更新，所属10个在运行项目及4个暂停项目均完成历史资料在数据库中的归档，供各项目公司、中东公司及中油国际根据授权调阅。组织召开股东事务管理委员会会议5次，完成议题8项。完成商务部《境外企业合规建设情况》《境外企业投资障碍》在中东地区调查。协调与解决西古尔纳项目扣款争议处理、OPEC国家限产补偿落地、伊拉克官方合同采办程序实施进展、西古尔纳项目伊拉克境内人员派遣协议修改、鲁迈拉项目合资公司设立及协议谈判、艾哈代布项目净价合同和价差问题以及北阿项目生产操作与作业权移交等重要商务业务。2020年，哈法亚项目、艾哈代布项目、MIS项目、北阿扎德甘项目各管理供应商和承包商300多家，完成的境外采购合同总超500个。中国石油乙方企业在哈法亚、艾哈代布、MIS、北阿扎德甘4个项目中参与油田开发建设。中东提油工作树立底线思维，优化提油策略，份额油超出预期。2020年，伊拉克各项目销售受资源国推迟偿付服务费影响份额油提油率74%。阿布扎比各项目受OEPC+限产影响产量下降，提油量减少。伊朗项目受美国制裁伊朗影响未提油。阿曼项目提油平稳。2020年首次实现慕坂（Murban）原油在中国地方炼油厂销售。由于全球供需关系变化，全年无份额油销往美洲市场，欧洲市场销售比例略有增加。

【改革与创新】 2020年，中东公司完成《中东公司管理制度汇编》编制，开展中油国投伊拉克公司内控体系建设，完成内控手册修订和会计手册编制，上线运行ERP与FMIS融合2.0系统，中东公司机关招标采办、财务核算等主要业务流程实现在线管理。《大型石油企业实现高质量国际合作的中东发展战略实施》获第二十七届全国企业管理现代化创新成果奖一等奖，原油销售总结应对特殊情况案例分析4个，中东份额油一体化提油协作机制在提油实践中取得显著效果，获中油国际公司管理创新奖一等奖。

【企业文化建设】 2020年，中东公司围绕应对低油价、新冠肺炎疫情防控等事件，在《中国石油报》刊登新闻稿件近80篇。利用网站平台，拓展对外宣传渠道，通过中国石油、中油国际公司网站及海外油气合作公众号刊发布抗疫保生产、提质增效信息70余篇。建立中东疫情防控微信公众平台，推送25期45篇疫情防控微信公众号信息。完成《中东油气合作杂志》疫情防控专刊、提质增效专刊，出版《中国故事》杂志和《众人眼中的中石油》书籍。加强内部门户网站建设，发挥门户网站窗口作用，报道和发布要闻信息百余条。在内网制作完成“2020年公司工作会议”、疫情防控、主题教育活动及提质增效等6个重点报道专栏。2020年疫情期间，中东公司各级工会组织开展居家办公人员室内系列健身锻炼活动。开展海外员工谈心谈话活动17次120人。组织两次疫情防控期间海外员工困难帮扶，5人得到困难救助。

【社会责任】 2020年，中东公司坚持责任担当，履行社会责任，树立中国石油良好的社会形象。为所在国提供就业岗位1.2万余个，惠及民众3.3万余人次，公益事业和社会贡献总投入654万余美元。MIS项目在新冠肺炎疫情期间坚持以人为本，未辞退任何当地员工，落实防疫物资、防疫培训、防疫资讯等相关资源，建立救助补助机制，覆盖率100%。北阿扎德甘项目将中国疫情防控取得的经验做法编译成英语、波斯语向伊朗国家石油公司（NIOC）和当地承包商伊朗籍雇员进行传播，通过有效沟通，在中方员工内部、资源国业主、当地雇员之间建立起共同抗击疫情的情感纽带。

（黄贺雄）

中油国际中亚公司

【概况】 2008年9月，集团公司在中油国际（哈萨克斯坦）公司的基础上组建成立中国石油天然气集团公司哈萨克斯坦公司。2017年6月30日，哈萨克斯坦公司改组为中油国际中亚公司（简称中亚公司），管理阿姆河天然气项目、乌兹别克斯坦项目、塔吉克斯坦项目、阿塞拜疆项目等。中亚公司作为中油国际公司派出机构，承担中亚地区的协调、管理、监督、服务等职能，重点负责授权范围内的项目运营协调和支持、公共关系、HSSE监督、股东事务等职能。

1997年集团公司进入中亚油气市场以来，历经23年形成集油气勘探开发、管道建设与运营、工程技术服务、炼油与销售、石油装备制造于一体的完整上中下游业务链，建立一套符合当地法律法规和国际惯例的公司制法人治理结构及管控体系，获得良好的经济效益和社会效益。中亚油气合作作为国家“一带一路”倡议的先行实践，受到中国及资源国领导人的高度评价。

2020年底，中亚公司在哈萨克斯坦、土库曼斯坦、乌兹别克斯坦、阿塞拜疆和塔吉克斯坦5个国家管理运营着17个油气合作项目；油气生产能力近3000万吨油气当量/年，原油加工能力600万吨/年，中外方员工总数21101人，其中中方员工561人。

【发展战略】 2020年，中亚公司根据集团公司提出的将中亚地区打造成为集“资源、供应、效益、品牌”四位一体“一带一路”核心油气合作区的战略目标，完善和诠释中亚公司发展战略：以建设“资源、供应、效益、品牌”四位一体核心油气合作区为目标，坚持稳中求进总基调，坚持稳健发展方针，推进中亚油气合作高质量发展，到“十四五”末，把中亚地区打造成为集团公司海外业务效益与规模前列、上中下游协同发展的“一带一路”建设旗舰工程。

【油气勘探】 2020年，中亚公司阿克纠宾项目中区块探区实施的第一口水平井和甩开探井获高产油气流。PK项目完成哈德公司“两宽一高”三维地震资料采集233平方千米，在Zhanbyrshy地区滚动勘探获得新成果，为下一步转开发奠定资源基础。

【开发生产】 2020年，中亚公司原油权益产量951.60万吨，天然气权益产量192.08亿立方米，权益油气当量产量2482.35万吨。

阿姆河项目加快新井投产速度，西召气田两口井提前一个月投产，新增产能120万米^3/日，推进酸化增产措施，协调国内增加接气配额，完成凝析油产量23.50万吨，天然气权益产量128.23亿立方米。阿克纠宾项目加强注水调整，强化油田生产管理和注水开发综合调整，有效减缓原油产量递减和含水上升，创新应用侧钻+固井+改造一体化工艺技术盘活低效无效井，原油权益产量342.04万吨，天然气权益产量52.38亿立方米。PK项目坚持“科研生产一体化，勘探开发一体化，地质工程一体化”管理理念，遵循“早部署、早实施、早完钻、早投产”原则，通过精细地质研究和实时动态分析，增加新井生产时率，原油权益产量137.04万吨，天然气权益产量2.93亿立方米。曼格什套（MMG）项目主动争取政府配额，挖掘非限产油田潜力，超前组织钻井，原油权益产量297.69万吨，天然气权益产量4.37亿立方米。奇姆肯特炼油厂抓住下半年成品油市场回暖有利时机，灵活调整生产方案，加工原油479.57万吨。卡沙甘项目利用限产窗口调整油田各钻井平台维护改造计划，优化油井生产动态，截至11月19日，累计生产原油5000万吨，2020年原油权益产量75.72万吨。北布扎奇项目在保证经济效益的前提下，提高油井开井时率，优化措施方案，提高措施有效率，原油权益产量54.52万吨。艾丹（ADM）项目梳理调整注水井，及时维护腐蚀设备，原油权益产量9.87万吨。卡拉库里与西南萨雷布拉克油田签署转开发合同，实现后续产能接替。KAM项目通过加强油田注水综合治理，调整合理配注量，开展新层系挖潜，原油权益产量4.27万吨。乌兹别克新丝路项目密切跟踪气田生产动态变化，详细研究气田压力分布状况，从单井单层入手，寻找增产潜力空间，保证气田产量稳定，天然气权益产量2.43亿立方米。阿塞拜疆项目加强老井增产措施方案研究与实施，提高补孔有效率，推动实施氮气吞吐先导试验，原油权益产量6.95万吨。

【新项目开发与石油合同延期】 2020年，中亚公司加快推进石油合同延期工作，工作小组定期前往哈萨克斯坦能源部沟通协调推动审批进度，完成与哈萨克斯坦输气公司成立欧坦天然气合资公司的注册手续，并以合资公司名义致函哈萨克斯坦能源部说明天然气制甲醇项目作为中国石油合同延期的投资义务。PK项目38号合同延期10年，哈萨克斯坦能源部同意49号合同延期申请，待签署补充协议，73号合同履行中方报批程序，同步启动开发方案答辩前的独立评审工作。落实与哈萨克斯坦签订的两个备忘录各项工作，参阅15个勘探区块资料，优选合作意向区块，推动大庆油田和乌津油田在分层注水、注聚、三元复合驱和污水处理4个方向深度合作的可行性。塔吉克斯坦博格达项目历经5年多，签订产品分成合同补充协议，中国石油权益无偿增至50%，为后续开展工作奠定基础。配合中油国际开发新项目，积极推动A区块、卡门科夫区块、别克图雷东项目的评价工作。

【疫情防控】 2020年，中亚公司牵头成立新冠肺炎疫情防控领导小组，明确职责分工，对中亚地区23个中国石油单位、54个项目、1600多中方员工开展疫情防控工作。根据中亚地区疫情发展的不同阶段，制定、调整下发5版疫情防控方案，抓好疫情常态化防控，抓实抓细复工复产各项措施，加强“四类场所、八类人员”管理，坚持“一国一策、一项目一策、一人一策”，中国石油在中亚地区所有在岗员工实现“零感染”。定期排查疫情风险。组织召开疫情防控专题会议69次。接受国务院国资委、集团公司对中亚地区疫情防控、复工复产视频巡检3次，组织进行项目全覆盖风险排查3轮27次，发现、整改问题216项。针对现场员工长期在岗长期超期服役带来的心理压力，做好国家相关政策解释，协调推动医疗专家团队来哈萨克斯坦现场评估防疫措施、防控知识普及培训以及疫情应急处置等，增添员工抗疫必胜信心。推动员工轮休工作，回国实现“零回流”。加强疫情舆情监控，保持与驻在国使领馆以及政府、医疗机构等紧密联系，密切关注本地区疫情发展态势，及时对疫情、舆情信息进行研判，及时通报、及时响应、及时反馈，维护国家和集团公司国际形象。

【经营管理】 2020年，中亚公司成立提质增效专项工作领导小组，连续下发48美元/桶、38美元/桶油价《应对低油价提质增效专项行动方案》，按照“底线思维，效益优先，动态调控、危中寻机”原则，提出6个方面23条实施意见，提质增效取得超预期成效。操作费用、完全成本和管理费分别同比下降11.2%、26.8%和7.9%，是集团公司海外项目最主要的现金贡献单位。

中亚公司坚持保生存为底线，将保障现金流为正作为首要目标。阿克纠宾项目优化勘探开发部署，权益投资在年初批复的基础上控减44.7%。保障效益产量，阿姆河项目按照“有保有缓有序”原则，保障B区东部产能建设，加快完成东部4口开发井钻井工作，快速建成产能。坚持效益优先，深化投资和成本管控。在产项目以确保完成中油国际下达的自由现金流指标为依据，控减投资规模。杜绝一切非生产性投资，组织动态调控，实现一体化综合创效。优化开发工作部署，动态跟踪作业效果，及时组织优化调整，确保投入的经济有效性。MMG项目减少油水井大修190口，取消注水井小修工作量420口，减少投资3223万美元。乌兹别克斯坦新丝路项目控减1口措施井，推迟气液分离系统实施，有效控减投资728万美元。做好全产业链动态平衡，坚持一体化创效。根据油价走势及时优化销售方向，推动PK、KAM等项目获乌兹别克斯坦方向出口配额16.5万吨，阿克纠宾项目增供液化气出口及通过液化气网上交易平台销售，增加销售收入760万美元。坚持合规经营，提升风险防控，阿姆河项目在中油国际专项工作组的领导下，积极与主管机关沟通澄清，采取一切措施减少政府大检查带来的损失。阿克纠宾项目协调多方资源推动解决历史遗留纠纷，挽回直接经济损失超1000万美元，避免税金、滞纳金和罚款超7000万美元，有助于哈萨克斯坦其他上游项目解决此类争议。高度重视汇率风险和资金安全，控制资源国货币敞口，规避汇兑损失794万美元。阿克纠宾项目完成4.6亿欧元股东委托贷款置换，贷款利率由2.47%降低为1.45%，每月节约利息支出约43万美元。积极与资源国主管机关沟通，争取优惠政策。在哈萨克斯坦落实OPEC+减产协议、整个国家减产23%的情况下，争取到12%的最低减产配额。主动参与哈萨克斯坦政府油气领域应对危机措施制定过程，推动哈萨克斯坦政府调整成品油出口税率。

【安全环保】 2020年，中亚公司保持良好HSSE业绩。推进QHSE管理体系建设，在各项目推进质量管理体系建设，A类项目全部完成ISO9001质量管理体系建设及认证。推进隐患治理，对所属项目开展QHSE和社会安全秋冬季全覆盖综合检查，发现各类问题、隐患1624项，整改完成1487项，整改完成率91.6%。加强承包商管理，修订《承包商施工作业队伍“红黄绿牌”资质管理规定》，明确承包商管理责任义务，切实提高工程质量，强化安全生产，实现本质安全。突出抓好井控管理。做好因疫情原因现场钻井作业停工及复工组织与管理，加强超期服役井控设备监管，加大开钻验收监督检查力度，监督落实“一井一预案”，开展井上联合演练，提高井喷事故的预警和处置能力，提升井控管理水平。加强环保管理。开展环境影响因素评估和风险控制，在炼油厂、油田、油库和管道运输等重点领域开展风险评估和隐患监控治理，加大各类垃圾处理承包单位监督检查力度。高度重视高危部位、关键环节安全生产，加强新改扩建工程现场日检查力度，做好投产项目“三查四定”（查设计漏项、查工程质量、查未完工程；定任务、定整改负责人、定完成时间、定整改措施）工作，加大特种作业安全管理制度的执行监管。严格社会安全管理，高度关注疫情衍生社会安全风险，定期组织开展社会安全风险评估，抓好营地、公寓和办公等重点场所的安保工作，拓展社会安全和安保信息获取渠道，及时发布5期《防恐安全和HSE警示信息》，确保社会安全不出问题。

（耿长波）

中油国际尼罗河公司

【概况】 2018年海外油气业务体制机制改革，中国石油尼罗河公司更名为中国石油国际勘探开发有限公司尼罗河公司（简称尼罗河公司），行政隶属中国石油国际勘探开发有限公司（简称中油国际公司）直接管理，负责对中国石油集团公司在苏丹、南苏丹石油合作项目的统一管理和运作，本部和机关设在苏丹首都喀土穆。2020 年底，尼罗河公司有中方干部员工 240 人，其中党员 167 名，占员工总数的 70%。

尼罗河公司运营和管理着在苏丹、南苏丹的 8 个项目，包括 4 个上游项目，分别是苏丹 1/2/4 区项目（中方权益比例 40%，2019 年完成作业权移交）、苏丹 6 区项目（中方权益比例 95%）、南苏丹 1/2/4 区项目（中方权益比例 40%）和南苏丹 3/7 区项目（中方权益比例 41%），原油生产能力 1600 万吨；4 个中下游项目，分别是苏丹 3/7 区管道项目（中方权益比例 2.05%）、苏丹炼油项目（中方权益比例炼厂老厂占 10%）、苏丹化工项目（中方权益比例 50%）、石化贸易公司（中方独资），年炼油能力 500 万吨，聚丙烯年生产能力 18000 吨，编织袋年产 2000 万条。参与运营输油管道 2193 千米，长距离管输能力 1500 万吨 / 年。

2020 年，尼罗河公司围绕“产量保持千万吨、效益实现稳增长”工作目标，生产原油 990.8 万吨，生产天然气 1.5 亿立方米，油气当量 1002.6 万吨；加工原油 390 万吨，生产聚丙烯 1.5 万吨，实现“十三五”圆满收官。

【油气勘探】 2020 年，尼罗河公司苏丹 6 区项目取消勘探实物工作量，开展自主研究，勘探工作重点转为围绕油田生产，加强滚动勘探和对开发生产的技术支持。在 Fula 凹陷，利用重新处理的 Fula-Moga 三维地震资料，深挖细抠，解剖 Fula-Moga 中央含油气富集带 AG 组深层圈闭，加强地层—岩性复合型油气藏的探索研究，拓展 Fula 凹陷的滚动勘探潜力。在 Sufyan 凹陷推进勘探开发一体化，整体剖析 Sufyan 中央构造带，加强复合型油气藏的综合地质研究。向南部构造带拓展，加强新区带的综合地质评价，初步完成 Suf 南、Sufyan 东三维的地质论证和地震部署，力争发现新的储量接替区带。南苏丹 3/7 区项目滚动扩边和深层兼探取得突破性进展。通过精细地震解释、储层预测研究、油水关系再认识及油藏生产规律分析，明确 Paloch 油田 Fal-3 断块北部具有较大的滚动扩边潜力，打开滚动扩边的新局面。

【开发生产】 2020 年，尼罗河公司优化调整生产部署，组织实施增产措施，在旱季来临之际发出“大干 100 天，冲刺全年目标任务”号召，全体干部员工鼓足干劲，超额完成各项生产任务，油气当量保持 1000 万吨以上。

三大上游项目在大幅压缩预算规模的情况下，及时转换开发思路，提高老井开井率和生产时率，快速投产贡献效益产量的新井，优选投入少、见效快的措施井。南苏丹 3/7 区克服南部油田油井受 2019 年洪水持续影响，在调减开发井 25 口的情况下生产原油 613 万吨。南苏丹 1/2/4 区积极推动复产实现开井 108 口，在苏丹管道公司凝管造成减产 15 万吨的情况下生产原油 247 万吨。苏丹 6 区坚决执行以收定支、以支定产经营策略，在苏丹政府无理要求缴纳增值税导致生产物资严重短缺、因资金短缺导致工作量大幅压缩的情况下生产原油 131 万吨，天然气 1.5 亿立方米。

【管道炼化】 2020 年，尼罗河公司管道炼化项目保持安全平稳运行。苏丹 3/7 区发挥桥梁作用，力促伙伴份额油全额下海销售。苏丹炼厂协助苏方开展炼厂大检修的前期准备，并提供优质技术服务，保障炼厂安全平稳运行。苏丹化工项目在大检修推迟、苏丹疫情巨大冲击下，装置运行仍保持历史同期水平。石化贸易公司积极开展资产处置，并保证苏丹 6 区柴油及时供应。

【开源节流降本增效】 2020 年，尼罗河公司树立“过紧日子”和“一切成本皆可降”的理念，以保生存、保“双正”、保产量为出发点，通过预算控减、成本控制、生产优化、扩销推价、强化管理、清欠增收等 13 项措施，保证提质增效行动方案的落地。

开源方面，扩销推价，提高销售收入。南苏丹 3/7 区达尔油年均升水 1.23 美元 / 桶，同比提升 2.66 美元 / 桶，创历史最好水平。南苏丹 1/2/4 区尼罗油年均贴水 0.72 美元 / 桶，创复产以来最大提升幅度。多渠道开源增收，对冲油价影响。苏丹 6 区中方 4 船份额油下海销售，缓解项目美元现金压力，促成苏丹政府承诺对进炼厂的中质油以美元按月支付。节流方面，大幅消减非生产性支出，成本控制成效显著。3 个上游项目联合作业公司预算控减 31%。上半年 3 个上游项目单位油气完全成本同比下降 41.5%、单位操作费同比下降 23.1%、单位付现成本同比下降 21.2%。止损方面，着力堵住出血点，有效防范财税风险。促使政府正式确认苏丹 6 区 2020 年以后苏丹镑筹款公平汇率，减少汇兑损失超过 50%，妥善解决物资过境增值税纠纷，保障物资清关恢复正常。

【疫情防控】 2020 年，尼罗河公司 1 月 23 日即启动新冠肺炎防疫部署，迅速成立疫情防控工作领导小组，启动专项应急响应，研究制订防控方案，归纳提炼新冠肺炎疫情防控“两页十条”和“隔离十条”，修订 3 版疫情防控和 2 版公共卫生突发事件应急预案，编写 3 份应急演练脚本。推动中外方联防联控，说服外方伙伴和政府支持现场人员倒班，采取 14 天隔离措施、全员实行核酸检测，油田实施网格化管理，营造安全岛。中方各基地实行封闭式管理，实现“工作场所和生活场所并重”。提前储备防疫和生活物资，多种渠道储备药品和试剂盒，油田现场及时补足防疫物资，中方各驻地储备半年以上基本生活物资，做好疫情常态化储备。完成南北苏丹全员倒班轮换，保持队伍的战斗力凝聚力，在大使馆、集团公司和中油国际公司支持下，组织南北苏丹 3 架次包机，员工集中倒班轮换，倒班率 99%。解决员工家庭实际困难，协调中油国际公司总部聘请专家开展在线心理疏导，做到“员工和家属并重”，减轻员工的后顾之忧。积极支援资源国抗击疫情。向苏丹和南苏丹捐赠价值 20 万美元防疫物资，树立中国石油国际大公司品牌形象。

【安全环保】 2020 年，尼罗河公司成功应对南北苏丹复杂的社会安保形势，严守员工人身安全和生产作业安全底线，树立“以人为本、安全第一、环保优先、质量至上”的 QHSE 管理理念，实现“零事故、零伤害、零污染、零缺陷、零疫情”目标和六个杜绝。

2020 年，尼罗河公司稳妥应对两苏社会动荡，确保员工工作生活安全。加强“人防、物防、技防、信息防”措施，多渠道获取信息，提前部署措施，依照应急程序快速反应，加强安保护卫力量，开展常规应急演练，完善安防设备设施，妥善应对各类安全安保事件，实现项目安全平稳运行。强化理念，压实安全生产属地管理。每周开展安全经验分享，结合事故案例分析强化安全理念，组织“三节”安全生产大检查，查找出的问题全部整改完毕，将应急、生产、交通、井控等全部纳入日常安全管理，从源头消除事故隐患。南苏丹 3/7 区项目落实 4 个常态化，南苏丹 1/2/4 区项目持续加强现场监管，苏丹 6 区项目改进完善 QHSE 管理体系。重视环保，杜绝环境污染事件发生，各项目利用旱季查找维修管线管道腐蚀点，消除油气泄漏风险，及时清理污水、污油、污泥、污物，集中存放封闭管理并实施无害化处理，积极推动第三方开展油田环境评估。南苏丹 3/7 区油田污染物排放达到政府主管部门要求。南苏丹 1/2/4 区完成全部漏油清理。苏丹 6 区启动第三方环境评估招标、妥善处理过期炸药。苏丹 1/2/4 区完成 2A/4 区块退出环评。员工健康全面改善，年度健康体检和评估率均 100%。执行“见热治疟、见疟治恶、联合用药”疟疾治疗方案，无疟疾危重病例。

【商务工作】 2020 年，尼罗河公司落实各种清欠措施，协调伙伴和政府立场，苏丹欠款清收取得历史最好水平，南苏丹原油预付款协议欠款实现彻底清偿，多项商务工作取得新进展。根据苏丹能矿部承诺，南苏丹 1/2/4 区伙伴提油应支付的过境费 4 美元 / 桶抵扣苏丹 6 区政府欠款，实现清欠任务。完成南苏丹 3/7 区四费历史对账工作，实现清欠任务。苏丹政府按期支付中质油款项。收到中国石化付给苏丹政府的 2020 年上半年三费的 50%，Tri-Ocean 一季度付款用于抵扣历史应付管输费。按照第八次清欠委员会的承诺，实现苏丹炼厂原油加工费首笔回收款。

商务工作取得新进展，苏丹项目关闭苏丹 1/2/4 区、苏丹 6 区和苏丹 3/7 区政府财务检查，推动苏丹能矿部正式撤销全部索赔。关闭苏丹 1/2/4 区全部政府审计。完成石化贸易公司资产重组两种不同处置方式的法律和税务咨询。南苏丹项目全额清收政府在 COSPA 协议项下欠付中方原油预付款和利息，关闭长达 6 年事项。协助政府有效应对国际人权组织巨额环保索赔，保障了中方投资利益和国际声誉。正式启动南苏丹 3/7 区三费协议延期谈判，制订谈判策略并取得中油国际的批准。

【企业文化建设】 2020 年，尼罗河公司丰富完善“爱国奉献、温暖关爱、和谐融合、合作共赢、人本安全”5 种特色文化内涵和载体，提升各级组织和干部员工的凝聚力、执行力、竞争力和成长力。坚定“我为祖国献石油”的责任担当，认真贯彻“第一议题”制度。通过新媒体内容创作大赛、企业形象提升周、“中国石油名片”评选等活动，讲述尼罗故事、传递尼罗声音、展示尼罗风采。发挥中苏、中南务实合作“压舱石”作用，为维护中苏中南石油合作，科学高效协调组织生产，有效应对油区洪灾、物资短缺等困难，协助政府完成主要原油管道解堵，资源国政府称赞“中国政府、人民和企业都是可靠朋友”。邀请苏丹能矿部部长录制声援中国抗疫视频，向苏丹、南苏丹捐赠防疫物资，得到新华网、人民网、凤凰网、环球时报海外推特等主流媒体和苏丹、南苏丹当地主要媒体的广泛宣传报道，展示中国石油良好企业形象。营造温暖和谐的良好氛围，防疫关键时期，致信全体干部员工鼓舞增强必胜信心，开展多轮一对一谈心谈话，录制《难忘 2020》员工感言电子相册，开展短视频大赛和趣味运动会等活动，提振士气、稳定队伍。协调解决现场员工药品等必要生活物资短缺以及国内部分员工家属看病难等问题，开展 3 轮慰问帮扶，切实将组织温暖传递给员工群众，将发展成果惠及每一个员工家庭。

【社会责任】 2020年，尼罗河公司向南北苏丹政府捐赠18万美元的新冠肺炎疫情防控物资，两国政府高度赞扬尼罗河公司的捐赠行为，在资源国树立负责人大公司的良好国际形象。

（白 鸥）

中油国际拉美公司

【概况】 中油国际拉美公司（简称拉美公司）2017年7月成立，其前身为2008年6月成立的中国石油天然气集团公司南美公司。总部位于委内瑞拉首都加拉加斯，在委内瑞拉、秘鲁、厄瓜多尔、巴西和哥斯达黎加5个国家，运营管理15个项目，形成以超重油、凝析油等非常规油气为主，常规油气为辅的多元化产品格局，生产地域涵盖热带雨林、深海及陆湖等多种类型，是中国石油海外重要的上中下游一体化发展的区域性跨国公司，肩负着建设海外重要非常规油气合作区和深海油气合作示范区的重任。2020年底，拉美公司有中方员工202人，外籍员工2424人。

【油气勘探】 2020年，拉美公司巴西布兹奥斯项目东南和西北区的两口评价井均钻遇盐下优质微生物灰岩储层，落实发育巨厚油层且与主力油藏连通，提升项目未来产量预期。厄瓜多尔安第斯项目创新油气成藏地质理论指导突破传统构造高点成藏模式，部署在17区块昊姆油田的4口探评井均钻遇多套含油层系并获较好测试效果，同时加强老区储量复算。巴西里贝拉项目按计划完成西北区282平方千米的海底节（OBN）深海地震数据处理及中区、东南区1094千米连片地震数据的重新处理。阿拉姆项目在3月30日获取后，迅速成立作业委员会，确定2020年度工作计划和下一步勘探策略。

【开发生产】 2020年，拉美公司坚持效益产量优先，推动复工复产，作业油气产量当量763万吨，其中原油作业产量572万吨、天然气作业产量22.19亿立方米。

2020年，拉美公司妥善处理不可抗力等突发事件，快速组织主力油田复产，保持生产稳定。委内瑞拉MPE3项目克服4月26日委内瑞拉国家石油公司（PDVSA）的处理站自燃野火造成Morichal油田全面停产的不利影响，推动油田复产，并将产量迅速恢复至火灾前的6万桶/日水平。厄瓜多尔安第斯项目及时应对4月7日两条国家原油外输管线OCP和SOTE因地质灾害损坏断裂，导致油田被迫大幅度减产的突发事件，积极协调、多方联动，一个月管道陆续抢修完成，恢复输油。消除新冠肺炎疫情冲击，确保生产平稳运行，厄瓜多尔安第斯项目，秘鲁公司10/57/8/区项目10区、57区以及6/7区项目在疫情不断恶化形势下，果断暂停部分人员多、风险大的钻井和措施作业，缩减现场操作人员。安第斯项目在保障基本生产的同时，缩减人员超过60%，实施由14天×14天到28天×28天等新的倒班制度，并对倒班人员进行密切监控及抗体检测。秘鲁10区现场实行人员分级管理，中方员工在“安全岛”内绝对隔离，当地员工配备防护用品并减少与合同商接触，合同商之间不允许交叉作业，分包商停止高风险区的人员进入10区施工。厄瓜多尔安第斯项目分区细化单井及井场经济评价和产量优化管理，实施三轮生产优化，秘鲁公司10/57/58区项目10区块稳步提升新钻井和措施井经济效果，57区保持稳产增效。秘鲁6/7区项目强化“任何工作开展之前必须先经济评价”的机制，完成原油作业产量18.18万吨。妥善应对MG升级制裁，维持生产运行，委内瑞拉MPE3项目通过协调合资公司从PDVSA大区和中国石油子公司争取修井作业机等油田急需资源，完成7次JOSE厂加热炉抢修等重要工作，强化修旧利废，加强油井参数优化工作等措施，将MG制裁影响降至最低限度。苏马诺项目加大生产资料和油田服务协调保供力度；陆湖项目积极协调作业船、巡井船等上产资源，优化压缩机运行。

【重点工程建设】 2020年，拉美公司重点工程巴西里贝拉项目梅罗（Mero）油田FPSO建造有序推进。Mero1单元FPSO通过加强人员倒班，并将总装工作转移至中国船厂，降低新冠肺炎疫情对工期影响，完成总进度的92.03%，确保在2021年底前投产，Mero2单元FPSO持续加快建造和海洋工程重大采办，积极推动项目进程，完成总进度的55.65%，超额完成年度任务目标，Mero3单元完成中方可行性研究审批及合同授标，Mero4 FPSO启动招标并完成项目定义阶段的地质油藏同业审查。委内瑞拉MPE3项目全力保障一期扩建工程安全平稳运行。协调承包商着力解决JOSE厂稀释剂塔的塔底泵机械密封滴漏问题，有序组织开展 JOSE 厂新装置保运工作，2 座利旧罐投产。委内瑞拉胡宁 4 项目精心组织优化热采先导试验合同策略和工作界面。厄瓜多尔安第斯项目、秘鲁公司 10/57/58 区项目和 6/7 区项目配套工程及生产支持项目稳步推进。

【开源节流降本增效】 2020 年，拉美公司推进提质增效专项行动，现金分红等经营业绩好于预期成果。2020 年下发 4 个通知，召开 11 次会议，印发 38 期周报，提出 60 多条具体措施。创新开展多油价情景下油田区块单井效益分析和压力测试，运用边际贡献分析法和投资效率评价指标评价各项作业的现金贡献，全方位进行投资优化，创新开展正反向动态反馈机制等管理提升活动，多轮次控减成本费用，创新采用成本裂解倒推法，按挂钩阶梯国际油价分档全面进行合同复议，创新应用全面风险防控，坚决杜绝出血点，实现扭亏减亏目标。单位操作费、付现成本、完全成本分别同比下降 0.7 美元 / 桶、7.0 美元 / 桶和 4.6 美元 / 桶，分别下降 10%、36% 和 15%，成本控制效果显著。强化现金流管理，大幅超额完成股东分红任务，全年自由现金流为正。

2020 年，拉美公司坚持创新驱动发展，提升国际化经营管理水平，获局级以上管理创新成果奖 6 项，其中 2 项成果分获集团公司二等奖和三等奖。

【疫情防控】 2020 年，拉美公司第一时间响应，成立拉美公司新冠肺炎疫情应急领导小组，部署疫情防控工作。第一时间实施“五个暂缓”（暂缓项目中方员工国际国内动迁，暂缓参加资源国、合作伙伴、使领馆组织的群体性活动，暂缓到当地中国超市购买生活用品，暂缓去中国餐馆用餐，暂缓与业务有关的华商或私企员工接触），第一时间购买疫情防控物资、调研当地医疗资源，第一时间要求各所属项目编制《新冠肺炎疫情防控方案》《新冠肺炎疑似症状者应急处置方案》《新冠肺炎疫情期间员工旅途防护和隔离指南》等制度、程序。拉美公司向集团公司贡献安第斯项目“隔离 + 核酸检测 + 现场网格化”的属地化员工倒班管理模式。秘鲁 6/7 区、10 区项目也成为集团公司第一家疫情防控关口前移，将属地化员工家属纳入防控管理的单位，并取得员工每日通勤而未有人员感染的阶段性成果。中油国际巴西公司牵头，与驻在国中资石油企业结成“四桶油”抗疫联盟，有效增强抗疫合力。各所属项目妥善处理疫情防控和安全生产、复工复产、企业经营之间的关系，率先启动“一项目一策”的“弹性办公”机制，最低限度减少疫情防控对企业生产经营的影响。

【安全环保】 2020 年，面对委内瑞拉新冠肺炎疫情冲击和居高不下的社会安全威胁，拉美公司基于情景构建法和利益攸关方分析的风险量化和应急体系建设思路，持续动态更新完善社会安全管理体系文件，以合同方式靠实包机和武装护卫外部资源，自行采购卫星网络服务终端（BGAN）、对讲机等内部资源；通过地区党工委和地区协调组协调国别应急领导小组、区域应急协调小组、现场工作组 3 个层面，做到决策指挥、区域协调、现场执行各司其职，使应急响应更加高效；做到提前预警、提前研判、提前预置应急资源、提前转移人员，夯实建设资源保障、法律支持、资产保全、通讯保障、资金保障、后勤支持、人事支持、生产运行、中转支撑等多个保障要素；拓宽网络、使领馆、合作伙伴、当地员工等多个信息渠道。实现社会安全“三保”目标。

2020 年 11 月 25 日，秘鲁 6/7 区项目、10 区项目油田设施弃置及环境治理研讨会以视频方式召开。中油国际公司环境管理人员、拉美公司副总经理、安全总监及 HSE 从业人员 40 余人参加研讨，针对资源国政府有关油田设施弃置和环境治理的法律法规要求、弃置工作量界定和政府要求、弃置技术标准、弃置验收条件、确定弃置的设施现场踏勘现状、弃置计划编制和审批流程、弃置预算和履约保函、历史环境治理工作量及相关不确定性、弃置计划编制和审批遇到的困难和挑战、弃置计划审批现状和弃置计划执行情况、弃置计划执行后的环境监测、考虑通胀后的弃置费的精准测算、环境本底值的留存以及下一步工作计划等内容进行讨论，指导拉美公司所属项目科学开展油田设施弃置和污染治理，防范环境领域重大风险。

【风险防控】 2020 年，拉美公司梳理完善风险防控体系，编写印发《拉美公司 2020 年风险分类及防控指南》，完善法律业务工作制度，印发《中油国际拉美公司法律业务工作程序》。强化顶层研究及实体优化，研究厄瓜多尔、秘鲁以及委内瑞拉房产公司经营优化策略，做好 CNPCA 平台公司在巴哈马的合规管理。支持公司业务发展及战略落实，针对委内瑞拉 MPE3 项目融资协议的违约状况、反担保、美国制裁、下一步策略等问题进行研究。有效防控美国制裁风险并做好 PDVSA 改革对策研究。

拉美公司根据美国 8F 许可及时调整应对方案，实施调整后的参与基本管理方案，坚决守住不被美国制裁的底线，力保在委内瑞拉利益不受损失。推动厄瓜多尔 15 区诉讼纠纷的解决，该仲裁案获胜诉。稳妥推动 PPN 合资公司清算，参与秘鲁 PPN 公开辩护、仲裁、减资的论证及实施，启动清算程序。参与哥斯达黎加合资公司的清算，清算主体工作在 2020 年底完成。

【企业文化建设】 2020 年，拉美公司开展理论中心组扩大学习 27 次。开展“战严冬、转观念、勇担当、上台阶”主题教育活动。围绕打赢“三场战役”目标任务，完成 4 次集中学习研讨任务，机关和基层单位学习研讨 30 余场次。组织地区公司和项目公司领导班子在分管领域和业务开展宣讲，宣讲 15 场次。完成各级领导干部基层调研任务，领导班子调研梳理 15 项关键问题，制定 43 项具体措施建议。开展大讨论活动，组织召开领导班子专题讨论，紧贴勇担当怎么干，坚持目标导向、问题导向、结果导向，深化调研成果落实落地，确保主题教育取得实效。组织开展“我为提质增效献良策”和创新创效公关活动，征集并推荐合理化建议 34 条。弘扬大庆精神铁人精神，凝聚业务发展的不竭动力，刊发新闻宣传稿件 360 余篇，开展迎五一“岗位建功新时代，坚守一线赢战役”讲述故事会和五四“建功新时代”微视频活动。赞助委内瑞拉玻利瓦尔大学孔子学院承办第十九届“汉语桥”世界大学生中文比赛，展现拉美公司促进中委人文交流、助力中华文化传播的国际大公司形象，得到中国驻委使馆和当地政府、社会各界的一致肯定与认可。出版《拉美公司画册》，完成拉美公司《海外石油合作先锋》电视宣传片制作。

（刘　宇）

中油国际西非公司

【概况】 2017 年，根据集团公司深化海外油气业务体制机制改革要求，中油国际西非公司（简称西非公司）正式成立。西非公司在乍得、尼日尔、莫桑比克、阿尔及利亚、突尼斯、贝宁 6 个国家经营着 12 个石油合作项目，业务涵盖油气勘探、开发、管道运输、LNG、炼化、油气销售等。西非公司坚持“协调、管理、监督、服务”职能定位，为项目公司提供增值服务，发挥地区公司党工委“把方向、管大局、保落实”的职责和使命，与项目公司一起共同促进西非公司各项工作的发展。2020 年底，有员工 2103 人，其中外籍员工占比 65.6%。

2020 年，西非公司原油作业产量 636.4 万吨，超额完成中油国际公司下达保亿吨权益产量分配目标。加工原油 157.4 万吨。

【油气勘探】 2020 年，西非公司坚持效益勘探，优化勘探部署，把勘探投资向可快速动用、快速建产的成熟探区倾斜，并将风险勘探集中到乍得 Doseo 盆地、尼日尔 Bilma 区块中方主导作业的战略接替区带。乍得上游项目夯实外围 Doseo 盆地中—北部构造带和 Bongor 盆地 Moul-Pavetta 构造带两个亿吨级规模区带，储量规模不断落实，Bongor 盆地北部富油气区带滚动与甩开勘探、南部陡坡带风险勘探取得一系列重要勘探发现。尼日尔上游项目优化勘探部署，实现规模增储，Bilma 区块 Trakes 斜坡带展现亿吨级优质储量规模前景，Agadem 区块滚动评价也获新发现。

【开发生产】 2020 年，西非公司按照“确保老区稳产、优化措施增产、加速新区建产”原则，科学精细开发，提升开发水平。乍得上游项目突出效益开发，强化油藏精细管理，实现稳产上产新突破。动态优化井位部署，完钻开发井 23 口，钻井成功率 100%，加大滚动扩边力度，完钻 9 口扩边评价井，成功率 100%，投产 4 口井，新建产能 10 万吨 / 年。深化地质研究，开发井新井、措施增产成功率 99%，投产新井 22 口，平均单井日产油 108 吨，产油 45.83 万吨，实施油井措施 50 井次，措施增油 4.71 万吨。稳步推进主力区块注水实施，开展精细分层注水，夯实油田稳产基础。开展油田伴生气回注及潜山注氮气先导试验，探索潜山油藏补充能量方式，改善油藏的开发效果，提高天然气利用效率。完成 H 区块老区调整方案编制及审批，加快 PSA 新区开发方案编制，加快上产节奏。乍得上游项目原油产量 545.54 万吨，同比增长 6.9%；尼日尔上游项目深入挖掘老井潜力，突出精细开发，加强油水井管理，开展精准注水调整，增加油井生产时率，严控老井递减率，整体综合含水率 34.6%，一期油田原油产量实现超计划指标运行。深入油藏研究，完成一期 3 口新井及二期试采区块 Sokor SW 和 Goumeri W-1 断块 7 口新井投产，贡献产量约 5.41 万吨，夯实一期油田稳产基础；生产原油 88.25 万吨。

【管道炼化】 2020 年，西非公司尼贝管道项目按照集团公司和中油国际公司要求做好开工前各项准备工作；乍得炼厂各装置安全平稳运行 341 天（其中停工降库存 25 天），加工原油 72.28 万吨，综合商品率 91.18%，炼油综合能耗 103.54 千克标准油 / 吨原油，各项经济技术指标整体优于 2019 年同期水平。强化上下游一体化协作，乍得上游项目配合炼厂通过代付协议回收欠款，炼厂在上游项目外销原油价格低于内销炼厂时，提高加工量水平，拓展外销，增加上游效益；尼日尔炼厂加工原油 85.09 万吨，综合商品收率 93.51%，炼油综合能耗 94.83 千克标准油 / 吨原油，主要经济技术指标达到业绩考核要求。受尼日利亚边境持续关闭影响，柴油外销面临较大困难，通过开拓外销市场，与布基纳法索国家石油公司达成长期合作意向，缓解炼厂柴油库存高企风险。由于成品油外销价格与国际油价挂钩，炼厂外销面临亏损局面，为实现上下游项目平稳生产和整体效益，坚持售价不低于上下游付现成本的定价原则，为一体化项目完成效益目标作出贡献。

【重点工程建设】 2020 年，西非公司确保在产、在建类项目的产能建设工程，乍得上游项目推动 PSA 项目六小油田建设，BCII、Phoenix S、BCIII、Cassia N 油田投产，Baobab FPF 脱水和产出水处理设施项目快速推进，为油田稳产上产奠定基础。加快油田配套设施扩建进度，稳步推进 Ronier 机场跑道扩建项目，启动 Ronier 电站扩建项目和营地扩建项目，做好数字化油田项目实施。莫桑比克项目优先保障科洛尔浮式 LNG 工程投资，工程进度和投资均受控。

2020 年，西非公司暂缓大规模新建项目投资。尼日尔上游二期和尼贝管道项目投资规模大，重点做好开工前准备工作。尼日尔上游项目二期工程在方案设计中增加“五化”“数字化智能化”等创新元素，年内完成主体工程招标，营地和机场招标有序推进。尼贝管道项目说服尼日尔政府解除暂缓令，尼贝两国项目法正式生效，上下游管输协议基本达成一致，首船钢管顺利清关并运抵堆场，单点系泊、海工 PCC 和原油泵机组等重大采办项目按计划推进，线路 PCC 合同正式授标。

【开源节流、降本增效】 2020 年，西非公司推进提质增效专项行动措施落地落细，实现综合创效目标。乍得上游项目发挥竞争机制，与赛宁公司和中联油密切协同，开拓欧亚新客户，5 月以后扭转贴水高的局面，实现原油销售升水。乍得炼厂抓住喀麦隆炼厂停工机会向喀麦隆、中非共和国出口成品油，增加销售收入。开展合同复议，有效控减成本，通过推动拟新签合同单价的降低和高油价期已签合同复议，有效降低工程技术服务和物资采购价格。各主要项目完成 272 份合同复议，合同复议率 58.9%，总金额下降 1.5 亿美元，下降超过 5%。开展提质增效专项工作，乍得上游项目单桶完全成本、单桶付现成本和单桶操作费均值分别同比下降 19.3%、18.2% 和 22.8%。尼日尔上游项目在产量同比下降 3% 情况下，单桶完全成本、单桶付现成本和单桶操作费均值分别同比下降 8.9%、10.5% 和 23.6%。乍得炼厂在加工量同比增长 8% 情况下（2019 年大检修），单桶完全加工成本和单桶现金加工成本平均值分别同比下降 6.1% 和 10.3%。尼日尔炼厂在加工量同比下降 3% 情况下（2020 年外销困难），单桶完全加工成本和单桶现金加工成本平均值分别同比下降 13.3% 和 4.6%。

【安全环保】 2020 年，西非公司未发生一般 B 级及以上安全环保事故。高度重视健康安全管理，加强各驻地疟疾防治，定期组织开展员工心理健康线上咨询，保持紧急医疗救援渠道，年初转运 1 名危重中方患者，挽救员工生命。强化社会安全管理，研究制定系列安防措施，确保安防标准与调升后的社会安全风险等级匹配。抓好生产安全管理，建立和实施承包商队伍“红、黄、绿”牌、“黑名单”、违章“零容忍”制度，坚持定期监督检查，执行合同中的 HSSE 奖惩条款。

【公司治理】 2020 年，西非公司打造“系统完备、科学规范、运行有效”的管控体系，从“战略、管控、合规和文化”四方面推动公司治理体系现代化和国际化。从战略维度提高体系的前瞻性，2 月，完成《西非公司“十四五”暨中长期发展规划》编制，形成“1+4”战略规划报告，持续推动战略规划和战略目标落地。从管理维度提高体系运行的有效性，西非公司初步构建涵盖投资计划管理、人力资源管理、财务与预算管理、内控及风险管理、采办与物资管理、生产运行管理、油品销售管理、HSSE 管理等八大管理体系。完善不同合同、不同作业模式下的勘探开发、炼化、管道、LNG 等业务管理体系，组织对各项目公司管理制度和业务流程进行再梳理、再完善、再提高，完成涵盖西非公司机关和 6 个项目公司的管理制度与工作流程汇编，共 7 个分册 20 卷，实现制度体系的有形化。持续加强各项规章制度的学习宣传贯彻、精确理解和全面落实，加强制度执行的监督管理，真正营造“用制度管人”“用制度管事”“用制度管权”的良好机制和“按章办事”良好氛围，将制度优势转化为治理效能，推动西非公司从经验管理型向科学管理型转变。强化合规管理，组织开展资源国法律法规、集团公司和中油国际公司相关规章制度以及各项目“基础合同”学习活动，持续强化合规意识，提高合规管理能力。组织各所属项目公司对相关法律法规和基础合同梳理，完成《资源国法律法规与基础合同要点与解读》汇编，研究和把握项目所在国相关法律法规与基础合同内涵。加强股东事务规范管理，完善内控审计和纪检监察制度，健全监督监管体系和法律支持体系。从文化维度提高体系的统一性，西非公司将企业文化纳入治理体系。

【商务工作】 2020年，西非公司坚持依法合规和互利共赢的原则，发扬“钉钉子”精神，坚定维护中方利益，妥善应对解决制约西非公司高质量发展的重大商务问题。尼日尔上游项目一揽子解决石油公路长达5年争议。乍得炼厂执行“五方清欠协议”，收回部分欠款。推动政府同意使用剩余矿税油和年度乍方分红款抵扣协议外油款，确保五方协议的严肃执行，兼顾乍得政府和社会民生需要。尼日尔炼厂面对国家成品油销售公司4月再次拖欠支付成品油款情况，采取暂停其外销提油、内销产品实行先款后货模式等措施，在石油部和财政部协调下，国家成品油销售公司基本做到按期付款，有效遏制欠款新增趋势，2020年底成品油应收款较年初有所下降。乍得上游项目积极协助中油国际应对Carlton合同纠纷，最大限度规避重大风险敞口，并积极开展DNP测算及优化策略研究，做好裁决的执行和应对。

【新项目开发】 2020年，西非公司落实属地主体责任，成立乍得和尼日尔新项目开发工作领导小组，加强内部技术商务论证，克服新冠肺炎疫情影响，丰富与资源国政府间多形式和多渠道联络机制。按照中油国际公司整体规划部署，做好在谈、在评、在研项目推进，对乍得B/C区块开展技术经济评价，向乍得石油部提交非约束性报价。配合开展尼日尔R5/R6/R7区块回购与政府保持紧密沟通。莫桑比克项目按照总部制定的M区块策略积极与政府谈判。阿尔及利亚项目积极推动与阿方对Ahnet和Toual气田开展联合研究。持续跟踪莫桑比克、索马里、利比亚等重点资源国及西方石油公司合作和资产转让机会。协助中油国际总部推动阿尔及利亚438B项目退出谈判、突尼斯项目资产转让、尼日尔政府入股尼贝管道项目等合资合作工作。

【科技创新】 2020年，西非公司坚持国内成熟配套技术与项目特点相结合。“乍得邦戈尔盆地潜山关键勘探技术”“尼日尔创新应用自适应调流控水技术”“钻修井作业废液随钻无害化处理”等3项成果获集团公司科学技术进步奖一等奖。

乍得上游项目获中油国际公司科学技术进步奖一等奖2项，二等奖、三等奖各1项，特殊贡献二等奖1项，4项新技术新产品推广应用取得显著效果。优化整合技术管理体系，采取“一家为主、多家特色技术支持单位为辅”的科技支持模式。坚持“业务驱动、IT引领”，提升运行与管理数字化、可视化、协同化、智能化，召开940余次视频会议，保障油气生产，并为新冠肺炎疫情防控提供有效技术支撑。

尼日尔上游项目建立Termit盆地优质烃源岩发育模式和层序地层地球化学模型，提高烃源岩评价和油源对比精度，指导有利勘探区带优选。“层序格架下烃源岩评价与成藏关键技术及规模应用”获中国石油和化工自动化行业科学技术进步奖一等奖，《“总部主导型”海外项目开发方案全周期管理与实践》获中国石油企业协会二等奖，“支持非洲油气项目全周期的开发方案编制管理”获全国企业管理现代化创新成果奖二等奖。围绕“业务主导、统筹推进”工作机制，坚持统一规划、统一标准、统一设计、统一投资、统一建设、统一管理，结合尼日尔现有条件，重点保障通讯、网络畅通，推动集团公司、中油国际公司统建项目，完善信息标准化管理制度11项，实现网络安全零事故。

尼日尔炼厂开展“安全平稳长周期运行，努力实现五年长周期大检修”“生产、质量、设备完好性监督机制体系建立”等科技（管理）创新课题。开展“降低加氢精柴硫含量”“解决原油储运系统生产运行难题”“降低含油污水A/O池的污泥浓度”“降低化水混床酸碱消耗”技术攻关，完成“一联合装置催化顶循系统改造”“空分装置压缩机频繁停车故障原因分析及处理措施”五小攻关；完成“提高厂外10KV架空线路稳定性方案”“尼日尔炼油厂装车系统改造及优化”工程实践。

尼贝管道项目公司结合海外业务管控模式及信息化基础状况，与中油国际公司科技信息部等相关部门共同编制完成《尼贝管道“十四五”信息化规划暨实施方案》，确定尼贝管道“1212”信息化建设蓝图、“数字化建设、智能化发展”思路和方向。完成尼日尔、贝宁通信网络建设，实现尼日尔、贝宁一张网及IPv6/IPv4双栈部署目标。完成ERP财务系统、服务器虚拟化集群、存储、备份、OA自动化办公、VOIP语音通讯、邮件等系统的采办、运输、清关、安装部署和调试运行。

【企业文化建设】 2020 年，西非公司编制发布《西非公司企业文化手册》，展示企业愿景、提炼企业价值观、企业精神、经营理念等。建立和完善西非公司新闻审批发布流程和相关规范，推动内外宣传和企业文化建设工作，在系统内媒体发布新闻超过 120 条，在乍得国家电视台、乍得《进步之声》《尼日尔萨赫勒报》等资源国主流媒体、新闻网站发表新闻稿件 50 多篇，展示西非公司保障资源国油气生产、热心当地公益的良好形象。

【社会责任】 2020 年，西非公司及各所属项目公司积极投身社会公益事业，在油田及其周边社区、村落开展打水井、捐建学校、医疗救治、修建道路、抗洪救灾等民生改善工程，与当地社区和谐发展，提升中国石油品牌形象。乍得上游项目贡献乍得国家预算收入 60% 以上（含 SHT 权益油）。参与乍得镰刀型细胞贫血病医院筹建。向乍方捐赠口罩 26 万只、防护服 300 套、护目镜 400 副、呼吸机 2 台，为乍得克服新冠肺炎疫情与经济衰退、乍得社会的稳定作出积极贡献。乍得炼厂向乍得财政部捐赠 5000 万中非法郎（约合 58.33 万元人民币），支持政府抗击新冠肺炎疫情。为支持乍得军方抗击疫情、打击博科圣地恐怖分子、维护社会安全，向乍得政府捐赠 72000 升汽油，约合 29.4 万元人民币。尼日尔上游项目代表集团公司向尼日尔政府捐赠 14 万只医用外科口罩、400 副护目镜和 300 套医用防护服。尼日尔炼厂捐赠 3300 万西法用于尼政府抗疫工作，向石油部捐赠能源研究开发基金 5000 万西非法郎，捐赠 1000 万西非法郎用于尼日尔政府安置洪灾灾民。莫桑比克项目代表集团公司向莫卫生部、石油局和国家石油公司捐赠约 10 万美元的抗疫物资。尼贝管道项目公司代表集团公司向贝宁政府捐赠抗疫物资，并向尼日尔政府水灾减灾专项账户捐款 1000 万西非法郎。突尼斯项目受集团公司、中油国际公司、西非公司委托，向联合作业公司（CTKCP）、突尼斯国家石油公司（ETAP）、突尼斯能源矿产部和突尼斯卫生部捐赠口罩 7 万只。

（杨　恺）

中油国际管道公司

【概况】 2017 年 7 月，中国石油天然气集团公司加强海外油气业务专业化、一体化管理，根据海外油气业务体制机制改革框架方案，在不改变现有合资方式基础上，对中亚管道有限公司、中石油集团东南亚管道有限公司实施整合，设立中油国际管道公司，列海外勘探开发分公司项下管理，纳入改制后的中石油天然气勘探开发公司管理。下辖 13 个合资合作及独资公司，建设和运行 6 条天然气管道和 3 条原油管道，覆盖乌兹别克斯坦、哈萨克斯坦、塔吉克斯坦、吉尔吉斯斯坦、缅甸、中国六国，总里程 1.1 万千米，年油气输送能力近 9000 万吨油当量，管输规模占全国现有陆上进口能力的 75%。

2020 年，中油国际管道公司深入实施能源安全新战略，践行“一带一路”倡议，打造高效能油气战略通道，深化中国与中亚和东南亚地区国家的能源合作。输气 590 亿立方米，转供国内 434 亿立方米，输油 2987 万吨，转供国内 2087 万吨，为特殊时期保障国家能源供应发挥重要作用。实现考核口径合并净利润创历史新高，成为海外油气业务效益担当。

“十三五”期间，中油国际管道公司向国内输送原油 9117 万吨，向国内输送天然气 2264 亿立方米，较“十二五”分别增长 60.7% 和 68.7%，可替代标准煤 3 亿吨，减排二氧化碳 3.2 亿吨、二氧化硫 618 万吨，天然气保供总量占集团公司天然气进口量的 72.7%。“十三五”期间，成为海外油气业务保持良好经济效益的“压舱石”。

【管道运行】 2020 年，中油国际管道公司持续加强跨国调控能力。首次以视频形式组织召开两届四国协调会议，履行“四国会”框架下北京协调中心职责，理顺国家管网独立运营后协调流程，确保油气运输顺畅。中亚气、中缅油气 16 个站场实现“站控转中控”。管道运行模式持续优化，编制原油管道运行原则、站场标准化和目视化建设标准。以曼德勒泵站为标杆开展标准化站场试点建设。总部企业资产管理系统（EAM）一期完成验收，中哈天然气管道合资公司（AGP）实现流量计远程诊断（CBM）数据上传总部。哈萨克斯坦南线天然气管道合资公司（BSGP）优化外委模式，大幅降低机组维护保养费用。AGP 自主完成 GE 压缩机抽芯作业及干式低排放调图作业。管道完整性管理持续推进，建立水下管道完整性体系框架。推广无人机巡检、光纤监听监测预警等巡护新技术。开展 C 线热煨弯头防腐层修复，AGP 干线绝缘接头更换，环焊缝质量排查。完成伊江穿越段综合治理、阿克苏河水工保护等重大地质灾害防治工作。应急处置能力持续提升。2019 年 12 月 30 日零点土库曼斯坦全国停电导致停输，中油国际管道公司启动应急流程，过境国调控分中心、各站场迅速响应，利用管存紧急调配 5000 万立方米资源输送至国内，仅用 55.5 小时将转供量恢复至 1 亿立方米以上，确保百姓温暖过冬。

【工程建设】 2020 年，中油国际管道公司推进重点工程建设，西北原油管道反输改造一期工程建成投产，二期工程实现机械竣工。中哈原油管道肯基亚克计量站按期完工并具备投产条件。推动哈南线扩容至每年 150 亿立方米输气能力工程建设，完成阿克布拉克计量站扩建，签署巴佐伊压气站扩建 EPC 合同、举办开球会和压缩机招标，启动巴佐伊站详细设计编制。推进中哈原油管道计量站扩建和外电改造。推动完成塔吉克斯坦 1 号隧道工程二衬施工。完成 D 线吉尔吉斯斯坦段新增阀室征地。推进中缅气管道皎漂首站宿舍及库房改造项目建设。工程管理水平得到提升。搭建公司工程建设标准体系，发布 20 项工程建设企业标准。构建油气干线管道全生命周期质量管控体系。工程建设外部技术支持实现专家库 36 个专业、500 余位专家全覆盖，开展 14 期“工程建设百家讲坛”，工程建设管理人员综合能力持续提升。

【风险防控】 2020 年，中油国际管道公司管理体系有效运行，公司总部一体化体系获挪威船级社国际认证，ATG 等 5 家合资公司获新版 ISO45001 认证。QHSSE 风险全面受控，各合资公司差异化开展风险分级管控，实施隐患整改闭环管理，油气质量全部达标，工程建设质量一次合格率 90% 以上，社会安全管理升级，自主完成各海外项目国别社会安全风险评估，升版社会安全信息管理程序，科学应对吉国议会选举后骚乱事件。夯实安全文化建设，逐级签订安全环保责任书，多渠道宣传贯彻公司 SPIRIT 安全文化与 12 项黄金法则，与 KTO 签订 HSE 合作协议，形成股东间 HSE 联合工作机制，推动中外方安全理念融合，财务风险管理能力持续提升，建立合资公司与总部联动的利汇率风险管理机制，制定“一企一策”外汇敞口和风险管理方案，推动 AGP 资本化利息代扣税事件解决，实现第二批增值税全额返还。法律风险防范能力有效加强，解决 ATG 土库曼斯坦气输气服务收入增值税零税率适用争议事宜，开展《中华人民共和国民法典》宣传贯彻培训。保密管理扎实规范，完善保密相关管理规定，理顺保密管理工作机制，开展保密检查，“无泄密”事件发生。应急处置能力全面提升，确定应急预案体系架构，组织 4 次公共卫生专项与处置预案升版，开展包括恒毅大厦疫情封闭、总部与中吉项目突发疫情联动响应及跨国转运联动等 68 次防疫应急演练。

【经营管理】 2020 年，中油国际管道公司投资回收实现新突破，超额完成东南亚管道有限公司（SEAP）分红指标；组织修订东南亚天然气管道有限公司（SEAGP）、东南亚原油管道有限公司（SEAOP）盈余现金分配机制，打通 SEAOP 资金回收通道，建立 AGP 贷款期内盈余现金分配机制，合理筹划 BSGP 中长期盈余现金分配方案。资本运营创效稳步推进，参与集团公司跨单位境外税库利用项目。有效解决历史问题，与中油国际签署管理服务协议，理顺中哈原油管道合资公司（KCP）、哈萨克斯坦西北原油管道合资公司（MT）股权管理并实现成本回收，规避关联方交易风险，实现海外板块整体层面所得税税库利用优化。

【新项目开发】 2020 年，中油国际管道公司在中亚地区与外方股东、国内外意欲利用管道富余能力，进行代输相关公司开展合作意向沟通，提升管道经济性新项目开发机会筛选，探索合资合作可能性。在缅甸地区与国际事业公司签署战略合作协议，丰富合作伙伴，缅甸下载气、曼德勒燃气发电项目、马德岛 LNG 项目、明林羌气电一体化项目和中国石油海外 LNG 份额作为整体受到关注，曼德勒燃气发电项目完成预可行性研究并获集团公司批复，集团公司对在缅新项目开发给予支持，并明确由中油国际管道公司开展曼德勒燃气发电项目可研和马德岛 LNG 项目预可行性研究工作。

【疫情防控】 2020 年，中油国际管道公司坚持把员工生命安全和身心健康放在首位，按照国内国外两条线、“五落实”（文件、人员、物资、宣传和舆情、应急）“三个并重”（工作场所和生活场所并重、员工和家属并重、中方员工和外籍员工并重）“四早”（早发现、早报告、早隔离、早治疗）“六个一策”（一国一策、一地一策、一项目一策、一岗一策、一人一策、一家庭一侧）原则和方案，注重新冠肺炎疫情常态化防控与重点防控、差异化防控、精准防控相结合，各项目坚持“中方员工和外方员工并重”，坚持“一项目一策”，实现工作场所、在京员工及家属、海外项目中方员工“零疫情”“零感染”。召开 382 次疫情防控专题会议，7次升版防控方案。在确保安全前提下，组织15趟包机与36趟商业航班，分批次有序安排574人到项目，590人回国轮休。组织4900人次进行核酸检测，546人完成疫苗接种。聘请专家组织多次防疫培训、健康咨询和心理疏导，慰问海外员工家属1700余人次，访谈回国员工228人次。开展防疫捐赠，新疆分公司和云南分公司发挥重要支点作用，保障防疫物资顺利抵达中亚和缅甸地区，向哈萨克斯坦医疗机构捐赠约26万元，中缅和中吉项目分别向当地政府捐赠数批生活与防疫物资，中乌和中塔项目全力协助并做好国家联合医疗工作组在当地国的后勤保障。

【提质增效】 2020年，中油国际管道公司贯彻“四精”要求，推进经营增效、降本增效和优化增效，实现年度提质增效的156%。遵循效益导向，“急用先干，不急缓干”原则，优化投资完成率98%。优化运行减控自耗气2.88亿立方米。完成哈南线每年150亿立方米扩容工程初设审查和西北原油管道阿曼泵站加热炉项目投资审查，优化技术方案控减投资。推动解决KCP、MT与KTO运维协议价格复议及合同延期，实现中哈原油管道全线运维预算费用降低。规范采购管理，单一来源方式采办项目同比下降10.5%。

【人力资源管理】 2020年，中油国际管道公司建立3E人力资源管理指标体系，将员工培训中心迭代升级为人才发展中心，将政策支持中心迭代升级为智库中心，将业务合作伙伴迭代升级为战略合作伙伴，“两中心、一伙伴”人力资源管理职能定位得到强化。内部人力资源有效盘活，推进三项制度改革迈向深水区，制定《人员交流轮岗管理办法》，促进各类人才在国内外、项目间交流轮换，超计划实现年度人员轮换率6.2%。制定《双序列人才成长通道建设的实施意见》，建立经营管理人员与专业技术人员纵向发展、横向转换的职业发展机制，完成一般管理岗位认定和首次评聘，印发《专业技术岗位序列管理办法（试行）》并同步开展试点，“双序列”改革试点期间，百余名基层和青年员工从中受益。加强国际化人才队伍建设，推进国际管道企业大学建设，制定珠峰、菁英、丝路等三大重点人才培养计划，以CIOB英国皇家特许建造师培训取证为试点，推动管道公司人才培训晋级取证认证。

【创新体系建立】 2020年，中油国际管道公司创新工作机制日趋完善，印发《科技成果推广应用管理办法》，建立科技推广应用体系，自主研发阀室一体化橇装设备间取得成功。组织首届“五新五小”科技创新成果评审，印发《管理创新管理办法》，建立总部与项目评委交叉评审、内外评审相结合的评审机制，建立管理创新长效机制，形成管理创新成果35项，论文94篇，创历史新高，获石油企协一等奖1项、二等奖2项、三等奖1项，优秀著作一等奖1项。完善技术标准管理体系，修订标准管理办法，优化标准委员会管理机制，发布58项公司技术标准，编制13项站控功能完善项目标准，推动ATG、AGP数字化站场试点建设。稳步推进数字化转型，完成2800人次数字化大讲堂线上培训，建成企业私有云，支撑财务报税、业绩考核等6个业务系统快速部署，开发PPS、PI、PIS、EAM等数据接口，向数据湖接入核心业务数据1.8太字节，依托中塔项目搭建数字化管理测试平台，形成16项干线管道成套方案，完成中缅油气管道马德岛和南坎CCTV信号上传，推动哈萨克斯坦南线SCADA信号上传，作为集团公司首批试点单位，实现共享平台切换。

【管理体系提升与优化】 2020年，中油国际管道公司完善战略研究体系，与多家科研院校和咨询机构建立定期交流沟通机制，追踪研判国内外形势和行业发展趋势，开展深度专项研究，坚持前瞻性思考、全局性谋划、战略性布局、整体性推进，科学编制“十四五”业务发展规划。优化内控管理体系，发布2021年版内控手册，开展内控自我测试，夯实公司内控风险防控基础。股东行权更加规范高效，印发《股东事务管理办法》，编制《股权管理信息手册》，规范股东行权制度和流程，提高股东决策和行权效率，编制《股东关注事项报告》《各项目所在国信息报告》，为谈判决策提供可靠信息支撑，强化电话、视频会议功能，股东层面多维沟通，召开股东大会、监事会等27次，通过多方位沟通交流和推动，制约合资公司发展的一系列重大历史问题得到有效解决。

【品牌影响力扩大】 2020年，中油国际管道公司持续发力标准“走出去”。参编《天然气硫化合物测定用氧化微库仑法测定总硫含量》标准获集团公司优秀标准特等奖。推动成立吉尔吉斯斯坦国家联合标准委员会，5项中国标准落地吉尔吉斯斯坦。中乌项目启动建设布哈拉新调控中心示范基地和合资公司网站，制订“三步走”跨文化融合工作实施计划。公司中英文外网正式上线。中缅项目Facebook账号发帖量同比增长316%，粉丝量增长158%。在人民日报海外网策划发布“十年再出发：中油国际管道再起新征程”专题。选送作品《在我眼中》成为中国石油参加国资委“一带一路”百国印记视频大赛唯一获奖作品。开展中缅建交70周年暨中缅项目开工10周年主题宣传，举办社会责任专题报告发布会。举办“缅甸首届高校青年抖音视频大赛”，视频总播放量30万次。在马德岛建设“中国书架”，成为央企十大样板之一。举办中缅项目“云开放”活动，相关视频被央视新闻联播《习近平主席达沃斯演讲四周年的世界回响》报道引用，活动获18个国家和地区的300余家海外媒体转载报道。

【企业组织建设】 2020年，中油国际管道公司组织开展“团结一致抗疫情、加油输气促发展”“战严冬、转观念、勇担当、上台阶”“马上就办、担当尽责”主题教育和工作倡议，为新冠肺炎疫情防控、提质增效和世界先进水平国际化管道公司建设三大攻坚战提供坚强政治保障。强化企业组织建设领导力量和基层工作力量。成立党建工作领导小组及其办公室，明确2020年为党支部建设提升年，开展“六个一”（选配一个好书记、建设一个好班子、带出一支好队伍、完善一套好制度、构建一个好机制、创造一流工作业绩）党支部创建创优年度验收，基层党支部建设有效加强。推动全面从严治党向纵深发展。聚集监督本职，突出疫情防控和提质增效专项行动监督，持续纠治“四风”破除形式主义官僚主义。专题研究新形势下一体推进“三不”具体方案，推动党内监督、行政监督、合资公司监督“三位一体”监督机制落实落地。探索海外项目廉洁风险防控体系建设，中缅项目搭建“三位一体”监督机制平台，海外监督探索实践迈出实质性步伐。

（杨　帆）

中油国际俄罗斯公司

【概况】 2007年9月，集团公司成立中俄合作项目部。2014年4月，集团公司批准中俄合作项目部加挂中国石油天然气集团公司俄罗斯公司牌子。11月，集团公司撤销中俄合作项目部，俄罗斯公司单独列入集团公司直属企事业单位序列，行政由集团公司直接管理，业务归口海外勘探开发分公司管理。2017年7月，海外油气业务体制机制改革，更名为中国石油国际勘探开发有限公司俄罗斯公司（简称俄罗斯公司），归中国石油国际勘探开发有限公司管理。2018年9月，俄罗斯公司整体前移俄罗斯办公。俄罗斯公司作为中油国际公司的派出机构，在中油国际公司授权范围内，承担俄罗斯地区业务的协调、管理、监督、服务、党建等职能，重点负责授权范围内项目运营的协调和支持、公共关系、HSSE监督、股东事务等工作，并作为集团公司俄罗斯地区企业协调组组长单位，负责指导和监督中石油集团公司各驻俄罗斯企业全面生产经营和健康安全环保工作。2020年底，有员工51人，含8名外籍员工，设4个职能部门，分7个业务板块（综合板块、企业文化板块、计划财务板块、股东事务板块、技术支持板块、工程建设板块、采办销售板块）管理下属中油国际（俄罗斯）投资公司、中油国际（俄罗斯）亚马尔公司、北极LNG 2项目，管理总资产77.05亿美元。

2020年，俄罗斯公司克服新冠肺炎疫情影响，实现全员新冠“零”感染，超额完成亚马尔LNG项目天然气生产、LNG加工和销售年度计划，北极LNG2项目总体进度完成33%。

【“十三五”回顾】 “十三五”期间，俄罗斯公司亚马尔LNG项目3条液化天然气生产线均提前投产，连续超定额完成液化天然气生产任务，收购北极LNG2项目10%股份。2017年11月6日，亚马尔LNG项目第一条液化气生产线提前52天建成投产；2018年7月21日，第二条液化天然气生产线提前4个月建成

俄罗斯公司亚马尔LNG项目主要生产经营指标

指　标	2020年	2019年	2018年	2017年
天然气作业产量（亿立方米）	293.37	278.39	141.88	15.88
天然气权益产量（亿立方米）	58.67	55.68	28.38	3.18
凝析油作业产量（万吨）	104.6	117.23	75.39	6
凝析油权益产量（万吨）	20.92	23.45	15.08	1.2
LNG作业产量（万吨）	1884	1837.7	858.18	27.15
LNG销售量（万吨）	1787.4	1735	756.61	14.72
凝析油销售量（万吨）	95.29	118	61.43	0
开发井（口）	172	156	132	103

2017 年 12 月 8 日，亚马尔项目首船 17 万立方米 LNG 在萨贝塔港装船外运（吴森 摄）

2019 年 6 月 7 日，集团公司董事长王宜林与诺瓦泰克首席执行官米赫尔松在圣彼得堡经济论坛期间中国石油与俄罗斯诺瓦泰克公司签署北极 LNG2 购股协议（孟庆璐 摄）

2018 年 12 月 25 日，俄罗斯公司亚马尔团队获央企楷模（吴森 摄）

投产；2018 年 11 月 21 日，第三条液化天然气生产线提前 1 年建成投产，亚马尔 LNG 项目成为集团公司海外第一个建成投产的 LNG 项目。2018 年 12 月 25 日，亚马尔项目团队获国资委第三届“央企楷模”称号，成为集团公司首个获该荣誉的集体。2019 年 6 月 7 日，签署《中国石油国际勘探开发有限公司与诺瓦泰克股份公司关于入股“北极 LNG2 有限责任公司”的购股协议》，7 月 19 日，集团公司完成北极 LNG 2 项目股权登记手续，成为项目 10% 股东。2019 年 11 月，俄罗斯公司亚马尔项目成为“一带一路”重大工程企业精神教育基地——石油精神教育基地，2019 年、2020 年分别获评集团公司生产经营先进单位、集团公司抗击新冠肺炎疫情先进集体。

【勘探开发】 2020 年，俄罗斯公司亚马尔 LNG 项目完成陆上 500 平方千米三维地震采集和侏罗系 175 口评价井钻探工作。加大钻井现场管控力度，优化钻井措施，提前做好油套管、井口等材料储备，有效保障钻井工作安全有序进行。优化气井投产方案和气井生产制度，避免个别生产井含水上升。动用钻机 4 部，开发井开钻 18 口、完钻 16 口、完井 16 口，年进尺 61215 米，平均建井周期 40 天，钻机 32.41 台·月，单井平均钻机 2.2 台·月，平均 1889 米 /（台·月），投产新井 15 口。

北极 LNG2 项目完成 1148 平方千米三维地震采集，其中陆上 904 平方千米、北部 504 平方千米、南部 400 平方千米、水域 244 平方千米，三维地震在许可证区域覆盖 87.9%。完钻 1 口探井 17 口开发井。

【工程建设】 俄罗斯公司亚马尔 LNG 项目 3 条 LNG 生产线分别于 2017 年 11 月、2018 年 7 月和 11 月建成投产。2020 年主要完成第 4 条 LNG 生产线相关配套工程施工建设，工程建设总体进度完成 93.7%，其中集气管网 100%，液化单元 97.54%，气体处理单元 95.8%。

2020 年，北极 LNG2 项目总体进度完成 33%。一期混凝土重力式平台（GBS）建造完成总进度 34.96%，其中设计完成 78.06%，建设完成 26.97%，一期 GBS 上部模块及岸上设施完成进度 51.82%，其中一期模块建造完成进度 45.69%，一期码头终端完成总进度 70.20%，一期上游地面工程完成总进度 35.94%。1 月上游 1 号天然气处理厂开工建设，比计划提前 45 天，4 月二期模块开工建设，比计划提前 37 天，5 月 GE 一期燃气轮机完成驱动性能测试，6 月二期 GBS 开工建设，9 月 GE 一期燃气轮机第一次点火启动，10 月三期模块提前开工建设，林德一期绕管式换热器测试成功。2020年，北极LNG2项目一期GBS的LNG储罐材料运至现场，启动安装准备工作，西门子一期原料气和BOG压缩机运至中国模块厂并安装到位。

【销售海运】 2020年，俄罗斯公司亚马尔LNG股份公司开始履行与比利时天然气终端运营商Fluxys公司为期20年的转运服务协议，在泽布吕赫（Zeebrugge）港进行船—罐—船或船—码头—船的转运作业，完成55次船对船转运。随着15艘ARC7破冰级LNG运输船的全部投用和比利时泽布吕赫转运站投用，挪威霍宁斯沃格转运站的功能弱化，完成7次船对船转运作业。2020年有15艘ARC7破冰级LNG运输船、11艘常规LNG运输船、2艘凝析油运输船参与项目运营。销售长贸LNG178船，现货LNG77船，凝析油23船。有47船LNG运抵中国，其中24船经北极东北航道、23船经苏伊士运河。亚马尔LNG项目积极开拓北极东北航道，随着全球气温变暖，亚马尔LNG经北极东北航道外运航次增加及航运经验积累，北极东北航道通航期由原来的5个月延长至9个月，“冰上丝绸之路”远航能力得到提升。

北极LNG2项目启动LNG购销协议、船运协议谈判。1月批准4艘ARC7冰级LNG运输船船运协议的主要条款，3月启动LNG购销协议谈判，7月批准首制船（船台号041）和10艘（船台号046-055）ARC7冰级LNG运输船船运协议的主要条款，与斯玛特（SMART）船东公司签署10艘ARC 7冰级LNG运输船的船运协议，10月启动转运站项目入股和转运站使用协议（TUA）谈判，批准6艘（船台号2514-2519）ARC7冰级LNG运输船船运协议的主要条款，分别与俄罗斯现代商船、日本商船三井各签署3艘ARC 7冰级LNG运输船的船运协议，12月批准LNG购销协议的主要条款。

【HSSE与疫情防控】 2020年1月，俄罗斯地区企业协调组和俄罗斯公司下发通知，成立俄罗斯地区新冠肺炎疫情防控工作领导小组和俄罗斯公司新冠肺炎疫情防控工作领导小组，定期召开疫情防控会议，线上线下监督和指导集团公司在俄罗斯企业各项疫情防控措施的部署落实。2月，俄罗斯公司颁布中俄文版《新型冠状病毒防控手册》，在莫斯科采购防疫物资运回国内支援抗疫。3月，决定中外员工居家远程办公，地区疫情防控工作领导小组现场检查各驻俄俄罗斯单位疫情防控工作和防疫物资准备、办公空间防疫设施配备及应急预案等工作。4月，俄罗斯地区企业协调组组长、俄罗斯公司总经理向中国驻俄罗斯大使汇报集团公司在俄罗斯企业疫情防控和生产经营情况，召开HSE委员会会议，审议通过《2020年HSE工作计划》《中油国际俄罗斯公司HSE控制框架》等管理制度。5月，通过驻俄罗斯使馆外交渠道将在中国采购的连花清瘟、清肺排毒汤等特效药4000余盒以及口罩等重要防疫物资运抵莫斯科，解决在俄罗斯企业防疫物资储备不足问题，向中国留俄罗斯学生总会捐赠药品、口罩，协助俄罗斯中国企业家理事会从中国采购1.5亿元防疫物资支援俄罗斯抗疫。6月，地区疫情防控工作领导小组专程到华铭公司施工现场检查指导防疫工作。随着新冠肺炎疫情进入常态化管控模式，俄罗斯公司始终坚持“四提前”“四早”工作方针，对重点人员实施“一人一策”，重视检验流调、隔离观察、健康监测、慰问帮扶等环节工作。

亚马尔LNG股份公司在倒班安排、现场施工、应急反应等方面调整工作安排，并与俄罗斯疫情主管部门“消费者权益保护和公共福利管理局”（简称管理局）建立快速协调通道，保证作业现场一旦发现可疑症状，管理局立即启动应急响应，派遣防疫专家前往现场指挥处理。现场人员倒班时间从28天调整为90天，严格实施集中隔离政策，莫斯科办公室实施30%人员远程办公。全年未发生重大伤亡事故，总可记录事故率（TRIR）同比下降50%，HSE业绩达到历史最好水平。为对受损永冻土层进行生态修复，亚马尔LNG股份公司与北极理事会（Arctic Council）开展“健康苔原”活动。聘请专业公司对受损苔原植被进行复种，采用先进的阶梯式种植技术，优选有利于原住民传统驯鹿养殖的植物种类。为应对北极地区的快速升温，按照环评报告要求落实各项环境保护措施，尽可能减少土地占用，优化布井方案，采用更为环保的涡轮增压机和钻屑处理设施设备，从源头上降低温室气体排放和环境污染。促进当地水体生物群落恢复，与亚马尔涅涅茨州政府就水体生物的种类和数量损失反复进行评估，在俄罗斯联邦渔业部的监督下，组织多次投放鱼苗活动。2020年，投放各类鱼苗超过100万尾。

【企业管理】 2020年，俄罗斯公司制修订管理制度文件14个，废止管理制度文件1个，发布实施《中油国际俄罗斯公司业务板块职责分工》，按照综合板块、股东事务板块、企业文化板块、技术支持板块、计划财务板块、采办销售板块、工程建设板块等7个业务板块实行公司内部管理，发布实施新版《中油国际俄罗斯公司管理制度手册》，作为集团公司、中油国际公司选定的合规管理示范创建单位之一，按要求设立中油国际俄罗斯公司合规委员会，制定合规管理示范创建工作方案并推进各项工作，定期报送进展情况报告。

【股东事务】 2020 年，俄罗斯公司亚马尔 LNG 项目召开董事会会议 40 次、股东大会 2 次，审议董事会和股东会议题 159 项，召开咨询委员会会议 10 次。俄罗斯公司配合完成 4 项运营期股东担保协议、相关托管协议及附函协议、股份质押协议补充协议、替代外汇准备金的股东担保协议的签署，协助办理中油国际中国税收居民证明和相关确认函，参加股东联合财务审计，督促亚马尔 LNG 股份公司解决第 4 条生产线建设筹资不符合相关董事会决议的问题，最终达成通过调整第 4 条生产线的收益分配模式来解决该问题的方案，维护中方权益，完成凝析油现货销售、LNG 转港交货、转租富余船舶运力、2021 年度现货 LNG 和蒸发气购销协议等交易审批，通过优化项目船运和销售安排，实现提质增效。

北极 LNG2 项目召开股东会 10 次，审议议题 24 项，举行咨询委员会会议 13 次。俄罗斯公司推动项目外部融资工作，配合融资的技术、市场、船运、法律、保险等方面的咨询顾问开展尽职调查并审查尽职调查报告。完成 2020 年度股东出资担保协议审查和内部审批，向联合公司如期提供担保。审查联合公司出具的筹款通知书（Cash Call）通知，履行内部审批和对外付款手续，确保按照股东协议规定如期履行股东出资义务。参与完成 21 艘 LNG 冰级运输船船运方案的经济性和必要性研究、审查，参与船运协议的审查和谈判，配合中油国际公司完成股东担保的出具和外管局登记手续的办理。参与 LNG 承销协议（SPA）谈判和文本审查，推动协商解决涉及制裁保护机制、补充协议等问题，配合中油国际公司完成有关中方份额 LNG 承销主体架构优化研究工作。6 月、11 月，召开 2 次股东高层 CEO 会议。11 月，完成北极 LNG 2 项目首次股东年度审计。

【企业文化建设】 2020 年，俄罗斯公司组织理论中心组学习 25 次，完成“学习贯彻十九届四中、五中全会精神”“学习党史、新中国史”“弘扬爱国奋斗精神，建功立业新时代”等专题培训。组织完成 2020 年党风廉政建设与反腐败工作会议、支部书记抓党建述职会议、支部达标晋级等工作。围绕疫情防控和提质增效，抓好宣传工作，组织员工和家属参加中石油集团公司“抗击疫情送文化到海外”云直播慰问演出，组织中央广播电视总台“环球华人”栏目专访员工。亚马尔 LNG 项目故事《镶嵌在北极圈的能源明珠》作为“一带一路”故事丛书《共同梦想》第三辑出版，中英文精装平装 4 种书籍在第三届中国国际进口博览会国家会展中心（上海）展出。在《人民日报》《光明日报》《中国石油报》及其公众号、中油国际公司内网、ILINK、海外油气合作平台刊发俄罗斯公司生产经营、企业文化建设、抗击疫情等新闻稿件 136 篇。

【北极 LNG2 项目融资】 2020 年，俄罗斯公司北极 LNG2 项目正式启动外部融资谈判。2 月与银团召开首次项目融资启动会，向贷款银行提供项目信息备忘录（PIM）、项目施工进展、融资关键条款（FTC）、融资财务模型，供银团开展尽职调查，4 月落实任命外部融资法律顾问、财务顾问、环保顾问、市场顾问、船运顾问、技术顾问和保险顾问问题，银团初步反馈涉及油气价格、汇率风险、担保方案、LNG 销售、船运和转运站、制裁、股权转让限制、账户和现金流分配、保险等融资关键条款 41 个主要问题清单，7 月完成市场、保险、技术、环保报告初稿，并增加储量评估顾问，12 月俄罗斯储蓄银行率先确认提供贷款额度。4—12 月，北极 LNG2 项目会同各股东与银团针对融资关键条款主要问题持续开展谈判。

【北极 LNG2 项目模块监造】 2020 年，为带动中国石油单位参与北极 LNG 2 项目建设，借鉴亚马尔 LNG 项目合作经验，俄罗斯公司积极推荐中方监理人员参与北极 LNG2 项目模块建造监理工作。2019 年 10 月，中油国际天津锐思公司将第一批监理人员名单提交北极 LNG2 项目。按照项目交割时签订的附属协议，中方最多可以推荐 5 名模块监理参与模块厂建设。2020 年因新冠肺炎疫情影响，中俄两国边境暂时关闭，为确保按时推进北极 LNG2 项目模块建设，俄罗斯公司继续推荐中国石油监理参加面试。随着模块建设推进，进一步释放相关专业岗位需求，俄罗斯公司继续推荐中方监理参加面试，增加中方派员数量，实现中国石油参与北极 LNG2 项目模块监理价值最大化。

（唐春梅）

工程技术服务企业

中国石油集团西部钻探工程有限公司

【概况】 中国石油集团西部钻探工程有限公司（简称西部钻探）2007 年 12 月底成立，是中国石油按照集约化、专业化、一体化整体协调发展思路，整合新疆、吐哈、青海等油田工程技术服务业务而设立的首家专业化钻探公司。所属队伍起源于玉门油矿和独山子油矿，由原玉门、克拉玛依、青海、吐哈等区域钻探队伍融合发展而成，涌现出一批以大国工匠谭文波、全国五一劳动奖章获得者高维明为代表的先进模范，为油气事业发展做出了突出贡献。

西部钻探主要生产经营指标

指　标		2020 年	2019 年	2018 年	2017 年	2016 年
录井（口）		2195	3300	3233	2577	1408
钻井（口）		1945	2874	2873	2252	1232
钻井进尺（万米）		517	698	614	503.87	302.12
完井（口）		2066	2722	2764	2162	1244
固井（口）		1517	1954	1774	1839	1333
井下作业（层 / 段）		8285	9945	5534	1677	2174
试油（层）		386	437	332	306	252
定向井（井次）		957	1323	548	639	427
新签合同额（亿元）	国内市场（亿元）	240.15	272.8	210.07	159.05	—
	海外市场（亿美元）	4.1	3.36			1.96
收入（亿元）		211	253	186	132	97.72
利润总额（亿元）		2.58	0.67	−4.9	−14.7	0.043
税费（亿元）		2.63	2.38	3.56	3.09	5.4

西部钻探主要开展钻井、固井、录井、压裂、试油等工程技术服务，兼营油气合作开发、技术研发与产品研制等业务，可为油田提供从新井开钻到投产全过程一揽子解决方案和“交钥匙”服务。年钻井能力 750 万米、压裂 10000 井次、录井 4000 口、固井 6000 井次、试油 450 层、定向井 1500 口以上；合作开发年外输天然气 7 亿—8 亿立方米。

2020 年，西部钻探下设机关处室 14 个，直附属单位 12 个和二级单位 18 个。员工总量 1.52 万余人。其中，本科及以上学历占比 34.8%、少数民族占比 16.3%，享受国务院津贴 5 人，新疆维吾尔自治区天山英才 4 人，集团公司青年科技英才 10 人，公司各级技术专家 130 余人。有各类大型工程技术装备 1.6 万台套，工程技术服务队伍 1000 余支，资产总额超过 300 亿元。

2020 年，西部钻探吐哈井下作业公司获全国厂务公开民主管理工作先进单位。西部钻探巴州分公司骆文生获评新疆维吾尔自治区劳动模范；群众工作处唐泽生获评 2020 年度全国优秀工会工作者；戴晓毅获评 2020 年新疆维吾尔自治区“访惠聚”驻村工作优秀第一书记称号；试油公司王彦清获 2020 年中国创新方法大赛总决赛三等奖；谭文波获“新疆维吾尔自治区有突出贡献专家”称号。

2020 年，西部钻探落实集团公司党组决策部署，一体推进提质增效、能力提升，持续攻坚啃硬，营业收入 211 亿元，较好完成集团公司考核指标，维护员工利益。

【“十三五”回顾】 “十三五”期间，西部钻探形成管理技术型企业发展思路，为规模快速增长、效益稳步提升、成果普惠共享提供战略引领。营业收入最高达 253 亿元，较“十二五”最高规模同口径增长 80%、较成立初期增长 2.9 倍；利润率逐年改善，净利润实现翻番，业绩考核跃居集团公司和中油技服前列。钻井、压裂年作业能力达 700 万米、1 万层段，分别较“十二五”最高水平提升77%、550%，各专业服务能力协同倍增，累计创出指标千余项；玛湖工厂化作业等经济高效模式成为行业典范，年均降低勘探开发投资数十亿元；打成明15井、高探1井、轮探1井、呼探1井等重点井，推动一批世界级大发现。建成“两院三中心”（工程技术研究院、地质研究院，储层改造研究中心、固井技术研究中心、钻井液研究中心）科技创新平台，获省部级以上成果35项，发布专利、标准657项，现场作业持续向自动化、数字化转型，自研的精细控压、油基钻井液等37项特色工艺技术加速产业化。建立形成以国内五大盆地为主体的一体化发展格局，传统市场占有率较“十二五”末提高33个百分点以上，西南、长庆市场从无到有，塔里木市场从小到大，三大战略市场贡献收入138亿元以上，苏里格合作开发业务收入占比较“十二五”提高10个百分点以上，海外市场扭转长期亏损局面。实施内部专业化重组、“大科室”改革，撤并二级、三级机构110余个，减员3607人；工资总额年均增长8%以上，人均年收入较“十二五”末增长50%以上。

【市场开发】 2020年，西部钻探与各油田常态化交流50余次，优化调整钻机43部，部署300余支队伍越冬生产，满足资源需求，保障勘探开发。在传统市场，发挥主力军作用，主动承揽重点工程，新疆、青海、吐哈三大市场占有率90%，创历史新高。在战略市场，整合内外部资源，扩大全产业链服务，塔里木市场收入规模增至21亿元，“三超井”压裂测试保持区域主导地位，钻井液市场占有率提高36%，体积监测、远程技术支持中心（RTOC）、连管光纤测试等业务进入；西南页岩气市场收入规模增长76%，录井业务创收7000万元以上；长庆陇东、玉门环庆实现一体化总包，中标煤层气公司14口水平井，进入西部管道液氮技术服务、新疆煤炭地质局压裂等新市场。在海外市场，坚持效益导向，加强提量推价营销，新签合同额3.6亿美元、增长9%，中石油阿克纠宾油气股份公司、坚戈、坎爱等市场推价5%—12%，在工作量和收入分别同比下降36%、50%情况下，连续2年实现盈利。

【疫情防控和复工复产】 2020年，西部钻探将新冠肺炎疫情防控、复工复产作为践行“两个维护”的具体行动，落实党中央、集团公司党组、新疆维吾尔自治区党委工作要求，坚持责任落实、物资保障、人员管控、措施执行“四到位”，实现“两手抓、两手硬”。强化组织领导，迅速成立疫情防控领导小组，设立公共卫生应急办公室，组织召开专题会议10余次，快速编制指导手册、防控方案，精细部署生产、办公场所防控工作，准确摸排上报员工流动信息，严密管控重点疫区人员返岗等问题，实现“双零”目标。精细管控布防，落实“一队一策、一站一策”防控要求，制定作业现场外来人员管理措施11项，控制两级机关办公人员，加强返工隔离措施落实，停止现场人员倒休，严禁队站间人员流动，维护了员工生命安全。加快复工复产，以“战时状态”抢抓工作主动，班子成员带头与地方政府沟通协作，快速解决人员隔离、交通管制、物资保供等问题，春节后近6000名干部员工立即返岗，270余部钻机迅速启动，技术服务队伍全部动用；新疆第二次疫情封闭期间，833名机关干部员工封闭办公，8363名基层干部员工一线封闭作业，最大限度降低疫情对生产经营的影响，实现疫情防控和安全生产两不误。

【服务保障】 2020年，西部钻探坚持保障勘探开发、推动高质量发展双重使命，建立学习贯彻落实机制，明确5个方面18条措施，与管理技术型企业建设融合推进，以强大的凝聚力、战斗力和执行力保障油气增储上产。

勘探方面，钻探助力油田大发现，在2020年集团公司油气勘探重要发现成果奖特等奖、一等奖占比45%。新疆油田，康探1井最高日产油158立方米、气1.12万立方米，打开准东东环带油气勘探新局面，获集团公司油气勘探重大发现成果奖特等奖。车排24井日产油150.5立方米、气1.66万立方米，推动沙湾—玛湖中下二叠统大型岩性地层油气藏整体勘探；沙探2井在风城组获日产气2.04万立方米，在上乌尔禾组获日产油12.8立方米、气0.68万立方米，推动沙湾凹陷天然气新领域规模勘探。车排24井、沙探2井两口重要两井重要发现获集团公司油气勘探重大发现成果奖二等奖。前哨4井日产油76.3立方米、气30.3万立方米，证实腹部斜坡带规模岩性勘探潜力；石西16井日产油73.6立方米、气10.27万立方米，发现腹部石炭系效益勘探新区带；前哨4井、石西16井两井重要发现获集团公司油气勘探重大发现成果奖三等奖。塔里木油田，亚洲陆上第一深井轮探1井日产油134吨、气4.59万立方米，开辟轮南油气勘探新领域；储层改造施工的满深1井日产油624吨、气37.13万立方米，助力塔里木盆地腹部超深层油气勘探重大突破；轮探1井、满深1井两井重要发现获集团公司油气勘探重大发现成果奖特等奖。博孜13井日产油124立方米、气30.9万立方米，扩大克拉苏构造带油气勘探成果，获集团公司油气勘探重大发现成果奖一等奖。吐哈油田，石钱1井日产气7.2万立方米，实现准东石炭系碎屑岩天然气勘探的重要发现，获集团公司油气勘探重大发现成果奖二等奖。青海油田，柴9井日产油121.12立方米、气5万立方米，获集团公司油气勘探重大发现成果一等奖。

开发方面，新疆油田，Ma20025-H井日产油109吨，红831-X井日产油100.68立方米，阜东055 H井日产油132立方米，HW83012井日产油101.6吨，滴南083井日产油100.09立方米、气1.15万立方米。塔里木油田，跃满17-2H日产油65立方米、气20万立方米，跃满21-4X井日产油184.56立方米、气5万立方米，大北1202井日产油4.16立方米、气42.6万立方米，克深13-5井日产气40万立方米。西南油气田，宁209H14平台日产气203.67万立方米，创长宁平台井最高日产指标。按照“公司统领、区域协调、单位协同、资源共享”运行原则，打造一体化保障机制，生产时率提高0.53个百分点，ZJ50以上钻机平均队年进尺提高3.9%。玛湖区域，推行“项目制 + 专业化”“分类定级 + 管理共享”“批量化钻井 + 工厂化压裂”等成熟模式，甲乙方深度融合，资源高度共享，玛湖区域提速21.2%，平均建井周期缩短24%，保障规模开发。塔里木区域，发挥一体化优势，实施口井项目制管理，各专业充分协同，有效降低事故复杂，缩短钻井周期，提高单井效益，助力油田开发成本下降10%。永川区域，实施区域总包、联合办公，与油田加强设计源头、复杂管控和区域资源等“三个融合”，破解深层页岩气开发难题。截至2020年底，“零事故”完成永川一期总包项目，机械钻速提高92%，平均钻井周期缩短50.1%。

【工程提速】 2020年，西部钻探瞄准重点区域提速提效瓶颈，完善提速模板，落实井身结构优化、钻头及钻井液体系优选、提速工具试验应用等举措，固化成熟工艺工法，推广玛湖、塔里木、永川等特色模式，在水平井占比提高7个百分点、平均井深增长33%的情况下，钻井提速8%、水平井压裂提效19%，单车组年压裂400段以上队伍占中油油服的50%；年完成钻井进尺507万米，自营比例提高19%，增加边际贡献4.5亿元。树立“质量是企业自尊”理念，制订井筒事故复杂管理办法，突出喷漏卡塌、工程异常等风险防范，规范钻具及井下工具管理，落实处级干部、专家驻井责任，井身、固井质量合格率实现“双百”目标，事故复杂时率同比下降0.06个百分点。

【提质增效】 2020年，西部钻探坚持“在经济领域为党工作”理念，开展“战严冬、转观念、勇担当、上台阶”主题教育和提质增效专项行动，建立预算引领的全价值链全要素降本机制，推进522项提质增效措施落实落地，打赢提质增效攻坚战和效益实现保卫战，降本增效20亿元以上，百元收入变动成本同比下降5.3%，守住“自由现金流为正、整体不亏损”两条底线。统筹推进源头降本，围绕降低百万吨产能建设投资和桶油完全成本，与油田共同优化地质工程方案，完善储层改造工艺，助力油田降低勘探开发投资10%以上。其中，建立物资共享仓储模式，发挥合资石英砂厂优势，推动新疆油田区域外部石英砂采购价格同比下降20%，为油田节约石英砂采购成本近2亿元。推进采购降本，向供应商传递经营压力，复议工程服务、物资采购合同5666份，供给端合同同比降价14%。落实国家财税、社保费用减免等政策，减少支出2亿元以上。严格压控“两金”，强化应收账款管控，加强督办考核问责，资金创效1亿元；落实合同汇率补偿条款，缩减外汇敞口2.1亿元，减少损失1600万元。在苏里格合作区实施“水平井 + 体积压裂”开发方式，单井平均无阻流量同比提高10.5%，节约投资7095万元，完成天然气商品量7.9亿立方米。

【科技创新】 2020年，西部钻探坚持技术立企，完善“两院三中心”建设，推进实施集团重大科技项目9项、油服项目9项，计划经费1.5亿元，创历史新高。其中，牵头组织的“复杂超深井安全优快钻完井技术集成与试验”“页岩油国家级示范区水平井效益开发关键工程技术集成与试验”2项集团重大现场试验项目进展顺利。强化技术攻关，围绕重点区域技术难题和需求，加强顶层设计和研发攻关，破解准噶尔南缘、玛湖、青海英中英西、塔里木山前等区域钻探难题。其中，自研4种尺寸、30种型号XZ个性化钻头性能比肩国际高端；国内首创的水平井连续油管智能分段测试技术在新疆油田试验11井次，取得重大突破，为实现油藏精细化评价提供技术保障；深井、超深井钻完井技术助力打成准噶尔盆地最深井呼探1井（7601米）、国内页岩气最深井黄202H2-2井（6540米）、国内陆地首口大尺寸“勺型”水平井新疆呼图壁储气库HUHWK7井等一批最深井、高难井。利用社会优势资源，创新院企校企合作模式，与勘探院建成国内首个石油压裂远程指挥控制中心，与西南石油大学建成“钻井破岩和钻头工程技术研究中心”，实现学科“从无到有”；与美国Rigminder合作的 MSE 优快钻井系统，推动钻井业务向数字化转型升级。加快成果转化，自研油基钻井液、精细控压、垂直钻井在新疆、塔里木、青海等区域应用 133 井次、同比增长 50% 以上，内部市场占有率近 60%；8 项常规技术市场占有率 100%。

【管理创新】 2020 年，西部钻探持续推进三项制度改革，实施基层单位“大科室”改革，深化人力资源社会化合作，压减三级机构 30 个，减少社会化用工 1500 余人，节约支出 1.5 亿元；精准薪酬考核激励，突出效益导向与价值创造，构建用工与效益联动考核机制，人均用工成本下降 15% 以上；健全干部选用机制，修订领导干部选用规范，试点科级干部能上能下，设置新提任领导人员前置程序，新提拔 40 岁以下二级副占总量的 54.2%，干部选用质量显著提升。建立以利润、成本为关键要素的差异化考核机制，压减制度 25%、一贯到底 95% 以上，增强了管理效能；围绕治理体系和治理能力现代化，编制完成改革、对标等行动方案与“十四五”规划。

【井控提升】 2020 年，西部钻探坚持问题导向，按照关于查思想、查管理、查技术、查纪律“四查”要求，开展“大反思、大排查、大整治、快提升”活动，践行“井控为天、井控为先”等理念，修订井控安全管理制度，有力促进井控管理提升。建立长效机制，健全两级井控管理职能机构，在各区域协调部挂牌“井控管理分中心”，明确专职井控副主任，增补 7 名局级井控专家，重点单位单设井控科，增加 37 名专职井控管理人员，织牢“横向到边、纵向到底”的管控网络。坚持正确选人用人导向，明确井队长从现场工程师中选拔，将井控安全工作经历作为提拔干部的重要条件，激发各级工作热情。在新疆南缘、青海涩北、塔里木山前等高风险区域，井控主体设备均选用 10 年以下、集团甲级资质产品，确保设备本质安全。强化能力建设，加强监督、“井控明白人”队伍建设，完善井控风险评估制度，极高、高风险区由公司评估，开展施工队伍能力评价分级，确保队伍与区域风险等级相匹配；高标准推进西部井控应急救援中心建设，提高应急处置能力；加快推进井场岗位通讯、单吊环等误操作事件预防、井筒液面自动化监测等项目立项攻关，用技术手段弥补操作问题。

【质量安全环保】 2020 年，西部钻探明确正处于并将长期处于严格监管阶段的定位，坚持把严抓狠管作为最重要手段，实施安全生产专项整治三年行动计划，深化风险隐患排查治理与专项检查，整改体系审核问题 7453 项，靠前查处违章 2145 起、罚款 256 万元，消除安全隐患。推进培训提素，发挥专家、退岗人员、机关干部、兼职培训师作用，分类别、分层级、分岗位组织开展全员大培训，制定实训中心三年发展规划和冬季培训方案，完善能力评价与培训考核办法，坚持“必知必会出错就是零分”和“培训取证一次合格率不超过 85%”的刚性要求，以更加严格的标准改进培训效果，提高人员专业能力和素质。坚持“绿水青山就是金山银山”，实施专项治理和技术防控并重，专项督办 39 项环保问题，推广应用油田污水再配液、钻井液不落地、钻井液重复利用等环保技术，减少新鲜水使用 21 万立方米。

【和谐企业】 2020 年，西部钻探加强稳定工作，分 4 批选派 15 名干部参加维稳综治培训，投入安保防恐资金 2.64 亿元，接收返岗人员 149 人，集中开展不稳定因素大排查，及时化解矛盾问题，维护地方稳定大局。发挥石油精神教育基地作用，弘扬基层一线先进典型事迹和工匠精神，谭文波获“全国劳动模范”、中国石油特等劳模等称号，展现新时代钻探形象。

【脱贫攻坚】 2020 年，西部钻探开展“访惠聚”“民族团结一家亲”等工作，选派 23 名干部组成 3 个“访惠聚”工作队入驻南疆泽普县 3 个村，6 名干部任叶城县 6 个深度贫困村第一书记，构建“队员当代表、单位做后盾、一把手负总责”扶贫工作机制，逐户制订个性化脱贫方案，摸清全村人口、土地、劳动力、牲畜等各类底数，精准掌握农户家庭成员就业情况，分类施策做好帮扶工作，做到应保尽保。截至 2020 年底，所驻 9 个贫困村全部脱贫，投入 115 万元建设帮扶项目，落实消费扶贫 212 万元；西部钻探克拉玛依五新社区工作队获评白碱滩区“优秀工作队”；组织开展南疆少数民族 HSE 培训班，吸纳 100 余名合格人员到公司所属钻井队就业，实现企地协同扶贫。

【重要成果】 截至 2020 年底，西部钻探配套 25 项科技创新激励政策，承担国家、集团公司、中油技服科研项目 79 项，形成具有自主知识产权的技术利器 37 项，获省部级以上成果奖 35 项，发明专利、标准 235 项，新型智能柱塞排水采气系统等 8 项产品列入集团自主创新重要产品目录，EISC 等平台建成投运，高端化竞争优势显著增强。其中，2020 年，获集团公司科技奖励 4 项。其中，“川南 3500 米以浅页岩气规模有效开发理论、技术及应用”获集团公司科学技术进步奖特等奖，“非常规油气钻井用抗高温长寿命螺杆钻具”获二等奖，“低渗砾岩储层录井精细解释评价技术”“井筒工程全周期信息平台开发与应用”获三等奖。

获新疆维吾尔自治区科技成果4项。其中,“准噶尔盆地高温高压超深井试油配套技术研究与应用”获新疆维吾尔自治区科学技术进步奖二等奖;“低渗气藏整体动用压裂技术在苏77、召51区块的研究与应用”“低渗砾岩储层录井多参数精细解释评价技术”“光面电缆直读试井技术研究与应用”获三等奖。西部钻探自研的取心用浮动活塞装置荣获2020年度新疆维吾尔自治区第四届专利奖三等奖。所属固井公司郑永生的“西部地区复杂油气藏水平提速提效综合配套技术”获新疆维吾尔自治区科学技术进步奖三等奖。

推荐的“井下暂堵不压井作业技术”等11项科技成果通过中油技服和集团公司审批鉴定;申报集团公司自主创新重要产品认定项目6项;获专利授权77件,其中发明专利5件。专利申请受理115项,其中发明专利65件。

【钻探工程】 西南永川先导试验区钻探工程。西部钻探钻完井一体化总包的永川先导试验区黄202H3-4,钻井周期112.64天,较区域最优指标井钻井周期缩短7.31天,完钻井深6160米,创永川先导试验区钻井周期最短和井深最深两项纪录;采用“高温MWD+伽马+高温耐油基螺杆+水力振荡器+进口PDC钻头”控制组合,完钻西南页岩气永川先导试验区黄202H2-4井,完钻井深6130米,水平段机械钻速8米/时,较旋转导向提速近4倍,水平位移2127米,创西南页岩气永川先导试验区水平井最大位移纪录;承钻的黄202H2-2井钻至井深6540米完钻,垂深4268米,水平段长2080米,超过足206井(完钻井深6240米),刷新国内页岩气井深最深纪录。

宁209H71-3井钻探工程。西部钻探承钻的西南油气田公司宁209H71-3井完钻,完钻井深4850米,水平段长3100米,是中国石油首口页岩气“超长水平井”(水平段长大于3000米的水平井),刷新中国页岩气井水平段最长纪录。宁209H71-3井是部署在四川省宜宾市的一口直改平开发井,直改平进尺5313米,水垂比1.6,全井钻井周期76天。水平段钻井周期25.2天,平均机械钻速10.88米/时。

新疆呼图壁储气库HUHWK7井钻井工程。西部钻探承钻的国内陆地首口大尺寸井眼“勺型”水平井新疆呼图壁储气库HUHWK7井(完钻井深4710米),三开完成311.2毫米大井眼负位移增斜、稳斜、降斜和增斜四段施工,填补新疆油田311.2毫米大井眼“勺型井”打成的空白;四开创新疆呼图壁储气库裸眼段最长(1310米)、水平段最长(967米)等多项纪录。

【储层改造工程】 轮探1井储层改造工程。西部钻探完成亚洲陆上油田最深井轮探1井两层酸化压裂施工,总液量1820立方米,最高排量6.12米^3/分,最高泵压122.1兆帕。轮探1井位于新疆轮台县境内,是塔里木盆地塔北隆起轮南低凸起寒武系盐下台缘丘滩带的一口风险探井,完钻井深8882米,是亚洲陆上油田第一深井。

高泉5井储层改造工程。西部钻探完成准噶尔盆地南缘高泉5井(井深6346米)压裂施工,破裂压力120兆帕,最高加砂压力118兆帕,微地震监测深度(6054米),刷新新疆油田储层改造施工破裂压力最高、加砂压力最高、施工压力最高、微地震监测最深等多项纪录。

【地面测试工程】 克深13气田试气工程。西部钻探完成的国内气田开发史上压力最高的塔里木油田克深13气田首批开发井克深13-1井、克深13-2井、克深13-3井、克深13-5井等4口井地面测试,采用140兆帕旋流除砂器、全通径碳化钨合金油嘴等设备工具,解决排采过程中压裂砂过滤和微小固相冲蚀油嘴等难题,保障气田安全高效开发。克深13气田位于塔里木油田克拉—克深气区,是地层压力超过136兆帕、井口压力超过110兆帕的超高压气藏,整体探明天然气地质储量550亿立方米。

(罗 凡)

中国石油集团长城钻探工程有限公司

【概况】 中国石油集团长城钻探工程有限公司(英文缩写GWDC,简称长城钻探)2008年成立,由原辽河石油勘探局钻探系统与中油长城钻井公司重组而成,随企业发展经历多次业务划转与整合。主营业务包括工程技术服务和油气风险作业两大业务板块,业务领域涵盖地质勘探、钻修井、录井、井下作业等石油工程技术服务,并向油气田前期地质研究、勘探开发方案设计、天然气(煤层气、页岩气)开发、地热开发、油田生产管理等领域延伸。长城钻探定位于建设国际一流石油工程技术总承包商，确立打造“中国石油国内油气风险作业的典范、中国石油海外工程技术业务的典范、工程技术行业技术创新的典范、油田勘探开发服务保障的典范、心系基层群众信任的典范、质量发展安全发展绿色发展的典范”的发展目标。有较高的市场化国际化水平，国内市场范围涉及近20个省（自治区、直辖市），主要服务于辽河、长庆等油田，以及川南页岩气等中国石油重点增储上产区域；海外业务遍及非洲、美洲、中东、中亚等区域26个国家，服务全球130多个客户。围绕业务发展实际和市场格局，建立长城钻探总部统一管控，国际事业部统筹负责国际业务，国内东部、西部、西南3个生产指挥中心靠前支持的新型矩阵式管理架构，在国内设23家二级单位，在海外设26个项目部，是长城钻探主要生产经营创效单元。

2020年底，用工总量17249人，各类工程技术服务队伍1600多支，主要工程技术装备5435台套，资产总额381亿元。2020年，钻井进尺442.46万米，收入175.4亿元。

长城钻探主要生产经营指标

指　标	2020年	2019年	2018年	2017年	2016年
录井（口）	2578	3196	4842	4590	3096
钻井（口）	1867	2205	2173	1965	1233
钻井进尺（万米）	442.46	513.9	510.24	464.03	291.17
完井（口）	1900	2181	2067	1908	1216
国内固井（口）	1382	1548	1720	1597	1007
井下作业（井次）	1932	2711	2966	2896	2101
试油（层）	7353	9482	8392	9293	7324
国际市场签订及中标待签合同额（亿美元）	15.45	14.75	16.85	13.69	16.94
收入（亿元）	175.4	197.5	189.6	182.9	173.6

2020年，“径向水平井技术”“连续管钻井定向装置”“GW-HF速溶耐高温压裂液”等项目获集团公司技术发明奖和科技成果转化创效奖，并获辽宁省盘锦市知识产权奖励。GW-CPT保压取心工具在上海举办的ECP国际页岩气论坛2019第九届亚太页岩气峰会上获第四届ECF能源技术创新奖。3篇论文在2020年度全国钻井液完井液学组工作会议暨技术交流研讨会上获奖。其中，“基油类型及其理化性质对油基钻井液性能的影响研究”获一等奖，“川南页岩气复杂井油基钻井液技术研究与应用”和“常用水基钻井液处理剂及体系环保指标探讨”获二等奖。12个集体和个人获集团公司“劳动模范”和“先进集体”称号。

【“十三五”回顾】“十三五”期间，长城钻探抢抓国际油价震荡上行和油气产量增加的机遇，提高质量效益，优化市场结构，提升技术服务能力。2016年受国际油价低位徘徊的影响，收入173.6亿元。2017—2019年抢抓油服行业复苏机遇，规模稳步增长，实现收入570亿元。“十三五”期间收入919亿元，调整规划完成率93.2%。在市场萎缩，收入减少的情况下，长城钻探通过控制投资、盘活闲置资产、“两金”压控等降本增效措施。按照资产轻量化发展战略，转变发展方式，突出质量效益发展，“十三五”期间累计超额完成集团公司下达的利润考核指标。

【市场开发】 2020年，长城钻探在国际市场签订及中标待签合同额合计15.45亿美元。签订乍得CNPCIC近3亿美元合同，尼日尔、苏丹、伊拉克、古巴等4个项目签约额均超过1亿美元。中标伊拉克格拉芙探井等优质总包项目2.3亿美元；新签技术服务合同额占比41%；新签阿塞拜疆海上平台钻机维护服务合同；印度尼西亚地热钻井大包项目实施。产业链延伸成绩突出，油田化学品、服务贸易等业务新签合同额同比增长3倍。国内工程技术服务市场，新增和扩容市场8个，产值实现逆势增长。东部地区辽河市场创新项目部管理模式，提升井筒质量，服务保障坚强有力；吉林市场钻机规模增至33部，产值同比翻番。西部地区长庆市场拓展气井侧钻业务，新签9口井合同；“三煤”市场钻机规模增至34部。西南地区挺进四川深层页岩气、西南油气田开发事业部两个重要市场，签订合同超3亿元。油气风险作业市场，生产天然气39.8亿立方米，创历史最高水平。四川页岩气迎限产、破禁区、开发基础逐步向好。生产天然气14.76亿立方米，同比增长53.9%。苏里格致密气抗疫情、抓增储、产能建设稳步推进，2020年生产天然气25.04亿立方米，10亿立方米产能建设任务高效完成。

【改革管理】 2020年，长城钻探在改革方面，调整优化18个机关部门和二级单位的机构编制，撤销海外项目1个，精简二级、三级机构40个，实现二级、三级机构分级分类管理。钻具、定向、顶驱、物资等业务专业化改革完成。在管理方面，应收账款余额同比下降 16%；关闭处置法人公司 2 家、无效分支机构 7 个。物资采购及时率同比提高 10%。设备故障停工率小于 1%。净减员 484 人，显化调剂富余人员 1575 人。事后合同率同比下降 53%。集团公司商业秘密管理试点任务高质量完成。内控、审计、巡察等监督作用有效发挥。健全外事管理体系。"四化"建设稳步推进，工程作业智能支持系统在国内推广运行。

【科技创新】 2020 年，长城钻探承担国家、集团公司级科技项目 17 项，获省部级科技成果奖励 7 项。"稠油热采水平井分段完井技术及推广应用"等 3 项成果通过集团公司鉴定，整体达到国际先进水平。科技攻关取得多项进展，"甜点"精细刻画、二氧化碳泡沫压裂、保压取心、连续轻烃录井检测分析、随钻电磁波电阻率等技术均取得实质性突破。成果推广创收显著，强抑制高润滑水基钻井液、元素录井和全可溶桥塞等特色技术推广应用创收 5 亿元。

【工程技术】 2020 年，长城钻探工程技术进步明显。平均机械钻速同比提高 8.7%；事故复杂率同比下降 21%。泰国 GW80 队年进尺再次突破 10 万米；威 204H21-4 井采用自有油基钻井液和自有旋导实现四开一趟钻；YS69024 队压裂 587 段，名列中油油服压裂排行榜第二。

【安全环保】 2020 年，长城钻探百万工时损工事件率同比下降 92.3%，杜绝重大安全环保和重大质量责任事故，获集团公司 2020 年度质量安全环保节能先进企业称号。规章制度体系持续规范。整合成立 QHSE 委员会，修订规章制度 19 项，通过集团公司、挪威船级社（DNV）等体系审核。双重预防机制持续深化。推进安全生产隐患整治三年行动，修订安全重点风险防控方案 29 项，投入资金 5612 万元，治理现场隐患 191 项。现场监管持续强化。创新多种监督形式，及时整改发现问题 9525 项次、制止违章 976 起。专项管理持续加强。建立区域井控应急联管联动机制，实现井控和井下"双安全"；油气勘探开发管理风险全面受控，疫情防控、承包商、社会安全、危险品、交通安全等专项管理加强，守住工作场所和生活场所的"零疫情"底线，在集团公司国际业务社会安全管理"五维绩效"考核中获"卓越级"的最高级评价。加大产品质量监督抽查频次，夯实计量基础。

（雷志鹏）

中国石油集团渤海钻探工程有限公司

【概况】 中国石油集团渤海钻探工程有限公司（简称渤海钻探）2008 年 2 月 27 日由原大港油田集团公司和华北石油管理局钻探业务重组成立，是集团公司全资子公司，总部位于天津市经济技术开发区。2020 年，用工总量 21078 人。其中：合同化员工 16544 人，管理和专业技术人员 10670 人；研究生以上学历 430 人，大学本科学历 7255 人，大专学历 6192 人。

【"十三五"回顾】 "十三五"期间，渤海钻探营业收入由 2016 年的 154.55 亿元，增加到 2019 年的 221.63 亿元。2020 年面对国际油价下降和新冠肺炎疫情冲击，开展降本增效，营业收入 191.55 亿元，年均增长率 5.5%；利润总额 -11.13 亿元；净利润 -16.32 亿元；投资 97.94 亿元，年均增速 11.8%。截至 2020 年底，资产总额 319 亿元，较重组之初增长 205%，其中，所有者权益 196 亿元，净资产收益率 1.1%，负债总额 99 亿元，资产负债率 31%，达到国内外同行业优秀水平。

渤海钻探主要生产经营指标

指　标	2020 年	2019 年	2018 年	2017 年	2016 年
录井（口）	2383	3095	3100	3027	1952
钻井（口）	1640	1870	1880	1639	1048
钻井进尺（万米）	473.25	562.11	561.11	440.36	304.90
完井（口）	1677	1866	1891	1583	1085
固井（口）	1806	2380	2325	2068	1242
井下作业（井次）	4702	6527	6498	4740	3531
试油（层）	1967	2414	2414	1667	1912
收入（亿元）	191.55	221.63	182.36	160.41	154.55
利润（亿元）	2.05	3.35	-10.06	-7.45	0.15

【工作业绩】 2020年，渤海钻探完成钻井进尺472.5万米，酸化压裂8543段，技术服务9617井次；完成天然气商品量13.49亿立方米，生产凝析油1.58万吨。收入191.55亿元，净利润2.05亿元。提质增效成效突出，增效9.86亿元。新冠肺炎疫情防控实现“双零”目标，复工复产平稳高效。安全环保井控形势稳定，被评为集团公司质量安全环保节能先进单位。廉政维稳安保扎实有效，员工收入得到很好保障。

【市场开发】 2020年，渤海钻探国内市场，关联交易市场资源得到优化。应对投资骤降、工作量断崖式下跌的严峻形势，调整钻机38部，等停钻机占比由最高时的67%降低到11%。进尺151.94万米、创收62.33亿元。国内外部市场逆势增长，成为工程技术服务板块唯一正增长企业。创收107.05亿元、增长11.36亿元。页岩气市场快速拓展，新增钻机8部、压裂车组2套，队伍规模实现倍增，创收13.33亿元、增长4.48亿元；塔里木市场优化结构，新增80型以上钻机3部，油基钻井液业务取得突破，垂直钻井等高端技术服务市场得到深度拓展，创收22.22亿元；新疆南缘快速启动，2部90型钻机上钻，创收1.98亿元；长庆市场有效扩容，传统总包规模稳固，自营队伍增至41支，2个大平台平稳启动，拓展巴彦河套服务规模，进入环庆流转区块，创收30.84亿元、增长1.54亿元；吉林市场抢抓机遇，页岩油领域实现新作为，新增自营钻机8部，创收3.44亿元。冀东、青海、吐哈、玉门、海南、煤层气等市场占有率得到有效提升，中国地质调查局、中国海油湛江分公司等市场取得突破。在国际市场，克服WN、YL全面停工，印度尼西亚、伊拉克、秘鲁队伍等停等困难，优化商务模式、加大公关力度，新签合同额30.09亿元、创收22.17亿元。其中，伊拉克市场新签合同额27.35亿元、创收17.48亿元；印度尼西亚市场新签合同额1.95亿元、创收1.28亿元；秘鲁市场新签合同额0.42亿元、创收0.19亿元。严密生产组织，满日费率98.8%，同比提高4.2个百分点，其中，科威特市场钻机和修井机搬迁时间分别同比减少25.8小时和32.4小时，满日费率接近100%。

【技术管理】 2020年，渤海钻探钻完井周期同比缩短9.32%，其中4000米以上深井同比缩短12.66%。制定提速模板升级版90个，实现“一区一策”；推广应用“一趟钻”技术，应用346开次，开次占比22.45%；应用水力振荡器等提速工具，提速22%。深化“九改进九提升”举措，压裂整体提速15.77%。树立全生命周期工程质量服务理念，制定实施油气水井质量三年集中整治行动，落实各项质量管控措施，确保固井质量和井身质量合格。狠抓事故复杂控制，损失时间减少11.2%。专项治理青海市场事故复杂，损失时率降低5.03个百分点。深化井漏专项治理，损失时间减少23.34%。发挥整体优势，有力保障新疆南缘项目、青海仙西3井、页岩气江页探1井等212口重点井施工；承钻的华北临华1X井取得勘探开发重大发现，塔里木跃满2-H7井、金跃7-5X井，大港张海32-21井、歧页10-1-1井等实现百吨以上高产。创造施工纪录144项，其中塔里木跃满20-6X井，完钻井深8003米，创集团公司斜井垂深最深和碳酸盐岩完钻井深最深纪录。加强油气合作开发，深化地质研究，加快苏49区块评价部署，落实地质储量61.55亿立方米；克服限产压力，加快产建进度，钻井111口、压裂125口，3口井获百万立方米高产；推进躺停井治理，复产25口，增产2122万立方米。

【安全环保】 2020年，渤海钻探成立新冠肺炎疫情防控领导小组，打好疫情防控阻击战，实现“双零”目标。在国内市场认真落实“外防输入、内防反弹”要求，落实防疫物资，狠抓各项防控措施落实落地；坚持疫情防控、复工复产两手抓两手硬两不误，3月1日全面复工，3月20日全面复产。在国际市场建设防疫安全岛、缓冲区，做好员工个人防护和心理疏导，有序稳妥实现海外员工100%倒休，为857名出国人员应急接种新冠疫苗，落实“两稳”举措，实现“两不”目标。

制定《高危作业安全生产挂牌制实施办法》等10项制度和倒大绳作业等12项规程，开展综合审核、驻点审核、诊断评估和海外项目视频审核，促进安全管理水平持续提升。深化“热炉效应”，严厉惩处特别严重违章行为和重复性问题，查处127项、罚款481.2万元，各单位处罚1600余万元。

实施三级管理模式，优化两级管理机构，梳理完善井控管理制度13项，为页岩气等高风险区域配备专职井控副总师，在钻井队增设带班队长和专职坐岗岗位。加强井控隐患评估，将关键岗位培训质量不合格等4项内容纳入特别严重违章行为。倡导“井控第一反应”意识，及时正确处理溢流24井次。对12个市场177个施工现场进行隐患排查，整改问题763项。推进井控应急东部中心建设，初步形成抢险能力。

出台《渤海钻探工程公司党委生态环境保护重大

事项议事规则》，强化现场防渗防污和危废处理，治理生态环境隐患18项。实施钻机电代油365口井，替代柴油7.2万吨。措施节能6136吨标准煤，节水1.53万立方米。

治理重点隐患项目63项，推广钻台“生命线”等技改项目35项。强化敏感时段管控，开展不间断监督检查，检查142队次、查改问题1500多项。强化海外社会安全管理，做好新疆地区防恐工作，确保员工人身安全。强化承包商、交通、消防、应急和职业健康等专项管理，各类风险有效防控。

【科技创新】 2020年，渤海钻探新增集团公司级课题5项，获省部级奖励22项，通过集团公司和天津市鉴定成果6项，制修订标准65项，获授权专利199件。VDT和RSS两大重器研发应用再上新台阶，其中，制造VDT 34根，进尺4.5万米，在塔里木市场占有率24%。完成2套RSS2.0工具研制和配套软件研发，现场试验效果达到预期。

深化三项制度改革，制定机构编制指导规范，机构、定员、职数均压缩5%以上；推进专业化管理，组建防漏堵漏中心、工程地质一体化中心。有序退出低端低效业务，试点钻井队餐饮外包。发布综合管理体系，制定对标世界一流管理提升行动计划和改革三年行动实施方案，推进企业管理现代化创新，6项成果获石油石化企业优秀成果奖。

征集创效类项目395个、创新类项目373个、金点子873个，推广成果81项，取得直接经济效益3044万元。赵增权淘金团队获天津市和集团公司创新大赛一等奖。

推进工程技术信息化建设，EISS系统现场应用覆盖面不断扩展。部署并完成多信道一体化视频会议系统升级、两级EISC设施可视化改造、国资委政务办公网联通、中油即时通和移动办公终端推广应用等新项目建设，信息化保障能力得到增强。

【资源保障】 2020年，渤海钻探快速运作新疆南缘、塔里木等重点市场3部钻机制造，保障市场开发需要。高效组织1套压裂车组制造，满足页岩气、吉木萨尔等市场需求。加快6部老式机械钻机、32台钻井泵等装备升级改造，满足页岩油大平台井施工作业要求。强化60余台套电驱压裂装备、环保型柴油机等新型设备推广应用，降低污染物排放。推进532台套铁钻工、二层台机械手等自动化设备的配套使用，减轻劳动强度。

控制用工总量，净减合同化、市场化员工715人，调剂盘活862人，压减第三方用工1121人，对外输出192人。实行“管理+核心骨干+社会化用工”方式，加快用工模式转型。

制修订中层领导人员管理办法和选拔任用工作规范，动态调整干部队伍年轻化建设滚动计划，提拔中层副职领导人员24人，其中43岁以下人员占50%。推进“双序列”改革，聘任“双序列”技术专家31人。创新远程培训模式，培训4.5万人次。加强技能人才队伍建设，培养“石油名匠”、滨海新区技能大师、优秀技能骨干等85人，在集团公司首届一线生产创新大赛工程技术专业比赛中获团体第二。

【基础管理】 2020年，渤海钻探修订形成新的发展战略，编制“十四五”发展规划，引领公司高质量发展。强力推进提质增效专项行动，增效9.86亿元，打好清欠“进攻战”，“两金”压控成效显著，收回欠款160.42亿元。加大承兑汇票付款力度，付款占比29.28%，同比提高22.58%。深化经济活动分析，对四川页岩气、大港页岩油等项目进行专项成本写实，为决策提供支撑。推进财务共享，高效完成系统配置，得到集团公司共享中心高度评价。梳理、落实国家相关优惠政策，多次与地方政府沟通，争取国家降费减税、社会保险费减免、失业保险援企稳岗、增值税进项税留抵退税等政策优惠，增效5.86亿元。加大集中采购力度，合理确定采购最高限价，利用社会公开招标，打破原有采购生态，组织中标供应商进行复议，价格同比下降11.81%。规范电商采购管理，对存在问题的电商进行上游追索，挽回损失255万元。深化物资管理督查，对3个单位变项采购进行处罚，20家供应商被纳入采购黑名单。强化口罩等防疫物资保障，协调油套管等重点生产物资，确保及时供应。出台《招标采购价格管理办法》，压实机关部门方案编制和价格管理责任，提升招标价格控制水平；出台谈判采购管理办法，补齐非招标采购管理的短板。开展支出性合同事前审计，紧盯合同价款或价格合理性，抽审合同3536份，按合同申报额测算实现合同价款审减金额5332.7万元。聚焦领导人员经济责任审计，开展成本管理、安全生产费、运费结算等专项审计，有效防范风险。

【企业党建工作】 2020年，渤海钻探召开第三次党代会，加强党的“三基”建设，推进党支部达标晋级。开展“四强化、四提升”主题实践活动，选树“十面红旗”基层党支部和“十佳”党支部书记，促进党建与生产经营深度融合。落实中央八项规定精神，对8家单位开展巡察，强化巡察成果运用。开展提质增效、选人用人、疫情防控、物资管理等专项监督，有效发挥监督执纪作用。严厉打击盗卖生产物资行为，整治领导干部及亲属利用中国石油平台违规经商办企业问题，清理租用个人名下车辆，严肃查处“微腐败”，推动全面从严治党向基层延伸。推进意识形态责任制落实，开展“战严冬、转观念、勇担当、上台阶”主题教育，汇聚提质增效的强大力量。强化舆情管控、新闻宣传舆论引导，新媒体宣传影响力集团公司排名第二。推进企业文化建设、精神文明创建，通过全国文明单位复审。获评全国劳模1名，天津市劳模11名、先进集体1个，集团公司劳模9名、先进集体6个。关心关爱员工，慰问基层队1449队次、海外市场员工家庭361户次。加大帮扶救助力度，帮扶困难家庭2073户次，发放慰问金、救助金605.65万元。召开团代会，完成团委换届。

（马　强　杨　昱）

中国石油集团川庆钻探工程有限公司

【概况】 中国石油集团川庆钻探工程有限公司（简称川庆钻探）2008年2月25日由原四川石油管理局、长庆石油勘探局及塔里木油田的工程技术等相关业务单位组建成立，是集团公司全资工程技术服务企业，享有独立对外经济贸易和经济技术合作业务权。主营钻井工程、录井、固井、储层改造、试油修井及油气合作开发等业务，国内主要服务于西南油气田公司、长庆油田公司、塔里木油田公司，业务分布于四川、重庆、陕西、甘肃、宁夏、内蒙古、新疆7个省（自治区、直辖市）；海外市场主要集中在土库曼斯坦、巴基斯坦、厄瓜多尔等国家，服务于壳牌、道达尔等国内反承包项目以及地方企业。2020年底，川庆钻探二级单位25家，机关处室17个，机关附属机构8个，机关直属机构5个。主要生产设备9680台套，其中钻机272台；油气主业队伍835个，用工总量25938人；资产总额399.5亿元。2020年，川庆钻探营业收入328.23亿元，净利润2.86亿元。川庆钻探公司在四川省企业100强中排名第22位，在成都市企业100强中排名第13位。

“十三五”期间，川庆钻探完成钻井进尺3717万米，生产天然气156亿立方米，收入1511亿元、考核利润14.3亿元，净利润连续3年保持稳定增长，综合考核多次进入集团公司A类企业，保持稳健效益发展良好态势。

川庆钻探主要生产经营指标

指　标	2020年	2019年	2018年	2017年	2016年
录井（口）	899	1040	978	937	622
钻井（口）	1674	2669	1851	2210	2079
钻井进尺（万米）	577	887	866	783	603.2
完井（口）	1729	2661	1837	2152	2104
固井（口）	2839	4057	7895	4075	3010
井下作业（井次）	2853	2803	3742	2904	2600
试油（层）	2019	2262	2792	2339	2134
新签合同金额（亿元）	311.7	363.7	326.20	268.33	145
收入（亿元）	328.23	357.71	298.41	288.21	238.2
利润（亿元）	3.58	3.93	−2.01	−6.72	0.92
税费（亿元）	2.89	−1.75	6.58	9.81	13.73

【工程技术服务】 2020年，川庆钻探树立“一体两面”理念，提升生产服务保障效率，支撑西南、长庆、塔里木三大油气田产量创历史新高。协作共享优运行，建立多方协调对接机制，灵活调整钻机运行，新增、改造、调剂钻机26台，实施大小“组合钻”、试油“小替大”38口，国内钻机综合利用率85%。上线“订单式”生产管理系统，深化“2小时资源共享圈”建设，推广钻机搬安等专业化服务模式，生产组织提速12%。多措并举提速度，完善22个区块提速模板，推行“三大两高两低”激进钻井和“准备先行、即到即压、即压即走”压裂施工模式，组织“650钻井示范工程”，开展故障复杂专项治理，故障复杂时率同比下降10%，4000米以上深井、页岩气、致密油气钻井周期分别缩短10.3%、8.9%、8.3%，页岩气、致密油气压裂效率分别提高6.8%、44.8%。严控质量育高产，开展井筒质量整治三年行动，井身、固井质量红线符合率分别达100%、81%，威远区块页岩气套变率下降25.9个百分点。国内打成蓬探1井、

角探1井、银堑1井、马基1井等一批重点井和93口百万方高产气井，刷新国内陆上最深水平井、最长水平段和鄂尔多斯盆地最深井等多项指标；海外抢抓项目国疫情防控松绑窗口期，推进复工复产，厄瓜多尔P油田（Parahuacu油田）年产突破100万桶。

【科技发展】 2020年，川庆钻探落实科技先行、技术立企要求，坚持高端化、特色化、产业化发展，加快技术创新进步，打造复杂油气领域工程技术高地。健全创新体系，建成运行三大工程技术中心，深化与油田联合攻关，共建3个企校联合创新体。新增创新成果57项，其中2项达到国际领先水平，11项达到国际先进水平，获授权专利215件，获省部级、集团公司和行业科技奖励38项；推广技术产品148项，经济效益10亿元，11项成果获集团公司成果转化创效奖励。CG-STEER旋转导向系统工业化应用15口井、创造国内同类产品试验最好指标，系统可靠性显著提升。一体化精细控压技术成为超深井钻完井技术利器，平均单井漏失量同比减少87.6%，复杂处理时间减少86%。页岩气水平井“一趟钻”平均进尺2153米，水平段平均钻井周期由25天缩短至10.4天。大平台、密集丛式井组水平井钻完井技术入选集团公司年度十大科技进展，年内3次刷新国内陆上最长水平段纪录，实现由3321米到4466米的新跨越。

【油气合作开发】 2020年，川庆钻探围绕规模效益开发，坚持地质先行，深化地质工程一体化，统筹推进新井上产、老井稳产、措施增产，威远区块达产24亿立方米、苏里格区块连续10年稳产18亿立方米，油气风险合作业务天然气产量同比增长11%，实现产值43.3亿元。威远区块建立录井、测井、物探一体化滚动更新处理解释和钻井、定向快速联动机制，优化形成第二代压裂工艺，高产井培育模式更趋成熟。49口测试井平均产量29.7万米^3/日、同比提高21%，打造出国内首个超400万立方米页岩气平台。苏里格区块深化气藏富集主控因素认识，积极寻找“西区”资源接替，获无阻流量10万米^3/日以上气井20口，其中3口超百万立方米，苏46区块鄂46X1井获无阻流量242万米^3/日，创苏里格气田上古生界直斜井测试产量新纪录。

【提质增效】 2020年，川庆钻探主动转变重生产、轻经营观念，研究“三张表”（资产负债表、利润表、现金流表），部署提质增效6个方面25项措施，贡献效益28.7亿元。以高附加值为方向，分区域、分业务专题研究制定差异化开发策略，国内坚持保基础、抢高端、拓新兴，海外开展“四创新两共享”（创新海外业务合作方式、服务模式、服务范围、发展模式，共享中东区域协调管理、共享海外信息和经验），加快转向以技术、总包服务为主的轻资产发展模式，提高市场占有率和含金量。签订合同金额311.7亿元，其中集团公司外部市场同比增长154%，川渝地区深井、长庆地区水平井市场总体稳定，海外非日费项目收入占比75%。严格管控降成本，牵头实施中油油服“单井创效工程”，严控钻井平均进尺成本。依法合规推进价格复议，实现整体采购价格下降。推进三项制度改革，二级、三级机构压减10%；推进节约型机关建设，两级机关管理费下降32%。坚持“自己能干的决不外包”，内部调剂盘活用工存量3287人。推行共享出行，压减载人车辆318台。精细管理增效益，主动压减投资44%，正向贡献现金流。建立及时结算机制，过程性收入结算率同比提高5%以上。开展“两金”压控三年行动，库存物资较年初下降20%、周转次数较年初提高3%；依法处置纠纷案件收回欠款和违约金。深化“四化”（标准化、专业化、机械化、信息化）建设，制修订标准140项，实现试修业务专业化运作，配套自动化设备1356台套，建成运行工程作业智能支持中心，为提质增效提供有力支持。

【疫情防控与安全环保】 2020年，川庆钻探深化QHSE体系建设，抓好重点领域风险管控和专项整治行动，实现新冠肺炎疫情防控和安全环保“双平安”。迅速启动公共卫生突发事件Ⅰ级响应，召开33次专题会，部署落实15类96条新冠肺炎疫情防控和保障员工健康措施，国内“一项目一策”精准布防，自有队伍3月初全面复工；海外实施联防联控，巴基斯坦等4个项目实现中方员工全员倒休，守住员工及家属“双零”底线。突出重点控风险，以安全生产三年专项整治行动、油气增储扩能安全风险管控为重点，明确150项具体任务和管控措施，专项整治问题2336个，投入资金1.67亿元实施技措项目137个；突出抓好井控管理，完善溢流压井处置标准化作业模板，更新装备34套，重点领域风险全面受控。标本兼治抓环保，建立生态环境保护重大事项议事规则，制订黄河流域生态环保方案，及时销项中央环保督察和“回头看”提出问题，治理整治环境隐患1003项，推进清洁生产，完成QHSE各项指标，连续3年获集团公司“质量安全环保节能先进企业”称号。

【企业党建工作】 2020年，川庆钻探推动党的领导融入企业治理，党建工作融入生产经营，以高质量党建引领高质量发展。提高站位把方向，建立学习贯彻习近平总书记重要指示批示精神落实机制，专题研究新冠肺炎疫情防控、推进公司治理体系和治理能力现代化、“十四五”规划编制、对标世界一流管理提升行动、提质增效等重大事项。固本强基保落实，制定党委落实全面从严治党主体责任清单，构建党建工作与生产经营“五融合”机制，压紧压实党建工作责任。贯彻落实《中国共产党党支部工作条例》等党内法规，深化基层党建“三基”工作，推进党支部达标晋级动态管理，评定示范党支部 58 个，发挥支部战斗堡垒和党员先锋模范作用。正风肃纪聚正气，落实“两个责任”，聚焦疫情防控、复工复产、提质增效等重点开展监督，深化领导人员及其亲属经商办企业问题专项整治，纠治“四风”，一体推进“三不”，开展 6 个所属单位巡察，信访举报数量同比下降 19%，营造起风清气正发展环境。抓班子建队伍，新提拔 40 岁以下处级干部占 22%，新增享受国务院政府特殊津贴 2 人、国家“百千万人才工程”1 人、集团公司井控抢险首席专家 1 人、中油技服井控专家 5 人，人才引领作用更加突出。开展“战严冬、转观念、勇担当、上台阶”主题教育，关心关爱员工，发放帮扶、慰问、疗养资金 1934 万元，劳动竞赛奖励 1424 万元，激发全员提质增效、服务油气热情。履行社会责任，投入 422 万元助力石渠县脱贫摘帽。

（汪亚军）

中国石油集团东方地球物理勘探有限责任公司

【概况】 中国石油集团东方地球物理勘探有限责任公司（英文缩写 BGP，简称东方物探）是集团公司的全资子公司。是以地球物理方法勘探油气资源为核心业务，集油气陆上与海上勘探、资料处理解释、综合物化探、信息技术服务、物探装备制造及软件研发等业务于一体的综合性国际化技术服务公司。是国家级企业技术中心、油气勘探计算机软件国家工程研究中心，国际地球物理承包商协会核心会员，欧洲地球物理学家与工程师协会、勘探地球物理学家协会主要会员。

2020 年底，在册员工 29142 人，其中合同化员工 22377 人、市场化用工 6765 人。按岗位性质划分，管理人员 6550 人、专业技术人员 9190 人、技能操作人员 12268 人、内部退养等不在岗人员 1134 人。按队伍结构划分，油气主营业务 548 人、工程技术服务 17222 人、工程建设 98 人、装备制造 334 人、生产服务 3624 人、矿区服务 2376 人、社会服务 461 人、科研与设计 656 人、国际业务 1485 人、机关及附（直）属 2338 人。具有中专及以上学历人员 22304 人，占员工总数的 76.5%。员工平均年龄 44.3 岁。

设备资产原值 224.64 亿元（含国内、国际子公司设备资产，不含无形和摊销资产），净值 59 亿元，新度系数 0.26，其中国际设备原值 120.34 亿元，占 53.6%，国内设备原值 104.3 亿元，占 46.4%；国际设备净值 27.58 亿元，占 46.7%，国内设备净值 31.42 亿元，占 53.2%。

2020 年，收入 205.14 亿元，利润总额 4.38 亿元，成为全球唯一一家效益正增长的主要物探公司。国际项目分布在沙特阿拉伯、阿拉伯联合酋长国、科威特、英国、阿曼、伊拉克、阿塞拜疆、文莱、巴基斯坦、哈萨克斯坦、乌兹别克斯坦、巴西、加拿大、冈比亚、巴布亚新几内亚、阿根廷、缅甸、尼泊尔、尼日尔、尼日利亚、挪威、印度尼西亚、乍得、加纳、塞内加尔等 25 个国家。国内施工区域主要分布在塔里木盆地、准噶尔盆地、吐哈盆地、柴达木盆地、四川盆地、鄂尔多斯盆地、银额盆地、松辽盆地、渤海湾盆地、二连盆地、河套盆地、江汉盆地、巴彦浩特盆地、北部湾盆地、辽河坳陷、思茅盆地等。

东方物探主要生产经营指标

指　标	2020 年	2019 年	2018 年	2017 年	2016 年
落实市场金额（亿元）	344.71	343.69	292.52	233.30	226
新签合同金额（亿元）	248.87	242.38	217.33	156.22	162
二维地震采集（万千米）	1.80	5.66	10.4	14	15.30
三维地震采集（万平方千米）	8.54	10.30	7.5	5.3	5.30
收入（亿元）	205.14	231.87	178.67	143.51	143.92
其中，国内勘探	99.96	91.93	83.61	50.53	48.73
海外勘探	70.19	87.58	69.36	68.22	60.90
利润（亿元）	4.38	0.17	1.94	0.24	1.61
税费（亿元）	3.29	4.17	4.42	1.5	4.30

【"十三五"回顾】"十三五"以来，东方物探实施"创新优先、成本领先，综合一体化、全面国际化"的"两先两化"战略，全球物探市场占有率超过40%。销售收入居全球首位，完成收入938亿元，利润总额12.95亿元，国内上缴税费24.9亿元。企业增加值年均增长9.8%，全员劳动生产率年均增长8.9%，连续被评为集团公司A级企业。

"十三五"期间，东方物探发现圈闭2.88万个，复查落实圈闭3.30万个，提交建议井位4.10万口、被采纳井位2.16万口，分别比"十二五"增长191%、114%、87%和61%，配合大庆、长庆、塔里木、西南等油气田取得一系列重大发现、重大突破，为保障国家能源安全作出重要贡献。形成以GeoEast软件、"两宽一高"技术、EV56高精度可控震源和G3i仪器为代表的技术装备品牌，打造文莱壳牌项目、阿曼石油开发公司（PDO）项目、科威特科西项目、沙特S77项目、阿拉伯联合酋长国阿布扎比国家石油公司（简称阿联酋ADNOC）项目等全球品牌项目。获授权专利833件，登记软件著作权443项，年均科研投入强度2.7%。获省部级以上奖励科研项目97项，获国家科学技术进步奖一等奖1项、二等奖1项，5项技术获中国石油十大科技进展，科技进步贡献率超过70%，被国家科学技术部授予"国家引才引智示范基地"。完成集团公司物探专业化重组，建成一支由11名首席技术专家、83名高级技术专家和270名一级工程师领衔的高层次技术人才队伍。HSE业绩保持国际领先，获集团公司和河北省安全生产先进单位称号。完成集团公司党建信息化平台2.0建设推广应用工作，东方物探党委被评为"中央企业先进基层党组织"。获授全国劳动模范2人，省部级以上先进个人27人，先进集体39个。完成企业办社会职能移交，被评为中央企业信访工作先进集体，市场竞争力、品牌影响力大大增强。

【地球物理勘探】2020年，东方物探投入地震队112支，投产195队次，运作地震勘探项目197个。其中：二维地震勘探项目61个，完成二维地震采集工作量18027千米，生产炮818169炮；三维地震勘探项目136个，完成三维地震采集工作量85443平方千米，生产炮56375029炮。投入井中地震队伍10支，完成井中业务项目263个。

投入综合物化探队伍21支，投产40队次，实施33个采集项目。其中：重磁队投产14队次，实施9个重磁勘探项目；电法队投产16队次，实施14个电法勘探项目；化探队投产1队次，实施1个浅钻井勘察项目；工程勘探投产9队次，实施9个项目。完成海洋重力14206.6千米；海洋磁力15245.1千米；陆上常规重力13769.9千米、物理点36865个；陆上常规磁力13628.3千米、物理点35366个；二维电法剖面5303.8千米、物理点30145个；三维电法剖面927千米、物理点927个；工程勘察16506.2千米、工程勘探点53977个。

完成地震资料处理项目170个，其中国内项目121个、国外项目49个。完成二维地震资料处理项目55个，测线2259条，剖面长度81157千米，同比下降34.8%，野外记录1923171炮，同比下降17.9%。三维地震资料处理项目115个，一次覆盖面积106289平方千米，满覆盖面积63221平方千米，同比下降12.8%。野外记录21418358炮，同比增长43.7%。产品交付合格率100%，项目验收一次通过率100%。优质精品工程5个，嘉奖令7个，顾客满意度97.78分。

完成地震资料解释及综合研究项目379个，其中国内项目341个、国外项目38个。完成二维地震解释743761千米，同比增长15%；完成二维地震反演143466千米；完成三维地震解释385143平方千米，同比下降5.7%；完成三维地震反演157784平方千米；完成各种成果图件4578张。完成的项目均通过验收，成果交付合格率100%，项目验收一次通过率100%，客户满意度平均97.78分。

新发现圈闭8862个，总面积80278平方千米；复查落实圈闭10684个，总面积75595平方千米；建议各类井位10538口，采纳6043口。在集团公司国内、海外油气重大发现成果参与率均100%。国内在风险勘探和甩开预探获得突破，配合油气田取得四川川中古隆起北斜坡、塔里木塔北深层、准噶尔阜康凹陷岩性油藏、松辽古龙页岩油等4项重大战略性突破；重点盆地集中勘探取得新进展，配合油气田获得9个亿吨级石油规模储量区、9个千亿立方米级天然气规模储量区。海外配合集团公司在乍得、尼日尔、中东等油气合作区取得重要发现和突破，为海外油气权益产量保持1亿吨以上提供有力技术支撑。

建议二维地震采集14199千米，被采纳7281千米，由东方物探施工7281千米；建议三维地震采集39843平方千米，被采纳22386平方千米，由东方物探施工22386平方千米。

【市场开发】2020年，东方物探统筹协调国内外营销宣传，突出技术营销，加大"两宽一高"、无线节点、OBN、超高效混采、eSeis节点仪器、uDAS光纤等新技术、新方法、新装备的宣传和推广。落实市场344.71亿元，新签合同248.87亿元。

国内以视频形式参加股份公司各类会议47次，通过电话、电子邮件等形式保持与股份公司、各油气田沟通，走访16家油气田公司和8家系统外客户。围绕重点盆地集中勘探，加强与油气田商务谈判，落实市场171.98亿元、新签合同140.54亿元；区外市场获11.32亿元合同，中标中国石油化工集团有限公司库车2.25亿元大型三维地震勘探项目。

海外创新采取“线上＋线下”方式与英国石油公司（BP）、雪佛龙股份有限公司（Chevron）等油公司组织国际视频交流会52次。参加AAPG、SEG和EAGE线上年会，设立虚拟展台、开展在线互动，推动客户合作。落实市场172.73亿元、新签合同108.34亿元，分别同比增长11.7%和26.5%。中标沙特3个项目7.2亿美元合同，再获阿拉伯联合酋长国ADNOC全球最大过渡带项目5.49亿美元合同，成为国家“一带一路”油气合作示范工程。

面向国内外131家勘探业务客户做满意度调查，覆盖率100%，综合评定客户满意度97分。

【科技创新】 2020年，东方物探以国家油气重大专项和集团公司重大科技专项为龙头，健全科技创新体系，加强核心技术研发、关键技术获取和具有自主知识产权技术的推广应用。申请专利324件，授权专利130件，登记软件著作权108项，发表国际论文33篇，鉴定科技成果14项。获省部级科技奖励25项，其中参与完成的“鄂尔多斯盆地源内非常规庆城大油田勘探突破与规模开发”成果获集团公司科学技术进步奖特等奖，独立完成的“东部老油区高效勘探地震精细评价技术及应用”成果获一等奖。在中国人民大学发布的2020中国能源企业创新能力百强榜单中位列第三，在全国2020年科技工作大会上做典型交流。

GeoEast地震数据处理解释软件在OBN数据处理、中东地区高端处理、“AI＋物探”处理解释、横波源等前沿技术研发方面取得重要进展。该平台具备软件模块规模化移植和新功能开发的能力，完成处理解释418个功能模块开发，正在组织GeoEast V4.0试生产测试。与9家单位签订GeoEast软件合作开发框架协议，初步形成GeoEast软件技术联盟。

发布KLSeis Ⅱ V4.0地震采集工程系统软件，新增地震采集作业方案模拟、二维弯线采集设计、三维地质建模、近地表Q建模、震源领航助手、二维VSP采集设计和VSP模型正演等7个特色应用软件，成为国际物探行业的主流采集软件。

成立eSeis无线节点地震采集仪器制造应用领导小组和工作组，在生产制造、试验定型、推广应用、技术支持等方面提供组织保障，建成日产2000道的自动化生产线，生产21万道并在16个项目规模化应用。

研制激发能级35000磅的大吨位宽频横波可控震源EV56S，激发频宽3—120Hz，实现SH-X和SH-Y两个方向横波在同一震源上分时激发，完成全球首个九分量先导性生产试验，开启三维矢量地震勘探。

G3i仪器双主机隔山独立同步采集数据合成技术和双北斗指挥机主从统一调制技术，解决大峡谷、高大山体震源信号遮挡技术难题，在四川和山西项目应用平均日效分别达1095炮和1478炮。

统一设计智能化地震队架构，梳理功能点154个，完成队部生产指挥系统、智能排列、智能钻井、智能激发、未激发井炮智能监控等功能开发和试点实施工作，发布智能化地震队GISeis V2.0版本。

完成梦想云平台混合云部署，为其他系统上云和数据入湖奠定基础，并支持智能化地震队、基于云架构的盆地级表层数据库平台项目上云开发，协助智能化地震队在泸州区块泸201&202井区三维地震勘探项目上对混合云部署方案进行试验。

uDAS井中光纤采集系统实现国内首次水平井光纤布设，实现7500米超深井和250摄氏度高温井下作业，大幅提高全井段观测及成像能力，施工成本较常规井中地震检波器减少30%。

开展群众性创新创效活动，取得群众性创新成果498项。杨新勇创新工作室有效解决黄土塬钻井效率难题，张向权“脉动青春”创新工作室QC成果获第45届国际质量管理小组大会铂金奖。

【企业改革】 2020年，东方物探深化内部改革，制定实施公司改革3年行动方案，完成12项年度改革任务。配合集团公司信息业务重组改革，完成昆仑数智科技有限责任公司组建。深化三项制度改革，完成组织机构和领导人员分级分类改革，创建三支人才队伍岗位序列转换通道，健全高层次人才市场化引进机制。实施井中业务资源重组，将西南物探分公司、大庆物探一公司、辽河物探处等3个单位的井中业务划归新兴物探开发处管理。创新项目运作模式，黄土塬勘探实现连环作业、高效生产，国内长庆、塔里木、准噶尔和四川等重点探区95%的项目提前完工；海外打造文莱壳牌、阿曼PDO、科威特科西、沙特S77、阿联酋ADNOC等行业标杆项目，勘探生产项目整体提速达12%。完成审计体制改革，构建集中统一的审计监督体系，推进违规经营投资责任追究体系建设。完成矿区“三供一业”移交和退休人员社会化管理，内部统筹基本医疗和生育保险纳入地方管理。

【企业经营管理】 2020年，东方物探实施提质增效专项行动，开展“战严冬、转观念、勇担当、上台阶”主题教育活动，量化压实指标，整体提质增效17.97亿元，营业成本同比下降14%，百元营业收入成本率下降2.3个百分点。

通过公开招标、盘活调剂和强化定额管理等方式节约设备物资采购成本2.55亿元；采取法律诉讼等手段收回2.14亿元长账龄欠款；推广应用商业承兑汇票16.71亿元，缓解资金运行压力；压降非生产性支出，两级机关可控变动费用下降39%，“五项”费用下降60%。

推行“预算目标分档＋增长型弹性预算”管理新模式，强化特大型项目成本管控，提升财务管理水平。加强规划管控，严控投资规模，大幅压缩维修项目费用。突出标准化建设，开展物探行业标准制修订和发布。优化督查督办信息化平台功能，应用范围扩展到二级机构。开展集团公司合规示范创建工作，强化依法治企，做好规章制度、重大事项法律论证，加强境外法律风险防控，强化交易和事后合同管理，在集团公司法治建设考核中评为A类。强化生产经营监测，推进招标专业化、信息化管理，优化内控管理体系，加强股权管理，防范运营风险。开展集团授权审计、领导干部经济责任审计、重点问题专项审计等19项，提出建议9条，采纳率100%。开展商业秘密保护管理体系试点，加强保密宣传教育，增强全员保密意识。

【质量安全环保】 2020年，东方物探以文化提升、体系提升和履职能力提升为主线，加强HSE管理。百万工时可记录事件率为0.11，阿曼8622队实现16年3200万工时无LTI（损失工时事故），获河北省“安全生产先进企业”称号。加强基层队站标准化建设，开展全员安全培训，推进“安全生产能力考评年”活动，强化应急能力建设。抓好安全生产专项整治3年行动，开展“隐患大排查”“管理大讨论”活动，实施68项整治任务，加大全员隐患识别上报力度，识别治理隐患10万余条。强化民爆物品全流程管控，推广井炮看护智能终端系统。严格承包商安全准入管理，清退不合格承包商55个。加强海外安保工作，在集团公司社会安全考核中保持“卓越级”。强化员工健康管理，开展作业场所职业病危害因素检测和员工职业健康体检。落实绿色发展理念，开展建设项目环境影响后评估，实行危险废物处置区域化管理，提升物探作业生态环境保护水平。

面对新冠肺炎疫情，第一时间启动突发公共卫生事件专项应急预案，召开101次疫情防控会议。统筹推进疫情防控和复工复产，采取开路条、包车包机、提前隔离、核酸检测等方式推动项目复工。海外推行疫情防控网格化管理，开展出国人员疫苗接种，有序组织境外人员轮岗，强化跨境旅途专项督导。

【企业党建工作】 2020年，东方物探有党委44个，党总支80个，党支部774个。发展党员214名，党员总数16661名。其中：在岗党员13797名（管理人员4010名，占29.1%；专业技术人员党员6046名，占43.8%；操作服务人员党员3609名，占26.2%。男性10930名，占79.2%；女性2867名，占20.8%），离退休党员2249名，其他党员615名。在岗党员学历结构，研究生1362名，占9.9%；大学本科5895名，占42.7%；大学专科3582名，占26.0%；中专1051名，占7.6%；高中、中技1605名，占10.6%；初中及以下302名，占2.2%。

2020年，制定实施《公司党委学习贯彻习近平总书记重要指示批示精神落实机制》，传达学习中央和上级重要会议文件精神9期92项，组织党委理论学习中心组学习11次。落实民主集中制，召开党委会31次，讨论研究事项136项。落实“中央企业党建巩固深化年”部署，深化标准化党支部建设，688个在职党支部全部达标，二级单位及所属单位“四好”领导班子考核达标率分别达91.7%和97.4%。组织中层以上领导干部参加政治理论学习班，培训党务干部908名，实施党员3年轮训工程，提升党员干部理论素养。突出政治标准选人用人，提拔使用中层领导干部51人，引进24名高层次管理和技术人才。推动全面从严治党向基层延伸，制定印发《公司党委落实全面从严治党主体责任清单》，推进实施改进文风会风18条措施，完善管党治党工作体系。推进党组织书记述职评议考核向基层延伸，实现基层党委书记、党支部书记全覆盖。抓好巡视反馈问题整改，完成整改措施113项，建立长效制度29个。围绕疫情防控、提质增效开展监督检查，对4个二级单位党委开展常规巡察，推动问题整改306项。加强监督执纪问责，开展化公为私和“微腐败”专项治理，组织处理和纪律处分98人。公司党的建设在集团公司党建责任制考核中取得满分成绩。85个先进基层党组织、101名优秀党员在疫情防控和复工复产中受到表彰。首席技术专家詹仕凡获“全国劳动模范”称号。

推进统一战线和团员青年工作，召开共青团第四次代表大会。

【和谐企业建设】 2020年，东方物探在《人民日报》、新华网等中央主流媒体刊发报道46篇。优化升级公司文化理念体系，推出新版先锋文化手册，建成中国石油物探网上展览馆。连续13年保持“全国企业文化建设示范基地”称号。召开全国石油物探企业政研会年会暨成立30年大会，发布17篇课题成果、调查报告和论文案例。

制定并实施职代会制度建设3年工作规划，提升职代会规范化建设水平。落实服务职工实事，实施困难家庭救助990户次，组织开展金秋助学、重大病救助等1.82万人次，发放帮扶资金1304万元。实施基地物业维修改造工程，改善公司院区环境。抓好维稳信访工作，为公司高质量发展营造良好环境。履行中央企业社会责任，完成河北省顺平县葛庄子村与燕子水村2个帮扶村庄脱贫攻坚任务。

【东方物探112名员工乘包机到塔里木探区】 2020年，新冠肺炎疫情发生以来，东方物探协调地方政府资源，得到新疆库尔勒市政府、塔里木油田分公司和河北航空公司的帮助和支持。3月8日，东方物探组织塔里木物探处、研究院、装备服务处、综合物化探处等单位112名员工，自石家庄正定国际机场乘包机到塔里木探区开展找油找气工作，这是东方物探积极应对新冠肺炎疫情，首次以“点对点”方式“包机”运送员工，推动塔里木探区重要岗位员工复工复产。

【东方物探智能化地震队试点项目启动】 2020年9月3日，东方物探智能化地震队项目组在试点第一站——西南物探分公司，召开智能化地震队西南试点项目启动会，交流试点实施方案。

智能化地震队利用物联网、大数据等技术，构建物探智能云平台和东方数据湖，再造采集、处理、解释和经营管理等业务流程，建立统一、敏捷的全球一体化协同工作平台和物探行业数字生态等系统。平台的构建将达成野外采集作业生产运行可视化、技术支持远程化、指挥决策协同化、项目管理标准化、运作流程智能化、资源效益最优化的全球物探作业标杆，助力东方物探成为世界一流地球物理技术服务公司。

本次试点内容是完成采集作业智能生产运营平台1.0版本、系列智能软件工具和终端的研发建设。该平台能实现采集作业智能生产运营、工序移动作业、井炮高效激发作业、VSC可控震源导航等6项重点功能。试点项目设在由201队、2116队承担的2020年度四川盆地泸州区块泸201&202井区三维地震勘探，设计生产炮12万炮，计划施工工期5个月。

【东方物探与青海油田在油气风险合作业务上取得突破】 2020年9月13日，由东方物探与青海油田共同部署的三湖合作区台南18井获日产28485立方米工业气流。台南18井7月20日一开钻进，8月8日钻至设计井深2200米完钻，8月15日完井。9月3日对第一层段进行射孔测试，未出天然气，项目组与油田专家决定对该层段进行压裂改造。9月11日对Ⅰ层组压裂后，用5毫米油嘴求产，日产气28485立方米，且压力产量稳定。证明低幅度背斜和断块圈闭存在，为三湖生物气外围拓展开辟新的领域。

【沙特阿美石油公司S77大道数三维地震高效采集项目】 沙特阿美石油公司S77大道数三维地震高效采集项目是东方物探2015年中标的五年期项目，由沙特项目部8628队承担。2015年10月1日至2020年9月30日，完成3个采集区域21个采集区块的施工任务，施工3万多平方千米。实现1446.5万安全人工时，安全驾驶旅程1910万千米。

沙特阿美石油公司S77大道数三维地震高效采集项目是地震勘探行业首次应用全新一代508XT采集仪器。2016年，“沙特S77项目质控方法研究及软件开发”项目立项，实现508XT系统现场实时监控、海量SEGD 3.0数据高效转储及质控、可控震源有线一致性方法探索等技术突破。5年中，13篇论文参加国内外技术交流、展会并在有关期刊发布，申报11项软件注册权及专利，完善东方物探2项技术标准。公司级“张建军采集与机械设备创新工作室”于2018年11月2日挂牌成立，取得“陆地高效多功能仪器车的研制”“沙漠区埋线工具的研制”“长途拉人车的改造”“平底式轮辋轮胎工具的研制”等小改小革创新成果，获集团公司奖2项、获公司级奖4项、获国际勘探事业部奖12项，并申请国家专利5项。

【东方物探2项成果通过集团公司科技成果鉴定】 2020年10月18日，在集团公司科技管理部组织召开的科技成果鉴定视频会上，由东方物探完成的“重磁电采集系统GMECS”“海洋可控源电磁勘探技术和装备系统”2项科技成果，通过集团专家鉴定委员会鉴定。

“重磁电采集系统GMECS”形成完善的重磁电采集系统GMECS V2.5。重磁电现场资料处理实现多方法多信息一体化处理，实现海洋重磁电现场作业与控制及陆海重磁电采集技术一体化集成，质量监控实现设备、现场施工、现场处理全面质量控制。该软件在集团公司和中国石油化工集团有限公司胜利油田、中国地质调查局水环中心、中国冶金地质总局地球物理勘查院等单位安装69台套，东方物探内部的软件使用率和软件替代率均超85%，应用领域从油气勘探延伸到水文、深部矿产资源、自然灾害调查等领域，完成海内外重磁电勘探项目200余项。

“海洋可控源电磁勘探技术和装备系统”实现海洋电磁勘探装备的工业化制造和工业化作业。在海底大功率发射系统、高精度电磁采集站制造以及海洋电磁含油气综合评价方面，形成具有自主知识产权的装备制造、数据采集、数据处理、含油气综合评价配套技术系列。

【东方物探位列“2020中国能源企业创新能力百强榜单”第3位】 2020年，中国人民大学企业创新课题组发布“2020中国能源企业创新能力百强榜单”，东方物探排名第3位。

在核心软件方面，东方物探形成以GeoEast®、KLSeis®为代表的13大物探技术全领域软件系统，实现对国外软件的有效替代。自主研发的中国首套大型油气勘探软件GeoEast，在各大油气田安装应用率超过70%，成为行业主流处理解释软件系统；新一代软件系统GeoEast-iECO，构建协同、开放、共享的软件生态系统；KLSeis Ⅱ成为全球功能最全、适应地形最全的采集软件，国内外项目应用率分别达100%和96%。

在核心装备方面，东方物探形成以低频、EV56高精度可控震源和G3i、eSeis地震仪器等为代表的12大系列自主创新产品，实现物探核心装备国产化。低频可控震源成为全球首家掌握3Hz以下低频勘探技术的公司；uDAS光纤地震仪开启“井中高精度成像、多井井地联采”等油藏精细刻画新篇章，被评为“中国石油十大科技进展”；eSeis节点仪建成全球最大自动化总装生产线，实现对有线地震仪的有效替代；启动全球首支智能化地震队研发，利用5G、物联网、人工智能等信息技术，推动物探野外作业全流程再造。

在核心技术方面，打造以“两宽一高”勘探技术为代表的物探关键技术系列，开启高精度地震勘探新时代，实现采集技术从跟随向领跑的转变。打造形成的“两宽一高”技术系列，大幅提升复杂地质目标的勘探成功率和油气层钻遇率；在青海三湖地区完成多波源矢量勘探重大方法研究；研发全球领先的混采数据分离技术，推动作业日效由1万炮提升到5.5万炮，创造高效作业的世界纪录；在海上，重点发展OBN高端海洋勘探技术，打造形成具有自主知识产权的Dolphin导航和节点收放等关键技术系列，全球市场占有率43.5%。

在开放创新方面，东方物探全方位加强国际科技创新合作，引进36名国际高端人才，打造由1名中国工程院院士、5名院士工作站特聘专家、24名集团专家、97名公司专家、9千多名科研骨干组成的中外技术团队；构筑全球化科技创新网络，在4个国5个地区建立科研机构，与全球36家知名院校和科研机构、10余家大油公司开展120余项技术合作，推动偏移成像等前沿技术的快速突破。

东方物探业务遍布全球5大洲、73个国家，为300多家石油公司提供技术服务，销售收入连续6年保持全球行业第一，成为全球最具竞争力的物探技术服务公司。

【uDAS获评“中国石油十大科技进展”】 2020年1月8日，“中国石油十大科技进展”2019年度评选结果揭晓，东方物探推荐的“uDAS井中地球物理光纤采集系统研发”入选。

近年来，井中光纤DAS技术以其耐温耐压、低成本、高密度、施工便捷等优势引起物探行业关注。东方物探与电子科技大学联合，成立中油奥博科技有限公司，研发具有自主知识产权的uDAS井中光纤采集系统，2019年3月20日通过集团公司鉴定，实现井中地震装备跨越式发展。2019年6月3日，在伦敦第81届欧洲地质学家与工程师学会（EAGE）年会上，uDAS系统发布。

uDAS井中光纤采集系统在冀东、华北、吉林、大港、浙江、长庆、新疆和西南等油田单位和中石油煤层气有限责任公司完成34口井次生产试验，实现7500米超深井和250摄氏度高温井下作业，提高全井段观测及成像能力，施工成本较常规井中地震检波器减少30%。开启高精度井地联合立体勘探和油藏开发地震新时代，将地震勘探推向油藏开发，在深度、频幅及构造细节方面提供更为精细的服务。此外，在时移地震、长期监测、测温测压，以及在非油领域的铁路、隧道、电力、水利等方面，uDAS系统可实现更为广泛的应用。

【全国劳动模范詹仕凡】 2020年11月24日，在2020年全国劳动模范和先进工作者表彰大会上，东方物探首席技术专家詹仕凡获“全国劳动模范”称号。

1983年，詹仕凡大学毕业被分配到原石油地球物理勘探局（简称物探局），在第一地质调查处先后任237地震队解释员，方法研究所解释组长、主任工程师，吐鲁番东疆前线指挥部总工程师，总工程师。1998 年 4 月，詹仕凡任物探局副总工程师。

2000 年初，詹仕凡带领多波技术团队到内蒙古自治区苏里格进行多波采集处理解释配套攻关，实施我国首次数字三分量三维地震勘探，在国内率先形成多波采集、处理、解释能力，天然气富集区预测符合率由常规地震勘探的 72% 提高到 84%。

詹仕凡首次提出的基于数据驱动的采集技术设计方法，使采集技术设计从参数驱动、模型驱动发展到数据驱动。协调推进国产 KZ28、KZ34 重型可控震源国内首次生产、滑动扫描高效采集国内首次试验及国产 ES109 大型数字遥测仪器首次生产试验等重大现场试验。该技术在全国范围内推广，采集作业效率提高 20 倍以上，大面积替代传统炸药激发，大幅降低采集作业成本，为安全环保、绿色勘探提供样板。

詹仕凡首次提出现代属性为核心的储层预测、油气识别新方法规划，带领属性团队攻关，使之成为国产 GeoEast 软件国际领先的特色模块，使小断层断距识别精度由 10—15 米提高到 3—5 米，储层预测成功率由 60% 提高到 80%。

詹仕凡带领研发团队，创新叠前五维地震数据解释方法，形成高密度宽方位地震数据解释技术，并在全球率先推出五维地震数据解释软件，地震解释技术实现从叠后到叠前、三维到五维的跨越，油气勘探成功率提高 15%—40%。

2017 年，詹仕凡开始人工智能研究，主导研发的多个智能化解释软件模块在塔里木油田处理解释会战及其他油田勘探开发中发挥重要作用。

多年来，詹仕凡参与“七五”“八五”国家重点攻关课题。组织并参与国家重大专项“高精度地球物理勘探技术研究与应用”研究课题，他提出的现代属性分析、碳酸盐岩储层雕刻、五维解释、多频解释方法具有国际领先水平，成为“两宽一高”地震勘探技术重要组成部分，被评为 2015—2016 年度中国石油石化科技创新十大进展。他参与及主导研发的多项科技创新成果获国家、集团公司一等奖、二等奖、三等奖，获授权发明专利 25 件，软件著作权 16 件，被评为东方物探杰出成就奖、中石油工程板块十大杰出科技贡献者、河北省“五一奖章”、国务院政府津贴、全国能源工业劳动模范称号。

（王朝辉）

中国石油集团测井有限公司

【概况】 中国石油集团测井有限公司（英文缩写 CPL，简称测井公司）2002 年 12 月 6 日成立，是集团公司独资的测井专业化技术公司，注册地在陕西省西安市高新技术开发区，党组织关系隶属于陕西省委。主营业务以测井技术研发、装备制造、技术服务、资料应用研究为主体，并为钻井、压裂、采油等业务提供相关技术支持。2020 年 12 月 30 日，中油技服党委会议研究决定，将中国石油集团长城钻探工程有限公司国际测井业务整合划转到测井公司。

2020 年，测井公司设办公室（党委办公室、维稳信访办公室）、财务资产处、人事处（党委组织部）、规划计划处、市场处、质量安全环保处、科技处、生产技术处、纪委办公室（党委巡查办公室）、审计处、党群工作处（党委宣传部、企业文化处、工会、团委）、物资装备处、企业法规处、信息管理处 14 个机关处室；资金结算中心、人事服务中心（社会保险中心）、监督中心、档案管理中心 4 个附属单位。设基层单位 20 个，其中有长庆分公司、西南分公司、新疆分公司、天津分公司、辽河分公司、国际公司、大庆分公司、生产测井中心、吐哈分公司、华北分公司、塔里木分公司、青海分公司、吉林分公司、国际事业部 14 个工程技术服务单位；有技术中心、随钻测井中心、测井技术研究院、测井应用研究院 4 个技术研发单位；以及培训中心（党校）和生产服务中心（综合服务处）2 个服务保障支持单位。员工总数 11891 人。其中合同化员工 9806 人、市场化用工 1585 人、劳务用工 500 人。高级职称以上 1862 人，中级职称 4289 人；硕士博士 779 人，本科 5209 人。有各类作业队伍 861 支（不含国际公司），其中裸眼测井队 439 支、射孔队 203 支、生产测井队 115 支、录井 49 支、随钻测井队 33 支、测试队 22 支。自有成套测井装备 1068 套。国内服务市场覆盖集团公司 16 个油气田。海外市场主要在中亚、南亚、中东、非洲、南美的 19 个国家。

2020 年，测井公司完成各类作业 80310 井次。其中：裸眼测井 19315 井次、生产测井 13416 井次、工程测井21204井次、射孔25866井次、录井509口，完成随钻测井191口、同比增长19.4%；桥射联作1758口/15484段，同比增长34.2%。仪器一次下井成功率99.5%、测井一次成功率97.9%、曲线优质率99.0%。制造测井仪器1009支、射孔弹152.3万发、射孔枪35.8万米。完成产值94.46亿元，收入78.57亿元、净利润2.44亿元，上缴税费1.43亿元。获集团公司工程技术业务市场开发先进单位、质量健康安全环保节能先进企业、井控工作先进企业称号。

测井公司主要生产经营指标

指　标		2020年	2019年	2018年	2017年	2016年
总作业井次		80310	99702	101092	95771	74710
裸眼井	探井（井次）	2168	1689	2141	2088	1525
	开发井（井次）	14956	17248	22357	21655	15826
	随钻（口）	193	162	109	103	70
生产测井（井次）		13416	15395	16465	17593	16032
工程测井（井次）		21204	27391	26711	25148	18327
固井质量（井次）		17535	22527	23483	22049	16001
射孔（井次）		25866	29884	30573	26421	20819
录井（口）		509	602	509	519	464
快速与成像测井仪（支）		539	296	301	152	456
随钻测井及旋转地质导向仪（支）		26	34	11	19	22
生产测井仪（支）		201	174	106	190	145
射孔仪（台）		6	8	19	—	—
其他仪器仪表（支）		1149	1101	422	—	—
射孔枪（万米）		35.8	42.4	23.3	—	—
射孔弹（万发）		152.3	179.8	180.3	—	—
工艺工具类（支）		1929	2	4	501	—
总产值（亿元）		5.199877	4.528487	8.613409	11.802656	14.118178
收入（亿元）		78.57	85.91	72.83	32.93	25.56
利润（亿元）		2.72	3.27	3.1	2.29	1.23
税费（亿元）		1.45	2.73	2.15	2.34	3.85

【“十三五”回顾】“十三五”期间，测井公司测井45万井次，完成产值355亿元，比“十二五”增长88.82%。年产值最高达101.2亿元，年收入最高达86亿元，年净利润最高达2.44亿元，缴纳税费12.5亿元。主体市场占有率提高7.67个百分点；国内新进入76个油气区块市场，国外新进入18个公司项目市场，新增14项业务；海外签订合同9.56亿美元，射孔弹远销美国、阿塞拜疆等7个国家。灵活组队297支，年均协调队伍96支、设备85支，到井及时率提高4.5个百分点，测井综合提速年均3%以上，油气层解释符合率、产能预测准确率分别提高1.48、12.5个百分点。打造形成中国石油测井成套装备CPLog，组织实施科研项目126个，其中国家项目12个、集团项目47个。推出新一代远程测井地面系统，自主成像测井技术跨入多维高精度成像时代，地层评价随钻成像测井形成系列，水平井高效桥射联作2.0技术系列推广应用。推广应用地面系统347套、下井仪器2.24万支、软件1400套，形成国内领先水平的测井技术装备。有32项成果获科技奖励，其中国家级1项，授权国家专利433个。建立岩石物理实验、仪器性能模拟与设计等10个科技创新平台；完成数值模拟仿真平台及配套高温高压试验、刻度井群、标准井等设施；建成自动化机械加工和自动焊接生产线，时效和产能均提高45%以上。测井芯片试生产，核磁探头、感应线圈、3D打印极板批量生产。完成制造产值44.3亿元，制造加工初步实现自动化。

【市场开发】 2020年，测井公司围绕全业务链挖潜，推广光纤测井、水平井示踪剂监测、等孔径射孔等新业务，提高内部市场占有率、外部市场增长率，开发新区块市场36个，增加产值7.01亿元，创收3.13亿元，与13家油气田签订合作协议，国内投标102项，中标金额2.71亿元。国际市场紧跟国家“一带一路”倡议，规模性、高端性市场不断突破，在19个国家参与投标149次，中标65次，签约合同2.12亿美元。保障巴基斯坦联合能源测井射孔服务项目等4个新项目逆势开工。有效应对疫情和低油价影响，守住国际业务不亏损的底线。

【服务保障】 2020年，测井公司优化生产组织，理顺塔里木、冀东、川渝页岩气、苏里格区域市场管理方式，在297支队伍中开展“项目专测”“测录联合组队”“灵活组队”等，完成11526井次，测井综合提速4.9%，桥射联作段均提速10.7%，水平井测井提速13.8%，曲线优质率98.9%，实现提质提速提产提效既定目标。完成重点探井精细评价128口，为蓬探1井、沙探2井等一批油气勘探重大发现井提供技术支持。测井生产智能支持系统正式上线。广汉维保中心建成制造维修线8条，成立工程作业智能支持中心，建成旋转导向维保中心东北站，旋转导向利用率稳定在52%以上，远程技术支持136井次、优质储层钻遇率97%以上。推广井控预警软件，精准预报井漏、遇卡等工程异常229次。完成老井复查2.7万口、区块治理3个，增油16.3万吨、增气9亿立方米；发现规模储量区32个，为油田新增石油地质储量1.6亿吨、天然气地质储量3973亿立方米。形成水平井分段分簇和压裂优化方法，参与长庆油田页岩油国家示范区“小井场、大井丛”现场试验，为华H60、H40两个平台储层改造提供技术支持。推广三维感应测井60余井次，在大庆油田砂泥岩薄互层、古龙页岩油等储层评价中效果显著。推广地层元素成像测井59口，在识别复杂岩性、评价非常规储层优势层段中凸显成效。FITS过钻具测井仪投产应用57井次。应用随钻测导系统8口，仪器入井时间1500小时，总作业进尺4000米，最大单串作业时间280小时。应用“方位伽马成像+电磁波电阻率”随钻测井组合5井次，有效满足地质导向需求。应用等孔径深穿透射孔弹25.4万发。刷新各类作业纪录95项，收到中油油服贺信5封、油田及钻探感谢信46封。

【科技创新】 2020年，测井公司打造形成中国石油测井成套装备CPLog，研发新一代多维高精度成像系列，开展试验。以15米一串测为主的常规快测系列全面升级到175℃/140兆帕@20小时。成像仪器投产555支，一串测投产169串。研发175℃/140兆帕高温随钻测导系统平台，形成旋转导向、伽马成像+螺杆两种测导结合的一体化服务模式，平均钻遇率90%以上。开展注采同测、井口计量现场试验。研发形成高温高压射孔器及超深井射孔配套工艺、装备，完全替代国外高端射孔技术。桥塞射孔联作技术2.0现场应用135口井。建成测井芯片封装车间，研发4种芯片，耐温200℃@20小时。首条自动化加工生产线正式投产运行。自主制造三维线圈系4套，3D打印极板24块。关键核心技术竞标立项，中子管耐温指标提升至175℃。建成远程测井作业支持中心，升级9支小队装备，完成20口井远程测井试验。升级改造4套智能绞车系统。形成一套光纤测井传输系统和光纤传感组合测井仪器样机。形成模拟测井研发平台原型。构建基于测井数据库的网络化协同处理解释流程，应用2048井次。授权专利89件、软件著作权29件，获省部级科学技术进步奖6项，集团公司自主创新产品3项，“三维感应成像测井仪研发成功实现各向异性储层评价突破”获中国石油十大科技进展。

【信息化建设】 2020年，测井公司推进“数字化、可视化、自动化、智能化”建设和“两化”融合工作，与集团统建的ERP、A7、A12等系统进行集成，推广应用测井公司生产运行信息系统，提升测井过程“全业务、全流程、全环节、全信息、全要素”覆盖；建设装备制造信息化系统，构建测井装备全生命周期管理平台，初步实现数据在产品生命周期各环节的流转和共享应用，推动公司向服务型制造转型。

建立测井公司总部、分公司、项目部三级远程作业支持中心，开发统一的井场数据采集平台。完成专线链路的带宽扩容，完善网络链路及接入方式，提升核心网络业务承载能力；基础网络覆盖测井小队、车辆；启动5G通信应用工作，推进5G基础设施建设。完善测井数据中心（西安区域中心辅助机房）和测井基础设施云平台建设，66个业务系统云化部署。启动北斗导航建设，实现视频会议云覆盖，有效应对新冠肺炎疫情等突发状况。

【质量安全环保】 2020年，测井公司修订QHSE职责198项、履职标准561条。发布安全生产三项纪律，完善管理规章制度、规范制度38项。强化放射源、民爆物品全过程监管，应用主动型行车安全监控系统1483套。清理不合格承包商11家。投入资金1.15亿元，治理隐患项目180项。建成员工健康管理平台及健康档案数据库，录入数据1.8万份。推进实施安全生产专项整治三年行动计划，分层级梳理安全监督检查点765个，组织监督检查52轮次，作业队检查覆盖率100%。举办HSE培训34期5355人次，岗位安全培训7700人次，安全管理人员取证302人次，41人通过注安师考试，包队安全教育培训748支队伍5523人次。作业队标准化达标率100%，辅助班组达标率90%以上。分类建立作业队工器具配备标准，更新井口悬挂器等设备2180件（套）。制修订行业标准、企业标准59项。落实集团公司油气水井质量三年集中整治行动，规范质量、计量管理。

【抗击新冠疫情】 2020年，测井公司组建新冠肺炎疫情联防联控工作领导小组，召开专题例会25次，安排部署阶段性疫情防控重点工作，发布6版操作手册，开展核酸检测2292人次，建立全过程、可追溯流动人员信息台账；多渠道多途径协调采购、集中管控、统一配发防疫物资，采购口罩112.6万只、测温枪4810支、消杀用品12700千克等防疫物资，各单位建立常态化防疫物资保障体系。成立国际业务疫情防控专项工作组，实施网格化管理，建立海外人员信息“日报送”机制，协调海外项目员工疫苗接种率100%，海外员工健康安全，海外项目运行平稳。开展疫情防控及生产复工复产大检查6轮次，切实推动疫情防控、复工复产、安全生产等各项措施落实落地落细，实现“双零”目标。

【企业管理】 2020年，测井公司完成测井专业技术岗位序列改革，7个层级59个岗位共选聘专业技术人员4246人，其中公司首席技术专家7人、公司技术专家13人、一级工程师33人。完成两批次干部调整配备工作，提拔“70后”10人。打造测井“云直播”和测井易联线上培训系统，举办培训班37期、培训6656人，HSE培训取证3398人。

优化队伍结构，推行“管理+技术+关键技能”岗位直接用工，持续加强以劳务为主业务外包管控，主动与大庆钻探等5家单位达成合作意向，输入79人，充实到一线操作服务岗位，业务外包费用下降4.73%，全员劳动生产率同比提高4.35%，员工总量较年初减少258人，其他用工减少155人。开展远程测井试验，实现一名工程师带队上井、一名工程师远程测井。建立以小队为核算单元的月度工效挂钩分配机制，人工成本总额同比下降5.64%。

落实集团公司“双百行动”综合改革要求，吐哈油田测试业务划入测井公司，拓展技术服务业务链；与油田联合建立油气靠前研究中心，对川渝页岩气、苏里格市场作业队伍进行区域整合。移交公司自行管理退休人员1093人，移交公司托管退休人员6070人，党组织关系转接100%。完成国家财政拨款的“三供一业”12个项目的分离移交。启动编制测井公司改革三年行动计划，加强“两金”压控等重点领域专项治理。

【企业党建工作】 2020年，测井公司推动党建与生产经营深度融合。133名二级正副职参加“深入学习贯彻党的十九届四中全会精神”轮训。开展“战严冬、转观念、勇担当、上台阶”主题教育宣讲活动470场次、覆盖1.3万余人次；推动各级党组织从“全面领导责任”向“全面主体责任”转变。作为党建信息化平台2.0试点单位，成立组织机构，培训67场次，党建信息化平台2.0按计划有序推进。开展党支部达标晋级，评选90个优秀党支部，择优选树5个标杆基层党支部。建立党支部书记履职能力测评分级标准，有序推进党支部书记持证上岗。发展党员134名。组建并运行测井公司党建研究所，研究下达“8+N”党建课题任务，持续推进“三个体系”“三个平台”建设。

【扶贫攻坚】 2020年，测井公司捐赠扶贫资金1474万元，开展基础设施、党建和产业发展等项目30多个，实施消费扶贫1000余万元，直接受益建档立卡贫困户近万人，帮扶安康和汉中两市的“三县一村”均脱贫摘帽，为陕西脱贫攻坚贡献重要的“石油力量”，连续2年获陕西省驻村联户扶贫“优秀等次”单位、陕西省国资系统国企合力团“助力脱贫攻坚良好企业”称号，树立测井公司和中国石油的良好形象。

（马东明）

中国石油集团海洋工程有限公司

【概况】 中国石油集团海洋工程有限公司（英文缩写CPOE，简称海洋工程公司）是根据集团公司加快海洋油气资源勘探开发步伐，持续推进专业化重组的战略部署，整合大港油田、辽河油田滩海作业队伍，于2004年11月组建的海上石油工程技术服务公司，注册地设在北京。2007年12月，与原中国石油天然气第七建设公司和原中国石油集团工程技术研究院实施重组整合。2009年11月实施持续重组，将原中国石油天然气第七建设公司划转中国石油集团工程建设公司。

海洋工程公司业务范围涵盖海洋钻完井、海洋工程、技术服务三大领域。在海洋石油工程领域取得一批国内、国际领先的技术成果，形成深水油气与可燃冰工程、浅滩海钻完井工程、复杂井固井、井下作业与试油测试、海洋工程、地面工程六大技术系列，具备120米水深综合技术服务保障能力，初步具备深水海洋油气勘探开发工程技术。

2020年，海洋工程公司用工总量2566人。其中：合同化员工2073人，市场化用工493人；硕士研究生以上学历282人，大学本科1177人；高级职称386人，中级职称875人；企业技术专家16人；高级技师3人，技师12人。有7家所属单位，2家直属单位，9 个职能处室。有钻井平台 12 座，模块钻机 1 套，作业、采油平台 5 座，各类船舶 21 艘。建成青岛海工建造和唐山生产支持两大基地。总资产约 52.32 亿元。有海洋工程、海域天然气水合物工程、固井技术、涂层材料与保温结构等 4 个集团公司重点实验室和研究室，其中固井技术研究室为国家级科技平台——油气钻井技术国家工程实验室的分支机构。66 项成果获国家或省部级以上科技奖励。其中：国家科技奖励 1 项；集团公司科学技术进步奖 35 项，技术发明奖 5 项；北京市科技奖励 3 项；天津市科技奖励 20 项；国家能源科学技术进步奖 1 项；教育部技术发明奖 1 项。获有效专利 216 项。

海洋工程公司主要生产经营指标

指　标	2020 年	2019 年	2018 年	2017 年	2016 年
钻井（口）	108	106	25	11	7
钻井进尺（万米）	30.11	26.47	9.73	2.12	4.4
海上固井（井次）	58	59	18	9	17
酸化（层 / 井次）	5/5	4/4	19/14	61/41	24/10
压裂（层 / 井次）	10/9	10/9	2/2	21/7	23/12
大修（井次）	2	6	9	8	10
连续油管（井次）	10	3	7	6	15
射孔（井次）	—	—	10	9	11
试油（层）	11	12	10	9	11
新签合同金额（亿元）	24.35	34.45	25	22.43	49.1
收入（亿元）	33.08	31.2	16.21	23.14	23.47
利润（亿元）	0.17	0.01	−6.6	−4.4	−2.4
税费（亿元）	0.75	0.85	0.57	0.83	0.88

【“十三五”回顾】 “十三五”期间，海洋工程公司收入 127 亿元，扭转连续 3 年亏损局面。开拓中国地质调查局天然气水合物试采市场。完成亚马尔 LNG 模块建造工程，实施尼日利亚船舶服务项目，实现国际市场新拓展。固井技术和产品服务在塔里木油田碳酸盐岩市场占有率突破 50%。集团公司内部海上市场服务保障率保持 100%，拓展巩固中国海油钻井和支持服务、中国石化海管服务、海上风电建造安装等市场。推进装备结构调整，120 米水深海洋油气勘探开发服务保障能力更加完备，初步具备 1500 米深水钻井服务能力，成为中国第二大海洋石油工程技术服务公司。中油海 17 平台建成投产，续建改造中油海 11 平台、12 平台，经营租赁 3 座平台，最大作业水深 300 英尺（1 英尺 =12 英寸 =0.3048 米）及以上钻井平台占比超过 50%，装备结构明显改善。优化调整青岛海工建造基地建设，组块综合配套车间等建成投用。成立深水油气与可燃冰工程技术研究中心，开展集团公司天然气水合物重点实验室建设，加快推进海洋工程重点实验室、涂层材料与保温结构研究室、固井技术研究室等集团公司科技平台建设。

实施两轮天然气水合物试采项目，连续创造持续产气时间、产气总量、日均产气量的世界纪录。通过实施俄罗斯亚马尔 LNG 建造项目，掌握超低温 LNG 模块建造技术，填补集团公司空白。动用 10 余座钻井平台为中国海油提供优质服务。承钻的渤中 19-6-16 井，井深 5711 米，钻井周期 68.18 天，创造中国海油渤海湾探井井深最深及同类井钻井周期最短两项纪录。在大港油田埕海新区 306 井施工中，运用精准探边、油气保护钻井液等先进技术，日产原油 523 吨。凭借先进的固井添加剂产品及技术，服务于塔里木油田、四川页岩气田深井、超深井，固井 550 余井次，固井合格率 100%。

注重核心技术攻关，提升滩浅海油气工程技术服务能力，培育深水钻完井工程总包能力和海洋工程技术咨询能力，形成高含硫油气藏安全钻井、复杂深井固井、低温环境 LNG 模块建造、深水钻完井与水合物试采综合配套技术等 10 大特色技术，打造技术利器 22 项。推进科技成果转化，50 多项技术成果和产品应用于重点工程，科技成果转化率 50%。推进技术创新，获省部级以上科学技术进步奖 17 项，其中集团公司科学技术进步一等奖 2 项。推广 53 项新技术、20 种新产品，获授权专利 108 项、集团公司自主创新产品 5 项。

【市场开发】 2020 年，海洋工程公司保持集团公司内部海上市场服务保障率 100%。动用 8 座钻井平台、3 座试采平台、10 艘工作船保障渤海湾 3 个油田海上项目实施。推动大港油田埕海 1-1 海工建设项目恢复实施和赵东“二三结合”项目启动。以总包模式承担冀东油田 NP1-3 区开发项目海工建设及钻完井施工。组织大港埕海、冀东 NP1-3 及辽河月海项目的试油、采油服务。取得埕海 1-1 修井机设计和赵东二平台初步设计项目。与中国海油签署海上钻井平台作业服务框架合同，钻修井日费和平台支持服务等获新合同，4000马力（1马力=0.735千瓦）以上船舶取得稳定工作量，中标中国海油香港LNG海管项目。有13座平台、9艘船舶在中国海油市场提供服务，日费收获率99%以上。海管和海上风电市场取得突破。第三次承揽中国石化册镇海管维修项目，中标京唐港海底管道停输改造项目。中标协鑫如东、华能山东半岛等风电项目，获荷兰SBM公司浮筒建造项目合同。中标科威特海况与地质调查、香港支线深圳段海底管道及海床测量、长庆油田管道内防腐、冀东交联剂等项目。巩固中油国际（CNODC）支持业务，完成阿布扎比、SPC、卡沙甘合同续签。新签市场合同额24.35亿元。

【重点项目】 2020年，海洋工程公司第二轮水合物试采项目，克服南海冬季恶劣海况和新冠肺炎疫情影响，攻克6项世界性难题，完成3套深水吸力锚安装、1口试采水平井、1口监测直井钻完井和试采井试采等作业，实现天然气水合物由“探索性试采”向“试验性试采”新跨越，创造产气总量和日均产气量两项世界纪录，入选中国十大科技进展。埕海1–1平台EPC总承包项目，实施主桩打桩作业，垂直度及桩头轴线偏差控制在0.2%的范围内。冀东油田东升402井钻井试油项目，最高日产油182.4立方米，日产气1.13万立方米。赵东平台钻井项目，钻获高产油井7口，3次获大港油田总经理嘉奖令，树立优质服务形象。册镇海底管道抢修项目，首次实施在用海管变形缺陷修复、水下管线配重层和外防腐层破拆、管线变形精确测量作业，多项技术国内首创。塔里木固井技术服务项目，实施碳酸盐岩井和库车山前井的固井技术服务，完成248井次，保持塔里木油田碎屑岩固井占有率100%，助力油田增储上产。

【质量安全环保】 2020年，海洋工程公司履行主体责任，层层签订责任书，严考核、硬兑现。推进体系建设，组织修订QHSE体系文件，完善岗位安全生产责任清单，开展体系内审、管理评审，通过挪威船级社（DNV）换证审核。强化风险控制，完善《HSE风险防控手册》，严抓季节性风险管控，排查确定41个高危作业项目，制定风险管理措施。执行作业许可制度，开展监督检查，查改问题隐患1.6万个。强化井控管理，修订《井控管理办法》，严格执行设计审批制度，开展井控风险评估，排查和整治问题585个。落实井控装备管理措施，停用剪切全封一体化闸板，完成8座平台防喷器整改。严格环保管理，开展污染物排放监测，完成6套平台生活污水处理设备更换，污染物排放达标率100%。抓实新冠肺炎疫情防控，落实防疫措施，下发《疫情常态化防控工作指导手册》，设置10个倒班隔离点，组织出海人员集中隔离5300余人次、核酸检测5400余人次，投入疫情防控费用1000万元，员工及家属“零疫情、零感染”，保障生产经营。

【科技创新】 2020年，海洋工程公司实施“四提”（提速、提质、提效、提产）工程。制定区块钻井提速模板，开展井组“工厂化”作业，在南堡1–3导管架施工的两口井实现日进尺千米目标，总包井平均机械钻速同比提高12.8%；平均钻井周期同比缩短9.7%。优化评审埕海1–1海上安装技术方案，推进工序标准化，压缩海上作业时长20%。3项成果获集团公司科学技术进步奖，22类科技新产品、24项新技术应用于重点工程项目，打造深水自反馈动态压井技术、大管径海底输水管道设计施工及维护技术等5项技术利器。在第二轮天然气水合物试采中，形成6大特色技术和完整的工程技术体系，国内首创深水吸力锚井口装置高精度安装技术，创中国海域钻探垂深最深、深水水平井最浅层及大直径井眼最高造斜率等纪录。应用塔里木盆地深层复杂井固井技术，储层层间封隔率逐年上升，有力支撑塔里木3000万吨大油气田建设。开发新型抗水侵防窜剂、环保水性防腐涂料等一批新材料。成立工程作业智能支持中心，实现重点井钻井数据回传及现场远程作业指导。天然气水合物工程重点实验室建设按计划推进，海洋工程重点实验室三期建设通过集团公司验收。

【企业管理】 2020年，海洋工程公司开展制度优化与管理体系融合。梳理精简现有制度，压减53%，初步形成“一项业务一项制度”的管理体系架构。深化三项制度改革，制定工程技术岗位序列设置及选聘方案，开展“双序列”“双通道”建设，选聘资深技术专家，试行以项目经理负责制为核心的完全项目制管理，激发科技人员创新动力。坚持“管理＋技术＋关键操作岗位”的用工管理模式，一般性岗位缺口通过集团公司内部调剂、外部劳务派遣、岗位外包解决，调剂余缺320人次，人事费用率同比降低4个百分点。优化投资管理，完成投资1.87亿元，保障平台续建改造、青岛海工基地建设等重点项目实施。落实“标准化、专业化、自动化、信息化”工作要求，开展生产装备改造升级，提升装备能力。创新钻井平台“设备维保和巡检目视化”管理模式，提升现场设备管理水平。规范物资采购管理，两级集中采购度100%。开展党委理论学习中心组法制学习和普法宣传，落实领导干部法制建设责任，强化重大涉法事项审核论证和事后合同治理，完成合同 2.0 上线运行，事后合同发生率持续降低到 0.2%。开展“创新提升年”活动，总结项目管理经验，《深水可燃冰试采总包项目管理创新提质增效实践》获集团公司 2020 年度管理创新一等奖。统筹协调，完成退休人员社会化移交工作。

（韩欣澎）

工程建设企业

中国石油管道局工程有限公司

【概况】 中国石油管道局工程有限公司（英文缩写 CPP，简称管道局），是中国油气储运工程建设领域的专业化公司，致力于为客户提供优质工程与服务，为社会创造财富与价值。管道局发端于“八三”工程建设，1973 年正式成立，经营足迹遍及中国国内，以及中东、非洲、欧洲、中亚、东南亚、大洋洲、南美洲等 7 大地区 50 个国家，为埃克森美孚、BP、壳牌、沙特阿美、中国海油、中国石化等 70 余家国内外油气公司提供服务，与美国福陆、沃利帕森、中国信保、中非发展基金等近 80 家国内外知名企业、机构建立战略合作伙伴关系。

参与建设西气东输管道系统、中亚天然气管道系统、陕京输气管道系统、中缅油气管道、中俄东线等国内外长输油气管道，总里程超过 12 万千米；建设坦桑尼亚天然气管道等海洋管道 375 千米；建设舟山、兰州等原油和成品油储罐 2300 万立方米；设计建设中国石油第一座地下储油库。

有国内唯一的长输管道工程勘察设计咨询专业设计院，有 1 个油气管道输送安全国家工程实验室；掌握陆上和海洋管道、储库全生命周期设计建设，陆上和海洋管道、储库检测及维抢修，管道通信及自动化控制系统设计安装，大型管道复杂地区施工及配套装备制造，LNG 净化、液化、储存、接收站设计建设，油田地面集输和炼化装置设计安装等核心技术；构建从规划、科研、咨询、勘察、设计、采办、施工、机械制造到投产运营、维修维护、技术保障的完整产业链，具备油气储运工程全生命周期建设管理能力。

2020 年底，有 12 个机关职能部门、6 个直属机构、33 个二级单位，员工总数 22985 人，其中博士研究生学历 30 人、硕士研究生学历 1370 人、本科学历 9698 人、其他学历 11887 人。新签合同额 300 亿元，收入 205 亿元。1 人获全国劳动模范称号。

管道局主要经营指标 亿元

指　标	2020 年	2019 年	2018 年	2017 年	2016 年
签订合同额	300	306	233	246.3	377
收入	205	182	178	179.8	170
利润总额	3.13	2.2	2	3	6.6
税费	3.85	4.06	4.69	5.04	5.17

【“十三五”回顾】 “十三五”期间，管道局市场合同总额、收入总额、利润总额和净利润连续 5 年完成集团公司考核指标。工程建设业务外部市场收入从 55% 提高到 66%，技术服务业务利润贡献率从 7% 提高到 23%。承担中俄东线、闽粤支干线、孟加拉国单点系泊等重点工程 225 项，安装陆上管道 1.1 万千米、海洋管道 300 千米、油气储罐 720 万立方米，盾构穿越 27 千米，定向钻穿越 475 千米，运营管道 2.9 万千米、检测 6 万千米、维抢修 446 次。46 项工程获国家级荣誉，中缅天然气管道（缅甸段）获中国建设工程鲁班奖（境外工程），中亚天然气管道 AB 线获中国土木工程詹天佑奖。获国家技术发明二等奖 1 项、省部级科技奖励 24 项，取得授权专利 561 件，参与编制国际标准 2 项，主编国家标准 32 项、行业标准 103 项、中国石油企业标准 110 余项。

【工程建设】 2020 年，管道局承担重点工程项目 111

个，完成管道建设2232千米、储罐安装144万立方米、盾构穿越1929米、定向钻穿越170千米、检测1.5万千米；中俄东线中段、乍得原油管道等18个重点项目按期建成投产；中俄东线南段、天津南港LNG项目、尼日利亚AKK项目、揭阳天然气管道等36个重点工程启动建设；山东中化弘润油库扩建项目原油储罐工程、青岛董家口原油库工程项目开展项目收尾施工；国家成品油储备能力建设653工程完工待投产；孟加拉国单点系泊、涿州—永清输气管道项目等57项工程平稳推进。承建大港油田、青海油田、二连油田、冀东油田、华北油田、长庆油田、苏里格南作业区、新疆塔里木油田、陕西延长石油等多个油气田地面工程；新建站场36座，改扩建站场175座，站外管线6719.09千米，井口安装3974口，投产3821口；承建大庆炼化项目、黑龙江龙油石化、新疆炼化项目、安徽炼化项目，除安徽炼化项目外，其余项目均完工；承揽试运投产、运行维护项目63个，涉及总里程约2.2万千米；与国家石油天然气管网集团有限公司、中油国际勘探开发有限公司、中油国际管道有限公司云南中石油昆仑燃气有限公司、华北石化公司、中国石化天然气分公司、中国海油、新疆燃气集团、陕西延长石油（集团）有限责任公司管道运输公司、江苏华电华汇能源有限公司中澳煤层气能源有限责任公司、山东港联化管道石油输送有限公司，以及各省际天然气管网等开展合作。

【市场开发】 2020年，管道局新签市场合同额300亿元，其中国内业务占75%、系统外业务占59%。中标中俄东线南段大汶河等盾构穿越和7个线路标段，综合工程量占比超过40%；与长庆、华北、大港、青海等油气田续签战略合作协议，锁定未来3至5年的油气田地面建设市场。承揽尼贝管道尼日尔段，综合工程量占比70%。在国内，以“代建代管”模式承揽石油储备库项目；“融投建管”模式推广应用，揭阳天然气管道落地实施，山东管网西干线获立项批复。在国外，以联合体形式中标尼日尔油田二期地面工程，实现西非市场新突破；中标博茨瓦纳供水管道工程，实现区域和业务双突破；中标阿联酋管网升级前端设计、肯尼亚综合罐区可行性研究等项目。

【改革调整】 2020年，管道局在机关推行大部室改革，撤销内设三级机构。推进富余人员显性化3800余人，劳务输出、岗位退出、清理长期在册不在岗员工1100余人，完成集团公司下达的员工总量控制目标。管道设计院列入国家“204户科改示范企业”，徐州市石油管道防腐保温工程处完成混改，8家厂办大集体企业完成改制，23家管道公司托管企业收回。工商注销法人单位2家，完成集团公司压减指标。“三供一业”移交改造基本完成，24075名退休人员社会化管理完成目标任务。

【科技创新】 2020年，管道局开展科研课题116项，承担国务院国资委“1025专项”国家科技攻关任务2项，取得授权专利113项，其中发明专利52项，认定省部级工法8项，获集团公司科学技术进步奖4项，推广应用科技创新成果30余项。针对青藏管道低压高寒环境，研发小口径全自动焊系列装备，月焊接进度由70千米提高至130千米。第三代管道全自动焊装备攻克国产电源和焊缝跟踪两项核心技术，解决核心元件依赖美国进口的“卡脖子”难题。自主研发的AUT检测设备，打破国外技术壁垒，实现自动识别校准，检测效率大幅提升，通过挪威船级社工艺评定。研制出国内首台320通道压电超声检测器，检测精度0.5毫米，技术性能国际领先。掌握火焰喷涂弯管防腐技术，填补国内空白。

【质量安全环保】 2020年，管道局统筹推进安全生产三个月专项治理整顿和三年行动计划，开展大排查大整改工作，发现并整改问题1721项，排查治理隐患1342项。完成体系内审和外审，发现并整改问题1233项。深化应用质量安全风险“挂图作战”，建立局处两级视频监督检查平台，覆盖35个重点项目、114个作业现场，严厉查处施工现场“低老坏”行为，发现问题244个，问责230人次。制修订国家标准、行业标准和集团公司企业标准35项。QC小组创建活动获国家级优秀成果1项、省部级优秀成果35项。

【疫情防控】 2020年，管道局成立新冠肺炎防控工作领导小组，构筑全覆盖防控体系，确保国内员工和家属、海外中方员工“零感染”。关心关爱海外一线员工，开通远程医疗，邮寄防疫中药7300余副，发放慰问金530余万元，利用包机、商业航班轮换倒班1794名员工，组织2074名出国人员接种疫苗。1家单位获集团公司抗击新冠疫情先进集体，4人获集团公司抗击新冠疫情先进个人。派出医护人员支援湖北、廊坊地方防疫，配合完成雷神山医院投产供气，湖北省疫情防控指挥部发来感谢信。

【首台国产直接铺管机ZTP1300研制成功】 2020年1月9日，首台国产直接铺管机ZTP1300运输出厂，应用于中俄东线天然气管道工程（长岭—永清）十标段龙河和新龙河直铺管项目。直接铺管机ZTP1300总长14米，设备总重115吨，由管道局和中国铁建重工联合设计，中国铁建重工生产，填补国内该领域空白，打破国外垄断。

【管道局承建的尼日利亚AKK项目打火开焊】 2020年6月30日，管道局以EPC方式承建的尼日利亚AKK项目举行打火开焊仪式，尼日利亚总统穆罕马杜·布哈里与现场视频连线发表电视讲话。管道局承担AKK项目Ⅱ标段318.66千米管道建设，管径1016毫米，包括10座阀室、3座站场，计划工期24个月。

【管道局承建的斯里兰卡新姆图瓦盾构隧道正式贯通】 2020年8月21日，管道局以EPC方式承建的斯里兰卡新姆图瓦盾构隧道正式贯通，是中国石油在海外承建的首条盾构隧道工程。斯里兰卡国务部长纳拉卡·戈达赫瓦现场见证隧道贯通并致辞，管道局党委书记、总经理孙全军通过视频方式在贯通典礼上致辞。该项目由新姆图瓦盾构隧道和托林顿顶管隧道两部分组成。其中盾构隧道1条，直径3米、长度778米；顶管隧道24条，直径范围0.6—3米、总长度4100米；沿线设盾构竖井2座、顶管竖井27座、检查井48座。

【中俄东线天然气管道工程（长岭—永清）全线投产】 2020年12月3日，管道局参建的中俄东线天然气管道工程（长岭—永清）全线投产。该段管道线路总长1110千米，管道局承担其中二标段、七标段、八标段、十标段，全长393.04千米施工任务，自2019年7月4日开工建设。

（张　南）

中国石油工程建设有限公司

【概况】 中国石油工程建设有限公司（英文缩写CPECC，简称工程建设公司）1980年1月成立，位于北京市西城区。是以原中国石油工程建设公司和原中国石油集团工程设计有限责任公司为基础，整合油气田地面工程设计和施工业务，组建的以陆上石油天然气上游工程前期设计咨询、工程承包、装备制造和运营维护为主营业务，发展海洋石油天然气工程、液化天然气工程、非常规油气工程和非油能源工程业务的专业化公司。连续24年入选美国工程新闻纪录（ENR）全球最大250家国际承包商排名，是连续入围次数最多的中国承包商，最好成绩第27位。获省部级及以上奖励681项，其中国家级科学技术进步奖6项、中国建设工程鲁班奖6项、勘察设计奖34项、国家“百项经典暨精品工程”3项、优质工程奖129项，省部级科学技术进步奖249项、勘察设计奖506项。获“全国五一劳动奖状”。2020年，在集团公司国际业务社会安全管理五维绩效考核中工程建设公司被评为“卓越级”，位列集团公司所有海外单位中第七名，中油工程内部居首。

2020年底，员工总数19271人，其中，中方员工12452人，外籍员工6819人。中方员工中管理及专业技术人员8647人，其中，本科及以上学历人员7058人、占比81.62%，中级及以上职称人员6597人、占比76.29%，享受政府津贴专家8人，集团公司技术和技能专家14人。

2020年，工程建设公司应对新冠肺炎疫情扩散蔓延与国际油价断崖式下跌带来的双重考验，实现新签合同额313.76亿元、营业收入299.02亿元。

【“十三五”回顾】 “十三五”期间，工程建设公司制修订党委工作规则等51个制度。完善“双向进入、交叉任职”领导体制，把党的领导融入公司治理各环节。

“十三五”期间，工程建设公司完成重组整合，被集团公司评为在京企业重组后融合最好的单位，经营指标蝉联中油工程榜首。新签合同额1669亿元、营业收入1235亿元，辅业扭亏为盈，新签合同额和营业收入分别较“十二五”增长57.09%和25.53%。

“十三五”期间，工程建设公司建成项目7835个，是“十二五”的3.43倍。海外实施“突出中东、稳定非洲、巩固中亚、拓展美洲、布局亚太、站稳俄罗斯”市场战略，业务辐射28个国家。

“十三五”期间，工程建设公司以自有设计和施工力量为核心，整合全球优质资源，同福陆、沃利、中信建设等10家工程公司签署战略合作协议，与德希尼布、塞班、日挥等10余家工程公司合作开发项目，在资源、技术、管理上形成互补。获中国“四首”油气工程公司（首家进入埃克森·美孚市场，首家与壳牌签署框架协议，首家获批道达尔全球合格承包商，首家取得阿布扎比国家石油公司海上工程总承包EPC资质）。

“十三五”期间，工程建设公司实施“党政同责、一岗双责”“一岗一单”制、领导人员 HSE 监管片区负责制和安全生产记分制，编制安全管理程序 56 个、作业文件 22 个、操作规程 177 项。开发安全培训课件 253 个，利用海外 4 个培训中心培训操作人员 7000 多人次，开展安全培训 3.2 万人次。开展“四查”和大反思大讨论活动，编辑出版典型事故案例手册。

“十三五”期间，工程建设公司天然气处理国产化技术打破国外垄断，具备为客户提供油气田地面工程全套解决方案能力，为集团公司中东油气上产大型油田地面关键技术提供支撑。模橇块、大型高端和超限设备制造方向，成为国内首家同时有法国艾克森斯（Axens）和美国联合技术（UPO）业绩的企业。施工向管理作业型转变，制订 3 个施工企业转型升级方案，初步建立投产运维业务体系，依托系统内资源实施专业化管理。承接可行性研究、咨询等前期业务，产业链向两端优化延伸。

“十三五”期间，工程建设公司机关撤并 4 个部门，撤销各级机构 515 个，国内机关压缩 10%，海外机关压缩 30%，海外项目压缩 22%。组建 4 个地区公司、2 个地区协调组，整合北京设计分公司、北京工程设计咨询分公司业务，成立中油（新疆）工程公司。4 项业务系统优化方案落地，形成精简高效管控模式。推进三项制度改革，实施分级分类、领导干部阶梯式退出、人才专业化管理，去行政化改革基本完成。成立人才储备中心，完善薪酬分配和绩效考核体系。

“十三五”期间，工程建设公司投入科技资金 4.2 亿元，获国家专利 508 项、技术秘密认定 130 项、软件著作权 117 项，主要参与编制集团公司级及以上标准 157 项，获省部级及以上科技奖 128 项；“中东亿吨级产能开发”项目获国家科学技术进步奖一等奖；“单列 300 万吨 / 年重质原油处理工艺”获石油科学技术进步奖特等奖；开发我国首套具有自主知识产权的天然气乙烷回收工艺包，建成国内单线最大规模塔里木乙烷回收工厂；形成页岩气地面工程集成解决方案；标准化设计实现油气田地面工程全覆盖；研发制造具有自主知识产权的 5000 吨门式起重机，刷新中国百米千吨级塔器整吊纪录。数字化油气田技术日趋成熟，建设长宁数字化气田、陕西—北京四线数字化管道等项目。在科技成果转化方面，形成一体化集成装置及药剂系列产品 120 余项，其中 22 项被授予集团公司自主创新产品，并推广至国内外各大油气田，实现产值 16 亿元。

【市场开发】 2020 年，工程建设公司海外新签合同额 147.07 亿元，占比 46.87%。获尼日尔油田二期和尼日尔—贝宁原油外输管道项目线路工程，拿下土库曼斯坦东部气田项目，正式签约哈萨克斯坦巴佐伊压气站扩容合同，承揽南苏丹复产运维项目。高端市场领域相继签约伊拉克马季努油田酸气处理、鲁迈拉储罐维护、第九区块油田设计和阿联酋哈伯善脱瓶颈等合同。获评道达尔国际合格承包商，服务壳牌多个项目。在国内，新签合同额 166.69 亿元，占比 53.13%。签约广东、盛虹等大型炼油化工项目多个标段合同，稳固炼油化工建设主力军地位。挖掘输气管线、天然气调峰站、油气储库、市政路桥等潜力，获中国—俄罗斯东线南段、青海天然气调峰站、日照原油储库、环玛纳斯湖油田公路等项目以保证油气田市场份额。

【工程项目】 2020 年，工程建设公司执行项目 4218 个，重点工程 58 个，投产 19 个。油气田地面方面，阿布扎比巴布油田成功首油，集团公司冬季保供土库曼斯坦东部气田二期项目提前投产，长庆上古天然气处理厂、新疆油田公司采油二厂天然气处理站、玛纳斯河气田等项目投产。伊拉克马季努酸气处理、阿尔及利亚哈西油田开发、阿联酋哈伯善天然气处理厂脱瓶颈等新项目启动。俄罗斯阿穆尔气体处理厂、科威特瓦拉等项目稳步推进。伊拉克哈法亚天然气处理厂、伊拉克巴士拉天然气处理厂和格拉芙原油处理等项目步入正轨。制定尼日尔油田二期项目执行策略，确保起点高、起步稳。油气储运方面，国家能源大动脉中国—俄罗斯东线（长岭—永清）3 个标段按期投产，永清—上海第 2 标段加速启动。炼油化工方面，阿尔及尔炼油厂工程按照预期一次投产。大庆石化催化裂化、格尔木炼油厂硫黄回收等项目投产。广东石化、长庆和塔里木乙烷制乙烯、锦西石化等工程全力推进。广西、大连、宁夏等 8 个炼油厂检测维修项目平稳交工。液化天然气方面，豫东、豫北应急储备中心项目完工，河间、长春调峰原油储备库项目进度受控。土库曼斯坦萨曼杰佩增压工程获 2019—2020 年度国家优质工程奖（境外工程），获国家和省部级优秀质量管理（QC）成果 27 项。

【深化改革】 2020 年，工程建设公司制定三年行动实施方案，明确 3 方面 17 项措施 39 个任务。在组织机构、选人用人、重大决策等方面落实法治建设。推行广东石化项目部深化改革实施方案，开展全生命周期考核，实行中层以上干部奖金抵押发放。与国内同类先进企业对标，推进施工企业转型升级，探索项目生产单元管理。优化机关职能，实行扁平化管理。

【科技创新】 2020年，工程建设公司召开科技工作会，总结“中华人民共和国国民经济和社会发展第十三个五年规划纲要”科技发展成果。其中“高硫高盐油田腐蚀防护技术”等4个项目获省部级科学技术进步奖一等奖。结合“中华人民共和国国民经济和社会发展第十四个五年规划纲要”同步编公司科技顶层规划，确定11个领域122项课题。制作技术树1册、技术利器14册，汇总编撰科技成果和工法。实施科技创新二十四条措施，聚焦800万吨级LNG、数字化油气田、非标设备智能化等关键课题密集攻关。全球最大4000吨级履带式起重机在江苏盛虹炼油化工厂完成首秀。科技产品销售6.4亿元，创造效益6300万元，科技创效及“五化”（标准化设计、工厂化预制、模块化施工、机械化作业、信息化管理）获集团公司、中油工程奖励。2020年，投入科研经费9000余万元，执行科技项目95项，获省部级科学技术进步奖29项、勘察设计奖45项。申请专利176项，软件著作权38项，专利授权124项，技术秘密认定35项，主要参与编制集团公司级及以上标准16项。

【提质增效】 2020年，工程建设公司开展提质增效专项行动，制定5方面30项举措95条细则，创造效益6.9亿元。对17个单位开展联合督导检查，发现整改9类64个问题。加大扭亏脱困力度，分类分析291个亏损项目并制定减亏措施，对43个项目进行现场督导，关闭104个，扭亏转盈32个。组织清理欠款行动，狠抓“两金”压控，获集团公司担保、授信考核双A评级。发布《人工成本管控二十四条措施》，制定海外“六个一批”措施。

【人才培养】 2020年，工程建设公司将员工成长通道设置为经营管理、专业技术、操作技能三支岗位（等级）序列以及国际项目经理岗位序列（简称“3+1”序列）编制4个配套细则，在华北分公司试点项目经理序列。实施技能开发行动，聘任高级技师、技师21人，两级技能专家全部纳入积分考核管理，通过“互联网+”培训2万余人次。获集团公司首届生产创新大赛二等奖，在“嘉克·通用技术杯”国际焊接大赛斩获3个一等奖。发布首个质量文化手册。

【安全生产】 2020年，工程建设公司开展为期三个月安全生产专项活动，排查整改风险隐患近9000项。突出高风险管理控制，建立“区长”挂牌制，“两级监管+区域负责”模式，实行安全生产记分管理。加强社会安全管理，对244个新项目进行风险评估。

【疫情防控】 2020年初，新冠肺炎疫情暴发，工程建设公司第一时间成立新冠肺炎疫情防控领导小组，印发“一案一册”。实行领导分片包干制，对11个单位“点对点”督导。按照“一国一策、一项目一策”原则，完善海外疫情防控网格化管理，设置“安全岛”，提供医疗咨询和远程会诊110余次，通过包机和商业航班推动4024名员工倒班轮岗，实现国内疫情全面受控、海外中方员工零感染。俄罗斯分公司阿穆尔气体处理厂项目和海湾地区公司科威特瓦拉项目作为集团公司海外工程建设类项目疫情防控试点单位，搭建上下一体、协调联动的疫情防控体系，及时调整防控策略及工作重点，依次编制《项目疫情防控常态化工作方案》（暂行版和第四版）。有4人获评集团公司抗击新冠肺炎疫情先进个人。

（严　峰　陈晓慧　方　璇）

中国寰球工程有限公司

【概况】 中国寰球工程有限公司（简称寰球公司）1953年成立，2005年整体并入集团公司，是以技术为先导，以设计为龙头，集咨询、研发、设计、采购、施工管理、设备制造、开车指导、融资等多功能于一体的、国内领先的炼油化工工程总承包工程公司。有工程设计综合甲级资质、工程咨询甲级、环评甲级资质、工程造价甲级资质、化工石油工程施工总承包特级资质和对外工程承包资质。

寰球公司工程领域涉及化工、炼油、石油化工、化肥装置及储运工程、精细化工、油田地面设施、海洋石油工程、天然气液化与接收、煤的清洁利用、新能源、轻工、纺织、医药、化学矿山采选、工程地质勘查、工程测量、岩土工程、环境工程、储运设施及压力容器设计制造安装、非标设备、钢结构及管道加工制造安装、无损检测等多个行业。业务遍及国内以及东南亚、西欧、美洲、中东等近30个国家和地区，是国内同行中国际化程度较高、项目运营国家较多的企业，也是独立率先进入美国、沙特阿拉伯、新加坡、加拿大、意大利等炼化工程建设高端市场的国际工程公司。60多年来，完成2000多项国内外大中型项目的咨询、设计、施工和总承包建设任务。执行一批代表国际规模、技术的大型 乙烯、炼油、化肥、煤化工、LNG 等国内外项目的 EPC 总承包。

寰球公司有良好的企业资信和商誉，首批获“AAA 级信用企业”和北京市“高新技术企业”称号，被评为国庆 60 周年勘察设计行业“十佳工程承包企业”，连续 18 年被评为 ENR 全球最大的 225 家国际工程承包商和全球最大的 200 家国际设计公司，是连续 18 年同时进入上述排行榜的唯一一家中国公司。

寰球公司主要经营指标 亿元

指　标	2020 年	2019 年	2018 年	2017 年	2016 年
签订合同额	305	396	301.3	321	167.5
收入	195	174.8	162	164.5	106
利润	3.16	5.23	6.43	4.15	3.65

2020 年，寰球公司统筹推进疫情防控和生产经营工作，开展提质增效专项行动，生产运行总体平稳，新签合同额 305 亿元，营业收入 195 亿元，净利润 3.16 亿元，自由现金流 2.32 亿元，完成年度任务目标。

【“十三五”回顾】 “十三五”以来，寰球公司经营效益稳中向好，合同额连续 3 年突破 300 亿元关口，营业收入跃上 190 亿元新台阶。海外市场实现恢复性增长，核心业务布局更加优化，新业务增长点加速孕育；承接并执行 50 余项世界级规模和战略性重大工程。持续推进专业化重组，“总部 + 二级单位”格局基本定型，“动车组”式集团化管控模式实施，分级授权体系高效运作；僵尸企业扭亏为盈，困难和亏损企业治理、法人压减任务完成。坚持创新驱动发展，获省部级以上科技奖励 63 项、知识产权 600 余项，技术转让收入 12.5 亿元，带动工程合同额 440 亿元。宁煤烯烃项目数字化交付完成，主编的数字化交付国家标准获批发布，智能工厂解决方案日趋完善。将精益管理融入生产经营全过程，广东石化“总—分”项目部执行模式创新实施，提升质量效率效益；制修订制度 314 项，完善一体化管控机制；夯实质量安全环保基础，深化对标管理，管理增值作用显著；后勤服务保障、信息化建设、企业管理创新等工作稳步提升。

【工程建设】 2020 年，寰球公司执行项目 1255 个，其中重点项目 37 个，总体运行平稳受控。实现 182 个项目现场的同期作业，集团公司广东石化项目、塔里木乙烷制乙烯、长庆乙烷制乙烯三大重点项目快速推进；唐山、江苏、深圳 LNG 项目建设平稳；大庆石化炼油结构调整转型升级项目、榆能化 LDPE/EVA 装置（低密度聚乙烯、乙烯—醋酸乙烯聚酯一体化装置）、中化泉州 EVA 装置（乙烯—醋酸乙烯聚酯一体化装置）中交；宁夏化肥、乌兹别克斯坦纳沃伊 PVC（聚氯乙烯）一期项目正式投产。六建公司组织包机包车到现场，确保广西石化大检修项目如期投产；吉林化建 206 名员工通过包车，穿越 7000 千米总里程分别到塔里木乙烷制乙烯、榆能化项目及辽阳石化项目现场，确保按期复工复产；上海公司组织专家乘坐包机到现场指导乌兹别克斯坦纳沃伊 PVC 一期项目实现“提质达产”，获乌兹别克斯坦政府高度赞扬。生产管控水平有效提升，修订《项目预算管理规定》，强化全项目、全过程、全成本预算管理，下达预算的项目数量从年初的 3% 提升到年底的 85%，盈利水平明显提升；修订《设计优化实施及奖励管理办法》《承包商管理办法》等多项制度，设计优化、物资采购成本管理、承包商管理、生产装备管理得到强化。“五化”能力不断提高，发布《工程项目“五化”工作实施指导意见》，推动“五化”工作在工程项目建设中的应用，广东石化项目开展 SP3D（化工管道三维设计软件）建模标准化设计，裂解炉辐射段实现模块化组装吊装；北京公司加大 SPP&ID 应用深度和广度，数字化交付平台开发应用取得阶段性成果，完成广东石化项目乙烯装置裂解汽油加氢单元模块化设计；华东公司发布 44 套标准化设计模板文件，实现上下游专业数据共享；大庆分公司万华 LLDPE 和 PP 项目实现数字化交付，“五化”能力取得持续提升。

【市场开发】 2020 年，寰球公司新签合同额完成提质增效目标 280 亿元的 109%，外部合同额占比 38%，对外技术转让合同额 3.43 亿元，外部合同额占比和对外技术转让合同额均创历史新高。系统内市场承揽广东石化项目、塔里木乙烷制乙烯、长庆乙烷制乙烯项目，以及锦州锦西结构转型升级、云南蜡油加氢裂化装置改造等一系列项目。系统外市场签约北京燃气天津南港 LNG 应急储备项目一阶段储罐 EPC、万华化学 LDPE 装置 EPC、陕煤榆林一期乙二醇工程项目 EPCm（设计采购与施工管理）、山东劲海轻烃综合利用项目施工、辽宁宝来 ABS 及配套装置施工、宁波金发聚丙烯 EPC 等一批总承包项目，服务对象构成多元化。海外市场新签合同额 30 亿元，实现较大增长。签署乌兹别克斯坦 PVC 二期总承包、印度尼西亚 AP 甲醇项目总体设计、恒逸文莱石化二期项目设计、伊拉克 9 区块 PMC（生产及物料控制）、印度尼西亚油砂分离天然沥青项目 EPC 总承包、马来西亚 APH 罐区、新加坡 SGS LPG 等项目。市场开发运行机制方面实施《国内大客户经理管理办法》，强化与埃克森美孚、荣盛、盛虹、宝来、恒逸、华锦、京博等战略重大客户关系的管理与维护，完成第一批客户经理聘任；发布《海外市场开发和投标报价工作实施细则》，统筹强化海外市场联动开发，推动海外合同额一体化考核，有效调动各层级开拓攻坚的积极性。与电建国际、点炻基金签署战略合作协议，巩固与中工国际、葛洲坝国际、中国交建、塞班、日挥、现代工程等伙伴的合作关系，加强了与卡萨利、泰克尼蒙特等国际知名工程公司及专利商的联合协同，深化与对外承包商会、机电进出口商会等行业机构的交流。新业务拓展成功突破，北京公司牵头编制中国石油加氢站工艺包并中标金山氢能产业基础设施等可研项目；华东公司为 12 家系统外企业制定“一厂一策”炼化转型方案，承接弘润新材料聚酰亚胺产业链等 4 个设计项目，新业务探索取得实质性进展。

【科技创新】 2020 年，寰球公司优化核心技术、探索前沿领域、加强成果转化、扩大对外合作，取得多项新成果。对外技术转让合同额持续提升，技术转让带动合同额超过 100 亿元，形成新知识产权 128 件；“大型炼化基地一体化设计及增效技术集成开发与应用”等多项集团公司重大科技专项按进度推进，加氢裂化增产乙烯重整料技术替代柴油加氢，在吉林石化得到应用并取得良好经济效益，劣质重油悬浮床加氢工程技术开发中试成功。科技管理水平持续提升，“400 万吨 / 年煤间接液化成套技术创新开发及产业化”获 2020 年国家科学技术进步一等奖；获省部级科学技术进步奖 4 项，勘察设计奖一等奖 4 项、二等奖 6 项、三等奖 13 项，石化联合会专利金奖和优秀奖各 1 项；完成 1 项自主创新重要产品认定，注册 5 项国家商标；参与编制集团公司 55 项重要技术对外技术许可。1 人当选中国化工学会会士，2 人分获侯德榜化工科学技术“成就奖”和“青年奖”；在 6 家高新技术企业基础上，吉林公司、广东公司通过高新技术企业评定。对外合作方面基于“一院二站四中心”（技术研究院 + 博士后科研工作站 + 技术中心站 +4 个技术研发中心）平台，与中科院、中国石油大学（北京）、中国石油大学（华东）、北京化工大学、石油化工研究院、麦肯锡、青岛国际院士港氢能研发团队等进行技术交流 30 余次；与南京延长技术研究院成立联合研发中心并开展首批 3 个项目的合作研发；与北京绿能公司开展相变储能材料项目合作；签署定州生物能源项目合资合作框架协议，4 项氢能领域合作课题进入实质研究阶段，地热、光伏能源利用等技术合作研发陆续启动，新能源技术合作与开发迈出坚实步伐。

【质量安全环保】 2020 年，寰球公司突出质量安全管理，压紧压实管理责任，化解各类风险，管理基础进一步夯实。新冠肺炎疫情防控方面构建联合防疫工作机制，发布疫情防控体系文件，落实“一人一策、一项目一策、一地一策”，做实常态化疫情防控措施，组织大庆、吉林、北京、新疆等重点地区突发疫情紧急排查工作，国内实现“零疫情、零感染”；海外落实网格化管理，建立三级联防联控、国别片区联动工作机制，开展视频巡检 62 次、应急演练 180 余次；加强员工个人防护培训和心理疏导，稳步推动员工轮岗倒休，确保海外疫情防控平稳受控和员工生命心理健康，吉林化建阿尔及利亚项目部获集团公司疫情防控先进集体表彰。QHSE 管理方面开展“安全生产能力考评年”活动，284 人完成安全述职，组织安全培训 4164 次；完成 1077 项体系审核问题整改；开展“安全生产月”活动，推进安全生产专项整治三年行动和安全生产整顿活动，吸取“7 · 19”事故教训，开展全员“写风险、辨风险”活动，提升全员风险意识，排查整改事故隐患 3845 项，筑牢安全基石。风险防控方面开展法律合规风险动态评估与预警，梳理合规风险点 20 个，制定应对措施 23 条；形成覆盖总部与各单位的一体化内控体系；首次建立重大经营风险事件报告和重大风险管控动态监测机制，885 人参与完成评估；对广东石化项目招投标、资金管理等环节进行跟踪审计，督促风险防范措施落实到位；加大境外税收风险防控力度，整体抗风险能力全面提升。

【企业党建工作】 2020 年，寰球公司党委组织 15 次集中学习和 7 次专题研讨。举办党建工作培训班，11 家二级单位党委书记参加，强化各单位党委书记政治能力；制定《巩固深化“不忘初心、牢记使命”主题教育成果二十六条措施》，形成长效机制。制定《党委落实全面从严治党主体责任清单》，强化责任体系顶层设计，班子成员履行“一岗双责”，开展基层党建督导和内部巡察，推进全面从严治党向基层延伸。制定年度党委工作要点和党建工作要点，建立督办台账，发布督办专报 5 期，督办事项 581 项，推动各项工作落到实处。持执纪审查从政治纪律查起，无违反政治纪律问题发生。贯彻民主集中制，制修订《党委工作规则》《"三重一大"决策制度实施细则》，召开党委会29次，发挥党委把方向管大局保落实的领导作用。

【队伍建设】 2020年，寰球公司坚持新时代好干部标准，修订中层领导人员管理规定和选拔任用工作规范等制度。坚持把政治标准放在首位，发掘基础历练扎实、工作实绩突出、绩效考核优秀的年轻干部，形成1127名人才库。落实"生聚理用"人才工作机制，选拔年富力强干部担任领导岗位，新提拔、使用的领导人员"70后"占79.3%，干部队伍结构持续优化。有序推进党委管理干部岗位交流或分工调整，推进干部能上能下，调整使用领导人员68人次，其中提前退出领导岗位21名。落实"三个区分开来"要求，建立容错纠错机制，坚决避免带病提拔干部，针对纪律审查发现的廉洁风险，下发19份纪律检查或监督建议书33项整改建议。

【改革发展】 2020年，寰球公司完善企业治理体系，强化业务发展定位，对标世界一流，提升可持续发展能力。完善分级授权管理体系，发布对各单位授权管理清单、非"三重一大"重要经营管理事项清单，推动各运营主体合规行权；综合管理体系试运行，各单位体系融合工作有序推进，寰球公司总部3个部门试点完成"两册"编制；人事、财务共享业务平稳运行。上海分公司混改试点工作稳妥推进，施工企业转型升级稳步实施；按期完成"三供一业"移交、医疗社会化、退休人员社会化和厂办大集体改革任务；发布管理创新规定及奖励细则，取得12项研究课题成果。加强依法治企能力建设，重大决策法律论证率保持100%；强化合同管理，发布《炼化工程建设总承包合同》《国内采购合同》《施工承包合同》标准文本，加大重大项目合同法律审核把关力度；编制形成《工期与费用补偿条款一览表》，提升项目索赔能力；加强事后合同管理，事后合同率持续保持低位；提升依法维权能力，为挽回及避免经济损失2714万元；开展"七五"普法，全员依法合规意识显著增强。

【信息化建设】 2020年，寰球公司牢牢抓住数字化转型机遇，推进线上办公、远程协同设计、数字化交付及智能化工厂建设等新业态新模式，开发一批灵活实用的软件，推动基础设施、三维协同设计、数字化交付三大平台应用的持续提升。综合办公管理平台完成69项业务流程开发优化工作；组织完成HQPMP建设方案的编制与论证，以需求为导向，构建生产与经营管理平台的系统集成架构与各单位既有系统进行有效对接，实现与中油工程项目管理系统顺畅传输；编制完成QHSE量化审核系统二期实施方案。推动云盘系统建设，部署新一代防火墙，完成局域网升级改造，制定音视频标准和云端融合方案，组织开展网络安全检查并通过集团公司HW2020专项行动；优化邮件系统功能，清除注销不规范邮箱6000多个，确保电子邮件系统安全、稳定运行。广东石化项目一体化项目管理平台上线运行，初步具备从设计到施工的全过程单项目管控能力；北京公司完成工程材料编码系统的完善、布局架构和推广应用；吉林公司推动设计软件二次开发，自主开发6套软件，设计工作效率显著提升；上海分公司获徐汇区政府100万元专项基金扶持，启动基于SPF系统的数字化集成设计研发与产业化项目；申报成为首批28家集团公司数字化转型智能化发展试点单位之一；与中油瑞飞公司签署战略框架协议，共同提升信息化、智能化项目的建设能力。

【提质增效】 2020年，寰球公司落实"四精"理念，制定两级提质增效专项行动实施方案，重点控降项目成本和销售管理费用，开展效益提升、亏损治理、"两金"压降、法人压减、运营创效等5个专项行动，重点项目"两金"压降取得重大成果，优化和节流增效2.96亿元。发布《寰球公司工程项目精益管理、提质增效指导意见》，加强项目风险防控、过程管控、设计优化、预算管理、成本控制、资源优化。各单位有效组织开展项目提质增效工作，北京分公司开展两个"大干60天"活动，提升设计水平；吉林分公司组织设计方案优化评比，节约投资4824万元；上海公司突出质量效益，打出"正面引导""压减预算""限额设计""市场倒逼模式"组合拳；广东分公司聚焦设计优化，制定提质89条实施细则；吉林化建实行成本预警纠偏机制，严控项目经营风险，项目毛利率提升至6%。华东分公司打破工艺/工厂/设备专业壁垒，提高人力资源效率；大庆分公司抓好5个方面18项工作举措，管理降本600万元；新疆分公司顶住疆内疫情反复和维稳工作压力，严格人力资源计划管理，每月核减30个人工；六建分公司全力组织结算、收款和清欠，应收账款总体下降10%。利用疫情防控优惠政策增效8950万元，资金运营创效3208万元，"两金"压降获集团公司奖励增效1420万元，可控管理费用节省增效1202万元，费用同比下降48%；完成亏损企业治理、"法人"压减目标。落实"见事实、见项目、见数据"要求，按月明确各单位提质增效目标，建立周报机制，领导直接督导联系点，有效协同组织各单位提质增效专项行动落实。

（吴晓霜）

中国昆仑工程有限公司

【概况】 中国昆仑工程有限公司（简称昆仑工程公司）创建于1952年，前身为纺织工业部设计院。2000年划归中央企业工委（后为国务院国资委）直接管理，2007年重组进入中国石油，2009年重组更名为中国昆仑工程公司，2016年重组改制更名为中国昆仑工程有限公司，2020年8月东北炼化工程有限公司（简称东北工程公司）划入。公司下设中国昆仑环境工程有限公司、上海德赛工程技术有限公司等2家全资子公司，沈阳、大连、辽阳、吉林、锦州、葫芦岛等6家分公司，江苏德赛化纤有限公司等1家控股公司，以及中国纺织工业设计院等1个托管企业。

昆仑工程公司致力于环境工程、芳烃工程、纺织化纤、特色炼油化工等领域的建设、创新与发展，承担国内外各类大中型工程项目，是集咨询、研发、设计、采购、施工管理、开车指导和工程监理、工程总承包、项目管理承包、技术服务等多功能于一体的国际工程公司。公司发展定位为打造国际一流环境工程及纺织化纤综合服务商。

2020年底，在职职工2214人。其中，专业技术人员1453人，全国设计大师3人，行业设计大师6人，教授级高级工程师38人，高级工程师720人，具有各种国家执业注册资格人员659人。

承担多项国家科技攻关任务，有PTA、聚酯、芳纶、聚乳酸、工业废水处理、特色炼油、润滑油等成套技术及装备，在各主营业务领域取得专利282余件（其中发明专利117件），获国家科学技术进步奖6项、国家及省部级各类奖励600余项；主参编国家及行业标准规范70部，国家标准39部。

有工程设计综合甲级资质、工程咨询专业甲级资质、环境影响评价甲级资质、化工石油工程总承包一级资质、化工石化医药行业、轻纺行业和建筑行业工程等工程设计甲级资质证书，具有环境治理、智能建筑和工程造价等专项设计甲级资质，工程咨询、工程勘察综合类和工程监理等甲级资质证书，以及特种设备（压力容器、压力管道）设计许可证书。

昆仑工程公司坚持“诚信、创新、服务、共赢”经营理念，强化质量、安全、环保责任，信守品牌承诺，被评为国庆60周年勘察设计行业“十佳工程承包企业”。获中央企业先进集体、首都文明单位、全国工程勘察设计先进企业、全国工程建设管理先进单位、首批“AAA级信用企业”、全国勘察设计百强企业、集团公司质量安全环保节能先进企业等称号。自2002年起，连续获评北京市“高新技术企业”称号，享有较高社会知名度与良好信誉。

昆仑工程公司建立在ISO 9001、ISO 14001、OHSAS18001、NOSA五星安健环管理体系框架下的，以GB/T19001—2000标准为基础，融合GB/T24001—2004标准、GB/T28001—2001标准、CMB253—2004管理标准要求，实现质量、环境、职业健康安全一体化管理的“四标一体”的QHSE管理体系。通过ISO9001质量管理体系、ISO14001环境管理体系、ISO45001职业健康安全和Q/SY1002.1健康安全环境管理体系认证，并享有国家授予的对外经营权。

2020年，昆仑工程公司新签合同额51亿元、营业收入23.84亿元、利润总额1.11亿元、实缴税费5711万元。

昆仑工程公司主要经营指标 亿元

指　标	2020年	2019年	2018年	2017年	2016年
签订合同额	51	49.6	40.1	30.1	20.7
营业收入	23.84	23.4	20.1	17.95	14.21
利润	1.11	0.86	0.61	0.32	0.21
税费	0.57	0.43	0.67	0.23	0.26

注：2020年数据不含东北炼化工程。

“十三五”期间，昆仑工程公司各项工作取得经济效益和社会效益双丰收，盈利水平持续提升，营业收入99.5亿元、利润总额3.11亿元、实缴税费2.16亿元。完成所属企业江苏德赛化纤有限公司“处僵治困”，并抓住机遇推行精细化管理，使该企业盈利水平持续上升，归还借款2.52亿元。科技创新、管理创新扎实落地，在集团公司内考核排名大幅上升，连续4年排名A级，员工的获得感、幸福感明显增强。

【助力国家抗疫】 2020年初，面对全国抗疫口罩用熔喷无纺布奇缺的紧急局面，昆仑工程公司按照集团公司党组迅速抢建熔喷无纺布生产线的指示精神，组建项目团队投入兰州石化、辽阳石化熔喷无纺布的生产线设计工作，全体参战员工夜以继日、倾尽全力，24小时现场办公值守，克服时间紧、成套设备条件不全等困难，承接项目40天后兰州石化、辽阳石化熔喷无纺布生产线一次性开车投产。

【重组整合东北炼化工程有限公司】 2020年，根据《关于中国寰球工程有限公司东北炼化工程有限公司划入中国昆仑工程有限公司的通知》文件精神，原隶属于中国寰球工程有限公司的东北炼化工程有限公司人员、业务、资产一并划入昆仑工程公司（含未上市业务）。

按照撤销、整合方案，注销东北工程公司法人资格，取消东北工程公司管理层级，压减的管理人员全部融入分公司由昆仑工程公司直接管理，并将其综合甲级资质变更至昆仑工程公司。借助整合契机，推行发展一体化、业务专业化、机构标准化、管理扁平化和协同信息化的“五化”管理模式。在全部6家分公司实施“大部制”试点改革，精简撤并职能部门14个，与改革前相比下降35%，管理人员转型生产岗位131人。

【工程建设】 2020年，昆仑工程公司开展各类工程项目170个（不含东北炼化工程有限公司），其中承包项目78个、设计项目38个、咨询项目54个。

集团公司内部工程建设。在环境工程方面，开工建设广东石化污水处理厂、塔里木乙烷制乙烯污水处理、兰州乙烷制乙烯污水处理等37个项目。其中：哈石化脱硝、抚顺石油三厂污水VOCs治理、大庆化二丙烯腈废水焚烧达标改造、大庆污水处理场废气提标改造、锦州石化VOCs等项目完成中交；辽阳石化、抚顺石化超低排放项目竣工。在芳烃及衍生物工程方面，完成广东石化芳烃装置总体进度的37.3%，完成辽阳石化年产2万吨CHDM工业试验项目基础设计。

集团公司外部工程建设。在合成材料工程方面，开工建设福建嘉通、福建逸锦、海宁恒逸、重庆万凯等37个聚酯工程承包项目。其中，江苏恒科、重庆万凯一期、江苏港虹CP6等12个项目一次投料开车成功。印度68万吨聚丙烯项目一次开车成功。在芳烃及其衍生物工程方面，山东滨化年产40万吨工业白油装置成功开车并完成考核标定。

【市场开发】 2020年，昆仑工程公司克服新冠肺炎疫情影响，在环境工程、芳烃、合成材料三大工程领域市场开发再结硕果。

集团公司内部市场。在环境工程业务方面，签订环境工程项目131项。其中，塔里木油田和长庆石化两个乙烷制乙烯配套污水处理场等2个大型污水EPC项目是近零排放污水处理项目。在芳烃工程业务方面，签订广东石化炼化一体化项目260万吨/年芳烃联合装置项目。

集团公司外部市场。在环境工程业务方面，签订江苏海伦PTA装置VOCs减排等项目。在合成材料业务方面，新凤鸣集团、珠海华润、桐昆集团、海宁恒逸、杭州逸通等19项聚酯工程。

【科技创新】 2020年，昆仑工程公司首次成功申报集团公司转化创效奖励。申报专利20项，获授权8项，其中发明专利2项，获国家专利优秀奖1项、省部级专利一等奖6项，科技成果推广应用收入超7000万元。制修订8项技术开发管理及评奖办法，推广科研项目制管理。开展科研课题42项，低碳二期重大专项部分成果达到国际先进水平；二氧化碳捕集技术具备推广应用条件；加强VOCs管控处理技术拓展应用研究；土壤和地下水修复两个前瞻性课题取得阶段性成果。柴油吸附分离技术取得重大突破并得到工程化验证，并上榜“中国石油十大科技进展”。推进辽阳石化年产2万吨CHDM重大现场试验项目。

【质量安全环保】 2020年，昆仑工程公司质量安全环保工作全面受控、在质量方面，工程设计项目成品文件Ⅰ类错误为零，合格率100%，总承包项目实施过程中未发生重大工程质量事故，投产项目的投料试车成功率100%。在安全方面，未发生生产安全事故，累计实现510万安全工时。在环保方面，废水、废气及固体废弃物全部实现规范处置，各类污染物排放处于达标、受控状态。

【企业党建工作】 2020年，昆仑工程公司突出政治引领，党建工作获评集团公司考评A级。落实“第一议题”制度，第一时间传达总书记重要讲话和重要指示批示精神。开展基层党组织书记述职评议、党建责任制考核、党支部达标晋级，确保党建责任上下贯通。一体推进“三不”机制，完成中央巡视反馈问题整改落实“回头看”，接受集团公司党组常规巡视，对总部6个部门开展党内巡察，做好巡视巡察反馈问题整改。两级党委深入基层调研43次，各层面宣讲150余场。落实意识形态工作责任制，发展新党员9名。

（鲍世庆　赵　恺）

中国石油集团工程有限公司北京项目管理分公司

【概况】 中国石油集团工程有限公司北京项目管理分公司（英文缩写 CPMC，简称项目管理公司）是根据集团公司推进油气工程建设项目管理专业化战略发展要求，在 2016 年 9 月，整合中国石油工程建设板块所属企业范围内的工程监理与项目管理业务注册成立的专业化项目管理公司，注册地设在北京。2018 年，集团公司工程建设业务持续重组整合，将原中国寰球工程有限公司所属的兰州寰球工程有限公司、原中国石油天然气管道局所属的中国石油管道局工程有限公司天津分公司划归项目管理公司，提升项目管理公司在勘察设计、工程建设咨询和投资预算等多个业务领域的管理能力。

项目管理公司定位于打造具有国际竞争力的工程项目管理服务商。2020 年底，有 7 个二级单位，自有用工 1591 人，业务范围涵盖石油化工上中下游各领域，辐射全球 23 个国家和地区，参与完成集团公司上中下游各业务领域所有重点工程建设的项目管理。所承担的项目获国家级优质工程奖 62 项、省部级优质工程奖 227 项，获国家级技术成果奖 25 项、省部级技术成果奖 270 项。

项目管理公司主要经营指标 亿元

指 标	2020 年	2019 年	2018 年	2017 年
签订合同额	19.20	17.70	8.20	4.86
收入	15.20	14.50	6.75	5.06
利润	0.29	0.25	0.1	0.03

项目管理公司重点发展工程咨询、工程设计、项目管理、设备监造、设计及施工监理、安全及环境监理、项目竣工验收等业务。具有工程监理综合资质，化工石化医药设计甲级资质，石油化工（油气库）设计甲级资质，石油化工咨询甲级资质，化工设备监理、炼油设备监理、化纤设备监理等专项监理甲级资质 12 项和造价咨询乙级资质。有硫酸法碳四烷基化成套技术、混合碳四烷基化生产高辛烷值汽油成套技术、裂解汽油加氢成套技术、地下储气库地面工艺技术、滩浅海油气集输设计技术等 16 项专有技术和 40 项国家专利，参编制国家标准 13 项，主编行业标准、集团公司企业标准 120 余项。

【“十三五”回顾】 项目管理公司自 2016 年成立以来，连续 4 年超额完成集团公司业绩合同指标，完成对 5 家项目管理单位和 2 家设计单位的重组整合，实现工程建设咨询、设计和项目管理等各环节能力和经验的互补，综合实力和综合竞争能力明显增强。新签合同额从 2017 年成立之初的 4.86 亿元增长至 2020 年的 19.2 亿元，年均增长率 58.1%；营业收入从 2017 年的 5.06 亿元增长至 2020 年的 15.2 亿元，年均增长率 44.22%；利润总额从 2017 年的 314 万元增长至 2020 年的 2926 万元，年均增长率 110%；净资产收益率由 –0.1% 提高到 6.53%，年均增长 2.2 个百分点，盈利能力显著提高；资产总额由 3.56 亿元提高到 13.7 亿元，“两金”占总资产比例由 72.5% 降低到 36.7%，资产质量明显改善。承担中俄东线、广东石化炼化一体化、长庆乙烷制乙烯等一批重点工程的项目管理任务，获省部级以上奖励 58 项，其中国家优质工程奖 34 项；形成一批专有技术和特色技术，新增专利 10 项，形成国家及行业标准 17 项，科技成果年转化收入超千万元；作为筹备单位，组织 43 家项目管理企业成立中国石油工程建设协会项目管理专业委员会，发挥公司在项目管理行业的层位优势和主导作用。

【市场开发】 2020 年，项目管理公司根据国内外市场形势变化，及时调整开发策略，提出“立足国内、培育海外、着眼系统内、放眼系统外”的市场开发新方向，探索多元跨界开发的新领域和新途径，新签合同额 19.2 亿元，超额完成集团公司业绩指标的 28%。探索多元跨界开发突破点和结合点，拓展优质合作伙伴，走访集团内勘探开发等板块公司和兰州石化等地区公司，拜访国家管网集团、北京燃气集团、裕龙石化等多家外部企业，推动单一市场向多元化市场转变。发挥项目管理加设计管理专业化的一体化优势，统筹市场开发，强化项目评估论证和投标方案审核，中标中俄东线长江盾构项目设计监理和施工监理，该项目为当前世界油气管道领域单次掘进距离最长、埋深最深、直径最大的管道穿江盾构工程；签约中俄东线项目设计监理，项目为公司历史上单体合同额最大的设计监理项目；承揽天津南港 LNG 储罐和外输管线项目工程监理，项目为国内陆上首次应用薄膜罐技术；签约威远页岩气项目 PMC，在页岩气高端服务市场实现新突破；签约裕龙石化炼化一体化项目设计 +PMC+ 监理，首次实现由项目管理公司多支队伍同时进入不同建设阶段的系统外市场；签约中国人民解放军战略支援部队项目监理，首次进入战略支援部队市场。

【项目管理】 2020 年，项目管理公司获集团公司 2020 年度质量安全环保节能先进企业；参与建设的陕京四线输气管道工程等 3 个项目获国家级优质工程奖；所属单位朗威公司、兴油公司获“全国石油石化企业科技创新先进单位”“北京建设行业诚信监理企业”称号。执行项目 1105 项，其中集团公司和国家管网集团重点项目 36 项，国家发改委督办天然气基础设施工程 23 项，实现长庆乙烷制乙烯项目先期投用中交、黄河北罐区隐患治理项目、双坨子储气库和中俄东线中段项目投产等重大项目的预定目标。集中组织完成 17 项集团公司工程建设项目管理企业标准制定和 4 项标准修订的立项工作，组织发布《海底管道设计规范》等 3 项集团公司级企业标准规范，编制《天然气脱水设计规范》等 4 项行业标准。开展 68 项设计标准化、模块化工作，完成验收并应用 55 项，设计工时得到缩短，设计效率进一步提高。依托中俄东线、广东石化炼化一体化项目和吉林油田双坨子储气库等重大项目，强化项目经验总结交流，提炼形成典型管理经验 79 项，编制形成项目管理公司标准化的长输管道管理体系文件。长输管道和炼化项目管理经验交流活动在沈阳和揭阳两地组织开展，推进整体管理水平的提升。开展安全生产 3 个月专项整顿活动，排查问题 7096 项，完成监督跟踪整改。强化项目执行过程 QHSE 管控，通过远程视频巡查和管理信息平台抽检等方式，对长庆乙烷制乙烯、尼贝原油管道工程等 26 个重点项目进行视频巡检，总结管理经验 156 项。

【科技创新】 2020 年，项目管理公司坚持把创新作为推动公司发展的第一动力，发布《科技和管理创新评选及奖励办法》，强化顶层设计，激发科技创新和管理创新的积极性。实施“优势领先技术持续创新发展”工程，对专有技术进一步研究，“流体分布器”和“丁烯氧化脱氢反应器”获实用新型专利，形成行业标准 2 项，科技成果年转化收入超千万元；借助聚 α 烯烃合成油（PAO）、丁戊橡胶和集成橡胶、天然气深冷和净化处理、储气库和海管海工等传统核心技术优势，承揽大型设计项目 20 余项。成立长输管道等 53 个不同专业类型的创新工作室，制定创新工作方案和激励机制，在特色技术、管理方法、智能化管理等多方面开展创新研究，形成 35 项创新成果。同时，在无损检测管理系统、AI 智能评片、即时传输视频隐患识别等一批新技术领域取得阶段性研究成果，其中管道全自动焊接课题研究成果在中俄东线南段等后续项目中得到转化应用，有效解决全自动焊设备不稳定造成的焊口缺陷问题。开展项目创新学习交流，推广普及创新理念、技术和方法，培养管理创新人才，开展创新成果交流、培训 2.1 万余人次。

【信息化建设】 2020 年，项目管理公司信息化建设加快推进，项目管理信息系统持续优化完善，融合应用 BIM 等技术，实现对在运行项目质量、安全、进度等业务的动态管理和统计分析，在集团公司长庆乙烷制乙烯重点项目中得到统一推广应用，有效促进项目现场和参建各方的深度融合。搭建生产运行管理平台，将项目管理信息系统中的数据进行挖掘和整理，实现生产经营数据智能分析，为经营决策提供必要的数据支撑；上线预算管理模块，强化预算管理，实现所有运行项目全成本核算，按月进行收入与支出对比分析，及时预警管理风险。项目监督管理控制中心初步建成，在建项目远程动态监控、态势感知、技术专家在线服务和一对多互动管理得到实现。在长庆乙烷制乙烯、塔里木乙烷制乙烯、广东石化炼化一体化、中俄东线等多个集团公司重点项目中，运用大数据、物联网、人工智能等信息技术，研发使用无人机智能管理、自动评片系统、可穿戴记录仪等新技术手段，实现对项目现场的可视化监控、视频采集、智能识别，项目管理智能化水平大幅度提升。

【提质增效】 2020 年，项目管理公司制定提质增效总体实施方案，明确 12 项 40 条具体措施，打赢效益实现保卫战，增利 4429 万元。项目管理公司总部机关预算费用重新核定并大幅压降，严控机关用工数量和人工成本，深入挖潜增效，在机关工资总额压减 10% 的基础上，将工资总额的 20% 与全年业绩目标和提质增效目标的完成情况挂钩。压减机关费用 203 万元。在所有项目推行全面预算管理，建立与项目负责人绩效挂钩的预算考核机制，完成全部 188 个项目（群）的预算编审，全年未发生超预算问题；对延期、暂停、收尾等项目进行清理，采取关停或限期关停、合并管理等方式，降低项目支出，节省成本超 1000 万元。利用进项税加计 10% 扣除优惠政策、研发支出加计扣除政策和疫情期间社保减免等优惠政策，增利 3369 万元；利用集团公司商信通业务和综合授信业务平台，推进集团公司票据池业务，加大对外结算开票力度，节约财务费用1060万元。

【疫情防控】 2020年，项目管理公司坚持“外防输入、内防反弹”，守住“零疫情、零感染”的底线，取得新冠肺炎疫情防控的重大胜利。在集团公司抗击新冠肺炎疫情表彰大会上，获先进集体1项、先进个人2名。应急响应机制及时启动，成立新冠肺炎疫情防控领导小组，第一时间发布疫情防控方案，为每名到岗员工发放疫情防控工作指导手册。以“人员分类管控”为核心，创新疫情防控方式，利用信息化技术动态管理人员调遣和统计健康状况，做到全员、全过程、全方位、全天候的“四全”动态管理。响应国家、集团公司复工复产要求，统筹策划项目复工复产工作，编审复工方案305份，2020年3月26日率先在中油工程实现项目100%复工，疫情高发期3320人返岗无一人感染。针对国内部分等地区疫情反弹，快速有效对人员数量、所在位置进行精准统计，第一时间向地方政府和上级单位汇报，梳理排查突发中高风险地区员工1800余名，组织北京、天津地区员工核酸检测1250人次。建立海外防疫日报告制度，海外项目视频巡检和关心慰问活动及时开展，按照“一人一策”的原则，63名海外员工实现倒班轮岗，海外疫情防线全方位筑牢。

【人才强企】 2020年，项目管理公司坚持人才强企战略不动摇，实施骨干人才培养工程，制订骨干人才培养方案，建立常态化人才培养机制。建设具体人才培训、考核、评估一体化功能的线上与线下培训相结合的人才培养平台——项目管理E学堂，录制公司级培训课程265 项、所属单位级培训课程499项；组织开展线上培训班1041期，参培34770人次；组织开展线下培训班1255期，参培12520人次。按照骨干人才培养方案，所属单位朗威公司设立8个专业群、2个项目实训基地；所属单位兴油公司实行“项目+人才培养”模式；所属单位兰州公司开展技术接班传承人工程、项目岗位副手工程和项目经验交流分享活动，重点培养97名青年技术接班传承人、36名项目岗位副手；所属单位天津设计院建立“导师带徒”机制，着重培养青年技术骨干；所属单位梦溪公司建立三层人才培养梯队，依托大型项目开展人才培养；所属单位斯派克公司启动“百名核心人才”培养计划；所属单位寰球项目公司建立岗位胜任、骨干提升、专业引领的“三阶段”和部门项目事业部相结合的“三平台”培训体系，为青年员工成长成才搭建舞台。

【企业党建工作】 2020年，项目管理公司制定发布《公司党委学习贯彻习近平总书记重要指示批示精神落实机制》，集中重温学习党的十八大以来习近平总书记对中国石油做出的9次重要指示批示精神；开设“学‘习’平台”，跟进学习习近平总书记关于统筹疫情防控和经济社会发展等重要讲话精神，专题学习党的十九届五中全会精神12次。做好集团公司党组第一巡视组巡视配合工作，推进巡视反馈问题整改落实。围绕提质增效、新冠肺炎疫情防控等开展监督检查3次，发送监督建议书5份、提醒函1份、通报3 份，监督责任压紧压实。推进党建工作“一年抓基础、两年抓基层、三年抓创新”的三步走战略，2020年实施“第二步走”战略，规范党支部标准化规范化建设，研究发布《党支部标准化规范化建设实施方案》，为支部“五化标准”建设提供指导性意见；开展“送党建指导到基层”、举办“党建大讲堂”，开展“党建大讲堂”16期，参培154人次。

【企业文化建设】 2020年，项目管理公司开展“战严冬、转观念、勇担当、上台阶”主题教育活动，编制活动推进方案，细化分解42项具体工作，与提质增效专项行动有机结合、同步一体推进。开展集中研讨43次，完成调研179次，开展宣讲活动188次，收集合理化建议103条，在20余个项目组织开展劳动竞赛。将企业文化落实情况纳入所属各单位党建责任制考核，印发《关于进一步加强企业文化宣贯落实的通知》，开展送文化到基层、到一线活动，开展各层级企业文化宣讲23次。建立意识形态考核体系，完成对所属各单位意识形态工作的专项考核。组建首支网评队伍，对集团公司微信开展“转评赞”联动15次。自觉承担“举旗帜、聚民心、育新人、兴文化、展形象”的使命任务，在《中国石油石化》《石油商报》等媒体发稿320篇，在集团公司网站发稿34篇，外宣稿件同比增长55%，微信粉丝量同比增长45%。

（张孝鹏）

装备制造企业

中国石油技术开发有限公司

【概况】 中国石油技术开发有限公司（英文缩写 CPTDC，简称中油技开）1987 年 7 月成立，是中国石油天然气集团有限公司海外项目物资装备的供应主体，是集团公司在海外业务覆盖区域最广的国际能源装备业务的综合服务商。2020 年底，总部机关有 10 个职能部门、2 个直属机构、9 个所属单位。有中方员工 543 人，外籍员工 901 人，在 40 个国家和地区建立 51 个境外机构，出口产品到 90 多个国家和地区，在中亚—俄罗斯、非洲、美洲、中东、亚太等地区形成稳定的规模市场。成立 30 年多来，累计签约 390 亿美元，营业收入 2100 多亿元。

2020 年，签约额 7.37 亿美元，营业收入 48.52 亿元，利润总额 0.86 亿元（净利润 0.52 亿元）。HSSE 平稳运行，未发生安全责任事故。

【“十三五”回顾】 “十三五”期间，中油技开国际市场签约 58 亿美元，营业收入 380 多亿元。认真履行服务保障集团公司海外油气业务和带动系统内装备制造企业产品和服务出口的两大重要职责，为集团公司在伊朗、伊拉克、哈萨克斯坦、尼日尔、乍得、南苏丹、秘鲁等 22 个国家 60 个海外项目，提供物资装备供应和服务保障 28 亿美元。带动系统内装备制造企业生产的长输管线、采油设备、钻机配件等优势产品和服务出口 43 亿元。获取和执行尼日尔到贝宁管道项目、哈萨克斯坦克孜勒尔达至阿斯塔纳天然气管道、亚洲钢管建厂项目、坦桑尼亚天然气压缩机增压改造等重点项目。客户数量拓展到 1868 家，构建 34000 多家供应商体系。在 40 个国家设立 51 个境外机构，业务范围覆盖全球 97 个国家和地区。推进业务转型升级，总结提炼 10 余个具备较强比较优势、契合客户实际需求的“产品 + 服务”模式，打造为客户提供综合一体化服务的能力，实现“产品 + 服务”业务签约近 16 亿美元，占总签约额的 27%。健全完善覆盖经营管理全过程的 154 个管理制度和 19 项业务流程，建立涵盖市场营销、风险防控、资源建设、技术支持、财务管理、项目管理、QHSSE 管控和党建工作等领域的管理体系。

【疫情防控】 2020 年，中油技开快速反应成立新冠肺炎疫情防控工作领导小组，各单位分别成立疫情防控工作组，指派专人作为工作联络员。领导小组召开 32 次会议，及时根据防疫形势变化和上级防控要求，研究部署阶段性重点工作，确保疫情防控取得实效。加强对国内外员工和家属管理，执行错峰上下班、居家办公等工作制度。搭建信息化办公平台，利用网络连线、视频会议等新型办公模式开展工作，做到工作防疫两不误。做好海外疫情防控，各境外机构克服防疫物资短缺、医疗条件有限、人员长期无法轮换等实际困难，落实各项防控措施和要求，实现所有海外中方员工“零疫情”。阿克纠宾石油机械联合公司被集团公司授予抗击新冠肺炎疫情先进集体称号。做好对海外员工及家属的关心关爱，针对海外员工难以回国休假轮换的情况，为所有海外人员制定“一人一策”，做好轮岗倒班，实现 25 个国家的 71 名海外人员轮岗。开展防疫物资进出口，按照集团公司党组要求，在境外采购 2300 万元防疫物资，缓解国内疫情防控最艰难时期，防疫物资匮乏的燃眉之急。做好防疫物资出口工作，签约 22 个国家的 52 个防疫物资出口项目，签约近 3000 万美元，得到集团公司党组肯定，受到多个国家驻外使领馆、中外方客户的表扬和高度评价。

【加强市场开发】 2020 年，中油技开积极应对大项目暂缓、部分合同取消、客户提出价格复议、市场开发受限、复工复产困难、国际物流运输不畅等实际困难，稳住中资基本盘，实现外资市场突破。履行服务保障和带动出口职责。强化与 CNODC 的季度定期沟通机制，及时掌握重要市场信息，协调解决市场开发存在的问题。与海外项目签约 5.47 亿美元。与系统内装备制造企业坚持加强合作，带动系统内压缩机、电泵、钻机配件等产品和服务出口2878万美元。夯实市场开发基础。苦练市场开发内功，选取11个重点外资市场作为突破口进行研究，组织召开各地区境外机构市场开发研讨会，梳理明确市场开发工作思路和重点措施。开展提升投标报价质量推进会、国际市场营销经验分享、首届优秀标书评选及经验分享等市场营销活动。做好对外宣传材料、产品样本的编制和更新，完成33个重点产品英文宣介材料和9个产品分册样本。加强国际市场开发。以"云拜访"和现场拜访相结合的方式，拜访客户1832次，与55个国家和地区的206个客户实现合作，其中开发新客户30多个。在坦桑尼亚、俄罗斯、利比亚、乍得、墨西哥、危地马拉等国家和地区的外资市场实现签约，乍得打破外资市场零签约，利比亚实现该国内战后首次签约，阿塞拜疆化工品进口项目取得突破。做好项目获取和执行。签约950个项目，1000万美元以上项目13个。参与市场竞争，获取伊拉克单笔金额最大的电泵租赁项目；通过132天40多次网络"云谈判"，签约2020年金额最大的外资项目坦桑尼亚天然气处理厂增压改造项目；俄罗斯钻机项目克服疫情导致延迟交货、无法派驻服务人员，以及当地货币贬值等不利影响，完成执行工作并实现当年签约当年全额收汇。拓展"产品+服务"模式。在做好传统服务类业务的基础上，实现催化剂产品和服务、乍得数字化油田改造和分层智能注水、赞比亚智能清管、尼日尔国际物流解决方案等新型服务项目签约突破。在哈萨克、俄罗斯、伊拉克、秘鲁、乌兹别克等国家和地区，推广多元吞吐技术装备增产服务、酸化压裂、聚合物冒水堵漏、长输管道焊缝检测等新的"产品+服务"模式，并与客户达成合作意向。服务类项目签约4.07亿美元，同比增长12%。

【推进提质增效】 2020年，中油技开压降应收账款和存货。针对应收账款和存货问题开展专题调研，明确"严控增量、狠压存量"总体思路和推动措施。各相关单位、部门紧密协作，推动历史疑难应收账款和存货处置。收回海工TSC项目、中东BGP项目、渔船项目等欠款2.8亿元。完成伊朗赛潘达、加拿大抽油机等项目历史坏账核销1.6亿元。中亚—俄罗斯、中东、北美等重点地区历史存货处置实现突破，推进后两套库存海洋平台划转，实物库存压降近5亿元。对形成事实损失的化工品账面库存完成账销案存的核销处置，应收账款和存货余额较年初减少9%。开展亏损治理。结合提质增效专项行动的工作部署，逐家单位召开专题研讨会，分析亏损原因，研究制定"一企一策"减亏方案，27家子公司减亏7069万元，列入集团公司亏损治理目标责任书的10家亏损子公司中7家扭亏为盈，3家完成减亏目标。提升资金管理水平。开展境外资金集中提升工作，资金集中率较年初提升5%，境外资金管理进一步强化。实施"红绿灯"支付策略，做好资金紧平衡管理。开立商信通5亿元，占人民币支付金额的22%。各单位落实"增收控支"要求，力保重点项目收汇，最后一个月利比亚、坦桑尼亚、哈萨克斯坦、土库曼斯坦、俄罗斯、厄瓜多尔等国家项目收汇1.18亿美元。实施降本增效。加大对各项成本费用支出的管控力度，做好哥伦比亚子公司关闭工作，完成集团公司下达的法人压减目标任务。强化汇率税收风险防控。通过远期锁汇对冲汇率风险，到期交割1.4亿美元，产生汇兑收益1000万元。未到期1.5亿美元，产生重估收益超过7000万元，冲抵人民币升值负面影响。利用新出台的国际和国内税收政策，在伊拉克、南北苏丹电泵租赁项目中节税1000万元以上。

【推进深化改革】 2020年，中油技开研究制定2020—2022年期间改革三年行动实施方案、对标管理提升三年行动计划，明确20项改革任务和33项管理提升措施。推进组织机构优化调整。开展对境外机构的运行经济性、有效性和发展潜力评价，对23家境外机构分别实施撤销、歇店、恢复营业的差异化调整策略，在40个国家设有51个境外机构，营销网络布局持续优化。围绕经营管理全周期链条，梳理职能部门职责定位，优化经营单位组织机构，二级机构数量由23个压减至21个。推进干部管理机制改革。制修订《中层领导人员管理规定》《中层领导人员选拔任用工作规范》，完善动议提名、民主推荐、组织考察、讨论决定等关键环节，干部管理更加科学规范。修订《中层领导人员提前退出领导岗位管理暂行办法》，完善干部到龄退出岗位机制，12名中层干部提前退出实职领导岗位，占干部总数的五分之一。制定《国际商务和技术支持专家管理暂行办法》，组织选聘16名公司两级国际商务和技术支持专家，经营管理、国际商务、技术支持3个类别岗位分类管理落实落地。推进干部选拔配备和交流调整。提拔19名优秀干部，其中"80后"干部10人，占比52.6%。中层干部平均年龄由50岁降至45岁，40岁以下年轻干部的比例由5%增长至20%。按照"六年换岗"原则，加大跨单位、国内外之间干部交流力度，交流调整中层干部22人次、境外机构负责人53人次，调整比例占该层级岗位干部数量的71%和65%，海内外干部实现“应调尽调”。推进薪酬激励机制改革。落实“3+N”奖励管理体系和外资市场提成奖励机制，首次对4个外资项目进行提成奖励。全额奖励450万元，推进员工内部岗位交流。首次开展跨单位、跨部门、跨专业间的员工岗位集中交流调整，跨部门交流人员64人次，占一般员工总数的11.8%，人力资源得到有效流转，人才使用效率明显提升。推进退休人员社会化管理。围绕工作目标、具体措施、责任人和完成时限的“四个明确”，加强与地方机构沟通对接，开展政策宣传和舆论引导，按期完成全部47名退休人员的社会化移交工作，有效保障退休人员合法权益和合理待遇。

【实施精益管理】 2020年，中油技开开展精益现场管理。完成国内精益办公现场管理，首次成果验收中，86%的部门和单位实现达标。澳大利亚库房、哈萨克阿克纠宾石油机械联合公司通过应用“6S”管控、目视化管理、TPM管理等精益管理手段，工作效率得到提升。澳大利亚库房引入库管系统，有效提升库存周转效率，实现零库存。启动精益项目管理。优化升级ERP系统功能，项目管理主要环节实现线上管控。开展全成本核算，将相关费用按所属单位、业务单元、单个项目3个层次进行归集，真实反映项目成本。抓好历史合同终结，完成对2014年以前年度的7515个历史合同的摸底清查。做好电子采购2.0、合同管理2.0等系统和公司ERP系统的功能融合，实现并轨和上线运行。夯实管理基础。修订完成《规章制度管理办法》，规范立项起草、审议发布、实施监督与评价改进等制度管理程序，制修订30项制度。加强股权管理，统筹研究制定全资公司股利分配方案，收回股利2132万元。做好关务管理，通过海关AEO高级认证。争取外贸出口、国际物流奖励政策，获资金奖励398万元。制定完善精益公文批办、保密管理精益看板等精益管理流程，有效提升政务管理工作效率。强化风险防控。牢牢守住风险防控红线，做好风险隐患识评，对14个重大项目开展全过程风险跟踪，开展34项审计工作，持续提升对风险的识别、分析和应对能力。审查合同1789个，合同法律审查率100%。涉诉案件结案率71.4%，通过仲裁或诉讼确认合法权益4.2亿元。加强法治建设与合规管理。召开法治工作会议，研究部署加强法治建设各项工作。在集团公司“十三五”期间法治建设情况现场检查中，得到检查组较高评价。做好《民法典》和其他法律知识的专题学习和普法宣传，开展覆盖率100%合规培训，全员法治观念和合规意识持续提升。

【企业党建工作】 2020年，中油技开制定《党委落实全面从严治党主体责任清单》，修订完善《“三重一大”决策制度实施细则》。学习领会党的十九大和十九届二中、三中、四中、五中全会和中央经济工作会议精神，开展系列专题学习活动，中心组集中学习研讨19期。党委班子成员带头宣讲十九届五中全会精神，开展宣讲14次。履行意识形态责任，做好先进事迹、典型人物的多维度宣传，抓好网络综合治理清理，肃清流毒影响。开展“战严冬、转观念、勇担当、上台阶”主题教育活动。组织做好特色活动，开展全员“应对低油价，怎么看、怎么办、怎么干”大讨论，征集各类合理化意见建议538条。组织开展专题调研73次，党委班子聚焦应收账款和存货压降难题，专题开展涉及近百人次的调研活动，形成高质量的专题调研报告。夯实基层党建基础，制定完善《基层党支部组织建设标准化实施方案》等6项基层党建工作制度，开展4期280人次参加的党建业务培训。组织做好“党课开讲啦”活动，组织党课43场，“奋力有为实干担当，努力做新时代优秀共产党员”党课获集团公司优秀党课一等奖。启动党建平台2.0推广应用，以“互联网+党建”新模式激发基层党建新活力。深化党风廉政建设和反腐败工作。一体推进“三不”体制机制，加强廉洁风险模型运用，建立联合监督常态机制，完成境外机构“三整治、两整改”。按照集团公司要求，推进完成“四个专项整治”。党纪和政纪处理14人次，追缴问题金额20.53万元。出台《基层党组织运用“第一种形态”实施办法》，加强“六个一”廉洁从业教育，开展2期廉洁专题培训，筑牢拒腐防变的思想道德底线。做好巡视巡察工作。配合党组巡视组开展工作，推动巡视组反馈的52个具体问题落实整改。修订《巡察工作实施细则》和工作规范，对12个职能部门开展内部巡察，实现巡察全覆盖。抓好工会群团等工作。成立13个海外员工关爱群，加大对海外员工及家属生病慰问、困难帮扶力度，申请专项费用慰问长期滞留海外人员。统筹推进群团、妇青、统战等各项工作，开展抗疫爱心传递、青年岗位创新大赛等活动，引领广大团员青年冲锋在前、担当尽责。

（马　骁）

中国石油集团渤海石油装备制造有限公司

【概况】 中国石油集团渤海石油装备制造有限公司（简称渤海装备）是中国石油天然气集团公司所属全资子公司。2008年4月3日由华北油田、大港油田、中油物装的装备制造企业重组成立，2010年、2012年整合兰州石化、辽河油田的装备制造业务。注册地为天津滨海新区，依托“一带一路”、京津冀协同发展、长江经济带等国家战略，合理规划布局，服务市场需求；厂区主要分布于天津滨海新区，河北沧州、承德，辽宁盘锦，江苏南京、扬州，甘肃兰州，福建福州等地；主营业务包括输送装备、油气井管、钻井装备、采油装备、炼化装备5条产品链和“制造+服务”业务链；有渤海华宇、渤海巨龙、渤海能克、渤海中成、渤海卡瑞特、渤海司达、渤海飞雁等知名品牌，是一家综合性石油装备制造企业。

2020年，受新冠肺炎疫情和低油价影响，国内外石油装备市场量价齐跌，产品售价平均下降15%以上，管网分离、管道项目启动延后，生产线产能不能有效释放。在这种严峻复杂多变的外部环境形势下，渤海装备按照“能力提升年”部署，取得好于预期、优于同期的经营成效。

【十三五回顾】 “十三五”期间，渤海装备有序完成5家“僵尸企业”处置任务，分流安置3600余人，整体关闭辽河重工，退出海工业务，处置一批减值低效资产，有效解决一大批深度影响企业良性发展的历史遗留难题，为企业轻装上阵创造条件。加大投资改造力度提升企业发展能力，投资4.2亿元建设12个项目，生产线保供能力增强，螺旋生产线“黑灯工厂”初具雏形，直缝生产线成为国内同行研发制造领跑者，油井管建成国内领先水平的P7生产线。持续完善市场营销和科技创新体系建设，激发市场与研发活力，市场签约连续4年保持在百亿以上，科技创收60亿元、取得专利339项、获省部级以上奖励28项。

【市场开发】 2020年，渤海装备市场开发能力实现有效提升，多渠道多方式减少疫情和低油价对市场带来的冲击。外部市场开发实现逆势激增，集团公司外部市场获取订单54.83亿元、占比48%、同比增长93%，其中输送钢管市场布局和销售结构实现优化，外部市场占比74%，获取工作量91万吨、创历史新高，尤其是中俄东线南段、北燃天津南港LNG等重点项目中标。“制造+服务”稳健拓展，实施“制造+服务”项目42个，烟机电泵业务表现突出，拓展钻具租赁服务市场区域，隔热油管和钻机维保服务深入推进、逆势增长。服务收入12.18亿元、带动相关产品与配件销售7亿元。在构建有利市场营销环境方面取得积极成果，邀请国家管网公司领导到公司现场考察，深化合作关系，为下一步应对输送装备市场变局打下战略基础。推动集团公司内部有关政策的执行落地，取得较好成效。内部市场签约60.57亿元，钻杆等钻采产品市场占有率逆势上扬。

【生产保供】 2020年，渤海装备生产保供能力有效提升，完成产值88亿元，计划完成率、重大项目保供率“两个100%”。及时下达“双十条”指导意见，压实责任，强化针对性，所属12个生产单位较短时间内实现全面复工达产。生产保供顺畅平稳运行，完成中俄东线、天津南港、江苏LNG等138个钢管项目保供，球阀等7种产品产量同比实现逆势增长。实现保供能力的本质提升，油套管P7线和华油钢管新防腐线投产，有效增强油套管和输送钢管保供实力。井口及采油树项目完成主加工区建设，将有效支撑热采装备业务发展；球阀改造提升完成、产能超1000台。

【经营管控】 2020年，渤海装备经营管控能力有效提升，提质增效10.5亿元，直接体现在财务报表的费用节约3亿元，净资产收益率同比提升1.2%。生产运行降本成效突显，物资采购、生产协作、运输等方面降本5.75亿元，平均降本率10.1%；能耗降本2588万元，能源总耗同比下降21.71%。现金流强化运行监控成效明显。资产负债率66.76%、控制在70%指标范围之内。“两金”余额同比下降3%，贷款规模同比压减7.15亿元，利息支出同比下降54%。规划科技业务源头降本增效取得实效。压减投资总量62%，科技创收4.5亿元、创效1300万元。非生产性成本管控实现大幅压降，压降9000万元，同比下降29%，其中全级次“五项”费用下降1700万元，下降24%；争取享受财税支持政策增效8300万元。强化人力资源管理，实现挖潜增效，通过激发动力、盘活存量，降本6200万元；推动社保降费政策落地，降费4700万元。

【科技创新】 2020年，渤海装备科技创新能力有效提升，46项公司级科技项目总体进度计划完成率92.2%。在支撑可持续发展上取得新进展。开发4种特殊扣套管，在长庆、西南等重点油气田完成现场试用，支撑高效市场开发。6项科技成果通过省部级鉴定，“抗二氧化碳和盐水泥浆腐蚀钻杆”等7项产品通过集团公司自主创新重要产品认定。形成一批研发新成果。参与研发的“深地复杂油气藏钻完井关键技术创新与工业化”通过国家科学技术进步一等奖评审、“OD1422毫米X80管线钢管研制及应用技术”获集团公司科学技术进步奖特等奖，4项研发成果分获天津市科学技术进步奖二等奖、三等奖；申报并获得受理专利83项、授权专利74项，制修订国家行业标9项、集团公司企业标准13项。质量提升与工艺改进持续推进。完成14项公司级质量改进项目，试验成功螺旋焊管预精焊工艺，输送装备焊缝一通率，油气井管、钻井装备、采油装备和炼化装备产品的一次交检合格率均高于计划指标，获省部级优秀QC成果12项。信息化应用建设能力得到提升。建成办公一体化和销售生产数据统计分析两个管理平台，优化提升视频会议系统；建成国家管网监造管理系统试点和抽油机远程监测系统。

【改革创新】 2020年，渤海装备改革创新能力有效提升。“双百行动”综合试点改革成效显著。48项具体改革工作任务基本完成，年度重点实施的3个混改项目通过集团公司审批立项并与意向方签订框架协议，部分项目进入实际性推动阶段。机制激活与专项改革深化推进。模拟持股改革推广试点，钻头厂保持盈利并实现逆势增长，工业泵厂试点效果明显、同比减亏；石油机械厂对13个亏损剥离业务开展合作租赁经营，收入与利润分别同比增长26%和17%。完善绩效考核体系，推动岗位个性化考核，激发各方面活力，形成17项管理创新成果。“三供一业”、退休人员社会化移交等专项改革基本完成。依法治企深化推进。“辽河一号”轮5800万元处置资金到账，辽河重工凯特诉讼案件近5亿元款项执行到位，历时6年的得利丝纠纷案件主要资金追回。加强合规管理基础工作。落实渤海装备《2020年加强基础管理实施方案》，合同管理系统2.0上线运行，所有合同实现线上审批及履行；财务共享上线运行，物资采购实现招评标全流程电子化。

【HSE与疫情防控】 2020年，渤海装备HSE与新冠肺炎疫情防控保障能力实现有效提升。主动融入企业复工复产和改革发展全过程，狠抓安全环保履职能力建设、HSE体系运行、风险管控与专项治理等重点工作，安全环保形势总体稳定受控，未发生工业生产安全责任事故、环境事件和职业病危害事故，工业废气废水排放达标率和固体废物规范处置率100%，节能量430吨标准煤、技措节水量3700立方米，万元产值综合能耗同比下降4.47%，46个基层站队HSE标准化建设全部实现达标。企业应急管控与突发事件管理能力大幅提升，尤其在新冠肺炎疫情防控上，坚持把员工健康安全放在首位，突出重点，强化精准防控，执行属地防控政策，有效建立常态化疫情防控工作机制，确保公司员工家属“零疫情”“零感染”。

【企业党建工作】 2020年，渤海装备党建保证能力有效提升。在抗击新冠肺炎疫情、推动复工复产、攻坚克难中党的建设展现新作为，增强引领作用。把政治建设摆在首位，公司党委班子带头严肃党内政治生活，开展理论中心组学习14次，开展形势任务教育190场次。“三重一大”进一步完善细则，规范运行，召开会议47次、研究议题157项，引领作用持续增强。构建党建责任、制度、保障体系，出台党建制度文件15项，推动党建责任向基层延伸并层层压实。推行“双百”积分制考核，开展“百名书记讲党课、千名党员上讲台”“四亮四比”等活动，讲党课440场次，基层党建工作水平持续提升。落实新时代党的组织路线，持续优化各级领导班子年龄和专业结构，调整中层干部39人次，举办中层干部及中青年干部培训班，持续完善年轻干部递进式培养模式。强化廉洁纪律，打造“云教育”平台，192个党组织全覆盖培训；严查隐形变异“四风”问题，开展4项集中整治；瞄准薄弱环节做精12个监督项目，提升效能；严肃约谈问责，给予1人党纪处分、13人政纪处分，22人进行诫勉谈话、批评教育等组织处理。配合集团公司党组巡视，主动接受监督，全面接受检查，对照反馈的10个方面问题，在规定时间内制定167条整改措施，高质量召开巡视整改专题民主生活会，按期完成41个问题的闭环整改。开展“巡视带巡察”，完成对所属4家单位的政治巡察，对发现问题实施闭环整改。强化新闻舆论宣传引导，刊登新闻稿件2600余篇、《中国石油报》头版刊发10篇。务实推动“战严冬、转观念、勇担当、上台阶”主题教育活动，助推提质增效；在基层单位开展“抓订单、保增长、强管理、做贡献”劳动竞赛，在机关开展“双联双争”活动，开展市场开发“百日攻坚”专项行动，做到月评月奖，营造“比、学、赶、超”良好氛围。开展与困难帮扶送温暖活动，员工工作生活环境不断改善。

（王迪娜）

宝鸡石油机械有限责任公司

【概况】 宝鸡石油机械有限责任公司（简称宝石机械）始建于1937年，1953年划转石油系统，2002年改制成立有限责任公司，2008年成为集团公司独资设立的一人有限责任公司。经过84年的发展，成为集研发、制造、集成、销售、服务为一体的综合性油气钻采装备企业。

2020年底，宝石机械下设11个职能处室、5个直属机构、16个二级单位，本部位于陕西省宝鸡市，成员企业分布在咸阳、成都、西安、北京、广汉等地。员工总数5574人，主要生产设备3300余台套，总占地面积250万平方米，总资产120.15亿元。

宝石机械是国家油气钻井装备工程技术研究中心依托单位，承担着全国石油钻采设备和工具标准化技术委员会钻机标准化工作部、海洋石油钻采设备标准化工作部秘书处工作，建有博士后科研工作站。截至2020年底，累计承担国家及省部级科研项目77项，获国家级和省部级科技奖项173项，有授权专利1445件，制修订各类标准446项。

宝石机械产品覆盖50多个类别、1000多个品种规格，主导产品包括1000—12000米全井深、全天候、全地貌石油钻机系列，700—7000型系列压裂设备，500—3000马力系列钻井泵，海洋钻井系统、修井机、甲板设备、水下装备，重要场合用钢丝绳、吊索具，系列钻头、井口井控设备，油田工程车辆，电气电控设备等。15大类53项产品获美国石油学会API会标使用权。具备年产钻机85套、钻井泵及泵组800台套、钢丝绳10万吨、压裂设备120台、钻头1.5万只的能力。

宝石机械树立“用户的需求在哪里，宝石机械的产品和服务就到哪里”的营销理念，完善“大营销”“大服务”体系，市场开拓坚持“立足陆上、扩大海外、拓展海洋”，推行产品全生命周期服务，产品远销66个国家和地区，建成投运国内7个、国外4个维保服务共享中心，形成国内热点区块、国际主产油区全覆盖的终端服务网络。

2020年，宝石机械统筹推进疫情防控和生产经营，净利润0.77亿元，同比增长126.99%，超额完成集团公司考核指标；EVA（经济增加值）1.67亿元，超额完成集团公司考核指标；营业收入58.02亿元；新增订货73.32亿元；工业总产值66.58亿元；回收货款60.82亿元。提高环保治理水平，疫情防控实现零输入、零感染，产品质量稳步提升，员工收入保持平稳，企业总体和谐稳定。

宝石机械主要生产经营指标

指　标	2020年	2019年	2018年	2017年	2016年
钻机（套）	55	59	47	23	31
钻井泵及泵组（台套）	353	586	399	212	70
三牙轮钻头（只）	7480	9648	9768	9731	4972
金刚石复合钻头（只）	260	390	153	60	35
钢丝绳（吨）	79654	90411	77828	67284	52976
井口装置（套）	817	696	480	1069	967
压裂车（台）	103	117	21	11	12
特种车辆（台）	61	132	15	49	61
电气控制设备（套）	68	121	76	50	51
宝石电气开关柜	351	688	248	498	315
签订合同额（亿元）	85.56	99.34	68.21	41.02	71.85
收入（亿元）	58.02	64.33	40.72	37.38	49.97
利润（亿元）	0.77	0.41	0.06	−2.24	0.33
税费（亿元）	1.79	1.89	1.19	1.35	1.21

【“十三五”回顾】 “十三五”期间，宝石机械着力实施“走向前沿、走向高端、走向国际、走向海洋”发展战略，保持稳健发展：营业收入年均增长3.8%，工业总产值年均增长12.6%，利润总额扭亏为盈，工业总产值单耗下降41.8%，污染物排放量综合下降47.3%；37项科研成果列入集团公司自主创新目录，10项列入禁止与限制类引进技术目录，11类16

项进入优势产品目录，研制新产品 72 项，第一代自动化钻机、压裂设备、高压钻井泵规模化应用，气井带压作业机成为集团公司带压作业主力装备；制修订国家、行业、集团和团体标准 90 项，获授权专利 331 件。获“全国售后服务行业十佳单位”“石油石化装备制造行业五十强企业”等称号，连续两年入选中国人民大学发布的“中国能源企业创新能力百强榜单”。

【“十四五”发展规划】 宝石机械围绕“建成国内领先、国际一流的油气钻采装备研发制造集成服务商”战略目标；统筹创新驱动、专业发展、市场协同和品牌创效 4 大战略；实施 6 项重点任务，即加快技术创新、厚植竞争优势，归集核心业务、优化业务布局，聚焦用户需求、重塑市场格局，打造数字宝石、推进智能生产，完善体制机制、提升治理能力，持续强基固本、夯实发展基础；强化 5 大保障措施，即坚持高质量党建引领、拓展研发平台建设、升级专业化制造能力、增强产品有序储备、加强人才队伍建设。

【技术创新】 2020 年，宝石机械坚定不移推进“技术领先”核心战略。“中油国家油气钻井装备工程技术研究中心有限公司”“智能采油采气技术联合研究中心”分别成立运营；系列电驱压裂车（橇）等 3 项产品通过集团公司科技成果鉴定；30 余项新产品形成回款收入 25.4 亿元、利润 1.4 亿元，获创效奖金 680 万元，在集团公司名列第三；与中国石油勘探开发研究院、北京科技大学等院所开展产学研一体化交流合作；承办集团公司首届一线生产创新大赛装备制造专业比赛，5 个创新项目全部获奖，获团体一等奖。

【深化改革】 2020 年，宝石机械以深化改革激发新发展活力。制订实施改革三年行动方案，确立 6 大目标、5 项举措、67 条任务，逐项推动落实落地；压减二级机构 2 个、三级机构 8 个，大力放权赋能，物资采购、财务资金、合同管理等重点领域授权事项初步实现“放得下、接得住、管得好”，推动分公司由生产主体向经营主体加速转变，初步实现混合管理模式向集团化管控模式的转变；精简机关人员 21%、直属机构人员 8%，提拔交流干部 66 人，选派 20 多名管理骨干充实基层，实施专业技术岗位序列改革，选聘首席技术专家 3 名、公司技术专家 12 名、一级工程师 30 名，管理效能稳步提升。

【市场开发】 2020 年，宝石机械构建多元化市场格局。在油内市场上，加强顶层营销，挺进油气产业链上游，与多家油服企业签订战略合作协议，同步回转排水采气装置、制氮车等新产品进入长庆油田等市场。在国际市场上，将钻机批量打入阿曼、尼日利亚市场；配件出口在阿尔及利亚、印度、巴基斯坦、科威特等市场保持增长；与智利国家铜业公司首次签订电铲绳框架合同，并辐射进入美国和墨西哥市场。在海洋市场上，签订海洋钻修机、海洋新产品和“制造 + 服务”销售合同 30 余项，采矿船、直驱钻井泵等 8 项产品市场订单“零突破”。在社会市场上，钻井泵、电驱压裂装备、装甲拖拽绳等产品进入重型工程机械、交通、军工等市场，钢结构市场延伸到建筑、市政等领域。制度化推进维保服务体系、服务机制建设，服务业务创收 13.2 亿元、同比增长 6% 以上。

【产品生产】 2020 年，宝石机械发挥集团公司油气勘探开发装备保供主力军作用。坚决打好疫情防控阻击战和效益实现保卫战，遵循精益生产理念，推行工位制节拍化生产、项目制管理和 TPM（全员生产维护）管理，初步形成“分级组织、协同互通、差异化管控”生产管理模式，重点项目运行效率同比提高 5% 以上。生产钻机 55 套、钻井泵及泵组 353 台套、压裂车 103 台、特种车辆 61 台、钢丝绳 79654 吨，综合生产成本同比下降 3% 以上。

【精益管理】 2020 年，宝石机械推进精益管理，建立精益格局。截至 2020 年底，累计实施三级改善项目 4084 项，建成精益产线 11 条、目视化车间 11 个，优化流程 116 项，物资供应及时率 95.2%，综合材料利用率提升 10%，钻机生产周期缩短 7%；“6S”管理靓化生产现场；产品数据管理系统（PDM）等信息化系统加速“两化”（信息化、工业化）进程；精益管理实现从“学别人”到“别人学”的转变。

【质量管理】 2020 年，宝石机械高度重视产品质量。推进“三年质量品牌升级计划”，以“倡导诚信自律，追求质量至上，聚焦实物质量提升，推进高质量发展”为主题，实施 10 项质量活动；针对钻机、绞车、钻井泵、大钩、动力猫道、钢丝绳等 9 类产品，制订 19 项质量改进计划，钻采装备制造质量大幅提升；注册 56 个质量改进小组；产品一次交检合格率等质控指标同比向好，无重大及以上质量事故发生。

【安全生产】 2020 年，宝石机械在疫情防控方面，建机构、定方案、保物资、抓防控，落实疫情防控责任、人员、值守、消毒、用餐、沟通、物资、宣传“八个到位”，确保零输入、零感染。环境保护方面，加强污染防治，推动绿色低碳发展，未发生环境污染和影响事件，工业废水、工业废气达标排放，主要污染物化学需氧量、氨氮、二氧化硫、氮氧化物排放量控制在集团公司考核指标内，危险废弃物合规处置率 100%。安全生产方面，开展 QHSE 体系量化审核，狠抓风险防控和隐患排查；发生一般 A 级生产安全事故一起，开展整顿活动。

【企业党建工作】 2020 年，宝石机械强化党建引领，凝聚奋进力量。党委理论学习中心组示范带动，集体学习 15 次，集中学习研讨 45 次，形成班子调研报告 30 份；推进“战严冬、转观念、勇担当、上台阶”主题教育、“共克时艰建新功，提质增效促发展”劳动竞赛与提质增效专项行动，征集合理化建议 688 条、精益改善提案 1073 项、创新创效攻关项目 240 个，宣讲 210 场次、覆盖率 100%，特色做法在集团公司层面得到书面交流；与大庆钻探钻井二公司、宝鸡文理学院机械工程学院等开展党建互联共建；设立直属党委，党组织体系更加规范；开展党务培训、党员干部轮训，举办“党课开讲啦”微党课大赛，完成党建信息化平台 2.0 系统试点推广应用。

（焦丽倩）

宝鸡石油钢管有限责任公司

【概况】 宝鸡石油钢管有限责任公司（简称宝鸡钢管），是中国石油天然气集团有限公司直属装备制造企业，始建于 1958 年，是中国“一五”期间 156 个重点建设项目之一，是中国第一个大口径螺旋埋弧焊管生产厂家。建厂 62 年来，发展成为中国规模大、品种全、市场占有率高的专业化焊管企业。宝鸡钢管总部位于陕西省宝鸡市。2020 年底，资产总额 77.35 亿元，员工总数 5049 人；设机关处室 11 个、直属机构 3 个，所属二级单位 13 个（9 个全资企业、2 个控股企业和销售总公司、钢管研究院），分布在中国东北、华北、华东、西北、西南和新疆六大发展区域，形成“十个生产基地、四个出海通道”。

宝鸡钢管主要为国内外油气长输管道建设和油气勘探开发提供钢管装备的研发、制造、服务与保障，产品覆盖油气输送管、油套管、连续管、管材防腐、焊接材料和钢管辅料等多个领域，形成输送管、油套管、连续管和技术服务“四大业务”。24 种产品取得 API 认证，10 种产品获“中国石油装备”背书品牌。钢管综合产能 196 万吨。截至 2020 年，生产输送管逾 2000 万吨、30 万千米，铺设重点管线 200 余条；生产油套管 400 万吨、连续管 3.5 万吨，产品出口美国、加拿大、俄罗斯、印度、沙特、荷兰、土库曼斯坦、哥伦比亚等 40 多个国家和地区。

宝鸡钢管技术实力雄厚，是我国焊接钢管生产工艺研究、试验检测和科技情报中心，是国家和行业标准起草单位，也是国家级创新型企业和国家火炬计划重点高新技术企业。2014 年建成行业唯一的国家油气管材工程技术研究中心。

2020 年，宝鸡钢管围绕“精益管理深化年”总体部署，推进各路工作，保持稳健发展。钢管订货量 143.4 万吨，同比下降 22.35%；钢管产量 117.44 万吨，同比下降 23.11%；钢管销量 125.63 万吨，同比下降 16.12%；营业收入 74.18 亿元，同比下降 19.43%；上缴税费 2.57 亿元，同比下降 53.89%。

宝鸡钢管主要生产经营指标

指 标	2020 年	2019 年	2018 年	2017 年	2016 年
钢管签约额（亿元）	85.01	125.8	104.26	76.96	53.68
钢管订货量（万吨）	143.40	184.7	152.11	138.89	133.32
钢管产量（万吨）	117.44	152.7	136.99	127.89	120.54
钢管销量（万吨）	125.63	149.8	137.62	133.62	120.30
收入（亿元）	74.18	92.1	88.99	66.60	43.97
利润（万元）	7266	9226	8076	4022	-19760
税费（亿元）	2.57	1.67	2.13	2.86	1.26

【“十三五”回顾】 “十三五”期间，宝鸡钢管建立“一基两重”（一个基础市场，社会市场和国际市场两个并重）市场格局、“一体两翼”（市场营销为主体，技术 + 服务为两翼）营销体系和一体化、全产品营销模式，加强中缅管道、中俄管道东线、陕京四线以及玛湖、西南页岩气等国内重点管道建设和油气勘探开发，开拓中东、东欧、非洲等国际市场，供应各类产品 666.7 万吨。做强做优覆盖国家四大油气能源通道的 10 个生产基地，专用管和连续油管产业走近油气勘探开发前沿。创新建立代储代销服务模式，建成西

南、西安、新疆区域服务中心和连续管服务中心，延伸拓展服务领域。提高产业基础能力和产业链现代化水平，建立“三位一体”“院所结合”体制机制，国家油气管材工程技术研究中心实现公司化运营。加大科技投入，研发新产品 54 项，创造产值 95.8 亿元，承担省部级科研项目 33 项，获授权专利 136 件，获省部级奖励 30 项。发挥人力资源一体化配置优势，建立“人随订单走、人随机组转”柔性生产组织机制，全员劳动生产率提高 405.8%。严守安全生产和环境保护底线，3300 余天无一般 B 级及以上生产安全事故，连续 7 年获评集团公司安全生产先进企业，连续 6 年事故事件总量和污染物排放总量下降，实施环境治理项目 51 个，投入环保治理资金 1900 余万元。参与制修订国家标准 16 项，行业标准 16 项，集团公司企业标准 25 项，公司企业标准 8 项；实施工艺改进、装备提升、质量管理和小改小革等 350 项，有效控制颠覆性质量风险。

【疫情防控】 2020 年，宝鸡钢管面对突如其来的新冠肺炎疫情，贯彻“坚定信心、同舟共济、科学防治、精准施策”总要求，及时制定疫情防控工作实施方案，落地落细各项联防联控举措，取得生产生活区域、办公作业场所、国内国外项目、公司员工和社区居民“零疫情、零感染”的重大成果。于 2 月 17 日率先整体复工复产，走在驻地中省企业前列，取得疫情防控和生产经营双胜利。

【产品生产】 2020 年，宝鸡钢管推进精益生产，深化目标成本管理，开展定额成本试点，实施生产作业环节 802 项改造提升，压减采购、能耗、运输费用支出，优化仓储、物流管理，主要产品毛利率同比提高 0.19 个百分点，全员劳动生产率同比增长 7.5%。生产钢管 117.44 万吨，其中，输送管 96.55 万吨、专用管 20.12 万吨、连续管 7696 吨。

【技术创新】 2020 年，宝鸡钢管围绕产业链部署创新链，打造中油国家石油天然气管材工程技术有限公司创新高地，开发 M55 实用型连续管、高合金连续管新产品，试制 X80 超厚壁直缝焊管、P110 钢级 SEW 特殊扣套管，下线 7100 米 CT110 高钢级变壁厚连续管，刷新国内多项纪录；研制高性能抗挤毁套管及高密封特殊螺纹、CT130 连续管、CT80S 抗硫连续管、2205 双相不锈钢连续管等，在西南油气田、长庆油田等批量应用，有效满足钻采一线急需并替代进口；2 家试点单位完成成焊离线集中控制、接箍线物料自动运输等改造和物联网项目建设。

【市场开发】 2020 年，宝鸡钢管坚持以市场为导向、效益为中心，结合产品特点和产业布局变化，聚焦外部市场，深化全员营销、技术营销、全产品营销和上下游合作营销，强化重点营销项目分级管控，统筹“一基两重”市场开发，加快推进全市场、全员绩效考核，提升市场营销运营效能。订货 143.39 万吨，外部市场占比 70%，其中输送管外部市场占比达 85%，同比提高 14%，创历史新高。

【安全生产】 2020 年，宝鸡钢管坚守安全生产“四条红线”，开展专项整治三年行动，紧盯生产一线、特殊作业和敏感时段，对作业风险、现场隐患进行再辨识、再整改、再完善，安全生产超过 3300 天。执行环境保护“六大禁令”，持续排查和治理废水、废气、噪声、固废，强化生态保护，实现清洁生产、绿色发展。

【质量管理】 2020 年，宝鸡钢管树立“全面质量”理念，聚焦精益质量提升关键环节，组织开展主导产品实物抽检 15 批次，监督指导整改问题 140 余项，积极实施输送管产品焊接参数优化、油井管接箍镗孔走刀路径优化等 80 余项质量提升举措，实现产品质量稳定受控。坚持月度经营风险预警，强化过程监督，防范经营风险。

【降本增效】 2020 年，宝鸡钢管树立“一切成本皆可降”理念，及时清理处置低效、无效及负效资产 4900 万元，盘活库存占用资金 937 万元，资产负债率降低到 53.2%；开展“两金”清理专项行动，压降以前年度发出未结钢管 13.67 万吨、库存待发产品 18.48 万吨，创新应用金融保理手段，有效压控应收，自由现金流 10.49 亿元。

【精益管理】 2020 年，宝鸡钢管推进精益管理实施计划，抓好精益营销、精益科研等 12 个专业路 189 项重点任务落实；推进综合管理体系融合运行，开展岗位责任制落实与“两册”编制推广，岗位职责明晰、工作标准统一；编制完成《对标世界一流管理提升行动计划》《改革三年行动实施方案（2020—2022 年）》，制定 37 项管理提升行动清单，明确 28 项重点改革任务；深化三项制度改革，推进“双序列”改革，完成退休人员社会化管理移交，实现矿区市场化改革平稳运行。

【服务型制造】 2020 年，宝鸡钢管聚焦主业保供，依托区域服务中心，推进上下游协同化运作、一体化发展。完善“工厂到井场”服务模式，将 17.22 万吨专用管直达配送长庆和玉门油田井场；回收长庆和青海油田废旧油管 7.72 万吨，修复旧油管 9.61 万米，置换新油管 2054 吨，为上游客户创造价值；联合长庆油田攻克连续油管用作完井管柱的革命性技术难题，成为油气田提质增效的装备利器，助力连续管订货首次突破万吨大关。

【深化改革】 2020年，宝鸡钢管围绕创新链布局产业链，编制完成“十四五”总体规划方案，完善中长期发展思路，明确未来发展目标；推动发展战略项目落地实施，完成宝世顺股权一体化收购，投产运行克拉玛依专用管项目、宝鸡高合金连续管中试平台，开工建设西南专用管项目；完善政策支持，推动先行先试，加快推进连续油管公司、宝世顺公司高质量发展，“一企一策”推进亏损企业专项治理，3家企业扭亏为盈。

【企业党建工作】 2020年，宝鸡钢管推进党的建设，召开第三次党代会，巩固“不忘初心、牢记使命”主题教育成果，推进“融入式党建、嵌入式管理”，形成实践案例28个，命名表彰示范党支部9个，“铁人先锋”上线率100%；完善选人用人制度，完成“去行政化”改革，实施层级类别管理；完成2个单位及其所属14个党支部的政治巡察，两级廉洁风险防控体系基本形成；发挥新闻宣传和群团组织作用，帮扶困难人员538人次、发放帮扶金113.39万元，彭建军团队获评第三批全国示范性劳模和工匠人才创新工作室，公司团委获“陕西省五四红旗团委”称号。

（娄喆雄）

中国石油集团济柴动力有限公司

【概况】 中国石油集团济柴动力有限公司（简称济柴）始建于1920年，是集团公司下属唯一动力装备研发制造企业，是中国气体发动机行业中最具影响力品牌。

历经百年发展，济柴形成以发动机、压缩机为主导，延伸燃气动力集成、动力电气控制等多板块动力装备家族。其中发动机开发出涵盖140毫米、175毫米、190毫米、200毫米、260毫米、270毫米、320毫米等7大缸径系列，适用于柴油、重油、天然气、煤层气等多种燃料介质的产品集群，产品功率范围覆盖200—9000千瓦，广泛应用于油气产业上中下游，以及社会、船舶、军用等多个领域；压缩机形成整体式、分体式两个种类，适用于天然气、煤层气、页岩气、LNG等多种工作介质的产品集群，产品功率范围涵盖10—6000千瓦，应用于油田集气、加气、气举、钻井、储气库等多个领域。

2020年底，济柴参股公司2个（中国石油集团资本股份有限公司，参股1.91%；聊城新泺机械有限公司，参股49%）。有山东济南、四川成都、河北青县、湖北武汉4个生产基地。有各类主要生产检测设备2760台套，其中“精、大、稀”设备114台套，总资产48.11亿元，用工总量2537人。

2020年，济柴一体推进提质增效与疫情防控，实现“零疫情”，较好地完成集团公司考核指标。营业收入20亿元，同比基本持平；利润1681万元，同比增长64%。

济柴主要生产经营指标

指　标	2020年	2019年	2018年	2017年	2016年
内燃机（台）	1194	1669	1639	1616	1058
天然气压缩机（台）	72	129	84	54	30
签订合同额（亿元）	25.65	31.05	20.68	16.69	12.81
收入（亿元）	20	20.23	16.2	13.11	9.05
利润（亿元）	1681	1026	400	−6.34	−5.12
税费（亿元）	0.33	0.43	0.45	0.72	0.78

【“十三五”回顾】 “十三五”期间，济柴实施精益管理与服务型制造，完善“突出两机、油气并举、水陆共进、多元互补”业务格局，坚持产品创新不动摇，推进新产品实现产业化，走出“十二五”以来的经营困境。营业收入年均增长率30%，经营利润增长率99%，完成特困治理目标，扭转连续多年亏损局面，业绩考核由C级提升至A级，发展质量、队伍面貌、员工士气、外部形象获大幅改观。

【市场开发】 2020年，济柴围绕整体业绩目标的实现，深耕油内油外目标市场。175毫米缸径发动机作为“拳头”产品，发挥市场带动作用；压缩机组正式投运国家重点项目雷61储气库，得到用户高度认可。签订40台20缸V型190毫米缸径沼气发电机组订单，首台20缸V型190毫米缸径大功率燃气发电机组在广东并网运行，在山西、贵州瓦斯发电市场实现新突破，装机容量17.4万千瓦。S系列发动机在渔机市场保有量持续上升，船用发动机产品首次打入长江等内河航运市场，140毫米缸径发动机作主推进和辅助发电设备，投放船舶动力市场。积极克服海外疫情困难，推进尼日尔油田二期发电、尼日利亚气钻井、阿穆尔应急发电等重点项目。在庆阳、定边、台州等地运营济柴配件专营店，提升配件协同采购能力、一体化维修服务能力和原厂配件市场占比。

【技术创新】 2020年，济柴坚持科技创新，获“济南市先进制造业领军企业”“智能制造规范化企业”称号和武器装备承制单位资格。强化知识产权工作，申请发明专利13件，获授权发明专利4件。推进标准体系建设，修订国家标准1项、行业标准2项，制修订企业标准23项。完善产品认证，通过俄罗斯船级社RS认证、电信TEL认证、欧盟CE认证、海关联盟EAC认证、中国石化易派克质量认证。推进产品创新，船用8缸200毫米缸径发动机、7缸直列270毫米缸径发动机获CCS船级社型式认可和排放认证；20缸V型190毫米缸径沼气发动机氮氧化物排放和热效率指标达到国内先进水平；140毫米沼气发动机工业性试验超过2000小时，具备市场推广应用条件；YXB550FAR型自动变速箱，填补石油领域国产重型自动变速箱空白。

【产品生产】 2020年，济柴持续优化“订单拉动式”生产组织模式，依托模拟装机强化生产计划管理有效性，推进生产组织效率再获提升，生产内燃机1194台、压缩机72台，生产总功率97.6万千瓦。从严控制存货规模，在设定最大在制品数量基础上，通过拆解利用、整改整修等方式压降呆滞库存机122台。实施精益管理，统筹实施10项精益工作，协同开展38项重点精益项目；推进精益星级班组建设，五星级班组达标覆盖率38%；坚持CIP精益改善，评选优秀精益改善奖励案例202条，直接创效67万元，“提升压裂车用高性能柴油机核心部件平面环槽加工效率”项目获集团公司首届一线生产创新大赛装备制造专业团队三等奖。

【深化改革】 2020年，济柴聚焦“市场化、一体化”改革，纵深推进重点改革工作。编制完善对标世界一流管理提升、改革三年行动工作方案，推进三项制度改革。如期完成退休人员社会化管理，平稳有序移交山东省内2个市、65个街道2503名退休人员人事档案，51个街道718名退休党员党组织关系，以及2处专项资产（房产），按时完成“三供一业”移交审计及签证。深化领导干部改革，调整任用中层领导干部46人次，评选出4名干部楷模，开展第二批优秀年轻骨干培训。组建压缩机服务管理部，重组整合再制造大修业务，成立140发动机事业部，改革设立动力装备研究院分公司。坚持薪酬与效益挂钩，形成“重实绩、凭贡献”的薪酬分配机制。构建经营绩效考核体系，配套制定解决考核细则，有效解决“五点”问题。依托岗位写实深入分析各岗位工作情况，建立业务岗位权责事项清单。有序推进体系融合，积极搭建公司综合管理体系，提高管理效率和风险控制能力。

【提质增效】 2020年，济柴树立“过紧日子”思想和低成本理念，深化全员、全方位、全过程开源节流、降本增效。坚持从严从紧、有保有压，严控投资规模，严格立项评估，严抓考核评价，优化压减投资计划636万元。通过欠款清收、研发降本、修旧利废、费用节约、政策研究等方式，创效9940万元。实行物资采购价格动态管理，重新洽商定价，压降采购成本500余万元。深化政策研究，落实疫情期间减免社保支出和政府稳岗补贴政策，节支增收806万元；申请土地使用税财政补贴568万元，减免税费484万元；申请济南市开放型经济发展引导资金98万元，出口退税资金298万元。突出监督保效，抓好重点领域、关键环节审计，堵塞管理漏洞，有效规避风险，维护企业利益。

【安全环保】 2020年，济柴坚持底线思维，统筹抓好常态化疫情防控和安全生产工作。落实属地管理与“一岗双责”，强化日常巡检督导，加强隐患排查整治，落实联防联控措施，实现“零疫情”“零事故”“零污染”，受到集团公司嘉奖肯定。推进环保节能，倡导节能减排，加强能耗管理，节能350吨标准煤、节水0.3万立方米。

【企业党建工作】 2020年，济柴聚焦“激发活力”，以“战严冬、转观念、勇担当、上台阶”主题教育活动为主线，推进党建融入中心工作，通过全员讨论、基层宣讲、榜样选树等多种方式，营造双向互动交流、上下合力攻坚的良好氛围。高水平筹办以“全价值链精益管理提升”为主题的百年厂庆系列活动，激发干部员工必胜的信心、昂扬的士气和旺盛的斗志。坚持以人民为中心不动摇，通过改善工作生活条件、加大扶贫帮困力度、完善补充医疗保险、参加统建重病保障项目等一系列方式，想方设法提高职工获得感与幸福感。完成全国“两会”、党的十九届五中全会等重点敏感时期维稳信访安保防恐任务，2次获集团公司电报嘉勉。

（李文博）

金融企业

中油财务有限责任公司

【概况】 中油财务有限责任公司（简称中油财务）是为满足中国石油天然气集团有限公司财务发展战略，加强资金集中管理，由中国石油天然气集团有限公司和部分成员单位控股，经中国人民银行批准，在国家工商行政管理总局注册成立的一家非银行金融机构，是全国银行间债券市场、中国外汇交易中心会员，中国证监会认可的首批 IPO 询价对象。

中油财务 1995 年 12 月成立，始终坚持“依托集团、服务主业”，通过北京总部、4 个境内分公司和香港、迪拜、新加坡 3 个子公司，全力服务集团油气主业，切实履行资金归集、结算、监控和金融服务职能，严控资金运营风险。资产、收入、利润等指标连续 18 年保持国内第一。

截至 2020 年末，有股东单位 3 家，注册资本金由年初 83.31 亿元增至 163.95 亿元，当年资本积金转增注册资本 80.64 亿元。公司总部设有客户部、信贷部、票据部、国际业务部、投资部、结算部、风险管理部、财务部、审计部、金融科技部、人事部（党委组织部）、金融与会计研究所、总经理办公室（党群工作部）、资金运营项目组等 14 个部门，在集团公司成员单位所在地分别设立大庆、沈阳、吉林、西安 4 家境内分公司和 18 家业务受理处。

2020 年末，总资产余额 5670 亿元，表内资产余额 4911 亿元，同比增加 6 亿元。在集团公司现金流趋紧、资本性支出大幅压缩 33.8% 的不利情形下，存贷款业务逆势增长，存款平均规模 2826 亿元，贷款平均规模 2356 亿元。蝉联“2020 中国金融机构金牌榜——年度最佳服务财务公司”奖，获人民日报社等权威机构颁发的“中国普惠金融助力抗击疫情典型案例”“社会责任年度案例”，入选“银行间本币市场交易 300 强”、获“结算 100 强优秀自营商奖”等奖。

【“十三五”回顾】 2020 年末，中油财务安全高效管理本外币结算账户 3988 个，全口径资金集中度 61.5%，较 2015 年末提高 10.3 个百分点；吸收存款平均规模 2689 亿元，自营贷款平均规模 2529 亿元，平均存贷比 94%；坚持内部费率优惠，通过存款加息、贷款降息、结算免费、汇兑价格优惠和中间业务手续费减免等政策，支持企业降本增效 189.6 亿元。

“十三五”期间，电票业务实现从无到有、规模由小到大、品种基本全覆盖，并成为票交所直连接入会员单位，创新开展“中油财票”，丰富集团支付工具；获批延伸产业链金融资质，办理延伸产业链票据贴现，为企业营造更加顺畅购销环境；取得广州、兰州海关关税保函资质，助力进出口企业快速通关；开展跨境资金池贷款服务，跨境资金调剂通道有效打通；新增境外债券正回购、境内票据正回购和境内外汇同业拆借，本外币融资渠道持续拓宽。

“十三五”期间，为俄罗斯等“一带一路”沿线国家和地区成员企业及项目发放贷款 215 亿美元、办理结算 1.1 万亿美元、提供外汇交易 2664 亿美元；支持企业服务京津冀协同发展，发放贷款 1.3 万亿元，95% 以上为支持清洁能源、油气储备等；助力绿色经济发展，为天然气田勘探开发等提供资金 2244 亿元，2020 年末绿色信贷余额占比 47.7%。

利用北京和香港两地优势加强境内外市场化资金运作。完善低成本融资渠道，5 年专业化吸纳市场资金 11.3 万亿元。实施境内外全天候联动盯市，打造亚洲时区外汇交易中心，上线新加坡交易平台和外汇电子报价平台，成为业内首家使用外汇交易自动报价系统的国有企业，5 年办理外汇交易 3317 亿美元。

综合实力持续巩固行业领先优势。2020 年，总资产 5670 亿元，表内资产 4911 亿元，利润 96.1 亿元，连续 18 年行业排名第一；资产运作效率明显提高，2020 年资产收益率行业排名较 2015 年上升 40 位；成本控制力持续保持行业领先水平。

【结算业务】 2020 年，中油财务办理司库账户搭建、变更及撤销业务893笔，截至2020年12月末，完成司库账户搭建5823户，总分联动账户业务量4090万笔，结算金额3万亿元。配合集团公司机构调整，完成大庆石油管理局矿区等210家企业账户迁移工作。

【信贷业务】 2020年，中油财务通过开通绿色通道、调降贷款利率、延期支付利息、发放低息贷款等方式，携手湖北等疫区企业渡过难关，助力大连西太平洋石化抗疫物资生产，支持企业抗疫保供；稳定和巩固内部市场，践行国家和集团发展战略，发放“一带一路”贷款48.5亿美元、“京津冀协同发展”贷款2263亿元、绿色贷款1213亿元。发放本外币贷款3603亿元，其中自营贷款2450亿元。

【证券业务】 2020年，中油财务优化人民币投资组合、挖掘市场潜力，加大债券基金投资力度，积极布局偏债混合型基金，通过参与新股申购增厚组合收益，持仓混合型基金87支、交易金额103亿元，获近14%的平均年化收益率，超过37%的持仓基金年化收益率20%以上，其中单支最高收益率达83.5%；持仓纯债基金59支、交易金额238亿元，收益率3.42%，在较短时间内实现资产结构从货币市场基金和债券为主到以债券基金和偏债混合型基金为主的调整，取得较好的投资业绩。

【国际业务】 2020年，中油财务积极应对海外疫情和市场波动，各项业务稳步推进。创新税务筹划置换贷款、参股企业贷款、应收账款保理等模式，助力企业渡过难关；通过境外市场投资、衍生工具挖潜增效，实现资金高效益；境内外协同联动，确保特殊时期结算不间断，推进外汇资金集中，吸存规模创历史新高；保障集团贸易购汇需求，积极应对汇市波动，捕捉交易最优时机；发挥跨境资金池功能，为集团打通境内外资金通道。

【市场开发】 2020年，中油财务开展市场开发及客户维护，提升金融服务水平。服务客户3034个，新增309个。根据国家疫情管控政策，对重点客户进行现场拜访交流，加强电话、线上等多渠道沟通宣传公司金融服务产品，建立长期合作关系，助力集团公司实体产业发展；参加中油资本综合金融服务团队，到国家管网集团、中国海油及内部板块公司进行需求对接，参与设计综合金融服务方案，寻求合作契机；落实市场开发和客户服务的工作要求，制定客户服务工作管理办法，探索客户精细化管理和差异化营销。

【风险管理】 2020年，中油财务强化风险法律合规制度和风险偏好体系建设，制修订资本管理办法等制度87项，发布风险偏好陈述书，风险法律合规管理体系持续健全；完善授信审查机制，建立操作风险处置机制，规范风险合规报告机制，体系运行不断优化；上线反洗钱和合同管理系统，完成授信系统主功能开发，风险合规信息化建设逐步铺开；开展制度执行月、合规培训、政策宣贯和法律考试等活动，依法合规意识不断增强。

【资金管理】 2020年4月，中油财务成立资金运营项目组，通过建立规章制度，规范业务流程、加强岗位培训，实现人民币资金管理和交易业务平稳过渡。面临新冠肺炎疫情带来的金融市场波动及中油财务司库资金头寸价格大幅下调挑战，加大与各类银行、基金公司、金融租赁和财务公司等金融同业接触与合作，各项资金业务管理和创效水平均取得新进展。新增6家合作银行，丰富活期产品类型，提升资金池整体收益；在质押国债正回购基础上，规模化开展质押存单正回购交易1591亿元，拓宽市场融资渠道，稳定融资规模；首次启动同业拆出业务，拓展资金运作渠道，开展拆出交易70亿元，拆出利率高出同期限存款收益0.8%以上；资金池管理方面，加大与集团公司资金部沟通汇报力度，加强资金精细化管理水平，保障资金池流动性安全。境外开展短期资金运作253亿美元，收益率2.17%，比短期资金成本高93个基点。

【人力资源管理】 2020年，中油财务立足发展战略、坚持问题导向，研究制定“十四五”人力资源专项规划，有序推进三项制度改革各项工作：完成机构设置和职能优化调整，新增客户部、票据部、资金运营项目组，同步优化总部各部门、分子公司职能定位、权责边界；确定总部各部门、分子公司2020年编制规划方案，核定完成中层管理人员职数配置意见，推进定编工作规范受控运行；出台岗位设置方案，实施岗位价值评估，划分“双序列”发展通道，细化职级设定，搭建起纵向贯通能上能下、横向转换顺畅有序的人才成长通道；研究制定组织绩效考核方案及落实提质增效专项行动预考核兑现工作方案，加快推进绩效考核体系建设，探索优化薪酬分配体系；强化干部人才队伍建设工作，制订落实选人用人专项检查整改方案，印发《干部人才队伍建设的具体措施》，组织新员工进行油田现场一线学习、分公司基层见习，完成5名中层干部选拔任用以及9名中层、15名员工轮岗交流工作。

【信息化建设】 2020年，中油财务制定信息化规划落地方案，完成“两地三中心”可行性研究、私有云扩容等重点项目，信息化建设方向更加明确；加强网络安全管理，开展 7 个系统的等保测评，保障能力显著提升；完成产业链保理、恒生投资、反洗钱、合同管理等系统建设；完成行政办公移动端上线及功能优化，实现中油财务总部及分支机构全覆盖；授信、征信等风控系统取得重要进展；通过“重保行动”和“关基实战”检验，核心系统“零中断”，应用系统功能及稳定性显著增强。

【企业党建工作】 2020 年是中油财务公司成立 25 周年。面对新冠肺炎疫情与低油价的叠加影响，党委带领干部员工，研究修订公司章程、党委工作规则、股东会议事规则、董事会议事规则，深化“不忘初心，牢记使命”主题教育成果，开展“战严冬、转观念、勇担当、上台阶”主题教育活动，强化“三基本”建设，推进集团公司党组巡视反馈问题。整改落实，完成率 100%。织牢织细织密常态化新冠肺炎疫情防控网络，2020 年 48 人次和 11 个集体获集团公司及公司先进表彰，党建与经营工作深度融合，同频共振。

（张　静）

昆仑银行股份有限公司

【概况】 昆仑银行股份有限公司（简称昆仑银行）前身为克拉玛依市商业银行。2009 年 4 月，中国石油天然气集团公司增资控股克拉玛依市商业银行，2010 年 4 月，克拉玛依市商业银行更名为昆仑银行。

昆仑银行机构按“总—分—支”三级设置。2020 年底，总行设立 19 个职能部门，外加 1 个总行直属运营服务中心；下设克拉玛依分行、乌鲁木齐分行、大庆分行、吐哈分行、库尔勒分行、西安分行、伊犁分行、喀什分行、国际业务结算中心、上海国际业务结算中心 10 个分行级机构；发起设立并控股乐山昆仑村镇银行和塔城昆仑村镇银行。

2020 年底，昆仑银行有分支机构 83 个，员工 3377 人，本科学历以上员工 3142 人，占比 93.04%，其中具有博士、硕士学历的员工 495 人，占比 14.66%。平均年龄 35 岁。

2020 年，昆仑银行合并利润总额 34 亿元，合并资产总额 3499 亿元，不良贷款余额 15 亿元，不良贷款率 0.95%。

2020 年，昆仑银行获中国银联颁布的年度“银联优秀合作机构”奖，获评中央国债登记结算有限责任公司颁布的“结算 100 强优秀自营商”称号和银行业理财登记托管中心颁布的“2020 年度理财直接融资工具业务优秀投资机构”称号。在普益标准公布的 2020 年四季度全国银行理财能力综合及单项排名结果中，昆仑银行理财能力综合排名入围全国城商行 30 强，排名第 22 位。

【股份变动及股东情况】 2020 年，昆仑银行注册资本 102.88 亿元保持不变，未增资扩股。截至 2020 年 12 月 31 日，昆仑银行有股东 75 个，股份 102.88 亿股。其中法人股东持股比例 99.9908%，自然人股东持股比例 0.0092%。

【公司金融业务】 2020 年，昆仑银行通过开通绿色通道、利率优惠、延期还款、线上签约等方式，帮助受疫情影响企业复工复产，支持社会经济发展；提升小微金融服务质效，较好完成“两增两控”等监管要求；将信贷资源向节能减排和生态环境建设领域倾斜，建立绿色金融政策制度体系，促进绿色信贷规模稳步增长。12 月，在中国金融科技年会暨第十一届金融科技及服务优秀奖颁奖典礼上（线上举行），昆仑银行自主研发的“对公信贷业务合同签约线上化项目”获“2020 年度金融科技创新特色服务奖——金融抗疫优秀产品及服务奖”。截至 2020 年底，昆仑银行客户 3.50 万户，银行存款余额 1180.66 亿元，银行贷款（不含贴现）余额 946.12 亿元，普惠小微企业贷款户 9456 户，全口径小微企业贷款新增 52.74 亿元，绿色贷款余额 133.83 亿元。

【产融业务】 2020 年，昆仑银行产融业务“昆仑快车”上通下贷产品体系对公专属产品增加到 19 款；中国石油工程建设应收账款资产支持专项计划取得上海证券交易所的无异议函；完成国家管网集团总账户开立及相关账户迁移工作，签约现金管理服务；落地首笔中国石化油企通业务和首笔中国海油油企通业务；与电商京东集团合作，实现系统对接，发放贷款；推出全线上票据智能化“秒贴”产品“昆仑快贴”，成为全国首家实现银票、商票、财票全流程、全线上贴现融资业务的商业银行。截至 2020 年底，昆仑银行专属信贷产品余额 421.81 亿元，较年初增加 68.26 亿元，同比增长 19.31%。

【个人金融业务】 2020 年，昆仑银行落实监管有关加强存款价格管理的要求，调整提前支取靠档计息产品计息规则；研发创新“个体工商户复工复产小额信用贷款”个贷产品，支持实体经济复工复产；推动贷款市场报价利率（LPR）运用，完成符合转换条件存量客户的利率转换；丰富理财及代理产品种类，与多家基金公司、保险公司及黄金公司合作，深化融融合作。截至2020年底，个人客户202.17万户，个人存款余额739.71亿元，个人贷款余额222.36亿元，个人理财产品销售1060亿元。

【金融市场业务】 2020年，昆仑银行金融市场业务以转型创新、抢抓机遇、增强风控、优化业务结构、强化科技赋能为切入点，推进战略目标建设进程。债券业务以防范市场风险为主线，把握市场利率变化，拓展增收及套利手段。同业业务延续回归本源发展策略，投向消费信贷、中小企业供应链融资等资产证券化产品，投资多笔疫情防控资产证券化产品及湖北地区金融机构借款。票据业务实现电子商业汇票贴现业务全流程线上自动化处理，有效应对疫情期间企业经营融资需求。理财业务加快推进产品净值化转型，研发推出“油钱多”系列开放式净值型产品，加大“油金赢”系列封闭式净值型产品的定制和创新。截至2020年底，债券投资余额243.82亿元，理财余额373.11亿元。

【投资银行业务】 2020年，昆仑银行投资银行业务推动“公司＋投行”模式开展，强化业务联动和产品组合，提升了客户综合金融服务的能力。落地昆仑银行首笔为优质集团客户提供差补的应收账款转让结构化融资业务；密切关注国企混改市场机遇，积极推动并购贷款业务；依托客户综合授信方案，参与债券承销投资；推进第一期信贷资产证券化产品发行，提高资源配置效率。推进小微企业专项金融债券发行，加强对小微企业信贷支持力度。截至2020年底，结构化融资业务余额53.68亿元。

【网络金融业务】 2020年，昆仑银行网络金融业务将直销银行支付功能融合到加油场景中，推出直销银行周期结息型大额存单、中意财险驾乘险赠险等产品，新建标准化现金管理系统；深耕产融领域，营销昆仑充惠盈、昆仑付惠盈等产品，提高金融客户转化率；与头部第三方平台开展互联网贷款业务合作，推动信贷业务创新和转型；获中国金融认证中心（CFCA）颁发的“最佳直销银行奖”（自2018年获“最佳直销银行功能奖”以来，连续获得的第三个“中国电子银行金榜奖”）。截至2020年底，中间业务销量238.35亿元，直销银行时点余额30.53亿元，发放互联网消费贷款327.41亿元。

【信用卡业务】 2020年，昆仑银行发行“昆仑银行京东金融联名卡”，推出大庆财政预算单位公务卡等，推进产品服务创新转型。深耕“昆仑YOU享日”和“加油立减”等品牌活动，带动刷卡消费和加油站销量提升。与支付宝、京东、美团、途虎网等平台合作开展宣传及营销活动，拓宽渠道、规范合作管理。在金融数字化发展联盟组织的“2020年金融数字化发展金榜奖”中，昆仑银行获“年度信用卡业务发展奖”。截至2020年底，信用卡发卡262316张，新增发卡67377张。

【渠道建设】 2020年，昆仑银行物理网点服务网络日趋完善，网点智能化水平稳步提高，电子银行渠道客户体验及账户安全不断提升，产融服务能力增强。

线下渠道加强网点建设和服务管理统筹规划、推进管理协同，改造网点7家，硬件环境对接“星级网点”标准，落实细节，推动网点转型升级；持续优化运营质效管理，全行网均智能化设备5.75台，可实现80%以上柜面高频业务的离柜办理，网点从“面对面”向“肩并肩”顾问式服务模式转型；支持产融业务发展，研发投产“极致开户”模式，提升对公开户及企业网银签约服务质效。

线上渠道企业网银与部分大中型集团客户财务系统对接，为中国石油提供多种代发工资模式；个人网银推出扫码登录和扫码转账功能，优化理财产品和个人贷款的业务流程和页面展现；手机银行渠道新增电子工资单、资金归集签约等10余项功能；直销银行推出周期结息型大额存单、中意财险驾乘险赠险等产品，接入易宝支付第三方支付通道；微信银行开展品牌建设、营销宣传工作，入驻微信表情开放平台，通过微信平台协助库尔勒市医院、广州培训中心等多家机构推出公众号支付业务。

【信息科技】 2020年，昆仑银行主动适应银行数字化转型和业务高质量发展需要，加大金融科技应用，建设开放银行、业务中台，引进RPA机器人，推进大数据、生物识别等技术应用，推进各业务系统升级改造，完成网络攻防演习防护、网络安全专项治理等工作。

【资本管理】 2020年，昆仑银行核心一级资本充足率12.18%，一级资本充足率12.18%，资本充足率13.35%，各项资本管理指标满足监管要求。

【风险与合规管理】 2020年，昆仑银行修订完善风险偏好、委员会管理、信用风险、新产品风险评估、产品管理、风险报告等制度，完善外包风险管理体系、业务连续性管理体系、决策机制及应急预案，统筹管理流动性、国别、声誉及战略风险，推动风险量化及管理应用平台项目建设，完成风险计量及风险监督工作，夯实全面风险管理基础、推动风险管理精细化、提升合规管理有效性。

2020年，昆仑银行组织制修订制度206项，规范业务合规发展；组织开展年度业务合规联合检查，加强源头防治和重点管控；完善违规责任追究工作体系，开展年度不良贷款领导责任认定；多举措组织合规文化宣传活动，营造合规文化氛围；优化反洗钱监测系统，提升工作效率；完成合同管理系统2.0上线运行，强化合同管理系统应用；加强知识产权管理，获商标局核发的“昆仑悠享日 一切由你 享你所想”“昆仑U计划”“昆仑惠慧付”“昆仑惠慧充”商标注册证，完成“宝石花”文字商标期限续展。

【社会责任】 2020年，昆仑银行支持实体经济发展，加大对疫情防控和民生物资保障企业的支持力度，采取减费让利、延长宽限等举措帮助企业渡过难关，向有关企业发放贷款1914笔，合计金额314.99亿元。加大绿色信贷资源投入，发挥新疆绿色金融改革创新试验区优势，加强对新能源、节能环保等产业的支持。持续推进脱贫攻坚工作，定点帮扶村相继脱贫。完成2020年度普惠小微“两增两控”监管考核指标，消费扶贫金额99.91万元，金融消费者投诉同比下降32%。

（张建斌）

昆仑信托有限责任公司（中油资产管理有限公司）

【概况】 2009年2月，中国石油天然气集团有限公司对原金港信托进行重组，2009年5月正式获银监批复，名称变更为昆仑信托有限责任公司（简称昆仑信托），注册资本增至30亿元，控股股东为中油资产管理有限公司持股82.18%。中油资产是集团公司下属金融业务管理专业化公司——中国石油集团资本股份有限公司的直属全资子公司，专业从事投资和资产管理，是集团公司重要资本运营平台。根据集团公司文件，昆仑信托与中油资产合署办公，实行一套人马，两块牌子，分账核算，业务统管，名称确定为昆仑信托（中油资产），是中国石油控股的金融企业。2016年9月，昆仑信托注册资本增至102亿元。2020年底，昆仑信托股东中油资产管理有限公司出资比例87.18%，天津经济技术开发区国有资产经营有限公司出资比例12.82%。

昆仑信托是中国信托业协会理事单位、中国银行间市场交易商协会会员，入股中国信托业保障基金有限责任公司、中国信托登记有限责任公司，有全国债券市场准入、同业拆借市场成员、以固有资产从事股权投资、资产证券化和私募投资基金管理人资格，行业评级为A级。依法开展债权、股权、标品、同业、财产、资产证券化、公益/慈善和事务等信托业务，广泛筹集和融通资金，为社会各行各业提供金融服务，为受益人的最大利益处理信托事务。

昆仑信托建立以“信”为核心的企业文化，“以诚树人，以实立业，以信兴企”，倡导员工做“金融街上的石油人”，打造国内一流的资产管理平台、财富管理平台和战略共赢平台，树立“信誉无价，托付有道”的品牌形象。

2020年底，昆仑信托（中油资产）设办公室、党群工作部、财务托管部、发展研究部等16个部门；员工总数294人，其中硕士以上学历147人、本科学历138人、其他学历9人。

2020年，中油资产（合并口径）资产总额397.00亿元，较年初增加0.53亿元；负债总额197.93亿元，较年初减少3.54亿元；所有者权益合计199.07亿元，较年初增加4.07亿元。收入323860万元，同比增长9.59%；利润总额218605万元，同比增加22393万元，增长11.41%；净利润169501万元，同比增加16441万元，增长10.74%，信托规模达2158亿元。

2020年，昆仑信托获宁波市“纳税50强企业”“年度社会责任贡献奖”、第十三届“诚信托·行业文化奖”“最佳资产交易创新实践奖”、第十一届“金貔貅年度金牌信托公司”“年度金牌成长力金融机构”和“年度金牌市场潜力金融产品”等荣誉。

【“十三五”回顾】 “十三五”期间，昆仑信托利润总额、净利润逐年上升，行业地位和集团内外影响力不断提升。2019年行业评级首次获A级，监管评级获B级；2020年净利润在公布业绩的62家信托公司中名列第16位，较2015年上升8位。2016—2020年，集团公司下达利润指标从11.82亿元增长到21.65亿元，累计下达83.97亿元，实际完成90.49亿元，完成率107.8%，复合增长率16.3%；加强与保险、银行、券商等金融机构的深度合作，资产端持续扩大与大型央企国企、实力较强民企合作，深挖行业发展机会，信托规模由1425亿元增加至2640亿元，其中2017年，信托规模取得历史性突破，信托规模3486亿元；营业总收入和利润增额均稳步增长，营业总收入由18.57亿元增加至33.41亿元，利润总额由13.72亿元增加至21.65亿元，其中2017年利润总额增长率23.31%；累计向国家缴纳税款36.26亿元，其中上交中央税费14.3亿元，上交地方税费21.96亿元。

【疫情防控】 2020年，昆仑信托（中油资产）把新冠肺炎疫情防控作为最重要、最紧迫的任务，落实防控要求。严格排查，严密监测，加强沟通，细化测温、验码、佩戴口罩、减少聚集等要求；一手抓疫情防控，一手抓复工复产，专题研讨提质增效，做到疫情防控与生产运行“两不误”；组织并制作发布抗“疫”宣言、抗“疫”心声、抗“疫”云咏唱“三部曲”，通过文化活动激发员工战胜疫情的勇气，实现企业平稳运行，经营业绩逆势增长，实现零疫情目标。

【创新转型】 2020年，昆仑信托把握机遇、稳中求进，创新创效再上台阶。证券投资适时把握股市调整机会，盈利超过5亿元；金融股权投资收益稳定，收益14.05亿元；昆仑信元基金拓宽投资领域，新增维纳股份、迈百瑞、泰和新材等项目；成立家族信托办公室，发行“嘉享”系列产品；规范运作慈善信托，助学、助医、助困162万元；稳妥推进绿色金融攻坚战，制定《绿色金融行动规划》，统筹绿色金融业务管理。国联基金完成股权改造，新能源、新材料、节能环保、燃气并购等一批项目稳步推进；天津排放权交易所助力集团公司碳中和规划和首个碳中和林项目，首次实现盈利；气候基金投资管理公司完成注册，OGCI工作秘书处批准成立。

【产融结合】 2020年，昆仑信托内强管理、外重服务，产融业务全面提升。政策倾斜，单列指标，增大考核权重；主动跟进，实施网格化服务，与主业及产业链客户对接770余次；统筹推进，前中后台协同配合，昆仑产融基金成立，银川中油燃气项目落地，助力煤层气、天然气勘探开发，成品油、燃气终端建设，新增产融项目11个，新增规模20亿元；利用互联网平台，新辟处置低效无效资产渠道，助力集团所属企业回收资金1.49亿元，平均溢价率15%。

【提质增效】 2020年，昆仑信托拓宽渠道，提质增效成果显著。编制《2020年业务发展规划》，明确业务方向，推进提质增效专项实施方案，细化工作措施，层层传递压力；在各成熟领域深耕细作，在新业务领域不断探索，新增项目54个，新增规模252亿元；积极应对监管压降规模要求，研究探索标品业务新模式，有序推进非标转标，提升信托规模；加强资金精细化管理，提高资金效率和效益；坚决打赢风险防控化解攻坚战，完善防控机制，深挖经验教训，实施动态跟踪与监控，加强应急响应与应对，存量资产处置取得积极进展。

【营销工作】 2020年，昆仑信托自我加压，寻求转型，发行首个净值化组合投资产品——“昆通财富1号”；完善服务平台，规范信息披露，研发手机客户端APP，了解客户诉求，提升服务质量；完善营销制度，开展营销行为专项治理，提升消保工作水平；改版公司微信公众号，创新漫画、案例等喜闻乐见的宣传形式，丰富服务特色，打造品牌形象。发行“昆仑财富”系列产品183个，发行规模690亿元，合格投资者12300人。

【风险管控】 2020年，昆仑信托坚持专业化分类审核，总结8大业务指引和15类业务合规要点，严把业务入口关；制定《全面风险管理办法》《风险防控与应急预案》，持续完善内控体系；强化风险监控，开展专项排查、压力测试，强化日常跟踪、舆情监测和风险预警；稳步推进法治建设，分类分项落实集团公司法治建设要求，探索完善适合自身发展的法治建设体系，深化依法治企力度和成效；推进案防、征信和反洗钱管理体系建设，宣贯监管要求，提升系统功能，全员协同参与，多角度、全方位提升管理水平；开展市场乱象整治“回头看”和各项检查审计意见整改落实，实施8项专项审计、4项离任审计、3项强制休假和轮岗检查。

【基础管理】 2020年，昆仑信托在公司治理方面，召开5次股东会、5次董事会、2次监事会，审议通过60余项议案，公司治理合规有序；初步完成“十四五”规划编制；参与撰写《中国信托业发展报告》等多项行业研究，《集团公司绿色金融发展策略研究》获集团公司软科学研究优秀成果二等奖。

财务托管方面，加强预算执行和成本核算，推进开源节流降本增效，销售及管理费用同比下降1%，其中“五项”费用同比下降29%；财务共享平台上线，共享服务效果逐步显现；强化信托项目核算与管理，规范业务流程和信息系统功能，狠抓监管报表质量，杜绝操作风险，确保资金安全。

队伍建设方面，深化全员岗位练兵，以实操能力为重点，创新组织形式，优化练兵内容，提升员工业务素质；坚持正确的选人用人导向和专业人才培训，选拔5名“80后”中层干部，聘任业务总监（高级主管）以上人员14人次；丰富培训形式，开设线上学习专区、云课堂，完成各种培训项目41个，培训2000余人次；推进三项制度改革，实施按季考核，完善薪酬体系，员工薪酬随绩效持续增长。

信息保障方面，推进核心业务系统二期、两地三中心机房升级建设，加强数据治理，提升分析效果，持续完善信息系统功能；搭建电话、视频会议系统，做好疫情期间线上会议服务；制定《业务连续性管理办法》，开展网络安全专项治理、业务中断影响分析、信息安全技能培训，管理效率得到提升，保驾护航作用不断强化。

【企业党建工作】 2020年，昆仑信托（中油资产）党委强化两个责任，厚植党建基础。落实全面从严治党主体责任，发挥党委把方向、管大局、保落实作用。坚持民主集中制，修订“三重一大”决策制度，规范决策程序；完善党建制度体系，制修订《党建工作责任制实施办法》《党委工作规则》《领导干部管理办法》等制度。推进党支部达标晋级和党支部书记述职评议，2个支部考核优秀，6个支部达标；建强支部班子，举办脱产培训，邀请专家授课，到航天一院、航天五院交流调研，提升党务干部履职能力。取得一批党建成果，《加强基层党建工作调研报告》获集团优秀党建课题三等奖，为金融板块唯一获奖单位；《党支部工作标准化规范化实用手册》列入集团公司基层党建典型案例；获组织史编纂先进单位。恢复设立纪委，成立党风廉政建设和反腐败工作领导小组和协调小组，持续推进中央巡视“回头看”、集团公司党组巡视反馈问题整改落实，接受中油资本纪检组“四专一常”专项检查，开展利益输送、设租寻租和化公为私“三个专项整治”，聚焦各类问题，完善制度机制，深化整改效果。

深化主题教育，凝聚发展动能。开展“战严冬、转观念、勇担当、上台阶”主题教育，党政领导带头深入基层宣讲，支部书记交叉讲授党课，2个党课获集团优秀党课案例三等奖和优秀奖。提出“我为攻坚献一策，提质增效大家谈”倡议，征集论文及建议58篇；开展学习女篮精神征文活动，征集文章116篇；组织党员自愿捐款，举办青年员工大讲堂，团结一致迎挑战，众志成城战疫情。

【企业文化建设】 2020年，昆仑信托开展争做“金融街上石油人”活动，弘扬大庆精神，传承石油血脉，打造能吃苦、能奉献、能担当、能打硬仗的员工队伍；编制“十四五”企业文化建设规划（草案），更新企业文化展厅，举办企业文化讲座；践行“快乐工作，健康生活”理念，全国石油职工健步走、中油资本趣味运动会、重阳登山及各基层工会的趣味文体活动丰富多彩、寓教于乐；完善帮扶慰问机制，推进退休人员社会化管理；落实意识形态工作责任制，更新内外网页，升级微信公众号，组织观看《天边加油站》，开展“护网”“清网”行动，做亮正面宣传，加强舆情管控，企业形象得到提升，队伍状态更加饱满，发展氛围更加和谐。

（郭美玲）

昆仑金融租赁有限责任公司

【概况】 昆仑金融租赁有限责任公司（简称昆仑金融租赁）是在国家深入推进西部大开发战略、重庆建设西部金融中心和中国石油打造综合性国际能源公司的背景下，在重庆市委市政府和中国银行业监督管理委员会（简称中国银监会）支持下，由中国石油和重庆机电控股（集团）公司共同发起，由中国银监会批准设立的第一家具有大型产业集团背景的金融租赁公司。

昆仑金融租赁作为国内首家具有产业集团背景的金融租赁公司，在国家加快构建金融服务体系、促进国民经济转型升级背景下应运而生，以服务实体经济为己任，坚持产业金融定位，坚持专业发展、服务主业、服务西部、行业定位、差异化发展和风险可控的六项原则，以“能源、市场、特色化”为发展战略。依托股东在石油天然气领域和制造业全产业链运营背景，遵循市场化运营规则，坚持内外部市场双轮驱动，形成以“能源、交通运输、公用事业”为基础的支柱业务及以“高端装备制造、节能环保、医疗卫生”为支撑的“3+3”业务格局。

自2010年7月成立以来，昆仑金融租赁资产规模超过600亿元，经营业绩一年一个台阶，连续4年人均利润1000万元以上，连续4年保持集团公司A类企业，企业发展能力位居金融板块前列，公司品牌影响力不断攀升。

2020年，昆仑金融租赁资产规模600.12亿元；营业收入35.04亿元；利润总额15.03亿元，同比增加1.45亿元，增长11%；净利润12.48亿元，同比增加1.02亿元，增长9%；净资产收益率（ROE）10.87%，同比增加0.28个百分点；拨备余额29.78亿元，拨备覆盖融资租赁资产率5.89%，拨备覆盖充足，抗风险能力突出。主要监管指标持续优于行业平均水平，保持同业前列。昆仑金融租赁在集团公司《企业经济运行动态》中排名始终保持前列。

表1　昆仑金融租赁主要经营指标

万元

指　标	2020年	2019年	2018年	2017年	2016年
表内资产	6001200	6312843	5823640	5362593	4674708
管理总资产（含表外）	6001200	6312843	5823640	5362593	4674708
总负债	4816400	5200580	4772439	4369714.43	3940044
净资产	1184800	1112263	1051201	992878.49	734664.53
营业总收入	350400	350263	338605	292173	273138
利润总额	150300	135716	115651	105264	91279
净利润	124800	114580	94652	89143	77360
人均利润	1431	1371	1192	1238	1087
归属于母公司股东净利润	124800	114580	94652	89143	77360
净资产收益率	10.87%	10.59%	9.26%	10.32%	10.28%
总资产收益率	2.03%	1.89%	1.69%	1.78%	1.64%

表2　昆仑金融租赁综合实力情况

指　标	2020年排名	2016年排名
资产规模	12	12
营业收入	13	12
利润总额	8	9
人均利润	3	2
拨备覆盖率	3	2

【“十三五”回顾】　“十三五”期间，昆仑金融租赁主要指标超额完成规划，经营态势稳健向好。截至2020年底，昆仑金融租赁资产规模600.12亿元，收入35.03亿元，利润15.03亿元，净利润12.48亿元，ROE为10.9%。利润总额、总资产规模年均复合增长率分别为13.3%和6.4%。行业地位得到巩固，价值创造能力凸显。在全国金融租赁公司中综合排名第十位，产业系金租公司综合排名第一位，人均利润连续5年1000万元以上，为行业平均水平的1.9倍。连续四年蝉联集团公司A级企业。发展能力在集团公司110家企业中得分排名第四位。风险管控能力提升，抵御风险能力较强。主要监管指标优于中国银行保险监督管理委员会监管标准，拨备覆盖率5.89%、拨备余额29.8亿元，抗风险能力突出。不良资产率0.46%，显著优于行业平均水平的1.11%。服务实体经济发展，转型发展行稳致远。服务实体经济推动供给侧结构性改革，积极拓展风电、光伏、垃圾发电绿色租赁市场，稳健开展飞机租赁业务，提供融资租赁服务900亿元。产品创新多措并举，奠定产融发展基础。推出“产品租”“节能租”和“燃气租”等产融结合特色产品，为推进产融结合工作奠定基础。

【市场开发】　2020年，昆仑金融租赁调整市场战略和营销策略，抓住关键、化危为机、精准发力，服务实体经济能力显著提升，签约项目32个，签约金额126.35亿元，项目投放114.32亿元。研究制定《关于疫情期间开展租赁业务有关工作措施》，采取灵活的业务开拓模式，运用“云尽调”提早对接，共同识别和分析判断项目风险，探讨业务操作模式。新冠肺炎疫情常态化后，落实《中国银保监会办公厅关于进一步做好疫情防控金融服务的通知》要求，加大现场尽调频率，全速复工复产。开展市场分析，梳理同业投向信息，制定针对性市场开发计划，明确市场投向。巩固优势业务领域，精细开发交通运输、能源、基础设施等行业。深化与国内绿色能源企业合作，持续推动绿色环保项目落地。拓展航空领域租赁物深度和广度，实现5亿元航材业务投放，中标备用发动机项目。围绕油气主业和产业链客户，坚持“大产融”理念，产融结合取得突破，实现投放13.52亿元。借助股东优势，以“一盘棋”思想深化融融协同，助力银行、信托、保险经纪等拓展业务，实现利益最大化。昆仑金融租赁获2020（第三届）全球租赁业竞争力论坛“产业系金租领军企业”“2020重庆企业100强”和“2020重庆服务业企业100强”等多项荣誉称号。

【战略研究】 2020年，昆仑金融租赁编制《公司"十四五"规划（草案）》，有效发挥战略引领作用。结合宏观经济形势和市场环境变化，细化重点投放策略研究，编制《租赁业务行业指引》《战略执行分析》《行业经营分析报告》等，有效指导市场投向。组织开展光伏、风电、船舶行业研究，完成《风电市场研究报告》，为业务拓展提供重要参考。聚焦改革发展和管理提升，研究制定昆仑金融租赁改革三年行动方案和对标提升管理计划，提升昆仑金融租赁企业发展能力评价和创新管理研究，推动改革管理提升。深入同业交流，加强对标研究，寻求合作，汲取先进经验做法，提升经营管理水平。

【风险防控】 2020年，昆仑金融租赁坚持"稳健、审慎"低风险偏好，三道风险防线建设深入推进，全面风险管理体系不断完善，风险防控成效显著。组织修订《风险偏好管理办法》等多项制度，夯实全面风险管理体系基础。实施风险限额管理，制定水务行业风险评估指引，建立火电行业评级打分卡，提升风险评估能力。研究信用利差和YY评级，运用到风险评估实践，丰富风险评估手段。落实人民银行征信及反洗钱工作要求，预防发生此类风险。编制全面风险评估报告，评估识别10类重大风险，研究制定应对措施和重点防控目标。落实项目签约和放款前提条件审查，更新风险事件库，组织重大项目风险动态监控、季度排查，开展存量项目全面风险自查，制定管控措施，提升风险监测预警能力。前台部门客观评估风险，严格项目立项审批；中后台部门做细做实实地考察，运用风险工具，严格项目审查；发挥审计监督作用，以问题为导向，强化问题整改，促进成果运用，严控操作风险，扎牢风险防控三道防线作用。对77个项目11个客户开展信用评级，完成52个项目现场尽调。审查57个项目292.58亿元，审查变更15项，叫停9个项目，审批通过39个项目201.64亿元。

【资金筹划】 2020年，昆仑金融租赁以提质增效专项行动为抓手，狠抓负债端提质增效。实施信贷规模计划管理，加强投放与信贷规模有效衔接，统筹资金的综合平衡，流动性风险整体可控。实施有息负债灵活配置策略，调整优化负债结构，采用口行优惠贷款、应收账款质押、有追保理、吸收股东存款等措施拓宽筹融资渠道，融资成本下降。筹融资791亿元，综合资金成本2.64%，利息支出14.79亿元，同比节约2.13亿元。2020年5月18日，在全国银行间债券市场发行3年期20亿元金融债，信用等级AAA，票面利率2.52%，创造了10年来金融租赁行业最低发行利率新纪录。争取进出口银行优惠设备贷款3年期12.67亿元，利率2.85%，低于同期市场利率125个基点（简称BP）；以增量带动存量压降口行存量项目长期贷款6.82亿元，利率下调56BP。与浙商银行办理有追保理1年期8.74亿元，利率3.42%，低于同期市场利率58BP。《筹融资多措并举，资金管理效益凸显》被评为集团公司2020年度管理创新三等奖。

【租赁物管理】 2020年，昆仑金融租赁以租赁物权属管理为核心，研究监管政策法律法规，完善租赁物管理制度流程，拓展租赁物操作边界，提升租赁物评价标准，确保了租赁物管理合规风险可控。以价值评价公允为基础，选取第三方评估机构开展租赁物评估定价，提升工作效率。加强租赁物审核，强化现场租赁物核实，组织租赁物权属登记和应收账款质押登记，租赁物现场核实与资料一致率100%，融资租赁登记率100%，有效控制了项目风险敞口，发挥了租赁物的风险缓释作用。密切跟踪经营租赁飞机运营和余值变化，完成全部经营租赁飞机年度检查。租金及其他款项回收180多亿元。全面掌握、分析承租人的经营状况和潜在风险，科学谨慎客观地判断承租人的履约能力，准确开展资产质量分类，完成质量分类808项次。运用新减值模型，收集和整理基础数据，资产减值准备计提合理准确。加强项目运行监控，开展承租人租后现场检查、动态监控和季度风险排查，重点检查项目58项。完成《疫情及低油价对煤化工行业运行影响分析》，揭示潜在风险，制定应对措施，项目运行风险预警及管控能力提升。

【合规运营】 2020年，昆仑金融租赁以合规运营为着力点，完善内部控制和制度建设，实施内控（合规）评价，开展案件防控排查，强化审计监督，深化依法治企。落实监管要求，开展市场乱象整治和监管现场检查问题整改"回头看"专项检查，自我约束、自我纠偏的内部机制深入推进。持续强化基础建设，开展基础管理提升活动，制修订制度22项，诊断管理提升事项47个。完成2021版内控管理手册修订，涉及业务流程192个，关键控制点367个。组织内部控制自我测试和自我评价，查找不足短板，及时修订完善，提升内控执行有效性。开展案防和审计监督，全员签订案防安保责任书，开展季度合规风险监测，检查岗位尽职履责。组织集团公司并表管理、关联交易、反洗钱管理、业务连续性管理、绩效考核及薪酬机制和执行情况等专项审计，开展扶贫资金、设租寻租专项整治审计，督促问题整改，促进合规运营。组织《民法典》宣贯培训，严格重大事项法律审查把关，审查法律文件320多份，全年法律风险发生率为零。迎接国务院国资委中央企业融资租赁业务检查组现场检查，获“央企办租赁最成功的实践”认可；在集团公司党组坚强领导下，审计署现场审计检查取得较好审计成效。

【公司治理】 2020年，昆仑金融租赁召开6次董事会会议，其中现场董事会会议2次，以传签方式召开临时董事会会议4次。会议共审议通过议案29项。其中，经营管理类议案25项，重大租赁项目类议案4项。昆仑金融租赁管理层认真落实董事会各项决策部署，围绕“实现利润14.05亿元，实现新增租赁项目投放48亿元，奋斗目标220亿元，租赁资产规模达到679亿元”的董事会既定目标任务，各项监管指标控制在监管水平之内，完成各项经营任务。

2020年，昆仑金融租赁组织召开风险管理及关联交易控制委员会4次（含1次现场会），审议风险管理制度2项，风险管理报告3项，关联方保理业务1项，更新关联方名单1次。更新董事及高级管理层关联关系报告3份。拟定董事会议案8项，其中，审批管理制度2项，重大项目审批3项，各类风险报告3项。切实发挥董事会风险管控主体责任。

2020年，昆仑金融租赁召开3次股东会会议，就公司治理、预决算、发行金融债、关联交易等做出决议项。2020年，昆仑金融租赁落实股东会审议通过的各项决议，按“能源、市场、特色化”发展战略，以“拓市场、控风险、稳增长、保效益”为指导思想，认真履行股东会赋予的职责，落实各项股东会决议，相关工作要求得到有效落实。有效平衡与股东的关系，在符合控股股东总体战略目标的同时，保持日常经营活动的相对独立性。

【综合管理】 2020年，昆仑金融租赁细化董事会预算和财务执行预算，搭建财务预算和预测框架模型，强化预算过程控制，预算管控平稳运行，管理费用有效控制。根据货币市场变化，动态调整资金成本和目标利润定价参数，按月发布公司FTP综合指导价格，发挥价格政策导向作用。落实中国人民银行要求，制定转换方案，LPR转换完成，最大限度维护公司利益。建立动态考核机制，制定《提质增效专项行动绩效考核配套措施》，实施绩效奖金动态考核机制、固定薪酬动态考核机制和工资总额专项奖励，激发员工积极性和主动性，突出绩效考核的效益导向和激励约束作用。激发人才活力，修订完善干部管理规定，明确后备干部梯队建设目标和任务。持续开展督查督办，增强全员执行力。修订完善治理相关制度规范，落实“三会”决议，规范公司治理。以办文办会办事为抓手，突出精细化管理，抓实抓细关键环节，全年安全无事故，没有发生泄密失密事件和信访维稳事件。外联工作主动靠前，信息畅通，协调高效，得到重庆市政府、重庆银保监局、中国人民银行重庆营业管理部的理解支持，营造了良好的外部环境。持续优化核心业务系统，优化功能28个，修正缺陷89个。推进征信系统2.0建设，实施“合同管理系统”上线运行，开展系统应急演练，加强运维保障，未发生信息安全事故。

【企业党建工作】 2020年，昆仑金融租赁坚持用高质量党建引领高质量发展，率先制定《公司党委落实全面从严治党主体责任清单》，履行“一岗双责”，昆仑金融租赁党委发挥“把方向、管大局、保落实”作用。逐级签订党风廉政建设责任书，将“两个责任”纳入领导班子及领导干部考核范围。开展“战严冬、转观念、勇担当、上台阶”主题教育活动，创新创效项目增加收入1.71亿元，合理化建议降低成本8691万元；《加快业务转型升级，推动高质量发展调研报告》和6个创新项目获集团公司主题教育活动表彰。昆仑金融租赁2人受集团公司、直属党委表彰；3人分别获集团公司劳动模范、抗击疫情先进个人和宣传思想文化工作先进个人；党委办公室获集团公司宣传思想文化先进集体。

（尹江虹）

中石油专属财产保险股份有限公司

【概况】 中石油专属财产保险股份有限公司（简称专属保险公司）是经原中国保险监督管理委员会（简称保监会）批准，由中国石油天然气集团公司和中国石油天然气股份有限公司在中国境内发起设立的首家自保公司；注册地为新疆维吾尔自治区克拉玛依市，注册资本60亿元人民币，集团公司持股11%、股份公司持股49%、中油资本持股40%。

专属保险公司经营范围是集团公司内的财产损失

保险、责任保险、信用保险和保证保险，短期健康保险和意外伤害保险，以及上述业务的再保险业务，国家法律、法规允许的保险资金运用业务，经保监会批准的其他业务。

集团公司对专属保险公司的定位是“作为集团公司的专业风险管理平台和保险安排工具，参与集团风险管理和保险业务，构建覆盖集团上下游、国内外业务、全球一体化的保险保障体系”。

专属保险公司设承保运作部（基金管理部）、国际业务部、理赔客服部、财务信息部、合规法律部、人力资源部和发展企划部 7 个部门；2020 年底，员工总数 49 人，其中硕士及以上学历 32 人、本科学历 17 人。

【“十三五”回顾】 “十三五”期间，专属保险公司聚焦“专业风险管理平台、保险安排工具”职能定位，参与集团公司保险业务，营业收入 44.91 亿元、利润总额 19.43 亿元。推进保险集中管理，实现保险业务稳健增长，以首席保险人身份陆续承接长输管道财产险、液化天然气企业财产险、储备油库财产险、井喷控制费用保险、钻井设备险共 5 个险种，独家承保炼化和销售企业财产保险，共保承接雇主责任险、公众责任险等 6 个险种，再保承接全集团公司团车险业务；参与集团公司各所属企业的保险业务。参与集团公司海外业务风险管理和保险业务，海外业务拓展至 20 个国家的 49 个项目，基本覆盖集团海外大中型投资项目，为集团公司回收海外保险权益 9.67 亿元。推行延伸服务，加快理赔服务响应、主动落实主承案件预赔付，便捷理赔处理流程、缩短理赔周期，处置赔案约 2 万笔，向企业赔付近 13 亿元。在国际信用评级中获穆迪公司授予的 A2 级及以上保险财务实力评级，在保险行业中总体处于第一梯队序列；在独立研究机构开展的市场竞争力评价中，3 个年度进入全国财险公司前十佳，2020 年位列第 9，展现出突出的竞争力实力和发展潜力。

【疫情防控】 2020 年，专属保险公司新冠肺炎疫情防控应对小组召开 54 次会议，统筹指挥疫情防控工作；创设“123”现场运行机制，确保队伍持续作战能力；划小管控单元、织密防控网格，组建 12 个防控联络小组；搭建远程办公双安全通道，启动 72 项疫情期特别流程，排查控制点 148 个，确保“生产不滑坡、经营不变形”。疫情防控转入常态化后，及时更新疫情防控常态化工作方案，坚持全员健康监测、行程报备审批、国内零星疫情地旅居史排查，有序组织全员核酸检测和防疫物资保障。全年经营平稳运行，员工健康状况未见异常。

【提质增效】 2020 年，专属保险公司研判内外部形势，按 3 种疫情变化、6 种油价变化所对应的 18 类情景开展年度利润完成情况压力测试，制定提质增效专项行动工作方案，落实规模增效、创新增效、优化增效、管理增效和激励增效 5 个维度增效的 12 项实操措施；落实“产融结合”“融融协同”要求，巩固既有业务，拓展新增业务，保险收入 11.87 亿元，同比增长 27.4%，综合成本率 98.13%，同比下降 0.67%；超前研判投资市场形势，主动调整资产配置策略，推进投资结构优化，投资收益 4.55 亿元，同比增长 10%；推进海外项目保险优化创效试点，深度创新理赔特色服务，加大投资产品研究力度；落实管控措施，压控管理费用，可控机关管理费用同比下降 30%、“五项”费用同比下降 71%。净利润 3.89 亿元，同比增长 12%。

【国内业务】 2020 年，专属保险公司推进落实集团保险政策，创新承接模式，提升承接份额，为 1.9 万亿元资产及责任风险提供保险保障；国内统保、区域审批和企业自主投保等业务稳健增长，承接集团公司车辆保险和货运险业务再保分入份额由 55% 提升至 60%，承接华北石化、云南石化新增资产纳入炼化大保单，承接管道分公司中俄东线大庆—哈尔滨支线工程险 90% 份额，首次承接宝鸡石油机械公司首台套业务；配合集团公司人事部完成企业补充医疗保险政策及重病保障项目实施准备；为迅速应对突发新冠疫情，在集团公司财务部统一部署下，研究提出在不增加 2020 年保单保费前提下，对集团雇主责任险扩展“新冠病毒感染确诊即给付 5 万元、死亡或一级伤残赔付 50 万元”的补充条款并于 2 月 7 日签发生效，及时为新冠肺炎患病员工送上集团公司党组关怀。

【国际业务】 2020 年，专属保险公司海外业务覆盖范围拓展至 20 个国家 49 个项目，业务覆盖广度和深度提升，海外业务保费收入 4 亿元，同比翻番，对应海外资产总额 2744 亿元；新承接北极 LNG-2 项目工程险、缅甸 AD1&8 区项目井控险业务，安第斯、秘鲁等项目新增承接政治暴力险等险种，助力集团公司有效转移项目风险；西非公司优化创效完成续保，推动海外项目保险纳入集团产融考核激励试点取得实质性进展。

【再保险业务】 2020 年，专属保险公司研究运用再保合约运行经验及业务经营数据，平稳续转再保合约；落实再保安排资源，完成塔里木油田工程险等 6

项国内业务再保临分安排；加强再保人资信管理，合理安排保费支付节奏，梳理合作再保人资信条件，满足再保业务顺畅开展需求；组织研究再保合约结构优化调整途径，完成技术报价、回溯分析及对比测算等工作，细化夯实所优化提升的工作内容；2020年再保分出保费1.59亿元，摊回手续费4，298万元。

【投资业务】 2020年，专属保险公司坚守投资资产实质安全的风险管控底线，秉持稳健投资策略，最大限度降低项目风险敞口；稳健落实资产配置计划，密切跟踪市场动态，提前锁定优质资产，投放资金33.4亿元；主动调整资产配置策略，优化投资结构，调减低收益流动性产品占比；组织开展保险公司资本债研究，推动信用风险缓释工具应用初见成效；加强资金运用全过程风险管控，开展新冠肺炎疫情下投资风险排查，落实风险项目处置预案；投资收益4.55亿元，同比增长10%，年综合投资收益率5.98%，高于近5年保险行业5.65%的平均水平。

【理赔服务】 2020年，专属保险公司克服新冠肺炎疫情不利影响，适时调整服务方案，高效完成疫情期间主承险种案件处置。主承及独家承保险种及时结案率86%，2018年、2019年保单结案率分别为98.34%、93.95%；销售企业财产险2019年106笔赔案全部结案，赔案平均结案周期135天，比2018年的167天缩短32天；在疫情突发之初，紧急启动加大预赔付力度、临时性查勘后补两项特别理赔服务措施，通过系列特别措施共对西南管道暴雨案、湖北销售暴风案等案件预赔付及赔付2018万元；快速处理新冠肺炎理赔案件，截至2020年底，归属专属保险公司新冠肺炎扩展保障的21个确诊病例全部快速赔付，平均赔付周期3天；细化从共保案件处置，从共保业务2020年结案1790笔，平均结案周期10天；完善海外案件公估人服务网络建设，推进秘鲁X区块洪水案、莫桑比克FLNG水损案等重点案件结案，历史年度未结案件由14笔清理至4笔，实现历史最好结案水平；2020年度未收到监管机构转送消费投诉案件，无重大消费投诉情况，消费者投诉情况零上报。

【风险防控与合规管理】 2020年，专属保险公司强化依法合规治企，推进实施法治建设，完成投资业务等重大涉法事项论证，在新冠肺炎疫情初期发布“新冠肺炎疫情防控期间企业法律风险50问”，同步加强疫情期间全员法律合规风险防范；加强合规风险管理，对重要业务活动开展合规风险排查及专项检查，未发生重大合规风险及违规事件；加强投资项目投前风险审查和合规审核，完成18个非标项目风险审查；持续完善风险偏好体系，更新形成包含39项指标的年度关键风险指标库；适时优化内控流程制度，根据疫情形势及防控要求，梳理调整工作流程72项，排查控制点148个，有效防控操作风险；配合完成集团公司原董事长经济责任审计的延伸审计，规范完成年度阶段性内部审计等工作，公司监督追责体系初步建立，全年未发生追责事项。

【基础管理】 2020年，专属保险公司完成三年基础管理提升收官之年各项任务，法律、合规、风险、内控、审计五位一体的风险管控体系持续健全完善；按进度完成“十四五”规划编制阶段性工作；确定对标世界一流管理提升行动方案、工作清单并明确对标体系；确定改革三年行动实施方案；有序推进三项制度改革，优化全员业绩考核及薪酬结构，完善职务职级管理，推进组织机构优化，完善员工队伍结构；线上线下结合开展员工培训，参训员工290余人次；推进信息化建设服务业务需求，持续完善核心业务系统，完成28项需求改进；稳步推进数据治理取得成效，完成临分、理赔业务数据核查14103笔，建立核心系统数据质量校验体系；查补安全隐患漏洞，防范信息安全风险，获集团公司“护网2020”专项行动突出贡献奖。

【企业党建工作】 2020年，专属保险公司推进党建与业务深度融合，以高质量党建引领高质量发展。组织党委中心组集中学习18次，学习贯彻党的十九大和十九届二中、三中、四中、五中全会精神，跟进学习习近平总书记最新重要讲话精神54次；贯彻落实集团公司“战严冬、转观念、勇担当、上台阶”主题教育活动和提质增效专项行动部署，党委书记讲授《提质增效、化危为机，努力推进公司经营发展迈上新台阶》专题党课，召开全员参与的经营发展务虚会；修订“三重一大”决策制度实施细则，发布党建工作责任制实施办法；推进基层党组织建设，各支部按期完成换届选举，完成发展对象政审及集中培训，按期完成新党员发展工作；推进反腐倡廉建设，组织召开党风廉政建设专题会3次，与全体党员干部逐级签订党风廉政建设责任书，覆盖率100%，组织违规经营责任追究等专题警示教育12次，未发现违规违纪和“四风”方面问题；发布“党旗在抗击疫情中飘扬”系列专题报道10期，“战疫在行动”特别报道33篇，营造学习先进、争当先进的浓厚氛围。

（王占东）

科研及其他单位

中国石油天然气股份有限公司勘探开发研究院

【概况】 中国石油天然气股份有限公司勘探开发研究院（英文缩写 RIPED，简称勘探院）是面向中国石油全球油气勘探开发业务的综合性研究机构，是中国石油国内外油气业务发展的战略决策参谋部、重大理论与高新技术研发中心、技术支持与服务中心和高层次科技人才培养中心（简称“一部三中心”）。

勘探院成立于 1958 年，建院 60 多年来，勘探院直接参与我国陆上和海外大多数主力油气田的勘探发现与开发建设，有力支撑了中国石油国内外上游业务的健康发展；建立并完善了以中国陆相为主的石油地质与油气田开发理论技术体系，引领了我国油气勘探开发理论技术持续创新发展；培养造就了以 19 名两院院士为代表的一大批国内外知名专家，打造了一支敬业奉献、开拓创新的老中青科技人才队伍，有力支撑中国石油事业持续健康发展；大力弘扬石油精神和大庆精神铁人精神，牢固树立新时代科学家精神，为石油优良传统在科技领域薪火相传提供了滋养沃土。

勘探院包括北京总院（含廊坊院区）、西北分院和杭州地质研究院，业务领域涉及油气勘探、油气田开发、油气井工程、信息化与标准化、新能源勘探开发、技术培训与研究生教育等方面。2020 年底，有员工 2801 人，其中两院院士 10 人、教授级高级工程师 138 人、高级工程师 1352 人，具有硕士研究生以上学历 1952 人。建有提高石油采收率国家重点实验室、国家能源页岩气研发（实验）中心、国家能源二氧化碳驱油与埋存技术研发（实验）中心、国家能源致密油气研发中心和国家油气战略研究中心等 5 个国家级重点实验室（研究中心），以及 17 个公司级重点实验室，拥有众多国内外高精尖仪器设备，科研条件优越。与国内外知名油公司、研究机构和高等院校建立了广泛的交流与合作关系，出版《石油勘探与开发》等一批优秀刊物，在国内外油气行业和科技界具有良好影响力。

勘探院主要成果

成果名称	2016 年	2017 年	2018 年	2019 年	2020 年	合计
国家科技奖（项）	1	2	1	2	—	6
中国专利奖（项）	1	1	—	1	1	4
集团公司科技奖（项）	19	12	12	9	15	67
集团公司技术发明奖（项）	2	3	1	4	1	11
集团公司基础研究奖（项）	—	4	3	2	2	11
其他省部级科技奖（项）	50	32	35	21	61	199
授权发明专利（件）	155	210	157	257	254	1033
软件著作权登记（项）	85	78	55	236	170	624
制修订标准（项）	49	39	12	25	42	167
出版专著（部）	48	41	53	55	82	279
发表科技论文（篇）	1165	1120	1329	1267	1168	6049

【科研生产】 2020 年，勘探院面对新冠疫情和超低油价等前所未有的严峻考验，坚持“一部三中心”职责定位，以深化科技创新、助力提质增效为主线，扎实推进理论创新与技术进步，着力强化决策支持和生产服务，为集团公司实现稳增长保稳定任务、保障国家能源安全提供高质量科技供给。

突出决策支撑，充分发挥智囊高参作用。整合全院战略研究资源，成立科技咨询中心，组建能源战略综合研究部，做实国家油气战略研究中心，承办国家能源局页岩油勘探开发推进会、疫情冲击下中国能源安全与油气储备战略研讨会等高端会议，加大能源战略、行业政策和发展规划研究力度，牵头和合作编写智库报告 11 篇，正式刊发 4 篇，其中《大变局下谋划中国“能源独立”战略的建议》获得国务院领导批示，在国家高端智库建设中发挥重要支撑作用。认真研究疫情和低油价影响下国内外上游业务生产经营策略和技术发展方向，全力支撑集团公司“十四五”科技和业务发展规划编制。持续打造勘探院决策支持特色品牌，发布《全球油气勘探开发形势及油公司动态（2020）》，向集团公司编报《决策参考》35 篇、《工作建议》17 篇，多篇获领导批示和部门关注，为总部科学决策和重点工作推进提供依据。

突出风险勘探，强力支撑油气储量增长。落实高效勘探要求，成立风险勘探工作领导小组，组建跨院区、多学科联合的风险勘探研究中心，明确海相碳酸盐岩、深层、新区新领域和页岩油气等主攻方向，深耕重点盆地基础研究，评价优选 87 个重点区带，加大自主风险勘探目标研究和推举力度，推动多口重点井位取得战略突破。强化重点领域超前基础研究，创新超深层多阶段成藏演化模式、致密油甜点区富集规律等理论认识，深化页岩油原位转化机理和评价方法，推动全新战略领域接替。推动特色技术及软件发展，完善全深度速度建模与偏移技术，研发高分辨率地震数据处理技术，创新智能物探 2.0 技术，加速 iPreSeis2.0、Ciflog3.0 等软件的升级和推广，为复杂油气识别和评估提供技术利器。

突出提高采收率，有效推动油田效益开发。加强重点盆地技术支持，坚定不移革成本之命，系统评价已开发油田 1215 个开发单元不同油价下的经济可采储量，制定创新驱动增加 14 亿吨经济可采储量的技术路线，为集团公司制定原油低成本开发战略、实施大幅度提高老油田经济可采储量专项行动提供重要依据。加强老油田提高采收率技术研究，推进“二三结合”理论技术攻关和推广应用，加强 CO_2 驱油机理研究和注气开发试验，助推老油田稳产和提质增效发展。加强非常规资源有效动用，创建致密油产能建设新模式，编制吉木萨尔页岩油规划部署方案，支撑集团公司致密油 / 页岩油规模有效开发。强化稠油新技术推广和超前技术储备，发展多介质蒸汽驱、立体井网 SAGD 等新一代热采技术，助力稠油油田效益开发。

突出降本增效，着力破解工程技术难题。强化工程技术攻关和应用，新型柔性钻具超短半径侧钻技术成功应用于低渗透老油田挖潜增产，基于物联网的油井智能生产技术进一步扩大应用规模，采油采气优化决策系统现场应用 6300 余井次。持续做亮特色品牌，自主开发 FrSmart 压裂系统软件 1.0 版本，创新形成纳米驱油提高采收率技术系列，成功研制延时趾端滑套、全金属可溶桥塞等压裂工具，创新发展水平井自适应选择性堵水工艺。不断优化生产管理，开发物探钻井工程造价信息系统，高质量完成 25 口风险探井钻井方案研究审查和 847 口深井钻井跟踪评价，建立标准化管理成熟度评价指标体系，为油气田降本增效提供技术利器和管理支撑。

突出上产建设，持续助推气区快速发展。强化天然气勘探开发理论技术创新，发展常规气“控水开发”和非常规气“体积开发”理论技术，引领“常非并举”新格局。全力保障气田稳产上产，深化低渗—致密气藏提高采收率技术，创新水侵气藏控水开发技术，强化川南页岩气“甜点区”评价、开发政策研究和工程技术支持，牵头和参与编制苏里格、威远等多个重点气区产能建设方案，为集团公司天然气产量当量突破 1 亿吨提供技术支撑。推动储气库快速建设和高效运行，创新气藏型储气库建库注采机理和盐穴型储气库扩容技术，提出油气藏高效开发与储气库协同建设运行新模式，为各类复杂地质条件储气库建设提供技术方法。紧盯转型发展需要，整合加强新能源研究中心，提速新能源新业务发展步伐，强化页岩油原位改质、煤炭地下气化、太阳能制氢、地热利用等技术研发，积极打造未来发展优势。

突出生产服务，全力夯实海外发展根基。积极开展超前选区和新项目评价，抓住低油价窗口期，超前优选 20 个有利合作区块，加强规模优质在产项目精细评价和新老项目延期评价，推动多个项目进入商务报价和决策阶段。持续推动勘探优质规模增储，围绕深水勘探、滚动勘探和风险勘探，突出乍得、尼日尔、哈萨克 PK、阿克纠宾等重点项目综合研究和部署优化，落实多个亿吨级、千万吨级规模储量；制定系列 SEC 储量评估策略，实现海外油气份额储量稳中有升。多措并举推动开发效益稳产，强化“二次开发”技术创新应用，提出中东油气合作区低成本开发新思路，推动 NEB 资产群开发方式重大转换，被外方评价为“卓越的资产领导者”和“通过技术创新为油田现场增加价值的典范”。

【成果专利】 2020 年，勘探院获中国专利奖 1 项，集团公司科学技术进步奖15项（其中特等奖2项，一等奖5项）、技术发明奖1项、基础研究奖2项，获其他省部级科技奖61项。获授权发明专利254件、软件著作权170项。制修订标准42项，出版著作82部，发表论文1168篇，其中科学引文索引（SCI）收录292篇、工程索引（EI）收录360篇。

【管理提升】 2020年，勘探院围绕科研生产中心工作，着力推进队伍建设、改革管理、条件建设以及环境建设等工作，坚持科学发展，促进质量效率，管理水平不断提高。

强化队伍建设，积极构筑人才智力高地。做强高端人才队伍，提升院士专家待遇，充分发挥院士专家在学科建设、科学研究、人才培养等方面的引领作用；完善"双序列"职级体系，选聘23名首席专家、66名企业技术专家，明确行政领导与专家的责权利划分，进一步完善考核和淘汰机制，赋予项目长和科研骨干更多自主权，引导科研人员走技术发展之路。拓宽人才成长成才通道，加大人才引进力度，提升毕业生引进数量和质量，通过春秋两季招聘择优引进毕业生61名，改善研究生和博士后待遇，持续提升人才吸引力；依托重大项目研究、海外技术支持、研究生教育及高端技术培训平台，加速石油科学家、国际化人才和青年英才培育，获得国家"创新人才培养示范基地"称号；疏通年轻干部晋升通道，按程序选拔一批优秀年轻干部，探索"成长档案"制度，实行跟踪培养和动态管理，加快干部队伍年轻化进程。

深化改革管理，显著增强服务保障能力。强化国家重大专项攻关研究和管理支撑，加强集团公司关键核心技术攻关项目组织管理，成立攻关领导小组，落实"四个一"要求，加强专家跟踪和定期督查，确保攻关目标顺利实现。成立大庆古龙页岩油勘探开发研究工作专班，设立专题项目并配套经费保障，深入研究古龙页岩油重大基础科学问题，助力规模效益开发。优化科研管理体制机制，加强院科委会和科技咨询委员会建设，建立科研信息工作进展形势分析会、协调会以及月报等制度，推行科研项目分级分类管理，实施一级项目授权管理试点，落实国家和集团公司科技成果转化创效激励政策，构建差异化考核评价和精准激励机制，有效激发创新活力。制定勘探院改革三年行动方案，明确24项具体措施和66项重点任务；开展对标世界一流管理提升行动，落实8个方面30项主要任务，持续推进治理体系和治理能力现代化。牢固树立"过紧日子"思想，深化组织机构优化整合，持续建设精干高效的服务型机关，严格执行合规管理，大力推进简政放权，高效跟踪督查督办，不断提升制度体系的科学性、系统性和操作性。

加强条件建设，培育壮大赋能核心优势。紧跟集团公司数字化转型智能化发展步伐，组建信息化建设领导小组，成立信息化管理处，整合信息化研发力量，超前谋划云计算、大数据、人工智能等技术发展，扎实推进勘探开发云平台、勘探开发专家智慧共享平台等项目实施，积极构建全院勘探开发协同工作环境，努力推动先进信息技术与勘探开发业务的深度融合。强化北京院区和廊坊科技园区建设，组建廊坊科技园区管委会，切实将"一院两区"落实落地，推进"国家能源油气地下储库工程研发中心""页岩油实验室"和"新能源实验室"建设，有效支撑基础研究和学科建设。持续打造产学研深度融合新模式，与集团公司咨询中心、玉门油田、中国地质大学（北京）、华为公司、深圳清华大学研究院等单位签订战略合作协议、开展联合攻关研究，努力培育重大原创性科技成果和行业领军人才。

注重环境改善，稳步打造开放和谐园区。深化国际合作，新加入15个科技共享联盟组织，围绕信息化、人工智能、新能源等领域，深化国际科技交流与合作，持续构建国际化科研创新环境。打造多元化交流平台，举办国际前沿能源科技系列讲座，参加国际学术会议，《石油勘探与开发》SCI影响因子再创新高，进一步提升国际影响力和话语权。加快推动科技园区建设，基本完成"三供一业"分离移交和南厂区回收，稳步推进北实验区办公场所、工字楼职工公寓以及第三职工餐厅改造项目，顺利完成退休人员社会化管理移交工作，不断构建宜居宜研、安全和谐的环境。

【企业党建工作】 2020年，勘探院开展"战严冬、转观念、勇担当、上台阶"主题教育活动，推动党的建设与科研创新、提质增效、改革发展相融相促，把党组织政治优势转化为推动高质量发展的实践举措。构建"大党建"工作格局，规范中心组学习制度，开展12次中心组学习、4次专题讲座和4期领导干部轮训，完善党建工作制度体系，制修订12项党建制度，加强机关党的建设和作风建设，发挥党支部在重大事项和重要科研生产活动中的参与决策作用，配齐配强支部领导班子，严格执行"三会一课"制度，激励党员在科研生产中发挥先锋模范作用。推进党风廉政建设和反腐败工作，全面落实主体责任和监督责任，构建廉洁风险防控体系，完成对西北分院、杭州地质研究院巡察，做好巡察"回头看"和巡视巡察

“后半篇”文章，加强警示教育和监督执纪，提升健康发展能力。弘扬石油精神和大庆精神铁人精神，倡导以奋斗者为本理念，树立新时代科学家精神，引导科研人员矢志创新创效。积极履行社会责任，开展各类扶贫项目，依托西北分院，经过4年持续努力，推动帮扶村实现脱贫梦想，为决战决胜脱贫攻坚贡献力量。

（韩伟业　孔　娅）

中国石油天然气股份有限公司规划总院

【概况】 中国石油天然气股份有限公司规划总院（简称规划总院，英文PetroChina Planning & Engineering Institute，简称CPPEI）成立于1978年，原为石油工业部规划设计总院（石油工业部设计管理局），现为中国石油天然气集团有限公司所属在京科研单位，是集团公司的决策参谋部和石油石化工程总体规划及建设项目前期研究中心、油气田开发地面建设技术支持服务中心、石油技术经济发展研究中心、新能源发展战略研究中心，是全国石油行业唯一能承担油气业务全产业链规划研究与咨询服务的综合性科研机构。

规划总院业务范围主要包括“战略规划、科技研发、技术经济、工程造价、节能节水、咨询评估、后评价、环境评估、标准规范、设计论证”等。设有11个业务研究所（中心），1个集团公司重点实验室和3个创新实验室，同时设有节能技术、后评价、工程造价、环境工程、储气库、海外等6个集团公司、股份公司级研究中心，承担3个专标委秘书处日常工作。现有油气行业专业技术及管理人员近500人，包括驻院中国工程院院士1人、享受政府特殊津贴专家5人、正高级职称技术人员30余人、副高级职称技术人员240余人。

围绕集团公司高质量发展和建设国际一流综合性能源公司的目标，助力国家能源生产和消费革命，规划总院秉承“创新、求实、服务、奉献”的总院精神，践行新发展理念，在保障国家油气供应安全、推进天然气利用、实施“一带一路”油气合作和集团公司发展规划、能源通道建设、海外业务优质高效发展、炼化业务转型升级、油气业务链优化等领域取得丰硕成果。近年来每年承接完成国家部委、能源行业、集团公司和省市自治区委托项目1000个以上，为国家能源战略实施和集团公司改革发展作出重要贡献。

2020年开展创效攻关项目49项，“3个100”案例在集团公司门户作为首家科研单位成果展示。7名员工被评为规划总院劳动模范，1个集体和8名员工荣获集团公司级荣誉称号。

【队伍建设】 2020年，规划总院选聘院首席技术专家18人、技术专家25人，推荐评审教授级高级职称8人，专家队伍进一步壮大。制修订《中层管理人员选拔任用工作规范》《中层管理人员管理规定》，干部管理工作规范化水平全面提升。拓宽选人用人方式，通过竞争性选拔增加中层管理干部4人。加大人才引进力度，招聘2020届高素质毕业生30人。强化员工培训，全年培训1500余人次。

【“三基”工作】 2020年，规划总院调整信息中心党支部设置，成立后评价中心、服务中心党支部，基层党组织体系进一步完善。制定下发《基层党支部工作实施细则》《关于进一步加强党建与业务工作融合的指导意见》，提出5方面17条融合途径，支部规范化管理水平和工作质量持续提高。提升党员发展质量，发展重点向青年科研骨干和留学归国人员倾斜，全年审批党员转正7人，吸收预备党员4人。线上线下组织学习两会和党的十九届四中、五中全会精神，全年培训党员782人次，轮训支部书记70余人次，举办2期中层管理人员培训班。

【宣传工作】 2020年，规划总院规范意识形态阵地管理，强化工作检查，全面落实意识形态责任制。开展总院新版门户建设，增强门户功能，美化页面设计，出台门户管理办法，打造内容丰富、特色鲜明的网上总院。构建大宣传格局，合力开展“提质增效”“治理体系”“市场营销”等专题策划，加大外部宣传，全年对外发布新闻100余篇，数量创历史之最，首次获评“全国石油和化工行业新闻宣传先进单位”，规划总院品牌形象与影响力持续提升。

【群团统战工作】 2020年，规划总院制定职代会提案和劳模、三八红旗手评选表彰等办法，群团工作制度进一步完善。广泛组织合理化建议征集、劳动竞赛和青年大讲堂活动，打造员工岗位建功新平台。积极应对疫情影响，创新开展“正向清单”“健康之路”等关爱员工健康活动，6个活动小组近400名员工参与，线上打卡近万次。举办青年座谈会、联谊、亲子等活动，关心关注青年员工成长。1名员工在集团直属单位创新大赛获二等奖，创新大赛案例成功入选集团公司24个宣传思想文化工作优秀案例。建立党委委员与党外代表人士联谊交友机制，开展党外人士、留学员工代表座谈会，引导党外人士发挥聪明才智，增强改革发展合力。

【战略规划研究】 2020年，规划总院落实“四精”工作要求，突出低成本策略，把助力集团公司打赢提质增效攻坚战作为业务研究的主攻方向，扎实推进“十四五”战略规划系列研究工作。

高水准参与国家层面系列课题。坚持以保障国家能源安全为己任，参与发改委、能源局、工程院课题研究，为国家战略决策提供有力参谋。作为国家“十四五”能源规划工作组成员单位，全面参与能源局“十四五”能源规划、油气规划，为国家谋划能源发展蓝图献计献策。1篇院士建议上报中央领导，引起关注并被采纳，3篇专题材料报集团公司国家高端智库，提升了规划总院行业影响力。

高质量推进集团层面系列规划。坚持以谋划集团公司中长期发展蓝图为首要工作，大力开展各级各类规划研究，为集团公司战略规划的制定提供有力支撑。规划情景构建与方案等6大核心支撑课题研究成果，为集团公司总体规划思路与框架、规划纲要等的编制提供全方位支持。高质量发展指标体系和评价体系课题，为“十四五”规划目标制定提供了有效参考。油气田地面工程、炼油化工、油气销售、国际贸易、金融服务等专业规划课题，突出价值导向，谋划未来发展蓝图。新能源新业务、“一带一路”发展、节能节水等专项规划课题，突出新发展理念，为集团公司抓住机遇推进高质量发展，提出了一批务实的战略举措。京津冀、长三角、粤港澳、长江经济带、黄河流域、新疆、内蒙古等12个区域规划突出问题导向，为集团公司战略落地进行全面部署。

高起点开展各类战略专题研究。坚持以助力集团公司高质量发展为使命，围绕转型发展、绿色低碳、海外业务、产业链优化等深入研究，为集团公司拓展新发展空间、打造新优势提供决策支持。作为牵头单位，组织完成中国石油新能源新业务系列专题，首次参与国家层面氢能研究工作，开展天然气与新能源融合发展研究，推动青海、广东等示范工程落地。海外天然气业务发展战略课题首次全方位研究海外天然气业务问题，为集团公司海外天然气全产业链优化发展提供支持。西南战略通道一体化发展战略课题深入挖掘中缅油气合作潜能，有效推动中缅经济走廊建设。深入开展原油加工配置、产炼运销储贸一体化优化、天然气价值链、成品油批零一体化量价优化、油品销售业务高质量发展等专题研究，助力集团公司油气业务经营提质增效。

不断拓展服务领域和业务范围。围绕国家管网集团、地方政府需求开展研究，增强服务效能。大力支持国家管网集团相关研究，继续承担中俄东线南段、中俄远东管道、西三线中段、西四线、川气东送二线可研等重大管道前期研究工作，参与国家管网集团信息化规划与建设工作，完成过渡阶段信息化总体设计、ERP迁移与实施等项目。服务地方经济社会发展，全年承接内蒙古、新疆、西藏、呼和浩特、安宁、茂名等地方政府研究课题。

【科技研发】 2020年，规划总院加大核心技术攻关力度，强化超前储备研究，完善创新体系，提升创新能力，促进支撑引领作用更好发挥。

多个重大科研项目立项。针对国家和集团公司重大需求，积极组织项目申报，新承担总理基金项目、国家重点研发计划项目和国家能源局科技课题3项，新立集团公司基础研究与超前储备技术研究2020基金项目16项。油气业务链优化、天然气客户与市场优化项目，分别列入2021年集团公司重大科技专项和关键核心技术攻关项目计划。

重点领域科技攻关成果显著。山地页岩气国家专项研究形成1套适合山地页岩气开发的地面工艺及配套技术体系。油气田管道和站场完整性管理研究首创完整性管理的新理念新方法，制定工作流程和系列标准，形成可推广应用的技术体系。智能炼油厂课题研究，形成6项智能化关键技术，开发24套炼油厂装置和业务模型、4个智能化系统及平台。成品油销售提质增效研究，建立了量、价、策融合的营销决策支撑体系。

超前储备基础研究有序开展。开展低油价下采购进口天然气期货产品的时机和条件研究，为集团公司规避采购价格风险提供决策支持。探索性开展智慧型综合能源示范站概念研究，为适应数字经济新形势做好技术储备。

科技创新机制持续完善。制定总院基金项目管理办法，建立容错机制，支持青年科技人员自主提出立项建议，自主开展研究，鼓励大胆创新。推行项目制管理，加大项目经理激励力度，试点项目分级分类管理，推动院内资源高效利用。依托石油科学家工作室，聚集各方优势资源，推动炭黑项目稳步开展。完成分子炼油创新联合体实施方案，探索需求牵引、应用导向、产学研用协同的企校联合攻关新机制。

【信息化业务】 2020年，规划总院坚持“做强、做精、做专”的业务定位，不断增强技术实力，提升服务水平，助力集团公司数字化转型。

信息技术总体规划有序开展。深度参与集团公司“十四五”信息化总体规划，完成综合管理、炼油化工、天然气销售、成品油销售等业务领域规划方案编制。完成《中国石油数字化智能化发展战略研究》，形成“数字中国石油”发展战略框架，并向集团公司党组作专题汇报。承担集团公司数字化转型整体规划项目，完成28家单位数字化转型试点方案编制工作。

信息系统建设运维稳步推进。新启动财务共享服务平台等3个项目建设，天然气和化工品电子销售平台等6个在建项目有序开展，炼化物联网系统、天然气价值链优化系统等4个项目通过竣工审计。广东石化炼化一体化全厂智能化服务总承包项目成功中标并顺利实施，充分展示了规划总院在炼化智能工厂方向的技术实力。负责21个已建信息系统的运维工作，保障了集团公司生产经营安全平稳运行。疫情期间，针对湖北等疫情严重地区，第一时间启动应急预案，落实三级运维值班安排，确保系统平稳运行。组织国家管网集团生产管理及公平开放系统实施工作，确保油气管网生产运行平稳过渡。

自主研发技术应用成效显著。持续加大投入力度，研发创新取得成效。凌云PaaS平台正式投用，项目一期成功实现了容器化应用运行管控、微服务治理等7大类功能。加管系统国产化研发软件在河南、云南等地投入应用，运行效果良好。智慧加油站研究形成集服务、营销、运营等于一体的智慧解决方案，圆满举办2020智慧加油站解决方案技术交流会，在集团公司内外获得积极反响。

网络信息安全工作更加扎实。推进网络安全直线责任落实，全面启用入网准入，建立常态化安全检测加固机制。完成日志审计、主机防入侵、漏洞检测等工具平台建设，技术保障能力显著增强。圆满完成2020网络攻防演练任务，组织外部专家开展规划总院等级保护、网络安全培训，全员安全意识不断提升。

【技术支撑服务】 2020年，规划总院加大生产运行决策和现场服务支持力度，围绕项目全生命周期管理，提供全产业链技术支撑服务。

紧贴生产经营痛点难点研究对策。油气市场团队密切关注疫情，跟踪油价变化，及时研判对集团公司影响，全年累计参加生产经营日视频会、周例会等110余次，结合当期热点提供专家意见90余次，上报规划总院研报8期、各类专题材料150余份，为生产经营提供高效及时的决策支持。完成新冠肺炎疫情对国内成品油需求、天然气市场的影响分析与建议，及时呈送集团公司领导和有关部门，经集团办上报被国务院国资委、中国共产党中央委员会办公厅采用。油气业务链一体化优化团队，实时跟踪市场变化，靠前服务，运用自主研发软件开展多轮次、多情景方案测算和专题分析，全年累计提供260余版优化方案和40余份专题报告，为保障油气业务链顺畅运行、打赢效益保卫战提供有力的技术支持。

紧盯项目全生命周期管理并提供技术支撑。根据形势变化，及时研究调整各类经济评价参数，以成立中石油储气库经济评估分中心为契机，拓展储气库投资成本、经济评价和运营管理等专题研究，更大力度支持集团公司投资决策。强化后评价专项研究，跨国管道建设管理模式、加油站租赁项目等5个专项研究报告获得多位党组成员的批示，相关建议被纳入销售业务“十四五”发展规划。新冠肺炎疫情期间，创新咨询工作方式，全年完成评估审查存档项目144项，涉及总投资约455亿元，累计核减投资42.5亿元。编制完成预算定额和费用定额并通过集团公司审查，严格把关建设项目投资，全年审查各类投资项目28个，实现审减投资140.4亿元，审减率23.4%。深化节能节水统计体系研究，加强统计分析力度，拓展统计范围，大力推进能源管控战略实施，针对41个在建节能专项投资项目开展跟踪和评价，全年组织主编标准10项，其中国际标准1项。全年完成各类海外项目技术支持服务170项，为海外业务优质高效发展提供决策支持。

紧扣集团公司决策部署强化责任担当。面对急难重任，提高政治站位，积极响应，勇于担当。落实集团公司党组决策部署，完成信息化业务重组改革前期研究工作，全力支持昆仑数智各项筹备工作的开展。协助集团公司市场营销工作会议召开，组织油、气、化市场专业，研究提出油气市场六个方面的基本判断、市场营销七个方面的发展方向和营销工作九个方面的建议，引起广泛关注。

全力做好各级各类服务支持工作。加强对总部职能部门、各专业公司的全面支持，参与各类指导文件、领导讲话备参、工作方案等材料编制，配合做好项目前期审查、生产运行支持、安全环保、专业培训等方面工作。持续做好塔里木油田、西部管道的项目审查、完整性管理等支持工作，创新工作思路，丰富工作内容，服务质量不断提高。服务地区公司，全年承担玉门油田、大庆石化、燃料油公司、西北销售、甘肃销售、天然气销售安徽公司等 129 项地区公司课题。

【改革与管理】 2020 年，规划总院认真落实集团公司党组关于推进公司治理体系和治理能力现代化各项决策部署，全面深化改革，大力推动智慧总院建设，协同管理平台一期功能全部上线，规划总院治理效能进一步提升。

职能部门改革见实见效。优化职能部门设置，组建项目管理部、企管法规财务部和综合服务中心，调整党委职能部门职责划分，各部门定位和主责更加突出。优化业务管理流程，取消科级建制，推进“去行政化”，形成职能划分更加合理、管理边界更加清晰、运转协调更加高效的组织管理体系。引入外部咨询公司，开展职能部门岗位、薪酬、考核管理研究，重构岗位职级体系，建立“凭能力、靠实绩”定职级晋升和“比能力、比贡献”定薪酬的激励约束机制，职能部门内生动力、队伍活力得到有效激发。

技术序列改革有破有立。坚持目标引领和问题导向，深化专业技术序列改革，构建破格晋升机制，搭建优秀人才成长的快车道，增强一级工程师以上岗级薪酬的激励性，形成有利于责任压实和作用发挥的配套考核体系。组织选聘 43 名院级技术专家，5 名中层管理人员选聘到技术专家岗位，5 名优秀人才破格成为院级专家，其中 2 名三级工程师分别选聘到院首席技术专家、院技术专家岗位，专业技术人员专心搞研究、立志专业成才求发展的事业观和价值观初步形成。

管理机制创新初见成效。年初组织召开院绩效考核专题研讨会，突出“创新与创效”并举理念，简化优化绩效考核体系，考核导向更加明显、作用更加突出。知识共享平台成功上线，在所有研究单位推广应用，初步实现项目全生命周期成果、标准规范、方法数据和专家信息等知识的全院共享，推动了规划总院知识成果利用价值的最大化。

依法合规管理全面加强。班子成员履行推进法治建设职责，专题学习民法典，召开法治建设工作会，加大法治宣传教育，强化重大事项法律参与，依法治企能力进一步提升。全面上线合同管理系统 2.0，深入推进“管业务、管普法、管合规”责任制，合同合规管理更加规范。开发上线总院制度管理和查询系统，全年制修订制度 44 项，废止制度 35 项，制度体系更加科学完备。完成质量、HSE 和信息化管理体系的换版、升级及内外审，CMMI 管理体系通过最高等级认证。建立重大经营风险事件上报机制，开展重大风险评估和内控自我测试，风险及内控管理全面加强。强化预算、资金、成本管理和会计核算，财务支持服务水平稳步提升。做好外事和学协会管理，为业务研究提供技术交流支持。开展国密整治专项行动，修订保密管理制度，组织保密宣传周活动，完善保密基础体系，开创保密工作新局面。

服务保障工作持续改进。强化政务服务，紧贴规划总院党委和全院中心工作，精心做好参谋辅政、会议组织、督查督办和综合协调工作，维稳、信访、值班与应急管理等职能作用有效发挥。后勤服务紧贴工作生活需要，推动普兰综合楼安全节能改造项目通过消防验收，完成二里庄办公楼消防梯安全改造、大厅顶棚翻新、西配楼外窗改造等基建工程，办公环境的安全性与舒适度进一步改善。实施 154 名退休人员社会化管理移交工作。

（吴小卫）

中国石油天然气股份有限公司石油化工研究院

【概况】 中国石油天然气股份有限公司石油化工研究院（简称石化院）是 2006 年 6 月在股份公司原炼油化工技术研究中心基础上组建的直属炼化科研机构，是中国石油炼化领域唯一直属研究院。2019 年 12 月，注册“中国石油集团石油化工研究院有限公司”，具备独立法人资质。总部在北京，下设兰州、大庆 2 个研究中心，北京院部设新材料、生物化工和氢能 3 个研究所，8 个研究室、7 个职能处室、5 个支持服务中心。2020 年底，石化院员工总数 1091 名，其中：院首席专家 9 名、技术专家 13 名，教授级高级工程师 45 名，高级工程师 523 名。高级职称占比 53%。硕士以上学历占比 49%，博士占比 13%。聘请院士 1 名，设立院士工作室 1 个。

石化院主要从事炼油化工催化剂和工艺研发，新能源新材料技术研发，合成树脂和合成橡胶等新产品开发，清洁生产技术开发、产品标准化和质量检测、知识产权与决策支持研究等。建院以来，紧密围绕集团公司炼化业务发展需求，全力推进新技术研发、推广应用、新产品开发等工作，炼油全系列催化剂、化工重点催化剂研、清洁生产技术取得突破，自主技术覆盖85%炼油过程、65%化工过程，累计开发100余个高附加值化工新产品，新技术推广应用到国内外50余家企业170余套工业装置，有效支撑了炼化转型升级和高质量发展。

石化院固定资产22亿元。拥有包括原子级分辨球差校正透射电镜、24通道加氢催化剂制备系统等在内的高水平装置设备1000多台套；石化院设有催化裂化催化剂及制备工艺等4个石化行业重点实验室，清洁燃料等5个集团公司重点实验室，聚烯烃催化剂与工艺工程等5个关键领域实验基地，国家合成橡胶质量监督检验中心等4个国家级技术机构，炼化清洁生产中心等6个集团公司级技术机构，合作建设石油石化污染物控制与处理国家重点实验室，拥有一流水平的实验设备和科研平台。与国内知名高校和科研院所开展合作研究，与炼化企业和工程设计单位构建技术合作联盟，与重点客户建立产品开发战略联盟，广泛开展国际交流，拓展国际业务，加快推进“世界一流石化院”建设进程。

2020年，获集团公司及省部级以上科技奖励18项。其中“催化裂化汽油超深度加氢脱硫—烯烃分段调控转化成套技术”获国家科学技术进步奖二等奖。主导发布国际标准5项、国家/行业/团体标准17项、集团公司企业标准2项、院标准22项，首次获得中国标准化协会科学技术奖1项、集团公司优秀标准奖特等奖1项。申报专利326项，授权214项（其中发明专利占86%）。

【发展规划】 2020年，石化院发展目标：2025年基本实现高质量发展，建成特色鲜明、优势突出、竞争力强的世界知名石油化工研究机构。2030年全面实现高质量发展，基本建成行业领先、具备全球竞争力的世界一流科研机构。2035年建成实力雄厚、成果卓著，与世界一流综合性国际能源公司相符的世界一流研究院。

发展定位：一部三中心，即炼化业务决策参谋部、炼化高新技术研发中心、炼化业务决策支持与生产技术服务中心、炼化高层次科技人才培养中心。发展方向：五个紧密结合，即紧密结合集团公司炼化业务发展需要开展科研工作、紧密结合炼化企业生产经营实际开发新产品、紧密结合炼化企业生产经营需要做好技术服务、紧密结合集团公司和部门需求做好决策支持工作、紧密结合炼化技术发展趋势做好基础前瞻性技术研究。

高质量发展目标：一流的技术为引领，一流的市场影响力为目标，一流的人才做基础，一流的平台做支撑，一流的管理做保障，一流的文化做动力，实现以一流的技术、市场、人才、平台、管理、文化“六个一流”为特征的高质量发展，努力建设“世界一流石化院”。

高质量发展基本遵循：坚持党的领导，把握正确方向；坚持战略引领，筑牢发展根基；坚持以人为本，实现人才兴院；坚持创新驱动，激发内生活力；坚持深化改革，推动科技发展；坚持开放合作，实现互利共赢；坚持合规管理，提升管理水平；坚持弘扬石油精神，凝聚发展力量。

高质量发展思路：持续推进一切工作“面向市场、着眼应用”的思想观念的转变。坚持石化院作为企业研究院的定位和属性，基础研究要向着力解决生产应用过程中存在的关键核心科学问题转变；技术研发要向面向用户、讲求效益、开发产品为目标的转变。持续推进科研组织模式的转变。要强化基于发展战略的顶层规划设计执行，强化方向管控，强化专家主导。要简化立项程序，把科研人员从写材料中解放出来，切实改变单纯自下而上申报项目的组织模式，建立项目储备库，随时可以推荐立项项目，鼓励优势领域安排预研。持续推进科研项目管理方式的转变。要由重数量、重过程管理向重质量、重结果、重培育、重积淀转变，突出巩固并拓展优势领域，加快培育平台性技术竞争新优势，加快向新领域新材料转变，由“做项目”向“做研究、做产品”转变。持续推进向工程化和数字化开发模式的转变。充分用好高通量试验装备，试点数字化和智能化开发，努力提升工艺工程开发能力，切实实现由以催化剂为主的单点技术向催化剂和工艺成套技术、提供一揽子解决方案的转变。持续推进成果推广模式的转变。改革技术服务体制机制，落实激励政策，搭建成果转移转化平台，实现由卖催化剂产品为主向卖技术、卖服务、卖平台的转变，让“研产销”各方受益。持续推进向精细化精益化管理的转变。瞄准世界一流研究院目标，加强以财务成本效益分析为核心的管理，大力推动管理创新。持续推进向“高效协同创新”的转变。进一步着眼未来，找准定位，凝聚共识，采取措施加强“整体融合、有机结合、相互配合”，实现管理方式由

“一院三地”向石化院整体协调发展的转变。加大对外合作，充分利用外脑，实现快速突破。持续推进科研工作作风的转变。弘扬苦干实干的“石油精神”和求真务实的“科学家精神”，每天工作八小时成就不了一流人才，切实实现由“要我做”向“我要做、主动做”研究的转变。

HSE 方针：以人为本，安全第一，环境和谐，实现科学发展。

安全环保理念：一切工作首先考虑安全环保，安全环保具有最高优先权。

【助力打通中国石油口罩制造全产业链】 2020 年，石化院以最短时间、最快速度、超常规手段，完成熔喷料熔喷布自主研发生产，投资建成中国石油首条熔喷布生产线，助力中国石油快速打通“熔喷料—熔喷布—医用口罩”全产业链。全年生产销售熔喷料 367 吨、熔喷布 98 吨，为“夺取疫情防控和提质增效双胜利”作出重要贡献。

【提质增效】 2020 年，石化院全面落实“四精”部署要求，提质增效“三大行动”成效显著。

制定实施石化院《2020 年提质增效专项行动实施方案》《助力集团公司提质增效专项行动实施方案》《“战严冬、转观念、勇担当、上台阶”主题教育活动方案》，推进“技术攻关、推广应用、成本压降”三大行动，在科研经费、技术推广、技术服务和产品销售收入、为企业创效等方面均取得了突出成绩，两级机关管理费用大幅压降。

【成套工艺技术开发】 “1 号工程”（石化院每年要集中攻关的重要科研项目）圆满成功，成套工艺技术开发实现重要突破。强化顶层设计与组织协调，完善制度规范，坚定推进由单点技术向催化剂和成套工艺技术研究转变，5000 吨 / 年低黏度 PAO 成套技术首次工业应用一次开车成功，将中国石油Ⅳ类基础油生产技术推向国际先进水平；完成国内首创“3 万吨 / 年 1– 丁烯及 3 万吨 / 年灵活切换生产 1– 丁烯 /1– 己烯成套技术”工艺包开发，在长庆 80 万吨 / 年和塔里木 60 万吨 / 年两套乙烷制乙烯国家示范工程项目中首次许可应用；完成 6 万吨 / 年茂金属聚乙烯工艺包、30 万吨 / 年液相本体法聚丙烯（0 版）工艺包开发，聚烯烃关键核心技术研发迈上新台阶。

【国家项目和公司重大科技专项】 2020 年，石化院润滑油、合成橡胶国家项目顺利通过年度检查，航空生物燃料、炼油催化剂（二期）专项高质量通过验收，炼化转型、聚烯烃等专项进展顺利，油田用化工新材料产品专项具备立项条件。

【重点工业试验】 航空煤油加氢催化剂（PHK–101）在宁夏石化 40 万吨 / 年装置一次开车成功，填补中国石油技术空白；茂金属聚丙烯催化剂（MPP–S01、MPP–S02）完成工业试验，产出全球首个超高分子量茂金属聚丙烯工业化产品；乙烯裂解炉管自清焦涂层技术完成 1500 小时中试，结焦量减少 75% 以上，预计工业装置运行周期可提高 1 倍，由 50 天延长至 100 天以上，达到国外先进水平。

【重大技术攻关】 胡长禄、义建军等 7 名专家成功竞聘集团公司关键核心技术攻关项目经理，7 项集团公司关键核心技术重大科技攻关全面启动，集中力量攻克发展瓶颈。

【新领域研究】 落实董事长要求，成立氢能、生物化工和新材料 3 个筹备组，完成相关产业发展方案建议并上报，加入中国氢能联盟和石化联合会新材料委员会等国内行业组织，构建井筒工程用化工材料创新联合体，3 个国际合作项目开题立项，20 余个储备技术研究进展顺利，可持续发展能力进一步增强。

【战略决策支持】《疫情对石化行业的影响分析与应对措施建议》等 3 篇报告被选送国务院国资委和中办、国办；《合成橡胶工业》《石化技术与应用》入选中国科技核心期刊，荣膺全国首届石油和化工期刊百强榜单。

【技术推广】 2020 年，石化院科技成果转化能力持续提升，技术推广实现多个“首次”。

集成橡胶和丁戊橡胶在山东裕龙石化公司实现首次技术许可；乙烯裂解炉烟气脱硝催化剂成功中标榆林乙烯和塔里木油田乙烯装置；近红外快速评价技术在庆阳石化、玉门炼化实现首次推广；重油四组分快速分析技术在大连石化实现首次推广；环保型金属钝化剂在地方炼油厂首次应用；催化裂化催化剂新开拓印度、俄罗斯两家用户，新一代高性能催化剂及增产丙烯助剂在中国台湾公司国际招标中获得订单，实现台湾地区首次推广应用；固定床渣油加氢催化剂完成台湾中油股份有限公司首个订单催化剂生产。

【新产品开发】 2020 年，石化院化工新产品开发力度不断增强，助力企业提档创优、提质增效。

按照“产销研用管”五位一体的管理模式和“体系化、平台化、系列化、定制化”的开发原则，高效完成高抗冲高耐磨茂金属聚乙烯、汽车膨胀水箱用聚丙烯、全生物降解 PBAT 改性地膜专用料等 12 个中试产品攻关，配合企业完成 37 个新产品开发工作，完成炼化板块下达的提档创优任务，为石化院化工利润超百亿作出突出贡献。在国内首次开发了

DQVL0810 等 4 个聚烯烃新产品，并在大庆、抚顺和兰州石化实现工业化生产，产品技术指标达到相应进口同类产品水平。依托聚烯烃专项聚烯烃结构调控和洁净化平台技术研发成果，低气味车用料、低气味高熔指纤维料等 5 个高端产品稳定生产 33.2 万吨；PE-RT Ⅱ型管材、高刚高流动抗冲共聚聚丙烯等 7 个产品实现首次工业化生产。

【平台建设】 2020 年，石化院条件平台建设迈上新台阶，科技创新基础更加稳固。

建成淤浆法聚乙烯、费托合成中试装置，完成“丙烯可控共聚中试平台完善建设”和“清洁燃料生产过程高效分离技术平台建设”两个项目开题立项；4 个 CMA 实验室同时申请 CNAS 认可，其中 2 个通过现场评审，1 个通过现场复评；石化院列入集团公司数字化转型智能化发展 11 家试点单位之一，是唯一一家入选的集团公司科研单位，拉开智慧研究院建设大幕。

【管理提升】 2020 年，石化院改革创新体制机制，高质量发展动能进一步释放。

干部队伍更加优化。完成对石化院中层领导岗位后备干部推荐，实现对石化院中层领导干部 360 度全方位考核，高质量完成年度干部选拔调整工作，40 岁及以下占提拔总人数的 40%，干部年轻化迈出实质性步伐。

组织机构改革走向深入。深化科研组织模式改革，成立聚烯烃、固定床渣油加氢技术等 5 个院级创新团队，组建杨万泰院士工作团队，并在合成树脂室全面开展室级创新团队试点，稳步推进由“行政主导”向“专家主导”转变。石化院研究室配备了专职综合管理员，两个中心进一步优化机构职能，全面精简基层领导人员职数。

人才队伍更加壮大。成功申报设立北京院部博士后工作站，打造炼化领域高层次人才“孵化器”；联系上报 5 名国内外高层次人才，系统内外共引进科研、操作骨干 14 人，高标准择优招聘高校毕业生、留学生 34 人；完成第二届新增 50 名青年科技英才评选，开展线上培训，创新型高端科研人才储备力量不断壮大。

业绩考核导向更加明确。修订完善院绩效考核制度，构建 KAI、GS 等全新考核体系，实现差异化考核；配套完善薪酬分配制度，设立月度基础考核奖，对院级创新团队经理实行年薪制，将成果创效、经费收入、关键核心技术攻关等纳入绩效和专项奖励，成果业绩导向更加明确，实现“收入能多能少”。

模板化工作有力推进。新编制 95 个重点工作模板，建立知识挖掘创新与共享机制，有效提升管理规范化、流程化、标准化、精细化水平。

QHSE 管理效能持续加强。组织开展 QHSE 量化评审和领导干部安全述职，安全管理实现信息化，隐患治理及时有效，员工安全环保意识不断增强，本质安全水平和专业技能有效提升。

法治建设水平不断提升。依法治企有效推进，重大事项依法决策，组织学习《民法典》，强化合同管理，法律管理工作更加高效规范。

中国石油集团石油化工研究院有限公司运营打开新局面。开展委托物资加工、产品销售、设备租赁等多种方式经营业务，完成经营范围扩项。

【企业党建工作】 2020 年，石化院强化党建引领，干事创业的合力持续增强。

党风廉政建设和反腐败工作深入推进。组织召开 2020 年石化院党建和反腐败工作会议，签订党风廉政建设责任书 210 人，实现领导干部、管理人员等全覆盖。

巡视整改和巡察工作走深做实。完成中央巡视组反馈问题专题评估，先后对院部 11 个党支部开展巡察，实现 3 年全覆盖的目标。

选树典型成果突出。13 人次获集团公司“劳动模范”等先进个人称号，5 个单位获集团公司“先进集体”称号，首次获集团公司直属青年岗位创新大赛二等奖和管理创新成果奖，获集团公司加计扣除先进单位称号，连续两届获“首都文明单位”称号，连续两年集团公司业绩考核 A 级单位。

和谐文化氛围日益浓厚。看望慰问患病、困难员工及家属 100 多人，发放慰问金 30 多万元；针对职工代表提出的意见建议制定落实 28 项具体措施；修订完善《企业文化手册》；筹划建党 100 周年、建院 15 周年系列活动，增强员工凝聚力，营造积极向上的工作氛围。

（韦栋宝）

中国石油集团经济技术研究院

【概况】 中国石油集团经济技术研究院（简称经研院）前身为1964年成立的石油工业部科技情报研究所，2005年重组更名为经济技术研究院，2015年作为唯一一家企业类智库入选首批国家高端智库建设试点单位。集团公司党组赋予经研院的功能定位为“一部三中心”，即集团公司把握内外部环境、研究制定竞争对策和发展战略的“参谋部”，谋划全局性重大战略问题的研究中心、国内外石油石化信息资源开发中心、经济和技术信息的对外交流与合作中心。国家高端智库理事会赋予经研院的功能定位为“立足‘能源’和‘企业’特色，围绕能源战略与能源安全、‘一带一路’能源合作、国有企业改革发展、国有企业党的建设等研究领域，提供具有前瞻性、战略性和针对性的研究咨询服务。”集团公司党组高度重视高端智库建设工作，戴厚良董事长亲自担任智库建设工作领导小组组长、学术委员会主任和首席专家。

2020年底，经研院下设20个二级单位（不含驻经研院纪检组），合同化员工211人。其中，在岗一级正、副职5人，二级正、副职48人；合同化员工硕博士155人，占在册人数73%；正高级职称17人，副高级职称110人，占合同化在册人数60%；中级职称57人，占27%。

【高端智库建设】 集团公司党组高度重视智库建设，于2020年初成立了中国石油集团国家高端智库建设工作领导小组、学术委员会和智库研究中心，戴厚良董事长亲自担任领导小组组长、学术委员会主任和首席专家，建设方案亲自把关，关键环节亲自协调，课题研究落实情况亲自督查，举全集团之力办好国家高端智库。围绕“能源”与“企业”两大领域，立足“两个跳出”“两个对接”，坚持国家站位、思考战略问题，统筹研究力量、创新体制机制，开展14项智库课题研究，多项成果获中央领导批示，1项成果直接支撑中央文件起草，4篇智库报告获刊发，9篇智库动态被采用。与中央财经委员会办公室、中央外事工作领导小组办公室、国家发改委、国务院国资委、国家能源局等决策部门加强对接，课题涉及“一带一路”高质量发展形势、国家能源安全、“十四五”能源规划、国有企业改革、创新生态和政策体系建设、关键核心技术攻关新型举国体制等，30余项观点建议被参考采纳，一批研究类信息被中国共产党中央委员会办公厅、中华人民共和国国务院办公厅、国务院国资委采用。制定三个层面的七项制度，组建四个层次的专家团队。组织召开“国家高端智库经济形势定期研判会商会”，牵头“六铺炕央企智库能源论坛”征询《中华人民共和国能源法（征求意见稿）》意见建议。一年来，高端智库治理机制、成果质量、供需对接、资源汇聚、对外影响等方面均取得重要阶段性成果，达到以整改促发展、上台阶的目的。

【服务集团公司】 聚焦疫情和低油价冲击开展研究，成果获集团公司领导批示71份，同比增长154%，其中获主要领导批示61份，同比增长239%。定期参加国家部委市场分析会议，在集团公司市场营销工作会议上汇报大变局下世界油气市场大趋势报告，深度参与财务部生产经营效益分析（周、旬、月、季度与年度预判）、生产经营管理部日例会、规划计划部月度油价小组工作，汇报最新市场研究成果，承担完成大量咨询任务，一批政策建议获重视采纳。开展集团公司“十四五”国内外宏观环境、科技发展战略、石油供需发展趋势、天然气业务、非油业务、品牌战略等“十四五”规划前期重大问题研究，承担成品油销售、资本运营、品牌发展以及有关专项规划编制，作为集团公司“十四五”科技发展规划编制总牵头和领导小组办公室依托单位，发布由经研院牵头完成的《集团公司2021—2035科技发展战略研究报告》，决策贡献力和专业公信力显著提升。与集团公司品牌办共建品牌形象建设研究与传播服务中心，编制疫情防控期能源经济大数据快报，治理体系与治理能力现代化研究成果为集团公司领导干部会议提供重要支撑。建成集团公司“油气市场模拟与价格预测”重点实验室，推广应用成品油市场情报系统，推动建立天然气竞争情报系统，加快建设石油科技创新实验室，完善中长期天然气需求预测、油权论、油气产储量及消费量预测、专利地图分析等理论方法模型。优化年度信息资源采购清单，持续升级数据库集群，网站运维、知识产权、科技成果等支持服务工作获需求方好评。成果获集团公司科学技术进步奖2项、软科学优秀成果奖9项、全国石油石化企业管理现代化创新奖20项，价值含量、思想分量与辐射示范效应持续增强。

【人才队伍建设】 加强干部队伍建设，修订《中层管理人员管理办法》，调整中层干部5人，完成中层干部岗位层级类别套转。开展专业技术岗位人员三年任期考核，推荐享受政府特殊津贴人员1人、中青年科技领军人才2人、创新团队1个，联合培养博士后11人，择优招聘新员工10人，选聘19人到基层管理岗位，不断完善领军人物、骨干力量、后备新秀的人才梯队。优化绩效考核体系，精细工资计划管理，充分发挥激励作用，持续提高劳动生产率。争取政策支持，在新冠肺炎疫情和低油价冲击下，保持工资总额平稳不降，进一步增强广大员工的凝聚力和战斗力。统筹线上线下多种方式，组织培训78项、896人次。推进退休人员社会化管理，完成退休人员档案移交、组织关系转出等工作。

【学术交流成果】 2020年，经研院适应疫情防控需要，创新形式举办国际能源发展高峰论坛、进博会中石油论坛、全国石油经济学术年会等大型会议，首次以集团公司名义对外发布能源展望，与国际能源署（IEA）、英国石油公司（BP）、埃信华迈（IHS-Markit）、日本能源研究所、韩国能源研究所、沙特国王研究院等国内外机构联合组织百余场研讨会。经研院多位专家接受中央电视台采访，在《经济日报》《中国经济时报》《中国能源报》上发表文章，在世界LNG亚太峰会、国际石油贸易大会等国际平台发表演讲，在《国际石油经济》《石油商报》等院属媒体上发表观点，加强研究成果推广和思想传播增值。

【改革管理创新】 完善"三重一大"决策机制，全年召开党委会20次、审议议案65项，持续提高议案水平和会议质量，实时上报国务院国资委决策事项，对重要工作督查督办。做好新冠肺炎疫情防控工作，加强组织领导，签订防控责任书，发放防护物资，强化联防联控，做好全员"日报告""零报告"和及时排查，组织全员核酸检测，及时调整引导员工到岗率、就餐方式和通勤方式，宣传防疫知识，做好值班值守，合理安排居家办公，解决员工实际困难，统筹推进新冠肺炎疫情防控与复工复产，工作场所"零疫情、零感染"、员工和家属"零疑似、零确诊"。深入开展提质增效专项行动，强化预算、资金、资产、税收管理，优化财务共享系统应用，实现非科研性支出硬下降，非紧急、重要事项的支出延迟结算，非常规经济事项暂停支出，严格把控超标费用支出，全年成本费用同比下降1300万元，管理费用同比下降400万元。推进科研业务"十四五"规划编制，完善科研项目、成果奖励、招标管理等一批制度流程，做好安全、保密、审计、内控、合同、档案等工作，推进经营业务高质量发展。

【企业党建工作】 经研院党委充分发挥"把方向、管大局、促落实"的领导作用，各党支部充分发挥战斗堡垒作用，两级党组织在团结带领广大干部员工改革创新、攻坚克难方面的核心作用更加凸显。政治建设持续强化。严格落实党委中心组学习制度，完善支部和党员学习体系，扎实推进理论武装。

党建责任不断压实。严格落实"一岗双责"，成立党群工作处，指导支部规范开展换届，统筹做好支部达标晋级管理、党建工作责任制考核和支部书记抓党建述职评议及结果应用，组织支部书记和委员培训，认真做好"三会一课"、民主评议党员等基础工作，规范开展党员发展、党费收缴使用管理和党建信息化平台推广应用，创新丰富支部活动形式。推进党建特色研究，依托党建课题优化党建与科研同频共振。

党风廉政建设更加深入。聚焦"两个维护"，突出抓好政治监督，确保政令畅通、令行禁止。全力支持派驻纪检组工作，认真落实大监督体系，一体推进"三不"体制机制建设。深入开展党委第三批巡察和"四个专项整治"工作，组织巡视巡察整改成效综合"回头看"。贯彻中央八项规定精神，紧盯"四风"隐形变异新动向，坚决防止"四风"问题反弹回潮，努力打造风清气正的工作环境，推动政治生态持续向好。和谐企业建设大力加强。深入开展"战严冬、转观念、勇担当、上台阶"主题教育活动，集中精力抓好理论学习、专题调研、主题宣讲、全员讨论、选树典型、岗位实践和思想研判等7个方面重点工作，把主题教育成果转化为完成全年业绩目标、不断提升员工获得感幸福感的生动实践。落实意识形态工作责任制，严格舆论阵地管理。深化"石油精神"再学习再教育，选树先进典型，推进网络舆情研究中心建设。充分发挥群团组织桥梁纽带作用，完成工会换届，鼓励党外人士参与经研院民主管理，深入开展扶贫帮困送温暖活动，引导广大员工立足岗位、建功立业。

（刘　佳）

中国石油集团工程技术研究院有限公司

【概况】 中国石油集团工程技术研究院有限公司（简称工程技术研究院）组建于2017年12月，由原中国石油集团钻井工程技术研究院有限公司和休斯敦技术研究中心强强联合、重组整合形成，是集团公司直属科研机构。发展定位为集团公司油气工程技术参谋部，油气工程基础前沿及高新技术研发中心，油气工程高端技术支持与服务中心，油气工程高端科技人才引进培养平台，油气工程高新技术产业化平台。主要从事井筒工程的基础和前沿技术、尖端工具和仪器、入井流体的研发和推广。

2020年底，工程技术研究院下设7个机关处室、10个研究机构、1个休斯敦研究中心、1个国际业务部、1个实验中心、2个直属单位、2个项目部。拥有油气钻井国家工程实验室、中国石油集团公司钻井工程重点实验室和试验基地、美国休斯敦非常规工程技术实验室。员工总数1248人，其中，中国工程院院士2人，新世纪百千万人才工程国家级人选5人，享受国务院政府特殊津贴专家8人，集团公司高级技术专家16名，教授级高工38名。

“十一五”以来，累计承担国家、集团公司科研课题398项（国家课题50余项），研发形成以深井超深井钻井、水平井钻井、页岩气钻完井、煤层气钻完井、储气（油）库建设工程、钻井测量、完井压裂和非常规油气藏评价等8套综合技术、18项特色技术为代表的油气钻完井技术体系；先后获得国家科技奖励10项，省部级科学技术进步奖120项，授权专利611件（发明专利199件，国际专利10件），制修订标准182项，发布新产品12项。精细控压钻井系统和连续管作业机被评为中国石油集团公司“十二五”十大技术利器，SDI提速工具获2015年美国E&P工程创新奖和2017年CIPPE金奖。在井筒工程技术研究和服务方面具有雄厚的实力和丰富的经验。

【科技成果】 2020年，工程技术研究院承担科研课题273项，其中国家课题 43项，省部级课题230项。获省部级奖励21项，其中一等奖6项。授权发明专利112件、国际专利9件，制修订标准84项，发表论文155篇。

工程技术研究院始终将承接国家、集团公司重大项目以及解决现场急需的“卡脖子”难题作为全院工作的核心和重头戏。强化5大关键核心技术攻关，抗高温环保井筒工作液新材料研发等取得实质进展。强化重大现场试验项目组织实施，个性化PDC钻头实现区域定制化、应用22口井，深井超深井固井水泥浆基本定型、试验15井次。统筹推进科技条件平台建设，编制特种实验室第一阶段建设方案，组织国家工程实验室学术委员会会议。一批技术成果取得重大进展和实质突破。全可溶桥塞达到世界先进水平，自动化固井获集团公司十大科技进展，抗盐水侵高密度油基钻井液获集团公司专利银奖，膨胀管裸眼封堵756米创国际年度最长封隔纪录，抗高温螺杆使用寿命突破300小时，RSS、RMIA、油基版CGDS、无源磁导向系统、电动钻井系统等进入现场测试。

【技术支持】 2020年，工程技术研究院克服新冠肺炎疫情影响，强化前后方一体化协同，科技助力重点地区提质增效。

强化川渝页岩气、新疆玛湖等非常规水平井技术支持，实施技术总包与示范井21口，宁209H71-3井创国内页岩气井水平段3100米最长纪录，在玛湖创4个井区提速指标。

强化塔里木、西南、新疆南缘等深井技术支持，持续推进控压钻井、油基钻井液、个性化PDC钻头、高强度韧性水泥等技术应用，大幅提升工程质量。

有序开展中东、乍得、尼日尔等海外技术支持，9人常驻海外3000余天，NEB资产领导者项目团队被ADNOC赞誉为“一个团队一个目标”合作典范。

统筹推进大庆、长庆、煤层气、储气库等技术支持，着重技术方案编制和技术示范，储气库井工程评估分中心挂牌运行。

持续加大对总部各部门和专业板块的支持力度，提报战略规划和决策参谋方案8项，报送专题简报32期；做好集团公司资质评价中心、设备监理资格评审办公室、钻井专标委等工作。

【产业发展】 2020年，工程技术研究院着重靠技术和质量赢取市场，优化大产业模式。着力提升顶驱、精细控压、优质钻井液、先进固井材料、连续管装备等优势特色技术产品的可靠性、稳定性和经济适用性，持续扩大应用规模，实现产业收入15.86亿元。

稳步推进全可溶桥塞和长寿命螺杆钻具两个科技创新创效激励试点项目，显见比较优势和市场竞争力。持续提升北石公司、江汉所产业转化能力与水平，建成天津康布尔公司化学助剂产业转化平台，打造产业发展新格局。新签4个战略合作框架协议，组织技术交流、成果鉴定与产品推介，推进以租代售、保姆式服务等营销模式。

【信息化建设】 2020年，工程技术研究院顺应并抓住数字化转型、智能化发展机遇，打造工程院发展另一增长极。顶层设计信息化建设，确立技术智能化发展、业务信息化转型两大任务，明确“三步走”路线图。超前谋划智能钻完井研发方向和攻关内容，主动承接国家和集团公司研发项目，着力突破智能钻完井关键核心技术，打造全新一代钻完井工程设计与优化决策一体化软件（SmartDrilling）平台。持续提升RTOC前后方一体化决策支持能力，实现“流程可视化监控、数据实时分析、风险智能化预警”，为勘探与生产板块实时监控1217口井，规避重大钻井风险201次。

【双向融合】 2020年，工程技术研究院持续放大休斯敦中心区位优势，着重高端技术研发与配套机制建设。确立主体技术研发方向，与工程技术研究院本部有机衔接、互为补充，契合集团公司和工程技术研究院“十四五”发展规划。构建中美一体化联合研发模式，首次牵头“超硬耐磨材料与自适应钻头研发”关键核心项目，提升研发格局。强化钻井实时监测与智能分析优化系统研制与应用（RMIA）、全可溶桥塞、可取式封隔器、新型调堵剂等高端技术研发，强化高效PDC钻头、页岩抑制剂、超低浓度耐盐降阻剂等高端产品推广应用。超前布局高分子复合材料、超硬金属材料、抗高温电子元器件等前沿技术研发，持续拓展和提升实验室功能。建立一体化组织、国内外24小时不间断攻关、项目管理、双向技术交流等科研机制，保障新冠肺炎疫情下重大技术研发进程和质量水平。

【参谋支持】 2020年，工程技术研究院首次担纲油气国家重大专项工程技术领域接续方案编制，首次深度参与国家资源领域科技创新专项规划，牵头编制集团公司工程技术“十四五”科技发展规划，首次组织能源与矿业领域院士高层次战略咨询。

【管理提升】 2020年，工程技术研究院着重简政放权、机制健全、体系配套、流程优化，全年制修订制度36项。健全完善“四项机制”，配套建立《院级课题管理实施细则》《科技人才培养指导意见》等系列制度，优化完善科研项目“甘特图”式全过程管理。全面推进专业技术序列改革，选聘院技术专家26人。健全预算管理机制，推动研发费用加计扣除，统筹增值税加计抵减，实现财务经营高效稳健，创直接利润2536万元。完善HSE管理责任体系建设，编制《安全生产专项整治三年行动计划》，实现HSE体系审核业务全覆盖。强化合规管理，加强法制建设，规范合同、物采、招投标、保密、档案等管理，完成退休人员社会化管理移交，加强专项审计，保障科研生产稳健运行。

【企业党建工作】 2020年，工程技术研究院建立学习贯彻习近平总书记重要指示批示精神落实机制，健全“三重一大”决策制度，深化“不忘初心、牢记使命”主题教育成果。深入开展“战严冬、转观念、勇担当、上台阶”主题教育，制修订《意识形态阵地管理实施细则》，内外宣报道创历史新高：2020年度工程技术研究院网站发表信息1225篇，集团公司网站发表18篇，《中国石油报》发表26篇。建强基层党组织，制定《标准化党支部工作规范》，完成党组织书记述职评议首轮全覆盖。建立全面从严治党责任清单，开展“四个专项整治”，落实“三三制”（前三个季度，每季度对院所属1/3单位党组织进行一次集中检查，第四季度开展整改验收、结果评定）检查制度，实现三年巡察全覆盖。

（王盼盼）

中国石油集团安全环保技术研究院有限公司

【概况】 中国石油集团安全环保技术研究院有限公司（简称安全环保院）成立于2007年11月，为集团公司直属科研机构。2008年7月，中国石油天然气股份有限公司安全环保技术研究院获批设立，与安全环保院合署办公，“一个机构，两块牌子”。安全环保院是中国石油安全环保战略决策的参谋部，是集团公司、股份公司安全环保技术研究中心、HSE信息中心、安全环保技术服务中心。2017年11月，安全环保院由全民所有制企业改制登记为有限责任公司，更名为“中国石油集团安全环保技术研究院有限公司”。

安全环保院主要承担安全环保政策法规、战略规划和标准规范研究，HSE管理体系研究，专项治理工程技术论证和重大项目安全环保技术评估，重大新建和并购项目HSE体系技术支持，应急技术研究。为应急管理和事故调查分析提供技术支持，为基础、超前、共性和重大安全环保技术攻关、应用技术研究和新技术推广、HSE信息管理、对外交流与服务提供HSE评价、审核、认证、咨询等技术服务。

2020年底，安全环保院有6个机关职能部门，下设15个业务单位。员工总数402人。其中：博士、硕士研究生175人，大学本科210人，本科以上学历占95.8%；教授级高级职称16人，高级职称人员200人，高级以上人员占53.7%；中级职称人员125人，占31.1%。

2020年，安全环保院统筹抓好新冠肺炎疫情防控和科研生产，实现经营收入4.87亿元，获省部级科技成果奖项26项、授权发明专利21项，编报决策参谋报告15篇，制修订发布各类标准16项。

【企业党建工作】 2020年，安全环保院围绕习近平总书记在科学家座谈会上的讲话精神、董事长戴厚良关于科技创新“支撑当前、引领未来”的要求，举办50余场研讨会议，将理论学习成果转化为推动安全环保院高质量发展的实际行动；深入开展“战严冬、转观念、勇担当、上台阶”主题教育，制定“两个模板一张大表”，建立“两个专栏一个督导”，组织集中学习229次、形势任务宣讲95场、调研81次、创新创效攻关立项47项；组织50名领导干部、133名党员骨干参加高品质党性教育专题集中培训。

修订完善安全环保院“三重一大”管理制度，实现重大事项民主集中决策程序全流程管控；调整中层领导干部22人次，提拔使用8人，完成9个党支部委员会的补充调整；推进党支部“联学联建”活动，形成“企地合作”“产研合作”等四种模式。

开展中央巡视反馈问题整改落实“回头看”工作，127项整改措施全部落地，建立40项长效工作机制；开展机关5个党支部巡察，完成问题整改；完成“四个专项整治”工作；推行问题清单管理与督导检查制度，建立巡察督导专员队伍，开展常态化跟踪督导。

加强宣传引导，李兴春事迹宣传报道获“全面小康，央企担当”第三届中央企业优秀故事一等奖，在人民网·中国共产党新闻网栏目展示；《企业文化建设的实践与探索》获中国石油第十届党建思想政治工作优秀研究成果，《以新理念新举措推动中国石油绿色发展》专题访谈在行业引起积极反响。

【科研及技术产业化】 2020年，安全环保院“十三五”科技研发成果陆续进入现场应用和示范阶段，国家油气重大专项“页岩气等非常规油气开发环境检测与保护关键技术”形成较为完整的国家页岩气等非常规油气开发环境保护技术体系，技术装备支撑集团公司“十三五”期间建成长宁、威远、昭通等4个示范区和12个示范区块；低碳二期项目建成9个示范区，形成区域综合示范规模效应；国家重点研发计划“典型危险化学品储存设施安全预警与防护一体化关键技术研究与应用示范”的研发成果在中国石油和中国石化相关企业应用，实现储罐典型缺陷的定量化判定；集团公司重大项目“安全环保关键技术研究与推广”研究开发的多项技术和产品已具备转化应用条件，为国家油气行业绿色发展、安全发展、清洁发展提供技术保障。

成功申报国家土专项研究课题，低碳三期列入集团公司立项计划，工控安全、AI识别技术、应急体系评估、危化品泄漏预警等前沿技术和新业务领域立项得到集团公司支持；编制完成集团公司《2035年安全环保与节能领域科技战略规划》、安全环保院《“十四五”科技发展规划（框架）》，完成《中国石油新能源新产业发展战略研究与突破方向选择》和集团公司科技发展规划顶层设计方案专章编制任务，形成集团公司环保产业发展实施方案研究报告；强化对外合作和重点实验室开放共享，策划中长期重大项目的联合申报攻关，申报“互联网+安全生产”石油化工行业试点示范项目，申请设立国家油气安全生产应急救援技术支持中心和应急管理部重点实验室。

国家油气重大科技专项成果产业化推广方面，在煤层气公司建成采出水达标排放处理项目和压裂返排液回用处理项目，实现煤层气采出水低成本处理和压裂返排液资源化利用；自主研发装置产业化应用方面，在长庆油田建成钻试废液集中处理项目，助力企业实现控制废物排放、降低污染风险、保护环境质量的整体目标，被延安市选为2020年“6·5世界环境日”主会场，成为陕西省环境保护标杆项目；信息技术产业化创效方面，昆仑能源应急模块建设项目应急技术服务合同额创新高；土壤调查、废液处理、固废处理、风险防控终端、移动放射源监控等一系列成果转化落地。

【决策参谋】 2020年，安全环保院围绕国家参与全球气候治理部署、碳达峰碳中和战略、安全环保巡视督察要求以及全球石油石化行业重大事故教训，提出建立集团公司内部模拟督察制度、加强气候风险研究和CCUS示范工程布局、加强危化品管控等决策参谋建议，被集团公司主要领导采纳；立足集团公司主营业务和发展需要，开展环保技术梳理、环保产业规划、公共卫生体系和健康企业建设研究；《HSE专题报告》和《HSE信息参考》被新一届集团公司党组选为固定内刊。

【技术支持】 2020年，安全环保院完成集团公司《QHSE现代化监管体系》、C版《HSE体系管理手册》《安全生产专项整治三年行动实施方案》《绿色环保专项发展规划》《海外项目HSE管理体系审核实施指南》等制度方案制修订；配合推动集团公司HSE体系审核形成“一体化、差异化、精准化”模式，构建集团公司危险化学品油气泄漏监测预警系统，完成集团公司第二次全国污染源普查任务，持续推进集团公司土壤和地下水调查项目；组织完成集团公司第46批油化剂产品质量认可、井筒质量分析、特种设备检查流程制定，开展塔里木油田重大井控险情调查、危险化学品储存安全检查及专项督导，对集团公司15家企业开展督导检查和专项诊断评估；勘探、炼化、海外、管道工作站保持良好发展态势，销售HSE工作站挂牌成立，HSE工作站品牌效应不断提升。

【技术服务】 2020年，安全环保院创新“战略+市场”经营理念，推动与国家能源投资集团有限责任公司、国家管网公司以及中国石油国际勘探开发有限公司等外部内部企业的战略合作，带动建立新的业务增长极；评价业务通过区域化模式保持规模不减、业绩不降，环评、安评、职评等一系列项目保障西气东输四线、中俄远东天然气管道等工程顺利实施；认证业务通过信息化手段实现业务不断、客户不丢，采用远程方式组织审核员培训，依据不同企业的实际实施资料审核，提升审核质量，完成300余家企业的评定颁证；HSE咨询业务通过一站式服务实现质量不降、优势不减，与甲方建立长久型、稳定型、伙伴型合作关系，丰富体系咨询、管理咨询、专项咨询服务模式，形成产品化、智能化、精准化咨询成果，赢得集团公司内部更大的市场份额。

【管理提升】 2020年，安全环保院为集团公司疫情防控提供全方位支持，承担防疫物资存储调拨任务，开展公共卫生与安全环境应急机制研究；牵头制定集团公司疫情信息报送方案和重点人员管控方案，持续编报全员疫情动态和国内国际防疫政策研判报告，定期开展疫情风险等级动态评估，参与海外员工倒班动迁管理和海外业务疫情衍生风险应对等工作。

围绕安全环保院5个主营业务及核心专业技术和15个特色优势及专业方向，确定专业技术序列岗位设置方案；严格执行跨序列间和专业技术岗位序列内均不实行兼岗兼职原则，探索“创新团队+项目制”组织模式，打破现有体制机制的束缚，坚持去行政化改革，给专业技术人员提供独立、通畅和稳定的职业发展通道；选聘首席技术专家3人、企业技术专家9人，一级工程师26人，二级工程师及以下180余人；加大人才引进力度，接收毕业生人数、学历层次创近年来新高，有针对性地开展核心骨干人才培养，人才队伍专业结构、知识机构、年龄结构得到改善。

以“两利三率”（净利润、利润总额、资产负债率、营收利润率、研发经费投入率）优化提升为目标，开展效益提升、亏损治理、“两金”压降、运营创效等多个专项行动，实施投资优化、控本降费等保障措施。全年资本性支出压降50%，管理费用同比下降20%；5家法人企业全部盈利，北京中油爱索节能环保技术有限公司扭亏为盈；推行节流降本好做法，用好新冠肺炎疫情防控期间阶段性减免社保费用、提供稳岗就业补贴等政策，全年累计增收节支1580余万元。

构建国家与集团两层面、实验室到工程中心两阶段、安全与环保专业全覆盖的科技创新平台格局，大港实验中试基地基础建设通过竣工验收，动设备性能退化模拟实验室、石油石化土壤和地下水污染修复模拟平台完成设备现场安装，具备开展现场实验的条件，为加快推进安全环保技术创新发展提供平台支撑；启动实施国家重点实验室信息化建设项目，规划建设电子实验记录系统、实验室信息管理系统、物资管理系统、实验室综合管理系统等，为建成国际一流、国内领先的数字化实验室奠定基础。

获集团公司“我们一起走”全国石油职工第四届健步走网络公开赛第一名、征文作品一等奖；举办石油青年学术交流系列讲座、青年科学家校园行系列公益活动，获集团公司青年岗位创新大赛一等奖。

（马敬昆　张　琳　张译之）

中国石油集团石油管工程技术研究院

【概况】 中国石油集团石油管工程技术研究院（简称管研院，英文缩写TGRI）组建于1981年，位于古城西安高新技术开发区，是中国石油直属科研机构，是国内石油行业在石油管工程技术领域唯一集“科学研究、质量监督、技术服务”为一体的综合性技术中心，也是“石油管材及装备材料服役行为与结构安全国家重点实验室”和“国家石油管材质量监督检验中心”的依托单位，拥有国内外先进的试验仪器设备500多台套，获国际、国家、石油行业授予的质量、计量、安全、标准等方面的权威资质和授权28项，员工395人。

管研院主营业务涉及石油管工程的科学研究、质量标准和工程技术服务，承担国家重点研发计划、国家科技重大专项、国家自然科学基金项目，以及集团公司、股份公司重大专项、应用基础研究和技术开发项目等重大科研任务。研究方向包括油井管与管柱力学、输送管与高性能管线钢、管道安全评价与风险评估、石油管腐蚀与防护、炼化装备与材料、非金属及复合材料等。同时，还承担石油管工程标准化、石油管材质量检验和评价、石油管及装备失效分析、石油管材研究开发及驻厂监造、石油管道及压力容器检测与安全评价、石油工业防腐设计和防腐工程、石油管工程技术咨询等质量技术监督和工程技术服务工作。

【科技成果】 2020年，管研院新立课题24项，2项国家自然科学基金面上项目成功立项，1项集团公司卡脖子关键核心技术项目“提高页岩气井抗套损能力的新型套管研发”竞聘成功，2项牵头国家重点研发计划分别召开启动研讨和通过中期评估，70余项在研课题进展顺利，8项课题顺利完成结题验收。获集团公司、省部级和协会科技奖励9项，其中特等奖1项，一等奖2项，二等奖4项，三等奖2项；获集团公司管理创新成果和优秀软科学成果2项，石油企协管理创新优秀成果奖2项。申报发明专利134件，授权专利54件，其中发明专利30件。发表论文267篇，其中SCI、EI收录论文92篇。发布国标1项，行标5项，企标11项。

科研立项和重点工作再获新进展。积极争取人工智能专项牵头课题3项、院所基金等各类计划17项，陕西省科技新星配套2项，陕西省其他科技计划项目3项。全年落实科研经费9684万元。启动“我国油井管标准和测试体系与全面国产化”“OD1422mmX80大输量天然气管道用钢管及配套阀门研发与应用”国家科技成果奖励申报工作；中油管业正式获批成为管研院产业化和中试基地，加速促进了非金属管科研成果转化和研发生产一体化；组织申报“石油工业专用管材及装备国家市场监管重点实验室”，通过陕西省向国家市场监管总局递交申请材料，并组织多方汇报和进度跟踪。

新技术新产品转化见到新成效。自主研发的页岩气套变预防技术、冶金无缝双金属复合管、钛合金钻杆、常温固化有机硅改性涂层、石墨烯增强涂层等多项科研成果在西部油田现场试验稳步推进；X65/X70 B型套筒在西气东输管道公司、西南管道公司管道环焊缝修复中成功应用，巩固了管研院在该领域的技术引领地位；聚乙烯复合管产业化项目加速推进，制备了复合内衬高温高压抗硫非金属管，为产品应用奠定了基础；储罐及附属管道、辅助设施科研、现场检测业务取得新突破；环焊缝失效行为智能预测技术取得新进展，建立的半监督机器学习模型效果良好。高含硫油气田集输缓蚀剂、抗硫非金属复合连续管和热采套管等3个产品被列入集团公司2019年度自主创新重要产品目录。2020年集团公司成果转化创效奖励创历史新高。缓蚀剂、螺纹脂等化工产品针对市场需求加速新产品研发，抗氧、缓蚀阻垢等污水缓蚀剂系列产品和大扭矩钻具螺纹脂、储存脂在油田现场逐步推广。复合材料修复技术、新型复合环氧钢套筒修复技术、计量校准建标等一批新技术、新项目在加速产业化进程。

【质量监督】 2020年，管研院配合国家认可委员会完成对国家质检中心、行业中心和检测实验室的复评、扩项和变更“三合一”现场评审，新获批认可标准399项、扩项标准68项，取得新版ISO 17025实验室认可证书。隆盛公司获得CNAS检验机构授权。完成集团公司抽检37个批次，发现不合格产品3个批次；完成77家型式试验和鉴定评审，国家及行业质量监督把关作用充分发挥。设备开发工作取得突破性进展，完成江苏常宝立式挤毁及水压爆破设备工程验收和靖江特钢600t复合加载试验设备加工制造；完成山东永利精工、上海宝山钢铁、烟台鲁宝的数字化螺纹检测系统软件模块和硬件原型机开发；完成煤层气块煤热重仪及高温高压气化剂配比实验设备、宝钢超高压立式钢管挤毁试验机和整管弯曲试验机等一批设备前期设计工作，系列设备开发，开拓了新领域、迈出了新步伐，成为质检中心发展的新引擎。

【标准化工作】 2020年，管研院加强与国内外专家沟通，全年召开国内工作组会3次，国际工作组会4次。1项修订标准发布，3项制定项目推进至目标阶段，《绿色制造和低碳排放立场报告》通过ISO/TC67投票；国际标准工作基础进一步加强，稠油热采等2项新提案转入相应工作组讨论，许晓锋担任WG10工作组召集人，4项国际标准培育项目通过集团公司立项评审；推进TGRI产品认证工作，召开协调会，落实认证机构评审员报名资格审查。

【成果转化】 2020年，管研院有序推进传统监造业务的同时，加大油气田、管道企业现场服务力度，加速培育新的业务增长点。检测评价业务快速增长，完成环焊缝缺陷适用性评价 2975道，同比增长29%。拓展取得罐板检测、钻具检测、老旧储罐等检测评价新业务。与长庆、西南等重点油气田合作取得实质性进展，建立了定期对接交流机制，在长庆油田确立的包括7项科研联合攻关项目、11项新产品新技术推广、2项质检及技术服务在内的合作项目正积极有序推进，为解决油田套损、注水井腐蚀、地面系统腐蚀等问题提供一揽子技术方案。

【管理提升】 2020年，管研院制修订各类管理制度25项；协同办公系统2.0、管研院移动办公APP正式上线运行，数字实验室二期完成开发，日志审计系统、软件共享平台顺利投用。持续加大对外宣传力度，全年组织管研院各类宣传报道254次，集团公司主页报道31次，与CCTV发现之旅频道合作《不变的初心 致敬大国工程》纪录片顺利播出，提升了管研院在集团公司和行业的影响。多措并举敦促往来清欠，全方位开展税收筹划，为提质增效注入新动能；落实抗击新冠肺炎疫情税费减免，应享尽享，节约税费及成本约1200万元；积极防控法律风险，组织开展普法宣传，全过程参与劳动争议、清欠诉讼等，有效维护管研院利益。组织开展物资采购和科研实验外委2项专项审计，顺利通过国家重点实验室平台建设资金专项审计。开展设备全流程线上管理，实现设备信息的自动采集，提高管理效率。组织对重点领域、要害部位和关键环节安全检查40余次，发现问题和隐患187个，及时组织销项，全年未发生安全环保事故。

【人才队伍建设】 2020年，管研院组织推荐2020年享受国务院特殊津贴人员申报2人、国家中青年科技领军人才2人；3人获评陕西省科技新星、2人分别荣获集团公司和西安市劳动模范、1人被认定为陕西省杰出青年岗位能手。组织开展国家创新人才培养示范基地申报、油气管道完整性技术团队被推荐为国家重点领域创新团队，实物实验室获集团公司先进集体和陕西省学雷锋青年示范点。推进科技人员岗位管理，完成专业技术岗位序列换届，执行评价标准和选聘流程，逐级组织完成岗位选聘。组织完成2020年中青年拔尖人才计划选拔，18人入选。坚持高标准严把人员入口，全年招聘博士研究生8人，达成录用意向15人，通过集团公司内部招聘配置平台面向系统内招聘专业技术人员3人，人才队伍结构得到进一步优化。

【精神文明建设】 2020年，管研院以陕西省精神文明单位创建为契机，围绕社会公益、传统节日等主题，组织开展一系列精神文明建设活动。举办"五四"青年大讲堂、英语演讲比赛、道德大讲堂，组织职工自编自演反映管研院科技创新、企业文化等方面的文艺节目，营造和谐、团结、协作的文化氛围。积极履行社会责任，组建青年志愿者队伍，开展"厚德陕西"关爱老人儿童、定点帮扶周至县哑柏镇五联村小学和蓝田县前卫镇东巩村。开展送温暖活动，探望生病职工和家属、关心妇女儿童、关心离退休职工等，为职工排忧解难，增强职工群众的获得感、幸福感、安全感。

【企业党建工作】 2020年，管研院党委把学习贯彻习近平总书记关于大庆油田发现60周年贺信精神、大力提升勘探开发和天然气产供储销一体化等重要指示批示精神同具体工作结合起来，明确管研院在集团公司科技创新体系中的定位。扎实组织开展"战严冬、转观念、勇担当、上台阶"主题教育活动。收集梳理干部员工合理化建议，并组织向集团公司申报合理化建议成果5项；开展主题教育问卷调查，整理相关建议，完成基层调研和调研报告，并确立9项创新创效攻关项目，确保主题教育活动各项措施落实落地。2020年8月25日，召开第五次党员代表大会。在"十三五"即将收官之际，反复酝酿并报集团公司党组和陕西省委科技工委批准，管研院党委组织召开了第五次党员代表大会，大会全面回顾党委过去五年的工作，总结经验，科学谋划“十四五”和中长期发展规划，确定今后五年管研院总体工作思路、奋斗目标和工作举措，提出进一步加强和改进党的领导和党的建设的方针措施，并组织选举产生第五届党委、纪委。大会的胜利召开和新一届党委集体的产生为“十四五”开好局奠定了坚实的政治基础。采用一拖三的方式，组织完成对3个党支部的巡察工作，优化业务流程7个，制度10余项，实现巡察首轮全覆盖。

（杨　溪）

中国石油天然气集团有限公司咨询中心（中国石油集团工程咨询有限责任公司）

【概况】 中国石油天然气集团有限公司咨询中心（简称咨询中心）成立于1993年12月，办公地点设在北京，是全国第一批取得甲级工程咨询证书的单位，国际咨询工程师联合会（FIDIC）会员，承担国家发展和改革委员会委托投资咨询评估机构任务的咨询单位和中国工程咨询协会（CNAEC）常务理事单位。为适应国家工程咨询业发展改革需要，依据国家发展和改革委员会2005第29号令《工程咨询单位资格认定办法》要求，经集团公司同意，咨询中心于2006年10月完成“独立法人”注册，成立中国石油集团工程咨询有限责任公司（简称工程咨询公司）。咨询中心和工程咨询公司为“一家单位、两块牌子”，对内称咨询中心，对外称工程咨询公司。

咨询中心是集团公司发展规划、重大投资项目的智库参谋和决策服务机构，对集团公司油气勘探开发发展规划、重大勘探部署和油气田开发方案进行调研、论证，提出咨询意见；对油气田地面工程和炼油化工工程的大中型项目进行评估论证；对石油天然气上、下游重大发展战略、技术经济、工程技术等问题进行专题研究；受国家发展和改革委员会及国内外其他石油石化企业委托，开展有关咨询工作。

咨询中心有院士和老中青专家150余名，内设“两会”“五部”“一中心”，即：中国工程咨询协会石油天然气专业委员会、咨询中心专家委员会、综合技术部、勘探部、开发部、炼化部、工程经济部和储量评估中心。此外，咨询中心还负责集团公司第一纪检监察中心和第六纪检监察中心的后勤保障工作。

2020年是咨询中心发展进程中十分重要的一年，集团公司党组领导高度关心咨询中心发展，戴厚良董事长和李凡荣总经理在半年之内先后来到咨询中心调研并指导工作，使咨询中心进一步明确了发展方向、目标和思路。2020年，咨询中心实现收入5202万元，全年运行项目304项，承接项目数量为近年新高。各部门充分发挥专家作用，全年累计动用专家3000余人次，与往年持平。

【人事变动】 2020年，集团公司对咨询中心领导班子进行了较大幅度的调整和充实。5月，集团公司党组成员、副总经理吕波兼任咨询中心主任，咨询中心法人同步完成变更。11月，补充华北油田原总经理、党委书记、华北石油管理局局长袁明生，大庆油田原总经理、党委副书记王广昀担任咨询中心副主任。

【发展思路】 2020年，咨询中心首次提出“12354”发展思路，即以习近平新时代中国特色社会主义思想为指导，以坚持推进项目决策科学化、民主化，助力集团公司治理体系和治理能力现代化为己任，以“打造工程咨询精品工程”和“学习型咨询中心建设”为两大抓手，扎实推进人才、创新和品牌三大战略，积极推进专题与战略研究、项目评估评价、重大问题专项调研、储量资产评估和科技经费评估五大特色业务协同发展，不断强化党建工作的政治统领、专业委员会的行业引领、“互联网+咨询”的手段升级和体制机制创新的正向激励四大保障措施，为集团公司建设世界一流综合性国际能源公司做出更大贡献。

【专题研究】 2020年，咨询中心承担各类型研究课题46项，提交院士建议、咨询要情专报15份，其中“加快国内勘探开发政策体系”“大庆油田页岩油勘探开发”“加快制订气驱效益上产发展规划”等咨询建议获集团公司领导批示并责成落实；《川南页岩气新一轮上产100亿方技术政策研究》《一带一路油气工程技术服务战略研究》等10余项研究课题取得重要成果；《中国石油高质量发展方案乙烯项目对比优化研究》《朝阳油田重力辅助混相驱开发试验方案咨询》等一系列课题为项目委托方提供依据，得到委托单位和管理部门的认可和好评。

【项目评估评价】 2020年，咨询中心开展评估项目121项，同比增长41%。相继开展勘探开发、大庆油田及其地区、炼化业务、国际业务、工程技术服务和装备制造业务“十四五”发展规划等专项调研和评估，在集团公司“十四五”规划编制中发挥了重要作用。《四川盆地“十二五”以来天然气勘探专项后评价》建议获得戴厚良董事长认可并亲自批示。炼化业务首次开拓社会市场，接受地方银行委托开展评估项目，评估结果获得业主充分肯定，技术实力得到社会认可。工程经济业务依靠过硬质量和口碑承接国家发改委、国家粮食和物资储备局、国家管网公司、地方发改委和民营企业等多家外部单位咨询评估工作，评估项目数量显著增长。

【储量业务评估】 2020年，咨询中心推进储量评估业务，陆续完成“长庆储量研究”“储量资源交易价格机制研究”等多项课题，储量评估成为咨询中心新的业务增长点。继续完善“油气储量资产评估平台”软件功能，申请软件著作权，预期成为咨询中心自成立以来第一份拥有完整自主知识产权的软件产品。

【科技项目评估】 2020年，咨询中心承接科技评估项目120个，涉及经费预算45.48亿元，核减调整11.04万元，核减比例24.27%；开展科技项目现场核查验收7项，涉及经费6.93亿元。自2014年科技项目评估开展至今，累计完成科技项目预算评估472个，涉及经费预算272.35亿元，核减65.36亿元，核减比例24%；累计完成科技项目现场核查验收43项，涉及经费200.93亿元。在科技经费评估基础上，开展“集团公司7家直属院所的基础研究和战略储备技术研究基金管理情况评估”等基础性研究工作。

【专家论坛】 2020年12月3日，咨询中心2020年专家论坛在北京举行，集团公司党组书记、董事长戴厚良出席论坛并做出指示，集团公司党组成员、副总经理、咨询中心主任吕波主持论坛并讲话。论坛上，17位油气行业知名院士、专家和学者就国家油气战略与政策、勘探开发战略与重点领域、油气田信息化建设和节能创效、炼化销售方向与布局优化、装备业务发展和集团管理创新等议题进行交流，为中国石油高质量发展提出建设性意见和建议。集团公司部分院士、专家和总部机关有关职能部门、专业公司、部分单位负责人130余人参加本次论坛。会后，咨询中心整理上报《关于咨询中心2020年专家论坛重要观点和建议的报告》，集团公司党组领导作出批示，并转送集团公司党组成员、有关机关部门和专业分公司。

【基础管理】 2020年，在疫情防控方面，咨询中心紧跟国家和集团公司要求，全力做好组织机构成立、责任落实、上下沟通联络、报备机制建立、防疫物资采购、组织核酸检测等各项工作，实现“抗疫、工作”两不误。在员工管理方面，咨询中心成立以来首次迎来10位应届毕业生，妥善完成毕业生入职手续、相关待遇、档案录入、后勤保障、培训培养等一系列事项。在制度建设方面，及时修订《咨询中心“三重一大”决策制度实施细则》，出版《咨询中心管理制度汇编（2020版）》，咨询中心制度体系日臻完善。在信息化建设方面，集团公司合同管理系统2.0于8月在咨询中心正式上线运行，咨询中心专家库和业务共享系统建设完成，中心管理信息化平台更加完善。在资信管理方面，与国家发改委、中国工程咨询协会等资质主管部门紧密沟通，“短名单”和甲级资信继续巩固加强；申报2020年度全国优秀工程咨询成果奖并荣获二等奖两项。

【企业党建工作】 2020年，咨询中心坚持“围绕咨询抓党建、抓好党建促咨询”的工作思路，坚持党建与业务工作“两手抓、两不误、两促进”，通过组织讲党课、听讲座、看展览、开展网上答题和劳动竞赛等活动，把“战严冬、转观念、勇担当、上台阶”主题教育活动和提质增效专项行动做实做精。稳步开展学习培训，组织咨询中心领导干部先后参加集团公司党校班、精神培训班和党性教育班。丰富学习内容，创新学习方式，先后邀请中国社会科学院专家和石油管理干部学院教授进行专题讲座，进一步提高学习效果。严格执行“三会一课”、民主评议党员等党内组织生活制度，在疫情防控期间，坚持通过网络和视频等方式开展线上学习，在建党99周年之际，以迎“七一”为契机，开展“两优一先”评选，进一步营造创先争优、比学赶超的良好氛围。做好党建基础工作，全年转入党组织关系11人，转出9人；全体党员逐级签订2020年度党风廉政建设责任书，一年来无违规违纪违法事件发生。

（李光辉）

中国石油运输有限公司

【概况】 中国石油运输有限公司（简称“运输公司”）成立于1953年10月，前身是1952年8月整建制转业到石油工业部的石油工程第1师3团（原中国人民解放军第19军57师3团），是集团公司直属的大型专业化运输物流企业。主要为集团公司所属油田、炼化、销售、管道、燃气等企业提供专业化运输、石油石化产品配送及其他综合配套服务。具有国家一级道路货运企业、涉外运输、危险品运输、国际国内海陆空货运代理、进出口贸易、建筑安装、路桥施工和对外承包工程等经营资质，通过了国家质量管理与质量保证体系认证，是行业内实力最强、规模最大的5A 级公路运输物流企业。运输公司总部设在新疆乌鲁木齐市，截至2020年底，在全国31个省（自治区、直辖市）设有分公司，在全国地（市、县）级城市设立了运输大队、配送中心（车队）、修理厂和后勤服务等三级机构519个。在哈萨克斯坦、土库曼斯坦、尼日尔3 个国家设有分公司和项目部。

运输公司主营业务包括油田运输（沙漠运输）、成品油配送（非油品配送）、化工与燃气运输、特种大件运输、国外与涉外运输、修理、物资贸易（国际货代、国际物流、进出口贸易），兼营业务包括油田环保作业、路桥施工、机械加工制造、钢结构和压力管道制作安装、复合型材生产、节水灌溉、驾驶培训等基建工程、多种经营和油田服务业务。

2020年底，运输公司机关设15个职能处室，下属49个生产经营和后勤服务单位。员工总数26113人，各种车辆19343台。

2020年，运输公司经营收入144.63亿元，同比下降11.52%，其中运输主业货运量1.25亿吨、货物周转量175亿吨·千米，同比分别下降7.4%和11.07%。

运输公司获省部级及以上荣誉20项，沙漠运输分公司企业精神教育展厅被集团公司命名为首批“石油精神教育基地”，沙漠运输机具通过集团公司首届工业文化遗产项目验收。

【经营成果】 2020年，运输公司继续保障塔里木、新疆、青海、吉林等油田勘探开发生产，提高长庆、华北及中国石化西北油田运输市场份额。新增21省区的208个机构用户，拓展中国石化12省区、中国海油5省区的油品配送市场。与中国航空油料集团有限公司、中国航油集团通用航空发展有限公司以及中国石油天然气股份有限公司独山子石化分公司签订战略合作协议。拓展炼化企业油料物资、防疫原料、互供料、直供用户的配送市场。保障青藏管道、中俄东线等建设项目及广东石化等大件运输需求，跟进国外项目运输市场及塔木察格油田原油跨境运输业务。油田技术服务业务回收放空天然气3.43亿立方米，运维场站23座，销售钻井液8.56万吨。新增国家石油天然气管网集团有限公司小车服务市场，拓展加油站维修改造及炼油厂装置检维修业务。

【管理提升】 2020年，运输公司连续两年开展“基础管理提升年”活动，启动对标管理提升行动，推进综合管理体系试运行。购置运输生产车辆，保障运输主业发展。落实重大项目法律论证机制，开展7起较大项目风险评估。推广合同标准文本应用，强化合同签订“闭环”管理。开展三级服务质量回访，协调解决各类问题684项，客户服务满意度保持在99%以上。推进设备“主人制”管理，强化车辆维护保养和设备隐患专项治理，提高车辆设备完好率。实行安全环保清单化履职和安全生产记分制管理，强化路口、疲劳驾驶等7项重点风险管控。开展安全生产三年专项整治、“流浪车”治理等活动，实施QHSE体系审核，查改问题3723项。加强承包商及服务商管理，淘汰81家，淘汰率7.6%。继续落实“走出去、走下去”工作法（简称“两走”工作法，“走出去”向集团公司领导、总部机关部门和地方政府相关部门请示汇报、沟通协调等；走访客户，进行工作沟通、业务交流等；到潜在市场单位进行联络沟通，掌握市场信息，拓宽市场范围。“走下去”深入生产经营困难、矛盾问题多、艰苦偏远的基层一线，协调解决市场开拓、生产运行、安全环保、基础管理、服务质量、队伍建设、党的建设等方面存在的问题；与一线员工交流谈心，了解新情况、解决新问题，维护员工群众的切身利益，确保队伍和谐稳定），协调解决各类问题3.2万个。持续开展两级机关“业务大学习大培训”，累计培训36万余人次。开展企业技术专家、一级工程师选聘工作，458人获专业技术职务任职资格。

【开源节流降本增效】 2020年，运输公司开展“战严冬、转观念、勇担当、上台阶”主题教育和“企业形象提升周”活动，组织宣讲1845次，专题调研1124次。开展“怎么看、怎么办、怎么干”大讨论2344次，引导员工树立长期“过紧日子、苦日子”的思想。继续加大车辆综合油耗、修理费、材料费等定额管控力度，实现降本3454万元。严控非生产性费用，优化生产组织运行，提高自有车利用率，减少外协车运费支出，增效5012万元。强化物资集中采购，降低采购成本。应收账款、存货压降任务分别完成计划的124.9%和118.76%。加大亏损治理力度，下属华北运输分公司和上海分公司彻底扭亏解困，9家亏损子企业实现利润1418万元，46个亏损配送中心中扭亏减亏37个，亏损单车同比减少696台。利用优惠政策，减免社保和过路过桥费3.18亿元。

【企业改革】 2020年，运输公司按照集团公司批复的扩大经营自主权改革方案，将4家业务同质单位合并为2家，下属管业公司100%股权划转至中国石油集团石油管工程技术研究院。注销长期亏损的3家法人单位，完成集团公司下达的法人压减任务。编制公司改革三年行动方案，明确5项深化改革目标、66项具体措施。规范干部和人才培养选拔工作，严格执行工效挂钩管理办法，提高利润考核权重，新增利润贡献系数、人均利润兑现系数等指标，激发调动全员创效积极性。启动退休人员社会化改革，4254名退休人员移交社区管理。完成4个基地“三供一业”分离移交改造项目收尾工程，物业管理业务及人员平稳移交宝石花物业管理有限公司。

【党建工作】 2020年，运输公司落实第一议题制度，建立学习贯彻习近平总书记重要指示批示精神落实机制，两级党委中心组组织学习720场次、专题研讨216场次。推进“不忘初心、牢记使命”主题教育长效机制建设，整改问题764项，固化成果26条。严格落实请示报告制度，向上级党组织请示报告196件次。修订公司“三重一大”决策制度实施细则，提高科学民主决策质量；修订印发《公司党委工作规则》，进一步明确全面从严治党的责任主体和主体责任；修订《基层党委书记工作手册》《党支部书记工作手册》，指导基层党务干部上标准岗、干规范活。制定并实施党员教育培训五年规划，组织495名党支部书记、党务工作者集中轮训。开展班组党员覆盖工作专项排查，整改党员空白班组28个。推行党务公开，公开事项2365件。推广党建信息化平台2.0应用。上线运行“党建益友”服务平台，上传课程和文件资料265件，访问量超3万次。开展党支部达标晋级、纪念建党99周年和“党课开讲啦”等活动。加大党建三级考核力度，考核结果与绩效挂钩；加大优秀年轻干部培养选拔力度，提拔二级正副干部27名，调整交流92人次。新提任的二、三级正副职干部廉洁教育全覆盖。开展中央巡视集团公司党组反馈问题“回头看”、二级单位党委常规巡察、党员党性观念和纪律意识督查等专项工作，持续肃清政治流毒影响，签订党风廉政建设责任书6578份，集体约谈党员干部139名。

【民生工程和社会责任】 2020年，运输公司应对新冠肺炎疫情，修订完善防控工作实施方案、督导方案、突发情况应急处置预案和疫情防控工作手册。组织召开防控例会205次，全覆盖开展视频巡检、疫情防控督导，查改问题2317项。克服道路封闭限行、人员流动受限等困难，保障全国2万余座加油站的油品配送需求。完成武汉火神山、雷神山、方舱医院建设急需用油保供。安保防恐风险达标建设224个，安保维稳工作受到集团公司2次电报嘉勉。累计安置地方富余劳动力180人，消费扶贫536万元，定点帮扶4个村7020人实现脱贫。“民族团结一家亲”结亲走访、联谊座谈1.83万次。

（高　佳）

中国华油集团有限公司

【概况】 中国华油集团有限公司（简称华油集团），2020年，实现经营收入40.6亿元、净利润1.27亿元，超额完成集团公司下达的经营任务，取得了极不平凡的工作业绩，为“十三五”圆满收官书写了浓重的一笔。

【市场开拓】 2020年，华油集团在服务业空前严峻的市场形势下，所属各单位秉持“再小的生意不嫌小，再薄的利润不嫌薄”的创效理念，立足区域公司与板块协同联动，不但守住了服务阵地，更保持了箭头向上。

市场规模快速做大。新签战略合作协议 12 家，新承接国内外物业配餐项目 75 个，新增物业管理面积 283 万平方米，新增配餐人数 1.5 万人，新开拓市场年化合同额整体突破 3 亿元。成功中标北京冬奥会，高水平服务上海进博会，平稳承接驻京办酒店、房产管理，青海油田、大连石化、石油管理干部学院、新疆边防总站、华为海外服务等一批新项目相继落地，阳光品牌影响力进一步提升。

新兴业务加快成长。石油商旅提前实现中国石油国内 138 家企业 100% 上线，在《互联网周刊》商旅平台排名从 2019 年的第十九名提升到第七名；石油 e 采上线运行；新媒体营销广泛应用；在京接待、在线问诊、幼儿网络教学等新兴业务探索开展；餐饮外卖全年销售额超过 6000 万元。

【提质增效】 2020 年，华油集团面对急转直下的经营形势，以提升净利润为中心，统筹推进提质增效专项行动，开源创收 2.55 亿元，创效 5217 万元。

全力以赴保效益。针对疫情对经营工作的持续影响，各单位锚定任务目标，全力生产自救，北京物业分公司、阳光国际公司、华中分公司、四川分公司、机关服务中心五家单位大幅超额完成考核任务，为华油集团打赢提质增效攻坚战做出了突出贡献。油气业务依据市场动态，调节原油销售，最大限度增收创效，全年增产原油 7000 吨。

精益管理控成本。利用危机倒逼机制，大力挖掘内部潜力，2020 年华油集团主要业务成本费用指标实现硬下降，整体管理费用压降 47%，人工成本压减 7.9%，完成集团公司两金压控指标。在为社会企业减免租金 2614 万元后，华油集团落实防疫以来各项惠企利民政策，节约现金流超过 1 亿元。

处僵治困提质量。狠抓亏损企业治理，通过政策扶持和区域统筹，集团公司重点关注的 21 户亏损子企业，19 户完成控亏目标，超额完成集团公司任务要求；苏州韶华、西安阳光秦大酒店等低效无效资产处置项目全部挂牌，进入收尾阶段。

【企业改革】 2020 年，华油集团区域管控模式初步构建、作用明显。总部层面，梳理修订涉及区域管控的规章制度 72 项，区域化管控标准和规范初步统一。板块层面，酒店、物业、国际三大专业板块职能加快转变，机构、人员持续精简。区域层面，各单位领导班子、机构和人员撤锅并灶，合并同类项，管理集中，业务共享，人均劳效大幅提高。

三项制度改革继续深化。划分二级单位企业类别，完成中层领导人员薪酬并轨；在机关、二级单位一体推行季考核、月兑现；强化工效挂钩，工资总额进一步向提质增效成果突出的单位倾斜；开展机关与基层单位、国内与国外人员双向交流、挂职，提拔重用优秀中青年干部，干部队伍梯次配备进一步优化。

海峡系列企业纳入管理。根据集团公司决定，海峡能源及其系列企业委托华油集团管理。华油集团及时对接业务、选配人员，完成相关企业董事会换届、法人变更等工作；开展经营管理审计；规范董事会、监事会、管理层权力运作，海峡能源系列企业治理更加合规高效。海峡能源在钻井提速提效、海外油田开发和工程技术引进方面实现新突破；海峡基金在天然气混改基金设立、一期基金退出和宝石花地热能公司股权转让方面取得新进展；宝石花医疗实现收入效益双增长，展现了良好的发展潜力。

【企业运行】 2020 年，华油集团适应区域化改革需要，调整完善总部、专业板块和区域公司管理界面和职能，合并企业管理部、法律事务部，组建企管法规部，集采业务管办分离，财务中心、审计中心相继组建。有序推进对标世界一流管理提升行动，综合管理体系手册编制完成，标准化建设运行写实试点开展，品牌标准示范工程、标准化行为良好企业评定等工作全面铺开。集中梳理规章制度，完善“三重一大”决策程序。抓好《民法典》学习宣贯，建立二级律师库，重点领域实现法务力量全覆盖。设立董监事办公室，制修订公司股权、专职董监事、参股管理等办法，华油集团参控股企业管理进一步规范。持续推进 HSE 管理体系建设，开展消防、防汛、施工作业、宿舍安全等专项检查，严肃处置阳光餐饮“5·21”火灾事故，落实制止餐饮浪费专项行动，组织安全生产能力考评年、安全生产专项治理三年行动、“五个一”职业健康知识宣传等活动，公司安全环保形势总体稳定向好。

【新冠肺炎疫情防控】 2020 年，华油集团针对境外新冠肺炎疫情蔓延情况，及时构建外防输入体系，加强海外生产现场新冠肺炎疫情防控和安全防护，确保人员和资产安全；整体保持了工作场所、国内员工、海外中方员工“零疫情、零感染”。新冠肺炎疫情期间，武汉阳光酒店服务保障援汉内蒙古医疗队及中油宾馆、科技交流中心、常州阳光酒店等 7 家酒店配合政府接待隔离人员；海外业务板块紧急采购 370 多万只口罩及各类防疫物资驰援国内；物业餐饮板块为中国石油各单位提供盒饭 222 万份；机关服务中心开展核酸检测 3.6 万人次；石油商旅和阳光国旅承办包机业务，建立回国驿站，帮助 940 名石油员工倒班返岗。

宝石花医疗广大医务人员在新冠肺炎疫情暴发后，不畏生死、逆向前行，坚定守护中国石油和社区的广大员工和家属健康，驰援湖北和各疫情重地，派出海外医疗队救治中方员工，为集团公司取得疫情防控重大战略性成果做出突出贡献，获得国务院国资委和集团公司的大力表彰。

【企业党建工作】 2020年，华油集团结合区域化改革实际，推动区域公司党组织架构调整，选优配强各级领导班子，开展党建课题研究，探索“智慧党建”新模式。全面从严治党，统筹抓好巡视巡察、主题教育、审计等发现问题的整改工作，高质量开展内部巡察，政治监督、联合监督更加有力。坚持一体推进“三不”体制机制，始终保持惩治腐败高压态势，华油集团信访举报总量、检举控告类问题线索数量、党纪政纪处分人数等连续两年下降。

【宣传宣讲】 2020年，华油集团针对部分单位连续高强度工作、海外员工长期滞留坚守等情况，做好员工关怀、心理疏导、困难帮扶等工作。履行企业社会责任，开展奥运扶贫、消费扶贫。在人民网、中国石油报、华油官网、公众号等平台发声，广泛宣传抗疫一线和提质增效的典型事迹，开展领导班子、劳模先进、一线员工多维宣讲，将形势目标任务责任层层传递到每名员工，全体干部员工与企业共渡难关的信心决心更加坚定。

（刘　苗）

北京石油管理干部学院

【概况】 北京石油管理干部学院（简称管干院）是集团公司高级培训中心，同时也是集团公司党校和远程培训学院，担负集团公司中高层管理干部队伍和战略预备队的培训主力军重任。管干院成立于1984年，占地92亩（约6.1万平方米），建筑面积8.5万平方米，具有同时容纳1000人的培训能力。

管干院下设16个二级机构，其中机关部门5个，教学部门6个，科研部门3个，保障部门2个。截至2020年底，资产总额8.09亿元，其中固定资产5.26亿元。员工130人，其中副高级职称45人、正高级职称12人。

2020年，受新冠肺炎疫情影响，管干院推动培训方式转型，开展重点课题研究，全年线上线下培训规模保持在22万人天，营业收入10849万元。

【培训工作】 2020年，管干院受新冠肺炎疫情影响，8月以前无法组织面授培训。面对前所未有的挑战，管干院上下不等不靠、通力协作，快速打造党的十九届四中全会等直播培训班，推出主题教育“十二讲”、新冠肺炎疫情防控等网络专题班。将“管院在线”升级为“中油e学”，运营集团网络培训项目17个、企业培训班532个，实现特殊时期培训不停歇、高质量，为集团公司首届培训项目设计大赛提供全流程线上管理服务，“中油e学”在闭幕式上正式发布上线运行。全年“中油e学”平台有效帐号数突破18万，学习人次1400多万。在集团公司党组的安排部署和人事部的组织协调下，集团公司第一期领导本领提升班、第73期党校班和第26期中青班同时开班，管干院在运行中动态优化课程设计，在组织运行上努力追求精益卓越，全力打造精品班、示范班，取得明显成效，积累了经验启示。自8月开始有序恢复线下培训，全年举办直播和线下培训项目155个，通过直播形式培训学员28560人次，160555人天；通过线下面授形式培训学员5218人次，66213人天。

表1　管干院“十三五”主要成果

序　号	主要成果
1	建立“3+N”课程体系，打造党校班、中青班、正职班等一系列精品示范项目
2	自主开发“管院在线”学习平台，推动远程培训快速发展
3	推广行动学习理念及工具方法，提升培训实效
4	注重师资培养，实施教师训练营、学院论坛等新举措
5	强化合规管理，推进实施业务外包市场化改革
6	推进基础设施升级改造和信息化建设，美化校园环境
7	稳定保持年度培训规模20万人天，系统内部培训占比70%，为集团公司人才强企战略提供有力支撑

【发展理念】 2020年，管干院认真谋划“十四五”发展思路，编制1个总规划和教学、科研、远程培训、员工队伍建设和校园建设5个专项分规划，紧紧围绕集团公司发展战略和企业发展实践，聚焦中高层管理干部队伍和战略预备队培训，坚持学习型、服务型、研究型、智库型定位，践行开放、创新、合作、共享理念，遵循做强党校、做实学院、做大远程三位一体发展思路，推动教学、研究、咨询一体化融合，瞄准理念一流、师资一流、装备一流、管理一流、成果一流目标，统筹推进“精准赋能”“智库升级”“在线拓展”“人才强院”“智慧校园”五大系统工程，构建“4321”培训项目体系和“1+5+N”培训课程体系，建设一流党校和一流干部培训学院，为集团公司建设世界一流综合性国际能源公司提供坚强支撑。

表2　2020年培训项目数据汇总表（直播和线下培训）

序号	培训项目类别	培训项目数	项目数占比	直播人次	直播人天	线下人次	线下人天	线下人天数占比
1	集团公司计划内A类培训班	14	9.03%	1326	6133	605	26502	40.03%
2	集团公司计划内B类培训班	18	11.61%	1264	5767	800	7623	11.51%
3	集团公司计划外培训班	2	1.29%	6791	6791	39	234	0.35%
4	管干院自主项目	27	17.42%	10777	117004	278	3578	5.40%
5	集团公司企业委托培训班	52	33.55%	7433	21953	1224	7524	11.36%
6	国资委培训班	3	1.94%	—	—	403	7591	11.46%
7	其他企事业委托培训班	26	16.77%	969	2907	1278	8981	13.58%
8	会议	13	8.39%	—	—	591	4180	6.31%
	合计	155	100.00%	28560	160555	5218	66213	100.00%

【办学实力】 2020年，管干院坚持开放办学理念，先后走访国务院国资委干教中心、国家电网党校、石化管理干部学院、中国石油大学（北京）、广州培训中心、华为大学、中广核党校、中国大连高级经理学院、清华大学继续教育学院、中央党校教务部等教育培训机构，交流经验，取长补短。与中国石油大学（北京）签订战略合作协议，推动深化合作。持续提高党校办学水平，提升培训教学质量，全年组织新课试讲8次，通过新课试讲13门，为管干院专题班、高端班、主题教育十二讲提供有力支撑。围绕“精品课程开发”和“华为人才发展与企业大学实践”成功举办冬训第二、第三阶段活动，把华为先进干部培训理念、训战结合方法带到管干院。分别以“品质提升主题教育成果展示”和“培训项目设计大赛”为主题举办春秋两季论坛。推动培训项目设计向教学部门延伸，有力提升培训项目设计水平。全年平均课程需求满意度9.74分，授课质量满意度9.64分，较2019年略有提高。

【教研创新】 2020年，管干院加强研究力量，承担省部级课题2项，开展管干院重点课题9项，获得国务院国资委、集团公司表彰7项，4项成果形成授课能力，为管干院优化项目布局、提升培训能力提供有力支撑。获集团公司政研会和党建研究分会2018—2019年度党建思想政治工作优秀组织单位，6项党建研究成果获奖，其中一等奖2项，二等奖3项，三等奖1项。获全国党的建设研究会国有企业党建研究专业委员会2019年度优秀课题研究成果三等奖。按照人事部要求开展的“国有企业领导人员培训体系”课题研究取得重要成果，在集团公司“十四五”培训规划和2020年培训计划制定中发挥了重要作用；与中国大连高级经理学院合作开展“新发展理念在国有企业的实践探索”“国有企业精神谱系”课题研究，同步开发培训课程，取得阶段性成果；“双循环经济格局下石油企业高质量发展研究”完成在提升班的首次授课。研究成果为近年来最好，教研互促的氛围日益形成。

【管理优化】 2020年，管干院按照“统筹谋划、分步实施、急事急办、动态发布、汇编成册、严格执行”的原则，成立领导小组，建立例会制度，持续推进制度体系建设，建立科学配套、覆盖全面、依法合规、高效便捷的制度体系。修订《学院“三重一大”决策制度实施细则》，进一步明确决策范围，规范决策程序，防范决策风险。制修订《学院规章制度管理办法》《学院大额资金使用审批管理办法》《学院合同管理实施细则》《学院培训项目经费使用管理办法》《学院工程变更和现场签证管理办法》等一系列规章制度，进一步强化合规管理。深化业务外包改革，与华油集团签订战略合作协议，逐步将服务保障业务平稳移交，通过专业化管理实现风险防控能力和服务保障水平全面提升。

【基础建设】 2020年，管干院先后搭建8间直播教室，完成西报告厅电教改造、综合楼研讨室电教建设、教室投影与音响更新、C座会议室投影仪更新，完成室内5G移动信号建设第一阶段工作，管干院整体电教设施大幅度提升。完成新版门户网站改版，设计开发“战严冬、转观念、勇担当、上台阶”主题教育、教学项目设计大赛等专题栏目，进一步提升管干院网站美观和便捷程度。完成管干院石油广域网链路和路由器更新，提高链路速度和安全性。加大电子采购、身份认证、信息内容审计平台、合同管理等统建系统的推广应用，提升办公管理信息化水平。完成“e码通”系统建设，实现15项功能的“e码通”服务，加快推进一体化“智慧校园”平台建设。完成锅炉改造工程、西教二期工程等重点项目建设，完成综合楼研讨室、配电室、公寓B座样板间改造，着力改善基础设施条件。办理东教楼二期施工许可证，确定南广场、南大门改造方案，待批复后择机施工建设，努力建设“风清气正、文化繁荣、环境优美、和谐智慧”的校园。

【企业党建工作】 2020年，管干院邀请中央党校教授作专题辅导报告，在“中油e学”第一时间推出党的十九届五中全会精神课程，安排配套课程开发，举办解读培训班。发展2名预备党员，完成3名预备党员转正，22人和4个党支部获“两优一先”，2个党支部被评为示范党支部。推广应用集团公司党建信息化平台2.0，按期完成重点信息的补充完善、核对工作，全面加强对“三会一课”、发展党员等功能的应用，切实推动党建质量提升。

【队伍建设】 2020年，管干院成功为集团公司输送党组管理干部1名。深化领导人员身份“去行政化”改革，全面实行领导人员岗位分级分类管理，规范和理顺内部岗位层级序列，全年聘任高级主管6人，主管4人，有效拓展干部成长通道。针对队伍总量、结构存在的问题，通过系统内推荐选调、校园招聘等，充实教育、研究、管理等岗位17人，促进队伍素质的整体提升。选聘年轻教师至重点班担任班主任，培养锻炼，突出打造学院教学品牌。以建设“三强”干部队伍为导向，用好培训资源，组织党的十九届四中、五中全会精神培训班、中层领导人员到济宁干部政德教育学院开展现场教学等，不断强化思想萃取、政治历练、专业训练、实践锻炼，持续提升干部队伍整体素质。

【群团工作】 2020年，管干院工会坚持发展依靠教职员工、发展为了教职员工、发展成就教职员工，以思想政治引领、安全健康防护、健康权益保障、人才队伍关爱、特定群体关怀、健康文化普及六个方面为重点，着力构建全方位、多维度关心关爱员工身心健康保障体系。构筑“职工之家”，为职工排忧解难，开展困难职工帮扶救助，发放帮扶救助金14.3万元。组织全员参与全国石油职工第四届健步走网络公开赛，获200人以下组二等奖。团总支开展以“提质增效，青年先行”和学习近平总书记寄语为主题的团日活动，按期完成换届选举，进一步充实新鲜血液。设立青年工作委员会，明确职责，加强指导。推进超过在职员工数量的退休人员社会化管理，各项关系平稳移交，完成率100%。

（郑　健）

中国石油报社

【概况】《中国石油报》于1986年3月筹办，1987年1月7日创刊。《中国石油报》是经中共中央宣传部批准，中国石油天然气集团有限公司主管、中国石油报社（简称报社）负责承办的党组机关报，国内外公开发行，报道石油天然气勘探开发、炼油化工、管道运输、油气销售，并涵盖相关产业。报纸现为对开八版、周五刊彩色印刷。报社同时承办《石油金秋报》《石油商报》《汽车生活报》《石油画报》《石油政工研究》《地火》《新闻之友》《世界石油工业》等报刊，负责中国石油新闻中心网站、中国石油报“两微一端”、党建信息化平台、5G融媒体平台、海外社交账号等建设，形成报社“四报两网三平台五刊”媒体矩阵。报社负责中国石油新闻工作者协会和中国石油作家协会日常性工作。

2020年底，报社设职能部门4个，所属二级机构14个，在册员工281人。其中，本科以上学历223人，高级职称64人、中级职称91人。党支部14个，党员161人。报社有27家地方记者站，驻站记者223人，通讯员队伍3000余人。

2020年，报社各媒体平台发稿6000余万字。“四报”期发行量近90万份，中国石油新闻中心网站页面日均访问量超过110万人次，年访问量4.2亿人次。新媒体全平台阅读量达2.86亿次，微信全年发布300期，微博刊发3500余条，油立方APP发稿1万余条。

2020年，报社获中国传媒大会评选的“金长城传媒奖”，在中国产业经济新闻奖评选中获一等奖2个、二等奖2个、三等奖9个；在“国企好新闻”活动中获二等奖1个、优秀奖1个，1人获“2020中国抗疫优秀摄影记者”称号。

【新闻业务】 2020年，报社组织三大战役性报道，重大主题宣传唱响主旋律。疫情防控报道战役第一时间传递党组声音，连续推出《疫情防控特刊》，策划组织“全力打赢防疫阻击战”系列特稿，各媒体平台刊发图文报道4000余篇，全媒体、全景式展现中国石油战疫成果，引导舆论、凝聚人心、鼓舞士气。疫情严峻时刻，派出2名记者深入武汉一线采访，展现石油新闻人抗疫精神和时代担当。提质增效报道战役聚焦生产经营亮点热点难点，报网联动推出专栏、专题、专版，发稿961篇。“领导干部谈”栏目刊发181篇企事业单位主要领导署名文章，引导干部员工在集团公司效益实现保卫战中坚定信心，凝聚攻坚克难精神力量。脱贫攻坚报道战役组织“决战脱贫攻坚的石油力量”全媒体新闻行动，推出“扶贫特刊”和中国石油助力脱贫攻坚系列特稿，多角度报道32年扶贫成果，在主流舆论场中传播石油好声音，立体化展示中国石油负责任央企形象。

围绕集团公司贯彻落实习近平总书记重要指示批示精神，习近平总书记致大庆油田发现60周年贺信一周年、考察辽阳石化两周年、国企党建工作会四周年等重大主题，围绕集团公司工作会、领导干部会、市场营销工作会等重要会议，策划系列特刊特稿，开展全媒体行动，壮大主流舆论声音。策划“向总书记报告·中国石油‘十三五’发展成就”特别报道，推出“砥砺奋进‘十三五’2020新亮点”系列特刊，刊发社论及评论员文章40篇，全面传递党组声音。《石油内参》加强调查研究，提升参考价值，多次得到集团公司党组领导批示。图片报道刊发整版画刊55个、图片4255幅，提升新闻报道视觉感染力。《石油金秋报》实现独立刊号办报，《中国石油画报》《石油政工研究》《新闻之友》《地火》办刊特色鲜明。

【5G智慧融媒体平台建设】 2020年，报社根据集团公司推进媒体深度融合发展总体部署，加强顶层设计，强化项目，组织研究解决软件系统招标、流程再造、机制创新、人力资源配置等重大问题。成立软件开发管理项目组，按照“统一策划、一次采集、多元生成、多渠道发布、多维度评价”思路组织项目开发。开展需求调查，科学设计开发方案，用时6个月完成软件开发和内测。与多家企事业单位开展融媒体合作交流，签订战略合作协议，推动构建集团公司媒体融合新格局。

【国际传播体系建设】 2020年，报社探索国际化转型新实践，《“一带一路”能源合作导刊》报道国际能源市场新动向和集团公司海外业务新亮点，全年出版50余期，油价汇率手机专报230期，海外社交媒体矩阵服务中国大国外交和中国石油国际业务发展展示中国石油形象，全年发布帖文2800余条，总阅读量近4800万次，粉丝量超过20万，中国石油报新闻（CPD News）平台发布英语资讯240余条。借助油气行业气候倡议组织（OGCI）、“一带一路”官网等外部平台发布稿件20余篇，探索利用外部传播平台提升影响力新模式。优化“专业采编、能源专家、海外通联”三支队伍，组成200名专家、120名海外联络人队伍。

【石油党建网络平台建设】 2020年，报社党建网讯平台、石油清风平台实现2.0升级改版。完善党建网讯“三步走”发展计划，推动内容实现2.0升级改版，迈入智慧党建新阶段。栏目数量由10个增至31个，增加覆盖工会、共青团等业务内容，服务各板块、各岗位、各年龄段石油员工。探索AI、VR、AR等新技术，增加音视频、动漫画、虚拟展厅等新型媒体产品。把握“全程媒体、全息媒体、全员媒体、全效媒体”规律，推动公众号内容升级、运营升级、管理升级。石油清风平台粉丝量从2020年年初的60万增长到2020年底的76万，增长率超过25%。

新冠肺炎疫情时期，发布党中央精神、党组部署和各单位战疫做法，向人民日报党媒平台、今日头条推送中国石油战疫报道，发挥平台“一键直达”“一网连接”优势。编辑出版《数说党建2020》，制作廉洁警示教育展板，开展新任干部“六个一”廉洁从业测试，服务集团公司大党建。开展“直面低油价员工思想动态”“战严冬、转观念、勇担当、上台阶”主题教育活动开展情况调查和总部倡导“马上就办、担当尽责”加强和改进作风建设调查，参加人数超过70万，收集员工建议2000余万字。开展“我为提质增效献计策”“我为十四五规划建言献策”两场征集活动，组织宣贯《政务处分法》等答题活动，参与人次超过百万，实现集团公司管理人员教育全覆盖。承担中国石油首次年度十大新闻群众性评选工作，评出“2020年中国石油十大新闻事件”。重点打造音视频栏目，创造多个点击量10万+的作品。

【企业管理】 2020年，报社开展提质增效专项行动，研究制定报社改革三年行动方案，年度重点改革任务按计划推进。加强合规管理，开展全员合规培训，完成767个关键控制点内控测试。推进三项制度改革，加强员工培训，优化人力资源结构。规范财务管理基础工作，全面实行预算管理，向管理型财务转型。开展制度修订工作，完成《制度汇编手册》第一版。加强记者站管理，修订完善管理办法，优化通联运行机制，发挥记者站新冠肺炎疫情防控时期特殊作用。

推进战略合作，推行与总部、各企事业单位合作由报社统一协调的集中经营模式。领导班子成员深入企事业单位走访沟通，打开对外合作新局面。宝石花文化传媒有限公司正式成立运营，开展影视制作、网络直播、会展陈列等业务，报社迈出混合所有制改革关键一步。

【企业党建工作】 2020年，报社建立党委第一议题机制。举办中国石油报社意识形态工作专题培训班。加强党务工作者队伍建设，优化基层党组织设置，发展8名新党员。强化党建责任制考核和党支部达标晋级工作，基层党支部书记现场述职实现全覆盖。加大年轻干部培养和新入职员工基层锻炼力度，公开选拔4名中层干部，从系统内引进5名业务骨干，优化部门领导班子和干部队伍结构。规范干部日常监督工作，党风廉政建设取得新成效。弘扬石油精神和大庆精神铁人精神，选树各类先进集体5个、先进个人31名。

2020年，报社承担的集团公司软科学课题成果“国有企业基层党员党的创新理论学习如何刻骨铭心进头脑研究”获中国石油天然气集团有限公司党建研究成果一等奖。

（梁晓蓉）

石油工业出版社有限公司

【概况】 石油工业出版社有限公司（简称出版社）是集团公司主管的中央级专业出版社，由原石油工业出版社2011年3月转企改制建立，为集团公司全资子公司。出版社下设4个职能管理部门、15个业务部门和2个服务保障部门，人员编制295人。2020年，总收入3.46亿元，利润814万元，出版码洋3.05亿元，可销售码洋2.66亿元，融合发展收入400万元，初步实现数字化转型。2020年，获12大类奖项，其中，国家级奖项5种，行业及协会类奖项7种。《中国科技之路》丛书《加油争气（石油卷）》入选中宣部主题出版重点出版物，实现零的突破；《中国石油地质志（第二版）》等3种图书入选国家出版基金资助项目，入选数量和资助金额创新高；“采油工安全生产标准化操作”入选国家新闻出版署数字出版精品遴选推荐计划；《石油加工生产技术（第二版·富媒体）》等3种入选“十三五”职业教育国家规划教材；《别让湿气伤了你》入选中国老龄协会“向全国老年人推荐优秀出版物”；《中国石油天然气集团有限公司年鉴2019》获中国地方志指导小组、中国地方志协会第七届全国地方志优秀成果（年鉴类）综合一等年鉴；《中国石油科技进展丛书（2006—2015）》等31种图书获中国石油和化学工业优秀出版物奖。在2019—2020年度石油和化工自动化行业科学技术奖优秀科技著作评选中，《超深油气勘探开发工程技术丛书》等6种图书获一等奖，9种图书获二等奖，3种图书获三等奖；在中国石油企业协会石油石化企业

表 1 “十三五”期间出版社主要成果

成果名称	成果数量					
	2016 年	2017 年	2018 年	2019 年	2020 年	合计
国家级获奖出版物（种）	10	2	3	6	9	30
省部级获奖出版物（种）	6	8	2	6	6	28
行业协会级获奖出版物（种）	84	46	47	69	80	326
优秀报告及论文（篇）	3	4	2	—	5	14
集团级优秀标准（项）	71	48	—	—	35	154
版权贸易类奖项（项）	—	1	4	2	2	9
融合发展类奖项（项）	—	8	1	2	1	12

表 2 2020 年出版社主要成果获奖情况

出版物名称	获得奖项	奖项主办单位
中国石油地质志	2020 年度国家出版基金资助项目	国家出版基金规划管理办公室
石油管工程学	2020 年度国家出版基金资助项目	国家出版基金规划管理办公室
中国海相页岩气勘探开发技术丛书	2020 年度国家出版基金资助项目	国家出版基金规划管理办公室
中国科技之路——加油争气	2020 年主题出版重点出版物	中央宣传部办公厅、国家新闻出版署
采油工安全生产标准化操作	2020 年度数字出版精品遴选推荐计划项目	国家新闻出版署
中国人的骄傲节日	2020 年“原动力”中国原创动漫出版扶持计划	国家新闻出版署
石油加工生产技术（第二版 · 富媒体）	“十三五”职业教育国家规划教材	教育部
化工单元操作（第二版 · 富媒体）	“十三五”职业教育国家规划教材	教育部
有机化合物制备技术	“十三五”职业教育国家规划教材	教育部

管理现代化优秀著作、创新成果、优秀论文评选中，获优秀著作特别奖 2 种、一等奖 2 种、二等奖 3 种、三等奖 4 种，获创新成果三等奖 1 种，优秀论文二等奖 2 篇、三等奖 2 篇。

【出版工作】 2020 年，出版社强化出版品牌建设，扎实推进出版工程。通过加强书号资源统筹使用，强化重点出版项目论证，发挥石油出版专家委员会作用，组织选题规划研讨会、图书出版计划及生产运行协调会，确保重点板块、重大项目出版，精心打造出版品牌。石油科技图书出版专项（2019 年）完成验收，《中国石油地质志》出版 4 卷，《走进石油（第二版）》完成开题立项，《中国页岩气勘探开发技术丛书》完成发稿，《国家油气重大专项科研成果专著（62 册）》签订框架出版协议。高等教育出版聚焦教材，强化非油教材品种开发，倾力打造“数字石油学苑”，全年出版 35 种非油教材。职业培训出版强化重点教材出版，大工种职业技能培训教程全部出版；销售实洋等主要生产经营指标均创历史新高；发挥平台优势，开展线上培训；做好集团人事部重大活动支撑服务。大众图书做好重点图书出版，策划出版集团公司主题教育读本，出版企业文化辞典企业卷 5 种，深耕“大语文”板块，《乐死人的文学史》取得良好业绩。标准安全出版围绕安全生产，策划出版一系列安全环保图书；建设标准 APP 平台，策划出版石油行业标准 U 盘等数字化产品；加强渠道建设，创新三方联合建站新模式。鉴志辞书出版做好《中国石油天然气集团有限公司年鉴》工作，开发企业年鉴志书选题，完成“《中国石油科技成果获奖全书（1949—2019）》编研”项目验收；完成《中国石油组织史资料 总部卷》修订编纂，上线启用组织史资料征编系统。能源经济出版《为国争气打造中国石油西南增长极》等重点图书，开展图书宣传活动，举办 9 期能源大讲坛和能源热点问题高层论坛。《中国石油勘探》成功入选全球最大科学引文数据库，在《世界学术期刊影响力指数 WAJCI 年报》位列 Q1 区。《石油组织人事》完成内刊整合、更名、变更刊期。开展版权贸易，引进版权图书 124 种，输出版权图书 18 种，出版社连续两年入选中国图书海外馆藏影响力出版 100 强。按照集团公司“线上线下同步发力，逐步转移到线上”的工作要求，推进“点对点”送书，完成数十种电子书和多媒体送书资源制作和上线；“中油阅读”平台运维和多元知识服务的提供能力持续提升。

加强融合创新，推进知识服务转型。围绕“一网二系统三平台”总体框架，在“资源、平台、产品、运营”上全面发力，着力项目驱动、平台运营、产品开发、知识服务，取得良好成效，出版社获评第十届中国数字出版博览会“社会责任贡献单位”“创新技术”“优秀展示单位”荣誉。《重新发现石油》线上直播活动观众近百万人，带动图书销售2万多册。坚持富媒体教材模式，全年出版富媒体教材26种。“数字石油学苑”年登录人次190多万，在石油高校影响广泛。“技能中油”APP运营情况良好。中油阅读平台打造全媒体石油文化服务品牌，成为集团公司旗下用户规模最大的文化服务平台。出版《班组管理那些事儿》等微课和富媒体图书，适应企业和员工多样化培训需求。围绕健康、心理、家庭教育等主题，在抖音、腾讯视频、央视频等平台开展疫情防控公益直播40余场，取得较好社会效益。全面升级党建学习资源功能，加强资源建设，根据用户分类，定义资源标签，打造红色学习阵地。开办“党建读书会”“秒懂党建”栏目，增强平台吸引力。

【经营工作】 2020年，出版社加强渠道建设，营销工作逆势上扬。面对新冠疫情和低油价冲击，加强市场调研，调整营销策略，以网络电商、发行站、直销团购三大渠道为突破口，重点开拓石油市场，创新开展网络营销，超额完成年度回款任务。抓住各油田企业依靠科技驱动提质增效契机，深入西南油气田等8家单位，有针对性推广科技图书、技能鉴定、培训图书、安全图书、数字产品等产品和项目。配合各地新华书店由线下向线上转型，开展促销活动。推进编发互动、编发合作，整合编辑资源、作者资源、发行站优势，以重点图书销售为抓手，带动发行站渠道图书销售增长。网络销售顺势而为，重点突破，实现快速增长。直销团购努力稳定内部市场，抢占外部市场，3种图书入选全国农家书屋总署书目，15种图书入选江苏省农家书屋书目，中标中小学图书馆及教育装备项目，馆藏业务完成由单一重点品种向多品种转移。

推进创意服务，拓展市场资源。彩印业务优化生产流程管理，从降低成本、创新工艺、优化流程、项目开发等方面细化工作措施，加强与客户深度合作，开发系列文创产品，提升设计创意能力，增加客户黏性。展览业务加强与客户沟通，成功开拓国家管网集团户外及楼宇导视宣传系列服务等项目20余项，完成全年生产经营指标。创新研发玛湖盆地等模型，4项实用新型专利和外观专利获国家知识产权局授权。广告业务开辟品销合一业务，开拓文化与创意产品市场，业务实现快速增长，经营收入同比增长26%，利润同比增长64%。在集团公司首届企业文创产品评选中，出版社报送3件产品分别获产品（物品）类一等奖、二等奖、三等奖。

【组织建设】 2020年4月13日，根据出版社《关于梧桐语馆项目部成建制划转的通知》（油版公司〔2020〕24号），梧桐语馆项目部成建制划转大众图书出版公司管理，原扩大经营自主权试点政策不变；2020年6月15日，根据出版社《关于撤销石油工业出版社有限公司宝石花文化出版中心的通知》（油版公司人事〔2020〕1号），撤销宝石花文化出版中心；2020年7月16日，根据出版社《关于成立专家室的通知》（油版公司〔2020〕45号），成立专家室，隶属于出版共享中心管理；2020年8月21日，根据出版社《关于调整优化总编室（业务处）等6个部门内设机构设置有关问题的通知》（油版公司人事〔2020〕3号），撤销职能管理部门内设机构设置，调整优化生产经营部门内设机构设置，取消技术专家兼岗兼职；2020年10月28日，根据公司党委《关于部分党支部设置调整及人员任免的通知》（油版公司党委〔2020〕26号），标准安全党支部更名为标准期刊党支部、科技期刊党支部更名为科技出版分社党支部，撤销离退休党支部。

【企业管理】 2020年是“十三五”收官之年，也是“十四五”谋划之年。出版社科学谋划“十四五”，构建发展新格局。出版社成立“十四五”规划编制工作领导小组，制定规划编制工作方案，明确指导思想、编制原则，细化责任分工，层层抓好落实。坚持目标导向、问题导向，战略与实践相结合、长远与当前相结合、业务与管理相结合、传统与数字相结合、转型与融合相结合，深入研究全局性、前瞻性、关键性问题，以高度的责任感和使命感，认真负责地做好规划编制工作。坚持开门编规划，先后召开研讨会议6次，上下结合，集思广益，几易其稿，高质量完成“十四五”发展规划纲要及4个业务发展规划，提出切实可行的发展目标和工作思路，为“十四五”发展提供“路线图”和“时间表”。

加强党建工作，引领发展保障有力。加强政治理论学习，党委中心组集中学习15次，举办文化建设专题讲座3次，及时学习习近平总书记相关重要论述、党中央和国务院相关决策部署、集团公司党组相关要求、石油工业战线优良精神传统。抓好党员干部理论培训和党性教育，深入学习贯彻党的十九届四中、五中全会精神，组织专题培训班2期，参加总部机关及在京单位党性教育专题培训和党建“一岗双责”培训，党员党性教育100%全覆盖。组织开展“战严冬、转观念、勇担当、上台阶”主题教育活动，重点抓好集中学习、专题调研、形势宣讲、全员讨论、岗位实践等环节，党委调研报告《出版融合发展存在问题与对策》登载集团公司主题教育专题。压紧压实党建工作责任，坚持民主集中制，落实完善“三重一大”决策制度。围绕“四力”标准完成年度党建责任制考评，开展党支部书记抓基层党建述职评议，健全“述评考用”工作机制。加强基层党支部党建“三基建设”，分析党建工作存在问题，制定改进措施。深化党支部达标晋级管理，推动党支部标准化规范化建设。加强党员日常管理，做好党员发展和党内关怀帮扶工作，规范党组织工作经费管理使用。压实党风廉政建设主体责任，坚持教育为先，预防为主，签订廉政责任书，坚持重要节假日廉洁提醒，不断完善制度，筑牢堤坝，严肃党风党纪，对9个部门单位及党支部开展巡察，对4个部门单位及党支部巡察整改落实情况“回头看”。

聚焦提质增效，加强基础管理。加强出版管理。严格执行“三审三校”制度，加强编辑加工、复审、终审及校对各环节质量管控。制定图书编校和印装质量检查计划，严格检查，质检结果纳入年度考核。修订30余项出版管理制度，坚持周、月、季发布生产运行信息，推进均衡生产。全面梳理稿件运行，优化ERP出版流程，提高出版运行效率。完善出版周期预警机制，实施图书全品种监控，全年无超周期情况。加强合规管理。修订出版合同范本，制订资料编辑印刷委托制作合同模板，保障出版社权益。完成集团公司合同管理平台2.0搭建上线、操作指导培训工作。开展合同签订培训，强化出版合同和经营性合同审核把关，规范对外广告宣传，降低法律风险。优化招标过程，推进公开招标和委托专业机构招标。加强财务管理。加强财务预算、财务共享、预算管理、投资管理、资金管理、税收管理、资产管理、财务分析等工作，增强决策支持和风险管控能力，发挥财务保障作用。加强重点工作管理。克服时间紧、任务重、难度大等问题，推进退休职工社会化管理、办公楼会议室改造等重点工作，做好食品安全管控，满足多样化用餐需求，员工满意度大幅提升。加强安全环保管理。完成HSE体系审核，开展风险评价和环境因素识别及体系文件完善。定期开展安全环保检查，及时排查隐患，全年实现零安全环保事故目标。

强化人才培养，提升队伍素质。按照高素质专业化要求，调整优化中层领导班子，调整任免中层领导人员27人次，调整任免一般管理人员36人次。加大优秀年轻干部培养选拔力度，新选拔任用中层领导人员70后占比75%。从严从实抓好党员干部日常监督工作，组织开展选人用人专项检查自查、党委联合巡察发现问题整改，形成从严治党、从严管理干部制度体系。组织开展第二批公司级技术专家选聘，增补专家10人，成立专家室，发挥不同类型专家作用。出版专业高级职称委托中国石化总部机关评审，通过率大幅提高。成功申请出版专业高级职称备案函，解决历史遗留问题。组织出版专业技术人员继续教育，76人取得责任编辑证书。增强培训工作针对性、实效性，参加国家新闻出版署培训84人次，集团公司网络培训资源线上专题培训211人次，线下培训20人。

【送书工程】 2020年，出版社落实集团公司“将送书转变为读书”的工作要求，全年组织完成30种电子书的出版加工，制作10种多媒体选题。中油阅读平台持续提升内容运维能力，从1.0升级迭代至2.0版本；本版石油科技专业图书和大众类图书音视频内容持续开发，完成有关图书富媒体制作；同步引入市场头部电子出版资源，上架12万多种电子图书、7万多集有声书；同时，根据企业文化建设需要开设多个石油特色知识文化栏目。

（李银涛）

中国石油审计服务中心

【概况】 中国石油审计服务中心（简称审计中心）组建于1990年，是中国石油天然气集团有限公司从事企业内部审计工作的一级审计机构。审计中心在业务上接受审计部指导，依照法律法规及集团公司有关制度规定，通过监督检查，调研分析，综合评价等审计工作，发现经营管理中存在的问题和不足，客观公正、有针对性地提出管理意见和建议，为集团公司党组和管理层决策提供参考。审计中心本部位于北京，设13个处级建制，其中审计处室9个，职能、后勤处室4个。沈阳、西安、成都、乌鲁木齐四个区域中心为审计中心所属二级单位。北京本部承担华北、华东、华南、海外等区域审计实施工作，各区域中心分别负责东北、西北（不含新疆）、西南、新疆区域内一级审计项目的实施工作。海外审计中心依托审计中心运作。

2020年底，在册人员190人，平均年龄43.4岁，其中审计业务人员163人，占比85.79%。具有高级技术职称81人，占比42.63%；中级技术职称81人，占比42.63%；具有国际注册内部审计师、注册会计师、注册税务师、注册造价师等执业资格54人（共94本资格证书）；博士研究生2人，硕士研究生43人，本科学历135人，本科学历以上人员占员工总数94.74%。形成专业结构基本合理，具有一定规模的内部审计专业队伍。

【审计工作】 2020年，审计中心积极应对新冠肺炎疫情和低油价风险挑战，认真贯彻落实集团公司党组决策部署，实现新冠肺炎疫情防控与审计工作"两不误""双胜利"。全年实施审计项目109项，审计任务13个。其中，经济责任审计50项，管理效益和专项审计22项，建设工程审计37项。

审计理念持续转变。广大审计人员践行"严查、真帮、促改"理念。坚持凡审必严，敢于碰硬、一审到底，切实履行好审计监督职责。坚持强化服务，注重揭示问题，提出改进建议，促进现场整改，实现监督与服务的有机融合，帮助企业提升管理水平。坚持"三个区分开来"，历史全面客观地看待问题，审计评价更客观准确、问题定性更令人信服，充分发挥审计建设性作用。

审计转型稳步推进。坚持与时俱进，立足实践，推进审计转型。从传统的财务收支审计向管理审计转变，更加关注集团公司重大决策部署执行情况，更加关注揭示企业主要矛盾和重大风险。由事后审计为主向事前、事中审计转变，探索"专业处室专业化、区域中心区域化"建设，专业"画像"和区域企业"画像"工作初显成效。从传统的审计技术和方法向先进的审计技术和方法转变，现场审计与远程审计相结合，数字化审计得到了实践锻炼。转变项目组织方式，打破处室界限，审计人员重组，本部、区域中心、海外审计力量互为补充、互相支持，专业审计与区域审计、海外审计成果共享，审计资源配置高效得力。

审计质量进一步提升。引导审计人员树立正确的业绩观、事业观，不断增强审计人员使命感和责任意识。落实集团公司一级审计项目流程管理要求，强化三级复核制度，实施审计项目全过程管控。审计现场发现问题及时与审计部沟通，接受工作指导。落实审计报告、审计底稿退回机制，倒逼审计底稿、报告质量，促进审计质量整体提高。业务处室普遍开展业务分析、经验交流、成果分享活动，提高审计人员精品意识、质量意识，审计报告、审计底稿的质量明显提高，有13份审计报告得到上级领导批示。

信息化步伐加快推进，审计工作的信息化程度不断提高。重新部署和维护审计OA专网办公系统、协同办公系统，健全VPN、即时通信账号、视频会议室系统，实现公文网上阅办和流转，加强处室之间、处室内部审计业务信息资源共享，满足远程办公需要。审计人员通过电话问询、网络数据传送等方式，做好审前相关数据的提取、梳理和分析。利用集团公司数据仓库审计平台，发挥大数据审计的海量查询和数据分析功能，高效推进非现场审计，提升审计效能，助力新冠肺炎疫情防控工作和审计工作高效完成。

【管理与发展】 2020年，审计中心立足新发展阶段、贯彻新发展理念、构建新发展格局，团结带领广大干部员工直面新冠肺炎疫情挑战，以强烈的责任担当，忠诚履职尽责，持续深入推进"54321"工作思路，改革发展取得较好成效。

基础管理进一步夯实。坚持立足科学发展、和谐发展，固本强基，夯实基础管理工作。以内部控制自我测试和内部财务检查为载体，整改存在问题，健全完善各项管理制度。加强财务管理。开展开源节流和降本增效，健全完善全面预算管理机制，各项业绩指标平稳受控。推进依法合规管理，制定《审计服务中心领导人员履行推进法治建设职责实施细则》，落实领导人员法治建设职责，开展全员合规培训，组织《民法典》学习、《政务处分法》网上答题等活动，合规管理迈上新台阶。加强安全与保密管理，做好出行安全、防火安全提醒、开展保密工作宣传周，加强安全风险管控，实现零事故、零泄密。加强网络安全管理，开展网络安全防护工作，确保"护网2020"专项专动活动期间无安全事项发生。做好退休人员社会化管理工作，实施115名退休人员社会化管理移交工作。

队伍建设进一步加强。把员工作为审计中心发展的力量源泉，注重培养员工、关心员工、凝聚队伍，不断增强队伍活力。选强配好审计人才队伍，以公开招聘和组织推荐相结合的方式，补充区域中心审计力量，新进人员34人。经过两年的调整，一级审计队伍的专业结构、年龄结构、男女比例全面优化。加强干部队伍建设，贯彻落实《审计服务中心中层领导人员管理办法》，把好选人用人关，进一步使用1人，提拔4人。提升员工素质，组织选派10人次参加集团公司组织的各类重点项目培训，与审计部联合举办3期视频专题讲座。采取以老带新、言传身教等方式，抓好“传帮带”，以审促学、以审代训，快速提升实战能力。注重维护员工利益，在薪酬、福利、职称评定、后勤保障等事关员工利益的方面，积极争取政策支持，努力为员工群众办实事、解难事。深入开展“送温暖”活动，凝聚推进中心发展的强大力量。全年为175名员工送上生日祝福，安排休假疗养74人，发放疗养费24.42万元，使用送温暖资金5.4万元。倡导“快乐工作、健康生活”理念，参加中国石油体育协会主办的“我们一起走”全国石油职工第四届健步走网络公开赛，并获200人以下组第二名的好成绩。举办趣味运动会、员工篮球比赛、“疫路同行、健康出发”线上健步走等文体活动，锻炼体魄、陶冶情操、缓解工作压力，队伍凝聚力、战斗力进一步增强。

【企业党建工作】 2020年，审计中心以习近平总书记对审计工作的重要指示批示精神为指引，深入贯彻落实党的十九届四中、五中全会精神，充分发挥党委把方向、管大局、保落实的职能作用，全面加强党建和思想政治工作，党建工作质量不断提高。

审计中心党委认真落实全面从严治党主体责任，发挥党委“把方向、管大局、保落实”的作用，不断提升党建工作质量。深入学习宣传贯彻党的十九届四中、五中全会精神，在学懂弄通做实上下功夫，“四个意识”进一步增强，“四个自信”更加坚定，“两个维护”更加坚决。组织中心组理论学习15次，配发《习近平谈治国理政》（第三卷）等书籍，审计中心主要领导带头讲党课，党支部书记讲授党课44场次。扎实开展“战严冬、转观念、勇担当、上台阶”主题教育活动，引导全员统一思想认识，立足岗位担当作为，以高质量审计成果，助力集团公司打赢提质增效攻坚战。印发党建工作要点，建立党建工作例会制度，进一步强化抓党建的主体意识和责任意识。加强党员教育管理，组织开展向“最美支边人”“央企楷模”援藏干部梁楠郁的学习活动，激发广大干部新时代新担当新作为。利用好被审计单位红色资源和爱国主义教育、党性教育基地，组织参观学习30余次，教育引导党员时刻牢记初心、担当使命。加强党纪党规宣传教育，逐级签订党风廉政建设责任书，紧盯干部提拔、项目审计、年节假期、子女升学、婚丧喜庆等特殊时段，重申纪律要求。组织新提任干部“六个一”廉洁从业教育，通报集团公司内部个别党员违纪案例，开展原后勤中心主任韩小虎案例警示教育，让党员领导干部知边界、明底线、存敬畏。加强意识形态工作，全面肃清流毒影响，营造风清气正的政治环境。加强正面宣传，营造正确舆论导向，发布各类稿件205篇，其中党建类宣传报道97篇。

（吴　涛）

中国石油物资采购中心（中国石油物资有限公司）

【概况】 中国石油物资采购中心（中国石油物资有限公司）简称采购中心，2007年底以中国石油物资装备（集团）总公司（装备制造业务除外）为基础组建而成，是集团公司直属的专业化物资采购企业和在国家工商总局登记注册的独立法人经济实体。2012年6月，集团公司招标中心成立，与采购中心一套人马、两块牌子。采购中心作为集团公司直属的专业化公司，主要承担集团公司、股份公司物资集中采购任务，包括大宗物资、重要物资、长周期物资、安全物资、成套设备、大型工程项目所需物资的采购业务，急需物资的供应保障和战略储备物资的仓储管理；集团公司、股份公司一类、二类物资的采购和工程、服务采购招标的组织实施工作。采购中心有国内外贸易、国际国内招标、电子商务、运输保障、商品检验、仓储物流等一体化物资采购服务功能，具有工程项目招标甲级资质、海关高级认证企业、危险化学品经营许可、辐射产品经营许可、石油专用管材检测实验室等专业资质和经营许可证书。下设中油物采信息技术有限公司、中国石油物资沧州有限公司、郑州有限公司、沈阳有限公司、天津有限公司、上海有限公司（华东分中心）、西安分公司（西北分中心）、西南分公司（西南分中心）和新疆分公司（新疆分中心）等9家所属单位。

2020年，采购中心年实现物资采购额783亿元、节资率 13.26%；招标额再创历史新高，实现 1376 亿元、同比增长 7.46%，节资率 13.59%，有效质疑为零。

【集中采购和招标业务授权】 2020 年，采购中心完成三批次年度集中采购 31 项，季度带量集中采购 25 项。组织采购额 607 亿元，其中带量采购 456 亿元，不带量采购 151 亿元。一级物资授权集中采购招标完成 11 个管理小组、两批次 45 个项目，招标金额 243 亿元。高质量完成 130 家新增供应商现场考察，严格控制供应商新增准入标准与程序。

【采购招标专业化水平提升】 2020 年，采购中心加强投标人失信行为管理，备案投标人失信行为。坚持问题导向，研究“流标”考核指标及项目管控流程。组织中国石油物资分类标准编制，形成标准文本及配套材料。严控编码总量，增幅同比再降 14%。大力推广标准化采购，按照“一组一策”的原则，石油钻机等设备物资基本实现技术方案标准化。完成 108 项新增采购技术规格书编制，实现一级物资全覆盖。

【重点项目保供综合服务】 2020 年，采购中心发挥专业化和一体化优势，保障长庆油田上古天然气处理总厂等勘探开发项目，广东石化炼化一体化等炼油化工项目，国家管网中俄东线中段等管道项目及国家危化品和管道应急救援基地等国家项目的生产建设，获得用户的充分肯定。承担中俄东线国产替代旋塞阀谈判，保障中俄东线中段按期竣工。选取各部门青年骨干成立广东石化现场工作组上门服务，探索出一套统一指挥、联动协同的新模式。

【配套和延伸业务】 2020 年，采购中心二级物资区域协同采购金额突破 1 亿元，同比增长 76%。非生产性物资集中采购，实现社会电商京东所有商品 10% 以上折扣；自建目录完成 4 项授权品种招标，其中打印复印设备平均价格低于市场 40% 以上。集中储备累计完成 10.6 万吨，超额完成集团公司考核指标。仓储业务加大社会市场开发力度，完成吞吐量 134 万吨，同比增长 9%。开拓物资中转站延伸服务，发挥保障服务“桥头堡”作用。运保业务进口设备 258 台套，材料 8668 吨，保持海关经认证的经营者（AEO）高级认证待遇。打造了瓜尔胶、压缩机组等品种直采品牌。全年签订直采合同 5875 份、176 亿元，降采率 10.48%。其中，国内合同 96 亿元，进口合同 10 亿美元。进口代理主渠道作用充分发挥。深化战略采购和框架协议合作，落实物资联合采购试点和推广工作，用实力赢得国家管网一级采购物资唯一招标代理机构资格。

【总部基础管理支撑任务完成】 2020 年，采购中心配合完成集团公司“1+9”采购管理体系中 7 项制度的修订；完成集团公司物资采购管理对标评估；梳理补充国际招标评标专家；组建勘探开发、井筒等 5 个境外项目专业小组，实现与中石化、中海油在中东区域采购信息共享；完成第三届进口博览会中国石油采购签约组织，代表集团公司现场与 5 家供应商签约 3.37 亿美元；维护物采 2.0 供应商信息和采购目录，组织招标平台应用远程培训。

【口罩等防疫物资保供】 2020 年，采购中心完成口罩等集团公司疫情防控应急物资保供任务。在复工复产的关键时期，建立两条稳定口罩供应渠道，短时间内为集团公司采购口罩 1835 万只，解决集团公司防疫物资燃眉之急，得到兄弟单位的广泛好评和集团公司领导的高度赞扬。

【远程招评标取得突破】 2020 年，疫情初期，评标专家无法集中评标，工作人员居家隔离，投标人无法参与，大量招标任务急需完成。采购中心运用集团公司远程会议系统与招标系统有效融合，实现评标专家“居家式”“工位式”远程分散评标；制定《远程评标工作指南》，保障远程评标规范运行。为集团公司复工复产的快速推进提供保障。

【提质增效采购节资率目标超额完成】 2020 年，采购中心实现物资采购总成本下降 13%，节约资金 120 亿元。其中：一级物资集中采购平均节资率 14%，节约资金近 100 亿元；石油专用管节资率 21%，节约资金近 37 亿元；陶粒支撑剂和压裂用石英砂分别实现节资率 15% 和 24%，节约资金 11 亿元。发挥一体化服务优势，新疆 11 家地区公司和西南油气田二级物资采购价格普遍下降 10% 以上，70% 以上的采购在 48 小时内完成。用好用足国家政策红利，协助 52 家用户单位申报对美加征关税排除，减免税款 6500 余万元。将集中储备清单纳入北疆区域仓储物流共享中心目录，降低驻疆企业库存费用 1420 万元，协助塔里木油田、新疆油田、吐哈油田实现集中储备目录物资零库存。

【企业管理】 2020 年，采购中心制定改革三年行动实施方案，明确改革目标。优化完善公司治理，党的领导与公司治理有机统一的体制机制初步建立。完成厂办大集体改革和退休人员社会化管理移交工作。优化部门设置，成立招标四处专业负责集采招标。深化清欠、降库，下大力气完成与管道项目结算款项清理。狠抓“两金”压控，指标完成率 117%。控制内部成本费用，全年可控费用压减 30% 以上，其中五项费用压减50%以上。启动安全生产三年专项整治，实现质量绩效考核全覆盖，未发生质量、生产安全和环境污染事故。开展首次服务满意度调查，满意率100%。强化内控风险管理，狠抓合同监管和过程管控，重大决策法律审核率达100%，全年“零责任事故、零违规事件”，获集团公司法制建设A类企业。推进管理创新研究与实践，22篇论文在中国石油企业协会创新优秀论文评选中获奖，其中一等奖4篇；参加集团公司青年创新大赛，获得多个奖项。搭建系统开发和运维平台，财税银系统功能全面升级，运保业务管理平台更加优化，仓储信息化系统建设全面启动。

【企业党建工作】 2020年，采购中心制定《党委落实全面从严治党主体责任清单》，“大党建”工作格局逐步完善。严格党建工作责任制考核评价和党支部达标晋级，推动“智慧党建”，2019年党建考核获评集团公司A级。持续推进2+N干部管理制度体系建设，完成中心首批技术专家选聘工作。党风廉政建设持续深入，紧盯采购招标廉洁风险，坚持廉政教育和整治“四风”常态化，开展“四个专项整治”。高质量完成巡察三年全覆盖。组织“企业形象周”“云开放”等活动，选树先进典型，弘扬爱国主义精神和石油精神。助力脱贫攻坚，超额完成扶贫任务指标的107.6%。

（郑兴远）

中国石油集团共享运营有限公司

【概况】 中国石油集团共享运营有限公司（简称共享运营公司）是为促进中国石油管理转型发展，提升管理水平和运行效率，由中国石油天然气集团有限公司和中国石油天然气股份有限公司共同出资，于2019年7月成立的有限责任公司。2020年，共享运营公司锚定“世界一流智能型全球共享服务体系”建设目标，有效落实集团公司重要决策部署，全力提高效率创造价值，推动高质量发展，圆满完成“四个100%”目标任务，跑出了推广实施新速度。截至2020年底，国内财务共享提前两个月完成全年推广任务，实现138家企业全覆盖；海外财务共享超前完成7家29个项目（单位）试点，呈现快速推广势头；人力资源共享薪酬及员工服务覆盖102家企业，服务员工83.3万人。

【管理提升】 2020年，共享运营公司财务共享接单近2400万笔，较上年增长66%，退单率、凭证差错率分别下降到0.58%和0.06%。人力资源共享接单20.8万笔，服务人次4320万，较上年增长227%，退单率较上年下降75%，业务处理准确率、及时率达99.9%。探索建立三级客户回访机制，深入开展质量与客户体验提升专项工作，问题管理能力显著增强，客户满意度进一步提高。建立完善数据灾备和业务互备机制，实现各区域中心间业务一键切换和数据实时备份。

【提质增效】 2020年，共享运营公司电子会计档案实现国内企业全覆盖，年节约成本超亿元；石油商旅实现国内企业全覆盖，累计节约差旅费超2700万元，全员全级次上线年节约成本超2亿元；非现金对账自动化实现销售板块31家企业全覆盖，可节约用工300余人，年节约成本6000余万元；员工报销集中支付减少付款笔数、凭证量超90%，节约共享用工200余人，年节约成本约4000万元；完成销售对标分析产品交付，助力销售板块精细化管理再提升，得到上线企业高度认可（图1）。

图1 2020年11月12日，共享运营公司与昆仑银行在成都签订供应链信息服务协议

【风险防控】 2020年，共享运营公司进项税平台实现国内企业全覆盖，累计拦截不规范发票5.03万张，有效防控税务风险。集成合同、ERP、加管等12个系统，实现财务挂账、付款与合同联动控制、在线审

查，有效防控合同履约和资金支付风险。推动人力资源已交付业务系统单轨运行，实现机构、人员等信息在线归集，推动薪酬核算标准化、精准化和在线控制，减少人为干预，有效提升合规管理水平（图2）。

图2　2020年11月11日，集团公司人力资源共享服务交付企业签约仪式暨回访座谈会在沈阳召开

【管理创新】 2020年，共享运营公司深化财务共享业务流程管理，优化拓展流程58项，统一业务处理模式，规范输入输出标准，丰富数据获取维度，整体效率提高45%；深入开展人事业务流程再造，精简业务处理链条，畅通信息流转渠道，提高业务处理效率。强化信息系统建设，研发上线10款、36个机器人，自动化业务处理量和处理效率持续提升；探索应用OCR技术，实现机票、增值税发票等8类票据信息“一键填写”，有效减轻前端业务人员填单量；完善财务共享移动APP功能，实现业务随时随地审批，得到客户广泛好评。

【队伍建设】 2020年，共享运营公司立足业务发展需要，抓好人才选聘。截至2020年底，共有员工1905人，平均年龄不到35岁，本科及以上学历占99.8%，中级以上职称占56%，队伍规模有序壮大、专业化优势更加突出，有力支撑推广阶段共享服务高效推进。制定岗位人才规划，形成覆盖岗位体系、教育培训、绩效考核等多维度的人才培养模式，为员工成长成才创造条件。制定印发企业年金、补充医疗等保障制度，深入开展困难帮扶等关爱活动，切实维护员工根本利益。

【党的建设】 2020年，共享运营公司落实党委理论学习中心组学习、党支部“三会一课”制度，深入学习领会党的十九届四中、五中全会精神，开展“战严冬、转观念、勇担当、上台阶”主题教育，推动提质增效专项行动走深走实，扎实推进“转角色、转观念、转作风”大学习大讨论活动，干部员工做好服务的思想自觉和行动自觉进一步增强。认真贯彻新时代党的组织路线，建立区域中心、业务部党组织及所属基层党支部，党组织覆盖率达100%。制定《党建工作责任制实施细则》等10类21项党建制度，有效夯实党建工作基础。

【财务共享业务全覆盖】 2020年10月14日，由共享运营公司承办的集团公司财务共享业务在中国石油138家企业全面上线，实现中国石油国内企业全覆盖，两年时间完成三年推广任务，提前实现“十三五”发展目标，中国石油全球共享服务体系初步建成（图3）。

图3　2020年10月13日，财务共享业务上线仪式在吉林油田举行，共享运营公司财务共享国内138家企业上线任务全面完成

【电子会计档案全覆盖】 2020年，共享运营公司克服新冠肺炎疫情影响，探索实施线上“云培训”“云推广”，加快会计档案电子化推广应用。截至2020年10月底，国内138家企业电子会计档案实现100%全覆盖，年节约成本超亿元。财务“绿色账本”的普及，管理链条从8步减少到5步，业务系统内的附件电子化归档管理，会计档案成册、移交等业务流程均由系统自动完成，真正实现了会计档案工作集成化、无纸化、自动化。

【“石油商旅”全覆盖】 截至2020年11月24日，由共享运营公司和华油集团联合建设的“石油商旅”平台实现中国石油国内二级企业全部上线，提前完成集团公司提出的“实现年底线上全覆盖”目标任务。“石油商旅”平台是集出差审批、商旅预订、费用处理等在内的一站式商旅服务平台，已签约22家航空公司、11家酒店集团，直接签约整合1.73万家单体酒店，累计降低差旅成本2700余万元。

【发票数据分析加速推广】 2020年11月25日，由共享运营公司自主研发、具有自主知识产权的首款增值服务产品——发票数据分析产品，上线单位突破50家，全面加速推广应用。该产品立足于进项发票池信息，统计分析业务单位采购、财税和供应商等数据指标，具备发票情况概览、供应商分析、发票场景分析、税收筹划、基础信息查询等五大功能，为用户精细合规管理和提质增效提供参考，助力企业提高工作效率，有效防控财税风险。

【资金对账产品全面推广】 2020年12月11日，共享运营公司“资金对账”产品在中国石油成品油销售企业全面推广应用。“资金对账”产品作为一款具有完全自主知识产权的新型财务管理工具，打破了加油站业务内外部的数据孤岛，将数据整合汇集、梳理加工，实现数据共享、互联互通；通过在途资金核对、业财核对等六大功能场景，为用户提供从业务销售到资金回笼的全流程跟踪监控，可视化呈现资金周期状态，助力企业提升效率，有效降低资金管控风险。

【获中国智能财务最佳实践奖】 2020年12月6日，第三届智能财务高峰论坛在上海举办，峰会现场揭晓首届“中国智能财务最佳实践”评选奖项结果，共享运营公司获首届“中国智能财务最佳实践奖”，同时作为获奖单位做经验分享（图4）。

图4 2020年12月6日，第三届智能财务高峰论坛在上海举办，共享运营公司获首届“中国智能财务最佳实践奖”

【刘继红获集团公司劳动模范】 2020年12月9日，中国石油劳动模范和先进集体表彰大会在石油大厦举行，共享运营公司西安中心采购应付部总经理刘继红获集团公司劳动模范称号，这是共享运营公司首位劳动模范。刘继红作为中国石油共享建设从无到有的先进代表，在共享服务推广运营、创新管理、新冠肺炎疫情防控等工作中冲锋在前，为中国石油财务共享建设作出突出贡献。

【共享服务建设汇报】 2020年4月22日，集团公司董事长、党组书记戴厚良主持召开会议，听取共享运营公司关于共享服务建设情况的汇报，强调要总结梳理共享服务建设取得的各项成果，进一步加强统筹规划，做好顶层设计，找准定位，提高效率、创造价值，为集团公司提质增效和高质量发展贡献力量。集团公司总经理、党组副书记李凡荣，集团公司党组成员、总会计师刘跃珍出席会议。

【共享服务建设专题研讨会】 2020年9月23—24日，中国石油共享服务建设专题研讨会在成都举行，听取共享运营公司、长庆油田公司等单位共享建设汇报，开展共享服务专题研讨。集团公司党组成员、总会计师刘跃珍出席会议，提出要认真贯彻落实集团公司党组“做好服务、提高效率、创造价值，推动高质量发展”要求，坚持“三高三要三不”原则，争当集团公司创建世界一流企业的推动者、企业管理变革的先行者、智能技术应用的引领者、新型业财融合的探索者和合规管理的示范者，为集团公司完成全年目标任务、实现高质量发展提供有力支撑。

【共享服务专题工作推进会】 2020年12月23日，共享运营公司中国石油共享服务专题工作推进视频会议在京召开。集团公司党组成员、总会计师刘跃珍出席并强调要深入贯彻集团公司党组推进共享服务体系建设部署要求，动员广大干部员工进一步统一思想、提高认识、形成合力，推进业务全移交要再创新业绩，海外财务共享要跑出加速度，助力价值创造上要有新作为，推进数字化转型要有新举措，坚定不移朝着世界一流智能型全球共享服务体系建设目标迈进。

【共享运营公司干部大会】 2020年8月18日，共享运营公司召开干部大会，宣读集团公司党组关于共享运营公司班子成员调整任免的决定：陈朝晖同志任共享运营公司董事、总经理；王刚同志担任共享运营公司副总经理，寇登科同志兼任共享运营公司工会主席。谢海兵、胡炳军、陈朝晖分别作表态发言。集团公司党组成员、总会计师刘跃珍出席会议并讲话，股份公司财务总监柴守平主持会议。

（史智峰）

广州石油培训中心

【概况】 广州石油培训中心（简称广州培训中心）成立于1981年，经历石油工业部广州外语培训中心、石油大学广州培训部和石油大学（广州）的沿革，是中国石油工业国际化人才培养的摇篮，是集团公司直属重点培训机构、中央企业在广东省唯一的应急救援培训演练基地。

广州培训中心集教育培训、科学研究、咨询服务三大功能于一体，设4个职能部门、4个培训研究和教学单位、2个培训保障和服务单位，现有员工166人，其中，正高级职称9人，副高级职称41人，中级职称42人。广州培训中心在国际化人才、领导力发展、安全工程、人力资源、财务管理、党务工作、岗位认证、市场营销等诸多领域探索出先进培训理念，积累丰富培训经验。占地4.5公顷，资产总额3.4亿元，培训设备设施齐全配套，具备年线下培训超2.3万人规模的能力。累计培养各级各类管理干部及国际化人才21万人，许多学员成为境内外石油企业高管、骨干或经营管理人员的中坚。广州培训中心独具的“广、深、活、实”培训特色获集团公司内部企业的广泛认同和企业培训行业普遍赞誉。

表1 广州培训中心培训项目数据汇总表

培训项目分类	项目数	人数	人天数
集团公司计划内A类项目	2	95	4788
集团公司计划内B类项目	54	6721	39454
会议及其他项目C类	43	14597	64924
集团公司企业委托项目D类	120	7779	53420.5
自主项目E类	24	1699	12999
合计	243	30891	175585.5

2020年，广州培训中心面对新冠肺炎疫情防控和生产经营前所未有的严峻考验，抓防疫、谋发展，拓市场、提效益，强管理、练内功，实施提质增效专项行动，全面完成集团公司下达绩效考核指标。上半年，在因新冠肺炎疫情造成线下培训项目停摆的情况下，全年仍开办培训班243个，培训学员30891人次，完成培训工作量175585人天。广州培训中心线上直播培训、百日攻坚等一系列开创性工作走在集团公司行业培训机构前列。在“十三五”收官之年，接续奋斗，以做有价值的培训为根本宗旨，取得一系列具有标志性意义的突破，提前两年完成规划主要目标，综合实力、行业影响力持续增强。

【中国石油首届培训项目设计大赛】 2020年，广州培训中心承办中国石油首届培训项目设计大赛。大赛以“立标准、建体系、创价值，加快培育一流人才队伍”为宗旨，是集团公司教育培训领域首次规模大、范围广、全覆盖的创新实践活动，为期近5个月，征集参赛意向项目1100个，累计参与人员5000人，覆盖“十三五”以来中国石油内部重点培训项目，旨在引导和推动企业岗位标准化体系建设，搭建培训项目设计共建共享平台，挖掘并培养一批培训项目设计人才，提升企业培训项目设计水平和培训机构专业化服务能力，为集团公司人才强企工程和创建世界一流示范企业作出积极贡献。大赛采用企业级竞赛选拔、集团级初赛盲评、复赛路演答辩、决赛分组对抗评比机制，收到来自75家所属企业选拔申报的设计管理、技术、技能和培训师等四类370个参赛项目，百名内外部专家评审，评出中国石油首批优秀培训项目30个、三等奖24个、二等奖10个、最佳示范奖4个及一等奖6个。

【首创在线直播培训模式】 2020年，广州培训中心是中国石油第一家开展在线直播培训的机构。创新在线直播培训模式，编制一套直播培训学习手册，采用在线平台直播面授、全流程线上组织管理，实现从班级管理、课堂组织、考勤考核等线下培训全场景线上运营。在集团公司内率先推出党的十九届四中全会精神解读系列专题课程，组织开展党的十九届四中全会精神解读在线直播培训班，义务服务湖北销售分公司，确保湖北销售抗疫保供期间员工不停学。集团公司中层以上领导干部1.1万人参加党的十九届四中全会精神解读培训，占集团公司总培训人数近80%。全年实施集团公司董监事人员履职能力提升班、销售企业阿米巴经营之道培训班等直播培训项目77个，创收1900余万元。

表2　广州培训中心线上和线下培训数据汇总表

培训模式分类	项目数	人数	人天数
线上项目	77	20422	87913.5
线下项目（包含异地教学、咨询项目）	166	10469	87672
合计	243	30891	175585.5

【人力资源管理岗位任职资格体系建设】 2020年，受集团公司人事部委托，广州培训中心完成集团公司人力资源管理岗位任职资格体系建设。撰写集团公司组织人事系统3级9类岗位任职资格标准手册、任职资格辞典手册，完成标准化课程体系设计、27个标准化项目实施方案，开发130余门线上理论微课、62门经验和案例类微课、8大类30门线下标准化课件，完成7本配套教材大纲及样章审定。培养30位内训师，建立500道试题库，举办4期实验班，其中2期中级认证实验班、1期初级认证实验班、1期讲师班。自主研发成果丰硕，如基于引导技术的课程开发工作坊和培训项目运营管理模式，集团队热身和知识学习于一体的人力资源视觉探索卡。

【品牌建设】 2020年，广州培训中心持续推进品牌建设。发布实施《"广培力量"品牌建设方案》，阐释"广培力量"品牌内涵与定位、品牌建设指导思想、目标、内容、措施。建立品牌建设工作委员会，明确培训品牌建设参与部门职责分工。重点做好教学特色、专业团队、品牌文化、管理品牌、服务品牌5个方面工作，建立品牌战略、品牌评价、品牌培育、品牌激励、品牌传播等管理制度与流程，着力塑造"广、深、活、实"培训特色。到2025年，打造立足于中国石油品牌培训（学习）项目/咨询项目15个，品牌培训课程25门，形成"两高四关"特色项目体系和课程体系，人才培养、组织发展等管理咨询新兴业务优势突出，专业团队在业内具有较强影响力。

【百日攻坚】 2020年，广州培训中心从5月初到8月上旬，依据"两高四关"培训产品体系，集中精力和资源开展培训产品研发"百日攻坚"行动。制定实施专项行动方案及培训产品研发指南，将"战严冬、转观念、勇担当、上台阶"主题教育活动和提质增效专项行动贯穿全年、覆盖全员、一体推进，集中力量组织新产品研发攻关，开发新项目17个、课程（专题）96门。

【教研科研】 2020年，广州培训中心完善教科研管理办法、研发子系统建设和运用。立项21个教科研项目。完成2019年度教科研成果评优，38项获优秀教科研成果奖、10项获论文与学术会议奖、1项获著作及教材奖。广州培训中心与集团公司人事部组织机构处、综合处联合开展"集团公司人才需求与定岗定编模式研究"科研项目。基于"情景构建"的安全管理咨询、经营管理"工作坊"日趋成熟，定岗定编咨询项目取得突破，市场营销顾问式培训崭露头角。完成《班组小故事 管理大道理——西南油气田公司班组管理优秀案例集》开发，配套设计与制作107篇班组故事音频及各章节微视频。

【改革创新】 2020年是广州培训中心的"改革创新年"。制定实施改革三年行动方案和对标世界一流管理提升行动计划，组织开展"十四五"发展规划编制。制定并实施三项制度改革"1+4"配套方案。开展制度"立改废"工作，梳理规章制度115项。完成培训管理流程优化，完善《线上培训项目管理规定》《工作量管理办法补充规定》，实施培训标准化管理。推进企业数字化转型升级，MIS2.0项目业务管理子系统上线。完成退休人员社会化管理移交工作。

【社会责任】 2020年底，广州培训中心如期完成马催村贫困村、户的退出任务，有劳动能力贫困户人均收入首次突破2万元，"三保障"（教育、医疗、住房）等各项指标全部完成，帮扶成绩获各级党委政府、广东省扶贫考核组和村民好评。马催村被评为2018—2020年阳春市文明村。马催村脱贫攻坚成效先后被人民网、学习强国、《南方日报》《南方》杂志、广东省电视台等多家媒体报道转载。广州培训中心扶贫工作为中国石油造福广东人民赢得美誉，彰显中国石油政治责任和企业担当。

（林盛娜　田　园）

中国石油企业协会

【概况】 中国石油企业协会（简称石油企协）成立于1984年，原名中国石油企业管理协会，成立初期分别挂靠在石油工业部、总公司和集团公司企业管理司、发展研究部、政策研究室等部门开展工作。2004年9月，更名为中国石油企业协会，是国家民政部批准的社会团体法人。2006年1月，集团公司决定石油企协从集团公司发展研究部划出，挂靠集团公司管理，人事劳资关系由人事劳资部管理，财务资产由财务资产部管理，党、团、工会组织关系由直属机关党委管理。2020年6月，石油企协党支部党员组织关系划转至中国石油和化学工业联合会党委，与党关系同时划转的中国体育协会党员组成联合会党支部，接受集团公司党群工作部及中国石油和化学工业联合会党委双重管理。其业务范围包括：专业交流、书刊编辑、国际合作、业务培训、咨询服务等。办公地址在北京市西城区六铺炕街6号。

截至2020年12月，石油企协设部室4个：办公室（秘书处、人事处、财务部、会员联络部）、咨询研究部、企业工作部（培训部）、《中国石油企业》杂志社，在册人员12人，其中专职副会长1人、处级职数3人，副高级职称7人、中级职称5人。下设海洋石油分会、公路运输分会、法律工作分会、史志与档案专业委员会、编辑出版与展览专业委员会和油气储运工程分会等6个分支机构。

2020年，面对新冠肺炎疫情的严重冲击，石油企协坚持以习近平新时代中国特色社会主义思想为指导，深入贯彻党的十九大和十九届二中、三中、四中、五中全会精神，落实国家能源安全新战略，围绕国家和石油石化行业工作大局，以助力行业企业高质量发展为己任，以打造“国内一流、世界知名”行业协会为目标，高标准完成既定工作目标任务，推动石油企协事业取得新突破，迈上新台阶。

【年度理事会议召开】 2020年，石油企协因新冠肺炎疫情影响，经上级业务指导单位同意，以通讯形式召开石油企协第七届理事会第七次会议。会议审议通过：理事会年度工作报告；2019年度会费收支情况报告；会员单位调整的议案；设立油气储运工程分会的议案；第八届理事会延期换届的议案；七届七次理事会决议。

【政府服务与行业服务】 2020年，石油企协拓宽领域，提升层次，课题研究水平有了新提高。组织开展国家能源局、集团公司科技管理部和中国石油国际勘探开发有限公司等8项课题研究项目。按照生态环境部《关于征求重污染天气重点行业应急减排措施》意见，先后协调公路运输分会等4家会员企业，对重污染天气重点行业应急减排措施、炼油与石油化工分级管控方案提出行业意见，并推荐2名专家参与全国炼油与石油化工分级考核工作。聚焦专题，战略合作，研讨交流工作扩展新领域。深入研究“人·车·生活生态圈”专题论坛活动等方案；对接中国石油、中国石化、中国海油、中化集团等相关单位，形成战略合作思路；推进石油企业党建引领工程，开展党建论坛方案设计，承接新华社“人民楷模”王启民《讲述·中国故事》栏目拍摄，举办“项目管理的创新发展与应用”主旨报告会等论坛，在会员企业产生较大影响。全媒报道，融媒发展，新闻宣传开创新局面。制定《新闻发布工作管理办法（试行）》，对新闻发布、舆情监测研判与引导、突发事件新闻危机应对等予以规范。

【“三审”工作】 2020年，石油企协“三审”工作丰富手段，优化运作，企业管理创新取得新进展。组织会员企业申报成果356项，审定优秀成果215项；申报论文1071篇，审定优秀论文644篇；申报著作44部，审定优秀著作26部。向中国企业联合会推荐优秀成果12项，获国家级优秀成果9项，其中一等2项。

【期刊编辑】 2020年，石油企协创新办刊办网理念，推动传统媒体和新兴媒体尽快从相“加”迈向相“融”。加强《中国石油企业》杂志原创性、时代性、经验性文稿策划，使其成为“讲好石油故事，弘扬石油精神，传播石油声音”的主阵地。组织完成2019年度《中国油气产业发展分析与展望报告蓝皮书》编撰工作，成功举办第十届《蓝皮书》新闻发布会。评选发布“2020年度中国石油行业十大新闻”，提高石油企协新闻舆论的传播力、引导力、影响力、公信力。精心设计，质效并举，创新活动亮点纷呈。组织编纂并策划完成《石油精神——文献石油70年》线上出版发行工作。举行石油企协编辑出版与展览专委会首届优秀石油石化科普图书评选及图片石油百科征集评审，促进石油知识科普和石油文化宣传。加强与行业社团组织交流合作，与中国企业联合会、中国电力联合会、中华环保联合会等开展交流合作，发挥石油企协桥梁和纽带作用。

【组织建设及管理工作】 2020 年，石油企协强基固本，体系规范，发展基础得到加强。制定分支机构管理办法、财务报销管理办法、商务招待管理规定、固定资产管理办法等 10 余项规章制度，构建系统完备、科学规范、运行有效的制度体系，为石油企协规范运行提供了根本保障。精准管理，落地落实，提质增效取得新进展。加强全员业绩考核，推进督查督办，培固石油企协求实务实的新风气。加强职称评审管理，进一步优化石油企协专业技术人员结构。认真贯彻提质增效专项行动精神，严格办公费用管控，全年办公费用同比大幅压缩。提升效能，加强自身建设，发展能力取得新进步。

抓好 4A 级复评和民政部审计迎检。开展复评筹备工作，完成 4 大类 38 项内容 400 份资料准备。完成国家民政部抽查审计迎检，无违纪违规问题。

强化顶层设计，蓄势持续发展。研究推进工程与采购供应链专项工作、QHSE 专业委员会、企业文化与党建工作专业委员会筹建，组织启动石油企协“十四五”发展规划制定工作，运行完善石油企协千名专家智库，聘请 7 名院士和 23 名权威专家组成专家委员会。加强新冠肺炎疫情防控，维护大局稳定。成立新冠肺炎疫情防控工作领导小组，科学制定新冠肺炎疫情防控工作方案及应急预案，有序推进复工复产，多渠道解决新冠肺炎疫情急需物资。在门户网开辟《抗击疫情》专栏，多角度跟踪反映会员企业驰骋新冠肺炎疫情防控一线情况，发布信息 450 余条。以实际行动支持会员企业抗击新冠肺炎疫情，主动将 2020 年度会费按全年标准的 50% 收取，减少会员企业支出，受到广泛好评。

坚持政治引领，加强作风建设，党的建设得到新发展。加强思想政治建设，筑牢战斗堡垒。深入学习贯彻习近平新时代中国特色社会主义思想和党的十九届五中全会精神，认真落实各级组织工作要求，结合石油企协实际建设性开展工作。严格政治学习，全年组织党员集中学习 22 次；组织开展“讲述身边的科学理论”微型党课活动，全体党员走上讲台讲党课；建立《党建工作月报》，提高党支部建设标准化、规范化、科学化水平。落实主体责任，全面从严治党。制修订党支部工作制度 18 项，落实主体责任任务分解表，严格执行“三重一大”细则，坚持重大问题集体研究决策，全年组织召开支委会 23 次，研究 80 余项重要问题。制定党支部全面从严治党主体责任清单，坚持领导干部“一岗双责”，协会领导与部门签订党风廉政建设责任书，层层落实责任，形成横向到边、纵向到底的党风廉政建设坚固防线。加强作风建设，优化政治生态。开展全员“作风建设年”活动，在党员中开展“岗位建功新时代，党旗飘扬迎百年”和“四为”岗位讲述活动，建立 10 个党员责任区、3 个党员示范岗，在岗位实践中发扬党员的先锋模范作用。

（张慧芳）

中国石油学会

【概况】 中国石油学会（简称石油学会）创立于 1978 年，是学术性法人社团组织。业务范围包括学术交流、科学普及、编辑出版、成果转化、科技服务、咨询培训、人才举荐等。2020 年 6 月 18 日，石油学会第九届理事会第七次会议撤销 1 名理事资格，第九届理事会理事减少至 111 名，其中常务理事 36 名。办事机构秘书处 6 个部门仍设在中国石油天然气集团有限公司，人员编制 25 人，全年退休职工 5 人，接收应届博士毕业生 1 人，招聘一般管理人员 3 人，聘任高级管理专家、管理专家各 1 人，年底在册职工 18 人。2020 年，石油学会坚持以习近平新时代中国特色社会主义思想为指导，深入贯彻落实党的十九大和十九届五中全会精神，增强“四个意识”、坚定“四个自信”、做到“两个维护”，坚持稳中求进工作总基调，坚持新发展理念，坚持新冠肺炎疫情防控不放松，紧紧围绕“四个服务”职责定位，聚焦“11144”工作目标，主动作为、创新工作，全面完成 2020 年绩效合同指标，为石油学会高质量可持续发展奠定坚实基础。

【服务创新型国家和社会建设】 2020 年，石油学会落实与教育部全国工程专业学位研究生教育指导委员会签订的《石油工程硕士研究生教育认证合作框架协议》，召开石油工程硕士研究生教育认证咨询专家委员会和认证专家委员会会议，发布《石油工程硕士研究生教育认证办法》《石油工程硕士研究生教育认证标准》。

接受国家科学技术奖励工作办公室委托，召集院士专家对2020年国家科技奖初评通过项目提出行业咨询意见。承接中国地质调查局油气资源调查中心“油公司勘查进展跟踪调查”研究项目，开拓科技服务新领域。

举办第十届中国石油工程设计大赛、第五届全国大学生油气储运工程设计大赛，开展全国石油管材螺纹检测人员资格鉴定与认证、油气管道完整性管理技术、科研论文写作技巧在线讲座等专业培训6场，培训人数1721人次。

【学会建设】 2020年，石油学会发展个人会员121人，接纳国家管网集团为第六个单位会员。注销全民所有制企业北京陆海丰科技咨询服务中心，完成石油管材专业委员会换届，成立石油环保专业委员会、标准化工作委员会2个分支机构，组织分支机构及地方学会自查自评、数据统计、年度考核和评先选优，评选表彰年度优秀秘书长10人。

2020年为石油学会“合规管理年”，签订石油商旅服务协议，组织全员学习《民法典》《中华人民共和国公职人员政务处分法》等法律法规，学习宣贯《中国科学技术协会所属全国学会财务管理指引大纲》，编制年度预算、执行预算管理，制定执行《中国石油学会“三重一大”决策制度实施办法》《中国石油学会保密管理规定》《中国石油学会新闻宣传和信息发布保密审查制度》《中国石油学会工会经费收支管理规定》等规章制度，严格执行理事会、常务理事会和三级办公例会等工作会议制度，强化“三重一大”事项规范决策。石油学会被评为中国科学技术协会年度财务数据汇总工作优秀单位、统计调查工作优秀单位，获中国石油政策研究和档案工作先进个人、年鉴工作优秀个人各1人，以及公安部“护网2020”网络攻防演习作出贡献个人3人。

【学术期刊】 2020年，石油学会《石油学报》影响因子3.439，总被引频次5707，比上年略有下降，在石油天然气工程类科学技术期刊中总被引频次仍名列第一。再次获得“中国科技期刊卓越行动计划”项目（梯队期刊）资助和“中国最具国际影响力学术期刊”称号，刊发的《四川盆地高石梯—磨溪地区震旦系—寒武系大型气藏特征与聚集模式》（2015年36卷1期）入选2020年度中国百篇优秀论文。

《石油学报（石油加工）》作为石油化工领域唯一Ei核心期刊，入选2020年中国权威学术期刊（A+等级），并与《中国学术期刊（光盘版）》电子杂志社有限公司签署合作协议，开通网络首发数字出版平台。

《Petroleum Research》单月下载量7000余次，正式被国际著名数据库Scopus、DOAJ收录，在CiteScore得分1.9，期刊国际影响力进一步提升。

【国际学术会议及国际交往】 2020年9月14—15日，石油学会联合国际勘探地球物理学家学会（SEG）在江苏省南京市召开SPG/SEG国际地球物理会议。因受新冠肺炎疫情影响，会议首次采用线上线下同步、现场宣讲与纸媒交流并举的方式，国内外400余名专家学者围绕“迈向智能化地球物理勘探新时代”主题，交流论文451篇，内容涉及陆上复杂区地震资料采集技术、地震资料处理、地震资料解释、大数据及人工智能等石油地球物理勘探领域10个专题。

12月16日，石油学会名誉理事长、中国世界石油理事会国家委员会主任王宜林在北京主持召开中国世界石油理事会国家委员会第二次全体会议，审议调整、增补副主任和委员，通报2020年度工作进展，研究确定2021年度重点工作计划。

【国内学术会议】 2020年，石油学会及分支机构采取现场会议与线上直播结合方式，组织召开中国石油石化企业信息技术交流大会、中国油气勘探技术交流大会、全国天然气学术年会、测井年会、全国石油经济学术年会、石油统计科学学术研讨会暨2021年油气市场形势研讨会、二氧化碳提高石油采收率技术研讨会、鄂尔多斯盆地三新领域及油气勘探方向学术研讨会、中国非常规油气储层改造技术研讨会、中国石油石化通信技术交流会、中国储气库高效建设及运行管理技术创新发展论坛、深层油气勘探开发技术论坛、复杂油气工程科技创新论坛等重点学术交流活动35次，参加人数13200余人次，交流论文1639篇，出版论文集12部。

【科普活动】 2020年，石油学会各级组织开展科普活动31次，线上受众约750000人次，线下参与约13000人次。围绕全国科普日、科技活动周，举办“院士专家科普进校园”“院士专家科普行”、科学传播大讲坛等品牌科普活动，与石油工业出版社有限公司共同开展“图片石油百科”征集活动，组织石油地质、工程、通信、管材、物探 5 个分支机构和 3 个地方学会开展科普日活动 15 项，“开学第一讲：重新发现石油”活动、《为国家能源增添底气，中国储气库——天然气“地下粮仓”》石油科技传播系列活动、地球科学主题系列科普活动等 3 项特色活动被评为全国科普日优秀活动，石油学会获全国科普日活动优秀组织单位，收到中国科学技术协会科普部有关支持“典赞 2020 科普中国”活动感谢信。《石油知识》联合石油工业出版社有限公司创作专题《大国气脉——西气东输 20 年科技创新成果回眸》，并参与新闻故事图书《大国工匠刘丽》和科普丛书“走进石油”《智慧石油》卷的编写。

【表彰举荐优秀科技工作者】 2020 年，石油学会组织推荐教育部科技管理信息系统专家库专家 63 人，评选推荐“最美科技工作者”2 人，遴选推荐 2 个候选团队和 7 名候选人参加第二届全国创新争先奖评选，其中石油学会理事、中国石油大庆油田有限责任公司首席技术专家程杰成获第二届全国创新争先奖状。申报第六届中国科学技术协会青年人才托举工程项目，首次获 1 个资助名额。

【党建强会】 2020 年，石油学会党组织深入学习贯彻习近平新时代中国特色社会主义思想，认真学习《习近平谈治国理政》第三卷、习近平给袁隆平、钟南山、叶培建等 25 位科技工作者代表的回信和习近平总书记在科学家座谈会上的讲话精神，大力弘扬新时代科学家精神和石油精神，筑牢“石油人”团结奋斗的共同思想基础。制定年度党建工作和学习计划，严格执行“三会一课”制度，逐级签订党风廉政建设责任书，定期开展警示教育宣传，持续改进工作作风，增强党员干部纪律意识、规矩意识。补选增设党支部副书记，组织分支机构党建工作座谈会，参观纪念中国人民志愿军抗美援朝出国作战 70 周年主题展览，参加党建理论学习培训，承担中国科协党建研究会课题项目，制定执行《中国石油学会“战严冬、转观念、勇担当、上台阶”主题教育活动实施方案》《中国石油学会 2020 年提质增效专项行动实施方案》，用创新发展的实际举措、提质增效的实际效果、队伍面貌的实际变化、学会影响力的实际提升，巩固“不忘初心、牢记使命”主题教育和巡视整改成果。组织召开党委、支委会议 20 次，党员大会 7 次，专题党课 3 次，党员学习讨论会 7 次。获中国石油直属优秀共产党员、宣传思想文化工作优秀工作者和各 1 人。

【新冠肺炎疫情防控】 2020 年初出现新冠肺炎疫情，石油学会党委立即印发《关于在防控疫情阻击战中发挥党组织和党员作用的通知》，成立新冠肺炎疫情防控领导小组和常态化防控工作领导小组，制定新冠肺炎疫情防控工作方案、新冠肺炎疫情防控常态化工作方案及发热人员应急处置预案，严格执行返岗复工、进出京审批和“日报告”“零报告”制度，持续排查中高风险地区人员情况，组织全员核酸检测，制作发布防疫科普宣传文章 6 篇，购置发放防疫物资 4 次，确保疫情防控万无一失。获中国石油抗击新冠肺炎疫情先进个人 1 人。

【会员服务】 2020 年，石油学会落实“全国科技工作者日”部署，组织 2 名院士专家与 1200 余名会员及科技工作者在线召开“提质增效——石油科技工作者在行动”技术论坛。升级会员管理服务系统，再次开展会员信息更新工作。编制《中国石油学会科学技术奖励章程》及实施细则、《中国石油学会会士条例》和会士评选工作实施办法，推进科技奖项报备、会士制度改革等工作。走访调研中国地质调查局油气资源调查中心、国家管网集团，征集会员单位技术需求和工作建议。

（邹　刚）

大事记

中国石油天然气集团有限公司大事记

一　　月

3 日　集团公司 2020 年 HSE（安全生产）委员会会议在北京召开。会议强调要认真贯彻习近平总书记关于安全环保工作的重要指示批示精神，强化政治担当，发扬斗争精神，抓实抓细质量安全环保工作，突出做好“五深化、五强化”，助力世界一流示范企业创建。集团公司党组书记、董事长、HSE 委员会主任王宜林主持会议并讲话。

同日　集团公司 2020 年科技委员会会议在北京召开。会议强调要深入贯彻习近平总书记重要指示批示精神和科技创新重要论述，推进实施党组《关于加快推进科技创新驱动公司高质量发展的指导意见》，突出科技支撑、科技创新和科技管理三种能力建设，加快突破一批关键核心技术和“卡脖子”技术，助力集团公司高质量发展。集团公司党组书记、董事长、科技委员会主任王宜林主持会议并讲话。

10 日　2019 年度国家科学技术奖励大会在北京举行，中国石油 3 项成果获国家科技进步奖。其中，中国石油国际勘探开发有限公司、中国石油勘探开发研究院、中国石油工程建设有限公司等共同完成的“中东巨厚复杂碳酸盐岩油藏亿吨级产能工程及高效开发”获国家科学技术进步奖一等奖；中国石油集团西北地质研究所有限公司参与的“多类型复杂油气藏叠前地震直接反演技术及基础软件工业化”和中国石油吉林石化分公司参与的“乙烯装置效益最大化的优化控制技术”，获国家科学技术进步奖二等奖。

13 日　集团公司“不忘初心、牢记使命”主题教育总结大会在北京召开。会议强调要高举习近平新时代中国特色社会主义思想伟大旗帜，坚定政治方向，做强“种子队”、当好“排头兵”，奋力创建世界一流示范企业。集团公司党组书记、董事长王宜林出席会议并作总结讲话。中央第 13 巡回督导组组长王炳华出席会议并讲话。

14—16 日　集团公司 2020 年工作会议在河北廊坊召开。党组书记、董事长王宜林作《聚焦高质量，决胜“十三五”，推进世界一流综合性国际能源公司建设迈上新台阶》主题报告，会议通报了安全环保情况、党风廉政建设和反腐败工作情况。

15 日　中共中央批准，戴厚良同志任中国石油天然气集团有限公司董事长、党组书记，免去王宜林同志的中国石油天然气集团有限公司董事长、党组书记职务。

16 日　中国石油和洛克石油（渤海）公司签订《中华人民共和国渤海湾浅海地区赵东区块石油勘探、开发和生产合同第八次修改和补充协议》。

17 日　中国石油天然气集团有限公司在北京召开中层以上管理人员大会。中共中央组织部有关负责同志宣布中央关于中国石油天然气集团有限公司董事长、党组书记调整的决定：戴厚良同志任中国石油天然气集团有限公司董事长、党组书记，免去其中国石油化工集团有限公司董事长、党组书记职务；免去王宜林同志的中国石油天然气集团有限公司董事长、党组书记职务。上述职务任免按有关法律和章程的规定办理。

19 日　中国石油风险勘探获重大发现（详见专文）。

同日　股份公司董事长王宜林因年龄原因，辞去股份公司董事长及董事职务，同时卸任董事会提名委员会主任委员职务。

23 日　《人民日报》刊发《中国石油促进企业党建与生产经营融合——党员加油干 岗位建新功（国企党建典型）》，报道集团公司推进党建工作与生产经营融合情况。

26 日　集团公司党组会（扩大）在北京召开，传达学习中央政治局常务委员会会议精神，部署新冠肺炎疫情防控工作。集团公司党组书记戴厚良主持会议并讲话。

27日　国务院决定，任命戴厚良为中国石油天然气集团有限公司董事长，免去王宜林同志的中国石油天然气集团有限公司董事长职务。

29日　中国石油向湖北省慈善总会捐款5000万元，助力地方政府打赢新冠肺炎疫情防控阻击战。捐赠资金当日拨付到位。

二　　月

1日　中国石油通过天然气销售湖北分公司以实物定向捐赠方式，即日起给湖北省39家定点医院捐供价值2000万元天然气，其中包括武汉市内使用中国石油气源的定点医院15家，共涉及武汉、黄冈、荆州、咸宁、荆门、十堰等16个市县的定点医院。

2日　国务院国资委党委书记、主任郝鹏到中国石油调研，通过视频连线了解在湖北省石油企业防疫工作开展情况，强调要坚决贯彻落实习近平总书记重要指示精神，按照党中央、国务院决策部署，扎实做好新冠肺炎疫情防控工作，发挥好中央企业主力军作用，为打赢防疫阻击战提供好支撑和油气保障。

3日　集团公司直属党委在国务院国资委党委下拨专项党费100万元的基础上，再从党组领导、总部各部门党员缴纳的留存党费中配套划拨200万元，共计300万元，用于支持在湖北省企业做好新冠肺炎疫情防控工作。10日，直属党委再下拨500万元党费，用以支持各直属党组织做好疫情防控工作。下拨党费主要用于慰问疫情防控一线的医务工作者和基层党员干部，支持基层党组织开展疫情防控工作，补助因患病而遇到生活困难的党员和群众。

5日　股份公司董事会2020年第1次会议以书面传签方式召开。审议通过《关于选举公司董事的议案》《关于召开2020年第一次临时股东大会的议案》等2项议案并形成决议。经中国石油天然气集团有限公司推荐，并经董事会提名委员会审议通过，同意推荐戴厚良、吕波为股份公司董事候选人。

14日　集团公司党的建设工作领导小组会议在北京召开。会议强调要坚持以习近平新时代中国特色社会主义思想为指导，坚决贯彻“两个一以贯之”，推进企业党建和生产经营深度融合，大力弘扬大庆精神铁人精神，持续构建完善“大党建”工作格局，不忘初心、牢记使命，始终听党话、跟党走，以高质量党建引领高质量发展。集团公司党组书记、董事长戴厚良主持会议并讲话。

同日　集团公司新冠肺炎疫情防控和安全环保工作暨HSE体系审核启动视频会议在北京召开。会议强调要以“战时状态”把疫情防控、安全环保、高质量发展等各项工作落细落实落具体，坚决打赢疫情防控阻击战，推动安全环保形势持续好转，不断开创集团公司高质量发展新局面，为全面建成小康社会贡献石油力量。集团公司党组书记、董事长戴厚良出席会议并讲话。

21日　集团公司党组巡视工作领导小组会议在北京召开。会议强调要提高政治站位，压实政治责任，坚定不移推动巡视巡察工作高质量发展。集团公司党组书记戴厚良主持会议并讲话。

26日　中共中央批准，李凡荣同志任中国石油天然气集团有限公司总经理；中共中央组织部研究决定，李凡荣同志任中国石油天然气集团有限公司董事、党组副书记。

27日　集团公司定点扶贫与对口支援工作领导小组会议在北京召开。会议强调要紧盯目标、精准发力，全力以赴助力打赢脱贫攻坚战。集团公司党组书记、董事长戴厚良主持会议并讲话。

28日　中国石油天然气集团有限公司在北京召开领导班子（扩大）会议。受中共中央组织部领导委托，中组部有关干部局负责同志宣布中共中央关于中国石油天然气集团有限公司总经理任职的决定：李凡荣同志任中国石油天然气集团有限公司董事、总经理、党组副书记，免去其国家能源局副局长、党组成员职务。上述职务任免按有关法律和章程的规定办理。

29日　中国石油首批6条医用口罩生产线建成投产，形成日产60万只的生产能力。

三　　月

2日　集团公司2020年信息化工作视频会议在北京召开。会议强调要大力推进集团公司数字化转型、智能化发展，为集团公司世界一流综合性国际能源公司建设迈上新台阶提供有力支撑。

3 日　国务院决定，任命李凡荣为中国石油天然气集团有限公司董事，同意李凡荣为中国石油天然气集团有限公司总经理人选。

4 日　长庆油田陇东国家级页岩油示范区百万吨产能建设全面启动，标志着庆城 10 亿吨级大油田进入规模开发阶段。庆城油田已探明石油地质储量 3.58 亿吨，预测石油地质储量 6.93 亿吨。截至 2019 年底，陇东国家级页岩油示范区已完钻水平井 200 多口，投产 100 多口，日产原油 1000 多吨，具备年产 50 万吨原油的能力。

5 日　集团公司党组会（扩大）在北京召开，深入学习习近平总书记十八大以来对中国石油做出的重要指示批示，总结贯彻落实的阶段性成效及存在的差距和不足，研讨改进提升的具体举措。集团公司党组书记、董事长戴厚良主持会议并讲话，强调要进一步强化政治担当，推动习近平总书记重要指示批示和讲话精神在中国石油落实落细，引领公司党的建设和高质量发展不断取得新成效。

6 日　集团公司党组书记、董事长戴厚良到北京昌平石油科技园调研，强调把石油科技发展放在党和国家工作全局中去考虑，放在世界石油行业发展大环境中去谋划，切实加强党的领导，大力弘扬科学家精神，加快科技体制机制创新，建设一支政治过硬、业务过硬的科研队伍，加快核心技术攻关取得新成效，以创新驱动集团公司高质量发展。

同日　集团公司工程建设业务 2020 年工作会议暨统筹推进疫情防控和重点工程建设项目复工复产视频会议在北京召开。会议强调要扎实做好新冠肺炎疫情防控工作，加快推动重点工程建设项目全面复工复产，助力集团公司夺取疫情防控和高质量发展双胜利，推动经济社会秩序回归高质量发展轨道。

9 日　股份公司董事会 2020 年第 2 次会议以书面传签方式召开。审议通过《关于选举公司董事的议案》《关于聘任公司总裁的议案》等 2 项议案并形成决议。董事会同意增加《关于选举李凡荣为公司董事的议案》提交公司 2020 年第一次临时股东大会审议；同意聘任段良伟为公司总裁，并由非执行董事调任为执行董事。

9—20 日　集团公司 2019 年度所属单位党委书记抓基层党建现场述职评议会议（共 6 场）以视频形式在北京召开。集团公司党组书记、董事长戴厚良出席首场述职评议会议，强调要带头旗帜鲜明讲政治、带头落实党建工作责任、带头抓好队伍建设、带头树牢宗旨意识，以高质量党建引领高质量发展。

10 日　集团公司 2020 年党建工作视频会议在北京召开。会议强调要更加紧密地团结在以习近平同志为核心的党中央周围，持续增强“四个意识”、坚定“四个自信”、做到“两个维护”，不忘初心、牢记使命，为决胜全面建成小康社会作出新的更大贡献。

11 日　集团公司党组印发《关于成立中国石油天然气集团有限公司国家高端智库建设（整改）工作领导小组及研究中心的通知》，成立中国石油天然气集团有限公司国家高端智库建设（整改）工作领导小组及研究中心，设立智库学术委员会。领导小组下设办公室，办公室设在集团公司政策研究室。

22 日　辽河油田开发建设 50 周年。50 年来，辽河油田生产原油 4.8 亿吨、天然气 880 亿立方米，上缴利税费近 3000 亿元，建成我国最大的稠油高凝油生产基地。

24 日　股份公司监事会 2020 年第 1 次会议在北京召开。审议通过《关于公司监事选举的议案》《监事会关于公司 2019 年度财务报告审查意见书》《监事会关于公司 2019 年度利润分配预案审查意见书》《监事会关于公司总裁 2019 年度经营业绩考核意见书》《监事会关于聘用公司 2020 年度境内外会计师事务所的议案》《公司 2019 年度监事会报告》《监事会 2019 年度工作总结和 2020 年工作计划》《2019 年度环境、社会和治理报告》《公司 2019 年度报告及业绩公告》等 9 项议案并形成决议。

25 日　股份公司 2020 年第 1 次临时股东大会在北京召开。大会审议通过《关于选举董事的议案》并形成决议，选举戴厚良、李凡荣、吕波为股份公司董事。

同日　集团公司 2020 年维稳信访安保防恐工作视频会议在北京召开。会议强调要提高政治站位，勇担当善作为，坚决防范重大风险，为集团公司推动高质量发展创造和谐稳定的环境。

25—26 日　股份公司董事会 2020 年第 3 次会议在北京召开。会议审议通过《关于选举公司董事长、副董事长的议案》《关于公司董事会专门委员会组成人员调整的议案》《公司 2019 年度总裁工作报告》《公司 2019 年度财务报告》《公司 2019 年度利润分配预案》《公司 2019 年度报告及业绩公告》《关于公司总裁 2019 年度经营业绩考核及 2020 年度业绩合同制订情况的议案》《公司 2019 年度内部控制工作报告》《2019 年度公司环境、社会和治理报告》《关于选举公司董事的议案》《关于提请股东大会授权董事会决定公司 2020 年度中期利润分配方案的议案》《关于提请股东大会给予董事会发行股票一般性授权事宜的议案》《关于提请股东大会给予董事会发行债务融资工具一般性授权事宜的议案》《关于公司 2020 年度相关担保事项的议案》《关于召开 2019 年年度股东大会的议案》等 15 项议案并形成决议。董事会选举戴厚良任公司董事长并任提名委员会主任委员，李凡荣为公司副董事长并任投资与发展委员会主任委员，段良伟为投资与发展委员会委员，刘跃珍为考核与薪酬委员会委员，吕波为健康、安全与环保委员会委员。

26 日　中国石油天然气股份有限公司在北京发布 2019 年年度业绩。按照国际财务报告准则，2019 年中国石油实现营业收入 2.52 万亿元，经营利润 1217.62 亿元；实现归属于母公司股东净利润 456.82 亿元；实现每股基本盈利 0.25 元。集团公司、股份公司董事长戴厚良出席发布会并致辞，表示中国石油将更加注重战略引领、更加注重绿色低碳发展、更加注重数字化转型和智能化发展、更加注重价值创造，积极应对各种风险挑战，努力创造新的业绩，实现高质量发展。

同日　股份公司发布《2019 环境、社会和治理报告》。

同日　集团公司宣传思想文化工作会议在北京召开。会议强调要提高政治站位，不断开创宣传思想文化工作新局面，为集团公司高质量发展提供坚强的思想政治保障。

27 日　集团公司第二届董事会第三十九次会议，同意聘任李凡荣为集团公司总经理。

同日　集团公司明确党组巡视办公室作为党组工作部门、党组巡视工作领导小组的日常办事机构，单独设置，列入总部职能部门序列。

30 日　中国石油天然气集团有限公司、巴西国家石油公司、中国海洋石油集团有限公司通过传签形式签署巴西布兹奥斯油田产品分成合同，中国石油集团与巴西国家石油公司签署巴西阿拉姆勘探区块产品分成合同。

31 日　集团公司 2020 年党风廉政建设和反腐败工作会议在北京召开。会议强调坚定不移推进全面从严治党，巩固发展反腐败斗争压倒性胜利，努力开创新时代集团公司纪检监察工作高质量发展新局面。集团公司党组书记、董事长戴厚良出席会议并讲话。

本月　中国石油广大党员干部积极响应党中央号召，踊跃捐款支持新冠肺炎疫情防控工作。截至 3 月 12 日，超过 61 万名党员自愿捐款 7318 万元。

四　　月

1 日　集团公司 2019 年度部分企事业单位总会计师述职会议在北京召开。会议强调坚决采取非常举措，强化管理创新、深化降本增效，全力以赴共克时艰，充分发挥财务管理专业优势，坚决打赢新冠肺炎疫情防控阻击战和效益实现保卫战。

2 日　集团公司治理体系和治理能力现代化课题启动会议在北京召开。会议强调要加快形成公司治理体系和治理能力现代化整体框架方案，为深化改革和推动高质量发展提供支持。集团公司党组书记、董事长戴厚良出席会议并讲话。

3 日　股份公司公告，因年龄原因，王仲才辞任公司副总裁职务。

7 日　中国石油天然气集团有限公司与盛业能源集团（控股）有限公司签署《中华人民共和国西昌盆地昭觉区块石油勘探、开发和生产合同终止协议》。

8 日　塔里木盆地超深层油气勘探获重大突破（详见专文）。

9 日　集团公司 2020 年保密委员会（密码工作领导小组）会议在北京召开。会议强调要增强保密意识、落实保密责任，提升保密能力，齐抓共管筑牢保密防线。

10 日　国家发展改革委、财政部、自然资源部、住房城乡建设部、国家能源局联合发布《关于加快推进天然气储备能力建设的实施意见》。

同日　中国石油宁夏石化、独山子石化收到国务院应对新冠肺炎疫情联防联控机制医疗物资保障组的感谢信，对两家企业在新冠肺炎疫情抗击中争分夺秒、夜以继日，出色完成国务院紧急调拨任务给予充分肯定和感谢。接到紧急调拨任务后，宁夏石化统筹资源力量，开足马力全部集中生产高端聚丙烯NX40S，1月1日至4月10日，医用口罩原材料生产总量超1.3万吨；独山子石化2020年初以来累计生产医用口罩和防护服原材料4.59万吨。

15日　集团公司品牌管理委员会（社会责任管理工作委员会）会议在北京召开。会议强调要认真贯彻落实国家品牌战略和集团公司党组决策部署，打造知名品牌，助力高质量发展。

16日　集团公司提质增效动员推进会议在北京召开。会议强调提高政治站位、增强大局意识，敢于斗争、善于斗争，扎实推进提质增效专项行动，广泛开展“战严冬、转观念、勇担当、上台阶”主题教育活动，坚决打赢新冠肺炎疫情防控阻击战和效益实现保卫战。集团公司党组书记、董事长戴厚良出席会议并讲话。

17日　股份公司决定，原油销售业务改由勘探与生产分公司归口管理，勘探与生产分公司加挂中国石油天然气股份有限公司原油销售分公司牌子，中石油管道有限责任公司及成员企业不再负责原油销售业务，成立中国石油天然气股份有限公司东北原油销售中心、西部原油销售中心，作为勘探与生产分公司（原油销售分公司）派出机构，分别纳入辽河油田分公司、新疆油田分公司二级单位序列管理。

19日　国家重点能源建设项目、中国西部首座储气库群——吐哈油田温吉桑储气库群正式开工建设。温吉桑储气库群位于新疆鄯善县境内，由三个枯竭气藏改建而成，设计总库容56亿立方米，工作气量20亿立方米。这是我国第一座低孔低渗低产强非均质性复杂气藏型储气库群。

同日　海洋工程公司完成我国海域天然气水合物第二轮试采施工，实现从“探索性试采”向“实验性试采”的重大跨越，标志着中国石油完全具备深水钻探总承包能力，增强了我国深海探测和开发能力。

21日　集团公司智库首批重点课题启动会议在北京召开。会议强调提高政治站位，坚持问题导向，深化做好智库建设和课题研究的认识，按期完成课题研究各项任务，凝聚智库重点课题研究合力，举集团公司之力，协调内外部研究力量办好经济技术研究院国家高端智库。集团公司董事长、党组书记、智库建设工作领导小组组长、中国工程院院士戴厚良主持会议并讲话。

25日　集团公司2021年度国家高端智库重点课题启动会议在北京召开。会议强调要提高站位、提升格局，把握发展大势，顺应时代潮流，以时不我待的责任感紧迫感办好国家高端智库，实现国家高端智库建设上台阶、创一流发展目标。集团公司董事长、党组书记戴厚良出席会议并讲话。

同日　中国石油成品油销售系统线上用户突破1亿人。

28日　中国共产主义青年团中央、中华全国青年联合会共同颁授第24届“中国青年五四奖章”，中国石油大港油田公司冯萌萌获“中国青年五四奖章”，是能源行业唯一获奖者。

29日　股份公司监事会以书面传签方式召开2020年第2次会议，会议审议通过《公司2020年第一季度报告》并形成决议。

同日　股份公司董事会2020年第4次会议以书面传签方式召开。会议审议通过《公司2020年第一季度报告》《公司2019年度20-F年报》《关于调整经营范围暨修改公司章程的议案》等3项议案并形成决议。

同日　集团公司党组会（扩大）暨HSE委员会会议在北京召开。会议审议并原则通过《集团公司安全生产专项整治三年行动计划实施方案》，强调要持续抓好安全生产和环境保护工作，切实防范化解重大安全环保风险，为打赢新冠肺炎疫情防控阻击战和效益实现保卫战奠定坚实基础。集团公司党组书记、董事长戴厚良主持会议并讲话。

30日　中共中央组织部研究决定，黄永章同志任中国石油天然气集团有限公司党组成员、副总经理。

五　月

2日　集团公司开展“2018—2019年度集团公司五四红旗团支部（总支）、优秀共青团员、优秀共青团干部、最美青工”评选表彰活动。大庆油田有限责任公司第六采油厂第一油矿采油114队团支部等115个团支部（总支）被授予“中国石油天然气集团有限公司五四红旗团支部（总支）”称号，李毅男等155人被授予“中国石油天然气集团有限公司优秀共青团员”称号，张萍等160人被授予“中国石油天然气集团有限公司优秀共青团干部”称号，刘秀华等132人被授予“中国石油天然气集团有限公司最美青工”称号。

4日 《学习时报》刊发集团公司党组书记、董事长戴厚良署名文章《在疫情与油价双重大考中当好顶梁柱》。

同日 西南油气田位于四川省大英县的风险探井蓬探1井测试获日产天然气121.98万立方米。

6日 集团公司董事长、党组书记戴厚良到东方地球物理勘探有限责任公司调研，强调要站在保障国家能源安全高度和集团公司建设世界一流综合性国际能源公司全局，找准自身定位，强化创新，加强党建，防范风险，狠抓落实，奋力夺取新冠肺炎疫情防控和生产经营改革发展双胜利。

7日 集团公司董事长、党组书记戴厚良到驻河北地区部分石油石化企业调研，强调要认清肩负的责任使命，深入研判内外部形势，坚持低成本长期战略举措，全力推动提质增效各项部署落地落实，坚决打赢新冠肺炎疫情防控阻击战和效益实现保卫战。

同日 辽河油田驾探1井压裂后8毫米油嘴放喷，日产天然气32.5万立方米，刷新辽河油田40年来天然气勘探单井日产纪录。

8—9日 集团公司董事长、党组书记戴厚良到驻天津石油石化企业调研，强调观大势谋全局、转观念精管理、固成果严纪律、强质量重效果，牢固树立一盘棋思想，做好常态化新冠肺炎疫情防控工作，把提质增效作为当前最紧迫任务和长期战略举措，采取超常规思维、革命性举措，着力提高发展质量，着力提高企业效益，努力完成全年目标任务。

14日 国务院决定，同意黄永章为中国石油天然气集团有限公司副总经理人选。

15日 集团公司决定，撤销矿区服务工作部，主要职能划入改革与企业管理部，矿区安全环保、绿化管理职能调整到质量安全环保部；离退休职工管理部更名为离退休职工管理中心，改列集团公司直属单位序列，仍保留老干部局名称和职能。

19日 集团公司贯彻落实全国巡视工作会议精神暨2020年第一轮巡视动员部署会议在北京召开。本轮巡视结合疫情防控实际情况，派出10个巡视组，对京津冀低风险地区18家企业开展政治巡视。同时，按照不同专业板块，对4家企业开展“回头看”。会议强调要牢牢把握新时代巡视工作政治方向，扎实推进巡视巡察工作高质量全覆盖。集团公司党组书记、董事长、党组巡视工作领导小组组长戴厚良出席会议并讲话。

同日 中国石油发布2019年度社会责任报告。这是中国石油连续14年发布社会责任报告。

20日 集团公司董事长、党组书记戴厚良到咨询中心调研，强调围绕打造行业领先的咨询机构目标，充分发挥自身优势，深入做精做优“五大业务”，提供更科学、更精准、更有力的决策支持和咨询服务，在应对低油价挑战、推进集团公司提质增效和改革发展中更好地发挥智库参谋作用。

同日 中国石油天然气集团有限公司与中国安能建设集团有限公司在北京签署战略合作框架协议。

21日 “中国石油—西南石油大学创新联合体”揭牌仪式在成都举行。“创新联合体”主要聚焦深层超深层油气、页岩气等重大战略领域，聚焦战略性、原创性基础研究，聚焦革命性、颠覆性技术创新和聚焦关键核心技术突破，着力打造油气科技新高地、企校合作共赢新典范。

25—28日 集团公司总经理、党组副书记李凡荣到新疆地区部分石油石化企业调研，强调要勇挑保障国家能源安全重任，聚焦主业求创新，提质增效谋发展，为集团公司高质量发展贡献力量。

26日 中国石油天然气集团有限公司与中国海洋石油集团有限公司在北京签署全面深化战略合作框架协议。

27日 集团公司董事长、党组书记戴厚良到润滑油公司调研，强调要准确把握大势，扎实推进提质增效，持续深化改革创新，压紧压实管党治党主体责任，全力开创改革发展新局面。

29日 集团公司党组印发《中共中国石油天然气集团有限公司党组落实全面从严治党主体责任清单》，深入推进全面从严治党向纵深发展。

六　月

1—3日 集团公司董事长、党组书记戴厚良到驻大庆石油石化企业调研，强调要观大势、谋全局，提高政治站位，从认识上、思想上、行动上与党中央保持高度一致，贯彻落实“六稳”“六保”要求，大力弘扬石油精神和大庆精神铁人精神，全力以赴稳经营、强管理、防风险、保安全，为推动集团公司高质量发展作出更大贡献。

3日　中国石油天然气销售广东分公司与深圳盐田区政府、深圳盐田港集团、深圳燃气集团签署深圳海上国际LNG加注中心项目合作协议，标志着我国第一个海上国际LNG加注中心落户深圳。

4日　集团公司董事长、党组书记戴厚良到驻哈尔滨石油石化企业调研，强调要以市场为导向，以效益为中心，立足长远抓当前，全力以赴实现提质增效目标。

同日　中国石油天然气集团有限公司和戈壁能源公司、MIE国际资源公司签订《中华人民共和国吉林省大安油田开发和生产石油合同修改和补充协议》。

5日　中国石油《2019年环境保护公报》（中文版和英文版）在北京发布。这是中国石油连续21年对外发布《环境保护公报》。

同日　中国石油第一座大型分布式光伏电站在吉林油田投产。

9日　中国石油在北京挂牌成立中国第一个储气库评估中心。

11日　股份公司监事会2020年第3次会议在北京召开。会议审议通过《关于选举公司监事会主席的议案》并形成决议。经全体监事表决，徐文荣全票当选为监事会主席。经股份公司职工代表民主选举，付锁堂、李家民、刘宪华及李文东当选为股份公司职工代表监事。

同日　股份公司2019年度股东大会在北京召开。大会审议通过股份公司《2019年度董事会报告》《2019年度监事会报告》《2019年度财务报告》《2019年度利润分配方案》《关于授权董事会决定公司2020年中期利润分配方案的议案》《关于聘用公司2020年度境内外会计师事务所并授权董事会决定其酬金的议案》《关于公司2020年度相关担保事项的议案》《关于选举董事的议案》《关于选举独立董事的议案》《关于选举监事的议案》等10项议案，以及以特别决议审议通过《关于提请股东大会给予董事会发行债务融资工具一般性授权事宜的议案》《关于提请股东大会给予董事会股票发行一般性授权事宜的议案》《关于调整经营范围暨修改〈公司章程〉的议案》等3项议案，并形成决议。大会审议通过选举刘跃珍、段良伟为股份公司董事，选举梁爱诗、德地立人、西蒙·亨利、蔡金勇、蒋小明为股份公司独立董事。因任期监管年限原因，林伯强和张必贻不再担任股份公司独立董事。选举徐文荣、张凤山、姜力孚、卢耀忠、王亮为股东代表监事。

同日　股份公司董事会2020年第5次会议在北京召开。会议审议通过《关于选举公司董事的议案》《关于董事会专门委员会组成人员调整的议案》《关于为续签持续性关联交易协议并更新上限成立独立董事委员会和聘用独立财务顾问的议案》等3项议案并形成决议。经股份公司董事会提名委员会审议通过，董事会同意推荐黄永章为董事候选人；同意蔡金勇、蒋小明加入提名委员会和审计委员会，其中，蔡金勇担任审计委员会主任委员。

15日　集团公司第三届董事会第二次会议，同意聘任黄永章为集团公司副总经理。

16日　中国石油成功发行3/5/10年期共20亿美元境外债券，创亚洲石油公司历史同期限利率最低、全球所有高级别国际石油公司2020年3月以来同期限利率最低，以及中国企业发行人境外美元债券历史同期限利率最低等多项历史纪录。

22日　集团公司董事长、党组书记戴厚良到寰球工程公司调研，强调要立足长远谋发展，全面推进提质增效，强化科技创新，观大势、谋全局、干实事、抓落实，为炼化企业提升竞争力作出新贡献。

23日　“中国石油开放日”启动仪式以视频连线的方式在北京和西安举行。开放日活动持续至7月31日，分布在全国各地的100余家所属企业，广泛邀请当地政府、人大代表、政协委员、媒体记者、中小学生、周边居民等，通过“线上”与“线下”相结合的方式，近距离接触石油、全方位了解石油、深层次感知石油。

24日　集团公司董事长、党组书记戴厚良到昆仑工程公司调研，强调要增强责任感紧迫感，进一步明确定位，发挥优势，制定发展规划，强化创新驱动，全力推进提质增效，坚决做强做优做精做特，推动各项工作迈上新台阶。

同日　集团公司第三届石油精神论坛在北京举行。论坛发布《新时代大力弘扬石油精神和大庆精神铁人精神研究报告》和《石油精神——文献石油70年》一书，大庆油田李雪莹等9名先进集体和个人代表进行典型事迹宣讲，“人民楷模”“新时期铁人”王启民宣读倡议书。

同日　中国石油档案管理系统 2.0 项目通过集团公司信息管理部组织的验收，标志着中国石油档案工作进入数字档案管理新阶段。

29 日　在庆祝中国共产党成立 99 周年之际，集团公司在北京举办“贯彻落实习近平总书记重要指示批示精神，战严冬、转观念、勇担当、上台阶”专题党课。“石油魂”宣讲总队做“石油魂——石油精神和大庆精神铁人精神”宣讲报告。会议强调要以习近平新时代中国特色社会主义思想为指导，持续深入贯彻落实习近平总书记对中国石油的重要指示批示精神，勇担使命，更加奋发有为地推动集团公司高质量发展，为保障国家能源安全、决战决胜全面建成小康社会贡献石油力量。集团公司党组书记、董事长戴厚良出席会议并讲话。

同日　集团公司定点扶贫县调研视频会议在北京召开。集团公司董事长、党组书记戴厚良，总经理、党组副书记李凡荣分别连线察布查尔县、托里县，强调要进一步提高政治站位，精准发力，突出产业扶贫、消费扶贫、智力扶贫，全力以赴助力打赢脱贫攻坚战。中国石油自 2003 年定点帮扶察布查尔县、1994 年定点帮扶托里县以来，实施大量民生、产业、教育、医疗等方面扶贫项目，在察布查尔县累计投入 4815 万元、在托里县累计投入 5920 万元，共完成项目近 60 个。2017 年这两个县均成为全国第二批和新疆首批脱贫摘帽的贫困县。

同日　兰州石化长汀催化剂项目全面建成投产，设计能力为年产催化裂化催化剂 5 万吨。该项目是中国石油贯彻党中央领导重要批示精神、落实国务院有关决定而建设的重要扶贫项目，对于支持福建老区经济发展具有重要意义。

30 日　股份公司决定，中石油燃料油有限责任公司和润滑油分公司由销售板块调整到炼油与化工板块，仍列股份公司地区公司序列，业务上由炼油与化工分公司归口管理。

七　　月

8 日　国家天然气互联互通重点工程——中国石油西气东输管道深圳 LNG 外输管道投产。管道全长 64.3 千米，设计压力 10 兆帕，管径 1016 毫米，“南气北送”日增输 4600 万立方米。

13 日　集团公司团工委印发《关于深入学习贯彻习近平总书记给中国石油大学（北京）克拉玛依校区毕业生、复旦大学青年师生党员回信精神的通知》，号召广大石油青年深入学习贯彻习近平总书记重要回信精神，切实增强“我为祖国献石油”的责任感和使命感，为实现中华民族伟大复兴的中国梦贡献青春力量。

15 日　中国石油 5 项专利获第 21 届中国专利奖。其中，新疆油田完成的“一种岩石脆性的测井方法和装置”获中国专利金奖，中国石油勘探开发研究院“一种高成熟凝析油油源确定方法”获中国专利银奖。中国寰球工程有限公司“用于液化天然气接收站卸船管线的冷循环系统”等 3 项获中国专利优秀奖。

16 日　集团公司决定，物资装备部更名为工程和物装管理部，主要承担工程项目建设、物资、装备、招标管理职能，归口管理装备制造企业。

19 日　苏里格气田苏 46 区块鄂 46X1 井获测试无阻流量 242.2 万米^3/日，成为苏里格气田风险合作开发 15 年来第一口无阻流量超 200 万立方米高产气井。

22 日　“全国工会干部教育培训基地”揭牌仪式在大庆油田铁人学院举行，铁人学院成为首批“全国工会干部教育培训基地”。

23 日　股份公司监事会 2020 年第 4 次会议在北京召开。会议审议通过《关于公司管道重组交易的议案》并形成决议。

同日　股份公司董事会 2020 年第 6 次会议在北京召开。会议审议通过《关于公司管道重组交易的议案》《关于召开公司 2020 年第二次临时股东大会的议案》等 2 项议案并形成决议。

25 日　长庆油田上古天然气处理总厂投产试运行，设计年处理天然气 200 亿立方米，年生产乙烷、液化石油气、稳定轻烃共 150.2 万吨。

28 日　集团公司 2020 年领导干部会议以视频形式在北京召开。党组书记、董事长戴厚良作题为《深入学习贯彻党的十九届四中全会精神，推进公司治理体系和治理能力现代化》的讲话，明确提出推进公司治理体系和治理能力现代化的总体思路和总体目标。

同日　国际权威财经杂志《机构投资者》发布 2020 亚洲上市公司有关评选结果，中国石油获评亚洲“最受尊敬企业”，在亚洲油气行业评选中获得“最佳投资者关系公司”“最佳投资者关系活动”“最佳 ESG”“最佳财务总监”“最佳投资者关系负责人”等奖项。

7—11 月　新疆油田在准噶尔盆地东部阜康凹陷的风险探井康探 1 井获重大突破，三层均获高产工业油气流，其中乌尔禾组一段日产油 158 立方米，日产气 1.12 万立方米；乌尔禾组二段日产油 133.4 立方米，日产气 6000 立方米；二叠系芦草沟日产油 24.1 立方米，日产气 1.44 万立方米。

八　　月

5—6 日　集团公司董事长、党组书记戴厚良到驻宁夏地区石油石化企业调研，强调要深入贯彻落实集团公司领导干部会议精神，融入国家战略，不断提升综合实力、创新能力和市场竞争力，推进企业高质量发展。

6 日　上海证券交易所发布《关于沪市上市公司 2019—2020 年度信息披露工作评价结果的通报》，股份公司信息披露工作评价结果为 A，这是股份公司自 2015 年以来连续 6 年获得 A 级评价。

6—9 日　集团公司董事长、党组书记戴厚良到驻甘肃地区石油石化企业调研，强调要深入贯彻落实集团公司领导干部会议精神，凝心聚力抓好主业发展，坚持战略引领，持续提升竞争力、创新力、抗风险能力，为建设世界一流企业和幸福美好新甘肃贡献力量。

10 日　《财富》杂志世界 500 强排行榜发布，中国石油列世界 500 强第四位，连续 4 年保持这一名次。

11—13 日　集团公司总经理、党组副书记李凡荣到驻云南、广西地区石油石化企业调研，强调要深入贯彻落实集团公司领导干部会议精神，立足当前、着眼长远，推动高质量发展。

13 日　中共中央组织部副部长张建春到大庆油田调研指导，对集团公司基层党建工作给予高度评价，要求以习近平新时代中国特色社会主义思想为指引，坚持不懈加强理论武装，贯彻落实新时代党的组织路线，大力弘扬石油精神和大庆精神铁人精神，切实推动企业高质量发展。集团公司党组书记、董事长戴厚良陪同调研。

20 日　集团公司定点扶贫与对口支援工作领导小组会议在北京召开。会议强调要深入学习贯彻习近平总书记关于脱贫攻坚工作的重要讲话和指示批示精神，把投身扶贫开发、助力脱贫攻坚作为重要政治任务，以更大决心、更强力度推进脱贫攻坚，以实实在在的扶贫成效兑现向党中央做出的庄严承诺。集团公司董事长、党组书记、定点扶贫与对口支援工作领导小组组长戴厚良主持会议并讲话。

24 日　集团公司档案工作暨 2020 年年鉴工作视频会议在北京召开。会议强调要深入贯彻新档案法，以更高标准、更严要求扎实工作，以新担当、新作为推动集团公司档案、年鉴史志工作迈上新台阶。

24—25 日　集团公司董事长、党组书记戴厚良到河南中国石油定点扶贫县（台前县和范县）专题调研扶贫工作，强调要发挥好集团公司整体优势，确保高质量全面完成脱贫攻坚目标任务。

25 日　股份公司监事会 2020 年第 5 次会议在北京召开。会议审议通过《监事会关于公司 2020 年中期财务报告的审查意见书》《监事会关于公司 2020 年中期利润分配方案的审查意见书》《公司 2020 年半年度报告及中期业绩公告》等 3 项议案并形成决议。

26—27 日　股份公司董事会 2020 年第 7 次会议在北京召开。会议审议通过《关于公司 2020 年中期财务报告的议案》《关于公司 2020 年中期利润分配方案的议案》《关于公司 2020 年半年度报告及中期业绩公告的议案》《关于续签公司与中国石油集团及共同持股公司持续性关联交易协议及申请更新 2021—2023 年度持续性关联交易上限的议案》《关于续签公司与北京市燃气集团有限责任公司持续性关联交易协议及申请更新 2021—2023 年度持续性关联交易上限的议案》《关于召开 2020 年第三次临时股东大会的议案》等 6 项议案并形成决议。

27 日　股份公司在北京发布 2020 年中期业绩，集团公司副总经理、股份公司执行董事、总裁段良伟出席发布会并致辞。

27—28 日　集团公司总经理、党组副书记李凡荣到天津地区石油石化企业调研，强调牢固树立一盘棋思想，利用区位、一体化和全产业链的整体优势，形成强大合力，为集团公司高质量发展贡献力量。

28 日　“第十四届中国上市公司价值评选”结果揭晓，中国石油获“社会责任奖”。

31 日　集团公司对标世界一流管理提升行动视频启动会议在北京召开。会议强调要以提高发展质量和效益效率为中心，对比标杆找差距，对照问题抓改进，不断提升管理规范化、标准化、科学化水平，有力推进公司治理体系和治理能力现代化，为实现高质量发展奠定基础。集团公司董事长、党组书记戴厚良出席会议并讲话。

九　月

2 日　中共中央组织部研究决定，免去徐文荣同志的中国石油天然气集团有限公司党组副书记、副总经理职务。

同日　中国石油天然气集团有限公司与中国机械工业集团有限公司在北京签署深化战略合作框架协议。

7—10 日　集团公司总经理、党组副书记李凡荣到贵州中国石油扶贫项目、川渝地区石油石化企业调研，强调要全力以赴助力打赢精准脱贫攻坚战，突出形势研判，切实肩负起保障国家能源安全的使命与重任，以高度责任心和使命感推动集团公司高质量发展。

8 日　全国抗击新冠肺炎疫情表彰大会在北京举行，中国石油湖北销售武汉分公司宏图大道加油站成为全国唯一被评为“全国抗击新冠肺炎疫情先进集体”的加油站（详见专文）。

11 日　集团公司亏损治理工作推进视频会议在北京召开。会议强调要进一步加大亏损企业治理工作力度，全面提升企业盈利能力和经营管理水平，坚决打赢效益实现保卫战。集团公司总经理、党组副书记李凡荣出席会议并讲话。

同日　中国石油天然气集团有限公司与智慧石油投资有限公司、富城能源（香港）投资有限公司签订《中华人民共和国准噶尔盆地九$_1$—九$_5$区块开发和生产石油合同补充及修改协议》。

同日　股份公司决定，对塔里木油田分公司化工业务实施重组，将塔里木油田分公司管理的塔里木石化分公司（不含编织袋厂）、乙烯工程建设项目经理部以及化工业务管理相关人员整体划转独山子石化分公司。

15 日　由中国化工学会主办、中国石油天然气集团有限公司承办的“2020 中国化工学会科技创新大会”在北京开幕，中国石油获得 8 个奖项。中国寰球工程有限公司的张来勇入选学会会士，这是该会会员的最高学术称号，为终身荣誉。张来勇、中国石油石油化工研究院刘宏海、李长明、张华强和中国石油华东设计院颜峰获得第十二届“侯德榜化工科学技术奖”。中国石油还获得中国化工学会科学技术奖“基础研究成果奖”一等奖和“科技进步奖”三等奖各一项。中国化工学会理事长，中国石油天然气集团有限公司董事长、党组书记戴厚良出席大会并致辞。

16 日　中共中央组织部同意杨华同志任中国石油天然气集团有限公司人事部（党组组织部）总经理（部长），免去刘志华同志的中国石油天然气集团有限公司人事部（党组组织部）总经理（部长）职务。

同日　国务院国资委同意徐新福为中国石油天然气集团有限公司董事会秘书人选。

17 日　国务院决定，同意徐文荣不再担任中国石油天然气集团有限公司副总经理职务。

18—21 日　集团公司董事长、党组书记戴厚良到中国石油驻新疆企业调研，强调要坚决贯彻落实党的治疆方略，从保能源安全、保供应链稳定的战略全局高度，充分发挥产业链一体化优势，大力弘扬企业家精神，立足长远抓当前，谋划全局抓重点，全力推进企业高质量发展，为新疆社会稳定和长治久安作出新贡献。

21 日　集团公司党组书记、董事长戴厚良在《学习时报》上刊发《为打赢脱贫攻坚战贡献石油力量》署名文章。

22 日　集团公司第三届董事会第六次会议，同意聘任徐新福为集团公司董事会秘书。

同日　第四届（2020）中国能源产业发展年会暨“脱贫攻坚 · 能源扶贫成果报告会”在北京召开，中国石油荣登“脱贫攻坚 · 能源扶贫”十大突出贡献企业榜首，并获最佳组织奖。

23 日　中共中央组织部研究决定，段良伟同志任中国石油天然气集团有限公司董事、党组副书记，免去其中国石油天然气集团有限公司副总经理职务。

23—25 日　集团公司总经理、党组副书记李凡荣到吉林地区石油石化企业调研，强调要深化改革强活力，提质增效促发展，以钉钉子精神扎实做好各项工作。

25 日　吴恩来因年龄原因，辞去股份公司董事会秘书职务。

28 日　股份公司 2020 年第 2 次临时股东大会在北京召开。大会审议通过《关于公司管道重组交易的议案》《关于选举公司董事的议案》等 2 项议案并形成决议。其中，管道重组交易议案股东投票支持率为 99.996%（其中 H 股支持率 99.951%），创历史纪录。大会审议通过选举黄永章为公司董事。

29 日　集团公司抗击新冠肺炎疫情表彰大会在北京召开。授予湖北销售分公司宏图大道加油站经理马婷等 333 人“中国石油天然气集团有限公司抗击新冠肺炎疫情先进个人”称号；授予天然气销售湖北分公司等 96 个集体“中国石油天然气集团有限公司抗击新冠肺炎疫情先进集体”称号；授予宝石花医疗集团河北中石油中心医院卫生处职业卫生管理与职业病防治科科长张雪军等 22 人“支持中国石油抗击新冠肺炎疫情先进个人”称号；授予宝石花医疗集团医管部等 5 个集体“支持中国石油抗击新冠肺炎疫情先进集体”称号。会议强调要弘扬伟大抗疫精神，统筹抓好疫情防控、生产经营、改革发展，努力开创高质量发展新局面。集团公司董事长、党组书记戴厚良出席会议并讲话。

30 日　根据中国石油天然气股份有限公司与国家石油天然气管网集团有限公司签署的《关于油气管道相关资产的交易框架协议》，随管道业务股权、资产交易，控股子公司中石油管道有限责任公司以及油气调控中心、管道分公司、西气东输管道分公司、西部管道分公司、西南管道分公司 5 家直属独立核算分支机构移交国家石油天然气管网集团有限公司。

十　月

10 日　长宁—威远国家级页岩气示范区长宁区块日产气量突破 2000 万立方米，成为国内页岩气田日产量最多的区块。

14 日　国务院决定，任命段良伟为中国石油天然气集团有限公司董事，同意段良伟不再担任中国石油天然气集团有限公司副总经理职务。

同日　《学习时报》刊发集团公司党组署名文章《以全面从严治党保障世界一流企业建设》。

同日　集团公司财务共享业务全面上线，实现国内企业全覆盖，标志着中国石油全球共享服务体系初步建成。

16 日　集团公司 2020 年第二轮巡视动员部署会议在北京召开。本轮巡视共派出 7 个巡视组，主要对 16 家炼油化工和成品油销售企业进行常规巡视。会议强调要深入学习贯彻习近平总书记关于巡视工作的重要论述，强化政治担当，忠诚履职尽责，严守纪律规矩，扎实推进集团公司巡视工作高质量发展。集团公司党组书记、董事长、党组巡视工作领导小组组长戴厚良出席会议并讲话。

同日　集团公司改革三年行动工作部署视频会议在北京召开。会议强调要深入贯彻落实党中央、国务院决策部署，聚焦重点精准发力，切实把国企改革三年行动抓到位、见实效，为推进集团公司高质量发展提供强大动力。集团公司董事长、党组书记戴厚良出席会议并讲话。

同日　第 29 届孙越崎能源科学技术奖颁奖大会在北京举行。中国石油勘探开发研究院院长、党委书记马新华获能源大奖，中国石油石油管工程技术研究院冯春获科技青年奖。

同日　四川盆地寒武系沧浪铺组勘探获重大战略突破，角探 1 井沧浪铺组测试获日产气 51.62 万立方米。

17 日　全国脱贫攻坚奖表彰大会暨先进事迹报告会在北京举行。中国石油天然气集团有限公司定点扶贫与对口支援工作领导小组办公室获“组织创新奖”。

同日　中国石油发布《中国石油扶贫开发（2016—2020）企业社会责任专题报告》。

19—23 日　集团公司总经理、党组副书记李凡荣到青海、甘肃部分石油石化企业调研，强调要聚焦主业促改革，志存高远谋发展，深化提质增效，保障国家能源安全。

20 日　吕波因工作原因辞去股份公司董事职务，并同时卸任董事会健康、安全与环保委员会委员职务；徐文荣因工作变动原因，辞去公司监事会主席、监事职务。

同日　长庆油田在庆城举行开发建设 50 周年庆祝大会，集团公司党组向长庆油田发贺信。长庆油田开发建设 50 年来，成功开发 33 个油田、13 个气田，累计为国家贡献油气当量超过 7 亿吨，累计生产天然气 4536 亿立方米，建成我国最大油气田。

同日　华北油田河套盆地风险探井临华 1X 井获日产超 300 立方米高产油流。

22 日　国务院国资委党委印发表彰决定，中国石油获 7 项表彰。其中，新疆油田维稳信访工作办公室（疫情防控办公室）武装（保卫）科副科长李卫国等 5 人获“中央企业抗击新冠肺炎疫情先进个人”称号，中国石油天然气销售湖北分公司（中石油昆仑燃气有限公司湖北分公司）获“中央企业抗击新冠肺炎疫情先进集体”称号，中国石油天然气集团有限公司天然气销售湖北分公司党委获“中央企业先进基层党组织”称号。

24 日　大庆石化炼油结构调整转型升级项目全面投产，原油加工能力达到 1000 万吨，是黑龙江“油头化尾”标志性项目。

27—29 日　集团公司总经理、党组副书记李凡荣到寰球工程公司、昆仑工程公司和工程建设公司调研，强调要全面加强党的建设，坚持质量至上，深化提质增效，强化服务保障，打造企业核心竞争力。

29 日　股份公司监事会以书面传签方式召开 2020 年第 6 次会议，审议通过《公司 2020 年第三季度报告》并形成决议。

同日　股份公司董事会 2020 年第 8 次会议以书面传签方式召开。会议审议通过《关于公司 2020 年第三季度报告的议案》《关于公司董事会专门委员会组成人员调整的议案》《关于聘任公司董事会秘书的议案》等 3 项议案并形成决议。经股份公司董事会提名委员会审议通过，董事会同意黄永章加入健康、安全与环保委员会担任委员；同意聘任柴守平为公司董事会秘书及授权代表。

30 日　集团公司第三届董事会第七次会议，同意解聘段良伟、徐文荣的集团公司副总经理职务。

十　一　月

4—5 日　集团公司董事长、党组书记戴厚良到上海地区石油企业调研，强调要深入学习党的十九届五中全会精神，融入长三角区域一体化发展，准确把握发展形势的新特征新变化新要求，保持战略定力，坚定发展信心，真抓实干、艰苦奋斗，奋力推进市场营销工作和主营业务高质量发展。

5 日　中国石油国际合作论坛暨签约仪式在上海举行。集团公司董事长、党组书记戴厚良出席论坛并作题为《共克时艰，共谋发展，共同构建新型能源合作伙伴关系》主旨演讲。中国石油分别与沙特阿拉伯石油公司、斯伦贝谢、西门子、贝克休斯、卡特彼勒、霍尼韦尔等 30 余家境外供应商签署 30 多份采购合同。

同日　股份公司 2020 年第 3 次临时股东大会在北京召开。大会审议通过《关于续签公司与中国石油集团及共同持股公司持续性关联交易协议及申请更新 2021—2023 年度持续性关联交易上限的议案》《关于选举吕波为公司监事的议案》等 2 项议案并形成决议。大会审议通过选举吕波为股份公司股东代表监事。

同日　股份公司监事会以书面传签方式召开 2020 年第 7 次会议，审议通过《关于选举公司监事会主席的议案》并形成决议。经全体监事表决，吕波全票当选为股份公司监事会主席。

同日　东方地球物理勘探有限责任公司中标阿布扎比国家石油公司（ADNOC）项目 5.19 亿美元三维过渡带勘探项目，是全球最大且首次采用全节点采集的三维过渡带项目。

8 日　集团公司决定，根据党中央、国务院关于推动新一代信息技术与制造业深度融合、打造数字经济新优势的决策部署，以北京中油瑞飞信息技术有限责任公司更名增资方式，按照市场化原则组建昆仑数智科技有限责任公司。中国石油集团东方地球物理勘探有限责任公司以中油瑞飞资产审计评估值为基础引入集团公司、股份公司、中油工程、中油资本作为出资人。

11 日　中国石油第一个碳中和林——大庆油田马鞍山碳中和林揭牌，栽植 510 亩，在推动绿色转型发展，全面加强森林碳汇业务迈出重要一步。

13 日　美国《石油情报周刊》公布 2020 年世界最大 50 家石油公司综合排名。中国石油综合排名保持第三位，连续 7 年位列世界最大 50 家石油公司第三，连续 20 年稳居世界 10 大石油公司行列。

17—18 日　集团公司首次市场营销工作会议在北京召开（详见专文）。

20 日　国务院国资委同意杨华、赵厚川为中国石油天然气集团有限公司职工董事候选人。

同日　中国石油川南页岩气年产量100.29亿立方米，建成国内第一个年产百亿立方米页岩气田（详见专文）。

同日　全国精神文明建设表彰大会在北京举行。中国石油辽河油田分公司、新疆油田重油开发公司、吉林油田松原采气厂、华北油田第一采油厂、西北销售分公司、辽宁鞍山销售分公司、上海销售分公司、西南油气田川中油气矿和重庆气矿9家单位获第六届全国文明单位称号。自2005年以来，中国石油已有79个单位获评此项荣誉。

23日　集团公司党组书记、董事长戴厚良到基层党建联系点勘探开发研究院石油天然气地质研究所党支部，宣讲党的十九届五中全会精神，强调要深学细悟，联系实际学以致用，把贯彻全会精神转化为立足岗位作贡献的强大动力，在稳增长、抓改革、促创新、强党建、防风险等方面扎实工作，为全面建成小康社会、确保“十四五”开好局、起好步作出新的更大贡献。

24日　2020年全国劳动模范和先进工作者表彰大会在北京举行。中国石油大庆油田第二采油厂第六作业区采油48队采油工班长刘丽等35人获“全国劳动模范”称号。

25日　集团公司总经理、党组副书记李凡荣到东方物探调研，强调要提高政治站位，坚持科技先行、技术立企，当好找油找气先锋，以技术创新为引领，加强基础前沿技术研发、创新技术成果应用和科研管理创新，推动企业高质量发展迈上新台阶。

26日　中国石油主办的“冬奥主题形象站暨特许商品零售店”启动仪式在北京南湖加油站举行，北京冬奥组委现场为中国石油颁授“北京2022年冬奥会官方油气产品”“昆仑润滑油—北京2022年冬奥会官方润滑油”牌匾和“北京2022年冬奥会特许零售商”证书。

26—27日　集团公司董事长、党组书记戴厚良到广西地区石油石化企业调研，强调要深入学习贯彻落实党的十九届五中全会精神，顺应广西经济社会发展、产业转型升级、加快开放步伐的大趋势，全力打造市场化条件下的高质量发展示范企业、对外开放示范企业，为推动集团公司高质量发展、加快建设壮美广西多作贡献。

27日　中国石油勘探开发梦想云2020发布会在北京举行。中国石油勘探开发梦想云，已成为油气行业第一个自主知识产权的智能共享云平台。

30日　昆仑数智科技有限责任公司揭牌仪式在北京举行，标志着中国石油推进数字化转型、智能化发展迈出重要一步。集团公司董事长、党组书记戴厚良和集团公司总经理、党组副书记李凡荣共同为昆仑数智科技有限责任公司揭牌。

十　二　月

1日　中国石油党建信息化平台2.0—“铁人先锋”正式上线运行，实现各级党工团组织和党员、工会会员、团员全覆盖，用户数量超118万，成为国内最大最活跃的企业党建云平台，从“互联网+党建”迈入“智慧党建”新阶段。

3日　中国石油天然气股份有限公司在第十届中国证券“金紫荆”奖评选中获“资本市场三十周年杰出上市公司”特别奖，股份公司执行董事、总裁段良伟获评“最佳上市公司CEO”，财务总监、董事会秘书柴守平获评“最佳上市公司CFO”。

7日　集团公司党组书记、董事长戴厚良参加集团办公室第一党支部专题组织生活会，与支部党员共同学习研讨党的十九届五中全会精神，强调要提升党性修养、强化担当作为，更加紧密地团结在以习近平同志为核心的党中央周围，坚持以习近平新时代中国特色社会主义思想为指导，凝心聚力、砥砺奋进，推动全会精神在中国石油落地生根。

8—9日　中国石油2020年度油气勘探年会在北京召开。会议对四川盆地川中古隆起北斜坡震旦系—寒武系天然气勘探等30项2020年度油气勘探成果进行表彰奖励。会议强调要深入贯彻落实习近平总书记关于大力提升国内油气勘探开发力度重要指示批示精神，切实增强责任感使命感，不断取得油气勘探新发现、大突破，保障国家能源安全。集团公司董事长、党组书记戴厚良出席会议并讲话。

9日　集团公司劳动模范和先进集体表彰大会在北京召开。大庆油田中东分公司经理李新民等46人获“集团公司特等劳动模范”荣誉称号，辽河油田勘探开发研究院天然气研究所一级工程师闵忠顺等429人获“集团公司劳动模范”称号，长庆油田分公司第一采油厂张渠采油作业区等303个单位获“集团公司先进集体”称号。集团公司董事长、党组书记戴厚良出席会议并讲话，号召百万石油员工认真学习贯彻习近平总书记在全国劳动模范和先进工作者表彰大会上的重要讲话精神，以先进典型为榜样，锻造堪当时代重任的石油铁军，加快推进世界一流综合性国际能源公司建设。

同日　集团公司党组书记、董事长戴厚良为党员干部讲授学习贯彻党的十九届五中全会精神专题党课，强调要深入学习贯彻习近平新时代中国特色社会主义思想，以党的十九届五中全会精神为引领，统筹推进疫情防控和生产经营等各项工作，以更加坚定的信心和决心推进集团公司高质量发展。

10日　中国石油凭借在帮助弱势群体减贫和促进妇女权益保障等方面的成功实践和突出贡献，被联合国全球契约组织授予“2020实现可持续发展目标企业最佳实践（消除贫困和促进繁荣）”荣誉。

11日　杨华当选为中国石油天然气集团有限公司职工董事。

13日　我国首届全国职业技能大赛在广州闭幕。中国石油大庆油田有限责任公司焊接选手王言旭取得国赛精选项目个人总成绩第三名，获得“全国技术能手”称号，在首届全国超一类技能大赛中摘得铜牌。首届大赛以“新时代新技能新梦想”为主题，设86个比赛项目，共有2500多名选手、2300多名裁判人员参赛，是新中国成立以来规格最高、项目最多、规模最大、水平最高的综合性国家职业技能赛事。

14日　西南油气田年产气突破300亿立方米，建成西南地区第一个年产300亿立方米大气区（详见专文）。

15日　集团公司2021年生产经营工作会议在北京召开。会议强调要牢牢把握生产经营工作主动权，稳经营、强管理、防风险、保安全，深入开展提质增效专项行动，深化改革创新，保持油气两条产业链总体平稳运行。集团公司总经理、党组副书记李凡荣出席会议并讲话。

16日　准噶尔盆地天然气勘探获重大突破（详见专文）。

17日　中国石油建成国内首套万吨级低黏度PAO基础油连续生产工业装置，实现国内首次工业应用，打破国外技术垄断。

同日　工业和信息化部公布第四批国家工业遗产名单，玉门油田老君庙油矿、独山子炼油厂入选。至此，包括铁人一口井、大港油田港5井、隆昌气矿圣灯山气田旧址在内，共5家中国石油工业遗迹入选。

18日　中国石油天然气集团有限公司与中国石油化工股份有限公司、中澳煤层气能源有限公司签订《中华人民共和国山西省三交北地区煤层气及天然气资源开采产品分成合同第十二次修改协议》。

21日　塔里木高质量建成3000万吨大油气田（详见专文）。

22日　股份公司董事会2020年第9次会议在北京召开。会议审议通过《关于公司2021年度业务发展与投资计划的议案》《关于公司2021年度预算报告的议案》《关于昆仑能源管道资产交易的议案》等3项议案并形成决议。

同日　集团公司党组决定，调整思想政治工作部和直属党委设置，优化党建、宣传、群团以及办公室的品牌管理、定点扶贫等职能配置，成立党群工作部（直属党委），单独设立党组宣传部（企业文化部、新闻办公室）。

23日　国务院国资委党委在北京举办第五届“央企楷模”发布仪式，中国石油海外审计中心高级审计经理、全国第八批和第九批援藏干部梁楠郁获“央企楷模”称号。2016年7月以来，梁楠郁连续两届援藏，任那曲市委副秘书长、双湖县委副书记，以高度的政治责任感使命感，摸索出“基础研究+生态保护+产业升级”基础上的中国石油产业援藏扶贫模式。2019年双湖县摘掉贫困县帽子。

25—27日　中国石油2020年度油气田开发年会在河北廊坊召开。会议强调要进一步贯彻落实习近平总书记重要讲话和指示批示精神，在新的发展阶段接续奋斗，主动担当作为，不断提升保障国家能源安全的能力，努力在推动集团公司高质量发展中当好主力军、作出新贡献。集团公司总经理、党组副书记李凡荣出席会议并讲话。

27日　长庆油田实现年产6000万吨油气产量当量，建成中国第一个年产油气当量6000万吨级特大型油气田（详见专文）。

30日　中共中央政治局常委、中央巡视工作领导小组组长赵乐际主持召开中央单位巡视工作座谈会，中国石油作为唯一一家中央企业代表在会上交流发言。

本年　中国石油国内油气产量当量首次突破2亿吨；海外油气权益产量当量1.0009亿吨，实现1亿吨稳产。

本年　中国石油国内天然气产量 1304 亿立方米，换算成油当量突破 1 亿吨，天然气在油气结构中占比首次超过 50%，首次超过原油产量。

本年　大庆油田国内原油产量 3001 万吨、海外权益产量 931 万吨，生产天然气 46.55 亿立方米，油气产量当量 4302.9 万吨，继续保持稳产 4000 万吨以上。

本年　西南油气田川中地区安岳气田生产天然气 125.89 亿立方米，油气当量超 1000 万吨，在川中地区建成首个千万吨级大油气区。

（中国石油档案馆）

统计数据

表 1　中国石油天然气集团有限公司主要指标完成情况

指标名称	单　位	2020 年	2019 年	2018 年	2017 年	2016 年
主营业务收入	亿元					
工业总产值（现价）	亿元	12432	16241	15552	12411	10152
工业销售产值	亿元	12417	16235	15424	12388	10158
企业增加值	亿元	8190	8856	8781	8371	7043
油气产量						
原油	万吨	17864	18103	17637	17134	16298
其中，海外权益产量	万吨	7639	7926	7535	6880	5753
天然气	亿立方米	1603.5	1503.0	1380.2	1287.3	1213.0
其中，海外权益产量	亿立方米	297.5	315.1	286.5	254.5	231.9
主要炼油化工产品产量						
汽油、煤油、柴油、润滑油合计	万吨	10881	12076	11451	10515	10049
汽油	万吨	4628	5044	4590	4098	3797
煤油	万吨	1023	1402	1254	1018	932
柴油	万吨	5072	5468	5446	5235	5203
润滑油	万吨	158	163	160	164	116
乙烯	万吨	634.5	586.3	556.9	576.4	558.9
合成树脂及共聚物	万吨	1028.7	958.0	916.5	940.4	919.9
合成橡胶	万吨	100.1	91.0	86.9	80.9	76.0
合成纤维	万吨	2.5	3.7	5.2	5.8	6.1
尿素	万吨	216.3	120.8	82.8	143.9	190.0
主要冶金产品产量						
石油焊接钢管	万吨	168.9	184.4	165.8	161.5	145.3
石油套管	万吨	47.3	77.2	84.2	70.1	48.1
钻井钢丝绳	万吨	3.4	7.0	5.9	5.2	3.8
主要机械产品产量						
钻机	套	46	85	47	23	31
抽油机	台	5222	5805	4964	4267	3642
抽油杆	万米	457.9	687.0	677.2	494.0	579.6
抽油泵	台	28345	27783	41798	46852	45544

（肖修文）

表 2　中国石油天然气集团有限公司合并资产负债表

万元人民币

项　目	2020 年	2019 年
流动资产		
货币资金	22980598	23521965
拆出资金	18573505	21825012
交易性金融资产	9033679	7143397
衍生金融资产	151735	21693
应收票据	70598	51190

续表

项　目	2020 年	2019 年
应收账款	8143434	10282689
应收款项融资	826193	756256
预付款项	20272616	15860429
应收保费	6962	9412
应收分保账款	84591	61550
应收分保合同准备金	164282	129131
其他应收款	3627047	3061357
买入返售金融资产	2470022	1095711
存货	17712667	25702086
合同资产	5972040	1
持有待售资产	4261274	—
一年内到期的非流动资产	14014528	16872662
其他流动资产	14421731	13287814
流动资产合计	142787502	139682355
非流动资产		
发放贷款和垫款	11626245	2914965
债权投资	9543955	9338588
其他债权投资	4222444	4043082
长期应收款	5232915	5429496
长期股权投资	29211813	15401837
其他权益工具投资	908159	1077895
其他非流动金融资产	5352819	4281070
投资性房地产	247544	285536
固定资产	58506595	90528170
在建工程	25221709	27784967
生产性生物资产	—	15
油气资产	94418874	97072241
使用权资产	—	—
无形资产	10154428	10087587
开发支出	96368	125168
商誉	821811	4290599
长期待摊费用	5247445	4660468
递延所得税资产	2054286	3354212
其他非流动资产	3212471	3215961
非流动资产合计	266079881	283891857
资产总计	408867383	423574212
流动负债		
短期借款	7162321	10228647

续表

项　目	2020 年	2019 年
向中央银行借款	262423	133112
拆入资金	5039282	6513967
衍生金融负债	469808	355141
应付票据	6039770	4155465
应付账款	33121344	37941075
预收款项	593295	3288498
合同负债	11444918	8178464
卖出回购金融资产款	2667198	3032445
吸收存款及同业存放	20008354	19843648
代理买卖证券款	1	1
应付职工薪酬	3893187	4476316
应交税费	7240553	7840769
其他应付款	8421270	7910603
应付手续费及佣金	4006	2985
应付分保账款	71983	58244
持有待售负债	226152	—
一年内到期的非流动负债	5982846	7259267
其他流动负债	5794662	8860446
流动负债合计	118443373	130079093
非流动负债		
保险合同准备金	446150	369138
长期借款	5410405	2114692
应付债券	33318851	30295055
租赁负债	—	—
长期应付款	502167	566889
长期应付职工薪酬	151578	161301
预计负债	13944384	16402622
递延收益	1280810	2379049
递延所得税负债	3131022	3528771
其他非流动负债	314416	315624
非流动负债合计	58499783	56133141
负债合计	176943156	186212234
所有者权益（或股东权益）		
实收资本（或股本）	48685500	48685500
其他权益工具	14770214	10472709
资本公积	25544143	27543562
其他综合收益	−4345199	−1487081

续表

项　目	2020 年	2019 年
专项储备	1769080	3243908
盈余公积	108437123	108435466
一般风险准备	1185750	1166396
未分配利润	1812174	−1099623
归属于母公司所有者权益（或股东权益）合计	197858785	196960837
少数股东权益	34065442	40401141
所有者权益（或股东权益）合计	231924227	237361978
负债和所有者权益（或股东权益）总计	408867383	423574212

表 3　中国石油天然气集团有限公司合并利润表

万元人民币

项　目	2020 年	2019 年
营业总收入	208714680	277143492
其中，营业收入	206448805	274705833
利息收入	2021508	2183438
已赚保费	69622	70750
手续费及佣金收入	174744	183471
营业总成本	202923985	262801471
其中，营业成本	158769390	213932400
利息支出	888492	1037270
手续费及佣金支出	27862	22044
赔付支出净额	50507	40064
提取保险责任准备金净额	30526	34035
分保费用	18061	13329
税金及附加	20524912	24029607
销售费用	7936675	8388402
管理费用	7901852	9985752
研发费用	2275934	2175270
财务费用	2540103	1026219
其他	1959671	2117079
加：其他收益	1153091	1302195
投资收益（损失以“–”号填列）	5241883	1980826
汇兑收益（损失以“–”号填列）	10556	6243
净敞口套期收益（损失以“–”号填列）	—	—
公允价值变动收益（损失以“–”号填列）	352343	122986
信用减值损失（损失以“–”号填列）	−79.691	−607167
资产减值损失（损失以“–”号填列）	−2962536	−2689570
资产处置收益（损失以“–”号填列）	182943	146236

续表

项　目	2020 年	2019 年
营业利润（亏损以"–"号填列）	9689284	14603770
加：营业外收入	1660527	1214158
其中，政府补助	1124997	597727
减：营业外支出	2597838	3781558
利润总额（亏损总额以"–"号填列）	8751973	12036370
减：所得税费用	3724811	6077282
净利润（净亏损以"–"号填列）	5027162	5959088
按经营持续性分类		
持续经营净利润	5027162	5959088
终止经营净利润	—	—
按所有权归属分类		
归属于母公司所有者的净利润	3156874	3069567
少数股东损益	1870288	2889521

表 4　中国石油天然气股份有限公司及其附属公司勘探与生产运营情况

项　目	单　位	2020 年	2019 年	同比增减（%）
原油产量	百万桶	921.8	909.3	1.4
其中，国内	百万桶	743.8	739.7	0.6
海外	百万桶	178.0	169.6	4.9
可销售天然气产量	十亿立方英尺	4221.0	3908.0	8.0
其中，国内	十亿立方英尺	3993.8	3633.0	9.9
海外	十亿立方英尺	227.2	275.0	（17.4）
油气当量产量	百万桶	1625.5	1560.8	4.1
其中，国内	百万桶	1409.7	1345.4	4.8
海外	百万桶	215.8	215.4	0.2
原油证实储量	百万桶	5206	7253	（28.2）
天然气证实储量	十亿立方英尺	76437	76236	0.3
证实已开发原油储量	百万桶	4654	5474	（15.0）
证实已开发天然气储量	十亿立方英尺	42077	39870	5.5

注：原油按 1 吨 =7.389 桶，天然气按 1 立方米 =35.315 立方英尺换算。

表 5　中国石油天然气股份有限公司炼油与化工生产情况

项　目	单　位	2020 年	2019 年	同比增减（%）
原油加工量	百万桶	1177.5	1228.4	（4.1）
汽油、煤油、柴油产量	千吨	107042	117791	（9.1）
其中，汽油	千吨	46280	50430	（8.2）
煤油	千吨	10043	12733	（21.1）
柴油	千吨	50719	54628	（7.2）

续表

项　目	单　位	2020 年	2019 年	同比增减（%）
原油加工负荷率	%	79.9	85.1	（5.2）个百分点
轻油收率	%	78.4	80.1	（1.7）个百分点
石油产品综合商品收率	%	93.5	93.5	-
乙烯	千吨	6345	5863	8.2
合成树脂	千吨	10287	9580	7.4
合成纤维原料及聚合物	千吨	1278	1309	（2.4）
合成橡胶	千吨	1001	910	10.0
尿素	千吨	2163	1208	79.1

表 6　中国石油天然气股份有限公司及其附属公司销售业务情况

项　目	单　位	2020 年	2019 年	同比增减（%）
汽油、煤油、柴油销量	千吨	161230	187712	（14.1）
其中：汽油	千吨	66084	76366	（13.5）
煤油	千吨	14350	21183	（32.3）
柴油	千吨	80796	90163	（10.4）
汽油、煤油、柴油国内销量	千吨	105896	118995	（11.0）
其中，汽油	千吨	49188	53546	（8.1）
煤油	千吨	8331	8696	（4.2）
柴油	千吨	48377	56753	（14.8）
零售市场份额	%	35.9	36.7	（0.8）个百分点
加油站数量	座	22619	22365	1.1
其中，资产型加油站	座	21042	20955	0.4
单站加油量	吨 / 日	8.48	10.08	（15.9）
便利店数量	座	20212	20021	1.0

表 7　中国石油天然气股份有限公司主要子公司、参股公司情况

公司名称	注册资本	持股比例	资产总额	负债总额	净资产 /（负债）总额	净利润 /（亏损）
	百万元人民币	%	百万元人民币	百万元人民币	百万元人民币	百万元人民币
大庆油田有限责任公司	47500	100.00	367173	143675	223498	（9967）
中油勘探开发有限公司	16100	50.00	198438	44386	154052	6006
中石油香港有限公司	75.92 亿港币	100.00	155317	65061	90256	9944
中石油国际投资有限公司	31314	100.00	87413	141090	（53677）	（6852）
中国石油国际事业有限公司	18096	100.00	189431	121570	67861	5204
中国石油四川石化有限责任公司	10000	90.00	30649	5868	24781	520
国家石油天然气管网集团有限公司	500000	29.90	729994	159712	570282	6444

续表

公司名称	注册资本	持股比例	资产总额	负债总额	净资产/（负债）总额	净利润/（亏损）
	百万元人民币	%	百万元人民币	百万元人民币	百万元人民币	百万元人民币
中油财务有限责任公司	8331	32.00	491085	416818	74267	7819
中石油专属财产保险股份有限公司	5000	49.00	14223	7528	6695	389
中国船舶燃料有限责任公司	1000	50.00	9004	6085	2919	185
Mangistau Investment B.V.	1.31 亿美元	50.00	11416	3583	7833	362
中石油中亚天然气管道有限公司	5000	50.00	42695	2565	40130	3060

表 8　中国石油天然气股份有限公司已评估证实储量和证实开发储量

项　目	原油及凝析油（百万桶）	天然气（十亿立方英尺）	合　计（油当量百万桶）
证实开发和未开发储量			
本集团			
基准日 2018 年 12 月 31 日的储量	7640.8	76467.0	20385.3
对以前估计值的修正	（49.7）	（765.6）	（177.1）
扩边和新发现	480.6	4442.6	1221.0
提高采收率	90.9	—	90.9
当年产量	（909.3）	（3908.0）	（1560.8）
基准日 2019 年 12 月 31 日的储量	7253.3	76236.0	19959.3
对以前估计值的修正	（1553.1）	（595.3）	（1652.2）
扩边和新发现	385.2	4976.1	1214.6
提高采收率	107.7	—	107.7
购入	15.0	106.9	32.8
卖出	（80.2）	（65.6）	（91.1）
当年产量	（921.8）	（4221.0）	（1625.5）
基准日 2020 年 12 月 31 日的储量	5206.1	76437.1	17945.6
证实开发储量			
基准日为 2018 年 12 月 31 日	5843.1	40128.2	12531.1
其中，国内	5203.4	38433.2	11609.0
海外	639.7	1695.0	922.1
基准日为 2019 年 12 月 31 日	5473.8	39869.6	12118.7
其中，国内	4840.0	38376.3	11236.0
海外	633.8	1493.3	882.7
基准日为 2020 年 12 月 31 日	4653.6	42076.7	11666.4
其中，国内	3987.0	40732.3	10775.8
海外	666.6	1344.4	890.6
证实未开发储量			
基准日为 2018 年 12 月 31 日	1797.7	36338.8	7854.2

续表

项　目	原油及凝析油（百万桶）	天然气（十亿立方英尺）	合　计（油当量百万桶）
其中，国内	1626.4	36046.9	7634.2
海外	171.3	291.9	220.0
基准日为 2019 年 12 月 31 日	1779.5	36366.4	7840.6
其中，国内	1659.8	36156.8	7686.0
海外	119.7	209.6	154.6
基准日为 2020 年 12 月 31 日	552.5	34360.4	6279.2
其中，国内	387.9	34062.0	6064.9
海外	164.6	298.4	214.3
按权益法核算的投资			
应占联营公司及合营公司证实			
已开发及未开发储量			
2018 年 12 月 31 日	321.4	429.4	392.9
2019 年 12 月 31 日	287.1	393.6	352.7
2020 年 12 月 31 日	195.5	362.7	256.0

注：2020 年原油及凝析油储量中含 NGL 88.2 百万桶。

表 9　中国石油天然气股份有限公司 2020 年 12 月 31 日合并及公司资产负债表（一）

（除特别注明外，金额单位为百万元人民币）

资　产	2020 年 12 月 31 日	2019 年 12 月 31 日	2020 年 12 月 31 日	2019 年 12 月 31 日
	合　并	合　并	公　司	公　司
流动资产				
货币资金	145950	110665	42787	6636
应收账款	52325	64184	8412	10072
应收款项融资	8076	7016	2830	2538
预付款项	21626	17038	8861	6980
其他应收款	26834	21199	14738	8997
存货	128539	181921	77813	117757
持有待售资产	42615	—	—	—
其他流动资产	60802	64890	44614	47565
流动资产合计	486767	466913	200055	200545
非流动资产				
其他权益工具投资	910	930	427	437
长期股权投资	250698	102165	451677	402584
固定资产	415988	703414	264241	347649
油气资产	813888	831814	598665	599230
在建工程	222215	247996	142470	158823
使用权资产	144338	189632	66765	107852

续表

资　产	2020年 12月31日 合　并	2019年 12月31日 合　并	2020年 12月31日 公　司	2019年 12月31日 公　司
无形资产	86101	84832	65841	64530
商誉	8125	42808	30	—
长期待摊费用	11869	10258	8980	8198
递延所得税资产	11364	24259	2008	14725
其他非流动资产	36137	28169	13524	10571
非流动资产合计	2001633	2266277	1614628	1714599
资产总计	2488400	2733190	1814683	1915144

表10　中国石油天然气股份有限公司2020年12月31日合并及公司资产负债表（二）

（除特别注明外，金额单位为百万元人民币）

负债及股东权益	2020年 12月31日 合　并	2019年 12月31日 合　并	2020年 12月31日 公　司	2019年 12月31日 公　司
流动负债				
短期借款	41354	70497	25923	66027
应付票据	19313	13153	18203	12046
应付账款	220318	260102	99276	102780
合同负债	91477	82490	59877	54014
应付职工薪酬	8649	10169	6559	7931
应交税费	63724	67382	45769	42779
其他应付款	56250	34699	74496	60291
持有待售负债	9956	—	—	—
一年内到期的非流动负债	81769	92879	64745	36799
其他流动负债	12608	30048	1791	25882
流动负债合计	605418	661419	396639	408549
非流动负债				
长期借款	160140	174411	68829	110717
应付债券	91239	116471	87000	113000
租赁负债	122644	164143	47983	85449
预计负债	114819	137935	81941	95643
递延所得税负债	16390	21418	—	—
其他非流动负债	10865	12815	5496	6511
非流动负债合计	516097	627193	291249	411320
负债合计	1121515	1288612	687888	819869
股东权益				
股本	183021	183021	183021	183021
资本公积	127222	127314	127044	127845

续表

负债及股东权益	2020年12月31日	2019年12月31日	2020年12月31日	2019年12月31日
	合　并	合　并	公　司	公　司
专项储备	10810	12443	4708	6513
其他综合收益	（32128）	（27756）	455	979
盈余公积	203557	197282	192465	186190
未分配利润	722939	738124	619102	590727
归属于母公司股东权益合计	1215421	1230428	1126795	1095275
少数股东权益	151464	214150	—	—
股东权益合计	1366885	1444578	1126795	1095275
负债及股东权益总计	2488400	2733190	1814683	1915144

表 11　中国石油天然气股份有限公司 2020 年度合并及公司利润表

（除特别注明外，金额单位为百万元人民币）

项　目	2020年	2019年	2020年	2019年
	合　并	合　并	公　司	公　司
营业收入	1933836	2516810	1097522	1363878
减：营业成本	（1546604）	（2002403）	（858403）	（1053994）
税金及附加	（194904）	（226905）	（153214）	（174410）
销售费用	（71476）	（74108）	（49707）	（50879）
管理费用	（55315）	（61757）	（33558）	（38053）
研发费用	（15746）	（15666）	（11748）	（11635）
财务费用	（24304）	（27816）	（20781）	（20791）
其中，利息费用	26528	30409	20484	20834
利息收入	3023	3631	558	666
加：其他收益	9889	11267	6976	8392
投资收益	51845	8867	114412	26616
其中，对联营企业和合营企业的投资收益	3533	8229	5314	4108
信用减值（损失）/ 转回	（341）	1378	（143）	1461
资产减值损失	（23520）	（14712）	（13110）	（7267）
资产处置收益	1423	565	1302	589
营业利润	64783	115520	79548	43907
加：营业外收入	4109	4971	3206	4242
减：营业外支出	（12823）	（17278）	（7526）	（11845）
利润总额	56069	103213	75228	36304
减：所得税费用	（22588）	（36203）	（12483）	（5938）
净利润	33481	67010	62745	30366
按经营持续性分类				
持续经营净利润	33481	67010	62745	30366
终止经营净利润	—	—	—	—

续表

项　目	2020 年 合　并	2019 年 合　并	2020 年 公　司	2019 年 公　司
按所有权归属分类				
归属于母公司股东的净利润	19002	45677	62745	30366
少数股东损益	14479	21333	—	—
其他综合收益的税后净额	（11130）	8930	（524）	474
归属于母公司股东的其他综合收益的税后净额	（4372）	4641	（524）	474
（一）不能重分类进损益的其他综合收益				
其他权益工具投资公允价值变动	（22）	96	（10）	40
（二）将重分类进损益的其他综合收益				
权益法下可转损益的其他综合收益	（441）	417	（514）	434
外币财务报表折算差额	（3909）	4128	—	—
归属于少数股东的其他综合收益的税后净额	（6758）	4289	—	—
综合收益总额	22351	75940	62221	30840
归属于：				
母公司股东	14630	50318	62221	30840
少数股东	7721	25622	—	—
每股收益				
基本每股收益（元人民币）	0.10	0.25	0.34	0.17
稀释每股收益（元人民币）	0.10	0.25	0.34	0.17

表 12　中国石油天然气股份有限公司 2020 年度合并及公司现金流量表

（除特别注明外，金额单位为百万元人民币）

项　目	2020 年度 合　并	2019 年度 合　并	2020 年度 公　司	2019 年度 公　司
经营活动产生的现金流量				
销售商品、提供劳务收到的现金	2193695	2865719	1232032	1545934
收到其他与经营活动有关的现金	15376	14984	11293	31336
经营活动现金流入小计	2209071	2880703	1243325	1577270
购买商品、接受劳务支付的现金	（1414729）	（1954120）	（704419）	（991961）
支付给职工以及为职工支付的现金	（150474）	（156287）	（109365）	（114806）
支付的各项税费	（269761）	（340449）	（190333）	（233282）
支付其他与经营活动有关的现金	（55532）	（70237）	（47658）	（40755）
经营活动现金流出小计	（1890496）	（2521093）	（1051775）	（1380804）
经营活动产生的现金流量净额	318575	359610	191550	196466
投资活动产生的现金流量				
收回投资收到的现金	3633	15081	16936	15015
取得投资收益所收到的现金	7310	7725	21246	24774
处置固定资产、油气资产、无形资产和其他长期资产收回的现金净额	1269	2088	726	1882

续表

项　目	2020 年度 合　并	2019 年度 合　并	2020 年度 公　司	2019 年度 公　司
处置子公司及其他营业单位收到的现金净额	82767	105	80588	66
投资活动现金流入小计	94979	24999	119496	41737
购建固定资产、油气资产、无形资产和其他长期资产支付的现金	(256727)	(326762)	(167375)	(228513)
投资支付的现金	(20238)	(31185)	(23053)	(24801)
投资活动现金流出小计	(276965)	(357947)	(190428)	(253314)
投资活动使用的现金流量净额	(181986)	(332948)	(70932)	(211577)
筹资活动产生的现金流量				
吸收投资收到的现金	613	2640	—	—
其中：子公司吸收少数股东投资收到的现金	613	2640	—	—
取得借款收到的现金	989492	836458	306501	344651
筹资活动现金流入小计	990105	839098	306501	344651
偿还债务支付的现金	(1017662)	(785751)	(344847)	(284931)
分配股利、利润或偿付利息支付的现金	(59042)	(61759)	(41744)	(42623)
其中：子公司支付给少数股东的股利、利润	(14264)	(14245)	—	—
子公司资本减少	(5)	(182)	—	—
支付其他与筹资活动有关的现金	(12796)	(18682)	(7498)	(10459)
筹资活动现金流出小计	(1089505)	(866374)	(394089)	(338013)
筹资活动（使用）/产生的现金流量净额	(99400)	(27276)	(87588)	6638
汇率变动对现金及现金等价物的影响	(4967)	1069	—	—
现金及现金等价物净增加/(减少)额	32222	455	33030	(8473)
加：期初现金及现金等价物余额	86409	85954	4636	13109
期末现金及现金等价物余额	118631	86409	37666	4636

表 13　中国石油天然气股份有限公司 2020 年度合并股东权益变动表

（除特别注明外，金额单位为百万元人民币）

项　目	归属于母公司股东权益							少数股东权益	股东权益合计
	股　本	资本公积	专项储备	其他综合收益	盈余公积	未分配利润	小　计		
2019 年 1 月 1 日余额	183021	129199	13831	(32397)	194245	726168	1214067	195109	1409176
2019 年度增减变动额									
综合收益总额	—	—	—	4641	—	45677	50318	25622	75940
专项储备—安全生产费									
本期提取	—	—	6095	—	—	—	6095	265	6360
本期使用	—	—	(7483)	—	—	—	(7483)	(195)	(7678)
利润分配									
提取盈余公积	—	—	—	—	3037	(3037)	—	—	—
对股东的分配	—	—	—	—	—	(30684)	(30684)	(14279)	(44963)

续表

项目	归属于母公司股东权益							少数股东权益	股东权益合计
	股本	资本公积	专项储备	其他综合收益	盈余公积	未分配利润	小计		
其他权益变动									
与少数股东的权益性交易	—	(2007)	—	—	—	—	(2007)	938	(1069)
少数股东资本投入	—	120	—	—	—	—	120	6647	6767
处置子公司	—	—	—	—	—	—	—	(50)	(50)
其他	—	2	—	—	—	—	2	93	95
2019年12月31日余额	183021	127314	12443	(27756)	197282	738124	1230428	214150	1444578
2020年1月1日余额	183021	127314	12443	(27756)	197282	738124	1230428	214150	1444578
2020年度增减变动额									
综合收益总额	—	—	—	(4372)	—	19002	14630	7721	22351
专项储备—安全生产费									
本期提取	—	—	5952	—	—	—	5952	343	6295
本期使用	—	—	(7585)	—	—	—	(7585)	(215)	(7800)
利润分配									
提取盈余公积	—	—	—	—	6275	(6275)	—	—	—
对股东的分配	—	—	—	—	—	(28078)	(28078)	(14827)	(42905)
其他权益变动									
与少数股东的权益性交易	—	—	—	—	—	—	—	(2)	(2)
少数股东资本投入	—	2	—	—	—	—	2	823	825
收购子公司	—	1	—	—	—	—	1	1186	1187
处置子公司	—	—	—	—	—	—	—	(57914)	(57914)
其他	—	(95)	—	—	—	166	71	199	270
2020年12月31日余额	183021	127222	10810	(32128)	203557	722939	1215421	151464	1366885

表14 中国石油天然气股份有限公司2020年度公司股东权益变动表

（除特别注明外，金额单位为百万元人民币）

项目	股本	资本公积	专项储备	其他综合收益	盈余公积	未分配利润	股东权益合计
2019年1月1日余额	183021	127859	7373	505	183153	594169	1096080
2019年度增减变动额							
综合收益总额	—	—	—	474	—	30366	30840
专项储备—安全生产费							
本期提取	—	—	4089	—	—	—	4089
本期使用	—	—	(4949)	—	—	—	(4949)
利润分配							
提取盈余公积	—	—	—	—	3037	(3037)	—
对股东的分配	—	—	—	—	—	(30684)	(30684)
其他权益变动	—	(14)	—	—	—	(87)	(101)

续表

项　目	股　本	资本公积	专项储备	其他综合收益	盈余公积	未分配利润	股东权益合计
2019 年 12 月 31 日余额	183021	127845	6513	979	186190	590727	1095275
2020 年 1 月 1 日余额	183021	127845	6513	979	186190	590727	1095275
2020 年度增减变动额							
综合收益总额	—	—	—	（524）	—	62745	62221
专项储备—安全生产费							
本期提取	—	—	2006	—	—	—	2006
本期使用	—	—	（3811）	—	—	—	（3811）
利润分配							
提取盈余公积	—	—	—	—	6275	（6275）	—
对股东的分配	—	—	—	—	—	（28078）	（28078）
其他权益变动	—	（801）	—	—	—	（17）	（818）
2020 年 12 月 31 日余额	183021	127044	4708	455	192465	619102	1126795

表 15　1998—2020 年中国石油国内新增探明石油、天然气地质储量

时　间	国内新增探明石油地质储量（万吨）	国内新增探明天然气地质储量（亿立方米）
1998 年	48538	2229
1999 年	37318	918
2000 年	42389	4118
2001 年	45683	4071
2002 年	42760	3000
2003 年	43903	3838
2004 年	52107	2008
2005 年	56151	3583
2006 年	61510	3654
2007 年	82940	4453
2008 年	62385	4168
2009 年	57356	4616
2010 年	57538	4678
2011 年	69650	4092
2012 年	71100	4503
2013 年	67013	4923
2014 年	69947	4827
2015 年	72816	5702
2016 年	64928	5419
2017 年	64211	4027
2018 年	63316	5846
2019 年	83660	12399
2020 年	87253	6483

表 16　1998—2020 年中国石油二维地震、三维地震采集情况

时　间	二维地震（千米）			三维地震（平方千米）		
	总　计	国　内	海　外	总　计	国　内	海　外
1998 年	—	58095	—	—	7778	—
1999 年	—	58759	—	—	6987	—
2000 年	—	45353	—	—	7999	—
2001 年	35630	28261	7369	11218	9244	1974
2002 年	45022	34550	10472	15337	11024	96980
2003 年	52693	39703	13805	20245	11576	8669
2004 年	61968	36668	25300	33210	12752	20458
2005 年	89113	50949	38164	25650	12426	13224
2006 年	90152	45399	44753	40079	14590	25489
2007 年	101401	45740	55661	51792	23940	27852
2008 年	114548	45535	69013	58648	15834	42814
2009 年	74392	31897	42495	53525	15838	38142
2010 年	81130	32953	48171	54338	15671	38667
2011 年	93306	36400	56100	37618	15618	22000
2012 年	96700	41400	55300	57700	17900	39700
2013 年	114364	40274	74090	64491	17542	46949
2014 年	103645	42798	60847	63990	14485	49505
2015 年	132714	22521	110193	47219	10722	36497
2016 年	162684	35919	126765	58120	10844	47276
2017 年	154904	30644	124260	57182	10313	46869
2018 年	105700	21900	83800	76800	17500	59300
2019 年	14167	11478	2689	17385	15204	2181
2020 年	18000	8400	9600	85400	22400	63000

表 17　1998—2020 年中国石油国内完成探井及进尺情况

时　间	完成探井（口）	进尺（万米）	时　间	完成探井（口）	进尺（万米）
1998 年	650	160.7	2005 年	799	218.4
1999 年	625	149.3	2006 年	774	216.7
2000 年	706	161.8	2007 年	1693	435.4
2001 年	663	167.2	2008 年	1719	452
2002 年	685	157.7	2009 年	1901	487.5
2003 年	548	145.8	2010 年	1640	463.2
2004 年	642	181.0	2011 年	1795	484

续表

时　间	完成探井（口）	进尺（万米）	时　间	完成探井（口）	进尺（万米）
2012 年	1918	497	2017 年	1774	502.5
2013 年	1746	485.8	2018 年	1803	522.1
2014 年	1584	441.8	2019 年	1405	447.8
2015 年	1588	441.8	2020 年	1658	509.4
2016 年	1651	467.2			

表 18　1998—2020 年中国石油钻（完）井数量及进尺

时　间	钻（完）井数量（口）			进尺（万米）		
	总　计	国　内	海　外	总　计	国　内	海　外
1998 年	—	8334	—	—	1261.6	—
1999 年	—	7304	—	—	1113.7	—
2000 年	6322	6374	48	1052.9	1037.4	15.5
2001 年	6666	6492	174	1167.5	1132.0	35.5
2002 年	6677	6531	146	1194.5	1155.2	39.3
2003 年	8510	8182	328	1509.6	1437.2	72.3
2004 年	9328	8873	455	1664.8	1571.9	92.9
2005 年	11202	10577	625	1972.2	1844.7	127.5
2006 年	11401	10577	824	2331.9	2161.7	170.1
2007 年	12790	11609	1181	2613.7	2422.7	191.0
2008 年	15161	14125	1036	2828.4	2060.0	226.4
2009 年	12900	11570	1330	2479.0	2206.6	272.4
2010 年	13043	11919	1124	2519.8	2297.1	222.7
2011 年	13706	—	—	2598.3	2338.9	259.4
2012 年	13753	—	—	2719.5	2429.6	289.9
2013 年	13378	12035	1343	2750.0	2432.0	318.0
2014 年	12286	10970	1316	2492.0	2198.0	294.0
2015 年	9387	8389	998	2089.0	1838.0	251.0
2016 年	9328	8686	642	1950.0	1796.0	154.0
2017 年	11687	10807	880	2579.0	2355.0	224.0
2018 年	11264	10274	990	2571.0	2330.0	241.0
2019 年	11571	10493	1078	2745.0	2498.0	247.0
2020 年	9350	8686	664	2103.0	1956.0	147.0

注：2011 年和 2012 年国内、海外钻（完）井数据缺失。

表 19 1998—2020 年中国石油原油、天然气产量

时间	国内		海外			
	原油（万吨）	天然气（亿立方米）	原油（万吨）		天然气（亿立方米）	
			作业产量	权益产量（份额）	作业产量	权益产量（份额）
1998 年	10738.0	149.7	—	—	—	—
1999 年	10706.7	162.6	592.0	327.0	6.4	4.0
2000 年	10605.4	183.1	1352.9	686.7	7.4	4.8
2001 年	10655.6	205.8	1623.0	828.7	9.3	5.8
2002 年	10746.4	225.3	2118.1	1012.8	12.6	7.7
2003 年	10954.4	248.8	2520.4	1293.1	19.2	13.9
2004 年	11176.1	286.6	3011.7	1642.3	35.5	25.9
2005 年	10595.4	366.7	3583.5	2003.3	40.2	29.1
2006 年	10663.6	442.1	5460.4	2807.6	57.6	38.0
2007 年	10772.2	542.5	6018.7	2997.8	53.6	35.1
2008 年	10825.2	617.5	6220.7	3050.3	67.4	46.6
2009 年	10313.0	683.0	6962.4	3432.2	82.0	55.1
2010 年	10541.0	825.3	7581.6	3602.9	137.0	103.8
2011 年	10754.0	756.2	8938.2	4173.2	170.6	125.7
2012 年	11033.0	798.6	8978.0	4154.6	182.0	136.6
2013 年	11260.0	888.4	10586.4	4721.1	217.0	150.5
2014 年	11367.0	954.6	10762.4	5050.0	249.1	184.5
2015 年	11142.0	954.8	11550.4	5514.7	285.6	211.9
2016 年	10545.0	981.1	12151.4	5752.8	311.3	231.9
2017 年	10253.7	1032.7	13618.3	6880.1	333.3	254.5
2018 年	10101.7	1093.7	14463.0	7535.0	348.0	287.0
2019 年	10176.9	1188.0	15218.0	7925.8	377.0	315.1
2020 年	10225.3	1306.0	14807.0	7638.9	359.0	297.5

表 20 1998—2020 年中国石油原油加工量

万吨

时间	总计	国内	海外	时间	总计	国内	海外
1998 年	—	6895.2	—	2003 年	9505.6	9254.6	251.0
1999 年	—	7648.6	—	2004 年	10664.9	10369.8	295.1
2000 年	8265.4	8112.2	153.2	2005 年	10540.8	11060.6	480.2
2001 年	8616.4	8386.0	230.4	2006 年	12406.7	11586.9	819.8
2002 年	8733.7	8482.8	250.9	2007 年	13187.8	12272.0	915.8

续表

时间	总计	国内	海外	时间	总计	国内	海外
2008年	13447.3	12592.5	917.9	2015年	19524.4	15132.3	4392.1
2009年	14082.0	12512.2	1569.8	2016年	19166.6	14709.2	4457.4
2010年	16008.2	13528.6	2479.6	2017年	19822.1	15244.6	4577.5
2011年	17961.9	14483.5	3487.4	2018年	20736.2	16236.0	4500.2
2012年	19145.4	14716.1	4429.3	2019年	20796.7	16844.0	3952.7
2013年	18854.6	14602.0	4252.6	2020年	19182.7	16001.6	3181.1
2014年	19697.9	15016.0	4681.9				

表21　1998—2020年中国石油汽油、煤油、柴油、润滑油产量

万吨

时间	总计	汽油	煤油	柴油	润滑油
1998年	3954.6	1479.2	204.9	2148.2	122.2
1999年	4670.1	1607.2	254.2	2666.4	142.3
2000年	4848.5	1660.2	356.1	2737.9	118.3
2001年	5240.0	1799.7	310.8	3009.8	119.7
2002年	5381.8	1820.9	293.7	3131.3	135.9
2003年	5903.5	1985.4	295.7	3503.2	119.2
2004年	6708.0	2183.9	306.1	4071.2	146.8
2005年	7269.3	2297.7	327.2	4491.5	152.9
2006年	7487.7	2400.3	333.5	4605.2	148.8
2007年	7902.1	2484.0	321.6	4920.4	176.0
2008年	8098.3	2545.6	360.1	5015.9	176.8
2009年	8185.0	2581.5	364.3	5099.1	140.1
2010年	8793.3	2676.3	365.8	5590.5	160.7
2011年	9456.9	2888.9	367.9	6042.8	157.3
2012年	9821.8	3099.5	477.8	6060.7	183.8
2013年	9978.1	3296.4	606.1	5887.0	188.6
2014年	10342.2	3410.0	714.3	6059.8	158.1
2015年	10490.5	3647.3	833.8	5888.4	121.0
2016年	10048.8	3797.4	931.8	5203.2	116.4
2017年	10514.6	4098.1	1017.7	5235.2	163.6
2018年	11451.0	4590.0	1254.0	5446.0	160.0
2019年	12076.4	5044.0	1401.6	5467.8	163.0
2020年	10892.6	4628.0	1023.4	5071.9	169.3

表 22　1998—2020 年中国石油国内主要石油化工产品产量

万吨

时　间	乙　烯	合成树脂	合成纤维	合成橡胶	尿　素	合成氨
1998 年	127.3	138.5	28.2	19.0	257.9	192.1
1999 年	135.1	160.9	25.8	20.1	306.1	217.0
2000 年	149.5	193.1	30.1	22.2	311.3	215.6
2001 年	157.1	217.0	32.9	24.3	306.8	204.6
2002 年	158.2	219.3	31.4	25.9	341.1	216.6
2003 年	181.8	262.5	28.6	29.8	358.0	232.1
2004 年	184.6	276.3	29.7	33.4	365.2	255.9
2005 年	188.8	297.7	24.5	33.8	357.8	249.7
2006 年	206.8	331.3	19.3	37.3	357.6	215.2
2007 年	258.1	425.4	17.0	38.1	363.4	249.1
2008 年	267.6	439.6	14.1	40.7	382.4	259.7
2009 年	298.9	475.7	14.2	48.0	397.3	270.9
2010 年	361.5	565.2	12.0	61.9	376.4	261.2
2011 年	364.7	581.2	8.6	60.6	448.4	303.1
2012 年	369.0	621.7	8.5	63.3	451.2	297.2
2013 年	398.2	666.1	7.0	66.5	377.1	257.7
2014 年	497.6	806.7	6.6	74.5	266.3	189.2
2015 年	503.2	831.8	6.5	71.3	256.6	184.5
2016 年	558.9	919.9	6.1	76.0	190.0	152.9
2017 年	576.4	940.4	5.8	80.9	143.9	136.3
2018 年	556.9	916.5	5.2	86.9	82.8	105.1
2019 年	586.3	958.0	3.7	91.0	120.8	132.1
2020 年	634.5	1028.7	2.5	100.1	216.3	185.7

表 23　1998—2020 年中国石油国内成品油、天然气销售量

时　间	成品油（万吨）	天然气（亿立方米）	时　间	成品油（万吨）	天然气（亿立方米）
1998 年	—	95.6	2005 年	7185.5	289.2
1999 年	—	102.5	2006 年	7522.4	373.7
2000 年	4431.1	136.1	2007 年	8279.5	453.3
2001 年	5118.0	150.6	2008 年	8293.1	525.3
2002 年	5305.2	166.2	2009 年	8874.5	593.8
2003 年	5629.0	186.9	2010 年	10247.2	668.6
2004 年	6430.0	222.2	2011 年	11497.6	827.2

续表

时　间	成品油（万吨）	天然气（亿立方米）	时　间	成品油（万吨）	天然气（亿立方米）
2012 年	11662.3	973.0	2017 年	11416.3	1518.4
2013 年	11832.8	1105.6	2018 年	11736.0	1724.0
2014 年	11701.7	1194.8	2019 年	11959.0	1813.0
2015 年	11625.0	1226.6	2020 年	10651.0	1847.0
2016 年	11303.5	1314.5			

表 24　1998—2020 年中国石油加油站数量

座

时　间	加油站数量	时　间	加油站数量
1998 年	5877	2010 年	17996
1999 年	6810	2011 年	19362
2000 年	11350	2012 年	19840
2001 年	12102	2013 年	20272
2002 年	13160	2014 年	20422
2003 年	15231	2015 年	20714
2004 年	17403	2016 年	20895
2005 年	18164	2017 年	21399
2006 年	18207	2018 年	21783
2007 年	18648	2019 年	22365
2008 年	17456	2020 年	21783
2009 年	17262		

表 25　2007—2020 年中国石油非油品收入及利润

亿元

时　间	收　入	利　润	时　间	收　入	利　润
2007 年	6.6	1.1	2014 年	98.8	10.2
2008 年	16.5	2.0	2015 年	124.2	14.5
2009 年	27.9	2.9	2016 年	143.6	17.0
2010 年	46.8	3.5	2017 年	186.0	20.6
2011 年	64.1	5.0	2018 年	231.0	24.0
2012 年	80.8	6.8	2019 年	229.1	20.6
2013 年	104.8	9.1	2020 年	245.0	18.0

表 26　2002—2020 年中国石油国际贸易量及贸易额

时　间	贸易量（万吨）	贸易额（亿美元）	时　间	贸易量（万吨）	贸易额（亿美元）
2002 年	2517.7	47.3	2012 年	30550.9	2398.1
2003 年	3971.3	88.4	2013 年	35304.0	2659.9
2004 年	6116.6	144.7	2014 年	38553.2	2653.2
2005 年	7760.6	204.9	2015 年	42854.8	1687.3
2006 年	9449.2	294.1	2016 年	44933.3	1412.3
2007 年	12707.0	411.6	2017 年	46927.9	1844.1
2008 年	12749.3	782.4	2018 年	48200.0	2367.0
2009 年	15263.6	659.4	2019 年	54000.0	2407.0
2010 年	19472.0	1105.1	2020 年	49000.0	1535.0
2011 年	25138.9	1920.7			

附　　录

说　明

一、地理区域

北美：除特别说明以外，指美国、加拿大、墨西哥。

中南美：除北美洲以外的美洲其他国家和地区。亦称拉丁美洲。

欧洲：经合组织中的欧洲成员国，以及阿尔巴尼亚、波黑、保加利亚、克罗地亚、塞浦路斯、北马其顿 、格鲁吉亚、直布罗陀、立陶宛、马耳他、黑山、罗马尼亚和塞尔维亚。

独联体：亚美尼亚、阿塞拜疆、白俄罗斯、哈萨克斯坦、吉尔吉斯斯坦、摩尔多瓦、俄罗斯、塔吉克斯坦、土库曼斯坦、乌克兰、乌兹别克斯坦。亦称前苏联。

欧洲和欧亚：包括上述欧洲范围内的国家以及独联体国家。

中东：阿拉伯半岛国家、伊朗、伊拉克、以色列、约旦、黎巴嫩和叙利亚。

非洲：所有非洲国家。北非：从埃及到西撒哈拉的非洲北部地区；西非：从毛利坦尼亚到安哥拉（包括佛得角、乍得）的非洲西部地区；东南非洲：从苏丹到南非共和国的非洲东部地区，还包括博茨瓦纳、马达加斯加、马拉维、纳米比亚、乌干达、赞比亚、津巴布韦。

亚太地区：文莱、柬埔寨、中国、中国香港特别行政区、印度尼西亚、日本、老挝、中国澳门特别行政区、马来西亚、蒙古国、朝鲜、菲律宾、新加坡、阿富汗、孟加拉国、印度、缅甸、尼泊尔、巴基斯坦、斯里兰卡、韩国、中国台湾地区、泰国、越南、澳大利亚、新西兰、巴布亚新几内亚和大洋洲。

澳大拉西亚：澳大利亚和新西兰。

二、组织

经合组织（OECD）：美洲的加拿大、智利、哥伦比亚、墨西哥、美国；欧洲的奥地利、比利时、捷克共和国、丹麦、爱沙尼亚、芬兰、法国、德国、希腊、匈牙利、冰岛、爱尔兰、意大利、拉脱维亚、立陶宛、卢森堡、荷兰、挪威、波兰、葡萄牙、斯洛伐克、斯洛文尼亚、西班牙、瑞典、瑞士、土耳其、英国；亚洲和大洋洲的澳大利亚、以色列、日本、韩国、新西兰。

欧盟：法国、德国、意大利、荷兰、比利时、卢森堡、英国、丹麦、爱尔兰、希腊、葡萄牙、西班牙、奥地利、瑞典、芬兰、马耳他、塞浦路斯、波兰、匈牙利、捷克、斯洛伐克、斯洛文尼亚、爱沙尼亚、拉脱维亚、立陶宛、罗马尼亚、保加利亚、克罗地亚 、北马其顿。

欧佩克（OPEC）：中东的伊朗、伊拉克、科威特、沙特阿拉伯、阿联酋；非洲的阿尔及利亚、安哥拉、赤道几内亚、加蓬、利比亚、尼日利亚、刚果（布）；中南美的委内瑞拉。

附　表

附表1　2020年世界各地区和组织一次能源消费构成

%

地区和组织	石　油	天然气	煤　炭	核　能	水　电	可再生能源
北美	36.4	34.4	9.2	7.7	5.8	6.5
中南美	40.5	20.0	5.6	0.9	22.4	10.5
欧洲	33.8	25.2	12.2	9.6	7.5	11.6
独联体	22.1	52.2	13.9	5.2	6.4	0.2
中东	43.1	54.6	1.1	0.2	0.6	0.5
非洲	38.7	29.6	22.1	0.7	6.8	2.0
亚太地区	26.3	12.2	47.8	2.3	6.5	4.9
世界	31.2	24.7	27.2	4.3	6.9	5.7
经合组织	36.2	29.1	12.6	7.7	6.1	8.3

资料来源：《BP世界能源统计年鉴2021》。

附表2　2020年世界主要国家、地区和组织一次能源分类消费量

亿吨油当量

国家、地区和组织	石　油	天然气	煤　炭	核　能	水　电	可再生能源	总　计
中国	6.84	2.86	19.74	0.78	2.82	1.87	34.91
美国	7.81	7.19	2.21	1.77	0.62	1.48	21.07
印度	2.17	0.51	4.21	0.10	0.35	0.34	7.68
俄罗斯	1.53	3.55	0.79	0.46	0.45	0.01	6.80
日本	1.56	0.90	1.10	0.09	0.17	0.27	4.09
加拿大	1.02	0.97	0.12	0.21	0.82	0.13	3.27
德国	1.01	0.75	0.44	0.14	0.04	0.53	2.91
伊朗	0.79	2.01	0.02	0.01	0.05	—	2.89
巴西	1.11	0.28	0.14	0.03	0.85	0.48	2.88
韩国	1.18	0.49	0.73	0.34	0.01	0.09	2.83
1—10位合计	25.02	19.52	29.49	3.93	6.16	5.20	89.31
沙特阿拉伯	1.56	0.97	0.00	—	—	—	2.53
法国	0.64	0.35	0.05	0.75	0.13	0.16	2.09
印度尼西亚	0.56	0.36	0.78	—	0.04	0.09	1.83
英国	0.57	0.63	0.05	0.11	0.01	0.29	1.65
墨西哥	0.59	0.75	0.05	0.02	0.06	0.09	1.55

续表

国家、地区和组织	石　油	天然气	煤　炭	核　能	水　电	可再生能源	总　计
土耳其	0.44	0.40	0.40	—	0.17	0.11	1.51
意大利	0.51	0.58	0.05	—	0.10	0.16	1.41
澳大利亚	0.44	0.35	0.41	—	0.03	0.11	1.34
泰国	0.57	0.40	0.17	—	0.01	0.07	1.23
西班牙	0.53	0.28	0.02	0.12	0.06	0.18	1.19
11—20 位合计	6.42	5.07	1.97	1.01	0.61	1.25	16.34
南非	0.24	0.04	0.84	0.03	—	0.03	1.18
中国台湾	0.45	0.22	0.39	0.07	0.01	0.02	1.16
阿联酋	0.36	0.60	0.03	—	—	0.01	1.01
马来西亚	0.33	0.33	0.27	—	0.04	0.01	0.99
越南	0.23	0.08	0.50	—	0.15	0.02	0.98
波兰	0.31	0.19	0.40	—	—	0.06	0.96
埃及	0.32	0.50	0.01	—	0.03	0.02	0.88
巴基斯坦	0.21	0.36	0.15	0.02	0.09	0.01	0.83
新加坡	0.70	0.11	0.00	—	—	—	0.82
荷兰	0.36	0.32	0.04	0.01	—	0.08	0.81
21—30 位合计	3.53	2.72	2.64	0.13	0.32	0.27	9.61
北美	9.42	8.91	2.38	2.00	1.49	1.69	25.90
中南美	2.55	1.26	0.36	0.06	1.41	0.66	6.29
欧洲	6.26	4.68	2.26	1.78	1.40	2.15	18.52
独联体	1.97	4.65	1.24	0.46	0.57	0.02	8.91
中东	3.77	4.77	0.09	0.02	0.05	0.04	8.75
非洲	1.72	1.32	0.99	0.03	0.30	0.09	4.46
亚太地区	16.00	7.44	29.03	1.40	3.94	2.97	60.78
世界	41.70	33.03	36.34	5.76	9.16	7.61	133.59
经合组织	18.85	15.19	6.59	4.00	3.15	4.33	52.11

资料来源：《BP 世界能源统计年鉴 2021》。

附表 3　2020 年世界主要国家、地区和组织一次能源消费量

亿吨油当量

国家、地区和组织	2020 年	2019 年	同比变化率（%）	2020 年占世界百分比（%）
中国	34.91	34.09	2.1	26.1
美国	21.07	22.78	−7.7	15.8
印度	7.68	8.13	−5.9	5.7
俄罗斯	6.80	7.18	−5.5	5.1
日本	4.09	4.41	−7.5	3.1
加拿大	3.27	3.47	−5.9	2.4
德国	2.91	3.13	−7.5	2.2

续表

国家、地区和组织	2020 年	2019 年	同比变化率（%）	2020 年占世界百分比（%）
伊朗	2.89	2.87	0.2	2.2
巴西	2.88	2.98	-3.6	2.2
韩国	2.83	2.94	-4.0	2.1
1—10 位合计	89.31	91.97	-2.9	66.9
沙特阿拉伯	2.53	2.56	-1.4	1.9
法国	2.09	2.32	-10.3	1.6
印度尼西亚	1.83	2.08	-12.0	1.4
英国	1.65	1.85	-11.0	1.2
墨西哥	1.55	1.81	-14.5	1.2
土耳其	1.51	1.56	-3.6	1.1
意大利	1.41	1.55	-9.3	1.1
澳大利亚	1.34	1.41	-5.5	1.0
泰国	1.23	1.32	-7.4	0.9
西班牙	1.19	1.34	-11.4	0.9
11—20 位合计	16.34	17.81	-8.3	12.2
南非	1.18	1.25	-6.1	0.9
中国台湾	1.16	1.18	-2.0	0.9
阿联酋	1.01	1.09	-8.2	0.8
马来西亚	0.99	1.06	-7.4	0.7
越南	0.98	1.00	-2.1	0.7
波兰	0.96	1.02	-5.5	0.7
埃及	0.88	0.93	-5.8	0.7
巴基斯坦	0.83	0.84	-1.4	0.6
新加坡	0.82	0.85	-3.4	0.6
荷兰	0.81	0.84	-4.2	0.6
21—30 位合计	9.61	10.06	-4.5	7.2
北美	25.90	28.06	-8.0	19.4
中南美	6.29	6.80	-7.8	4.7
欧洲	18.52	20.03	-7.8	13.9
独联体	8.91	9.34	-4.8	6.7
中东	8.75	9.00	-3.1	6.5
非洲	4.46	4.77	-6.7	3.3
亚太地区	60.78	61.57	-1.6	45.5
世界	133.59	139.56	-4.5	100.0
经合组织	52.11	56.27	-7.7	39.0

资料来源：《BP 世界能源统计年鉴 2021》。

附表 4　2020 年世界主要国家、地区和组织石油剩余探明可采储量

亿吨

国家、地区和组织	2020 年	2019 年	同比变化率（%）	2020 年占世界百分比（%）	储采比
委内瑞拉	480.3	480.3	—	17.5	＞ 100
沙特阿拉伯	408.7	408.8	—	17.2	73.6
加拿大	270.6	272.3	-0.6	9.7	89.4
伊朗	216.8	216.8	—	9.1	＞ 100
伊拉克	195.7	195.7	—	8.4	96.3
俄罗斯	147.7	147.7	—	6.2	27.6
科威特	139.8	139.8	—	5.9	＞ 100
阿联酋	129.8	129.8	—	5.6	73.1
美国	82.0	82.0	—	4.0	11.4
利比亚	63.0	63.0	—	2.8	＞ 100
1—10 位合计	2134.3	2136.1	-0.1	86.4	—
尼日利亚	49.8	49.8	—	2.1	56.1
哈萨克斯坦	39.3	39.3	—	1.7	45.3
中国	35.4	35.4	—	1.5	18.2
卡塔尔	26.5	26.5	—	1.5	38.1
巴西	17.3	18.5	-6.2	0.7	10.8
阿尔及利亚	15.4	15.4	—	0.7	25.0
安哥拉	10.5	10.5	—	0.4	16.1
挪威	10.1	10.9	-7.3	0.5	10.8
阿塞拜疆	9.6	9.6	—	0.4	26.7
墨西哥	8.6	8.6	—	0.4	8.7
11—20 位合计	222.5	224.4	-0.9	9.9	—
阿曼	7.3	7.3	—	0.3	15.4
印度	6.0	6.2	-2.5	0.3	16.1
越南	5.9	5.9	—	0.3	58.1
南苏丹	4.7	4.7	—	0.2	56.4
埃及	4.1	4.1	—	0.2	14.0
刚果（布）	4.1	4.1	—	0.2	25.7
也门	3.9	3.9	—	0.2	86.7
马来西亚	3.6	3.6	—	0.2	12.5
阿根廷	3.4	3.4	—	0.1	11.3
叙利亚	3.4	3.4	—	0.1	＞ 100
21—30 位合计	46.5	46.7	-0.3	2.0	—
北美	361.3	362.8	-0.4	14.0	28.2
中南美	508.3	509.3	-0.2	18.7	151.3
欧洲	17.8	18.5	-4.0	0.8	10.4

续表

国家、地区和组织	2020 年	2019 年	同比变化率（%）	2020 年占世界百分比（%）	储采比
独联体	198.6	198.6	—	8.4	29.6
中东	1132.0	1132.1	—	48.3	82.6
非洲	165.7	165.6	0.1	7.2	49.8
亚太地区	60.5	60.8	-0.4	2.6	16.6
世界	2444.2	2447.7	-0.1	100.0	53.5
欧佩克	1719.9	1720.0	—	70.2	106.8
加拿大油砂	262.2	263.9	-0.6	9.3	—
委内瑞拉重油	419.8	419.8	—	15.1	—

注：储量数据包括天然气凝析油、天然气液（NGL）以及原油。

资料来源：《BP 世界能源统计年鉴 2021》。

附表 5　2020 年世界主要国家、地区和组织石油产量

万吨

国家、地区和组织	2020 年	2019 年	同比变化率（%）	2020 年占世界百分比（%）
美国	71272.9	74784.3	-5.0	17.1
俄罗斯	52440.4	57338.9	-8.8	12.6
沙特阿拉伯	51958.3	55656.4	-6.9	12.5
加拿大	25218.7	26346.2	-4.5	6.1
伊拉克	20203.8	23422.0	-14.0	4.9
中国	19476.9	19101.4	1.7	4.7
阿联酋	16562.2	18054.4	-8.5	4.0
巴西	15919.1	15077.4	5.3	3.8
伊朗	14273.6	15776.5	-9.8	3.4
科威特	13014.7	14338.0	-9.5	3.1
1—10 位合计	300340.6	319895.6	-6.1	72.1
墨西哥	9505.3	9491.8	-0.1	2.3
挪威	9197.2	7854.5	16.8	2.2
尼日利亚	8686.6	10114.0	-14.3	2.1
哈萨克斯坦	8611.3	9104.4	-5.7	2.1
卡塔尔	7587.3	7768.4	-2.6	1.8
安哥拉	6451.6	6907.0	-6.8	1.5
阿尔及利亚	5759.8	6433.0	-10.7	1.4
英国	4813.2	5181.8	-7.4	1.2
阿曼	4611.1	4732.8	-2.8	1.1
哥伦比亚	4126.6	4665.6	-11.8	1.0
11—20 位合计	69349.8	72253.4	-4.0	16.7
印度尼西亚	3639.7	3817.9	-4.9	0.9

续表

国家、地区和组织	2020 年	2019 年	同比变化率（%）	2020 年占世界百分比（%）
印度	3514.8	3761.7	−6.8	0.8
阿塞拜疆	3510.0	3799.4	−7.9	0.8
埃及	3000.2	3181.2	−5.9	0.7
阿根廷	2764.3	2883.5	−4.4	0.7
委内瑞拉	2739.1	4662.6	−41.4	0.7
马来西亚	2724.3	3021.4	−10.1	0.7
厄瓜多尔	2576.4	2846.1	−9.7	0.6
澳大利亚	1965.8	1926.7	1.8	0.5
利比亚	1830.4	6154.4	−70.3	0.4
21—30 位合计	28264.9	36054.9	−21.6	6.8
北美	105996.8	110622.4	−4.4	25.4
中南美	30029.2	31834.4	−5.9	7.2
欧洲	16707.1	15822.4	5.3	4.0
独联体	66007.2	71938.0	−8.5	15.8
中东	129728.7	141350.5	−8.5	31.1
非洲	32731.0	40155.2	−18.7	7.9
亚太地区	35313.3	36075.9	−2.4	8.5
世界	416513.2	447798.8	−7.2	100.0
经合组织	128135.2	132363.6	−3.5	30.8

注：石油产量包括原油、页岩油、油砂与天然气液（从天然气中单独开采的液体产品），不包括其他来源的液体产品，例如生物质油和其他煤制或天然气制油。

资料来源：《BP 世界能源统计年鉴 2021》。

附表 6　2020 年世界主要国家、地区和组织石油消费量

万吨

国家、地区和组织	2020 年	2019 年	同比变化率（%）	2020 年占世界百分比（%）
美国	73966.3	84492.0	−12.7	18.5
中国	66921.0	65432.7	2.0	16.7
印度	21310.9	23650.8	−10.1	5.3
沙特阿拉伯	15002.0	15320.3	−2.3	3.7
日本	14903.4	16833.4	−11.7	3.7
俄罗斯	14628.5	15386.9	−5.2	3.7
韩国	11064.6	11639.2	−5.2	2.8
巴西	10684.6	11154.9	−4.5	2.7
加拿大	9812.7	11039.0	−11.4	2.4
德国	9618.9	10655.1	−10.0	2.4
1—10 位合计	247912.9	265604.2	−6.7	61.9

续表

国家、地区和组织	2020 年	2019 年	同比变化率（%）	2020 年占世界百分比（%）
伊朗	7531.7	8016.2	−6.3	1.9
新加坡	6950.1	7200.3	−3.7	1.7
法国	6142.1	7232.3	−15.3	1.5
墨西哥	5614.4	7373.2	−24.1	1.4
英国	5472.6	7067.1	−22.8	1.4
泰国	5395.3	5924.4	−9.2	1.3
印度尼西亚	5317.0	7208.8	−26.4	1.3
西班牙	5166.9	6309.9	−18.3	1.3
意大利	4933.3	5908.8	−16.7	1.2
土耳其	4335.7	4735.5	−8.7	1.1
11—20 位合计	56859.1	66976.6	−15.1	14.2
中国台湾	4310.4	4535.3	−5.2	1.1
澳大利亚	4192.4	4827.0	−13.4	1.0
荷兰	3521.7	3813.0	−7.9	0.9
阿联酋	3473.9	4267.3	−18.8	0.9
马来西亚	3107.1	3599.5	−13.9	0.8
埃及	3072.6	3413.9	−10.2	0.8
伊拉克	3022.7	3448.9	−12.6	0.8
波兰	2943.2	3113.3	−5.7	0.7
阿根廷	2430.7	2683.8	−9.7	0.6
南非	2329.9	2695.2	−13.8	0.6
21—30 位合计	32404.7	36397.1	−11.0	8.1
北美	89393.4	102904.2	−13.4	22.3
中南美	24607.1	27417.7	−10.5	6.1
欧洲	60305.7	70004.2	−14.1	15.1
独联体	18790.8	19827.7	−5.5	4.7
中东	36123.0	39080.5	−7.8	9.0
非洲	16506.7	19009.1	−13.4	4.1
亚太地区	154947.1	164024.6	−5.8	38.7
世界	400673.7	442268.1	−9.7	100.0
经合组织	179680.4	206447.3	−13.2	44.8

注：石油消费量包括陆地燃油需求加上国际航空用油、船用油以及炼油厂自用燃料及损耗，还包括生物汽油（如燃料乙醇）、生物柴油和其他煤制或天然气制油的消费量。

资料来源：《BP 世界能源统计年鉴 2021》。

附表 7　2020 年世界各地区主要油品消费量

千桶 / 日

地　区	油　品	2020 年	2019 年	同比变化率（%）	占总量百分比（%）
北美	轻质馏分油	8684	10162	−14.5	41.8
	汽油	8456	9899	−14.6	40.7
	石脑油	228	263	−13.4	1.1
	中间馏分油	5752	7035	−18.2	27.7
	柴油	4554	5035	−9.6	21.9
	煤油	1199	2000	−40.0	5.8
	燃料油	304	396	−23.1	1.5
	其他	6031	6118	−1.4	29.0
	乙烷和 LPG	3874	3809	1.7	18.6
	合计	20772	23710	−12.4	100.0
中南美	轻质馏分油	1309	1557	−15.9	24.8
	汽油	1153	1377	−16.3	21.9
	石脑油	156	179	−13.1	3.0
	中间馏分油	2294	2572	−10.8	43.5
	柴油	2104	2220	−5.2	39.9
	煤油	190	352	−46.0	3.6
	燃料油	477	518	−8.0	9.0
	其他	1194	1242	−3.8	22.6
	乙烷和 LPG	667	674	−1.0	12.7
	合计	5274	5889	−10.4	100.0
欧洲	轻质馏分油	2580	2819	−8.5	20.2
	汽油	1768	2037	−13.2	13.8
	石脑油	812	782	3.8	6.3
	中间馏分油	6814	8191	−16.8	53.3
	柴油	6077	6620	−8.2	47.5
	煤油	737	1571	−53.1	5.8
	燃料油	661	941	−29.7	5.2
	其他	2733	2875	−4.9	21.4
	乙烷和 LPG	1131	1208	−6.4	8.8
	合计	12788	14826	−13.8	100.0
独联体	轻质馏分油	1122	1203	−6.8	27.0
	汽油	971	1052	−7.8	23.4
	石脑油	151	151	0.2	3.6
	中间馏分油	1420	1536	−7.6	34.2
	柴油	1126	1191	−5.4	27.2
	煤油	293	345	−15.0	7.1

续表

地　区	油　品	2020 年	2019 年	同比变化率（%）	占总量百分比（%）
独联体	燃料油	323	376	−14.1	7.8
	其他	1285	1252	2.6	31.0
	乙烷和 LPG	564	523	8.0	13.6
	合计	4149	4367	−5.0	100.0
中东	轻质馏分油	1889	2217	−14.8	22.7
	汽油	1521	1852	−17.9	18.3
	石脑油	368	365	0.9	4.4
	中间馏分油	2014	2361	−14.7	24.2
	柴油	1732	1773	−2.3	20.8
	煤油	282	588	−52.1	3.4
	燃料油	1996	1925	3.7	24.0
	其他	2423	2508	−3.4	29.1
	乙烷和 LPG	2047	2076	−1.4	24.6
	合计	8321	9011	−7.7	100.0
非洲	轻质馏分油	1005	1211	−17.0	28.2
	汽油	999	1204	−17.1	28.1
	石脑油	6	7	−10.3	0.2
	中间馏分油	1683	1941	−13.3	47.3
	柴油	1522	1679	−9.3	42.8
	煤油	161	262	−38.6	4.5
	燃料油	275	321	−14.6	7.7
	其他	597	625	−4.5	16.8
	乙烷和 LPG	432	439	−1.6	12.1
	合计	3559	4098	−13.1	100.0
亚太地区	轻质馏分油	10992	11522	−4.6	32.7
	汽油	6458	6991	−7.6	19.2
	石脑油	4534	4531	0.1	13.5
	中间馏分油	10574	12118	−12.7	31.5
	柴油	8650	9283	−6.8	25.7
	煤油	1925	2835	−32.1	5.7
	燃料油	2358	2328	1.3	7.0
	其他	9691	9730	−0.4	28.8
	乙烷和 LPG	4240	4291	−1.2	12.6
	合计	33615	35698	−5.8	100.0
世界	轻质馏分油	27580	30691	−10.1	31.2
	汽油	21325	24412	−12.6	24.1
	石脑油	6255	6278	−0.4	7.1

续表

地　区	油　品	2020 年	2019 年	同比变化率（%）	占总量百分比（%）
世界	中间馏分油	30552	35754	-14.5	34.5
	柴油	25765	27801	-7.3	29.1
	煤油	4787	7953	-39.8	5.4
	燃料油	6393	6805	-6.0	7.2
	其他	23953	24349	-1.6	27.1
	乙烷和 LPG	12955	13020	-0.5	14.6
	合计	88477	97598	-9.3	100.0

注："轻质馏分油"包括航空与汽车用汽油及轻质馏分油料（LDF）。"中间馏分油"包括航空煤油、取暖煤油以及粗柴油与柴油（其中包括船舶燃油）。"燃料油"包括船舶燃油以及直接作为燃料的原油。"其他"包括炼油厂干气、液化石油气（LPG）、溶剂油、石油焦、润滑油、沥青、石蜡、其他炼油产品和炼油厂燃料及其损耗。

资料来源：《BP 世界能源统计年鉴 2021》。

附表 8　2020 年世界主要国家、地区和组织炼油能力

千桶 / 日

国家、地区和组织	2020 年	2019 年	同比变化率（%）	2020 年占世界（%）
美国	18143	18974	-4.4	17.8
中国	16691	16199	3.0	16.4
俄罗斯	6736	6676	0.9	6.6
印度	5018	4994	0.5	4.9
韩国	3572	3393	5.3	3.5
日本	3285	3343	-1.7	3.2
沙特阿拉伯	2905	2905	—	2.8
伊朗	2475	2495	-0.8	2.4
巴西	2290	2290	—	2.2
德国	2085	2085	—	2.0
1—10 位合计	63199.8	63354.2	-0.2	62.0
加拿大	2065	2054	0.5	2.0
意大利	1900	1900	—	1.9
西班牙	1586	1586	—	1.6
墨西哥	1558	1558	—	1.5
新加坡	1514	1514	—	1.5
阿联酋	1331	1307	1.8	1.3
委内瑞拉	1303	1303	—	1.3
英国	1251	1227	2.0	1.2
法国	1245	1245	—	1.2
泰国	1245	1235	0.8	1.2
11—20 位合计	14998.3	14929.3	0.5	14.7

续表

国家、地区和组织	2020 年	2019 年	同比变化率（%）	2020 年占世界（%）
荷兰	1229	1291	-4.9	1.2
中国台湾	1131	1083	4.4	1.1
印度尼西亚	1127	1111	1.4	1.1
马来西亚	955	625	52.8	0.9
伊拉克	919	919	—	0.9
土耳其	822	822	—	0.8
科威特	800	736	8.7	0.8
埃及	795	795	—	0.8
比利时	776	776	—	0.8
阿尔及利亚	657	657	—	0.6
21—30 位合计	9209.5	8814.9	4.5	9.0
北美	21766	22586	-3.6	21.4
中南美	6168	6168	—	6.1
欧洲	15617	15700	-0.5	15.3
独联体	8340	8270	0.8	8.2
中东	10220	10152	0.7	10.0
非洲	3343	3344	—	3.3
亚太地区	36492	35527	2.7	35.8
世界	101947	101748	0.2	100.0
经合组织	44804	45541	-1.6	43.9

资料来源：《BP 世界能源统计年鉴 2021》。

附表 9　2020 年世界各地区炼油加工量

千桶 / 日

地　区	2020 年	2019 年	同比变化率（%）	2020 年占世界百分比（%）	炼油能力利用率（%）
北美	16387	18977	-13.6	21.7	75.3
中南美	3288	3512	-6.4	4.4	53.3
欧洲	11211	12715	-11.8	14.8	71.8
独联体	6475	6889	-6.0	8.6	77.6
中东	7639	8519	-10.3	10.1	74.7
非洲	1826	2039	-10.5	2.4	54.6
亚太地区	28685	30303	-5.3	38.0	78.6
世界	75512	82954	-9.0	100.0	74.1

资料来源：《BP 世界能源统计年鉴 2021》。

附表 10　2020 年世界主要国家和地区天然气剩余探明可采储量

万亿立方米

国家和地区	2020 年	2019 年	同比变化率（%）	2020 年占世界百分比（%）	储采比
俄罗斯	37.39	37.56	−0.4	19.9	58.6
伊朗	32.10	32.10	—	17.1	＞100.0
卡塔尔	24.67	24.67	—	13.1	＞100.0
土库曼斯坦	13.60	13.60	—	7.2	＞100.0
美国	12.62	12.62	—	6.7	13.8
中国	8.40	8.40	—	4.5	43.3
委内瑞拉	6.26	6.26	—	3.3	＞100.0
沙特阿拉伯	6.02	5.98	0.6	3.2	53.7
阿联酋	5.94	5.94	—	3.2	＞100.0
尼日利亚	5.47	5.47	—	2.9	＞100.0
1—10 位合计	152.47	152.60	−0.1	81.1	—
伊拉克	3.53	3.53	—	1.9	＞100.0
阿塞拜疆	2.50	2.50	—	1.3	96.9
澳大利亚	2.39	2.39	—	1.3	16.8
加拿大	2.35	1.99	18.1	1.3	14.2
阿尔及利亚	2.28	4.34	−47.4	1.2	28.0
哈萨克斯坦	2.26	2.26	—	1.2	71.2
埃及	2.14	2.14	—	1.1	36.6
科威特	1.69	1.69	—	0.9	＞100.0
利比亚	1.43	1.43	—	0.8	＞100.0
挪威	1.43	1.53	−6.75	0.8	12.8
11—20 位合计	22.00	23.80	−7.6	11.7	—
印度	1.32	1.33	−0.6	0.7	55.6
印度尼西亚	1.25	1.43	−12.4	0.7	19.8
乌克兰	1.09	1.09	—	0.6	57.5
马来西亚	0.91	0.91	—	0.5	12.4
乌兹别克斯坦	0.85	0.85	—	0.4	18.0
阿曼	0.67	0.67	—	0.4	18.0
越南	0.65	0.65	—	0.3	74.1
以色列	0.59	0.57	3.9	0.3	39.7
缅甸	0.43	0.45	−3.3	0.2	24.4
阿根廷	0.39	0.39	—	0.2	10.1
21—30 位合计	8.14	8.31	−2.1	4.3	—
北美	15.15	14.79	2.4	8.1	13.65
中南美	7.90	7.94	−0.5	4.2	51.66
欧洲	3.17	3.28	−3.3	1.7	14.50

续表

国家和地区	2020 年	2019 年	同比变化率（%）	2020 年占世界百分比（%）	储采比
独联体	56.60	56.77	–0.3	30.1	70.54
中东	75.81	75.76	0.06	40.3	> 100.0
非洲	12.89	14.95	–13.8	6.9	55.72
亚太地区	16.56	16.78	–1.3	8.8	25.40
世界	188.07	190.27	–1.2	100.0	48.80

资料来源：《BP 世界能源统计年鉴 2021》。

附表 11　2020 年世界主要国家和地区天然气产量

亿立方米

国家和地区	2020 年	2019 年	同比变化率（%）	2020 年占世界百分比（%）
美国	9146.2	9299.9	–1.9	23.7
俄罗斯	6384.9	6790.4	–6.2	16.6
伊朗	2507.9	2414.2	3.6	6.5
中国	1940.1	1775.6	9.0	5.0
卡塔尔	1713.2	1721.0	–0.7	4.4
加拿大	1651.9	1689.9	–2.5	4.3
澳大利亚	1425.2	1431.5	–0.7	3.7
沙特阿拉伯	1121.0	1111.5	0.6	2.9
挪威	1114.5	1142.6	–2.7	2.9
阿尔及利亚	814.6	869.5	–6.6	2.1
1—10 位合计	27819.5	28246.1	–1.5	72.2
马来西亚	731.9	792.6	–7.9	1.9
印度尼西亚	631.5	675.8	–6.8	1.6
土库曼斯坦	589.6	631.6	–6.9	1.5
埃及	584.7	649.4	–10.2	1.5
阿联酋	554.3	580.3	–4.7	1.4
尼日利亚	494.3	492.8	–	1.3
乌兹别克斯坦	470.7	572.9	–18.1	1.2
英国	394.8	395.4	–0.4	1.0
阿根廷	382.9	416.2	–8.2	1.0
阿曼	369.3	366.9	0.4	1.0
11—20 位合计	5204.1	5573.9	–6.6	13.5
泰国	327.1	357.7	–8.8	0.8
哈萨克斯坦	316.9	340.4	–7.2	0.8
巴基斯坦	306.1	326.9	–6.6	0.8
墨西哥	300.7	312.9	–4.2	0.8
特立尼达和多巴哥	294.7	345.6	–15.0	0.8

续表

国家和地区	2020 年	2019 年	同比变化率（%）	2020 年占世界百分比（%）
阿塞拜疆	258.4	243.2	6.0	0.7
孟加拉国	247.1	252.8	–2.5	0.6
巴西	239.3	257.5	–7.3	0.6
印度	237.6	269.1	–11.9	0.6
荷兰	199.7	278.4	–28.5	0.5
21—30 位合计	2727.6	2984.6	–8.6	7.1
北美	11098.9	11302.7	–2.1	28.8
中南美	1528.7	1723.3	–11.5	4.0
欧洲	2185.7	2352.1	–7.3	5.7
独联体	8023.8	8581.8	–6.8	20.8
中东	6865.8	6782.1	1.0	17.8
非洲	2313.0	2437.8	–5.4	6.0
亚太地区	6520.8	6582.4	–1.2	16.9
世界	38536.6	39762.1	–3.3	100.0

资料来源：《BP 世界能源统计年鉴 2021》。

附表 12　2020 年世界主要国家、地区和组织天然气消费量

亿立方米

国家、地区和组织	2020 年	2019 年	同比变化率（%）	2020 年占世界百分比（%）
美国	8320.2	8492.4	–2.3	21.8
俄罗斯	4113.9	4443.1	–7.7	10.8
中国	3305.8	3083.8	6.9	8.6
伊朗	2331.0	2234.5	4.0	6.1
加拿大	1126.4	1178.4	–4.7	2.9
沙特阿拉伯	1121.0	1111.5	0.6	2.9
日本	1044.2	1081.2	–3.7	2.7
德国	865.5	886.9	–2.7	2.3
墨西哥	862.9	879.7	–2.2	2.3
英国	725.0	773.0	–6.5	1.9
1—10 位合计	23815.8	24164.5	–1.4	62.3
阿联酋	696.2	715.0	–2.9	1.8
意大利	676.6	707.9	–4.7	1.8
印度	596.0	592.5	0.3	1.6
埃及	578.0	589.5	–2.2	1.5
韩国	566.5	560.3	0.8	1.5
泰国	468.5	509.4	–8.3	1.2
土耳其	463.7	433.6	6.6	1.2

续表

国家、地区和组织	2020年	2019年	同比变化率（%）	2020年占世界百分比（%）
阿根廷	439.3	465.6	–5.9	1.1
阿尔及利亚	430.8	451.4	–4.8	1.1
乌兹别克斯坦	430.3	444.3	–3.4	1.1
11—20位合计	5346.0	5469.5	–2.3	14.0
印度尼西亚	415.3	439.2	–5.7	1.1
巴基斯坦	412.3	444.6	–7.5	1.1
澳大利亚	409.0	420.9	–3.1	1.1
法国	406.6	436.6	–7.1	1.1
马来西亚	381.5	447.0	–14.9	1.0
荷兰	365.6	370.2	–1.5	1.0
卡塔尔	349.8	366.9	–4.9	0.9
西班牙	324.1	359.7	–10.1	0.8
巴西	321.2	357.3	–10.4	0.8
土库曼斯坦	313.0	315.3	–1.0	0.8
21—30位合计	3698.5	3957.8	–6.6	9.7
北美	10309.5	10550.6	–2.6	27.0
中南美	1456.5	1633.0	–11.1	3.8
欧洲	5411.0	5534.7	–2.5	14.2
独联体	5382.1	5741.9	–6.5	14.1
中东	5523.1	5444.6	1.2	14.4
非洲	1529.7	1553.4	–1.8	4.0
亚太地区	8615.9	8581.2	0.1	22.5
世界	38227.8	39039.4	–2.3	100.0
经合组织	17576.8	17999.7	–2.6	46.0

资料来源：《BP世界能源统计年鉴2021》。

附表13　2020年世界主要国家和地区石油进出口量

万吨

国家和地区	原油进口量	油品进口量	总进口量	原油出口量	油品出口量	总出口量
美国	29374	9500	38874	15529	24016	39545
加拿大	2788	2870	5659	18929	3050	21980
墨西哥	0	5442	5442	5680	548	6228
北美	32162	17812	49974	40139	27614	67753
中南美	1782	9446	11227	14571	2574	17145
欧洲	47595	14771	62366	2818	10445	13262
俄罗斯	1	75	76	25998	10678	36676

续表

国家和地区	原油进口量	油品进口量	总进口量	原油出口量	油品出口量	总出口量
独联体其他	1519	241	1760	9318	993	10311
独联体	1520	315	1836	35316	11671	46987
伊拉克	0	325	325	17890	1368	19257
科威特	0	77	77	9654	2296	11950
沙特阿拉伯	10	1360	1370	34909	4967	39875
阿联酋	1165	3019	4184	14267	6739	21006
中东其他	2229	1644	3873	10765	5838	16604
中东	3404	6424	9828	87484	21208	108693
北非	866	3213	4078	5098	2539	7636
西非	53	3814	3867	20367	793	21160
东非和南非	1630	3861	5491	384	267	651
非洲	2549	10887	13437	25850	3598	29448
澳大拉西亚	1868	3228	5096	935	586	1521
中国	55715	8186	63901	108	6523	6631
印度	20392	4539	24932	7	5588	5595
日本	12354	4009	16363	0	1417	1417
新加坡	4613	9712	14325	166	7146	7312
亚太其他	26900	20193	47093	3461	11154	14615
亚太地区	121844	49867	171711	4678	32413	37091
世界合计	210856	109523	320379	210856	109523	320379

资料来源:《BP 世界能源统计年鉴 2021》。

附表 14　2020 年世界主要国家和地区天然气进出口量

亿立方米

国家和地区	管道气进口量	液化气进口量	总进口量	管道气出口量	液化气出口量	总出口量
美国	682.0	12.9	694.9	761.1	613.9	1375.0
北美其他	761.1	33.5	794.6	682.0	0.1	682.0
北美	1443.1	46.4	1489.5	1443.1	614.0	2057.1
巴西	62.0	33.4	95.4	—	—	—
中南美其他	—	105.3	105.3	62.0	199.0	261.0
中南美	62.0	138.7	200.7	62.0	199.0	261.0
欧洲	2113.5	1148.0	3261.5	—	56.4	56.4
俄罗斯	109.8	—	109.8	1976.8	404.1	2380.8

续表

国家和地区	管道气进口量	液化气进口量	总进口量	管道气出口量	液化气出口量	总出口量
独联体其他	266.8	—	266.8	618.4	—	618.4
独联体	376.6	—	376.6	2595.1	404.1	2999.2
中东	11.3	91.6	102.8	77.3	1269.0	1346.3
非洲	20.7	—	20.7	261.3	564.0	825.3
中国	450.7	940.2	1390.9	—	—	—
印度	—	358.4	358.4	—	—	—
OECD 亚太	44.3	1573.0	1617.3	—	1062.7	1062.7
亚太其他	—	582.8	582.8	83.3	709.9	793.2
亚太	495.1	3454.4	3949.5	83.3	1772.6	1855.9
世界合计	4522.1	4879.1	9401.3	4522.1	4879.1	9401.3

资料来源:《BP 世界能源统计年鉴 2021》。

附表 15　2020 年世界管道天然气贸易流向

亿立方米

进口方	出口方							总进口量
	北　美	中南美	欧　洲	独联体	中　东	非　洲	亚　太	
北美	1443	—	—	—	—	—	—	1443
中南美	—	125	—	—	—	—	—	125
欧洲	—	—	2357	1810	51	252	—	4471
独联体	—	—	—	389	5	—	—	395
中东	—	—	—	2	342	9	—	353
非洲	—	—	—	—	21	98	—	119
亚太地区	—	—	—	412	—	—	240	652
总出口量	1443	125	2357	2613	419	360	240	7558

资料来源:《BP 世界能源统计年鉴 2021》。

附表 16　2020 年世界液化天然气贸易流向

亿立方米

进口方	出口方							总进口量
	北　美	中南美	欧　洲	俄罗斯	中　东	非　洲	亚　太	
北美	9	26	2	—	—	5	5	46
中南美	71	46	1	1	9	9	1	139
欧洲	256	58	44	172	302	316	—	1148
中东和非洲	13	9	2	6	37	24	—	92
亚太地区	264	61	7	225	921	210	1767	3454
总出口量	614	199	56	404	1269	564	1773	4879

资料来源:《BP 世界能源统计年鉴 2021》。

附表 17　2020 年世界主要国家和地区煤炭剩余探明可采储量

亿吨

国家和地区	无烟煤和烟煤	亚烟煤和褐煤	合　计	2020 年占世界百分比（%）	储采比
美国	2189.4	300.0	2489.4	23.2	514
俄罗斯	717.2	904.5	1621.7	15.1	407
澳大利亚	737.2	765.1	1502.3	14.0	315
中国	1350.7	81.3	1432.0	13.3	37
印度	1059.8	50.7	1110.5	10.3	147
德国	—	359.0	359.0	3.3	334
印度尼西亚	231.4	117.3	348.7	3.2	62
乌克兰	320.4	23.4	343.8	3.2	＞1000
波兰	225.3	58.7	284.0	2.6	282
哈萨克斯坦	256.1	0.0	256.1	2.4	226
土耳其	5.5	109.8	115.3	1.1	168
南非	98.9	—	98.9	0.9	40
北美	2244.4	322.9	2567.3	23.9	484
中南美	86.2	50.7	136.9	1.3	240
欧洲	590.8	781.6	1372.4	12.8	299
独联体	1002.1	904.5	1906.6	17.8	367
中东和非洲	159.7	0.7	160.4	1.5	60
亚太地区	3453.1	1144.4	4597.5	42.8	78
世界	7536.4	3204.7	10741.1	100.0	139

资料来源：《BP 世界能源统计年鉴 2021》。

附表 18　2020 年世界主要国家和地区煤炭产量

万吨

国家和地区	2020 年	2019 年	同比变化率（%）	2020 年占世界百分比（%）
中国	390200.0	384633.2	1.2	50.4
印度	75649.4	75393.7	0.1	9.8
印度尼西亚	56253.0	61616.0	–9.0	7.3
美国	48471.1	64075.3	–24.6	6.3
澳大利亚	47671.9	50412.7	–5.7	6.2
俄罗斯	39977.1	44090.6	–9.6	5.2
南非	24833.9	25836.0	–4.1	3.2
哈萨克斯坦	11317.5	11500.1	–1.9	1.5
德国	10740.0	13130.0	–18.4	1.4
波兰	10069.7	11240.9	–10.7	1.3

续表

国家和地区	2020 年	2019 年	同比变化率（%）	2020 年占世界百分比（%）
1—10 位合计	715183.6	741928.5	-3.6	92.4
土耳其	7079.9	8708.9	-18.9	0.9
哥伦比亚	5060.6	8434.3	-40.2	0.7
越南	4861.7	4638.7	4.5	0.6
蒙古	4307.9	5712.9	-24.8	0.6
塞尔维亚	3978.4	3898.9	1.8	0.5
加拿大	3955.0	5057.8	-22.0	0.5
捷克	3172.0	4102.7	-22.9	0.4
乌克兰	2406.1	2607.0	-8.0	0.3
罗马尼亚	1500.2	2165.3	-30.9	0.2
希腊	1399.8	2737.5	-49.0	0.2
11—20 位合计	37721.7	48063.9	-21.5	4.9
泰国	1325.1	1407.8	-6.1	0.2
保加利亚	1229.4	1544.5	-20.6	0.2
巴基斯坦	774.1	677.3	14.0	0.1
墨西哥	654.6	975.5	-33.1	0.1
巴西	618.5	584.4	5.6	0.1
匈牙利	612.5	684.7	-10.8	0.1
西班牙	420.2	384.0	9.1	0.1
乌兹别克斯坦	413.3	404.8	1.8	0.1
津巴布韦	328.0	262.7	24.5	-
新西兰	281.9	303.4	-7.4	-
21—30 位合计	6657.5	7229.0	-7.9	0.9
北美	53080.7	70108.6	-24.5	6.9
中南美	5851.2	9157.5	-36.3	0.8
欧洲	47854.7	56999.8	-16.3	6.2
独联体	52480.9	56783.0	-7.8	6.8
中东	211.4	211.4	-0.3	0.0
非洲	26746.2	28223.4	-5.5	3.5
亚太地区	587935.7	591854.2	-0.9	75.9
世界	774160.8	813337.9	-5.1	100.0

资料来源：《BP 世界能源统计年鉴 2021》。

附表 19　2020 年世界主要国家、地区和组织煤炭消费量

万吨油当量

国家、地区和组织	2020 年	2019 年	同比变化率（%）	2020 年占世界百分比（%）
中国	197449.1	196293.6	0.3	54.3
印度	42088.1	44634.4	−6.0	11.6
美国	22086.7	27220.0	−19.1	6.1
日本	10978.5	11772.8	−7.0	3.0
南非	8357.9	8738.9	−4.6	2.3
俄罗斯	7857.5	8560.2	−8.5	2.2
印度尼西亚	7814.0	8194.0	−4.9	2.2
韩国	7269.8	8254.4	−12.2	2.0
越南	5043.8	4961.5	1.4	1.4
德国	4425.6	5393.2	−18.2	1.2
1—10 位合计	313370.9	324022.9	−3.4	86.2
澳大利亚	4053.0	4210.2	−4.0	1.1
波兰	4006.5	4458.9	−10.4	1.1
土耳其	3980.8	4212.2	−5.8	1.1
哈萨克斯坦	3925.7	3988.3	−1.8	1.1
中国台湾	3922.2	4010.3	−2.5	1.1
马来西亚	2728.1	2291.6	18.7	0.8
乌克兰	2361.4	2584.2	−8.9	0.6
泰国	1746.8	1714.6	1.6	0.5
菲律宾	1746.6	1756.8	−0.9	0.5
巴基斯坦	1491.7	1339.8	11.0	0.4
11—20 位合计	29962.9	30567.2	−2.0	8.2
巴西	1389.5	1555.5	−10.9	0.4
加拿大	1188.6	1523.3	−22.2	0.3
捷克	1173.8	1444.9	−19.0	0.3
智利	721.2	752.4	−4.4	0.2
摩洛哥	672.2	669.5	0.1	0.2
哥伦比亚	643.5	488.5	31.4	0.2
墨西哥	501.2	1299.6	−61.5	0.1
意大利	496.1	669.9	−26.1	0.1
法国	464.7	643.1	−27.9	0.1

续表

国家、地区和组织	2020 年	2019 年	同比变化率（%）	2020 年占世界百分比（%）
英国	464.6	522.1	-11.3	0.1
21—30 位合计	7715.4	9568.7	-24.0	2.1
北美	23776.5	30042.8	-21.1	6.5
中南美	3551.2	3488.6	1.5	1.0
欧洲	22555.2	26722.2	-15.8	6.2
独联体	12420.0	13068.6	-5.2	3.4
中东	922.7	957.7	-3.9	0.3
非洲	9859.3	10361.3	-5.1	2.7
亚太地区	290334.4	293692.6	-1.4	79.9
世界	363419.2	378333.9	-4.2	100.0
经合组织	65906.9	77515.5	-15.2	18.1

资料来源：《BP 世界能源统计年鉴 2021》。

附表 20　2016—2020 年世界主要国家地热发电装机容量

万千瓦

国　家	2020 年	2019 年	2018 年	2017 年	2016 年	2020 年占世界百分比（%）
世界合计	1408	1391	1324	1268	1212	100.0
美国	259	256	254	248	252	18.4
印度尼西亚	213	213	195	181	153	15.1
菲律宾	193	193	193	192	192	13.7
土耳其	161	151	128	106	82	11.5
新西兰	98	95	95	94	94	7.0
墨西哥	91	94	95	93	93	6.4
肯尼亚	82	82	66	65	64	5.9
意大利	80	77	77	77	77	5.7
冰岛	76	76	76	71	67	5.4
日本	53	53	48	48	53	3.7
哥斯达黎加	26	26	21	21	21	1.9
萨尔瓦多	20	20	20	20	20	1.4

资料来源：《BP 世界能源统计年鉴 2021》。

附表 21　2016—2020 年世界主要国家太阳能发电装机容量

万千瓦

国　家	2020 年	2019 年	2018 年	2017 年	2016 年	2020 年占世界百分比（%）
世界合计	70750	58076	48292	38445	29130	100.0
中国	25383	20457	17502	13080	7779	35.9
美国	7381	5892	5143	4136	3296	10.4
日本	6700	6153	5550	4423	3844	9.5
德国	5378	4905	4516	4229	4068	7.6
印度	3898	3486	2712	1792	965	5.5
意大利	2159	2087	2011	1968	1928	3.1
澳大利亚	1763	1356	888	757	685	2.5
越南	1650	490	10	1	1	2.3
韩国	1458	1051	713	584	450	2.1
英国	1356	1335	1307	1276	1191	1.9
西班牙	1179	897	476	472	471	1.7
法国	1172	1080	969	861	770	1.7

资料来源：《BP 世界能源统计年鉴 2021》。

附表 22　2016—2020 年世界主要国家风能发电装机容量

万千瓦

国　家	2020 年	2019 年	2018 年	2017 年	2016 年	2020 年占世界百分比（%）
世界合计	73328	62225	56383	51437	46686	100.0
中国	28199	20953	18466	16437	14852	38.5
美国	11774	10357	9442	8760	8129	16.1
德国	6218	6072	5872	5558	4944	8.5
印度	3856	3751	3529	3285	2870	5.3
西班牙	2709	2558	2341	2312	2299	3.7
英国	2467	2410	2177	1958	1613	3.4
法国	1738	1643	1490	1350	1157	2.4
巴西	1720	1544	1484	1230	1013	2.3
加拿大	1358	1341	1282	1240	1197	1.9
意大利	1084	1068	1023	974	938	1.5
瑞典	969	868	730	661	644	1.3
澳大利亚	946	713	568	482	433	1.3

资料来源：《BP 世界能源统计年鉴 2021》。

附表 23　2016—2020 年世界主要国家生物燃料产量

万吨油当量

国　家	2020 年	2019 年	2018 年	2017 年	2016 年	2020 年占世界百分比（%）
世界合计	8383	8949	8606	7809	7456	100.0
美国	3008	3327	3421	3320	3209	35.9
巴西	1973	2054	1921	1598	1584	23.5
印度尼西亚	632	619	455	252	269	7.5
德国	327	329	315	306	299	3.9
中国	317	273	226	234	193	3.8
泰国	219	227	198	185	157	2.6
法国	215	234	254	220	226	2.6
荷兰	187	190	179	185	142	2.2
西班牙	158	195	202	174	111	1.9
阿根廷	137	230	255	292	263	1.6
加拿大	107	119	112	111	112	1.3
印度	99	107	91	54	59	1.2

资料来源：《BP 世界能源统计年鉴 2021》。

附表 24　2020 年世界主要国家、地区和组织二氧化碳排放量

亿吨

国家、地区和组织	2020 年	2019 年	同比变化率（%）	2020 年占世界百分比（%）
中国	98.9	98.1	0.6	30.9
美国	44.3	49.9	−11.5	13.9
印度	23.0	24.7	−7.1	7.2
俄罗斯	14.3	15.5	−7.8	4.5
日本	10.3	11.2	−8.4	3.2
伊朗	6.5	6.5	0.4	2.0
德国	6.0	6.8	−11.5	1.9
韩国	5.8	6.2	−7.5	1.8
沙特阿拉伯	5.7	5.7	−1.9	1.8
印度尼西亚	5.4	6.2	−13.0	1.7
1—10 位合计	220.2	230.8	−4.6	68.9
加拿大	5.2	5.8	−10.8	1.6
南非	4.3	4.6	−6.3	1.4
巴西	4.2	4.4	−6.4	1.3
澳大利亚	3.7	4.0	−7.3	1.2

续表

国家、地区和组织	2020 年	2019 年	同比变化率（%）	2020 年占世界百分比（%）
土耳其	3.7	3.9	–4.4	1.2
墨西哥	3.6	4.5	–20.1	1.1
英国	3.2	3.8	–16.3	1.0
意大利	2.9	3.3	–13.3	0.9
越南	2.8	2.9	–3.0	0.9
波兰	2.8	3.0	–7.5	0.9
11—20 位合计	36.3	40.1	–9.5	11.4
泰国	2.8	2.9	–6.1	0.9
中国台湾	2.8	2.8	–3.4	0.9
法国	2.5	3.0	–16.3	0.8
马来西亚	2.5	2.6	–3.0	0.8
阿联酋	2.4	2.7	–9.9	0.8
哈萨克斯坦	2.4	2.4	–2.4	0.7
西班牙	2.2	2.7	–18.9	0.7
新加坡	2.1	2.2	–3.1	0.7
埃及	2.0	2.2	–8.4	0.6
巴基斯坦	2.0	2.0	–1.0	0.6
21—30 位合计	23.6	25.5	–7.4	7.4
北美	53.1	60.2	–12.1	16.6
中南美	11.3	12.4	–9.5	3.5
欧洲	35.9	40.9	–12.3	11.2
独联体	19.8	21.1	–6.4	6.2
中东	20.3	21.0	–4.0	6.3
非洲	12.0	13.0	–8.1	3.7
亚太地区	167.5	171.8	–2.7	52.4
世界	319.8	340.4	–6.3	100.0
经合组织	107.3	120.8	–11.4	33.5

资料来源：《BP 世界能源统计年鉴 2021》。

附表 25 2020 年《福布斯》全球企业 2000 强综合排名前 30 位的石油天然气公司

亿美元

序号	2020 年排名	2019 年排名	公司名称	所在国	销售额	利 润	资 产	市 值
1	5	5	沙特阿美	沙特阿拉伯	2297	493	5103	18972
2	48	60	中国石化 /Sinopec	中国	2711	48	2651	826
3	55	58	信实工业 /Reliance Industries	印度	612	57	1663	1649
4	63	32	中国石油 /PetroChina	中国	2807	29	3805	667
5	99	53	俄罗斯石油公司 /Rosneft	俄罗斯	708	20	2075	777
6	159	70	巴西国家石油公司 /Petrobras	巴西	527	14	1901	533
7	187	126	中国海油 /CNOOC	中国香港特区	225	36	1103	484
8	234	170	泰国国家石油 /PTT PCL	泰国	516	12	849	364
9	309	251	苏尔古特石油天然气公司 /Surgutneftegas	俄罗斯	188	84	794	167
10	317	13	埃克森美孚 /ExxonMobil	美国	1782	–224	3328	2399
11	324	21	荷兰皇家壳牌集团 /Royal Dutch Shell	荷兰	1702	–222	3793	1520
12	335	61	雪佛龙 /Chevron	美国	944	–55	2398	1985
13	344	29	道达尔 /Total	法国	1197	–76	2661	1184
14	351	357	英国石油公司 /BP	英国	1800	–209	2677	845
15	367	32	俄罗斯天然气公司 /Gazprom	俄罗斯	905	–9	2949	735
16	441	165	挪威国家石油公司 /Equinor	挪威	454	–54	1220	637
17	461	468	埃尼集团 /Eni	意大利	501	–98	1379	443
18	467	99	鲁克石油 /LukOil	俄罗斯	718	2	815	523
19	508	197	马拉松石油 /Marathon Petroleum	美国	750	–99	852	354
20	530	316	诺瓦泰克 /Novatek	俄罗斯	96	9	279	584
21	566	186	菲力普斯 66/Phillips66	美国	637	–40	547	345
22	574	201	康菲石油公司 /ConocoPhillips	美国	188	–27	626	691
23	591	493	瓦莱罗能源公司 /Valero Energy	美国	649	–14	524	296
24	599	389	印度石油 /Indian Oil	印度	489	7	448	114
25	633	313	哥伦比亚国家石油公司 /Ecopetrol	哥伦比亚	138	5	408	263
26	647	252	森科能源 /Suncor Energy	加拿大	184	–32	664	319
27	665	269	印度油气 /Oil&Natural Gas	印度	473	1	688	182
28	670	—	西方石油	美国	197	–148	844	228
29	731	306	加拿大自然资源 /Canadian Natural Resources	加拿大	126	–3	591	366
30	811	337	EOG 资源	美国	99	–6	358	412

资料来源：《福布斯》杂志 2021 年 5 月。

附表 26　2020 年世界最大 50 家石油公司综合排名（6 项指标）

综合排名	公司名称	石油储量		天然气储量		原油产量		天然气产量		炼油能力		油品销售	
		位次	亿吨	位次	亿立方米	位次	万吨	位次	亿立方米	位次	万吨	位次	万吨
1	沙特阿拉伯国家石油公司	2	318.7	6	53964	1	56105	6	1027	4	17500	6	19700
2	伊朗国家石油公司	3	217.8	1	320180	5	17675	2	2441	9	11005	13	10615
3	中国石油天然气集团公司	7	48.1	7	43808	4	18175	3	1504	2	25560	11	12290
4	埃克森美孚公司	11	20.4	15	13332	7	11930	7	971	3	23695	3	27260
5	BP 公司	13	16.1	16	12913	9	11055	8	941	15	9530	2	29975
6	俄罗斯石油公司	9	36.3	12	19677	3	18550	16	538	14	9540	15	9235
7	皇家荷兰 / 壳牌集团	24	7.4	21	9577	12	9380	5	1073	7	14160	1	32805
7	委内瑞拉国家石油公司	1	425.3	5	62966	26	4105	19	393	8	12230	21	6195
9	俄罗斯天然气公司	17	14.8	4	177154	17	6780	1	5035	21	5830	25	4535
9	道达尔公司	22	14.8	20	10198	16	8360	10	761	12	9795	5	20550
11	雪佛龙公司	21	9.1	22	8341	13	9325	11	740	17	8740	9	12885
12	俄罗斯鲁克石油公司	12	16.8	23	6379	14	9075	20	350	18	8495	10	12435
13	阿布扎比国家石油公司	6	137.9	10	34337	10	10715	21	325	26	4610	29	3810
14	阿尔及利亚国家石油公司	14	15.8	8	43351	18	6730	9	806	31	3285	24	4770
15	科威特国家石油公司	5	142.2	14	17576	6	15085	33	244	25	4630	22	5485
16	巴西国家石油公司	19	11.4	38	2437	8	11270	23	320	11	10880	14	9685
17	卡塔尔石油总公司	16	14.8	3	180283	15	8965	4	1166	41	1905	41	1835
18	伊拉克国家石油公司	4	203.0	9	35425	2	22880	56	107	28	3810	27	4115
19	中国石油化工股份有限公司	39	2.4	45	2046	29	3895	24	297	1	29590	4	26200
20	墨西哥国家石油公司	23	8.3	48	1799	11	9425	31	246	16	9050	20	6640
21	尼日利亚国家石油公司	10	25.4	11	31808	21	5165	26	291	35	2225	55	650
22	意大利埃尼集团	28	5.0	25	5616	24	4465	14	546	29	3660	39	1905
23	马来西亚国家石油公司	42	2.1	24	5974	31	3075	12	704	32	3245	30	3545
23	埃及石油总公司	41	2.2	18	10689	41	1910	34	235	27	4070	26	4470
25	印度尼西亚石油公司	45	1.9	43	2160	39	2070	25	292	22	5155	17	8230
26	印度石油天然气总公司	30	4.3	26	5183	36	2525	30	249	38	2045	32	3070

续表

综合排名	公司名称	石油储量		天然气储量		原油产量		天然气产量		炼油能力		油品销售	
		位次	亿吨	位次	亿立方米	位次	万吨	位次	亿立方米	位次	万吨	位次	万吨
27	利比亚国家石油公司	8	46.0	19	10491	23	4590	55	109	48	1350	48	1175
28	挪威国家石油公司	33	4.1	27	4909	22	4915	15	542	46	1615	—	—
29	俄罗斯苏尔古特油气公司	15	14.9	29	4655	19	6100	61	96	40	2020	40	1850
30	中国海洋石油总公司	27	5.3	40	2392	20	5625	43	159	50	1200	45	1425
31	西班牙雷普索尔公司	65	0.9	39	2415	51	1275	29	264	23	5065	23	5330
32	美国康菲公司	29	4.6	34	3307	25	4400	27	290	—	—	—	—
33	俄罗斯诺瓦泰克公司	44	1.9	13	18119	53	1120	13	606	—	—	—	—
34	阿曼石油开发公司	38	2.5	31	3578	38	2080	36	232	—	—	—	—
35	加拿大自然资源公司	18	12.0	56	1354	28	3900	46	149	—	—	—	—
36	哈萨克斯坦国家石油公司	31	4.2	53	1474	37	2425	64	85	36	2105	49	1165
37	美国西方石油公司	34	3.8	46	1897	27	3935	45	150	—	—	—	—
38	哥伦比亚国家石油公司	43	1.9	67	823	32	2955	66	83	39	2025	36	2060
38	美国依欧格资源公司	36	3.4	51	1521	33	2950	50	141	—	—	—	—
40	乌兹别克国家石油公司	68	0.8	17	10939	80	270	17	421	52	1120	58	425
40	德国温特沙尔公司 [1]	55	1.2	32	3525	61	860	28	275	—	—	—	—
42	日本国际石油开发株式会社	32	4.2	50	1702	44	1760	52	127	—	—	—	—
42	美国 Ovintiv 公司 [2]	46	1.8	52	1489	43	1835	38	176	—	—	—	—
44	美国安特罗资源公司	47	1.7	35	3255	63	805	35	233	—	—	—	—
44	奥地利 OMV 公司	64	0.9	60	1130	56	1040	40	168	43	1785	38	1910
46	俄罗斯鞑靼石油公司	20	9.4	69	701	34	2910	89	10	55	795	46	1235
47	加拿大森科能源公司	26	6.5	96	4	30	3885	—	—	34	2305	34	2645
48	美国润吉资源公司	52	1.4	33	3431	70	585	42	164	—	—	—	—
49	阿根廷 YPF 公司	63	0.9	72	635	48	1325	48	145	47	1600	44	1530
50	泰国国家石油公司	77	0.4	55	1443	75	510	44	154	42	1850	35	2620

资料来源：美国《石油情报周刊》2020 年 11 月 13 日。

附表 27　2016—2020 年世界主要石油公司经营指标

油：千桶 / 日；天然气：百万英尺 ^{3}/ 日

公司名称及经营指标	2020 年	2019 年	2018 年	2017 年	2016 年
埃克森美孚					
原油产量	2349	2386	2266	2283	2365
天然气产量	8471	9394	9405	10211	10127
一次加工能力	4770	4732	4905	4914	4971
成品油销售量	4895	5452	5512	5530	5482
加油站数量（座）	21953	21409	20806	20962	20783
BP					
原油产量	2106	2211	2191	2260	2048
天然气产量	7929	9102	8660	7744	7075
一次加工能力	1909	1906	1890	1892	1880
成品油销售量	5301	5995	5930	5948	5600
加油站数量（座）	20300	18900	18700	18300	18000
壳牌					
原油产量	1752	1823	1749	1730	1679
天然气产量	9181	10377	10805	10668	10613
一次加工能力	2750	3085	3174	3195	3363
成品油销售量	4710	6561	6783	6599	6483
加油站数量（座）	45612	44669	44397	44023	43346
雪佛龙					
原油产量	1868	1865	1782	1723	1719
天然气产量	7290	7157	6889	6032	5252
一次加工能力	1804	1748	1627	1738	1793
成品油销售量	2224	2577	2655	2690	2675
加油站数量（座）	13727	13051	12896	13524	13809
道达尔					
原油产量	1543	1672	1566	1346	1271
天然气产量	7246	7309	6599	6662	6447
一次加工能力	1967	1959	2021	2566	2452
成品油销售量	—	4111	4153	4019	4183
加油站数量（座）	15594	15060	14311	16630	16461
中国石油股份					
原油产量	2525	2491	2439	2430	2522
天然气产量	11564	10707	9884	9379	8971
一次加工能力	4089	4008	3984	3893	3445
成品油销售量	3534	4114	3916	3742	3487
加油站数量（座）	22619	22365	21783	21399	20895

资料来源：各公司年报和财务经营报告。

附表 28　2016—2020 年世界主要石油公司财务指标

百万美元

公司名称及财务指标	2020 年	2019 年	2018 年	2017 年	2016 年
埃克森美孚					
销售收入	178574	255583	279332	237162	200628
净利润	–22440	14340	20840	19710	7840
总资产	332750	362597	346196	348691	330314
职工人数（人）	72000	74900	71000	69600	71100
BP					
销售收入	180366	278397	298756	240208	183008
净利润	–20729	4190	9578	3468	172
总资产	267654	295194	282176	276515	263316
职工人数（人）	63600	70100	73000	74000	74500
壳牌					
销售收入	180543	344877	388379	305179	233591
净利润	–21534	16432	23906	13435	4777
总资产	279268	404336	399194	407097	411275
职工人数（人）	86000	83000	82000	86000	92000
雪佛龙					
销售收入	94471	139865	158902	134674	110215
净利润	–5543	2924	14824	9195	–497
总资产	239790	237428	253863	253806	260078
职工人数（人）	47736	48155	48638	51894	55201
道达尔					
销售收入	140685	200316	209363	171493	149743
净利润	–7336	11438	11550	8299	6206
总资产	266132	273294	256762	242631	230978
职工人数（人）	105476	107776	104460	98277	102168
中石油股份					
销售收入	280364	364840	358892	301752	242964
净利润	4855	9715	11180	10518	4414
总资产	360723	396166	368857	358352	360133
职工人数（人）	432003	460724	476223	494297	508757

资料来源：各公司年报和财务经营报告。

附表 29　2018—2020 年世界主要石油公司分板块资本支出及比例

百万美元

公司名称及资本支出	2020 年		2019 年		2018 年	
	数　值	比例（%）	数　值	比例（%）	数　值	比例（%）
埃克森美孚						
资本和勘探支出	21374	100.00	31148	100.00	25923	100.00
勘探和开发	14431	67.52	23485	75.40	20194	77.90
炼油和销售	4221	19.75	4371	14.03	3429	13.23
石油化工	2716	12.70	3265	10.48	2235	8.62
其他	6	0.03	27	0.09	65	0.25
BP						
资本支出和并购	14055	100.00	19421	100.00	25088	100.00
上游	9350	66.52	11904	61.29	12027	47.94
下游	2330	16.58	2997	15.43	2781	11.08
其他	354	2.52	337	1.74	332	1.32
无机	2021	14.38	4183	21.54	9948	39.65
壳牌						
资本支出	16585	100.00	22971	100.00	23011	100.00
上游	6911	41.67	13925	60.62	15709	68.27
下游	9505	57.31	8650	37.66	7083	30.78
其他	169	1.02	396	1.72	219	0.95
雪佛龙						
资本和勘探支出	13499	100.00	20994	100.00	20106	100.00
勘探与开发	10914	80.85	17824	84.90	17657	87.82
炼油与销售	800	5.93	1785	8.50	1548	7.70
石油化工	434	3.22	456	2.17	362	1.80
其他	1351	10.00	929	4.43	539	2.68
道达尔						
资本支出	15534	100.00	19237	100.00	22185	100.00
上游	13012	83.76	16045	83.41	18821	84.84
炼油与化工	1325	8.53	1698	8.83	1781	8.03
营销与服务	1052	6.77	1374	7.14	1458	6.57
其他	145	0.93	120	0.62	125	0.56
中国石油股份						
资本支出	35736	100.00	43021	100.00	38702	100.00

续表

公司名称及资本支出	2020 年		2019 年		2018 年	
	数 值	比例（%）	数 值	比例（%）	数 值	比例（%）
勘探和开发	27056	75.71	33358	77.54	29635	76.57
炼油和化工	3162	8.85	3085	7.17	2330	6.02
天然气和管道	3065	8.58	3915	9.10	4005	10.35
销售	2362	6.61	2554	5.94	2571	6.64
其他	91	0.25	109	0.25	161	0.42

资料来源：各公司年报和财务经营报告。

附表 30 2016—2020 年世界主要石油公司资本支出占销售收入比例

%

公司名称	2020 年	2019 年	2018 年	2017 年	2016 年
埃克森美孚	12.0	12.2	9.3	9.7	8.8
BP	7.8	7.0	8.4	7.4	9.5
壳牌	9.2	6.7	5.9	6.8	9.5
雪佛龙	14.3	15.0	12.7	14.0	20.3
道达尔	11.0	9.6	10.6	9.9	13.7
中国石油股份	12.7	11.8	10.8	10.6	10.7
中国石化股份(1)	6.4	4.9	4.1	4.2	4.0
中国海油有限(2)	—	33.7	27.4	26.7	33.3

注：（1）中国石化股份指中国石油化工股份有限公司；（2）中国海油有限指中国海洋石油集团有限公司。

资料来源：各公司年报和财务经营报告。

附表 31 2016—2020 年世界主要石油公司投资资本回报率

%

公司名称	2020 年	2019 年	2018 年	2017 年	2016 年
埃克森美孚	–9.3	6.5	9.2	9.0	3.9
BP	–3.8	8.9	11.2	5.8	2.8
壳牌	–6.8	6.7	9.4	5.8	3.0
雪佛龙	–2.8	2.0	8.2	5.0	–0.1
道达尔	4.0	9.8	11.8	9.4	7.5
中国石油股份	—	—	—	—	—
中国石化股份	6.2	9.0	9.3	8.3	7.3
中国海油有限	—	—	—	—	—

资料来源：各公司年报和财务经营报告。

附表 32　2019—2020 年世界主要石油公司油气储量及海外比例

油气储量及海外比例	石油（百万桶）		天然气（十亿立方英尺）	
	2020 年	2019 年	2020 年	2019 年
埃克森美孚	8885	14598	37960	47080
美国以外比例	66.8%	69.9%	64.3%	59.1%
BP	10112	10781	42467	45601
欧洲以外比例	95.6%	94.8%	98.8%	98.1%
壳牌	4621	5264	26114	33821
欧洲以外比例	96.0%	94.6%	89.6%	80.5%
雪佛龙	6147	6521	29922	29457
美国以外比例	61.9%	62.7%	85.8%	84.0%
道达尔	5804	6006	35220	36015
欧洲以外比例	82.9%	82.8%	88.7%	88.5%
中国石油股份	5206	7253	76437	76236
中国以外比例	16.0%	10.4%	2.1%	2.2%
中国石化股份	1542	1741	8191	7225
中国以外比例	20.1%	17.7%	0.1%	0.1%
中国海油有限	—	3484	—	7827
中国以外比例	—	45.5%	—	18.8%

资料来源：各公司年报和财务经营报告。

附表 33　2019—2020 年世界主要石油公司油气产量及海外比例

油气产量及海外比例	石油（千桶 / 日）		天然气（百万英尺 ^{3}/ 日）	
	2020 年	2019 年	2020 年	2019 年
埃克森美孚	2349	2386	8471	9394
美国以外比例	70.8%	72.9%	68.2%	70.4%
BP	2106	2211	7929	9102
欧洲以外比例	95.2%	93.7%	99.2%	98.0%
壳牌	1752	1823	9181	10377
欧洲以外比例	92.2%	91.5%	87.1%	84.9%
雪佛龙	1868	1865	7290	7157
美国以外比例	57.7%	61.2%	78.0%	82.9%
道达尔	1543	1672	7246	7364
欧洲以外比例	84.4%	87.0%	81.7%	81.8%
中国石油股份	2525	2491	11564	10707
中国以外比例	19.3%	18.7%	5.4%	7.0%
中国石化股份	768	779	2938	2871
中国以外比例	11.0%	12.2%	—	—
中国海油有限	—	1096	—	1377
中国以外比例	—	33.7%	—	28.2%

资料来源：各公司年报和财务经营报告。

附表 34　2016—2020 年世界主要石油公司炼油能力及海外比例

千桶 / 日

炼油能力及海外比例	2020 年	2019 年	2018 年	2017 年	2016 年
埃克森美孚	4770	4732	4905	4914	4971
美国以外比例	63.02%	67.62%	64.77%	64.89%	64.01%
BP	1909	—	1890	1892	1880
欧洲以外比例	54.85%	—	58.68%	53.96%	53.78%
壳牌	2750	2832	2913	2932	3086
欧洲以外比例	61.49%	65.75%	66.70%	66.92%	68.47%
雪佛龙	1804	1748	1627	1738	1793
美国以外比例	39.91%	40.22%	42.72%	47.12%	48.08%
道达尔	1967	1959	2021	2021	2011
欧洲以外比例	26.94%	26.65%	28.90%	28.06%	27.69%
中国石油股份	4089	4008	3984	3893	3445
中国以外比例	—	—	—	—	—
中国石化股份	5938	5910	5870	5894	5894
中国以外比例	—	—	—	—	—

资料来源：各公司年报和财务经营报告。

附表 35　2016—2020 年世界主要石油公司储量替代率

%

公司名称	2020 年	2019 年	2018 年	2017 年	2016 年
埃克森美孚	41	65	313	183	36
BP	144	67	100	143	109
壳牌	73	68	55	95	141
雪佛龙	74	51	142	155	95
道达尔	66	—	117	98	100
中国石油股份	24	73	106	82	40
中国石化股份	64	129	104	95	−85
中国海油有限	—	144	126	305	8

资料来源：各公司年报和财务经营报告。

附表 36　2016—2020 年世界主要石油公司钻井工作量

钻井工作量	2020 年	2019 年	2018 年	2017 年	2016 年
埃克森美孚					
净探井数（口）	9	14	13	9	7

续表

钻井工作量	2020 年	2019 年	2018 年	2017 年	2016 年
成功率（%）	77.78	78.57	53.85	66.67	71.43
净开发井数（口）	553	903	622	503	507
成功率（%）	97.11	99.00	99.03	99.01	99.21
BP					
净探井数（口）	19	30	29	29	17
成功率（%）	90.53	81.33	82.75	76.55	52.35
净开发井数（口）	436	608	473	588	419
成功率（%）	98.83	97.83	97.25	99.08	98.95
壳牌					
净探井数（口）	201	195	169	87	54
成功率（%）	46.77	78.97	82.84	77.01	85.19
净开发井数（口）	340	539	615	685	665
成功率（%）	100.00	98.70	99.84	98.83	99.85
雪佛龙					
净探井数（口）	9	12	19	9	14
成功率（%）	66.67	83.33	78.95	77.78	85.70
净开发井数（口）	683	972	897	801	1007
成功率（%）	99.41	99.69	99.33	99.25	99.01
中国石油股份					
净探井数（口）	1539	1579	1778	1825	1787
成功率（%）	74.20	79.29	72.50	72.82	78.46
净开发井数（口）	12063	14503	15177	14476	11271
成功率（%）	99.48	99.50	99.51	99.43	99.29
中国海油有限					
净探井数（口）	—	224.2	157.9	116.9	113.9
成功率（%）	—	42.95	53.60	48.85	52.50
净开发井数（口）	—	284.9	171.5	154.4	205.6
成功率（%）	—	100.00	100.00	100.00	100.00

注：净值指扣除其他方权益后的数值。

资料来源：各公司年报和财务经营报告。

附　图

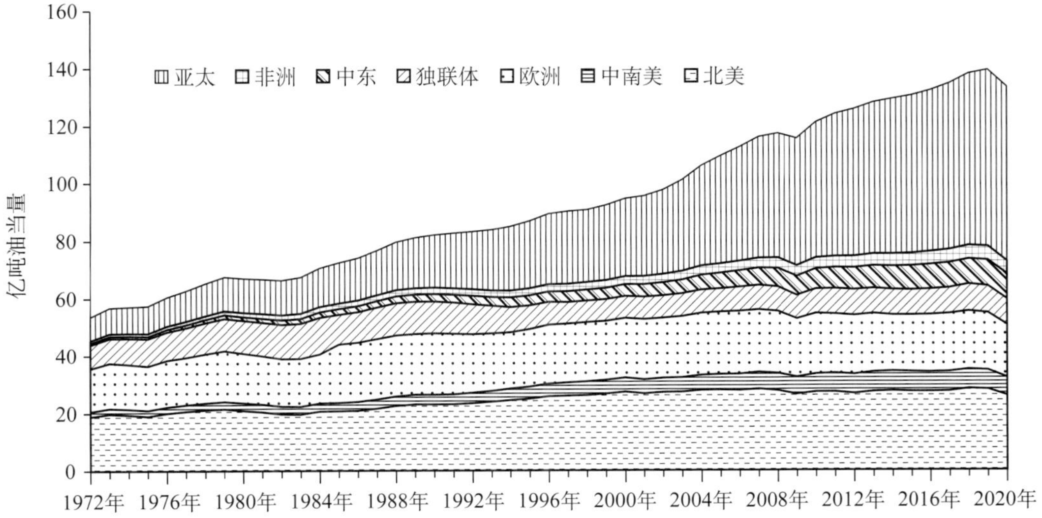

附图 1　1972—2020 年世界各地区一次能源消费量

（资料来源：《BP 世界能源统计年鉴 2021》）

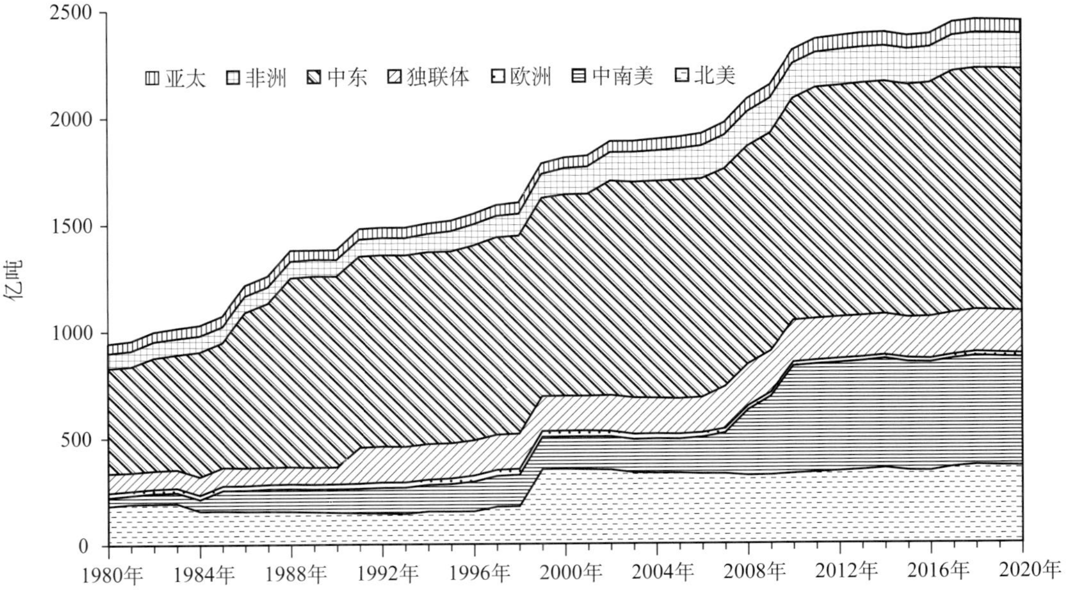

附图 2　1980—2020 年世界各地区石油剩余探明可采储量

注：储量数据包括天然气凝析油、天然气液（NGL）以及原油

（资料来源：《BP 世界能源统计年鉴 2021》）

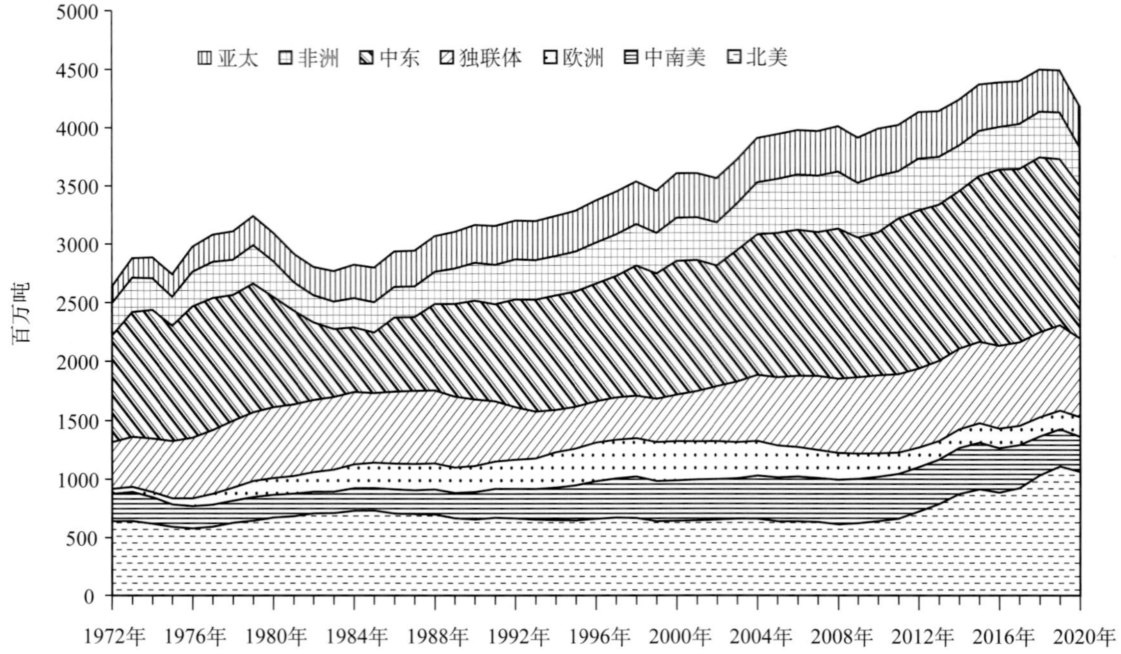

附图 3 1972—2020 年世界各地区石油产量

注：石油产量包括原油、页岩油、油砂与天然气液（从天然气中单独开采的液体产品），
不包括其他来源的液体产品，例如生物质油和其他煤制或天然气制油

（资料来源：《BP 世界能源统计年鉴 2021》）

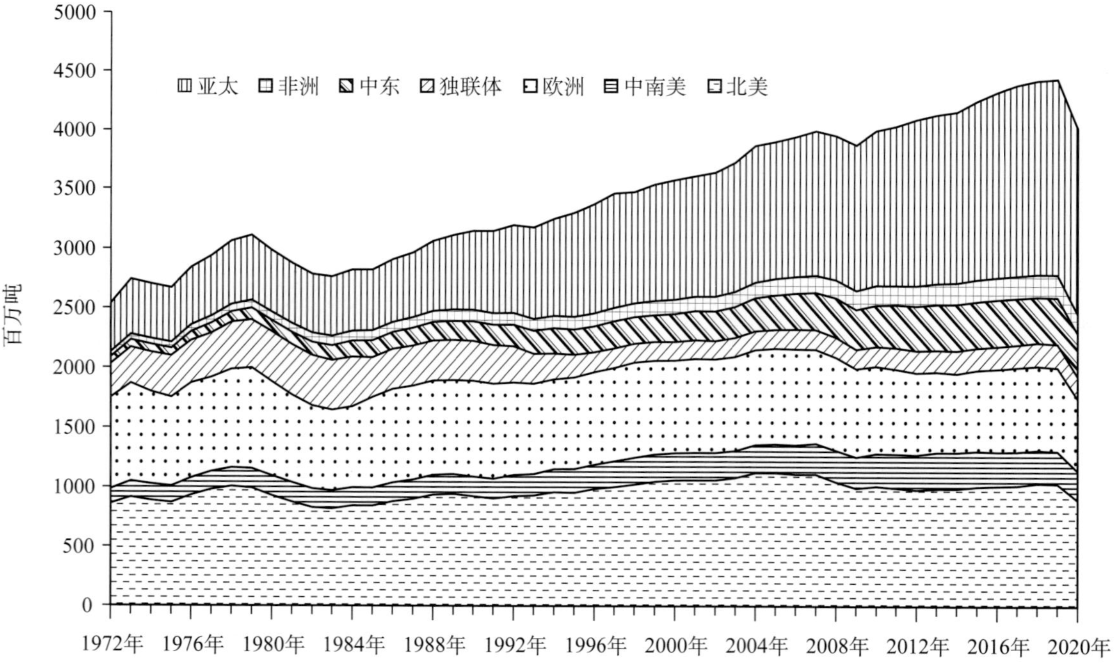

附图 4 1972—2020 年世界各地区石油消费量

（资料来源：《BP 世界能源统计年鉴 2021》）

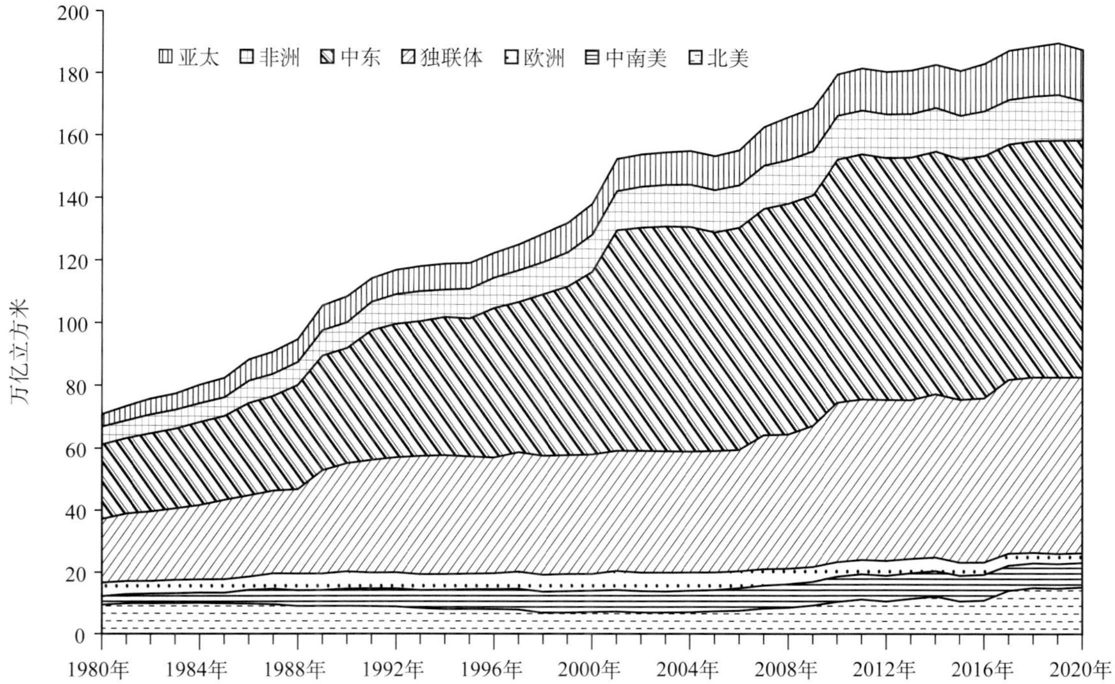

附图 5　1980—2020 年世界各地区天然气剩余探明可采储量

（资料来源：《BP 世界能源统计年鉴 2021》）

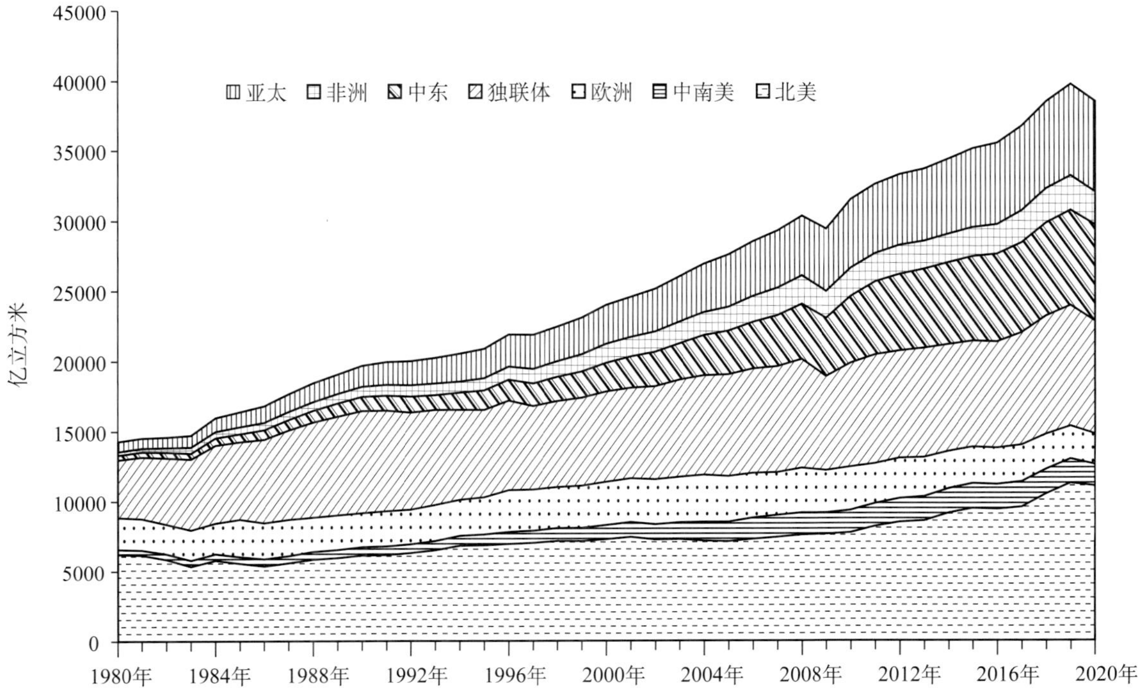

附图 6　1980—2020 年世界各地区天然气产量

（资料来源：《BP 世界能源统计年鉴 2021》）

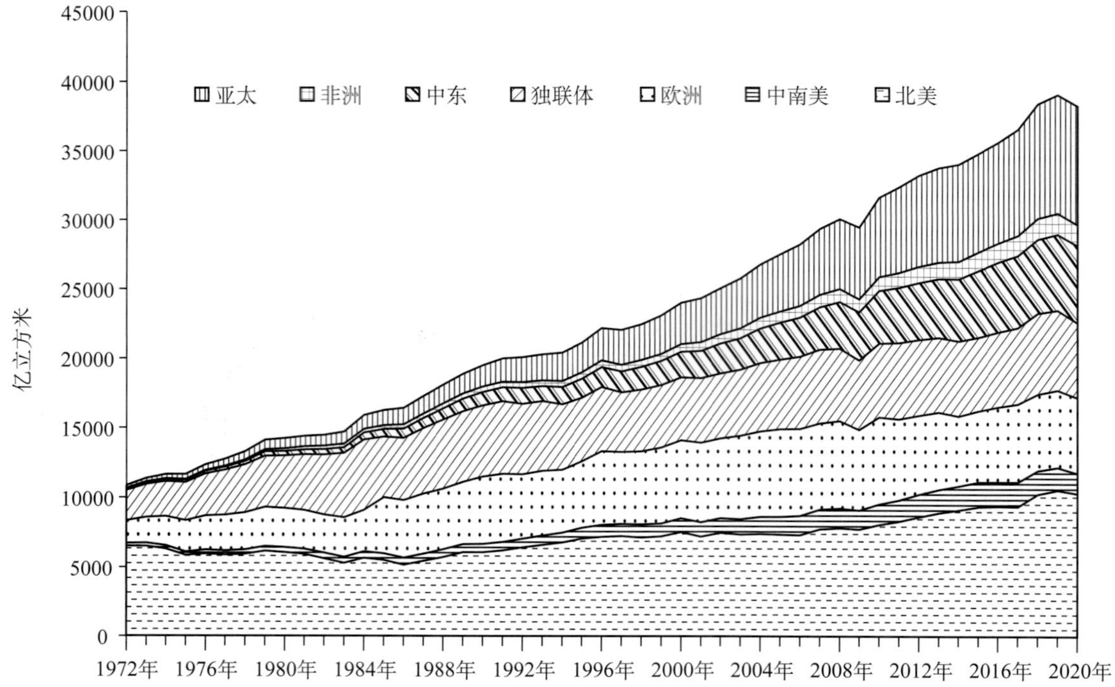

附图 7　1972—2020 年世界各地区天然气消费量

（资料来源：《BP 世界能源统计年鉴 2021》）

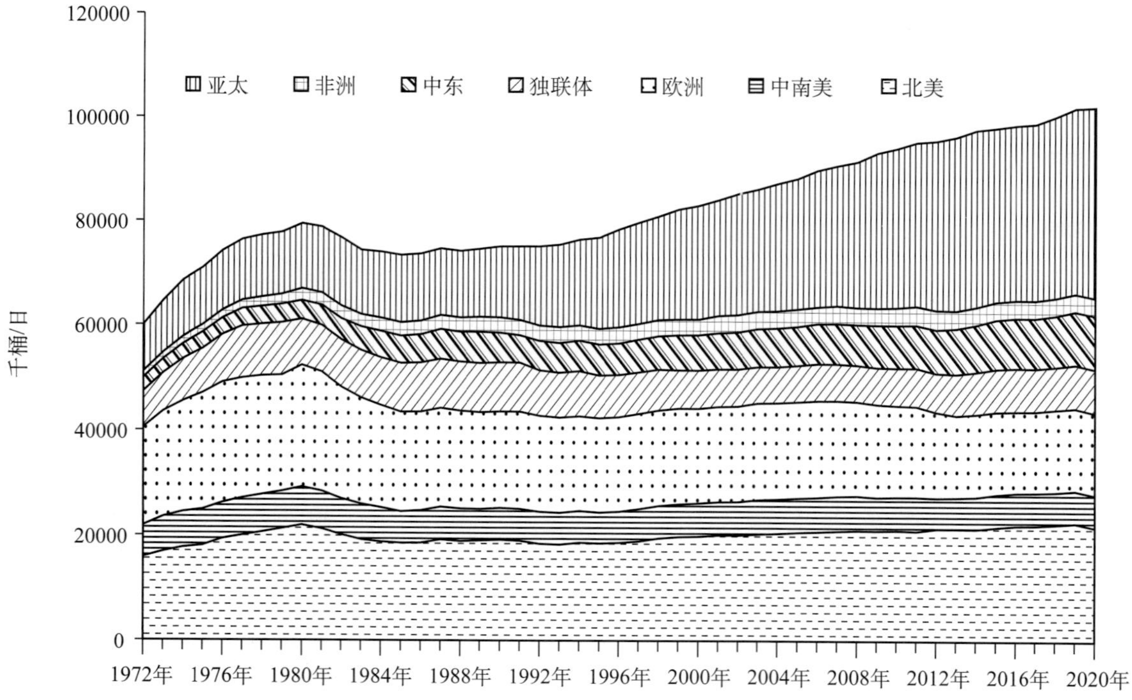

附图 8　1972—2020 年世界各地区炼油能力

（资料来源：《BP 世界能源统计年鉴 2021》）

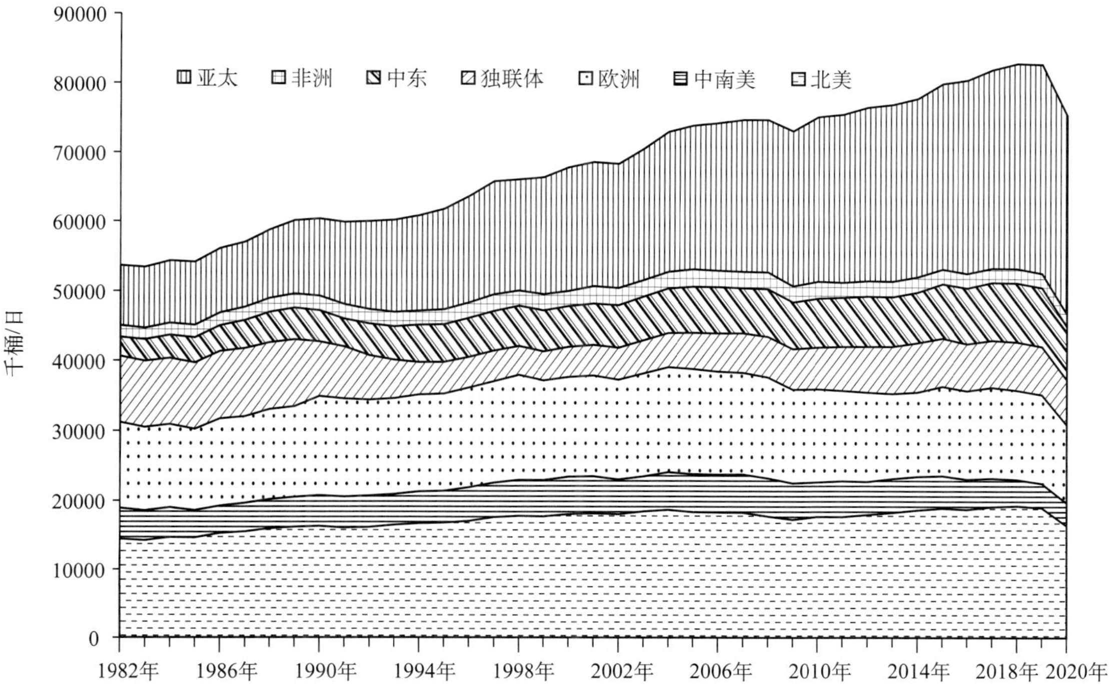

附图 9　1982—2020 年世界各地区炼油加工量

（资料来源：《BP 世界能源统计年鉴 2021》）

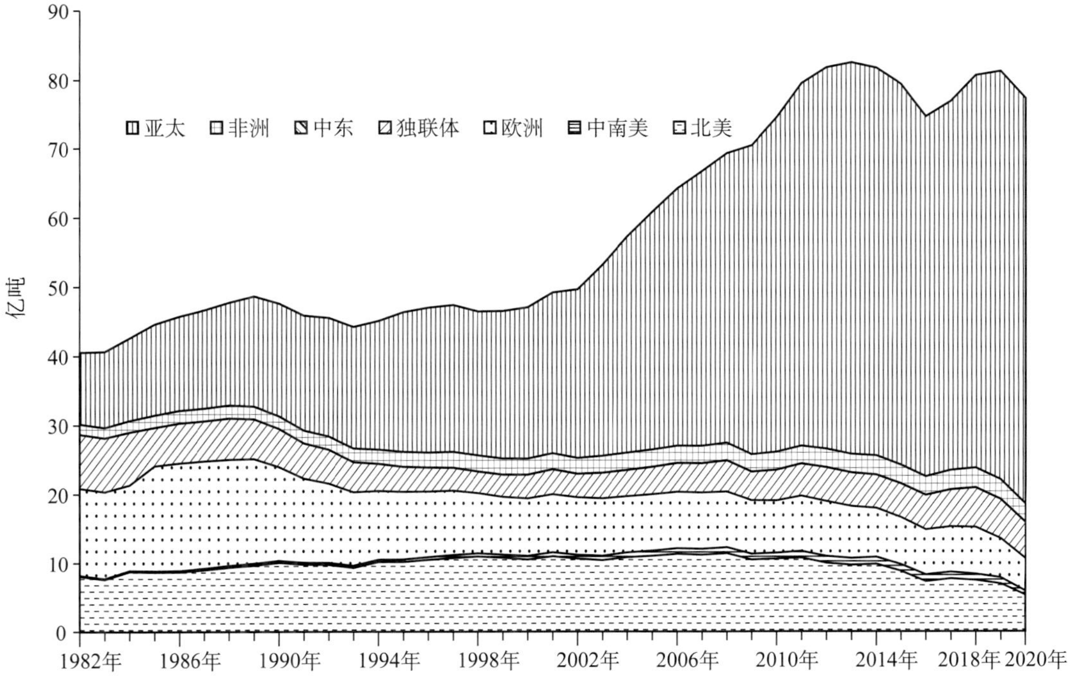

附图 10　1982—2020 年世界各地区煤炭产量

（资料来源：《BP 世界能源统计年鉴 2021》）

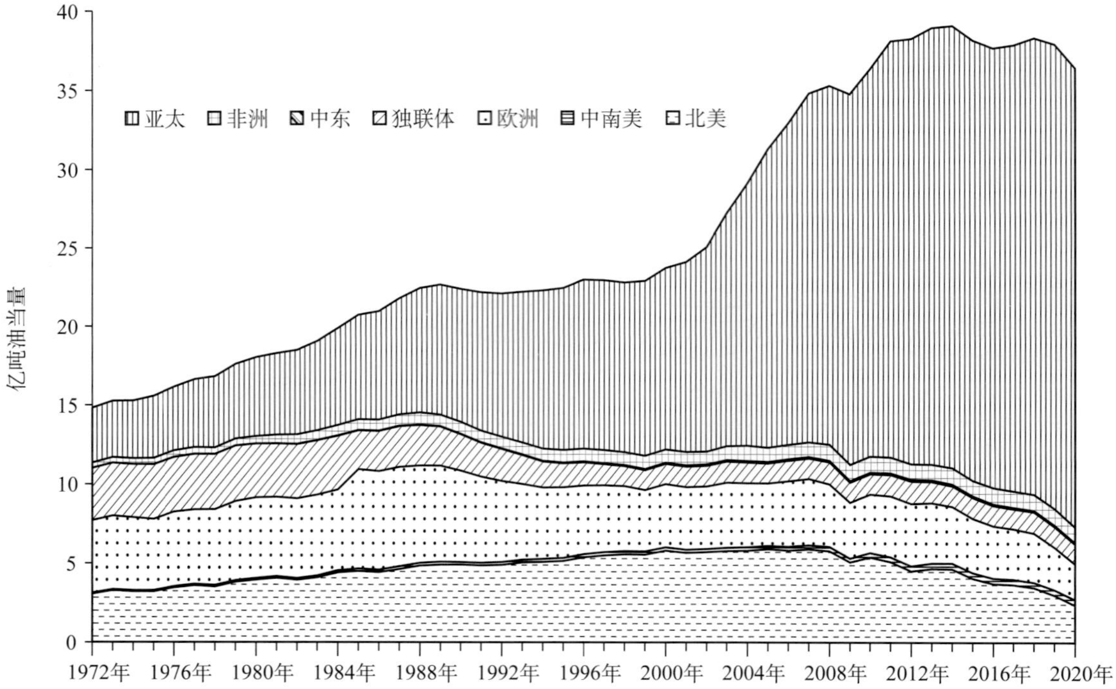

附图 11 1972—2020 年世界各地区煤炭消费量

（资料来源：《BP 世界能源统计年鉴 2021》）

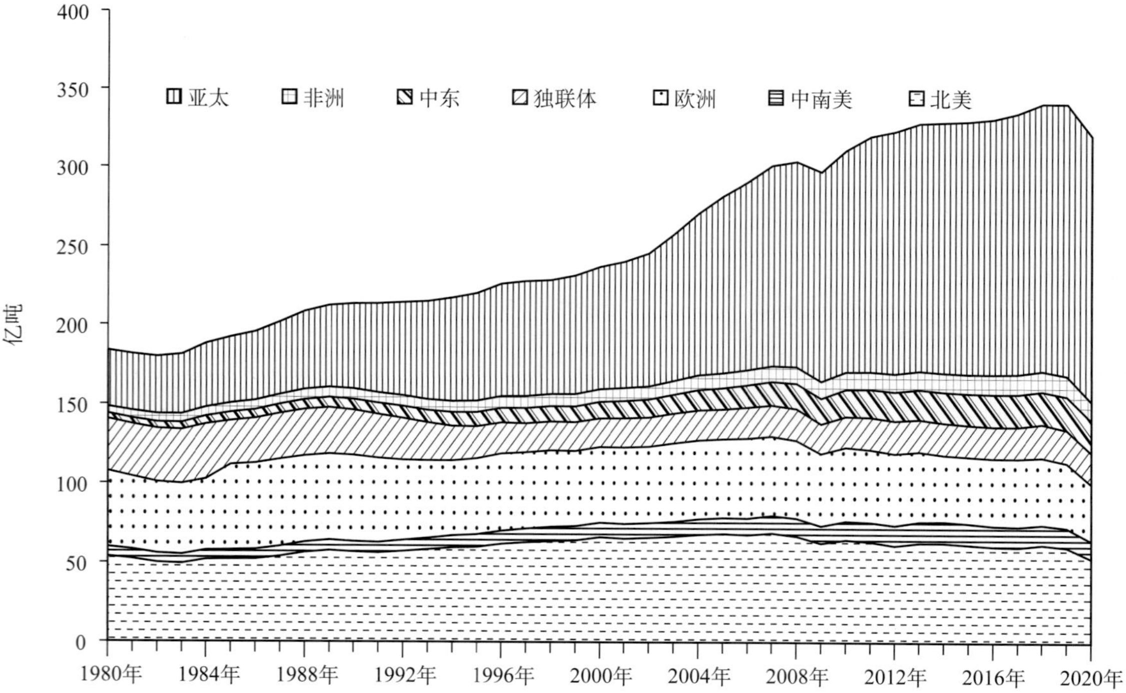

附图 12 1980—2020 年世界各地区二氧化碳排放量

（资料来源：《BP 世界能源统计年鉴 2021》）

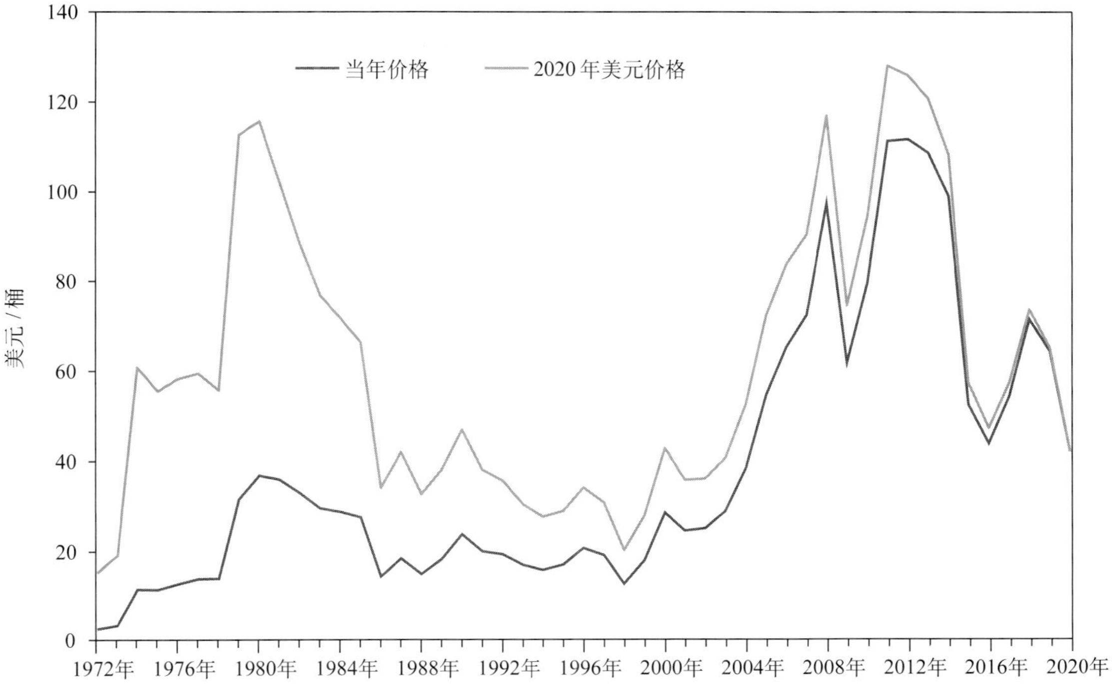

附图 13　1972—2020 年国际市场原油价格

注：当年价格为布伦特期货价格，2020 年美元价格是根据美国消费者物价指数进行调整后的价格

（资料来源：《BP 世界能源统计年鉴 2021》）

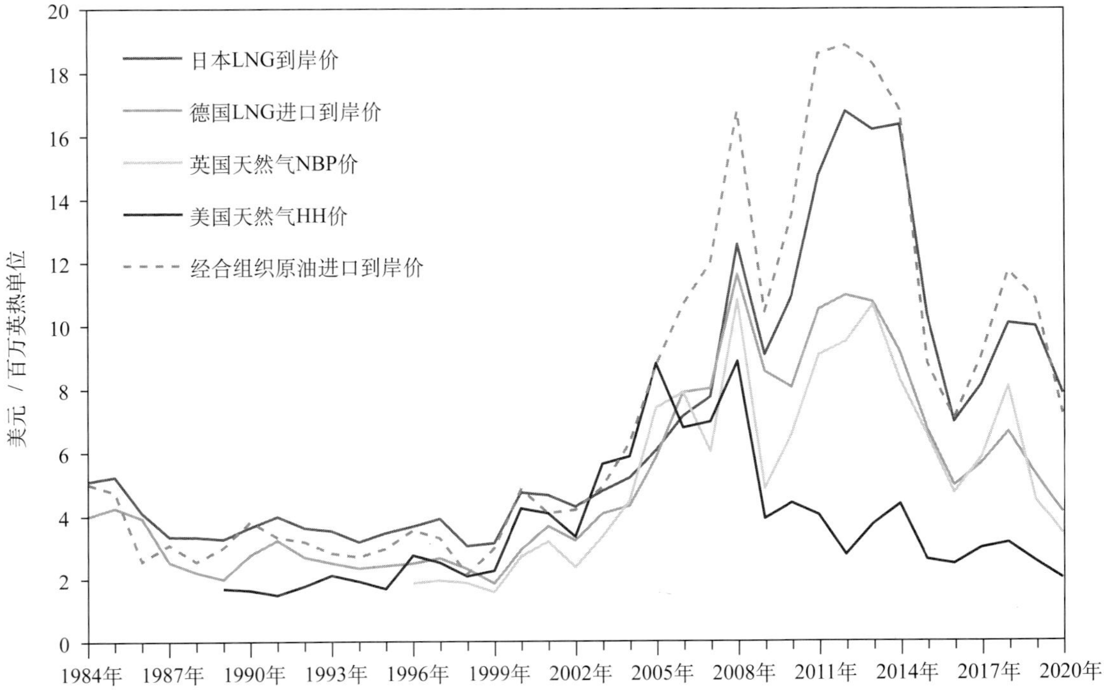

附图 14　1984—2020 年国际市场天然气价格

（资料来源：《BP 世界能源统计年鉴 2021》）

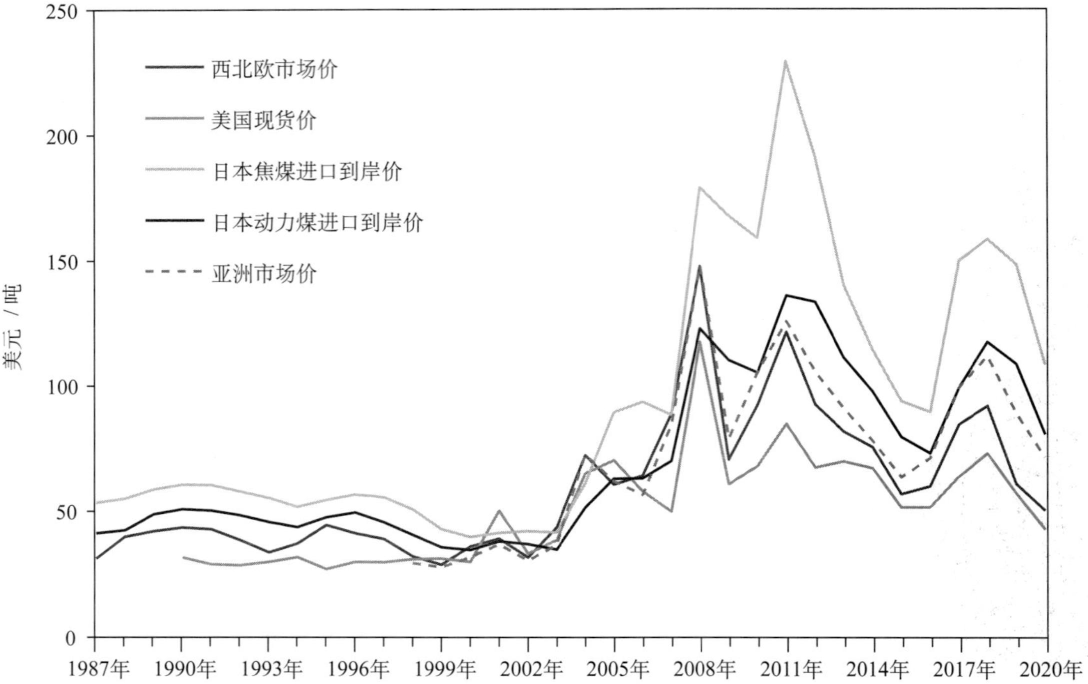

附图 15　1987—2020 年国际市场煤炭价格

（资料来源：《BP 世界能源统计年鉴 2021》）

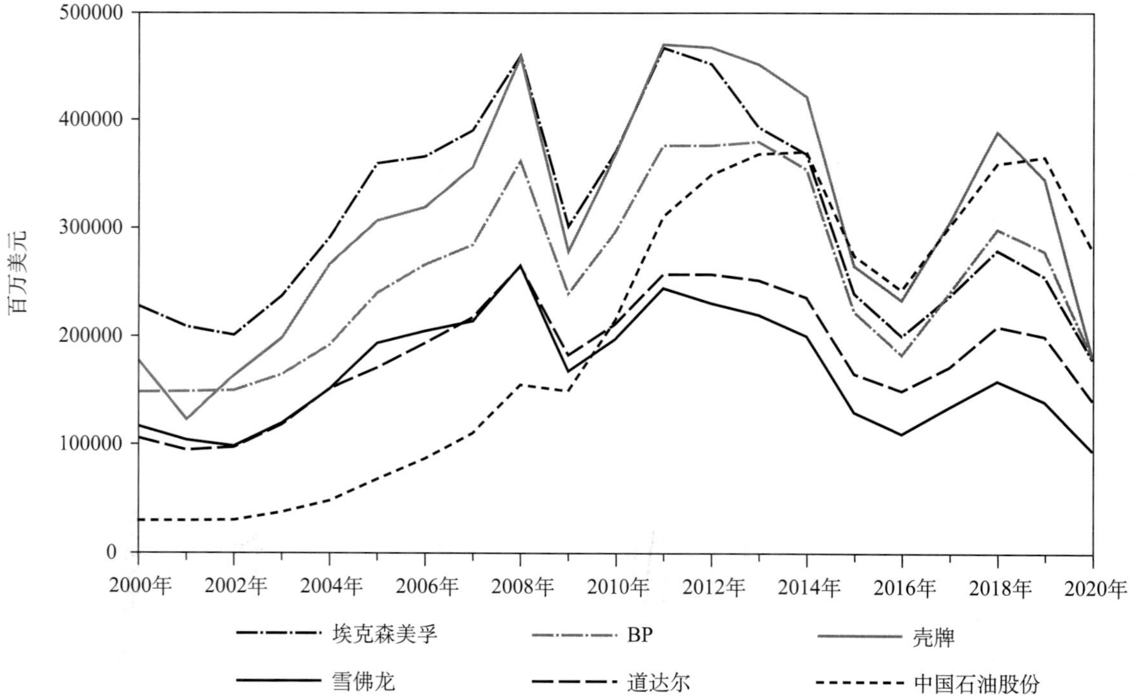

附图 16　2000—2020 年世界主要石油公司销售收入

（资料来源：各公司年报和财务经营报告）

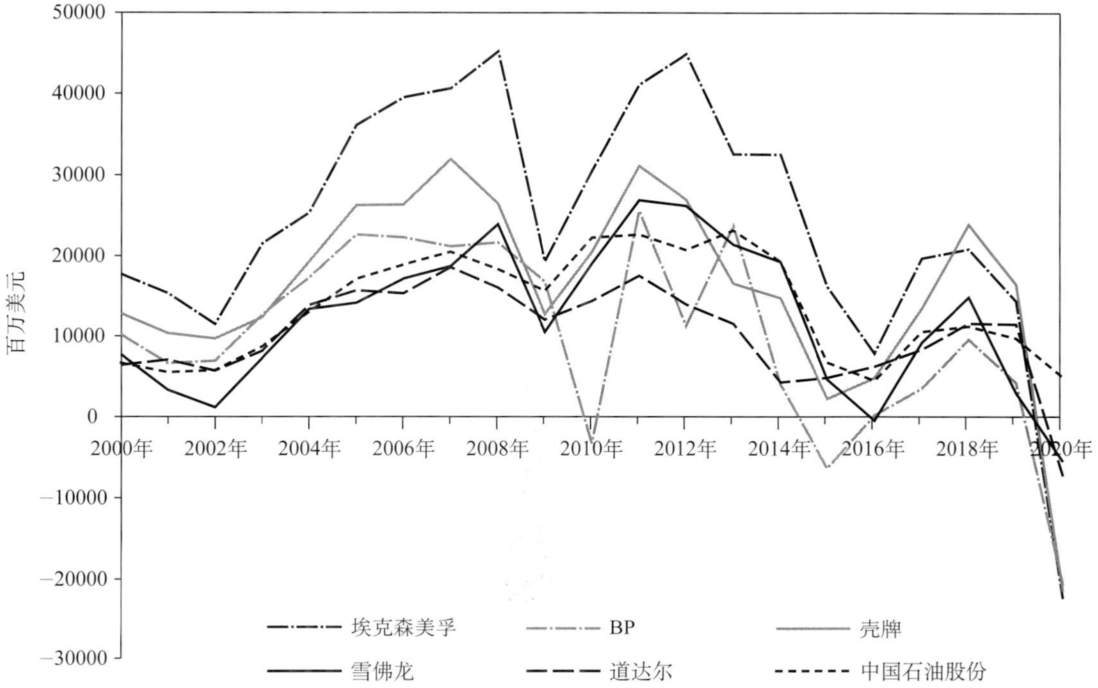

附图 17　2000—2020 年世界主要石油公司净利润
（资料来源：各公司年报和财务经营报告）

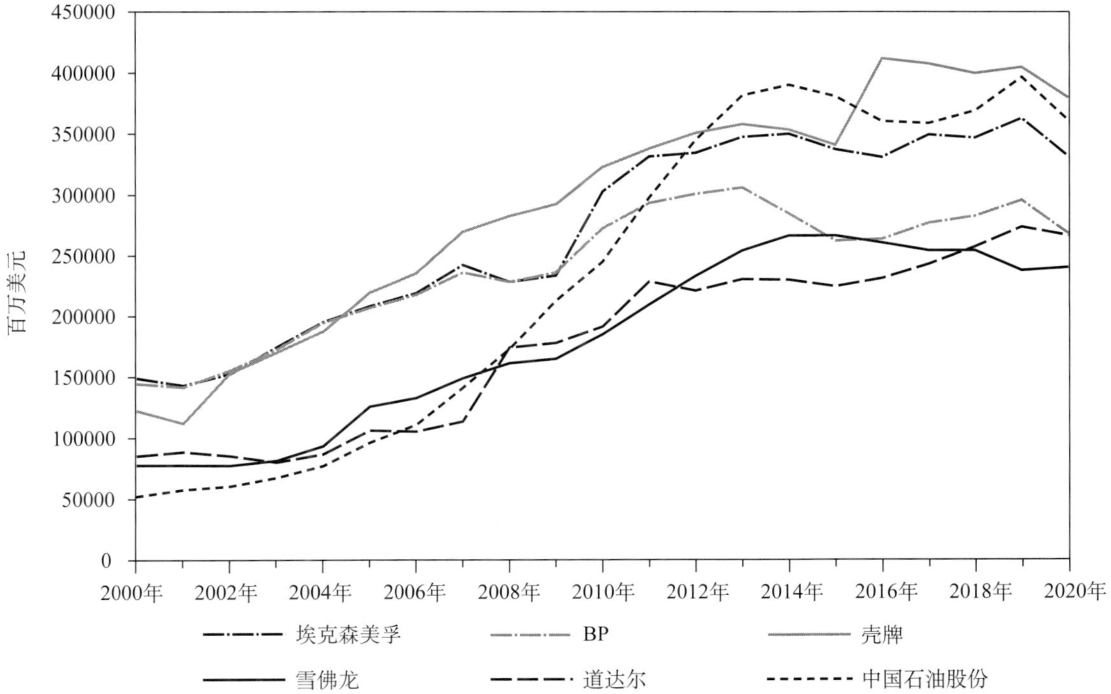

附图 18　2000—2020 年世界主要石油公司总资产
（资料来源：各公司年报和财务经营报告）

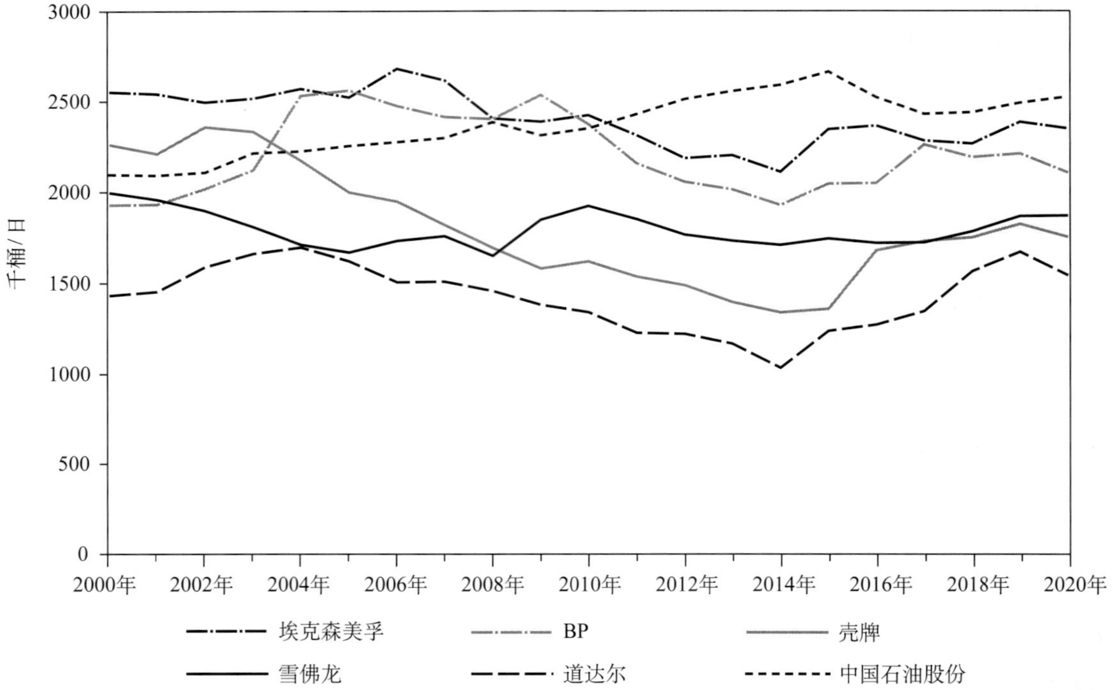

附图 19　2000—2020 年世界主要石油公司原油产量

（资料来源：各公司年报和财务经营报告）

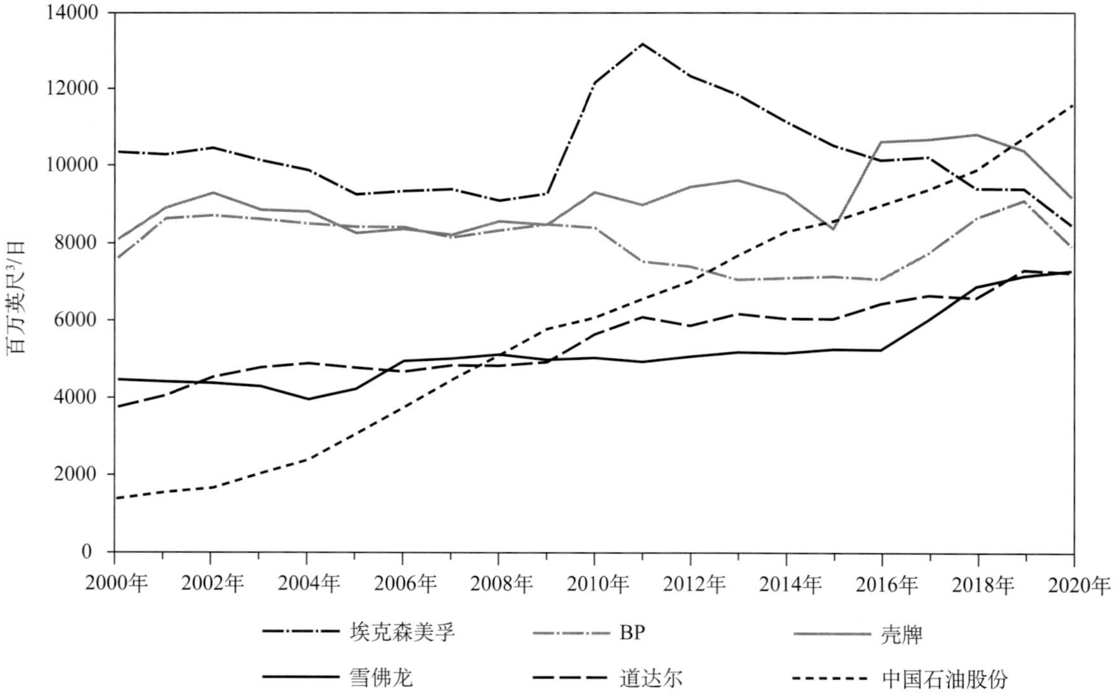

附图 20　2000—2020 年世界主要石油公司天然气产量

（资料来源：各公司年报和财务经营报告）

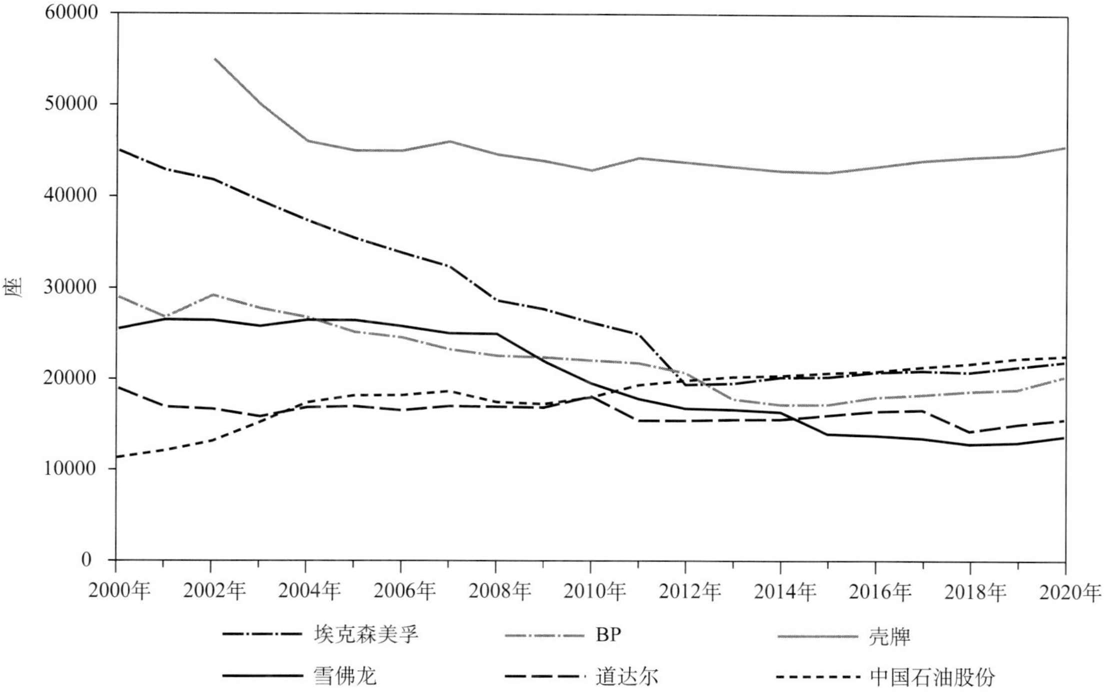

附图 21　2000—2020 年世界主要石油公司加油站数量

（资料来源：各公司年报和财务经营报告）

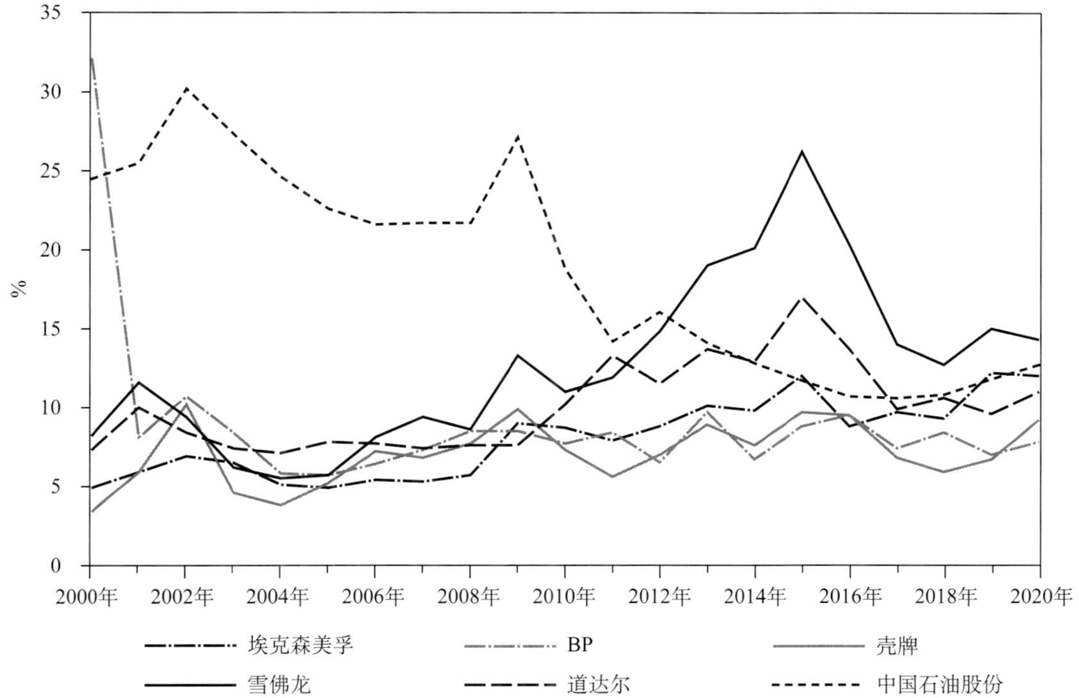

附图 22　2000—2020 年世界主要石油公司资本支出占销售收入比例

（资料来源：各公司年报和财务经营报告）

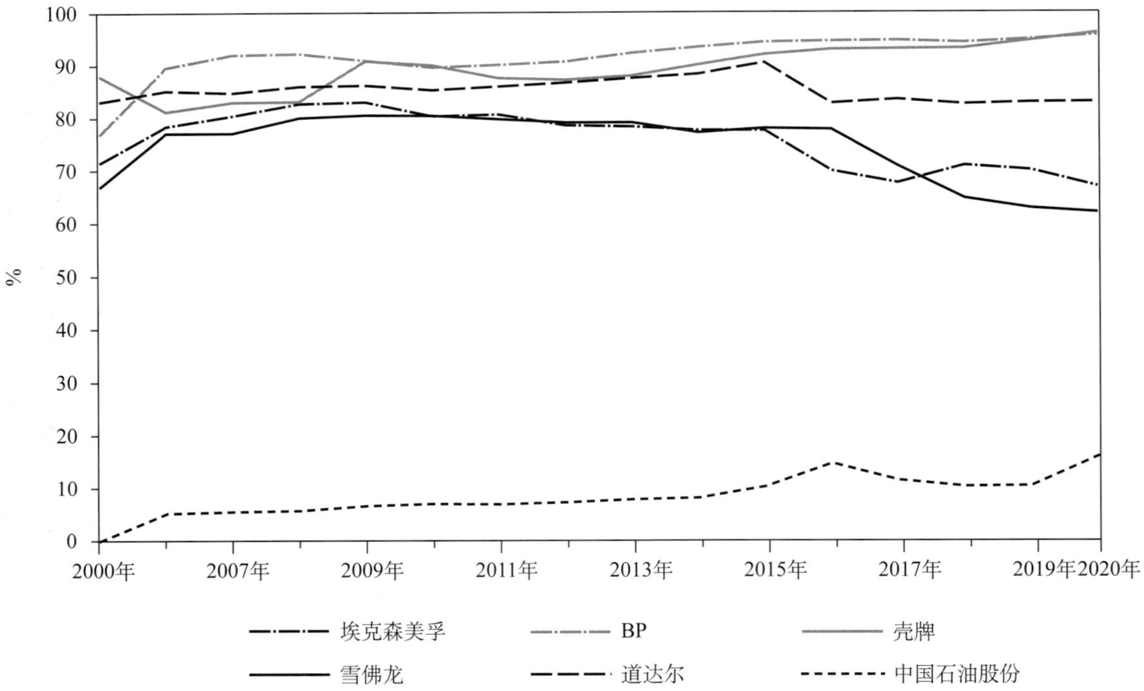

附图 23　2000—2020 年世界主要石油公司石油储量海外比例

（资料来源：各公司年报和财务经营报告）

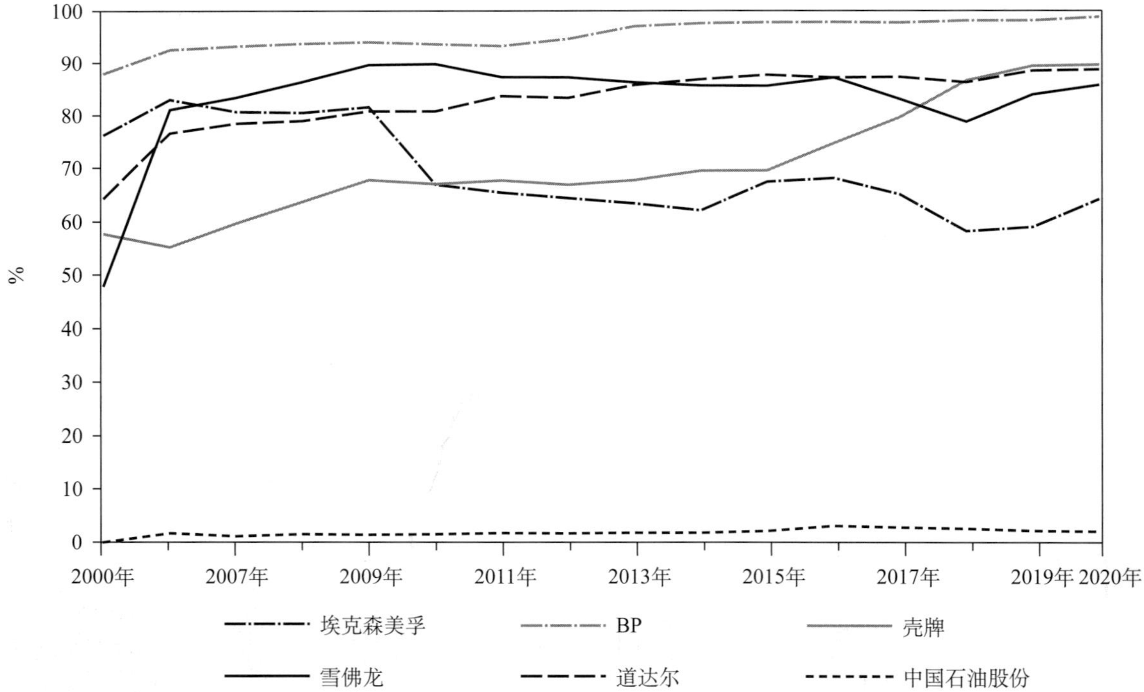

附图 24　2000—2020 年世界主要石油公司天然气储量海外比例

（资料来源：各公司年报和财务经营报告）

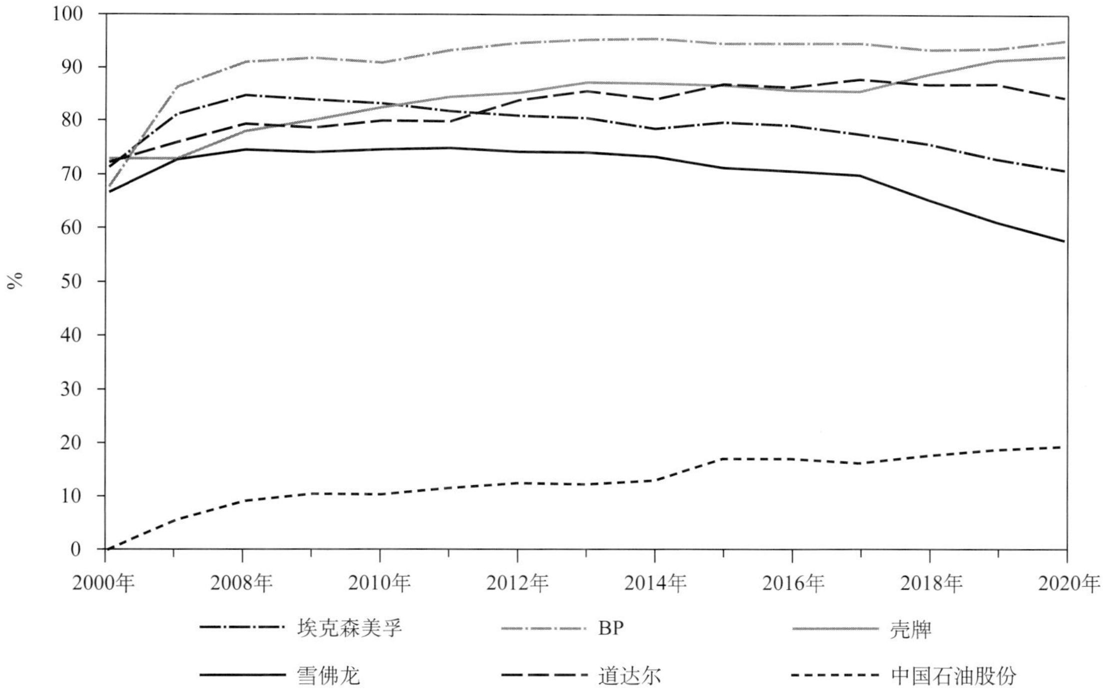

附图 25　2000—2020 年世界主要石油公司原油产量海外比例
（资料来源：各公司年报和财务经营报告）

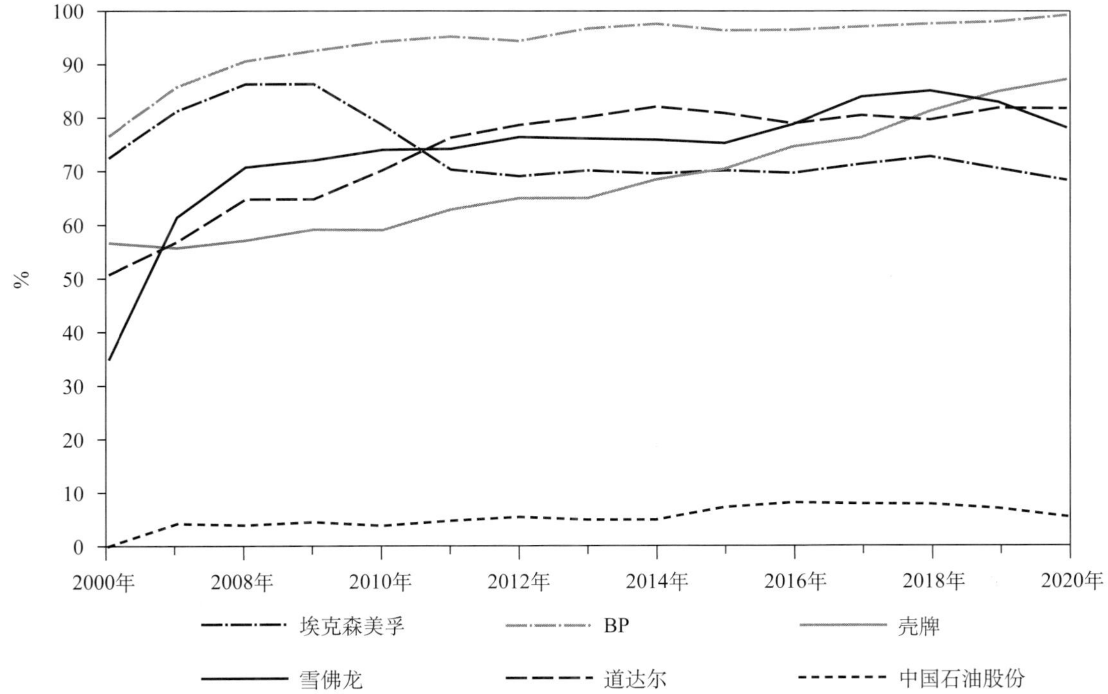

附图 26　2000—2020 年世界主要石油公司天然气产量海外比例
（资料来源：各公司年报和财务经营报告）

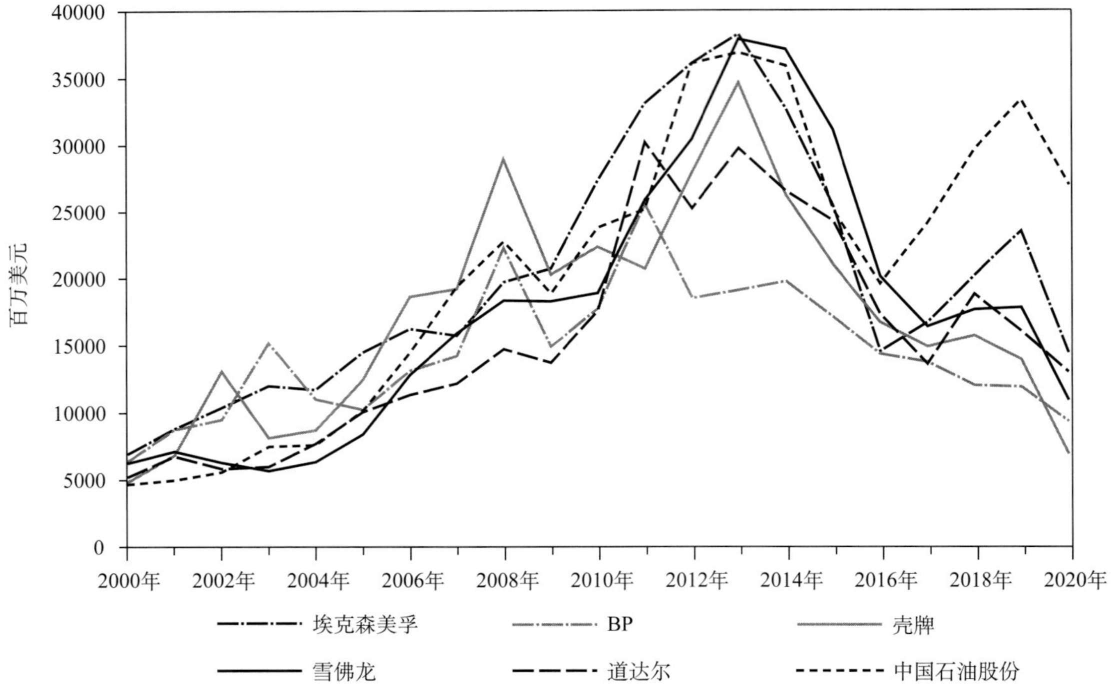

附图 27　2000—2020 年世界主要石油公司勘探开发支出

（资料来源：各公司年报和财务经营报告）

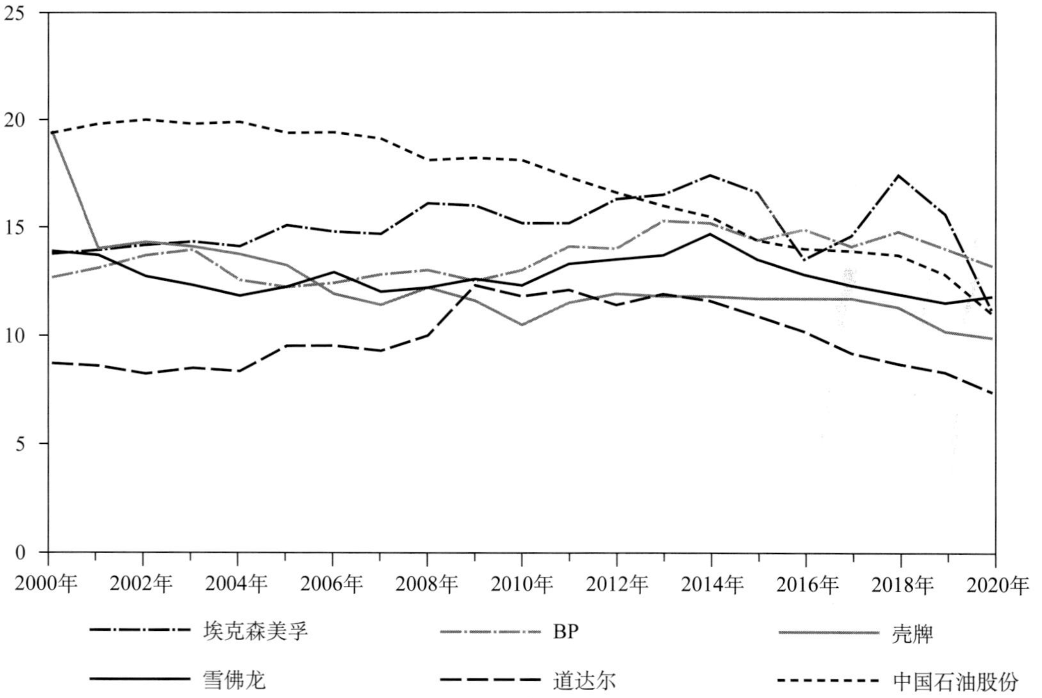

附图 28　2000—2020 年世界主要石油公司油气储采比

（资料来源：各公司年报和财务经营报告）

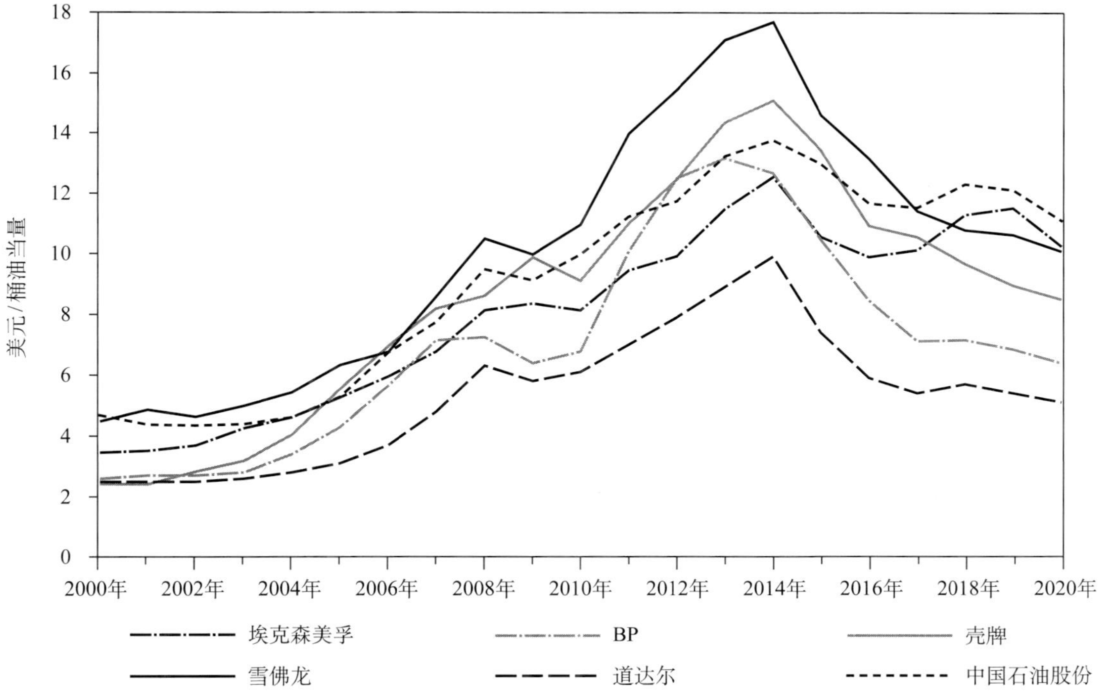

附图 29 2000—2020 年世界主要石油公司油气操作成本

（资料来源：各公司年报和财务经营报告）

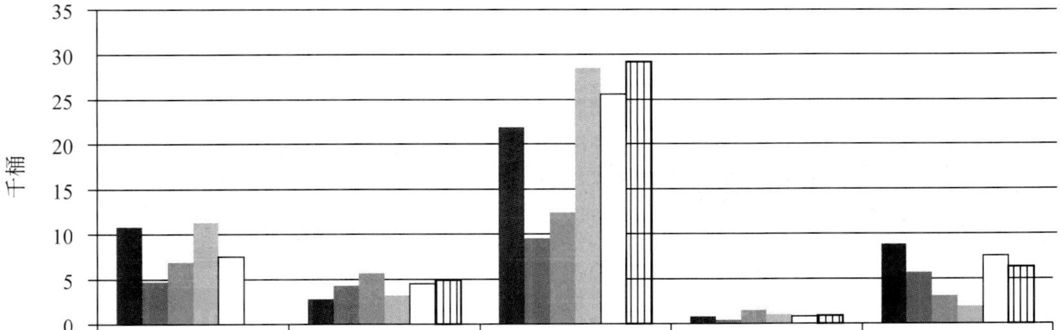

	埃克森美孚	BP	壳牌	雪佛龙	道达尔
2015年	10.8	2.8	21.9	0.8	8.8
2016年	4.7	4.3	9.5	0.4	5.7
2017年	6.9	5.7	12.4	1.5	3.1
2018年	11.3	3.2	28.5	1.0	1.9
2019年	7.5	4.5	25.6	0.8	7.5
2020年		4.9	29.2	0.9	6.3

附图 30 2015—2020 年世界主要石油公司石油泄漏量

（资料来源：各公司企业社会责任报告）

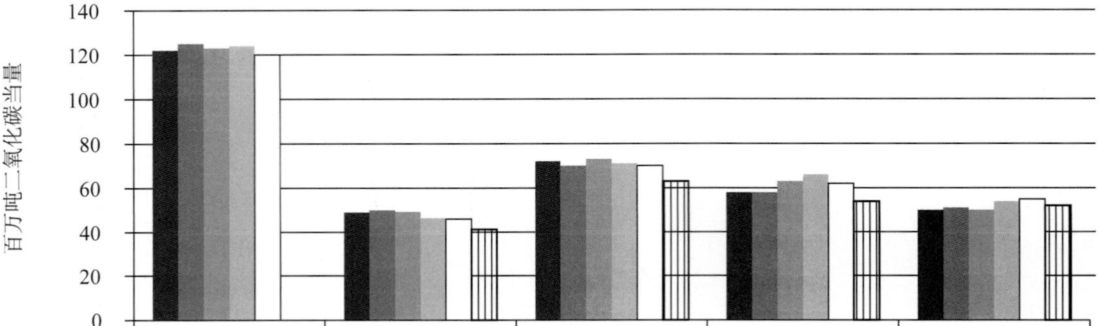

	埃克森美孚	BP	壳牌	雪佛龙	道达尔
2015年	122	49	72	58	50
2016年	125	50	70	58	51
2017年	123	49	73	63	50
2018年	124	47	71	66	54
2019年	120	46	70	62	55
2020年		41	63	54	52

附图 31　2015—2020 年世界主要石油公司温室气体排放量

（资料来源：各公司企业社会责任报告）

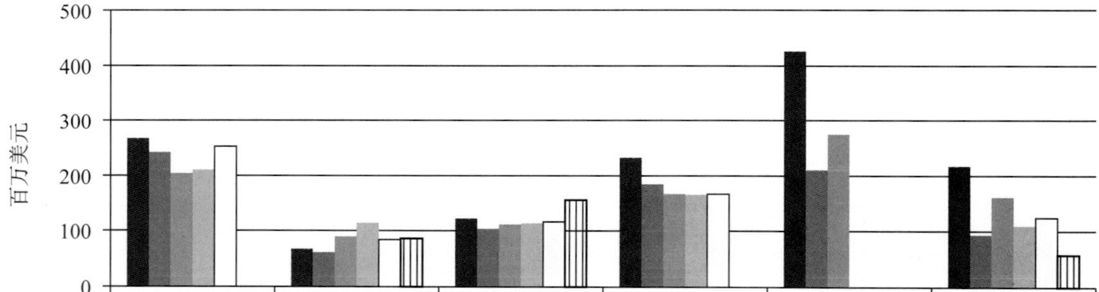

	埃克森美孚	BP	壳牌	雪佛龙	道达尔	中石油集团
2015年	268	67	122	233	426	217
2016年	242	61	103	185	211	93
2017年	204	90	111	167	275	161
2018年	211	114	113	166		109
2019年	253	84	116	167		124
2020年		86	156			58

附图 32　2015—2020 年世界主要石油公司公益性社会投入

注：公益性社会投入主要指慈善捐助，对非盈利性教育、健康和环境项目的资助，以及对作业社区发展的援助；道达尔数据指对非经合组织国家的投入；中国石油数据中含扶贫帮困、捐资助学、赈灾捐赠和环保支出

（资料来源：各公司企业社会责任报告）

（梁　玲）

索　引

使用说明

一、本索引采用内容分析索引法编制。除大事记外，年鉴中有实质检索意义的内容均予以标引，以便检索使用。

二、索引基本上按汉语拼音音序排列，具体排列方法如下：以数字开头的，排在最前面；以英文字母打头的，列于其次；汉字标目则按首字的音序、音调依次排列，首字相同时，则以第二个字排序，并依此类推。

三、索引标目后的数字，表示检索内容所在的年鉴正文页码；数字后面的英文字母 a、b，表示年鉴正文中的栏别，合在一起即指该页码及左右两个版面区域。年鉴中用表格、图片反映的内容，则在索引标目后面用括号注明（表）、（图）字，以区别于文字标目。

四、为反映索引款目间的隶属关系，对于二级标目，采取在上一级标目下缩二格的形式编排，之下再按汉语拼音音序、音调排列。

0—9

A—Z

A

B

C

D

E

F

G

H

J

K

L

M

Q

R

S

W

X

Y

Z

编 后 记

本卷《年鉴》是《中国石油天然气工业年鉴》自 1996 年正式出版以来连续出版的第 26 卷，是更名为《中国石油天然气集团有限公司年鉴》后的第 4 卷。

本卷《年鉴》沿用历年来形成的框架结构，作适当微调。在编纂过程中，重点记载集团公司 2020 年所发生的重要事项，体现年度历史进展特色；坚持继承与创新相结合，充分反映集团公司年度工作特点。继续收录世界主要国家和地区及各大石油公司有关石油石化相关数据图表、中国石油近 23 年主要生产经营指标数据表，对《年鉴》内容的信息含量进行了扩充。注重《年鉴》的工具性和实用性，版式设计力求规范严整，文字叙述力求简洁流畅。

本卷《年鉴》的编纂出版工作始终得到集团公司党组和各级领导的高度重视，集团公司党组书记、董事长戴厚良作序；集团公司和股份公司总部各部门、各专业公司及各单位的领导提供各种形式的支持和帮助；各单位负责《年鉴》工作的联系人、撰稿人和审稿人付出了艰辛的劳动；综合管理部、中国石油档案馆领导直接参与《年鉴》内容的审订，做了大量的组织协调工作。此外，中国石油报社等单位提供辅助资料和照片；中国石油集团经济技术研究院提供《中国石油天然气集团有限公司 2020 年度报告》和《中国石油天然气集团有限公司 2020 年企业社会责任报告》资料以及世界主要国家和地区、各大石油公司相关数据图表；还有企业和个人提供了照片、参与了审稿工作。中国年鉴研究会会长王守亚及年鉴业界专家对本卷《年鉴》编纂提出宝贵的意见和建议。在此，对所有支持《年鉴》工作和为《年鉴》出版提供帮助的单位和个人致以诚挚的谢意。

由于年鉴编辑出版时限性强，疏漏和不足在所难免，恳请读者批评指正。

《中国石油天然气集团有限公司年鉴》编辑部
2021 年 9 月

ICBC 中国工商银行 北京市分行
薪享事成
八薪服务
代发工资客户智享
八大专属服务
8
薪金卡
薪存款
薪理财
薪贷款
薪礼遇
薪权益
薪体验
薪助手
扫码了解详情

薪金卡 专属服务介质

代发工资客户专属银行卡“薪金卡”，将作为识别和服务代发工资个人客户的统一介质，每年免费提供36笔跨行ATM取款、跨行汇款结算套餐优惠，并提供多种费用优惠服务，包括免收代发工资个人客户的薪金卡新发卡工本费，免收代发工资期间的薪金卡年费和小额账户管理费等优惠。

薪存款 专属存款产品

薪金溢3号是工行面向稳定代发工资客户推出的专项零存整取账户产品，签定“薪金溢3号”产品协议后为客户在综合账户卡下开立零存整取相关账户，按优于起存日零存整取存款挂牌利率计息。

薪理财 专属理财产品

“步步为赢3号”是工行面向代发工资客户推出的适合中短期投资的专属理财产品，可随时购买，具有安全性好、收益优、购买便捷、投资期限广的特点。

薪贷款 专属信用贷款

融e借是提供用于个人合法合规消费用途的无担保无抵押人民币贷款，价格优惠、期限灵活、还款方式丰富，可以满足不同群体多层次、多元化的消费融资需求。

薪礼遇 专属新客礼品

代发客户新人见面礼，工行代发工资新客当月产生代发交易，即可获得精美礼品一份。

薪权益 专属增值活动

提供“财富薪赢家”代发工资客户特色沙龙活动，打造工行北京“芯e通”代发客户服务专区。

薪体验 专属线上服务

代发线上办：线上申请特色借记卡、薪金卡，电子二类账户作为代发工资入账账户，具有方便快捷、安全可靠的的特点。

电子工资单：员工可以通过手机银行、融e联、网上银行等多渠道查询电子工资单，还可以查询年度工资收入情况，最大限度确保员工的私密性。

薪助手 专属客群经理服务

工行择优选聘了一支高素质客户经理队伍为贵宾客户提供贴心的资产管理服务，组建了近百人的专属客群经理服务团队，为代发企业提供优质上门服务。

智慧油气田

HUAWEI
智慧勘探 让地下石油更快现身
与华为共建人工智能平台，构建油气知识图谱，
提升勘探效率，实现增储上产。
懂行 · 专注于行业数字化转型

构建万物互联的智能世界
华为中国政企业务

ING
Changemakers,
do your thing
Visit ingwb.com

BDO 立信

地址：上海市黄浦区南京东路61号
邮编：310101
电话：021-23281763
传真：021-23281763
网址：www.bdo.com.cn

大华会计师事务所（特殊普通合伙）

——中国会计审计、税务评估、造价咨询大型专业服务机构

大华会计师事务所第十一次合伙人大会

中共大华会计师事务所（特殊普通合伙）委员会全体党员大会

大华会计师事务所创立于1985年，是国内首批获准从事H股上审计资质的大型会计师事务所，在2020年度会计师事务所综合价百家排名信息中，位列第八名。在2020年度北京地区会计师务所综合评价排名中，位列第五名。大华总部设在北京，在上、深圳等32个城市设立了分支机构。现有从业人员近7000名，国注册会计师1679人，“行业领军后备人才”16人，中国注册计师协会资深会员50多人。大华经PCAOB（美国公众公司会计督委员会）认可，具有美国上市公司审计业务执业资格。大华务对象主要为大型中央企业、上市公司、金融保险企业、外商资企业等，常年审计客户万余家，其中上市公司客户395余家、型中央企业40余家、外资企业500余家，挂牌新三板客户千余，涉及航空航天、金融保险等多个行业领域。大华秉持“谦、认真、诚恳、守信”的作风，致力于沿着专业化、多元化、际化发展之路，为把大华建设成为国内一流、国际知名、能够极参与国际竞争的大型专业服务机构而不懈努力。

学党史迎百年

五四青年节插花活动

健步走

打造值得信赖的物业服务企业

宝石花物业管理有限公司

宝石花物业管理有限公司成立于2018年，诞生于党中央、国务院深化国有企业改革重大决策部署，脱胎于国有企业“三供一业”分离移交改革，属国有股份占主导地位的混合所有制企业。

公司按照中国石油天然气集团有限公司的顶层设计，坚持“交得出、接得住、可持续”的原则，积极推进物业管理分离移交改革，践行“争做有温度　有情怀、有责任、有追求的大物业公司”的发展使命，服务范围涵盖住宅、办公、工业、医院、学校、公建、市政环卫等物业管理服务及餐饮、保安、幼教、旅游、养老等多种业态，遍布全国20多个省（自治区、直辖市）的70余座城市，服务住宅小区1000余个、办公楼224栋、公寓楼226栋、职工食堂115个、幼儿园3所、超市10个，是102万户400多万业主的精心之选，管理面积超过1亿平方米，位列2021中国物业服务百强企业第32位。

公司秉持“源自中国石油、服务中国石油，源自国企改革、服务美好生活”的发展理念，传承中国石油40年矿区物业管理的历史，是中国物业管理协会会员、中国物业服务（品质住宅）企业联盟成员单位、产业园区物业管理发展论坛成员单位、中国物业管理协会新生活服务商样本企业、中国物业管理康养样本企业、2021中国红色物业优秀企业、2021中国产业园区物业管理优秀企业，是国家AAA级信用企业，取得了智慧环卫、安保服务、绿化养护等国家一级企业资质证书。

公司以“打造值得信赖的物业服务企业”为发展愿景，坚持“做优基础物业服务、做好社区增值服务、做大产业物业服务、做强城市综合服务”的“四元一体”业务布局，365天24小时全天候、不间断向客户提供“七标一体”的基础服务、“五齿联动”的管家式服务、“线上线下”的增值服务、“惠民暖心”的文化服务、“科技赋能”的智慧服务，力争在2025年进入中国物业服务企业20强之列，营收突破100亿元。

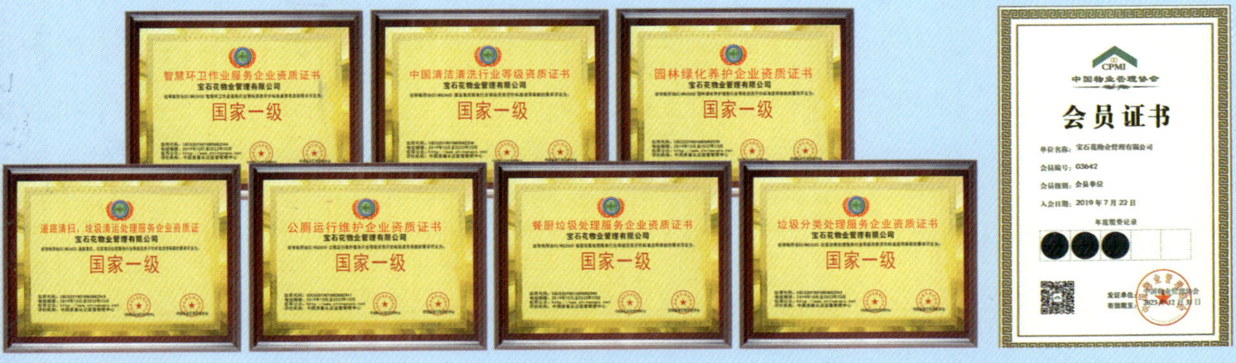

地址：辽宁省大连市保税区新港迎宾路 26 号
联系方式：0411-87596050

大连港油品码头公司

Port Of Dalian Oil Terminal Company

公司简介

大连港油品码头公司成立于 2006 年 1 月 1 日，由原大连港新港港务公司和寺儿沟港务公司整合组建，隶属于辽宁港口股份有限公司，是从事油品及液体化工品储运的专业化公司。

港区内有 3000 吨级至 30 万吨级泊位 19 个，可靠泊 1000 吨至 45 万吨原油轮及 1000 吨至 8 万吨成品油轮，年通过能力 7285 万吨，其中 22 号原油泊位于 2016 年 6 月获得靠泊 45 万吨 ULCC 通航批复；原油储罐 49 座，储存能力 510 万立方米，成品油储罐 39 座，储存能力 36.8 万立方米；铁路装卸栈台 5 座，作业道线 10 条，年装卸能力 1150 万吨；油品管道总长 155 千米，与西太平洋炼厂、大连石化、国家石油储备库、大连石化商储库、中国石油商业储备库以及东北原油管网相连，是集水路、铁路、公路、管道四位一体集疏运体系的现代化综合型油港。

2004 年，我国第一座 30 万吨级原油码头投产；2010 年，又一座 30 万吨级兼顾 45 万吨原油码头建成

建有原油储罐 510 万立方米，单罐罐容 10 万—15 万立方米，成品油储罐 36.8 万立方米。区域内原油库容 1615 万立方米，成品油及液体化工品库容 112 万立方米

2017 年 3 月 2 日 20 时 12 分，全球较大油轮“泰欧”顺利完成卸油作业。3 月 3 日 9 时 35 分，“泰欧”从公司 45 万吨原油码头安全离泊，完成了对中国北方港口的首次挂靠之旅

拥有管道、水路、铁路、公路四位一体的集疏运体系，可为客户提供油品及液体化工品的接卸、仓储、管道输送、码头过驳、铁路及汽车装卸车等多功能服务。具备原油和成品油公共型保税仓储经营资质，并不断拓展油品保税功能和辐射范围，为客户开展油品贸易开辟了一条绿色通道

亚美能源控股有限公司

AAG

亚美能源控股有限公司（简称亚美能源，香港联交所股票代码02686）是专业从事煤层气资源勘探、开发和生产的国际能源公司，是在中国较早从事煤层气勘探开发投资的外资公司之一，是中国煤层气产业在香港证券交易所成功上市的煤层气题材的上市公司。自1994年以来，亚美能源在山西地区拥有两个煤层气合作项目，包括山西晋城潘庄区块煤层气项目、山西马必区块煤层气项目，累计投资额70 亿元，连续多年成为山西省投资规模较大的外资企业。通过全资子公司亚美大陆煤层气有限公司运营马必区块煤层气项目，通过美中能源有限公司运营潘庄区块煤层气开采项目。两个项目都是山西省重点项目。

潘庄和马必区块都位于具有煤层气商业化开发潜质的山西沁水盆地，潘庄区块是中国商业化程度较高的中外合作煤层气区块，也是中国首个取得总体开发方案批准的中外合作煤层气区块，项目年产量突破8亿立方米；马必煤层气合作项目总体开发方案已经获得国家发改委批复，批准产能规模为每年40亿立方米。亚美能源在两个项目总投资预计为200亿元。

自亚美能源在中国大陆投资开发煤层气以来，健康、安全和环境（下文中皆称为HSE）始终是我们所有活动的第一要务，这已经成为我们的方针和习惯，融入我们的每一个工作细节。

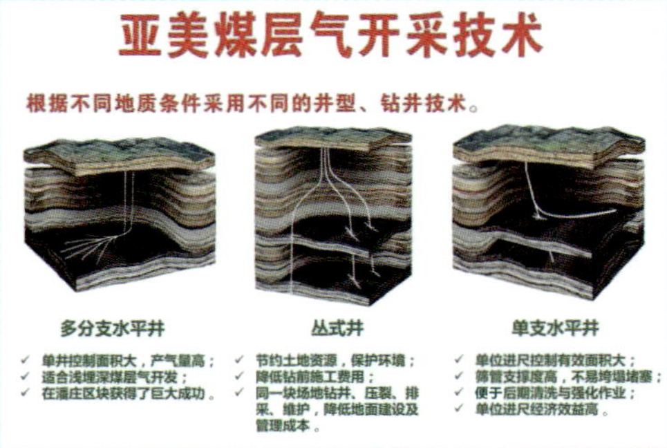

潘庄区块	
中国合作伙伴	中联煤层气
产品分成合同中的总区域面积	141.8 平方千米
探明煤层气地质储量	360 亿立方米
总体开发方案设定的产能	每年 4.95 亿立方米
2019 年总产量	8.59亿立方米
马必区块	
中国合作伙伴	中国石油
产品分成合同中的总区域面积	829.14 平方千米
储量 3/15	578 亿立方米
一期总体开发方案设定的产能	每年 10 亿立方米
总体开发方案审批状态	已批复
预计两项目总投资	200 亿元

- 2003：产品分成合同签署
- 2006：潘庄区块实施的多分支水平井钻探工程取得巨大成功
- 2007：PZP03-1 井日产量达到105.133立方米，创国内煤层气单井日产量纪录
- 2011：11 月 28 日，项目总体开发方案获得国家发改委批复
- 2012：荣获"中国矿业国际合作开发奖"
- 2013：潘庄项目管理组成立，年底日产量突破70万立方米
- 2014：12 月 25 日产量超过140万立方米
- 2015：完成煤层气抽采4.88 亿立方米
- 2016：完成煤层气抽采5.06亿立方米，11月1日进入商业性生产期
- 2017：煤层气产量5.72 亿立方米
- 2018：煤层气产量7.06 亿立方米
- 2019：完成抽采量9.31亿立方米
- 2020：完成抽采量10.43亿立方米

在公司全体员工的共同努力下，通过开展大量的HSE主动性工作，包括HSE活动、培训、检查、风险控制（PTW作业许可）、变更管理、应急管理以及承包商管理，有力地保障项目各项作业活动的安全进行，实现HSE各项目标并保持行业内领先的HSE业绩。

公司建立了 HSE 管理体系，通过体系在各个作业活动中的贯彻实施，持续完善和提高公司 HSE 管理水平

公司愿景：励志成为国际领先的持续恒久的清洁能源伟大企业

内蒙古包钢钢联股份有限公司钢管公司

内蒙古包钢钢联股份有限公司钢管公司于1971年7月1日投产，已发展成为集研、产、销、运、服一体化的运营体系，具有钢种生产研发、产品功能设计与实现、检验体系完善、服务销售体系齐全的无缝钢管供应商。钢管公司现有两台铸机，具备年产钢200万吨的生产能力。拥有管径400毫米自动轧管机组、管径180毫米MPM两辊限动芯棒连轧管机组、管径159毫米PQF三辊限动芯棒连轧管机组、管径460毫米PQF三辊限动芯棒连轧管机组、管径89毫米PQF三辊限动芯棒连轧管机组5条热轧无缝钢管生产线，配套建设5条热处理生产线，具备生产热轧无缝钢管200万吨及配套深加工能力，可生产直径为25毫米至457毫米，壁厚2.5毫米至60毫米范围内的各类无缝钢管。可加工直径60毫米至340毫米的石油成品套管。产品在我国石油、煤炭、化工、电力、汽车、建筑等工业的现代化建设中发挥重要的作用，广泛应用于鸟巢、国家大剧院、首都新机场、青岛机场等国家重点工程。产品出口到亚洲、中东、非洲、欧洲等地区。

中国安能集团
CHINA ANNENG GROUP

企业概况

中国安能集团第三工程局有限公司系中国安能建设集团有限公司全资子公司，由原中国人民武装警察部队水电第三总队转改而来，曾是一支诞生在硝烟战火、始终传承着红色血脉、具有光荣历史和卓著战功的英雄部队。2018年9月，根据党中央《深化党和国家机构改革方案》，改为非现役专业队伍，组建中央企业。主业范围为建筑工程、相关工程技术研究、勘察、设计及服务、水环境治理、应急救援服务。

中国安能集团第三工程局位于四川省成都市，下设武汉、重庆、成都、西藏4个分（子）公司和1个检测子公司，以及新疆区域总部，注册资本10亿元。拥有干部职工1900余人，工程机械600余台（套），具有水利水电施工总承包一级资质等10余项各类施工建设资质。通过了石油化工行业HSE三体系认证和涉密业务咨询服务安全保密条件评估，并被列入军事设施建设承包商名录，拥有应急管理部自然灾害工程应急救援中心武汉、成都基地。经营范围包括境内外大中型能源、交通工程、工业与民用建筑、机场、市政、桥梁、隧洞、岛礁、码头、国防工程，以及水环境治理和防灾减灾工程、应急救援服务等。先后荣膺“全国抗震救灾英雄集体”“世界屋脊水电铁军”等称号，获“国家应急救援专业力量建设先进单位”“全国防汛抗旱先进集体”“军民共建社会主义精神文明先进单位”“全国民族团结进步模范集体”等荣誉，多项工程项目获“鲁班奖”“詹天佑土木工程奖”，10余项科研成果获国家专利，20多项科研成果获省部（军）级以上科技进步奖。

西气东输涩宁兰输气管道工程

山东黄岛国家石油储备地下水封洞库工程

国家某重点石油储备工程

公司业绩

中国安能集团第三工程局作为曾经全军唯一一支参与长江三峡水利枢纽、青藏铁路、西气东输、南水北调四大“跨世纪工程”建设的部队，积极响应国家西部大开发战略，承建的边疆工程有西藏羊湖、满拉、沃卡、查龙、狮泉河、藏木、旁多等水利水电枢纽工程，占西藏全区水电装机容量的75.39%，还承建了新疆克拉玛依引额济克工程、库尔勒西尼尔水库工程、伊犁吉林台梯级水电站、阿克苏小石峡水电站等项目；承建的重要线型、洞库特点的工程有青藏铁路工程、内蒙古两伊铁路、重庆上界高速、青岛黄岛石油储备工程等，积累了丰富施工技术和经验。先后参加西藏易贡特大山体滑坡抢险、汶川抗震救灾、甘肃舟曲特大泥石流抢险和四川芦山、云南鲁甸抗震救灾、“东方之星”号客轮翻沉救援、金沙江堰塞湖险情处置、抗击新冠肺炎疫情、2021年河南抗洪抢险等重大应急救援任务，自然灾害防治救一体化综合能力处于国内领先地位。

三峡双线五级船闸工程

www.china-an3.cn

地址：四川省成都市温江区
永宁街道永文路616号

应急救援力量建设

四川芦山地震抢险

2021年河南抗洪救灾

西藏满拉水利枢纽工程

发展愿景

中国安能集团第三工程局传承人民军队的优良传统，坚持以人民为中心，始终聚焦工程建设和应急救援两个事关国家安全和国计民生的领域，主动适应国内外新形势，紧盯“一带一路”、长江大保护、成渝双城经济圈以及川藏铁路、雅鲁藏布江下游水电开发等国家重大战略，不断深化转企改革，积极拓展市场领域，专注水利水电、水环境治理、油气洞库、军民融合、风光电新能源以及防灾减灾工程、应急培训服务、装备研发等产业，推进多元化经营、专业化服务、信息化管理，向着“在应急救援和工程建设两个主战场具有独特地位作用的现代化企业”砥砺前行。

西藏羊卓雍湖抽水蓄能电站

甘肃舟曲特大泥石流抢险

汶川地震唐家山堰塞湖抢险

青藏铁路第十九标段工程

兴澄特钢150吨转炉炼钢

中信泰富特钢拥有大冶特钢、靖江特钢和浙江钢管三大钢管生产基地，7套热轧管机组及配套热处理、管加工和精整生产线，总产能155万吨/年，规格范围51-1200×4-200毫米，主导产品广泛应用于石油、石化、电力、煤炭、压力容器、汽车、工程机械、航空航天等多个行业领域。大冶特钢定位为中厚壁特种钢管基地。石油机械管已形成多个产品系列，涵盖完井、固井工具，压裂管汇等，通过了斯伦贝谢、哈里波顿、贝克休斯、国民油井、威德福等多家国际知名石油服务商的质量认证，畅销国内石油石化行业并批量出口到北美、欧盟、中东、东南亚等地区。石油钻具用管规格覆盖中厚壁和薄壁管，厚壁钻具用管是客户“以管代棒”制造钻具产品的首选原料。美标P系列石化炼化用管，应用于中国石油、中国石化、中国海油、恒力石化等工程项目。靖江特钢拥有世界先进的258三辊连轧管机组(PQF)，主导产品油套管涵盖API和非API（ZT系列）全系列产品，包括高性能特殊扣产品。管线管应用于一般、酸性和海洋环境，可满足陆地或海洋集输高端管线管需求，与井下开采用油井管实现产品对接。浙江钢管是超大口径特厚壁管生产基地，主导产品为石油石化管、高压锅炉管、高压气瓶管、合金结构管等，具备生产最大直径1200毫米、最厚壁厚200毫米、最长长度14米的大口径厚壁管的能力。产品重点解决和满足了国内外能源装备领域及大型装备行业对大口径厚壁特种钢管的需求。

中信泰富特钢集团秉承“诚信、创新、融合、卓越”的企业核心价值，为客户创造价值、为员工创造幸福、为股东创造效益、为社会创造财富，着力创建全球较具竞争力的特钢企业集团！

兴澄特钢棒材生产线

大冶特钢460钢管生产线

青岛特钢线材生产线

靖江特钢258PQF连轧管机

浙江钢管820斜轧机

兴澄特钢3500中板生产线

地址：江苏省江阴市长山大道1号
电话：0510-80675555（总机）
传真：0510-86192800（总机）

华丰集团

潮州华丰集团股份有限公司（简称华丰集团）创立于1998年，是一家集能源（液化石油气LPG、液化天然气LNG、油品等）和化工产品的贸易、加工与储运服务为一体的生产和贸易综合性企业，拥有LNG/LPG清洁能源产业链，是国内规模较大的LPG进口、加工及分销商之一。所属的欧华能源公司于2006年在新加坡上市。公司先后获中国石油化工企业500强、广东省企业500强、广东省服务业100强、广东省民营企业100强、潮州市“四梁八柱”企业等荣誉称号。

华丰集团现有控股公司15家，先后设立了十几家下属三级气站单位站与四级终端配送中心，业务范围覆盖粤东、珠三角、福建、海南、江西、浙江等地区及东南亚（新加坡）。

在建投资的“潮州闽粤经济合作区LNG储配站”项目已完成陆域项目一期工程并进入维保阶段。该项目计划总投资约47亿元，建设规模为68万立方米储气能力，占地面积约363亩。

中国电信股份有限公司陕西分公司

中国电信陕西公司加班加点十四运会场馆5G覆盖

2020年2月3日，西安机动通信局紧急驰援西安公共卫生中心，提供通信支撑保障

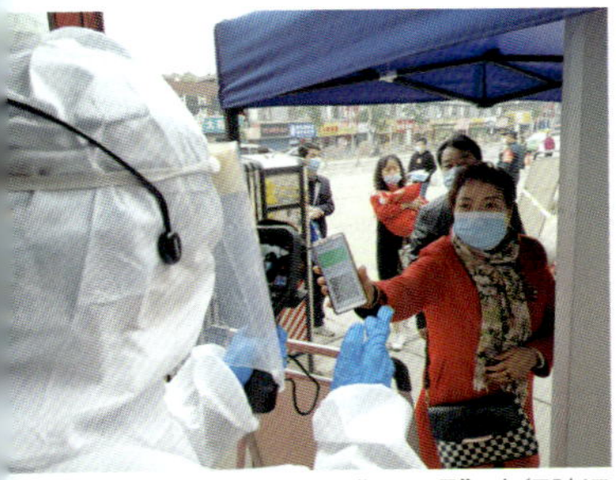

疫情期间，西安市民通过“一码通”出行验证

越来越多的农村家庭安装“天翼看家”智能监控

在陕西省人民医院，通过中国电信5G+VR，新生儿家庭远程观看刚刚出生下来的小宝宝

中国电信股份有限公司陕西分公司可提供天、空、地立体化综合智能通信服务，是陕西省政府长期战略合作伙伴、十四运会合作伙伴、“全国文明单位”，公司党委2021年获评陕西省委优秀基层党组织。

中国电信陕西公司坚持党建统领，认真落实网络强国战略，2020年6月率先在陕西省全面开通5G网络；建成西北较大的互联网数据中心，BATJ等120余家企业入驻，为陕西省2.2万家中小企业提供上云服务；积极运用云计算、物联网、大数据等新技术，推出警务云、精准扶贫、平安乡村、教育云等20多个行业上云解决方案。新冠肺炎疫情期间，4小时开通西安公共卫生中心通信，快速推出西安“一码通”等应用服务疫情精准防控，助力各行各业复工复产，彰显央企责任和担当。

中国电信陕西公司坚持“以人民为中心”的发展思想，打响脱贫攻坚战，派出77个驻村工作队147名扶贫专职干部，建立起六大扶贫领域、四级组织联动的大扶贫格局。农村网络建设投资超20亿元，“宽带乡村”示范工程受益贫困户超21.8万户，为5128个建档立卡贫困村免费安装宽带和优惠办理电信业务，优惠让利超过3800万元，消费扶贫采购1100万元。

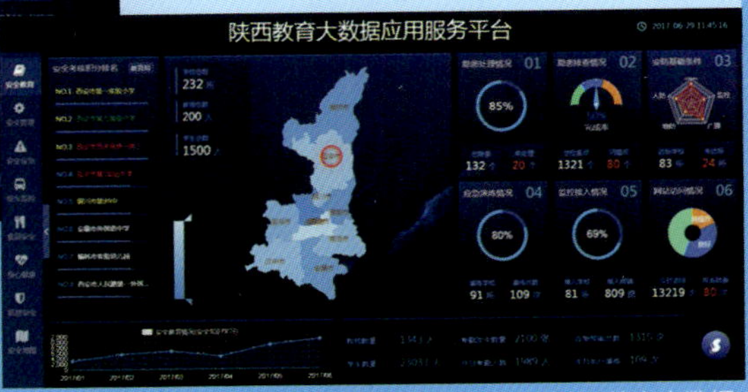

通过中国电信搭建的陕西教育大数据校园监控防控平台，陕西省5800多所学校接入一键报警应用，2600多所学校实现视频监控联网

服 务 绿 色 能 源 构 建 美 好 生 活

杉杉科技 上海杉杉科技有限公司

锦州石化签约

上海杉杉科技有限公司成立于1999年，隶属于杉杉股份，是专业从事锂离子电池负极材料研发、生产与销售的高新技术企业。成立20余年来，公司始终以“服务绿色能源、构建美好生活”为使命，以客户需求为导向，已发展成为全球规模较大的锂电负极材料供应商，现拥有上海、宁波、郴州、湖州、宁德、包头青山、包头九原7大研发生产基地。2020年，杉杉科技已形成10万吨产能，资产总规模52亿元，营业收入超25亿元。

公司拥有一支以行业领军技术专家为核心的高层次研发团队，建立了博士后工作站、国家企业技术中心等研究平台，在核心原材料及设备开发领域，始终走在国际前列，推动了全球锂电的快速发展。公司拥有授权专利121项，主持完成多项国家项目及国家标准的制定，先后获得国家科学技术进步奖、中国产学研合作创新与促进奖、国家制造业单项冠军等荣誉。

围绕高质量发展要求，公司将继续加大研发投入，坚持集聚优秀人才，强化科学管理，努力实现全球锂电负极材料领导者目标，成为推动产业发展与进步的积极力量。

杉杉科技宁波工厂

杉杉科技包头工厂

川庆钻探长庆井下技术作业公司

CCDC Changqing Downhole Technology Company

科技创新文化示范园

川庆钻探长庆井下技术作业公司成立于1973年，主要从事油气田试油试气、压裂酸化、测试试井、修井特作、工程测井等储层改造和综合完井业务，是中国石油井下作业业务链最为齐全的单位之一。公司用工总量2580人，取得集团资质队伍118支，拥有2500型、2300型、2000型等各型压裂装备和连续油管、测试试井、带压作业、侧钻修完井、连续混配、现场制氮、液氮泵车、CO_2增压泵注车、CO_2密闭混砂撬等功能齐全的综合完井装备，压裂水功率28.3万水马力，具备年试油气压裂酸化10000层次、完井2000口的作业能力。

在40余年的油气勘探开发历程中，自主创新集成了一整套适应鄂尔多斯盆地“三低”油气储层的八大特色技术系列、两大系列技术产品，累计获国家科技进步奖2项、省部级科技进步奖21项，局级科技进步奖33项，授权国家专利334件、授权国际专利2件，具备从地质评价、储层分析、工程设计到现场作业、施工监测、后评价的一体化服务能力。

2020年，在受新冠肺炎疫情影响和低油价冲击下，公司坚持党建引领，认真贯彻落实党中央“六稳”“六保”目标要求，勇当排头兵、主力军，统筹推进疫情防控和提质增效，全面推广“四化”建设成果，完善推广大井丛工厂化作业提速经验，创建中油技服提速标杆队6支，刷新国内、中油技服、长庆区域多项压裂提速指标，实现压裂整体再提速12.11%，逆势完成试油气压裂酸化10050层次、完井1468口，连续三年突破10000层次，有力支撑长庆油田迈上6000万吨，为保障国家能源安全做出了重要贡献。公司被授予“十三五”中国企业文化建设优秀单位、2018—2019年度全国安康杯竞赛优胜集体称号，咸阳科技创新文化示范园被集团公司授牌首批“石油精神教育基地”。

页岩油工厂化压裂施工

致密气工厂化压裂施工

连续油管底封拖动分段压裂施工

二氧化碳泡沫压裂施工

地址：陕西省西安市未央区未央路151号长庆大厦　邮编：710018
电话：029-86598067　86599000（传真）　邮箱：cqjx_bgs@cnpc.com.cn